Elias Canetti
Das autobiographische Werk

Elias Canetti
Das autobiographische Werk

Die gerettete Zunge
Die Fackel im Ohr
Das Augenspiel

Zweitausendeins

Dieses Buch gibt es nur bei Zweitausendeins im Versand, Postfach,
D-60348 Frankfurt am Main, Telefon 0 69-4 20 80 00
oder 0 18 05-23 20 01, Fax 0 69-41 50 03 oder 0 18 05-24 20 01,
Internet www.Zweitausendeins.de, E-Mail Info@Zweitausendeins.de.
Oder in den Zweitausendeins-Läden in Berlin, Düsseldorf, Essen,
Frankfurt, Freiburg, 2× in Hamburg, in Hannover, Köln, Mannheim,
München, Nürnberg, Saarbrücken, Stuttgart.

In der Schweiz über buch 2000, Postfach 89, CH-8910 Affoltern a. A.

ISBN 3-86150-383-2

Die gerettete Zunge

Geschichte einer Jugend

Für Georges Canetti
1911-1971

Teil 1
Rustschuk
1905-1911

Meine früheste Erinnerung

Meine früheste Erinnerung ist in Rot getaucht. Auf dem Arm eines Mädchens komme ich zu einer Tür heraus, der Boden vor mir ist rot, und zur Linken geht eine Treppe hinunter, die ebenso rot ist. Gegenüber von uns, in selber Höhe, öffnet sich eine Türe und ein lächelnder Mann tritt heraus, der freundlich auf mich zugeht. Er tritt ganz nahe an mich heran, bleibt stehen und sagt zu mir: »Zeig die Zunge!« Ich strecke die Zunge heraus, er greift in seine Tasche, zieht ein Taschenmesser hervor, öffnet es und führt die Klinge ganz nahe an meine Zunge heran. Er sagt: »Jetzt schneiden wir ihm die Zunge ab.« Ich wage es nicht, die Zunge zurückzuziehen, er kommt immer näher, gleich wird er sie mit der Klinge berühren. Im letzten Augenblick zieht er das Messer zurück, sagt: »Heute noch nicht, morgen.« Er klappt das Messer wieder zu und steckt es in seine Tasche.

Jeden Morgen treten wir aus der Tür heraus auf den roten Flur, die Türe öffnet sich, und der lächelnde Mann erscheint. Ich weiß, was er sagen wird und warte auf seinen Befehl, die Zunge zu zeigen. Ich weiß, daß er sie mir abschneiden wird und fürchte mich jedesmal mehr. Der Tag beginnt damit, und es geschieht viele Male.

Ich behalte es für mich und frage erst sehr viel später die Mutter danach. Am Rot überall erkennt sie die Pension in Karlsbad, wo sie mit dem Vater und mir den Sommer 1907 verbracht hatte. Für den Zweijährigen haben sie ein Kindermädchen aus Bulgarien mitgenommen, selbst keine fünfzehn Jahre alt. In aller Frühe pflegt sie mit dem Kind auf dem Arm fortzugehen, sie spricht nur bulgarisch, findet sich aber überall in dem belebten Karlsbad zurecht und ist immer pünktlich mit dem Kind zurück. Einmal sieht man sie mit einem unbekannten jungen Mann auf der Straße, sie weiß nichts über ihn zu sagen, eine Zufallsbekanntschaft. Nach wenigen Wochen stellt sich heraus, daß der junge Mann im Zimmer genau gegenüber von uns wohnt, auf der anderen Seite des Flurs. Das Mädchen geht manchmal nachts rasch zu ihm hinüber. Die Eltern fühlen sich für sie verantwortlich und schicken sie sofort nach Bulgarien zurück.

Beide, das Mädchen und der junge Mann, gingen sehr früh von zu Hause fort, auf diese Art müssen sie sich zuerst begegnet sein, so muß es begonnen haben. Die Drohung mit dem Messer hat ihre Wirkung getan, das Kind hat zehn Jahre darüber geschwiegen.

Familienstolz

Rustschuk, an der unteren Donau, wo ich zur Welt kam, war eine wunderbare Stadt für ein Kind, und wenn ich sage, daß sie in Bulgarien liegt, gebe ich eine unzulängliche Vorstellung von ihr, denn es lebten dort Menschen der verschiedensten Herkunft, an einem Tag konnte man sieben oder acht Sprachen hören. Außer den Bulgaren, die oft vom Lande kamen, gab es noch viele Türken, die ein eigenes Viertel bewohnten, und an dieses angrenzend lag das Viertel der Spaniolen, das unsere. Es gab Griechen, Albanesen, Armenier, Zigeuner. Vom gegenüberliegenden Ufer der Donau kamen Rumänen, meine Amme, an die ich mich aber nicht erinnere, war eine Rumänin. Es gab, vereinzelt, auch Russen.

Als Kind hatte ich keinen Überblick über diese Vielfalt, aber ich bekam unaufhörlich ihre Wirkungen zu spüren. Manche Figuren sind mir bloß in Erinnerung geblieben, weil sie einer besonderen Stammesgruppe angehörten und sich durch ihre Tracht von anderen unterschieden. Unter den Dienern, die wir im Laufe jener sechs Jahre im Hause hatten, gab es einmal einen Tscherkessen und später einen Armenier. Die beste Freundin meiner Mutter war Olga, eine Russin. Einmal wöchentlich zogen Zigeuner in unseren Hof, so viele, daß sie mir wie ein ganzes Volk erschienen, und von den Schrecken, mit denen sie mich erfüllten, wird noch die Rede sein.

Rustschuk war ein alter Donauhafen und war als solcher von einiger Bedeutung gewesen. Als Hafen hatte er Menschen von überall angezogen, und von der Donau war immerwährend die Rede. Es gab Geschichten über die besonderen Jahre, in denen die Donau zufror; von Schlittenfahrten über das Eis nach Rumänien hinüber; von hungrigen Wölfen, die hinter den Pferden der Schlitten her waren.

Wölfe waren die ersten wilden Tiere, über die ich erzählen hörte. In den Märchen, die mir die bulgarischen Bauernmädchen erzählten, kamen Werwölfe vor, und mit einer Wolfsmaske vorm Gesicht erschreckte mich eines Nachts mein Vater.

Es wird mir schwerlich gelingen, von der Farbigkeit dieser frühen Jahre in Rustschuk, von seinen Passionen und Schrecken eine Vorstellung zu geben. Alles was ich später erlebt habe, war in Rustschuk schon einmal geschehen. Die übrige Welt hieß dort Europa, und wenn jemand die Donau hinauf nach Wien fuhr, sagte man, er fährt nach Europa, Europa begann dort, wo das türkische Reich einmal geendet hatte. Von den Spaniolen waren die meisten noch türkische Staatsbürger. Es war ihnen unter den Türken immer gutgegangen, besser als den christlichen Balkanslawen. Aber da viele unter den Spaniolen wohlhabende Kaufleute waren, unterhielt das neue bulgarische Regime gute Beziehungen zu ihnen, und Ferdinand, der König, der lange regierte, galt als Freund der Juden.

Die Loyalitäten der Spaniolen waren einigermaßen kompliziert. Sie waren gläubige Juden, denen ihr Gemeindeleben etwas bedeutete. Es stand, ohne Überhitztheit, im Mittelpunkt ihres Daseins. Aber sie hielten sich für Juden besonderer Art, und das hing mit ihrer spanischen Tradition zusammen. Im Lauf der Jahrhunderte seit ihrer Vertreibung hatte sich das Spanisch, das sie untereinander sprachen, sehr wenig verändert. Einige türkische Worte waren in die Sprache aufgenommen worden, aber sie waren als türkisch erkennbar, und man hatte für sie fast immer auch spanische Worte. Die ersten Kinderlieder, die ich hörte, waren Spanisch, ich hörte alte spanische ›Romances‹, was aber am kräftigsten war und für ein Kind unwiderstehlich, war eine spanische Gesinnung. Mit naiver Überheblichkeit sah man auf andere Juden herab, ein Wort, das immer mit Verachtung geladen war, lautete ›Todesco‹, es bedeutete einen deutschen oder aschkenasischen Juden. Es wäre undenkbar gewesen, eine ›Todesca‹ zu heiraten, und unter den vielen Familien, von denen ich in Rustschuk als Kind reden hörte oder die ich kannte, entsinne ich mich keines einzigen Falles einer solchen Mischehe. Ich war keine sechs Jahre alt, als mich mein Großvater vor einer solchen Mesalliance in der Zukunft warnte. Aber mit dieser allgemeinen

Diskriminierung war es nicht getan. Es gab unter den Spaniolen selbst die ›guten Familien‹, womit man die meinte, die schon seit langem reich waren. Das stolzeste Wort, das man über einen Menschen hören konnte, war ›es de buena famiglia‹, er ist aus guter Familie. Wie oft und bis zum Überdruß habe ich das von der Mutter gehört. Als sie vom Burgtheater schwärmte und Shakespeare mit mir las, ja viel später noch, als sie von Strindberg sprach, der zu ihrem Leibautor wurde, genierte sie sich nicht, von sich selbst zu sagen, daß sie aus guter Familie stamme, es gebe keine bessere. Sie, der die Literaturen der Kultursprachen, die sie beherrschte, zum eigentlichen Inhalt ihres Lebens wurden, empfand keinen Widerspruch zwischen dieser leidenschaftlichen Universalität und dem hochmütigen Familienstolz, den sie unablässig nährte.

Schon zur Zeit, als ich ihr noch ganz verfallen war – sie schloß mir alle Türen des Geistes auf, und ich folgte ihr blindlings und begeistert –, fiel mir dieser Widerspruch auf, der mich peinigte und verstörte, und in unzähligen Gesprächen, zu jeder Periode meiner Jugend, sprach ich mit ihr darüber und warf es ihr vor, aber es machte ihr nicht den geringsten Eindruck. Ihr Stolz hatte früh seine Kanäle gefunden, die er unbeirrt befuhr, mich aber hat sie durch diese Enge, die ich an ihr nicht begriff, früh gegen jeden Hochmut der Herkunft eingenommen. Ich kann Menschen mit Kastenstolz irgendwelcher Art nicht ernstnehmen, ich betrachte sie wie exotische, aber etwas lächerliche Tiere. Ich ertappe mich bei den umgekehrten Vorurteilen gegen Menschen, die sich auf ihre hohe Herkunft etwas zugute halten. Den wenigen Aristokraten, mit denen ich befreundet war, mußte ich erst nachsehen, daß sie davon sprachen, und hätten sie geahnt, welche Mühe mich das kostete, sie hätten auf meine Freundschaft verzichtet. Alle Vorurteile sind durch andere Vorurteile bestimmt, und am häufigsten sind die, die sich aus ihren Gegensätzen herleiten.

Es kommt dazu, daß die Kaste, zu der meine Mutter sich rechnete, neben ihrer spanischen Herkunft eine des Geldes war. In meiner Familie und besonders in ihrer sah ich, was Menschen durch Geld geschah. Ich fand die am schlechtesten, die sich am willigsten dem Gelde hingaben. Ich lernte alle Übergänge von Geldgier zu Verfolgungswahn kennen. Ich sah Brüder, die einander durch ihre Habgier in jahrelangen Prozessen zugrunde richteten und die weiter prozessierten, als kein Geld mehr da war. Sie waren aus derselben, ›guten‹ Familie, auf die die Mutter so stolz war. Sie sah es selbst mit an, wir sprachen oft darüber. Ihr Verstand war durchdringend, ihre Menschenkenntnis an den großen Werken der Weltliteratur geschult, aber auch an den Erfahrungen ihres eigenen Lebens. Sie erkannte die Motive der wahnwitzigen Selbstzerfleischung, in der ihre Familie begriffen war; sie hätte mit Leichtigkeit einen Roman darüber schreiben können: ihr Stolz auf diese selbe Familie blieb unerschüttert. Wäre es Liebe gewesen, ich hätte es eher begriffen. Aber viele der Protagonisten liebte sie gar nicht, über manche war sie empört, für andere empfand sie Verachtung, für die Familie als ganze empfand sie nur Stolz.

Spät habe ich erkannt, daß ich, auf die größeren Verhältnisse der Menschheit übertragen, genau wie sie bin. Ich habe den besten Teil meines Lebens damit zugebracht, dem Menschen, wie er in den historischen Zivilisationen erscheint, auf seine Schliche zu kommen. Ich habe die Macht so erbarmungslos untersucht und zerlegt wie meine Mutter die Prozesse in ihrer Familie. Es gibt wenig Schlechtes, was ich vom Menschen wie der Menschheit nicht zu sagen hätte. Und doch ist mein Stolz auf sie noch immer so groß, daß ich nur eines wirklich hasse: ihren Feind, den Tod.

›Kako la gallinica‹
Wölfe und Werwölfe

Ein eifriges und zugleich zärtliches Wort, das ich oft hörte, war ›la butica‹. So nannte man den Laden, das Geschäft, in dem der Großvater und seine Söhne den Tag zubrachten. Ich wurde selten hingenommen, weil ich zu klein war. Es lag an einer steilen Straße, die von der Höhe der reicheren Viertel Rustschuks stracks zum Hafen hinabführte. An dieser Straße lagen alle die größeren Geschäfte; das des Großvaters befand sich in einem dreistöckigen Haus, das mir stattlich und hoch erschien, die Wohnhäuser auf dem Hügel oben waren einstöckig. Man verkaufte darin Kolonialwaren en gros, es war ein geräumiger Laden, in dem es wunderbar roch. Auf dem Boden standen große, offene Säcke mit verschiedenen Getreidesorten, es gab

Säcke mit Hirse, mit Gerste und solche mit Reis. Ich durfte, wenn meine Hände sauber waren, hineingreifen und die Körner fühlen. Das war ein angenehmes Gefühl, ich füllte die Hand mit Körnern, hob sie hoch, roch daran und ließ die Körner langsam wieder herunterrinnen; das tat ich oft, und obwohl es viele andere merkwürdige Dinge im Laden gab, tat ich das am liebsten und war schwer von den Säcken wegzubringen. Es gab Tee und Kaffee und besonders Schokolade. Alles fand sich in großen Mengen und schön verpackt, es wurde nicht einzeln verkauft wie in gewöhnlichen Läden, die offenen Säcke am Boden gefielen mir auch darum besonders, weil sie nicht zu hoch für mich waren und ich beim Hineingreifen die vielen Körner, auf die es ankam, fühlen konnte.

Die meisten Dinge, die es da gab, waren genießbar, aber nicht alle. Es gab Streichhölzer, Seifen und Kerzen. Es gab auch Messer, Scheren, Wetzsteine, Sicheln und Sensen. Die Bauern, die aus den Dörfern einkaufen kamen, standen lange davor und prüften mit den Fingern ihre Schärfe. Ich sah ihnen interessiert und ein wenig ängstlich zu, mir war es verboten, Messer zu berühren. Einmal nahm ein Bauer, den mein Gesicht wohl belustigte, meinen Daumen in die Hand, legte ihn neben seinen und zeigte mir, wie hart seine Haut war. Aber ich bekam nie eine Schokolade zum Geschenk, der Großvater, der hinten in einem Kontor saß, führte ein strenges Regiment und alles war en gros. Zuhause bewies er mir seine Liebe, weil ich seinen vollen Namen trug, auch seinen Vornamen. Im Geschäft sah er mich aber nicht besonders gern, und ich durfte nie lange bleiben. Wenn er eine Anweisung gab, rannte der Angestellte, der sie empfing, eilig davon, und manchmal verließ einer mit Paketen den Laden. Am liebsten mochte ich einen mageren, ärmlich gekleideten älteren Mann, der immer abwesend lächelte. Er hatte unbestimmte Bewegungen und fuhr zusammen, wenn der Großvater etwas sagte. Er schien zu träumen und war ganz anders als die anderen Leute, die ich im Laden sah. Für mich hatte er immer ein freundliches Wort, er sprach so unbestimmt, daß ich ihn nicht verstand, aber ich spürte, daß er mir gut gesinnt war. Er hieß Tschelebon und wurde als armer und hoffnungslos untüchtiger Verwandter aus Mitleid beschäftigt. Ich hörte immer Tschelebon rufen, wie einem Diener, so habe ich ihn in Erinnerung behalten und erfuhr erst viel später, daß er ein Bruder des Großvaters war.

Die Straße vorm großen Tor unseres Hofes war staubig und verschlafen. Wenn es stark regnete, verwandelte sie sich in Schlamm, in dem die Droschken tiefe Spuren hinterließen. Ich durfte nicht auf der Straße spielen, auf unserem großen Hof war mehr als genug Platz und er war sicher. Aber manchmal hörte ich draußen ein heftiges Gackern, das bald lauter und aufgeregter wurde. Dann dauerte es nicht lange, und zum Tor stürzte gackernd und zitternd vor Angst ein Mann in schwarzen, abgerissenen Kleidern herein, auf der Flucht vor den Straßenkindern. Sie waren alle hinter ihm her, riefen »Kako! Kako!« und gackerten wie Hühner. Er fürchtete sich vor Hühnern, und darum verfolgten sie ihn. Er war ihnen einige Schritte voraus und verwandelte sich unter meinen Augen selbst in ein Huhn. Er gackerte heftig, aber in verzweifelter Angst, und machte mit den Armen flatternde Bewegungen. Er stürzte atemlos die Stufen zum Hause des Großvaters hinauf, wagte sich aber nie hinein, sprang auf der anderen Seite herunter und blieb regungslos liegen. Die Kinder blieben gackernd beim Hoftor stehen, sie durften den Hof nicht betreten. Wenn er wie tot dalag, fürchteten sie sich ein wenig und zogen davon. Aber bald stimmten sie draußen ihren Triumphgesang an: »Kako la gallinica! Kako la gallinica!« – »Kako das Hühnchen! Kako das Hühnchen!« – Solange man sie hören konnte, blieb Kako regungslos liegen. Kaum waren sie außer Hörweite, erhob er sich, griff sich ab, sah sich vorsichtig um, horchte noch eine Weile ängstlich und schlich sich dann gekrümmt, aber ganz still aus dem Hof. Jetzt war er kein Huhn mehr, er flatterte und gackerte nicht und war wieder der zerschlagene Idiot des Reviers.

Manchmal, wenn die Kinder nicht weit auf der Straße auf ihn gelauert hatten, begann das unheimliche Spiel von neuem. Meist verzog es sich in eine andere Straße, und ich sah nichts mehr davon. Vielleicht hatte ich Mitleid mit Kako, ich erschrak immer, wenn er sprang, aber wovon ich nie genug bekam, was ich jedesmal in der gleichen Aufregung mit ansah, war seine Verwandlung in ein riesiges schwarzes Huhn. Ich begriff nicht, warum die Kinder ihn verfolgten, und wenn er ganz still nach seinem Sprung am Boden lag, fürchtete ich, er werde nicht aufstehen und nie wieder zum Huhn werden.

Die Donau an ihrem bulgarischen Unterlauf ist sehr breit. Giurgiu, die Stadt gegenüber, gehörte zu Rumänien. Von dort sei, so hieß es, die Amme gekommen, die mich mit ihrer Milch nährte. Sie sei eine starke, gesunde Bäuerin gewesen und nährte zugleich ihr eigenes Kind, das sie mitbrachte. Ich hörte immer Rühmendes von ihr sagen, und obwohl ich mich nicht an sie erinnern kann, behielt um ihretwillen das Wort ›rumänisch‹ für mich einen warmen Klang.

In seltenen Jahren fror die Donau im Winter zu, und man erzählte sich aufregende Geschichten darüber. Die Mutter war in ihrer Jugend öfters auf einem Schlitten nach Rumänien hinübergefahren, sie zeigte mir die warmen Pelze, in die sie dabei eingepackt war. Wenn es sehr kalt wurde, kamen Wölfe von den Bergen herunter und fielen ausgehungert über die Pferde vor den Schlitten her. Der Kutscher suchte sie mit Peitschenhieben zu vertreiben, aber das nützte nichts und man mußte auf sie schießen. Bei einer solchen Fahrt stellte es sich heraus, daß man nichts zum Schießen mitgenommen hatte. Ein bewaffneter Tscherkesse, der als Diener im Hause lebte, hätte mitkommen sollen, aber er war ausgeblieben und der Kutscher war ohne ihn losgefahren. Man hatte Mühe, sich der Wölfe zu erwehren, und geriet in große Gefahr. Wenn nicht zufällig ein Schlitten mit zwei Männern entgegengekommen wäre, die durch Schüsse einen Wolf töteten und die anderen vertrieben, hätte es sehr schlecht ausgehen können. Die Mutter hatte große Angst ausgestanden, sie schilderte die roten Zungen der Wölfe, die so nahe gekommen waren, daß sie noch in späteren Jahren von ihnen träumte.

Ich bettelte oft um diese Geschichte, und sie erzählte sie gern. So wurden Wölfe die wilden Tiere, die meine Phantasie zuerst erfüllten. Der Schrecken vor ihnen wurde genährt durch die Märchen, die ich von den bulgarischen Bauernmädchen hörte. Fünf, sechs von ihnen lebten immer bei uns im Hause. Sie waren ganz jung, vielleicht zehn oder zwölf, und waren von ihren Familien aus den Dörfern in die Stadt gebracht worden, wo man sie als Dienstmädchen in die Häuser der Bürger verdingte. Sie liefen barfuß im Hause herum und waren stets guter Dinge, viel hatten sie nicht zu tun, sie taten alles zusammen, sie wurden zu meinen frühesten Spielgefährten.

Abends, wenn die Eltern ausgegangen waren, blieb ich mit

ihnen zuhause. An den Wänden des großen Wohnzimmers liefen ihrer ganzen Länge nach niedere türkische Sofas. Außer den Teppichen überall und einigen kleinen Tischen waren sie die einzige ständige Einrichtung dieses Raums, deren ich mich entsinne. Wenn es dunkel wurde, bekamen die Mädchen Angst. Auf einem der Sofas gleich beim Fenster kauerten wir uns alle dicht zusammen, mich nahmen sie in die Mitte, und nun begannen ihre Geschichten von Werwölfen und Vampiren. Kaum war eine zu Ende, begannen sie mit der nächsten, es war schaurig, und doch fühlte ich mich, auf allen Seiten fest an die Mädchen gepreßt, wohl. Wir hatten solche Angst, daß niemand aufzustehen wagte, und wenn die Eltern nach Hause kamen, fanden sie uns alle schlotternd auf einem Haufen.

Von den Märchen, die ich hörte, sind mir nur die über Werwölfe und Vampire in Erinnerung geblieben. Vielleicht wurden keine anderen erzählt. Ich kann kein Buch mit Balkanmärchen in die Hand nehmen, ohne manche von ihnen auf der Stelle zu erkennen. Sie sind mir in allen Einzelheiten gegenwärtig, aber nicht in der Sprache, in der ich sie gehört habe. Ich habe sie auf bulgarisch gehört, aber ich kenne sie deutsch, diese geheimnisvolle Übertragung ist vielleicht das Merkwürdigste, was ich aus meiner Jugend zu berichten habe, und da das sprachliche Schicksal der meisten Kinder anders verläuft, sollte ich vielleicht etwas darüber sagen.

Meine Eltern untereinander sprachen deutsch, wovon ich nichts verstehen durfte. Zu uns Kindern und zu allen Verwandten und Freunden sprachen sie spanisch. Das war die eigentliche Umgangssprache, allerdings ein altertümliches Spanisch, ich hörte es auch später oft und habe es nie verlernt. Die Bauernmädchen zuhause konnten nur Bulgarisch, und hauptsächlich mit ihnen wohl habe ich es auch gelernt. Aber da ich nie in eine bulgarische Schule ging und Rustschuk mit sechs Jahren verließ, habe ich es sehr bald vollkommen vergessen. Alle Ereignisse jener ersten Jahre spielten sich auf spanisch oder bulgarisch ab. Sie haben sich mir später zum größten Teil ins Deutsche übersetzt. Nur besonders dramatische Vorgänge, Mord und Totschlag sozusagen und die ärgsten Schrecken, sind mir in ihrem spanischen Wortlaut geblieben, aber diese sehr genau und unzerstörbar. Alles übrige, also das meiste, und ganz besonders alles Bulgarische, wie die Märchen, trage ich deutsch im Kopf.

Wie das genau vor sich ging, kann ich nicht sagen. Ich weiß nicht, zu welchem Zeitpunkt, bei welcher Gelegenheit dies oder jenes sich übersetzt hat. Ich bin der Sache nie nachgegangen, vielleicht hatte ich eine Scheu davor, das Kostbarste, was ich an Erinnerung in mir trage, durch eine methodisch und nach strengen Prinzipien geführte Untersuchung zu zerstören. Ich kann nur eines mit Sicherheit sagen: die Ereignisse jener Jahre sind mir in aller Kraft und Frische gegenwärtig – mehr als sechzig Jahre habe ich mich von ihnen genährt –, aber sie sind zum allergrößten Teil an Worte gebunden, die ich damals nicht kannte. Es scheint mir natürlich, sie jetzt niederzuschreiben, ich habe nicht das Gefühl, daß ich dabei etwas verändere oder entstelle. Es ist nicht wie die literarische Übersetzung eines Buches von einer Sprache in die andere, es ist eine Übersetzung, die sich von selbst im Unbewußten vollzogen hat, und da ich dieses durch übermäßigen Gebrauch nichtssagend gewordene Wort sonst wie die Pest meide, mag man mir seinen Gebrauch in diesem einen und einzigen Falle nachsehen.

Das Beil des Armeniers
Die Zigeuner

Die Lust an topographischer Zeichnung, der Stendhal in seinem ›Henry Brulard‹ mit leichter Hand frönt, ist mir nicht gegeben, und zu meinem Leidwesen war ich immer ein schlechter Zeichner. So muß ich die Art, wie die Wohngebäude um unseren Gartenhof in Rustschuk angelegt waren, kurz beschreiben.

Wenn man durch das große Tor von der Straße den Hof betrat, stand gleich rechts das Haus des Großvaters Canetti. Es sah stattlicher aus als die anderen Häuser, es war auch höher. Aber ich könnte nicht sagen, ob es einen oberen Stock besaß, im Gegensatz zu den anderen einstöckigen Häusern. Es wirkte auf alle Fälle höher, weil mehr Stufen zu ihm hinaufführten. Es war auch heller als die anderen Häuser, vielleicht war es hell gestrichen.

Ihm gegenüber, links vom Hoftor, stand das Haus, in dem die älteste Schwester meines Vaters, Tante Sophie, mit ihrem Mann, Onkel Nathan, wohnte. Er hieß mit Zunamen Eljakim, ein Name, der mir nie behagte, vielleicht befremdete er mich, weil er nicht spanisch klang wie die anderen Namen alle. Sie hatten drei Kinder, Régine, Jacques und Laurica. Diese, die jüngste, war immer noch vier Jahre älter als ich, ein Altersunterschied, der eine unheilvolle Rolle spielte.

Neben diesem Haus, in derselben Linie, auch auf der linken Seite des Hofs, stand das unsere, das gleich aussah wie das des Onkels. Zu beiden führten einige Stufen hinauf, die oben in einer Plattform vor der Breite beider Häuser endeten.

Der Gartenhof zwischen diesen drei Häusern war sehr groß, gegenüber von uns, nicht in der Mitte, sondern etwas zur Seite gerückt, stand der Ziehbrunnen für Wasser. Er war nicht ergiebig genug, und der größere Teil des Wassers kam in riesigen Fässern, die von Mauleseln gezogen wurden, aus der Donau. Das Donauwasser konnte man nicht verwenden, ohne es erst abzukochen, und in großen Kesseln stand es dann zum Abkühlen auf der Plattform vorm Haus.

Hinter dem Ziehbrunnen und durch einen Hag vom Hof getrennt, war der Obstgarten. Er war nicht besonders schön, er war zu regelmäßig, vielleicht auch nicht alt genug, es gab viel schönere Obstgärten bei den mütterlichen Verwandten.

Es war die schmälere Seite unseres Hauses, durch die man vom großen Gartenhof aus eintrat. Es erstreckte sich dann weit nach hinten, und obwohl es nur dieses Erdgeschoß besaß, habe ich es als sehr geräumig in Erinnerung. Man konnte auf der entfernteren Seite des Gartenhofs ganz um das Haus herumgehen, an seiner Längsseite entlang, und kam dann hinten in einen kleineren Hof, auf den sich die Küche öffnete. Da lag Holz zum Hacken, Hühner und Gänse liefen umher, in der offenen Küche war immer Betrieb, die Köchin trug Sachen heraus oder holte welche hinein, und das Halbdutzend kleiner Mädchen sprang herum und war geschäftig.

In diesem Küchenhof war oft ein Diener, der Holz hackte, und der, an den ich mich am besten erinnere, war mein Freund, der traurige Armenier. Er sang beim Holzhacken Lieder, die ich zwar nicht verstand, die mir aber das Herz zerrissen. Als ich die Mutter fragte, warum er so traurig sei, sagte sie, schlechte Leute hätten die Armenier in Stambol alle umbringen wollen, er habe seine ganze Familie dort verloren. Von einem Versteck aus habe er mitangesehen, wie seine Schwester umgebracht worden sei. Er sei dann nach Bulgarien geflohen und mein Vater habe ihn aus Mitleid ins Haus genommen. Wenn er jetzt Holz hacke, müsse er immer an seine kleine Schwester denken, und darum singe er diese traurigen Lieder.

Ich faßte eine tiefe Liebe zu ihm. Wenn er Holz hackte, stellte ich mich auf das Sofa am Ende des langen Wohnzimmers, dessen Fenster hier auf den Küchenhof ging. Da bückte ich mich zum Fenster hinaus und sah ihm zu, und wenn er sang, dachte ich an seine Schwester – ich wünschte mir dann immer eine kleine Schwester. Er hatte einen langen schwarzen Schnurrbart und pechschwarze Haare und kam mir besonders groß vor, vielleicht weil ich ihn sah, wenn er den Arm mit der Axt in die Höhe hob. Ich liebte ihn noch mehr als den Geschäftsdiener Tschelebon, den ich ja sehr selten sah. Wir sprachen einige Worte zueinander, aber nur wenige, und ich weiß nicht, in welcher Sprache. Aber er wartete auf mich, bevor er mit dem Holzhacken begann. Sobald er mich sah, lächelte er ein wenig und hob die Axt, und es war schrecklich, mit welchem Zorn er auf das Holz losschlug. Er wurde dann finster und sang seine Lieder. Wenn er die Axt niederlegte, lächelte er mich wieder an, und ich wartete auf sein Lächeln wie er auf mich, der erste Flüchtling in meinem Leben.

Jeden Freitag kamen die Zigeuner. An Freitagen wurde in den jüdischen Häusern alles für den Sabbat vorbereitet. Das Haus wurde von oben bis unten geputzt, die bulgarischen Mädchen schossen nur so hin und her, in der Küche war Hochbetrieb, niemand hatte für mich Zeit. Ich war ganz allein und wartete, das Gesicht gegen das Gartenfenster des riesigen Wohnzimmers gedrückt, auf die Zigeuner. Ich lebte in panischem Schrecken vor ihnen. Ich nehme an, es waren die Mädchen, die mir an den langen Abenden im Dunkel auf dem Sofa auch von den Zigeunern erzählt hatten. Ich dachte daran, daß sie Kinder stehlen, und war überzeugt davon, daß sie es auf mich abgesehen hatten.

Aber trotz dieser Angst hätte ich mir ihren Anblick nicht entgehen lassen, es war ein prächtiger Anblick, den sie boten. Das Hoftor war weit für sie geöffnet worden, denn sie brauchten Platz. Sie kamen wie ein ganzer Stamm, in der Mitte hoch aufgerichtet ein blinder Patriarch, der Urgroßvater, wie man mir sagte, ein schöner, weißhaariger alter Mann, er ging sehr langsam auf zwei erwachsene Enkelinnen rechts und links gestützt, in bunte Lappen gekleidet. Um ihn, dicht aneinander gedrängt, waren Zigeuner jedes Alters, sehr wenig Männer, fast alles Frauen, und unzählige Kinder, die ganz kleinen auf dem Arm ihrer Mutter, andere sprangen herum, entfernten sich aber nicht weit vom stolzen Alten, der immer der Mittelpunkt blieb. Der ganze Aufzug hatte etwas unheimlich Dichtes, so viele Menschen, die sich bei ihrer Fortbewegung nah beisammen hielten, bekam ich sonst nie zu Gesicht; und es war auch in dieser sehr farbigen Stadt das Farbigste. Die Lappen, mit denen ihre Kleider zusammengeflickt waren, leuchteten in allen Farben, aber am meisten stach überall Rot hervor. An den Schultern vieler von ihnen baumelten Säcke, und ich betrachtete sie nicht, ohne mir vorzustellen, daß sie gestohlene Kinder enthielten.

Mir kamen diese Zigeuner wie etwas Zahlloses vor, aber wenn ich jetzt das Bild, das ich von ihnen habe, auf ihre Zahl hin zu schätzen versuche, würde ich meinen, daß es nicht mehr als dreißig oder vierzig Menschen waren. Immerhin hatte ich noch nie so viele Menschen im großen Hof gesehen, und da sie sich wegen des Alten so langsam fortbewegten, erfüllten sie ihn, wie mir vorkam, endlos lange. Sie blieben aber nicht hier, sie zogen um das Haus herum in den kleineren Hof vor der Küche, wo auch das Holz aufgeschichtet lag, und ließen sich da nieder.

Ich pflegte auf den Augenblick zu warten, da sie am Hoftor vorn zuerst erschienen, und lief, kaum hatte ich den blinden Alten erblickt, unter gellenden Rufen »Zinganas! Zinganas!« durch das lange Wohnzimmer und den noch längeren Korridor, der es mit der Küche verband, nach hinten. Da stand die Mutter und gab ihre Anweisungen für die Sabbatgerichte, manche besondere Leckerbissen bereitete sie selbst. Die kleinen Mädchen, die ich oft auf dem Wege traf, beachtete ich nicht, ich schrie gellend immer weiter, bis ich neben der Mutter stand, die etwas Beruhigendes zu mir sagte. Aber statt bei ihr zu bleiben, rannte ich den ganzen langen Weg wieder zurück, warf einen Blick durchs Fenster auf den Fortschritt der Zigeuner, die nun schon ein wenig weiter waren, und berichtete gleich darüber wieder in der Küche. Ich wollte sie sehen, ich war besessen von ihnen, aber kaum hatte ich sie gesehen, packte mich wieder die Angst, daß sie es auf mich abgesehen hätten, und ich rannte schreiend davon. Das ging so eine ganze Weile hin und her, und ich glaube, ich habe darum ein so heftiges Gefühl für die Ausdehnung des Hauses zwischen den beiden Höfen behalten.

23

Sobald sie alle an ihrem Ziel vor der Küche angelangt waren, ließ sich der Alte nieder, die anderen gruppierten sich um ihn, die Säcke öffneten sich und die Frauen nahmen, ohne sich um sie zu streiten, alle Gaben entgegen. Sie bekamen große Holzscheite vom Stoß, darauf schienen sie besonders erpicht, sie bekamen viele Speisen. Von allem, was schon fertig zubereitet war, bekamen sie etwas, man speiste sie keineswegs mit Abfällen ab. Ich war erleichtert, als ich sah, daß sie keine Kinder in den Säcken hatten, und unter dem Schutz meiner Mutter ging ich unter ihnen herum, besah sie mir genau, hütete mich aber davor, den Frauen, die mich streicheln wollten, zu nahe zu kommen. Der blinde Alte aß langsam von einer Schüssel, er ruhte sich aus und ließ sich Zeit. Die anderen berührten kein Gericht, alles verschwand in den großen Säcken, und nur die Kinder durften an den Süßigkeiten, mit denen man sie beschenkt hatte, knabbern. Ich wunderte mich, wie freundlich sie zu ihren Kindern waren, gar nicht wie böse Kinderräuber. Aber an meinem Schrecken vor ihnen änderte das nichts. Nach einer Zeit, die mir sehr lange vorkam, brachen sie auf, der Zug bewegte sich etwas rascher als bei der Ankunft um das Haus und durch den Gartenhof zurück. Ich sah ihnen vom selben Fenster aus zu, wie sie durchs Tor verschwanden. Dann rannte ich zum letztenmal in die Küche zurück, meldete: »Die Zigeuner sind fort«; unser Diener nahm mich bei der Hand, führte mich zum Tor und sperrte es ab und sagte: »Jetzt werden sie nicht wiederkommen.« Das Hoftor blieb sonst tagsüber offen, aber an diesen Freitagen wurde es geschlossen, so wußte eine andere Gruppe von Zigeunern, die vielleicht nachkam, daß ihre Leute schon dagewesen waren, und zog weiter.

Geburt des Bruders

In der frühesten Zeit, als ich noch in einem hohen Kinderstuhl steckte, kam es mir sehr weit bis zum Boden vor und ich hatte Angst herauszufallen. Onkel Bucco, der älteste Bruder meines Vaters, kam zu Besuch, hob mich heraus und stellte mich auf den Boden. Dann machte er ein feierliches Gesicht, legte die flache Hand auf meinen Kopf und sagte: »Yo ti bendigo, Eliachicu, Amen!« – »Ich segne dich, kleiner Elias, Amen!« Das sagte er sehr nachdrücklich, mir gefiel der feierliche Ton, ich glaube, ich kam mir größer vor, wenn er mich segnete. Aber er war ein Spaßvogel und lachte zu früh; ich spürte, daß er sich über mich lustig machte, und der große Moment des Segnens, auf den ich immer wieder hereinfiel, endete in Beschämung.

Dieser Onkel wiederholte alles, was er tat, unzählige Male. Er lehrte mich viele Liedchen und ruhte nicht, bis ich sie von selber singen konnte. Wenn er wiederkam, fragte er mich danach und richtete mich geduldig dazu ab, mich vor den Erwachsenen zu produzieren. Ich wartete auf seinen Segen, obwohl er ihn immer gleich zerstörte, und hätte er besser an sich gehalten, er wäre mir der liebste Onkel geworden. Er wohnte in Warna, wo er eine Filiale des großväterlichen Geschäfts leitete, und kam nur zu den Festtagen und besonderen Gelegenheiten nach Rustschuk. Man sprach mit Respekt von ihm, weil er der ›Bucco‹ war, das war der Ehrentitel des erstgeborenen Sohnes in jeder Familie. Ich lernte früh, wieviel es bedeutete, ein erstgeborener Sohn zu sein, und wäre ich in Rustschuk geblieben, ich wäre auch ein ›Bucco‹ geworden.

Vier Jahre lang blieb ich das einzige Kind, und während dieser ganzen Zeit trug ich Röckchen wie ein Mädchen. Ich wünschte mir, wie ein Junge in Hosen zu gehen, und wurde immer auf später vertröstet. Dann kam mein Bruder Nissim zur Welt, und zu diesem Anlaß durfte ich die ersten Hosen tragen. Alles was sich bei dieser Gelegenheit ereignete, erlebte ich mit großem Stolz in Hosen, und aus diesem Grunde wohl habe ich es mir in jeder Einzelheit gemerkt.

Es waren viele Leute im Haus, und ich sah ängstliche Gesichter. Ich durfte nicht zur Mutter ins Schlafzimmer, wo sonst auch mein Kinderbett stand, und trieb mich vor der Tür herum, um einen Blick von ihr zu erhaschen, wenn jemand hineinging. Aber man schloß die Türe so rasch wieder, daß ich sie nie zu Gesicht bekam. Ich hörte eine jammernde Stimme, die ich nicht erkannte, und wenn ich fragte, wer das sei, sagte man mir: geh weg! Ich hatte die Erwachsenen noch nie so ängstlich gesehen, und niemand kümmerte sich um mich, was ich nicht gewohnt war. (Es war, wie ich später erfuhr, eine lange und schwierige Geburt und man fürchtete für das Leben der Mutter.) Dr. Menachemoff war da, der Arzt mit dem langen, schwarzen Bart, und auch er, der sonst so freundlich war und mich Liedchen vorsingen ließ, für die er mich belobte, hatte keinen Blick und kein Wort für mich und sah mich böse an, als ich nicht von der Türe wegging. Das Jammern wurde lauter, ich hörte »madre mia querida! madre mia querida!« Ich preßte den Kopf an die Tür, wenn sie aufging, war das Stöhnen so laut, daß mich Entsetzen packte. Plötzlich begriff ich, daß es von meiner Mutter kam, und es war so unheimlich, daß ich sie nicht mehr sehen mochte.

Schließlich durfte ich in das Schlafzimmer hinein, alles lächelte, der Vater lachte, und man zeigte mir einen kleinen Bruder. Die Mutter lag weiß und reglos im Bett. Dr. Menachemoff sagte: »Sie braucht Ruhe!« Es war aber gar nicht ruhig. Fremde Frauen gingen im Zimmer herum, nun war ich wieder für alle da, ich wurde aufgemuntert und die Großmutter Arditti, die selten ins Haus kam, sagte: »Es geht ihr schon besser.« Die Mutter sagte nichts. Ich fürchtete mich vor ihr und lief hinaus und blieb auch nicht mehr an der Türe. Noch lange danach war mir die Mutter fremd, und es hat Monate gedauert, bis ich wieder Vertrauen zu ihr faßte.

Das nächste, was ich vor mir sehe, ist das Fest der Beschneidung. Es kamen viel mehr Leute ins Haus. Ich durfte bei der Beschneidung zusehen. Ich habe den Eindruck, daß man mich absichtlich zuzog, alle Türen waren offen, auch die Haustüre, im großen Wohnzimmer stand ein langer, gedeckter Tisch für die Gäste, und in einem anderen Zimmer, das dem Schlafzimmer gegenüber lag, ging die Beschneidung vor sich. Es waren nur Männer dabei, die alle standen. Der winzige Bruder wurde über eine Schüssel gehalten, ich sah das Messer, und besonders sah ich viel Blut, wie es in die Schüssel träufelte.

Der Bruder wurde nach dem Vater der Mutter Nissim genannt, und man erklärte mir, daß ich der Älteste sei und darum nach meinem väterlichen Großvater heiße. Die Stellung des ältesten Sohnes wurde so sehr herausgestrichen, daß ich vom Augenblick dieser Beschneidung an ihrer bewußt blieb und den Stolz darauf nie mehr los wurde.

An der Tafel ging es dann heiter zu, ich führte meine Hosen spazieren. Ich ruhte nicht, bis jeder der Gäste sie bemerkt hatte, und wenn neue kamen, lief ich ihnen zur Tür entgegen und blieb erwartungsvoll vor ihnen stehen. Es war ein großes Kommen und Gehen, als alle schon da waren, vermißte man noch den Cousin Jacques vom Nachbarhaus. »Er ist fort auf seinem Fahrrad«, sagte jemand, und sein Verhalten wurde mißbilligt. Nach dem Essen kam er staubbedeckt an. Ich sah ihn, wie er vorm Haus vom Fahrrad absprang, er war acht Jahre älter als ich und trug die Uniform eines Gymnasiasten. Er erklärte mir die neue Herrlichkeit, er hatte das Fahrrad erst geschenkt bekommen. Dann versuchte er sich unbemerkt unter die Gäste ins Haus zu schleichen, aber ich platzte damit heraus, daß ich auch ein Fahrrad möchte, Tante Sophie, seine Mutter, stürzte auf ihn zu und nahm ihn ins Gebet. Er drohte mir mit dem Finger und verschwand wieder.

An diesem Tag wurde mir auch bewußt, daß man mit geschlossenem Munde essen müsse. Régine, die Schwester des Fahrradbesitzers, steckte Nüsse in den Mund, ich stand vor ihr und sah gebannt zu ihr hinauf, wie sie mit geschlossenem Mund kaute. Es dauerte lange, und als sie damit fertig war, erklärte sie, ich müsse das jetzt auch so machen, sonst werde man mich wieder in Röckchen stecken. Ich muß es rasch gelernt haben, denn um nichts in der Welt mochte ich meine Hosen wieder hergeben.

Das Haus des Türken
Die beiden Großväter

Manchmal wurde ich ins Haus des Großvaters Canetti hinübergeführt, wenn er im Geschäft war, um der Großmutter meine Aufwartung zu machen. Sie saß auf dem türkischen Sofa, rauchte und trank schwarzen Kaffee. Sie war immer zuhause, sie ging nie aus, ich kann mich nicht erinnern, sie damals je außerhalb des Hauses gesehen zu haben. Sie hieß Laura und kam wie der Großvater aus Adrianopel. Er nannte sie »Oro«, was eigentlich Gold bedeutete, ich verstand nie ihren Namen. Von allen Verwandten war sie am meisten türkisch geblieben. Sie stand nie von ihrem Sofa auf, ich weiß gar nicht, wie sie hingelangte, denn ich sah sie nie gehen, und da seufzte sie von Zeit zu Zeit und trank noch eine Schale Kaffee und rauchte. Mit einem klagenden Ton empfing sie mich und entließ mich, ohne etwas zu mir gesagt zu haben, klagend. Für die Begleitperson, die mich hinbrachte, hatte sie einige jammernde Sätze. Vielleicht hielt sie sich für krank, vielleicht war sie es, aber sicher war sie auf orientalische Art sehr faul, und unter dem teuflisch lebendigen Großvater hatte sie bestimmt zu leiden.

Er war, was ich damals noch nicht wußte, wo immer er erschien, sofort im Mittelpunkt, in seiner Familie gefürchtet, ein Tyrann, der heiße Tränen weinen konnte, wenn es ihm behagte, am behaglichsten fühlte er sich in Gesellschaft der Enkel, die seinen Namen trugen. Unter Freunden und Bekannten, ja in der ganzen Gemeinde, war er für seine schöne Stimme beliebt, der besonders Frauen erlagen. Wenn er eingeladen war, nahm er die Großmutter nicht mit, ihre Dummheit und ihr ewiges Gejammer waren ihm lästig. Da war er dann immer bald von einem großen Kreis umringt, erzählte Geschichten, in denen er viele Rollen spielte, und bei besonderen Gelegenheiten ließ er sich erbitten zu singen.

Es gab, außer der Großmutter Canetti, noch vieles in Rustschuk, was türkisch war. Das erste Kinderliedchen, das ich lernte, ›Manzanicas coloradas, las que vienen de Stambol‹ – ›Äpfelchen rote, die kommen von Stambol‹, endete auf dem Namen der Stadt Stambol, von der ich hörte, wie riesig groß sie sei, und ich brachte sie bald mit den Türken in Verbindung, die man bei uns sah. »Edirne« – so hieß Adrianopel auf türkisch – die Stadt, von der beide Großeltern Canetti stammten, wurde oft genannt. Der Großvater sang nie endende türkische Lieder, wobei es darauf ankam, daß er manche hohe Töne besonders lange aushielt; ich hatte die heftigen und rascheren spanischen Lieder viel lieber.

Nicht weit von uns hatten die wohlhabenden Türken ihre Häuser, man erkannte sie an den engen Gittern vor den Fenstern, die zur Bewachung der Frauen dienten. Der erste Mord, von dem ich je sprechen hörte, war der Eifersuchtsmord eines Türken. Auf dem Weg zum Großvater Arditti führte mich die Mutter an einem solchen Hause vorbei, zeigte mir ein Gitter in der Höhe und sagte, da oben sei eine Türkin gestanden und habe einen Bulgaren, der vorüberging, angeschaut. Da sei der Türke, ihr Mann, gekommen und habe sie erstochen. Ich glaube nicht, daß ich früher wirklich erfaßte, was ein Toter ist. Aber auf diesem Spaziergang erfuhr ich es, an der Hand meiner Mutter. Ich fragte sie, ob die türkische Frau, die man am Boden in einer Blutlache gefunden habe, nicht wieder aufgestanden sei. »Nie!« sagte sie. »Nie! Sie war tot, verstehst du?« Ich hörte, aber ich verstand es nicht und fragte wieder. So zwang ich sie, ihre Antwort ein paarmal zu wiederholen, bis sie ungeduldig wurde und von etwas anderem sprach. Es war nicht nur die Tote in der Blutlache, was mich an dieser Geschichte beeindruckte, sondern auch die Eifersucht des Mannes, die zum Mord geführt hatte. An dieser gefiel mir etwas, und so sehr ich mich dagegen sperrte, daß die Frau endgültig tot war, die Eifersucht ging widerstandslos in mich ein.

Ich erfuhr sie am Ende dieses Spaziergangs an mir selber, als wir beim Großvater Arditti anlangten. Einmal die Woche, jeden Samstag, gingen wir ihn besuchen. Er wohnte in einem rötlichen, weitläufigen Hause. Man ging durch eine kleine Seitenpforte links vom Haus in einen alten Garten, der viel schöner war als der unsere. Ein großer Maulbeerbaum stand da, mit niederen Ästen, auf den es sich leicht klettern ließ. Ich durfte noch nicht hinauf, aber die Mutter ging nie daran vorüber, ohne mir einen Ast oben zu zeigen, es war ihr Versteck, wo sie als junges Mädchen zu sitzen pflegte, wenn sie ungestört lesen wollte. Da verkroch sie sich mit ihrem Buch und saß mäuschenstill, und so geschickt stellte sie es an, daß man sie von unten nicht sah, und hörte nicht, wenn man sie rief, weil ihr das Buch so gut gefiel, da oben las sie alle ihre Bücher. Nicht weit vom Maulbeerbaum führten Stufen hinauf ins Haus, die Wohnräume lagen höher als bei uns, aber die Gänge lagen im Dunkel. Da kamen wir durch viele Zimmer bis ins letzte, wo der Großvater in einem Lehnstuhl saß, ein kleiner, bleicher Mann, immer in Schals und Plaids warm eingepackt, er war kränklich.

»Li beso las manos, Señor Padre!« sagte die Mutter – »Ich küsse Ihnen die Hände, Herr Vater!« Dann schob sie mich vor, ich mochte ihn nicht und ich mußte ihm die Hand küssen. Er war nie lustig oder zornig oder zärtlich oder streng wie der andere Großvater, dessen Name ich trug, er blieb sich immer ganz gleich, er saß in seinem Lehnstuhl und rührte sich nicht, er sprach nicht zu mir, schenkte mir nichts und wechselte bloß ein paar Sätze mit der Mutter. Dann kam das Ende des Besuches, das ich haßte, es war jedesmal dasselbe. Er sah mich mit einem schlauen Lächeln an und fragte mich mit leiser Stimme: »Wen hast du lieber, den Großvater Arditti oder den Großvater Canetti?« Er kannte die Antwort, alle Leute, groß und klein, waren dem Großvater Canetti verfallen und ihn mochte niemand. Aber er wollte mich zwingen, die Wahrheit zu sagen, und brachte mich in die peinlichste Verlegenheit, die er genoß, denn jeden Samstag geschah es wieder. Ich sagte erst nichts, sah ihn hilflos an, er stellte seine Frage wieder, bis ich die Kraft zur Lüge fand und »Beide!« sagte. Da hob er drohend den Finger und rief, es war das einzige Laute, was ich je von ihm hörte: »Fálsu!« – »Falscher!«, wobei er den starken Ton auf dem »a« lange hinauszog, das Wort klang drohend und klagend zugleich, ich habe es im Ohr, als wäre ich gestern bei ihm zu Besuch gewesen.

Auf dem Weg durch die vielen Zimmer und Gänge hinaus fühlte ich mich schuldig, weil ich gelogen hatte und war sehr bedrückt; die Mutter, obschon sie unerschütterlich an ihrer Familie hing und diesen rituellen Besuch bei ihrem Vater nie aufgegeben hätte, fühlte sich wohl auch ein wenig schuldig, weil sie mich dieser Anklage, die eigentlich dem anderen Großvater galt, aber mich allein traf, immer wieder aussetzte. Sie führte mich zum Trost in die ›bagtsché‹, den Obst- und Rosengarten hinterm Hause. Da zeigte sie mir alle Lieblingsblumen aus ihrer Mädchenzeit, sog ihren Duft tief ein, sie hatte weite Nüstern und immer bebten ihre Nasenflügel, hob mich auf, damit ich auch an den Rosen rieche, und pflückte, falls etwas reif war, für mich ein wenig Obst, was der Großvater nicht wissen durfte, denn es war Sabbat. Es war der wunderbarste Garten, dessen ich mich entsinne, nicht zu gut gehalten, ein wenig verwachsen; und daß der Großvater von diesem Sabbat-Obst nichts wissen durfte, daß die Mutter selbst etwas nicht Erlaubtes tat, mir zuliebe, muß mir das Gefühl der Schuld genommen haben, denn auf dem Heimweg war ich schon ganz munter und stellte wieder Fragen.

Zuhause erfuhr ich von der Cousine Laurica, daß der Großvater eifersüchtig sei, alle seine Enkel hätten ihren anderen Großvater lieber als ihn, und als größtes Geheimnis vertraute sie mir den Grund dafür an: er sei »mizquin«, geizig, aber das dürfe ich meiner Mutter nicht sagen.

Purim. Der Komet

Das Fest, das wir Kinder am kräftigsten spürten, obwohl wir, ganz klein, noch nicht eigentlich daran teilnahmen, war das Purim-Fest. Es war ein Freudenfest zur Erinnerung an die Errettung der Juden von Hamán, dem bösen Verfolger. Hamán war eine wohlbekannte Figur und sein Name war in die Umgangssprache eingegangen. Bevor ich erfuhr, daß er ein Mann war, der gelebt und schreckliche Dinge ausgeheckt hatte, kannte ich seinen Namen als Schimpfwort. Wenn ich die Erwachsenen zu lange mit Fragen quälte oder nicht schlafen gehen wollte oder sonst nicht tat, was man von mir wollte, kam ein Stoßseufzer: »Hamán!« Dann wußte ich, daß man keinen Spaß mehr verstand, daß ich ausgespielt hatte, »Hamán« war das letzte Wort, ein Stoßseufzer, aber auch eine Beschimpfung. Ich war sehr erstaunt, als man mir ein wenig später erklärte, daß Hamán ein böser Mann gewesen sei, der alle Juden töten wollte. Aber dank Mordechai und der Königin Esther war es ihm mißlungen und aus Freude darüber feierten die Juden Purim.

Die Erwachsenen verkleideten sich und gingen aus, man hörte Lärm von der Straße, Masken erschienen im Haus, ich wußte nicht, wer sie waren, es war wie im Märchen, nachts blieben die Eltern lange aus, die allgemeine Aufregung teilte sich uns Kindern mit, ich lag wach im Kinderbett und horchte. Manchmal zeigten sich die Eltern maskiert und entlarvten sich dann, das war ein besonderer Spaß, aber lieber noch war es mir, ich wußte nicht, daß sie es waren.

Eines Nachts, ich war schließlich doch eingeschlafen, weckte mich ein riesiger Wolf, der sich über mein Kinderbett neigte. Eine lange, rote Zunge hing ihm aus dem Mund und er fauchte fürchterlich. Ich schrie aus Leibeskräften: »Ein Wolf! Ein Wolf!« Niemand hörte mich, niemand kam, ich schrie immer gellender und weinte. Da kam eine Hand hervor, griff an die Ohren des Wolfs und zog seinen Kopf herunter. Dahinter stand der Vater und lachte. Ich schrie weiter: »Ein Wolf! Ein Wolf!« Ich wollte, daß der Vater ihn verjage. Er zeigte mir die Maske des Wolfes in der Hand, ich glaubte ihm nicht, er konnte lange sagen: »Siehst du nicht, das war ich, das war kein wirklicher Wolf«, ich war nicht zu beruhigen und schluchzte und weinte immer weiter.

So war die Geschichte vom Werwolf wahr geworden. Der Vater wird nicht gewußt haben, was die kleinen Mädchen mir immer erzählten, wenn wir im Dunkeln auf einem Haufen allein waren. Die Mutter machte sich Vorwürfe über ihre Schlittengeschichte, ihm aber hielt sie seine unzähmbare Lust an der Maskerade vor. Er tat nichts lieber als Theaterspielen. Als er in

Wien auf der Schule war, hatte er nur einen Wunsch, den, Schauspieler zu werden. Aber er wurde in Rustschuk erbarmungslos ins väterliche Geschäft gesteckt. Da gab es zwar ein Amateurtheater, wo er zusammen mit der Mutter auftrat, doch was war das gemessen an seinen frühen Wiener Träumen. Wahrhaft entfesselt, sagte die Mutter, sei er während des Purim-Fests gewesen. Da habe er mehrmals hintereinander seine Masken gewechselt und alle Bekannten in den sonderbarsten Auftritten überrascht und erschreckt.

Der Wolfsschrecken hielt lange vor, Nacht für Nacht hatte ich böse Träume und weckte die Eltern, in deren Zimmer ich schlief, sehr oft auf. Der Vater suchte mich zu beruhigen, bis ich wieder einschlief, aber dann kam der Wolf im Traume wieder, wir wurden ihn nicht so bald los. Von dieser Zeit an galt ich als gefährdetes Kind, dessen Phantasie nicht überreizt werden dürfe, und die Folge war, daß ich während vieler Monate nur langweilige Geschichten zu hören bekam, die ich alle vergessen habe.

Das nächste Ereignis ist der große Komet und da ich seither nie an das eine ohne das andere gedacht habe, muß ein Zusammenhang bestehen. Ich glaube, das Erscheinen des Kometen hat mich vom Wolf befreit, mein Kinderschrecken ging im allgemeinen Schrecken jener Tage auf, denn nie habe ich die Menschen in solcher Aufregung gesehen wie zur Zeit des Kometen. Auch spielte sich beides, Wolf wie Komet, zur Nachtzeit ab, ein Grund mehr, daß sie in der Erinnerung zusammenrückten.

Alle sprachen vom Kometen, bevor ich ihn sah, und ich hörte, das Ende der Welt sei gekommen. Ich stellte mir nichts darunter vor, wohl aber merkte ich, daß die Leute verändert waren, zu flüstern begannen, wenn ich in die Nähe kam und mich mitleidig ansahen. Die bulgarischen Mädchen flüsterten nicht, sie sagten es alles heraus und von ihnen erfuhr ich, auf ihre derbe Art, daß das Ende der Welt gekommen sei. Es war der allgemeine Glaube in der Stadt und er muß eine Weile vorgeherrscht haben, da es sich mir, ohne daß ich mich selbst vor etwas Bestimmtem fürchtete, so tief einprägte. Wieweit die Eltern als gebildete Menschen davon angesteckt waren, vermag ich nicht zu sagen. Aber ich bin sicher, daß sie sich dem allgemeinen Glauben nicht entgegensetzten, sonst hätten sie, nach der früheren Erfahrung, etwas getan, um mich aufzuklären, und sie taten es nicht.

Eines Nachts hieß es, jetzt sei der Komet da und jetzt werde er auf die Erde fallen. Ich wurde nicht schlafen geschickt, ich hörte jemand sagen, das hätte jetzt keinen Sinn, die Kinder sollten auch in den Garten kommen. Im großen Gartenhof standen viele Menschen herum, so viele hatte ich noch nie hier gesehen, alle Kinder aus unseren Häusern und den Nachbarhäusern standen dazwischen, und alle, Erwachsene wie Kinder, starrten zum Himmel hinauf, wo riesig und leuchtend der Komet stand. Ich sehe ihn über den halben Himmel gebreitet. Ich spüre die Anspannung im Nacken, mit der ich seiner ganzen Länge zu folgen versuchte. Vielleicht hat er sich in meiner Erinnerung verlängert, vielleicht nahm er nicht den halben, sondern einen kleineren Teil des Himmels ein. Ich muß anderen, die damals erwachsen und nicht geängstigt waren, die Entscheidung über diese Frage überlassen. Aber es war sehr hell, fast wie bei Tag, und ich wußte sehr wohl, daß es eigentlich Nacht sein sollte, denn ich war zum erstenmal um diese Zeit nicht ins Bett gesteckt worden und das war für mich das eigentliche Erlebnis. Alle standen im Gartenhof, schauten auf den Himmel und warteten. Die Großen gingen kaum hin und her, es war sonderbar ruhig, es wurde nur leise gesprochen, am ehesten bewegten sich noch die Kinder, um die man sich wenig kümmerte. In dieser Erwartung spürte ich wohl etwas von der Angst, von der alle erfüllt waren, denn um sie mir zu nehmen, gab mir jemand einen Zweig mit Kirschen. Ich hatte eine Kirsche im Mund und den Kopf hochgestreckt, als ich dem riesigen Kometen mit den Augen zu folgen suchte und über dieser Anstrengung und vielleicht auch über der wunderbaren Schönheit des Kometen vergaß ich die Kirsche und schluckte den Kern.

Es dauerte sehr lange, niemand wurde es müde und die Menschen standen weiter dicht beisammen. Ich sehe weder Vater noch Mutter dabei, ich sehe niemand von denen, die mein Leben ausmachten, vereinzelt. Ich sehe sie nur alle zusammen, und wenn ich das Wort nicht später so häufig gebraucht hätte, würde ich sagen, ich sehe sie als Masse: eine stockende Masse der Erwartung.

Die Zaubersprache
Das Feuer

Das größte Reinemachen im Haus kam vor Pessach, Ostern. Da wurde alles drunter und drüber gerückt, nichts blieb am selben Fleck und da das Reinemachen früh begann, es dauerte, glaube ich, gegen zwei Wochen, war das die Zeit der größten Unordnung. Niemand hatte Zeit für einen, immer war man jemandem im Weg und wurde auf die Seite geschoben oder weggeschickt, und auch in die Küche, wo die interessantesten Dinge vorbereitet wurden, durfte man höchstens einen kurzen Blick werfen. Ich hatte die braunen Eier am liebsten, die tagelang in Kaffee gekocht wurden.

Für den Seder-Abend wurde der lange Tisch im Wohnzimmer aufgestellt und hergerichtet und vielleicht mußte das Zimmer für diese Gelegenheit so lang sein, der Tisch faßte sehr viel Gäste. Die ganze Familie war für den Seder-Abend versammelt, der in unserem Hause gefeiert wurde. Es war Sitte, zwei, drei fremde Leute von der Straße hereinzuholen, die an die Festtafel gesetzt wurden und an allem teilnahmen.

Am obersten Ende saß der Großvater und las die Haggadah, die Geschichte vom Auszug der Juden aus Ägypten. Es war sein stolzester Augenblick: nicht nur war er über seine Söhne und Schwiegersöhne gesetzt, die ihm Ehre erwiesen und seine Anweisungen alle befolgten, er, der Älteste, mit seinem scharfen Raubvogelkopf, war auch der Feurigste von allen, nichts entging ihm, während er im Singsang las, bemerkte er die geringste Bewegung, jeden kleinsten Vorgang am Tisch und sah durch einen Blick oder durch eine leichte Handbewegung nach dem Rechten. Es war alles sehr warm und dicht, die Atmosphäre einer uralten Erzählung, in der alles genau vorgebildet war und seine Stelle hatte. An den Seder-Abenden bewunderte ich den Großvater sehr, und auch seine Söhne, die es mit ihm nicht leicht hatten, schienen gehoben und heiter.

Als der Jüngste hatte ich meine eigene, nicht unwichtige Funktion, ich mußte das ›Ma-nischtanah‹ sagen. Die Erzählung vom Auszug aus Ägypten ist eingekleidet in die Frage nach dem Anlaß des Festes. Der jüngste der Anwesenden fragt gleich zu Beginn, was diese Vorrichtungen alle bedeuten: das ungesäuerte Brot, die bitteren Kräuter und die anderen ungewohnten Dinge auf der Tafel. Der Erzähler, in diesem Falle der Großvater, beantwortete die Frage des Jüngsten mit der ausführlichen Geschichte des Auszuges aus Ägypten. Ohne meine Frage, die ich auswendig hersagte, wobei ich das Buch in der Hand hielt und mich stellte, als ob ich lese, konnte die Erzählung nicht beginnen. Ihre Einzelheiten waren mir bekannt, man hatte sie mir oft erklärt, aber mich verließ während der ganzen Verlesung nicht das Gefühl, daß der Großvater mir auf meine Frage antwortete. So war es auch für mich ein großer Abend, ich kam mir wichtig, ja unentbehrlich vor, es war ein Glück, daß es keinen jüngeren Vetter gab, der mich von dieser Stelle verdrängt hätte.

Aber obwohl ich jedem Wort und jeder Bewegung des Großvaters folgte, freute ich mich während der ganzen Dauer der Verlesung auf das Ende. Denn da kam das Schönste: die Männer standen alle plötzlich auf und tanzten ein wenig umher und sangen tanzend zusammen ›Had gadja, had gadja‹ – ›Ein Lämmlein, ein Lämmlein‹. Das war ein lustiges Lied und ich kannte es schon gut, aber es gehörte dazu, daß ein Onkel mich zu sich heranwinkte, sobald es zu Ende war, und mir jede einzelne Zeile davon ins Spanische übersetzte.

Wenn der Vater vom Geschäft nach Hause kam, sprach er gleich mit der Mutter. Sie liebten sich sehr in dieser Zeit und hatten eine eigene Sprache unter sich, die ich nicht verstand, sie sprachen deutsch, die Sprache ihrer glücklichen Schulzeit in Wien. Am liebsten sprachen sie vom Burgtheater, da hatten sie, noch bevor sie sich kannten, dieselben Stücke und dieselben Schauspieler gesehen und kamen mit ihren Erinnerungen darüber nie zu Ende. Später erfuhr ich, daß sie sich unter solchen Gesprächen ineinander verliebt hatten, und während sie einzeln nicht imstande gewesen waren, den Traum vom Theater wahrzumachen – beide wären für ihr Leben gern Schauspieler geworden –, gelang es ihnen zusammen, die Heirat durchzusetzen, gegen die es viele Widerstände gab.

Der Großvater Arditti, aus einer der ältesten und wohlhabendsten Spaniolen-Familien in Bulgarien, widersetzte sich einer Ehe seiner Jüngsten, die seine Lieblingstochter war, mit dem Sohn eines Emporkömmlings aus Adrianopel. Der Großvater Canetti hatte sich selbst heraufgearbeitet, von einem betrogenen Waisenkind, das jung auf die Straße gesetzt wurde, hatte er es zwar zu Wohlstand gebracht, aber in den Augen des anderen Großvaters blieb er ein Komödiant und ein Lügner. »Es mentiroso« – »Er ist ein Lügner«, hörte ich ihn einmal noch selber sagen, als er nicht wußte, daß ich zuhörte. Der Großvater Canetti hielt sich aber über den Hochmut der Ardittis auf, die auf ihn herabsahen. Sein Sohn konnte jedes Mädchen zur Frau haben und es schien ihm eine überflüssige Demütigung, daß er die Tochter gerade dieses Ardittis heiraten solle. So hielten meine Eltern ihre Verbindung erst geheim und nur allmählich, mit größter Zähigkeit und unter der tätigen Hilfe ihrer älteren Geschwister und gutgesinnter Verwandter, gelang es ihnen, der Erfüllung ihres Wunsches näherzukommen. Schließlich gaben die beiden Alten nach, aber eine Spannung zwischen ihnen blieb immer bestehen und sie konnten sich nie leiden. In der geheimen Zeit hatten die jungen Leute ihre Liebe unaufhörlich durch deutsche Gespräche genährt, und man kann sich denken, wieviele Bühnenliebespaare dabei eine Rolle spielten.

Ich hatte also guten Grund, mich ausgeschlossen zu fühlen, wenn die Eltern mit ihren Gesprächen anfingen. Sie wurden überaus lebhaft und lustig dabei und ich verband diese Verwandlung, die ich wohl bemerkte, mit dem Klang der deutschen Sprache. Ich hörte ihnen mit der größten Anspannung zu und fragte sie dann, was dies oder jenes bedeute. Sie lachten und sagten, es sei zu früh für mich, das seien Dinge, die ich erst später verstehen könne. Es war schon viel, daß sie mir das Wort ›Wien‹ preisgaben, das einzige. Ich glaubte, daß es sich um wunderbare Dinge handeln müsse, die man nur in dieser Sprache sagen könne. Wenn ich lange vergeblich gebettelt hatte, lief ich zornig davon, in ein anderes Zimmer, das selten benutzt wurde, und sagte mir die Sätze, die ich von ihnen gehört hatte, her, im genauen Tonfall, wie Zauberformeln, ich übte sie oft für mich, und sobald ich allein war, ließ ich alle Sätze oder auch einzelne Worte, die ich eingelernt hatte, hintereinander los, so rasch, daß mich sicher niemand verstanden hätte. Ich hütete mich aber davor, die Eltern das je merken zu lassen, und erwiderte ihr Geheimnis mit meinem.

Ich fand heraus, daß der Vater einen Namen für die Mutter hatte, den er nur gebrauchte, wenn sie deutsch sprachen. Sie hieß Mathilde und er nannte sie Mädi. Einmal stand ich im Garten, verstellte so gut ich es vermochte, meine Stimme und rief laut ins Haus hinein: »Mädi! Mädi!« So rief sie der Vater vom Gartenhof aus, wenn er nach Hause kam. Dann rannte ich rasch ums Haus herum davon und erschien erst nach einer Weile wieder mit unschuldiger Miene. Da stand die Mutter ratlos und fragte mich, ob ich den Vater gesehen hätte. Es war ein Triumph für mich, daß sie meine Stimme für die des Vaters gehalten hatte, und ich hatte die Kraft, die Sache, die sie ihm als unbegreiflich gleich nach seiner Heimkehr erzählte, für mich zu behalten.

Es fiel ihnen nicht ein, mich zu verdächtigen, aber unter den vielen heftigen Wünschen dieser Zeit blieb es für mich der heftigste, ihre geheime Sprache zu verstehen. Ich kann nicht erklären, warum ich dem Vater nicht eigentlich dafür grollte. Wohl aber bewahrte ich einen tiefen Groll gegen die Mutter und er verging erst, als sie mir Jahre später, nach seinem Tod, selber Deutsch beibrachte.

Eines Tages war der Gartenhof voller Rauch, einige unserer Mädchen liefen auf die Straße und kamen bald aufgeregt zurück, mit der Nachricht, daß ein Haus in der Nachbarschaft brenne. Es stehe schon ganz in Flammen, es brenne ganz herunter. Gleich leerten sich die drei Häuser um unseren Hof und mit Ausnahme der Großmutter, die sich nie von ihrem Sofa erhob, rannten alle Bewohner hinaus in die Richtung des Feuers. Das geschah so rasch, daß man mich vergaß. Mir wurde ein wenig bang so ganz allein, auch zog es mich selbst – vielleicht zum Feuer, vielleicht noch mehr in die Richtung, in die ich alle laufen sah. Ich lief also zum offenen Hoftor hinaus auf die Straße, die mir verboten war, und geriet in den eiligen Strom der Menschen. Zum Glück sah ich bald zwei unserer größeren Mädchen, und da sie um nichts in der Welt ihre Richtung geändert hätten, nahmen sie mich in die Mitte und zogen mich rasch fort. In einiger Entfernung vom Feuer blieben sie stehen, vielleicht um mich nicht in Gefahr zu bringen, und da sah ich zum erstenmal ein brennendes Haus. Es war schon weit heruntergebrannt, Balken stürzten ein und Funken sprühten. Es ging gegen Abend, es wurde allmählich dunkel und das Feuer schien immer heller. Aber was mir weit mehr Eindruck machte als das brennende Haus, waren die Menschen, die sich darum bewegten. Sie sahen klein und schwarz aus dieser

Entfernung aus, es waren sehr viele und sie rannten alle durcheinander. Manche blieben in der Nähe des Hauses, manche entfernten sich und diese trugen alle etwas auf dem Rücken. »Diebe!« sagten die Mädchen, »das sind Diebe! Sie tragen Sachen aus dem Haus fort, bevor man sie erwischt!« Sie waren darüber nicht weniger aufgeregt als über das Feuer, und als sie immer wieder »Diebe!« riefen, teilte sich ihre Aufregung mir mit. Unermüdlich waren die kleinen schwarzen Figuren, tief gebückt bewegten sie sich in alle Richtungen davon. Manche hatten Bündel über die Schultern geworfen, andere liefen gebückt unter der Last eckiger Gegenstände, die ich nicht erkennen konnte, und wenn ich fragte, was sie trügen, wiederholten die Mädchen nur immer: »Diebe! Das sind Diebe!«

Dieser Anblick, der mir unvergeßlich blieb, ist mir später in die Bilder eines Malers aufgegangen, so daß ich nicht mehr sagen könnte, was ursprünglich war und was von ihnen dazu kam. Ich war neunzehn, als ich in Wien vor den Bildern Brueghels stand. Ich erkannte auf der Stelle die vielen kleinen Menschen jenes Feuers aus der Kindheit. Die Bilder waren mir so vertraut, als hätte ich mich immer unter ihnen bewegt. Ich verspürte eine ungeheure Anziehung von ihnen und ging täglich hin. Der Teil meines Lebens, der mit jenem Feuer begann, setzte sich unmittelbar in diesen Bildern fort, als wären keine fünfzehn Jahre dazwischen gelegen. Brueghel ist mir der wichtigste Maler geworden, aber ich habe ihn mir nicht wie vieles Spätere durch Betrachtung oder Nachdenken erworben. Ich habe ihn in mir vorgefunden, als hätte er schon lange, sicher daß ich zu ihm kommen müsse, auf mich gewartet.

Kreuzottern und Buchstaben

Eine frühe Erinnerung spielt an einem See. Ich sehe den See, der weit ist, ich sehe ihn durch Tränen. Wir stehen bei einem Boot am Ufer, die Eltern und ein Mädchen, das mich an der Hand hält. Die Eltern sagen, daß sie in diesem Boot auf dem See fahren wollen. Ich suche mich loszureißen, um ins Boot zu klettern, ich will mit, ich will mit, aber die Eltern sagen, ich darf nicht mit, ich muß mit dem Mädchen, das mich an der Hand hält, zurückbleiben. Ich weine, sie reden mir zu, ich weine immer weiter. Das dauert lang,

sie sind unerbittlich, ich beiße das Mädchen, das mich nicht losläßt, in die Hand. Die Eltern sind böse und lassen mich mit ihr
zurück, aber jetzt als Strafe. Sie entschwinden im Boot, ich
schreie ihnen aus Leibeskräften nach, jetzt sind sie weit weg, der
See wird größer und größer, alles verschwimmt in Tränen.

Es war der Wörthersee, ich war drei Jahre alt, das wurde mir
lange danach gesagt. Von Kronstadt in Siebenbürgen, wo wir
den nächsten Sommer verbrachten, sehe ich Wälder und einen
Berg, eine Burg und Häuser auf allen Seiten des Burghügels, ich
selber komme in diesem Bild nicht vor, wohl aber sind mir
Geschichten über Schlangen in Erinnerung geblieben, die der
Vater damals erzählte. Er war, bevor er nach Wien kam, in
Kronstadt in einem Pensionat gewesen. Da gab es viele Kreuzottern in der Gegend, und die Bauern wollten sie loswerden. Die
Buben lernten, wie man sie fängt, und bekamen für einen Sack
mit toten Kreuzottern zwei Kreuzer. Der Vater zeigte mir, wie
man die Kreuzottern packt, gleich hinterm Kopf, so daß sie
einem nichts tun können, und wie man sie dann totschlägt. Es
sei leicht, sagte er, wenn man es einmal verstehe, und gar nicht
gefährlich. Ich bewunderte ihn sehr und wollte wissen, ob sie
denn im Sack auch wirklich ganz tot wären. Ich befürchtete, daß
sie sich tot stellten und plötzlich aus dem Sack hervorschössen.
Der war aber fest zugebunden, sagte er, und tot mußten sie sein,
sonst hätte man die zwei Kreuzer nicht bekommen. Ich glaubte
nicht, daß etwas ganz tot sein könnte.

So verbrachten wir die Sommerferien gleich in drei Jahren
hintereinander an Orten der alten österreichisch-ungarischen
Monarchie, in Karlsbad, am Wörthersee und in Kronstadt. Zwischen diesen drei weit auseinanderliegenden Punkten, wenn
man sie zu einem Dreieck verbindet, war ein guter Teil der alten
Monarchie enthalten.

Über den Einfluß Österreichs auf uns schon in dieser frühen
Rustschuker Zeit wäre viel zu sagen. Nicht nur waren beide
Eltern in Wien in die Schule gegangen, nicht nur sprachen sie
untereinander deutsch: der Vater las täglich die ›Neue Freie Presse‹, es war ein großer Augenblick, wenn er sie langsam ausein-
anderfaltete. Sobald er sie zu lesen begonnen hatte, hatte er kein
Auge mehr für mich, ich wußte, daß er dann auf keinen Fall
antwortete, auch die Mutter fragte ihn dann nichts, nicht einmal
auf deutsch. Ich versuchte herauszubekommen, was es war, das

ihn an der Zeitung so fesselte, anfangs dachte ich, es sei der Geruch, und wenn ich allein war und mich niemand sah, kletterte ich auf den Stuhl und roch begierig an der Zeitung. Aber dann beobachtete ich, wie er den Kopf am Blatt entlang bewegte und tat es ihm nach, hinter seinem Rücken, ohne das Blatt vor Augen zu haben, das er auf dem Tisch zwischen beiden Händen hielt, während ich hinter ihm auf dem Boden spielte. Einmal rief ihn ein Besucher, der eingetreten war, an, er drehte sich um und ertappte mich bei meinen imaginären Lesebewegungen. Da sprach er zu mir, noch bevor er sich um den Besucher kümmerte, und erklärte mir, daß es auf die Buchstaben ankomme, viele kleine Buchstaben, auf die er mit dem Finger klopfte. Bald würde ich sie selber lernen, sagte er, und weckte in mir eine unstillbare Sehnsucht nach Buchstaben.

Ich wußte, daß die Zeitung von Wien kam, das war weit weg, vier Tage fuhr man hin auf der Donau. Man sprach oft von Verwandten, die nach Wien fuhren, um berühmte Ärzte zu konsultieren. Die Namen der großen Spezialisten jener Tage waren die allerersten Berühmtheiten, von denen ich als Kind hörte. Als ich später nach Wien kam, war ich verwundert, daß es all diese Namen: Lorenz, Schlesinger, Schnitzler, Neumann, Hajek, Halban als Leute wirklich gab. Ich hatte nie versucht, sie mir leiblich vorzustellen; woraus sie bestanden, das waren ihre Aussprüche, und diese hatten ein solches Gewicht, die Reise zu ihnen war so weit, die Veränderungen, die ihre Aussprüche bei den Menschen meiner Umgebung bewirkten, so umwälzend, daß sie etwas von Geistern annahmen, die man fürchtet und um Hilfe anruft. Wenn man von ihnen zurückkam, durfte man nur noch bestimmte Sachen essen, und andere waren einem verboten. Ich stellte mir vor, daß sie in einer eigenen Sprache redeten, die niemand verstand und die man erraten mußte. Ich kam nicht auf den Gedanken, daß es dieselbe Sprache war, die ich von den Eltern hörte und heimlich, ohne sie zu verstehen, für mich übte.

Es war oft von Sprachen die Rede, sieben oder acht verschiedene wurden allein in unserer Stadt gesprochen, etwas davon verstand jeder, nur die kleinen Mädchen, die von den Dörfern kamen, konnten Bulgarisch allein und galten deshalb als dumm. Jeder zählte die Sprachen auf, die er kannte, es war wichtig, viele von ihnen zu beherrschen, man konnte durch ihre Kenntnis sich selbst oder anderen Menschen das Leben retten.

In früheren Jahren trugen die Kaufleute, wenn sie auf Reisen gingen, ihr ganzes Geld in Katzen um den Leib geschlungen. So befuhren sie auch die Donaudampfer, und das war gefährlich. Der Großvater meiner Mutter, als er sich auf dem Deck schlafend stellte, überhörte zwei Männer, die auf griechisch einen Mordplan besprachen. Sie wollten, sobald der Dampfer sich der nächsten Stadt näherte, einen Kaufmann in seiner Kabine überfallen und umbringen, seine schwere Geldkatze rauben, die Leiche durch ein Kajütenfenster in die Donau werfen und dann, wenn der Dampfer hielt, sofort das Schiff verlassen. Mein Urgroßvater ging zum Kapitän und erzählte ihm, was er auf griechisch gehört hatte. Der Kaufmann wurde gewarnt, ein Mann der Besatzung verbarg sich heimlich in der Kabine, andere wurden außen postiert, und als die beiden Mordbuben an die Ausführung ihres Planes gingen, wurden sie gepackt und im Hafen, wo sie sich mit ihrem Raub hatten davonmachen wollen, in Ketten der Polizei übergeben. Das kam also davon, daß man zum Beispiel Griechisch verstand, und es gab noch viele andere erbauliche Sprachgeschichten.

Der Mordanschlag

Laurica, meine Cousine, und ich waren unzertrennliche Spielgefährten. Sie war die jüngste Tochter der Tante Sophie vom Nebenhaus, aber vier Jahre älter als ich. Der Gartenhof war unsere Domäne. Laurica achtete darauf, daß ich nicht auf die Straße lief, aber der Gartenhof war groß, und da durfte ich überall hin, nur auf den Rand des Ziehbrunnens durfte ich nicht klettern, da war ein Kind einmal hineingefallen und ertrunken. Wir hatten viele Spiele und verstanden uns gut, es war, als ob der Altersunterschied zwischen uns nicht bestünde. Wir hatten gemeinsame Verstecke, die wir niemandem verrieten, und hoben da kleine Gegenstände zusammen auf, und was immer einer hatte, gehörte auch dem anderen. Wenn ich ein Geschenk bekam, lief ich gleich damit davon und sagte: »Ich muß es Laurica zeigen!« Wir berieten dann darüber, in welches Versteck es käme, und stritten nie. Ich tat, was sie wollte, sie tat, was ich wollte, wir liebten uns so, daß wir immer dasselbe wollten. Ich ließ sie nicht fühlen, daß sie bloß ein Mädchen und ein jüngstes

Kind war. Seit der Geburt meines Bruders und seit ich Hosen trug, war ich mir meiner Würde als ältester Sohn sehr bewußt. Vielleicht half das dazu, den Altersunterschied zwischen uns auszugleichen.

Dann kam Laurica in die Schule und blieb den Vormittag weg. Sie ging mir sehr ab. Ich spielte allein und wartete auf sie, und wenn sie nach Hause kam, fing ich sie gleich beim Tor ab und fragte sie aus, was sie in der Schule getan hätte. Sie erzählte mir davon, ich stellte es mir vor und sehnte mich danach, in die Schule zu gehen, um mit ihr zu sein. Nach einiger Zeit kam sie mit einem Schreibheft zurück, sie lernte lesen und schreiben. Sie schlug es feierlich vor meinen Augen auf, es enthielt Buchstaben in blauer Tinte, die mich mehr faszinierten als alles, was ich je gesehen hatte. Aber als ich es berühren wollte, wurde sie plötzlich ernst. Sie sagte, das dürfe ich nicht, das dürfe nur sie, es sei ihr verboten, das Heft aus der Hand zu geben. Ich war von dieser ersten Weigerung tief betroffen. Aber alles, was ich unter zärtlichen Bitten von ihr erlangte, war, daß ich mit Fingern auf Buchstaben zeigen durfte, ohne sie zu berühren, dabei fragte ich, was sie bedeuten. Dieses eine Mal antwortete sie mir und gab mir Auskunft, aber ich merkte, daß sie nicht sicher war und sich widersprach, und da ich über das Zurückhalten des Heftes gekränkt war, sagte ich: »Du weißt es gar nicht! Du bist ein schlechter Schüler!«

Seither hielt sie die Hefte immer von mir fern. Sie hatte deren bald viele, um jedes dieser Hefte beneidete ich sie, sie wußte es wohl, und ein schreckliches Spiel begann. Sie veränderte sich ganz und gar zu mir und ließ mich meine Kleinheit fühlen. Tag für Tag ließ sie mich um die Hefte betteln, Tag für Tag versagte sie sie mir. Sie verstand es, mich hinzuhalten und die Quälerei zu verlängern. Ich wundere mich nicht, daß es zur Katastrophe kam, wenn auch niemand die Form, die sie annahm, vorausgesehen hätte.

Am Tag, den keiner in der Familie je vergaß, stand ich wie immer beim Tor und wartete auf sie. »Laß mich die Schrift sehen«, bettelte ich, kaum war sie erschienen. Sie sagte nichts, ich wußte, jetzt ging es wieder los und niemand hätte uns in diesem Augenblick voneinander trennen können. Sie legte das Ränzel langsam ab, holte die Hefte langsam heraus, blätterte langsam darin und hielt sie mir dann blitzrasch vor die Nase. Ich griff danach, sie zog sie zurück und sprang davon. Aus der Ferne hielt sie mir ein offenes Heft entgegen und rief: »Du bist zu klein! Du bist zu klein! Du kannst noch nicht lesen!«

Ich versuchte sie zu fangen, rannte ihr überallhin nach, ich bettelte, ich flehte um die Hefte. Manchmal ließ sie mich ganz nah an sich herankommen, so daß ich die Hefte schon zu fassen glaubte, und entzog sie und sich im letzten Augenblick. Durch geschickte Manöver gelang es mir, sie in den Schatten einer nicht sehr hohen Mauer zu jagen, von wo sie mir nicht mehr entkommen konnte. Da hatte ich sie nun und schrie in höchster Erregung: »Gib sie mir! Gib sie mir! Gib sie mir!«, womit ich die Hefte wie die Schrift meinte, beides war für mich eins. Sie hob die Arme mit den Heften hoch über den Kopf, sie war viel größer als ich, und legte sie oben auf die Mauer hin. Ich kam nicht hinauf, ich war zu klein, ich sprang und sprang und japste, es war umsonst, sie stand daneben und lachte höhnisch. Plötzlich ließ ich sie stehen und ging den langen Weg ums Haus herum in den Küchenhof, um das Beil des Armeniers zu holen, mit dem ich sie töten wollte.

Da lag das aufgeschichtete, zerhackte Holz, die Axt lag daneben, der Armenier war nicht da, ich hob die Axt hoch und sie gerade vor mir herhaltend, marschierte ich den langen Weg in den Gartenhof zurück, mit einem Mordgesang auf den Lippen, den ich unaufhörlich wiederholte: »Agora vo matar a Laurica! Agora vo matar a Laurica!« – »Jetzt werde ich Laurica töten! Jetzt werde ich Laurica töten!«

Als ich zurückkam und sie mich sah, das Beil in beiden Händen vor mir hochhaltend, rannte sie kreischend davon. Sie kreischte so laut, als hätte ich mit dem Beil schon zugeschlagen und sie getroffen. Sie kreischte, ohne einmal abzusetzen, und übertönte mit Leichtigkeit meinen Kriegsruf, den ich unaufhörlich, entschlossen, aber nicht besonders laut, vor mich hersagte: »Agora vo matar a Laurica!«

Der Großvater stürzte aus seinem Haus heraus, mit einem Spazierstock bewaffnet, rannte auf mich zu, riß mir das Beil aus der Hand und herrschte mich zornig an. Nun belebten sich alle drei Häuser um den Gartenhof, aus jedem traten Leute, der Vater war verreist, aber die Mutter war da, man trat zu einem Familienrat zusammen und beriet über das mörderische Kind. Ich konnte lange beteuern, daß Laurica mich bis aufs Blut gepeinigt habe, daß ich mit fünf Jahren zur Axt gegriffen hatte, um sie zu töten, war für alle unfaßbar, ja daß ich auch nur imstande gewesen war, die schwere Axt so vor mir herzutragen. Ich glaube, man begriff, daß es mir so sehr um die Schrift zu tun war, es waren Juden, und die »Schrift« bedeutete ihnen allen viel, aber es mußte etwas sehr Schlechtes und Gefährliches in mir sein, das mich dazu bringen konnte, meine Spielgefährtin ermorden zu wollen.

Ich wurde schwer gestraft, aber die Mutter, die selbst sehr erschrocken war, tröstete mich doch und sagte: »Bald wirst du selber lesen und schreiben lernen. Du mußt nicht warten, bis du in der Schule bist. Du darfst es schon vorher lernen.«

Den Zusammenhang meiner Mordabsicht mit dem Schicksal des Armeniers erkannte niemand. Ich liebte ihn, seine traurigen Lieder und Worte. Ich liebte das Beil, mit dem er Holz hackte.

Ein Fluch auf die Reise

Die Beziehung zu Laurica brach aber nicht ganz ab. Sie mißtraute mir und ging mir aus dem Weg, wenn sie aus der Schule kam, und hütete sich wohl, ihr Ränzel vor mir auszupacken. Ich hatte gar kein Interesse mehr an ihrer Schrift. Ich blieb nach dem Mordversuch fest davon überzeugt, daß sie eine schlechte Schülerin sei und sich davor schäme, ihre falschen Buchstaben herzuzeigen. Vielleicht konnte ich meinen Stolz nur retten, indem ich mir das sagte.

Sie nahm eine schreckliche Rache an mir, die sie zwar dann und auch später hartnäckig ableugnete. Alles was ich zu ihren Gunsten einräumen könnte, ist, daß sie vielleicht nicht wußte, was sie getan hatte.

Der Hauptteil des Wassers, das man in den Häusern verwendete, wurde in riesigen Fässern von der Donau heraufgeführt. Ein Maultier zog das Faß, das in eine besondere Art von Gefährt eingebaut war, und ein ›Wasserträger‹, der aber gar nichts trug, ging vorn an der Seite mit einer Peitsche. Das Wasser wurde vorm Hoftor um wenig Geld verkauft, abgeladen und kam in große Kessel, worin es abgekocht wurde. Die Kessel mit dem kochend heißen Wasser wurden vors Haus geschafft, auf eine längliche Terrasse, wo sie zum Abkühlen eine gehörige Weile standen.

Laurica und ich vertrugen uns wieder wenigstens so gut, daß wir manchmal Fangen miteinander spielten. Einmal standen die Kessel mit dem heißen Wasser da, wir liefen zwischen ihnen hin und her, viel zu nahe dran, und als Laurica mich gleich neben einem von ihnen fing, gab sie mir einen Stoß, und ich fiel ins heiße Wasser. Ich war am ganzen Leib, nur am Kopf nicht, verbrüht. Tante Sophie, die das schreckliche Geschrei hörte, holte mich heraus und zog mir die Kleider herunter, die ganze Haut ging mit, man fürchtete für mein Leben, und ich lag unter argen Schmerzen viele Wochen lang zu Bett.

Der Vater war damals in England, und das war das Schlimmste für mich. Ich dachte, ich müsse sterben, und rief laut nach ihm, ich jammerte, daß ich ihn nicht wiedersehen würde, das war ärger als die Schmerzen. An diese habe ich keine Erinnerung, ich fühle sie nicht mehr, wohl aber fühle ich noch die verzweifelte Sehnsucht nach meinem Vater. Ich dachte, er wisse nicht, was mir geschehen war, und schrie, als man das Gegenteil beteuerte. »Warum kommt er nicht? Warum kommt er nicht? Ich will ihn sehen!« Vielleicht zögerte man wirklich, vor wenigen Tagen erst war er in Manchester angekommen, wo er unsere Übersiedlung vorbereiten sollte, vielleicht dachte man, mein Zustand würde sich von selber bessern und er müsse nicht auf der Stelle zurück. Aber selbst wenn er es sofort erfahren und sich ohne zu zögern auf den Rückweg gemacht hatte – die Reise war weit, und er konnte nicht gleich da sein. Von einem Tag auf den anderen vertröstete man mich, und als mein Zustand sich verschlechterte, von Stunde zu Stunde. In einer Nacht, man meinte, ich sei endlich eingeschlafen, sprang ich vom Bett auf und riß mir alles herunter. Statt vor Schmerzen zu stöhnen, schrie ich nach ihm, »Cuando viene? Cuando viene?« – »Wann kommt er? Wann kommt er?« Die Mutter, der Arzt, alle anderen, die sich um mich bemühten, waren mir gleichgültig, ich sehe sie nicht, ich weiß nicht, was sie unternahmen, es muß in diesen Tagen viele und behutsame Verrichtungen an mir gegeben haben, ich faßte sie nicht auf, ich hatte einen einzigen Gedanken, es war mehr als ein Gedanke, es war die Wunde, in die alles einging: der Vater.

Dann hörte ich seine Stimme, er trat von hinten an mich heran, ich lag auf dem Bauch, er rief leise meinen Namen, er ging ums Bett herum, ich sah ihn, er legte mir leicht die Hand aufs Haar, er war es, und ich hatte keine Schmerzen.

Alles was von diesem Augenblick an geschah, ist mir nur aus Erzählungen bekannt. Die Wunde verwandelte sich in ein Wunder, die Heilung setzte ein, er versprach, nicht mehr fortzugehen, und blieb während der nächsten Wochen. Der Arzt war der Überzeugung, daß ich ohne sein Erscheinen und seine weitere Gegenwart gestorben wäre. Er hatte mich schon aufgegeben, aber doch auf der Rückkehr des Vaters bestanden, seine einzige, nicht sehr sichere Hoffnung. Es war der Arzt, der uns alle drei zur Welt gebracht hatte, und er pflegte später zu sagen, daß von allen Geburten, die er erlebt habe, diese Wiedergeburt die schwerste gewesen sei.

Wenige Monate zuvor, im Januar 1911, war mein jüngster Bruder zur Welt gekommen. Die Geburt war leicht gewesen, und die Mutter fühlte sich kräftig genug, ihn selbst zu stillen. Es war ganz anders als das Mal zuvor, von dieser Geburt, vielleicht weil sie so leicht vor sich gegangen war, wurde wenig Aufhebens gemacht, und sie blieb nur kurz im Mittelpunkt der Aufmerksamkeit.

Wohl aber spürte ich, daß große Ereignisse im Gange waren. Die Gespräche der Eltern hatten einen anderen Ton, sie klangen entschlossen und ernst, sie sprachen nicht immer deutsch vor mir, und es war oft von England die Rede. Ich erfuhr, daß der kleine Bruder Georg heißen werde, nach dem neuen König von England. Das gefiel mir gut, weil es etwas Unerwartetes war, aber dem Großvater gefiel es weniger, er wollte einen biblischen Namen und bestand darauf, und ich hörte die Eltern sagen, daß sie nicht nachgeben würden, es sei ihr Kind, und sie würden es so nennen, wie sie wollten.

Die Rebellion gegen den Großvater war wohl schon eine Weile im Gang, die Wahl dieses Namens aber war eine offene Kriegserklärung an ihn. Zwei Brüder der Mutter hatten in Manchester ein Geschäft gegründet, das rasch florierte, der eine von ihnen war plötzlich gestorben, der andere bot meinem Vater an, als sein Kompagnon zu ihm nach England zu kommen. Für die Eltern war das eine erwünschte Gelegenheit, sich von Rustschuk, das ihnen zu eng und zu orientalisch war, und von der noch viel beengenderen Tyrannei des Großvaters zu befreien. Sie sagten auf der Stelle zu, aber die Sache war leichter gesagt als getan, denn nun begann ein erbitterter Kampf zwischen ihnen und dem Großvater, der um keinen Preis einen seiner Söhne hergeben wollte. Ich kannte die Einzelheiten dieses Kampfes nicht, der ein halbes Jahr dauerte, aber ich spürte die veränderte Atmosphäre im Haus und besonders im Gartenhof, wo die Verwandten einander begegnen mußten.

Der Großvater packte mich bei jeder Gelegenheit im Hof, küßte mich ab und weinte, wenn jemand es sehen konnte, heiße Tränen. Ich mochte diese viele Nässe auf meinen Wangen gar nicht, obwohl er immer wieder verkündete, daß ich sein teuerster Enkel sei und er ohne mich nicht leben könne. Die Eltern erkannten, daß er mich gegen England einzunehmen versuchte und erzählten mir, um dem entgegenzuwirken, wie wunderbar es dort sein werde. »Dort sind alle Leute ehrlich«, sagte der Vater, »wenn ein Mann etwas sagt, tut er es auch, er braucht einem gar nicht die Hand darauf zu geben.« Ich war, wie hätte es anders sein können, auf seiner Seite, er hätte mir gar nicht zu versprechen brauchen, daß ich in England gleich in die Schule kommen und Lesen und Schreiben lernen würde.

Zu ihm, besonders aber zur Mutter, führte sich der Großvater ganz anders auf als zu mir. Er hielt sie für die Urheberin des Auswanderungsplans, und als sie ihm einmal sagte. »Ja! Wir halten dieses Leben in Rustschuk nicht mehr aus! Wir wollen beide weg von hier!«, drehte er ihr den Rücken zu und sprach nicht mehr zu ihr, während der Monate, die wir noch da waren, behandelte er sie wie Luft. Den Vater aber, der noch ins Geschäft mußte, überfiel er mit seinem Zorn, der schrecklich war und von Woche zu Woche schrecklicher wurde. Als er sah, daß er nichts ausrichten konnte, wenige Tage vor der Abreise, verfluchte er ihn feierlich im Gartenhof, seinen Sohn, vor den anwesenden Verwandten, die entsetzt zuhörten. Ich hörte sie, wie sie untereinander darüber sprachen: nichts gäbe es, sagten sie, das furchtbarer sei, als ein Vater, der seinen Sohn verfluche.

Teil 2
Manchester
1911-1913

Tapeten und Bücher
Spaziergang an der Mersey

Während einiger Monate nach seinem Tod schlief ich im Bett des Vaters. Es war gefährlich, die Mutter allein zu lassen. Ich weiß nicht, wer auf den Gedanken kam, mich zum Wächter ihres Lebens einzusetzen. Sie weinte viel, und ich horchte auf ihr Weinen. Ich konnte sie nicht trösten, sie war untröstlich. Aber wenn sie aufstand und sich ans Fenster stellte, sprang ich auf und stellte mich neben sie. Ich umklammerte sie mit meinen Armen und ließ sie nicht los. Wir sprachen nicht, diese Szenen spielten sich nicht in Worten ab. Ich hielt sie sehr fest, und wäre sie zum Fenster hinausgesprungen, sie hätte mich mitziehen müssen. Sie hatte nicht die Kraft, mich mit sich umzubringen. Ich spürte das Nachlassen ihres Körpers, wenn die Spannung wich und sie sich von der Verzweiflung ihres Entschlusses mir zuwandte. Sie drückte meinen Kopf gegen sich und schluchzte lauter. Sie hatte gedacht, daß ich schlafe, und gab sich Mühe, so leise zu weinen, daß ich nicht davon erwache. Sie merkte nicht, daß ich heimlich wachte, so sehr war sie mit ihrem Schmerz beschäftigt, und wenn sie ganz still aufstand und sich ans Fenster schlich, war sie sicher, daß ich fest schliefe. Jahre später, wenn wir über diese Zeit sprachen, gestand sie, daß sie jedesmal überrascht war, als ich gleich neben ihr stand und sie mit meinen Armen umschlang. Sie konnte mir nicht entkommen, ich gab sie nicht her. Sie ließ sich von mir zurückhalten, aber ich spürte, daß ihr meine Wachsamkeit lästig war. In keiner Nacht versuchte sie es mehr als einmal. Nach der Aufregung schliefen wir beide erschöpft ein. Allmählich bekam sie eine Art von Respekt für mich, und sie begann mich in vielem wie einen Erwachsenen zu behandeln.

Nach einigen Monaten übersiedelten wir aus dem Haus in der Burton Road, wo mein Vater gestorben war, in die Palatine Road zu ihrem älteren Bruder. Das war ein großes Haus mit vielen Menschen, und die akute Gefahr war vorüber.

Aber die Zeit vorher in der Burton Road bestand nicht nur aus den furchtbaren nächtlichen Szenen. Tagsüber ging es gedämpft und ruhig zu. Gegen Abend aßen die Mutter und ich an einem kleinen Spieltisch im gelben Salon zu Nacht. Das Tischchen, das eigens dafür hereingebracht wurde – es gehörte nicht eigentlich zum Salon –, war für uns zwei gedeckt. Es gab einen kalten Imbiß, der aus lauter kleinen Leckerbissen bestand, immer war es dasselbe: weißer Schafskäse, Gurken und Oliven, wie in Bulgarien. Ich war sieben, die Mutter war damals siebenundzwanzig. Wir führten ein gesittetes, ernstes Gespräch, es war sehr still, kein Lärm wie im Kinderzimmer, die Mutter sagte zu mir: »Du bist mein großer Sohn«, und erfüllte mich mit der Verantwortung, die ich nachts für sie fühlte. Den ganzen Tag sehnte ich mich nach diesen Abendmahlzeiten. Ich bediente mich selbst, nahm wie sie nur wenig auf meinen Teller, alles spielte sich in sachten, abgezirkelten Bewegungen ab, aber so sehr ich mich der Bewegungen meiner Finger damals entsinne, worüber wir sprachen, das weiß ich nicht mehr, ich habe es bis auf den einen häufig wiederholten Satz: »Du bist mein großer Sohn«, vergessen. Ich sehe das schwache Lächeln der Mutter, wie sie sich zu mir neigte, die Bewegungen ihres Mundes, wenn sie sprach, nicht leidenschaftlich wie sonst, sondern zurückhaltend, ich glaube, daß ich während dieser Mahlzeiten keinen Schmerz in ihr fühlte, vielleicht war er gelöst durch meine verständige Gegenwart. Einmal erklärte sie mir etwas über Oliven.

Die Mutter hatte mir vorher nicht sehr viel bedeutet. Ich sah sie nie allein. Wir waren unter der Obhut einer Gouvernante und spielten immer im Kinderzimmer oben. Meine Brüder waren vier und fünfeinhalb Jahre jünger als ich. Georg, der kleinste, hatte einen kleinen Käfig für sich. Nissim, der mittlere, war verrufen für seine Streiche. Kaum ließ man ihn allein, stellte er etwas an. Er drehte den Wasserhahn im Badezimmer an, und Wasser floß schon die Treppe zum Parterregeschoß hinunter, bevor man es bemerkte; oder er rollte das Klosettpapier auf, bis der Gang oben von Papier ganz bedeckt war. Er erfand immer neue und schlimmere Streiche, und da nichts ihn davon abzubringen vermochte, hieß er nur noch »the naughty boy«.

Ich war der einzige, der in die Schule ging, zu Miss Lancashire in die Barlowmore Road, von dieser Schule will ich später berichten.

Zuhause im Kinderzimmer spielte ich meist allein. Eigentlich spielte ich wenig, ich sprach zu den Tapeten. Die vielen dunklen Kreise im Tapetenmuster erschienen mir als Leute. Ich erfand Geschichten, in denen sie vorkamen, teils erzählte ich ihnen, teils spielten sie mit, ich hatte nie genug von den Tapetenleuten und konnte mich stundenlang mit ihnen unterhalten. Wenn die Gouvernante mit den beiden kleinen Brüdern ausging, trachtete ich allein bei den Tapeten zurückzubleiben. Ihre Gesellschaft war mir die liebste, jedenfalls lieber als die der kleinen Brüder, bei denen gab es immer dumme Aufregungen und Störungen wie die Streiche Nissims. Wenn die Kleinen in der Nähe waren, flüsterte ich bloß zu den Tapetenleuten; war die Gouvernante anwesend, so dachte ich mir meine Geschichten nur aus und bewegte zu ihnen nicht einmal die Lippen. Aber dann verließen sie alle das Zimmer, ich wartete ein bißchen und legte ungestört los. Bald ging es laut und aufgeregt zu, ich weiß nur so viel, daß ich die Tapetenleute zu kühnen Taten zu bereden versuchte, und wenn sie sich weigerten, ließ ich sie meine Verachtung fühlen. Ich munterte sie auf, ich beschimpfte sie, allein hatte ich immer ein wenig Angst, und was ich selber empfand, schrieb ich ihnen zu, *sie* waren die Feigen. Aber sie spielten auch mit und gaben eigene Sätze von sich. Ein Kreis an einer besonders auffälligen Stelle widersetzte sich mir mit eigener Beredsamkeit, und es war kein kleiner Triumph, wenn es mir gelang, ihn zu überreden. Ich war in einer solchen Auseinandersetzung mit ihm begriffen, als die Gouvernante unerwartet früh zurückkam und Stimmen im Kinderzimmer hörte. Sie trat rasch ein und ertappte mich, mein Geheimnis war entdeckt, von da ab wurde ich auf die Spaziergänge immer mitgenommen, man hielt es für ungesund, mich so viel allein zu lassen. Mit der lauten Tapetenherrlichkeit war es aus, aber ich war zäh und gewöhnte mich daran, meine Geschichten still auszudrücken, auch wenn die kleinen Brüder im Zimmer waren. Ich brachte es fertig, mit ihnen zu spielen und mich zugleich auf die Tapetenleute zu beziehen. Nur die Gouvernante, die es sich zur Aufgabe gemacht hatte, mir diese ungesunden Neigungen ganz abzugewöhnen, lähmte mich, in ihrer Gegenwart verstummten die Tapeten.

Die schönsten Gespräche zu dieser Zeit führte ich aber mit meinem wirklichen Vater. Morgens, bevor er in sein Bureau ging, kam er zu uns ins Kinderzimmer und hatte für jeden von uns besondere, treffende Sätze. Er war hell und lustig und erfand immer neue Späße. Morgens dauerten sie nicht lang, er war vor dem Frühstück, das er unten im Speisezimmer mit der Mutter einnahm und hatte die Zeitung noch nicht gelesen. Aber abends kam er mit Geschenken, er brachte jedem etwas mit, keinen einzigen Tag kam er heim, ohne Geschenke für uns mitzubringen. Dann blieb er länger und turnte mit uns. Sein Hauptspaß war, uns alle drei auf seinen ausgestreckten Arm zu stellen. Die beiden Kleinen hielt er dabei fest, ich mußte es lernen, frei zu stehen, und obwohl ich ihn liebte wie keinen Menschen, hatte ich vor diesem Teil der Operation immer ein wenig Angst.

Einige Monate nachdem ich in die Schule gekommen war, geschah etwas Feierliches und Aufregendes, das mein ganzes weiteres Leben bestimmte. Der Vater brachte ein Buch für mich nach Hause. Er nahm mich allein in ein hinteres Zimmer, in dem wir Kinder schliefen, und erklärte es mir. Es war ›The Arabian Nights‹, ›Tausendundeine Nacht‹ in einer Ausgabe für Kinder. Auf dem Einband war ein buntes Bild, ich glaube von Aladin mit der Wunderlampe. Er sprach sehr aufmunternd und ernst zu mir und sagte, wie schön es wäre zu lesen. Er las mir eine Geschichte vor: so schön wie diese seien auch alle anderen Geschichten im Buch. Ich solle nun versuchen, sie zu lesen, und ihm am Abend immer erzählen, was ich gelesen hätte. Wenn ich das Buch fertig hätte, werde er mir ein anderes bringen. Ich ließ mir das nicht zweimal sagen, und obwohl ich in der Schule eben erst lesen gelernt hatte, machte ich mich über das wunderbare Buch gleich her und hatte ihm jeden Abend etwas zu berichten. Er hielt sein Versprechen, immer war ein neues Buch da, keinen einzigen Tag mußte ich mit meiner Lektüre aussetzen.

Es war eine Reihe für Kinder, alle im selben quadratischen Format. Sie unterschieden sich nur durch das farbige Bild auf dem Deckel. Die Lettern waren in allen Bänden gleich groß, es war, als lese man im selben Buch immer weiter. Aber was war das für eine Reihe, es hat nie ihresgleichen gegeben. An alle Titel kann ich mich erinnern. Nach ›Tausendundeine Nacht‹ kamen Grimms Märchen; Robinson Crusoe; Gullivers Travels; Tales from Shakespeare; Don Quijote; Dante; Wilhelm Tell. Ich frage mich, wie es möglich war, Dante für Kinder zu bearbeiten. In jedem Band gab es mehrere farbige Bilder, aber ich mochte sie nicht, die Geschichten waren viel schöner, ich weiß nicht einmal, ob ich die Bilder heute erkennen würde. Es wäre leicht zu zeigen, daß fast alles, woraus ich später bestand, in diesen Büchern enthalten war, die ich dem Vater zuliebe im siebenten Jahr meines Lebens las. Von den Figuren, die mich später nie mehr losließen, fehlte nur Odysseus.

Über jedes Buch sprach ich mit ihm, wenn ich es gelesen hatte. Manchmal war ich so aufgeregt, daß er mich beruhigen mußte. Er sagte mir aber nie nach Art der Erwachsenen, daß Märchen unwahr seien; dafür bin ich ihm besonders dankbar, vielleicht halte ich sie heute noch für wahr. Ich merkte sehr wohl, daß Robinson Crusoe anders war als Sindbad der Seefahrer, aber es fiel mir nicht ein, eine dieser Geschichten für geringer zu halten als die andere. Über Dantes Hölle allerdings hatte ich böse Träume. Als ich die Mutter zu ihm sagen hörte: »Jacques, das hättest du ihm nicht geben sollen, das ist zu früh für ihn«, fürchtete ich, er werde mir nun keine Bücher mehr bringen, und lernte es, meine Träume zu verheimlichen. Ich glaube auch – aber darüber bin ich nicht ganz sicher –, daß meine häufigen Gespräche mit den Tapetenleuten von der Mutter mit den Büchern in Zusammenhang gebracht wurden. Es war die Zeit, in der ich die Mutter am wenigsten mochte. Ich war schlau, Gefahr zu wittern, und vielleicht hätte ich die lauten Tapetengespräche nicht so willig und scheinheilig aufgegeben, wären mir die Bücher und die Gespräche mit meinem Vater darüber nicht das Allerwichtigste auf der Welt gewesen.

Er ließ sich aber durchaus nicht beirren und versuchte es nach Dante mit Wilhelm Tell. Bei dieser Gelegenheit hörte ich zum erstenmal das Wort ›Freiheit‹. Er sagte mir etwas darüber, das ich vergessen habe. Aber er fügte etwas über England hinzu: drum seien wir nach England gezogen, weil man hier frei sei. Ich wußte, wie sehr er England liebte, während das Herz der Mutter an Wien hing. Er bemühte sich, die Sprache richtig zu erlernen, und einmal wöchentlich kam eine Lehrerin ins Haus, die ihm Stunden gab. Ich merkte, daß er seine englischen Sätze anders sagte als das Deutsch, das ihm von Jugend auf geläufig war und das er mit der Mutter meist sprach. Ich hörte ihn manchmal einzelne Sätze sagen und wiederholen. Er sprach sie langsam aus, wie etwas sehr Schönes, sie bereiteten ihm Genuß und er sagte sie wieder. Zu uns Kindern sprach er nun immer englisch, das Spanische, das bis dahin meine Sprache gewesen war, trat in den Hintergrund und ich hörte es nur noch von anderen, besonders älteren Verwandten.

Meine Berichte über die Bücher, die ich las, mochte er nur englisch hören. Ich denke, daß ich durch diese passionierte Lektüre sehr rasche Fortschritte machte. Er freute sich darüber, daß ich ihm fließend erzählte. Was *er* aber zu sagen hatte, hatte besonderes Gewicht, denn er überlegte es wohl, um ja keine Fehler zu machen, und sprach beinahe so, als ob er mir vorlese. Ich habe eine feierliche Erinnerung an diese Stunden, es war ganz anders, als wenn er im Kinderzimmer mit uns spielte und unaufhörlich neue Späße erfand.

Das letzte Buch, das ich von ihm selbst bekam, war über Napoleon. Es war vom englischen Standpunkt aus geschrieben und Napoleon erschien als böser Tyrann, der alle Länder, besonders auch England, unter seine Herrschaft bringen wollte. In diesem Buche las ich noch, als mein Vater starb. Meine Abneigung gegen Napoleon ist mir seither unerschütterlich geblieben. Ich hatte ihm davon zu erzählen begonnen, aber sehr weit war ich noch nicht. Er hatte es mir gleich nach dem Wilhelm Tell gegeben und nach dem Gespräch über Freiheit war es für ihn ein kleines Experiment. Als ich bald in großer Aufregung zu ihm über Napoleon sprach, sagte er: »Wart lieber, es ist zu früh. Du mußt erst weiter lesen. Es kommt noch ganz anders.« Ich weiß ganz sicher, daß Napoleon damals noch nicht Kaiser war. Vielleicht war es eine Prüfung, vielleicht wollte er sehen, ob ich der kaiserlichen Herrlichkeit standhalten würde. Ich las es dann nach seinem Tode fertig, ich las es, wie alle Bücher, die ich von ihm bekommen hatte, unzählige Male wieder. Von Macht hatte ich noch wenig zu spüren bekommen. Meine erste Vorstellung davon entstammte diesem Buch, und ich habe nie den Namen Napoleon hören können, ohne ihn mit dem plötzlichen Tod des Vaters in Verbindung zu bringen. Von allen Opfern Napoleons war für mich das größte und furchtbarste mein Vater.

An Sonntagen nahm er mich manchmal allein auf einen Spaziergang mit. Nicht weit von unserem Hause lief der kleine Fluß Mersey vorbei. Auf der linken Seite war er von einer rötlichen Mauer gesäumt, auf der anderen schlängelte sich ein Pfad durch eine üppige Wiese voller Blumen und hohem Gras. Er hatte mir das Wort für Wiese gesagt, es lautete ›meadow‹, und fragte mich bei jedem Spaziergang danach. Er empfand dieses Wort als besonders schön, es ist für mich das schönste Wort der englischen Sprache geblieben. Ein anderes Lieblingswort von ihm war ›island‹. Es muß für ihn eine eigene Bedeutung gehabt haben, daß England eine Insel war; vielleicht empfand er es als eine Insel der Seligen. Er erklärte es mir, auch als ich es längst schon wußte, zu meiner Verwunderung immer wieder. Auf dem letzten unserer Spaziergänge durch die Wiese am Flusse Mersey sprach er ganz anders zu mir, als ich es gewohnt war. Er fragte mich sehr eindringlich, was ich werden wolle, und ich sagte ohne zu überlegen: »Ein Doktor!« »Du wirst werden, was du gern willst«, sagte er mit einer Zärtlichkeit, die so groß war, daß wir beide stehenblieben. »Du brauchst nicht ein Kaufmann zu werden wie ich und die Onkel. Du wirst studieren und was dir am besten gefällt, wirst du werden.«

Dieses Gespräch habe ich immer als seinen letzten Wunsch betrachtet. Aber ich wußte damals nicht, warum er so verändert war, als er es sagte. Erst als ich mehr über sein Leben erfuhr, begriff ich, daß er dabei an sich selber dachte. Während seiner Schulzeit in Wien war er ein leidenschaftlicher Besucher des Burgtheaters gewesen, und Schauspieler zu werden, war sein größter Wunsch. Sonnenthal war sein Abgott und es gelang ihm, jung wie er war, zu ihm vorzudringen und ihm von seinem Wunsch zu sprechen. Sonnenthal sagte ihm, er habe eine zu kleine Statur für die Bühne, ein Schauspieler dürfe nicht so klein sein. Vom Großvater, der in jeder Äußerung seines Lebens ein Komödiant war, hatte er eine Begabung dafür geerbt, aber der Ausspruch Sonnenthals war für ihn vernichtend, und er begrub seine Träume. Er war musikalisch, hatte eine gute Stimme und über alles liebte er seine Geige. Der Großvater, der seine Kinder als unerbittlicher Patriarch regierte, steckte jeden seiner Söhne früh ins Geschäft, in jeder größeren Stadt Bulgariens sollte es eine Filiale davon geben, unter der Obhut eines seiner Söhne. Als der Vater zu viele Stunden mit seiner Geige verbrachte, wurde sie ihm weggenommen, und er kam gegen seinen Willen gleich ins Geschäft. Er mochte es gar nicht, nichts interessierte ihn weniger als sein Vorteil. Aber er war viel schwächer als der Großvater und fügte sich. Er war schon neunundzwanzig, als es ihm endlich gelang, mit Hilfe der Mutter, aus Bulgarien zu entfliehen und sich in Manchester anzusiedeln. Da hatte er schon eine Familie mit drei Kindern, für die er sorgen mußte, so blieb er Kaufmann. Es war schon ein Sieg für ihn, daß er sich der väterlichen Tyrannei entzogen und Bulgarien verlassen hatte. Zwar war er im Bösen von ihm geschieden und trug seinen Fluch, aber er war in England frei, und entschlossen, mit seinen Söhnen anders zu verfahren.

Ich glaube nicht, daß mein Vater ein sehr belesener Mann war. Musik und Theater bedeuteten ihm mehr als Lektüre. Im Speisezimmer unten stand ein Klavier, und jeden Samstag und Sonntag, wenn der Vater nicht im Bureau war, pflegten die Eltern dort zu musizieren. Er sang und die Mutter begleitete ihn am Klavier. Es waren immer deutsche Lieder, meist Schubert und Loewe. Einem Lied – es hieß ›Das Grab auf der Heide‹ und ich weiß nicht, von wem es war – war ich ganz und gar verfallen. Wenn ich es hörte, öffnete ich die Tür des Kinderzimmers oben, schlich die Treppe hinunter und stellte mich hinter die Speisezimmertür. Ich verstand damals noch nicht Deutsch, aber das Lied war herzzerreißend. Ich wurde hinter der Tür entdeckt und von da ab hatte ich das Recht, im Speisezimmer zuzuhören. Ich wurde eigens für dieses Lied von oben geholt und brauchte nicht mehr heimlich hinunterzuschleichen. Das Lied wurde mir erklärt, wohl hatte ich schon in Bulgarien oft Deutsch gehört und heimlich, ohne es zu verstehen, für mich nachgesprochen, aber dies war das erstemal, daß man mir etwas übersetzte, die ersten Worte Deutsch, die ich erlernte, entstammen dem ›Grab auf der Heide‹. Es handelt von einem Deserteur, der eingefangen wird und vor den Kameraden steht, die ihn erschießen sollen. Er singt davon, was ihn zur Flucht verlockt hat, ich glaube, es war ein Lied aus seiner Heimat, das er hörte. Es endet mit den Worten: »Lebt wohl, ihr Brüder, hier die Brust!« Dann kam ein Schuß und schließlich Rosen auf dem Heidegrab.

Ich wartete zitternd auf den Schluß, es war eine Aufregung, die nie veraltete. Ich wollte es immer wieder hören und quälte den Vater, der es zwei- oder dreimal hintereinander für mich sang. An jedem Samstag, wenn er nach Hause kam, fragte ich ihn, noch bevor er unsere Geschenke ausgepackt hatte, ob er das ›Grab auf der Heide‹ singen würde. Er sagte ›vielleicht‹, aber er war eher unentschlossen, denn meine Versessenheit auf dieses Lied begann ihn zu beunruhigen. Ich wollte es nicht glauben, daß der Deserteur wirklich tot war, ich hoffte auf eine Rettung, und wenn sie es einige Male gesungen hatten und keine Rettung kam, blieb ich vernichtet und verstört zurück. Nachts im Bett fiel er mir ein und ich grübelte über ihn nach. Ich verstand nicht, daß die Kameraden auf ihn geschossen hatten. Er hatte es doch alles so gut erklärt, ich hätte bestimmt nicht auf ihn geschossen. Sein Tod war mir unbegreiflich, er war der erste Tote, den ich betrauerte.

Little Mary. Der Untergang der Titanic
Captain Scott

Bald nach unserer Ankunft in Manchester kam ich in die Schule. Sie befand sich in der Barlowmore Road, etwa zehn Minuten von unserem Haus entfernt. Die Leiterin hieß Miss Lancashire und da die Grafschaft, in der Manchester lag, auch so hieß, staunte ich über den Namen. Es war eine Schule für Knaben und Mädchen, ich fand mich unter lauter englischen Kindern. Miss Lancashire war gerecht und behandelte alle Kinder gleichmäßig freundlich. Sie munterte mich auf, wenn ich auf englisch etwas fließend erzählte, denn darin war ich am Anfang den anderen Kindern unterlegen. Aber lesen und schreiben lernte ich sehr bald, und als ich zuhause die Bücher zu lesen begann, die mir der Vater brachte, merkte ich, daß sie davon nichts hören wollte. Ihr Bemühen ging dahin, daß alle Kinder sich wohlfühlen sollten; um eilige Fortschritte war es ihr nie zu tun. Ich sah sie kein einziges Mal gereizt oder zornig und sie verstand ihre Sache so gut, daß sie nie Schwierigkeiten mit den Kindern hatte. Ihre Bewegungen waren sicher, aber nicht sportlich, ihre Stimme war gleichmäßig und nie zu eindringlich. Ich kann mich an keinen Befehl von ihr erinnern. Es gab manches, was man nicht durfte; da es nicht immer wiederholt wurde, fügte man sich gern. Vom ersten Tag an liebte ich die Schule. Miss Lancashire hatte nicht das Spitzige unserer Gouvernante und vor allem hatte sie keine spitze Nase. Sie war klein und zierlich, mit einem schönen, runden Gesicht, ihr brauner Kittel reichte bis an den Boden, und da ich ihre Schuhe nicht sah, fragte ich die Eltern, ob sie welche habe. Ich war für Spott sehr empfindlich, und als die Mutter laut über meine Frage herauslachte, nahm ich mir vor, die unsichtbaren Schuhe der Miss Lancashire zu finden. Ich paßte scharf auf, bis ich sie schließlich entdeckte, und berichtete, ein wenig gekränkt, darüber zuhause.

Alles, was ich damals in England erlebte, bestach mich durch seine Ordnung. Das Leben in Rustschuk war heftig und laut gewesen und reich an schmerzlichen Unglücksfällen. Etwas an der Schule muß mich aber auch angeheimelt haben. Ihre Räume lagen zu ebener Erde, wie in unserem Haus in Bulgarien, es gab keinen Stock wie im neuen Manchester-Haus und hinten öffnete sich die Schule auf einen großen Garten. Türen und Fenster des Schulzimmers waren immer offen und bei jeder Gelegenheit waren wir im Garten. Sport war das weitaus wichtigste Fach, vom ersten Tage an kannten sich die anderen Knaben in den Regeln aus, als wären sie Cricket-spielend geboren worden. Donald, mein Freund, gab nach einiger Zeit zu, daß er mich anfangs für dumm gehalten habe, weil man mir die Regeln erklären und wiederholen mußte, bis ich sie endlich begriff. Er sprach erst nur aus Mitleid zu mir, er saß neben mir, aber als er mir dann einmal Briefmarken zeigte und ich von jeder Marke das Land gleich wußte, als ich dann gar Marken aus Bulgarien hervorzog, die er noch nicht kannte, und statt sie mit ihm zu tauschen, ihm gleich schenkte, »weil ich davon soviel habe«, begann ich ihn zu interessieren und wir wurden Freunde. Ich glaube nicht, daß ich ihn bestechen wollte, ich war ein sehr stolzes Kind, aber beeindrucken wollte ich ihn sicher, denn ich spürte seine Herablassung.

Unsere Briefmarken-Freundschaft entwickelte sich so rasch, daß wir während der Stunden verstohlen kleine Spiele mit den Marken unter der Bank aufführten. Man sagte uns nichts, auf die freundlichste Weise wurden wir auseinandergesetzt und unsere Spiele auf den Heimweg eingeschränkt. An seiner Stelle wurde ein kleines Mädchen neben mich gesetzt, Mary Handsome. Ich schloß sie gleich wie eine Briefmarke ins Herz. Ihr Name, der ›hübsch‹ bedeutet, wunderte mich, ich wußte nicht, daß Namen etwas bedeuten könnten. Sie war kleiner als ich und hatte helle Haare, aber das Schönste an ihr waren ihre roten Backen, ›wie Äpfelchen‹. Wir sprachen gleich miteinander und sie antwortete auf alles, aber auch wenn wir nicht sprachen, während der Schulstunden, mußte ich sie immer ansehen. Ich war von ihren roten Backen so sehr verzaubert, daß ich nicht mehr auf Miss Lancashire achtete, ihre Fragen nicht hörte und verwirrt antwortete.

Ich wollte die roten Backen küssen und mußte mich zusammennehmen, es nicht zu tun. Nach der Schule begleitete ich sie, sie wohnte in der entgegengesetzten Richtung von mir, und ließ Donald, der sonst immer mit mir fast bis nach Hause gegangen war, ohne Erklärung stehen. Ich begleitete Little Mary, wie ich sie nannte, bis zur Ecke der Straße, in der sie wohnte, küßte sie rasch auf die Backe und lief eilig nach Hause, ohne jemand ein Wort davon zu sagen.

Das wiederholte sich eine Weile, und solange ich sie bloß zum Abschied an der Ecke küßte, geschah nichts, vielleicht schwieg auch sie zuhause darüber. Aber meine Neigung wuchs, die Schule interessierte mich nicht mehr, ich wartete auf den Augenblick, da ich neben ihr gehen würde, und bald wurde mir der Weg bis zur Ecke zu lang und ich versuchte, sie schon vorher auf die rote Backe zu küssen. Sie wehrte sich und sagte: »Du darfst mich erst an der Ecke küssen, zum Abschied, sonst sag ich's meiner Mutter.« Das Wort ›good-bye kiss‹, das sie gebrauchte, während sie sich heftig abwandte, machte einen tiefen Eindruck auf mich und ich ging nun rascher bis zu ihrer Ecke, sie blieb stehen, als ob nichts gewesen wäre und ich küßte sie wie früher. Am nächsten Tag riß mir die Geduld und ich küßte sie gleich, als wir auf der Straße waren. Um ihrem Zorn zuvorzukommen, wurde ich selber zornig und sagte drohend: »Ich werde dich küssen, so oft ich will, ich warte nicht bis zur Ecke.« Sie versuchte davonzulaufen, ich hielt sie fest, wir gingen einige Schritte weiter, ich küßte sie wieder, ich küßte sie immer wieder bis zu ihrer Ecke. Sie sagte nicht good-bye, als ich sie endlich losließ, sie sagte nur: »Jetzt sag ich's meiner Mutter!«

Ich hatte keine Angst vor ihrer Mutter, meine Passion für ihre roten Backen war nun so groß, daß ich zuhause zum Staunen unserer Gouvernante laut sang: »Little Mary is my sweetheart! Little Mary is my sweetheart! Little Mary is my sweetheart!«

Das Wort ›sweetheart‹ hatte ich von der Gouvernante selbst. Sie gebrauchte es, wenn sie meinen kleinen Bruder Georgie küßte, er war ein Jahr alt und sie führte ihn im Kinderwagen spazieren. »You are my sweetheart«, sagte die Person mit dem knochigen Gesicht und der spitzen Nase und küßte das Kind immer wieder. Ich fragte, was das Wort ›sweetheart‹ bedeute, und alles, was ich erfuhr, war, daß unser Stubenmädchen Edith ein ›sweetheart‹, einen Schatz habe. Was man damit tue? Man

küsse ihn, so wie sie den kleinen Georgie. Das hatte mich ermutigt und ich war mir keiner Schuld bewußt, als ich vor der
Gouvernante mein Triumphlied anstimmte.

Am nächsten Tag kam Mrs. Handsome in die Schule. Plötzlich
stand sie da, eine stattliche Frau, sie gefiel mir noch besser als
ihre Tochter, und das war mein Glück. Sie sprach mit Miss
Lancashire und dann trat sie zu mir und sagte sehr bestimmt:
»Du wirst die kleine Mary nicht mehr nach Hause begleiten. Du
hast einen anderen Heimweg. Ihr werdet nicht mehr nebeneinander sitzen und du wirst nicht mit ihr sprechen.« Es klang nicht
zornig, sie schien nicht böse, aber es war so bestimmt und doch
ganz anders, als meine Mutter es gesagt hätte. Ich nahm es Mrs.
Handsome nicht übel, sie war wie ihre Tochter, die ich hinter ihr
gar nicht sah, aber an ihr gefiel mir alles, nicht nur die Wangen,
besonders gefiel mir ihre Sprache. Englisch hatte in dieser Zeit,
als ich zu lesen begann, eine unwiderstehliche Wirkung auf
mich, und eine Rede, in der ich eine so wichtige Rolle spielte,
hatte mir noch niemand auf englisch gehalten.

Das war das Ende dieser Geschichte, aber es war, wie man mir
später erzählte, nicht ganz so einfach abgegangen. Miss Lancashire hatte meine Eltern zu sich gebeten und mit ihnen beraten,
ob ich in der Schule bleiben solle. Eine so heftige Passion hatte
sie noch nie in ihrer Schule erlebt, sie war ein wenig verwirrt und
fragte sich, ob es damit zusammenhängen könne, daß ›orientalische‹ Kinder viel früher reif werden als englische. Der Vater
hatte sie beruhigt, er verbürge sich dafür, daß es eine unschuldige Sache sei. Vielleicht hänge es mit den auffallend roten
Backen des Mädchens zusammen. Er bat Miss Lancashire, es
noch eine Woche zu versuchen, und er behielt recht. Ich glaube
nicht, daß ich Little Mary je wieder eines Blickes gewürdigt
habe. So wie sie hinter ihrer Mutter stand, war sie für mich in sie
aufgegangen. Ich sprach zuhause noch oft mit Bewunderung
von Mrs. Handsome. Ich weiß aber nicht, was Mary später auf
der Schule tat, wie lange sie blieb, ob man sie wegnahm und in
eine andere Schule schickte, meine Erinnerung besteht für die
Zeit, in der ich sie küßte.

Wie richtig der Vater vermutet hatte, als er meinte, es hänge
mit den roten Backen des Mädchens zusammen, wußte er wohl
selber nicht. Ich habe später über diese junge Liebe nachgedacht,
die ich nie vergaß, und eines Tages fiel mir das erste spanische

Kinderlied ein, das ich in Bulgarien gehört hatte. Ich wurde noch auf dem Arm getragen und ein weibliches Wesen näherte sich mir und sang: »Manzanicas colorados, las que vienen de Stambol« – »Äpfelchen rote, die kommen von Stambol«; dabei kam sie mit dem Zeigefinger meiner Backe immer näher und stieß ihn plötzlich fest hinein. Ich quietschte vor Vergnügen, sie nahm mich in die Arme und küßte mich ab. Das passierte so oft, bis ich das Lied selber singen lernte. Dann sang ich es mit, es war mein erstes Liedchen, und alle, die mich zum Singen bringen wollten, trieben dieses Spiel mit mir. Vier Jahre später fand ich meine eigenen Äpfelchen in Mary wieder, die kleiner war als ich, die ich immer ›klein‹ nannte, und ich wundere mich nur, daß ich den Finger nicht in ihre Wangen stieß, bevor ich sie küßte.

George, der kleinste Bruder, war ein sehr schönes Kind, mit dunklen Augen und pechschwarzen Haaren. Der Vater brachte ihm die ersten Worte bei. Morgens, wenn er ins Kinderzimmer kam, spielte sich ein immer gleicher Dialog zwischen ihnen ab, dem ich gespannt zuhörte. »Georgie?« sagte der Vater, mit einem dringlichen und fragenden Ton in der Stimme, worauf der Kleine »Canetti« erwiderte; »two?« der Vater, »three« das Kind; »four?« der Vater, »Burton« das Kind, »Road« der Vater. Ursprünglich blieb es dabei. Aber allmählich vervollständigte sich unsere Adresse, es kam, mit verteilten Stimmen »West«, »Didsbury«, »Manchester«, »England« dazu. Das letzte Wort hatte ich, ich ließ es mir nicht nehmen, »Europe« anzuhängen.

Geographie war mir nämlich sehr wichtig geworden und die Kenntnisse wurden auf zwei Wegen gefördert. Ich bekam ein »puzzle« zum Geschenk: die farbige Karte Europas, auf Holz aufgeklebt, war in die einzelnen Länder zersägt worden. Man warf die Stücke alle auf einen Haufen und setzte blitzrasch Europa wieder zusammen. So hatte jedes Land seine eigene Form, mit der meine Finger sich vertraut machten und eines Tages überraschte ich den Vater mit der Behauptung: »Ich kann es blind!« »Das kannst du nicht«, sagte er. Ich schloß fest die Augen und fügte Europa blind zusammen. »Du hast geschwindelt«, sagte er, »du hast zwischen den Fingern durchgeschaut.« Ich war beleidigt und bestand darauf, daß er mir die Augen zuhielt. »Fest! Fest!« rief ich aufgeregt und schon war Europa wieder beisammen. »Wirklich, du kannst es«, sagte er und lobte mich, kein Lob ist mir je so teuer gewesen.

Der andere Weg zur Erlernung der Länder war die Briefmarkensammlung. Da ging es nicht mehr bloß um Europa, sondern um die ganze Welt, und die wichtigste Rolle dabei spielten die englischen Kolonien. Auch das Album, in das die Marken hineinkommen sollten, war ein Geschenk des Vaters und als ich es bekam, klebte auf jeder Seite oben links schon eine Marke.

Es war viel von Schiffen und von anderen Ländern die Rede. Robinson Crusoe, Sindbad der Seefahrer, die Reisen Gullivers waren meine allerliebsten Geschichten und dazu kamen die Briefmarken mit den schönen Bildern. Die Mauritius-Briefmarke, die so viel wert war, daß ich es nicht recht verstand, war im Album abgebildet und die erste Frage an mich, wenn ich mit anderen Knaben Briefmarken tauschte, war: »Hast du eine von Mauritius zum Tauschen?« Diese Frage war immer ernst gestellt, ich stellte sie oft selber.

Die beiden Katastrophen, die in diese Zeit fielen und die ich heute als die früheste öffentliche Massentrauer in meinem Leben erkenne, hingen mit Schiffen und Geographie zusammen. Die erste war der Untergang der ›Titanic‹, die zweite der Untergang von Captain Scott am Südpol.

Ich kann mich nicht erinnern, wer zuerst vom Untergang der ›Titanic‹ sprach. Aber unsere Gouvernante weinte beim Frühstück, ich hatte sie noch nie weinen gesehen, und Edith, das Hausmädchen, kam zu uns ins Kinderzimmer, wo wir sie sonst nie sahen, und weinte mit ihr zusammen. Ich erfuhr vom Eisberg, von den furchtbar vielen Menschen, die ertranken, und was mir am meisten Eindruck machte, von der Musikkapelle, die weiterspielte, als das Schiff versank. Ich wollte wissen, was sie gespielt hatten, und bekam eine grobe Antwort. Ich begriff, daß ich etwas Unpassendes gefragt hatte und begann nun mitzuweinen. So weinten wir eigentlich zu dritt zusammen, als die Mutter von unten nach Edith rief, vielleicht hatte sie es eben erst selber erfahren. Dann gingen wir auch hinunter, die Gouvernante und ich, und da standen schon die Mutter und Edith weinend zusammen.

Wir müssen aber dann doch ausgegangen sein, denn ich sehe die Menschen auf der Straße vor mir, es war alles sehr verändert. Die Leute standen in Gruppen beisammen und sprachen aufgeregt, andere traten dazu und hatten etwas zu sagen, mein kleiner Bruder im Kinderwagen, der sonst seiner Schönheit wegen von allen Passanten ein bewunderndes Wort bekam, wurde von niemand beachtet. Wir Kinder waren vergessen, und doch sprach man auch von Kindern, die auf dem Schiff gewesen waren und wie sie und die Frauen zuerst gerettet wurden. Immer wieder war die Rede vom Kapitän, der sich geweigert hatte, das Schiff zu verlassen. Aber das häufigste Wort, das ich hörte, war »iceberg«. Es prägte sich mir ein wie »meadow« und »island«, obwohl ich es nicht vom Vater hatte, das dritte englische Wort, das mir geladen blieb, das vierte war »captain«.

Ich weiß nicht, wann genau die ›Titanic‹ unterging. Aber in der Aufregung jener Tage, die sich nicht so bald legte, suche ich vergeblich nach meinem Vater. Er hätte doch darüber zu mir gesprochen, er hätte ein beruhigendes Wort für mich gefunden. Er hätte mich vor der Katastrophe geschützt, die mit aller Kraft in mich einsank. Jede seiner Regungen ist mir teuer geblieben, aber wenn ich ›Titanic‹ denke, sehe ich ihn nicht, höre ich ihn nicht und fühle nackt die Angst, die mich überkam, als mitten in der Nacht das Schiff auf den Eisberg stieß und im kalten Wasser versank, während die Musikkapelle spielte.

War er nicht in England? Er war manchmal verreist. Auch in die Schule ging ich nicht während dieser Tage. Vielleicht geschah es während der Ferien, vielleicht gab man uns frei, vielleicht dachte niemand daran, Kinder in die Schule zu schikken. Die Mutter hat mich damals bestimmt nicht getröstet, ihr ging die Katastrophe nicht nah genug; und den englischen Menschen in unserem Haushalt, Edith und Miss Bray, fühlte ich mich so nah, als wären sie meine wirkliche Familie. Ich glaube, die englische Gesinnung, die mich durch den Ersten Weltkrieg trug, ist in der Trauer und Erregung dieser Tage entstanden.

Das andere öffentliche Ereignis, das in diese Zeit fiel, war ganz anderer Natur, obwohl auch hier das Wort »Captain« eine große Rolle spielte. Aber diesmal war es nicht der Kapitän eines Schiffes, sondern ein Südpolfahrer, und statt durch den Zusammenstoß mit einem Eisberg geschah das Unglück in einer Wüste von Schnee und Eis, der Eisberg war zu einem Kontinent ausgewachsen. Es war auch das Gegenteil einer Panik, keine verzweifelte Masse von Menschen stürzte sich über Bord ins Meer, sondern Captain Scott mit drei Gefährten war in der Eiswüste erfroren. Es war, man könnte sagen: ein rituelles englisches Ereignis, die Männer hatten den Südpol zwar erreicht, aber nicht als erste. Als sie nach unsäglichen Schwierigkeiten und Strapazen ihr Ziel erreichten, fanden sie die norwegische Flagge dort aufgepflanzt vor. Amundsen war ihnen zuvorgekommen. Auf dem Heimweg kamen sie um und blieben eine Weile verschollen. Nun hatte man sie aufgefunden, und in ihren Tagebüchern las man ihre letzten Worte.

Miss Lancashire rief uns in der Schule zusammen. Wir wußten, daß etwas Schreckliches passiert war, und kein einziges Kind lachte. Sie hielt uns eine Rede, in der sie das Unternehmen Captain Scotts schilderte. Sie scheute nicht davor zurück, uns ein Bild von den Leiden der Männer in der Eiswüste zu geben. Manche Einzelheiten davon sind mir geblieben, aber da ich es später alles auf das Genaueste las, traue ich mir nicht zu, das damals Gehörte vom Gelesenen zu unterscheiden. Sie klagte nicht über ihr Schickal, sie sprach fest und stolz, wie ich sie noch nie gesehen hatte. Wenn es ihre Absicht war, uns die Polarfahrer als Vorbild hinzustellen, so ist ihr das in einem Falle, meinem, bestimmt gelungen. Ich beschloß auf der Stelle, ein Forschungsreisender zu werden, und hielt an diesem Ziel einige Jahre lang fest. Sie endete damit, daß Scott und seine Freunde als wahre Engländer gestorben seien, und das war das einzige Mal während der Jahre in Manchester, daß ich den Stolz auf das Englischsein so offen und unverblümt ausgesprochen hörte. In der Zukunft hörte ich solche Dinge in anderen Ländern viel häufiger, mit einer Art von Unverschämtheit, die mich erbitterte, wenn ich an Miss Lancashires Ruhe und Würde dachte.

Napoleon. Menschenfressende Gäste Sonntagsfreuden

Das Leben im Haus in der Burton Road war gesellig und heiter. An den Wochenenden gab es immer Gäste. Manchmal wurde ich hereingerufen, die Gäste verlangten nach mir, und es gab allerhand, womit ich mich produzieren konnte. So lernte ich sie alle gut kennen, die Mitglieder der Familie und ihre Freunde. Die spaniolische Kolonie in Manchester war ziemlich rasch gewachsen, und alle hatten sich, nicht weit voneinander entfernt, in den äußeren Wohnvierteln West Didsbury und Withington niedergelassen. Der Export von Baumwollgütern aus Lancashire in den Balkan war ein einträgliches Geschäft. Einige Jahre vor uns waren die ältesten Brüder der Mutter, Bucco und Salomon, nach Manchester gekommen und hatten hier eine Firma gegründet. Bucco, der als einsichtiger Mann galt, starb bald jung, und Salomon, der Harte mit den eiskalten Augen, blieb allein zurück. Er suchte nach einem Kompagnon, und das war die Chance für meinen Vater, der eine so hohe Vorstellung von England hatte. Er trat in die Firma ein und bildete – er war gewinnend und konziliant und verstand gern den Standpunkt anderer Menschen – ein nützliches Gegengewicht zu seinem Schwager. Ich kann diesen Onkel nicht freundlich oder gerecht sehen, er wurde der verhaßte Feind meiner Jugend, der Mann, der für alles stand, was ich verabscheute. Wahrscheinlich scherte er sich gar nicht viel um mich, aber für die Familie war er die Figur des Erfolgs, und Erfolg war Geld. In Manchester bekam ich ihn wenig zu Gesicht, er war viel auf Geschäftsreisen, aber um so mehr war von ihm die Rede. Er hatte sich in England gut eingelebt und genoß unter den Kaufleuten großen Respekt. Von den Nachzüglern in der Familie, aber nicht nur von ihnen, wurde sein Englisch bewundert, das perfekt war. Miss Lancashire nannte manchmal seinen Namen in der Schule. »Mr. Arditti ist ein Gentleman«, sagte sie. Wahrscheinlich meinte sie damit, daß er wohlhabend war und in seinem Benehmen nichts von einem Fremden an sich hatte. Er bewohnte ein großes Haus, viel geräumiger und höher als das unsere, in der Palatine Road, die parallel zu unserer Straße lief, und da es im Gegensatz zu all den rötlichen Häusern, die ich in der Gegend sah, weiß war und hell schimmerte, und vielleicht auch wegen des Namens der Straße, erschien es mir wie ein Palast. Ihn aber, obwohl er gar nicht so aussah, hielt ich schon früh für einen Oger. Es ging Mr. Arditti hin, Mr. Arditti her, unsere Gouvernante verzog ehrerbietig das Gesicht, wenn sie ihn nannte, allerhöchste Verbote führte man auf ihn zurück, und als meine Gespräche mit den Tapetenleuten entdeckt wurden und ich sie unter Berufung auf den Vater, der mir viel erlaubte, zu verteidigen suchte, hieß es, Mr. Arditti werde davon erfahren und das hätte die schrecklichsten Folgen. Sobald sein Name fiel, gab ich auf der Stelle nach und versprach, meine Beziehungen zu den Tapetenleuten abzubrechen. Er war die oberste Autorität unter allen Erwachsenen meiner Umgebung. Als ich über Napoleon las, stellte ich ihn mir genau wie diesen Onkel vor, und die Untaten, die ich ihm zuschrieb, gingen auf Napoleons Rechnung. An Sonntagvormittagen durften wir die Eltern in ihrem Schlafzimmer besuchen, und einmal, als ich eintrat, hörte ich den Vater in seinem getragenen Englisch sagen: »Er geht über Leichen.« Die Mutter bemerkte mich und erwiderte rasch etwas auf deutsch, sie schien zornig, und das Gespräch ging, ohne daß ich es verstand, noch eine Weile weiter.

Wenn die Bemerkung des Vaters sich auf den Onkel bezog, so muß es sich um geschäftliche Leichen gehandelt haben, zu anderen hatte er schwerlich Gelegenheit. Aber das verstand ich damals nicht, und obwohl ich im Leben Napoleons noch nicht sehr weit war, begriff ich genug von seiner Wirksamkeit, um Leichen, die ich zwar nur aus Büchern kannte, für Leichen zu halten.

Aus der Familie der Mutter waren auch drei Vettern nach Manchester gekommen, drei Brüder. Sam, der älteste, sah wirklich wie ein Engländer aus, er lebte auch schon am längsten im Lande. Mit seinen herabhängenden Mundwinkeln munterte er mich zur richtigen Aussprache schwieriger Worte auf, und wenn ich mit dem Mund grimassierte, um es ihm gleichzutun, nahm er es freundlich auf und lachte herzlich, ohne mich durch Spott zu verletzen. Miss Lancashires Diktum über jenen anderen, den Oger-Onkel, hatte ich nie anerkannt, und einmal, um es zu bezeugen, stellte ich mich vor Onkel Sam hin und sagte: »*Du* bist ein Gentleman, Onkel Sam!« Vielleicht hörte er es gern, jedenfalls verstand er, *alle* verstanden, denn die ganze Gesellschaft in unserem Speisezimmer verstummte.

Alle diese Verwandten der Mutter, mit einer einzigen Ausnahme, hatten Familien in Manchester gegründet und kamen mit ihren Frauen zu Besuch. Nur Onkel Salomon fehlte, seine Zeit war zu kostbar, und für Gespräche in Anwesenheit von Frauen und gar für Musizieren hatte er keinen Sinn. Er nannte das ›Frivolitäten‹, er hatte immer neue geschäftliche Kombinationen im Kopf, und auch für diese ›Denktätigkeit‹ wurde er bewundert.

Zu diesen Abenden kamen auch andere befreundete Familien. Da war Herr Florentin, den ich wegen seines schönen Namens mochte; Herr Calderon, der den längsten Schnurrbart trug und immer lachte. Der Geheimnisvollste war für mich, als er das erstemal erschien, Herr Innie. Er war dunkler als die anderen, und man sagte, er sei ein Araber, womit man einen arabischen Juden meinte, er war vor kurzem erst aus Bagdad gekommen. Ich hatte ›Tausendundeine Nacht‹ im Kopf, und als ich ›Bagdad‹ hörte, erwartete ich den Kalifen Harun verkleidet. Die Verkleidung ging aber zu weit, Herr Innie hatte ungeheuer große Schuhe. Mir paßte das nicht und ich fragte ihn, warum er so große Schuhe habe. »Weil ich so große Füße habe«, sagte er, »soll ich sie dir zeigen?« Ich glaubte, er werde nun wirklich die Schuhe ausziehen und erschrak. Denn einer von den Tapetenleuten, der mein besonderer Feind war und sich von allen Unternehmungen, zu denen ich aufrief, ausschloß, zeichnete sich durch ungeheure Füße aus. Ich mochte Herrn Innies Füße nicht sehen und ging rasch, ohne mich zu verabschieden, hinauf ins Kinderzimmer. Ich glaubte nicht mehr, daß er aus Bagdad kam, mit diesen Füßen, stritt es den Eltern gegenüber ab und erklärte ihn für einen Lügner.

Es ging heiter zu unter den Gästen der Eltern, man plauderte und lachte viel, es wurde musiziert, man spielte Karten. Vielleicht wegen des Klaviers hielt man sich meist im Speisezimmer auf. Im gelben Salon, der durch Hausflur und Gang davon getrennt war, waren seltener Gäste. Wohl aber spielten sich hier meine Demütigungen ab, die mit der französischen Sprache zusammenhingen. Es wird die Mutter gewesen sein, die darauf bestand, daß ich als Gegengewicht zum Englischen, dem Vater so teuer, auch schon Französisch lernte. Eine Lehrerin kam, eine Französin, und ich hatte mit ihr Stunden im gelben Salon. Sie war dunkel und dünn und hatte etwas Neidisches, aber über ihr Gesicht haben sich die Gesichter anderer Französinnen gelegt, die ich später kannte, ich kann es nicht mehr in mir finden. Sie kam und ging pünktlich, aber sie gab sich nicht besondere Mühe und brachte mir bloß eine Geschichte über einen Jungen bei, der sich allein im Hause befand und naschen wollte. »Paul était seul à la maison«, so lautete der Anfang. Ich wußte die Geschichte bald auswendig und sagte sie den Eltern vor. Dem Jungen widerfuhr beim Naschen allerhand Mißgeschick, und ich sprach die Geschichte so dramatisch wie möglich – die Eltern schienen sehr amüsiert, es dauerte nicht lang und sie lachten beide aus vollem Halse. Mir wurde sonderbar zumute, so lang und so einträchtig hatte ich sie nie lachen gehört, und als es zu Ende war, spürte ich, daß sie mich nur zum Schein lobten.

Ich ging gekränkt in das Kinderzimmer hinauf und übte die Geschichte immer wieder für mich, um ja nicht zu stocken und keine Fehler zu machen.

Als nächstes Mal Gäste kamen, placierten sie sich alle im gelben Salon wie für eine Vorstellung, ich wurde heruntergeholt und aufgefordert, die französische Geschichte herzusagen. Ich fing an: »Paul était seul à la maison«, und schon verzogen sich alle Gesichter zum Lachen. Ich wollte es ihnen aber zeigen und ließ mich nicht beirren, ich sprach die Geschichte zu Ende. Als es soweit war, bogen sich alle vor Lachen. Mr. Calderon, der immer der lauteste war, klatschte in die Hände und rief: »Bravo! Bravo!« Onkel Sam, der Gentleman, brachte den Mund nicht mehr zu und fletschte alle seine englischen Zähne. Mr. Innie streckte seine riesigen Schuhe weit vor, lehnte den Kopf nach hinten und heulte. Selbst die Damen, die sonst zärtlich zu mir waren und mich gern auf den Kopf küßten, lachten mit weit offenem Mund, als ob sie mich im nächsten Augenblick verschlingen würden. Es war eine wilde Gesellschaft, ich fürchtete mich, und schließlich begann ich zu weinen.

Dieser Auftritt wiederholte sich öfters; wenn Gäste kamen, wurde ich unter viel Schmeicheleien gebeten, meinen Paul herzusagen, und statt mich zu weigern, gab ich mich jedesmal dazu her und hoffte, meine Quälgeister zu besiegen. Aber es endete immer auf dieselbe Weise, nur daß manche sich daran gewöhnten, die Sache im Chor mitzusagen und mich so zwangen, wenn mir das Weinen zu früh kam und ich schon aufhören wollte, bis zu Ende weiterzumachen. Man erklärte mir nie, was so komisch daran war, Lachen ist mir seither ein Rätsel geblieben, über das ich viel nachgedacht habe, es ist mir bis zum heutigen Tage ein ungelöstes Rätsel geblieben.

Erst später, als ich in Lausanne Französisch sprechen hörte, begriff ich die Wirkung meines »Paul« auf die versammelten Gäste. Die Lehrerin hatte sich nicht die geringste Mühe gegeben, mir eine richtige französische Aussprache beizubringen. Sie war es zufrieden, daß ich die Sätze, die sie mir vorsprach, behielt und auf englische Weise nachsagte. Die Gesellschaft der versammelten Rustschuker, die in der Schule der ›Alliance‹ zuhause akzentfreies Französisch erlernten und nun mit ihrem Englisch einige Mühe hatten, fanden es unwiderstehlich komisch, dieses englische Französisch zu hören, und genossen, eine schamlose

Meute, die Umkehrung ihrer eigenen Schwäche an einem Kind von noch nicht sieben Jahren.

Ich brachte alles, was ich damals erlebte, in Zusammenhang mit den Büchern, die ich las. Es war gar nicht so weit gefehlt, daß ich die hemmungslos lachende Meute der Erwachsenen als Menschenfresser empfand, die ich aus ›Tausendundeine Nacht‹ und ›Grimms Märchen‹ kannte und fürchtete. Am stärksten wuchert die Angst, es ist nicht zu sagen, wie wenig man wäre ohne erlittene Angst. Ein Eigentliches des Menschen ist der Hang, sich der Angst immer auszuliefern. Keine Angst geht verloren, aber ihre Verstecke sind rätselhaft. Vielleicht ist von allem sie es, die sich am wenigsten verwandelt. Wenn ich an die frühen Jahre denke, erkenne ich zuallererst ihre Ängste, an denen sie unerschöpflich reich waren. Viele finde ich erst jetzt, andere, die ich nie finden werde, müssen das Geheimnis sein, das mir Lust auf ein unendliches Leben macht.

Am schönsten waren die Sonntagvormittage, da durften wir Kinder zu den Eltern in ihr Schlafzimmer, beide lagen noch im Bett, der Vater lag näher zur Tür, die Mutter beim Fenster. Ich durfte gleich zu ihm aufs Bett springen, die kleinen Brüder kamen zur Mutter. Er turnte mit mir, fragte mich nach der Schule aus und erzählte mir Geschichten. Es dauerte alles lang, darauf freute ich mich besonders, und immer hoffte ich, es werde kein Ende nehmen. Sonst war alles eingeteilt, es gab Regeln und Regeln, über die die Gouvernante wachte. Aber ich kann nicht sagen, daß diese Regeln mich quälten, denn jeder Tag endete damit, daß der Vater mit Geschenken nach Hause kam, die er uns im Kinderzimmer vorführte; und jede Woche endete mit dem Sonntagvormittag und unseren Spielen und Gesprächen im Bett. Ich achtete nur auf ihn, was die Mutter mit den kleinen Brüdern bei sich drüben trieb, war mir gleichgültig, vielleicht sogar ein wenig verächtlich. Seit ich die Bücher las, die mir der Vater brachte, langweilten mich die Brüder oder sie störten mich; und daß die Mutter sie uns nun abnahm und ich den Vater ganz für mich allein hatte, war das größte Glück. Er war besonders lustig, wenn er noch im Bett lag, er schnitt Gesichter und sang komische Lieder. Er spielte mir Tiere vor, die ich erraten mußte, und wenn ich sie richtig erriet, versprach er zur Belohnung, mich wieder in den Tiergarten zu führen. Unter seinem Bett war ein Nachttopf, mit soviel gelber Flüssigkeit darin, daß ich staunte. Das war aber noch gar nichts, denn einmal stand er auf, stellte sich neben das Bett und ließ sein Wasser. Ich sah dem mächtigen Strahl zu, es war mir unfaßbar, daß so viel Wasser aus ihm kam, meine Bewunderung für ihn stieg auf das Höchste. »Jetzt bist du ein Pferd«, sagte ich, ich hatte auf der Straße Pferden zugesehen, wenn sie ihr Wasser ließen, und Strahl und Glied erschienen mir ungeheuer. Er gab es zu: »Jetzt bin ich ein Pferd«, und unter allen Tieren, die er spielte, machte mir dieses den größten Eindruck.

Es war immer die Mutter, die der Herrlichkeit ein Ende machte. »Jacques, es ist Zeit«, sagte sie, »die Kinder werden zu wild.« Er machte nicht gleich Schluß und schickte mich nie fort, ohne zum Abschied eine neue Geschichte zu erzählen, die ich noch nicht kannte. »Denk darüber nach!« sagte er, wenn ich schon in der Türe stand, die Mutter hatte geläutet, und die Gouvernante war uns holen gekommen. Ich kam mir feierlich vor, weil ich über etwas nachdenken sollte, nie vergaß er später, manchmal waren Tage vergangen, mich danach zu fragen. Er hörte dann besonders ernsthaft zu und billigte schließlich, was ich gesagt hatte. Vielleicht billigte er es wirklich, vielleicht machte er mir nur Mut, das Gefühl, das ich hatte, wenn er mir auftrug, über etwas nachzudenken, kann ich nur als ein frühes Gefühl von Verantwortung bezeichnen.

Ich habe mich oft gefragt, ob es zwischen uns so weitergegangen wäre, wenn er länger gelebt hätte. Hätte ich schließlich gegen ihn rebelliert wie gegen die Mutter? Ich kann es mir nicht vorstellen, sein Bild in mir ist ungetrübt, und ungetrübt will ich es belassen. Ich glaube, er hatte so sehr unter der Tyrannei seines Vaters gelitten, unter dessen Fluch er während der kurzen Zeit in England stand, daß er alles, was mich betraf, mit Vorsicht, Liebe und Weisheit bedachte. Er war nicht bitter, weil er entkommen war, wäre er in Bulgarien geblieben, im Geschäft seines Vaters, das ihn bedrückte, er wäre ein anderer Mensch geworden.

Der Tod des Vaters
Die letzte Version

Wir waren etwa ein Jahr in England, als die Mutter erkrankte. Es hieß, daß ihr die Luft in England nicht zusage. Eine Kur in Bad Reichenhall wurde ihr verschrieben, und im Sommer, es mag August 1912 gewesen sein, fuhr sie hin. Ich achtete nicht sehr darauf, sie ging mir nicht ab, aber der Vater fragte mich nach ihr, und ich mußte etwas sagen. Vielleicht fürchtete er, daß ihre Abwesenheit für uns Kinder nicht gut sei, und wollte die ersten Anzeichen einer Veränderung bei uns gleich bemerken. Nach einigen Wochen fragte er mich, ob es mir etwas mache, daß die Mutter noch länger fortbleibe. Wenn wir Geduld hätten, würde es ihr immer besser gehen und sie käme uns ganz gesund zurück. Die früheren Male hatte ich etwas Sehnsucht nach ihr geheuchelt, ich spürte, daß er es von mir erwartete. Um so ehrlicher gestand ich ihr nun eine längere Kur zu. Manchmal kam er mit einem Brief von ihr ins Kinderzimmer, zeigte auf ihn und sagte, sie habe geschrieben. Aber er war nicht derselbe in dieser Zeit, seine Gedanken waren bei ihr, und er war besorgt. Während der letzten Woche ihrer Abwesenheit sprach er wenig und erwähnte sie nicht vor mir. Er hörte mich nicht so lange an, lachte nicht und erfand keine Späße. Als ich über das letzte Buch, das er mir gegeben hatte, das Leben Napoleons, wieder berichten wollte, war er zerstreut und ungeduldig und schnitt mir das Wort ab, ich dachte, ich hätte etwas Dummes gesagt und schämte mich. Schon am nächsten Tag kam er zu uns so lustig und übermütig wie früher und kündigte uns die Ankunft der Mutter für morgen an. Ich freute mich darauf, weil er sich freute, und Miss Bray sagte etwas zu Edith, was ich nicht verstand: es sei *richtig,* daß die Dame heimkehre. »Warum ist es denn richtig?« fragte ich, aber sie schüttelte den Kopf: »Das verstehst du nicht. Es ist *richtig!*« Als ich die Mutter später über alles genau befragte − es war so vieles dunkel, das mir keine Ruhe gab −, erfuhr ich, daß sie sechs Wochen fortgewesen sei und noch länger bleiben wollte. Der Vater hätte die Geduld verloren und von ihr telegraphisch verlangt, daß sie sofort nach Hause komme.

Am Tag ihrer Ankunft sah ich ihn nicht, er kam abends nicht zu uns ins Kinderzimmer. Doch schon am nächsten Morgen erschien er wieder und brachte den kleinen Bruder zum Sprechen. »Georgie«, sagte er, »Canetti«, sagte der Kleine, »two« der Vater, »three« der Kleine, »four« der Vater, »Burton« der Kleine, »Road« der Vater, »West« der Kleine, »Didsbury« der Vater, »Manchester« der Kleine, »England« der Vater, und ich zum Schluß, sehr überflüssig und laut, »Europe«. So war unsere Adresse wieder beisammen. Es gibt keine Worte, die ich mir besser gemerkt habe, es waren die letzten Worte meines Vaters.

Er ging wie immer zum Frühstück hinunter. Es dauerte nicht lang und wir hörten gellende Rufe. Die Gouvernante stürzte die Treppe hinunter, ich ihr nach. Von der offenen Türe des Speisezimmers sah ich den Vater am Boden liegen. Er lag seiner ganzen Länge nach, zwischen Tisch und Kamin, ganz nah am Kamin, sein Gesicht war weiß, er hatte Schaum um den Mund, die Mutter kniete neben ihm und schrie: »Jacques, sprich zu mir, sprich zu mir, Jacques, Jacques sprich zu mir!« Sie schrie es immer wieder, Leute kamen, die Nachbarn Brockbank, ein Quäkerpaar, Fremde kamen von der Straße. Ich stand bei der Tür, die Mutter griff sich mit den Händen an den Kopf, riß sich Haare aus und schrie immer weiter, ich machte zaghaft einen Schritt ins Zimmer, auf meinen Vater zu, ich begriff es nicht, ich wollte ihn fragen, da hörte ich jemand sagen: »Das Kind muß weg.« Die Brockbanks nahmen mich sanft beim Arm, führten mich auf die Straße und in ihren Vorgarten.

Da nahm mich ihr Sohn Alan in Empfang, er war viel älter als ich und sprach zu mir, als ob nichts geschehen wäre. Er fragte mich nach dem letzten Cricket-Match in der Schule, ich antwortete ihm, er wollte alles genau darüber wissen und fragte, bis ich nichts mehr zu sagen wußte. Dann wollte er wissen, ob ich gut klettern könne, ich sagte ja, er zeigte auf den Baum, der da stand und sich ein wenig schräg gegen unseren eigenen Vorgarten neigte. »Aber auf den kannst du nicht klettern«, sagte er, »auf den bestimmt nicht. Er ist zu schwer für dich. Das traust du dich nicht.« Ich nahm die Herausforderung an, sah mir den Baum an, zweifelte ein wenig, zeigte es aber nicht und sagte: »Doch. Doch. Ich kann es!« Ich trat zum Baum, griff seine Rinde an, umfaßte ihn und wollte mich hinaufschwingen, als sich ein Fenster von unserem Speisezimmer öffnete. Die Mutter streckte sich mit ihrem Oberkörper weit hinaus, sah mich mit Alan beim Baum stehen und schrie gellend: »Mein Sohn, du spielst, und dein

Vater ist tot! Du spielst, du spielst, und dein Vater ist tot! Dein Vater ist tot! Dein Vater ist tot! Du spielst, dein Vater ist tot!«

Sie schrie es auf die Straße hinaus, sie schrie es immer lauter, man zerrte sie mit Gewalt ins Zimmer zurück, sie wehrte sich, ich hörte sie schreien, als ich sie nicht mehr sah, ich hörte sie noch lange schreien. Mit ihren Schreien ging der Tod des Vaters in mich ein und hat mich nie wieder verlassen.

Man ließ mich nicht mehr zur Mutter. Ich kam zu den Florentins, die auf halbem Wege zur Schule in der Barlowmore Road wohnten. Arthur, ihr Sohn, war schon ein wenig mein Freund und in den kommenden Tagen wurde unsere Freundschaft unzertrennlich. Herr Florentin und Nelly, seine Frau, zwei herzensgute Menschen, ließen mich keinen Augenblick aus dem Auge, sie fürchteten, ich könnte zur Mutter entlaufen. Sie sei sehr krank, sagte man mir, niemand dürfe sie sehen, bald werde sie ganz gesund sein und dann käme ich wieder zu ihr. Aber sie irrten sich, ich wollte gar nicht zu ihr, ich wollte zu meinem Vater. Über ihn sprachen sie wenig. Am Tage seines Begräbnisses, den man mir nicht verheimlichen wollte, erklärte ich entschlossen, daß ich mit auf den Friedhof wolle. Arthur hatte Bücher mit Bildern von fremden Ländern, er hatte Briefmarken und viele Spiele. Er war Tag und Nacht mit mir beschäftigt, nachts schlief ich im selben Zimmer wie er, und er war so herzlich und erfinderisch und ernst und lustig, daß ich noch heute ein warmes Gefühl habe, wenn ich an ihn denke. Aber am Tage des Begräbnisses verfing nichts, als ich merkte, daß er mich vom Begräbnis zurückhalten wollte, wurde ich zornig und schlug plötzlich auf ihn los. Die ganze Familie bemühte sich um mich, zur Sicherheit wurden alle Türen abgesperrt. Ich tobte und drohte, sie einzubrechen, was an diesem Tage vielleicht nicht über meine Kräfte ging. Schließlich hatten sie einen rettenden Gedanken, der mich allmählich beruhigte. Sie versprachen mir, daß ich den Begräbniszug *sehen* dürfte. Vom Kinderzimmer, wenn man sich vorbeuge, könne man ihn sehen, allerdings nur aus der Ferne.

Ich glaubte ihnen und bedachte nicht, wie ferne es wäre. Als die Zeit kam, beugte ich mich weit zum Fenster des Kinderzimmers hinaus, so weit, daß man mich hinten festhalten mußte. Man erklärte mir, daß der Zug eben um die Ecke der Burton Road in die Barlowmore Road biege und dann sich in entgegengesetzter Richtung von uns zum Friedhof hin bewege. Ich schaute mir die Augen aus und sah nichts. Aber so deutlich schilderten sie mir, was zu sehen sei, daß ich schließlich in der angegebenen Richtung einen leichten Nebel gewahrte. Das sei es, sagten sie, das sei es. Ich war erschöpft von dem langen Kampfe und gab mich zufrieden.

Ich war sieben Jahre alt, als mein Vater starb, und er war noch nicht einunddreißig. Es wurde viel darüber gesprochen, er galt als vollkommen gesund, er rauchte sehr viel, aber das war auch alles, was man für seinen plötzlichen Herzschlag ins Treffen führen konnte. Der englische Arzt, der ihn nach seinem Tod untersuchte, fand nichts. Aber in der Familie hielt man nicht viel von englischen Ärzten. Es war die große Zeit der Wiener Medizin und jedermann hatte bei irgendeiner Gelegenheit einen Wiener Professor zu Rate gezogen. Ich war von diesen Gesprächen wenig berührt, ich *konnte* keinen Grund für seinen Tod anerkennen und so war es für mich besser, man fand keinen.

Aber immer, im Laufe der Jahre, fragte ich die Mutter darüber aus. Was ich von ihr erfuhr, wechselte alle paar Jahre, als ich allmählich heranwuchs, kam Neues hinzu und eine frühere Version erwies sich als ›Schonung‹ für meine Jugend. Da mich nichts so sehr beschäftigte wie dieser Tod, lebte ich gläubig in verschiedenen Etappen. Ich ließ mich in der letzten Erzählung der Mutter nieder, richtete mir's da ein, hielt mich an jedes Detail, als entstamme es einer Bibel, bezog alles darauf, was sich in meiner Umgebung ereignete, aber auch alles, was ich las und dachte. Im Zentrum jeder Welt, in der ich mich fand, stand der Tod des Vaters. Wenn ich dann einige Jahre später etwas Neues erfuhr, fiel die frühere Welt wie Attrappen um mich zusammen, nichts mehr stimmte, alle Schlüsse waren falsch, es war, als bringe mich jemand stürmisch von einem Glauben ab, aber die Lügen, die dieser Jemand nachwies und zerhieb, hatte er mit bestem Gewissen selbst zum Schutze meiner Jugend gelogen. Immer lächelte die Mutter, wenn sie plötzlich sagte: »Das habe ich dir damals nur so gesagt, du warst zu jung. Du hättest es nicht verstehen können.« Ich fürchtete dieses Lächeln, es war anders als ihr Lächeln sonst, das ich um seines Hochmuts, aber auch um seiner Gescheitheit willen liebte. Sie wußte, daß sie

mich in Stücke schlug, wenn sie mir etwas Neues über den Tod
des Vaters sagte. Sie war grausam und sie tat es gern, und rächte
sich so für die Eifersucht, mit der ich ihr das Leben schwermachte.

Alle Fassungen dieses Berichts hat meine Erinnerung bewahrt, ich wüßte nicht, was ich mir verläßlicher gemerkt hätte.
Vielleicht kann ich sie einmal komplett niederschreiben. Es würde ein Buch daraus werden, ein ganzes Buch, und jetzt sind es
andere Spuren, denen ich folge.

Aber was ich damals schon hörte, das will ich verzeichnen,
und auch die letzte Fassung, an die ich heute noch glaube.

Bei den Florentins sprach man davon, daß Krieg ausgebro-
chen sei, der Balkankrieg. Für die Engländer mag das nicht so
wichtig gewesen sein; aber ich lebte unter Menschen, die alle aus
den Balkanländern stammten, für die war es ein Krieg zuhause.
Herr Florentin, ein ernster, nachdenklicher Mann, vermied es,
mit mir über den Vater zu sprechen, aber eines sagte er mir doch,
als ich mit ihm allein war. Er sagte es, als wäre es etwas sehr
Wichtiges, ich hatte das Gefühl, daß er es mir anvertraue, weil
die Frauen, deren es einige in seinem Haushalt gab, nicht dabei
waren. Der Vater habe bei jenem letzten Frühstück die Zeitung
gelesen und als Überschrift stand darauf, daß Montenegro an die
Türkei den Krieg erklärt habe; er wußte, daß dies den Ausbruch
des Balkankriegs bedeute und daß viele Menschen nun sterben
müßten, und diese Nachricht habe ihn getötet. Ich entsann mich,
daß ich den ›Manchester Guardian‹ auf dem Boden neben ihm
liegen sah. Er hatte mir, wenn ich eine Zeitung irgendwo im
Hause fand, erlaubt, ihm die Überschriften vorzulesen, und hie
und da, wenn es nicht zu schwierig war, erklärte er mir, was sie
bedeuteten.

Herr Florentin sagte, es gäbe nichts Schlechteres als Krieg,
und der Vater sei wie er dieser Meinung gewesen, sie hätten oft
darüber gesprochen. In England seien alle Leute gegen Krieg
und hier werde es nie mehr einen Krieg geben.

Seine Worte sanken in mich ein, als hätte sie der Vater selbst
gesprochen. Ich behielt sie für mich, so wie sie zwischen uns
allein gesagt waren, als wären sie ein gefährliches Geheimnis.
Wenn in späteren Jahren immer wieder die Rede davon war, daß
der Vater ganz jung, vollkommen gesund, ohne jede Krankheit,
ganz plötzlich wie vom Blitz getroffen gestorben sei, so wußte

ich, und nichts hätte mich je davon abgebracht, daß dieser Blitz eben jene furchtbare Nachricht war, die Nachricht vom Ausbruch des Krieges. Seit damals hat es in der Welt Krieg gegeben und jeder, wo immer er war, und im Bewußtsein meiner Umgebung vielleicht kaum gegenwärtig, traf mich mit der Kraft jenes frühen Verlusts und beschäftigte mich als das *Persönlichste*, das mir geschehen konnte.

Für die Mutter allerdings sah es ganz anders aus, und aus ihrer letzten und endgültigen Version davon, die sie dreiundzwanzig Jahre später, unter dem Eindruck meines ersten Buches preisgab, erfuhr ich, daß der Vater seit dem Abend des vorangegangenen Tages kein Wort mehr mit ihr gewechselt hatte. Sie hatte sich in Reichenhall sehr wohl gefühlt, wo sie sich unter Menschen ihrer eigenen Art, mit ernsthaften geistigen Interessen bewegt hatte. Ihr Arzt sprach mit ihr über Strindberg, und sie begann ihn dort zu lesen, sie hat seither nie aufgehört, Strindberg zu lesen. Der Arzt befragte sie über diese Lektüre, es kam zu immer aufregenderen Gesprächen, sie begann zu begreifen, daß das Leben in Manchester unter den halbgebildeten Spaniolen ihr nicht genügte, vielleicht war das ihre Krankheit. Sie gestand das dem Arzt, und er gestand ihr seine Liebe. Er schlug ihr vor, sich von meinem Vater zu trennen, und seine Frau zu werden. Es geschah, außer in Worten, nichts zwischen ihnen, das sie sich vorzuwerfen hatte, und keinen Augenblick erwog sie im Ernst eine Trennung von meinem Vater. Aber die Gespräche mit dem Arzt bedeuteten ihr mehr und mehr, und sie trachtete den Aufenthalt in Reichenhall zu verlängern. Sie fühlte, wie ihr Gesundheitszustand sich rapid besserte, und hatte darum einen nicht unredlichen Grund, vom Vater eine Verlängerung ihres Kuraufenthaltes zu erbitten. Aber da sie sehr stolz war und ihn nicht belügen mochte, erwähnte sie in ihren Briefen auch die faszinierenden Gespräche mit dem Arzt. Schließlich war sie dem Vater dankbar, als er sie telegraphisch zu einer sofortigen Rückkehr zwang. Sie hätte von selbst vielleicht nicht mehr die Kraft gehabt, sich von Reichenhall zu trennen. Sie kam blühend und glücklich in Manchester an, und um meinen Vater zu versöhnen und vielleicht auch ein wenig aus Eitelkeit, erzählte sie ihm die ganze Geschichte, und wie sie den Antrag des Arztes, bei ihm zu bleiben, zurückgewiesen habe. Der Vater begriff nicht, daß es zu einem solchen Antrag gekommen war, er fragte sie aus, und mit jeder Antwort, die er bekam, wuchs seine Eifersucht: er bestand darauf, daß sie sich schuldig gemacht habe, glaubte ihr nicht und hielt ihre Entgegnungen für Lüge. Schließlich wurde er so zornig, daß er drohte, er werde kein Wort mehr mit ihr sprechen, bevor sie die volle Wahrheit gestanden habe. Den ganzen Abend und die Nacht verbrachte er schweigend, und ohne zu schlafen. Er tat ihr, trotzdem er sie damit quälte, von Herzen leid, aber sie war, im Gegensatz zu ihm, der Überzeugung, daß sie durch ihre Rückkehr ihre Liebe zu ihm bewiesen habe, und war sich keiner Schuld bewußt. Sie hatte dem Arzt nicht einmal erlaubt, sie zum Abschied zu küssen. Sie versuchte alles, um den Vater zum Reden zu bringen, da es ihr nach stundenlangen Bemühungen nicht gelang, wurde sie böse und gab es auf, auch sie verstummte.

Am Morgen, als er zum Frühstück herunterkam, setzte er sich wortlos an den Tisch und nahm die Zeitung. Als er umsank, vom Schlag gerührt, hatte er kein einziges Wort zu ihr gesprochen. Sie dachte erst, er wolle sie erschrecken und noch mehr strafen. Sie kniete auf dem Boden neben ihm nieder und beschwor ihn, immer flehender und verzweifelter, zu ihr zu sprechen. Als sie begriff, daß er tot war, dachte sie, er sei an dieser Enttäuschung über sie gestorben.

Ich weiß, daß die Mutter mir dieses letzte Mal die Wahrheit, so wie sie sie sah, gesagt hat. Es hatte lange, schwere Kämpfe zwischen uns gegeben und sie war oft nahe daran gewesen, mich für immer zu verwerfen. Aber nun begreife sie, so sagte sie, den Kampf, den ich für meine Freiheit geführt habe, nun erkenne sie mein Recht auf diese Freiheit an, trotz des großen Unglücks, das dieser Kampf über sie gebracht habe. Das Buch, das sie gelesen hatte, sei Fleisch von ihrem Fleisch, sie erkenne sich in mir, so wie ich Menschen darstelle, habe sie sie immer gesehen, so, genau so, hätte sie selber schreiben wollen. Ihre Verzeihung sei nicht genug, sie beuge sich vor mir, sie anerkenne mich doppelt als ihren Sohn, ich sei das geworden, was sie sich am meisten gewünscht habe. Sie lebte zu dieser Zeit in Paris, und einen Brief ähnlichen Inhalts hatte sie mir, bevor ich sie besuchte, schon nach Wien geschrieben. Ich war über diesen Brief sehr erschrokken, auch in den Zeiten unserer bittersten Feindschaft hatte ich sie am meisten für ihren Stolz bewundert. Der Gedanke, daß sie sich wegen dieses Romans, so wichtig er mir war, vor mir beuge, war mir unerträglich (es machte meine Vorstellung von ihr aus, daß sie sich vor nichts beugte). Als ich sie wiedersah, mochte sie meine Verlegenheit, Scham und Enttäuschung darüber spüren, und um mich davon zu überzeugen, wie ernst sie es meinte, ließ sie sich dazu hinreißen, mir endlich die volle Wahrheit über den Tod des Vaters zu sagen.

Ich hatte es trotz ihrer früheren Versionen manchmal so vermutet, mir aber dann immer vorgehalten, daß das Mißtrauen, das ich von ihr geerbt hatte, mich irreführe. Um mich darüber zu beruhigen, wiederholte ich mir die letzten Worte meines Vaters im Kinderzimmer. Es waren nicht die Worte eines zornigen oder verzweifelten Menschen. Vielleicht lassen sie darauf schließen, daß er nach einer bösen und schlaflosen Nacht nahe daran war, sich erweichen zu lassen, und vielleicht hätte er doch noch im Speisezimmer zu ihr gesprochen, als der Schock über den Ausbruch des Krieges dazwischen kam und ihn fällte.

Das himmlische Jerusalem

Nach einigen Wochen kam ich von den Florentins in die Burton Road, zur Mutter. Nachts schlief ich im Bett des Vaters, neben ihrem, und wachte über ihr Leben. Solange ich ihr leises Weinen hörte, schlief ich nicht ein; wenn sie ein wenig geschlafen hatte und wieder aufwachte, weckte mich ihr leises Weinen. In dieser Zeit kam ich ihr nah, unsere Beziehung war eine andere, ich wurde, mehr als dem Namen nach, der älteste Sohn. Sie nannte und behandelte mich so, ich hatte das Gefühl, als verließe sie sich auf mich, sie sprach zu mir wie zu keinem anderen Menschen, und obwohl sie mir darüber nie etwas sagte, spürte ich ihre Verzweiflung und die Gefahr, in der sie schwebte. Ich nahm es auf mich, sie durch die Nacht zu bringen, ich war das Gewicht, das sich an sie hängte, wenn sie ihre Qual nicht mehr ertrug und das Leben abwerfen wollte. Es ist sehr merkwürdig, daß ich auf diese Weise gleich hintereinander den Tod erlebte und die Angst um ein Leben, das vom Tode bedroht ist.

Untertags hatte sie sich in der Gewalt, es gab viel für sie zu tun, an das sie nicht gewöhnt war, und sie tat es alles. Abends hatten wir unser kleines rituelles Mahl, während dem wir uns gegenseitig mit einer stillen Art von Ritterlichkeit behandelten. Ich folgte jeder ihrer Bewegungen und nahm sie auf, sie deutete mir behutsam, was während des Mahles vorkam. Ich hatte sie früher ungeduldig und herrisch gekannt, hochfahrend, impulsiv, die Bewegung, die mir damals am deutlichsten in Erinnerung blieb, war ihr Läuten nach der Gouvernante, um uns Kinder loszuwerden. Ich hatte sie auf jede Weise merken lassen, daß ich den Vater vorzog, und wenn die Frage aufkam, mit der Kinder so grausam in Verlegenheit gebracht werden: »Wen hast du lieber, Vater oder Mutter?« versuchte ich nicht, mich mit einem »beide« aus der Affäre zu ziehen, sondern zeigte ungescheut und ohne zu zögern auf den Vater. Nun aber waren wir jeder für den anderen, was vom Vater geblieben war, wir spielten, ohne es zu wissen, beide ihn und *seine* Zartheit war es, mit der wir einander wohltaten. In diesen Stunden habe ich die Stille gelernt, in der man alle Seelenkräfte versammelt. Ich brauchte sie damals mehr als zu irgendeiner anderen Zeit meines Lebens, denn die Nacht, die auf diese Abende folgte, war von schrecklicher Gefahr erfüllt, ich könnte zufrieden mit mir sein, wenn ich meinen Mann immer so gut wie damals gestellt hätte.

An einem Monatstag nach unserem Unglück versammelte man sich im Haus zur Gedenkfeier. Die männlichen Verwandten und Freunde stellten sich an der Wand im Speisezimmer auf, ihre Hüte auf dem Kopf, die Gebetbücher in den Händen. Auf einem Sofa an der Schmalseite, dem Fenster gegenüber, saßen Großvater und Großmutter Canetti, die aus Bulgarien gekommen waren. Ich wußte damals noch nicht, wie schuldig sich der Großvater fühlte. Er hatte den Vater feierlich verflucht, als er ihn und Bulgarien verließ, sehr selten geschieht es, daß ein gläubiger Jude seinen Sohn verflucht, kein Fluch ist gefährlicher und keiner mehr gefürchtet. Der Vater hatte sich dadurch nicht abhalten lassen und nicht viel über ein Jahr nach seiner Ankunft in England war er tot. Wohl erlebte ich, daß der Großvater bei seinen Gebeten laut schluchzte; er hörte zu weinen nicht auf, er konnte mich nicht sehen, ohne mich mit aller Kraft an sich zu drücken, er ließ mich kaum los und badete mich in Tränen. Ich nahm es für Trauer und erfuhr erst viel später, daß es mehr noch als Schmerz das Gefühl seiner Schuld war, er war davon überzeugt, daß er meinen Vater durch seinen Fluch getötet hatte. Mich erfüllten die Vorgänge bei dieser Trauerfeier mit Grauen, weil der Vater nicht dabei war. Immer erwartete ich, er werde plötzlich unter uns stehen und wie die anderen Männer seine

Gebete sagen. Ich wußte sehr wohl, daß er sich nicht versteckt hatte, aber wo immer er war, daß er jetzt nicht kam, als alle Männer das Gedenkgebet für ihn sagten, wollte ich nicht begreifen. Unter den Trauergästen war auch Herr Calderon, der Mann mit dem längsten Schnurrbart, der auch dafür bekannt war, daß er immer lachte. Ich erwartete das Schlimmste von ihm. Als er kam, sprach er ungeniert zu den Männern, die rechts und links von ihm standen, und plötzlich tat er, was ich am meisten gefürchtet hatte, er lachte. Ich ging zornig auf ihn zu und fragte: »Warum lachst du?« Er ließ sich nicht beirren und lachte mich an. Ich haßte ihn dafür, ich wollte, daß er weggeht, ich hätte ihn gern geschlagen. Aber ich hätte das lächelnde Gesicht nicht erreicht, ich war zu klein, ich hätte auf einen Stuhl steigen müssen; und so habe ich ihn nicht geschlagen. Als es vorüber war und die Männer alle das Zimmer verließen, suchte er meinen Kopf zu streicheln, ich schlug seine Hand zurück und kehrte ihm vor Wut weinend den Rücken.

Der Großvater erklärte mir, daß ich als der älteste Sohn den Kaddisch, das Totengebet, für meinen Vater sagen müsse. Jedes Jahr, wenn der Tag wiederkehre, müsse ich den Kaddisch sagen. Wenn ich es je nicht täte, werde sich der Vater verlassen fühlen, als habe er keinen Sohn. Es sei die größte Sünde, die ein Jude begehen könne, den Kaddisch für seinen Vater nicht zu sagen. Er erklärte mir das unter Schluchzen und Seufzen, ich sah ihn während der Tage dieses Besuchs bei uns nie anders. Die Mutter küßte ihm zwar, wie es bei uns Sitte war, die Hand und sagte ehrerbietig zu ihm ›Señor Padre‹. Doch während unserer verhaltenen Abendgespräche erwähnte sie ihn nicht und ich fühlte wohl, daß es unrichtig wäre, sie über ihn zu befragen. Seine unaufhörliche Trauer machte mir großen Eindruck. Aber ich hatte den schrecklichen Ausbruch der Mutter erlebt und nun erlebte ich Nacht für Nacht ihr Weinen. Um sie hatte ich Angst, ihm sah ich zu. Er sprach zu allen Leuten und beklagte sein Unglück. Er beklagte auch uns und nannte uns ›Waisen‹. Aber es klang so, als schäme er sich, Waisen zu Enkeln zu haben, und gegen dieses Gefühl der Scham setzte ich mich zur Wehr. Ich war kein Waisenkind, ich hatte die Mutter und schon hatte sie mich mit der Verantwortung für meine kleinen Brüder betraut.

Sehr lange blieben wir nicht in der Burton Road. Noch im selben Winter übersiedelten wir in das Haus ihres Bruders in der

Palatine Road. Da gab es viele große Zimmer und mehr Menschen. Miss Bray, die Gouvernante, und das Stubenmädchen Edith kamen mit. Die beiden Haushalte wurden für einige Monate zusammengelegt, alles war doppelt, es kam viel Besuch. Abends aß ich nicht mehr mit der Mutter und nachts schlief ich nicht bei ihr. Vielleicht ging es ihr schon besser, vielleicht hielt man es aber auch für klüger, sie nicht meiner alleinigen Bewachung anzuvertrauen. Man versuchte es mit Zerstreuung, Freunde kamen ins Haus oder luden sie zu sich ein. Sie hatte den Beschluß gefaßt, mit uns Kindern nach Wien zu übersiedeln, das Haus in der Burton Road wurde verkauft, es gab manches für die Übersiedlung vorzubereiten. Ihr tüchtiger Bruder, auf den sie große Stücke hielt, beriet sie. Von diesen nützlichen Gesprächen war ich als Kind ausgeschlossen. Ich ging wieder zu Miss Lancashire in die Schule, die mich gar nicht wie ein Waisenkind behandelte. Sie ließ mich etwas wie Respekt fühlen und einmal sagte sie mir sogar, daß jetzt ich der Mann in der Familie sei und das sei das Beste, was ein Mensch sein könne.

Zuhause in der Palatine Road war ich dann wieder im Kinderzimmer, viel größer als das frühere mit den lebenden Tapeten. Sie gingen mir nicht ab, ich hatte unter dem Eindruck der letzten Ereignisse jedes Interesse an ihnen verloren. Da war ich nun wieder mit meinen kleinen Brüdern und der Gouvernante, und Edith, die wenig zu tun hatte, war meistens auch bei uns. Das Zimmer war zu groß, etwas fehlte uns darin, es erschien irgendwie leer, vielleicht hätten mehr Menschen hineingehört, Miss Bray, die Gouvernante, die aus Wales stammte, bevölkerte es mit einer Gemeinde. Sie sang englische Hymnen mit uns, Edith sang mit, eine ganz neue Periode begann für uns, kaum waren wir im Kinderzimmer beisammen, sangen wir los. Miss Bray gewöhnte uns rasch daran, sie war ein anderer Mensch, wenn sie sang, nicht mehr dünn und spitz, ihre Begeisterung teilte sich uns Kindern mit. Wir sangen aus Leibeskräften, auch der Kleinste, der zweijährige George krähte mit. Es war besonders *ein* Lied, von dem wir nie genug bekamen. Es war über das himmlische Jerusalem. Miss Bray hatte uns davon überzeugt, daß unser Vater jetzt im himmlischen Jerusalem sei und wenn wir das Lied richtig sängen, werde er unsere Stimmen erkennen und sich über uns freuen. Es gab eine wunderbare Zeile darin: »Jerusalem, Jerusalem, hark how the angels sing!« und wenn wir an diese

Zeile kamen, glaubte ich meinen Vater dort zu sehen und sang mit solcher Glut, daß ich zu zerbersten meinte. Miss Bray schien aber doch Bedenken zu haben, sie sagte, es könne vielleicht die anderen Leute im Hause stören, und damit uns niemand in unserem Lied unterbreche, sperrte sie das Zimmer ab. In vielen Liedern kam der Herr Jesus vor, sie erzählte uns seine Geschichte, ich wollte über ihn hören, ich hatte nie genug davon und begriff nicht, daß die Juden ihn gekreuzigt hatten. Über Judas war ich mir gleich im klaren, er trug einen langen Schnurrbart und lachte, statt sich seiner Schlechtigkeit zu schämen.

Miss Bray, bei aller Unschuld, muß die Stunden für ihre missionarische Tätigkeit gut ausgesucht haben. Wir blieben ungestört und wenn wir den Geschichten über den Herrn Jesus gut zugehört hatten, durften wir wieder ›Jerusalem‹ singen, um das wir immerfort bettelten. Es war so herrlich und glänzend, daß wir niemand ein Wort davon erzählten. Dieses Treiben blieb lange unentdeckt, es muß Wochen und Wochen gedauert haben, denn ich gewöhnte mich so daran, daß ich schon in der Schule daran dachte, auf nichts freute ich mich so sehr, selbst das Lesen war nicht mehr ganz so wichtig und die Mutter wurde mir wieder fremd, weil sie immer Besprechungen mit dem Napoleon-Onkel hatte und ich ihr zur Strafe für die Bewunderung, mit der sie von ihm sprach, das Geheimnis der Stunden mit Jesus vorenthielt.

Eines Tages wurde plötzlich an der Tür gerüttelt. Die Mutter war unerwartet nach Hause gekommen und hatte draußen zugehört. Es sei so schön gewesen, erzählte sie später, daß sie zuhören mußte, sie wunderte sich, daß andere Leute ins Kinderzimmer geraten seien, denn wir konnten das nicht sein. Schließlich wollte sie doch wissen, wer da ›Jerusalem‹ singe, und versuchte die Tür aufzumachen. Als sie sie versperrt fand, begann sie sich über diese unverschämten fremden Leute in unserem Kinderzimmer zu ärgern und rüttelte immer heftiger. Miss Bray, die mit den Händen ein wenig mitdirigierte, ließ sich aber in diesem Lied nicht stören und wir sangen es zu Ende. Dann öffnete sie ruhig die Tür und stand vor der ›Dame‹. Sie erklärte, daß es den Kindern gut tue zu singen, ob ›die Dame‹ nicht bemerkt habe, wie glücklich wir uns in der letzten Zeit gefühlt hätten. Die schrecklichen Ereignisse lägen nun endlich hinter uns und jetzt wüßten wir, wo wir unseren Vater wiederfinden würden, sie war so erfüllt von diesen Stunden mit uns, daß sie es mutig und ohne jede Scheu auch gleich bei der Mutter versuchte. Sie sprach zu ihr von Jesus und daß er auch für uns gestorben sei. Ich mischte mich, völlig von ihr gewonnen, ein, die Mutter geriet in einen furchtbaren Zorn und fragte Miss Bray drohend, ob sie nicht wisse, daß wir Juden seien, und wie könne sie es wagen, ihre Kinder hinter ihrem Rücken zu verführen? Sie war besonders empört über Edith, die sie gern hatte, die ihr bei ihrer Toilette täglich an die Hand ging, viel mit ihr sprach, auch über ihren Sweetheart, aber darüber, was wir zusammen in diesen Stunden trieben, hatte sie geflissentlich geschwiegen. Sie wurde auf der Stelle entlassen, Miss Bray wurde entlassen, die beiden weinten, wir weinten, schließlich weinte auch die Mutter, aber aus Zorn.

Miss Bray blieb dann doch, George, der Kleinste, hing sehr an ihr und es bestand der Plan, sie um seinetwillen nach Wien mitzunehmen. Aber sie mußte geloben, nie wieder religiöse Lieder mit uns zu singen und über den Herrn Jesus zu schweigen. Edith wäre, wegen unserer baldigen Abreise, auf alle Fälle in naher Zukunft entlassen worden; ihre Kündigung wurde nicht zurückgenommen und die Mutter, die Täuschung von einem Menschen, den sie mochte, aus Stolz nie ertrug, verzieh ihr nicht.

Mit mir aber erlebte sie damals zum erstenmal, was unsere Beziehung für immer kennzeichnen sollte. Sie nahm mich aus dem Kinderzimmer zu sich, und kaum waren wir allein, fragte sie mich im Ton unserer beinahe vergessenen Abende zu zweit, warum ich sie so lange hintergangen hätte. »Ich habe nichts sagen wollen«, war meine Antwort. »Aber warum nicht? Warum nicht? Du bist doch mein großer Sohn. Auf dich habe ich mich verlassen.« »Du sagst mir auch nichts«, sagte ich ungerührt. »Du sprichst mit dem Onkel Salomon und sagst mir nichts.« »Aber das ist mein ältester Bruder. Ich muß mich mit ihm beraten.« »Warum berätst du dich nicht mit mir?« »Es gibt Dinge, von denen du noch nichts verstehst, du wirst sie später kennenlernen.« Es war, als hätte sie in die Luft gesprochen. Ich war eifersüchtig auf ihren Bruder, weil ich ihn nicht mochte. Hätte ich ihn gern gehabt, ich wäre nicht eifersüchtig auf ihn gewesen. Aber er war ein Mann, der »über Leichen geht«, wie Napoleon, ein Mann, der Kriege beginnt, ein Mörder.

Wenn ich es heute bedenke, so halte ich es für möglich, daß ich Miss Bray durch meine Begeisterung für die Lieder, die wir zusammen sangen, selbst befeuerte. Im Hause des reichen Onkels, im ›Palast des Ogers‹, wie ich es für mich nannte, hatten wir einen geheimen Ort, von dem niemand etwas wußte, und es mag sehr wohl mein tiefster Wunsch gewesen sein, die Mutter davon auszuschließen, weil sie sich dem Oger ergeben hatte. Jedes lobende Wort, das sie über ihn sagte, nahm ich als Zeichen ihrer Ergebenheit. Zu dem Entschluß, in allem anders zu sein als er, wurde damals der Grund gelegt; und erst als wir sein Haus verließen und endlich wegfuhren, gewann ich die Mutter wieder für mich und wachte mit den unbestechlichen Augen eines Kindes über ihre Treue.

Deutsch am Genfersee

Im Mai 1913 war alles für die Übersiedlung nach Wien vorbereitet und wir verließen Manchester. Die Reise ging in Etappen vor sich, ich streifte zum erstenmal Städte, die sich später zu den unermeßlichen Zentren meines Lebens erweitern sollten. In London blieben wir, glaube ich, nur wenige Stunden. Aber wir fuhren von einem Bahnhof zum anderen durch die Stadt und ich sah verzückt die hohen, roten Autobusse und bat flehentlich, oben in einem fahren zu dürfen. Es war nicht viel Zeit dazu und die Aufregung über die dichtgedrängten Straßen, die ich als unendlich lange schwarze Wirbel in Erinnerung behalten habe, mündete in die über Victoria Station, wo unzählige Menschen durcheinanderliefen und nicht aneinanderstießen.

An die Schiffsfahrt über den Kanal habe ich keine Erinnerung behalten, um so eindrucksvoller war die Ankunft in Paris. Auf dem Bahnhof erwartete uns ein jungverheiratetes Paar, David, der unscheinbarste und kleinste Bruder meiner Mutter, eine sanfte Maus, an seiner Seite eine blitzende junge Frau mit pechschwarzen Haaren und rotgeschminkten Wangen. Da waren sie wieder, die roten Backen, aber so rot, daß die Mutter mich vor ihrer Künstlichkeit warnte, als ich die neue Tante auf keine andere Stelle küssen wollte. Sie hieß Esther und war frisch aus Saloniki importiert, da gab es die größte spaniolische Gemeinde und junge Männer, die Lust zum Heiraten hatten, holten sich gern ihre Bräute von dort. In ihrer Wohnung waren die Zimmer so klein, daß ich sie frech Puppenzimmer nannte. Onkel David war nicht beleidigt, er lächelte immer und sagte nichts, das genaue Gegenteil seines mächtigen Bruders in Manchester, der ihn als Kompagnon verächtlich abgelehnt hatte. Er war auf dem Gipfel seines jungen Glücks, vor einer Woche hatten sie geheiratet. Er war stolz, daß ich der blitzenden Tante auf der Stelle verfiel und munterte mich immer wieder auf, sie zu küssen. Er wußte nicht, der Ärmste, was ihm bevorstand, sie entpuppte sich bald als zähe und unstillbare Furie.

Wir blieben einige Zeit in der Wohnung mit den winzigen Zimmern zu Gast, und mir war es recht. Ich war neugierig und durfte der Tante beim Schminken zusehen. Sie erklärte mir, daß alle Frauen in Paris sich schminkten, sonst würden sie den Männern nicht gefallen. »Aber du gefällst dem Onkel«, sagte ich, sie sagte darauf nichts. Sie parfümierte sich und wollte wissen, ob ihr Parfüm gut rieche. Mir waren Parfüms unheimlich, Miss Bray, unsere Gouvernante, sagte, sie seien ›wicked‹. So wich ich der Frage der Tante Esther aus und sagte: »Am besten riechen deine Haare!« Dann setzte sie sich, ließ die Haare herunter, noch schwärzer als die vielbestaunten Locken meines Bruders, und ich durfte, während sie mit ihrer Toilette beschäftigt war, daneben sitzen und sie bewundern. Das alles spielte sich öffentlich ab, vor den Augen der Miss Bray, die darüber unglücklich war und ich hörte sie zur Mutter sagen, dieses Paris sei schlecht für die Kinder.

Unsere Reise ging weiter in die Schweiz, nach Lausanne, wo die Mutter für den Sommer einige Monate Station machen wollte. Sie mietete eine Wohnung in der Höhe der Stadt, mit einer leuchtenden Aussicht auf den See und die Segelboote, die ihn befuhren. Wir stiegen oft nach Ouchy hinunter, gingen am Seeufer spazieren und hörten der Musikkapelle zu, die im Park spielte. Es war alles sehr hell, immer ging eine leichte Brise, ich liebte das Wasser, den Wind und die Segel, und wenn die Musikkapelle spielte, war ich so glücklich, daß ich die Mutter fragte: »Warum bleiben wir nicht hier, hier ist es am schönsten.« »Du mußt jetzt deutsch lernen«, sagte sie, »du kommst nach Wien in die Schule.« Und obwohl sie das Wort ›Wien‹ nie ohne Inbrunst sagte, lockte es mich, solange wir in Lausanne waren, nicht. Denn wenn ich fragte, ob dort ein See sei, sagte sie »Nein, aber die Donau«, und statt der Berge im Savoyischen gegenüber gab es in Wien Wälder und Hügel. Nun hatte ich die Donau schon von klein auf gekannt und da das Wasser, in dem ich mich verbrüht hatte, der Donau entstammte, war ich nicht gut auf sie zu sprechen. Hier aber war dieser herrliche See und Berge waren etwas Neues. Ich wehrte mich hartnäckig gegen Wien, und ein wenig mag es auch darauf zurückzuführen sein, daß wir etwas länger als geplant in Lausanne blieben.

Aber der wirkliche Grund war doch, daß ich erst deutsch lernen mußte. Ich war acht Jahre alt, ich sollte in Wien in die Schule kommen und meinem Alter entsprach dort die 3. Klasse der Volksschule. Es war für die Mutter ein unerträglicher Gedanke, daß man mich wegen meiner Unkenntnis der Sprache vielleicht nicht in diese Klasse aufnehmen würde und sie war entschlossen, mir in kürzester Zeit deutsch beizubringen.

Nicht sehr lange nach unserer Ankunft gingen wir in eine Buchhandlung, sie fragte nach einer englisch-deutschen Grammatik, nahm das erste Buch, das man ihr gab, führte mich sofort nach Hause zurück und begann mit ihrem Unterricht. Wie soll ich die Art dieses Unterrichts glaubwürdig schildern? Ich weiß, wie es zuging, wie hätte ich es vergessen können, aber ich kann auch selbst noch immer nicht daran glauben.

Wir saßen im Speisezimmer am großen Tisch, ich saß an der schmäleren Seite, mit der Aussicht auf See und Segel. Sie saß um die Ecke links von mir und hielt das Lehrbuch so, daß ich nicht hineinsehen konnte. Sie hielt es immer fern von mir. »Du brauchst es doch nicht«, sagte sie, »du kannst sowieso noch nichts verstehen.« Aber dieser Begründung zum Trotz empfand ich, daß sie mir das Buch vorenthielt wie ein Geheimnis. Sie las mir einen Satz Deutsch vor und ließ mich ihn wiederholen. Da ihr meine Aussprache mißfiel, wiederholte ich ihn ein paar Mal, bis er ihr erträglich schien. Das geschah aber nicht oft, denn sie verhöhnte mich für meine Aussprache, und da ich um nichts in der Welt ihren Hohn ertrug, gab ich mir Mühe und sprach es bald richtig. Dann erst sagte sie mir, was der Satz auf englisch bedeute. Das aber wiederholte sie nie, das mußte ich mir sofort ein für allemal merken. Dann ging sie rasch zum nächsten Satz über, es kam zur selben Prozedur; sobald ich ihn richtig ausgesprochen hatte, übersetzte sie ihn, sah mich gebieterisch an, daß ich mir's merke, und war schon beim nächsten. Ich weiß nicht, wieviel Sätze sie mir das erste Mal zumutete, sagen wir bescheiden: einige; ich fürchte, es waren viele. Sie entließ mich, sagte: »Wiederhole dir das für dich. Du darfst keinen Satz vergessen. Nicht einen einzigen. Morgen machen wir weiter.« Sie behielt das Buch, und ich war ratlos mir selber überlassen.

Ich hatte keine Hilfe, Miss Bray sprach nur englisch, und während des übrigen Tages weigerte sich die Mutter, mir die Sätze vorzusprechen. Am nächsten Tag saß ich wieder am selben Platz, das offene Fenster vor mir, den See und die Segel. Sie nahm die Sätze vom Vortag wieder her, ließ mich einen nachsprechen und fragte, was er bedeute. Mein Unglück wollte es, daß ich mir seinen Sinn gemerkt hatte, und sie sagte zufrieden: »Ich sehe, es geht so!« Aber dann kam die Katastrophe und ich wußte nichts mehr, außer dem ersten hatte ich mir keinen einzigen Satz gemerkt. Ich sprach sie nach, sie sah mich erwartungsvoll an, ich stotterte und verstummte. Als es bei einigen so weiterging, wurde sie zornig und sagte: »Du hast dir doch den ersten gemerkt, also kannst du's. Du willst nicht. Du willst in Lausanne bleiben. Ich lasse dich allein in Lausanne zurück. Ich fahre nach Wien, und Miss Bray und die Kleinen nehme ich mit. Du kannst allein in Lausanne bleiben!«

Ich glaube, daß ich das weniger fürchtete als ihren Hohn. Denn wenn sie besonders ungeduldig wurde, schlug sie die Hände über dem Kopf zusammen und rief: »Ich habe einen Idioten zum Sohn! Das habe ich nicht gewußt, daß ich einen Idioten zum Sohn habe!« oder »Dein Vater hat doch auch deutsch gekonnt, was würde dein Vater dazu sagen!«

Ich geriet in eine schreckliche Verzweiflung und um es zu verbergen, blickte ich auf die Segel und erhoffte Hilfe von ihnen, die mir nicht helfen konnten. Es geschah, was ich noch heute nicht begreife. Ich paßte wie ein Teufel auf und lernte es, mir den Sinn der Sätze auf der Stelle einzuprägen. Wenn ich drei oder vier von ihnen richtig wußte, lobte sie mich nicht, sondern wollte die anderen, sie wollte, daß ich mir jedesmal sämtliche Sätze merke. Da das aber nie geschah, lobte sie mich kein einziges Mal und entließ mich während dieser Wochen finster und unzufrieden.

Ich lebte nun in Schrecken vor ihrem Hohn und wiederholte mir untertags, wo immer ich war, die Sätze. Bei den Spaziergängen mit der Gouvernante war ich einsilbig und verdrossen.

Ich fühlte nicht mehr den Wind, ich hörte nicht auf die Musik, immer hatte ich meine deutschen Sätze im Kopf und ihren Sinn auf englisch. Wann ich konnte, schlich ich mich auf die Seite und übte sie laut allein, wobei es mir passierte, daß ich einen Fehler, den ich einmal gemacht hatte, mit derselben Besessenheit einübte wie richtige Sätze. Ich hatte ja kein Buch, das mir zur Kontrolle diente, sie verweigerte es mir hartnäckig und erbarmungslos, wohl wissend, welche Freundschaft ich für Bücher empfand und wieviel leichter alles mit einem Buch für mich gewesen wäre. Aber sie hatte die Idee, daß man sich nichts leichtmachen dürfe; daß Bücher für Sprachen schlecht seien; daß man sie mündlich lernen müsse und ein Buch erst unschädlich sei, wenn man schon etwas von der Sprache wisse. Sie achtete nicht darauf, daß ich vor Kummer wenig aß. Den Terror, in dem ich lebte, hielt sie für pädagogisch.

An manchen Tagen gelang es mir, mich bis auf ein oder zwei Ausnahmen an alle Sätze und ihren Sinn zu erinnern. Dann suchte ich auf ihrem Gesicht nach Zeichen der Zufriedenheit. Aber ich fand sie nie und das höchste, wozu ich es brachte, war, daß sie mich nicht verhöhnte. An anderen Tagen ging es weniger gut und dann zitterte ich in Erwartung des Idioten, den sie zur Welt gebracht hatte, der traf mich am schwersten. Sobald der Idiot kam, war ich vernichtet und nur mit dem, was sie über den Vater sagte, verfehlte sie ihre Wirkung. Seine Neigung tröstete mich, nie hatte ich ein unfreundliches Wort von ihm bekommen und was immer ich ihm sagte – er freute sich darüber und ließ mich gewähren.

Zu den kleinen Brüdern sprach ich kaum mehr und wies sie schroff, wie die Mutter, ab. Miss Bray, deren Liebling der Jüngste war, die uns aber alle drei sehr mochte, spürte, in welchem gefährlichen Zustand ich war und wenn sie mich dabei ertappte, wie ich alle meine deutschen Sätze übte, wurde sie unmutig und sagte, jetzt sei es genug, ich solle jetzt aufhören, ich wisse schon zu viel für einen Jungen in meinem Alter, sie habe noch nie eine andere Sprache gelernt und komme auch so ganz gut durchs Leben. Überall auf der Welt gäbe es Leute, die Englisch verstünden. Ihre Teilnahme tat mir wohl, aber der Inhalt ihrer Worte bedeutete mir nichts, aus der schrecklichen Hypnose, in der die Mutter mich gefangenhielt, hätte nur sie selber mich erlösen können.

Wohl belauschte ich Miss Bray, wenn sie zur Mutter sagte: »Der Junge ist unglücklich. Er sagt, Madame halten ihn für einen Idioten.« »Das ist er doch!« bekam sie darauf zu hören, »sonst würde ich's ihm nicht sagen!« Das war sehr bitter, es war wieder das Wort, an dem für mich alles hing. Ich dachte an meine Cousine Elsie in der Palatine Road, die zurückgeblieben war und nicht recht sprechen konnte. Von ihr hatten die Erwachsenen bedauernd gesagt: »Sie wird eine Idiotin bleiben.«

Miss Bray muß ein gutes und zähes Herz gehabt haben, denn schließlich war sie es, die mich rettete. Eines Nachmittags, wir hatten uns eben zur Stunde niedergesetzt, sagte die Mutter plötzlich: »Miss Bray sagt, du möchtest gern die deutsche Schrift lernen. Ist das wahr?« Vielleicht hatte ich es einmal gesagt, vielleicht war sie von selber auf die Idee gekommen. Aber da die Mutter während dieser Worte auf das Buch schaute, das sie in der Hand hielt, erfaßte ich gleich meine Chance und sagte: »Ja, das möchte ich. Ich werde es in der Schule in Wien brauchen.« So bekam ich endlich das Buch, um die eckigen Buchstaben daraus zu lernen. Mir die Buchstaben beizubringen, dazu hatte die Mutter schon gar keine Geduld. Sie warf ihre Prinzipien über den Haufen und ich behielt das Buch.

Die schlimmsten Leiden, die einen Monat gedauert haben mögen, waren vorüber. »Aber nur für die Schrift«, hatte die Mutter gesagt, als sie mir das Buch anvertraute. »Sonst üben wir die Sätze mündlich weiter.« Sie konnte mich nicht daran hindern, die Sätze nachzulesen. Ich hatte schon viel von ihr gelernt und irgend etwas *war* daran, an der nachdrücklichen und zwingenden Weise, in der sie mir die Sätze vorsprach. Alles was neu war, lernte ich wie bisher auch weiterhin von ihr. Aber ich konnte, was ich von ihr gehört hatte, später durch Lesen bekräftigen und bestand darum besser vor ihr. Sie hatte keine Gelegenheit mehr, mir »Idiot« zu sagen und war selber erleichtert darüber. Sie hatte sich ernsthaft Gedanken über mich gemacht, erzählte sie nachher, vielleicht war ich der einzige in der weitverzweigten Familie, der für Sprachen kein Geschick hatte. Nun überzeugte sie sich vom Gegenteil und unsere Nachmittage verwandelten sich in lauter Wohlgefallen. Jetzt konnte es sogar vorkommen, daß ich sie in Staunen versetzte und es geschah mitunter gegen ihren Willen, daß ihr ein Lob entfuhr und sie sagte: »Du bist doch mein Sohn.«

Es war eine erhabene Zeit, die jetzt begann. Die Mutter begann mit mir deutsch zu sprechen, auch außerhalb der Stunden. Ich spürte, daß ich ihr wieder nahe war, wie in jenen Wochen nach dem Tod des Vaters. Erst später begriff ich, daß es nicht nur um meinetwillen geschah, als sie mir Deutsch unter Hohn und Qualen beibrachte. Sie selbst hatte ein tiefes Bedürfnis danach, mit mir deutsch zu sprechen, es war die Sprache ihres Vertrauens. Der furchtbare Schnitt in ihrem Leben, als sie 27jährig das Ohr meines Vaters verlor, drückte sich für sie am empfindlichsten darin aus, daß ihr Liebesgespräch auf deutsch mit ihm verstummt war. In dieser Sprache hatte sich ihre eigentliche Ehe abgespielt. Sie wußte sich keinen Rat, sie fühlte sich ohne ihn verloren, und versuchte so rasch wie möglich, mich an seine Stelle zu setzen. Sie erwartete sich sehr viel davon und ertrug es schwer, als ich zu Anfang ihres Unternehmens zu versagen drohte. So zwang sie mich in kürzester Zeit zu einer Leistung, die über die Kräfte jedes Kindes ging, und daß es ihr gelang, hat die tiefere Natur meines Deutsch bestimmt, es war eine spät und unter wahrhaftigen Schmerzen eingepflanzte Muttersprache. Bei diesen Schmerzen war es nicht geblieben, gleich danach erfolgte eine Periode des Glücks, und das hat mich unlösbar an diese Sprache gebunden. Es muß auch den Hang zum Schreiben früh in mir genährt haben, denn um des Erlernens des Schreibens willen hatte ich ihr das Buch abgewonnen und die plötzliche Wendung zum Besseren begann eben damit, daß ich deutsche Buchstaben schreiben lernte.

Sie duldete keineswegs, daß ich die anderen Sprachen aufgab, Bildung bestand für sie in den Literaturen aller Sprachen, die sie kannte, aber die Sprache unserer Liebe – und was war es für eine Liebe! – wurde deutsch.

Sie nahm mich nun allein auf Besuche mit, die sie Freunden und Angehörigen in Lausanne abstattete und es ist nicht verwunderlich, daß die beiden Besuche, die mir in Erinnerung geblieben sind, mit ihrer Situation als junge Witwe in Zusammenhang standen. Einer ihrer Brüder war, schon bevor wir nach Manchester zogen, dort gestorben, seine Witwe Linda mit ihren zwei Kindern lebte nun in Lausanne. Es mag auch um ihretwillen gewesen sein, daß die Mutter in Lausanne Station machte. Sie war zum Essen bei ihr eingeladen und ich wurde mit der Begründung mitgenommen, daß Tante Linda in Wien geboren und aufgewachsen sei und ein besonders schönes Deutsch spreche. Ich sei nun schon weit genug, um zu zeigen, was ich könne. Ich ging mit Feuer und Flamme darauf ein, ich brannte darauf, alle Spuren des jüngst erlittenen Hohns für immer und ewig auszumerzen. Ich war so aufgeregt, daß ich die Nacht davor nicht einschlafen konnte und lange deutsche Gespräche mit mir selber führte, die triumphal endeten. Als die Zeit zum Besuch gekommen war, erklärte mir die Mutter, daß ein Herr anwesend sein werde, der täglich zu Tante Linda zum Essen komme. Er heiße Monsieur Cottier, sei ein würdiger, nicht mehr junger Herr und ein hochangesehener Beamter. Ich fragte, ob das der Mann der Tante sei und hörte die Mutter zögernd und ein wenig abwesend sagen: »Vielleicht wird er es einmal werden. Jetzt denkt die Tante noch an ihre beiden Kinder. Sie möchte sie nicht kränken, indem sie so rasch heiratet, obwohl es eine große Stütze für sie wäre.« Ich witterte sofort Gefahr und sagte: »Du hast drei Kinder, aber ich bin deine Stütze.« Sie lachte: »Was fällt dir ein«, sagte sie auf ihre hochmütige Art. »Ich bin nicht wie die Tante Linda. Ich habe keinen Herrn Cottier.«

So war denn das Deutsch gar nicht mehr so wichtig, und ich hatte meinen Mann auf zwiefache Weise zu stellen. Herr Cottier war ein großer, behäbiger Herr mit einem Spitzbart und einem Bauch, dem das Essen bei der Tante sehr gut schmeckte. Er sprach langsam und überlegte vor jedem Satz und betrachtete die Mutter mit Wohlgefallen. Er war schon alt und mir kam vor, daß er sie wie ein Kind behandelte. Er wandte sich nur an die Mutter, zur Tante Linda sagte er nichts, sie füllte ihm indessen den Teller immer wieder an, er tat, als ob er es nicht bemerke und aß ruhig weiter.

»Die Tante ist schön!« sagte ich begeistert auf dem Heimweg. Sie hatte eine dunkle Haut und wunderbar große, schwarze Augen. »Sie riecht so gut«, sagte ich noch, sie hatte mich geküßt und roch noch besser als die Pariser Tante. »Ach was«, sagte die Mutter, »sie hat eine riesige Nase und Elefantenbeine. Aber die Liebe geht durch den Magen.« Das hatte sie schon während des Essens einmal gesagt und Herrn Cottier dabei spöttisch angeschaut. Ich wunderte mich, daß sie es wiederholte und fragte sie, was es bedeute. Sie erklärte mir, ganz hart, daß Herr Cottier gern gut esse, die Tante verstehe sich auf gute Küche. Darum komme er täglich wieder. Ich fragte, ob sie darum so gut rieche. »Das ist ihr Parfüm«, sagte die Mutter, »sie hat sich immer zu stark parfümiert.« Ich spürte, daß die Mutter sie mißbilligte und obschon sie mit Herrn Cottier sehr freundlich gewesen war und ihn zum Lachen gebracht hatte, schien sie auch von ihm nicht viel zu halten.

»Bei uns wird niemand zum Essen kommen«, sagte ich plötzlich, als wäre ich erwachsen und die Mutter lächelte und munterte mich noch auf: »Das erlaubst du nicht, nicht wahr, da paßt du schon auf.«

Der zweite Besuch, bei Herrn Aftalion, war ein ganz anderer Fall. Er war unter allen Spaniolen, die die Mutter kannte, der reichste. »Er ist ein Millionär«, sagte sie, »und noch jung.« Als sie auf meine Frage versicherte, daß er sehr viel reicher als der Onkel Salomon sei, war ich gleich für ihn gewonnen. Er sehe auch ganz anders aus, er sei ein guter Tänzer und ein Ritter. Alles bemühe sich um seine Gesellschaft, so vornehm sei er, er könnte an einem Königshof leben. »Solche Leute gibt es jetzt gar nicht mehr unter uns«, sagte die Mutter, »so waren wir früher, als wir noch in Spanien lebten.« Dann vertraute sie mir an, daß Herr Aftalion sie einmal hätte heiraten wollen, aber sie sei damals schon heimlich mit meinem Vater verlobt gewesen. »Sonst hätte ich ihn vielleicht geheiratet«, sagte sie. Er sei dann sehr traurig gewesen und habe viele Jahre keine andere Frau gewollt. Erst jetzt, vor ganz kurzem, habe er geheiratet und sei mit seiner Frau Frieda, einer berühmten Schönheit, auf der Hochzeitsreise in Lausanne. Er wohne im vornehmsten Hotel und da würden wir ihn besuchen.

Ich war an ihm interessiert, weil sie ihn über den Onkel stellte. Diesen verabscheute ich so sehr, daß mir der Heiratsantrag Herrn Aftalions keinen besonderen Eindruck machte. Ich war begierig, ihn zu sehen, bloß um zu erleben, wie jener Napoleon neben ihm zu einem erbärmlichen Nichts einschrumpfte. »Wie schade«, sagte ich, »daß der Onkel nicht mitkommt!« »Der ist in England«, sagte sie, »der kann doch gar nicht mitkommen.« »Aber es wäre schön, wenn er mitkommt, damit er sieht, wie ein wirklicher Spaniole sein soll.« Diesen Haß gegen ihren Bruder nahm mir die Mutter nicht übel. Obwohl sie seine Tüchtigkeit bewunderte, war es ihr recht, daß ich mich gegen ihn zur Wehr setzte. Vielleicht begriff sie, wie wichtig es für mich war, daß ich ihn nicht an Stelle des Vaters zum Vorbild nahm, vielleicht hielt sie diesen frühen unauslöschlichen Haß für ›Charakter‹, und ›Charakter‹ ging ihr über alles.

Wir kamen in einen Palast von einem Hotel, ich hatte so etwas noch nie gesehen, ich glaube sogar, es hieß ›Lausanne-Palace‹. Herr Aftalion bewohnte eine Suite von riesigen, luxuriös eingerichteten Räumen, ich kam mir vor wie in ›Tausendundeine Nacht‹ und ich dachte mit Verachtung an das Haus des Onkels in der Palatine Road, das mich noch vor einem Jahr so beeindruckt hatte. Eine Doppeltür ging auf und Herr Aftalion erschien, in einem dunkelblauen Anzug, mit weißen Gamaschen, kam übers ganze Gesicht lächelnd auf die Mutter zu und küßte ihr die Hand. »Du bist noch schöner geworden, Mathilde«, sagte er, sie war in Schwarz gekleidet. »Und du hast die schönste Frau«, sagte die Mutter, sie war nie auf den Mund gefallen. »Wo ist sie? Ist Frieda nicht da? Ich habe sie seit dem Institut in Wien nicht mehr gesehen. Ich habe meinem Sohn so viel von ihr erzählt, ich habe ihn mitgebracht, weil er sie unbedingt sehen wollte.« »Sie kommt schon. Sie ist noch nicht ganz fertig mit ihrer Toilette. Ihr beide müßt indessen mit etwas weniger Schönem vorliebnehmen.« Es ging sehr gewählt und artig zu, den großartigen Räumen angemessen. Er erkundigte sich nach den Absichten der Mutter, hörte sehr aufmerksam, aber immer noch lächelnd zu und billigte die Übersiedlung nach Wien mit märchenhaften Worten. »Du gehörst nach Wien, Mathilde«, sagte er, »die Stadt liebt dich, in Wien warst du immer am lebhaftesten und am schönsten.« Ich war nicht ein bißchen eifersüchtig, nicht auf ihn, nicht auf Wien, ich erfuhr, was ich nicht gewußt hatte und was in keinem meiner Bücher vorkam, daß eine Stadt einen Menschen lieben könne, und es gefiel mir. Dann kam Frieda und sie war die größte Überraschung. Eine so schöne Frau hatte ich noch nie gesehen, sie war hell wie der See und prachtvoll gekleidet und behandelte die Mutter, als wäre sie die Fürstin. Sie suchte aus den Vasen die schönsten Rosen zusammen, gab sie dem Herrn Aftalion, und der überreichte sie mit einer Verbeugung meiner Mutter. Es war kein sehr langer Besuch, aber ich verstand auch nicht alles, was gesagt wurde, das Gespräch wechselte zwischen deutsch und französisch ab, und gar so gut war ich in beiden Sprachen, besonders aber im Französischen, noch nicht beschlagen. Es kam mir auch vor, als wäre manches, was ich nicht verstehen sollte, auf französisch gesagt, aber während ich sonst auf solche Geheimgespräche der Erwachsenen mit Ingrimm reagierte, hätte ich von diesem Sieger über Napoleon und seiner wunderbar schönen Frau noch ganz anderes freudig hingenommen.

Als wir wir den Palast verließen, schien mir die Mutter ein wenig verwirrt. »Beinahe hätte ich ihn geheiratet«, sagte sie, sah mich plötzlich an und fügte einen Satz hinzu, über den ich erschrak: »Dann wärst du gar nicht auf der Welt!« Ich konnte mir das nicht vorstellen, wie konnte ich nicht auf der Welt sein, ich ging neben ihr. »Ich bin *doch* dein Sohn«, sagte ich trotzig. Ihr tat es vielleicht leid, daß sie so zu mir gesprochen hatte, denn sie blieb stehen und umarmte mich heftig – mitsamt den Rosen, die sie trug und lobte zum Schluß noch die Frieda. »Das war vornehm von ihr. Sie hat Charakter!« Das sagte sie sehr selten und schon gar nicht von einer Frau. Ich war froh, daß ihr die Frieda auch gefallen hatte. Wenn wir in späteren Jahren von diesem Besuch sprachen, pflegte sie zu sagen, sie sei mit dem Gefühl weggegangen, daß alles, was wir gesehen hatten, diese ganze Herrlichkeit, eigentlich ihr gehöre und sie habe sich über sich gewundert, weil sie gar keinen Groll gegen Frieda empfand und ihr neidlos gönnte, was sie keiner anderen Frau gegönnt hätte.

Wir verbrachten drei Monate in Lausanne und manchmal denke ich, eine so folgenreiche Zeit hat es in meinem Leben nie wieder gegeben. Aber das denkt man öfter, wenn man ernsthaft eine Zeit ins Auge faßt, und es ist wohl möglich, daß jede Zeit die wichtigste ist und jede alles enthält. Immerhin, in Lausanne, wo ich überall um mich französisch sprechen hörte, das ich nebenher und ohne dramatische Verwicklungen auffaßte, wurde ich unter der Einwirkung der Mutter zur deutschen Sprache wiedergeboren und unter dem Krampf dieser Geburt entstand die Leidenschaft, die mich mit beidem verband, mit dieser Sprache und mit der Mutter. Ohne diese beiden, die im Grunde ein und dasselbe waren, wäre der weitere Verlauf meines Lebens sinnlos und unbegreiflich.

Im August machten wir uns auf die Reise nach Wien, die wir für einige Stunden in Zürich unterbrachen. Die Mutter ließ die Kleinen unter der Obhut von Miss Bray im Wartesaal zurück und nahm mich in einer Drahtseilbahn auf den Zürichberg mit. Der Ort, wo wir ausstiegen, hieß Rigiblick. Es war ein strahlender Tag und ich sah die Stadt weit ausgebreitet vor mir, sie schien mir ungeheuer, ich begriff nicht, daß eine Stadt so groß sein könne. Das war etwas vollkommen Neues für mich und es war ein wenig unheimlich. Ich fragte, ob Wien auch so groß sei und als ich hörte, »noch viel größer«, glaubte ich es nicht und dachte, die Mutter halte mich zum besten. Der See und die Berge waren abseits, nicht wie in Lausanne, wo ich sie immer unmittelbar vor Augen hatte, dort waren sie im Zentrum, der eigentliche Inhalt jener Aussicht. Häuser sah man nicht so viele, und hier war es die Unzahl der Häuser, die ich bestaunte, sie zogen sich an dem Hang des Zürichbergs hinauf, wo wir standen, und ich unternahm gar keinen Versuch, das Unzählbare zu zählen, was ich sonst gern tat. Ich war befremdet und vielleicht auch erschrocken, ich sagte vorwurfsvoll zur Mutter: »Wir werden sie nicht mehr finden«, und mir schien, wir hätten die ›Kinder‹, wie wir sie unter uns nannten, mit der Gouvernante, die kein Wort einer anderen Sprache verstand, nicht allein lassen dürfen. So war die erste weite Aussicht auf eine Stadt, die ich erlebte, durch ein Gefühl der Verlorenheit gefärbt, und die Erinnerung an diesen ersten Blick auf Zürich, das später zum Paradies meiner Jugend werden sollte, hat mich nie verlassen.

Wir müssen die Kinder und Miss Bray wohl wiedergefunden haben, denn ich sehe uns am nächsten Tag, es war der 18. August, durch Österreich fahren. Alle Orte, an denen wir vorbeifuhren, waren beflaggt und als die Fahnen gar nicht aufhörten, leistete sich die Mutter einen Spaß und sagte, es sei zu Ehren unserer Ankunft. Sie wußte aber selber nicht, was es war, und Miss Bray, die an ihren Union Jack gewöhnt war, wurde immer aufgeregter und gab keine Ruhe, bis die Mutter sich bei Mitreisenden erkundigte. Es war Kaisers Geburtstag. Franz Joseph, den die Mutter schon vor zwanzig Jahren während ihrer Jugendzeit in Wien als den alten Kaiser gekannt hatte, war noch am Leben, und alle Dörfer und Städte schienen sich darüber zu freuen. »Wie Queen Victoria«, sagte Miss Bray, und in den vielen Stunden unserer Fahrt bis Wien hörte ich von ihr Geschichten über die längst verstorbene Königin, die mich ein wenig langweilten und zur Abwechslung dafür von der Mutter Geschichten über den noch lebenden Franz Joseph.

Teil 3
Wien
1913-1916

Das Erdbeben von Messina
Burgtheater zuhause

Draußen vor der Grottenbahn, bevor die Fahrt begann, gab es das Maul der Hölle. Es öffnete sich rot und riesig und zeigte seine Zähne. Kleine Teufel steckten Menschen, die sie an Gabeln aufgespießt hatten, in dieses Maul, das sich langsam und unerbittlich schloß. Aber es öffnete sich wieder, es war unersättlich, nie war es müde, nie hatte es genug, es war, wie Fanny, das Kindermädchen, sagte, Platz in der Hölle, um die ganze Stadt Wien und alle ihre Menschen zu verschlingen. Sie sagte es nicht drohend, sie wußte, daß ich nicht dran glaubte, das Maul der Hölle galt mehr für die kleinen Brüder. Sie hielt sie fest an der Hand und so sehr sie auf ihre Besserung durch den Anblick der Hölle hoffte, sie hätte sie auch nicht für einen Augenblick hergegeben.

Ich setzte mich eilig ins Gefährt, eng an sie gedrückt, damit auch für die Kleinen Platz sei. Es gab vieles in der Grottenbahn, aber nur das eine zählte. Wohl sah ich mir die bunten Gruppen an, die vorher kamen, aber das war nur zum Schein: Schneewittchen, Rotkäppchen und der Gestiefelte Kater, alle Märchen waren beim Lesen schöner, dargestellte Märchen ließen mich kalt. Aber dann kam, worauf ich gewartet hatte, seit wir von zuhause weggegangen waren. Wenn Fanny nicht gleich die Richtung zum Wurstelprater einschlug, zog ich und zerrte ich und bedrängte sie mit hundert Fragen, bis sie nachgab und sagte: »Sekkierst du mich schon wieder, ja gehn mir zu Grottenbahn.« Da ließ ich dann locker und hüpfte um sie herum, rannte ein Stück voraus und wartete ungeduldig, ließ mir von ihr die Kreuzer zeigen, die der Eintritt kostete, denn es war schon passiert, daß wir vor der Grottenbahn standen und sie das Geld zuhause vergessen hatte.

Aber nun saßen wir drin und fuhren an den Märchenbildern vorbei, vor jedem blieb der Zug ein wenig stehen, und so ärgerlich war ich über den überflüssigen Aufenthalt, daß ich dumme Witze über die Märchen riß und den Kleinen den Spaß verdarb. Dafür waren sie ganz ungerührt, wenn die Hauptsache kam: das Erdbeben von Messina. Da war die Stadt am blauen Meer, die vielen weißen Häuser am Hang eines Berges, fest und ruhig stand alles da, hell erleuchtet in der Sonne, der Zug blieb stehen und nun war die Stadt am Meer zum Greifen nahe. In diesem Moment sprang ich hoch, Fanny, angesteckt von meiner Angst, hielt mich hinten fest: da donnerte es schrecklich, es wurde finster, ein fürchterliches Winseln und Pfeifen war zu hören, der Boden rüttelte, wir wurden geschüttelt, es donnerte wieder, es blitzte laut: alle Häuser von Messina standen grell in Flammen.

Der Zug setzte sich in Bewegung, wir verließen die Trümmerstätte. Was dann noch kam, das sah ich nicht. Taumelnd verließ ich die Grottenbahn und dachte, nun werde alles zerstört sein, der ganze Wurstelprater, die Buden und drüben die riesigen Kastanien. Ich griff an die Rinde eines Baumes und suchte mich zu beruhigen. Ich stieß daran und fühlte seinen Widerstand. Er war nicht zu bewegen, der Baum stand fest, nichts hatte sich geändert, ich war glücklich. Es muß damals gewesen sein, daß ich die Hoffnung auf Bäume setzte.

Unser Haus war das Eckhaus der Josef-Gall-Gasse, Nr. 5, wir wohnten im zweiten Stock, zu unserer Linken trennte ein unbebauter Platz, der nicht sehr groß war, das Haus von der Prinzenallee, die schon zum Prater gehörte. Die Zimmer gingen teils auf die Josef-Gall-Gasse, teils nach Westen auf den unbebauten Platz und die Bäume des Praters. An der Ecke befand sich ein runder Balkon, der die beiden Seiten verband. Von ihm aus sahen wir den Untergang der Sonne, die uns rot und groß sehr vertraut wurde und meinen kleinsten Bruder Georg auf eine besondere Weise anzog. Sobald die rote Farbe auf dem Balkon erschien, lief er flink hinaus und einmal, als er einen Augenblick allein war, ließ er da rasch sein Wasser und erklärte, er müsse die Sonne löschen.

Von hier aus sah man an der gegenüberliegenden Ecke des leeren Platzes eine kleine Tür, die zum Atelier des Bildhauers Josef Hegenbarth führte. Daneben lag allerhand Schutt, Stein und Holz aus dem Atelier, und immer trieb sich dort ein dunkles kleines Mädchen herum, das uns neugierig ansah, wenn wir von

Fanny in den Prater geführt wurden, und gern mit uns gespielt hätte. Sie stellte sich uns in den Weg, steckte einen Finger in den Mund und verzog das Gesicht zu einem Lächeln. Fanny, die blitzblank gewaschen war und Schmutz auch an uns nicht dulden mochte, versäumte nie, sie wegzuweisen: »Geh weg, kleines schmutziges Mädchen!« sagte sie grob zu ihr und verbot uns, mit ihr zu sprechen oder gar zu spielen. Für meine Brüder wurde diese Anrede zum Namen des Kindes, in Gesprächen zwischen ihnen spielte das »Kleine schmutzige Mädchen«, das für sie alles verkörperte, was sie nicht sein durften, eine wichtige Rolle. Manchmal riefen sie laut vom Balkon herunter: »Kleines schmutziges Mädchen!« Sie meinten es sehnsüchtig, aber unten die Kleine weinte. Als die Mutter drauf kam, verwies sie es ihnen streng. Doch die Absonderung war ihr recht und es ist wohl möglich, daß für sie selbst die Rufe und ihre Wirkung zuviel Verbindung mit dem Kinde waren.

Die Wohngegend am Donaukanal hieß der Schüttel, an ihm entlang ging es zur Sophienbrücke, da lag die Schule. Mit der neuen Sprache, die ich auf gewaltsame Weise erlernt hatte, kam ich nach Wien. Die Mutter lieferte mich in der 3. Volksschulklasse ab, beim Herrn Lehrer Tegel. Er hatte ein feistes, rotes Gesicht, auf dem wenig zu lesen war, fast wie eine Maske. Es war eine große Klasse, mit über 40 Schülern, ich kannte niemanden. Ein kleiner Amerikaner kam am selben Tag wie ich als neuer Schüler und wurde mit mir zugleich geprüft, vorher sprachen wir noch rasch drei Sätze englisch miteinander. Der Lehrer fragte mich, wo ich deutsch gelernt hätte. Ich sagte, bei meiner Mutter. Wie lange ich es gelernt hätte? Drei Monate. Ich spürte, daß ihm das sonderbar vorkam, statt eines Lehrers bloß eine Mutter, und nur drei Monate! Er schüttelte den Kopf und sagte: »Da wirst du für uns nicht genug können.« Er diktierte mir einige Sätze, gar nicht viele. Aber die eigentliche Probe, auf die es ihm ankam, war: ›Die Glocken läuten‹, und gleich danach: ›Alle Leute‹. Damit, mit ›läuten‹ und ›Leute‹, wollte er mich zu Fall bringen. Ich kannte aber den Unterschied und schrieb beides ohne zu zögern richtig nieder. Er nahm das Heft in die Hand und schüttelte wieder den Kopf – was wußte er schon vom Lausanner Schreckensunterricht! –, da ich seine Fragen vorher fließend beantwortet hatte, sagte er und es war so ausdruckslos wie alles zuvor: »Ich will es mit dir versuchen.«

Die Mutter, als ich ihr davon erzählte, war aber nicht erstaunt. Sie hielt es für selbstverständlich, daß »ihr Sohn« nicht nur ebensogut, sondern besser deutsch können müsse als die Wiener Kinder. Die Volksschule hatte fünf Klassen, sie fand bald heraus, daß man die fünfte überspringen könne, wenn man gute Zeugnisse hatte, und sagte: »Nach der 4. Klasse, das ist in zwei Jahren, kommst du ins Gymnasium, da lernt man Latein, das wird nicht mehr so langweilig für dich sein.«

Ich habe kaum eine Erinnerung ans erste Wiener Jahr, soweit es um die Schule ging. Erst am Ende dieses Jahres geschah etwas, als der Thronfolger ermordet wurde. Herr Lehrer Tegel hatte ein schwarz umrändertes Extra-Blatt auf seinem Pult. Wir mußten alle aufstehen und er teilte uns das Ereignis mit. Dann sangen wir das Kaiserlied und er schickte uns nach Hause, man kann sich unsere Freude denken.

Paul Kornfeld war der Junge, mit dem ich nach Hause ging, er wohnte auch am Schüttel. Er war groß und dünn und ein wenig ungelenk, seine Beine schienen in verschiedene Richtungen gehen zu wollen, auf seinem langen Gesicht war immer ein freundliches Grinsen. »Mit dem gehst du?« sagte der Herr Lehrer Tegel zu mir, als er uns zusammen vor der Schule sah. »Du kränkst deinen Lehrer.« Paul Kornfeld war ein sehr schlechter Schüler, jede Frage beantwortete er falsch, wenn er überhaupt antwortete, und da er immer dazu grinste, er konnte nicht anders, war ihm der Lehrer aufsässig. Auf dem Heimweg rief uns ein Bursche einmal verächtlich zu: »Jüdelach!« Ich wußte nicht, was das heißt. »Das weißt du nicht«, sagte Kornfeld, er bekam es immer zu hören, vielleicht lag es an seiner auffälligen Art zu gehen. Ich war noch nie als Jude beschimpft worden, weder in Bulgarien noch in England war das üblich. Ich erzählte es der Mutter, die es auf ihre hochmütige Weise abtat: »Das galt dem Kornfeld. Dir gilt das nicht.« Es war nicht etwa so, daß sie mich damit trösten wollte. Aber sie nahm das Schimpfwort nicht an. Wir waren für sie etwas Besseres, nämlich Spaniolen. Sie wollte mich nicht, wie der Lehrer, vom Kornfeld trennen, im Gegenteil. »Du mußt immer mit ihm gehen«, sagte sie, »damit ihn keiner schlägt.« Es war für sie unvorstellbar, daß jemand es wagen würde, mich zu schlagen. Stark waren wir beide nicht, aber ich war viel kleiner. Über die Äußerung des Lehrers sagte sie nichts. Vielleicht war es ihr recht, daß er einen solchen Unterschied zwischen uns machte. Sie wollte mir kein Gefühl der Zugehörigkeit zu Kornfeld geben, aber als der, wie sie meinte, Nicht-Betroffene sollte ich ihn ritterlich schützen.

Das gefiel mir, denn es paßte zu meiner Lektüre. Ich las die englischen Bücher, die ich von Manchester mitgebracht hatte, und es war mein Stolz, sie immer wieder zu lesen. Ich wußte genau, wie oft ich jedes gelesen hatte, einige darunter mehr als vierzigmal, und da ich diese schon auswendig konnte, galt das Wiederlesen nur noch einer Steigerung des Rekords. Die Mutter spürte das und gab mir andere Bücher, sie fand, daß ich schon zu alt für Kinderbücher sei, und unternahm allerhand, um mich für andere Dinge zu interessieren. Da ›Robinson Crusoe‹ zu meinen Lieblingen gehörte, schenkte sie mir Sven Hedins ›Von Pol zu Pol‹. Es gab drei Bände davon und ich bekam sie nach und nach zu besonderen Gelegenheiten. Schon der erste Band war eine Offenbarung. Da kamen Forschungsreisen in alle möglichen Länder vor, Livingstone und Stanley in Afrika, Marco Polo in China. Anhand der abenteuerlichsten Entdeckungsreisen lernte ich die Erde und ihre Völker kennen. Was der Vater begonnen hatte, setzte die Mutter auf diese Weise fort. Als sie sah, daß die Forschungsreisen alle anderen Interessen bei mir verdrängten, kam sie zur Literatur zurück, und um sie mir schmackhaft zu machen und damit ich nicht bloß läse, was ich nicht verstünde, begann sie mit mir Schiller auf deutsch und Shakespeare auf englisch zu lesen.

So kam sie zu ihrer alten Liebe zurück, zum Theater, und so hielt sie auch die Erinnerung an den Vater wach, mit dem sie früher immer über diese Dinge gesprochen hatte. Sie bemühte sich, mich nicht zu beeinflussen. Nach jeder Szene wollte sie wissen, wie ich sie verstanden hätte, und bevor sie selbst etwas sagte, kam immer ich zu Wort. Aber manchmal, wenn es spät wurde und sie die Zeit vergaß, lasen wir weiter und weiter, ich spürte, daß sie in Begeisterung geriet und nun nicht aufhören würde. Ein wenig hing es auch von mir ab, ob es so weit kam. Je verständiger ich reagierte, je mehr ich zu sagen fand, um so kräftiger stiegen die alten Erlebnisse in ihr auf. Sobald sie von einer jener Begeisterungen zu sprechen begann, die zum innersten Inhalt ihres Lebens geworden waren, wußte ich, daß es noch lange dauern würde; es war dann nicht mehr wichtig, daß ich schlafen ging, sie selber konnte sich so wenig von mir trennen wie ich von ihr, sie sprach dann zu mir wie zu einem erwachsenen Menschen, lobte überschwenglich einen Schauspieler in einer bestimmten Rolle, kritisierte auch etwa einen anderen, der sie enttäuscht hatte, aber das kam seltener vor. Am liebsten sprach sie von dem, was sie ohne Widerstand und mit vollkommener Hingabe aufgenommen hatte. Die Nasenflügel an ihren weiten Nüstern gerieten in heftige Bewegung, ihre großen, grauen Augen sahen nicht mehr mich, ihre Worte waren nicht mehr an mich gerichtet. Ich fühlte, daß sie zum Vater sprach, wenn sie auf diese Weise ergriffen war, und vielleicht wurde ich dann selbst, ohne es zu ahnen, zu meinem Vater. Ich ernüchterte sie nicht durch kindliche Fragen und verstand es, ihre Begeisterung zu schüren.

Wenn sie verstummte, wurde sie so ernst, daß ich keinen Satz mehr wagte. Sie fuhr sich mit der Hand über die ungeheure Stirn, Stille herrschte, mir stockte der Atem. Sie klappte das Buch nicht zu, sondern ließ es offen liegen, so blieb es dann für den Rest der Nacht, wenn wir schlafen gegangen waren. Sie sagte keinen der gewöhnlichen Sätze mehr, wie, daß es schon spät sei, daß ich schon längst im Bett sein sollte, daß ich morgen früh in die Schule müsse, alles, was sonst zu ihren mütterlichen Sätzen gehörte, war ausgetilgt. Es schien natürlich, daß sie die Figur blieb, über die sie gesprochen hatte. Von allen Figuren Shakespeares war die, die sie am meisten liebte, Coriolan.

Ich glaube nicht, daß ich damals die Stücke verstand, die wir zusammen lasen. Gewiß ging vieles davon in mich ein, aber in meiner Erinnerung blieb sie die einzige Figur, es war eigentlich alles ein einziges Stück, das wir zusammen spielten. Die furchtbarsten Ereignisse und Zusammenstöße, die sie mir keineswegs ersparte, setzten sich um in ihre Worte, die als Erklärungen begannen und in eine leuchtende Hingerissenheit mündeten.

Als ich fünf, sechs Jahre später Shakespeare für mich allein las, diesmal in deutscher Übersetzung, war mir alles neu, ich staunte darüber, daß ich es anders, nämlich wie einen einzigen Feuerstrom in Erinnerung hatte. Das mag damit zusammenhängen, daß Deutsch mir indessen die wichtigere Sprache geworden war. Aber nichts hatte sich mir auf jene geheimnisvolle Weise übersetzt wie die frühen bulgarischen Märchen, die ich bei jeder

Begegnung in einem deutschen Buch auf der Stelle erkannte und richtig zu Ende zu erzählen vermochte.

Der Unermüdliche

Dr. Weinstock, unser Hausarzt, war ein kleiner Mann mit einem Affengesicht und unermüdlich zwinkernden Augen. Er sah alt aus, obwohl er es nicht war, vielleicht waren es die Affenfalten seines Gesichts, die ihm ein altes Aussehen gaben. Wir Kinder fürchteten ihn nicht, obwohl er ziemlich oft kam und uns in all den üblichen Kinderkrankheiten behandelte. Er war gar nicht streng, schon daß er immer zwinkerte und grinste, nahm einem jede Furcht. Doch er kam gern mit der Mutter ins Gespräch und hielt sich immer dicht an ihr. Sie wich ganz wenig vor ihm zurück, aber er rückte gleich mit der Hand nach, die er ihr beschwichtigend und werbend auf die Schulter oder den Arm legte. Er sagte »Kinderl« zu ihr, was mir sehr widerstrebte, und mochte sich nie von ihr trennen, seine klebrigen Augen hafteten auf ihr, als ob er sie mit ihnen berühre. Ich mochte es nicht, wenn er kam, aber da er ein guter Arzt war und auch sonst niemandem von uns etwas Böses tat, hatte ich keine Waffe gegen ihn. Ich zählte die Male, die er »Kinderl« zu ihr sagte, und meldete, kaum daß er fort war, der Mutter das Resultat. »Heute hat er neunmal ›Kinderl‹ zu dir gesagt«, hieß es, oder »Heute waren es fünfzehnmal«. Sie wunderte sich über diese Zählungen, verwies sie mir aber nicht, da er ihr gleichgültig war, empfand sie meine ›Aufsicht‹ nicht als lästig. Ich muß, ohne noch irgend etwas von solchen Dingen zu ahnen, seine Anrede als Annäherungsversuch empfunden haben, was sie zweifellos war, und sein Bild blieb in mir unauslöschlich haften. Nach anderthalb Jahrzehnten, als er längst aus unserem Leben verschwunden war, machte ich aus ihm einen sehr alten Mann, Dr. Bock, Hausarzt, achtzigjährig.

Wirklich alt war damals schon der Großvater Canetti. Er kam oft nach Wien, uns zu besuchen. Die Mutter kochte selbst für ihn, was sie sonst nicht häufig tat, er wünschte sich immer dasselbe Gericht ›Kalibsbraten‹. Gehäufte Konsonanten bereiteten seiner spanischen Zunge Schwierigkeiten, und aus ›Kalb‹ wurde notgedrungen ›Kalib‹. Er erschien zum Mittagessen, küßte uns ab, wobei auf meine Wange immer warme Tränen liefen, bei der ersten Begrüßung weinte er, denn ich hieß wie er, war eine ›Waise‹ und er sah mich nie, ohne an meinen Vater zu denken. Ich wischte heimlich das Naß vom Gesicht ab und obwohl ich von ihm fasziniert war, hatte ich jedesmal den Wunsch, daß er mich nie mehr küssen möge. Das Essen begann heiter, beide, der Alte wie die Schwiegertochter waren lebhafte Menschen, und es gab viel zu erzählen. Aber ich wußte, was sich hinter dieser Heiterkeit verbarg, und daß es anders ausgehen würde. Jedesmal, sobald das Essen zu Ende war, kam es zur alten Auseinandersetzung. Er seufzte und sagte: »Ihr hättet nie von Bulgarien weggehen sollen, dann wäre er heute noch am Leben! Aber dir war Rustschuk nicht gut genug. Es mußte England sein. Und wo ist er jetzt? Das englische Klima hat ihn getötet.« Das traf die Mutter schwer, denn sie hatte wirklich von Bulgarien fort wollen und dem Vater die Kraft eingeflößt, sich in dieser Sache gegen *seinen* Vater zu behaupten. »Ihr habt es ihm zu schwer gemacht, Señor Padre«, so redete sie ihn immer an, wie ihren eigenen Vater. »Hättet Ihr ihn ruhig fortgehen lassen, so hätte er sich an das englische Klima gewöhnt. Aber Ihr habt ihn verflucht! Verflucht habt Ihr ihn! Wo hat man das gehört, daß ein Vater seinen Sohn verflucht, *seinen eigenen Sohn*!« Da war dann der Teufel los, er sprang zornig auf, es wurden Sätze gewechselt, die es immer schlimmer machten, er stürmte aus dem Zimmer, packte seinen Stock und verließ die Wohnung, ohne sich für den ›Kalibsbraten‹ zu bedanken, den er vorher beim Essen überschwenglich gelobt hatte, ohne sich von uns Kindern zu verabschieden. Sie aber blieb weinend zurück und konnte sich gar nicht beruhigen. So wie er unter jenem Fluche litt, den er sich nie verzeihen konnte, so standen ihr die letzten Stunden des Vaters vor Augen, die sie sich bitter vorwarf.

Der Großvater wohnte im Hotel Austria in der Praterstraße, manchmal brachte er die Großmutter mit, die sich zu Hause in Rustschuk nie von ihrem Diwan erhob, und wie er das zustande brachte, wie er sie zur Reise beredete und aufs Donauschiff führte – das blieb mir immer ein Rätsel. Da bewohnte er allein oder mit ihr ein Zimmer, immer dasselbe, und außer den beiden Betten war da auch ein Sofa, auf dem ich die Nacht vom Samstag zum Sonntag schlief. Das hatte er sich ausbedungen, für diese Nacht und das Frühstück am Sonntagmorgen gehörte ich ihm, wann immer er in Wien war. Ich kam gar nicht so gern ins Hotel, es war dunkel da und roch muffig, und bei uns zu Hause am Prater war es hell und luftig. Aber dafür war das Frühstück am Sonntag ein großes Ereignis, denn da führte er mich ins Kaffeehaus, ich bekam eine Melange mit Schlag und was das Wichtigste war, einen frischen Kipfel.

Um elf Uhr begann die Talmud-Thora-Schule in der Novaragasse 27, wo man Hebräisch lesen lernte. Er legte Wert darauf, daß ich die Religionsschule besuche, der Mutter traute er in diesen Dingen nicht viel Eifer zu und die Übernachtung bei ihm im Hotel war als Kontrolle gedacht, er wollte sicher sein, daß ich mich jeden Sonntagvormittag in der Schule einfinde, das Kaffeehaus samt dem Kipfel sollte mir die Sache schmackhaft machen. Es war alles ein wenig freier als bei der Mutter, weil er um mich warb, er wünschte sich meine Liebe und gute Gesinnung und außerdem gab es niemanden, noch so klein auf der Welt, den er nicht beeindrucken wollte.

In dieser Schule ging es eher jämmerlich zu, das hing damit zusammen, daß der Lehrer lächerlich schien, ein armer krächzender Mann, der so aussah, als stünde er frierend auf einem Beine, er hatte gar keinen Einfluß auf die Schüler, die taten, was ihnen beliebte. Wohl lernte man Hebräisch lesen und ratschte die Gebete aus den Büchern fließend herunter. Aber wir wußten nicht, was die Worte, die wir lasen, bedeuteten, niemand fiel es ein, sie uns zu erklären. Auch die Geschichten der Bibel wurden uns nicht nahegebracht. Einziges Ziel der Schule war es, uns fließendes Lesen der Gebetbücher beizubringen, damit die Väter oder Großväter im Tempel Ehre mit uns einlegten. Ich beschwerte mich bei der Mutter über die Dummheit dieses Unterrichts, sie bestätigte meine Meinung, wie anders waren unsere gemeinsamen Lektüren! – Aber sie erklärte mir, daß sie mich nur hingehen lasse, damit ich den Kaddisch, das Totengebet für den Vater, richtig beten lerne. An der ganzen Religion sei das das Wichtigste, außer vielleicht auf den Versöhnungstag komme es sonst auf nichts an. Als Frau, die immer abseits sitzen mußte, hatte sie nicht viel übrig für den Kult im Tempel, beten bedeutete ihr nichts und lesen konnte ihr nur wichtig sein, wenn sie verstand, was sie las. Für Shakespeare brachte sie die Inbrunst auf, die sie für ihren Glauben nie empfunden hatte.

Sie war ihrer Gemeinde schon dadurch entronnen, daß sie als

Kind die Schule in Wien besucht hatte, und fürs Burgtheater hätte sie sich in Stücke reißen lassen. Vielleicht hätte sie mir alle äußerlichen Verrichtungen einer Religion, die für sie kein Leben mehr hatte, erspart und mir sogar die Sonntagsschule, in der man überhaupt nichts lernen konnte, geschenkt, hätte die starke Spannung, die zwischen ihr und dem Großvater bestand, sie nicht gezwungen, ihm in diesem Punkte, der als Sache der Männer galt, nachzugeben. Sie wollte nie wissen, was in dieser Religionsschule geschah; wenn ich am Sonntag zum Mittagessen nach Hause kam, sprachen wir schon vom Drama, das wir am selben Abend zusammen lesen würden. Das dunkle Hotel Austria, die dunkle Novaragasse waren vergessen, sobald Fanny mir die Wohnungstür öffnete, und das einzige, was die Mutter, sehr gegen ihre Art zögernd fragte, war, was der Großvater gesagt habe, womit sie meinte, ob er etwas über sie gesagt habe. Er tat es nie, aber sie fürchtete, er könnte einmal versuchen, mich gegen sie einzunehmen. Sie hätte es nicht zu fürchten brauchen, denn hätte er es je versucht (wovor er sich wohl hütete), ich wäre nie wieder zu ihm ins Hotel gegangen.

Zu den auffallendsten Eigenschaften des Großvaters gehörte seine Unermüdlichkeit, er, der sonst so orientalisch wirkte, war immer in Bewegung. Kaum wußten wir ihn in Bulgarien, erschien er schon wieder in Wien und reiste bald weiter nach Nürnberg, das bei ihm Nürimberg hieß. Aber er reiste auch in viele andere Städte, an die ich mich nicht erinnere, weil er ihren Namen nicht so falsch aussprach, daß es mir auffiel. Wie oft traf ich ihn zufällig auf der Praterstraße oder einer anderen Straße der Leopoldstadt, in eiliger Bewegung, immer mit seinem silberbeschlagenen Stock, ohne den er nirgendwo hinging, und so eilig er es hatte, seinen Augen, die hin und her schossen, Augen eines Adlers, entging nichts. Alle Spaniolen, die ihm begegneten – und es gab ziemlich viele von ihnen in diesem Teile Wiens, wo auch in der Zirkusgasse ihr Tempel stand –, begrüßten ihn mit Respekt. Er war reich, aber er war nicht hochmütig, er sprach zu allen, die er kannte, und hatte immer etwas Überraschendes und Neues zu erzählen. Seine Geschichten machten die Runde; da er viel reiste und alles beobachtete, wofür er Sinn hatte, ausschließlich Menschen, und da er denselben Leuten nie die gleichen Geschichten erzählte und bis ins hohe Alter genau wußte, was er jedem gesagt hatte, war er für seinesgleichen immer amüsant.

Für Frauen war er gefährlich, keine, die er einmal ins Auge gefaßt hatte, vergaß er und die Komplimente, die er zu machen verstand – er fand für jede Art von Schönheit neue und besondere Komplimente –, blieben haften und wirkten weiter. So alt er wurde, er alterte kaum, seine Leidenschaft für alles Neue und Auffallende, seine raschen Reaktionen, seine herrische und doch einschmeichelnde Art, sein Auge für Frauen, alles blieb immer gleich lebendig.

Er suchte zu allen Menschen in *ihrer* Sprache zu sprechen, und da er diese nur nebenher auf seinen Reisen gelernt hatte, waren seine Kenntnisse, mit Ausnahme der Sprachen des Balkans, zu denen auch sein Spanisch gehörte, höchst mangelhaft. Er zählte gern an den Fingern auf, wieviel Sprachen er spreche, und die drollige Sicherheit, mit der er es bei dieser Aufzählung – Gott weiß wie – manchmal auf 17, manchmal auf 19 Sprachen brachte, war trotz seiner komischen Aussprache für die meisten Menschen unwiderstehlich. Ich schämte mich dieser Szenen, wenn sie sich vor mir abspielten, denn was er da von sich gab, war so fehlerhaft, daß er selbst in meiner Volksschule beim Herrn Lehrer Tegel damit durchgefallen wäre, wie erst bei uns zuhause, wo die Mutter uns mit erbarmungslosem Hohn den kleinsten Fehler verwies. Dafür beschränkten wir uns zuhause auf bloß vier Sprachen, und wenn ich die Mutter fragte, ob es möglich sei, 17 Sprachen zu sprechen, sagte sie, ohne den Großvater zu nennen: »Nein! Dann kann man keine!«

Er hatte, obwohl es eine für ihn völlig fremde Welt war, in der sich ihr Geist bewegte, großen Respekt vor der Bildung der Mutter und besonders dafür, daß sie mit uns streng war und sehr viel von uns verlangte. So tief er ihr dafür grollte, daß sie den Vater mit Hilfe eben dieser Bildung aus Bulgarien weggelockt hatte, so sehr lag ihm daran, daß sie uns damit erfülle. Ich glaube, daß es nicht nur Gedanken an Nützlichkeit und Fortkommen in der Welt waren, die ihn dabei bestimmten, sondern der Impetus seiner eigenen, nie wirklich ausgeschöpften Begabung. Innerhalb seines engen eigenen Lebenskreises hatte er es weit gebracht und von der Macht über seine weitverzweigte Familie hätte er kein Jota aufgegeben, aber er fühlte, daß es unendlich viel außerhalb gab, das sich ihm versagte. Er beherrschte nur die aramäische Schrift, in der das Altspanische geschrieben wurde, und Zeitungen las er nur in dieser Sprache. Sie hatten spanische

Namen wie ›El Tiempo‹, ›Die Zeit‹ und ›La Boz de la Verdad‹, ›Die Stimme der Wahrheit‹, waren in hebräischen Lettern gesetzt und erschienen, glaube ich, nur einmal die Woche. Lateinische Lettern las er, aber er fühlte sich unsicher dabei, und so hat er in seinem ganzen langen Leben – er wurde über 90 Jahre alt – in den vielen Ländern, die er bereiste, nie etwas in der Landessprache (geschweige denn ein Buch darin) gelesen. Seine Kenntnisse bezogen sich, abgesehen von seinem Geschäft, das er souverän beherrschte, ausschließlich auf seine eigenen Beobachtungen unter Menschen. Diese konnte er nachmachen und wie ein Schauspieler spielen, und manche Leute, die ich selber kannte, wurden mir durch die Art, wie er sie spielte, so interessant, daß sie mich dann in ihrer wahren Person bitter enttäuschten, während sie mich in seinem Spiel mehr und mehr faszinierten. Dabei hielt er sich in seinen satirischen Szenen vor mir noch zurück, nur in einer Gesellschaft von vielen Erwachsenen, deren Mittelpunkt er war, ließ er sich vollkommen gehen und vermochte sie Stunden und Stunden mit seinen Geschichten zu unterhalten. (Er war schon lange gestorben, als ich seinesgleichen unter den Geschichtenerzählern in Marrakesch wiederfand, und obwohl ich von ihrer Sprache kein Wort verstand, waren sie mir durch die Erinnerung an diesen Großvater vertrauter als alle die unzähligen anderen Menschen, denen ich dort begegnete.)

Seine Neugier, wie ich schon sagte, war immer rege, nie, kein einziges Mal, habe ich ihn müde gesehen, und selbst wenn ich mit ihm allein war, spürte ich, daß er mich unaufhörlich, ohne einen Augenblick auszusetzen, beobachtete. In jenen Nächten, die ich im Hotel Austria bei ihm verbrachte, war mein letzter Gedanke vor dem Einschlafen der, daß er nicht wirklich schlief, und so wenig glaubwürdig es klingen mag, ich habe ihn zu keiner Zeit schlafen gesehen. Morgens war er lange vor mir wach, gewaschen und angezogen, und meist hatte er auch sein Morgengebet verrichtet, das ziemlich lange dauerte. Wachte ich aber nachts aus irgendeinem Grunde auf, so saß er aufgerichtet in seinem Bett, als habe er schon lange gewußt, daß ich jetzt aufwachen würde, und warte nur darauf, daß ich ihm sage, was ich jetzt wolle. Doch gehörte er nicht etwa zu den Leuten, die über Schlaflosigkeit klagen. Im Gegenteil, er wirkte frisch und für alles bereit, ein Teufel an immerwacher Bereitschaft, vielen war er durch dieses Übermaß an Vitalität – bei allem Respekt, den sie vor ihm hatten – ein wenig unheimlich.

Zu seinen Passionen gehörte das Einsammeln von Geld für arme Mädchen, die heiraten wollten und keine Mitgift hatten. Ich sah ihn oft auf der Praterstraße, wenn er jemand anhielt, von dem er zu diesem Zweck Geld wollte. Schon zückte er sein rotledernes Notizbuch, in das die Spenden mit Namen des Gebers eingetragen wurden. Schon nahm er die Geldscheine entgegen und verstaute sie in seiner Brieftasche. Er holte sich nie ein Nein, es wäre eine Schande gewesen, dem Señor Canetti nein zu sagen. Das Ansehen innerhalb der Gemeinde hing davon ab, immer hatten die Leute das Geld für die gar nicht kleinen Spenden bei sich, ein Nein hätte bedeutet, daß man selbst daran war, zu den Armen zu gehören und das wollte keiner von sich sagen lassen. Aber ich glaube, daß es unter diesen Kaufleuten auch echte Generosität gab. Ich bekam oft zu hören, mit verhaltenem Stolz, daß dieser und jener ein guter Mensch sei, womit man meinte, daß er ausgiebig für die Armen spende. Der Großvater war dafür bekannt, daß man ihm besonders gern gab, schon weil er selbst, in seinen runden aramäischen Buchstaben, an der Spitze der Sammlung im Taschenbuch figurierte. Da *er* so gut begonnen hatte, mochte keiner hinter ihm zurückstehen und er hatte sehr bald die Summe für eine ehrenvolle Mitgift beisammen.

In dieser Schilderung des Großvaters habe ich manches zusammengezogen, auch was ich erst in späteren Jahren erlebt oder erfahren habe. So nimmt er hier, in dieser ersten Wiener Periode, mehr Raum ein, als ihm eigentlich zukommt.

Denn das unvergleichlich Wichtigste, das Aufregende und Besondere dieser Zeit waren die Leseabende mit der Mutter und die Gespräche, die sich an jede Lektüre knüpften. Ich kann diese Gespräche nicht mehr im einzelnen wiedergeben, denn ich bestehe zum guten Teil aus ihnen. Wenn es eine geistige Substanz gibt, die man in frühen Jahren empfängt, auf die man sich immer bezieht, von der man nie loskommt, so war es diese. Ich war von blindem Vertrauen zur Mutter erfüllt, die Figuren, über die sie mich befragte, über die sie dann zu mir sprach, sind so sehr zu meiner Welt geworden, daß ich sie nicht mehr auseinandernehmen kann. Alle späteren Einflüsse kann ich in jeder Einzelheit verfolgen. Diese aber bilden eine Einheit von unzerteilbarer

Dichte. Seit dieser Zeit, also seit meinem zehnten Lebensjahr, ist es eine Art Glaubenssatz von mir, daß ich aus vielen Personen bestehe, deren ich mir keineswegs bewußt bin. Ich denke, sie bestimmen, was mich an Menschen, denen ich begegne, anzieht oder abstößt. Sie waren das Brot und das Salz der frühen Jahre. Sie sind das eigentliche, das verborgene Leben meines Geistes.

Ausbruch des Krieges

Den Sommer 1914 verbrachten wir in Baden bei Wien. Wir wohnten in einem gelben, einstöckigen Haus, ich weiß nicht in welcher Straße, und teilten dieses Haus mit einem hohen Offizier in Pension, einem Feldzeugmeister, der mit seiner Frau den unteren Stock bewohnte. Es war eine Zeit, in der man nicht umhin konnte, Offiziere zu bemerken.

Einen guten Teil des Tages verbrachten wir im Kurpark, wohin uns die Mutter mitnahm. In einem runden Kiosk, in der Mitte des Parks, spielte die Kurkapelle. Der Kapellmeister, ein dünner Mensch, hieß Konrath, wir Buben nannten ihn auf englisch unter uns ›carrot‹, Karotte. Mit den kleinen Brüdern sprach ich noch ungeniert englisch, sie waren drei und fünf Jahre alt, ihr Deutsch war etwas unsicher, Miss Bray war erst vor wenigen Monaten nach England zurückgefahren. Es wäre ein unnatürlicher Zwang für uns gewesen, untereinander anders als englisch zu sprechen, und man kannte uns im Kurpark als die kleinen englischen Buben.

Es waren immer viele Leute da, schon wegen der Musik, aber Ende Juli, als der Ausbruch des Krieges bevorstand, wurde die Masse von Menschen, die sich in den Kurpark drängte, immer dichter. Die Stimmung wurde erregter, ohne daß ich begriff, warum, und als die Mutter mir sagte, daß wir beim Spielen nicht so laut englisch schreien sollten, nahm ich nicht viel Notiz davon und die Kleinen natürlich noch weniger.

An einem Tage, ich glaube, es war der 1. August, begannen die Kriegserklärungen. Carrot dirigierte, die Kurkapelle spielte, jemand reichte Carrot einen Zettel hinauf, den er öffnete, er unterbrach die Musik, klopfte kräftig mit dem Taktstock auf und las laut vor: »Deutschland hat Rußland den Krieg erklärt.« Die Kapelle stimmte die österreichische Kaiserhymne an, alle standen, auch die, die auf den Bänken gesessen waren, erhoben sich und sangen mit: »Gott erhalte, Gott beschütze unsern Kaiser, unser Land.« Ich kannte die Hymne von der Schule her und sang etwas zögernd mit. Kaum war sie zu Ende, folgte die deutsche Hymne: ›Heil dir im Siegerkranz‹. Es war, was mir, mit anderen Worten, von England als ›God save the King‹ vertraut war. Ich spürte, daß es eigentlich gegen England ging. Ich weiß nicht, ob es aus alter Gewohnheit war, vielleicht war es auch aus Trotz, ich sang, so laut ich konnte, die englischen Worte mit und meine kleinen Brüder, in ihrer Ahnungslosigkeit, taten mir's mit ihren dünnen Stimmchen nach. Da wir dichtgedrängt unter all den Leuten standen, war es unüberhörbar. Plötzlich sah ich wut-verzerrte Gesichter um mich, und Arme und Hände, die auf mich losschlugen. Selbst meine Brüder, auch der Kleinste, Ge-org, bekamen etwas von den Schlägen ab, die mir, dem Neun-jährigen, galten. Bevor die Mutter, die ein wenig von uns weggedrängt worden war, es gewahr wurde, schlugen alle durcheinander auf uns los. Aber was mich viel mehr beeindruck-te, waren die haßverzerrten Gesichter. Irgend jemand muß es der Mutter gesagt haben, denn sie rief sehr laut: »Aber es sind doch Kinder!« Sie drängte sich zu uns vor, packte uns alle drei zusammen und redete zornig auf die Leute ein, die ihr gar nichts taten, da sie wie eine Wienerin sprach, und uns schließlich sogar aus dem schlimmen Gedränge hinausließen.

Ich begriff nicht ganz, was ich getan hatte, um so unauslösch-licher war dieses erste Erlebnis einer feindlichen Masse. Es hatte die Wirkung, daß ich während des ganzen Krieges, bis 1916 in Wien und dann in Zürich englisch gesinnt blieb. Aber ich hatte von den Schlägen gelernt: ich hütete mich wohl, solange ich noch in Wien war, etwas von meiner Gesinnung merken zu lassen. Englische Worte außer Haus waren uns nun strengstens verboten. Ich hielt mich daran und blieb um so eifriger bei meinen englischen Lektüren.

Die vierte Klasse der Volksschule, die meine zweite in Wien war, fiel schon in den Krieg und alles, woran ich mich erinnere, hängt mit dem Krieg zusammen. Wir bekamen ein gelbes Heft mit Liedern, die sich in dieser oder jener Weise auf den Krieg bezogen. Es begann mit der Kaiserhymne, die wir täglich als erstes und letztes sangen. Zwei Lieder im gelben Heft gingen mir nahe: »Morgenrot, Morgenrot, leuchtest mir zum frühen Tod«, mein liebstes Lied aber begann mit den Worten: »Drüben am Wiesenrand hocken zwei Dohlen«, ich glaube, es ging weiter: »Sterb ich in Feindesland, fall ich in Polen.« Wir sangen zuviel aus diesem gelben Liederbuch, aber der Ton der Lieder war gewiß noch erträglicher als die abscheulichen komprimierten Haß-Sätzchen, die bis zu uns kleinen Schülern ihren Weg fanden. »Serbien muß sterbien!« »Jeder Schuß ein Russ!« »Jeder Stoß ein Franzos!« »Jeder Tritt ein Britt!« – Als ich zum ersten und einzigen Mal einen solchen Satz nach Hause brachte und zu Fanny sagte: »Jeder Schuß ein Russ!«, beschwerte sie sich darüber bei der Mutter. Vielleicht war es eine tschechische Empfindlichkeit von ihr, sie war keineswegs patriotisch und sang nie mit uns Kindern die Kriegslieder, die ich in der Schule lernte. Vielleicht aber war sie ein vernünftiger Mensch und empfand die Roheit des Satzes »Jeder Schuß ein Russ!« im Munde eines neunjährigen Kindes als besonders anstößig. Es traf sie schwer, denn sie verwies es mir nicht direkt, sondern verstummte, sie ging zur Mutter und sagte ihr, daß sie bei uns nicht bleiben könne, wenn sie von uns Kindern solche Sätze zu hören bekomme. Die Mutter nahm mich unter vier Augen vor und fragte mich sehr ernst, was ich mit diesem Satz meine. Ich sagte: nichts. Die Buben in der Schule sagten solche Sätze, die ganze Zeit, und ich könnte es nicht leiden. Das war nicht gelogen, denn ich war, wie ich schon sagte, englisch gesinnt. »Warum plapperst du es dann nach? Die Fanny mag das nicht hören. Es kränkt sie, wenn du etwas so Häßliches sagst. Ein Russe ist ein Mensch wie du und ich. Meine beste Freundin in Rustschuk war eine Russin. Du erinnerst dich nicht mehr an Olga.« Ich hatte sie vergessen und jetzt fiel sie mir wieder ein. Ihr Name pflegte früher oft bei uns zu fallen. Diese einzige Rüge genügte. Ich wiederholte nie wieder einen solchen Satz, und da die Mutter ihr Mißfallen darüber so deutlich gezeigt hatte, empfand ich Haß gegen jeden bestialischen Kriegssatz, den ich später noch in der Schule hörte, ich hörte sie täglich. Es waren keineswegs alle, die so daherredeten, es waren nur einige, aber die taten es immer wieder. Vielleicht weil sie in einer Minderzahl waren, taten sie sich gern damit hervor.

Fanny kam aus einem mährischen Dorf, eine kräftige Person, alles an ihr war fest, auch ihre Meinungen. Am Neujahrstag

standen fromme Juden am Ufer des Donaukanals und warfen ihre
Sünden ins Wasser. Fanny, die mit uns vorüberging, hielt sich
darüber auf. Sie dachte sich immer ihren Teil und sagte es geradeheraus. »Sollen sie lieber Sünden nicht machen«, meinte sie,
»wegschmeißen kann ich auch.« Das Wort ›Sünde‹ war ihr nicht
geheuer und große Gesten mochte sie schon gar nicht. Ihre tiefste
Abneigung galt Bettlern und Zigeunern. Bettler und Diebe, das
war für sie dasselbe. Sie ließ sich nichts vormachen und haßte
Szenen. Hinter aufgeregten Reden witterte sie eine schlechte
Absicht. Das Schlimmste für sie war Theater und davon gab es
bei uns zu viel. Ein einziges Mal ließ sie sich selbst zu einer Szene
hinreißen und die war so grausam, daß ich sie nie vergaß.

Es läutete an unserer Wohnungstür, ich war neben ihr, als sie
öffnete. Ein Bettler stand davor, weder alt noch verstümmelt,
warf sich vor Fanny auf die Knie und rang die Hände. Seine Frau
liege auf dem Totenbett, er habe acht Kinder zuhause, hungrige
Mäuler, unschuldige Würmer. »Haben Sie Erbarmen, die Dame!
Was können die unschuldigen Würmer dafür!« Er blieb auf den
Knien liegen und wiederholte leidenschaftlich seinen Spruch, es
war wie ein Lied, und immer sagte er zu Fanny: »die Dame!«. Ihr
verschlug es die Rede, eine Dame war sie nicht und wollte sie gar
nicht sein, und wenn sie zur Mutter »gnä' Frau« sagte, klang es
gar nicht unterwürfig. Eine Weile sah sie sich schweigend den
Knienden an, sein Gesang hallte laut und schmelzend im Gange
wider. Plötzlich warf sie sich selber auf die Knie und machte ihn
nach. Jeden seiner Sätze bekam er in böhmischem Tonfall aus
ihrem Mund zurück und das Duett war so eindrucksvoll, daß ich
die Worte mitzusprechen begann. Weder Fanny noch der Bettler
ließen sich beirren. Aber schließlich stand sie auf und schlug ihm
die Tür vor der Nase zu. Er lag immer noch auf den Knien und
durch die geschlossene Tür sang er weiter: »Haben Sie Erbarmen, die Dame, was können die armen Würmer dafür!«

»Schwindler!« sagte Fanny, »hat keine Frau und liegt nicht im
Sterben. Hat kein Kind, frißt alles selber. Faul ist, und will selber
alles fressen. Junger Mensch! Wann hat acht Kinder gemacht!«
Sie war so empört über den Lügner, daß sie der Mutter, die bald
nach Hause kam, die ganze Szene vorspielte, ich assistierte ihr
beim Kniefall; und noch manchmal spielten wir die Szene zusammen. Ich spielte ihr vor, was sie getan hatte, und wollte sie
für ihre Grausamkeit strafen, aber ich wollte es auch besser

spielen als sie. So bekam sie von mir die Sätze des Bettlers zu hören und dann nochmals das gleiche in ihrem eigenen Tonfall. Sie wurde wütend, wenn ich mit »Haben Sie Erbarmen, die Dame!« begann, und zwang sich, nicht wieder auf die Knie zu fallen, obschon sie mein eigener Kniefall dazu verlockte. Es war eine Qual für sie, denn sie fühlte sich in ihrer eigenen Sprache verhöhnt und plötzlich war diese feste, kompakte Person ganz hilflos. Einmal vergaß sie sich und gab mir die Ohrfeige, die sie dem Bettler so gern gegeben hätte.

Fanny bekam nun richtige Angst vor Theater. Die abendlichen Lesungen mit der Mutter, die sie in der Küche hören konnte, gingen ihr auf die Nerven. Wenn ich am nächsten Tag etwas darüber zu ihr sagte oder auch nur vor mich hinsprach, schüttelte sie den Kopf und sagte: »Soviel aufgeregt! Wie soll Bub schlafen?« Mit der Zunahme des dramatischen Lebens in der Wohnung wurde Fanny gereizt und als sie eines Tages kündigte, meinte die Mutter: »Die Fanny hält uns für verrückt. Sie versteht das nicht. Diesmal bleibt sie vielleicht noch. Aber ich glaube, wir werden sie bald verlieren.« Ich hing sehr an ihr, auch die kleinen Brüder. Der Mutter gelang es, nicht ohne Mühe, sie umzustimmen. Aber dann verlor sie einmal den Kopf und stellte in ihrer Redlichkeit ein Ultimatum. Sie könne es nicht mehr mitansehen, der Bub schlafe zu wenig. Wenn das Getue abends nicht aufhöre, müsse sie gehen. So ging sie, und wir waren alle traurig. Es kamen öfters Postkarten von ihr, ich, als ihr Quälgeist, durfte sie behalten.

Medea und Odysseus

Odysseus bin ich erst in Wien begegnet, ein Zufall wollte es, daß die Geschichte der Odyssee sich nicht unter den Büchern befand, die mir der Vater in England als erste in die Hand gab. In jener Reihe von Büchern der Weltliteratur, für Kinder nacherzählt, muß sich auch die Odyssee befunden haben, aber sei es, daß sie dem Vater nicht aufgefallen war, sei es, daß er sie absichtlich für etwas später aufhob, ich bekam sie damals nicht zu Gesicht. So habe ich erst deutsch davon erfahren, als mir die Mutter, ich war in meinem zehnten Lebensjahr, Schwabs ›Sagen des Klassischen Altertums‹ zum Geschenk machte.

An unseren Dramen-Abenden stießen wir oft auf die Namen griechischer Götter und Figuren, die sie mir erklären mußte, sie duldete nicht, daß mir etwas unklar blieb, und das hielt uns manchmal lange auf. Vielleicht fragte ich dann auch mehr, als sie zu beantworten vermochte, sie war mit diesen Dingen nur aus zweiter Hand vertraut, durch die Dramen der englischen und französischen, besonders aber der deutschen Literatur. Ich bekam den Schwab mehr als Hilfsmittel zu deren Verständnis, etwas, das ich für mich allein aufnehmen sollte, um den Schwung der Abende, die das Eigentliche waren, nicht durch immerwährende Abschweifungen zu gefährden.

Schon der erste, über den ich so erfuhr, Prometheus, machte mir einen ungeheuren Eindruck: ein Wohltäter der Menschen zu sein – was gab es, das einen mehr verlocken konnte; und dann diese Strafe, die entsetzliche Rache des Zeus. Am Ende aber begegnete mir Herakles als Erlöser, noch bevor ich seine anderen Taten kannte. Dann Perseus und die Gorgo, deren Blick versteinerte; Phaeton, der im Sonnenwagen verbrannte; Dädalus und Ikarus, es war schon Krieg und von Fliegern, die dabei ihre Rolle spielen würden, war oft die Rede; Kadmos und die Drachenzähne, auch diese bezog ich auf den Krieg.

Über alle diese wunderbaren Dinge schwieg ich, ich nahm sie auf, ohne darüber zu berichten. Abends konnte ich merken lassen, daß ich etwas wußte, aber nur, wenn sich eine Gelegenheit dazu ergab. Es war, als könnte ich zu den Erklärungen des Gelesenen meinen Teil beitragen, das im Grunde war die Aufgabe, die ich bekommen hatte. Ich spürte die Freude der Mutter, wenn ich kurz etwas sagte, ohne mich in neue Fragen zu verlieren. Ich behielt manches unerklärt für mich. Vielleicht fühlte ich mich auch gestärkt in einem Zwiegespräch, wo alles Übergewicht auf der anderen Seite lag, und daß ich ihr Interesse wecken konnte, wenn sie sich nicht ganz sicher fühlte, durch Erwähnen dieser oder jener Einzelheit, erfüllte mich mit Stolz.

Es dauerte nicht sehr lange und ich kam an die Argonautensage. Medea ergriff mich mit einer Gewalt, die ich nicht ganz verstehe, und noch weniger, daß ich sie der Mutter gleichsetzte. War es die Leidenschaft, die ich in ihr fühlte, wenn sie von den großen Heroinen des Burgtheaters sprach? War es die Furchtbarkeit des Todes, den ich dunkel als Mord empfand? Ihre wilden Dialoge mit dem Großvater, in die jeder seiner Besuche mündete, ließen sie geschwächt und weinend zurück. Zwar lief er davon, als fühle er sich geschlagen, sein Zorn war ohnmächtig, nicht der eines Siegers, aber auch sie vermochte diesen Kampf nicht zu bestehen, sie geriet in eine hilflose Verzweiflung, die peinigend war, die ich an ihr nicht ertrug. So ist es sehr wohl möglich, daß ich ihr überirdische Kräfte, die einer Zauberin, wünschte. Es ist eine Vermutung, die sich mir jetzt erst aufdrängt: als die Stärkere wollte ich sie sehen, als die Stärkste überhaupt, eine unbezwingliche und unablenkbare Kraft.

Über die Medea schwieg ich nicht, ich vermochte es nicht, und als ich die Sprache darauf brachte, ging ein ganzer Abend damit verloren. Sie ließ sich nicht anmerken, wie sehr sie über die Gleichsetzung erschrak, ich erfuhr das erst in späteren Jahren. Sie erzählte von Grillparzers ›Goldenem Vließ‹, von der Medea am Burgtheater, und es gelang ihr, durch diese sozusagen doppelte Brechung die heftige Wirkung der ursprünglichen Sage auf mich zu mildern. Ich zwang sie zum Geständnis, daß auch sie sich an Jason für seinen Verrat gerächt hätte, an ihm und auch an seiner jungen Frau, aber nicht an den Kindern. Diese hätte sie im Zauberwagen mitgenommen, wohin, das wußte sie nicht zu sagen. Selbst wenn sie ihrem Vater ähnlich gesehen hätten – sie wäre noch stärker als Medea gewesen und hätte sich dazu gebracht, ihren Anblick zu ertragen. So stand sie zum Schluß doch als die Allerstärkste da und hatte Medea in mir überwunden.

Odysseus mag ihr dabei geholfen haben, denn als ich bald danach von ihm erfuhr, verdrängte er alles, was vorangegangen war, und wurde zur eigentlichen Figur meiner Jugend. Die Ilias nahm ich mit Widerstreben auf, weil sie mit dem Menschenopfer der Iphigenie begann; daß Agamemnon darin nachgegeben hatte, erfüllte mich mit heftiger Abneigung gegen ihn; so war ich von Anfang an nicht auf seiten der Griechen. An Helenas Schönheit zweifelte ich, die Namen des Menelaos wie des Paris waren mir gleich lächerlich. Überhaupt war ich von Namen abhängig, es gab Figuren, die ich wegen ihrer Namen allein verabscheute, und andere, die ich für ihre Namen liebte, noch bevor ich ihre Geschichten erfahren hatte: zu diesen gehörten Ajax und Kassandra. Wann diese Abhängigkeit von Namen entstand, vermag ich nicht zu sagen. Sie wurde unbezwinglich bei den Griechen, ihre Götter schieden sich für mich in zwei Gruppen, in die sie durch ihre Namen und seltener nur durch ihren Charakter gerieten. Ich mochte Persephone, Aphrodite und Hera, nichts was Hera tat, befleckte mir ihren Namen; ich mochte Poseidon und Hephaistos – Zeus hingegen, aber auch Ares und Hades waren mir zuwider. An Athena bestach mich ihre Geburt, Apollo verzieh ich nie das Schinden des Marsyas, seine Grausamkeit verhüllte mir seinen Namen, dem ich heimlich gegen meine Überzeugung anhing. Der Konflikt zwischen Namen und Taten wurde zu einer wesentlichen Spannung für mich, und der Zwang, sie in Übereinstimmung zu bringen, hat mich nie losgelassen. Menschen wie Figuren hing ich um ihrer Namen willen an, und Enttäuschung über ihr Verhalten hat mich zu den umständlichsten Bemühungen veranlaßt, sie zu verändern und mit ihren Namen in Einklang zu bringen. Über andere aber mußte ich abstoßende Geschichten aushecken, die ihre abscheulichen Namen rechtfertigten. Ich wüßte nicht, worin ich ungerechter gewesen wäre; für einen, dem Gerechtigkeit das war, was er zuhöchst bewunderte, hatte diese durch nichts zu beeinflussende Abhängigkeit von Namen etwas wahrhaft Fatales, sie und sie allein empfinde ich als ein Schicksal.

Ich kannte damals keine Menschen, die griechische Namen trugen, so waren sie mir alle neu und überfielen mich mit gesammelter Kraft. Ich konnte ihnen mit einer Freiheit begegnen, die ans Wunderbare grenzte, sie klangen an nichts Vertrautes an, sie vermischten sich mit nichts, als reine Figuren erschienen sie und blieben Figuren; mit Ausnahme der Medea, die mich in Verwirrung stürzte, entschied ich mich für oder gegen jede einzelne von ihnen und immer bewahrten sie eine Wirksamkeit, die sich nicht erschöpfte. Mit ihnen begann ein Leben, über das ich mir bewußt Rechenschaft ablegte, und darin allein hing ich von niemandem ab.

So wurde Odysseus, in den damals alles Griechische für mich mündete, zu einem eigentümlichen Vorbild, das erste, das ich rein zu erfassen vermag, das erste, von dem ich mehr erfuhr als je von einem Menschen, ein rundes und sehr erfülltes Vorbild, das sich in vielen Verwandlungen präsentierte, deren jede ihren Sinn und ihre Stelle hatte. In allen Einzelheiten hat er sich mir einverleibt und mit dem Fortschritt der Zeit gab es nichts an ihm, das mir nicht von Bedeutung wurde. Den Jahren seiner Fahrten entsprach die Zahl der Jahre, während deren er auf mich ein-

wirkte. Zuletzt ging er, für niemand erkennbar, ganz in die
›Blendung‹ ein, womit nicht mehr als eine innerste Abhängigkeit von ihm gemeint ist. So vollkommen diese war und so leicht
es für mich heute wäre, sie in allen Details nachzuweisen – ich
weiß auch sehr wohl noch, womit seine Einwirkung auf den
Zehnjährigen *einsetzte,* was diesen als Neues zuerst erfaßte und
beunruhigte. Da war der Augenblick bei den Phäaken, als Odysseus noch unerkannt aus dem Munde des blinden Sängers
Demodokos seine eigene Geschichte hörte und heimlich über sie
weinte; die List, durch die er sich und seinen Gefährten das
Leben rettete, als er sich Polyphem gegenüber Niemand nannte;
der Gesang der Sirenen, den er sich nicht entgehen ließ; und die
Geduld, mit der er als Bettler die Beschimpfungen der Freier
ertrug: alles Verwandlungen, durch die er sich *verringerte,* und im
Falle der Sirenen seine unbezwingliche Neugier.

Reise nach Bulgarien

Im Sommer 1915 fuhren wir zu Besuch nach Bulgarien. Die
Mutter hatte einen großen Teil ihrer Familie unten, sie wollte
ihre Heimat wiedersehen und den Ort, an dem sie sieben Jahre
glücklich mit dem Vater gelebt hatte. Schon Wochen vorher war
sie in einer Aufregung, die ich nicht verstand, anders als alle
Zustände, in denen ich sie bis dahin gekannt hatte. Sie sprach
viel von ihrer Kindheit in Rustschuk, und der Ort, an den ich nie
gedacht hatte, gewann plötzlich durch ihre Geschichten Bedeutung. Rustschuk wurde von den Spaniolen, die ich in England
und Wien kannte, nur mit Verachtung erwähnt, als ein provin-
zielles Nest ohne Kultur, wo die Leute gar nicht wußten, wie es
in ›Europa‹ zugeht. Alle schienen froh, daß sie von dort entronnen waren, und kamen sich als aufgeklärtere und bessere
Menschen vor, weil sie nun woanders lebten. Nur der Großvater, der sich nie für etwas schämte, sprach den Namen der Stadt
mit feurigem Nachdruck aus, da war sein Geschäft, das Zentrum
seiner Welt, da waren die Häuser, die er mit wachsendem Wohlstand erworben hatte. Doch hatte ich gemerkt, wie wenig er von
den Dingen, die mich heftig interessierten, wußte – als ich ihm
einmal von Marco Polo und China erzählte, sagte er, das seien
alles Märchen, ich sollte nur glauben, was ich selber sähe, er

kenne diese Lügner; ich begriff, daß er nie ein Buch las, und da er die Sprachen, mit deren Kenntnis er sich brüstete, nur mit lächerlichen Fehlern sprach, war mir seine Treue für Rustschuk gar keine Empfehlung, und seine Reisen von dort in Länder, die nicht mehr zu entdecken waren, erfüllten mich mit Verachtung. Dabei hatte er ein unfehlbares Gedächtnis und überraschte mich einmal, als er zu uns zum Essen kam, mit einer Reihe von Fragen über Marco Polo an die Mutter. Nicht nur fragte er sie, wer das sei, ob dieser Mensch je wirklich gelebt habe, er erkundigte sich nach jeder wunderbaren Einzelheit, die ich ihm berichtet hatte, ohne eine einzige auszulassen, und geriet beinahe in Zorn, als die Mutter ihm erklärte, welche Rolle der Bericht Marco Polos bei der späteren Entdeckung Amerikas gespielt habe. Doch bei der Erwähnung des Irrtums von Kolumbus, der Amerika für Indien gehalten hatte, beruhigte er sich wieder und sagte triumphierend: »Das kommt davon, wenn man einem solchen Lügner glaubt! Da entdecken sie Amerika und glauben, es ist Indien!«

Was er nicht vermocht hatte, mir Interesse für meinen Geburtsort abzunötigen, gelang der Mutter spielend. Bei unseren abendlichen Sitzungen sagte sie plötzlich, wenn sie von einem Buch sprach, das sie besonders liebte: »Das habe ich zum erstenmal auf dem Maulbeerbaum im Garten meines Vaters gelesen.« Einmal zeigte sie mir ein altes Exemplar von Victor Hugos ›Les Misérables‹, da waren noch Flecken von Maulbeeren drin, die sie beim Lesen gegessen hatte. »Sie waren schon sehr reif«, sagte sie, »und ich bin hoch hinaufgeklettert, um mich besser zu verstecken. Da sahen sie mich nicht, wenn ich zum Essen kommen sollte. Ich las den ganzen Nachmittag weiter und war dann plötzlich so hungrig, daß ich mich mit Maulbeeren vollstopfte. Da hast du's leichter. Ich laß dich immer lesen.« »Aber ich muß doch zum Essen kommen«, sagte ich und begann mich für den Maulbeerbaum zu interessieren.

Den würde sie mir zeigen, versprach sie dann, alle unsere Gespräche mündeten jetzt in Reisepläne. Ich war nicht dafür, denn dort würden unsere abendlichen Lektüren für eine Weile aussetzen müssen. Aber dann, ich war noch unter dem Eindruck der Argonautensage und der Figur der Medea, sagte sie: »Wir fahren auch nach Varna, ans Schwarze Meer.« Da brach mein Widerstand zusammen. Zwar war Kolchis am anderen Ende des Schwarzen Meers, aber immerhin, es war dasselbe Meer, und für diesen Anblick war ich bereit, selbst den hohen Preis der Unterbrechung unserer Lektüren zu zahlen.

Wir fuhren mit der Bahn, an Kronstadt vorbei und durch Rumänien. Für dieses Land empfand ich Zärtlichkeit, weil man die rumänische Amme sehr rühmte, die mich genährt hatte. Sie habe mich so gern gehabt wie ihr eigenes Kind und habe später den Weg von Giurgiu über die Donau nicht gescheut, bloß um zu sehen, wie es mir ginge. Dann habe man gehört, daß sie durch einen Unfall in einem tiefen Ziehbrunnen ertrunken sei, und der Vater, wie es seine Art war, habe ihre Familie ausfindig gemacht und heimlich, ohne daß der Großvater es erfuhr, für sie getan, was er nur konnte.

In Rustschuk wohnten wir nicht im alten Haus, das wäre zu nah beim Großvater Canetti gewesen. Wir ließen uns im Haus der Tante Bellina nieder, der ältesten Schwester der Mutter. Sie war die Schönste der drei Schwestern und genoß, aus diesem Grund allein, einige Berühmtheit. Das Unglück, das sie später bis an ihr Lebensende verfolgte, war damals über sie und ihre Familie noch nicht hereingebrochen, aber es kündigte sich schon an. Ich habe sie in der Erinnerung behalten, wie sie damals war, in der Blüte ihrer Schönheit; ich fand sie später als Tizians ›La Bella‹ und ›Venus von Urbino‹ wieder und so kann sich ihr Bild in mir nicht mehr verändern.

Sie wohnte in einem gelben, geräumigen Haus türkischer Bauart, gleich gegenüber dem Hause ihres Vaters, des Großvaters Arditti, der vor zwei Jahren auf einer Reise in Wien gestorben war. Ihre Güte kam ihrer Schönheit gleich, sie wußte wenig und man hielt sie für dumm, weil sie nie etwas für sich wollte und immer schenkte. Da alle ihren geizigen und geldbewußten Vater noch gut in Erinnerung hatten, erschien sie wie aus der Art geschlagen, ein Wunder an Freigebigkeit, sie war außerstande, einen Menschen zu sehen, ohne darüber nachzudenken, womit sie ihm eine besondere Freude machen könnte. Sie dachte sonst nie über etwas nach. Wenn sie schwieg und vor sich hinsah, ohne auf Fragen anderer zu achten, etwas abwesend und mit einem beinahe angestrengten Ausdruck auf ihrem Gesicht, das aber auch dann seine Schönheit nicht verlor, so wußte man, sie überlegt sich ein Geschenk und ist noch mit keinem, das ihr eingefallen ist, zufrieden. Sie schenkte so, daß man überwältigt war, aber sie war eigentlich nie ganz froh, denn es erschien ihr immer zu gering und sie brachte es fertig, sich mit redlichen Worten noch dafür zu entschuldigen. Es war nicht die stolze Art des Schenkens, die ich von spanischen Menschen her gut kenne, die mit einem gewissen Anspruch auf Nobilität einhergeht, sondern es war schlicht und natürlich wie Ein- und Ausatmen.

Sie hatte ihren Cousin geheiratet, Josef, einen cholerischen Mann, der ihr das Leben schwermachte, unter dem sie mehr und mehr zu leiden hatte, ohne sich je das Geringste anmerken zu lassen. Der Obstgarten hinter dem Haus, in dem die Bäume damals mit den wunderbarsten Früchten beladen waren, verzauberte uns beinahe so sehr wie die Geschenke der Tante. Die Räume in ihrem Haus waren hell und doch kühl, es war viel mehr Platz als bei uns in Wien, es gab allerhand zu entdecken. Ich hatte vergessen, wie es sich auf türkischen Diwans lebte, und alles schien mir fremdartig und neu, beinahe als wäre ich nun doch auf einer Forschungsreise in einem exotischen Land, was der heftigste Wunsch meines Lebens geworden war. Der Maulbeerbaum im Garten des Großvaters gegenüber enttäuschte mich, er war gar nicht so hoch, und da ich mir die Mutter so groß vorstellte, wie sie jetzt war, begriff ich nicht, daß man sie damals in ihrem Versteck nicht bemerkt hatte. Aber im gelben Haus, in der Nähe der Tante, fühlte ich mich wohl und drängte nicht auf die Abreise ans Schwarze Meer, die doch als der eigentliche Clou der Reise gedacht war.

Onkel Josef Arditti mit seinem dicken roten Gesicht und den verkniffenen Augen fragte mich immerzu aus, er wußte allerhand und war mit meinen Antworten auf seine Fragen so zufrieden, daß er mir die Wangen tätschelte und sagte: »Merkt auf meine Worte! Aus dem wird noch etwas werden. Ein großer Advokat, wie sein Onkel!« Er war Kaufmann und gar kein Advokat, doch verstand er sich auf die Gesetze in vielen Ländern, die er ausführlich und auswendig zitierte, und zwar in den verschiedensten Sprachen, die er dann gleich für mich ins Deutsche übersetzte. Er versuchte mich hereinzulegen, indem er, vielleicht nach zehn Minuten, denselben Rechtssatz nochmals zitierte, aber leicht abgeändert. Dann sah er mich ein wenig tückisch an und wartete. »Das war aber vorhin anders«, sagte ich, »das war früher *so*!« Ich konnte diese Art von Sätzen nicht leiden, sie erfüllten mich mit einem tiefen Widerwillen gegen alles, was mit ›Recht‹ zusammenhing, aber rechthaberisch war ich auch und wollte überdies sein Lob gewinnen. »Du hast also aufgepaßt«, sagte er dann, »du bist kein Dummkopf wie alle anderen hier«, und zeigte in die Richtung der Zimmer, wo die andern saßen, unter ihnen seine Frau. Doch meinte er nicht nur sie, er hielt die ganze Stadt für dumm, das Land, den Balkan, Europa, die Welt, mit Ausnahme von einigen berühmten Advokaten, die es vielleicht gerade noch mit ihm aufnehmen konnten.

Man munkelte von seinen Zornesausbrüchen, ich wurde davor gewarnt, es sei ganz furchtbar, wenn er in Wut gerate. Ich solle aber nicht erschrecken, es lege sich dann wieder, man müsse nur ganz still sitzenbleiben, ja kein Wort sagen und wenn er einen dabei ansehe, immer ergeben nicken. Die Mutter warnte mich, daß auch sie und die Tante schweigen würden, wenn es passiere, er sei eben so, da könne man nichts machen. Er habe es dann besonders auf den verstorbenen Großvater abgesehen, aber auch auf dessen noch lebende Witwe, die Großmutter und alle lebenden Geschwister der Mutter, sie selber und die Tante Bellina inbegriffen.

Ich bekam diese Warnung so oft zu hören, daß ich schon neugierig darauf wartete. Aber als es dann kam, eines Tages beim Essen, war es so schrecklich, daß es zur eigentlichen Erinnerung dieser Reise wurde. »Ladrones!« schrie er plötzlich, »Ladrones! Glaubt ihr, ich weiß nicht, daß ihr alle Diebe seid!« Das spanische »Ladrones« klingt viel wuchtiger als »Diebe«, etwa so wie »Diebe« und »Räuber« zusammen. Er beschuldigte nun jedes einzelne Mitglied der Familie, erst die Abwesenden, des Diebstahls, und begann mit dem toten Großvater, seinem Schwiegervater, der ihn von einem Teil der Erbschaft zugunsten der Großmutter ausgeschlossen habe. Dann kam die noch lebende Großmutter an die Reihe, der mächtige Onkel Salomon in Manchester, der solle sich vor ihm hüten. Er werde ihn vernichten, er verstehe sich besser aufs Gesetz, er werde ihm Prozesse in allen Ländern der Welt anhängen, es würde ihm kein Schlupfloch bleiben, in das er sich retten könnte! Mit *dem* Onkel empfand ich gar kein Mitleid und war – ich kann es nicht leugnen – begeistert, daß jemand es mit ihm, dem allgemein Gefürchteten, aufzunehmen wagte. Aber schon ging es weiter, nun kamen die drei Schwestern dran, sogar meine Mutter, sogar die herzensgute Tante Bellina, seine eigene Frau, die heimlich mit ihrer Familie gegen ihn konspiriere. Diese Schurken! Diese Verbrecher! Dieses Gesindel! Zermalmen werde er sie alle. Ihnen das falsche Herz aus dem Leibe reißen! Es den Hunden zum Fraße vorwerfen! Sie würden noch an ihn denken! Um Gnade würden sie winseln! Aber er kenne keine Gnade! Er kenne nur das Recht. Aber das kenne er gut! Mit ihm solle es einer aufnehmen! Diese Wahnsinnigen! Diese Dummköpfe!»Du hältst dich für gescheit? Was?« wandte er sich plötzlich an meine Mutter. »Aber dein kleiner Junge steckt dich in die Tasche. Der ist wie ich! Der wird dir einmal Prozesse machen! Den letzten Groschen wirst du herausrücken müssen! Sie ist gebildet, sagen sie, dir wird dein Schiller nichts nützen! Auf das Gesetz kommt es an«, er schlug sich heftig mit dem Knöchel gegen die Stirn, »und das Gesetz ist da! da! da! – Das hast du nicht gewußt« – er wandte sich jetzt an mich –, »daß deine Mutter eine Diebin ist! Es ist besser, du weißt es jetzt, bevor sie dich bestiehlt, ihren eigenen Sohn!«

Ich sah die beschwörenden Blicke der Mutter, aber es nützte nun nichts mehr, ich sprang auf und schrie: »Meine Mutter ist keine Diebin! Die Tante auch nicht!« und fing vor Zorn zu weinen an, was ihn aber gar nicht beirrte. Er zog sein Gesicht, das schrecklich aufgedunsen war, in mitleidsüße Falten und wandte sich näher zu mir: »Schweig! Ich habe dich nicht gefragt! Lausbub, blöder! Du wirst es noch erleben. Hier sitze ich, merk dir's, ich, dein Onkel Josef, und sage dir's ins Gesicht. Du tust mir leid mit deinen zehn Jahren, drum sag ich's dir rechtzeitig: deine Mutter ist eine Diebin! Alle, alle sind Diebe! Die ganze Familie! Die ganze Stadt! Nichts als Diebe!«

Mit diesem letzten »Ladrones« brach er ab. Er schlug mich nicht, aber ich hatte bei ihm ausgespielt. »Du bist es nicht wert«, sagte er später, als er sich beruhigt hatte, »daß ich dir das Gesetz beibringe. Du wirst durch Erfahrung lernen müssen. Du verdienst es nicht besser.«

Am meisten wunderte ich mich über die Tante. Sie nahm es hin, als ob nichts geschehen wäre und war schon am selben Nachmittag wieder mit ihren Geschenken beschäftigt. In einem Gespräch zwischen den Schwestern, das ich ohne ihr Wissen belauschte, sagte sie zur Mutter: »Er ist mein Mann. Er war früher nicht so. Seit dem Tod des Señor Padre ist er so geworden. Er verträgt keine Ungerechtigkeit. Er ist ein guter Mensch. Ihr dürft jetzt nicht weggehen. Das könnte ihn kränken. Er ist sehr empfindlich. Warum sind alle guten Menschen so empfindlich?«

Die Mutter meinte, es ginge nicht, wegen dem Jungen, er könne doch nicht solche Sachen über die Familie hören. Sie sei immer stolz auf die Familie gewesen. Es sei die beste Familie der Stadt. Josef gehöre doch selbst zu ihr. Sein eigener Vater sei doch der ältere Bruder des Señor Padre gewesen. »Aber er hat doch nie etwas gegen seinen Vater gesagt! Das tut er nie, nie! Da würde er sich eher die Zunge abbeißen, als etwas gegen seinen Vater zu sagen.« »Aber warum will er dieses Geld? Er ist doch selbst viel reicher als wir!« »Er verträgt keine Ungerechtigkeit. Seit dem Tod des Señor Padre ist er so geworden, er war früher nicht so.«

Wir fuhren doch bald nach Varna. Das Meer – ich kann mich an kein früheres erinnern – war gar nicht wild und stürmisch. Medea zu Ehren hatte ich es gefährlich erwartet, aber in diesen Gewässern war von ihr keine Spur, ich glaube, daß die aufregenden Vorgänge in Rustschuk alle Gedanken an sie zurückgedrängt hatten. Sobald es wirklich schrecklich zuging, unter den Menschen, die mir zunächst standen, verloren die klassischen Figuren, von denen ich sonst so sehr erfüllt war, viel von ihrer Farbe. Seit ich die Mutter gegen die abscheulichen Beschuldigungen ihres Schwagers verteidigt hatte, war sie für mich nicht mehr Medea. Es schien im Gegenteil wichtig, sie in Sicherheit zu bringen, mit ihr zu sein und mit eigenen Augen darauf zu achten, daß nichts Abscheuliches sich an sie hefte.

Wir verbrachten viel Zeit am Strand, am Hafen beschäftigte mich besonders der Leuchtturm. Ein Zerstörer lief in den Hafen ein und es hieß, daß Bulgarien an der Seite der Mittelmächte in den Krieg eintreten werde. In Gesprächen, die die Mutter mit Bekannten führte, hörte ich oft, wie die Leute das für unmöglich erklärten. Nie hätte Bulgarien mit Rußland im Krieg gestanden, seine Befreiung von den Türken verdanke es den Russen, in vielen Kriegen hätten die Russen gegen die Türken gekämpft und wann immer es den Bulgaren schlecht ging, verließen sie sich auf die Russen. Der General in russischen Diensten, Dimitrijew, gehörte zu den populärsten Figuren des Landes, bei der Hochzeit meiner Eltern war er Ehrengast gewesen.

Die älteste Freundin der Mutter, Olga, war eine Russin. Wir hatten sie und ihren Mann in Rustschuk besucht, sie schienen mir herzlicher und offener als alle Menschen, die ich kannte. Die beiden Freundinnen sprachen miteinander wie junge Mädchen, sie sprachen französisch in einem raschen, jubelnden Ton, ihre

Stimmen hoben und senkten sich unaufhörlich, keinen Augenblick blieb es still, es war wie ein Gezwitscher, aber von sehr großen Vögeln. Olgas Mann schwieg respektvoll, in seiner hochgeschlossenen Bluse sah er ein wenig militärisch aus, er schenkte russischen Tee ein und bediente uns mit Leckerbissen, am meisten achtete er darauf, daß das Gespräch der beiden Freundinnen fließend vonstatten ging, ohne daß sie eine Minute ihrer kostbaren Zeit verloren, denn lange war es her seit ihrem letzten Beisammensein, und wann würden sie sich wiedersehen? Ich hörte den Namen Tolstoi, er war erst vor wenigen Jahren gestorben, der Respekt, mit dem man seinen Namen nannte, war derart, daß ich die Mutter später fragte, ob Tolstoi ein größerer Dichter als Shakespeare sei, was sie zögernd und ungern verneinte.

»Jetzt verstehst du, warum ich auf Russen nichts kommen lasse«, sagte sie, »es sind die wunderbarsten Menschen. Die Olga liest jeden freien Augenblick. Mit ihr kann man reden.« Und mit ihrem Mann?« »Mit ihm auch. Aber sie ist gescheiter. Sie kennt ihre Literatur besser. Das respektiert er. Am liebsten hört er ihr zu.«

Ich sagte dazu nichts, aber ich hatte so meine Zweifel. Ich wußte, daß mein Vater die Mutter für gescheiter gehalten und weit über sich gestellt hatte, und ich wußte auch, daß sie das akzeptierte. Sie war wie selbstverständlich seiner Meinung und wenn sie über ihn sprach – sie sagte immer die schönsten Dinge –, erwähnte sie auch ganz naiv, wieviel er von ihrem Geist gehalten hatte. »Dafür war er musikalischer als du«, pflegte ich dann einzuwenden. »Das schon«, sagte sie. »Er hat auch besser Theater gespielt als du, das sagen alle Leute, er war der beste Schauspieler.« »Schon, schon, er hatte eine Naturbegabung dafür, die hat er vom Großvater geerbt.« »Er war auch lustiger als du, viel, viel lustiger.« Das hörte sie nicht ungern, denn sie hielt auf Ernst und Würde und die pathetischen Töne des Burgtheaters waren ihr in Fleisch und Blut übergegangen. Dann kam immer mein Clou. »Er hatte auch ein besseres Herz. Er war der beste Mensch auf der Welt.« Da gab es nicht Zweifel noch Zögern, da stimmte sie begeistert ein. »Einen Menschen, der so gut ist, wie er es war, wirst du nie auf der Welt finden, niemals, nie!« »Und Olgas Mann?« »Der ist auch gut, das schon, aber nicht zu vergleichen mit deinem Vater.« Und dann kamen die vielen Geschichten über seine Güte, die ich hundertmal gehört hatte und immer wieder hören wollte: wie vielen Leuten er half, auch hinter ihrem Rücken, so daß niemand davon wußte, wie sie dann darauf kam und ihn streng fragte: »Jacques, hast du das wirklich getan? Glaubst du nicht, daß das zu viel war?« »Ich weiß nicht mehr«, war seine Antwort, »ich kann mich nicht erinnern.« – »Und weißt du«, so endete immer ihre Aufzählung, »er hatte es wirklich vergessen. Er war so gut, daß er vergaß, was er Gutes tat. Du mußt nicht denken, daß er sonst vergeßlich war. Die Rollen aus Stücken, in denen er gespielt hatte, vergaß er auch nach Monaten nicht. Er vergaß auch nicht, was sein Vater ihm angetan hatte, als er ihm die Geige wegnahm und ihn zwang, ins Geschäft zu kommen. Er vergaß nicht, was ich mochte und konnte mich nach Jahren mit etwas überraschen, das ich einmal flüchtig gewünscht hatte. Aber was er Gutes tat, das verheimlichte er und verheimlichte es so geschickt, daß er's selber vergaß.«

»Das werde ich nie können«, sagte ich, begeistert über den Vater und traurig über mich. »Ich werde es immer wissen.« »Du bist eben mehr so wie ich«, sagte sie, »das ist nicht wirklich gut.« Und dann erklärte sie mir, daß sie zu mißtrauisch sei, um gut zu sein, sie wisse immer gleich, was Leute denken, sie durchschaue sie auf der Stelle, sie errate ihre geheimsten Regungen. Bei einer solchen Gelegenheit nannte sie mir den Namen eines Dichters, der genauso gewesen sei wie sie, er war wie Tolstoi vor kurzem gestorben: Strindberg. Mit diesem Namen rückte sie ungern heraus, sie hatte Strindberg wenige Wochen vorm Tod des Vaters zu lesen bekommen, und der Arzt in Reichenhall, der ihr Strindberg so dringlich empfahl, war der Anlaß zu jener letzten und wie sie manchmal fürchtete, tödlichen Eifersucht des Vaters gewesen. Solange wir noch in Wien lebten, hatte sie Tränen in den Augen, wenn sie den Namen Strindberg fallen ließ, und erst in Zürich hatte sie sich an ihn und seine Bücher so sehr gewöhnt, daß sie seinen Namen ohne übermäßige Erregung aussprechen konnte.

Wir unternahmen Ausflüge von Varna, nach Monastir, in die Nähe von Euxinograd, wo das königliche Schloß war. Das Schloß sahen wir nur aus der Ferne. Seit kurzem, seit dem Ende des zweiten Balkankrieges, lag es nicht mehr in Bulgarien und gehörte zu Rumänien. Grenzüberschreitungen im Balkan, wo bittere Kriege geführt worden waren, galten nicht als Vergnügen, an vielen Stellen waren sie gar nicht möglich und man vermied sie. Aber auf der Fahrt in der Droschke und später, als wir ausstiegen, sahen wir die üppigsten Gemüse und Obstkulturen, dunkelviolette Eierfrüchte, Paprika, Tomaten, Gurken, riesige Kürbisse und Melonen, ich kam aus dem Staunen nicht heraus, was da alles wuchs. »So ist es hier«, sagte die Mutter, »ein gesegnetes Land. Das ist auch eine Kultur, da braucht sich niemand zu schämen, daß er hier zur Welt kam.«

Aber dann in Varna, wenn die heftigen Regengüsse kamen, war die steile Hauptstraße, die zum Hafen hinunterführte, voll von tiefen Löchern. Unsere Droschke blieb stecken, wir mußten aussteigen, Leute kamen, die dem Kutscher halfen, alle zogen aus Leibeskräften, bis der Wagen wieder frei war, die Mutter seufzte: »Dieselben Straßen wie früher! Das sind orientalische Zustände. Diese Leute werden nie etwas lernen!«

So schwankte sie in ihren Meinungen und machte sich schließlich ganz gern mit uns auf die Rückfahrt nach Wien. Aber da die Lebensmittel in Wien schon nach dem ersten Kriegswinter knapp wurden, deckte sie sich vor der Abreise mit getrocknetem Gemüse ein. Unzählige Stücke der verschiedensten Arten wurden auf Fäden aufgezogen, einen ganzen Koffer füllte sie damit an und war dann sehr erbittert, als die rumänischen Zollbeamten in Predeal, der Grenzstation zu Ungarn, den Inhalt des Koffers auf den Bahnsteig leerten. Der Zug setzte sich in Bewegung, die Mutter sprang auf, aber ihre Schätze blieben unter dem Hohngelächter der Beamten weit zerstreut auf dem Bahnsteig liegen und sie hatte auch den Koffer verloren. Mir schien es unter ihrer Würde, daß sie sich über solche Dinge, die bloß mit Essen zusammenhingen, grämte, und statt eines Trostes bekam sie zu ihrem Verdruß auch das noch von mir zu hören.

Sie führte das Verhalten der rumänischen Beamten auf unsere türkischen Pässe zurück. Aus einer Art von angestammter Treue zur Türkei, wo man sie immer gut behandelt hatte, waren die meisten Spaniolen türkische Staatsbürger geblieben. Die Familie der Mutter allerdings, die ursprünglich aus Livorno kam, stand unter italienischem Schutz und reiste mit ebensolchen Pässen. Wäre sie noch mit ihrem Mädchenpaß unter dem Namen Arditti gereist, meinte die Mutter, so hätten sich die Rumänen gewiß anders benommen. Sie hätten etwas übrig für Italiener, weil ihre Sprache von dort stamme. Am allerliebsten hätten sie Franzosen.

Ich kam mitten aus einem Krieg, den ich nicht anerkennen mochte, aber erst auf dieser Reise begann ich auf unmittelbare Weise etwas von der Allgemeinheit und weiten Verbreitung nationaler Gehässigkeiten zu begreifen.

Die Auffindung des Bösen
Festung Wien

Im Herbst 1915, nach jener bulgarischen Sommerreise, kam ich in die erste Klasse des Realgymnasiums. Es befand sich im selben Gebäude wie die Volksschule, gleich bei der Sophienbrücke. Diese Schule gefiel mir viel besser, wir lernten Latein, etwas Neues, wir hatten mehrere Lehrer, nicht mehr den langweiligen Herrn Tegel, der immer dasselbe sagte und mir von Anfang an dumm erschienen war. Unser Klassenlehrer war Herr Professor Twrdy, ein breiter, bärtiger Zwerg. Wenn er auf dem Katheder saß, legte sich sein Bart über den Tisch und von den Klassenbänken aus sahen wir nur seinen Kopf. Niemand verachtete ihn, so komisch er uns zuerst auch erschienen war – er hatte eine Art, sich über den langen Bart zu streichen, die Respekt einflößte. Vielleicht schöpfte er aus der Geste Geduld, er war gerecht und wurde selten zornig. Er brachte uns die lateinische Deklination bei, hatte bei der Mehrzahl seiner Schüler wenig Glück damit und wiederholte für sie *silva, silvae* unermüdlich.

In dieser Klasse gab es schon mehr Kameraden, die mir interessant erschienen und an die ich mich erinnere. Da war Stegmar, ein Junge, der wunderbar zeichnete und malte, ich war ein schlechter Zeichner und konnte mich an seinen Werken nicht sattsehen. Vor meinen Augen warf er Vögel, Blumen, Pferde und andere Tiere aufs Papier und schenkte mir, sie waren eben erst entstanden, die schönsten Blätter. Am eindrucksvollsten war es, wenn er ein Blatt, über das ich staunte, rasch zerriß, weil es nicht gut genug sei, und es wieder von neuem versuchte. Das passierte ein paarmal, aber schließlich hatte er das Gefühl, daß eines gelungen war, betrachtete es von allen Seiten und händigte es mir dann mit einer bescheidenen und doch ein wenig feierlichen Geste aus. Ich bewunderte sein Können und seine Freigebigkeit, aber es beunruhigte mich, daß ich keinen Unterschied finden konnte, alle Blätter schienen mir gleich gut geraten, und noch mehr als sein Können bewunderte ich die blitzartige Vollstreckung seines Urteils. Es tat mir um jedes Blatt leid, das er zerriß, mich hätte nichts dazu zu bringen vermocht, ein beschriebenes oder bedrucktes Blatt zu zerstören. Es war hinreißend zu sehen, wie rasch und ohne jedes Zögern, ja wie gerne er das tat. Zuhause erfuhr ich, daß Künstler oft so seien.

Ein anderer Schulkamerad, untersetzt, dick und schwarz, war Deutschberger. Seine Mutter hatte eine Gulasch-Hütte im Wurstelprater, und daß er ganz in der Nähe der Grottenbahn wohnte, wo ich noch vor gar nicht langem eine Art von Habitué gewesen war, nahm mich anfangs sehr für ihn ein. Ich dachte, jemand, der da wohne, müsse ein anderer Mensch sein, viel interessanter als wir alle. Aber daß er's war, auf eine andere Weise, als ich hätte wissen können – mit seinen elf Jahren war er schon ein ausgewachsener Zyniker –, das führte bald zu einer bitteren Feindschaft.

Mit einem anderen Kameraden, der mein eigentlicher Freund war, Max Schiebl, dem Sohn eines Generals, gingen wir zu dritt von der Schule durch die Prinzenallee nach Haus. Deutschberger führte das große Wort, er schien alles über das Leben der Erwachsenen zu wissen und teilte es uns in ungeschminkten Worten mit. Für ihn hatte der Prater, wie Schiebl und ich ihn kannten, ein anderes Gesicht. Er schnappte Gespräche auf, wie sie sich zwischen den Besuchern der Gulasch-Hütte abspielten, und hatte eine schmatzende Art, sie vor uns zu wiederholen. Immer fügte er die Kommentare seiner Mutter hinzu, die nichts vor ihm verbarg, er schien keinen Vater zu haben und war ihr einziges Kind. Schiebl und ich waren auf den Heimweg gespannt, Deutschberger legte aber nicht gleich los, erst wenn wir beim Sportplatz des W.A.C., des Wiener Athletik-Clubs, vorbeigekommen waren, fühlte er sich frei, mit seinen wahren Reden zu beginnen. Ich glaube, er brauchte ein wenig Zeit, um sich zurechtzulegen, womit er uns diesmal schockieren würde. Er endete immer mit demselben Satz: »Man kann nicht früh genug lernen, wie es im Leben zugeht, sagt meine Mutter.« Er hatte ein Gefühl für Wirkung und steigerte jedesmal seine Geschichten. Solange es sich um Gewalttätigkeiten, um Messerstechereien, um Raubüberfälle und Morde handelte, ließen wir ihn gewähren. Er war gegen den Krieg, was mir gefiel, Schiebl aber hörte das nicht gern und suchte ihn durch Fragen auf anderes abzulenken. Ich schämte mich, von diesen Reden zuhause zu berichten, eine Weile blieben sie unser wohlbehütetes Geheimnis, bis Deutschberger seine Siege zu Kopfe stiegen und er sein Äußerstes wagte, das gab eine große Aufregung.

»Ich weiß, wie die Kinder kommen«, sagte er plötzlich eines Tages, »meine Mutter hat's mir gesagt.« Schiebl war ein Jahr älter als ich, die Frage hatte ihn schon zu beschäftigen begonnen und ich schloß mich widerstrebend seiner Neugier an. »Das ist ganz einfach«, sagte Deutschberger, »so wie der Hahn auf der Henne schustert, so schustert der Mann auf der Frau.« Ich, von den Shakespeare- respektive Schillerabenden mit der Mutter erfüllt, geriet in Zorn und schrie: »Du lügst! Das ist nicht wahr! Du bist ein Lügner!« Es war das erste Mal, daß ich mich gegen ihn zur Wehr setzte. Er blieb ganz höhnisch und wiederholte seinen Satz. Schiebl schwieg und die volle Verachtung Deutschbergers entlud sich über mich. »Deine Mutter sagt dir nichts. Sie behandelt dich wie ein kleines Kind. Hast du noch nie einem Hahn zugeschaut? So wie der Hahn usw. Man kann nicht früh genug lernen, wie es im Leben zugeht, sagt meine Mutter.«

Es fehlte nicht viel, ich hätte auf ihn losgeschlagen. Ich verließ die beiden und lief über den leeren Bauplatz ins Haus. Wir aßen immer zusammen an einem runden Tisch, ich beherrschte mich vor den kleinen Brüdern und sagte noch nichts, aber ich konnte nichts essen und war dem Weinen nahe. Sobald es nur ging, zog ich die Mutter auf den Balkon hinaus, wo wir tagsüber unsere ernsten Gespräche führten und sagte ihr alles. Sie hatte natürlich längst meine Aufregung bemerkt, aber als sie ihre Ursache erfuhr, verschlug es ihr die Rede. Sie, die auf alles eine runde und klare Antwort wußte, sie, die mir immer das Gefühl gab, daß auch ich Verantwortung für die Erziehung der Kleinen hätte, sie schwieg, zum erstenmal schwieg sie, sie schwieg so lang, daß mir angst und bange wurde. Dann aber sah sie mir in die Augen und mit der Anrede, die ich von unseren großen Augenblicken kannte, sagte sie feierlich: »Mein Sohn, glaubst du deiner Mutter?« »Ja! Ja!« »Es ist nicht wahr. Er lügt. Das hat ihm seine Mutter nie gesagt. Kinder kommen anders, auf eine schöne Weise. Ich werde es dir später sagen. Du willst es jetzt noch gar nicht wissen!« Ihre Worte nahmen mir auf der Stelle die Lust dazu. Ich wollte es wirklich noch gar nicht wissen. Wenn das andere nur eine Lüge war! Nun wußte ich, daß es eine war – und eine schreckliche Lüge dazu, denn er hatte erfunden, was seine Mutter ihm nie gesagt hatte!

Von diesem Augenblick an haßte ich Deutschberger und behandelte ihn wie den Abschaum der Menschheit. In der Schule, wo er ein schlechter Schüler war, sagte ich ihm nie mehr ein. In der Pause, wenn er zu mir kommen wollte, drehte ich ihm den Rücken zu. Ich sprach nie mehr ein Wort zu ihm. Mit dem gemeinsamen Heimweg war es aus, Schiebl zwang ich, zwischen ihm und mir zu wählen. Ich tat noch Schlimmeres: Als er vom Geographielehrer aufgefordert wurde, auf der Landkarte Rom zu zeigen, zeigte er Neapel; der Lehrer bemerkte es nicht, ich stand auf und sagte: »Er hat Neapel gezeigt, das ist nicht Rom«, und er bekam eine schlechte Note. Das war nun etwas, was ich sonst verachtet hätte, ich stand zu meinen Kameraden und half ihnen, wo ich konnte, auch gegen Lehrer, die ich mochte. Aber die Worte meiner Mutter hatten mich mit solchem Haß gegen ihn erfüllt, daß mir jede Handlung erlaubt schien. Es war das erste Mal, daß ich erfuhr, was blinde Anhängerschaft ist, ohne daß je zwischen der Mutter und mir wieder ein Wort über ihn gefallen wäre. Ich war gegen ihn aufgehetzt und sah einen Bösewicht in ihm, in einer längeren Rede berichtete ich Schiebl von Richard III. und überzeugte ihn davon, daß Deutschberger niemand anderer sei, nur eben noch jung, und man müsse ihm sein Handwerk jetzt schon legen.

So früh hat die Auffindung des Bösen begonnen. Der Hang dazu hat mich lange verfolgt, bis in die späteren Zeiten, als ich ein ergebener Sklave von Karl Kraus wurde und ihm die unzähligen Bösewichte, über die er herfiel, glaubte. Für Deutschberger wurde das Leben in der Schule unerträglich. Er verlor seine Sicherheit, seine flehentlichen Blicke gingen mir überall nach, was hätte er nicht getan, um Frieden zu finden, aber ich war unversöhnlich und es war merkwürdig, wie dieser Haß sich durch seine sichtbare Wirkung auf ihn steigerte, statt sich zu mäßigen. Schließlich kam seine Mutter in die Schule und stellte mich in einer Pause zur Rede. »Warum verfolgst du meinen Sohn?« sagte sie, »er hat dir doch nichts getan. Ihr wart immer Freunde.« Sie war eine energische Frau, mit raschen, kräftigen Worten. Sie hatte, im Gegensatz zu ihm, einen Hals und schmatzte nicht ihre Reden. Es gefiel mir, daß sie mich um etwas bat, um Schonung für ihren Sohn, und so sagte ich ihr, ebenso offen wie sie, den Grund für meine Feindschaft. Ich wiederholte, ohne Scheu vor ihr, den verpönten Satz über Hahn und Henne. Sie wandte sich heftig an ihn, er stand ängstlich hinter ihr: »Hast du das gesagt?« Er nickte jämmerlich mit dem Kopf, aber er leugnete es nicht ab, und damit hatte die ganze Sache für mich ein Ende. Vielleicht hätte ich keiner Mutter, die mich so ernst behandelte wie die eigene, etwas abschlagen können, aber ich spürte auch, wie wichtig er ihr war, und aus Richard III. wurde er wieder zu einem Schuljungen wie ich und Schiebl. Der strittige Satz aber war an seine angebliche Quelle zurückgelangt und hatte damit seine Kraft verloren. Die Verfolgung sackte zusammen, wir wurden nicht wieder Freunde, aber ich ließ ihn in Frieden, so sehr, daß ich keine weitere Erinnerung an ihn habe. Wenn ich an den Rest der Schulzeit in Wien denke, noch etwa ein halbes Jahr, bleibt er mir entschwunden.

Die Freundschaft mit Schiebl aber wurde immer enger. Von Anfang an war alles zwischen uns gutgegangen, doch nun war er der einzige. Er wohnte weiter oben am Schüttel in einer ähnlichen Wohnung wie der unseren. Ihm zuliebe spielte ich auch mit Soldaten und da er sehr viele davon hatte, ganze Armeen mit allen Waffengattungen, Kavallerie und Artillerie, ging ich oft zu ihm nach Hause, wo wir unsere Schlachten austrugen. Es lag ihm sehr daran zu gewinnen und Niederlagen ertrug er schlecht. Er biß sich dann auf die Lippen und verzog unmutig das Gesicht, manchmal versuchte er sie abzuleugnen und ich wurde dann böse. Aber das dauerte nie lange, er war ein wohlerzogener Junge, groß und stolz, und obwohl er seiner Mutter aus dem Gesicht geschnitten war und ich immer wieder über diese Ähnlichkeit staunte, war er durchaus kein Muttersöhnchen. Sie war die schönste Mutter, die ich kannte, und auch die größte. Ich sah sie immer aufrecht, hoch über mir, sie beugte sich zu uns nieder, wenn sie uns eine Jause brachte, dann stellte sie das Tablett mit einer ganz leichten Neigung des Oberkörpers auf den Tisch und richtete sich gleich wieder hoch, bevor sie uns aufforderte, zuzugreifen. Ihre dunklen Augen gingen mir nach, ich träumte zuhause von ihnen, was ich aber Max, ihrem Sohn, nie sagte. Doch fragte ich ihn, ob alle Tirolerinnen schöne Augen hätten, worauf er entschlossen »Ja!« sagte und hinzufügte: »Alle Tiroler auch.« Aber ich merkte das nächste Mal, daß er's ihr gesagt hatte, denn sie schien belustigt, als sie uns die Jause brachte, sah uns, was sie sonst nie tat, ein bißchen beim Spielen zu und erkundigte sich nach meiner Mutter. Als sie gegangen war, fragte ich Max streng: »Sagst du deiner Mutter alles?« Er wurde blutrot, aber er beteuerte das Gegenteil. Er sage ihr nichts, was ich denn von ihm dächte, auch seinem Vater sage er nicht alles.

Der Vater, ein kleiner, schmächtiger Mann, machte mir gar keinen Eindruck. Er war nicht nur kleiner, er schien mir auch älter als die Mutter. Er war ein General außer Dienst, war aber im Krieg für eine besondere Aufgabe wieder eingestellt worden. Er war Inspektor der Befestigungsanlagen um Wien. Im Herbst 1915 waren die Russen über die Karpaten eingebrochen und es gingen Gerüchte, daß Wien bedroht sei. Schiebls Vater nahm uns zwei an schulfreien Tagen auf seine Inspektionen mit. Wir fuhren nach Neuwaldegg und stapften dann durch den Wald, wo wir an verschiedene kleine ›Forts‹ gelangten, die in den Boden eingelassen waren. Es waren keine Soldaten dort, wir durften alles sehen, wir gingen hinein und während Schiebls Vater hie und da mit seinem Stöckchen auf die dicken Wände klopfte, sahen wir durch die Schlitze hinaus auf den menschenleeren Wald, wo nichts sich regte. Der General sprach wenig, er hatte ein eher mürrisches Gesicht, aber immer wenn er sich zu uns wandte und etwas erklärte, auch auf den Gängen durch den Wald, lächelte er uns an, als ob wir etwas Besonderes wären. Ich fühlte mich nie vor ihm verlegen. Vielleicht sah er künftige Soldaten in uns, er war es, der seinem Sohn jene großen Armeen in Zinn geschenkt hatte, die sich unaufhörlich vermehrten, und er erkundigte sich, wie Max mir sagte, nach unseren Spielen und wollte wissen, wer gewonnen habe. Aber ich war an so ruhige Menschen nicht gewöhnt und als General konnte ich ihn mir schon gar nicht vorstellen. Schiebls Mutter wäre ein wunderschöner General gewesen, ihr zuliebe wäre ich sogar in den Krieg gegangen, aber die Inspektionsausflüge mit dem Vater nahm ich nicht ernst und der Krieg, von dem so viel die Rede war, schien mir am fernsten, wenn er mit seinem Stöckchen an die Wand eines ›Forts‹ klopfte.

In meiner ganzen Schulzeit, auch später, haben mir Väter keinen Eindruck gemacht. Sie hatten für mich etwas Lebloses oder Altes. Mein eigener Vater war noch in mir, der mit mir über so vieles gesprochen, den ich singen gehört hatte. Jung, wie er gewesen war, blieb auch sein Bild, er blieb der einzige Vater. Wohl aber war ich für Mütter empfänglich und staunenswert war die Zahl der Mütter, die mir gefielen.

Im Winter von 1915 auf 1916 wurden die Wirkungen des Krieges schon im täglichen Leben spürbar. Die Zeit der begeistert singenden Rekruten in der Prinzenallee war vorüber. Wenn sie uns jetzt, in kleinen Gruppen, auf unserem Heimweg von der Schule entgegenzogen, wirkten sie nicht mehr so fröhlich wie früher. Sie sangen noch immer »In der Heimat, in der Heimat, da gibt's ein Wiedersehn!«, aber das Wiedersehn erschien ihnen nicht nah. Sie waren nicht mehr so sicher, daß sie zurückkehren würden. Sie sangen »Ich hatt' einen Kameraden«, aber als wären sie selber der gefallene Kamerad, von dem sie sangen. Ich spürte diese Veränderung und sagte es meinem Freunde Schiebl. »Das sind keine Tiroler«, sagte er, »du mußt einmal die Tiroler sehen.« Ich weiß nicht, wo er zu dieser Zeit marschierende Tiroler sah, vielleicht besuchte er mit seinen Eltern Bekannte aus ihrer Heimat und hörte bei ihnen zuversichtliche Reden. Sein Glaube an den guten Ausgang des Krieges war unerschütterlich, es wäre ihm nie eingefallen, daran zu zweifeln. Von seinem Vater kam die Zuversicht nicht, er war ein stiller Mann, der keine großen Worte machte. Bei den Ausflügen, die er mit uns unternahm, sagte er kein einziges Mal: »Wir werden siegen.« Wäre er mein Vater gewesen, ich hätte jede Hoffnung auf Sieg längst aufgegeben. Es war wohl seine Mutter, die den Glauben in ihm aufrechterhielt. Vielleicht sagte auch sie nichts darüber, aber ihr Stolz, ihre Unbeugsamkeit, ihr Blick, mit dem sie einen aufnahm, als könnte unter ihrem Schutz nichts Ungünstiges geschehen – mit dieser Mutter hätte auch ich nie zweifeln mögen.

Einmal kamen wir am Schüttel in die Nähe der Eisenbahnbrücke, die über den Donaukanal führte. Ein Zug hielt drauf, der mit Menschen vollgestopft war. Güterwagen waren mit Personenwagen zusammengekoppelt, in allen standen dicht gedrängt Menschen, die stumm, aber fragend zu uns heruntersahen. »Das sind galizische –« sagte Schiebl, unterdrückte das Wort »Juden« und ergänzte »Flüchtlinge.« Die Leopoldstadt war voll von galizischen Juden, die vor den Russen geflohen waren. In schwarzen Kaftans, mit ihren Schläfenlocken und besonderen Hüten, hoben sie sich auffallend von anderen Leuten ab. Da waren sie nun in Wien, wo sollten sie hin, essen mußten sie auch und mit der Nahrung der Wiener stand es schon nicht mehr zum besten.

Ich hatte noch nie so viele von ihnen in Waggons zusammengepfercht gesehen. Es war ein schrecklicher Anblick, weil der Zug stand. Solange wir auch hinstarrten, er bewegte sich nicht von der Stelle. »Wie Vieh«, sagte ich, »so quetscht man sie zusammen und Viehwaggons sind auch dabei.« »Es sind eben so viele«, sagte Schiebl, sein Abscheu vor ihnen war mit Rücksicht auf mich temperiert, er hätte nichts über die Lippen gebracht, was mich kränken konnte. Aber ich blieb wie festgewurzelt stehen, und während er mit mir stand, fühlte er mein Entsetzen. Niemand winkte uns zu, niemand rief ein Wort, sie wußten, wie ungern man sie empfing und erwarteten kein Wort der Begrüßung. Es waren alles Männer und viele bärtige Alte darunter. »Weißt du«, sagte Schiebl, »unsere Soldaten werden in solchen Waggons an die Front geschickt. Krieg ist Krieg, sagt mein Vater.« Es war der einzige Satz seines Vater, den er je vor mir zitierte, und ich wußte, daß er es tat, um mich aus meinem Schrecken zu reißen. Aber es half nichts, ich starrte und starrte und nichts geschah. Ich wollte, daß der Zug sich in Bewegung setze, das Entsetzlichste war, daß der Zug auf der Brücke noch immer stand. »Kommst du nicht?« sagte Schiebl und zupfte mich am Ärmel. »Magst du jetzt nicht mehr?« Wir waren auf dem Weg zu ihm, um wieder mit Soldaten zu spielen. Ich ging nun doch, aber mit einem sehr schlechten Gefühl, das sich steigerte, als ich die Wohnung betrat und seine Mutter uns die Jause brachte. »Wo wart ihr so lang?« fragte sie. Schiebl zeigte auf mich und sagte: »Wir haben einen Zug mit galizischen Flüchtlingen gesehen. Er stand auf der Franzensbrücke.« »Ach so«, sagte die Mutter und schob uns die Jause zu. »Jetzt seid ihr aber sicher schon hungrig.« Sie ging wieder, zum Glück, denn ich rührte die Jause nicht an und Schiebl, der einfühlende Bursche, hatte auch keinen Hunger. Er ließ die Soldaten stehen, wir spielten nicht, als ich ging, schüttelte er mir herzlich die Hand und sagte: »Aber morgen, wenn du kommst, zeig ich dir was. Ich hab neue Artillerie bekommen.«

Alice Asriel

Die interessanteste Freundin der Mutter war Alice Asriel, deren Familie aus Belgrad stammte. Sie selbst war ganz und gar Wienerin geworden, in Sprache und Art, in allem, was sie beschäftigte, in jeder ihrer Reaktionen. Eine winzige Frau, die kleinste der Freundinnen, von denen keine sehr groß war. Sie hatte geistige Interessen und eine ironische Art, über Dinge mit der Mutter zu sprechen, von denen ich nichts verstand. Sie lebte in der Wiener Literatur der Periode, das universale Interesse der Mutter ging ihr ab. Sie sprach von Bahr und von Schnitzler, in leichter Art, ein wenig flatternd, nie insistent, jedem Einfluß zugänglich, wer immer mit ihr sprach, vermochte sie zu beeindrucken, aber es mußte schon um Dinge dieser Sphäre gehen, was nicht zur Literatur des Tages gehörte, beachtete sie kaum. Es mußten Männer sein, von denen sie erfuhr, was zählte, sie gab etwas auf Männer, die gut sprachen, Gespräche waren ihr Leben, Diskussionen, Meinungsverschiedenheiten, am liebsten hörte sie zu, wenn intellektuelle Männer verschiedener Meinung waren und miteinander stritten. Sie war schon darum Wienerin, weil sie ohne große Anstrengung immer wußte, was in der Welt des Geistes vorging. Aber ebensogern sprach sie über Leute, ihre Liebesgeschichten, ihre Verwicklungen und Scheidungen; sie hielt alles für erlaubt, was mit Liebe zusammenhing, verdammte nicht wie die Mutter, widersprach ihr, wenn sie verdammte, und hatte für die kompliziertesten Verwicklungen eine Erklärung zur Hand. Alles was Menschen taten, erschien ihr natürlich. So wie sie das Leben sah, geschah es ihr auch, als hätte ein böser Geist es darauf abgesehen, ihr selber anzutun, was sie anderen erlaubte. Sie liebte es, Menschen zusammenzubringen, besonders solche verschiedenen Geschlechts, und zuzusehen, wie sie aufeinander wirkten, denn im Partnerwechsel hauptsächlich schien ihr das Glück des Lebens begründet und was sie sich selber wünschte, gönnte sie ebensosehr anderen, ja es sah oft so aus, als ob sie es an diesen erprobe.

Sie hat eine Rolle in meinem Leben gespielt und was ich über sie gesagt habe, entspringt eigentlich späterer Erfahrung. 1915, als ich sie zuerst kennenlernte, fiel mir auf, wie wenig sie vom Krieg berührt war. Sie erwähnte ihn in meiner Gegenwart kein einziges Mal, aber nicht etwa wie die Mutter, die sich mit aller

Leidenschaft gegen ihn stellte und vor mir über ihn bloß schwieg, um mir in der Schule keine Schwierigkeiten zu bereiten. Alice wußte nichts mit dem Krieg anzufangen; da sie Haß nicht kannte und jede Sache wie jeden Menschen gelten ließ, vermochte sie sich nicht für ihn zu begeistern und dachte an ihm vorbei.

Damals, als sie uns in der Josef-Gall-Gasse besuchte, war sie verheiratet mit einem Cousin von ihr, der auch aus Belgrad stammte und wie sie zum Wiener geworden war. Herr Asriel war ein triefäugiger kleiner Mann, der für Untüchtigkeit in allen praktischen Dingen des Lebens bekannt war. Von Geschäften verstand er gerade genug, um alles Geld zu verlieren, die Mitgift seiner Frau inbegriffen. Sie lebten noch mit ihren drei Kindern in einer bürgerlichen Wohnung, als er den letzten Versuch machte, sich auf die Beine zu stellen. Er verliebte sich in ihr Dienstmädchen, eine hübsche, einfache und willfährige Person, die sich durch die Aufmerksamkeit ihres Brotherrn geehrt fühlte. Sie verstanden sich, sie war seines Geistes, aber sie war im Gegensatz zu ihm anziehend und beständig, und was ihm die Frau in ihrer leichten, flatterhaften Art nicht geben konnte, fand er an dem Mädchen: Halt und unbedenkliche Treue. Sie war eine ganze Weile seine Geliebte, bevor er sich von der Familie trennte. Alice, die alles für erlaubt hielt, warf ihm nichts vor, sie hätte, ohne mit der Wimper zu zucken, die Menage zu dritt weitergeführt, ich hörte sie zur Mutter sagen, daß sie ihm alles, alles gönne. Nur glücklich solle er sein, mit ihr war er das nicht, denn es gab nichts, das sie voreinander in Schranken hielt. Zu literarischen Gesprächen war er nicht imstande, wenn von Büchern die Rede war, bekam er Migräne. Ihm war alles recht, wenn er nur die Partner solcher Gespräche nicht zu Gesicht bekam und nicht daran teilnehmen mußte. Sie gab es auf, ihm darüber zu berichten, sie war voller Mitgefühl für seine Migränen, sie grollte ihm auch nicht für ihre rapid zunehmende Verarmung. »Er ist eben kein Geschäftsmann«, sagte sie zur Mutter, »muß jeder Mensch ein Geschäftsmann sein?« Wenn vom Dienstmädchen die Rede war, über das die Mutter hart den Stab brach, hatte Alice immer ein verständnisinniges Wort für beide: »Schau, sie ist so lieb zu ihm und bei ihr schämt er sich nicht, daß er alles verloren hat. Vor mir fühlt er sich schuldig.« »Aber er ist doch schuldig«, sagte die Mutter. »Wie kann man so schwach sein. Er

ist kein Mann, er ist ein Nichts, er hätte nicht heiraten dürfen.«
»Er wollte ja gar nicht heiraten. Die Eltern haben uns verheiratet, damit das Geld in der Familie bleibt. Ich war zu jung und er war schüchtern. Er war zu schüchtern, einer Frau ins Gesicht zu sehen. Weißt du, ich mußte ihn zwingen, mir in die Augen zu schauen, und da waren wir schon eine Weile verheiratet.« »Und was hat er mit dem Geld gemacht?« »Gar nichts hat er gemacht. Er hat's nur verloren. Ist denn Geld so wichtig? Warum soll man Geld nicht verlieren? Gefallen dir deine Verwandten vielleicht besser mit ihrem vielen Geld? Das sind doch Unmenschen, verglichen mit ihm!« »Du wirst ihn immer verteidigen. Ich glaube, du hast ihn noch gern.« »Er tut mir leid, und jetzt hat er endlich sein Glück gefunden. Sie hält ihn für einen großen Herrn. Sie kniet vor ihm. Jetzt sind sie schon so lange zusammen und weißt du, sie küßt ihm die Hand und sagt ihm noch immer ›gnä' Herr‹. Sie putzt jeden Tag die ganze Wohnung, da gibt es gar nichts zu putzen, so rein ist alles, aber sie putzt und putzt und fragt mich, ob ich noch einen Wunsch habe. ›Jetzt ruhen Sie sich aber ein wenig aus, Marie‹, sag ich, ›jetzt ist es genug.‹ Ihr ist es nie genug und wenn sie nicht zusammen sind, putzt sie.« »Das ist doch unverschämt. Daß du sie nicht hinausgeworfen hast! Bei mir wäre sie geflogen, sofort, in der ersten Minute.« »Und er? Das kann ich ihm doch nicht antun. Soll ich sein Lebensglück zerstören?«

Diese Gespräche hätte ich gar nicht hören dürfen. Wenn Alice mit ihren drei Kindern zu uns kam, spielten wir zusammen, die Mutter trank mit ihr Tee, Alice geriet ins Berichten, die Mutter war sehr neugierig, wie es alles weitergehen würde und die beiden, die mich mit den anderen Kindern sahen, kamen nicht auf den Gedanken, daß ich alles hörte. Wenn die Mutter später mir zurückhaltend Andeutungen darüber machte, daß es bei den Asriels nicht zum besten stehe, war ich verschlagen genug, nicht merken zu lassen, daß mir keine Einzelheit entgangen war. Ich hatte aber keine Ahnung davon, was Herr Asriel mit dem Dienstmädchen wirklich trieb. Ich verstand die Worte, so wie sie gesagt wurden, ich dachte, sie standen gern beisammen und witterte nichts dahinter; und doch war mir wohl bewußt, daß alle Einzelheiten, die ich aufgefaßt hatte, nicht für meine Ohren bestimmt waren, und rückte kein einziges Mal mit meiner Kenntnis von ihnen heraus. Ich glaube, es ging mir auch darum, die Mutter auf noch eine andere Weise zu erleben, jedes Gespräch, das sie führte, war mir kostbar, ich wollte mir nichts von ihr entgehen lassen.

Alice bedauerte auch nicht ihre Kinder, die in dieser ungewöhnlichen Atmosphäre lebten. Der älteste, Walter, war zurückgeblieben, er hatte die Triefaugen seines Vaters, seine spitze Nase und ging wie dieser immer etwas zur Seite gebückt. Er sprach ganze, wenn auch nur kurze Sätze und nie mehr als einen Satz auf einmal. Er erwartete keine Antwort auf seine Sätze, verstand aber, was man sagte und war störrisch gehorsam. Er tat, was man ihn zu tun hieß, doch wartete er ein wenig ab, bevor er es tat, so daß man meinte, er habe nicht verstanden. Dann plötzlich, mit einem Ruck, tat er es doch, er hatte verstanden. Er bereitete keine besonderen Schwierigkeiten, doch hieß es, daß er manchmal Wutanfälle habe, man wußte nie, wann sie kommen würden, er beruhigte sich dann bald, aber man konnte es doch nicht riskieren, ihn allein zu lassen.

Hans, sein Bruder, war ein kluger Junge, es war ein Vergnügen, mit ihm ›Dichterquartett‹ zu spielen. Nuni, die jüngste, hielt mit, obwohl ihr diese Zitate noch nichts bedeuten konnten, während Hans und ich darin schwelgten. Wir warfen uns die Zitate nur so an den Kopf, wir kannten sie auswendig, wenn einer von uns mit dem ersten Wort begann, ergänzte der andere blitzrasch den Rest. Keiner kam je mit einem Zitat zu Ende, es war Ehrensache für den andern, dazwischenzufahren und es zu Ende zu sagen. »Die Stätte, die . . .« »ein guter Mensch betrat, ist eingeweiht.« »Gott hilft . . .« »jedem, der sich von Gott will helfen lassen.« »Ein edler . . .« »Mensch zieht edle Menschen an.« Das war unser eigentliches Spiel, da wir beide gleich rasch ratschten, gewann in diesem Wettbewerb keiner, eine Freundschaft entstand, die sich auf Respekt gründete, und nur wenn das Dichterquartett absolviert war, durften wir uns anderen Quartetten und Spielen zuwenden. Hans war dabei, wenn seine Mutter Literaturkenner bewunderte, und hatte es sich angewöhnt, so rasch wie diese zu sprechen. Er verstand es, mit seinem Bruder umzugehen, er war der einzige, der witterte, wann ein Wutanfall bevorstand, und so zuvorkommend und behutsam ging er mit ihm um, daß es ihm manchmal gelang, einen Anfall rechtzeitig zu coupieren. »Er ist gescheiter als ich«, sagte Frau Asriel, in seiner Gegenwart, sie hatte keine Geheimnisse vor ihren Kindern, das gehörte zu ihren Toleranz-Prinzipien, und wenn die Mutter ihr vorhielt: »Du machst den Jungen eingebildet, lob ihn nicht so«, sagte sie: »Warum soll ich ihn nicht loben? Er hat es schwer genug, mit diesem Vater, und sonst«, womit sie den zurückgebliebenen Bruder meinte. Was sie über diesen dachte, behielt sie für sich, so weit ging ihre Offenheit nicht, ihre Rücksicht auf Walter nährte sich vom Stolz auf Hans.

Er hatte einen sehr schmalen, langgestreckten Kopf und hielt sich, vielleicht im Gegensatz zum Bruder, besonders gerade. Er zeigte mit dem Finger auf alles, was er erklärte, auch auf mich, wenn er mir widersprach, das fürchtete ich ein wenig, denn wenn der Finger hochging, war er immer im Recht. Er war so altklug, daß er's mit andern Kindern schwer hatte. Aber er war nicht frech, und wenn sein Vater, was ich selten erlebte (denn ich sah ihn nur selten), etwas besonders Dummes sagte, verstummte er und zog sich in sich zurück, es war, als wäre er plötzlich verschwunden. Ich wußte dann, daß er sich seines Vaters schämte, ich wußte es, obwohl er nie etwas über ihn sagte, vielleicht eben deswegen. Da war seine kleine Schwester Nuni anders, die vergötterte den Vater und wiederholte jeden seiner Sätze. »Gemein, gut, sagt mein Vater«, erklärte sie plötzlich, wenn sie sich bei unseren Spielen über etwas ärgerte, »aber jetzt *so* gemein!« Das waren *ihre* Zitate, sie bestand aus ihnen und besonders wenn wir ›Dichterquartett‹ spielten, fühlte sie sich veranlaßt, mit ihnen herauszurücken. Das waren die einzigen Zitate, die Hans und ich nie unterbrachen, obwohl wir sie ebenso auswendig kannten wie die der Dichter. Nuni durfte ausreden und für einen, der zugehört hätte, müßten sich die Wahrsprüche des Herrn Asriel unter den verstümmelten der Dichter sonderbar ausgenommen haben. Ihrer Mutter gegenüber war Nuni reserviert, sie ließ sich sonst aus ihrer Reserve schwer herauslocken, man spürte, daß sie es gewohnt war, vieles zu mißbilligen, ein kritisches, aber verhaltenes Kind, von ihrer einzigen abgöttischen Liebe zum Vater getragen.

Es war ein doppeltes Fest für mich, wenn Frau Asriel mit ihren Kindern zum Spielen zu uns kam. Ich freute mich auf Hans, seine Attitüde des Besserwissens gefiel mir, weil ich so scharf aufpassen mußte, ich war scheinbar ganz im Spiel mit ihm enthalten, um mir eine Blamage zu ersparen, die er jedesmal auf die Spitze seines ausgestreckten Fingers trieb. Wenn es mir gelang, ihn in geographischen Dingen zum Beispiel in die Enge zu treiben, kämpfte er hartnäckig bis zum Schluß, er gab nie nach, unser Streit über die größte Insel der Erde blieb unentschieden, Grönland war für ihn ›hors concours‹, wie könne man bei all dem Eis denn wissen, wie groß Grönland sei, statt auf mich, zeigte er mit dem Finger auf die Karte und sagte triumphierend: »Wo hört Grönland auf?« Ich hatte es schwerer als er, denn ich mußte immerwährend Ausreden erfinden, um ins Speisezimmer zu gehen, wo die Mutter und Frau Asriel ihren Tee einnahmen. Da suchte ich etwas im Bücherschrank, das wir zur Entscheidung unserer Streitfälle brauchten, und ich suchte lang, um möglichst viel vom Gespräch der beiden Freundinnen zu hören. Die Mutter kannte die Intensität der Dinge, die zwischen Hans und mir vorgingen, ich rannte mit solcher Entschiedenheit auf den Bücherschrank zu, blätterte bald in diesem, bald in jenem Buch, stieß Äußerungen des Unmuts aus, wenn ich etwas nicht fand, gab einen gedehnten Pfiff von mir, wenn ich das Gewünschte entdeckte, was sie mir nicht einmal verwies – wie hätte sie denken können, daß ich für etwas anderes aufnahmefähig war und ihr Gespräch belauschte!

So nahm ich alle Phasen der Ehegeschichte auf, bis zur letzten. »Er will weggehn«, sagte Frau Asriel, »er will mit ihr leben.« »Das hat er doch die ganze Zeit getan«, sagte die Mutter, »jetzt läßt er euch noch im Stich.« »Er sagt, es geht auf die Dauer so nicht, wegen der Kinder. Er hat ja recht. Der Walter hat etwas bemerkt, er hat sie belauscht. Die beiden andern haben noch keine Ahnung.« »Das glaubst du nur, Kinder merken alles«, sagte die Mutter, während ich unbemerkt lauschte. »Wie will er leben?« »Er macht ein Fahrradgeschäft mit ihr auf. Er hat Fahrräder immer gern gehabt. Es war sein Kindheitstraum, in einem Fahrradgeschäft zu leben. Weißt du, sie versteht ihn so gut. Sie redet ihm zu, seinen Kindertraum wahrzumachen. Sie wird es alles selber machen müssen. Die ganze Arbeit wird auf ihr lasten. Ich könnte das nicht. Das nenn ich wahre Liebe.« »Und du bewunderst noch die Person.« Ich verschwand und als ich zu Hans und Nuni kam, war sie wieder am Zitieren: »›Böse Menschen haben keine Lieder‹, sagt mein Vater.« Ich war betroffen über das eben Gehörte, ich konnte nichts sagen und diesmal war mir bewußt, wie nah es die beiden anging, zu denen ich schwieg.

Ich hielt das Buch geschlossen, das ich geholt hatte, um über Hans zu triumphieren und ließ ihn recht behalten.

Die Wiese bei Neuwaldegg

Paula kam bald, nachdem Fanny gegangen war, ihr Gegenbild: groß und schlank, ein anmutiges Geschöpf, für eine Wienerin sehr diskret und doch heiter. Am liebsten hätte sie immer gelacht, da ihr das in ihrer Stellung nicht schicklich schien, blieb ein Lächeln davon übrig. Sie lächelte, wenn sie etwas sagte, sie lächelte, wenn sie schwieg, ich stelle mir vor, daß sie lächelnd schlief und träumte.

Sie machte keinen Unterschied, ob sie zur Mutter sprach oder zu uns Kindern, ob sie auf der Straße einem Fremden auf eine Frage Bescheid gab, ob sie eine Bekannte grüßte, selbst das kleine schmutzige Mädchen, das immer da war, hatte eine glückliche Zeit mit ihr, sie blieb ohne Scheu vor ihr stehen, gab ihr ein freundliches Wort, manchmal packte sie ein Zuckerl für sie aus und überraschte die Kleine damit so sehr, daß sie's nicht anzunehmen wagte. Dann redete sie ihr gut zu und steckte es ihr leicht in den Mund.

Der Wurstelprater lag ihr nicht sehr, da ging's ihr zu derb zu, sie hatte es zwar nie gesagt, aber ich spürte es, wenn wir dort waren; da schüttelte sie unmutig den Kopf, sobald sie etwas Häßliches hörte und blickte mich vorsichtig von der Seite an, ob ich's verstanden hätte. Ich stellte mich immer so, als hätte ich gar nichts gemerkt, und sie lächelte bald wieder. Ich hatte mich so sehr daran gewöhnt, daß ich alles dazu getan hätte, damit sie wieder lächle.

In unserem Hause, einen Stock tiefer, genau unter uns, wohnte der Komponist Karl Goldmark, ein kleiner, zarter Mann mit schöngescheitelten, weißen Haaren zu beiden Seiten seines dunklen Gesichts. Er ging am Arm seiner Tochter spazieren, nicht weit, denn er war schon sehr alt, aber täglich zur selben Stunde. Ich brachte ihn mit Arabien in Verbindung, die Oper, durch die er berühmt geworden war, hieß ›Die Königin von Saba‹. Ich dachte, er käme selber von dort, er war das Fremdeste in der Gegend und darum das Anziehendste. Ich begegnete ihm nie auf der Treppe oder wenn er von zu Hause fortging; ich sah ihn nur, wenn er aus der Prinzenallee zurückkam, da war er am Arm der Tochter ein paar Schritte auf und ab gegangen. Ich grüßte ehrerbietig, er senkte leicht den Kopf, das war seine beinahe unmerkliche Art, den Gruß entgegenzunehmen. Wie seine Tochter aussah, weiß ich nicht, sie ist mir nicht durch ihr Gesicht in Erinnerung geblieben. Als er eines Tages nicht kam, hieß es, er sei krank, und dann, in unserem Kinderzimmer hörte ich gegen Abend ein lautes Weinen von unten, das nicht aufhören wollte. Paula, die nicht sicher war, ob ich es gehört hatte, sah mich zweifelnd an und sagte: »Der Herr Goldmark ist gestorben. Er war sehr schwach, da hätte er nicht mehr spazierengehen können.« Das Weinen kam in Stößen und teilte sich mir mit, ich mußte immer hinhören und bewegte mich dazu, im gleichen Rhythmus, aber ohne selber zu weinen, es kam wie aus dem Boden. Paula wurde unruhig: »Jetzt kann die Tochter nicht mehr mit ihm ausgehen. Da ist sie ganz verzweifelt, die Arme.« Sie lächelte auch jetzt, vielleicht um mich zu beruhigen, denn ich merkte, daß es ihr naheging, ihr Vater war an der Front in Galizien und sie hatten lange nichts mehr von ihm gehört.

Am Tage des Begräbnisses war die Josef-Gall-Gasse schwarz von Fiakern und Menschen. Wir sahen von oben aus dem Fenster zu, wir dachten, daß kein Fleckchen unten mehr frei sei, aber es kamen immer neue Fiaker und Menschen dazu und fanden doch Platz. »Wo kommen die nur alle her?« »Das ist so, wenn ein berühmter Mann stirbt«, sagte Paula. »Die wollen ihm alle das letzte Geleit geben. Die haben seine Musik so gern.« Ich hatte die Musik nie gehört und fühlte mich ausgeschlossen. Das Gedränge unten nahm ich auf, als sei es bloß etwas zum Zuschauen, vielleicht auch, weil die Leute vom zweiten Stock aus so klein aussahen, sie waren eingezwängt, doch gelang es manchen, den schwarzen Hut voreinander zu ziehen, das erschien uns unpassend, aber Paula hatte auch dafür eine begütigende Erklärung: »Die sind froh, wenn sie jemand kennen unter den vielen Leuten, da spüren sie wieder einen Mut.« Das Weinen der Tochter berührte mich, ich hörte es noch viele Tage nach dem Begräbnis, immer gegen Abend; als es schließlich seltener wurde und dann aufhörte, fehlte es mir, als hätte ich etwas Unentbehrliches verloren.

Bald danach stürzte sich ein Mann vom dritten Stock eines nahen Hauses in der Josef-Gall-Gasse auf die Straße. Die Ret-

tungsgesellschaft kam ihn holen, er war tot, ein großer Blut-
flecken auf dem Pflaster blieb von ihm, der lange nicht getilgt
wurde. Wenn wir vorbeigingen, nahm mich Paula an der Hand
und richtete es so ein, daß sie zwischen dem Blutfleck und mir
ging. Ich fragte sie, warum der Mann das getan habe, und sie
konnte es nicht erklären. Ich wollte wissen, wann das Begräbnis
sei. Es werde keines geben. Er sei allein gewesen und habe keine
Angehörigen gehabt. Vielleicht habe er deswegen nicht mehr
leben wollen.

Sie sah, wie dieser Selbstmord mich beschäftigte und um mich
auf andere Gedanken zu bringen, bat sie die Mutter um die
Erlaubnis, mich auf ihrem nächsten Sonntagsausgang nach
Neuwaldegg mitnehmen zu dürfen. Sie hatte einen Bekannten,
mit dem wir in der Elektrischen hinausfuhren, einen stillen jungen Mann, der sie bewundernd ansah und kaum ein Wort sagte.
Er war so ruhig, daß er gar nicht dagewesen wäre, wenn Paula
nicht zu uns beiden zugleich gesprochen hätte, was immer sie
sagte, bezog sich auf beide. Sie sprach so, daß sie eine Antwort
von uns erwartete, ich gab sie und der Bekannte nickte. Dann
gingen wir ein Stück durch den Wald zur Knödelhütte und er
sagte etwas, das ich nicht verstand: »Nächste Woche, Fräulein
Paula, jetzt sind's nur noch fünf Tage.« Wir kamen auf eine
leuchtende Wiese, die von Menschen übersät war, sie war riesig,
man hätte denken können, es sei Platz genug für alle Leute auf
der Welt, aber wir mußten ziemlich lange herumgehen, bis wir
einen Platz fanden. Da lagen Familien, die aus Frauen und Kindern bestanden, hie und da junge Paare, meist aber ganze
Gruppen von Leuten, die zusammengehörten und etwas spielten, was sie alle in Bewegung hielt. Einige räkelten sich in der
Sonne, auch sie schienen glücklich, viele lachten, hier war Paula
zuhause, hier gehörte sie hin. Ihr Freund, der sie sehr verehrte,
öffnete nun öfters den Mund, ein bewunderndes Wort gab das
andere, er war auf Urlaub, aber er war nicht in Uniform, vielleicht mochte er sie nicht an den Krieg erinnern, er müsse noch
mehr an sie denken, sagte er, wenn er nicht bei ihr sei. Männer
waren auf der Wiese viel seltener als Frauen, ich sah keinen in
Uniform, hätte ich nicht endlich begriffen, daß Paulas Verehrer
nächste Woche an die Front zurück müsse, ich hätte vergessen,
daß Krieg war.

Das ist meine letzte Erinnerung an Paula, die Wiese in der

Nähe von Neuwaldegg, unter sehr vielen Leuten in der Sonne. Ich sehe sie nicht auf der Rückfahrt nach Hause. Mir ist, als sei sie auf der Wiese geblieben, um ihren Freund zurückzuhalten. Ich weiß nicht, warum sie uns verließ, ich weiß nicht, warum sie plötzlich fort war. Wenn ihr das Lächeln nur nicht vergangen ist, wenn ihr Verehrer nur zurückkam, ihr Vater war nicht mehr am Leben, als wir in der Elektrischen hinausfuhren.

Krankheit der Mutter
Der Herr Dozent

Es war die Zeit, als das Brot gelb und schwarz wurde, mit Beimischungen von Mais und anderen, weniger guten Dingen. Man mußte sich anstellen vor den Lebensmittelgeschäften, auch wir Kinder wurden hingeschickt, so kam ein wenig mehr zusammen. Die Mutter begann das Leben schwieriger zu finden. Gegen Ende des Winters kam ihr Zusammenbruch. Ich weiß nicht, was ihre Krankheit damals war, aber sie lag lange Wochen in einem Sanatorium nieder und erholte sich nur langsam. Anfangs durfte ich sie nicht einmal besuchen, doch allmählich wurde es besser und ich fand mich mit Blumen in ihrem Sanatorium auf der Elisabethpromenade ein. Da sah ich dann zum erstenmal ihren Arzt, den Direktor der Anstalt, bei ihr, einen Mann mit einem dichten schwarzen Bart, der medizinische Bücher geschrieben hatte und Dozent an der Wiener Universität war. Er betrachtete mich mit zuckriger Freundlichkeit aus halbgeschlossenen Augen und sagte: »Also das ist ja der große Shakespeare-Kenner! Und Kristalle sammelt er auch. Von dir hab ich schon viel gehört. Deine Mama redet immer über dich. Du bist schon weit für dein Alter.«

Die Mutter hatte zu ihm über mich gesprochen! Er wußte alles über die Sachen, die wir zusammen lasen. Er *lobte* mich. Die Mutter lobte mich nie. Ich mißtraute seinem Bart und wich ihm aus. Ich fürchtete, er könne mich einmal mit dem Bart *streifen* und dann würde ich mich auf der Stelle in einen Sklaven verwandeln, der ihm alles zutragen müßte. Der Ton seiner Stimme, die ein wenig durch die Nase ging, war wie von Lebertran. Er wollte mir die Hand auf den Kopf legen, vielleicht um mich mit ihr zu loben. Aber ich wich ihr aus, indem ich mich blitzrasch duckte und er schien ein wenig betroffen. »Ein stolzer Junge, den Sie da haben, gnädige Frau, läßt sich nur von Ihnen anrühren!« Dieses Wort »anrühren« ist mir im Sinn geblieben, es hat mich zu meinem Haß gegen ihn bestimmt, einem Haß, wie ich ihn noch nie gekannt hatte. Er tat mir nichts, aber er schmeichelte mir und suchte mich zu gewinnen. Er tat das von nun an mit erfinderischer Zähigkeit, er dachte sich Geschenke aus, mit denen er mich zu überrumpeln suchte, und wie hätte er annehmen sollen, daß der Wille eines noch nicht elfjährigen Kindes dem seinen nicht nur ebenbürtig war, sondern stärker.

Denn er bemühte sich sehr um meine Mutter, sie hatte eine tiefe Neigung in ihm geweckt, wie er ihr sagte – aber das erfuhr ich erst später –, die tiefste seines Lebens. Er wollte sich um ihretwillen von seiner Frau scheiden lassen. Er werde sich der drei Kinder annehmen und ihr bei ihrer Erziehung helfen. Alle drei könnten an der Wiener Universität studieren, der älteste solle aber auf alle Fälle Mediziner werden, und wenn er Lust habe, könne er auch später sein Sanatorium übernehmen. Die Mutter war nicht mehr offen zu mir, sie hütete sich, mir das alles zu sagen, sie wußte, daß es mich *vernichtet* hätte. Ich hatte das Gefühl, daß sie zu lange im Sanatorium blieb, er wollte sie nicht weglassen. »Du bist doch schon ganz gesund«, sagte ich ihr bei jedem Besuch. »Komm nach Haus und ich werde dich pflegen.« Sie lächelte, ich sprach, als wäre ich erwachsen, ein Mann und gar ein Arzt dazu, der alles wisse, was zu tun sei. Am liebsten hätte ich sie aus dem Sanatorium getragen, auf meinen eigenen Armen. »Eines Nachts komm ich dich rauben«, sagte ich. »Es ist aber zugesperrt unten, du kommst nicht herein. Du mußt schon warten, bis der Arzt mir erlaubt, nach Hause zu gehen. Jetzt dauert es nicht mehr lange.«

Als sie nach Hause zurückkam, wurde vieles anders. Der Herr Dozent verschwand nicht aus unserem Leben, er kam sie besuchen, er kam zum Tee. Er brachte mir jedesmal ein Geschenk, das ich dann gleich, kaum war er aus der Wohnung, wegwarf. Kein einziges Geschenk von ihm habe ich länger als für die Dauer seines Besuchs behalten, und es gab Bücher darunter, die ich für mein Leben gern gelesen hätte, und wunderbare Kristalle, die in meiner Sammlung fehlten. Er wußte schon, was er mir schenkte, denn kaum hatte ich begonnen, von einem Buch zu sprechen, das mich lockte, so war es auch schon da, aus seinen

Händen legte es sich auf den Tisch in unserem Kinderzimmer, und es war, als sei ein Mehltau auf das Buch gefallen – nicht nur warf ich es dann fort und mußte, was gar nicht so leicht war, die richtigen Orte dafür finden –, ich habe auch später das Buch mit diesem Titel nie gelesen.

Damals setzte die Eifersucht ein, die mich mein Leben lang gequält hat, und die Gewalt, mit der sie mich überkam, hat mich für immer geprägt. Sie wurde zu meiner eigentlichen Leidenschaft, die sich um Überzeugungen und besseres Wissen nicht im geringsten scherte.

»Heute kommt der Herr Dozent zum Tee«, sagte die Mutter mittags beim Essen, was sonst bei uns einfach ›Jause‹ hieß, für ihn hieß es ›Tee‹. Ihr Tee, so hatte er ihr eingeredet, war der beste in Wien, sie verstand sich darauf noch von ihrer englischen Zeit her, und während alle ihre Vorräte im Krieg auf nichts zusammengeschmolzen waren, hatte sie wie durch ein Wunder noch genug Tee im Haus. Ich fragte sie, was sie tun würde, wenn der Tee zu Ende sei, sie sagte, er sei noch lange nicht zu Ende. »Wie lange noch? Wie lange noch?« »Er reicht noch für ein, zwei Jahre.« Sie wußte, wie mir zumute war, aber sie ertrug keine Kontrolle, vielleicht übertrieb sie, um mir das Fragen abzugewöhnen, denn sie lehnte es schroff ab, mir die Vorräte an Tee zu *zeigen*.

Der Herr Dozent bestand darauf, mich bei seiner Ankunft zu begrüßen und er durfte, kaum hatte er der Mutter die Hand geküßt, das Kinderzimmer betreten, in dem ich ihn erwartete. Er begrüßte mich immer mit einer Schmeichelei und packte sein Geschenk aus. Ich sah es fest an, um es gleich genug zu hassen und sagte tückisch: »Danke.« Zu einem Gespräch kam es nicht, der Tee, der auf dem Balkon des Nebenzimmers serviert wurde, wartete, auch wollte er mich in der Beschäftigung mit dem Geschenk nicht stören. Er war überzeugt davon, daß er das Richtige brachte, jedes Haar in seinem schwarzen Bart glänzte. Er fragte: »Was wünschst du dir von mir, wenn ich nächstes Mal komme?« Da ich schwieg, gab er sich selber die Antwort und sagte: »Ich finde es schon heraus, ich hab so meine Methoden.« Ich wußte, was er meinte, er würde die Mutter fragen, und obwohl es mein größter Schmerz war, daß sie's ihm sagen würde, hatte ich jetzt an Wichtigeres zu denken, denn die Zeit zum Handeln war gekommen. Kaum hatte die Tür sich hinter ihm geschlossen, als ich das Geschenk in größter Eile packte und unter den Tisch tat, wo ich es nicht mehr sehen konnte. Dann holte ich einen Stuhl, zog ihn zum Fenster, kniete mich auf das Strohgeflecht des Sitzes nieder und beugte mich, so weit es ging, zum Fenster hinaus.

Denn zu meiner Linken, gar nicht weit von mir entfernt, konnte ich den Herrn Dozenten sehen, wie er unter allerhand Höflichkeiten auf dem Balkon Platz nahm. Er wandte mir den Rücken zu, auf der anderen, entfernteren Seite des Balkons, der einen Bogen bildete, saß die Mutter. Das *wußte* ich aber nur, ich konnte sie nicht sehen, und ebensowenig wie sie den Teetisch, der zwischen ihnen stand. Aus seinen Bewegungen mußte ich alles erraten, was auf dem Balkon vorging. Er hatte eine beschwörende Art, sich vorzuneigen, wobei er sich, der Krümmung des Balkons wegen, leicht nach links wandte, dann sah ich seinen Bart, den Gegenstand auf der Welt, den ich am tiefsten haßte und ich sah auch, wie er die linke Hand in die Höhe hob und die Finger elegant beteuernd spreizte. Ich wußte immer, wann er einen Schluck Tee nahm und dachte mit Ekel daran, wie er ihn jetzt lobte – er lobte alles, was mit der Mutter zusammenhing. Ich fürchtete, daß er ihr, die sehr schwer zu gewinnen war, durch Schmeicheleien in ihrem von der Krankheit geschwächten Zustand den Kopf verdrehe. Vieles, wovon ich gelesen hatte, das gar nicht in mein Leben passen wollte, wandte ich jetzt auf ihn und sie an und hatte für alles, was ich fürchtete, Worte wie ein Großer.

Ich wußte nicht, was zwischen Mann und Frau geschieht, doch wachte ich darüber, daß nichts geschehe. Wenn er sich zu weit vorbeugte, dachte ich, er wolle sie küssen, obwohl das, schon wegen der Stellung des Teetisches zwischen ihnen, ganz unmöglich gewesen wäre. Von seinen Worten und Sätzen verstand ich nichts, das einzige, was ich zu hören vermeinte, war, selten genug, ein »Aber verehrteste Gnädigste!« Es klang nachhaltig und protestierend, als habe sie ihm ein Unrecht getan und ich freute mich darüber. Am schlimmsten war es, wenn er lange nichts sagte, dann wußte ich, daß sie ihm etwas Längeres erzählte und nahm an, sie sprächen über mich. Dann wünschte ich, daß der Balkon einstürze und er unten auf dem Pflaster zerschmettert liegen bleibe. Es fiel mir nicht ein – vielleicht weil ich sie nicht sah –, daß sie ja mit ihm abgestürzt wäre. Nur was ich sehen konnte, er, nur er, sollte abstürzen. Ich stellte mir vor, wie er unten lag und die Polizei mich fragen kam. »Ich habe ihn heruntergestürzt«, würde ich sagen, »er hat meiner Mutter die Hand geküßt.«

Er blieb etwa eine Stunde zum Tee, mir kam's viel länger vor, ich kauerte hartnäckig auf meinem Stuhl und ließ ihn keinen Augenblick aus den Augen. Sobald er aufstand, sprang ich vom Stuhl herunter, stellte ihn wieder an den Tisch zurück, holte das Geschenk von unten herauf, legte es genau dorthin, wo er's ursprünglich ausgepackt hatte und öffnete die Tür zum Vorzimmer. Da stand er schon, küßte der Mutter die Hand, nahm Handschuhe, Stock und Hut wieder an sich, winkte mir zum Abschied zu, nachdenklicher und nicht so beflissen wie bei seiner Ankunft. Immerhin war er inzwischen abgestürzt und konnte von Glück reden, daß er wieder auf seinen Beinen ging. Er verschwand und ich lief an mein Fenster: da sah ich ihm nach, wie er die kurze Josef-Gall-Gasse bis zu Ende ging und um die Ecke zum Schüttel meinen Blicken entschwand.

Die Mutter war noch erholungsbedürftig, und unsere Leseabende waren seltener geworden. Sie spielte mir nie mehr etwas vor und ließ nur mich laut lesen. Ich gab mir Mühe, Fragen zu finden, die ihr Interesse wecken könnten. Wenn sie eine längere Antwort gab, wenn sie wirklich wie früher etwas erklärte, schöpfte ich Hoffnung und war wieder glücklich. Aber oft war sie nachdenklich und verstummte manchmal, als wäre ich gar nicht da. »Du hörst mir nicht zu«, sagte ich dann, sie zuckte zusammen und fühlte sich ertappt. Ich wußte, daß sie an andere Lektüre dachte, über die sie nicht zu mir sprach.

Sie las Bücher, die der Herr Dozent ihr schenkte, und schärfte mir streng ein, daß sie nichts für mich seien. Den Schlüssel zum Bücherkasten im Speisezimmer, der früher immer stak, so daß ich nach Herzenslust darin rumoren konnte, zog sie jetzt ab. Ein Geschenk von ihm, das sie besonders beschäftigte, waren Baudelaires ›Les Fleurs du Mal‹. Zum erstenmal, seit ich sie kannte, las sie Gedichte. Das wäre ihr früher nicht eingefallen, sie verachtete Gedichte. Dramen waren immer ihre Leidenschaft gewesen und damit hatte sie mich angesteckt. Jetzt nahm sie ›Don Carlos‹ oder ›Wallenstein‹ nicht mehr zur Hand und verzog das Gesicht, wenn ich sie erwähnte. Shakespeare zählte noch, er zählte sogar sehr, aber statt darin zu lesen, suchte sie nur nach bestimmten Stellen, schüttelte unmutig den Kopf, wenn sie sie nicht gleich fand, oder lachte übers ganze Gesicht, wobei erst ihre Nasenflügel bebten, und sagte mir nicht, worüber sie lachte. Romane hatten sie früher schon interessiert, aber sie wandte sich welchen zu, die ich bisher nie bemerkt hatte. Ich sah Bände von Schnitzler, und als sie mir unvorsichtig sagte, nicht nur, daß er in Wien lebe und eigentlich Arzt sei, sondern sogar, daß der Herr Dozent ihn kenne und daß seine Frau eine Spaniolin sei wie wir, war meine Verzweiflung vollkommen.

»Was möchtest du, daß ich werde?« fragte ich einmal, in großer Angst, als wüßte ich, was für eine schreckliche Antwort kommen würde. »Am besten ist Dichter und Arzt zusammen«, sagte sie. »Das sagst du bloß wegen Schnitzler!« »Ein Arzt tut Gutes, ein Arzt hilft Menschen wirklich.« »Wie der Doktor Weinstock, gell?« Das war eine tückische Antwort, ich wußte, daß sie unseren Hausarzt nicht leiden konnte, weil er immer versuchte, den Arm um sie zu legen. »Nein, eben nicht wie der Dr. Weinstock. Glaubst du, daß der ein Dichter ist? Der denkt an nichts. Der denkt nur an sein Vergnügen. Ein guter Arzt versteht etwas von Menschen. Da kann er auch ein Dichter sein und schreibt kein dummes Zeug.« »Wie der Herr Dozent?« fragte ich und wußte, wie gefährlich die Sache nun wurde. Er war kein Dichter, und diesen Schlag wollte ich ihm versetzen. »Es muß nicht wie der Herr Dozent sein«, sagte sie, »aber wie Schnitzler.« »Warum darf ich ihn dann nicht lesen?« Darauf antwortete sie nicht, aber sie sagte etwas, das mich in noch größere Aufregung versetzte. »Dein Vater hätte gern gehabt, daß du ein Arzt wirst.« »Hat er dir das gesagt? Hat er dir das gesagt?« »Ja, oft. Er hat mir's oft gesagt. Das hätte ihm die größte Freude gemacht.« Sie hatte es nie erwähnt, kein einziges Mal seit seinem Tode hatte sie es erwähnt. Ich wußte wohl, was er mir bei jenem Spaziergang am Ufer der Mersey gesagt hatte: »Du wirst werden, was du gern willst. Du brauchst nicht ein Kaufmann zu werden wie ich. Du wirst studieren und was dir am besten gefällt, wirst du werden.« Aber das hatte ich für mich behalten und keinem Menschen, nicht einmal ihr je gesagt. Daß sie jetzt zum erstenmal davon sprach, bloß weil ihr Schnitzler gefiel und der Herr Dozent sich bei ihr einschmeichelte, versetzte mich in Zorn. Ich sprang von meinem Sessel auf, stellte mich böse vor sie hin und schrie: »Ich will kein Arzt sein! Ich will kein Dichter sein! Ich werde Na-

turforscher! Ich fahre weit weg, wo mich niemand findet!«
»Livingstone war auch ein Arzt«, sagte sie höhnisch, »und Stanley hat ihn gefunden!« »Aber du wirst mich nicht finden! Du wirst mich nicht finden!« Es war Krieg zwischen uns und es wurde von Woche zu Woche schlimmer.

Der Bart im Bodensee

Wir lebten um diese Zeit zu zweit allein, ohne die kleinen Brüder. Während der Krankheit der Mutter waren die beiden vom Großvater in die Schweiz geleitet worden. Da hatten Verwandte sie in Empfang genommen und in ein Knaben-Pensionat nach Lausanne gebracht. Ihr Fehlen in der Wohnung machte sich auf manche Arten bemerkbar. Ich hatte das Kinderzimmer, in dem wir uns früher alle drei aufhielten, für mich allein. Ich konnte mir ungestört aushecken, was ich wollte, und der Raum zum Kampf gegen den Herrn Dozenten wurde mir von niemand strittig gemacht. Er warb nur um mich und brachte mir allein Geschenke. Während ich seinen Besuch vom Stuhl am Fenster aus überwachte, brauchte ich mich nicht darum zu kümmern, was in meinem Rücken geschah.

Ich war frei mit meiner Unruhe und konnte jederzeit mit der Mutter sprechen, ohne Rücksicht auf die Kleinen zu nehmen, vor denen man Auseinandersetzungen dieser Art gewiß verborgen hätte. Es wurde dadurch alles offener und wilder. Der Balkon, der früher tagsüber der Ort aller ernsten Gespräche gewesen war, hatte einen vollkommen veränderten Charakter: ich mochte ihn nicht mehr. Seit der Haß auf den teetrinkenden Herrn Dozenten an diese Lokalität gebunden war, erwartete ich, daß er einstürzen würde. Ich schlich mich, wenn niemand mich sehen konnte, auf ihn hinaus und prüfte die Festigkeit des Steins, allerdings nur auf der Seite, wo er zu sitzen pflegte. Ich hoffte auf Brüchigkeit und war bitter enttäuscht, daß nichts sich regte. Alles schien so fest, wie es immer gewesen war, und auf meine Sprünge antwortete keine Erschütterung, nicht die leiseste.

Die Abwesenheit der Brüder stärkte meine Position. Es war undenkbar, daß wir immer von ihnen getrennt bleiben würden, und eine Übersiedlung in die Schweiz wurde nun häufig erwogen. Ich tat alles, um eine Beschleunigung dieser Reise zu bewirken, und machte der Mutter das Leben in Wien so schwer wie möglich. Die Entschlossenheit und Grausamkeit des Kampfes, den ich führte, bereitet mir noch in der Erinnerung Qualen. Ich war gar nicht sicher, daß ich gewinnen würde. Der Einbruch der fremden Bücher in das Leben der Mutter machte mir viel mehr Angst als der Herr Dozent persönlich. Hinter ihm, den ich verachtete, weil ich ihn kannte und vor seiner glatten, schmeichlerischen Sprache Ekel empfand, stand die Figur eines Dichters, von dem ich keine Zeile lesen durfte, den ich gar nicht kannte, und niemals habe ich einen Dichter so sehr gefürchtet wie damals Schnitzler.

Die Bewilligung zu einer Ausreise aus Österreich war zu jener Zeit keine ganz leichte Sache. Vielleicht hatte die Mutter von den Schwierigkeiten, die dabei zu überwinden waren, eine übertriebene Vorstellung. Sie war noch immer nicht gesund und sollte eine Nachkur machen. Reichenhall, wo sie sich vor vier Jahren rasch erholt hatte, hatte sie in guter Erinnerung. So erwog sie, von Wien nach Reichenhall zu fahren und dort einige Wochen mit mir zu verbringen. Von München aus meinte sie leichter ein Ausreisevisum in die Schweiz zu erlangen. Der Herr Dozent machte sich erbötig, nach München zu kommen, um ihr bei den Formalitäten behilflich zu sein. Seine akademischen Verbindungen und sein Bart würden ihren Eindruck auf die Behörden nicht verfehlen. Ich war Feuer und Flamme für diesen Plan, sobald ich seinen Ernst erfaßte, und stützte nun plötzlich die Mutter auf jede Weise. Nach der unversöhnlichen Feindschaft, die sie von mir erfahren hatte und die sie auf Schritt und Tritt lähmte, fühlte sie große Erleichterung darüber. Wir machten Pläne für die Wochen, die wir allein in Reichenhall verbringen würden. Heimlich hoffte ich darauf, daß wir zu unseren Dramen wiederfinden würden. Diese Abende waren immer seltener geworden und schließlich an ihrer Zerstreutheit und auch an ihrer Schwäche eingegangen. Von Coriolan, wenn es mir nur gelang, ihn wieder zu erwecken, erwartete ich Wunder. Aber ich war zu stolz, ihr zu sagen, wieviel ich auf die Wiederkehr unserer Abende setzte. Jedenfalls würden wir von Reichenhall aus zusammen Ausflüge machen und viel spazierengehen.

An die letzten Tage in Wien kann ich mich nicht erinnern. Ich weiß nicht mehr, wie wir die vertraute Wohnung und den fatalen Balkon verließen. Ich habe auch keine Erinnerung an die Reise.

Ich sehe uns erst in Reichenhall wieder. Ein kleiner täglicher Spaziergang führte uns nach Nonn. Da war ein winziger Kirchhof, sehr still, der es ihr schon damals, vor vier Jahren, angetan hatte. Wir gingen zwischen den Grabsteinen umher, lasen die Namen der Toten, die wir bald kannten, und lasen sie trotzdem immer wieder. Da möchte sie begraben sein, sagte sie. Sie war 31, aber ich wunderte mich nicht über ihre Grabgelüste. Wenn wir nur allein waren, ging alles, was sie dachte, sagte oder tat, wie die natürlichste Sache in mich ein. Aus den Sätzen, die sie mir zu solchen Zeiten sagte, bin ich entstanden.

Wir unternahmen auch Ausflüge in die weitere Umgebung, nach Berchtesgaden und an den Königssee. Aber das waren Ausflüge unter dem Einfluß der üblichen Anpreisungen, so intim und persönlich wie Nonn war nichts, das war ihr Ort, und vielleicht machte es mir darum einen so tiefen Eindruck, weil es von allen ihren Vorstellungen und Launen die eingezogenste war, so als hätte sie die ungeheuren Erwartungen, die sie für ihre drei Söhne hatte, plötzlich aufgegeben und sich fünfzig Jahre vor der Zeit auf das Altenteil zurückgezogen. Ich glaube, ihre eigentliche Nachkur bestand in diesen regelmäßigen, kurzen Gängen nach Nonn. Wenn sie auf dem winzigen Kirchhof stand und wieder einmal ihren Wunsch äußerte, spürte ich, daß es ihr besser ging. Sie sah plötzlich gesund aus, sie hatte Farbe, sie atmete tief ein, ihre Nasenflügel bebten und sie sprach, wenn auch in einer ungewohnten Rolle, endlich wieder wie im Burgtheater.

So vermißte ich es gar nicht, daß wir die Leseabende nicht wieder aufnahmen. Statt dessen, zur selben Zeit gegen Abend, unternahmen wir den genau abgegrenzten Spaziergang nach Nonn und was sie auf dem Wege hin und zurück zu mir sprach, war wieder so ernst und so voll wie vor der Zeit ihrer Krankheit. Es war mir dann immer so zumute, als sage sie alles, als halte sie nichts zurück, der Gedanke an meine elf Jahre schien ihr gar nicht zu kommen. Etwas Expansives war dann in ihr, das sich rückhaltlos nach allen Seiten ausbreitete, und ich allein war der Zeuge, und ich allein bewegte mich darin.

Doch als München sich näherte, meldete sich die Sorge. Ich fragte aber nicht, wie lange wir da bleiben würden. Um mir die Angst davor zu nehmen, sagte sie von selber, daß es gar nicht so lange dauern würde. Dazu käme ja der Herr Dozent. Mit seiner

Hilfe würden wir vielleicht schon in einer Woche mit allem fertig. Ohne ihn sei es gar nicht sicher, daß uns die Ausreise bewilligt würde. Ich glaubte ihr, denn noch waren wir allein.

Schon bei der Ankunft in München brach das Unglück wieder über mich herein. Er war *vor* uns angekommen und erwartete uns am Bahnhof. Wir sahen beide zum Coupéfenster hinaus, mit demselben Gedanken, aber ich war es, der den schwarzen Bart auf dem Perron zuerst entdeckte. Er begrüßte uns mit einiger Feierlichkeit und erklärte, er bringe uns gleich ins Hotel ›Deutscher Kaiser‹, wo für die Mutter und mich zusammen, wie sie es gewünscht hätte, ein Zimmer aufgenommen sei. Er habe schon einige gute Freunde verständigt, die sich eine Ehre daraus machen würden, uns Empfehlungen zu geben und auch sonst auf jede Weise behilflich zu sein. Im Hotel stellte es sich heraus, daß auch er da wohnte. Das sei einfacher, damit keine Zeit verlorenginge, bei den vielen gemeinsamen Laufereien, die uns bevorstünden, sei das wichtig. Leider müsse er schon in sechs Tagen nach Wien zurück, das Sanatorium erlaube ihm keine längere Abwesenheit. Ich durchschaute ihn gleich; mit den sechs Tagen wollte er die Wirkung des gleichen Hotels abschwächen, eine Nachricht, die mich zwar wie ein Keulenschlag traf, aber keineswegs lähmte.

Man sagte mir nicht, wo sein Zimmer sei, ich nahm an, daß es sich auf demselben Stockwerk befinden müsse und fürchtete, es könnte dem unseren zu nahe sein. Ich wollte herausfinden, wo dieses Zimmer war, und lauerte ihm auf, als er seinen Schlüssel verlangte. Er nannte keine Zimmernummer, der Portier, als sei er über meine Absicht im Bilde, händigte ihm diskret den Schlüssel ein, ich verschwand, bevor er selber mich bemerkte. Ich fuhr rasch vor ihm im Lift in unseren Stock hinauf und drückte mich auf die Seite, bis er selber nachkam. Sehr bald ging die Lifttür wieder auf, mit dem Zimmerschlüssel in der Hand kam er heraus und ging an mir vorbei, ohne mich zu sehen. Ich hatte mich noch kleiner gemacht als ich war, sein eigener Bart war es, der mich vor seinen Blicken versteckte. An die Wand gedrückt schlich ich ihm nach, es war ein großes Hotel mit langen Gängen, ich nahm mit Erleichterung wahr, daß er sich weit und weiter von unserem Zimmer entfernte. Niemand kam uns entgegen, ich war allein mit ihm, ich beeilte mich, immer in seiner Nähe zu bleiben. Er bog noch um eine Ecke und stand endlich vor seiner Tür, bevor er den Schlüssel ins Schloß steckte, hörte ich ihn seufzen. Er seufzte laut und ich war sehr erstaunt – nie hätte ich erwartet, daß ein solcher Mann seufze, ich war Seufzen nur von der Mutter gewöhnt und wußte, daß es bei ihr etwas bedeutete. In der letzten Zeit hing es mit ihrer Schwäche zusammen, sie seufzte, wenn sie sich schlecht fühlte, und ich bemühte mich, sie zu trösten und versprach ihr eine baldige Wiederkehr ihrer Kräfte. Nun stand er da, Arzt und Schmeichler, Inhaber eines Sanatoriums, Verfasser eines dreibändigen medizinischen Prachtwerkes, das seit einigen Monaten in unserer Wiener Bibliothek stand, das ich nicht aufschlagen durfte, und seufzte erbärmlich. Dann sperrte er auf, trat ins Zimmer, zog die Tür hinter sich zu und ließ den Schlüssel draußen stecken. Ich legte das Ohr ans Schlüsselloch und horchte. Ich hörte seine Stimme, er war allein, ich hatte die Mutter in unserem Zimmer verlassen, wo sie sich ausruhen sollte und ein wenig schlief. Er sprach ganz laut, aber ich verstand ihn nicht. Ich fürchtete, er könnte den Namen der Mutter sagen und lauerte angestrengt darauf. Vor mir hieß sie »meine Gnädigste« oder »meine verehrte Gnädigste«, doch traute ich dieser Anrede nicht und war entschlossen, ihn über eine unerlaubte Nennung ihres Namens zur Rede zu stellen. Ich sah mich, wie ich die Tür plötzlich aufriß, auf ihn zusprang und ihn anherrschte: »Was unterstehen Sie sich?« Ich riß ihm die Brille herunter und zertrat sie in ganz kleine Stücke: »Sie sind ein Kurpfuscher, sie sind kein Arzt! Ich habe Sie entlarvt! Verlassen Sie sofort dieses Hotel oder ich übergebe Sie der Polizei!«

Aber er hütete sich, mir diesen Gefallen zu tun, kein Name kam über seine Lippen. Er sprach, wie ich endlich erfaßte, französisch, es klang wie ein Gedicht, gleich fiel mir der Baudelaire ein, den er ihr geschenkt hatte. So blieb er allein, was er in ihrer Gegenwart war, ein erbärmlicher Schmeichler, ungreifbar, eine Qualle, mich schüttelte der Ekel.

Ich lief rasch den Weg in unser Zimmer zurück und fand die Mutter noch schlafend. Ich setzte mich ans Sofa und bewachte ihren Schlaf. Alle Veränderungen ihres Gesichtes waren mir vertraut und ich wußte, wann sie träumte.

Vielleicht war es für diese sechs Tage gut, daß ich die Lokalitäten aller Beteiligten kannte. Ich war ruhiger nur, wenn ich beide getrennt wußte. *Er* war in meiner Gewalt, sobald ich ihn in seinem Zimmer hörte. Vielleicht übte er die Gedichte ein, die er der Mutter sagte, wenn er mit ihr war. Unzählige Male stand ich vor seiner Tür, von meinem geheimen Treiben spürte er nichts; ich wußte, wann er das Hotel verließ, ich wußte, wann er wieder da war. Zu jeder Zeit hätte ich sagen können, ob er in seinem Zimmer war, und ganz sicher war ich, daß die Mutter es nie betrat. Einmal, als er es für einen Augenblick verließ und es offen war, betrat ich es eilig und sah mich flink um, ob irgendwo ein Bild der Mutter da stand. Aber es war kein Bild da und ich verschwand so rasch wie ich gekommen war und hatte die Frechheit, der Mutter noch zu sagen: »Du mußt dem Herrn Dozenten ein schönes Bild von *uns* lassen, wenn wir wegfahren.« »Von uns beiden, ja«, sagte sie, ein wenig betroffen, »er hat uns sehr geholfen, er verdient es.«

Er tat, was er konnte, auf alle Ämter, wo wegen des Krieges oft Frauen den Dienst versahen, begleitete er die Mutter, erklärte seine Gegenwart mit ihrer krankhaften Schwäche, er war ja wirklich ihr Arzt — so wurde sie überall mit Höflichkeit und Rücksicht behandelt. Ich war immer mit, da konnte ich ihn sozusagen in flagranti dabei beobachten, wie er seine Visitenkarte zückte, in vornehm-lässigem Schwung der Beamtin überreichte und dazu sagte: »Gestatten Sie, daß ich mich vorstelle.« Dann kam alles, was auf der Karte stand, das Sanatorium, dessen Direktor er war, die Beziehung zur Universität Wien usw. und ich wunderte mich, daß er seine Hauptsache nicht hinzufügte: »Ich küsse Ihre Hand, meine Gnädigste.«

Mittags aßen wir zusammen im Hotel. Ich führte mich höflich und gesittet auf und fragte ihn über seinen Studiengang aus. Er staunte über die Unersättlichkeit meines Fragens und dachte, ich wolle nun wirklich dasselbe werden wie er — er mein Vorbild —, und verstand auch das in eine Schmeichelei zu verwandeln. »Sie haben mir nicht zu viel erzählt, gnädige Frau, die Wißbegier Ihres Sohnes ist erstaunlich. Ich begrüße in ihm eine künftige Leuchte der Wiener Medizinischen Fakultät.« Ich aber dachte nicht daran, es ihm nachzutun, ich wollte ihn nur *entlarven*! Ich paßte auf Widersprüche in seinen Antworten auf und hatte, während er ausführlich und etwas pomphaft Auskunft gab, immer nur den einen Gedanken: »Er hat gar nicht wirklich studiert. Er ist ein Kurpfuscher.«

Seine Zeit kam am Abend. Da gewann er spielend, und so wie

er nichts über meine heimlichen Aktivitäten gegen ihn wußte, so wußte er auch nicht, wie sehr er über mich gewann. Denn jeden Abend ging die Mutter mit ihm ins Theater, sie war ausgehungert nach Theater, was wir zusammen statt dessen betrieben hatten, konnte ihr nicht mehr genügen, es war ihr gestorben, sie brauchte neues und wirkliches Theater. Ich blieb im Hotelzimmer allein zurück, wenn die beiden ausgingen, aber vorher sah ich ihr zu, wie sie sich für den Abend herrichtete. Sie verbarg nicht, wie sehr sie sich darauf freute. Sie sprach darüber strahlend und offen, schon zwei Stunden vorher, wenn alle ihre Gedanken dem bevorstehenden Abend galten, betrachtete ich sie mit Bewunderung und Staunen: Alle Schwäche war von ihr abgefallen, vor meinen Augen wurde sie schlagkräftig, geistreich und schön wie früher, sie entwickelte neue Gedanken zum Ruhm des Theaters, äußerte Verachtung für Dramen, die nicht auf die Bühne kämen, bloß gelesene Dramen seien tot, ein kümmerlicher Ersatz, und wenn ich, um sie zu erproben und mein Unglück zu vertiefen, noch fragte: »Auch vorgelesene?« sagte sie ungeniert, ohne die leiseste Rücksicht: »Auch vorgelesene! Was kann das schon sein, was *wir* vorlesen! Du weißt nicht, was wirkliche Schauspieler sind!« Dann erging sie sich über die großen Dramatiker, die Schauspieler gewesen seien, zählte sie, von Shakespeare und Molière angefangen, alle auf und verstieg sich bis zur Behauptung, daß andere Dramatiker es gar nicht wirklich seien, die sollten eher Krüppeldramatiker heißen. So ging es weiter, bis sie wohlriechend und wunderbar angezogen, wie ich fand, das Zimmer verließ, mit der letzten grausamen Anweisung, ich solle, damit ich mich in diesem fremden Hotel nicht zu einsam fühle, bald zu Bette gehen.

Ich blieb hoffnungslos zurück, abgeschnitten von dem, was unser Intimstes gewesen war. Ein paar kleine Manöver, die nun folgten, gaben mir zwar Sicherheit, aber halfen sonst wenig. Ich lief zuerst über den langen Gang auf die andere Seite des Hotels, wo das Zimmer des Herrn Dozenten war. Da klopfte ich mehrmals höflich an, versuchte die Tür und erst, als ich ganz gewiß war, daß er sich hier nicht versteckt hatte, ging ich in mein Zimmer zurück. Jede halbe Stunde unternahm ich eine neue Kontrolle. Ich dachte dabei nichts. Ich wußte, daß er im Theater war mit der Mutter, aber ich konnte es nicht oft genug bestätigt haben. Es verstärkte die Qual, die ich über ihren Abfall fühlte, aber es setzte ihr auch eine Grenze. Sie waren schon in Wien hie und da ins Theater gegangen, aber mit diesem unaufhörlichen Fest, Abend für Abend hintereinander, war das nicht zu vergleichen.

Ich hatte in Erfahrung gebracht, wann das Theater zu Ende war und blieb angezogen auf, solange es dauerte. Ich versuchte mir vorzustellen, was sie sahen, aber das war eine vergebliche Bemühung. Sie berichtete nie über die Stücke, in die sie ging, das hätte keinen Sinn, es seien lauter moderne Sachen, die ich doch nicht verstünde. Knapp bevor sie kommen mußten, zog ich mich aus und ging ins Bett. Ich drehte mich zur Wand und stellte mich schlafend. Das Licht auf ihrem Nachttisch, wo ein Pfirsich für sie bereitlag, ließ ich brennen. Sie kam sehr bald, ich fühlte ihre Aufregung, ich roch ihr Parfüm. Die Betten waren nicht nebeneinander, sondern der Länge der Wand nach aufgestellt, so daß sie sich in einiger Entfernung von mir bewegte. Sie setzte sich auf ihr Bett, aber nicht für lange. Dann ging sie im Zimmer auf und ab, nicht besonders leise. Ich sah sie nicht, da ich abgewendet lag, aber ich hörte jeden ihrer Schritte. Ich war nicht erleichtert, daß sie da war, ich glaubte nicht an die sechs Tage. Ich sah eine Ewigkeit von Theaterabenden vor mir, den Herrn Dozenten hielt ich jeder Lüge für fähig.

Aber ich irrte mich, die sechs Tage gingen vorüber und alles war zur Reise fertig. Er begleitete uns bis nach Lindau − zum Schiff. Ich spürte die Feierlichkeit der Trennung. Am Kai küßte er der Mutter die Hand, es dauerte etwas länger als sonst, aber niemand weinte. Dann gingen wir aufs Schiff und blieben an der Reling stehen, die Taue wurden gelöst, der Herr Dozent stand da, den Hut in der Hand und bewegte die Lippen. Langsam entfernte sich das Schiff, aber ich sah noch immer, wie seine Lippen sich bewegten. Mein Haß glaubte noch die Worte zu erkennen, die er sagte: »Küß die Hand, Gnädigste.« Dann wurde der Herr Dozent kleiner, der Hut ging in einer eleganten Kurve auf und ab, der Bart blieb pechschwarz, der Bart schrumpfte nicht, jetzt blieb der Hut feierlich in der Höhe des Kopfes, aber in einiger Entfernung von ihm, in der Luft schweben. Ich sah nicht um mich, ich sah nur den Hut, und ich sah den Bart, und mehr und mehr Wasser, das uns davon trennte. Ich starrte noch unbeweglich hin, als der Bart so klein geworden war, daß nur ich ihn erkannt hätte. Dann plötzlich war er verschwunden, der

Herr Dozent, der Hut und der Bart und ich sah die Türme von Lindau, die ich vorher nicht bemerkt hatte. Jetzt wandte ich mich zur Mutter, ich hatte Angst, daß sie weine, aber sie weinte nicht, wir fielen uns in die Arme, wir lagen uns in den Armen, sie fuhr mir, was sie sonst nie tat, über die Haare und sagte so weich wie ich sie nie gehört hatte: »Jetzt ist alles gut. Jetzt ist alles gut.« Sie sagte es so oft, daß ich dann doch zu weinen begann, obwohl mir gar nicht danach zumute war. Denn der Fluch unseres Lebens, der schwarze Bart, war verschwunden und untergegangen. Ich riß mich plötzlich von ihr los und begann auf dem Schiff herumzutanzen, rannte zu ihr zurück und riß mich wieder los, und wie gern hätte ich einen Triumphgesang angestimmt, aber ich kannte nur die Kriegs- und Siegeslieder, die ich nicht mochte.

In dieser Stimmung betrat ich Schweizer Boden.

Teil 4
Zürich – Scheuchzerstraße
1916-1919

Der Schwur

In Zürich bezogen wir zwei Zimmer im zweiten Stock der Scheuchzerstraße 68, bei einem älteren Fräulein, das vom Zimmervermieten lebte.

Sie hatte ein großes, knochiges Gesicht und hieß Helene Vogler. Sie nannte gern ihren Namen, auch als wir ihn schon gut kannten, sagte sie uns Kindern oft, wie sie heiße. Immer fügte sie hinzu, daß sie aus guter Familie sei, ihr Vater sei Musikdirektor gewesen. Sie hatte mehrere Brüder, einer, der ganz verarmt war und nichts zu beißen hatte, kam ihre Wohnung putzen. Er war älter als sie, ein schmächtiger, stiller Mann, den sie zu unserer Verwunderung die Hausarbeit machen ließ, wir sahen ihn am Boden knien oder stehend den ›Blocher‹ führen. Das war ein wichtiges Instrument, mit dem wir hier Bekanntschaft machten, und die Parkettböden glänzten, daß wir uns darin spiegeln konnten. Auf deren Zustand war Fräulein Vogler nicht weniger stolz als auf ihren Namen. Sie erteilte dem verarmten Bruder häufig Befehle, manchmal mußte er unterbrechen, was er eben begonnen hatte, weil ihr etwas Wichtigeres eingefallen war. Immer dachte sie daran, was er noch machen müsse, und lebte in Sorge, daß sie etwas Wichtiges vergessen habe. Er tat alles, wie sie es anschaffte, nie äußerte er ein Wort der Widerrede. Wir hatten die Meinung der Mutter übernommen, daß es würdelos für einen Mann sei, schon gar einen in seinem Alter, solche Hausarbeit zu verrichten. »Wenn ich das sehe«, sagte sie kopfschüttelnd, »möchte ich es am liebsten selber machen. Dieser alte Mann!« Aber als sie einmal eine Anspielung darauf machte, war Fräulein Vogler entrüstet. »Er ist selber schuld. Alles hat er schlecht gemacht in seinem Leben. Jetzt muß sich die eigene Schwester seiner schämen.« Er bekam nichts von ihr bezahlt, aber wenn er mit der Arbeit fertig war, bekam er zu essen. Er erschien wöchentlich einmal und Fräulein Vogler sagte: »Einmal die Woche hat er zu essen.« Sie habe es auch schwer und müsse Zimmer vermieten. Das stimmte, sie hatte wirklich kein leichtes Leben. Aber *einen* Bruder hatte sie, auf den sie stolz war. Er war auch Musikdirektor wie der Vater. Wenn er nach Zürich kam, wohnte er im Hotel ›Krone‹ am Limmatquai. Sie fühlte sich sehr geehrt, wenn er sie besuchte, oft kam er lange nicht, aber sie las seinen Namen in der Zeitung und wußte, daß es ihm gutging. Einmal, als ich von der Schule nach Hause kam, empfing sie mich mit einem roten Kopf und sagte:»Mein Bruder ist da, der Musikdirektor.« Er saß ruhig und behäbig am Tisch in der Küche, so gut genährt wie sein Bruder eingeschrumpft war, sie hatte eigens Leber und Rösti für ihn gekocht, auch er aß allein, während Fräulein Vogler ihn bediente. Der arme Bruder pflegte zu murmeln, wenn er überhaupt etwas äußerte, der behäbige Musikdirektor sprach zwar auch nicht viel, aber was er sagte, kam laut und bestimmt, er war sich der Ehre, die er der Schwester durch seinen Besuch erwies, wohl bewußt und blieb nicht lang. Sobald er mit dem Essen fertig war, erhob er sich, nickte uns Kindern beinahe unmerklich zu, empfahl sich der Schwester mit einem ganz kurzen Gruß und verließ die Wohnung.

Sie war ein gutartiges Geschöpf, auch wenn sie ihre Mucken hatte. Mit Argusaugen wachte sie über ihre Möbel. Täglich mehrmals sagte sie in klagendem Ton zu uns:»Nit Chritzi uf myni Stüehl mache!« Wenn sie ausging, was selten vorkam, wiederholten wir ihren Klageruf zusammen im Chor, aber wir gaben sehr acht auf ihre Stühle, die sie gleich beim Nachhausekommen auf neue Kratzer hin prüfte.

Sie hatte etwas übrig für Künstler und erwähnte mit Genugtuung, daß vor uns in denselben Zimmern ein dänischer Schriftsteller mit Frau und Kind gewohnt habe. Seinen Namen, Aage Madelung, sprach sie so emphatisch aus wie den ihren. Er habe auf dem Balkon, der auf die Scheuchzerstraße hinausging, geschrieben und von oben das Hin und Her auf der Straße beobachtet: er habe jede Person bemerkt und sie nach ihr ausgefragt. In einer Woche habe er mehr über die Leute gewußt als sie in den vielen Jahren, die sie da wohne. Einen Roman, ›Zirkus Mensch‹, habe er ihr mit einer Widmung geschenkt, sie habe ihn leider nicht verstanden. Schade, daß sie Herrn Aage Madelung nicht gekannt habe, als sie jünger war, da sei ihr Kopf noch besser gewesen.

Zwei, drei Monate lang, solange die Mutter auf Suche nach einer größeren Wohnung war, blieben wir beim Fräulein Vogler. Die Großmutter Arditti mit ihrer Tochter Ernestine, einer älteren Schwester der Mutter, wohnten wenige Minuten von uns entfernt in der Ottikerstraße. Jeden Abend, wenn wir Kinder zu Bett gegangen waren, kamen sie zu Besuch. Eines Nachts, ich sah von meinem Bett den Lichtschimmer vom Wohnzimmer, hörte ich ein Gespräch auf spanisch zwischen den Dreien, das ziemlich heftig war, die Stimme der Mutter klang erregt. Ich stand auf, schlich mich an die Tür und sah durchs Schlüsselloch: richtig, da saßen noch die Großmutter und die Tante Ernestine und sprachen, besonders die Tante, rasch auf die Mutter ein. Sie rieten ihr zu etwas, das für sie am besten wäre, und sie schien von diesem Besten nichts wissen zu wollen. Ich verstand nicht, worum es ging, aber eine Unruhe sagte mir, daß es eben das sein könnte, was ich am meisten fürchtete, seit unserer Ankunft in der Schweiz aber für gebannt hielt. Als die Mutter sehr heftig ausrief: »Ma no lo quiero casar! – Aber ich *will* ihn nicht heiraten!« – wußte ich, daß meine Angst mich nicht getrogen hatte. Ich riß die Tür auf und stand plötzlich im Nachthemd unter den Frauen. »*Ich* will nicht!« schrie ich zornig zur Großmutter gewandt, »*ich* will nicht!« Ich stürzte auf die Mutter zu und packte sie so heftig, daß sie – ganz leise – sagte: »Du tust mir weh.« Aber ich ließ sie nicht los. Die Großmutter, die ich nur mild und schwächlich kannte, ich hatte nie ein Wort von ihr gehört, das mir Eindruck gemacht hätte, sagte böse: »Warum schläfst du nicht? Schämst du dich nicht, an der Tür zu horchen?« »Nein, ich schäm mich nicht! Ihr wollt die Mutter beschwatzen! Ich schlaf nicht! Ich weiß schon, was ihr wollt. Ich werde *nie* schlafen!« Die Tante, die Hauptschuldige, die so hartnäckig auf die Mutter eingesprochen hatte, schwieg und funkelte mich an. Die Mutter sagte zärtlich: »Du kommst mich beschützen. Du bist mein Ritter. Jetzt wißt ihr's hoffentlich«, wandte sie sich an die beiden: »*Er will* nicht. Ich will's auch nicht!«

Ich rührte mich nicht von der Stelle, bis die beiden Feinde aufstanden und gingen. Ich war noch immer nicht besänftigt, denn ich drohte: »Wenn die wiederkommen, gehe ich nie mehr schlafen. Ich bleibe die ganze Nacht wach, damit du sie nicht einläßt. Wenn du heiratest, stürze ich mich vom Balkon hinunter!« Es war eine furchtbare Drohung, sie war ernst gemeint, ich weiß mit absoluter Sicherheit, daß ich es getan hätte.

Es gelang der Mutter nicht, mich während dieser Nacht zu beruhigen. Ich ging nicht in mein Bett zurück, wir schliefen beide nicht. Sie versuchte, mich mit Geschichten abzulenken. Die Tante war sehr unglücklich verheiratet gewesen und hatte sich früh von ihrem Mann getrennt. Er litt an einer schrecklichen Krankheit und war dem Wahnsinn verfallen. Noch in Wien war er uns manchmal besuchen gekommen. Ein Irrenwächter brachte ihn in die Josef-Gall-Gasse. »Da sind Zuckerln für die Kinder«, sagte er zur Mutter und überreichte ihr eine große Tüte mit Bonbons. Wenn er zu uns sprechen wollte, sah er immer woanders hin, seine Augen waren starr geöffnet und auf die Tür gerichtet. Seine Stimme kippte über und klang wie Eselgeschrei. Er blieb ganz kurz, der Wärter nahm ihn unterm Arm und zog ihn in das Vorzimmer hinaus und dann aus der Wohnung. »Sie möchte, daß ich nicht so unglücklich bin wie sie. Sie meint es gut. Sie weiß es nicht besser.« »Und da will sie, daß du auch heiratest und unglücklich wirst! *Sie* hat sich vor ihrem Mann gerettet und du sollst *heiraten*!« Dieses letzte Wort war wie ein Stich für mich und ich stieß den Dolch tiefer und tiefer in mich hinein. Das war kein glücklicher Einfall gewesen, mir *diese* Geschichte zu erzählen. Aber es gab überhaupt keine, die mich beruhigt hätte, die Mutter versuchte es mit vielen. Schließlich *schwor* sie, daß sie den beiden nie mehr erlauben würde, so zu ihr zu reden, und wenn sie nicht aufhörten damit, würde sie sie nicht mehr sehen. Das mußte sie nicht einmal, das mußte sie wieder und wieder schwören. Erst als sie beim Andenken meines Vaters schwor, löste sich etwas in mir, und ich begann ihr zu glauben.

Ein Zimmer voll von Geschenken

Großes Kopfzerbrechen bereitete die Frage der Schule. Es war alles anders als in Wien, das Schuljahr begann nicht im Herbst, es begann im Frühling. Die Volksschule, die hier Primarschule hieß, hatte sechs Klassen, ich war in Wien von der vierten gleich ins Realgymnasium gekommen, und da ich dort schon ein Jahr davon hinter mir hatte, hätte ich hier eigentlich in die zweite Klasse der höheren Schule gehört. Aber alle Versuche, das zu erreichen, schlugen fehl. Man hielt sich streng ans Alter, wo immer ich mit der Mutter erschien, die um Aufnahme für mich bat, bekamen wir dieselbe Antwort. Der Gedanke, daß ich durch die Übersiedlung in die Schweiz ein Jahr oder mehr verlieren sollte, ging ihr sehr gegen den Strich, sie mochte sich nicht damit abfinden. Wir versuchten es überall, einmal fuhren wir deswegen sogar nach Bern. Die Antwort war knapp und bestimmt die gleiche, da sie ohne »Gnädige Frau« und sonstige Wiener Höflichkeiten gegeben wurde, erschien sie uns grob, und wenn wir wieder so einen Direktor verließen, war die Mutter verzweifelt. »Wollen Sie ihn nicht prüfen?« hatte sie bittend gefragt. »Er ist seinem Alter voraus.« Aber eben das war es, was man nicht gern hörte: »Wir machen keine Ausnahmen.«

So mußte sie sich zu dem entschließen, was ihr am schwersten fiel. Sie schluckte ihren Stolz und gab mich in die sechste Klasse der Primarschule in Oberstrass. Nach einem halben Jahr würde sie zu Ende sein und dann würde man bestimmen, ob ich für die Kantonsschule reif wäre. Ich fand mich wieder in einer großen Volksschulklasse und fühlte mich zum Herrn Lehrer Tegel in Wien zurückversetzt, nur hieß er hier der Herr Bachmann. Es gab gar nichts zu lernen – in Wien war ich schon zwei Jahre weiter gewesen –, dafür erlebte ich etwas, was wichtiger war, wenn auch seine Bedeutung mir erst später bewußt werden sollte.

Die Mitschüler wurden auf Schweizerdeutsch vom Lehrer aufgerufen und einer dieser Namen klang so rätselhaft, daß ich immer darauf wartete, ihn wiederzuhören. »Sägerich«, mit gedehntem »ä« schien eine Bildung wie Gänserich oder Enterich, aber zu einer Säge konnte es doch kein Männchen geben, das Wort war mir unerklärlich. Herrn Bachmann hatte es dieser Name angetan, er rief den Jungen, der sich weder durch Klugheit noch durch Dummheit hervortat, viel öfters auf als die andern alle. Es war so ziemlich das einzige, worauf ich während des Unterrichts aufpaßte, und da meine Zählmanie um diese Zeit wieder zunahm, zählte ich die Male, die Sägerich aufgerufen wurde. Herr Bachmann ärgerte sich viel mit der Klasse, die schwerfällig und störrisch war, und wenn er von fünf oder sechs Knaben hintereinander keine Antwort bekam, wandte er sich erwartungsvoll Sägerich zu. Der stand dann auf und wußte meist auch nichts. Aber er stand breit und kräftig da, mit einem aufmunternden Grinsen und zerzausten Haaren, die Hautfarbe seines Gesichts ging ins Rötliche, wie die von Herrn Bachmann, der gern trank, und wenn Sägerich gar antwortete, seufzte Herr Bachmann erleichtert auf, als habe er einen guten Schluck getan, und schleppte die Klasse weiter.

Es dauerte eine Weile, bis ich draufkam, daß der Junge *Segenreich* hieß, und das steigerte die Wirkung von Sägerich, denn die Gebete, die ich in Wien gelernt hatte, begannen alle mit »Gesegnet seist du, Herr« und obwohl sie mir wenig bedeutet hatten – daß ein Junge den »Segen« in seinem Namen trug und gar »reich« daran war, hatte etwas Wunderbares. Der Herr Bachmann, der ein schweres Leben hatte, zuhause wie in der Schule, klammerte sich daran und rief ihn immerwährend zu Hilfe.

Unter den Mitschülern wurde nur Zürichdeutsch gesprochen, der Unterricht in dieser höchsten Klasse der Primarschule war auf Schriftdeutsch, aber Herr Bachmann verfiel oft, nicht nur beim Aufrufen der Namen, in den Dialekt, der ihm wie allen Schülern geläufig war, und so war es ganz selbstverständlich, daß ich ihn auch allmählich erlernte. Ich empfand durchaus keinen Widerstand dagegen, obwohl ich über ihn staunte. Vielleicht hing das damit zusammen, daß in den Gesprächen der Klasse kaum je vom Krieg die Rede war. In Wien spielte mein bester Freund, Max Schiebl, tagtäglich mit Soldaten. Ich hatte mitgespielt, weil ich ihn mochte, aber besonders weil ich so jeden Nachmittag seine schöne Mutter sah, für Schiebls Mutter ging ich täglich in den Zinnsoldatenkrieg, für sie wäre ich auch in den wirklichen Krieg gegangen. In der Schule aber hatte der so ziemlich alles überzogen. Die unbedachten, rohen Reden mancher Mitschüler lernte ich abzuwehren, aber die Lieder über Kaiser und Krieg sang ich täglich mit, unter wachsenden Widerständen, nur zwei von ihnen, die sehr traurig waren, sang ich gern. In Zürich waren die vielen Worte, die sich auf Krieg bezogen, in die Sprache meiner Schulkameraden nicht eingedrungen. So langweilig die Lehrstunden für mich waren, in denen ich nichts Neues erfuhr, so sehr gefielen mir die kräftigen und unverzierten Sätze der Schweizer Knaben. Ich selbst sprach noch wenig zu ihnen, aber ich hörte ihnen begierig zu und unternahm es nur hie und da, einen Satz einzuwerfen, wenn es nämlich einer war, den ich schon so sagen konnte wie sie, ohne sie allzusehr zu befremden. Ich gab es bald auf, solche Sätze zuhause zu produzieren. Die Mutter, die über die Reinheit unserer Sprache wachte und nur Sprachen mit Literaturen gelten ließ, war besorgt, daß ich mein ›reines‹ Deutsch verderben könnte und als ich in meinem Eifer den Dialekt, der mir gefiel, zu verteidigen wagte, wurde sie böse und sagte: »Dazu habe ich dich nicht in die

Schweiz gebracht, damit du verlernst, was ich dir über das Burgtheater gesagt habe! Willst du vielleicht so sprechen wie das
Fräulein Vogler?« Das war ein scharfer Hieb, denn das Fräulein
Vogler fanden wir komisch. Ich spürte aber auch, wie ungerecht
es war, denn meine Kameraden in der Schule sprachen ganz
anders als das Fräulein Vogler. Ich übte das Zürichdeutsche für
mich allein, gegen den Willen der Mutter und verheimlichte vor
ihr die Fortschritte, die ich darin machte. Es war, soweit es um
Sprache ging, die erste Unabhängigkeit von ihr, die ich bewies,
und während ich in allen Meinungen und Einflüssen ihr noch
untertan war, begann ich mich in dieser einzigen Sache als
›Mann‹ zu fühlen.

Doch war ich noch zu unsicher im neuen Gebrauch, um schon
wirkliche Freundschaften mit Schweizer Knaben zu schließen.
Mein Umgang war ein Junge, der wie ich aus Wien gekommen
war, und ein zweiter, der eine Wienerin zur Mutter hatte. Zu
ihrem Geburtstag war ich von Rudi eingeladen und geriet da in
einen Kreis von ausgelassenen Leuten, der mir viel fremder war
als alles, was ich je auf Schweizerdeutsch hörte. Rudis Mutter,
eine blonde junge Frau, lebte allein mit ihm, aber viele Männer
jeden Alters waren bei der Geburtstagsfeier zugegen und alle
schmeichelten der Mutter und stießen an auf ihr Wohl, blickten
ihr zärtlich in die Augen, es war, als hätte Rudi viele Väter, aber
die Mutter, die etwas angeheitert war, hatte mir, als ich kam,
geklagt, daß auch er keinen Vater habe. Sie wandte sich bald
diesem, bald jenem Gast zu, sie bog sich wie eine Blume im Wind
nach allen Seiten. Bald lachte sie, bald wurde sie weinerlich, und
während sie sich Tränen abwischte, lachte sie schon wieder. Es
ging laut zu, ihr zu Ehren wurden auch komische Reden gehalten, die ich nicht verstand. Aber ich war sehr verdutzt, wenn
eine solche Rede von schallendem Gelächter unterbrochen wurde und Rudis Mutter ohne Grund, wie mir schien, auf ihren
Sohn sah und wehmütig sagte: »Armer Junge, er hat keinen
Vater.« Keine einzige Frau war bei dem Fest zugegen, ich hatte
noch nie so viele Männer mit einer Frau allein erlebt, und alle
waren ihr dankbar für etwas und huldigten ihr, aber sie schien
gar nicht so glücklich darüber, denn sie weinte mehr als sie
lachte. Sie sprach mit wienerischem Tonfall, unter den Männern
waren, wie ich bald erkannte, auch Schweizer, doch keiner verfiel in den Dialekt, alle Reden wurden auf Schriftdeutsch gehal-

ten. Der eine oder der andere von den Männern stand auf, ging mit dem Glas zu ihr hin, sagte beim Anstoßen einen gefühlvollen Satz und gab ihr einen Kuß zum Geburtstag. Rudi führte mich in ein anderes Zimmer und zeigte mir die Geschenke, die seine Mutter bekommen hatte. Das ganze Zimmer war voll von Geschenken, ich wagte nicht recht, sie anzusehen, weil ich nichts mitgebracht hatte. Als ich zu den Gästen zurückkam, rief sie mich zu sich und sagte: »Wie gefallen dir meine Geschenke?« Ich entschuldigte mich stotternd, es täte mir leid, daß ich gar kein Geschenk für sie hätte. Aber sie lachte, zog mich an sich und küßte mich und sagte: »Du bist ein lieber Junge. Du brauchst kein Geschenk. Bis du groß bist, besuchst du mich und bringst mir ein Geschenk. Dann wird mich niemand mehr besuchen«, und schon begann sie wieder zu weinen.

Zuhause wurde ich über diesen Geburtstag ausgefragt. Es schien die Mutter nicht milder zu stimmen, daß es um eine Wienerin ging und daß alle bei ihrem Fest ein »gutes« Deutsch gesprochen hatten. Sie zog sehr ernste Saiten auf, bis zur gewichtigen Anrede »Mein Sohn« und erklärte, daß es sich um lauter »dumme« Leute gehandelt habe, die meiner nicht würdig seien. Ich dürfe diese Wohnung nie wieder betreten. Rudi täte ihr leid mit einer solchen Mutter. Nicht jede Frau sei imstande, ein Kind allein aufzuziehen, und was könne ich von einer Frau halten, die zugleich lache und weine? »Vielleicht ist sie krank«, sagte ich. »Wieso denn krank?« kam es gleich verärgert zurück. »Vielleicht ist sie verrückt?« »Und die vielen Geschenke? Das Zimmer voll von Geschenken?« Ich wußte damals nicht, was die Mutter meinte, aber auch mir war das Zimmer mit den Geschenken von allem das Unangenehmste gewesen. Man konnte gar nicht frei herumgehen darin, so sehr war es mit Geschenken übersät, und hätte Rudis Mutter mir nicht auf so hilfreich-zärtliche Weise über meine Verlegenheit hinweggeholfen, ich hätte sie nicht zu verteidigen gesucht, denn sie gefiel mir gar nicht. »Sie ist nicht krank. Sie hat keinen Charakter. Das ist alles.« Damit war das endgültige Verdikt gesprochen, denn nur auf Charakter kam es an, alles übrige war verglichen damit nebensächlich. »Du darfst den Rudi nichts merken lassen. Er ist ein armer Junge. Kein Vater und eine charakterlose Mutter! Was soll aus ihm werden?«

Ich schlug vor, daß ich ihn manchmal zu uns nach Hause

bringe, damit sie sich seiner annehme. »Das wird nichts nützen«, sagte sie, »er wird nur über unser bescheidenes Leben spotten.«

Wir hatten indessen schon eine eigene Wohnung, und sie war wirklich bescheiden. Es war in dieser Züricher Zeit, daß mir die Mutter immer wieder einschärfte, wir müßten ganz einfach leben um durchzukommen. Vielleicht war es ein Erziehungsprinzip von ihr, denn sie war, wie ich jetzt weiß, bestimmt nicht arm. Im Gegenteil, ihr Geld war bei ihrem Bruder gut angelegt, sein Unternehmen in Manchester florierte nach wie vor, er wurde immer reicher. Er betrachtete sie als seinen Schützling, sie bewunderte ihn, und es wäre ihm nicht im Traum eingefallen, sie zu benachteiligen. Aber die Schwierigkeiten der Wiener Kriegszeit, als eine direkte Verbindung mit England nicht möglich war, hatten Spuren in ihr hinterlassen. Sie wollte uns allen dreien eine gute Erziehung geben und zu dieser gehörte es, daß wir uns nicht an das Vorhandensein von Geld gewöhnten. Sie hielt uns sehr knapp, es wurde einfach gekocht. Mädchen hatte sie nach einer Erfahrung, die sie beunruhigte, keines. Sie besorgte selbst den Haushalt; bemerkte von Zeit zu Zeit, daß es ein Opfer sei, das sie für uns bringe, denn sie sei anders aufgewachsen; und wenn ich an das Leben dachte, wie wir es in Wien geführt hatten, erschien der Unterschied so groß, daß ich an die Notwendigkeit für solche Einschränkungen glauben mußte.

Aber diese Art von puritanischem Leben war mir auch viel lieber. Es stimmte mehr mit den Vorstellungen überein, die ich mir von den Schweizern machte. In Wien drehte sich alles um das Kaiserhaus, und von da ging es abwärts zum Adel und zu den sonstigen großen Familien. In der Schweiz gab es weder Kaiser noch kaiserlichen Adel, ich bildete mir ein – was mich dazu veranlaßte, weiß ich nicht –, daß auch Reichtum nicht besonders beliebt sei. Ganz sicher aber war ich, daß es da auf jeden Menschen ankomme, daß jeder zähle. Mit Feuer und Flamme hatte ich mir diese Auffassung zu eigen gemacht, und so war auch nur ein einfaches Leben möglich. Ich sagte mir damals nicht, was für Vorteile dieses Leben für mich brachte. Denn in Wirklichkeit war es so, daß wir die Mutter nun ganz für uns hatten; daß in der neuen Wohnung alles mit ihr verflochten war; daß niemand zwischen uns stand; daß wir sie nie aus dem Auge verloren. Es war ein intimes Zusammenleben von wunderbarer Dichte und Wärme. Alle geistigen Dinge hatten das Übergewicht, Bücher und Gespräche darüber waren das Herz unseres Daseins. Wenn die Mutter in Theater und Vorträge ging, wenn sie Konzerte besuchte, nahm ich so intensiv daran teil, als wäre ich selber dort gewesen. Hie und da, nicht sehr häufig, nahm sie mich mit, aber ich war meist enttäuscht, denn so wie *sie* über Erfahrungen dieser Art berichtete, war es immer viel interessanter.

Spionage

Es war eine kleine Wohnung im zweiten Stock der Scheuchzerstraße 73, in der wir lebten. Ich habe nur drei Zimmer in Erinnerung, in denen wir uns bewegten: aber es muß auch ein schmäleres, viertes Zimmer gegeben haben, da einmal für kurz ein Mädchen bei uns war.

Doch ging es schwer mit Mädchen. Die Mutter konnte sich nicht daran gewöhnen, daß es hier keine Dienstmädchen wie in Wien gab. Ein Dienstmädchen hieß hier Haustochter und aß mit an unserem Tisch. Das war die erste Bedingung, die ein Mädchen stellte, wenn es eintrat. Die Mutter, in ihrer hochfahrenden Art, fand das unerträglich. Sie hatte ihre Mädchen in Wien, wie sie sagte, immer gut behandelt, aber sie lebten in ihrer eigenen Kammer, die wir nie betraten, und aßen für sich in der Küche. »Gnä' Frau« war die selbstverständliche Anrede. Hier in Zürich war es aus mit der gnä' Frau, und die Mutter, die die Schweiz wegen der Friedensgesinnung des Landes so sehr mochte, konnte sich mit den demokratischen Sitten, die bis in ihren engsten Haushalt eingriffen, nicht abfinden. Sie versuchte es bei Tisch mit Englisch und begründete den Gebrauch dieser Sprache vor Hedi, der Haustochter, damit, daß die beiden Kleinen es allmählich vergäßen. Es sei notwendig, daß sie es wenigstens bei den Mahlzeiten wieder auffrischten. Das war zwar die Wahrheit, aber es diente auch als Ausrede, um die Haustochter von unseren Gesprächen auszuschließen. Sie schwieg, als ihr das erklärt wurde, aber sie schien nicht beleidigt. Sie schwieg sogar ein paar Tage, aber wie staunte die Mutter, als Hedi eines Mittags einen Fehler, den Georg, der Kleinste, in einem englischen Satze machte und den die Mutter passieren ließ, selber mit unschuldiger Miene *ausbesserte*! »Wieso wissen Sie das?« fragte sie beinahe empört, »können Sie denn Englisch?« Hedi hatte es in der Schule gelernt und verstand alles, was wir sagten. »Sie ist eine Spionin!« sagte die Mutter später zu mir, »sie hat sich eingeschlichen! Das gibt es nicht, daß ein Dienstmädchen englisch kann! Warum hat sie's nicht früher gesagt? Sie hat uns belauscht, diese elende Person! Ich laß meine Kinder nicht an einem Tisch mit einer Spionin zusammensitzen!« Und nun erinnerte sie sich daran, daß Hedi nicht allein zu uns gekommen war. Sie war mit einem Herrn erschienen, der sich als ihr Vater vorgestellt hatte, der uns und die Wohnung in Augenschein nahm und sich sehr genau nach den Arbeitsbedingungen seiner Tochter erkundigt hatte. »Ich habe mir gleich gedacht, das kann nicht der Vater sein. Er sah aus wie aus guter Familie. Er hat mich ausgefragt, als ob *ich* eine Stelle suche! *Ich* hätte an seiner Stelle nicht strenger fragen können. Aber der Vater eines Dienstmädchens war das nicht. Sie haben uns eine Spionin ins Haus gesetzt.«

Es gab zwar überhaupt nichts bei uns zu spionieren, aber das störte sie nicht, sie maß uns auf alle Fälle eine Bedeutung bei, die Spionage gerechtfertigt hätte. Umsichtig traf sie ihre Gegenmaßnahmen. »Wir können sie nicht gleich entlassen, das würde auffallen. Wir müssen sie noch 14 Tage dulden. Aber wir müssen aufpassen. Wir dürfen nie etwas gegen die Schweiz sagen, sonst läßt sie uns ausweisen.« Es fiel der Mutter nicht ein, daß niemand von uns je etwas gegen die Schweiz sagte. Im Gegenteil: Wenn ich von der Schule berichtete, war sie des Lobes voll und das einzige, was sie gegen die Schweiz auf dem Herzen hatte, war die Institution der Haustochter. Ich mochte Hedi, weil sie nicht kriecherisch war, sie stammte aus Glarus, das eine Schlacht gegen die Habsburger gewonnen hatte, und las manchmal in meiner Schweizergeschichte von Öchsli. Und obwohl ich immer gewonnen war, wenn die Mutter »wir« sagte, »wir müssen dies oder wir müssen jenes«, – es war dann, als würde ich in ihre Entscheidungen gleichberechtigt einbezogen –, machte ich noch einen Rettungsversuch, und zwar einen besonders schlauen, denn ich wußte, womit man die Mutter bestechen konnte: nur mit geistigen Dingen. »Aber weißt du«, sagte ich, »sie liest so gern in meinen Büchern. Sie fragt mich immer, was ich lese. Sie borgt sich auch Bücher von mir aus und spricht mit mir darüber.« Da machte die Mutter ein sehr ernstes Gesicht. »Mein armer Junge! Warum hast du mir das nicht gesagt? Du kennst die

Welt noch nicht. Aber du mußt es lernen.« Sie schwieg und ließ mich jetzt ein wenig zappeln. Ich war alarmiert und drängte: »Was ist es? Was ist es?« Es mußte etwas ganz Schreckliches sein, ich kam nicht drauf. Vielleicht war es so schlimm, daß sie mir's überhaupt nicht sagen würde. Aber nun sah sie mich überlegen und mitleidig an und ich spürte, daß sie damit herausrücken würde. »Sie soll eben in Erfahrung bringen, was ich dir zu lesen gebe. Verstehst du nicht? Dazu hat man sie uns ins Haus geschickt. Eine echte Spionin! Hat Geheimnisse mit einem Zwölfjährigen und schnüffelt in seinen Büchern herum. Sagt nicht, daß sie Englisch kann und hat sicher schon alle unsere Briefe aus England gelesen!«

Nun fiel mir zu meinem Schrecken ein, daß ich Hedi beim Aufräumen mit einem englischen Brief in der Hand gesehen hatte, den sie dann rasch weglegte, als ich näherkam. Das berichtete ich jetzt gewissenhaft und wurde feierlich ermahnt. Wie feierlich es gedacht war, erkannte ich daran, daß es mit »mein Sohn« begann. »Mein Sohn, du mußt mir alles sagen. Du glaubst vielleicht, es ist nicht wichtig, aber alles ist wichtig.«

Damit war das Urteil endgültig gefällt. Vierzehn Tage saß das arme Mädchen noch bei uns am Tisch und übte mit uns ihr Englisch. »Wie harmlos sie sich gibt!« sagte die Mutter zu mir nach jeder Mahlzeit. »Aber *ich* hab sie durchschaut! Mich täuscht man nicht!« Hedi las weiter in meinem Öchsli und fragte gar, wie ich über dies oder jenes denke. Manches ließ sie sich von mir erklären und sagte ernst und freundlich: »Du bist aber gescheit.« Ich hätte sie gern gewarnt, ich hätte ihr gern gesagt: »Bitte, sei doch keine Spionin!« Aber es hätte nichts genützt, die Mutter war fest entschlossen, sie zu entlassen und begründete das nach vierzehn Tagen damit, daß unsere materielle Lage sich unerwartet verschlechtert habe. Sie sei nicht mehr imstande, sich eine Haustochter zu leisten. Sie bitte sie, das ihrem Vater zu schreiben und zu erklären, damit er sie abhole. Er kam und war nicht weniger streng und sagte zum Abschied: »Da werden Sie jetzt selber etwas arbeiten müssen, Frau Canetti.«

Vielleicht empfand er Schadenfreude darüber, daß es uns nun schlechter ging. Vielleicht mißbilligte er Damen, die nicht selber ihren Haushalt besorgten. Die Mutter sah es anders. »Dem habe ich einen Strich durch die Rechnung gemacht! Der hat sich schön geärgert! Als ob es bei uns etwas zu spionieren gäbe!

Natürlich, es ist Krieg und man kontrolliert die Post. Es ist ihnen aufgefallen, daß wir viele Briefe aus England bekommen. Hops, setzen sie uns eine Spionin auf den Hals. – Weißt du, ich versteh's ja. Sie stehen allein in der Welt und müssen sich vor den Mördern schützen.«

Sie sprach oft davon, wie schwer es sei, allein als Frau in der Welt dazustehen, mit drei Kindern. Wie man da auf alles aufpassen müsse! Nun, da sie mit einem Schlag Haustochter und Spionin losgeworden war und sich darüber sehr erleichtert fühlte, übertrug sie dieses militante Gefühl der Einsamkeit, die man unter solchen Schwierigkeiten verteidigen müsse, auf die Schweiz, die von kriegführenden Ländern umgeben war, fest entschlossen, sich nicht in den Krieg hineinziehen zu lassen.

Jetzt begann die schönste Zeit für uns: wir waren allein mit der Mutter. Sie war bereit, den Preis für ihren Hochmut zu zahlen und besorgte, was sie noch nie in ihrem Leben getan hatte, die Hausarbeit selbst. Sie räumte auf, sie kochte, die kleinen Brüder halfen beim Abtrocknen des Geschirrs. Ich übernahm das Amt des Schuheputzens, und da die Brüder in der Küche dabei zusahen, um mich zu verhöhnen – »Schuhputzerli! Schuhputzerli!« heulten sie und tanzten wie Indianer um mich herum –, verzog ich mich mit den schmutzigen Schuhen auf den Küchenbalkon, schloß die Tür und stemmte mich dagegen mit dem Rücken, während ich die Schuhe der Familie putzte. So war ich bei dieser Beschäftigung allein, sah den Kriegstanz der beiden Teufel nicht, ihr Gesang war auch bei geschlossener Balkontür nicht zu überhören.

Verführung durch die Griechen
Schule der Menschenkenntnis

Vom Frühjahr 1917 an besuchte ich die Kantonsschule an der Rämistraße. Sehr wichtig wurde der tägliche Schulweg dorthin und zurück. Zu Beginn dieses Weges, gleich nach der Überquerung der Ottikerstraße, hatte ich immer dieselbe erste Begegnung, die sich mir einprägte. Ein Herr mit einem sehr schönen weißen Kopf ging da spazieren, aufrecht und abwesend, er ging ein kurzes Stück, blieb stehen, suchte nach etwas und wechselte die Richtung. Er hatte einen Bernhardiner, dem er öfters zurief:

»Dschoddo komm zum Pápa!« Manchmal kam der Bernhardiner, manchmal lief er weiter weg, er war es, den der Pápa dann
suchte. Aber kaum fand er ihn, vergaß er ihn wieder und war so
abwesend wie zuvor. Seine Erscheinung in dieser ziemlich gewöhnlichen Straße hatte etwas Fremdartiges, sein häufig wie-
derholter Ruf brachte Kinder zum Lachen, aber nicht in seiner
Gegenwart lachten sie, denn er hatte etwas Ehrfurchtgebieten-
des, wie er hoch und stolz vor sich hinsah und niemanden
bemerkte, sie lachten erst zu Hause, wenn sie von ihm erzählten
oder wenn sie in seiner Abwesenheit auf der Straße miteinander
spielten. Es war Busoni, der da gleich in einem Eckhaus wohnte,
und sein Hund, wie ich erst viel später erfuhr, hieß Giotto. Alle
Kinder in der Gegend sprachen von ihm, aber nicht als Busoni,
denn sie wußten von ihm nichts, sondern als »Dschoddo-komm-
zum-Pápa!« Der Bernhardiner hatte es ihnen angetan, noch mehr
aber, daß der schöne alte Herr sich als seinen Pápa bezeichnete.

Auf dem Schulweg, der etwa zwanzig Minuten dauerte, erfand ich lange Geschichten, die von Tag zu Tag fortgesetzt
wurden und sich über Wochen hinzogen. Ich erzählte sie vor
mich hin, nicht zu laut, aber doch so, daß ein Gemurmel zu
hören war, dieses unterdrückte ich nur, wenn ich Leuten begegnete, die mir unangenehm auffielen. Ich kannte den Weg so
gut, daß ich auf nichts mehr um mich achtete, weder rechts noch
links gab es etwas Besonderes zu sehen, wohl aber vor mir in
meiner Geschichte. Es ging da sehr aufregend zu und wenn die
Abenteuer so spannend und unerwartet waren, daß ich sie nicht
mehr für mich behalten konnte, erzählte ich sie später meinen
kleinen Brüdern, die begierig auf die Fortsetzung drängten. Diese Geschichten hingen alle mit dem Krieg zusammen, genauer:
mit der Überwindung des Krieges. Die Länder, die Krieg wollten, mußten eines Besseren belehrt, nämlich so oft besiegt
werden, bis sie's aufgaben. Von Friedenshelden aufgestachelt,
taten sich die anderen, die guten Länder zusammen und sie
waren soviel besser, daß sie schließlich siegten. Aber leicht war
das nicht, es kam zu endlosen, zähen, bitteren Kämpfen, mit
immer neuen Erfindungen, unerhörten Listen. Das Wichtigste
an diesen Schlachten war, daß die Toten immer zum Leben zu-
rückkamen. Es gab besondere Zaubermittel, die dafür erfunden
und eingesetzt wurden und es machte meinen Brüdern, die sechs
und acht Jahre alt waren, keinen kleinen Eindruck, wenn plötz-

lich alle Toten, auch die der bösen Partei, die von Kriegen nicht ablassen wollte, sich vom Schlachtfeld erhoben und wieder am Leben waren. Um dieses Ende ging es in all den Geschichten, und was immer während der abenteuerlichen Wochen der Kämpfe geschah, der Triumph und die Glorie, die eigentliche Belohnung auch des Erzählers, war der Moment, in dem alle, ohne Ausnahme, wiederauferstanden und ihr Leben hatten.

Die erste Klasse meiner Schule war noch groß, ich kannte niemanden, es war natürlich, daß meine Gedanken anfangs um die wenigen Kameraden kreisten, deren Interessen in eine verwandte Richtung gingen. Wenn sie gar etwas beherrschten, was mir fehlte, faßte ich Bewunderung für sie und ließ sie nicht aus den Augen. Ganzhorn zeichnete sich in Latein aus, und obwohl ich von Wien her einen großen Vorsprung hatte, vermochte er sich wohl mit mir darin zu messen. Doch das war das wenigste: er beherrschte als einziger die griechische Schrift. Er hatte sie für sich allein gelernt, und da er sehr viel schrieb, er betrachtete sich als Dichter, wurde sie zu seiner Geheimschrift. Hefte um Hefte schrieb er damit voll, jedes, das zu Ende war, überreichte er mir, ich blätterte darin, außerstande, ein einziges Wort zu lesen, er überließ es mir nicht lange, kaum hatte ich meine Bewunderung für sein Können ausgesprochen, nahm er mir's wieder weg und begann vor meinen Augen unheimlich rasch ein neues. Von der griechischen Geschichte war er nicht weniger begeistert als ich. Eugen Müller, der sie uns vortrug, war ein wunderbarer Lehrer, aber während es mir um die Freiheit der Griechen zu tun war, ging es Ganzhorn um ihre Dichter. Daß er von der Sprache noch nichts wußte, sagte er nicht gern. Vielleicht hatte er sie auch schon für sich zu lernen begonnen, denn wenn die Rede darauf kam, daß sich von der dritten Klasse ab unsere Wege trennen würden – er wollte ins Literargymnasium –, und ich respektvoll und ein wenig neidisch sagte: »Dann hast du Griechisch!«, erklärte er hochmütig: »Das werde ich schon vorher können.« Ich glaubte ihm, er war kein Prahler, was er ankündigte, führte er immer aus und tat noch vieles, das er gar nicht angekündigt hatte. In seiner Verachtung für alles Gewöhnliche erinnerte er mich an die Haltung, die mir von zuhause her vertraut war. Nur sprach er es nicht aus; wenn von einem Gegenstand die Rede war, der eines Dichters nicht würdig erschien, wandte er sich ab und verstummte. Sein Kopf, lang und schmal, wie zusammengepreßt, sehr hoch und schief gehalten, hatte dann etwas von einem offenen Messer, das aber offen blieb, es klappte nicht zu, eines bösen oder gemeinen Wortes war Ganzhorn nicht fähig. Inmitten der Klasse schien er scharf von ihr geschieden. Keinem, der von ihm abschrieb, war dabei wohl zumute, er stellte sich so, als ob er es nicht bemerke, rückte sein Heft nie näher heran, entfernte es aber auch nicht, da er diese Aktion mißbilligte, überließ er sie in jeder Einzelheit ihrer Durchführung dem anderen.

Als wir von Sokrates erfuhren, machte sich die Klasse den Spaß, mir Sokrates als Spitznamen anzuhängen und sich so vielleicht von dem Ernst seines Schicksals zu entlasten. Das geschah leichthin und ohne jede tiefere Bedeutung, aber es blieb dabei, und Ganzhorn ging dieser Spaß auf die Nerven. Während einer ganzen Weile sah ich ihn mit Schreiben beschäftigt, wobei er manchmal einen prüfenden Blick auf mich warf und feierlich den Kopf schüttelte. Nach einer Woche war er wieder mit einem Heft fertig, sagte aber diesmal, er wolle es mir vorlesen. Es war ein Dialog zwischen einem Dichter und einem Philosophen. Der Dichter hieß Cornutotum, das war er, er nannte sich gern in lateinischer Übersetzung, der Philosoph war ich. Er hatte meinen Namen von hinten gelesen und war so zu den häßlichen zwei Worten Saile Ittenacus gelangt. Dieser war ganz und gar nicht wie Sokrates, sondern ein übler Sophist, einer von den Leuten, die Sokrates aufs Korn nahm. Aber das war nur eine Nebenwirkung des Dialogs, viel wichtiger war, daß der Dichter den armen Philosophen von allen Seiten übel zauste und schließlich in Stücke hieb, es blieb nichts von ihm übrig. Das also las mir Ganzhorn siegesgewiß vor, ich war nicht im mindesten beleidigt, infolge der Umkehrung des Namens bezog ich es nicht auf mich, auf meinen wirklichen Namen hätte ich mit Empfindlichkeit reagiert. Ich war es zufrieden, daß er mir aus einem der Hefte vorlas, ich fühlte mich erhoben, als hätte er mich in seine griechischen Mysterien eingeweiht. Zwischen uns änderte sich nichts und als er mich nach einer Weile – für seine Verhältnisse zaghaft – fragte, ob ich nicht daran dächte, einen Gegen-Dialog zu schreiben, war ich ehrlich erstaunt: er hatte doch recht, ich war auf seiner Seite, was war schon ein Philosoph neben einem Dichter? Ich hätte gar nicht gewußt, was in einem Gegen-Dialog zu schreiben wäre.

Auf ganz andere Weise war ich von Ludwig Ellenbogen beeindruckt. Er kam mit seiner Mutter aus Wien, auch er hatte keinen Vater. Wilhelm Ellenbogen war ein Mitglied des österreichischen Parlaments, ein berühmter Redner, seinen Namen hatte ich öfters in Wien gehört; als ich den Jungen jetzt danach fragte, war ich betroffen davon, mit welcher Ruhe er sagte: »Das ist mein Onkel.« Es klang so, als ob es ihm gleichgültig wäre. Bald kam ich drauf, daß er in allem so war, er schien mir erwachsener als ich, nicht nur größer, denn das waren so ziemlich alle. Er interessierte sich für Dinge, von denen ich überhaupt nichts wußte, das erfuhr man aber zufällig und nebenher, denn er tat sich damit nicht hervor, sondern hielt sich abseits, ohne Hochmut und ohne falsche Bescheidenheit, so als läge sein Ehrgeiz nicht innerhalb der Klasse. Er war nicht etwa schweigsam, er stellte sich jedem Gespräch, er rückte nur nicht gern mit *seinen* Dingen heraus, vielleicht weil niemand unter uns war, der sich darin auskannte. Mit unserem Lateinlehrer Billeter, der nicht nur seines Kropfes wegen anders war als alle anderen Lehrer, hatte er besondere kleine Gespräche: sie lasen dieselben Bücher, nannten einander ihre Titel, die keiner von uns je gehört hatte, gingen auf sie ein, beurteilten sie und waren oft *einer* Meinung darüber. Ellenbogen sprach sachlich und ruhig, ohne jungenhafte Emotion, eher war es Billeter, der launenhaft wirkte. Wenn ein solches Gespräch einsetzte, hörte die ganze Klasse verständnislos zu, niemand hatte eine Ahnung, wovon die Rede war. Ellenbogen blieb am Ende noch so gleichmütig wie zu Beginn, Billeter aber war eine gewisse Befriedigung über solche Gespräche anzumerken; und vor Ellenbogen, dem zu dieser Zeit nicht wichtig war, was man in der Schule lernte, hatte er Respekt. Ich war sicher, daß Ellenbogen sowieso alles wisse, eigentlich rechnete ich ihn nicht zu den anderen Knaben. Ich mochte ihn, aber eher so, wie ich einen Erwachsenen gemocht hätte; und ein wenig schämte ich mich vor ihm, daß ich mich für manches, besonders für alles, was wir von Eugen Müller in der Geschichtsstunde erfuhren, mit solcher Vehemenz interessierte.

Denn das eigentlich Neue, was mich in dieser Schule zuerst ergriff, war die griechische Geschichte. Wir hatten die Geschichtsbücher von Öchsli, eins über allgemeine und eins über Schweizergeschichte, ich las sie beide gleich durch und ihre Lektüre folgte einander so rasch, daß sie sich mir verquickten.

Die Freiheit der Schweizer fiel mir mit der der Griechen zusammen. Beim Wiederlesen nahm ich bald das eine, bald das andere der beiden Bücher vor. Für das Opfer an den Thermopylen entschädigte mich der Sieg von Morgarten. Die Freiheit der Schweizer erlebte ich als Gegenwart und empfand sie an mir selber: weil *sie* über sich bestimmten, weil sie unter keinem Kaiser standen, hatten sie es fertiggebracht, nicht in den Weltkrieg hineingezogen zu werden. Die Kaiser als oberste Kriegsherren waren mir nicht geheuer. Der eine, Franz Joseph, hat mich kaum beschäftigt, er war sehr alt und sagte wenig, wenn er hervortrat, meist nur einen Satz, neben dem Großvater schien er mir leblos und langweilig. Täglich hatten wir »Gott erhalte, Gott beschütze« für ihn gesungen, er schien dieses Schutzes sehr zu bedürfen. Während wir sangen, sah ich nie auf sein Bild, das hinter dem Katheder an der Wand hing, und versuchte auch, mir ihn nicht vorzustellen. Vielleicht hatte ich etwas von der Abneigung Fannys, unseres böhmischen Mädchens, gegen ihn aufgenommen, sie verzog keine Miene, wenn er genannt wurde, es war, als existierte er für sie nicht, und einmal, als ich aus der Schule kam, fragte sie höhnisch: »Habts scho wieder für Kaiser gesungen?« – Wilhelm, den deutschen Kaiser, sah ich in schimmernder Rüstung abgebildet und hörte dazu seine feindlichen Äußerungen gegen England. Wenn England ins Spiel kam, war ich immer Partei und nach allem, was ich in Manchester aufgefaßt hatte, war ich der unerschütterlichen Meinung, daß die Engländer keinen Krieg wollten und daß er es war, der ihn durch den Angriff auf Belgien begonnen habe. Nicht weniger war ich gegen den russischen Zaren eingenommen. Zehnjährig, bei einem Besuch in Bulgarien, hatte ich den Namen Tolstoi gehört, und es wurde mir erklärt, daß er ein wunderbarer Mann sei, der Kriege als Mord betrachtete und sich nicht gefürchtet habe, es seinen Kaisern zu sagen. Man sprach von ihm, der schon einige Jahre tot war, so, als wäre er nicht wirklich gestorben. Nun fand ich mich zum erstenmal in einer Republik, aller Kaiserwirtschaft fern und stürzte mich begierig auf ihre Geschichte. Es war möglich, einen Kaiser loszuwerden, man mußte um seine Freiheit *kämpfen*. Schon lange vor den Schweizern, schon sehr viel früher, war es den Griechen gelungen, sich gegen eine ungeheure Übermacht zu erheben und die Freiheit, die sie sich einmal gewonnen hatten, zu behaupten.

Es klingt mir sehr matt, wenn ich das heute sage, denn damals war ich von dieser neuen Einsicht wie betrunken, ich bestürmte damit jeden, zu dem ich sprach und zu den Namen Marathon und Salamis erfand ich barbarische Melodien, die ich zuhause tausendmal heftig wiedersang, immer nur zu den drei Silben eines solchen Namens, bis Mutter und Brüdern der Kopf davon dröhnte und sie Stillschweigen von mir erzwangen. Die Geschichtsstunden bei unserem Professor Eugen Müller hatten jedesmal dieselbe Wirkung. Er sprach zu uns von den Griechen, seine großen, weitoffenen Augen erschienen mir wie die eines berauschten Sehers, er sah uns gar nicht an, er sah auf das, wovon er sprach, seine Rede war nicht rasch, aber sie setzte nie aus, sie hatte einen Rhythmus wie von schwerflüssigen Wellen, ob zu Lande oder zu Wasser gekämpft worden war, immer fühlte man sich auf dem Meer. Mit den Spitzen der Finger fuhr er sich über die Stirn, die mit leichtem Schweiß bedeckt war, seltener strich er sich über das gekräuselte Haar, als ginge ein Wind. In seiner schlürfenden Begeisterung verfloß die Stunde, wenn er Atem zu neuer Begeisterung einholte, war es, als ob er trinke.

Aber manchmal ging Zeit verloren, nämlich wenn er uns befragte. Er ließ uns Aufsätze schreiben und besprach sie mit uns. Dann tat es einem um jeden Augenblick leid, den er uns sonst wieder aufs Meer genommen hätte. Oft meldete ich mich zu Antworten auf seine Fragen, schon damit es rasch vorüber sei, aber auch um ihm meine Liebe für jeden seiner Sätze zu beweisen. Das mag dann wie ein Teil seiner eigenen Erregung geklungen und die Kameraden, von denen manche langsamer waren, verdrossen haben. Sie kamen aus keinem Kaiserreich, ihnen konnte die griechische Freiheit nicht viel bedeuten. Freiheit war ihnen selbstverständlich und mußte nicht erst stellvertretend von den Griechen für sie gewonnen werden.

In dieser Zeit ging durch die Schule soviel in mich ein wie sonst nur durch Bücher. Was ich lebendig aus dem Mund von Lehrern erlernte, behielt die Gestalt dessen, der es aussprach, und blieb ihm in der Erinnerung immer zugehörig. Aber wenn es auch solche Lehrer gab, durch die ich nichts erlernte – sie machten doch Eindruck durch sich selbst, ihre eigentümliche Gestalt, ihre Bewegung, ihre Art zu sprechen, und besonders auch ihre Abneigung oder Zuneigung, wie man sie eben fühlte. Es gab alle Grade des Wohlwollens und der Wärme, und ich entsinne mich keines einzigen, der sich nicht um Gerechtigkeit bemüht hätte. Aber nicht allen gelang es, diese so zu handhaben, daß Mißfallen oder Wohlwollen ganz verborgen blieben. Dazu kam die Unterschiedlichkeit der inneren Ressourcen, der Geduld, der Empfindlichkeit, der Erwartung. Eugen Müller war schon durch seinen Gegenstand zu einem hohen Maß von Feuer und Erzählungsgabe verpflichtet, aber er brachte etwas mit, was über diese Verpflichtung weit hinausging. So war ich ihm vom ersten Mal an verfallen und zählte die Tage der Wochen nach seinen Stunden.

Fritz Hunziker, der Deutschlehrer, hatte es schwerer, er war eine etwas trockene Natur, vielleicht auch durch seinen nicht ganz klaren Wuchs beeinträchtigt, dessen Wirkung durch die leicht knarrende Stimme nicht verbessert wurde. Er war groß und schmalbrüstig und stand wie auf einem langen Bein, er schwieg geduldig, wenn er auf eine Antwort wartete. Er fiel über niemand her, doch er drang auch in niemand ein, sein Schutz war ein sarkastisches Lächeln, an dem er sich festhielt, oft war's noch da, wenn es schon unpassend wirkte. Er hatte ein ausgeglichenes, vielleicht etwas zu eingeteiltes Wissen, man wurde von ihm nicht hingerissen, aber er führte einen auch nicht irre. Sehr ausgeprägt war sein Sinn für Maß und praktisches Verhalten. Von Frühreife wie von Exaltiertheit hielt er wenig. Ich empfand ihn, das war nicht so ungerecht, als Antipoden Eugen Müllers. Später, da Hunziker nach einer Zeit der Abwesenheit wieder zu uns kam, merkte ich, wie belesen er war, nur fehlten seiner Belesenheit Willkür und Erregung.

Gustav Billeter, der Lateinlehrer, hatte viel mehr Eigenart. Der Mut, mit dem er sich samt seinem riesigen Kropf tagtäglich der Klasse stellte, erfüllt mich heute mit Bewunderung. Er hielt sich gern vorn in der linken Ecke des Klassenzimmers auf, wo er uns die etwas weniger kropfige Seite des Kopfes zuwandte, den linken Fuß erhoben auf einen Schemel gestellt. Da sprach er dann geläufig, sanft und ziemlich leise, ohne überflüssige Erregungen; wenn er zornig wurde, wozu er manchmal Grund hatte, hob er nie die Stimme, sondern sprach nur etwas rascher. Die Anfangsgründe des Lateins, das er unterrichtete, langweilten ihn gewiß, und vielleicht war auch darum sein ganzes Gehaben so menschlich. Es konnte sich niemand, der wenig wußte, durch ihn gedrückt oder gar vernichtet fühlen, und die, die in Latein gut waren, kamen sich nicht besonders wichtig vor. Seine Reaktionen waren nie vorauszusehen, aber man brauchte sie auch kaum zu fürchten. Eine leise und kurze ironische Bemerkung war eigentlich alles, was er einem je versetzte, man verstand sie nicht immer, sie war wie eine geistreiche private Wendung, die er für sich gebrauchte. Er verschlang Bücher, aber von denen, die ihn beschäftigten, hatte ich nie etwas gehört, so habe ich mir keinen einzigen Titel davon gemerkt. Ellenbogen, den er mochte und mit dem er sich gern unterhielt, hatte – ohne seine Ironie – dieselbe überlegene unemotionelle Art und überschätzte nicht die Bedeutung des Lateins, das wir von ihm lernten. Billeter empfand die Ungerechtigkeit des Vorsprungs, den ich vor der Klasse hatte, und sagte mir's einmal sehr deutlich: »Du bist rascher als die andern, Schweizer entwickeln sich langsamer. Aber dann holen sie auf. Du wirst dich später noch wundern.« Doch war er keineswegs fremdenfeindlich, wie ich aus seiner Freundschaft mit Ellenbogen ersah. Ich spürte, daß Billeter eine besondere Offenheit für Menschen hatte, seine Gesinnung war die eines Kosmopoliten, und ich glaube, er muß auch – nicht nur für sich privat – geschrieben haben.

Die Vielfalt der Lehrer war erstaunlich, es ist die erste bewußte Vielfalt in einem Leben. Daß sie so lange vor einem stehen, in jeder ihrer Regungen ausgesetzt, unter unaufhörlicher Beobachtung, Stunde um Stunde wieder der eigentliche Gegenstand des Interesses, und da man sich nicht entfernen darf, immer für dieselbe, genau abgegrenzte Zeit; ihre Überlegenheit, die man nicht ein für allemal anerkennen will, die einen scharfsichtig und kritisch und boshaft macht; die Notwendigkeit, ihnen beizukommen, ohne daß man sich's gar zu schwer machen möchte, denn noch ist man kein ergebener, ausschließlicher Arbeiter geworden; auch das Geheimnis ihres übrigen Lebens, während der ganzen Zeit, die sie nicht als Schauspieler ihrer selbst vor einem dastehen; und dann noch die Abwechslung in ihrem Auftreten, daß einer nach dem anderen vor einem auftritt, am selben Ort, in derselben Rolle, in derselben Absicht, also eminent vergleichbar – das alles, wie es zusammenwirkt, ist noch eine ganz andere als die deklarierte Schule, eine Schule nämlich auch der Vielfalt von Menschen und wenn man sie halbwegs ernst nimmt, auch die erste bewußte Schule der Menschenkenntnis.

Es wäre nicht schwierig und vielleicht auch reizvoll, ein späteres Leben danach zu durchforschen, welchen und wie vielen dieser Lehrer man unter anderen Namen wiederbegegnet ist, welche Menschen man darum mochte, welche man aus einer alten Abneigung nur darum beiseite ließ, welche Entscheidungen man aus einer solchen frühen Kenntnis heraus traf, was man ohne sie wahrscheinlich anders getan hätte. Die frühe, kindliche Typologie nach Tieren, die immer wirksam bleibt, wird überlagert von einer neuen Typologie nach Lehrern. In jeder Klasse finden sich Kameraden, die sie besonders gut nachahmen und den anderen vorspielen, eine Klasse ohne solche Lehrer-Imitatoren hätte etwas Totes.

Da ich sie jetzt an mir vorüberziehen lasse, staune ich über die Verschiedenartigkeit, die Eigenart, den Reichtum meiner Züricher Lehrer. Von vielen habe ich gelernt, wie es ihrer Absicht entsprach, und der Dank, den ich für sie fühle, nach fünfzig Jahren, wird, sonderbar wie es klingen mag, von Jahr zu Jahr größer. Aber auch die, von denen ich nur wenig gelernt habe, stehen als Menschen oder als Figuren so deutlich vor mir, daß ich ihnen eben dafür etwas schulde. Sie sind die ersten Vertreter dessen, was ich später als das Eigentliche der Welt, ihre Bevölkerung, in mich aufnahm. Sie sind unverwechselbar, eine der Qualitäten, die im Rang zuallerhöchst steht; daß sie zugleich auch zu Figuren geworden sind, nimmt ihnen von ihrer Persönlichkeit nichts. Das Fließende zwischen Individuen und Typen ist ein eigentliches Anliegen des Dichters.

Der Schädel
Disput mit einem Offizier

Ich war zwölf, als ich mich für die Freiheitskriege der Griechen passionierte und dasselbe Jahr 1917 war das der russischen Revolution. Schon vor seiner Reise im plombierten Wagen sprach man davon, daß Lenin in Zürich lebte. Die Mutter, die von einem unstillbaren Haß gegen den Krieg erfüllt war, verfolgte jedes Ereignis, das ihm ein Ende bereiten konnte. Politische Verbindungen hatte sie keine, aber Zürich war zu einem Zentrum von Kriegsgegnern der verschiedensten Länder und Richtungen geworden. Als wir einmal an einem Kaffeehaus vorbeigingen, zeigte sie mir den enormen Schädel eines Mannes, der in der Nähe des Fensters saß, ein hoher Stoß von Zeitungen lag neben ihm auf dem Tisch, eine davon hatte er fest gepackt und hielt sie nah vor die Augen. Plötzlich warf er den Kopf zurück und wandte sich einem Manne zu, der neben ihm saß, und sprach heftig auf ihn ein. Die Mutter sagte: »Den schau dir gut an. Das ist Lenin. Von dem wirst du noch hören.« Wir waren stehengeblieben, sie genierte sich ein wenig, daß sie so stand und starrte (solche Unhöflichkeiten pflegte sie mir zu verweisen), aber seine plötzliche Bewegung war in sie gefahren, die Energie des Rucks zum anderen Mann hin hatte sich auf sie übertragen. Ich wunderte mich über die reichlichen schwarzen Kraushaare dieses anderen, die zur Kahlheit Lenins dicht daneben in grellstem Widerspruch standen; noch mehr aber über die Regungslosigkeit der Mutter. Sie sagte: »Komm, wir können doch nicht so stehen«, und zog mich weiter.

Wenige Monate später erzählte sie mir von der Ankunft Lenins in Rußland, und ich begann zu begreifen, daß es sich um etwas besonders Wichtiges handeln müsse. Die Russen hätten genug vom Morden, sagte sie, alle hätten genug vom Morden, und ob mit oder gegen die Regierungen, jetzt werde es bald zu Ende sein damit. Sie nannte den Krieg nie anders als »das Morden«. Seit wir in Zürich waren, sprach sie ganz offen zu mir darüber, in Wien hatte sie sich zurückgehalten, um mir keine Konflikte in der Schule zu bereiten. »Du wirst nie einen Menschen töten, der dir nichts getan hat«, sagte sie zu mir beschwörend, und so stolz sie darauf war, daß sie drei Söhne hatte – ich spürte, mit welcher Sorge es sie erfüllte, daß wir auch einmal zu solchen »Mördern« werden könnten. Ihr Haß gegen den Krieg hatte etwas Elementares: als sie mir einmal den Inhalt des ›Faust‹ erzählte, den sie mir noch nicht zu lesen geben wollte, mißbilligte sie Fausts Pakt mit dem Teufel. Es gäbe nur *eine* Rechtfertigung für einen solchen Pakt: um dem Krieg ein Ende zu machen. Dafür dürfe man sich auch mit dem Teufel verbünden, sonst für nichts.

An manchen Abenden versammelten sich Bekannte der Mutter bei uns, bulgarische und türkische Spaniolen, die der Krieg nach Zürich verschlagen hatte. Meist waren es Ehepaare mittleren Alters, die mir aber alt vorkamen; ich mochte sie nicht sehr, sie waren mir zu orientalisch und sprachen nur über uninteressante Dinge. Einer kam allein, ein Witwer, Herr Adjubel, der war anders als die anderen. Er trug sich aufrecht und hatte Meinungen, die er mit Überzeugung vertrat, und ließ die Heftigkeit der Mutter, die ihn hart bedrängte, ruhig und ritterlich über sich ergehen. Er hatte als bulgarischer Offizier im Balkankrieg mitgekämpft, war schwer verwundet worden und hatte ein unheilbares Leiden davon behalten. Man wußte, daß er starke Schmerzen litt, doch ließ er sich nie etwas davon anmerken. Wenn sie unerträglich wurden, stand er auf, entschuldigte sich mit einer dringlichen Verabredung, verbeugte sich vor der Mutter und verließ ein wenig steif die Wohnung. Dann sprachen die anderen über ihn, erörterten ausführlich die Natur seines Leidens, lobten und bedauerten ihn und taten genau das, was sein Stolz vermieden haben wollte. Ich merkte, wie die Mutter sich bemühte, solchen Gesprächen ein Ende zu setzen. Bis zum letzten Augenblick hatte sie mit ihm gestritten, und da sie bei Diskussionen dieser Art, wenn es nämlich um Krieg ging, sehr scharf und ausfällig werden konnte, nahm sie es alles auf sich und sagte: »Unsinn! Er hatte gar keine Schmerzen. Er war beleidigt über mich. Er denkt sich, eine Frau, die es nicht erlebt hat, hat kein Recht, so über den Krieg zu sprechen. Er hat recht. Aber wenn keiner von euch ihm die Meinung sagt, muß ich es tun. Er war beleidigt. Aber er ist eben stolz und hat sich auf die höflichste Art empfohlen.« Dann konnte es passieren, daß jemand einen unverschämten Witz machte und sagte: »Sie werden sehen, Mathilde, er hat sich in Sie verliebt und wird noch um Sie anhalten!« »Er soll sich unterstehen!« sagte sie dann gleich mit zornigen Nüstern. »Ich möchte es ihm nicht anraten! Ich achte ihn, weil er ein *Mann* ist, aber das ist auch alles.« Das war ein arger Hieb gegen die anderen anwesenden Männer, die alle mit ihren Frauen da waren. Aber damit war dann das unleidliche Gespräch über die Leiden des Herrn Adjubel zu Ende.

Ich hatte es lieber, wenn er bis zum Schlusse blieb. Aus diesen Streitgesprächen erfuhr ich viel, das mir neu war. Herr Adjubel war in einer sehr schwierigen Lage. Er hing an der bulgarischen Armee, vielleicht noch mehr als an Bulgarien. Er war erfüllt von der traditionellen Russenfreundlichkeit der Bulgaren, die ihre Unabhängigkeit von den Türken den Russen verdankten. Daß die Bulgaren nun auf der Seite der Feinde Rußlands standen, machte ihm arg zu schaffen. Er hätte sicher auch unter diesen

Umständen gekämpft, aber unter welchen Gewissensqualen! So war es vielleicht gut für ihn, daß er nicht kämpfen konnte. Jetzt aber war die Situation durch die neue Wendung der Dinge in Rußland noch komplizierter geworden. Daß die Russen sich vom Krieg zurückzogen, bedeutete, wie er dachte, den Untergang der Mittelmächte. Die Infektion, wie er es nannte, werde um sich greifen, erst die österreichischen und dann die deutschen Soldaten würden nicht mehr kämpfen wollen. Was aber werde dann aus Bulgarien werden? Nicht nur hätten sie nun für immer das Kainsmal der Undankbarkeit gegen ihre Befreier zu tragen, alle würden wie im Zweiten Balkankrieg sich über sie herstürzen und das Land unter sich aufteilen. Finis Bulgariae!

Man kann sich denken, wie die Mutter jeden Punkt seiner Argumentation ergriff und zerlöcherte. Im Grunde hatte sie alle gegen sich, denn wenn sie auch ein baldiges Ende des Krieges begrüßten – daß es durch die Aktivität der Bolschewiki in Rußland dazu käme, empfanden sie als gefährliche Bedrohung. Es waren alles bürgerliche Menschen, mehr oder weniger vermögend, die unter ihnen, die aus Bulgarien stammten, fürchteten das Übergreifen der Revolution dorthin, die anderen, die aus der Türkei waren, sahen den alten russischen Feind, wenn auch in neuer Verkleidung, schon in Konstantinopel. Der Mutter war das völlig gleichgültig. Für sie kam es nur darauf an, wer den Krieg wirklich beenden wollte. Sie, die aus einer der wohlhabendsten Familien Bulgariens stammte, verteidigte Lenin. Sie konnte keinen Teufel in ihm sehen wie die anderen, sondern einen Wohltäter der Menschheit.

Herr Adjubel, mit dem sie eigentlich stritt, war der einzige, der sie begriff, denn er hatte selbst eine Gesinnung. Einmal fragte er sie, es war der dramatischste Augenblick all dieser Zusammenkünfte: »Und wenn ich ein russischer Offizier wäre, Madame, und entschlossen mit meinen Leuten gegen die Deutschen weiterkämpfen würde – würden Sie mich dann erschießen lassen?« Sie zögerte nicht einmal: »Jeden, der sich dem Ende des Krieges entgegenstellt, würde ich erschießen lassen. Er wäre ein Feind der Menschheit.«

Das Entsetzen der anderen, kompromißbereite Kaufleute mit ihren gefühlvollen Frauen, beirrte sie nicht. Alle redeten durcheinander: »Was? Sie könnten das übers Herz bringen? Sie könnten es übers Herz bringen, den Herrn Adjubel erschießen zu lassen?« »Er ist nicht feig. Er weiß, wie man stirbt, er ist nicht wie ihr alle, nicht wahr, Herr Adjubel?« Er war es, der ihr recht gab. »Ja, Madame, von Ihrem Standpunkt aus hätten Sie recht. Sie haben die Konsequenz eines Mannes. Und Sie sind eine echte Arditti!« Diese letzte Wendung, die eine Huldigung war – sie bezog sich auf ihre Familie, die ich im Gegensatz zu der meines Vaters gar nicht mochte –, gefiel mir weniger, aber ich war, ich muß es sagen, trotz der Heftigkeit dieser Kämpfe auf Herrn Adjubel nie eifersüchtig, und als er bald danach seiner Krankheit erlag, trauerten wir beide um ihn und die Mutter sagte: »Gut für ihn, daß er den Zusammenbruch der Bulgaren nicht mehr erlebt hat.«

Tag- und Nachtlektüren
Das Leben der Geschenke

Vielleicht war es den veränderten Umständen im Haushalt zuzuschreiben, daß es zu den alten Leseabenden nicht mehr kam. Bis wir drei im Bett waren, hatte die Mutter einfach keine Zeit. Mit einer grimmigen Entschlossenheit erfüllte sie ihre neuen Pflichten. Alles was sie tat, kam zur Sprache, ohne reflektierenden Kommentar hätten sie Arbeiten solcher Art zu sehr gelangweilt. Sie stellte sich vor, daß alles am Schnürchen laufen müsse, obwohl ihr das eigentlich gar nicht lag, so suchte und fand sie das Schnürchen in ihren Reden. »Organisieren, Kinder!« sagte sie zu uns, »organisieren!« und wiederholte dieses Wort so oft, daß wir's komisch fanden und im Chor nachsagten. Sie aber nahm dieses Problem des Organisierens sehr ernst und verwies uns jeden Spott darüber. »Ihr werdet schon sehen, wenn ihr im Leben steht, ohne Organisieren kommt ihr nicht weiter!« Sie meinte damit, daß man alles der Reihe nach tat, und bei den simplen Verrichtungen, um die es ging, war nichts einfacher und leichter. Aber das Wort spornte sie an, sie hatte für alles ein Wort, und vielleicht machte es die eigentliche Helligkeit dieses Zusammenlebens damals aus, daß über alles gesprochen wurde.

Aber in Wirklichkeit lebte sie auf den Abend hin, wenn wir im Bett waren und sie endlich zum Lesen kam. Es war die Zeit ihrer großen Strindberg-Lektüren. Ich lag wach im Bett und sah von unter der Tür den Lichtschimmer aus dem Wohnzimmer drüben. Da kniete sie auf ihrem Stuhl, die Ellbogen auf den Tisch, den Kopf auf die rechte Faust gestützt, vor sich den hohen Stoß der gelben Strindbergbände. Zu jedem Geburtstag und zu Weihnachten kam ein Band dazu, es war das, was sie sich von uns wünschte. Besonders aufregend war für mich, daß ich in diesen Bänden nicht lesen durfte. Ich machte nie den Versuch, in einen von ihnen hineinzuschauen, ich liebte dieses Verbot, von den gelben Bänden ging eine Ausstrahlung aus, die ich mir nur durch dieses Verbot erklären kann, und es gab nichts, was mich glücklicher machte, als ihr einen neuen Band zu überreichen, von dem ich nur den Titel kannte. Wenn wir zu Abend gegessen hatten und der Tisch abgeräumt war, wenn die Kleinen schon zu Bett gebracht waren, trug ich den Stoß der gelben Bände für sie auf den Tisch und stapelte sie an der rechten Stelle auf. Wir sprachen dann noch ein wenig, ich spürte ihre Ungeduld, da ich den Stapel vor Augen hatte, verstand ich sie und ging ruhig zu Bett, ohne sie zu quälen. Ich zog die Türe zum Wohnzimmer hinter mir zu, während ich mich auszog, hörte ich sie noch ein wenig hin- und hergehen. Ich legte mich hin und horchte auf das Knarren des Stuhls, den sie bestieg, dann fühlte ich, wie sie den Band in die Hand nahm, und wenn ich sicher war, daß sie ihn aufgeschlagen hatte, wandte ich den Blick auf den Lichtschimmer an der Türe unten. Nun wußte ich, daß sie um nichts in der Welt wieder aufstehen würde, knipste meine winzige Taschenlampe an und las mein eigenes Buch unter der Bettdecke. Das war mein Geheimnis, von dem niemand wissen durfte, und es stand für das Geheimnis ihrer Bücher.

Sie las bis tief in die Nacht hinein, ich mußte mit der Batterie der Taschenlampe haushalten, die ich von meinem bescheidenen Taschengeld bestritt, von einem Bruchteil davon, denn das meiste wurde zäh gespart für Geschenke an die Mutter. So brachte ich es selten auf mehr als eine Viertelstunde. Als ich schließlich entdeckt wurde, gab es einen großen Tumult, Täuschung ertrug die Mutter am schwersten. Es gelang mir zwar, die konfiszierte Taschenlampe zu ersetzen, aber zur Sicherheit waren auch die kleinen Brüder als Wächter eingesetzt worden, sie brannten darauf, mir plötzlich die Decke vom Leib wegzuziehen. Wenn sie aufwachten, war es für sie ein leichtes, von ihren Betten aus zu sehen, ob ich den Kopf unter der Decke hatte. Dann schlichen sie sich lautlos heran, am liebsten zu zweit, und unter der Decke hörte ich nichts und war wehrlos. Plötzlich lag ich ohne Decke da. Ich wußte noch kaum, wie mir geschehen war, und schon dröhnte das Triumphgeheul in meinen Ohren. Die Mutter löste sich, erbittert über die Störung, von ihrem Stuhl, fand den Satz, mit dem sie mich vernichtend traf: »Ich habe also niemand auf der Welt, dem ich vertrauen kann!« und nahm mir das Buch für eine Woche weg.

Die Strafe war hart, denn es ging um Dickens. Das war der Autor, den sie mir damals gab, und nie hatte ich einen Dichter mit größerer Leidenschaft gelesen. Sie begann mit ›Oliver Twist‹ und ›Nicolas Nickleby‹ und besonders der letztere, der ja von den damaligen Schulverhältnissen in England handelt, tat es mir dermaßen an, daß ich nicht mehr aufhören wollte, ihn zu lesen. Als ich ihn fertig hatte, fing ich gleich nochmals von vorne an und las ihn von Anfang zu Ende wieder. Das geschah noch drei- oder viermal, wahrscheinlich häufiger. »Du kennst es doch schon«, sagte sie, »möchtest du jetzt nicht lieber ein anderes?« Aber je besser ich es kannte, um so lieber las ich es wieder. Sie hielt das für eine kindliche Unsitte von mir und führte es auf die frühen Bücher zurück, die ich von meinem Vater hatte und von denen ich manches vierzigmal las, als ich sie schon längst auswendig kannte. Sie suchte mir diese Unsitte abzugewöhnen, indem sie mir neue Bücher verlockend schilderte, von Dickens gab es zum Glück sehr viele. Den ›David Copperfield‹, der ihr Liebling war und den sie auch als das literarisch Beste betrachtete, sollte ich erst als letztes bekommen. Sie steigerte mächtig meine Begier darauf und hoffte, mir mit diesem Köder das ewige Wiederlesen der anderen Romane abzugewöhnen. Ich war zerrissen zwischen der Liebe für das bereits gut Bekannte und der Neugier, die sie auf jede Weise entflammte. »Darüber sprechen wir nicht mehr«, sagte sie unmutig und gab mir einen unsäglich gelangweilten Blick, »darüber haben wir doch gesprochen. Willst du, daß ich dir dieselbe Sache wiedersage? Ich bin nicht wie du. Jetzt sprechen wir erst über das nächste!« Da die Gespräche mit ihr noch immer das wichtigste waren, da ich es schwer ertrug, nicht jede Einzelheit eines wunderbaren Buches mit ihr zu bereden, da ich merkte, daß sie nichts mehr sagen wollte und meine Hartnäckigkeit sie wirklich zu langweilen begann, gab ich allmählich nach und beschränkte mich darauf, jeden Dickens nur zweimal zu lesen. Es tat mir bitter leid, einen

Dickens endgültig aufzugeben und ihn vielleicht selber in die Leihbibliothek zurückzutragen, aus der sie ihn hatte. (Wir hatten alles in Wien zurückgelassen, Möbel samt Bibliothek waren dort eingelagert worden, so war sie für das meiste auf den »Lesezirkel Hottingen« angewiesen.) Aber die Aussicht auf die Gespräche mit ihr über den neuen Dickens war stärker und so war es sie selbst, der ich alle Herrlichkeiten verdankte, die mich von meiner Hartnäckigkeit, meiner besten Eigenschaft in diesen Dingen, abbrachte.

Manchmal bekam sie Angst vor den Passionen, die sie in mir schürte, und unternahm dann Versuche, mich auf andere Autoren abzulenken. Ihr größter Fehlschlag in dieser Hinsicht war Walter Scott. Vielleicht hatte sie nicht genug Wärme aufgebracht, als sie zuerst von ihm sprach, vielleicht ist er wirklich so papieren, wie er mir damals vorkam. Ich las ihn nicht nur nicht wieder, nach zwei oder dreien seiner Romane weigerte ich mich, ihn überhaupt noch in die Hand zu nehmen, und rebellierte so heftig, daß sie sich über die Entschiedenheit meiner Geschmacksrichtung freute und das Höchste sagte, was ich von ihr zu hören bekommen konnte: »Du bist doch mein Sohn. Ich habe ihn auch nie mögen. Ich dachte, weil du dich so für Geschichte interessierst.« »Geschichte!« rief ich empört, »das ist doch keine Geschichte! Das da sind nur blöde Ritter mit ihren Rüstungen!« Damit war zu unser beider Zufriedenheit das kurze Scott-Intermezzo zu Ende.

Sie gab in allem, was meine geistige Erziehung betraf, wenig auf andere, aber einmal muß ihr doch jemand mit etwas Eindruck gemacht haben. Vielleicht hatte man ihr etwas in der Schule gesagt, wohin sie wie andere Eltern von Zeit zu Zeit kam, vielleicht wurde sie durch einen der mancherlei Vorträge beunruhigt, die sie besuchte. Jedenfalls erklärte sie eines Tages, ich müsse auch wissen, was andere Buben meines Alters läsen, sonst würde ich mich bald nicht mit meinen Schulkameraden verstehen. Sie abonnierte mich auf den ›Guten Kameraden‹, und so unbegreiflich mir das jetzt erscheint, ich las ihn auch gar nicht ungern, zur selben Zeit wie Dickens. Es gab spannende Dinge darin, wie ›Das Gold am Sacramento‹, über den Schweizer Goldsucher Sutter in Kalifornien, und am aufregendsten eine Erzählung über Sejanus, den Günstling des Kaisers Tiberius. Das war die erste und eigentliche Begegnung mit der späteren römischen Geschichte, und dieser Kaiser, den ich als Figur der Macht verabscheute, setzte etwas in mir fort, das fünf Jahre zuvor in England mit der Geschichte Napoleons begonnen hatte.

Ihre Lektüre beschränkte sich nicht auf Strindberg allein, obwohl er das war, was sie zu dieser Zeit am meisten beschäftigte. Eine besondere Gruppe bildeten die gegen den Krieg gerichteten Bücher, die im Rascher Verlag erschienen. Latzko: ›Menschen im Krieg‹, Leonhard Frank: ›Der Mensch ist gut‹, Barbusse: ›Das Feuer‹, waren die drei, über die sie am häufigsten zu mir sprach. Auch diese, wie Strindberg, hatte sie sich als Geschenke von uns gewünscht. Unser Taschengeld allein, das sehr bescheiden war, hätte dafür nicht ausgereicht, obwohl wir es fast alles für diesen Zweck zusammensparten. Aber ich bekam auch einige Rappen täglich, um mir in der Schule beim Pedell einen Krapfen als Zehnerjause zu kaufen. Hungrig war ich, doch war es viel aufregender, dieses Geld zu sparen, bis genug da war, um der Mutter ein neues Buch zu schenken. Zuallererst war ich zu Rascher gegangen, um den Preis zu erfahren, und es war schon ein Vergnügen, diese immer belebte Buchhandlung am Limmatquai zu betreten, die Leute zu sehen, die oft schon nach unseren künftigen Geschenken fragten, und natürlich auch mit einem Blick all die Bücher zu erfassen, die ich später einmal lesen würde. Es war nicht so sehr, daß ich mir unter diesen Erwachsenen größer und verantwortlicher vorkam, als die Verheißung künftigen Lesestoffs, der nie ausgehen würde. Denn wenn ich damals etwas wie Sorge um die Zukunft überhaupt kannte, so galt sie ausschließlich dem Bücherbestand der Welt. Was geschah, wenn ich alles gelesen hätte? Gewiß, ich las am liebsten wieder und wieder, was ich mochte, aber zur Freude daran gehörte die Gewißheit, daß mehr und mehr nachkommen würde. – Kannte ich den Preis des geplanten Geschenks, so begannen die Rechnungen: wieviel Zehnerjausen mußte ich sparen, um dafür genug zu haben? Es waren immer ein paar Monate: so kam Sümmchen um Sümmchen das Buch zusammen. Die Versuchung, einmal, wie manche meiner Kameraden, einen Krapfen auch wirklich zu kaufen und vor den anderen zu essen, fiel gegen dieses Ziel kaum ins Gewicht. Im Gegenteil, ich stand gern daneben, wenn einer seinen Krapfen verzehrte, und stellte mir dabei mit einer Art von Lustgefühl, ich kann es nicht anders sagen, die Überraschung der Mutter vor, wenn wir ihr das Buch überreichten.

Sie war immer überrascht, obwohl es wieder geschah. Sie wußte auch nie, welches Buch es sein würde. Aber wenn sie mir auftrug, etwas Neues im Lesezirkel Hottingen für sie zu holen und es vergeben war, weil eben alles davon sprach und jeder es wollte, wenn sie den Auftrag wiederholte und ungeduldig wurde, wußte ich, daß es das neue Geschenk werden mußte und setzte es als nächstes Ziel meiner ›Politik‹ ein. Zu diesem Unternehmen gehörte auch eine konsequente Irreführung. Ich fragte weiter danach im ›Lesezirkel‹, kam mit enttäuschter Miene zurück und sagte: »Der Latzko war wieder nicht da!« Die Enttäuschung wuchs, je näher der Tag der Überraschung kam, und am Tag unmittelbar zuvor konnte es passieren, daß ich zornig mit dem Fuß aufstampfte und der Mutter vorschlug, den Lesezirkel Hottingen zum Zeichen des Protests zu verlassen. »Das wird nichts nützen«, sagte sie nachdenklich, »dann bekommen wir erst recht keine Bücher.« Am nächsten Tag schon hatte sie den Latzko funkelnagelneu in der Hand, und da sollte sie nicht überrascht sein! Ich mußte dann zwar versprechen, das nie wieder zu tun und den Krapfen in der Schule von nun an zu essen, aber sie drohte nie damit, das Sümmchen, das dafür bestimmt war, zurückzuziehen. Vielleicht gehörte das zu ihrer Politik der Charakterbildung und vielleicht machte ihr das Buch besonders darum Freude, weil ich es durch kleine tägliche Akte der Entsagung zusammengespart hatte. Sie selbst war ein Mensch, der mit Genuß aß, ihr Geschmack für raffinierte Gerichte war hochentwickelt. Sie scheute sich nicht, während unserer puritanischen Mahlzeiten von dem zu sprechen, was ihr entging und war die einzige, die unter ihrem Beschluß, uns an bescheidenes und einfaches Essen zu gewöhnen, zu leiden hatte.

Es war wohl diese besondere Art von Büchern, die etwas wie eine Politisierung ihrer geistigen Interessen bewirkte. Von Barbusses ›Feuer‹ war sie lange verfolgt. Sie sprach mehr zu mir darüber, als sie für recht hielt. Ich bestürmte sie um die Erlaubnis, es zu lesen, sie blieb hart, in etwas gemilderter Form bekam ich es dafür alles von ihr zu hören. Aber sie war ein Einzelgänger und schloß sich keiner pazifistischen Gruppe an. Sie hörte Leonhard Ragaz sprechen und kam in solcher Erregung heim, daß wir beide den größten Teil der Nacht danach aufblieben. Doch ihre Scheu vor jeder Öffentlichkeit, soweit es ihre eigene Person betraf, blieb unüberwindlich. Sie erklärte es damit, daß sie nur für uns drei lebe, und was sie selbst nicht auszurichten vermöchte, weil man auf eine Frau in dieser Männerwelt des Krieges schon gar nicht höre, dafür würden wir drei erwachsen, jeder wie es seiner Anlage am besten entspreche, in ihrem Sinn eintreten.

Es fand sich damals vielerlei in Zürich zusammen, und sie trachtete alles, wovon sie erfuhr, zu verfolgen, nicht nur, was gegen den Krieg gerichtet war. Sie hatte niemanden, der sie beriet, sie war geistig wirklich allein, zwischen den Bekannten, die uns manchmal besuchten, erschien sie als die weitaus Aufgeschlossenste und Klügste, und wenn ich denke, was sie aus eigenem alles unternahm, muß ich heute staunen. Selbst wenn es um ihre stärkste Überzeugung ging, behielt sie ihr eigenes Urteil. Ich erinnere mich daran, mit welcher Verachtung sie den ›Jeremias‹ von Stefan Zweig abtat: »Papier! Leeres Stroh! Man sieht, daß er nichts selbst erlebt hat. Er sollte lieber den Barbusse lesen, statt dieses Zeug zu schreiben!« Ihr Respekt vor wirklicher *Erfahrung* war ungeheuer. Sie hätte sich gescheut, den Mund über den Krieg, wie er sich faktisch abspielte, vor anderen aufzutun, denn sie war selbst nicht im Schützengraben gewesen; und sie ging so weit zu sagen, es wäre besser, wenn auch Frauen in den Krieg müßten, dann könnten sie ernsthaft gegen ihn kämpfen. So war es wohl, wenn es sich um die Dinge selbst handelte, auch diese Scheu, die sie davon abhielt, den Weg zu Gesinnungsgenossen zu finden. Geschwätz, mündlich oder schriftlich, haßte sie ingrimmig, und wenn ich es wagte, etwas ungenau zu sagen, fuhr sie mir schonungslos über den Mund.

Zu dieser Zeit, in der ich selbst schon zu denken begann, habe ich sie ohne jede Einschränkung bewundert. Ich verglich sie mit meinen Lehrern an der Kantonsschule, von denen ich mehr als einen gelten ließ oder gar verehrte. Nur Eugen Müller hatte ihr Feuer, mit ihrem Ernst verbunden, nur er hatte, wenn er sprach, weit offene Augen wie sie und sah unablenkbar vor sich hin auf den Gegenstand, der ihn übermannte. Ich berichtete ihr über alles, was ich in seinen Stunden erfuhr, und es fesselte sie, weil sie die Griechen nur aus den klassischen Dramen kannte. Von mir lernte sie griechische Geschichte und schämte sich nicht zu fragen. Für einmal waren unsere Rollen vertauscht, sie las nicht selbst Geschichte, weil sie so viel von Kriegen handelte. Aber es konnte passieren, daß sie mich gleich, nachdem wir uns zum Mittagessen niedergesetzt hatten, nach Solon oder nach Themistokles befragte. Solon gefiel ihr besonders, weil er sich nicht zum Tyrannen aufschwang und von der Macht zurückzog. Sie wunderte sich, daß es kein Drama über ihn gäbe, sie kannte keines, das von ihm handelte. Aber sie fand es ungerecht, daß bei den Griechen von den Müttern solcher Männer kaum je die Rede war. Die Mutter der Gracchen sah sie ungescheut als ihr Vorbild.

Es fällt mir schwer, nicht alles aufzuzählen, was sie beschäftigte. Denn was immer es war, etwas davon ging auf mich über. Nur mir konnte sie alles in jeder Einzelheit berichten. Nur ich nahm ihre strengen Urteile ernst, denn ich wußte, welcher Begeisterung sie entsprangen. Sie verdammte viel, aber nie, ohne sich über das zu verbreiten, was sie dagegen setzte und es heftig, doch überzeugend zu begründen. Zwar war die Zeit der gemeinsamen Lesungen vorüber, die Dramen und großen Darsteller waren nicht mehr der Hauptinhalt der Welt, aber ein anderer und keineswegs geringerer ›Reichtum‹ war an ihre Stelle getreten: das Ungeheuerliche, das jetzt geschah, seine Auswirkungen und seine Wurzeln. Sie war eine mißtrauische Natur und fand in Strindberg, den sie für den gescheitesten aller Menschen hielt, eine Rechtfertigung für dieses Mißtrauen, an das sie sich gewöhnte, und das sie nicht mehr entbehren mochte. Sie ertappte sich dabei, daß sie zu weit ging und mir Dinge sagte, die zur Quelle meines eigenen, noch sehr jungen Mißtrauens wurden. Sie erschrak dann und erzählte mir zum Ausgleich von einer Tat, die sie besonders bewunderte. Meist war es etwas, das mit unfaßbaren Schwierigkeiten verbunden war, aber Großmut spielte immer auch eine Rolle. Während solcher Ausgleichsbemühungen fühlte ich mich ihr am nächsten. Sie dachte, daß ich den Grund für diesen Wechsel im Ton nicht durchschaue. Aber ich war schon ein wenig wie sie und übte mich im Durchschauen. Scheinbar naiv nahm ich die ›edle‹ Geschichte auf, sie gefiel mir immer. Aber ich wußte, warum sie gerade jetzt die Sprache darauf brachte, und behielt dieses Wissen für mich. So hielten wir beide etwas zurück, und da es eigentlich dasselbe war, hatten wir jeder vorm andern das gleiche Geheimnis. Es ist nicht zu verwundern, daß ich sie in solchen Augenblicken, da ich mich ihr *stumm* gewachsen fühlte, am meisten liebte. Sie war sicher, daß sie ihr Mißtrauen wieder vor mir verhüllt habe, ich nahm beides wahr: ihre erbarmungslose Schärfe und ihren Großmut. Was *Weite* ist, wußte ich damals noch nicht, aber ich *empfand* sie: daß man Sovieles und Gegensätzliches in sich fassen kann, daß alles scheinbar Unvereinbare zugleich seine Gültigkeit hat, daß man es fühlen kann, ohne vor Angst darüber zu vergehen, daß man es nennen und bedenken soll, die wahre Glorie der menschlichen Natur, das war das Eigentliche, was ich von ihr lernte.

Hypnose und Eifersucht
Die Schwerverletzten

Sie ging häufig in Konzerte, Musik blieb ihr wichtig, obwohl sie seit dem Tode des Vaters selten das Klavier berührte. Vielleicht waren auch ihre Ansprüche gewachsen, seit sie mehr Gelegenheit hatte, Meister ihres Instruments zu hören, von denen manche damals in Zürich lebten. Ein Konzert von Busoni versäumte sie nie, und es verwirrte sie ein wenig, daß er nah bei uns wohnte. Sie glaubte mir nicht gleich, als ich von meinen Begegnungen mit ihm erzählte, und erst als sie von anderen erfuhr, daß er es wirklich war, nahm sie es hin und verwies es mir, daß ich ihn wie die Kinder der Gegend »Dschoddo-komm-zum-Pápa« statt Busoni nannte. Sie versprach mir, mich einmal in eines seiner Konzerte mitzunehmen, aber nur unter der Bedingung, daß ich ihn nie wieder bei diesem falschen Namen nenne. Er sei der größte Meister des Klaviers, den sie je gehört habe, und es sei ein Unfug, daß die anderen alle ebenso wie er ›Pianisten‹ hießen. Sie ging auch regelmäßig in die Veranstaltungen des Schaichet-Quartetts, nach dem ersten Geiger benannt, und kam immer in einer unerklärlichen Aufregung von dort nach Hause zurück, die ich erst begriff, als sie mir einmal zornig sagte: ein solcher Geiger wäre der Vater gern geworden, es sei sein Traum gewesen, so gut zu sein, daß er in einem Quartett spielen könne. Warum nicht allein in einem Konzert auftreten? habe sie ihn gefragt. Aber da habe er den Kopf geschüttelt und gemeint, so gut hätte er nie werden können, er kenne die Grenzen seiner Begabung, bis zu einem Quartett hätte er es vielleicht noch gebracht oder zur ersten Geige in einem Orchester, wenn sein

Vater ihn nicht schon so früh am Spielen verhindert hätte. »So ein Tyrann war der Großvater, so ein Despot, er hat ihm die Geige weggerissen und ihn geschlagen, wenn er ihn spielen hörte. Einmal hat er ihn zur Strafe über Nacht im Keller anbinden lassen, von seinem ältesten Bruder.« Sie ließ sich gehen, und um die Wirkung ihres Zorns auf mich abzuschwächen, fügte sie traurig hinzu: »Und so bescheiden war der Vater.« Es endete damit, daß sie meine Verwirrung bemerkte – wieso war er denn bescheiden, wenn ihn der Großvater schlug? –, und statt zu erklären, daß die Bescheidenheit darin lag, daß er sich nicht mehr zutraute, als vielleicht Konzertmeister zu werden, sagte sie spöttisch: »Da bist du doch eher *mir* nachgeraten!« Das hörte ich nicht gern, ich konnte es nicht leiden, wenn sie vom mangelnden Ehrgeiz des Vaters sprach, so als wäre er nur darum, weil es ihm an Ehrgeiz fehlte, ein guter Mensch gewesen.

Nach dem Besuch der Matthäus-Passion war sie in einer Verfassung, die ich schon darum nicht vergaß, weil sie tagelang kein rechtes Gespräch mit mir zu führen vermochte. Während einer Woche war sie nicht einmal imstande zu lesen. Sie schlug ihr Buch auf, aber sie sah keinen Satz, statt dessen hörte sie den Alt der Ilona Durigo. Eines Nachts kam sie mit Tränen in den Augen zu mir ins Schlafzimmer und sagte: »Jetzt ist es aus mit den Büchern, ich werde nie mehr lesen können«. Ich suchte sie zu trösten, ich schlug ihr vor, neben ihr zu sitzen, während sie lese, dann werde sie die Stimme nicht mehr hören. Das passiere doch nur, weil sie allein sei, wenn ich am Tisch drüben neben ihr säße, könne ich immer etwas sagen, dann würden die Stimmen vergehen. »Aber ich *will* sie doch hören, verstehst du nicht, ich will nie mehr etwas anderes hören!« Es war ein so leidenschaftlicher Ausbruch, daß ich erschrak. Aber ich war auch voller Bewunderung dafür und verstummte. Während der folgenden Tage sah ich sie manchmal fragend an, sie verstand meinen Blick und sagte in einer Mischung von Glück und Verzweiflung: »Ich höre sie noch immer.«

Ich wachte über sie wie sie über mich, und wenn man jemandem so nah ist, gewinnt man ein untrügliches Gefühl für alle Regungen, die mit ihm übereinstimmen. Sosehr ich von ihren Passionen überwältigt war, einen falschen Ton hätte ich ihr nicht durchgehen lassen. Es war nicht Anmaßung, sondern Vertrautheit, die mir ein Recht auf Wachsamkeit gab, und ich zögerte nicht, über sie herzufallen, wenn ich einen fremden, ungewohnten Einfluß witterte. Eine Zeitlang ging sie in Vorträge von Rudolf Steiner. Was sie darüber berichtete, klang gar nicht nach ihr, es war, als spräche sie plötzlich in einer fremden Sprache. Ich wußte nicht, wer sie zum Besuch dieser Vorträge animierte, es kam nicht aus ihr, und als sie sich die Bemerkung entschlüpfen ließ, daß Rudolf Steiner etwas *Hypnotisches* habe, begann ich sie mit Fragen über ihn zu bestürmen. Da ich gar nichts über ihn wußte, konnte ich eine Auffassung von ihm nur aus ihren eigenen Berichten gewinnen und erkannte bald, daß er sie durch häufige Zitate aus Goethe gewonnen habe.

Ich fragte sie, ob ihr das denn neu sei, sie müsse das doch schon kennen, sie sage, sie habe alles von Goethe gelesen. »Weißt du, es hat ihn niemand *ganz* gelesen«, bekannte sie ziemlich verlegen, »und ich kann mich an nichts von diesen Sachen erinnern.« Sie schien sehr unsicher, denn ich war es gewöhnt, daß sie jede Silbe ihrer Dichter kannte, eben für ihre mangelhafte Kenntnis eines Autors griff sie andere heftig an und nannte sie »Schwätzer« und »Wirrköpfe«, die alles durcheinander brächten, weil sie zu faul seien, etwas bis auf den Grund zu erfahren. Ich gab mich mit ihrer Antwort nicht zufrieden und fragte weiter: ob sie nun möchte, daß ich auch diese Dinge glaube? Wir könnten doch nicht *verschiedene* Dinge glauben und wenn sie sich nach einigen Vorträgen Steiner anschließe, weil er so hypnotisch sei, dann würde ich mich dazu zwingen, jede Sache, die sie gesagt habe, auch zu glauben, damit uns nichts voneinander trenne. Es muß wie eine Drohung geklungen haben, vielleicht war es nur eine List: ich wollte in Erfahrung bringen, wie stark diese neue Macht sie gepackt hatte, die mir vollkommen fremd war, von der ich nichts gehört oder gelesen hatte, sie brach so plötzlich über uns herein, ich hatte das Gefühl, daß sie nun alles zwischen uns verändern werde. Am meisten fürchtete ich, daß es ihr gleichgültig sein könnte, ob ich mich ihr anschließe oder nicht, das hätte bedeutet, daß es ihr gar nicht mehr so wichtig wäre, was mit mir geschähe. Aber so weit war es keineswegs, denn von meiner »Beteiligung« wollte sie nichts wissen, mit einiger Heftigkeit sagte sie: »Du bist zu jung dazu. Das ist nichts für dich. Du sollst nichts davon glauben. Ich werde dir nie mehr etwas darüber erzählen.« Ich hatte gerade etwas Geld erspart, um ihr einen neuen Strindberg zu kaufen. Ich kaufte statt dessen kurzentschlossen ein Buch von Rudolf Steiner. Ich händigte es ihr feierlich ein, mit den heuchlerischen Worten: »Du interessierst dich doch dafür und du kannst dir nicht alles merken. Du sagst, es ist nicht leicht zu verstehen, man müßte es richtig studieren. Jetzt kannst du es in Ruhe lesen und bist besser vorbereitet für die Vorträge.«

Ihr war das aber gar nicht recht. Warum ich das gekauft hätte, fragte sie immer wieder. Sie wisse noch gar nicht, ob sie es behalten wolle. Vielleicht liege es ihr gar nicht. Sie habe doch noch gar nichts von ihm gelesen. Ein Buch könne man doch nur kaufen, wenn man ganz sicher sei, daß man es behalten wolle. Sie fürchtete, daß ich es nun selber lesen würde und dadurch, wie sie meinte, viel zu früh in eine bestimmte Richtung gedrängt werden könnte. Sie hatte Scheu vor allem, was nicht eigenster Erfahrung entsprang, und mißtraute eiligen Bekehrungen, sie spottete über Leute, die sich zu leicht bekehren ließen, und sagte von solchen oft: »Auch so ein Halm im Wind.« Sie genierte sich für das Wort Hypnose, das sie gebraucht hatte, und erklärte, daß sie das nicht auf sich bezogen habe, es sei ihr aufgefallen, daß die anderen Hörer dort wie unter einer Hypnose standen. Vielleicht sei es besser, wir verschöben das alles auf spätere Zeiten, wenn ich reifer sei und es eher zu begreifen vermöchte. Im Grunde war auch ihr am wichtigsten, was wir unter uns besprechen konnten, ohne Entstellungen und Verrenkungen, ohne etwas vorzumachen, was nicht wirklich schon Teil von uns war. Es war nicht das erste Mal, daß ich spürte, wie sie meiner Eifersucht entgegenkam. Sie hatte auch keine Zeit mehr, wie sie sagte, in diese Vorträge zu gehen, es sei so eine ungelegene Zeit für sie und sie versäume dadurch andere Dinge, von denen sie schon mehr verstehe. So opferte sie mir Rudolf Steiner auf, ohne ihn je wieder zu erwähnen. Ich empfand nicht die Unwürdigkeit dieses Sieges über einen Geist, von dem ich nicht einen einzigen Satz widerlegt hatte, weil ich keinen kannte. Ich hatte seine Gedanken daran gehindert, in ihrem Kopfe Fuß zu fassen, denn ich spürte, daß sie sich auf nichts von dem bezogen, was zwischen uns zur Sprache kam, es war mir nur um eines zu tun, sie von ihr wegzustoßen.

Was aber soll ich über diese Eifersucht denken? Ich kann sie weder billigen noch verdammen, ich kann sie nur verzeichnen. Sie war so früh ein Teil meiner Natur, daß es Fälschung wäre, darüber zu schweigen. Sie hat sich immer gemeldet, wenn ein Mensch mir wichtig wurde, und nur wenige unter solchen gab es, die nicht darunter zu leiden hatten. Sie bildete sich reich und vielseitig aus in der Beziehung zur Mutter. Sie ermöglichte es mir, um etwas zu kämpfen, das in jeder Hinsicht überlegen war, stärker, erfahrener, kenntnisreicher und auch selbstloser. Es fiel mir gar nicht ein, wie selbstsüchtig ich in diesem Kampf war, und wenn mir jemand damals gesagt hätte, daß ich die Mutter unglücklich mache – ich wäre sehr erstaunt gewesen. Sie war es ja, die mir dieses Recht auf sich gab. Sie schloß sich mir aufs engste in ihrer Einsamkeit an, weil sie niemanden kannte, der ihr gewachsen gewesen wäre. Hätte sie mit einem Mann wie Busoni Umgang gehabt, es wäre um mich geschehen gewesen. Ich war ihr darum verfallen, weil sie sich mir ganz darstellte, alle wichtigen Gedanken, die sie beschäftigten, teilte sie mir mit und die Zurückhaltung, mit der sie manches meiner Jugend wegen verdeckte, war eine scheinbare. Alles Erotische enthielt sie mir hartnäckig vor, das Tabu, das sie auf dem Balkon unserer Wiener Wohnung darauf gelegt hatte, blieb so wirksam in mir, als wäre es am Berg Sinai von Gott selbst verkündigt worden. Ich fragte nicht danach, es beschäftigte mich nie und während sie mich feurig und klug mit allen Inhalten der Welt erfüllte, blieb das eine ausgespart, das mich verwirrt hätte. Da ich nicht wußte, wie sehr Menschen diese Art der Liebe brauchen, konnte ich auch nicht ahnen, was sie entbehrte. Sie war zweiunddreißig damals und lebte allein, und das erschien mir so natürlich wie mein eigenes Leben. Wohl sagte sie manchmal, wenn sie böse mit uns wurde, wenn wir sie enttäuschten oder irritierten, sie opfere ihr Leben für uns, und wenn wir es nicht verdienten, würde sie uns weggeben in die starke Hand eines Mannes, der uns Mores lehren würde. Aber ich begriff nicht, ich konnte nicht begreifen, daß sie an ihr einsames Leben als Frau dabei dachte. Ich sah das Opfer darin, daß sie soviel Zeit an uns wandte, während sie doch lieber immerzu *gelesen* hätte.

Für dieses Tabu, das im Leben anderer Menschen oft die gefährlichsten Gegenregungen verursacht, bin ich ihr heute noch dankbar. Ich kann nicht sagen, daß es mir eine Unschuld bewahrt hat, denn in meiner Eifersucht war ich nichts weniger als unschuldig. Aber es beließ mir Frische und Naivität für alles, was ich wissen wollte. Ich lernte auf alle möglichen Weisen, ohne es je als Zwang oder Belastung zu empfinden, denn es gab nichts, das mich mehr gereizt oder heimlich beschäftigt hätte. Was immer auf mich zukam, schlug feste Wurzeln, es war Platz für alles, ich hatte nie das Gefühl, daß mir etwas vorenthalten wurde, im Gegenteil, mir schien, als werde mir alles dargeboten, und ich hätte es nur aufzufassen. Kaum war es in mir, bezog es sich auf anderes, verband sich damit, wuchs weiter, schuf seine Atmosphäre und rief nach Neuem. Das eben war die Frische, daß alles Gestalt annahm und nichts sich bloß summierte. Naiv war vielleicht, daß alles präsent blieb, das Fehlen des Schlafes.

Eine zweite Wohltat, die mir die Mutter während dieser gemeinsamen Züricher Jahre erwies, hatte noch größere Folgen: sie erließ mir die *Berechnung*. Ich bekam nie zu hören, daß man etwas aus praktischen Gründen tue. Es wurde nichts betrieben, was ›nützlich‹ für einen werden konnte. Alle Dinge, die ich auffassen mochte, waren gleichberechtigt. Ich bewegte mich auf hundert Wegen zugleich, ohne hören zu müssen, daß dieser oder jener bequemer, ergiebiger, einträglicher zu befahren sei. Es kam auf die Dinge selber an und nicht auf ihren Nutzen. Genau und gründlich mußte man sein und eine Meinung ohne Schwindeleien vertreten können, aber diese Gründlichkeit galt der Sache selbst und nicht irgendeinem Nutzen, den sie für einen haben könnte. Es wurde kaum darüber gesprochen, was man einmal tun würde. Das Berufliche trat so sehr zurück, daß einem alle Berufe offenblieben. Erfolg bedeutete nicht, daß man für sich selber weiterkam, der Erfolg kam allen zugute, oder es war keiner. Es ist mir rätselhaft, wie eine Frau ihrer Herkunft, des kaufmännischen Ansehens ihrer Familie wohl bewußt, voller Stolz darauf, es nie verleugnend, es zu dieser Freiheit, Weite und Uneigennützigkeit des Blickes gebracht hatte. Ich kann es nur der Erschütterung durch den Krieg zuschreiben, der Teilnahme für alle, die ihre kostbarsten Menschen an ihn verloren, daß sie ihre Grenzen plötzlich hinter sich ließ und zur Großmut selbst wurde, für alles, was dachte, fühlte und litt, wobei die Bewunderung für den leuchtenden Vorgang des Denkens, das jedem gegeben war, den Vorrang hatte.

Einmal erlebte ich sie fassungslos, es ist meine stummste Erinnerung an sie und das einzige Mal, daß ich sie auf der Straße weinen sah, sie war sonst zu beherrscht, um sich öffentlich gehenzulassen. Wir gingen zusammen am Limmatquai spazieren, ich wollte ihr etwas in der Auslage bei Rascher zeigen. Da kam uns eine Gruppe französischer Offiziere entgegen, in ihren auffälligen Uniformen. Manche von ihnen hatten Mühe zu gehen, die anderen paßten sich ihrer Gangart an, wir blieben stehen, um sie langsam passieren zu lassen. »Das sind Schwerverletzte«, sagte die Mutter, »sie sind zur Erholung in der Schweiz. Sie werden ausgetauscht gegen Deutsche.« Und schon kam von der anderen Seite eine Gruppe von Deutschen, auch unter ihnen welche mit Krücken, und die anderen langsam um ihretwillen. Ich weiß noch, wie der Schrecken mir in die Glieder fuhr: was wird jetzt geschehen, werden sie aufeinander losgehen? In dieser Betroffenheit wichen wir nicht rechtzeitig aus und fanden uns plötzlich zwischen den beiden Gruppen, die einander passieren wollten, eingeschlossen, in ihrer Mitte. Es war unter den Arkaden, Platz war wohl genug, aber wir sahen nun ganz nah in ihre Gesichter, wie sie sich aneinander vorbeischoben. Keines war von Haß oder Wut verzerrt, wie ich erwartet hatte. Sie sahen einander ruhig und freundlich an, als wäre es nichts, einige salutierten. Sie gingen viel langsamer als andere Menschen, und es dauerte, so kam es mir vor, eine Ewigkeit, bis sie aneinander vorüber waren. Einer der Franzosen drehte sich noch zurück, hob seine Krücke in die Luft, fuchtelte ein wenig mit ihr und rief den Deutschen, die nun schon vorüber waren, zu: »Salut!« Ein Deutscher, der es gehört hatte, tat es ihm nach, auch er hatte eine Krücke, mit der er fuchtelte, und gab den Gruß auf französisch zurück: »Salut!« Man könnte denken, wenn man das hört, daß die Krücken *drohend* geschwungen wurden, aber es war keineswegs so, man zeigte einander zum Abschied noch, was einem gemeinsam geblieben war: Krücken. Die Mutter war auf den Randstein getreten, stand vor der Auslage und drehte mir den Rücken zu. Ich sah, daß sie zitterte, trat neben sie, ich sah sie vorsichtig von der Seite an, sie weinte. Wir stellten uns, als ob wir die Auslage betrachteten, ich sagte kein Wort, als sie sich gefaßt hatte, gingen wir stumm nach Hause zurück, wir haben auch später nie von dieser Begegnung gesprochen.

Die Gottfried-Keller-Feier

Mit Walter Wreschner, aus der Parallelklasse, schloß ich eine literarische Freundschaft. Er war der Sohn eines Professors für Psychologie, aus Breslau. Er drückte sich immer ›gebildet‹ aus und sprach zu mir nicht im Dialekt. Unsere Freundschaft ergab sich sehr natürlich, wir sprachen über Bücher. Aber da war ein himmelweiter Unterschied zwischen uns, ihn interessierte das Modernste, über das man eben sprach, und das war damals Wedekind.

Wedekind kam manchmal nach Zürich und trat im Schauspielhaus auf, in ›Erdgeist‹. Er war heftig umstritten, es bildeten sich Parteien für oder gegen ihn, die gegen ihn war größer, die für ihn interessanter. Aus eigener Erfahrung wußte ich darüber nichts, und der Bericht der Mutter, die ihn im Schauspielhaus erlebt hatte, war wohl farbig (sie schilderte ausführlich sein Auftreten mit der Peitsche), aber im Urteil keineswegs sicher. Sie hatte etwas in der Art von Strindberg erhofft, und ohne die Verwandtschaft der beiden ganz zu leugnen, meinte sie, daß Wedekind etwas von einem Prediger habe und zugleich von einem Revolverjournalisten, er wolle immer Lärm machen und beachtet werden, es sei ihm gleichgültig, wie er sich bemerkbar mache, wenn man ihn nur bemerke. Strindberg aber bleibe streng und überlegen, obwohl er alles durchschaue. *Er* habe etwas von einem Arzt – aber nicht einer für Heilung und auch nicht einer für Körper. Ich würde erst begreifen, was sie meine, wenn ich ihn später selber läse. Über Wedekind bekam ich so jedenfalls eine sehr unzulängliche Vorstellung, und da ich nicht vorgreifen wollte und überaus geduldig war, wenn ich vom richtigen Menschen gewarnt wurde, konnte er mich noch nicht anziehen.

Wreschner hingegen sprach unaufhörlich von ihm, er hatte sogar ein Stück in seiner Art geschrieben und gab es mir zu lesen. Da wurde auf der Bühne nur so herumgeschossen, plötzlich, ohne Grund, ich verstand nicht warum. Die Sache war mir fremder, als wenn sie auf dem Mond gespielt hätte. Zu dieser Zeit suchte ich in allen Buchhandlungen den ›David Copperfield‹, der als Krönung von anderthalb Jahren Dickens-Begeisterung und als Geschenk für mich gedacht war. Wreschner kam mit, wenn ich in die Buchhandlungen ging, nirgends war der

›David Copperfield‹ zu finden. Wreschner, den eine so altmodische Lektüre nicht im geringsten interessierte, spottete über mich und meinte, es sei ein schlechtes Zeichen, daß es den Davidl Copperfield, wie er ihn verkleinernd nannte, nirgends gäbe, das bedeute, daß niemand ihn lesen wolle. »Du bist der einzige«, fügte er ironisch hinzu.

Schließlich fand ich den Roman, aber auf deutsch und in Reclam, und sagte Wreschner, wie dumm mir sein Wedekind (den ich nur aus seiner Imitation kannte) vorkomme.

Diese Spannung zwischen uns war aber angenehm, er hörte mir aufmerksam zu, wenn ich von meinen Büchern sprach, auch über den Inhalt des ›Copperfield‹ bekam er alles zu hören; während ich von ihm über die sonderbarsten Dinge erfuhr, die sich in den Wedekind-Stücken abspielten. Es störte ihn nicht, daß ich immer sagte: »Das gibt es nicht, das ist unmöglich!« Im Gegenteil, es machte ihm Freude, mich zu überraschen. Verwunderlich aber erscheint es mir heute, daß ich mich an nichts von dem erinnere, womit er mich staunen machte. Es glitt an mir ab, als wäre es nirgends vorhanden; da es nichts bei mir gab, woran es anknüpfen konnte, hielt ich es alles für dummes Zeug.

Es kam ein Augenblick, da unser beider Hochmut in eins zusammenschlug und wir als eine Partei von zweien gegen eine ganze Masse standen. Im Juli 1919 wurde die Jahrhundertfeier für Gottfried Keller abgehalten. Unsere ganze Schule sollte sich zu diesem Anlaß in der Predigerkirche versammeln. Wreschner und ich gingen von der Rämistraße miteinander zum Predigerplatz hinunter. Wir hatten nie etwas von Gottfried Keller gehört, daß er ein Züricher Dichter war, geboren vor 100 Jahren, war alles, was wir wußten. Es wunderte uns, daß die Feier in die Predigerkirche verlegt war, es war das erste Mal, daß so etwas passierte. Zuhause hatte ich vergeblich gefragt, wer das denn sei: die Mutter kannte nicht einmal den Titel eines einzigen seiner Werke. Auch Wreschner hatte nichts über ihn mitbekommen und meinte nur: »Er ist eben ein Schweizer.« Wir waren heiter gestimmt, weil wir uns ausgeschlossen fühlten, denn uns interessierte nur die Literatur der großen Welt, mich die englische, ihn die neue deutsche. Während des Krieges waren wir etwas wie Feinde gewesen, ich war auf die 14 Punkte Wilsons eingeschworen, er wünschte sich einen Sieg der Deutschen. Aber seit dem Zusammenbruch der Mittelmächte wandte ich mich von den Siegern ab, schon damals empfand ich Antipathie gegen Sieger, und als ich sah, daß die Deutschen nicht so behandelt wurden, wie Wilson es verheißen, ging ich auf ihre Seite über.

So trennte uns jetzt eigentlich nur Wedekind, aber wenn ich auch nichts von ihm verstand, ich zweifelte keinen Augenblick an seinem Ruhme. Die Predigerkirche war gesteckt voll, es herrschte eine feierliche Stimmung. Es gab Musik und dann kam eine große Rede. Ich weiß nicht mehr, wer sie hielt, es muß wohl ein Professor von unserer Schule gewesen sein, aber keiner von unseren eigenen. Ich weiß nur, daß er sich immer mehr in die Bedeutung Gottfried Kellers hineinsteigerte. Wreschner und ich wechselten verstohlen ironische Blicke. Wir glaubten zu wissen, was ein Dichter sei, und wenn wir von einem nichts wußten, war es eben keiner. Aber als der Redner immer größere Ansprüche für Keller machte, als er so von ihm sprach, wie ich es gewohnt war von Shakespeare, Goethe, Victor Hugo, von Dickens, Tolstoi und Strindberg zu hören, packte mich ein Entsetzen, wie ich es kaum zu beschreiben vermag, so als ob man das Höchste, was es auf der Welt gab, den Ruhm der großen Dichter, entheiligt habe. Ich wurde so zornig, daß ich am liebsten etwas dazwischengerufen hätte. Ich glaubte die Andacht der Masse um mich zu spüren, vielleicht auch, weil alles in einer Kirche stattfand, denn ich war mir zugleich sehr wohl dessen bewußt, wie gleichgültig vielen meiner Kameraden Keller war, schon weil ihnen Dichter, überhaupt die, die manchen Schulfach waren, eher lästig fielen. Die Andacht lag in der Art, wie alle es stumm hinnahmen, niemand muckste, auch ich war zu befangen oder zu wohlerzogen, um in einer Kirche zu stören, der Zorn ging nach innen und verwandelte sich in ein Gelübde, das nicht weniger feierlich war als die Gelegenheit, der es entsprang. Kaum waren wir aus der Kirche heraus, sagte ich todernst zu Wreschner, der lieber seine spöttischen Bemerkungen gemacht hätte: »Wir müssen schwören, wir müssen beide schwören, daß wir nie Lokalberühmtheiten werden wollen!« Er sah, daß mit mir nicht zu spaßen war, und schwor mir's so zu wie ich ihm, aber ich zweifle, daß er mit ganzem Herzen dabei war, denn den Dickens, den er so wenig gelesen hatte wie ich den Keller, hielt er für *meine* Lokalberühmtheit.

Es mag wohl sein, daß jene Rede wirklich phrasenhaft war,

dafür hatte ich früh ein gutes Gespür, aber was mich bis ins Innerste meiner naiven Gesinnung traf, war doch der hohe Anspruch für einen Dichter, den nicht einmal die Mutter gelesen hatte. Mein Bericht machte sie stutzig und sie sagte: »Ich weiß nicht, ich muß jetzt endlich etwas von ihm lesen.« Als ich das nächste Mal in den Lesezirkel Hottingen ging, bat ich, bis zum Schluß reserviert, um die ›Feldleute von Seldwyla‹. Das Fräulein am Schalter lächelte, ein Herr, der selbst etwas holen gekommen war, besserte mich aus, wie einen Analphabeten, es fehlte nicht viel, und er hätte gefragt: »Kannst du schon lesen?« Ich schämte mich sehr und verhielt mich, was Keller betraf, in Zukunft etwas zurückhaltender. Aber noch ahnte ich nicht, mit welchem Entzücken ich eines Tages den ›Grünen Heinrich‹ lesen würde, und als ich, Student und wieder in Wien, Gogol mit Haut und Haaren verfiel, schien mir in der deutschen Literatur, soweit ich sie damals kannte, eine einzige Geschichte wie von ihm: ›Die drei gerechten Kammacher‹. Hätte ich das Glück, im Jahr 2019 am Leben zu sein und die Ehre, zu seiner Zweihundert-Jahr-Feier in der Predigerkirche zu stehen und ihn mit einer Rede zu feiern, ich fände ganz andere Elogen für ihn, die selbst den unwissenden Hochmut eines Vierzehnjährigen bezwingen würden.

Wien in Not
Der Sklave aus Mailand

Zwei Jahre hielt die Mutter dieses Leben mit uns aus, wir hatten sie ganz für uns, mir schien sie glücklich, weil ich es selber war. Ich ahnte nicht, daß es ihr schwer fiel, und daß ihr etwas fehlte. Aber es wiederholte sich, was zuvor in Wien geschehen war, nach zwei Jahren der Konzentration auf uns begannen ihre Kräfte nachzugeben. Etwas in ihr bröckelte ab, ohne daß ich's merkte. Das Unglück kam wieder in Form einer Krankheit. Da es eine war, die damals alle Welt erfaßte, die große Grippe-Epidemie nämlich im Winter 1918/19, da wir drei sie hatten, wie alle Leute, die wir kannten, Schulkameraden, Lehrer, Freunde, sahen wir nichts Besonderes darin, daß auch sie erkrankte. Vielleicht fehlte es ihr an der richtigen Pflege, vielleicht stand sie zu früh auf: plötzlich stellten sich Komplikationen bei ihr ein und sie hatte eine Thrombose. Sie mußte ins Krankenhaus, wo sie einige Wochen lag, und als sie nach Hause kam, war sie nicht mehr die alte. Sie mußte viel liegen, sie mußte sich schonen, der Haushalt war ihr zuviel, sie fühlte sich beengt und bedrückt in der kleinen Wohnung.

Sie kniete nachts nicht mehr auf ihrem Stuhl, den Kopf in die Faust gestützt, der hohe Stoß gelber Bücher, den ich wie früher vorbereitet hatte, blieb unberührt, Strindberg war in Ungnade. »Ich bin zu unruhig«, sagte sie, »er deprimiert mich, ich kann ihn jetzt nicht lesen.« Nachts, wenn ich schon im Zimmer nebenan zu Bette lag, setzte sie sich ganz plötzlich ans Klavier und spielte traurige Lieder. Sie spielte leise, um mich nicht zu wecken, wie sie dachte, summte noch leiser dazu und dann hörte ich sie weinen und mit meinem Vater sprechen, der nun sechs Jahre tot war.

Die Monate, die folgten, waren eine Zeit allmählicher Auflösung. Durch immer wiederkehrende Schwächezustände überzeugte sie sich und mich davon, daß es so nicht weiterging. Sie würde den Haushalt auflösen müssen. Wir berieten hin und her, was mit den Kindern und mir geschehen müsse. Die kleinen Brüder gingen beide schon in die Schule in Oberstrass, aber es war noch eine Volksschule und so verloren sie nichts, wenn sie wieder nach Lausanne ins Pensionat kamen, wo sie schon 1916 während einiger Monate gewesen waren. Da konnten sie ihr Französisch verbessern, das noch nicht besonders gut war. Ich aber war schon im Realgymnasium der Kantonsschule, wo ich mich wohl fühlte und die meisten Lehrer mochte. Einen von ihnen liebte ich so sehr, daß ich der Mutter erklärte, ich würde nie wieder in eine Schule gehen, wo er nicht sei. Sie kannte die Heftigkeit dieser Passionen, negativer wie positiver Art, und wußte, daß damit nicht zu spaßen war. So galt es, während der ganzen langen Periode der Überlegungen als ausgemacht, daß ich in Zürich bleiben und da irgendwo in Pension kommen müsse.

Sie selber würde alles tun, um ihre Gesundheit, die schwer erschüttert war, wiederherzustellen. Den Sommer würden wir noch zusammen im Berner Oberland verbringen. Dann, nachdem wir drei an unseren respektiven Orten untergebracht waren, würde sie nach Wien fahren und sich von guten Spezialisten, die es da noch immer gab, gründlich untersuchen lassen. Die würden ihr zu den richtigen Kuren raten und sie würde alle ihre Ratschläge streng befolgen. Vielleicht würde es ein Jahr dauern, bis wir wieder zusammenleben könnten, vielleicht noch länger. Der Krieg war zu Ende, es zog sie nach Wien. Unsere Möbel und Bücher waren in Wien eingestellt, was wußte man, in welchem Zustand diese jetzt nach drei Jahren waren. Es gab soviel Gründe, nach Wien zu fahren, der Hauptgrund war Wien selbst. Man hörte immer wieder davon reden, wie schlecht es in Wien ging. Zu allen privaten Gründen dazu empfand sie etwas wie eine Verpflichtung, dort nach dem Rechten zu sehen. Österreich war zerfallen, das Land, an das sie mit einer Art von Verbitterung gedacht hatte, solange es Krieg führte, bestand nun für sie hauptsächlich aus Wien. Sie hatte den Mittelmächten die Niederlage gewünscht, weil sie davon überzeugt war, daß sie den Krieg begonnen hatten. Nun fühlte sie sich verantwortlich, ja beinahe schuldig für Wien, als hätte ihre Gesinnung die Stadt ins Unglück gestürzt. Eines Nachts sagte sie mir allen Ernstes, sie müsse für sich selber sehen, wie es da sei, der Gedanke, daß Wien ganz zugrundegehen könnte, sei ihr unerträglich. Ich begann, wenn auch noch unklar, zu begreifen, daß das Abbröckeln ihrer Gesundheit, ihrer Klarheit und Festigkeit, ihrer Gesinnung für uns mit dem Ende des Krieges, den sie doch so leidenschaftlich gewünscht hatte, und dem Zusammenbruch Österreichs zusammenhing.

Wir hatten uns mit dem Gedanken der kommenden Trennung abgefunden, als wir noch einmal zusammen nach Kandersteg fuhren, für den Sommer. Ich war es gewohnt, mit ihr in großen Hotels zu sein, seit ihrer frühen Jugend ging sie in keine anderen. Sie mochte die gedämpfte Atmosphäre, die Höflichkeit, mit der man bedient wurde, die wechselnden Gäste, die man vom eigenen Tisch aus während der Table d'Hôte ohne zu auffällige Neugier betrachten konnte. Zu uns mochte sie über alle diese Leute sprechen, sich in Vermutungen über sie ergehen, zu bestimmen versuchen, welcher Herkunft sie waren, sie leise mißbilligen oder hervorheben. Sie war der Meinung, daß ich auf diese Weise etwas von der großen Welt erfahre, ohne ihr zu nahe zu kommen, denn dazu sei es zu früh.

Den Sommer zuvor waren wir in Seelisberg gewesen, auf einer Terrasse hoch über dem Urnersee. Da stiegen wir oft mit ihr durch den Wald zur Rütliwiese hinunter, anfangs Wilhelm Tell zu Ehren, aber sehr bald, um die stark duftenden Zyklamen zu pflücken, deren Geruch sie liebte. Blumen, die nicht dufteten, sah sie nicht, es war, als ob sie nicht existierten, um so heftiger war ihre Passion für Maiglöckchen, Hyazinthen, Zyklamen und Rosen. Sie sprach gern davon und erklärte es mit den Rosen ihrer Kindheit im väterlichen Garten. Die Naturgeschichtshefte, die ich aus der Schule brachte und mit Eifer zu Hause ausführte – eine wahre Anstrengung für einen schlechten Zeichner –, schob sie von sich, nie gelang es mir, sie dafür zu interessieren. »Tot!« sagte sie, »das ist alles tot! Es riecht nicht, es macht einen nur traurig!« Von der Rütliwiese aber war sie hingerissen: »Kein Wunder, daß die Schweiz hier entstanden ist! Unter diesem Zyklamengeruch hätte ich alles geschworen. Die haben schon gewußt, was sie verteidigen. Für diesen Duft wäre ich bereit, mein Leben hinzugeben.« Plötzlich gestand sie, daß ihr am ›Wilhelm Tell‹ immer etwas gefehlt habe. Nun wisse sie, was es sei: der Geruch. Ich wandte ein, daß damals vielleicht noch keine Waldzyklamen da waren. »Natürlich waren sie da. Sonst gäbe es doch die Schweiz nicht. Glaubst du, die hätten sonst geschworen? Hier, hier war es, und dieser Geruch hat ihnen die Kraft zum Schwur gegeben. Glaubst du, es gab sonst keine Bauern, die von ihren Herren unterdrückt wurden? Warum war es gerade die Schweiz? Warum diese inneren Kantone? Auf der Rütliwiese ist die Schweiz entstanden und jetzt weiß ich, woher die ihren Mut nahmen.« Zum erstenmal gab sie ihre Zweifel an Schiller preis, damit hatte sie mich verschont, um mich nicht zu verwirren. Unter der Einwirkung dieses Geruchs warf sie ihre Bedenken über Bord und vertraute mir etwas an, was sie schon lange bedrückte: Schillers faule Äpfel. »Ich glaube, er war anders, als er die ›Räuber‹ schrieb, damals brauchte er keine faulen Äpfel.« »Und Don Carlos? Und der Wallenstein?« »Ja, ja«, sagte sie, »es ist schon gut, daß du das kennst. Du wirst noch drauf kommen, daß es Dichter gibt, die sich ihr Leben *leihen*. Andere *haben* es, wie Shakespeare.« Ich war so empört über ihren Verrat an unseren Wiener Abenden, an denen wir beide gelesen hatten, Shakespeare *und* Schiller, daß ich etwas respektlos sagte: »Ich glaube, du bist betrunken von den Zyklamen. Drum sagst du Sachen, die du sonst nie denkst.«

Sie ließ es dabei bewenden, sie mochte spüren, daß etwas Richtiges dran war, es gefiel ihr, wenn ich eigene Schlüsse zog und mich nicht überrumpeln ließ. Ich behielt auch dem Hotelleben gegenüber einen klaren Kopf und ließ mich durch die feinen Gäste, selbst die, die es wirklich waren, keineswegs bestechen.

Wir wohnten im ›Grand Hotel‹, manchmal, wenigstens in den Ferien, meinte sie, müsse man so leben, wie es einem gemäß sei. Auch sei es gar nicht schlecht, sich früh schon an den Wechsel der Verhältnisse zu gewöhnen. In der Schule sei ich auch mit den verschiedenartigsten Kameraden zusammen. Drum sei ich doch gern dort. Sie hoffe, ich sei nicht deswegen gern dort, weil ich leichter als andere lerne.

»Aber das willst du doch! Du würdest mich verachten, wenn ich in der Schule schlecht wäre!«

»Das meine ich nicht. Daran denke ich nicht einmal. Aber du redest gern mit mir und möchtest mich nie langweilen und dazu mußt du vieles wissen. Ich kann doch nicht mit einem Hohlkopf reden. Ich muß dich ernstnehmen.«

Das sah ich schon ein. Aber die Verbindung mit dem Leben in einem noblen Hotel begriff ich darum doch nicht ganz. Ich erkannte sehr wohl, daß es mit ihrer Herkunft zusammenhing, mit dem, was sie »eine gute Familie« nannte. Es gab schlechte Menschen in ihrer Familie, mehr als einen, sie sprach darüber ganz offen zu mir. In meiner Gegenwart hatte sie ihr Cousin und Schwager als ›Diebin‹ beschimpft, sie angeschrien und auf die niederträchtigste Weise beschuldigt. War er nicht aus derselben Familie? Und was war daran gut? Er wollte mehr Geld, als er schon hatte, so hatte sie es schließlich erklärt. Immer wenn ihre ›gute Familie‹ zur Sprache kam, stieß ich an eine Wand. Da war sie wie vernagelt, unerschütterlich und keinem Einwand zugänglich. Manchmal geriet ich in eine solche Verzweiflung darüber, daß ich sie heftig packte und schrie: »Du bist du! Du bist viel mehr als jede Familie!«

»Und du bist frech. Du tust mir nur weh. Laß mich los!« Ich ließ sie los, aber vorher sagte ich noch: »Du bist mehr als jeder andere Mensch auf der Welt! Ich weiß es! Ich weiß es!« »Du wirst schon einmal anders reden. Ich werde dich nicht daran erinnern.«

Ich kann aber nicht sagen, daß ich mich im ›Grand Hotel‹ unglücklich fühlte, es passierte zuviel. Man kam, wenn auch nur allmählich, mit Leuten ins Gespräch, die weit gereist waren. Als wir in Seelisberg waren, erzählte uns ein alter Herr von Sibirien, und wenige Tage später lernten wir ein Ehepaar kennen, das den

Amazonenstrom befahren hatte. Im Sommer darauf, in Kandersteg, wo wir natürlich wieder in einem ›Grand Hotel‹ wohnten, saß am Nebentisch ein sehr schweigsamer Engländer, der immer im selben Dünndruckband las, Mr. Newton. Die Mutter ruhte nicht, bis sie herausbekam, daß es ein Band Dickens war, ausgerechnet der ›David Copperfield‹. Mein Herz flog ihm zu, aber das machte ihm keinen Eindruck. Er schwieg wochenlang weiter, dann nahm er mich mit zwei anderen Kindern gleichen Alters auf einen Ausflug mit. Sechs Stunden waren wir zusammen unterwegs, ohne daß er mehr als – hie und da – eine Silbe von sich gegeben hätte. Als er uns bei der Rückkehr ins Hotel den respektiven Eltern übergab, bemerkte er: Mit Tibet sei diese Landschaft des Berner Oberlands nicht zu vergleichen. Ich starrte ihn an, als sei er Sven Hedin persönlich, aber mehr erfuhr ich nie.

Hier in Kandersteg kam es zu einem Ausbruch der Mutter, der mir mehr als ihre Schwächezustände, mehr als alle unsere Beratungen in Zürich bewies, wie unheimlich die Dinge waren, die in ihr vorgingen. Eine Familie aus Mailand traf im Hotel ein: die Frau eine schöne und üppige italienische Gesellschaftsdame, der Mann ein Schweizer Industrieller, der schon lange in Mailand lebte. Sie hatten einen leibeigenen Maler, Micheletti mit sich – »ein berühmter Maler«, der nur für die Familie malen durfte und immer von ihr bewacht wurde: ein kleiner Mann, der sich so aufführte, als trüge er leibliche Fesseln, dem Industriellen für sein Geld, der Dame für ihre Schönheit hörig. Er bewunderte die Mutter und machte ihr eines Abends beim Verlassen des Speisesaals ein Kompliment. Er wagte es zwar nicht, ihr zu sagen, daß er ihr Porträt malen möchte, doch hielt sie es für sicher und sagte, als wir im Lift zu uns hinauffuhren: »Er wird mich malen! Ich werde unsterblich!« Dann ging sie in ihrem Hotelzimmer oben auf und ab und wiederholte: »Er wird mich malen! Ich werde unsterblich!« Sie konnte sich nicht beruhigen, noch lange – die ›Kinder‹ waren schon schlafen gegangen – blieb ich mit ihr auf, sie war nicht imstande, sich zu setzen, wie auf einer Bühne ging sie unaufhörlich im Zimmer auf und ab, deklamierte und sang und sagte eigentlich nichts, nur immer wieder in allen Tonarten: »Ich werde unsterblich!«

Ich suchte sie zu beruhigen, ihre Aufregung befremdete und erschreckte mich. »Aber er hat dir doch gar nicht gesagt, daß er dich malen will!« »Mit den Augen hat er's gesagt, mit den Augen, mit den Augen! Er konnte es doch nicht aussprechen, die Dame stand dabei, wie hätte er's sagen sollen! Sie bewachen ihn, er ist ihr Sklave, er hat sich ihnen verschrieben, für eine Rente hat er sich verschrieben, alles was er malt, gehört ihnen, sie zwingen ihn zu malen, was *sie* wollen. Ein großer Künstler und so schwach! Aber mich will er malen. Er wird den Mut dazu finden und es ihnen sagen! Er wird ihnen drohen, daß er nie wieder etwas malt! Er wird es erzwingen. Er wird mich malen und ich werde unsterblich!« Dann ging es wieder los, der letzte Satz als Litanei. Ich schämte mich für sie und fand es erbärmlich, und als der erste Schrecken vorüber war, wurde ich zornig und griff sie auf jede Weise an, bloß um sie zu ernüchtern. Sie sprach nie über Malerei, es war die eine Kunst, die sie kaum interessierte, von der sie nichts verstand. Um so beschämender war es, wie wichtig sie ihr plötzlich wurde. »Du hast doch kein Bild von ihm gesehen! Vielleicht würde es dir gar nicht gefallen, was er malt. Du hast doch noch nie seinen Namen gehört. Woher weißt du, daß er so berühmt ist?« »Sie haben's selber gesagt, seine Sklavenhalter, sie haben sich nicht gescheut, es zu sagen: ein berühmter Porträtmaler aus Mailand, und halten ihn gefangen! Er schaut mich immer an. Er schaut von ihrem Tisch immer zu mir herüber. Er schaut sich die Augen nach mir aus, er kann nicht anders. Er ist ein Maler, es ist eine höhere Gewalt, ich habe ihn inspiriert und er muß mich malen!«

Sie wurde von vielen angeschaut, und nie auf eine billige oder unverschämte Weise. Es konnte ihr nichts bedeuten, denn sie sprach nie davon, ich dachte, sie bemerke es nicht, sie war immer mit irgendwelchen Gedanken beschäftigt, ich bemerkte es wohl, mir entging kein Blick, der ihr galt, und vielleicht war es Eifersucht und nicht nur Respekt, warum ich ihr nie ein Wort darüber sagte. Aber jetzt holte sie es auf eine schreckliche Weise nach, ich schämte mich für sie nicht, weil sie unsterblich werden wollte (das verstand ich schon, obwohl ich nie geahnt hätte, wie heftig, ja wie gewaltig dieser Wunsch in ihr war), aber daß sie seine Erfüllung in die Hände eines anderen legte, noch dazu eines, der sich verkauft hatte, den sie selbst als unwürdigen Sklaven empfand, daß es von der Feigheit dieser Kreatur abhängen sollte und von der Laune seiner Herren, der reichen Familie aus Mailand, die ihn wie einen Hund an der Leine hielten und ihn vor aller

Augen ungescheut zurückpfiffen, wenn er mit irgendwem ein Gespräch begann: das fand ich entsetzlich, das fand ich eine Demütigung der Mutter, die ich nicht ertrug, und in meinem Zorn, den sie immer weiter anfachte, zerbrach ich ihre Hoffnung, indem ich ihr erbarmungslos bewies, daß er jeder Frau, in deren Nähe er beim Verlassen des Speisesaals geriet, Komplimente machte, und zwar immer nur kurz, bis seine Herren ihn am Arme packten und wegzerrten.

Sie gab aber nicht gleich nach, wie eine Löwin kämpfte sie um ihr Kompliment von Micheletti, widerlegte, was ich eben bewiesen hatte, warf mir jeden einzelnen Blick an den Kopf, den er ihr je gegönnt hatte, sie hatte keinen versäumt und keinen vergessen, in den wenigen Tagen seit der Ankunft der Mailänder hatte sie, wie sich herausstellte, überhaupt nichts anderes registriert, auf seine Komplimente hatte sie gelauert, und es eigens so eingerichtet, daß sie zur selben Zeit wie er den Ausgang des Speisesaals erreichte, seine Herrin, die schöne Gesellschaftsdame, haßte sie zwar wie die Pest, räumte aber ein, daß sie ihre Motive begreife, sie wolle eben selbst sooft wie möglich von ihm gemalt sein, und er, ein etwas leichtfertiger Mensch, der seinen Charakter kenne, habe sich freiwillig in diese Sklaverei begeben, um nicht zu verkommen, seiner Kunst zuliebe, die ihm über alles gehe, und er habe recht daran getan, es sei geradezu weise von ihm gewesen, was wisse unsereins schon von den Versuchungen eines Genies, und alles, was wir in einem solchen Falle tun könnten, sei, beiseite zu treten und ruhig zu warten, ob es Gefallen an uns finde und wir zu seiner Entfaltung etwas beitragen könnten. Im übrigen sei sie ganz sicher, daß er sie malen und unsterblich machen wolle.

Seit Wien, seit den Teebesuchen des Herrn Dozenten, hatte ich keinen solchen Haß mehr gegen sie empfunden. Dabei war es so plötzlich gekommen, es hatte genügt, daß der Schweizer aus Mailand am Abend seiner Ankunft vor einer Gruppe von Hotelgästen eine Bemerkung über den kleinen Micheletti fallen ließ. Er wies auf seine weißen Gamäschchen, schüttelte den Kopf und sagte: »Ich weiß nicht, was die Leute mit ihm haben. Jeder in Mailand will von ihm gemalt sein, er hat auch nicht mehr als zwei Hände, oder?«

Vielleicht spürte die Mutter etwas von meinem Haß, sie hatte ihn damals in Wien während böser Wochen erfahren, und trotz des Wahns, in dem sie jetzt befangen war, empfand sie meine Gegnerschaft erst als störend und dann als gefährlich. Hartnäckig bestand sie auf dem Porträt, an das sie glauben mußte, noch als ich spürte, wie ihre Kräfte nachließen, wiederholte sie die immerselben Worte. Aber plötzlich blieb sie auf ihrem Gang durchs Zimmer drohend vor mir stehen und sagte höhnisch: »Du bist doch nicht neidisch auf mich? Soll ich ihm sagen, daß er uns nur zusammen malen darf? Pressiert es dir so? Willst du dir's nicht selber verdienen?«

Diese Beschuldigung war so niedrig und so falsch, daß ich nichts darauf erwidern konnte. Es verschlug mir wohl die Rede, aber keinen Gedanken. Da sie mich während ihrer Sätze endlich angesehen hatte, las sie ihre Wirkung auf meinem Gesicht, brach zusammen und verfiel in heftiges Klagen: »Du glaubst, ich bin verrückt. Du hast dein ganzes Leben vor dir. Mein Leben ist zu Ende. Bist du ein alter Mann, daß du mich nicht verstehst? Ist dein Großvater in dich gefahren? Er hat mich immer gehaßt. Aber dein Vater nicht, dein Vater nicht. Wäre er am Leben, er würde mich jetzt vor dir schützen.«

Sie war so erschöpft, daß sie zu weinen anfing. Ich umarmte sie und streichelte sie und gestand ihr aus Mitleid das Bild zu, das sie sich ersehnte. »Es wird sehr schön sein. Du mußt allein darauf sein. Du ganz allein. Alle Leute werden es bewundern. Ich werde ihm sagen, daß er dir's schenken muß. Aber besser wär's, es kommt in ein Museum.« Dieser Vorschlag gefiel ihr und sie beruhigte sich allmählich. Aber sie fühlte sich sehr schwach, ich half ihr zu Bett. Ihr Kopf lag matt und erschöpft auf dem Kissen. Sie sagte: »Heute bin ich das Kind und du die Mutter«, und schlief ein.

Am nächsten Tag mied sie ängstlich Michelettis Blicke. Ich beobachtete sie besorgt. Ihre Begeisterung war verraucht, sie erwartete nichts. Der Maler machte anderen Frauen Komplimente und wurde von seinen Wächtern weggezogen. Sie bemerkte es nicht. Nach wenigen Tagen verließ die Mailänder Gesellschaft das Hotel, die Dame war mit irgend etwas unzufrieden. Als sie fort waren, kam Herr Loosli, der Hotelier, an unseren Tisch und sagte zur Mutter, daß er solche Gäste nicht möge. Der Maler sei gar nicht so berühmt, er habe sich erkundigt. Die Herrschaften seien offenbar auf Aufträge für ihn aus gewesen. Er führe ein solides Haus und für Abenteurer sei das nicht der richtige Ort. Mr. Newton, am Tisch nebenan, sah von seinem Dünndruckband auf, nickte und verschluckte einen Satz. Das war für ihn viel und wurde von Herrn Loosli und uns als Mißbilligung verstanden. Die Mutter sagte zu Herrn Loosli: »Er hat sich nicht korrekt benommen.« Der Hotelier setzte seinen Rundgang fort und entschuldigte sich auch bei anderen Gästen. Alles schien über den Fortgang der Mailänder erleichtert.

Teil 5
Zürich – Tiefenbrunnen
1919-1921

Die guten Jungfern der Villa ›Yalta‹
Dr. Wedekind

Die Herkunft des Namens Yalta war mir unbekannt, er klang mir aber vertraut, weil er etwas Türkisches hatte. Das Haus lag draußen in Tiefenbrunnen, sehr nah beim See, nur durch eine Straße und eine Eisenbahnlinie von ihm getrennt, es lag, ein wenig erhöht, in einem baumreichen Garten. Über eine kurze Auffahrt gelangte man vor die linke Seite des Hauses, an jeder seiner vier Ecken stand eine hohe Pappel, so dicht beim Haus, daß es war, als ob sie es trügen. Sie nahmen dem vierschrötigen Gebilde etwas von seiner Schwere, sie waren noch ziemlich weit draußen vom See aus sichtbar und bezeichneten seine Stelle.

Der vordere Garten war durch Efeu und immergrüne Bäume von der Straße abgeschirmt, da gab es Plätze genug, wo man sich verstecken konnte. Eine mächtige Eibe stand näher beim Haus, mit breiten Ästen, als wären sie zum Klettern hingestellt, im Nu war man oben.

Hinterm Haus führten einige Steinstufen zu einem alten Tennisplatz hinauf, er wurde nicht mehr instandgehalten, sein Boden war uneben und rauh, er war zu allem, nur nicht zum Tennisspielen geeignet und diente zu sämtlichen öffentlichen Aktivitäten. Ein Apfelbaum neben den Steinstufen war ein Wunder an Fruchtbarkeit, als ich einzog, war er so sehr mit Äpfeln überladen, daß man ihn vielfach stützen mußte. Wenn man die Stufen hinaufsprang, fielen Früchte zu Boden. Links in einem kleinen Nebenhaus, dessen Mauer mit Spalieren überzogen war, wohnte ein Cellist mit seiner Frau zur Miete, vom Tennisplatz aus hörte man ihn üben.

Der eigentliche Obstgarten begann erst dahinter. Er war reich und trug viel, neben dem einen Apfelbaum, den man seiner Lage wegen immer im Auge behielt, kam er aber nicht so sehr zur Geltung.

Von der Auffahrt trat man ins Haus durch eine große Halle ein, nüchtern wie ein ausgeräumtes Schulzimmer. An einem langen Tisch saßen da gewöhnlich einige junge Mädchen über

Aufgaben und Briefen. Die Villa ›Yalta‹ war lange Zeit ein Mädchenpensionat gewesen. Vor kurzem hatte man sie in eine Pension verwandelt, die Insassen waren auch weiterhin junge Mädchen aus aller Herren Länder, die aber keinen Unterricht mehr im Haus bekamen und auswärtige Institutionen besuchten, doch gemeinsam aßen und von den Damen behütet wurden.

Das lange Speisezimmer im Untergeschoß, wo es immer muffig roch, war nicht weniger kahl als die Halle. Zum Schlafen hatte ich ein kleines Dachzimmer im zweiten Stock, schmal und karg eingerichtet, durch die Bäume des Gartens sah ich den See.

Der Bahnhof Tiefenbrunnen war nah, von der Seefeldstraße, an der das Haus lag, führte eine Passerelle über die Eisenbahnlinie zu ihm hinüber. Zu gewissen Zeiten des Jahres ging die Sonne eben auf, wenn ich auf der Passerelle oben stand, obschon ich spät und in Eile war, versäumte ich nie, stehenzubleiben und der Sonne meine Reverenz zu erweisen. Dann stürzte ich die Holzstufen zum Bahnhof hinunter, sprang in den Zug und fuhr eine Station durch den Tunnel nach Stadelhofen. Auf der Rämistraße rannte ich zur Kantonsschule hinauf, blieb aber überall stehen, wo es etwas zu sehen gab, und kam immer spät in der Schule an.

Den Heimweg ging ich zu Fuß, über die höhergelegene Zollikerstraße, meist in Gesellschaft eines Kameraden, der auch in Tiefenbrunnen wohnte. Wir waren in wichtige Gespräche vertieft, es tat mir leid, wenn wir draußen anlangten und uns trennen mußten. Von den Damen und jungen Mädchen, unter denen ich lebte, sprach ich zu ihm nie, ich fürchtete, er könnte mich für so viel Weiblichkeit verachten.

Trudi Gladosch, die Brasilianerin, lebte schon seit sechs Jahren in der ›Yalta‹, sie war Pianistin und ging aufs Konservatorium und sie gehörte zum Bestand des Hauses. Es war schwer, das Haus zu betreten, ohne sie üben zu hören. Ihr Zimmer war oben und sie übte zumindest sechs Stunden am Tag, oft länger. Man gewöhnte sich so sehr daran, daß ihre Töne einem fehlten, wenn sie aufhörte. Winters war sie immer in mehrere Pullover gewickelt, denn sie fror erbärmlich. Sie litt unter dem Klima, an das sie sich nie gewöhnte. Ferien gab es für sie keine, Rio de Janeiro, wo ihre Eltern lebten, war zu weit, in sechs Jahren war sie nie zu Hause gewesen. Sie sehnte sich danach, aber nur wegen der Sonne. Über die Eltern sprach sie nie, sie erwähnte sie höchstens, wenn ein Brief von zuhause kam, und das war sehr selten, ein-, zweimal im Jahr. Der Name Gladosch war tschechisch, der Vater war von Böhmen nach Brasilien ausgewandert, gar nicht besonders lange her, sie selbst war schon in Brasilien geboren. Trudi hatte eine hohe, etwas krähende Stimme; wir diskutierten gern, es gab nichts, worüber wir nicht diskutierten. Sie hatte eine Art sich aufzuregen, die mich reizte. Viele edle Meinungen hatten wir gemeinsam, in der Verachtung für alles Käufliche waren wir ein Herz und eine Seele; aber ich bestand darauf, mehr zu wissen als sie, die immerhin fünf Jahre älter war als ich, und wenn sie, aus einem sozusagen wilden Lande stammend, die Sache des Gefühls gegen das Wissen vertrat und ich die Notwendigkeit auch des Wissens verteidigte, das sie als schädlich und korrumpierend empfand, gerieten wir uns unweigerlich in die Haare. Das führte bis zu wirklichen Raufereien, ich suchte sie an den Händen niederzuzwingen, wobei ich immer die Arme ausgestreckt hielt und sie nicht zu nahe kommen ließ, denn sie strömte, besonders während unserer Dispute, einen starken Geruch aus, der mir unerträglich war. Vielleicht wußte sie gar nicht, wie unleidlich sie roch, und die unkörperliche Art unserer Raufereien mag sie sich mit meiner Scheu vor ihren reiferen Jahren erklärt haben. Im Sommer trug sie, was sie ihr Merida-Kleid nannte, ein weißes, hemdartiges Gebilde, mit einem runden Halsausschnitt, wenn sie sich bückte, sah man ihre Brust, was ich zwar bemerkte, aber es bedeutete mir nichts, und nur als ich eines Tages einen riesigen Furunkel auf ihrer Brust gewahrte, empfand ich plötzlich ein ganz heißes Mitleid für sie, so als sei sie aussätzig und ausgestoßen. Ausgestoßen war sie, denn ihre Familie hatte seit Jahren die Pension für sie nicht bezahlt und vertröstete das Fräulein Mina immer wieder auf nächstes Jahr. Trudi fühlte, daß sie eine Art von Gnadenbrot aß, und hatte aus diesem Grunde eine besonders innige Beziehung zu Cäsar, dem alten Bernhardiner, der meist nur noch schlief und übel roch. Ich kam bald darauf, mit einiger Betretenheit, daß Trudi und Cäsar ähnlich rochen.

Wir waren aber Freunde und ich hatte sie gern, denn wir konnten über alles miteinander sprechen. Eigentlich waren wir tonangebend, sie durch ihr ewiges Üben und die sechsjährige Erfahrung im Haus, ich als Benjamin und einziges männliches Wesen. Sie war die älteste der Pensionärinnen, ich der jüngste.

Sie kannte die Damen des Hauses von allen Seiten, ich nur von den besten. Sie haßte Heuchelei und nahm sich kein Blatt vor den Mund, wenn sie einer der Damen auf etwas gekommen war. Aber sie war weder tückisch noch böse oder gehässig, ein gutartiges, doch etwas penetrantes Wesen, wie dazu geboren, zurückgesetzt oder mißachtet zu sein, von ihren Eltern offenbar früh an dieses Schicksal gewöhnt, und natürlich, was mich schon sehr kränkte, als ich drauf kam, unglücklich verliebt. Peter Speiser, ein viel besserer Pianist als sie, in seinem äußeren Gehaben schon der fertige und selbstbewußte Konzert-Virtuose, den sie vom Konservatorium her kannte, ging auch in die Kantonsschule, er war in einer Parallelklasse von mir und er war der erste Mensch, über den Trudi und ich miteinander sprachen. Ich war zu naiv, um zu merken, warum sie so gern die Rede auf ihn brachte, und erst nach einem halben Jahr, als ich zufällig ein Briefkonzept von ihr an ihn herumliegen fand, das ich las, fielen mir die Schuppen von den Augen. Ich stellte sie zur Rede und sie gestand, daß sie ihn unglücklich liebe.

Während dieser ganzen Zeit hatte ich Trudi als eine natürliche Art von Besitz betrachtet, um den man sich keine besondere Mühe gab, der immer da war und einem einfach gehörte, wobei aber ›gehören‹ einen noch völlig harmlosen Inhalt hatte. Daß sie mir gar nicht gehörte, merkte ich erst nach ihrem Geständnis. Nun war mir, als hätte ich sie verloren, und als etwas Verlorenes wurde sie mir wichtig. Ich sagte mir, daß ich sie verachte. Denn der Bericht über den Versuch, Peter für sich zu interessieren, klang jämmerlich. Sie dachte nur an Unterwürfigkeit, ihre Instinkte waren die einer Sklavin. Sie wollte von ihm getreten sein, sie warf sich ihm – brieflich – zu Füßen. Aber ihm, der stolz und hochmütig war, fiel es leicht, sie nicht zu beachten. Er sah sie nicht zu seinen Füßen, und wenn er sie trat, war es ein Zufall, den er nicht bemerkte. Sie selbst war nicht ohne ihre Art von Stolz, sie hütete ihr Gefühl, wie sie Gefühle überhaupt ernst nahm und achtete, sie trat für die Unabhängigkeit der Gefühle ein, das war ihr Patriotismus; meinen für die Schweiz, für die Schule, für das Haus, in dem wir beide lebten, teilte sie nicht, sie empfand ihn als unreif, Peter war ihr wichtiger als die ganze Schweiz. Unter ihren Musikkollegen, sie hatten denselben Lehrer, war er der Beste, seine Karriere galt als gesichert, von zu Hause wurde auf jede Weise für ihn gesorgt, er war verwöhnt und immer schön angezogen, er hatte eine Künstlermähne und einen großen Mund, den er voll nahm, ohne daß es unnatürlich wirkte, aber er war auch gleichmäßig freundlich, in seinem Alter schon leutselig, übersah niemanden, denn jeder ist zum Spenden von Applaus befähigt, doch den leidenschaftlich gefärbten Applaus der Trudi litt er nicht. Als er begriff, wie sie zu ihm stand, – nach vielen Liebesbriefen an ihn, die sie nicht abschickte und in ihrer nachlässigen Art zu vernichten vergaß, sandte sie ihm einen, den sie ins reine geschrieben hatte, – sprach er nicht mehr zu ihr und grüßte sie nur noch kühl aus der Ferne. Es war zu dieser Zeit –Trudi klagte mir ihr Leid, es war Sommer und sie hatte das ewige Merida-Kleid an, – daß sie sich nach vorn beugte, um das Maß ihrer Unterwürfigkeit unter Peters Willen zu bekunden, und ich das riesige Furunkel auf ihrer Brust gewahrte und mein Mitleid für sie entbrannte.

Fräulein Mina schrieb sich mit *einem* ›n‹, sie hatte, wie sie sagte, mit Minna von Barnhelm nichts zu tun, ihr voller Name war Hermine Herder. Sie war das Oberhaupt des vierblättrigen Kleeblatts, das die Pension betrieb, und sie war auch die Einzige unter den vieren, die einen Hauptberuf hatte, auf den sie sich nicht wenig zugute hielt, sie war Malerin. Ihr etwas zu runder Kopf saß tief zwischen den Schultern auf einem kurzen Körper, so direkt saß er darauf, als hätte es noch nie einen Hals gegeben, welch überflüssige Einrichtung. Der Kopf war sehr groß, zu groß für den Körper, das Gesicht war von unzähligen roten Äderchen durchzogen, die sich besonders auf den Wangen häuften. Sie war 65, aber sie wirkte unverbraucht, wer ihr ein Kompliment über die Frische ihres Geistes machte, bekam zu hören, daß das Malen sie jung erhalten habe. Sie sprach langsam und deutlich, so wie sie auch ging, sie war immer dunkel gekleidet, und ihre Schritte unterm Rock, der bis zum Boden reichte, bemerkte man nur, wenn sie die Treppe in den zweiten Stock hinaufstieg, ins ›Spatzennest‹, ihr Atelier, wohin sie sich zum Malen zurückzog. Da malte sie nichts als Blumen und nannte sie ihre Kinder. Sie hatte mit Illustrationen zu botanischen Büchern begonnen, sie verstand sich auf die Eigenart der Blumen und genoß das Vertrauen von Botanikern, die sie für ihre Bücher gern heranzogen. Sie sprach von ihnen wie von guten

Freunden, zwei Namen, die sie häufig nannte, waren die der Professoren Schröter und Schellenberg. Die ›Alpenflora‹ Schröters war das am besten bekannte ihrer Werke. Professor Schellenberg kam noch zu meiner Zeit ins Haus und brachte eine interessante Flechte oder ein besonderes Moos mit, das er Fräulein Herder umständlich, wie in einer Vorlesung, auf Schriftdeutsch erklärte.

Ihre geruhsame Art hing wohl mit dem Malen zusammen. Sobald sie mich ein wenig mochte, wurde ich ins ›Spatzennest‹ geladen, wo ich ihr beim Malen zusehen durfte. Da wunderte ich mich dann sehr darüber, wie langsam und getragen es zuging. Schon der Geruch des Ateliers machte es zu einem eigenen Ort, mit keinem anderen vergleichbar, ich schnupperte danach, kaum daß ich es betrat, aber wie alles, was hier vor sich ging, geschah auch das Schnuppern bedächtig. Sobald sie den Pinsel in die Hand nahm, begann sie über ihre Taten zu berichten. »Und jetzt nehme ich etwas Weiß, ein ganz klein wenig Weiß. Ja, ich nehme Weiß, weil es hier nicht anders geht, ich muß eben Weiß nehmen.« Dabei wiederholte sie den Namen der Farbe, so oft sie nur konnte, das war auch eigentlich alles, was sie sagte. Dazwischen nannte sie immer wieder die Blumen, die sie malte, und zwar bei ihrem botanischen Namen. Da sie jede Art fein säuberlich für sich allein malte und ungern mit anderen vermischte, – denn so hatte sie's schon immer mit den botanischen Illustrationen gehalten –, lernte man diese lateinischen Namen von ihr, zusammen mit den Farben. Sonst sagte sie nichts, weder über den Standort, noch über den Bau und die Funktionen der Pflanze, alles was wir von unserem Lehrer für Naturgeschichte lernten, alles was uns neu und berückend war und wir in unsere Hefte zeichnen mußten, ließ sie aus, und so hatten die Besuche im Spatzennest etwas Rituelles, das sich aus dem Terpentingeruch, den reinen Farben auf der Palette und den lateinischen Namen für Blumen zusammensetzte. Fräulein Mina sah in dieser Verrichtung etwas Ehrwürdig-Heiliges, und einmal, in einem feierlichen Augenblick, vertraute sie mir an, sie sei eine Vestalin und habe darum nicht geheiratet, wer sein Leben der Kunst gewidmet habe, der müsse auf das Glück gewöhnlicher Menschenkinder verzichten.

Fräulein Mina war friedlich gesinnt und tat niemandem etwas zuleide, das hing schon mit den Blumen zusammen. Sie hatte keine schlechte Meinung von sich, auf ihren Grabstein wünschte sie sich einen Satz: »Sie war gut.«

Wir wohnten nah am See und gingen rudern; Kilchberg war gleich gegenüber, wir ruderten einmal hin, um das Grab Conrad Ferdinand Meyers zu besuchen, der um diese Zeit zu meinem Dichter wurde. Ich war betroffen von der Einfachheit der Inschrift auf dem Grabstein. Da stand nichts von ›Dichter‹, da trauerte niemand, da war er niemand unvergeßlich, da stand nur: ›Hier ruht Conrad Ferdinand Meyer. 1825–1898.‹ Ich begriff, daß jedes Wort den Namen nur verringert hätte, und hier wurde mir zum erstenmal bewußt, daß es auf den Namen allein ankam, daß er allein trug und neben ihm alles Übrige verblaßte. Bei der Heimfahrt, ich war nicht an der Reihe mit Rudern, brachte ich kein Wort hervor, die Schweigsamkeit der Inschrift hatte sich auf mich übertragen, doch plötzlich zeigte es sich, daß ich nicht der einzige war, der an das Grab dachte, denn Fräulein Mina sagte: »Ich möchte nur einen Satz auf meinem Grab: sie war gut.« In diesem Augenblick mochte ich Fräulein Mina gar nicht, denn ich spürte, daß der Dichter, dessen Grab wir eben besucht hatten, ihr nichts bedeutete.

Sie sprach oft von Italien, das sie gut kannte. In früheren Jahren war sie Erzieherin bei den Grafen Rasponi gewesen und die jüngere Gräfin, ihr damaliger Zögling, lud sie alle zwei Jahre einmal zu sich ein, auf die Rocca di Sant Arcangelo, in die Nähe von Rimini. Die Rasponis waren kultivierte Leute, interessante Menschen verkehrten bei ihnen, denen Fräulein Mina im Laufe der Jahre begegnet war. Aber an Leuten, die wirklich berühmt waren, fand Fräulein Mina immer etwas auszusetzen. Sie war mehr für die stillen Künstler, die im verborgenen blühten, vielleicht dachte sie dabei an sich. Es war auffallend, daß nicht nur sie, sondern auch Fräulein Rosy und die anderen Damen des Hauses jeden Dichter gelten ließen, der etwas veröffentlicht hatte. Wenn es eine Reihe von Vorlesungen gab, bei der die mittlere oder jüngere Generation der Schweizer Dichter auftrat, ging zumindest Fräulein Rosy, die mehr für Literatur als für Malerei zuständig war, regelmäßig hin und gab uns dann am nächsten Tag in der Halle einen ausführlichen Bericht über die Eigenheiten des Mannes. Da war man todernst und selbst wenn man seine Gedichte nicht verstand, so gefiel einem doch dies oder jenes an der Art des Mannes, seine Schüchternheit, wenn er sich verbeugte, oder seine Konfusion, wenn er sich versprach. Sehr verschieden war die Haltung zu Leuten, die in aller Munde waren. Die sah man mit ganz anderen, mit kritischen Augen und nahm ihnen besonders jede Eigenschaft übel, die von den eigenen abstach.

Als das Haus noch ein Mädchenpensionat war, vor gar nicht vielen Jahren, luden die Damen hie und da Dichter ein, die für die Mädchen aus ihren Werken vorlasen. Carl Spitteler kam eigens aus Luzern herüber und fühlte sich unter den Mädchen wohl. Er spielte gern Schach und suchte sich als Partnerin die beste Spielerin Lalka, eine Bulgarin, aus. Da saß er nun in der Halle, ein Mann von über siebzig Jahren, stützte den Kopf auf die Hand, betrachtete das Mädchen und sagte langsam, nicht nach jedem ihrer Züge, aber doch öfter, als es sich gehörte: »Sie ist schön, und sie ist gescheit.« Zu den Damen hatte er gar nichts gesagt, er hatte sich überhaupt nicht um sie gekümmert, er war ihnen unhöflich oder doch einsilbig vorgekommen, und da saß er nun vor der Lalka, sah sie lange an und wiederholte ein übers andere Mal: »Sie ist schön, und sie ist gescheit.« Das vergaß man ihm nicht, es wurde oft erzählt, mit einer Entrüstung, die sich von Mal zu Mal steigerte.

Unter den vier Damen gab es eine, die gut *war,* die es aber nie von sich gesagt hätte. Sie malte nicht und ging nie zu Vorträgen und arbeitete am liebsten im Garten. Da traf man sie gewöhnlich an, wenn es die Jahreszeit zuließ, ein freundliches Wort hatte sie immer, aber dann eben nur ein Wort und nicht gleich Lektionen, ich kann mich nicht erinnern, von ihr je den lateinischen Namen einer Blume gehört zu haben, obwohl sie tagsüber immer mit Pflanzen beschäftigt war. Frau Sigrist war die ältere Schwester des Fräulein Mina, und mit ihren 68 Jahren sah sie wirklich alt aus. Sie hatte ein sehr verwittertes, ein ganz verrunzeltes Gesicht; sie war Witwe und hatte eine Tochter, die Tochter war eben Fräulein Rosy, die immer Lehrerin gewesen war und im Gegensatz zu ihrer Mutter unaufhörlich redete.

Man dachte nie daran, daß die eine Tochter und die andere Mutter war, man wußte es, aber es ging in die tägliche Vorstellung von ihnen nicht ein. Die vier Damen bildeten eine Einheit, die man mit keinem Mann in Verbindung brachte. Es fiel einem nie ein, daß sie Väter gehabt hatten, es war so, als wären sie ohne Vater auf die Welt gekommen. Frau Sigrist war die mütterlichste der vier, auch die toleranteste, von der ich kein Vorurteil und kein Verdammungsurteil hörte, aber sie äußerte nie den Anspruch einer Mutter. Ich hörte sie nie ›meine Tochter‹ sagen, hätte ich es nicht von Trudi erfahren, ich hätte nie etwas davon gemerkt. So war auch das Mütterliche unter den vier Damen sehr eingeschränkt worden, beinahe so, als wäre es nicht statthaft, ein wenig unanständig. Frau Sigrist war die ruhigste der vier, die sich nie zur Geltung brachte, sie gab nie Anweisungen, nie ordnete sie etwas an, vielleicht hörte man von ihr einen Laut der Zustimmung, aber auch das nur, wenn man sie allein im Garten traf, im Wohnzimmer, wo die vier abends zusammensaßen, blieb sie meist stumm. Sie saß ein wenig am Rand, den runden Kopf, der nicht ganz die Ausmaße des Kopfes von Fräulein Mina hatte, etwas geneigt, immer im gleichen Winkel, mit ihren tiefen Runzeln sah sie wie eine Großmutter aus, aber das sagte man nicht, und auch daß sie und Fräulein Mina Schwestern waren, kam nie zur Sprache.

Die dritte war Fräulein Lotti, eine Cousine, vielleicht eine arme Cousine, denn sie hatte am wenigsten Autorität. Sie war die schmalste und unscheinbarste, klein wie die beiden Schwestern, beinahe ebenso alt, ihre Züge scharf, ihr Gehaben wie ihr Ausdruck ungescheut die einer alten Jungfer. Ein wenig war sie zurückgesetzt, denn sie hatte keine geistigen Ansprüche. Sie sprach nie über Bilder oder Bücher, das überließ sie den anderen. Man sah sie immer nähen, darauf verstand sie sich, während ich neben ihr stand und auf einen Knopf wartete, den sie mir annähte, gab sie ein paar resolute Sätze von sich, in ihren kleinen Verrichtungen verriet sie mehr Energie als andere in den größten. Sie war am wenigsten herumgekommen und hatte noch Bindungen an die nähere Umgebung der Stadt. Eine jüngere Base von ihr wohnte in einem Bauernhaus in Itschnach, die besuchten wir manchmal auf einem längeren Spaziergang. Fräulein Lotti, die viel im Hause zu tun hatte (sie half auch in der Küche), kam dann nicht mit, sie hatte keine Zeit, was sie streng und ohne Wehleidigkeit sagte, denn das Ausgeprägteste an ihr war ihr Pflichtgefühl. Sie setzte ihren Stolz darein, sich Dinge zu versagen, an denen ihr besonders viel lag. Wenn wieder einmal ein Ausflug nach Itschnach besprochen wurde, hieß es im Haus: vielleicht, vielleicht komme sie diesmal mit, man dürfe ihr nur nicht zusetzen, wenn es einmal soweit wäre und sie uns versam-

melt im Garten stehen sehe, werde sie sich uns plötzlich anschließen. Es ist wahr, daß sie dann immer zu uns trat, aber nur
um sehr ausführliche Grüße an die Base aufzutragen. Ob sie
nicht selber mitkomme? Ja, was uns nur einfalle! Da sei Arbeit
im Haus für drei Tage und bis morgen sollte sie gemacht sein!
Doch nahm sie den Besuch, zu dem sie sich nie verleiten ließ,
sehr ernst. Sie legte Wert auf die Grüße, die wir von der Base
zurückbrachten, und auf einen ausführlichen Bericht über die
Ereignisse dort, mit verteilten Rollen. Wenn ihr etwas nicht
paßte, stellte sie Fragen oder schüttelte den Kopf. Es waren
wichtige Augenblicke im Leben von Fräulein Lotti, es waren
eigentlich die einzigen Ansprüche, die sie stellte, wenn man sie
zu lange ohne Berichte von ihrer Base ließ, nahm ihre Bissigkeit
zu und sie wurde unerträglich. Das passierte aber selten, es
gehörte zur Routine des Hauses, daß man daran dachte, ohne
daß es je offen zur Sprache kam.

Es bleibt die Jüngste und Größte der vier, die ich schon
erwähnt habe, Fräulein Rosy. Sie war im besten Alter, noch
keine vierzig, kräftig und rüstig, eine Gymnastikerin, unseren
Spielen auf dem Tennisplatz stand sie vor. Sie war durch und
durch Lehrerin und redete gern. Sie redete viel, in einem zu
gleichmäßigen Tempo, und was immer sie erklärte, geriet zu
ausführlich. Sie war an vielem interessiert, besonders an den
jüngeren Schweizer Dichtern, denn sie hatte auch Deutsch
unterrichtet. Es war aber gleichgültig, wovon sie sprach, denn
es klang immer, als wäre es dasselbe. Sie sah es als ihre Schul-
digkeit an, auf alles einzugehen, und es gab schwerlich etwas,
worauf sie nicht erwidert hätte. Doch kam man selten dazu, sie
etwas zu fragen, denn sie war zu jeder Zeit von selber dabei, sich
über etwas zu verbreiten, unerschöpflich waren ihre Initiativen.
Von ihr erfuhr man, was seit Anbeginn der Zeit in der ›Yalta‹
geschehen war, sämtliche Pensionärinnen aus aller Herren Länder lernte man kennen, womöglich mit den Eltern, die manchmal, leider nicht immer, zur Antrittsvisite mit erschienen waren,
man erfuhr von ihren Verdiensten und ihren Unzulänglichkei-
ten, ihren späteren Schicksalen, ihrer Undankbarkeit, ihrer
Treue. Es konnte passieren, daß man nach einer Stunde gar nicht
mehr zuhörte, was aber Fräulein Rosy nie erkannte, denn wenn
sie aus irgendeinem Grunde abbrechen mußte, merkte sie sich
genau, wo sie stehengeblieben war, und setzte später unbeirrbar

an der richtigen Stelle fort. Einmal im Monat zog sie sich auf zwei Tage zurück. Sie blieb auf ihrem Zimmer und kam nicht zum Essen herunter, sie habe ›Schädelbrummen‹, das war ihre etwas burschikose Bezeichnung für ›Kopfweh‹. Man hätte denken können, daß das Tage der Erleichterung waren; aber weit gefehlt, sie ging uns allen ab und sie tat uns auch leid, denn wenn die Monotonie ihrer Reden *uns* schon fehlte, – wie erst mußten sie ihr selber abgehen, da sie zwei volle Tage allein und stumm auf ihrem Zimmer verbrachte!

Sie betrachtete sich nicht als Künstlerin wie Fräulein Mina, der standen die obersten Rechte zu, und es galt als natürlich, daß *sie* sich für den größten Teil des Tages ins ›Spatzennest‹ zurückzog, während die drei anderen immerwährend mit einer praktischen Arbeit beschäftigt waren. Fräulein Mina schrieb auch die Rechnungen für die Pensionäre, die sie in regelmäßigen Abständen an die Eltern sandte. Sie schrieb immer einen längeren Brief dazu, worin sie betonte, wie ungern sie Rechnungen schreibe, denn ihre Sache waren die Blumen, die sie malte, und nicht das Geld. Darin ging sie auch auf das Verhalten und die Fortschritte der Zöglinge ein und ließ deutlich das tiefere Interesse spüren, das sie daran nahm. Es war alles sehr gefühlvoll, selbstlos und edel.

Insgesamt nannte man die vier Damen ›die Fräulein Herder‹, obwohl zwei von ihnen nun andere Namen trugen. Nach der Herkunft von der weiblichen Linie her war er aber richtig. Als Einheit erschienen sie zusammen beim schwarzen Kaffee, im Wohnzimmer; wenn das Wetter schön war, in der Veranda davor; und abends bei einem Glas Bier. Da waren sie für sich, es war Feierabend und man durfte nicht mit irgendwelchen Anliegen kommen. Es galt als besondere Vergünstigung, daß ich das Wohnzimmer betreten durfte. Hier roch es nach Kissen und alten Kleidern, denen nämlich, die die Damen anhatten, nach halb vertrockneten Äpfeln, und der Jahreszeit entsprechend auch nach Blumen. Diese wechselten, wie die jungen Mädchen, die als Pensionärinnen im Hause lebten, der Grundgeruch, der zu den vier Damen gehörte, blieb derselbe und behielt immer die Oberhand. Mir war er nicht unangenehm, denn ich wurde mit Wohlwollen behandelt. Zwar sagte ich mir, daß an dieser Menage etwas Lächerliches sei, lauter Frauen, und mit der einen Ausnahme von Frau Sigrist lauter alte Jungfern, aber das war pure Heuchelei, es hätte mir, als dem einzigen männlichen Wesen unter ihnen allen, den Alten wie den Jungen, gar nicht besser gehen können, ich war etwas Besonderes für sie, bloß weil ich, wie es auf Schweizerisch hieß, ein ›Jüngling‹ war, und bedachte nicht, daß jeder andere ›Jüngling‹ an meiner Stelle etwas ebenso Besonderes gewesen wäre. Ich tat im Grunde, was ich wollte, ich las und lernte, wozu ich Lust hatte. Dazu betrat ich auch abends das Wohnzimmer der Damen: es enthielt einen Bücherschrank, in dem ich nach Herzenslust wühlen durfte. Bebilderte Bücher sah ich mir dort gleich an, andere holte ich mir in die Halle zum Lesen. Da war Mörike, dessen Gedichte und Erzählungen ich mit Entzücken las, da waren die dunkelgrünen Bände von Storm und die roten von Conrad Ferdinand Meyer. Für eine Zeitlang wurde dieser zu meinem liebsten Dichter, der See verband mich mit ihm, zu allen Tages- und Abendzeiten, das häufige Glockenläuten, die reichen Obsternten, aber auch die historischen Gegenstände, Italien besonders, von dessen Kunst ich jetzt endlich erfuhr und von dem mir auch mündlich viel berichtet wurde. In diesem Bücherkasten stieß ich zuerst auf Jacob Burckhardt und machte mich über die ›Kultur der Renaissance‹ her, ohne daß ich damals schon viel davon aufzufassen vermochte. Für einen Vierzehnjährigen war es ein Buch mit zuviel Facetten, es setzte Erfahrung und Überlegung in Lebensbereichen voraus, von denen manche mir noch ganz verschlossen waren. Aber eine Art von Ansporn ist mir dieses Buch schon damals geworden, nämlich ein Ansporn zu Weite und Vielfalt, und eine Bestärkung meines Mißtrauens vor der Macht. Ich sah verwundert, wie bescheiden, ja wie kümmerlich meine Wißbegier war, verglichen mit der eines solchen Mannes, und daß es da Grade gab und Steigerungen unerhörter Art, von denen ich mir nie hätte träumen lassen. Er selbst als Figur konnte mir hinter diesem Buch nicht erscheinen, er verlor sich und löste sich darin auf, und ich entsinne mich der Ungeduld, mit der ich ihn in den Bücherschrank zurücklegte, so als hätte er sich mir in eine andere, kaum bekannte Sprache entzogen.

Das Werk, das ich mit wahrem Neid betrachtete, ein ›Prachtwerk‹, hieß: ›Die Wunder der Natur‹, in drei Bänden, und sah so kostbar aus, daß ich nicht hoffen konnte, es je selber zu besitzen. Ich wagte auch nicht zu fragen, ob ich es in die Halle mitnehmen dürfe, die Mädchen interessierten sich nicht dafür und es wäre eine Entweihung gewesen. So besah ich es nur im Wohnzimmer der Damen. Eine Stunde lang saß ich manchmal ganz still da und betrachtete Bilder von Radiolarien, Chamäleons und Seeanemonen. Da die Damen Feierabend hatten, störte ich sie nie mit Fragen, ich zeigte ihnen nichts, wenn ich etwas besonders Aufregendes entdeckt hatte, ich behielt es für mich und staunte allein, was mir gar nicht so leicht fiel, wenigstens einen Ausruf hätte man sich gern entfahren lassen, auch hätte es mir Spaß gemacht zu erleben, daß sie von etwas nichts wußten, was sie seit vielen Jahren schon bei sich im Schranke stehen hatten.

Zu lange sollte ich aber da nicht sitzen bleiben, denn es hätte die Mädchen in der Halle draußen auf den Gedanken bringen können, daß ich bevorzugt würde. Nun, das wurde ich wohl, aber sie nahmen's mir nicht übel, solange es um Zuneigung und Beachtung ging. Nur in einem Punkte hätte es böses Blut gegeben, und das war das Essen. Es war nämlich nicht besonders gut und reichhaltig. Die Damen aßen bei sich abends noch ein Stück Brot zu ihrem Bier, und niemand sollte auf den Gedanken kommen, daß ich bei ihnen noch etwas extra bekäme, was auch nie der Fall war, denn solcher Vergünstigungen hätte ich mich geschämt.

Viel wäre über die Mädchen zu erzählen, doch habe ich nicht vor, sie jetzt alle zu schildern. Trudi Gladosch, die Brasilianerin, habe ich schon vorgestellt. Sie war die Wichtigste, denn sie war immer da und schon lange, bevor man kam, war sie bereits dagewesen. So war sie eigentlich nicht typisch und wenig bezeichnend für die anderen, niemand sonst kam von so weit her wie sie. Es gab Mädchen aus Holland, Schweden, England, Frankreich, Italien, Deutschland, aus der welschen und der deutschen Schweiz. Als Gast zum ›Auffüttern‹ kam eine Studentin aus Wien (es war die Hungerzeit nach dem Ersten Weltkrieg) und immer wieder einzelne Wiener Kinder. – Diese Pensionärinnen waren aber nicht alle zugleich da, die Bevölkerung wechselte im Laufe der zwei Jahre, nur Trudi wechselte nie, und da ihr Vater, wie ich schon sagte, ihre Pension schuldig blieb, war die Situation für sie eine recht peinliche.

Alle arbeiteten zusammen am großen Tisch in der Halle, da machten sie ihre Aufgaben und schrieben ihre Briefe. Wenn ich ungestört sein mußte, durfte ich ein kleines Schulzimmer im hinteren Teil des Hauses benutzen.

Bald nach meinem Einzug in die ›Yalta‹ hörte ich von den Damen den Namen »Wedekind«; nur ging hier dem Namen ein ›Doktor‹ voraus, was mich ein wenig verwirrte. Man schien ihn gut zu kennen, er kam öfters ins Haus, nach allem, was ich von ihm gehört hatte, von Wreschner, von der Mutter und auch sonst, der Name lag damals in der Luft, begriff ich nicht recht, was er hier zu suchen hätte. Er war vor kurzem gestorben, aber man sprach wie von einem Lebenden. Der Name war von Vertrauen getragen, er klang wie der eines Menschen, auf den man sich verließ, er habe, hieß es mit großem Respekt, beim letzten Besuch diesen und jenen Ausspruch getan, und wenn er nächstes Mal komme, müsse man ihn über etwas Wichtiges befragen. Ich war mit Blindheit geschlagen, vom Namen, der in meinen Augen nur *einem* zukam, geblendet, ich wagte es nicht einmal, sonst nicht auf den Mund gefallen, Genaueres zu erfragen, und legte mir die Sache so zurecht, daß es sich um einen Fall von Doppelleben handeln müsse. Die Damen wußten offenbar nicht, was er geschrieben hatte, ich kannte es ja auch nur vom Hörensagen, er war also nicht wirklich gestorben und praktizierte, nur seinen Patienten bekannt, als Arzt in dem näher der Stadt zu gelegenen Teil der Seefeldstraße, an der auch wir wohnten.

Dann wurde eines der Mädchen krank und Dr. Wedekind wurde gerufen. Ich wartete neugierig auf ihn in der Halle. Er kam, er sah streng und gewöhnlich aus, wie einer von den wenigen Lehrern, die ich nicht mochte. Er ging zur Patientin hinauf, kam bald zurück und äußerte sich entschieden zu Fräulein Rosy, die ihn unten erwartete, über die Krankheit des Mädchens. Er setzte sich in der Halle an den langen Tisch, schrieb ein Rezept nieder, erhob sich und verwickelte sich stehend in ein Gespräch mit Fräulein Rosy. Er sprach Schweizerisch wie ein Schweizer, die Täuschung der Doppelrolle war vollkommen, ich begann ihn, obwohl er mir gar nicht sympathisch war, um dieser schauspielerischen Leistung willen ein wenig zu bewundern. Da hörte ich ihn sehr dezidiert sagen – ich weiß nicht mehr, wie er darauf zu sprechen kam –, der Bruder sei immer das schwarze Schaf der Familie gewesen, das könne man sich gar nicht vorstellen, wie der ihm in seinem Beruf geschadet habe. Manche Patienten seien aus Angst vor dem Bruder nie mehr in seine Ordination gekommen. Andere hätten ihn gefragt: das sei doch nicht möglich, daß so ein Mensch sein Bruder sei. Er habe darauf immer nur ein und dasselbe gesagt: ob sie denn noch nie davon gehört hätten, daß jemand in einer Familie mißraten sei. Es gebe Betrüger, Scheckfälscher, Hochstapler, Gauner und ähnliches Gesindel, und solche Leute kämen oft, wie er aus seiner ärztlichen Erfahrung bestätigen könne, aus den anständigsten Familien. Dazu seien ja die Gefängnisse da und er sei dafür, daß man sie ohne Rücksicht auf ihre Herkunft auf das strengste bestrafe. Jetzt sei er tot, er könnte einiges über diesen Bruder sagen, das sein Bild in den Augen anständiger Menschen nicht besser mache. Aber er schweige lieber und denke sich: gut, daß er weg ist. Besser wäre es, er hätte nie gelebt. Er stand da, sicher und fest, und sprach mit solchem Ingrimm, daß ich auf ihn zuging, zornvergessen mich vor ihm aufpflanzte und sagte: »Aber er war doch ein Dichter!« »Das ist es eben!« fuhr er mich an. »Das gibt die falschen Vorbilder. Merk dir, Jüngling, es gibt gute und es gibt schlechte Dichter. Mein Bruder war einer von den schlechtesten. Es ist besser, man wird überhaupt kein Dichter und lernt etwas Nützliches! – Was ist mit unserem Jüngling hier los?« wandte er sich noch an Fräulein Rosy: »Macht er auch schon solches Zeug?« Sie verteidigte mich, er wandte sich ab, er gab mir nicht die Hand, als er fortging. Es war ihm gelungen, mich lange, bevor ich Wedekind las, mit Zuneigung und Respekt für ihn zu erfüllen, und während der zwei Jahre in der ›Yalta‹ wurde ich kein einziges Mal krank, um nicht von diesem beschränkten Bruder behandelt zu werden.

Phylogenie des Spinats. Junius Brutus

Einen guten Teil dieser beiden Jahre verbrachte die Mutter in Arosa, im Waldsanatorium, ich sah sie, wie ich ihr schrieb, in großer Höhe oberhalb Zürichs schweben und blickte, wenn ich an sie dachte, unwillkürlich in die Höhe. Die Brüder waren am Genfer See, in Lausanne, so war die Familie nach der Dichte der kleinen Wohnung in der Scheuchzerstraße ziemlich weit auseinandergerückt und bildete ein Dreieck: Arosa–Zürich–Lausanne. Zwar gingen jede Woche Briefe hin und her, in denen, zumindest von mir aus, alles besprochen wurde. Aber die meiste Zeit war ich von der Familie unabhängig und so trat Neues an ihre Stelle. Für die tägliche Regel des Lebens sprang anstatt der

Mutter das Komitee – so könnte man es nennen – der vier Damen ein. Es wäre mir nie eingefallen, sie an ihre Stelle zu setzen, aber faktisch waren sie es, an die ich mich wandte, wenn ich die Erlaubnis zum Ausgang oder sonst etwas erlangen wollte. Ich war viel freier als früher, sie kannten die Art meiner Wünsche und versagten mir nichts. Nur wenn es zuviel wurde, wenn ich an drei Tagen hintereinander zu Vorträgen ausgegangen war, wurde Fräulein Mina bedenklich und sagte beinahe zaghaft nein. Aber das geschah selten, so viel Vorträge, die für mich zugänglich waren, gab es gar nicht und meist war es mir selber lieber, freie Zeit zu Hause zu behalten, denn nach jedem Vortrag, worum es auch ging, gab es eine Menge zu lesen. Was immer man berührte, löste Wellen von Neuem aus, die sich nach allen Seiten hin verbreiteten.

Jede neue Erfahrung empfand ich physisch, als Gefühl körperlicher Erweiterung. Es gehörte dazu, daß man schon manches andere wußte, daß das Neue aber in keiner Weise damit zusammenhing. Etwas, das von allem Übrigen separiert war, siedelte sich dort an, wo vorher nichts war. Eine Türe ging plötzlich auf, wo man nichts vermutet hatte, und man fand sich in einer Landschaft mit eigenem Licht, wo alles neue Namen trug und sich weiter und weiter, bis ins Unendliche erstreckte. Da bewegte man sich nun staunend, dahin, dorthin, wie es einen gelüstete, und es war, als wäre man noch nie woanders gewesen. ›Wissenschaftlich‹ wurde damals für mich zu einem Zauberwort. Es bedeutete nicht wie später, daß man sich beschränken mußte, daß man ein Recht auf etwas erwarb, indem man auf alles Übrige verzichtete, sondern es war im Gegenteil Erweiterung, Befreiung von Grenzen und Beschränkungen, wahrhaft neue Gegenden, die anders besiedelt waren, und sie waren nicht erfunden, wie in Märchen und Geschichten, wenn man ihren Namen erwähnte, waren sie nicht zu bestreiten. Mit den viel älteren Geschichten, an denen ich festhielt, als hinge an ihnen das Leben, hatte ich schon meine Schwierigkeiten. Sie wurden belächelt, vor den Kameraden zum Beispiel konnte man damit nicht herausrücken, manchen von ihnen waren alle Geschichten schon vergangen, das Erwachsenwerden bestand darin, daß man höhnische Bemerkungen über sie machte. Ich behielt die Geschichten alle, indem ich sie weiterspann und von ihnen ausgehend neue für mich erfand, aber nicht weniger verlockten mich die Gebiete des Wissens. Ich malte mir aus, daß es neue Fächer in der Schule gäbe, zu den alten dazu, für manche erfand ich Namen, so sonderbare, daß ich sie nie laut auszusprechen wagte und auch später als Geheimnis hütete. Aber etwas an ihnen blieb unbefriedigend, sie galten nur für mich allein, sie bedeuteten niemandem etwas und gewiß spürte ich auch, wenn ich sie für mich ausspann, daß ich in sie nichts hineintun konnte, was ich nicht schon wußte. Die Sehnsucht nach Neuem wurde durch sie nicht wirklich erfüllt, das mußte man sich dort holen, wo es unabhängig von einem bestand, und diese Funktion hatten damals die ›Wissenschaften‹.

Es waren auch durch die veränderten Lebensumstände Kräfte frei geworden, die lange gebunden waren. Ich *bewachte* die Mutter nicht mehr wie in Wien und in der Scheuchzerstraße. Vielleicht war das auch ein Grund zu ihren periodischen Krankheiten gewesen. Ob wir es wahrhaben wollten oder nicht, solange wir zusammenlebten, waren wir einander Rechenschaft schuldig. Jeder wußte nicht nur, was der andere tat, jeder spürte auch die Gedanken des anderen, und was das Glück und die Dichte dieses Verständnisses ausmachte, war auch seine Tyrannei. Nun hatte sich diese Bewachung auf Briefe reduziert, in denen man sich mit einiger Klugheit sehr wohl verbergen konnte. Sie jedenfalls schrieb mir keineswegs alles über sich: es gab nur Krankheitsberichte, die ich glaubte und auf die ich einging. Von einigen der Menschen, die sie kennenlernte, erzählte sie mir bei ihren Besuchen, in den Briefen stand recht wenig davon. Sie tat gut daran, denn wenn ich etwas über eine Figur in ihrem Sanatorium erfuhr, stürzte ich mich mit gesammelter Kraft darauf und riß sie in Stücke. Sie lebte unter vielen neuen Menschen, von denen manche ihr geistig etwas bedeuteten, es waren reife und kranke Menschen, meist älter als sie, aber eben durch die besondere Art ihrer Muße artikuliert und fesselnd. Im Umgang mit ihnen kam sie sich wirklich krank vor und erlaubte sich die besondere Art der genauen Selbstbeobachtung, die sie sich früher um unseretwillen versagt hatte. So war auch sie frei von uns, wie ich von ihr und den Brüdern, und beider Kräfte entwickelten sich auf unabhängige Weise.

Von den neugewonnenen Herrlichkeiten wollte ich ihr aber nichts verheimlichen. Über jeden Vortrag, den ich hörte und der mich erfüllte, berichtete ich ihr sachlich und ausführlich. Sie bekam Dinge zu hören, die sie nie interessiert hatten: über die Buschmänner der Kalahari z. B., über die Tierwelt Ostafrikas, über die Insel Jamaika; aber auch über die Baugeschichte Zürichs oder das Problem der Willensfreiheit. Die Kunst der Renaissance in Italien – das ging noch an –, sie hatte vor, im Frühjahr nach Florenz zu fahren und bekam von mir genaue Instruktionen darüber, was sie unbedingt sehen müsse. Für ihre geringe Erfahrung auf dem Gebiete der bildenden Kunst genierte sie sich wohl und ließ sich darüber nicht ungern zuweilen belehren. Aber mit Hohn bedachte sie meine Berichte über primitive Völker oder gar Naturgeschichte. Da sie mir selber wohlweislich so viel verheimlichte, nahm sie an, ich täte dasselbe. Sie war fest davon überzeugt, daß ich durch diese vielen seitenlangen Berichte über Dinge, die sie zutiefst langweilten, Persönliches, das mich beschäftigte, verdecken wolle. Immer wieder verlangte sie wirkliche Nachrichten aus meinem Leben statt der ›Phylogenie des Spinats‹, wie sie alles, das nach Wissenschaft klang, höhnisch nannte. Daß ich mich für einen Dichter halten wollte, nahm sie nicht ungern hin, und gegen die Pläne zu Dramen und Gedichten, die ich ihr unterbreitete, oder gar gegen ein fertiges, ihr gewidmetes Drama, das ich ihr schickte, bockte sie nicht. Ihren Zweifel am Wert dieses Machwerks behielt sie für sich; vielleicht war auch ihr Urteil unsicher, da es um mich ging. Aber unerbittlich lehnte sie alles ab, das nach ›Wissenschaft‹ klang, davon mochte sie in Briefen auf keinen Fall etwas hören, das hatte mit mir überhaupt nichts zu tun und war ein Versuch, sie irrezuführen.

Damals entstanden die ersten Keime der späteren Entfremdung zwischen uns. Als die Wißbegier, die sie auf jede Weise gefördert hatte, eine Richtung nahm, die ihr fremd war, begann sie an meiner Wahrhaftigkeit und an meinem Charakter zu zweifeln und fürchtete, ich könnte dem Großvater nachgeraten, den sie für einen abgefeimten Komödianten hielt: ihr unversöhnlichster Feind.

Immerhin war das ein langsamer Prozeß, es mußte Zeit vergehen, ich mußte genug Vorträge besucht haben, damit sich die Berichte darüber und ihre Wirkung auf sie akkumulierten. Weihnachten 1919, drei Monate nach meinem Einzug in die ›Yalta‹, stand sie noch unter dem Eindruck des ihr gewidmeten Dramas ›Junius Brutus‹. Seit Anfang Oktober hatte ich Abend für

Abend daran geschrieben, im Schulzimmer hinten, das man mir zum Lernen eingeräumt hatte, blieb ich täglich nach dem Abendessen bis 9 Uhr oder länger auf. Die Schulaufgaben hatte ich alle längst gemacht, und wen ich wirklich täuschte, das waren die ›Fräulein Herder‹. Sie hatten keine Ahnung davon, daß ich täglich zwei Stunden an einem Drama für die Mutter schrieb. Das war ein Geheimnis, davon durfte niemand etwas erfahren.

Junius Brutus, der die Tarquinier gestürzt hatte, war der erste Konsul der römischen Republik. Ihre Gesetze nahm er so ernst, daß er die eigenen Söhne wegen Teilnahme an einer Verschwörung gegen die römische Republik zum Tod verurteilte und hinrichten ließ. Ich hatte die Geschichte aus Livius und sie machte einen unauslöschlichen Eindruck auf mich, weil ich sicher war, daß mein Vater an Brutus' Statt seine Söhne begnadigt hätte. Und doch war *sein* eigener Vater imstande gewesen, ihn wegen Ungehorsams zu verfluchen. In den Jahren seither hatte ich erlebt, wie er selber über diesen Fluch nicht hinwegkam, den die Mutter ihm bitter vorwarf. Im Livius stand nicht viel über diese Sache, ein kurzer Abschnitt. Ich erfand eine Frau des Brutus dazu, die mit ihm um das Leben der Söhne kämpft. Sie richtet bei ihm nichts aus, ihre Söhne werden hingerichtet, aus Verzweiflung stürzt sie sich von einem Fels in den Tiber. Das Drama endet in einer Apotheose der Mutter. Die letzten Worte – sie sind Brutus selbst in den Mund gelegt, er hat eben von ihrem Tod erfahren – lauten: »Dem Vater Fluch, der seine Söhne mordet!«

Es war eine doppelte Huldigung an die Mutter, die eine war mir bewußt und beherrschte mich während der Monate der Niederschrift so sehr, daß ich meinte, sie würde aus Freude darüber gesunden. Denn ihre Krankheit war geheimnisvoll, man wußte nicht recht, was sie hatte, kein Wunder, daß ich versuchte, ihr mit solchen Mitteln beizukommen. Von der verborgenen zweiten Huldigung ahnte ich nichts: der letzte Satz enthielt eine Verurteilung des Großvaters, der nach der Überzeugung eines Teils der Familie und besonders der Mutter seinen Sohn durch seinen Fluch getötet hatte. So stellte ich mich im Kampfe zwischen Großvater und Mutter, den ich in Wien erlebt hatte, entschieden auf ihre Seite. Vielleicht hat sie auch diese verborgene Botschaft empfangen, wir sprachen nie darüber und ich kann es darum nicht für sicher sagen.

Es mag junge Dichter gegeben haben, die mit 14 Jahren Talent verrieten. Ich gehörte bestimmt nicht zu ihnen. Das Drama war erbärmlich schlecht, in Jamben geschrieben, die jeder Beschreibung spotten, ungeschickt, holprig und aufgeblasen, von Schiller nicht eben beeinflußt, sondern in jeder Einzelheit bestimmt, aber so, daß alles lächerlich wurde, von Moral und Edelmut triefend, geschwätzig und seicht, so als sei es durch sechs Hände gegangen, jede weniger begabt als die frühere und der Ursprung darum nicht mehr zu erkennen. Es ist nicht geraten für ein Kind, in den Gewändern eines Erwachsenen feierlich einherzuschreiten, und ich hätte dieses Machwerk auch nie erwähnt, wenn es nicht etwas verriete, das im Kern echt war: das frühe Entsetzen über ein Todesurteil und den Befehl, durch den es vollstreckt wurde. Der Zusammenhang zwischen Befehl und Todesurteil, zwar anderer Natur, als ich damals wissen konnte, hat mich später während Jahrzehnten beschäftigt und bis zum heutigen Tage nicht losgelassen.

Unter großen Männern

Ich beendete das Drama rechtzeitig und schrieb es in den Wochen vor Weihnachten ins reine. Die Fortführung einer solchen längeren Arbeit, die ich am 8. Oktober begann und am 23. Dezember abschloß, erfüllte mich mit einem neuartigen Hochgefühl. Schon früher hatte ich Geschichten über Wochen fortgesponnen und nach und nach meinen Brüdern erzählt, aber da ich sie nicht niederschrieb, sah ich sie nicht vor mir. ›Junius Brutus‹, ein Trauerspiel in 5 Akten, in einem schönen, hellgrauen Heft, erstreckte sich über 121 Seiten und zählte 2298 ›Blankverse‹. Daß ich eine Tätigkeit, die mir während immerhin zehn Wochen die wichtigste war, vor den Damen und Mädchen der ›Yalta‹, sogar vor Trudi, die meine Vertraute war, geheimhielt, erhöhte ihre Bedeutung. Während so viel anderes, Neues auf mich eindrang, das ich mit Leidenschaft ergriff, schien mir der eigentliche Sinn meines Lebens in den täglichen zwei Stunden enthalten zu sein, die der Verherrlichung der Mutter galten. Die wöchentlichen Briefe an sie, in denen über alles mögliche berichtet wurde, gipfelten in der stolz verschnörkelten Namensunterschrift, und unter dieser stand: »in spe poeta clarus.« Sie hatte in keiner Schule Latein gelernt, erriet aber, dank ihrer Kenntnis romanischer Sprachen, ziemlich viel davon. Doch da ich besorgt war, daß sie ›clarus‹ als ›klar‹ mißverstehen könnte, setzte ich auch die deutsche Übersetzung darunter.

Es muß angenehm gewesen sein, die Sache, an der ich damals nicht zweifelte, gleich zweimal, lateinisch und deutsch, vor mir zu sehen, in eigener Schrift und in einem Brief an die Mutter, deren höchste Verehrung Dichtern galt. Aber es war nicht mehr die Liebe zu ihr allein, die zu jener Zeit diesen Ehrgeiz nährte. Die eigentliche Schuld, wenn man es Schuld nennen will, trug der Pestalozzi-Schülerkalender. Seit drei Jahren begleitete er mich nun und während ich alles las – es gab eine Unmenge von interessanten Dingen, die man daraus erfuhr –, war etwas darin zu einer Art Gesetzestafel für mich geworden: die Bilder der großen Männer im eigentlichen Kalender. Es gab 182 davon, auf je zwei Tage kam einer, nämlich ein einprägsam gezeichnetes Porträt, und darunter die Lebenszahlen und einige knappe Sätze über Leistung und Werke. Schon 1917, als mir der Kalender zum erstenmal in die Hände geriet, erregte er mein Entzücken: da waren die Weltreisenden, denen meine Bewunderung galt, Kolumbus, Cook, Humboldt, Livingstone, Stanley, Amundsen. Da waren auch die Dichter: der erste, auf den mein Blick fiel, als ich den Kalender öffnete, war zufällig Dickens; es war auch das erste Bild, das ich von ihm sah, links oben auf der Seite zum 6. Februar, und als Ausspruch von ihm daneben, unter dem Datum: »Schenk dem Niedrigsten im Menschengewühl einen Blick!« – ein Satz, der mir so selbstverständlich wurde, daß es heute Mühe kostet, mir vorzustellen, daß er je für mich neu war; – aber auch Shakespeare war da und Defoe, dessen ›Robinson Crusoe‹ zu den frühesten englischen Vaterbüchern gehört hatte; Dante und Cervantes ebenso; Schiller natürlich, Molière und Victor Hugo, von denen die Mutter oft sprach; Homer, der mir aus ›Sagen des klassischen Altertums‹ vertraut war, und Goethe, dessen ›Faust‹ mir trotz vielen Erzählungen darüber zu Hause immer vorenthalten wurde; Hebel, dessen ›Schatzkästlein‹ wir in der Schule als Lesebuch in Stenographie verwandten, und viele andere, die ich durch Gedichte aus dem Deutsch-Lesebuch kannte. Walter Scott, den ich nicht leiden mochte, wollte ich entfernen und begann ihn mit Tinte zu überschmieren. Es war mir aber nicht geheuer dabei und so gab ich, als ich eben damit angefangen hatte, die Absicht grimmig bekannt. »Das ist eine Lausbüberei«, sagte die Mutter. »Er kann sich nicht dagegen wehren. Damit wirst du ihn nicht aus der Welt schaffen. Er ist einer der berühmtesten Dichter und er wird überall weiter drin stehen. Und wenn jemand deinen Kalender sieht, kannst du dich schämen«. Ich schämte mich, schon bevor es soweit war, und hörte sofort mit der Vernichtungsarbeit auf.

Es war ein wunderbares Leben, das ich mit diesen großen Männern führte. Alle Völker waren vertreten und alle Gebiete. Von den Musikern wußte ich schon ein wenig, ich nahm Klavierstunden und ging in Konzerte. Da gab es Bach, Beethoven, Haydn, Mozart und Schubert. Die Wirkung der Matthäus-Passion hatte ich an der Mutter erlebt. Von den andern spielte ich selber schon Stücke und hörte sie sonst. Die Namen der Maler und Bildhauer erfüllten sich erst in der Yalta-Zeit mit Inhalt, während zwei oder drei Jahren hatte ich ihre Bilder mit Scheu betrachtet und mich vor ihnen schuldig gefühlt. Sokrates war da, Plato, Aristoteles und Kant. Da gab es Mathematiker, Physiker und Chemiker, und Naturforscher, von denen ich noch nie gehört hatte. Die Scheuchzerstraße, in der wir wohnten, war nach einem von ihnen benannt, es wimmelte geradezu von Erfindern. Es ist kaum zu sagen, wie reich dieser Olymp war. Jeden einzelnen Arzt führte ich der Mutter vor und ließ sie spüren, wie hoch sie über dem Herrn Dozenten standen. Am schönsten war es, daß Eroberer und Feldherren eine überaus kümmerliche Rolle spielten. Es war die bewußte Politik des Kalendermachers, die Wohltäter der Menschheit zu versammeln und nicht die Zerstörer. Alexander der Große, Cäsar und Napoleon waren wohl abgebildet, ich kann mich an keinen anderen von dieser Sorte erinnern, und auch an diese erinnere ich mich nur, weil sie 1920 aus dem Kalender hinausflogen. »Das ist nur in der Schweiz möglich«, sagte die Mutter. »Ich bin froh, daß wir hier leben.«

Vielleicht ein Viertel der großen Männer im Kalender waren Schweizer. Von den meisten von ihnen hatte ich nie etwas gehört. Ich gab mir keine Mühe, etwas über sie zu erfahren, mit einer merkwürdigen Art von Neutralität nahm ich sie hin, der, nach dem der Kalender hieß, Pestalozzi, gab aus für viele. Mit den andern mochte es ebenso sein. Aber es war auch möglich, daß sie dastanden, weil es ein Schweizer Kalender war. Ich hatte

Ehrfurcht vor der Geschichte der Schweizer, als Republikaner waren sie mir so lieb wie die alten Griechen. So hütete ich mich davor, irgendeinen von ihnen zu bezweifeln und trug mich mit der Hoffnung, daß das Verdienst jedes einzelnen sich auch für mich noch herausstellen würde.

Es ist keine Übertreibung zu sagen, daß ich mit diesen Namen lebte. Es verging kein Tag, an dem ich nicht unter diesen Bildern blätterte, und die Sätze, die sich darunter fanden, kannte ich auswendig. Je bestimmter sie klangen, um so besser gefielen sie mir. Es wimmelte von Superlativen, unzählige ›größte Dies‹ und ›größte Das‹ sind mir in Erinnerung geblieben. Eine Steigerung davon gab es auch, sie lautete der größte Dies oder Das »aller Zeiten.« Böcklin war einer der größten Maler aller Zeiten, Holbein der größte Bildnismaler aller Zeiten. In Forschungsreisen kannte ich mich aus, und es war mir nicht recht, daß Stanley als größter Afrikaforscher figurierte, ich hatte Livingstone viel lieber, weil er auch Arzt war und sich gegen die Sklaverei empörte. Auf allen anderen Gebieten schluckte ich, was ich las. Es fiel mir auf, daß bei zwei Männern ›groß‹ durch ›gewaltig‹ ersetzt war, Michelangelo und Beethoven hatten ihre Sonderstellung.

Es ist schwer zu entscheiden, ob dieser Stimulus ein günstiger war, daß er mich zu großmäuligen Hoffnungen bestimmte, ist nicht zu bezweifeln. Ich habe mich nie gefragt, ob ich ein Recht darauf hätte, mich unter diesen Herrschaften aufzuhalten. Ich blätterte im Kalender, wo ich sie fand, sie gehörten mir, es waren meine Heiligenbilder. Immerhin steigerte dieser Umgang nicht nur den Ehrgeiz, von dem ich die Hauptportion ohnehin durch die Mutter mitbekommen hatte. Es war eine reine Verehrung, von der man erfüllt war, man nahm sie nicht leicht, der Abstand zu den verehrten Figuren schien unermeßlich. Ihr schweres Leben bewunderte man nicht weniger als ihre Leistung. Und obwohl man sich auf rätselhafte Weise herausnahm, es dem einen oder anderen von ihnen gleichtun zu wollen – es blieb die große Menge der anderen, auf Gebieten tätig, von denen man überhaupt nichts wußte, über deren Arbeitsprozesse man nur staunen konnte, die man nie nachvollziehen würde, und sie waren, aus eben diesem Grunde, das eigentliche Wunder. Die Reichhaltigkeit der Geister, die Vielfalt ihrer Leistungen, eine Art von Gleichberechtigung, in der sie hier figurierten, die Verschiedenheit ihrer Herkunft, ihrer Sprachen, der Zeiten, in denen sie gelebt hatten, aber auch die Unterschiedlichkeit ihrer Lebensdauer – manche von ihnen waren ganz jung gestorben – ich wüßte nicht, was mir je ein stärkeres Gefühl von der Weite, dem Reichtum und der Hoffnung der Menschheit gegeben hätte, als diese Versammlung von 182 ihrer besten Köpfe.

Fesselung des Ogers

Am 23. Dezember ging der ›Junius Brutus‹ nach Arosa ab, mit einem langen Brief, der Instruktionen darüber enthielt, wie die Mutter es lesen solle: erst in einem Zug, um einen allgemeinen Eindruck zu gewinnen, dann aber ein zweitesmal, stückweise, mit einem Bleistift in der Hand, um zu den Einzelheiten kritisch Stellung zu nehmen und mir darüber zu berichten. Es war ein großer Augenblick, Anspruch und Erwartung hochgespannt, und wenn ich mir vergegenwärtige, wie elend dieses ›Werk‹ war, wie es auch nicht zu den geringsten Hoffnungen berechtigte, und besonders, wie rasch ich das selber wußte, muß ich das Mißtrauen, das ich später gegen alles empfand, was ich sicher und hochmütig niederschrieb, von dieser Zeit her datieren.

Der Absturz kam schon am nächsten Tag, bevor die Mutter das Drama in Händen hatte. Ich war mit der Großmutter und der Tante Ernestine verabredet, die noch in Zürich wohnten und die ich einmal wöchentlich besuchte. Nach jener stürmischen Nachtszene beim Fräulein Vogler, in der ich sozusagen um die Hand meiner Mutter kämpfte und sie gewann, hatte sich meine Beziehung zu den beiden verändert. Sie wußten, daß es keinen Zweck hatte, der Mutter zu einer neuen Heirat zuzureden, sie weigerte sich entschieden zu tun, was mich vernichtet hätte. Es entstand sogar etwas wie Sympathie zwischen dieser mittleren Schwester der Mutter und mir, sie begann zu begreifen, daß ich aus der Art der Ardit(s geschlagen und entschlossen war, mich nicht aufs Geldverdienen zu verlegen, sondern einen ›idealen‹ Beruf zu ergreifen.

Ich traf die Großmutter allein, sie empfing mich mit einer großen Nachricht, der Onkel Salomon aus Manchester sei gekommen, die Tante werde gleich mit ihm zurück sein. Da war er also in Zürich eingetroffen, der Oger der englischen Kindheit, den ich sechseinhalb Jahre nicht gesehen hatte, seit wir Manchester verlassen hatten. Dazwischen lagen Wien und der Weltkrieg, der mit der Hoffnung auf Wilson und seine 14 Punkte geendigt hatte, und nun, vor kurzem, die große Enttäuschung: Versailles. Es war oft vom Onkel die Rede gewesen, die Bewunderung der Mutter für ihn war nicht geringer geworden. Aber sie galt seinem kommerziellen Erfolg ausschließlich, und so viel Wichtigeres hatte sich seither zwischen ihr und mir abgespielt, so große Figuren waren an unseren Leseabenden aufgetaucht, und dann in der realen Welt der Ereignisse, die ich mit Eifer verfolgte, daß der Onkel und seine Macht in meinen Augen einschrumpften. Wohl betrachtete ich ihn nach wie vor als Monstrum, als die Verkörperung alles Verwerflichen, und sein Bild hatte sich mir zu etwas Brutalem und Scheußlichem, das ganz dazu paßte, gestaltet – aber ich hielt ihn nicht mehr für gefährlich. Ich würde ihm schon beikommen. Als die Tante kam und sagte, er warte unten auf uns, er wolle uns ausführen, empfand ich eine Art von Hochgefühl, ich, mit vierzehn Jahren Dramatiker – das Drama schon in der Post – wollte mich ihm stellen und mit ihm messen.

Ich erkannte ihn gar nicht, er sah feiner aus, als ich erwartet hatte, sein Gesicht war auf den ersten Blick nicht unschön und jedenfalls nicht das eines Ogers. Ich wunderte mich, daß er noch fließend deutsch sprach, nach all den Jahren in England, es war zwischen uns eine neue Sprache. Ich empfand es beinahe als vornehm von ihm, daß er mich nicht zwang, englisch mit ihm zu sprechen, seit einiger Zeit war ich mit dem Englischen ein wenig aus der Übung gekommen, für das ernste Gespräch, das zu erwarten war, fühlte ich mich deutsch sicherer.

»Welches ist die feinste Konditorei in Zürich?« fragte er gleich, »dahin will ich euch ausführen.« Tante Ernestine nannte Sprüngli, sie war sparsam von Natur und scheute sich, den Huguenin zu nennen, der als noch feiner galt. Wir gingen zu Fuß durch die Bahnhofstraße zum Sprüngli, die Tante, die etwas zu besorgen hatte, blieb ein wenig zurück und wir stürzten uns, wie es sich unter Männern gehört, gleich in die Politik. Ich griff die Alliierten, und da er von dort kam, besonders England auf das heftigste an, Versailles sei ungerecht und widerspreche allem, was Wilson verheißen habe. Er gab mir dies oder jenes zu bedenken, ziemlich ruhig, ich spürte, daß meine Heftigkeit ihn amüsierte, er wollte sich einmal anhören, wes Geistes Kind ich sei, und ließ mich reden. Aber obwohl er so wenig sagte, merkte ich, daß er sich zu Wilson nicht recht äußern wollte. Zu Versailles sagte er: »Da spielen wirtschaftliche Dinge eine Rolle. Davon verstehst du noch nichts«, und »umsonst führt kein Land vier Jahre lang Krieg.« Was mich aber wirklich traf, war die Frage: »Was denkst du von Brest-Litowsk? Glaubst du, die Deutschen hätten es anders gemacht, wenn sie gesiegt hätten? Sieger ist Sieger.« Dabei richtete er zum erstenmal seine Augen voll auf mich: sie waren eisig und blau, ich erkannte ihn wieder.

Im Sprüngli kam Tante Ernestine nach. Auf seine hochmütige Art bestellte er Schokolade und Patisserie für uns, rührte selber nichts davon an, es lag vor ihm, als sei es nicht vorhanden, sagte, er sei auf wichtigen Reisen und habe wenig Zeit, wolle aber doch in den nächsten Tagen die Mutter in Arosa besuchen. »Was ist diese Krankheit?« fragte er noch und gab sich gleich die Antwort: »Ich bin nie krank, ich habe keine Zeit.« Aber er habe uns alle so lange nicht gesehen und müsse das jetzt nachholen. »Ihr habt keinen Mann in der Familie, das geht nicht.« Es klang nicht übelwollend, wenn auch etwas eilig. »Und was *machst* du?« sagte er plötzlich zu mir, als hätten wir noch überhaupt nicht miteinander gesprochen. Der Ton lag auf »*machst*«, auf »*machen*« kam es an, alles andere war für ihn Geschwätz gewesen. Ich spürte, daß es ernst wurde, und zögerte ein wenig. Die Tante half mir, sie hatte Augen wie Samt und konnte, wenn es sein mußte, auch so reden. »Weißt du«, sagte sie, »er will studieren.« »Das gibt's nicht, er wird a Gschäftsmann.« Er sagte »a«, er sagte nicht »ein«, obwohl er sehr gut deutsch sprach, und mit »Gschäft« statt »Geschäft« trat er entschiedener in seine Sphäre ein. Es folgte eine lange Predigt über die Berufung der Familie zum Geschäft. Alle waren Geschäftsleute gewesen, und wie weit man es darin bringen könne, dafür sei er ein lebender Beweis. Der einzige, der es mit etwas anderem versucht habe, sein Cousin, der Doktor Arditti, habe es bald bereut. Ein Arzt verdiene nichts und sei ein Laufbursche der reichen Leute. Bei jeder Kleinigkeit müsse er gelaufen kommen, und dann hätten die Leute erst nichts. »Wie dein Vater«, sagte er, »und jetzt deine Mutter.« Drum habe der Doktor Arditti den Beruf bald aufgegeben und sei wieder Geschäftsmann wie sie alle. 15 Jahre habe der Dummkopf verloren, mit Studium und den Krankheiten von Leuten, die ihn nichts angingen. Aber jetzt habe er sich doch gemacht. Vielleicht wird er noch ein reicher Mann, trotz der 15 Jahre. »Frag ihn! Er wird dir dasselbe sagen!« Dieser Doktor Arditti, das schwarze Schaf der Familie, lief mir immer in die Quere. Ich verachtete ihn unsäglich, diesen Verräter an einem wirklichen Beruf, und hütete mich wohl, ihn etwas zu fragen, obwohl er um diese Zeit in Zürich lebte.

Die Tante spürte, was mir geschah, vielleicht war sie auch erschrocken, weil er auf so herzlose Weise meinen Vater genannt hatte. »Weißt du«, sagte sie, »er ist so wißbegierig.« »Schon gut! Eine allgemeine Bildung, eine Handelsschule, hierauf eine Lehrzeit im Geschäft, dann kann er eintreten!« Er sah vor sich hin, auf das, was er wollte, mich würdigte er nicht mehr eines Blikkes, wandte sich aber dann zu seiner Schwester und lächelte sogar, als er zu ihr, so, wie wenn es wirklich nur für sie bestimmt wäre, sagte: »Weißt du, ich will alle meine Neffen in meinem Geschäft versammeln. Der Nissim wird ein Geschäftsmann, der Georg auch, bis dann mein Frank groß ist, können sie mit ihm an der Spitze Geschäfte machen!«

Frank an der Spitze! Ich ein Geschäftsmann! Ich hatte Lust, auf ihn loszuspringen und ihn zu schlagen. Ich beherrschte mich und empfahl mich, obwohl ich noch Zeit hatte. Ich ging hinaus auf die Straße, den Kopf wie Feuer, und lief in diesem zornigen Taumel den Weg nach Tiefenbrunnen zurück, so rasch, als sei mir das elende Geschäft auf den Fersen. Das erste Gefühl, das festere Gestalt annahm, war mein Stolz. »Frank an der Spitze, ich ein Commis, ich, ich«, und dann folgte mein Name. In diesem Augenblick zog ich mich auf den Namen zurück, wie immer, wenn ich in Gefahr war. Ich gebrauchte ihn selten und ließ mich nicht gern bei ihm nennen. Er war das Reservoir meiner Kraft, vielleicht wäre es jeder Name gewesen, der einem allein zugehörte, aber dieser war es noch mehr. Ich wiederholte den Satz der Empörung immer wieder für mich. Doch schließlich blieb der Name allein übrig. Als ich draußen anlangte, hatte ich ihn Hunderte von Malen für mich hingesagt und mir so viel Kraft aus ihm geholt, daß mir niemand etwas anmerkte.

Es war der Abend des 24. und in der ›Yalta‹ stand die Weihnachtsfeier bevor. Seit Wochen sprach man von nichts anderem. Die Vorbereitungen wurden geheim betrieben, es war, wie mir Trudi sagte, das größte Ereignis des Jahres. Sie, die Heuchelei mit solcher Vehemenz bekämpfte, versprach mir, daß es wunderschön sein würde. Zu Hause hatten wir zwar immer Geschenke ausgetauscht, aber das war auch alles. Die Mutter war nicht gläubig und machte zwischen den Religionen keinen Unterschied. Eine Aufführung von ›Nathan der Weise‹ im Burgtheater hatte ihre Haltung in diesen Dingen für immer bestimmt. Aber ihre Erinnerung an die Bräuche zu Hause, vielleicht auch ihre natürliche Würde, hinderten sie daran, das Weihnachtsfest als Ganzes zu übernehmen. So blieb es bei dem etwas kümmerlichen Kompromiß der Geschenke.

In der ›Yalta‹ war jetzt alles geschmückt, die Halle, in der wir uns meist aufhielten, sonst etwas kahl und nüchtern, leuchtete in warmen Farben und duftete nach Tannenreisern. In einem viel kleineren Raum, dem ›Empfangszimmer‹ gleich dahinter, begann die Feier. Da stand das Klavier, das bei Hauskonzerten Dienst tat. Darüber hing an der Wand ein Bild, das mir wegen der kleinen Proportionen des Raumes immer riesig vorkam: der Heilige Hain von Böcklin. Ich hatte es anfangs für ein Original gehalten und mit Scheu betrachtet, als das erste ›wirkliche‹ Bild in einem Privathaus, auf das ich aufmerksam wurde. Aber dann offenbarte mir Fräulein Mina eines Tages, daß es von ihr sei, eine eigenhändige Kopie. Es stammte aus ihrer frühen Zeit, als sie sich noch nicht ausschließlich ihren Blumenkindern widmete; und es war so getreu, daß alle Besucher des Hauses, die nicht darüber aufgeklärt wurden, es für ein Original hielten. Da saß Fräulein Mina nun vor ihrem Werk und begleitete uns zu den Weihnachtsliedern. Sie war gewiß nicht die beste Klavierspielerin, über die das Haus verfügte, aber das Gefühl, das sie für die Lieder aufbrachte, war ansteckend. Wir standen alle dicht nebeneinandergedrängt im Raum, es war nicht viel Platz, und sangen aus Leibeskräften. Nach ›Stille Nacht, heilige Nacht‹ und ›O du fröhliche, o du selige . . .‹ durfte jeder noch ein Lied vorschlagen, das ihm passend schien und das er gern hatte. Es dauerte ziemlich lange, bis alle Liederwünsche erfüllt waren, und mir gefiel besonders, daß es lange dauerte und niemand sich beeilte. Es war keinem anzumerken, daß Geschenke warteten, eigene und auch die Überraschungen, die man sich für die anderen ausgedacht hatte. Doch dann formierte sich die Prozession in den hintersten Raum des Hauses, im Gänsemarsch, nun schon etwas eiliger, der Kleinste, ein Wiener Ferienknabe, ging voran, ich, in jenen Wochen der Zweitjüngste, gleich danach, so dem Alter nach bis zum Letzten. Dann stand man endlich vor dem großen Tisch, jedes Geschenk war hübsch eingepackt, und als Draufgabe bekamen alle ein paar Spottverse von mir, es gab keine Gelegenheit zum Reimen, die ich versäumte. Da fand ich die Statuette eines Tuareg, hoch auf einem Kamel, in kühner Bewegung, und darunter die Worte »Dem Afrikareisenden«, samt Namen. Auch die Bücher kamen meiner Vorstellung von einer besseren Zukunft entgegen: Nansens ›Eskimoleben‹, ›Alt-Zürich‹ mit Ansichten aus früher Zeit, ›Sisto e Sesto‹, Reiseskizzen aus Umbrien. So war vieles vereinigt, was mich zu dieser Zeit lockte und beschäftigte, und der Onkel, der nichts von alledem ahnte, dessen eisige, häßliche Sätze ich noch während der Weihnachtslieder hörte, war endlich gebannt und verstummte.

Nach dem Festessen wurde noch bis spät in die Nacht musiziert. Eine frühere Pensionärin, eine Sängerin, war da zu Gast, Herr Gamper, Cellist am städtischen Orchester, der mit seiner Frau in einem kleinen Nebengebäude wohnte, spielte, als Begleiterinnen taten sich unsere Pianistinnen, Trudi und eine Holländerin hervor. Es war so schön, daß ich von Rache träumte. Ich fesselte den Onkel auf einen Stuhl und zwang ihn, dabeizusitzen. Musik hatte er schon in Manchester nicht ertragen. Er hielt nicht lange still und versuchte aufzuspringen. Aber ich hatte ihn so gut auf den Stuhl gebunden, daß er nicht fortkonnte. Schließlich vergaß er, daß er ein Gentleman war, und hopste mitsamt dem Stuhl auf seinem Rücken zum Haus hinaus, ein lächerlicher Anblick – vor allen Mädchen, Herrn Gamper und den Damen. Ich wünschte mir, die Mutter hätte ihn so gesehen, und nahm mir vor, ihr morgen alles zu schreiben.

Wie man sich verhaßt macht

In diesen ersten Winter der Trennung von Mutter und Brüdern fiel eine Krise in der Schule. Während der vergangenen Monate hatte ich bei einigen der Kameraden eine ungewohnte Zurückhaltung gespürt, die sich aber nur bei einem oder zweien von ihnen zu ironischen Bemerkungen artikulierte. Ich hatte keine Ahnung, worum es ging, es fiel mir nicht ein, daß mein eigenes

Verhalten irgendwen reizen konnte, es hatte sich nichts darin geändert, und die Kameraden waren mit wenigen Ausnahmen dieselben, die ich nun schon seit über zwei Jahren kannte. Schon im Frühjahr 1919 war die Klasse viel kleiner geworden, die wenigen, die Griechisch lernen wollten, gingen ins Literargymnasium. Die anderen, die sich für Latein und andere Sprachen entschieden, wurden auf vier Parallelklassen des Realgymnasiums verteilt.

Bei dieser Umgliederung waren einige Neue zu uns gestoßen, einer der Neuen, Hans Wehrli, wohnte in Tiefenbrunnen, wir hatten denselben Heimweg und kamen uns näher. Sein Gesicht sah aus, als wäre die Haut nah über die Knochen gespannt, es hatte etwas Eingefallenes und Gefurchtes und wirkte darum älter als das der anderen. Aber nicht nur darum schien er mir erwachsener: er war nachdenklich und kritisch und machte nie Bemerkungen über Mädchen, womit manche der anderen schon begonnen hatten. Auf dem Heimweg unterhielten wir uns immer nur über ›wirkliche‹ Dinge, worunter ich damals alles verstand, was mit Wissen und Künsten und der weiteren Welt zusammenhing. Er konnte ruhig zuhören und dann plötzlich sehr lebhaft mit eigenen Meinungen reagieren, die er klug begründete. Diese Abwechslung von Ruhe und Lebhaftigkeit gefiel mir, denn Ruhe war meine Sache nicht, ich war vor Menschen immer lebhaft. Seine Raschheit empfand ich als seine persönlichste Eigenschaft, er wußte gleich, was gemeint war, ohne daß man viel sagen mußte, und war sofort mit seiner Antwort zur Hand, die zustimmend oder auch ablehnend sein konnte; daß seine Reaktionen nicht vorauszusehen waren, belebte unsere Gespräche. Aber nicht weniger als der äußere Verlauf dieser Gespräche beschäftigte mich sein Selbstbewußtsein, dessen Wurzeln ich nicht kannte. Von seiner Familie wußte ich nur, daß sie die große Mühle in Tiefenbrunnen betrieb, die das Mehl für das Brot der Züricher mahlte. Das schien mir etwas sehr Nützliches, es war eine Tätigkeit ganz anderer Art, als was ich sonst unter dem »Geschäft«, das mich bedrohte, vom Onkel her fürchtete und haßte. Ich machte sehr bald, sobald ich jemand ein wenig besser kannte, aus meiner Abneigung gegen alles, was mit Geschäft und bloßem persönlichen Vorteil zusammenhing, kein Hehl. Er schien das zu verstehen, denn er nahm es ruhig hin und kritisierte mich nie dafür; gleichzeitig fiel mir auf, daß er nie etwas gegen seine Familie sagte. Ein Jahr später hielt er in der Schule einen Vortrag über die Schweiz auf dem Wiener Kongreß. Da erfuhr ich, daß einer seiner Vorfahren die Sache der Schweiz auf dem Wiener Kongreß vertreten hatte, und ich begann zu begreifen, daß er ein ›historischer‹ Mensch war. Ich hätte es damals nicht in klaren Ausdrücken sagen können: aber ich spürte, daß er in Frieden mit seiner Herkunft lebte.

Bei mir war die Sache komplizierter. Der Vater stand als guter Geist am Anfang meines Lebens, und das Gefühl für die Mutter, der ich so ungefähr alles schuldete, schien noch unerschütterlich. Aber dann gleich kam der Kreis derer, besonders auf der Seite der Mutter, gegen die ich das tiefste Mißtrauen hegte. Mit ihrem erfolgreichen Bruder in Manchester begann es, doch es blieb nicht bei ihm. Im Sommer 1915, beim Besuch in Rustschuk, kam der schreckliche verrückte Cousin der Mutter dazu, der davon überzeugt war, daß jedes einzelne Mitglied der Familie ihn bestehle, und der dann bis an sein Lebensende nur noch in Prozessen atmen konnte. Dann war der Doktor Arditti, der einzige der Sippschaft, der einen, wie ich dachte, »schönen« Beruf gewählt hatte, einen nämlich, in dem man für die anderen Menschen lebte: aber diesen Beruf eines Arztes hatte er verraten und betrieb nun Geschäfte, wie die anderen alle. Auf väterlicher Seite war es weniger nackt, und selbst der Großvater, der seine Tüchtigkeit und in gewissen Situationen seine Härte ausgiebig bewiesen hatte, hatte so viele andere Eigenschaften, daß sein Gesamtbild komplexer und faszinierender war. Ich hatte auch nicht den Eindruck, daß er mich zum Geschäft vergewaltigen wolle. Das Unglück, das er angerichtet hatte, war schon geschehen, der Tod meines Vaters war ihm in die Knochen gefahren und alles was er dort schlecht getan hatte, kam nun mir zugute. Aber so sehr er mich beeindruckte, bewundern konnte ich ihn nicht, und so erstreckte sich für mich, von ihm beginnend nach rückwärts, eine Geschichte von Vorfahren, die auf dem Balkan ein orientalisches Leben führten, anders als *ihre* Vorfahren in Spanien, 400 oder 500 Jahre früher. Auf diese hätte man stolz sein können, auf Ärzte, Dichter und Philosophen, aber darüber gab es nur allgemeine Nachrichten, die mit der Familie im besonderen nichts zu tun hatten.

In diese Zeit einer empfindlichen, prekären und ungewissen Beziehung zur eigenen Herkunft fiel nun ein Ereignis, das gewiß von außen gesehen sehr unbedeutend erscheinen muß, aber doch für meine weitere Entwicklung eingreifende Folgen hatte. Ich kann es nicht übergehen, so ungern ich davon spreche, denn es war das einzige peinliche Ereignis der fünf Züricher Jahre, an die ich sonst mit einem Gefühl überschwenglicher Dankbarkeit zurückdenke; und daß es nicht in der Fülle des Freudigen völlig versunken ist, hängt bloß mit späteren Ereignissen in der Welt zusammen.

In den Jahren der Kindheit hatte ich persönlich nie Animosität als Jude zu spüren bekommen. In Bulgarien wie in England waren solche Dinge, wie ich glaube, damals unbekannt. Was ich in Wien davon bemerkte, ging nie gegen mich, und die Mutter, wann immer ich ihr etwas berichtete, das ich davon gehört oder gesehen hatte, pflegte mit der Unverfrorenheit ihres Kastenstolzes alles so zu deuten, als ginge es gegen andere, aber nie gegen Spaniolen. Das war um so sonderbarer, als unsere ganze Geschichte sich ja auf die Vertreibung aus Spanien gründete, aber indem man die Verfolgungen mit solchem Nachdruck in eine ferne Vergangenheit zurückverlegte, meinte man sie vielleicht von der Gegenwart eher fernzuhalten.

In Zürich hatte sich Billeter, der Lateinprofessor, einmal darüber aufgehalten, daß ich zu rasch aufstreckte, wenn etwas zu beantworten war; als ich einem etwas langsamen Luzerner Jungen, Erni, mit der Antwort zuvorkam, bestand er darauf, daß Erni sich selbst auf die Antwort besinne, ermunterte ihn und sagte:»Denk nur nach, Erni, du kommst schon drauf. Wir lassen uns nicht alles von einem Wiener Juden wegnehmen.« Das war etwas scharf, und im Augenblick mußte es mich kränken. Aber ich wußte, daß Billeter ein guter Mann war, daß er einen schwerfälligen Jungen vor einem raschen schützen wollte, und obwohl es gegen mich ging, hatte ich ihn im Grunde gern dafür und suchte meinen Eifer etwas zu dämpfen.

Was aber soll man von diesem Eifer des Sichhervortuns denken? Sicher spielte eine größere Lebhaftigkeit dabei mit, das Rasche des Spanischen, das ich als Kind gesprochen hatte und das mir als etwas absonderliches Tempo auch in den langsameren Sprachen wie dem Deutschen oder gar dem Englischen geblieben war. Das kann aber nicht alles gewesen sein: am wichtigsten war doch das Bestehenwollen vor der Mutter. Sie erwartete Antworten auf der Stelle, was man nicht gleich bei der Hand hatte, galt für sie nicht. Das Tempo, in dem sie mir damals in Lausanne während wenigen Wochen Deutsch beigebracht hatte, schien ihr durch den Erfolg dieser Methode gerechtfertigt. So spielte sich später alles im selben Tempo ab. Im Grunde ging es bei ihr und mir wie in Dramen auf der Bühne zu: der eine sprach, der andere entgegnete, lange Pausen waren eine Ausnahme und hatten dann etwas ganz Besonderes zu bedeuten. Zwischen uns waren solche Ausnahmen nicht gegeben, während unserer Szenen spielte sich alles Schlag auf Schlag ab, der eine hatte seinen letzten Satz noch kaum beendet, und schon setzte der andere zu seiner Entgegnung ein. Durch diese Fertigkeit bestand ich vor der Mutter.

So ergab sich, zu einer natürlichen Lebhaftigkeit, die Notwendigkeit, sie zu steigern, um vor der Mutter zu bestehen. In der veränderten Situation der Schulklasse führte ich mich auf wie zu Hause. Zum Lehrer benahm ich mich so, als wäre er die Mutter. Der einzige Unterschied war, daß ich aufstrecken mußte, bevor ich mit der Antwort herausplatzte. Aber dann kam sie gleich und die anderen hatten das Nachsehen. Es fiel mir nie ein, daß dieses Gehabe ihnen auf die Nerven gehen oder sie gar verletzen könnte. Das Verhalten der Lehrer solchen Raschheiten gegenüber war verschieden. Manche empfanden es als Erleichterung des Unterrichts, daß einige Schüler jederzeit reagierten. Es kam ihrer eigenen Arbeit zugute, die Atmosphäre stockte nicht, es geschah etwas, sie mochten das Gefühl haben, daß ihr Vortrag gut sei, wenn er gleich die richtigen Reaktionen auslöste. Andere empfanden es als ungerecht und befürchteten, daß gewisse schwerfällige Naturen eben an den gegensätzlichen Reaktionen solcher, die sie immer vor Augen hätten, die Hoffnung aufgeben könnten, es überhaupt zu etwas zu bringen. Diese, die nicht ganz im Unrecht waren, verhielten sich kühl zu mir und betrachteten mich als eine Art von Übel. Es gab aber auch welche, die sich darüber freuten, daß dem *Wissen* Ehre geschah, und es waren diese, die den Motiven zu meiner flagranten Regsamkeit noch am ehesten auf der Spur waren.

Denn ich glaube, zum Wissen gehört, daß es sich zeigen will und sich mit einer bloßen verborgenen Existenz nicht begnügt. Gefährlich scheint mir das stumme Wissen, denn es wird immer stummer und schließlich geheim und muß sich dann dafür, daß es geheim ist, rächen. Das Wissen, das in Erscheinung tritt, indem es sich anderen mitteilt, ist das gute Wissen, wohl sucht es Beachtung, aber es wendet sich gegen niemanden. Die Anstekkung, die von Lehrern und Büchern ausgeht, sucht sich zu verbreiten. In dieser unschuldigen Phase bezweifelt es sich nicht, es faßt zugleich Fuß und breitet sich aus, es strahlt und will alles mit sich erweitern. Man schreibt ihm die Eigenschaften des Lichtes zu, die Geschwindigkeit, mit der es sich ausbreiten möchte, ist die höchste, und man ehrt es, indem man es als Aufklärung bezeichnet. In dieser Form haben es die Griechen gekannt, bevor es durch Aristoteles in Schachteln gezwängt wurde. Man mag nicht glauben, daß es gefährlich war, bevor es zertrennt und verwahrt wurde. Als der reinste Ausdruck für ein Wissen, das unschuldig war, weil es ausstrahlen mußte, erscheint mir Herodot. Seine Einteilungen sind die der Völker, die verschieden sprechen und leben. Er bekräftigt die Einteilungen nicht, wenn er von ihnen erzählt, sondern schafft Platz für das Verschiedenste in sich und schafft Platz in den anderen, die durch ihn davon erfahren. In jedem jungen Menschen, der von hunderterlei Dingen hört, steckt ein kleiner Herodot, und es ist wichtig, daß man ihn nicht darüber zu erheben sucht, weil man Beschränkung auf einen Beruf von ihm erwartet.

Nun spielt sich der wesentliche Teil eines Lebens, das zu wissen beginnt, in der Schule ab, es ist die erste öffentliche Erfahrung eines jungen Menschen. Er mag sich auszeichnen wollen, aber viel mehr noch will er Wissen strahlen, sobald es ihn ergreift, damit es ihm nicht zum bloßen Besitz werde. Die Kameraden, die langsamer sind als er, müssen glauben, daß er sich bei den Lehrern einschmeichelt, und halten ihn für einen Streber. Doch er hat keinen Punkt im Auge, den er erlangen will, eben über solche Punkte will er hinaus und die Lehrer in seinen Freiheitsdrang hineinziehen. Nicht mit den Kameraden mißt er sich, sondern mit den Lehrern. Er träumt davon, diesen die Nützlichkeiten auszutreiben, er will sie überwinden. Nur die unter ihnen, die sich den Nützlichkeiten nicht ergeben haben, die ihr Wissen um seiner selbst willen verströmen, liebt er mit überschwenglicher Liebe, diesen huldigt er, wenn er rasch auf sie reagiert, diesen dankt er unaufhörlich für ihr unaufhörliches Verströmen.

Aber mit dieser Huldigung sondert er sich von den anderen ab, vor deren Augen sie sich abspielt. Er beachtet sie nicht, während er sich hervortut. Er ist von keinerlei Übelwollen gegen sie erfüllt, aber er läßt sie aus dem Spiel, sie spielen nicht mit und bestehen nur noch als Zuschauer. Da sie von der Substanz des Lehrers nicht ergriffen sind wie er, vermögen sie nicht wahrzuhaben, daß er's ist, und müssen meinen, daß er jenen zu niedrigen Zwecken in die Hand spielt. Sie grollen ihm für ein Schauspiel, in dem ihnen keine Rolle zufällt, vielleicht beneiden sie ihn ein wenig dafür, daß er durchhält. Aber hauptsächlich empfinden sie ihn als Störenfried, der ihre natürliche Gegnerschaft zum Lehrer verwirrt, die er für sich, aber vor ihren Augen in Huldigung verwandelt.

Die Petition

Im Herbst 1919, als ich in Tiefenbrunnen einzog, war die Klasse wieder geteilt worden, wir waren unser 16; Färber und ich waren die einzigen Juden in der Klasse. Geometrisch-Zeichnen hatten wir in einem besonderen Saal, jedem war darin ein eigenes Fach zugewiesen, das versperrt und mit Namensschild bezeichnet war. Eines Tages im Oktober, mitten in der Zeit der Dramenschreiberei, die von Hochgefühlen aller Art begleitet war, fand ich in diesem Saal mein Namensschild mit Beschimpfungen überschmiert. »Abrahamli, Isaakli, Judeli, macht daß ihr fortkommt aus dem Gymi, wir brauchen euch nicht.« Auf Färbers Schild standen ähnliche Dinge, die Verschmierungen waren nicht identisch und es ist möglich, daß ich in der Erinnerung einige seiner Beschimpfungen unter meine mische. Ich war so erstaunt, daß ich es erst gar nicht glauben konnte. Niemand hatte mich bisher beschimpft oder bekämpft und mit den meisten meiner Kameraden war ich schon über zweieinhalb Jahre beisammen. Das Erstaunen schlug bald in Zorn um, ich empfand die Beleidigung sehr schwer, von ›honor‹, von Ehre, hatte ich seit früher Kindheit die Ohren voll und besonders die Mutter konnte sich in diesem Punkt der ›Ehre‹, ob es nun um die Spaniolen, die Familie oder jeden einzelnen von uns ging, gar nicht genugtun. – Natürlich war es niemand gewesen, auch andere Klassen hatten ihren Unterricht im Geometrisch-Zeichnen in diesem Raum, aber ich spürte etwas wie hämische Befriedigung bei ein oder zwei meiner Kameraden, als sie sahen, wie tief der Schlag saß.

Von diesem Augenblick an war alles verändert. Es mag auch früher Sticheleien gegeben haben, die ich wenig beachtete, von jetzt ab erlebte ich sie mit wachem Bewußtsein, nicht die geringste Bemerkung gegen Juden entging mir, die Sticheleien nahmen zu, und während sie früher von einem einzigen ausgegangen waren, schienen sie nun von mehreren Seiten zu kommen. Die geistig ausgeprägteren Knaben der ersten Zeit waren nicht mehr bei uns: Ganzhorn, der mit mir rivalisiert hatte und mir in vielem überlegen war, hatte das Literar-Gymnasium gewählt, wohin ich meinen Neigungen nach wohl auch gehört hätte. Ellenbogen, geistig der Erwachsenste, war in eine andere Abteilung gegangen. Mit Hans Wehrli war ich ein halbes Jahr zusammen gewesen, aber er war nun in die Parallel-Klasse gekommen, wir hatten noch denselben Heimweg, aber am inneren Leben der Klasse nahm er zu dieser Zeit nicht teil. Richard Bleuler, ein verträumter, phantasievoller Junge, den ich mir immer schon gern zum Freund gewünscht hätte, hielt sich von mir fern. Von einem anderen, einer Art von Gegenintelligenz in der Klasse, ging die Aktion, so schien mir, aus. Vielleicht empfand dieser einen besonders starken Widerwillen gegen mein ›lebhaftes Getue‹, wie die spätere Formel lautete. Er hatte seine eigene Gescheitheit, die damals nicht mit Schulgescheitheit zusammenfiel, er war auch reifer und begann sich schon für Dinge zu interessieren, von denen ich noch keine Ahnung hatte, Lebensdinge sozusagen, die auf die Dauer, wie er wohl denken mochte, wichtiger waren. Von der Gruppe der irgendwie Gleichgearteten, denen Wissensdinge wichtig waren oder die das wenigstens zur Schau trugen, war ich, so kam es mir vor, als einziger übriggeblieben und bedachte nicht, wie ärgerlich den anderen dieses ›Monopol‹ erscheinen mußte.

So sah ich mich nun durch die Angriffe auf Färber geworfen, mit dem ich eigentlich gar nichts gemein hatte. Er kannte Juden in anderen Klassen und berichtete mir über die Lage dort. Von allen kamen ähnliche Nachrichten, in allen schien die Abneigung gegen Juden zuzunehmen und sich immer offener zu äußern. Vielleicht übertrieb Färber, was er mir übermittelte, er war ein unbedacht-emotionaler Mensch. Auch fühlte er sich auf mehr als eine Weise bedroht: er war faul und er war ein schlechter Schüler. Er war groß und ziemlich schwer, und als der einzige in der Klasse hatte er rote Haare. Er war nicht zu übersehen, wenn er auf einem Gruppenbild der Klasse vorne stand, verdeckte er die dahinter. Auf einem solchen Foto war sein Gesicht von anderen in der Klasse ausgestrichen worden. Es sah aus, als hätten sie ihn nicht gern so weit vorn, doch es war ein Zeichen dafür, daß sie ihn ganz aus der Klasse draußen haben wollten. Er war aber Schweizer, sein Vater war Schweizer, seine Muttersprache war der Dialekt, die Vorstellung, daß er einmal woanders leben könnte, lag ihm fern. Er fürchtete, daß er nicht in die nächste Klasse aufsteigen würde, und empfand, da er meist vor ihnen versagte, die Unzufriedenheit der Lehrer mit ihm als Teil derselben Feindseligkeit, die ihm die Kameraden entgegenbrachten. Es war nicht zu verwundern, daß er die Nachrichten, die er mir von den Juden aus den Parallelklassen überbrachte, um seine eigene Unruhe steigerte. Ich kannte die anderen jüdischen Schüler nicht und trachtete auch nicht, mich einzeln mit ihnen zu besprechen. Diese Verbindung war von Anfang an sein Amt, das er eifrig und mit steigender Panik besorgte. Erst als er von einem Jungen berichtete: »Der Dreyfus hat mir gesagt, er ist so verzweifelt, er mag nicht weiterleben«, geriet auch ich in Panik. Ich fragte ihn entsetzt: »Meinst du, er will sich umbringen?« »Er hält es nicht aus, er bringt sich um.« Ich glaubte es nicht wirklich, so schlimm war es, wie ich aus eigener Erfahrung wußte, nicht, es handelte sich um Sticheleien, die allerdings von Woche zu Woche zunahmen. Aber die Vorstellung, daß Dreyfus sich umbringen könnte, das Wort »sich umbringen« selbst benahm mir den Rest von Ruhe. Schon »umbringen« war ein entsetzliches Wort, während des Krieges hatte es sich mit tiefstem Abscheu geladen, aber nun war der Krieg seit einem Jahr zu Ende, und ich lebte in Hoffnung auf einen Ewigen Frieden. Die Geschichten zur Abschaffung des Krieges, die ich für mich und meine kleinen Brüder immer wieder ausgesponnen hatte, die alle in der Wiederauferstehung der Gefallenen ein immer selbes Ende nahmen, erschienen nicht mehr als Geschichten. In Wilson, dem amerikanischen Präsidenten, hatte der Ewige Frieden einen Fürsprecher gefunden, an den die meisten glaubten. Von der Stärke dieser Hoffnung, die die Welt damals erfaßte, macht man sich heute keine zureichende Vorstellung. Ich lebe als Zeuge dafür, daß sie auch Kinder erfaßte, ich war keineswegs der einzige, die Gespräche auf dem Nachhauseweg mit Hans Wehrli waren davon erfüllt, wir teilten diese Gesinnung, und der

Ernst und die Würde, die unsere Gespräche erfüllten, waren zum guten Teil davon bestimmt.

Aber es gab etwas, das mich mit noch größerem Entsetzen erfüllte als ›umbringen‹, und das war, daß einer es sich selber antat. Es hatte mir schon gar nicht eingeleuchtet, daß Sokrates den Schierlingsbecher *ruhig* hinnahm. Ich weiß nicht, was mich auf den Gedanken brachte, daß jeder Selbstmord sich verhindern ließe, aber ich weiß, daß ich schon damals davon überzeugt war. Man müßte nur rechtzeitig von der Absicht erfahren und auf der Stelle etwas dagegen unternehmen. Ich dachte mir aus, was man dem Kandidaten sagen müsse: daß es ihm leid tun würde, wenn er nach einiger Zeit davon erfahren könnte, aber dann sei es zu spät. Er solle lieber warten und dann könne er's noch erfahren. Dieses Argument hielt ich für unwiderstehlich, ich übte es in Selbstgesprächen ein, bis sich eine Gelegenheit ergeben würde, es anzuwenden; aber es hatte sich noch keine ergeben. Die Sache mit Dreyfus stand anders, vielleicht spielten manche mit ähnlichen Gedanken. Ich wußte von Massenselbstmorden aus der griechischen und jüdischen Geschichte, und obwohl es bei ihnen gewöhnlich um Freiheit ging, hatten die Berichte darüber gemischte Gefühle hinterlassen. Ich verfiel auf den Gedanken einer ›öffentlichen Aktion‹, die erste und einzige jener frühen Jahre. In den insgesamt fünf Parallelklassen unseres Jahrgangs gab es 17 Juden. Ich schlug vor, daß wir alle einmal zusammenkämen, wir kannten uns meistens gar nicht, um miteinander zu beraten, was zu tun sei, wobei ich daran dachte, eine Petition an das Rektorat zu verfassen, das vielleicht gar nicht wußte, unter welchem Druck wir standen.

Wir trafen uns im Restaurant ›Rigiblick‹ am Zürichberg oben, an der Stelle, wo ich vor sechs Jahren den ersten Blick auf Zürich getan hatte. Alle 17 kamen, die Petition wurde beschlossen und auf der Stelle entworfen. In wenigen sachlichen Sätzen machten wir, die versammelten jüdischen Schüler der 3er Klassen, das Rektorat auf den zunehmenden Antisemitismus, der in diesen Klassen herrschte, aufmerksam und baten, Maßnahmen dagegen zu ergreifen. Alle unterschrieben, große Erleichterung herrschte. Wir vertrauten auf den Rektor, der zwar als streng ein wenig gefürchtet war, aber auch als sehr gerecht galt. Die Petition sollte ich im Rektorat abgeben. Wir erwarteten Wunder von ihrer Wirkung, und Dreyfus erklärte, daß er am Leben bleiben wolle.

Nun kamen Wochen des Wartens. Ich dachte mir, wir würden alle zusammen aufs Rektorat gerufen werden, und überlegte mir, was ich zu sagen hätte. Es sollten würdige Worte sein, wir durften uns nichts vergeben, alles möglichst knapp und klar und ja nicht wehleidig. Aber von Ehre mußte schon die Rede sein, denn darum ging es. Nichts geschah, und ich fürchtete, daß die Petition in den Papierkorb gewandert war. Jede Reaktion, auch ein Tadel über unsere eigenmächtige Aktion, wäre mir lieber gewesen. Die Sticheleien ließen zwar für den Augenblick nach, und das wunderte mich noch mehr, denn wenn die Kameraden hinter unserem Rücken einen Rüffler bekommen hätten, hätte ich es doch von irgendeinem von ihnen, der mir näher stand, erfahren müssen.

Nach fünf, sechs Wochen, vielleicht war es sogar länger, wurde ich allein aufs Rektorat gerufen. Ich wurde nicht vom strengen Rektor Amberg empfangen. Der Prorektor Usteri stand da, mit der Petition in der Hand, so, als ob er sie eben bekommen habe und zum erstenmal lese. Er war ein kleiner Mann, der durch seine hochgeschwungenen Augenbrauen so wirkte, als ob er immer lustig lächle. Aber er war jetzt nicht lustig, er fragte nur: »Hast du das geschrieben?« Ich sagte ja, es war meine Schrift, und ich hatte es ja wirklich aufgesetzt und nicht nur geschrieben. »Du streckst zuviel auf«, sagte er dann, als ob die Sache nur mich allein etwas anginge, zerriß vor meinen Augen das Papier mit den Unterschriften und warf die Fetzen in den Papierkorb. Damit war ich entlassen. Die Sache war so rasch gegangen, daß ich gar nichts sagen konnte. ›Ja‹ als Antwort auf seine Frage war mein einziges Wort gewesen. Ich fand mich vor der Tür des Rektorats, als hätte ich noch gar nicht angeklopft, und wenn die Fetzen der Petition, die in den Papierkorb wanderten, mich nicht so beeindruckt hätten, ich hätte gedacht, ich träume.

Mit der Schonzeit in der Klasse war es nun zu Ende, die Sticheleien setzten wieder ein wie zuvor, mit dem Unterschied, daß sie entschlossener waren und kaum mehr aufhörten. Jeden Tag kam eine wohlgezielte Bemerkung, und es verwirrte mich, daß sie gegen Juden im allgemeinen oder persönlich gegen Färber gingen, mich aber so ausließen, als gehörte ich nicht dazu. Ich hielt das für eine bewußte Taktik, um uns zu trennen, grübelte aber viel darüber nach, was der Prorektor mit dem Aufstrecken wohl gemeint habe. Es war mir bis zu diesem Augenblick, als er seine vier Worte ausgesprochen hatte, gar nicht eingefallen, daß ich etwas Falsches tat, wenn ich den Arm unaufhörlich in die Höhe streckte. Es war ja wirklich so, daß ich die Antwort parat hatte, bevor der Lehrer seine Frage noch ganz ausgesprochen hatte. Hunziker setzte dieser Eile Widerstand entgegen und beachtete mich nicht, bis ich die Hand wieder sinken ließ. Vielleicht war das die klügste Taktik, aber auch sie änderte wenig an meinen lebhaften Reaktionen. Ob man eine Antwort erlaubte oder nicht, der Arm schoß unaufhörlich in die Höhe. Nicht *einmal* in Jahren war mir der Gedanke gekommen, daß das die Kameraden ärgern könnte. Statt mir's zu sagen, hatten sie mir viel früher, in der zweiten Klasse, den Spitznamen Sokrates gegeben und mich durch diese Ehrung, denn als solche empfand ich sie, noch ermutigt. Erst der trockene Satz des Usteri: »Du streckst zuviel auf« lähmte meinen Arm, es war die höchste Zeit, und er blieb nun, so gut ich es vermochte, unten. Ich war auch unlustig geworden, die Schule freute mich nicht mehr. Statt auf die Fragen des Unterrichts wartete ich auf die nächste Stichelei in der Pause. Jede herabsetzende Bemerkung über Juden veranlaßte mich zu Gegengedanken. Ich hätte gern alles widerlegt, aber dazu kam es nicht, es ging nicht um ein politisches Streitgespräch, sondern wie ich es heute nennen würde, um die Bildung einer Meute. In meinem Kopf formten sich die Elemente einer neuen Ideologie; die Errettung der Menschheit von Kriegen hatte Wilson übernommen. Ich überließ sie ihm, ohne das Interesse daran zu verlieren, alle offenen Gespräche galten immer noch dieser Sache. Aber die geheimen Gedanken, die ich für mich behielt, denn zu wem hätte ich davon sprechen sollen, galten dem Schicksal der Juden.

Färber hatte es viel schwerer als ich, denn er versagte vor den Lehrern. Er war von Hause aus träg, aber nun gab er es ganz auf zu arbeiten. Er wartete dumpf auf die nächste Demütigung und brauste dann plötzlich auf. Er geriet in Wut und schlug zurück und merkte vielleicht gar nicht, wie er das Herz der Feinde durch seine zornige Reaktion erfreute. Es war aber eine interne Fehde, denn Beleidigungen gab er mit gutschweizerischen Beschimpfungen zurück, darin war er keinem unterlegen. Nach einigen Wochen entschloß er sich zu einem ernsten Schritt. Er ging in der Pause zu Hunziker und beschwerte sich über das feindliche

Verhalten der Klasse. Sein Vater lasse Hunziker in aller Form bitten, diese Beschwerde an das Rektorat weiterzuleiten. Wenn nichts sich ändere, habe er vor, selbst am Rektorat zu erscheinen.

Nun warteten wir wieder auf eine Antwort und wieder kam nichts. Wir besprachen miteinander, was Färber sagen würde, wenn man ihn zur Einvernahme aufs Rektorat zitiere. Ich redete ihm zu, ja nicht die Geduld zu verlieren. Er müsse ruhig bleiben und einfach berichten. Er bat mich, es mit ihm einzuüben, und wir taten es mehr als einmal. Sogar mit mir bekam er einen roten Kopf, wenn er zu sprechen anfing, verhaspelte sich und beschimpfte die Gegner. Ich ging manchmal zu ihm nach Hause, um ihm bei seinen Aufgaben zu helfen. Das Ende jeder Nachhilfestunde bildete die Rede fürs Rektorat. Es verging so viel Zeit, daß sogar er sie lernte, und als ich ihm endlich sagen konnte: jetzt ist es gut, fiel mir Demosthenes ein, und ich tröstete ihn mit dessen Schwierigkeiten. Nun waren wir gerüstet und warteten weiter. Es kam nie eine Reaktion, das Rektorat schwieg, auch Hunziker, den wir während seiner Stunden auf das kleinste Zeichen einer Veränderung hin beobachteten, blieb sich immer gleich. Er wurde noch trockener, überbot sich in seiner Nüchternheit und gab uns ein Aufsatzthema auf, das ich ihm nicht verzieh: ein Brief an einen Freund, in dem wir diesen bäten, uns ein Zimmer, ein Velo oder einen Photographenapparat zu bestellen.

Dafür änderte sich die Atmosphäre in der Klasse. Im Februar, vier Monate nach dem Beginn der ganzen Kampagne, ließen die Sticheleien mit einem Schlag nach. Ich traute der Sache nicht, war sicher, daß es bald wieder losgehen würde, aber diesmal täuschte ich mich. Die Kameraden waren plötzlich wie früher, wie in alter Zeit. Sie griffen nicht mehr an, sie spotteten nicht, ja es kam mir so vor, als ob sie das Wort, das alle Demütigung konzentriert enthielt, mit Bedacht vermieden. Am meisten wunderte ich mich über die eigentlichen Feinde, von denen die Aktion ihren Ausgang genommen hatte. In ihrer Stimme klang nun etwas Herzliches mit, wenn sie sich an mich wandten, und überglücklich war ich, wenn sie mich etwas, das sie nicht wußten, fragten. Das Aufstrecken blieb auf ein Minimum reduziert, und es gelang mir, das war der Gipfel der Selbstentsagung, manchmal Dinge, die ich wußte, ganz für mich zu behalten und stumpf dazusitzen, wenn es mich in allen Gliedern juckte.

Ostern war das alte Schuljahr zu Ende; es kam zu manchen einschneidenden Veränderungen, die wichtigste davon war, daß die Lehrer nun zu uns ›Sie‹ sagten. Aus dem quadratischen, zinnenbesetzten Hauptgebäude des Gymnasiums, das schräg und etwas nüchtern in eine Biegung der ansteigenden Rämistraße hineingebaut war und die nähere städtische Landschaft hier beherrschte, wurde die Klasse in den ›Schanzenberg‹ verlegt. Dieses Haus stand gleich nebenan auf einem eigenen Hügel und hatte, da es ursprünglich gar nicht als Schulgebäude gedacht war, einen beinahe privaten Charakter. Das Klassenzimmer hatte eine Veranda und öffnete sich gegen den Garten, während der Stunden hatten wir die Fenster offen, es duftete nach Bäumen und Blüten, die Lateinsätze waren von Vogellauten begleitet. Es war beinahe so wie in Tiefenbrunnen im Garten der ›Yalta‹. Färber war sitzengeblieben, was aber nach seinen Leistungen durchaus keine Ungerechtigkeit war, er war nicht der einzige. Die Klasse war kompakter geworden und die Stimmung in ihr blieb verändert. Alle nahmen auf ihre Weise am Unterricht teil, ich hütete mich vor der maßlosen Aufstreckerei und der Groll der anderen dagegen schien verflogen. Soweit man sich etwas wie eine Gemeinschaft in einer Schulklasse vorstellen kann, war sie hier verwirklicht. Jeder hatte seine Eigenschaften und jeder zählte. Da ich mich nicht mehr bedroht fühlte, merkte ich, daß die Kameraden nicht uninteressant waren, auch die nicht, die sich durch kein besonderes Schulwissen auszeichneten. Ich hörte ihren Gesprächen zu, erkannte meine Ahnungslosigkeit auf vielen Gebieten, die außerhalb der Schule lagen, und verlor etwas von dem Hochmut, der zum Unglück des vergangenen Winters sicher beigetragen hatte. Es wurde offenkundig, daß manche, die sich langsam entwickelt hatten, nun nachholten. In einer Art von Schachklub, der sich bildete, wurde ich häufig gründlich geschlagen. Ich geriet in die Rolle, in der andere sich früher mir gegenüber befunden hatten, ich bewunderte die besseren Spieler und begann über sie nachzudenken. Von einem Aufsatz Richard Bleulers, der so gut war, daß er öffentlich vorgelesen wurde, war ich entzückt, er war frei von allem Schulmäßigen, erfinderisch, leicht, voller phantastischer Einfälle, er war so, als ob es keine Bücher gäbe. Ich war stolz auf Bleuler, ging in der Pause auf ihn zu und sagte ihm: »Du bist ein wirklicher Dichter«, ich wollte, was er nicht wissen konnte, damit sagen, daß ich keiner sei, denn über das ›Drama‹ waren mir die Augen inzwischen schon aufgegangen. Er muß zuhause eine wunderbare Erziehung genossen haben, denn er wehrte bescheiden ab und sagte: »Das ist nichts Besonderes.« Das meinte er auch, seine Bescheidenheit war echt. Denn vor ihm hatte ich meinen Aufsatz vorlesen müssen, voll des unerklärlichen Selbstvertrauens, mit dem ich geschlagen war, und als ich in die Klasse zurücktrat und er an mir vorüber nach vorn ging, mit seinem, hatte er mir rasch zugeflüstert: »Meiner ist besser.« Das wußte er also, und nun sah ich, wie sehr es stimmte, und nun sagte er mir, als ich mich ehrlich vor ihm verneigte, ebenso ehrlich: »Das ist nichts Besonderes.« Es war mir gegenwärtig, daß er zuhause unter Dichtern lebte: seine Mutter und ihre Freundin, die Ricarda Huch, ich stellte mir vor, daß er dabei war, wenn sie ihre neuen Werke vorlasen, und fragte mich, ob die auch sagten: »Das ist nichts Besonderes.« Es war eine Lehre: man konnte etwas Besonderes machen und sich gar nichts darauf einbilden. Etwas von dieser neu erfahrenen Bescheidenheit schlug sich nun in den Briefen an die Mutter nieder, es hielt nicht lange vor, aber in der Aufgeblasenheit war nun ein Wurm, der mich daran hinderte, weitere Dramenpläne von derselben Sorte auszuführen. Das war derselbe Bleuler, der mich durch seine Ablehnung im vergangenen Winter besonders tief gekränkt hatte, denn ich mochte ihn immer, und nun wurde mir klar, daß er guten Grund hatte, vieles an mir nicht zu mögen.

Alles in allem war es ein tief einschneidender Winter gewesen: das Einleben in die ›Yalta‹ ohne ein einziges männliches Wesen, wo ich tat, was ich wollte, von blinder Zuneigung, ja einer Art von Verhimmelung durch weibliche Wesen jeden Alters getragen; die scharfe Attacke durch den Onkel, der mich in seinen Geschäften ersticken wollte; die täglich fortgesetzte Kampagne in der Klasse. Als sie vorüber war, im März, schrieb ich der Mutter, ich hätte eine Weile lang die Menschen gehaßt, ich hätte keine Lebenslust mehr gehabt. Aber jetzt sei es anders, jetzt sei ich versöhnlich und gar nicht mehr rachsüchtig. In der nun folgenden Periode des Schanzenbergglücks, der Versöhnlichkeit und neu erwachten Menschenliebe blieb zwar manches im Zweifel, doch die Zweifel – das war etwas Neues – richteten sich gegen mich selbst.

Die Angriffe waren übrigens, wie ich später erfuhr, auf eine kluge Weise von oben abgestellt worden, ohne Lärm und Aufhebens. Die Petition, auf die ich so stolz war, war zwar in den Papierkorb gewandert, aber man hatte einzelne Kameraden auf dem Rektorat einvernommen. Die Bemerkung, die der Usteri so nebenher gemacht hatte: »Du streckst zuviel auf«, war eines ihrer Ergebnisse gewesen. Sie hatte mich, eben wegen ihrer rätselhaften Isoliertheit, tief getroffen, und ich hatte mein Benehmen dank ihr geändert. Auch bei den Gegnern muß es zu nützlichen Bemerkungen gekommen sein, sonst hätten sie ihre Kampagne nicht plötzlich eingestellt. Da alles so still geschah, mußte ich in der Periode der Demütigung den Eindruck gewinnen, daß man sich überhaupt nicht darum kümmere, doch in Wirklichkeit war das Gegenteil der Fall.

Verbotsbereitschaft

Das früheste Verbot, dessen ich mich aus der Kindheit entsinne, war ein räumliches, es bezog sich auf die Lokalität unseres Gartenhofes, in dem ich spielte, den ich nicht verlassen durfte. Es war mir nicht erlaubt, die Straße vor unserem Tor zu betreten. Ich vermag aber nicht zu bestimmen, wer dieses Verbot aussprach, vielleicht war es der stockbewehrte Großvater, dessen Haus zunächst beim Tore stand. Über seine Einhaltung wachten die kleinen bulgarischen Mädchen und der Diener; die Vorstellung von Zigeunern auf der Straße draußen, die herrenlose Kinder, wie ich oft zu hören bekam, einfach in den Sack steckten und mitnahmen, mag zu seiner Einhaltung beigetragen haben. Es muß manche andere Verbote ähnlicher Art gegeben haben, aber sie sind mir verschollen, denn sie traten hinter eines zurück, das mit Feuer und Flamme über mich hereinbrach, in einem furchtbaren Augenblick, als ich, fünfjährig, daran war zum Mörder zu werden. Damals, als ich mit erhobenem Beil, den Kriegsgesang »Jetzt werde ich Laurica töten!« auf den Lippen, auf meine Spielgefährtin losging, die mir die Einsicht in ihre Schulbuchstaben immer wieder auf die quälendste Weise versagt hatte, damals, als ich bestimmt zugeschlagen hätte, wäre es mir nur gelungen, nah genug an sie heranzukommen, damals trat mir zornig wie Gott selbst der Großvater entgegen, den Stock hoch erhoben und entwand mir das Beil. Das Entsetzen, mit dem ich dann von allen angesehen wurde, der Ernst der Familienberatungen über das mörderische Kind, die Abwesenheit des Vaters, der nichts zu mildern vermochte, so daß die Mutter, ein ungewöhnlicher Vorgang, heimlich für ihn einsprang und schwerster Bestrafung zum Trotz mich für den ausgestandenen Schrecken zu trösten versuchte, das alles, aber ganz besonders das Verhalten des Großvaters, der mich noch nachträglich unter den schrecklichsten Drohungen mit seinem Stock verprügelte, hatte eine so nachhaltige Wirkung auf mich, daß ich es als das eigentliche, das Ur-Verbot in meinem Dasein bezeichnen muß: das Verbot des Tötens.

Nicht nur wurde mir verboten, das Beil je wieder zu berühren, ich durfte auch den Küchenhof nie mehr betreten, wo ich es geholt hatte. Der armenische Diener, mein Freund, sang nicht mehr für mich, denn selbst vom Platz am Fenster des großen Wohnzimmers, von wo ich ihm immer zugesehen hatte, wurde ich weggescheucht; damit ich das Beil nie wieder gewahre, wurde mir verboten, auch nur einen Blick in den Küchenhof zu tun, und als es mir einmal, aus Sehnsucht nach dem Armenier, gelang, unbemerkt ans Fenster zu schleichen, war das Beil verschwunden, das Holz lag unzerhackt da, der Armenier, der müßig dastand, blickte mich vorwurfsvoll an und hieß mich durch ein Zeichen der Hand schleunigst verschwinden.

Es war eine immer wiederkehrende Erleichterung für mich, daß ich nicht zugeschlagen hatte, der Großvater hielt mir noch Wochen danach vor, wie tot – wäre mir mein Vorhaben gelungen – Laurica gewesen wäre, wie sie in ihrem Blute liegend ausgesehen hätte, wie ihr Gehirn aus dem gespaltenen Schädel herausgequollen wäre, wie sie nie mehr aufgestanden wäre, nie mehr gesprochen hätte, wie ich, zur Strafe in eine kleine Hundehütte gesperrt, ganz allein, von allen ausgestoßen mein Leben zugebracht hätte, nie in die Schule gekommen, nie lesen und schreiben gelernt hätte, wie ich vergeblich darum gebettelt und geweint hätte, daß Laurica zum Leben zurückkehre und mir verzeihe, wie es keine Verzeihung für einen Mord gäbe, denn der Tote sei nie mehr in der Lage, sie zu gewähren.

Das also war mein Sinai, das mein Verbot, so ist meine wahre Religion aus einem ganz bestimmten, persönlichen, nie wiedergutzumachenden Ereignis entstanden, das trotz des Mißlingens mir anhaftete, solange ich dem Großvater auf dem Gartenhof begegnete. Wann immer ich ihn sah, in den Monaten danach, schwang er drohend seinen Stock und erinnerte mich an die Schlechtigkeit, deren ich fähig gewesen wäre, wäre er nicht im letzten Augenblick dazwischengekommen. Auch bin ich, ohne es beweisen zu können, davon überzeugt, daß der Fluch, mit dem er nicht viele Monate später meinen Vater vor der Übersiedlung nach England traf, mit dem wilden Gebaren des Enkels zusammenhing, so als hätte ich ihn zu den Strafen und Drohungen veranlaßt, an denen seine Herrschaft über uns schließlich zerbrach.

Unter der Herrschaft dieses Verbots zu töten bin ich aufgewachsen, und wenn auch kein späteres je seine Wucht und Bedeutung erlangte, so bezogen sie doch alle aus ihm ihre Kraft. Es genügte, etwas klar als Verbot zu bezeichnen, neue Drohungen wurden nicht ausgesprochen, die alte hielt vor, das Wirksamste waren die entsetzlichen Bilder, die man mir als die Folgen einer gelungenen Mordtat vorgemalt hatte: der gespaltene Kopf, das herausquellende Gehirn, und wenn später, nach dem Tode des Vaters, der Großvater sich mir gegenüber in den mildesten aller Tyrannen verwandelte, so änderte das nichts an den Schrecken, die er heraufbeschworen hatte. Erst jetzt, da ich diese Dinge ein wenig bedenke, begreife ich, warum ich Hirn und andere Innereien eines Tieres nie zu berühren vermochte, es waren Speiseverbote, die sich mir von selber auferlegten.

Ein anderes Speiseverbot, das dem frühesten Religionsunterricht in Manchester entsprang, wurde durch eine grausame Aktion der Mutter im Keim zerstört. Im Hause Florentin in der Barlowmore Road versammelten sich einige Knaben der näheren Bekanntschaft zu Religionsstunden. Sie wurden von Mr. Duke erteilt, einem jungen, spitzbärtigen Manne, der aus Holland stammte. Wir waren unser nicht mehr als sechs oder sieben. Arthur, der Sohn des Hauses, mein bester Freund, war dabei. Nur männliche Wesen waren zugegen, und wenn Mirry, die ältere Schwester Arthurs, das Zimmer betrat, in dem wir versammelt saßen, aus Neugier vielleicht oder um etwas zu suchen, verstummte Mr. Duke und wartete schweigend, bis sie das Zimmer wieder verlassen hatte. Es mußte etwas sehr Geheimnisvolles sein, was er uns zu sagen hatte. Die Geschichte von Noah und der Arche, die er erzählte, war mir nicht neu. Wohl aber überraschte er mich mit Sodom und Gomorrha, vielleicht war das das Geheimnis, denn eben als Lots Frau daran war, zur Salzsäule zu erstarren, trat das englische Stubenmädchen ins Zimmer und holte etwas aus der Lade des Buffets. Diesmal verstummte Mr. Duke mitten im Satz. Lots Frau hatte sich leichtfertig umgesehen und wir erwarteten aufs höchste gespannt ihre Strafe. Mr. Duke machte ein finsteres Gesicht, er runzelte die Stirn und folgte den Bewegungen des Stubenmädchens mit unverhohlener Mißbilligung. Lots Frau bekam Aufschub, als das Stubenmädchen draußen war, rückte er näher an uns heran und sagte, beinahe flüsternd: »Sie mögen uns nicht. Es ist besser, sie hören nicht, was ich euch sage.« Dann wartete er ein wenig und verkündete mit feierlicher Stimme: »Wir Juden essen kein Schweinefleisch. Das mögen sie nicht, sie essen gern ihren Bacon zum Frühstück. Ihr dürft kein Schweinefleisch essen.« Es war wie eine Verschwörung, und obwohl Lots Frau noch immer nicht erstarrt war, sank das Verbot tief in mich ein und ich beschloß, um nichts in der Welt je Schweinefleisch zu essen. Dann erst räusperte sich Mr. Duke, kehrte zu Lots Frau zurück und verkündete uns, die wir atemlos zuhörten, ihre salzige Strafe.

Ich kehrte, vom neuen Verbot erfüllt, in die Burton Road zurück, den Vater konnte ich nicht mehr fragen. Aber der Mutter berichtete ich, was geschehen war, Sodoms Untergang verband sich mit dem Schweinefleisch, sie lächelte, als ich erklärte, daß der Bacon, den die Gouvernante zum Frühstück aß, uns verboten sei, sie nickte nur, ohne mir zu widersprechen, und so nahm ich an, daß sie, obwohl eine Frau, wie Mr. Duke gesagt hätte, »zu uns« gehöre.

Nicht lange danach nahmen wir zu dritt, Mutter, Gouvernante und ich, im Speisezimmer das Mittagessen ein. Es gab ein rötliches Fleisch, das ich nicht kannte, es war sehr salzig und schmeckte mir gut. Ich wurde zu noch einem Stück davon aufgemuntert, das ich gerne aß. Dann sagte die Mutter in unschuldigem Ton: »Das hat dir doch geschmeckt, nicht wahr?« »O ja, sehr gut, kriegen wir das bald wieder?« »Das war Schweinefleisch«, sagte sie. Ich dachte, sie verspotte mich, aber es war ihr Ernst. Ich spürte, wie mir übel wurde, ging hinaus und erbrach mich. Sie nahm davon wenig Notiz. Die Sache mit dem Mr. Duke paßte ihr nicht, sie war entschlossen, das Tabu zu brechen, es war ihr gelungen, ich wagte mich nach dem Geschehenen nicht mehr unter seine Augen, und mit dieser Form von Religionsunterricht war es zu Ende.

Vielleicht lag der Mutter daran, zur einzigen Instanz zu werden, von der Verbote wie Gebote verkündigt wurden. Da sie sich entschlossen hatte, ihr Leben ganz uns zu widmen, die volle Verantwortung für uns zu übernehmen, litt sie keine Einwirkung von außen, die tiefer ging. Von den Dichtern, die sie las, wie andere die Bibel, bezog sie die Gewißheit, daß es auf die eigentliche Ausbildung der verschiedenen Religionen nicht ankomme. Sie dachte, man müsse das finden, was ihnen gemeinsam sei, und sich danach richten. Sie mißtraute allem, was zum akuten, blutigen Kampfe der Religionen gegeneinander führte, und meinte, daß es von wichtigeren Dingen ablenke, die der Mensch noch zu meistern habe. Sie war der Überzeugung, daß Menschen zum Schlimmsten imstande seien, und da sie noch Kriege gegeneinander führten, sei es ein unwiderleglicher Beweis dafür, wie sehr alle Religionen gescheitert wären. Als gar nicht lange danach Geistliche aller Konfessionen sich dazu hergaben, die Waffen zu segnen, mit denen Menschen, die sich nie zuvor gesehen hatten, aufeinander losgingen, wurde ihr Abscheu so stark, daß sie ihn – schon in der Wiener Zeit – nicht ganz vor mir zu verbergen vermochte.

Vor den Einwirkungen solcher Instanzen wollte sie mich um jeden Preis bewahren und merkte nicht, daß sie dadurch selbst zur letzten Quelle aller Verkündigungen wurde. Die Kraft der höchsten Verbote war nun bei ihr. Da sie nie dem Wahnwitz verfiel, sich für etwas Göttliches zu halten, wäre sie sehr erstaunt gewesen, hätte ihr jemand erklärt, wie ungeheuerlich das war, was sie auf sich genommen hatte. Mit der armseligen Geheimtuerei des Mr. Duke war sie rasch fertig geworden. Viel schwerer war es für sie, gegen den Großvater zu bestehen. Seine Autorität war durch seinen Fluch erschüttert, und daß dieser, wie er glauben mußte, gewirkt hatte, nahm ihm seine Sicherheit uns gegenüber. Er fühlte sich wirklich schuldig, wenn er mich küßte und als Waise bedauerte. Das Wort berührte mich peinlich, wann immer er es gebrauchte, denn es klang so, als wäre die Mutter nicht auf der Welt, er sagte es aber, was ich nicht wußte, gegen sich, es war seine Art, sich seine Schuld vorzuwerfen. Nur halben Herzens führte er den Kampf um uns gegen die Mutter, und hätte sie selber nicht an ihrer Schuld getragen, sie hätte ihn sehr leicht bestanden. Sie waren beide geschwächt, aber da seine Schuld die unvergleichlich größere war, zog er den kürzeren.

Alle Autorität konzentrierte sich in ihr. Ich glaubte ihr blind, es bereitete mir ein Glücksgefühl, ihr zu glauben, und sobald es um etwas Folgenreiches und Gewichtiges ging, erwartete ich ihren Spruch wie andere den eines Gottes oder seines Propheten.

Ich war zehn, als sie mir das zweite, große Tabu auferlegte, nach jenem viel früheren gegen das Töten, das vom Großvater ausging. Dieses richtete sich gegen alles, was mit geschlechtlicher Liebe zusammenhing: Sie wollte es möglichst lange vor mir verborgen halten und überzeugte mich davon, daß ich nicht daran interessiert sei. Ich war es damals wirklich nicht, aber ihr Tabu behielt seine Kraft während der ganzen Züricher Zeit, ich war beinahe 16 und hörte noch immer weg, wenn die Kameraden über die Dinge sprachen, die sie am meisten beschäftigten. Ich war dann nicht so sehr von Abscheu erfüllt – höchstens manchmal und bei besonders drastischen Gelegenheiten –, sondern von ›Langeweile‹. Ich, der ich Langeweile nie gekannt hatte, beschloß, daß es langweilig sei, von Dingen sprechen zu hören, die es gar nicht wirklich gäbe, und noch mit 17 in Frankfurt erregte ich das Staunen eines Freundes, als ich behauptete, daß Liebe eine Erfindung der Dichter sei, das gäbe es gar nicht, in Wirklichkeit sei es alles ganz anders. Zu dieser Zeit war ich gegen die Jambendichter, die meine Vorstellungen lange beherrscht hatten, mißtrauisch geworden und erweiterte sozusagen das Tabu der Mutter, indem ich auch die ›hohe‹ Liebe darin einbezog.

Während dieses Verbot dann bald auf natürliche Weise zerfiel, blieb das des Tötens unerschüttert bestehen. Es ist von den Erfahrungen eines ganzen, bewußten Lebens so sehr genährt worden, daß ich an seiner Berechtigung nicht zu zweifeln vermöchte, auch wenn ich es mir nicht durch meinen eigenen Mordversuch fünfjährig schon erworben hätte.

Die Mäuse-Kur

Vor Mäusen wurde die Mutter schwach und verlor jede Beherrschung. Kaum hatte sie etwas Schlüpfendes gewahrt, schrie sie auf, unterbrach, was immer sie eben tat – es konnte passieren, daß sie einen Gegenstand, den sie in der Hand hielt, fallen ließ –, und lief kreischend davon, wobei sie sich, wohl um auszuweichen, in den sonderbarsten Zickzacklinien bewegte. Das war ich gewöhnt; seit ich denken konnte, hatte ich es an ihr erlebt, aber solange der Vater da war, berührte es mich nicht sehr, er war gern ihr Schützer und verstand es, sie zu beruhigen. Im Nu hatte er die Maus verscheucht und nahm die Mutter in die Arme, hob sie vom Boden auf, trug sie wie ein Kind im Zimmer herum und fand für sie beschwichtigende Worte. Dazu machte er, fast möchte ich sagen, zwei verschiedene Gesichter: ein ernstes, durch das er ihren Schrecken anerkannte und teilte, ein lustiges, das seine Aufklärung verhieß und vielleicht auch für uns Kinder bestimmt war. Eine neue Mausefalle wurde dann bedächtig und umständlich aufgestellt, er hielt sie ihr erst vor die Augen, ihre Wirksamkeit preisend, lobte das unwiderstehliche Stück Käse darin und führte ein paarmal vor, wie sicher sie sich schloß. Dann, so rasch wie es gekommen war, war es alles vorüber. Die Mutter, die wieder auf ihren eigenen Füßen stand, lachte und sagte: »Was täte ich ohne dich, Jacques!« Es kam noch ein Seufzer: »Uff! Zu dumm!«, und sobald das »Uff!« einmal ausgestoßen war, erkannten wir sie und sie war wieder wie früher.

In Wien, als kein Vater mehr da war, versuchte ich, seine Rolle zu übernehmen, aber das war schwierig. Ich konnte sie nicht in die Arme nehmen, ich war zu klein, ich hatte nicht seine Worte, auf die Maus hatte ich nicht denselben Einfluß wie er, sie schoß hübsch lange im Zimmer hin und her, bevor ich sie los wurde. So trachtete ich zuerst einmal, die Mutter in ein anderes Zimmer zu verscheuchen, ob das gelang, hing von ihrer Panik ab, die nicht immer gleich stark war. Manchmal war sie so kopflos, daß sie erst recht im Zimmer blieb, wo die Maus sich gezeigt hatte, dann hatte ich besonders schwere Arbeit, denn ihre eigenen Zickzackbewegungen kreuzten sich mit denen der Maus, beide rannten eine Weile hin und her, aufeinander zu, als könnten sie es nicht lassen, sich gegenseitig Schrecken zu bereiten, voneinander fort, aufeinander zu, ein widersinniges Treiben. Fanny, die das Geschrei schon kannte, kam von selbst aus der Küche mit einer neuen Falle, das war *ihr* Amt, und sie war es eigentlich, die die wirksamen Worte fand, die immer an die Maus gerichtet waren: »Da ist Speck für dich, dummes Tier! Jetzt fang dich!«

Statt der Erklärungen, die ich später von der Mutter verlangte, kamen nur Geschichten aus ihrer Mädchenzeit: wie sie auf Tische zu springen pflegte, von denen sie nicht herunterging; wie sie ihre beiden älteren Schwestern mit ihrer Angst ansteckte, die dann auch im Zimmer herumzurennen pflegten, wie sie einmal alle drei sich auf denselben Tisch flüchteten, da standen sie nun oben nebeneinander und ein Bruder sagte: »Soll ich auch noch zu euch hinaufkommen?« Es gab keine Erklärung, sie versuchte nicht, eine zu finden, sie wollte sich in das Mädchen zurückverwandeln, das sie einmal war, und ihre einzige Gelegenheit dazu war das Erscheinen einer Maus.

Später, in der Schweiz, wann immer wir Hotelzimmer bezogen, war ihre erste Frage an das Stubenmädchen, dem sie zu diesem Zweck eigens klingelte, ob es hier Mäuse gebe. Mit einfachen Antworten gab sie sich nicht zufrieden, sie fragte auf mehrere, für die Antwortende verfängliche Weisen, um ihr auf Widersprüche zu kommen. Ganz besonderen Wert legte sie darauf zu erfahren, wann die letzte Maus im Hotel gesehen worden sei, in welchem Stock, in welchem Zimmer, wie weit entfernt von dem unseren, denn es läßt sich denken, daß in diesem keine Maus sich je gezeigt hatte. Es war schon merkwürdig, wie dieses Kreuzverhör sie beruhigte: Kaum war es zu Ende, ließ sie sich häuslich nieder und packte aus. Sie ging ein paarmal mit Kennermiene im Zimmer auf und ab, machte ihre Bemerkungen über die Einrichtung, trat auf den Balkon hinaus und bewunderte die Aussicht. Sie war dann wieder so souverän und sicher, wie ich sie mochte.

Je älter ich wurde, um so mehr schämte ich mich ihrer Verwandlung, wenn die Mäuseangst über sie kam. In der Yalta-Zeit unternahm ich einen wohlausgedachten Versuch, sie davon zu kurieren. Zweimal im Jahr kam sie mich besuchen und blieb dann mehrere Tage in der ›Yalta‹. Sie bekam ein schönes, großes Zimmer im ersten Stock, unterließ es nie, ihre Fragen an die Damen Herder zu stellen, die kein ganz reines Gewissen in dieser Sache hatten; sie eigneten sich auch gar nicht zu einem Kreuzverhör, wichen aus, lachten und nahmen die Sache so wenig ernst, daß die Mutter, um ruhig schlafen zu können, dann mit mir begann und mich vielleicht eine ganze Stunde lang befragte. Das war, da ich mich auf das Wiedersehen so sehr gefreut hatte und es unendlich viel Gespräche gab, die ich mit ihr vorhatte, ein unwürdiger Beginn. Auch die lügnerischen

Antworten, die der Beruhigung dienten, waren nicht nach meinem Geschmack. Als früher Anhänger des Odysseus mochte ich wohl komplett erfundene Geschichten, in denen man zu jemandem anderen wurde und sich verbarg, nicht aber kurzbeinige Lügen, die keine dichtende Aktivität erforderten. So packte ich einmal, sie war eben angekommen, die Sache nach Art des Odysseus an und sagte kurz entschlossen, ich hätte etwas Wunderbares erlebt und müsse ihr davon berichten: in meinem kleinen Dachzimmer oben hätte eine Versammlung von Mäusen stattgefunden. Im Scheine des Vollmondes hätten sie sich eingefunden, viele, sicher ein Dutzend, und da hätten sie sich nun im Kreis bewegt und getanzt. Von meinem Bett aus hätte ich sie beobachten können, jede Einzelheit war zu sehen, es war so hell, es sei wirklich ein Tanz gewesen, kreisförmig, immer in einer Richtung, nicht so rasch, wie sie sich sonst bewegten, eher ein Schleifen als ein Schlüpfen, und eine Mäusemutter sei dabeigewesen, die ihr Junges im Maul hielt und mittanzte. Es sei nicht zu sagen, wie zierlich dieses Kleine, das ihr halb im Maule steckte, ausgesehen habe, aber ich hätte den Eindruck gehabt, daß die kreisende Bewegung der Mutter mit den anderen ihm nicht angenehm gewesen sei, es habe kläglich zu piepsen begonnen, und da die Mutter durch den Tanz gefesselt war und ihn nicht unterbrechen mochte, habe es immer lauter gepiepst, bis die Mutter zögernd, vielleicht sogar etwas unwillig aus der Reihe trat und ein wenig abseits vom Kreise, aber noch im Mondlicht, dem Kleinen zu trinken gab. Ein Jammer, daß sie das nicht selber gesehen habe, es sei wie bei Menschen gewesen, die Mutter biete dem Säugling die Brust, ich hätte vergessen, daß es Mäuse seien, so menschenähnlich sei es gewesen, und erst als mein Blick wieder auf die Tanzenden fiel, sei es mir zu Bewußtsein gekommen, aber auch das Tanzen habe nichts Mäuse-Ähnliches an sich gehabt, es sei zu regelmäßig, zu beherrscht dazu gewesen.

Die Mutter unterbrach mich und fragte hastig, ob ich zu jemandem davon gesprochen hätte. Nein, natürlich nicht, so was könne man doch nicht erzählen, das glaube einem ja niemand, die Bewohner der ›Yalta‹ würden denken, ich sei verrückt geworden, ich würde mich wohl davor hüten, ihnen etwas zu sagen. »Du weißt also, wie sonderbar deine Geschichte klingt. Du hast es geträumt.« Aber ich merkte, trotz der Zweifel, die sie äußerte, daß sie es lieber wahrgehabt hätte. Die säugende Mausmutter traf sie tief, sie fragte nach Einzelheiten, immer wieder, je genauer ich ihr Rede stand, um so mehr hatte ich das Gefühl, daß die Sache eigentlich wahr sei, obwohl mir sehr wohl bewußt war, daß ich die Geschichte erfunden hatte. Ihr ging es ähnlich, sie warnte mich davor, zu den Hausgenossen davon zu sprechen, je mehr ich darauf bestand, daß ich nicht geträumt hätte, je mehr Beweise ich dafür anführte, um so wichtiger schien es ihr, daß ich nichts darüber sage, ich solle lieber erst den nächsten Vollmond abwarten und sehen, was sich dann begebe. Ich hatte noch geschildert, wie der Tanz angedauert habe, bis der Mond sich so weit entfernt habe, daß er nicht mehr in mein Zimmer schien. Die Mausmutter sei aber nicht etwa in den Kreis der Tanzenden zurückgetreten, sie sei noch lange mit ihrem Kleinen beschäftigt gewesen, das sie abgeputzt habe, nicht mit den Pfötchen, sondern mit ihrer Zunge. Kaum schien der Vollmond nicht mehr ins Zimmer, seien sie alle zusammen verschwunden. Ich hätte dann gleich Licht gemacht und mir die Gegend am Fußboden genauer angeschaut, da hätte ich dann Spuren von Mäusen gefunden. Das hätte mich enttäuscht, denn der Tanz sei so feierlich gewesen, Menschen hätten sich während einer solchen Gelegenheit bestimmt nicht einfach gehen lassen. »Du bist ungerecht«, sagte sie, »das sieht dir ähnlich. Du erwartest zu viel. Es sind doch keine Menschen, selbst wenn sie eine Art von Tanz haben.« »Aber wie sie dem Kleinen zu trinken gab, das war wie bei Menschen.« »Das stimmt«, sagte sie, »das stimmt. Ich bin sicher, daß es nicht die säugende Mutter war, die sich gehen ließ.« »Nein, die war's nicht, die Spuren waren an anderen Stellen.« Mit solchen und ähnlichen Einzelheiten befestigte ich ihren Glauben. Wir kamen überein, die Sache für uns zu behalten. Ich möge nicht versäumen, ihr beim nächsten Vollmond nach Arosa zu berichten.

Damit war der Mäuse-Schrecken der Mutter aufgelöst. Auch in späteren Jahren hütete ich mich davor, ihr zuzugestehen, daß ich es alles erfunden hatte. Auf vielerlei Arten suchte sie an der Geschichte zu rütteln, sei es durch Spott über meine Einbildungskraft, die mir selber etwas vormache, sei es durch Besorgnis über meinen lügenhaften Charakter. Ich aber blieb dabei, daß ich's genau so gesehen hätte, allerdings nur dieses einzige Mal. Kein Vollmond brachte die Mäuse wieder, vielleicht hatten sie sich in meinem Dachzimmer beobachtet gefühlt und verlegten ihren Tanz an eine weniger gefährdete Stelle.

Der Gezeichnete

Nach dem Abendessen, das wir zusammen an einem langen Tisch im Untergeschoß des Hauses einnahmen, schlich ich in den Obstgarten. Er lag abseits, von den eigentlichen Gründen der ›Yalta‹ durch einen Zaun getrennt, man betrat ihn nur zur Zeit der Obsternte gemeinsam, sonst war er vergessen. Eine Bodenerhebung verbarg ihn vor den Blicken der Hausbewohner, niemand vermutete einen dort, man wurde nicht gesucht, selbst Rufe vom Haus klangen so gedämpft, daß man sie überhören durfte. Sobald man unbemerkt durch die kleine Öffnung im Zaun geschlüpft war, fand man sich allein in der Abenddämmerung und war für jedes stumme Ereignis offen. Es saß sich leicht neben dem Kirschbaum auf einer kleinen Erhöhung des Rasens. Von hier hatte man einen freien Blick auf den See und folgte der unaufhaltsamen Veränderung seiner Farbe.

An einem Sommerabend erschien ein beleuchtetes Schiff, es bewegte sich so langsam, daß ich dachte, es stehe still. Ich sah es, als hätte ich nie ein Schiff gesehen, es war das einzige, außer ihm war nichts. Neben ihm war Dämmerung und allmähliches Dunkel. Es war hell erleuchtet, seine Lichter bildeten ihr eigenes Gestirn, daß es auf Wasser war, empfand man an der schmerzlosen Ruhe seines Gleitens. Seine Lautlosigkeit breitete sich aus als Erwartung. Es leuchtete lang, ohne Flackern und nahm Besitz von mir, als wäre ich um seinetwillen in den Obstgarten gekommen. Ich hatte es nie zuvor gesehen, aber ich erkannte es wieder. In der vollen Stärke seiner Lichter entschwand es. Ich ging ins Haus und sprach zu niemand, worüber hätte ich sprechen können.

Ich ging Abend für Abend hin und wartete, ob es käme. Ich wagte nicht, es der Zeit anzuvertrauen, ich hatte Scheu davor, es der Uhr in die Zeiger zu legen. Ich war sicher, daß es wieder erscheinen würde. Aber es wechselte seine Zeiten und erschien nicht mehr, es wiederholte sich nicht und blieb ein unverfängliches Wunder.

Eine unheimliche Figur unter den Lehrern war Jules Vodoz, den wir eine Zeitlang für Französisch hatten. Er fiel mir auf, schon bevor er zu uns kam: er trug einen Hut, wo immer er ging, auch auf den Korridoren der Schule, und ein düsteres, erstarrtes Lächeln. Ich fragte mich, wer er sei, aber ich hatte Scheu davor, andere nach ihm zu befragen. Sein Gesicht hatte keine Farbe, er schien vorzeitig gealtert, ich sah ihn nie mit einem anderen Lehrer sprechen. Er wirkte, als wäre er immer allein, nicht aus Hochmut, nicht aus Verachtung, sondern aus einer schrecklichen Entrücktheit, so, als höre und sehe er nichts um sich herum, als sei er ganz woanders. Ich nannte ihn »die Maske«, behielt aber den Namen für mich, bis er eines Tages in der Klasse erschien, den Hut auf dem Kopf, unser Französischlehrer. Er sprach – immer lächelnd – leise, rasch, mit französischem Akzent, sah keinem von uns ins Gesicht und nun war es, als ob er angestrengt in die Ferne höre. Er ging unruhig auf und ab, mit dem Hut sah es aus, als ob er jeden Augenblick davongehen wolle. Er trat hinter das Katheder, legte den Hut ab, kam wieder hervor und stellte sich vor die Klasse. Da hatte er, im oberen Teil der Stirn, ein tiefes Loch, das der Hut verdeckt hatte. Nun wußten wir, warum er ihn immer trug und sich ungern von ihm trennte.

Das Interesse der Klasse war durch dieses Loch geweckt und bald hatte man herausgebracht, wer Vodoz war und worum es sich handelte. Von unseren Nachforschungen wußte er nichts, aber er war gezeichnet, und da er sein Loch auf dem Kopf nicht mehr verbarg, mußte er annehmen, daß wir sein Schicksal kannten. Vor vielen Jahren hatte er mit einem anderen Lehrer zusammen eine Klasse auf einem Ausflug in die Berge begleitet. Eine Lawine ging nieder und verschüttete sie. Neun Schüler und der andere Lehrer kamen um, die übrigen wurden lebend ausgegraben. Vodoz mit einer schweren Verletzung am Kopf, es war zweifelhaft, ob er davonkommen würde. Vielleicht haben sich die Zahlen in meiner Erinnerung verändert, aber kein Zweifel kann daran bestehen, daß es das furchtbarste Unglück war, von dem die Schule je betroffen wurde.

Mit diesem Kainsmal behaftet lebte Vodoz weiter und unterrichtete an derselben Schule. Wie hätte er mit der Frage der Verantwortung je fertig werden können. Der Hut, der ihn vor neugierigen Blicken schützen mochte, schützte ihn nicht vor sich. Er legte ihn nie für lange ab, bald holte er ihn wieder vom Katheder und setzte ihn auf und ging wieder seinen Weg des Gehetzten. Die Sätze, die er für den Unterricht gebrauchte, waren von ihm abgetrennt, als spräche sie ein anderer, sein Lächeln war sein Entsetzen, das war er. Ich dachte an ihn, er ging in meine Träume ein, ich horchte wie er auf das Sichnähern der Lawine. Wir hatten ihn nicht lange als Lehrer, ich war erleichtert, als er uns verließ. Ich glaube, er wechselte oft die Klassen. Vielleicht ertrug er es nicht, zu lange mit denselben Schülern zu sein, vielleicht verwandelten sie sich ihm alle bald zu Opfern. Ich sah ihn noch manchmal auf dem Gange und grüßte vorsichtig, er bemerkte es nicht, er bemerkte niemanden. In der Klasse wurde nicht über ihn gesprochen, er war der einzige Lehrer, den niemand nachzumachen versuchte. Ich vergaß ihn und habe nie wieder an ihn gedacht, erst mit dem beleuchteten Schiff ist sein Bild wieder vor mir erschienen.

Ankunft der Tiere

Ein Lehrer, wie man ihn sich wünscht, energisch und hell, war Karl Beck. Rasch wie ein Wind betrat er die Klasse, schon stand er vorn, er verlor keine Zeit, schon war er mitten in der Sache. Er war aufrecht und schmal, er hielt sich sehr gerade ohne eine Spur von Steifheit. Lag es an seinem Gegenstand, daß sich sein Unterricht ohne private Komplikationen abspielte? Seine Mathematik war klar und wandte sich an jeden. Er machte zwischen uns keine Unterschiede, jeder bestand für ihn zu Recht. Aber er freute sich ungescheut, wenn man gut mitging, er hatte eine Art, es zu zeigen, die man nicht als Bevorzugung empfand, auch seine Enttäuschung konnte keiner als Benachteiligung empfinden. Er hatte – für sein Alter – nicht sehr viel Haare, aber die, die er hatte, waren seidig und gelb, wenn ich ihn sah, hatte ich das freudige Gefühl von Strahlen. Es war aber nicht so, daß er einen durch Wärme bezwang, viel eher durch eine Art von Furchtlosigkeit. Er warb um uns so wenig, wie er uns bedrückte. Ein ganz leichter Spott lag auf seinem Gesicht, aber keine Spur von Ironie, Überlegenheit vormachen war nicht seine Sache, es war eher, als hätte er seinen Spott aus Schülertagen behalten und müsse sich nun ein wenig Mühe geben, als Lehrer ihn nicht zu zeigen. Er muß ein Mensch von Kritik gewesen sein, das erkenne ich in der Erinnerung an ihn: die Distanz, die er hielt, war eine geistige. Er wirkte nicht durch Gewicht, wozu Lehrer neigen, er wirkte durch das Gleichmaß seiner Vitalität und durch Klarheit. So wenig Furcht hatte die Klasse vor ihm, daß sie anfangs einen Versuch unternahm, sich über ihn herzumachen. Eines Tages empfing sie ihn mit Gebrüll, er stand schon in der offenen Tür, die Klasse brüllte weiter. Er sah sich die Sache sehr kurz an, sagte zornig: »Ich gebe keinen Unterricht!«, schlug die Türe hinter sich zu und war verschwunden. Keine Strafe, kein Gericht, keine Untersuchung, er war einfach nicht da. Die Klasse blieb mit ihrem Gebrüll allein, und was erst als Sieg betrachtet wurde, endete mit einem Gefühl von Lächerlichkeit und verpuffte.

Unser Lehrbuch für Geographie war von Emil Letsch verfaßt und wir hatten ihn auch als Lehrer. Ich kannte sein Buch, bevor er zu uns kam, ich kannte es halb auswendig, denn es enthielt sehr viel Zahlen. Die Höhe von Bergen, die Länge von Flüssen, die Bevölkerungszahlen von Ländern, Kantonen und Städten, was sich in Zahlen ausdrücken läßt, hatte ich mir eingeprägt und habe noch immer an diesen meist veralteten Zahlen zu leiden. Auf den Verfasser solchen Reichtums setzte ich große Erwartungen, wer ein Buch geschrieben hatte, war eine Art Gott für mich. Es stellte sich aber heraus, daß dieser Verfasser von Gott nur den Grimm hatte und sonst gar nichts. Letsch kommandierte mehr, als er unterrichtete, und zu jedem Gegenstand, den er erwähnte, fügte er den Preis hinzu. Er war so streng, daß er kein einziges Mal lächelte oder lachte. Mich langweilte er bald, weil er nie etwas sagte, was nicht schon in seinem Buche stand. Er war knapp bis zur Tollheit und erwartete dieselbe Knappheit von uns. Die schlechten Noten prasselten wie Prügel über die Klasse nieder, er war verhaßt, so sehr, daß dieser Haß bei vielen seiner Schüler zur einzigen Erinnerung an ihn wurde. Ich hatte noch nie einen so konzentriert grimmigen Menschen gesehen, denn andere, auch grimmig, äußerten sich ausführlicher. Vielleicht war es eine Gewöhnung ans Befehlen, vielleicht war es mehr Wortkargheit als Grimm. Aber die Nüchternheit, die sich von ihm ausbreitete, hatte eine lähmende Wirkung. Er trug einen Spitzbart, er war ein kleiner Mann, das mag zu seiner Entschiedenheit beigetragen haben.

Ich gab die Hoffnung nie auf, einmal etwas von ihm zu erfahren, was seine Befassung mit Geographie, er war sogar auf Expeditionen gewesen, gerechtfertigt hätte. Aber die Verwandlung, die ich an ihm erlebte, war anderer Art. Bei einem Vortrag über die Karolinen- und Marianen-Inseln, zu dem mich Fräulein Herder in ein Zunfthaus mitgenommen hatte, war er zugegen. Der Vortragende war General Haushofer aus München, ein gelehrter Geopolitiker, nicht nur im Rang unserem Letsch überlegen. Es war ein reichhaltiger Vortrag, bestimmt und klar, der mir den Anstoß zur späteren Befassung mit den Südseeinseln gab. In seiner Tendenz war er mir nicht angenehm, ich dachte, es sei der militärische Habitus des Sprechers, was mir mißfiel, und erfuhr Genaueres über ihn erst später. Aber ich lernte sehr viel in dieser kurzen Stunde und befand mich in der expansiven, heiteren Stimmung, die sich bei solchen Gelegenheiten einstellt, als Professor Letsch Fräulein Herder plötzlich grüßte. Sie waren alte Bekannte von einer gemeinsamen Kreta-Reise her, und da er in Zollikon wohnte, hatten wir denselben Heimweg. Ich traute meinen Ohren nicht, als ich ihn mit Fräulein Mina konversieren hörte. Er sprach drei, vier, fünf Sätze hintereinander, er lächelte, er lachte. Er drückte sein Erstaunen darüber aus, daß ich in der Villa ›Yalta‹ wohnte, die er noch als Mädchenpensionat in Erinnerung hatte. Er sagte: »Daher die Geographie bei unserem Jüngling. Das hat er von Ihnen, Fräulein Herder!« Aber das war das wenigste: er erkundigte sich nach den anderen Damen, die er mit Namen nannte. Er fragte Fräulein Herder, ob sie oft nach Italien komme. Die Gräfin Rasponi habe er vor einem Jahr auf der Insel Djerba getroffen. So ging es auf dem ganzen Heimweg hin und her, ein umgänglicher, ein fast höflicher Mann, der sich schließlich noch nachdrücklich, ja herzlich, wenn auch etwas heiser von uns verabschiedete.

Auf der Reise, sagte Fräulein Mina, habe er alle Preise gewußt und nie einen Schwindel geduldet. Die Preise, die der Mann im Kopf gehabt habe – sie könne es heute noch nicht fassen.

Letschs Unterricht hat mir nichts bedeutet und sein Buch hätte ebensogut ein anderer geschrieben haben können. Wohl aber danke ich ihm das Erlebnis seiner plötzlichen Verwandlung, das letzte gewiß, was ich von ihm erwartet hätte.

Besseres wäre von Karl Fenner zu berichten, dem Lehrer für Naturgeschichte. Hier verschwindet mir der Mann in der immensen Landschaft, die er vor mir auftat. Er hat nicht etwas weitergeführt, wozu zuhause der Grund gelegt wurde, er hat mit etwas vollkommen Neuem begonnen. Die Naturvorstellungen der Mutter waren konventioneller Art. Sie schwärmte nicht sehr überzeugend von Sonnenuntergängen und suchte die Wohnungen, die wir bezogen, gern so aus, daß die Zimmer, in denen wir uns zumeist aufhielten, nach Westen gingen. Sie liebte die Obstgärten ihrer Kindheit, weil sie Früchte und den Geruch von Rosen liebte. Bulgarien war für sie das Land der Melonen, der Pfirsiche und Trauben, das war Sache ihres stark entwickelten Geschmacks- und Geruchssinns. Wir hatten aber keine Tiere im Haus und sie hat über Tiere nie ernsthaft zu mir gesprochen, es sei denn, sie betrachtete sie als Leckerbissen. Sie schilderte, wie Gänse in ihrer Kindheit gemästet wurden, und während ich vor Empörung und Mitleid verging, bemerkte sie, wie gut solche fetten Gänse schmeckten. Sie war sich der Grausamkeit der Mastprozedur sehr wohl bewußt, und der unerbittliche Daumen einer Magd, die mehr und mehr Maisbrei in den Schnabel des Vogels stopfte, den ich nur aus ihrer Schilderung kannte, wurde zu einem Schreckensbild von Träumen, in denen ich selbst, zur Gans geworden, gestopft und gestopft wurde, bis ich schreiend erwachte. Sie war imstande zu lächeln, wenn sie von solchen Dingen sprach, und ich wußte, daß sie dann an den Geschmack von Gänsen dachte. Eine einzige Art von Tieren hat sie mir wirklich nahegebracht, die Wölfe auf der vereisten Donau, vor denen hatte sie Respekt, weil sie sie so gefürchtet hatte. In Manchester führte mich der Vater in den Tiergarten. Es geschah nicht oft, es blieb ihm zu wenig Zeit, sie kam nie mit, sie war nie dabei, vielleicht weil es sie langweilte, sie war ganz und gar Menschen verschrieben. Dank dem Vater hatten jene Erfahrungen an Tieren begonnen, ohne die eine Kindheit es nicht wert ist, gelebt zu werden. Er spielte sie mir zu meinem Entzücken vor, er war sogar imstande, sich in die kleine Schildkröte zu verwandeln, die wir wie alle Kinder in England im Garten hielten. Dann brach alles plötzlich ab. Sechs oder sieben Jahre lang lebte ich nun in der tierlosen Welt der Mutter. Es wimmelte bei uns von großen Figuren, aber keine trug das Angesicht eines Tieres. Die Heroen und Götter der Griechen waren ihr bekannt, obschon sie auch ihnen Menschen vorzog, von den doppelgestaltigen Göttern der Ägypter habe ich erst als Erwachsener erfahren.

Vom Küchenbalkon der Wohnung in der Scheuchzerstraße sahen wir auf einen unbebauten Platz hinunter. Da hatten sich die Bewohner der umliegenden Häuser kleine Gemüsegärten eingerichtet. Einer davon gehörte einem Polizisten, der sich ein Ferkel hielt, er mästete es mit Hingabe und allerhand Schlichen. Im Sommer begann die Schule um sieben, da stand ich um sechs schon auf und ertappte den Polizisten dabei, wie er über die Gitter der Nachbargärten sprang und hastig Futter für sein Ferkel zusammenrupfte. Er sah erst vorsichtig zu den Fenstern der Häuser hinauf, ob niemand ihn beobachte, alles schlief noch, mich bemerkte er nicht, vielleicht war ich zu klein, dann rupfte er hastig aus, was er konnte, und sprang zurück zu Sugie, so nannten wir sein Ferkel. Er hatte seine Polizistenhosen an, der lange Streifen an ihnen hinunter schien ihn bei seinem Unternehmen nicht zu stören, er sprang von einem kleinen Gemüsebeet zum anderen hinüber, ein guter Springer, bediente sich und schonte so seine eigenen Gewächse. Sugie war unersättlich, wir hörten gern sein Grunzen, und wenn Georg, der kleine Bruder, der sehr genäschig war, wieder einmal Schokolade gestohlen hatte, verspotteten wir ihn, unermüdlich grunzend, als Sugie. Er weinte dann und versprach, es nie wieder zu tun, doch das Vorbild des Polizisten wirkte unwiderstehlich auf ihn ein, und schon am nächsten Tag verschwand Schokolade wieder.

In der Früh weckte ich die kleinen Brüder, wir versteckten uns alle drei auf dem Küchenbalkon und warteten atemlos, bis der Polizist erschien, dann sahen wir, ohne zu mucksen, seinen Sprüngen zu, und erst wenn er fort war, grunzten wir heftig los, Sugie war unser Haustier geworden. Leider lebte es nicht sehr lang und wir blieben, als es verschwand, wieder allein zurück, ausgehungert nach Tieren, aber ohne es zu wissen. In dieser ganzen Zeit war die Mutter an Sugie uninteressiert und das einzige, was sie beschäftigte, war der unredliche Polizist, über den bekamen wir ausgiebig Lehren zu hören. Sie verbreitete sich genußvoll über Heuchelei, verstieg sich bis zum Tartuffe und gelobte uns, daß der Heuchler seiner Strafe nicht entgehen werde.

So armselig war damals noch unsere Beziehung zu Tieren. Das änderte sich erst mit Fenner und seiner Naturgeschichte in der Schule, es änderte sich gründlich. Er erklärte uns mit unendlicher Geduld den Bau von Pflanzen und von Tieren. Er hielt uns zu farbigen Zeichnungen an, die wir zu Hause auf das sorgfältigste ausführten. Er gab sich nicht leicht mit diesen Zeichnungen zufrieden, ging auf jeden Fehler darin ein, drängte sanft, aber hartnäckig auf Verbesserungen, und mir riet er öfters, das Ganze lieber wegzuwerfen und es noch einmal zu versuchen. Beinahe die volle Zeit der Hausarbeit verwandte ich auf diese Naturgeschichtshefte. Wegen der Mühe, die sie mich kosteten, hing ich mit Liebe an ihnen. Ich bewunderte die Zeichnungen der Kameraden, die mir prachtvoll erschienen, was gab es da für leicht und schön gezeichnete Hefte! Ich empfand keinen Neid, ich empfand Staunen, wenn mir so ein Heft gezeigt wurde, es gibt nichts Gesünderes für ein Kind, dem Lernen eher leicht fällt, als vollkommenes Versagen auf diesem oder jenem Gebiet. Ich war immer der Schlechteste im Zeichnen, so schlecht, daß ich das Mitleid Fenners spürte, der ein zärtlicher und warmer Mensch war. Er war klein und etwas fett, seine Stimme weich und leise, aber sein Unterricht war sachlich und genau bedacht, von einer Gründlichkeit, die eine Lust war, wir kamen nur langsam vorwärts, aber was man bei ihm durchgenommen hatte, vergaß man nie, es war einem für immer eingezeichnet.

Er unternahm Exkursionen mit uns, die wir alle mochten. Da ging es heiter und gelassen zu, da wurde nichts übersehen, am Rumensee holten wir uns allerhand kleine Wassergeschöpfe, die wir in die Schule zurücknahmen. Im Mikroskop zeigte er uns dieses phantastische Leben auf kleinstem Raum, und alles was wir sahen, wurde dann gezeichnet. Es kostet mich Überwindung, nicht darauf einzugehen und in einen Naturgeschichtskurs zu verfallen, den ich Lesern, die das ohnehin alles wissen, schwerlich zumuten kann. Aber ich muß erwähnen, daß er meine empfindsame Haltung in allen Fragen des Fressens und Gefressenwerdens, die damals begann, nicht teilte. Er nahm es, wie es war, was in der Natur geschah, unterstand nicht unseren moralischen Urteilen. Er war zu schlicht, vielleicht auch zu bescheiden, um sich mit seiner Meinung in diese unerschöpflich grausamen Prozesse einzumischen. Wenn ich bei den Exkursionen, wo zum Sprechen Zeit war, mir etwas Gefühlvolles in dieser Richtung entfahren ließ, schwieg er und antwortete nichts, was sonst nicht seine Art war. Er wollte uns an eine männlich-stoische Haltung in diesen Dingen gewöhnen, aber ohne Salbaderei und Geschwätz, einfach durch seine Haltung.

So mußte ich sein Schweigen als Mißbilligung empfinden und hielt mich ein wenig zurück.

Er bereitete uns auf einen Besuch im Schlachthaus vor, den er plante. Während einiger Stunden vorher kam er öfters darauf zurück, immer wieder erklärend, daß man die Tiere nicht leiden lasse, es wäre, anders als früher, dafür gesorgt, daß sie eines raschen, schmerzlosen Todes stürben. Er ging so weit, in diesem Zusammenhang das Wort ›human‹ zu gebrauchen, und schärfte uns ein, wie wir uns, jeder in seinem Umkreis, zu Tieren zu benehmen hätten. Ich achtete ihn so sehr, ich war ihm so zugetan, daß ich auch diese etwas zu umsichtigen Vorbereitungen auf das Schlachthaus hinnahm, ohne mich mit Abneigung gegen ihn zu erfüllen. Ich spürte, daß er uns an etwas Unvermeidliches gewöhnen wollte, und daß er sich so viel Mühe damit gab und lange vor dem Besuch damit begann, gefiel mir. Ich stellte mir vor, wie Letsch an seiner Stelle uns ins Schlachthaus kommandieren und das heikle Problem auf die schroffste Weise, ohne jede Rücksicht auf irgendwen zu lösen versuchen würde. Aber dem Tag des Besuches, der näher rückte, sah ich mit großer Angst entgegen. Fenner, der ein guter Beobachter war, dem auch an Menschen nicht leicht etwas entging, bemerkte das wohl, obschon ich es hartnäckig in mich versperrte und vor den Kameraden, deren Witze ich fürchtete, nie etwas sagte.

Als es soweit war und wir durch das Schlachthaus gingen, ließ er mich nicht von seiner Seite. Jede Einrichtung erklärte er, als sei sie den Tieren zuliebe erdacht. Seine Worte legten sich als schützende Schicht zwischen mich und alles, was ich sah, so daß ich dieses gar nicht klar zu schildern vermöchte. Wenn ich es heute bedenke, kommt es mir vor, als habe er sich wie ein Priester aufgeführt, der einem den Tod wegredet. Es war das einzige Mal, daß seine Reden mir ölig vorkamen, obwohl sie dazu dienten, mich vor meinem Entsetzen zu schützen. Seine Absicht gelang ihm, ich nahm es alles ohne Gefühlsausbruch ruhig auf, er mochte zufrieden mit sich sein, bis seine Wissenschaft mit ihm durchging und er uns etwas zeigte, das alles zunichte machte. Wir kamen an einem eben geschlachteten Mutterschaf vorbei, das offen vor uns dalag. In seiner Fruchtblase schwamm winzig ein Lamm, kaum einen halben Daumen lang, Kopf und Füße waren deutlich zu erkennen, doch alles an ihm war so, als ob es durchsichtig wäre. Vielleicht hätten wir es nicht bemerkt, er hielt uns an und erklärte uns mit seiner weichen, aber ungerührten Stimme, was wir sahen. Wir waren alle um ihn versammelt, er hatte mich aus dem Auge gelassen. Doch jetzt sah ich ihn an und sagte leise: »Mord«. Das Wort kam mir von der eben verflossenen Kriegszeit her leicht über die Lippen, aber ich glaube, ich war in einer Art von Trance, als ich es sagte. Er muß es gehört haben, denn er unterbrach sich, sagte: »Jetzt haben wir alles gesehen«, und führte uns, ohne noch einmal anzuhalten, aus dem Schlachthaus hinaus. Vielleicht hatten wir wirklich alles gesehen, was er uns zeigen wollte, aber er ging rascher, es lag ihm daran, uns draußen zu haben.

Mein Vertrauen zu ihm war erschüttert. Die Hefte mit den Zeichnungen blieben liegen. Ich führte nichts Neues darin aus. Er wußte es, in den Stunden fragte er mich nicht mehr danach. Wenn er an uns vorüberging, um die Zeichnungen zu kritisieren und zu verbessern, blieb meines geschlossen. Er würdigte mich keines Blickes, ich blieb in seinen Stunden stumm, für die nächsten Exkursionen stellte ich mich krank und ließ mich entschuldigen. Niemand außer uns merkte, was geschehen war, ich glaube, er hat mich verstanden.

Heute weiß ich sehr wohl, daß er mir über etwas hinweghelfen wollte, über das hinwegzukommen mir nicht erlaubt war. Auf seine Weise hat auch er sich dem Schlachthaus gestellt. Hätte es ihm, wie den meisten, nichts bedeutet, er hätte uns nicht so rasch wieder hinausgeführt. Falls er, ein 90-, ein 100jähriger, noch auf der Welt sein sollte, so möge er wissen, daß ich mich vor ihm verneige.

Kannitverstan. Der Kanarienvogel

Schon früh, in der zweiten Klasse, hatten wir als Wahlfach Stenographie. Ich wollte sie erlernen, aber sie fiel mir schwer, wie schwer, erkannte ich an den Fortschritten, die Ganzhorn, der neben mir saß, darin machte. Es widerstrebte mir, neue Zeichen an Stelle von Buchstaben zu setzen, die ich gut kannte und schon lange gebrauchte. Auch nahmen mir die Verkürzungen etwas weg. Rascher schreiben wollte ich gern, aber ich hätte mir eine Methode gewünscht, das zu können, ohne irgend etwas an den Buchstaben zu ändern, und das war unmöglich. Ich prägte mir mit Mühe die Sigel ein, kaum hatte ich eines im Kopf, entfiel es mir wieder, es war, als hätte ich es schleunigst hinausgeworfen. Ganzhorn war erstaunt, ihm fielen die Sigel so leicht wie Latein oder Deutsch oder wie die griechischen Buchstaben, in denen er seine Dichtungen verfaßte. Er hatte keine Widerstände gegen *andere* Zeichen für dieselben Worte. Ich empfand jedes Wort, als sei es für die Ewigkeit gemacht, und die sichtbare Gestalt, in der es erschien, war für mich etwas Unantastbares.

An das Vorhandensein verschiedener Sprachen war ich von klein auf gewöhnt, aber nicht an das verschiedener Schriften. Es war ärgerlich, daß es zu den lateinischen Buchstaben noch gotische gab, doch waren es in beiden Fällen Buchstaben mit demselben Bereich und derselben Anwendung, einander auch ziemlich ähnlich. Die Silben der Kurzschrift brachten ein neues Prinzip, und daß sie das Schreiben gar so sehr verringerten, machte sie mir verdächtig. Bei Diktaten kam ich nicht mit, ich machte haarsträubende Fehler. Ganzhorn sah sich die Bescherung an und korrigierte mit hochgezogenen Augenbrauen meine Fehler. Vielleicht wäre es so weitergegangen und ich hätte schließlich Stenographie als für mich widernatürliche Sache aufgegeben. Aber da brachte uns Schoch, unser Lehrer auch für Kalligraphie, ein Lesebuch in Kurzschrift: das ›Schatzkästlein‹ von Hebel. Ich las einige Geschichten darin, und ohne zu wissen, um was für ein besonderes und berühmtes Buch es sich handle, las ich weiter. Ich las es in kürzester Zeit durch, es war nur eine Auswahl. So traurig war ich, als es zu Ende ging, daß ich gleich wieder von vorn begann. Das passierte mehrmals und die Kurzschrift, an die ich dabei gar nicht dachte – diese Stücke hätte ich in jeder Schrift gelesen –, war mir indessen von selber eingegangen. Ich las es so oft, bis das Heft in Stücke zerfiel, und auch als ich später das Buch in normalen Druckbuchstaben besaß, vollständig und in jeder Ausgabe, die es davon gab, kehrte ich am liebsten zu jenen zerfetzten Seiten zurück, so lange, bis sie sich unter meinen Fingern aufgelöst hatten.

Die erste Geschichte ›Denkwürdigkeiten aus dem Morgenland‹ begann mit den Worten: »In der Türkei, wo es bisweilen etwas ungerade hergehen soll.« Mir war immer zumute, als käme ich aus der Türkei, der Großvater war dort aufgewachsen, der Vater noch dort geboren. In meiner Heimatstadt gab es viele Türken, alle zuhause verstanden und redeten ihre Sprache. Wenn ich sie selbst als Kind nicht wirklich gelernt hatte, so hatte ich sie doch oft gehört, kannte auch manche türkischen Worte, die in unser Spanisch eingegangen waren, und war mir in den meisten Fällen ihres Ursprungs bewußt. Es kamen alle Nachrichten aus frühesten Zeiten dazu: wie der türkische Sultan uns zu sich einlud, als wir Spanien verlassen mußten, wie gut die Türken uns seither behandelt hatten. Bei den ersten Worten, die ich im ›Schatzkästlein‹ las, war mir gleich warm zumute, was andere Leser als exotische Nachricht berühren mochte, war mir vertraut, als käme es aus einer Art von Heimat. Vielleicht war ich darum auch doppelt empfänglich für die Moral der Geschichte: »Man soll seinem Feind keinen Stein in der Tasche und keine Rache im Herzen nachtragen.« Zu ihrer Anwendung war ich damals gewiß nicht imstande. Die beiden, die ich zu den Hauptfeinden meines frühen Lebens ernannt hatte, den bärtigen Dozenten in Wien und den Oger-Onkel in Manchester, verfolgte ich nach wie vor mit unversöhnlichem Haß. Aber eine ›Moral‹ muß in Gegensatz zu dem stehen, wie man fühlt und handelt, damit sie einem auffällt, und sie muß lange in einem liegenbleiben, bevor sie ihre Gelegenheit findet, sich plötzlich ermannt und zuschlägt.

Von solchen Lehren, die sich nicht vergessen lassen, war Hebel voll und jede war an eine unvergeßliche Geschichte gebunden. Mit der Erfahrung Kannitverstans, als die Eltern in einer mir unbekannten Sprache zueinander redeten, hatte mein Leben begonnen, und was sich im Unverständnis einzelner Gelegenheiten erhöhte: das wunderschöne Haus mit den Fenstern voll Tulipanen, Sternblumen und Levkojen; die Reichtümer, die das Meer aus dem Schiff ans Land schwemmte; der große Leichenzug mit den schwarz vermummten Pferden, das hatte sich bei mir als Erhöhung einer ganzen Sprache ausgewirkt. Ich glaube nicht, daß es irgendein Buch gibt, das sich mir so vollkommen und in jeder Einzelheit eingeprägt hat, ich wünsche mir, allen Spuren, die es in mir hinterlassen hat, nachzugehen und ihm in einer Huldigung, die ihm allein gilt, meinen Dank zu erweisen. Als die pompöse Jambenmoral, die in jenen Jahren meine Oberfläche beherrschte, zusammensank und sich in Staub auflöste, blieb jeder Satz, den ich von ihm hatte, intakt bestehen. Kein Buch habe ich geschrieben, das ich nicht heimlich an seiner Sprache maß, und jedes schrieb ich zuerst in der Kurzschrift nieder, deren Kenntnis ich ihm allein schulde.

Karl Schoch, der uns das ›Schatzkästlein‹ brachte, hatte es mit sich und den Schülern schwer. Er hatte einen kleinen, eiförmigen Kopf von rötlicher Farbe und kanariengelbem Haar, das besonders an seinem Schnurrbart hervorstach – war er wirklich so gelb oder erschien er uns so? Vielleicht trugen seine Bewegungen, die etwas Abgehacktes oder Hüpfendes hatten, zu seinem Spitznamen bei: er hieß, sehr bald nachdem wir Bekanntschaft mit ihm gemacht hatten, »der Kanarienvogel« und behielt diesen Namen bis zu seinem Ende. Er war ein noch junger Mensch, dem das Sprechen nicht leicht fiel, es war so, als habe er Schwierigkeiten, die Zunge zu bewegen. Bevor sie hervorbrachte, was zu sagen war, mußte er einen Anlauf nehmen. Dann kamen die Sätze, aber immer nur wenige. Sie klangen trocken und monoton, die Stimme war hohl, sehr bald verstummte er wieder. Wir hatten zuerst Kalligraphie bei ihm, an diesem Fach, dem ich nie etwas abgewann, mag es liegen, daß er pedantisch wirkte. Er nahm das Schönschreiben so ernst wie ein Schüler, der es eben erst erlernt hatte. Da er so wenig sagte, gewann jedes seiner Worte eine übertriebene Bedeutung. Er wiederholte sich, auch wo es nicht notwendig war; was er uns einschärfen wollte, mußte er sich erst selber abgewinnen. An wen immer er sich wandte, sein Ton war derselbe. Man hatte den Verdacht, daß er vor der Stunde einüben müsse, was er uns sagen würde. Aber dann blieb er doch häufig und unerklärlich stecken und alles Einüben war umsonst gewesen. Er wirkte nicht etwa schwächlich, aber fehl am Platz. Er war nicht richtig zusammengefügt, er wußte es und mußte wohl immer daran denken.

Solange es um Kalligraphie ging, passierte er die grausame Prüfung der Schüler noch mit Genügend. Es gab welche, die sich mit Schreiben Mühe gaben und eine gute Schrift bei ihm erlernten. Alles, was sie zu tun hatten, war, die Zeichen, die er an die Tafel malte, sauber nachzumachen. Es war das Fach, das die geringste geistige Anstrengung erforderte, und gab denen, die noch wenig entwickelt waren, Gelegenheit, sich zu bewähren. Er aber, während er etwas an die Tafel schrieb, gewann Zeit für sein Schweigen. Er bezog sich dann auf Buchstaben, nicht auf lebende Schüler, er schrieb groß und genau, für alle zusammen, statt für einzelne, und es muß ihn erleichtert haben, diesen Blikken, die er fürchtete, einstweilen den Rücken zu kehren.

Ein Verhängnis war es, daß er später den Unterricht in Geographie von Letsch übernahm. Er war nicht sicher darin und die Klasse ergriff mit Lust die Gelegenheit, sich für die Unterdrükkung durch Letsch an Schoch zu rächen. Nach dem Oberst erschien Schoch wie ein kleiner Rekrut, und nun mußte er auch fortlaufend sprechen. Mit leisem Gezwitscher, das sich auf den Kanarienvogel bezog, wurde er empfangen. Mit lautem Gezwitscher wurde er nach der Stunde entlassen. Er hatte die Tür noch nicht hinter sich geschlossen, als das Gezwitscher losging. Er nahm nie Notiz davon, er verlor kein Wort darüber, und es ist nicht auszumachen, ob er wußte, was es bedeutete.

Wir waren bei Südamerika angelangt, die große Landkarte hing hinter ihm, er hieß uns einzeln vortreten und Flüsse auf ihr zeigen und benennen. Einmal, als ich dran kam, war unter den Flüssen, die ich aufzuzählen hatte, ein Rio Desaguadero. Ich sprach ihn richtig aus, was keine Kunst war, eines der häufigsten Worte, das ich von klein auf gehört hatte und gebrauchte, war agua, Wasser. Er verbesserte mich und sagte, es heiße Rio Desagadero, das ›u‹ dürfe hier nicht ausgesprochen werden. Ich bestand darauf, daß es ›agua‹ heiße, woher ich das wisse, fragte er. Ich ließ mich nicht beirren, ich müsse es doch wissen, sagte ich, Spanisch sei meine Muttersprache. Vor der ganzen Klasse standen wir einander gegenüber, keiner gab nach, ich ärgerte mich, daß er mein Recht auf Spanisch nicht anerkannte. Er wiederholte, ausdruckslos und starr, aber entschlossener, als ich ihn je gesehen hatte: es heiße Rio Desagadero. Wir warfen uns ein paarmal die beiden Aussprachen an den Kopf, sein Gesicht wurde immer starrer, hätte er den Stock, mit dem ich zeigte, in der Hand gehabt, er hätte damit nach mir geschlagen. Dann hatte er einen rettenden Gedanken und entließ mich mit den Worten: »In Südamerika spricht man das anders.«

Ich glaube nicht, daß ich bei einem anderen Lehrer diese Rechthaberei auf die Spitze getrieben hätte. Ich empfand kein Mitleid mit ihm, das er in dieser blamablen Situation gewiß verdient hätte. Wir hatten noch ein paar Stunden bei ihm, dann einmal, als wir ihn erwarteten, das Vorgezwitscher hatte schon eingesetzt, erschien ein anderer Lehrer und sagte: »Herr Schoch wird nicht mehr kommen.« Wir dachten, er sei krank, aber bald erfuhren wir die Wahrheit. Er war tot. Er hatte sich die Adern aufgeschnitten und war verblutet.

Der Enthusiast

Das Schuljahr im Schanzenberg, das Jahr der Versöhnung, brachte uns einige neue Lehrer. Sie sagten uns ›Sie‹, das war die allgemeine Regel, ihre Befolgung fiel den ›Neuen‹ leichter als denen, die uns schon lange kannten. Unter denen, die wir zum erstenmal erlebten, gab es einen sehr alten und einen ganz jungen. Emil Walder, der alte, war der Verfasser der Grammatik, nach der wir Latein lernten, außer Letsch der einzige Verfasser eines Lehrbuches, den ich in der Kantonsschule zum Lehrer hatte. Ich erwartete ihn mit der Neugier und dem Respekt, die ich jedem ›Autor‹ entgegenbrachte. Er hatte eine ungeheure Warze, die ich vor mir sehe, wenn ich an ihn denke, aber ich vermag sie nicht zu lokalisieren. Sie war rechts *oder* links in der Nähe eines Auges, ich glaube des linken, aber sie hat die fatale Eigenschaft, in meiner Erinnerung zu wandern, je nachdem, von wo ich ein Gespräch mit ihm führte. Sein Deutsch war sehr guttural, das Schweizerische stach bei ihm kräftiger hervor als bei anderen Lehrern. Das gab seiner Sprache, seinem Alter zum Trotz, etwas Emphatisches. Er war ungemein tolerant und ließ mich während der Stunden lesen. Da das Lateinische mir leicht fiel, gewöhnte ich mir eine Art von Doppelexistenz bei ihm an. Mit den Ohren folgte ich seinem Unterricht, so daß ich, aufgerufen, immer antworten konnte. Mit den Augen las ich in einem kleinen Bändchen, das ich unter der Bank aufgeschlagen hatte. Er war aber neugierig und holte es, wenn er an meiner Bank vorbeikam, von unten hervor, hielt es nah vor seine Augen, bis er wußte, was es war, und gab es mir dann aufgeschlagen zurück. Wenn er nichts sagte, nahm ich das als Billigung meiner Lektüre. Er muß ein großer Leser gewesen sein, einmal hatten wir auch ein kurzes Gespräch über einen Autor, mit dem er nichts anfangen konnte. Ich war vertieft im ›Spaziergang‹ von Robert Walser, es war eine befremdliche Lektüre, die mich nicht losließ, ganz anders als alles, was ich sonst kannte. Es schien mir keinen Inhalt zu haben und bestand aus höflichen Floskeln, ich war gegen meinen Willen davon gefangen und mochte mit der Lektüre nicht aufhören. Walder näherte sich von der Linken, ich spürte die Gegenwart der Warze, sah aber nicht auf, so sehr zogen mich die Floskeln, die ich zu verachten glaubte, weiter. Seine Hand legte sich über das Buch und unterbrach meine

Lektüre, zu meinem Verdruß mitten in einem längsten Satze. Dann hob er's vor die Augen und erkannte den Autor. Die Warze, diesmal links, schwoll an wie eine Zornesader, er fragte mich, als wäre es eine Prüfungsfrage und doch intim: »Wie finden Sie das?« Ich spürte seinen Ärger, mochte ihm aber nicht ganz recht geben, denn das Buch zog mich auch sehr an. So sagte ich vermittelnd: »Es ist zu höflich.« »Höflich?« sagte er. »Das ist schlecht! Das ist nichts! Das braucht man nicht zu lesen!« – ein Verdammungsurteil aus tiefster Kehle. Ich gab nach und schlug es kläglich zu und las es dann später, erst recht neugierig geworden, weiter. So unsicher begann die Passion für Robert Walser, vielleicht hätte ich ihn ohne den Professor Walder damals vergessen.

Das Gegenbild zu diesem Mann, den ich aber wegen seiner Rauheit mochte, war der junge Friedrich Witz. Er war vielleicht 23, wir waren seine erste Klasse, er kam frisch von der Universität und übernahm bei uns den Unterricht in Geschichte. Ich hatte Eugen Müller, den ›Griechenmüller‹, wie ich ihn für mich nannte, noch nicht verschmerzt. Seit über einem Jahr hatte ich ihn als Lehrer verloren und nichts Vergleichbares war nachgekommen. Ich wüßte nicht einmal zu sagen, wen wir nach ihm in Geschichte hatten – ein Protest des Gedächtnisses gegen diesen schweren Verlust. Und nun kam Friedrich Witz, die zweite Liebe meiner Schuljahre, ein Mann, den ich nie vergaß und den ich sehr viel später, beinahe unverändert, wiedergefunden habe.

Was war das für eine Schule, wie vielfältig ihre Atmosphären! Es gab Lehrer, für die Disziplin etwas Ungezwungenes war, sie herrschte dann, wie bei Karl Beck, ohne daß man sich dagegen gesträubt hätte. Es gab andere, die einen zur Praxis des späteren Lebens, zu Nüchternheit, Bedächtigkeit, Vorsicht, zu erziehen suchten. Fritz Hunziker war das Urbild einen solchen Lehrers, und gegen die Nüchternheit, die er auch mir gern eingeflößt hätte, führte ich einen zähen Kampf. Es gab reich veranlagte Phantasiemenschen, die einen beflügelten und beglückten, Eugen Müller und Friedrich Witz.

Dieser legte keinen Wert auf die gehobene Kathederposition eines Lehrers. Manchmal sprach er von oben, mit soviel Begeisterung und Vorstellungskraft, daß man vergaß, wo er stand, und sich im Freien mit ihm fühlte. Dann setzte er sich mitten unter uns auf eine der Bänke, und es war, als wären wir alle zusammen auf einem Spaziergang. Er machte keinen Unterschied, er bezog sich auf jeden, er sprach unaufhörlich, und was immer er sagte, schien mir neu. Alle Trennungen in der Welt waren aufgehoben, statt Furcht flößte er reine Liebe ein, niemand war über den anderen gesetzt, niemand war dumm, Autorität umging er, er verzichtete auf sie, ohne sie anzugreifen, acht Jahre älter war er als wir und behandelte uns, als wären wir alle gleich alt. Es war kein geregelter Unterricht, er schenkte uns, wovon er selbst erfüllt war. In der Geschichte waren wir bei den Hohenstaufen angelangt, statt Zahlen bekamen wir von ihm Figuren. Es hing nicht nur mit seiner Jugend zusammen, daß Macht ihm wenig bedeutete, wohl aber beschäftigte ihn die Wirkung, die sie von innen auf ihre Träger hatte. Im Grunde gingen ihn nur die Dichter etwas an, mit denen er uns bei jeder Gelegenheit konfrontierte. Er sprach sehr gut, lebendig, bewegend, aber ohne prophetische Obertöne. Ich spürte den Prozeß der Erweiterung am Werk, den zu nennen ich damals nicht imstande gewesen wäre, aber es war, in einem frühen, in einem Anfangsstadium, mein eigener Prozeß. Was Wunder, daß Witz auf der Stelle zu meinem Vorbild wurde, anders als es Eugen Müller gewesen war, weniger fest umrissen, aber näher, erreichbar wie ein Freund.

Statt die Taten eines Kaisers aneinanderzureihen und an ihre respektiven Daten zu binden, spielte er ihn uns vor, am liebsten in den Worten eines neueren Dichters. Er war es, der mich von der Existenz einer lebenden Literatur überzeugte. Ich hatte mich gegen sie gesperrt, von dem Reichtum überkommener Dichtung geblendet, den frühen Theatererlebnissen der Mutter hörig, und wie hätte ich je zu erschöpfen vermocht, was sie von allen literarischen Kulturen an mich herantrug. Ihren Erinnerungen folgte ich, ihren Urteilen war ich verfallen. Was ich für mich selbst entdeckte, zerfiel, wenn es vor ihren Augen nicht bestand; und nun erfuhr ich, daß Wedekind kein bloßer Bürgerschreck war und auch keine Wreschnersche Revolveraffäre. Als wir zu Heinrich VI. gelangten, verzichtete Witz auf eigene Worte. Dieser Hybris, die seinem Wesen ganz fremd war, fühlte er sich nicht gewachsen. Er öffnete einen Band Liliencron und las uns ›Heinrich auf Trifels‹ vor. Er las es von Anfang zu Ende, mitten unter uns, den rechten Fuß auf meine Bank gestellt, seinen Ellbogen aufs Knie gestützt, das Buch in einiger Höhe. Als

er an die Stelle der leidenschaftlichen Werbung Heinrichs gelangte: »Irene von Griechenland, ich liebe dich!« fiel seine
Stirnlocke über das Buch – immer ein Zeichen seiner Erregung
–, und mir, der ich solche Liebe noch nie gefühlt hatte, liefen
Schauer über den Rücken. Er las pathetisch, heute würde ich
sagen, daß es das Pathos des Expressionismus war, es war anders
als das Pathos der Wiener 8oer und 9oer Jahre, das ich zuhause zu
hören gewöhnt war, aber doch so, daß es mir durch seine Emphase nicht fremd, ja vertraut war. Wenn ich ihm zusah, wie er
die Locke, die ihn beim Weiterlesen störte, mit einer ungeduldigen Gebärde von der Stirn auf die Seite schüttelte, kam es mir
vor, als hätte ich, der ich immer der Älteste gewesen war, plötzlich einen älteren Bruder.

Man kann sich denken, daß Witz' Stellung nicht unbestritten
war. Manchen galt er als schlechter Lehrer, weil er sich Mühe
gab, keine Distanz zu wahren, und äußerliche Autorität nicht als
Ewigkeitswert betrachtete. Es herrschte, verglichen mit jedem
anderen Unterricht, eine Art von absichtlicher Unordnung in
der Klasse. In seiner Gegenwart lebte man immer mitten in
einem Kraftfeld von Affekten. Vielleicht war, was mir Atem und
Flügel gab, für andere eine Art von Chaos. Es kam vor, daß alles
durcheinandergeriet, als ob man sich aus seiner Gegenwart
nichts mehr mache, und es war ihm dann nicht gegeben, durch
Kommandoworte die übliche tote Ordnung zu schaffen. Er
sperrte sich dagegen, gefürchtet zu sein, vielleicht gibt es wirklich gesegnete Menschen, die Furcht nicht einzuflößen vermögen. Es kam, in ungünstigen Momenten, zu Inspektionen älterer
Lehrkräfte. Ihren Bericht nach oben stellte man sich ungern vor.

Die Herrlichkeit, für mich war es eine, dauerte nicht lange. Im
Frühjahr kam er zu uns, im Oktober ging er. Unter uns, auch
unter denen, die wenig mit ihm anzufangen wußten, hieß es,
obwohl wir gar nichts Faktisches darüber wußten, er sei von der
Schule entlassen worden.

Witz war so jung, daß er nicht anders konnte: er versuchte uns
mit seiner Jugend anzustecken. Es ist nämlich keineswegs so,
daß der Weg durch die Jahre für alle gleichen Charakter hat.
Manche kommen alt in die Schule, vielleicht waren sie's schon
früher, vielleicht waren sie alt von Geburt, und was immer ihnen
nun in der Schule geschieht, sie werden nicht jünger. Andere
entledigen sich allmählich des mitgebrachten Alters und holen

nun versäumte Jahre nach. Für solche wäre Witz ein idealer Lehrer gewesen, aber sie sind naturgemäß in einer Minderzahl. Dann gibt es welche, denen die Schule so schwerfällt, daß sie erst unter ihrer Einwirkung zu altern beginnen, und so schwer ist der Druck, der auf ihnen lastet, und so langsam kommen sie voran, daß sie sich an ihr neugewonnenes Alter mit aller Gewalt anklammern und nie mehr etwas davon aufgeben. Es gibt aber auch solche, die alt und jung zugleich sind, in der Zähigkeit, mit der sie sich an alles Begriffene halten, alt, in der Begierde für alles Neue unterschiedslos jung. Zu diesen mag ich damals gehört haben und war darum wohl auch für sehr entgegengesetzt geartete Lehrer empfänglich. Karl Beck gab mir durch die zähe und disziplinierte Art seines Unterrichts ein Gefühl von Sicherheit. Die Mathematik, die ich bei ihm lernte, wurde zu einem tieferen Teil meines Wesens, als Konsequenz und etwas wie geistigem Mut. Von einem vielleicht sehr kleinen Areal, das nicht zu bezweifeln ist, geht man in ein- und dieselbe Richtung unentwegt weiter, fragt sich nicht, wohin man noch geraten könnte, versagt sich, nach rechts oder links zu blicken, bewegt sich, ohne es zu kennen, wie auf ein Ziel zu, und solange man keinen Fehltritt begeht und der Zusammenhang der Schritte bewahrt bleibt, passiert einem nichts, man kommt voran ins Unbekannte, die einzige Art, das Unbekannte *allmählich* zu erobern.

Eben das Gegenteil war es, was mir durch Witz geschah. Da wurden viele noch dunkle Punkte in mir zugleich berührt und leuchteten auf, zu keinem Zwecke. Man schritt nicht voran, man war bald da, bald dort, man hatte kein Ziel, auch kein unbekanntes, man erfuhr gewiß vieles, aber mehr als man erfuhr, erlernte man eine Empfindlichkeit für das Vernachlässigte oder noch Verborgene. Vor allem die Lust an der Verwandlung war es, die er bestärkte: wie viel es da gab, von dem man nichts geahnt hätte, es genügte davon zu hören, um dazu zu *werden*. Es war dasselbe, was mir früher die Märchen getan hatten, nur ging es jetzt um andere, weniger einfache Gegenstände, um Figuren wohl, doch jetzt waren diese Figuren Dichter.

Ich habe schon gesagt, daß er mir die Augen für moderne, für lebende Literatur öffnete. Einen Namen, den er einmal nannte, vergaß ich nicht wieder, er wurde zu einer eigenen Atmosphäre, in die er mich mitnahm, und die Flügel, die er mir zu solchen Fahrten anschnallte, ohne daß ich's merkte, blieben mir auch, wenn er mich verlassen hatte, und nun flog ich selber hin und tat mich staunend um.

Es widerstrebt mir, im einzelnen von den Namen zu sprechen, die durch ihn zuerst in mich eingingen. Manche von ihnen hatte ich wohl früher gehört, ohne daß sie mich berührten, wie Spitteler, andere hatten eine bloß passive Neugier geweckt, so als genüge es, sie für später in Bereitschaft zu halten, wie Wedekind. Die meisten von ihnen sind heute ein so selbstverständlicher Teil der tradierten Literatur, daß es lächerlich erscheint, ein besonderes Wesen daraus zu machen. Aber es stand auch das meiste, das ich jetzt nicht nenne, in großem Gegensatz zu dem, was ich von zuhause mitbekommen hatte, und wenn ich mir auch noch sehr weniges davon zu eigen machte, das Vorurteil gegen alle, die erst vor kurzem gestorben oder noch am Leben waren, war ein für allemal gebrochen.

Zwei Ausflüge unternahm Witz mit uns, in den gezählten vier, fünf Monaten, die wir ihn als Lehrer hatten. Der eine war ein Mostbummel in die Trichtenhauser Mühle, der andere ein historischer Ausflug auf die Kyburg. Vom Mostbummel wurde schon lange vorher gesprochen, und er erwog einen geradezu revolutionären Plan: er verhieß uns eine Cousine, die er mitbringen wolle, eine Geigerin, sie werde für uns spielen.

Damit wurde er wahrhaft populär in der Klasse. Auch die, die seinen literarischen Räuschen verständnislos gegenüberstanden, auch die, die ihn für seinen Mangel an Disziplin und das Nichtverhängen von Strafen mißachteten, waren durch die Aussicht auf ein Wesen weiblichen Geschlechts, eine leibhaftige Cousine, gefangen. Von Mädchen war nun in der Klasse schon mehr und mehr die Rede, zur Höheren Töchterschule hatten sich Beziehungen angesponnen, die allerdings hauptsächlich aus Wünschen und großsprecherischen Ankündigungen bestanden. Ein Teil der Kameraden war schon in heftiger Bewegung, es gab große und physisch reife Burschen darunter, die kaum noch von etwas anderem sprachen. Dabei ging es nicht ohne Giggeln und physische Anzüglichkeiten ab, es war schwierig, nicht in Gespräche dieser Art hineingezogen zu werden. In all diesen Dingen war ich zurückgeblieben, jenes Balkontabu der Mutter in Wien wirkte sich noch immer aus, und noch lange nachdem ich die Passion der Eifersucht in voller Kraft erlitten, ja sogar aus den Kämpfen, in die sie mich verwickelt hatte, als ›Sieger‹

hervorgegangen war, hatte ich keine Ahnung davon, was wirklich zwischen Mann und Frau vorging. Aus der Naturgeschichte beim Fenner lernte ich vieles über Tiere, ihre geschlechtlichen Einrichtungen zeichnete ich mit eigener Hand in mein Heft ein, aber es fiel mir nicht ein, etwas davon auf Menschen zu beziehen, Liebe bei ihnen spielte sich auf Höhen ab, die nur in Blankvers-Szenen auszudrücken waren, alle Vorgänge der Liebe eine Jamben-Affäre. Von den anzüglichen Reden der Kameraden verstand ich nichts, es war nichts aus mir herauszubekommen, auch durch noch so aufmunterndes Grinsen nicht, unter Kichern und auftrumpfendem Prahlen blieb ich immer gleich ernst, und so mochte als Mißbilligung wirken, was in der Hauptsache Unverständnis war.

Im Grunde war es eine groteske Situation, denn während andere für ein paar Worte mit einem leibhaftigen Mädchen ihre Seele hingegeben hätten, ging ich jeden Tag in die ›Yalta‹ nach Hause, zu einem Dutzend Mädchen, alle älter als ich und heimlich mit demselben Problem wie meine Kameraden beschäftigt, manche von ihnen schöner als alle umschwärmten höheren Töchter; zwei Schwedinnen darunter, Hettie und Gulli, die ich heute unwiderstehlich finden würde, die auf schwedisch untereinander endlos kicherten und lachten, daß es um junge Männer dabei ging, vermochte sogar ich zu ahnen; andere, wie Angèle, die aus Nyon am Genfersee stammte, so schön wie verschämt, vielleicht in derselben Verfassung wie ich, aber um zwei Jahre älter; Nita, eine Genferin, geistig die Reifste von allen, ausgebildete Tänzerin, Schülerin von Dalcroze, die Abende in der ›Yalta‹ für uns veranstaltete; Pia, aus Lugano, eine üppige Schwarze, strotzend von etwas, was ich erst in der Erinnerung als Sinnlichkeit erkenne, und alle diese Geschöpfe, auch die weniger anziehenden unter ihnen, doch junge Mädchen, immer mit mir zusammen in der Halle, stundenlang, oder auf dem Tennisplatz bei unseren Spielen, wo wir uns kräftig tummelten und während heftiger Raufereien uns auch körperlich nahekamen; alle um mein Ohr und mein Interesse wetteifernd, denn für ihre Aufgaben gab es immer etwas zu fragen, das ich, da es meist um deutsche Sprachregeln ging, zu beantworten vermochte; manche, keineswegs alle, auch über private Dinge, wie über briefliche Vorwürfe ihrer Eltern sich mit mir beratend. Ich aber, auf der Höhe dieses allgemeinen Wohlgefallens, von solchen Geschöpfen verwöhnt wie kein Knabe meines Alters, ängstlich darauf bedacht, daß die Kameraden nichts von diesem häuslichen Leben erführen, denn ich war überzeugt davon, daß sie mich für eine so ausschließlich weibliche Atmosphäre verachten müßten, während sie mich in Wirklichkeit nur grimmig beneidet hätten. Mit allen Schlichen hielt ich sie von der ›Yalta‹ fern, ich glaube nicht, daß ich einem einzigen von ihnen je erlaubte, mich da zu besuchen. Hans Wehrli, der selbst in Tiefenbrunnen wohnte, war wohl der einzige unter ihnen, der eine Vorstellung davon hatte, wie mein Zuhause aussah, aber er war auch der einzige, der bei all unseren Diskussionen nie auf Mädchen zu sprechen kam, er blieb immer ernst und behielt auch in diesem Punkt seine Würde; vielleicht stand er, ich vermag es nicht mit Sicherheit zu sagen, unter einem ähnlichen Tabu wie ich, vielleicht litt er noch nicht die zwingende Not der anderen.

Und nun warf Witz seine geigende Cousine ins Gespräch der Klasse, von diesem Augenblick an war von ihr viel mehr die Rede als von ihm, er wurde über sie befragt, er stand geduldig Rede. Der Mostbummel aber wurde von Woche zu Woche verschoben, das lag wohl an der Cousine, um die er sich bemühte, vielleicht war es sein Wunsch, ihr als Geigerin Mut zu machen, und ihr statt Blumen ein Publikum zu Füßen zu legen, das sie triumphal empfangen würde. Erst war sie nicht frei, dann war sie krank, die Erwartung der Klasse erreichte Fieberhitze. ›Irene von Griechenland‹ verlor an Interesse, ich wurde von der allgemeinen Stimmung angesteckt, wir hatten keine Geigerin in der ›Yalta‹ und Geige als das Instrument des Vaters war für mich verklärt – wie die anderen bestürmte ich Witz mit Fragen und spürte, wie er immer zurückhaltender wurde und schließlich verlegen. Es war nicht mehr sicher, daß die Cousine kommen würde, sie stand vor Prüfungen, und als wir uns schließlich zum Mostbummel trafen, erschien er ohne sie, sie habe abgesagt, sie lasse sich bei uns entschuldigen. Mit dem unbegreiflichen Instinkt für diese Dinge, von denen ich doch gar nichts wußte, fühlte ich, daß Witz etwas schiefgegangen war. Er schien mir enttäuscht, er war gedrückt, er gab sich nicht gleich heiter und gesprächig wie während seinen Stunden. Aber dann, vielleicht in Erinnerung an seinen Verlust, begann er sich über Musik zu verbreiten. Die Cousine hatte sich ans Violinkonzert von Beethoven gewagt, ich war's zufrieden, als er sich diesmal an ihm statt an einem Dichter berauschte und als gar das für Beethoven obligate Wort ›gewaltig‹ fiel und mehrmals wiederholt wurde, war ich glücklich.

Ich habe mich gefragt, was passiert wäre, wenn die Cousine damals erschienen wäre. An ihrem geigerischen Können habe ich nie gezweifelt. Aber sie hätte schon sehr gut spielen müssen und immer die richtigen Stücke, um das glühende Interesse der Klasse für sie zu bändigen. Vielleicht hätte sie es nicht mehr gewagt, die Geige abzusetzen und uns spielend durch den Wald in die Stadt zurückgeführt. Witz wäre verstummt und als eine Art Voranbeter wäre er gleich hinter ihr gegangen, um ihr Platz zu verschaffen. Aber zum Schluß hätte unsere Begeisterung sie auf die Schultern genommen, von wo sie, immer weiterspielend, ihren königlichen Einzug in die Stadt gehalten hätte.

Eigentlich war es also ohne sie doch eine Enttäuschung. Sie wurde wettgemacht durch die Exkursion auf die Kyburg, da war von ihr nicht mehr die Rede, dafür um so mehr von Geschichte, die Witz uns angesichts der gut erhaltenen Burg auf seine farbig-lebhafte Weise nahebrachte. Der Höhepunkt war die Rückfahrt im Zug, da saß ich im selben Abteil, genau ihm gegenüber, und las in einem Führer, den ich mir auf der Burg gekauft hatte. Er berührte mit einem Finger leicht meinen Arm und sagte: »Das ist wohl ein junger Historiker.« Daß er etwas bemerkte, was ich tat, daß er sich persönlich an mich wandte, war, was ich mir am tiefsten wünschte, aber nun, da es geschah, enthielt es die bittere Kränkung, daß er einen künftigen Historiker in mir sah und nicht einen Dichter. Wie hätte er es wissen sollen, da ich nie ein Wort davon sagte, und daß er einen Historiker in mir vermutete, wovon er damals bestimmt nicht viel hielt, war die gerechte Strafe für die Vielwisserei, durch die ich mich schließlich auch in seinen Stunden hervortat. Ich war sehr betreten, und um ihn von der Geschichte abzubringen, fragte ich ihn nach einem Dichter, von dem man damals sprach und von dem ich nichts gelesen hatte: Franz Werfel.

Er sprach von seiner Lyrik, die von Liebe zur Menschheit gespeist sei. Da gäbe es niemanden, in den er sich nicht einzufühlen vermöge. Kein Dienstmädchen sei ihm zu gering, kein Kind, aber auch kein Tier, eine Art heiliger Franz, als habe ihm sein Name den Weg gewiesen. Nicht ein Prediger sei das, sondern einer, der die Fähigkeit habe, sich in jedes lebende Wesen zu verwandeln, um uns die Liebe dafür durch sein Beispiel zu lehren.

Ich nahm das wie alles, was von ihm kam, gläubig auf (zu einer ganz anderen, selbständigen Meinung in dieser Sache gelangte ich erst später). Aber nicht das war das eigentliche Ereignis dieser Bahnfahrt. Durch meine zaghaften, unsicheren und verehrungsvollen Fragen gerührt, begann er von sich selbst zu sprechen und gab sich darin so wahrhaftig, so ohne jeden Gedanken an Schutz vor der Meinung anderer, daß ich nicht ohne Verwirrung das Bild eines Menschen bekam, der noch daran war zu *entstehen*, gar nicht sicher über seinen Weg, noch wirklich offen, ohne Verachtungen und Verdammungen, wie ich sie von zuhause her so gut kannte. Seine Worte, die ich vielleicht nicht einmal richtig verstand, habe ich behalten wie die Proklamation einer rätselhaften Religion: Er sei voller Tatendrang und dann wieder ganz verzweifelt. Er suche immer und er finde nicht. Er wisse nicht, was tun, wie leben. Dieser Mann, der vor mir saß, der mir solche Liebe einflößte, dem ich blindlings überallhin gefolgt wäre, wußte gar nicht, wohin er ging, wandte sich bald diesem, bald jenem zu, sicher an ihm war nur, daß er unsicher sein wollte, und so sehr mich das anzog, denn es kam in seinen Worten, aus seinem Mund, es war auf wunderbare Weise verwirrend – doch wohin hätte ich ihm folgen sollen?

Geschichte und Schwermut

›Freiheit‹ war um diese Zeit ein wichtiges Wort geworden. Die Saat der Griechen ging auf, seit ich den Lehrer verloren hatte, der uns die Griechen geschenkt hatte, verfestigte sich das eigentümliche Gebilde, das aus Griechenland und der Schweiz in mir entstanden war. Eine besondere Rolle spielten dabei die Berge. Ich dachte nie an die Griechen, ohne Berge vor mir zu sehen, und es waren, das war das Merkwürdige, dieselben Berge, die ich täglich vor Augen hatte. Sie sahen näher oder ferner aus, je nach der Atmosphäre, man freute sich, wenn sie nicht verdeckt waren, man sprach und man sang von ihnen, sie waren der Gegenstand eines Kultes. Am schönsten war es bei Nebelmeer, vom nahegelegenen Ütliberg aus, da waren die Berge zu Inseln geworden, gleißend, beinahe greifbar, der Verehrung in allen

Spitzen einzeln dargeboten. Sie hatten Namen und wurden genannt, manche von ihnen klangen lapidar und bedeuteten nichts als sie selber: der Tödi, andere wie Jungfrau und Mönch bedeuteten zuviel, am liebsten hätte ich für jeden Berg ein neues und eigenes Wort gehabt, das zu nichts anderem verwendet wurde. Es gab keine zwei von ihnen, die die gleiche Höhe hatten. Ihr Gestein war hart, undenkbar, daß sie sich änderten. Von dieser Unveränderlichkeit hatte ich eine starke Vorstellung. Ich dachte sie mir unberührbar, wenn man von ihrer Eroberung sprach, empfand ich ein Unbehagen, und wenn ich mir selber ihre Besteigung vornahm, hatte ich das Gefühl von etwas Unerlaubtem.

Um so mehr Leben spielte sich dicht an den Seen ab, da waren die aufregendsten Dinge geschehen, ich wünschte mir diese Seen wie das griechische Meer, und sie flossen mir in eins zusammen, als ich in nächster Nähe des Zürichsees lebte. Es war nicht etwa so, daß sich an seiner Gestalt etwas änderte, jede Lokalität hatte ihre Bedeutung und behielt ihre Eigenheit, Buchten, Hänge, Bäume, Häuser, aber im Traum davon war es alles ›der See‹, was an einem von ihnen geschehen war, gehörte auch den anderen, die Eidgenossenschaft, zu der man sich verschworen hatte, war für mich eine von Seen. Als ich von den Pfahlbauten hörte, die man da und dort entdeckt hatte, beschäftigte mich der Gedanke, daß ihre Bewohner voneinander nichts gewußt hätten. In dieser Entfernung von ihresgleichen, ohne Verbindung mit ihnen, war es ziemlich gleichgültig, wo sie lebten, es kam ihnen auf ein winziges Stück Wasser an, das konnte überall sein, wer sie waren, würde man nie wissen, wieviel Scherben immer man von ihnen fand, wieviel Pfeilspitzen, wieviel Knochen – Schweizer waren sie nicht.

Das also war für mich Geschichte: der Bund der Seen, vorher gab es gar keine Geschichte, und auch diese reichte nur bis zu mir, weil ich von ihrer wahren Vorgeschichte, den Griechen, erfahren hatte. Dazwischen zählte wenig, den Römern mißtraute ich, die Ritter Walter Scotts, die mir als ihre Abkömmlinge erschienen, Gliederpuppen aus Rüstung, langweilten mich, interessant wurden sie erst, als sie von Bauern geschlagen wurden.

In dieser Zeit der Verzauberung durch Seen fiel mir ›Huttens letzte Tage‹ in die Hände, und ich wundere mich nicht, daß dieses früheste Werk C. F. Meyers mich mit solcher Sicherheit traf. Wohl war Hutten ein Ritter, aber er war auch ein Dichter, und er war dargestellt als einer, der gegen die falschen Mächte gekämpft hatte. Er war krank und geächtet, von allen verlassen, er lebte von Gnaden Zwinglis allein auf der Ufenau. Die Taten, durch die er seine Widerspenstigkeit bewiesen hatte, stiegen in seiner Erinnerung auf, und so sehr man ihr Feuer fühlte, man vergaß doch nie, in welcher Verfassung er jetzt auf der Ufenau war. Es war dafür gesorgt, daß man ihn immer im Kampf gegen eine Übermacht sah; so fiel weg, was einen an Rittern irritiert hatte, daß sie sich, auch die tapfersten unter ihnen, durch die Art ihrer Rüstung als Stärkere fühlten.

Begeistert war ich vom Besuch Loyolas auf der Insel, das war ein Loyola, den niemand, auch Hutten noch nicht kannte: ein Pilger, den er während eines Gewitters in seine kleine Behausung aufnimmt, dem er die eigene Decke, den eigenen Mantel zum Schlafen überbreitet. Nachts erwacht Hutten an einem Donnerschlag und sieht im Licht der Blitze den Pilger, der seinen Rücken blutig geißelt, und dazu hört er die Worte seines Gebets, in dem er sich dem Dienst der Maria widmet. Am Morgen ist die Stätte des Pilgers leer und Hutten erkennt, daß jetzt, da sein Tag vertan ist, der schlimmste Feind sich gezeigt hat. – Dieses Naherücken des Entgegengesetzten, am Ende eines Lebens, sein Belauschtwerden, ohne daß es ahnt, von wem es belauscht wird, die Einsicht in die Vergeblichkeit des eigenen Kampfes, denn der wahre Feind ist erst jetzt erschienen, die nachträgliche Regung, da es zu spät ist: »Hätt ich den Spanier umgebracht!« – wie hätte ich nicht fühlen sollen, daß ich eben hier, wo es um etwas Erfundenes ging, der ›Wirklichkeit‹ nahe war?

Der See, an dem die Ufenau lag, reichte bis zu mir hinunter, der Dichter hatte am Ufer gegenüber in Kilchberg gelebt. Ich fühlte mich in diese Dichtung eingeschlossen, die Landschaft war mir durch ihn erleuchtet, ein Satz darin bezeichnete in simpelster Form das Maß der Einsicht in menschliche Dinge, zu der ich damals fähig geworden war: »Ich bin kein ausgeklügelt Buch, ich bin ein Mensch mit seinem Widerspruch.« Der Kontrast zwischen Buch und Mensch, zwischen dem, was mit Vorwissen gemacht wird, und dem, was von Natur gegeben ist, zwischen der Faßlichkeit des Buches und der Unbegreiflichkeit des Menschen, hatte mich zu quälen begonnen. Ich hatte Feindschaft erlebt, wo ich keine erwartete, von außen auferlegte

Feindschaft, die nicht eigenen Regungen entsprang, deren Wurzeln ich nicht begriff, über die ich viel nachdachte. Da ich eine Lösung dafür nicht hatte, bot sich mir die Auffassung des Menschen als eines Widerspruchs als vorläufige Lösung an. Ich ergriff sie begierig und zitierte den Satz so oft, bis er von der Mutter in einer vernichtenden Attacke zertrümmert wurde.

Aber vorher blieb mir mehr als ein Jahr Zeit, in der sie mich gewähren ließ. Ich folgte Meyer in die Bartholomäusnacht und in die Dreißigjährigen Krieg. Ich begegnete bei ihm Dante in Person, und das Bild des Dichters, wie er aus seinem Verbanntsein heraus sprach, prägte sich mir ein. – Auf Wanderungen hatte ich die Bündner Täler kennengelert, zwei Sommer hintereinander, die ersten in der Schweiz, war ich auf dem Heinzenberg im Domleschg gewesen, ›dem schönsten Berg Europas‹, wie ihn der Herzog Rohan nannte. Auf Schloß Rietberg in der Nähe hatte ich einen Blutfleck betrachtet, der mit Jürg Jenatsch in Verbindung gebracht wurde, das hatte mich wenig beeindruckt. Aber nun, als ich von ihm las, fühlte ich mich als Kenner auf seinen Spuren. – Als Frau des Pescara traf ich Vittoria Colonna, durch Michelangelo geheiligt; ich kam nach Ferrara, wie schrecklich, wie unheimlich war dieses Italien, von dem ich nichts als idyllische mündliche Berichte hörte. Immer ging es um aufregende Ereignisse, die sich durch ihre ›Bedeutung‹ von meiner täglichen Umgebung abhoben. Das Kostüm sah ich nicht, ich sah die Vielfalt der Zeiten und Schauplätze. Ich merkte nichts von der Beschönigung durch das Kostüm, da es meist düster ausging, hielt ich es für Wahrheit.

In der unbeirrbaren, in der wütenden Lernbegier jener Jahre war ich der Meinung, daß es eben diese abwechslungsreiche Belebung der Geschichte sei, was mich an Meyer einnahm. Ich dachte allen Ernstes, daß ich durch ihn etwas erführe. Kein Zweifel kam mir, ich ergab mich willig seiner Darstellung, ich ahnte nicht, was sich hinter ihr verbarg, alles lag klar zutage, es geschah soviel – was konnte dahinter sein, das an diesem Reichtum gemessen nicht irrelevant und des Erwähnens völlig unwert gewesen wäre?

Heute, da ich gestaltete Geschichte nicht mehr ertrage, da ich nur die Quellen selbst, naive Berichte oder harte Gedanken zu ihnen suche, glaube ich, daß es anderes von ihm war, das tiefer auf mich einwirkte: ein Gefühl für Ernten und für fruchtbela-

dene Bäume, »Genug ist nicht genug«, und die Schwermut seiner Seegedichte. Eines von ihnen begann mit den Zeilen:
›Trüb verglomm der schwüle Sommertag,
Dumpf und traurig tönt mein Ruderschlag.
. . . .
Fern der Himmel und die Tiefe nah –
Sterne, warum seid ihr noch nicht da?
Eine liebe, liebe Stimme ruft
Mich beständig aus der Wassergruft –‹
Ich wußte nicht, wessen Stimme es war, aber ich fühlte, daß es ein naher Toter war, und die Rufe aus dem Wasser berührten mich, als wäre es mein Vater, der riefe. In diesen letzten Züricher Jahren dachte ich nicht oft an ihn, um so unerwarteter, um so geheimnisvoller war seine Rückkehr aus diesem Gedicht. Es war, als habe er sich im See verborgen, weil ich diesen so liebte.

Ich hatte damals noch nichts über das Leben des Dichters erfahren, über den Selbstmord seiner Mutter, die sich im See ertränkt hatte. Nie wäre ich, hätte ich es gewußt, auf den Gedanken gekommen, daß ich die Stimme meines Vaters hörte, wenn ich selber gegen Abend auf dem See ruderte. Ich ruderte selten allein, und nur dann sagte ich die beiden Zeilen vor mich hin, unterbrach sie und horchte: um der Zeilen willen wünschte ich mir, allein auf dem See zu sein, niemand erfuhr von diesem Gedicht und wieviel es mir bedeutete. Seine Schwermut ergriff mich, ein für mich neues Gefühl, das sich mit dem See verband, ich empfand sie auch, wenn es nicht schwül und trüb war, sie tropfte aus den Worten. Ich spürte, daß es den Dichter in den See zog, und obwohl meine Schwermut eine bloß übernommene war, empfand ich die Verlockung und wartete mit Ungeduld auf die ersten Sterne. Ich begrüßte sie, meinem Alter gemäß, nicht mit Erleichterung, sondern mit Jubel. Der Drang, mich auf Sterne zu beziehen, die unerreichbar und unberührbar waren, hat, glaube ich, damals eingesetzt und steigerte sich während der nächsten Jahre zu einer Sternenreligion. Ich hielt sie zu hoch, um ihnen eine Einwirkung auf mein Leben einzuräumen, ich wandte mich an sie um ihres bloßen Anblicks willen, ich war ängstlich, wenn sie sich mir entzogen, und fühlte mich stark, wenn sie sich dort, wo ich sie erhoffen konnte, wieder zeigten. Ich erwartete von ihnen nichts, als die Regel ihrer Wiederkehr, denselben Ort und die gleichbleibende Beziehung zu ihresgleichen, mit denen sie Konstellationen, wunderbar benannte, bildeten.

Die Sammlung

Von der Stadt kannte ich damals die Teile, die dem See zugewandt waren, und den Weg in die Schule und zurück. In wenigen öffentlichen Gebäuden war ich gewesen, in der Tonhalle, im Kunsthaus, im Theater, und sehr selten in der Universität zu Vorträgen. Die ethnologischen Vorträge fanden in einem der Zunfthäuser an der Limmat statt. Sonst bestand die Altstadt für mich aus den Buchhandlungen, in denen ich mir die ›wissenschaftlichen‹ Bücher ansah, die als nächste auf dem Programm standen. Dann gab es die Hotels in der Gegend des Bahnhofs, wo Verwandte abstiegen, wenn sie in Zürich zu Besuch waren. Die Scheuchzerstraße in Oberstrass, wo wir drei Jahre gewohnt hatten, geriet beinahe in Vergessenheit, sie hatte zu wenig zu bieten, sie lag ziemlich weit abseits vom See, und wenn ich doch einmal an sie dachte, war es, als hätte ich damals in einer anderen Stadt gelebt.

Von manchen Vierteln kannte ich nicht mehr als die Namen und ergab mich widerstandslos den Vorurteilen, mit denen man sie bedachte, ich hatte keine Vorstellung davon, wie die Menschen dort aussahen, wie sie sich bewegten und zueinander benahmen. Alles Ferne nahm mich in Anspruch, was in einer bloßen halben Stunde zu erreichen war und in der unerwünschten Richtung, war wie die Hinterseite des Mondes, unsichtbar, nicht vorhanden. Man meint sich für die Welt zu öffnen und zahlt dafür mit Blindheit in der Nähe. Unfaßbar ist der Hochmut, mit dem man darüber entscheidet, was einen angeht und was nicht. Alle Linien der Erfahrung sind einem vorgeschrieben, ohne daß man's weiß, was ohne Buchstaben noch nicht zu fassen wäre, bleibt ungesehen, und der wölfische Appetit, der sich Wißbegier nennt, merkt nicht, was ihm entgeht.

Ein einziges Mal erfuhr ich, woran ich vorüberging; ich geriet in Quartiere der Stadt, die ich bis dahin nur vom Hörensagen kannte. Die Gelegenheit war eine Sammlung zu wohltätigem Zweck, es war angefragt worden, wer sich dafür zur Verfügung stelle. Jeder, der sich meldete, erhielt zur Begleitung eine ›höhere Tochter‹ beigestellt. Meine war größer und älter als ich, schien sich aber nichts daraus zu machen. Sie trug die Geldbüchse, ich trug, was wir verkaufen sollten, große Tafeln Schokolade. Sie sah mit begütigenden Augen auf mich herab und hatte eine verständige Art zu sprechen. Sie trug einen weißen, plissierten Rock, der sehr fein wirkte, ich hatte noch keinen aus solcher Nähe gesehen und merkte, daß auch andere ihm Beachtung schenkten.

Die Sache begann schlecht, es wimmelte von sammelnden Paaren. Man fragte nach dem Preis und wandte sich entrüstet ab. Billig waren wir nicht, in einer Stunde wurden wir eine einzige Tafel los; meine Begleiterin fühlte sich beleidigt, gab sich aber nicht geschlagen. Sie meinte, wir müßten in die Häuser und in Gaststätten gehen, am besten im Aussersihl. Das war ein Arbeiterquartier, ich war nie dort gewesen, es schien mir widersinnig, daß sie von den ärmeren Leuten dort erwartete, was die reichen bisher uns verweigert hatten. Sie war anderer Meinung und begründete sie ohne Anwandlung von Gefühlen: »Die sparen nicht«, sagte sie, »die geben alles gleich aus. Am besten ist es in den Gaststätten, da vertrinken sie alles, was sie in der Tasche haben.«

Wir machten uns auf den Weg in die bezeichnete Gegend. Hie und da betraten wir ein Haus und grasten die Wohnungen ab. Noch waren die Inhaber Leute mit bürgerlichen Berufen. Unter dem Namen an einer Wohnung im zweiten Stock stand ›Bankdirektor‹. Wir läuteten, ein Herr mit einem strotzenden roten Kopf und einem gefühlvollen Schnauzbart öffnete. Er war mißtrauisch und jovial zugleich und fragte erst einmal, ob wir Schweizer wären. Ich schwieg, um so liebenswürdiger erwiderte das Mädchen, wobei sie mich in ihre Antwort miteinbezog, ohne etwas geradezu Falsches zu sagen. Dem Mann war es angenehm, sie zu examinieren, er fragte sie nach dem Beruf ihres Vaters aus, und daß dieser Arzt war, paßte gut mit dem Zweck unserer Sammlung zusammen. Am Beruf meines Vaters war er nicht interessiert, er konzentrierte sich auf das Mädchen, das sich mit klugen Allüren aufs Sprechen verstand, die Büchse nicht zudringlich und in richtiger Höhe hielt und sich wohl davor hütete, mit ihr, die noch beinahe leer war, zu scheppern. Es dauerte ziemlich lang, aber das Lächeln auf dem Gesicht des Herren verwandelte sich in ein befriedigtes Grinsen, er nahm die

Tafel entgegen, wog sie in der Hand, ob sie nicht zu leicht sei, und warf die Münze in die Büchse ein, nicht ohne hinzuzufügen: »Es ist für einen guten Zweck. Schokolade haben wir genug.« Er behielt die Tafel aber doch und entließ uns im vollen Bewußtsein seiner Wohltat; als er die Wohnungstür schloß, blieben wir betäubt von soviel Güte stehen und taumelten dann unsicher in den ersten Stock hinunter, wo wir, ohne auf das Türschild zu achten, anläuteten. Die Türe öffnete sich, hochrot und zornig stand vor uns der Mann von oben: »Was, schon wieder! Unverschämtheit!« Mit seinem doppeldicken Finger wies er auf sein Namensschild, da stand derselbe Name. »Ihr könnt wohl nicht lesen! Macht daß ihr fortkommt oder ich ruf die Polizei. Soll ich die Büchse vielleicht konfiszieren?« Er schlug uns die Tür vor der Nase zu, wir machten uns kläglich aus dem Staub. Es mußte eine Treppe zwischen den beiden Stockwerken geben, innerhalb der Wohnungen. Wer hätte das wissen können, im Glückstaumel des gelungenen Verkaufs hatten wir auf keinen Namen geachtet.

Meine Begleiterin hatte nun von Wohnungen genug und sagte: »Jetzt gehen wir aber in die Wirtshäuser.« Wir gingen mißmutig noch ein Stück, bis wir im richtigen Aussersihl waren. An einer Ecke sahen wir ein großes Lokal, sie bat mich nicht einmal voranzugehen und betrat es ruhig. Eine erstickende Tabakluft schlug uns entgegen, das Lokal war voll, alle Tische waren besetzt, Arbeiter jeden Alters, an den Mützen kenntlich, saßen vor ihren Gläsern, man hörte viel Italienisch. Das Mädchen schlängelte sich furchtlos zwischen den Tischen durch, da war keine einzige Frau, an die sie sich wenden konnte, aber das schien ihre Sicherheit nur zu erhöhen, sie hielt den Männern ihre Büchse nah vors Gesicht, was ihr leicht fiel, denn sie saßen. Ich beeilte mich, ihr nachzukommen, um gleich mit den Tafeln zur Stelle zu sein, merkte aber bald, wie wenig wichtig diese waren. Wichtig war das Mädchen, und am wichtigsten ihr plissierter Rock, der in dieser dunklen Umgebung hell glänzte. Alle blickten auf ihn, alle staunten ihn an, ein junger Bursche, der eigentlich schüchtern wirkte, griff nach einer Falte des Rocks und ließ sie langsam und bewundernd durch die Finger gleiten. Es war, als gelte sein Griff dem feinen Stoff und nicht dem Mädchen. Er lächelte nicht, er sah sie feierlich an, das Mädchen hielt vor ihm still, er sagte »Bellissima«, sie nahm die Huldigung für den plissierten Rock entgegen, er hatte die Münze gleich bei der Hand, warf sie, als wäre es nichts, in die Büchse und fragte nicht nach der Schokolade, die ich ihm etwas verspätet entgegenhielt, er legte sie achtlos neben sich auf den Tisch, er schämte sich, für seine Spende etwas entgegenzunehmen. Das Mädchen war indessen schon weitergegangen, ein grauhaariger Mann war der nächste. Er lächelte sie freundlich an, holte, ohne zu fragen, sein Geld heraus, warf alle Münzen, die er in der Tasche hatte, auf den Tisch, suchte ein Zweifrankenstück heraus und warf es rasch, wobei er es mit den Fingern ein wenig verbarg, in die Büchse. Dann winkte er mich herrisch zu sich heran, zog mir die Tafel aus der Hand und überreichte sie mit einem bezwingenden Schwung dem Mädchen. Das gehöre ihr, das sei für sie, das solle sie für sich behalten und fügte dann noch hinzu, diese Tafel sei nicht zum Verkaufen.

So begann es, so ging es weiter, wer immer Geld hatte, gab etwas her, doch behielten sie nun ihre Tafeln. Wer keines hatte, entschuldigte sich, es herrschte eine herzliche Höflichkeit, der Lärm an jedem Tisch ließ nach, sobald das Mädchen an ihn herantrat, ich hatte freche Worte befürchtet, statt dessen gab es nichts als bewundernde Blicke und manchmal einen Ausruf des Staunens. Ich spürte, daß ich ganz überflüssig war, aber das machte mir nichts, von der verehrenden Stimmung der Männer angesteckt, sagte ich mir, daß meine Begleiterin schön sei. Als wir das Lokal verließen, schüttelte sie die Büchse und wog sie: die sei jetzt mehr als halbvoll. Noch ein, zwei solche Gaststätten und es ginge nichts mehr hinein. Sie war sich der Huldigung, die sie empfangen hatte, wohl bewußt, doch hatte sie ihre praktische Seite und vergaß nicht einen Augenblick, worauf es ankam.

Auftritt des Hexenmeisters

Wie sehr ich mich verändert hatte, erkannte ich an den Besuchen des Großvaters. Er kam erst nach Zürich, als er mich allein wußte. Die Spannung zwischen ihm und der Mutter war wohl gewachsen, einige Jahre ging er ihr aus dem Weg, aber sie schrieben sich regelmäßig. Während des Krieges bekam er Postkarten, auf denen ihm unsere neuen Adressen mitgeteilt wurden, später wechselten sie formelle und unpersönliche Briefe.

Kaum wußte er mich in der ›Yalta‹, erschien er in Zürich. Er stieg im Hotel ›Central‹ ab und bestellte mich zu sich. Seine Hotelzimmer, ob in Wien oder Zürich, sahen sich ähnlich, es herrschte in ihnen derselbe Geruch. Er war in Riemen verschnürt bei seinem Abendgebet, als ich kam, während er mich küßte und in Tränen badete, betete er weiter. Er wies auf eine Schublade, die ich statt seiner öffnen sollte, drin lag ein dickes Kuvert mit Briefmarken, die er für mich gesammelt hatte. Ich leerte es auf der niederen Kommode aus und musterte sie, manche hatte ich schon, manche hatte ich nicht, er folgte mit Argusaugen dem Mienenspiel auf meinem Gesicht, das ihm in rascher Abwechslung Freude oder Enttäuschung verriet. Da ich ihn in seinem Gebet nicht unterbrechen wollte, sagte ich nichts, das hielt er aber nicht aus und unterbrach selbst den feierlichen Ton seiner hebräischen Worte mit einem fragenden »Nu?« Ich gab einige unartikulierte, begeisterte Laute von mir, das befriedigte ihn und er betete weiter. Das dauerte ziemlich lange, alles war festgesetzt, er ließ nichts aus und verkürzte nichts, da es ohnehin in maximaler Geschwindigkeit vor sich ging, ließ sich auch nichts beschleunigen. Dann war er fertig, er prüfte mich, ob ich die Länder wußte, aus denen die Briefmarken stammten, und überschüttete mich mit Lob für die richtige Auskunft. Das war, als ob ich noch in Wien und erst zehn Jahre alt wäre, es war mir so lästig wie seine Freudentränen, die schon wieder flossen. Er weinte, während er zu mir sprach, er war überwältigt davon, mich am Leben zu finden, seinen Namensenkel, wieder ein Stück größer, und vielleicht auch davon, daß er selbst noch da war, es zu erleben.

Sobald er mich zu Ende geprüft und sich ausgeweint hatte, führte er mich aus, in ein alkoholfreies Restaurant, wo ›Saaltöchter‹ bedienten. Für solche hatte er ein eifriges Auge, und es war ihm unmöglich, etwas zu bestellen, ohne ein umständliches Gespräch. Es begann damit, daß er auf mich zeigte und sagte: »Mein Enkeli!« Dann zählte er alle Sprachen auf, die er könne, es waren ihrer immer noch 17. Die Saaltochter, die zu tun hatte, hörte sich die Liste, in der Schweizerdeutsch nicht figurierte, ungeduldig an, sobald sie Anstalten machte zu verschwinden, legte er ihr beschwichtigend die Hand auf die Hüfte und ließ sie da liegen. Ich schämte mich für ihn, aber das Mädchen hielt still; als ich den Kopf, den ich gesenkt hatte, wieder hob, er war mit seinen Sprachen zu Ende, lag seine Hand noch an Ort und Stelle.

Er nahm sie erst weg, wenn es ans Bestellen ging, das mußte er mit der Tochter beraten, dazu brauchte er beide Hände, nach einer längeren Prozedur bestellte er dann doch dasselbe wie immer, für sich einen Joghurt, für mich einen Kaffee. Während die Tochter fort war, redete ich auf ihn ein: das hier sei nicht Wien, in der Schweiz sei es anders, man könne sich nicht so benehmen, es könne ihm passieren, daß er von einer Saaltochter eine Ohrfeige bekomme. Er antwortete nichts, er meinte es besser zu wissen. Als die Tochter mit Joghurt und Kaffee zurückkam, lächelte sie ihn freundlich an, er dankte emphatisch, legte ihr nochmals die Hand auf die Hüfte und versprach beim nächsten Besuch in Zürich wiederzukommen. Ich beeilte mich mit dem Trinken, um nur rasch von hier fortzukommen, gegen jeden Augenschein davon überzeugt, daß er sie beleidigt habe.

Ich war unvorsichtig genug, ihm von der ›Yalta‹ zu erzählen, er bestand darauf, mich da zu besuchen, und kündigte sich an. Fräulein Mina war nicht zuhause, Fräulein Rosy empfing ihn. Sie führte ihn durch Haus und Garten, er war an allem interessiert und stellte unzählige Fragen. Bei jedem Obstbaum fragte er danach, wieviel er trage. Er fragte nach den Mädchen, die da wohnten, nach Namen, Herkunft und Alter. Er zählte sie zusammen, damals waren es neun, und meinte, daß mehr im Hause unterzubringen wären. Fräulein Rosy sagte, daß fast jede ein eigenes Zimmer habe, da wollte er die Zimmer sehen. Sie, von seiner Lustigkeit und seinen Fragen hingerissen, führte ihn ahnungslos in jedes der Zimmer. Die Mädchen waren in der Stadt oder in der Halle, Fräulein Rosy fand nichts dabei, ihm die leeren Schlafzimmer zu zeigen, die ich noch nie gesehen hatte. Er bewunderte die Aussicht und prüfte die Betten. Er schätzte jedes Zimmer nach seiner Größe ab und meinte, daß da leicht ein zweites Bett hineinginge. Er hatte sich die Herkunftsländer der Mädchen gemerkt und wollte wissen, wo die Französin, wo die Holländerin, wo die Brasilianerin und ganz besonders, wo die beiden Schwedinnen schliefen. Schließlich fragte er nach dem Spatzennest, dem Atelier von Fräulein Mina. Ich hatte ihn vorher gewarnt, er müsse sich die Bilder genau ansehen und manche müsse er loben. Das tat er nun auf seine Weise: wie ein Kenner blieb er erst in einiger Entfernung davor stehen, trat dann ganz nahe heran und besah sich genau die Malweise. Er schüttelte den Kopf über soviel Können und brach dann in begeisterte Superlative aus, wobei er die Schlauheit hatte, statt spanischer italienische Worte zu gebrauchen, die Fräulein Rosy verstand. Manche Blumen kannte er von seinem Garten zuhause, Tulpen, Nelken und Rosen, und bat, der Malerin seine Glückwünsche für ihr Können auszurichten: so etwas habe er noch nie gesehen, was auch stimmte, und ob sie auch Obstbäume und Früchte male? Er bedauerte, daß keine zu sehen waren, und riet inständig zu einer Erweiterung des Repertoires. Damit verblüffte er uns beide, weder Fräulein Rosy noch mir war der Gedanke je gekommen. Als er anfing, nach dem Wert der Bilder zu fragen, sah ich ihn streng, doch vergeblich an. Er ließ sich nicht beirren, Fräulein Rosy holte eine Liste von der letzten Ausstellung und unterrichtete ihn über die Preise. Da gab es manche, die zu mehreren hundert Franken verkauft worden waren, kleinere waren billiger gewesen, er ließ sich alle Preise der Reihe nach sagen, zählte sie auf der Stelle im Kopf zusammen und überraschte uns mit dem ansehnlichen Resultat, das wir beide gar nicht gekannt hatten. Dann fügte er noch großartig hinzu, daß es darauf nicht ankomme, es käme auf die Schönheit, »la hermosura« der Bilder an, und als Fräulein Rosy den Kopf schüttelte, weil sie das Wort nicht verstand, fiel er mir, bevor ich es übersetzt hatte, blitzschnell ins Wort und sagte italienisch: »la bellezza, la bellezza, la bellezza!«

Dann wollte er nochmals den Garten sehen, diesmal gründlicher. Auf dem Tennisplatz fragte er danach, wie groß der Grund sei, der zum Haus gehöre. Fräulein Rosy wurde verlegen, denn sie wußte es nicht: schon maß er den Tennisplatz mit Schritten ab, die Länge und die Breite, schon hatte er die Zahl seiner Quadratmeter berechnet, platzte damit heraus und überlegte ein wenig. Er verglich die Größe des Tennisplatzes mit der des Gartens, auch mit der der Wiese nebenan, machte ein pfiffiges Gesicht und sagte: so und so groß sei das Ganze. Fräulein Rosy war überwältigt, der Besuch, den ich so gefürchtet hatte, war ein Triumph. Für den frühen Abend nahm er mich zu einer Aufführung im Waldtheater überm Dolder mit. Als ich nach Hause kam, erwarteten mich die Damen in ihrem Zimmer. Fräulein Mina konnte sich nicht verzeihen, daß sie ausgewesen war, eine Stunde lang hörte ich das Lob des Großvaters singen. Sogar die Größe des Grundes hatte er richtig berechnet, ein wahrer Hexenmeister.

Die schwarze Spinne

Das Tal der Täler war für mich das Wallis, ein wenig hing es auch mit dem Namen zusammen, das lateinische Wort für Tal war zum Begriff des Kantons geworden, es *bestand* aus dem Rhonetal und seinen Seitentälern. Auf der Karte war kein Kanton so kompakt wie dieser, es war nichts dabei, was nicht natürlich dazugehörte. Ich war von allem beeindruckt, was ich über das Wallis las: daß es zweisprachig war, es gab deutsche wie französische Teile und beide Sprachen wurden wie früher dort gesprochen, sie erschienen in ihren ältesten Formen, ein sehr altes Französisch im Val d'Anniviers, im Lötschental ein sehr altes Deutsch.

Den Sommer 1920 verbrachte die Mutter mit uns dreien wieder in Kandersteg. Da saß ich oft über der Karte: alle Wünsche konzentrierten sich nun auf das Lötschental, das war das Interessanteste, das es überhaupt zu sehen gab, und leicht erreichbar. Man fuhr durch den Lötschbergtunnel – den drittgrößten Tunnel der Welt – bis Goppenstein, der ersten Station danach. Von da wanderte man zu Fuß durchs Lötschental bis an den letzten Ort, Blatten. Diesen Plan betrieb ich mit Eifer, brachte die Gesellschaft zusammen, der ich mich anschließen würde, und bestand darauf, daß die kleinen Brüder diesmal zuhause blieben. »Du weißt, was du willst«, sagte die Mutter, die Rücksichtslosigkeit, mit der ich die Brüder ausschloß, befremdete sie nicht, sie gefiel ihr. Sie lebte in der Befürchtung, daß ich über Büchern und Gesprächen zu einem unmännlichen, unentschlossenen Geschöpf würde. Rücksicht auf Kleinere und Schwächere, die sie theoretisch guthieß, enervierte sie in der Praxis, besonders wenn sie einen davon abhielt, auf ein Ziel loszugehen. Sie unterstützte mich, indem sie sich etwas anderes für die Brüder ausdachte, der Tag für die Unternehmung wurde festgelegt, morgens mit dem frühesten Zug würden wir den Tunnel durchfahren.

In Goppenstein war es noch unwirtlicher und verlassener, als ich erwartet hatte. Auf dem Saumpfad, der seine einzige Verbindung mit der Außenwelt war, stiegen wir ins Lötschental hinauf. Ich erfuhr, wie schmal er noch vor kurzem gewesen war, nur die einzelnen Tiere vermochten ihn mit ihrer Last auf dem Rücken zu begehen. Vor weniger als hundert Jahren habe es in der Gegend noch Bären gegeben, schade, daß man jetzt keinem mehr begegnen würde. Ich trauerte den verschwundenen Bären nach, als das Tal sich plötzlich auftat, in Sonne gebadet, strahlend hell, hoch an die weißen Berge hinaufgerückt, in einem Gletscher endend. In gar nicht langer Zeit konnte man bis an sein Ende gelangen, aber vorher wand sich der Weg, von Ferden bis Blatten, durch vier Ortschaften. Es war alles altertümlich und anders. Alle Frauen trugen den Kopf bedeckt, schwarze Strohhüte, aber nicht nur Frauen, auch ganz kleine Mädchen. Selbst Drei- oder Vierjährige hatten so etwas Feierliches, als wären sie sich der Besonderheit ihres Tals schon von Geburt auf bewußt und müßten uns Eindringlingen beweisen, daß sie nicht zu uns gehörten. Sie hielten sich nah an die alten Frauen mit verwittertem Gesicht, in deren Begleitung sie waren. Der erste Satz, den ich sprechen hörte, klang wie vor tausend Jahren. Ein sehr kleiner, unternehmender Knabe ging ein paar Schritte auf uns zu, da rief ihn eine alte Frau, die ihn von uns fernhalten wollte, zu sich, und die zwei Worte, die sie gebrauchte, klangen so schön, daß ich meinen Ohren nicht traute. »Chuom, Buobilu!« sagte sie, was waren das für Vokale! Statt ›Büebli‹, das ich für Büblein zu hören gewöhnt war, sagte sie ›Buobilu‹, ein reicher, dunkler Zusammenhang von u, o und i, mir fielen die althochdeutschen Verse ein, die wir in der Schule lasen. Ich wußte, wie nahe die schweizerdeutschen Dialekte dem Mittelhochdeutschen waren, aber daß es etwas gab, das noch wie Althochdeutsch klang, hatte ich nicht erwartet und hielt es für meine Entdeckung. Es blieb mir um so kräftiger in Erinnerung, als es das einzige war, was ich hörte. Die Leute waren schweigsam und schienen uns zu meiden. Während unserer ganzen Wanderung kam es zu keinem Gespräch. Wir sahen die alten Holzhäuser, die schwarzgekleideten Frauen, die Blumenstöcke vor den Fenstern, die Weiden. Ich spitzte die Ohren nach weiteren Sätzen, alles blieb stumm, vielleicht war es nur ein Zufall, aber ›Chuom Buobilu‹ blieb mir als einziger Sprachklang des Tals in den Ohren.

Wir waren eine recht gemischte Gesellschaft, es gab Engländer unter uns, Holländer, Franzosen, Deutsche; man hörte lebhafte Ausrufe in allen Sprachen, selbst die Engländer erschienen gesprächig, gegen das Schweigen des Tals gehalten, alle waren betroffen, alle staunten, ich fühlte keine Scham für die blasierten Bewohner unseres Hotels, über die ich sonst bissige

Bemerkungen zu machen pflegte, die Einheit des Lebens hier, in dem alles ineinander paßte, das Lautlose, Langsame, Gehaltene überkam ihre Blasiertheit, und sie reagierten auf das Unfaßbare, dem sie sich nicht überlegen fühlten, mit Bewunderung und mit Neid. Wir zogen durch die vier Dörfer, als kämen wir von einem anderen Stern, ohne die Möglichkeit einer Berührung mit den Bewohnern, ohne daß man das geringste von uns erwartete, nicht einmal eine Regung der Neugier ließ man uns merken und alles, was während dieser Wanderung geschah, war, daß eine alte Frau einen winzigen Knaben, der noch gar nicht ganz in unserer Nähe war, von uns wegrief.

Ich bin nie wieder in diesem Tal gewesen, es wird sich in einem halben Jahrhundert, besonders diesem letzten, wohl sehr verändert haben. Ich habe mich davor gehütet, das Bild, das ich von ihm bewahre, anzutasten. Ich verdanke ihm, eine Folge eben seiner Fremdheit, das Gefühl der Vertrautheit mit Lebenszuständen altertümlicher Art. Wieviel Menschen damals im Tale lebten, vermag ich nicht zu sagen, vielleicht waren es fünfhundert. Ich sah sie nur als einzelne, nicht mehr als zwei oder drei von ihnen zusammen. Daß sie es schwer hatten, war offenkundig. Ich bedachte nicht, daß manche von ihnen ihr Brot außerhalb suchten, mir schien, daß es ihnen fern lag, ihr Tal auch nur für eine Zeit zu verlassen. Hätte ich mehr von ihnen erfahren, das Bild hätte sich aufgelöst, und sie wären mir, auch sie, zu Menschen unserer Zeit geworden, wie ich sie überall kannte. Es gibt, zum Glück, Erfahrungen, die ihre Kraft aus ihrer Einmaligkeit und Isoliertheit beziehen. Wenn ich später von Stämmen und Völkern las, die in geringer Zahl und von allen anderen abgesondert leben, stieg die Erinnerung ans Lötschental in mir auf, und ich mochte noch so Sonderbares über sie lesen, ich hielt es für möglich und nahm es an.

Die Bewunderung für Ein- oder eigentlich Viersilbigkeit, wie ich sie in diesem Tal erfahren habe, war aber damals etwas Rares. Etwa zur selben Zeit erlag ich der Beredsamkeit Gotthelfs. Ich las ›Die schwarze Spinne‹, und ich fühlte mich von ihr verfolgt, es war mir, als habe sie sich in mein eigenes Gesicht vergraben. Im Dachzimmer oben duldete ich keinen Spiegel, nun bat ich mir beschämt einen von Trudi aus, verzog mich damit hinauf, sperrte die Türe hinter mir zu, was in diesem Hause nicht üblich war, und suchte auf beiden Wangen nach den Spuren der schwarzen Spinne. Ich fand keine, wie hätte ich sie finden sollen, mich hatte der Teufel nicht geküßt, aber ich spürte trotzdem ein Kribbeln wie von ihren Beinen und wusch mich häufig am Tage ab, um sicher zu sein, daß sie sich nicht doch an mir festgesetzt habe. Ich sah sie, wo sie am wenigsten zu erwarten war, auf der Passerelle oben schien sie mir einmal an Stelle der aufgehenden Sonne. Ich stürzte mich in den Zug, da hatte sie mir gegenüber Platz genommen, neben einer alten Frau, die sie nicht bemerkte. »Sie ist blind, ich muß sie warnen«, doch ich ließ es beim Vorsatz bewenden; als ich in Stadelhofen aufstand, um den Zug zu verlassen, hatte sich die Spinne davongemacht, und die alte Frau saß allein, wie gut, daß ich sie nicht gewarnt hatte, sie wäre vor Schreck gestorben.

Die Spinne konnte auf Tage verschwinden, manche Örtlichkeiten mied sie, sie erschien nie in der Schule, auch die Mädchen in der Halle wurden nie von ihr belästigt. Was aber die Damen Herder anlangt, so waren sie in ihrer einfältigen Unschuld der Spinne nicht einmal würdig. Sie hielt sich an mich, obwohl ich mir keiner bösen Tat bewußt war, und an meine Wege, wenn ich allein war.

Ich hatte mir vorgenommen, der Mutter nichts von der schwarzen Spinne zu sagen, ich fühlte Unruhe über die Wirkung, die sie auf sie haben könnte, als sei sie besonders für kranke Menschen gefährlich, und es wäre vielleicht manches anders gekommen, hätte ich die Kraft gehabt, bei diesem Entschluß zu bleiben. Denn schon bei ihrem nächsten Besuch platzte ich damit heraus und erzählte ihr die Geschichte ausführlich, in jeder schrecklichen Einzelheit; die behagliche Kindstaufe und alles Tröstlich-Moralische, durch das Gotthelf ihre Wirkung zu lindern sucht, ließ ich aus. Sie hörte mir zu, ohne mich ein einziges Mal zu unterbrechen, es war mir noch nie gelungen, sie so vollkommen zu faszinieren. Als wären unsere Rollen vertauscht, fragte sie mich, ich war eben zu Ende, nach diesem Gotthelf aus, wer das denn sei und wie es komme, daß sie von einer so ungeheuren Geschichte noch nie etwas gehört habe. Ich hatte mich in Angst erzählt und suchte es zu verbergen, indem ich auf einen alten Disput zwischen uns ablenkte, über Wert oder Unwert des Dialekts. Das sei eben ein Berner Dichter, seine Sprache sei die des Emmentals, manches verstünde man kaum, ohne den Dialekt sei Gotthelf undenkbar, aus diesem beziehe er seine ganze Kraft. Ich ließ durchblicken, daß mir die ›Schwarze Spinne‹ entgangen wäre, daß ich nie Zugang dazu gefunden hätte, wenn ich mich nicht immer schon dem Dialekt geöffnet hätte.

Wir waren beide in einer Erregung, die der Sache selbst entsprang, auch die Feindseligkeit, die wir füreinander fühlten, hatte etwas mit der Geschichte zu tun, aber alles, was wir *sagten,* bewegte sich in der Sphäre oberflächlichen Eigensinns. Sie wollte vom Emmental nichts wissen, diese Geschichte sei biblisch und aus der Bibel geradeswegs komme sie her. Die schwarze Spinne sei eine elfte ägyptische Plage und der Dialekt sei daran schuld, daß man sie in der Welt so wenig kenne. Es wäre gut, sie in ein literarisches Deutsch zu übersetzen, damit sie allgemein zugänglich wäre.

Sobald sie wieder im Sanatorium zurück war, erkundigte sie sich bei ihren Gesprächspartnern, die fast alle aus dem nördlichen Deutschland stammten, nach Gotthelf und erfuhr, daß es nichts als ungenießbare, lange Bauernromane von ihm gäbe, die hauptsächlich aus Predigten bestünden. ›Die schwarze Spinne‹ sei die einzige Ausnahme, auch sie sei ungeschickt geschrieben, voll überflüssiger Längen; kein Mensch, der etwas verstünde, nehme Gotthelf heute noch ernst. Ihrem Brief, in dem sie mir das mitteilte, fügte sie die höhnische Frage an: was ich jetzt eigentlich werden wolle, Prediger oder Bauer, warum nicht gleich beides, ich solle mich entscheiden.

Ich aber blieb bei meiner Meinung, und bei ihrem nächsten Besuch fiel ich über die ästhetischen Herrschaften her, von denen sie sich beeinflussen lasse. ›Ästhet‹ war in ihrem Mund immer ein Schimpfwort gewesen, das Letzte auf Gottes Erdboden waren ›Wiener Ästheten‹. Das Wort traf sie empfindlich, ich hatte es gut gewählt, sie verteidigte sich und verriet dabei eine Sorge um das Leben ihrer Freunde, so ernst, daß mir war, es käme stracks aus der ›Schwarzen Spinne‹. Menschen, die vom Tode bedroht seien, könnte man nicht als Ästheten beschimpfen. Die wüßten nicht, wie lange sie noch zu leben hätten. Ob ich denn glaubte, daß Menschen in dieser Verfassung nicht sehr wohl überlegten, was sie läsen? Es gebe Geschichten, die wie Wasser von einem abliefen, und Geschichten, an die man sich mit jedem Tag besser erinnere. Das besage etwas über *unsere* Verfassung, und nicht über den Dichter. Sie sei sicher, daß sie trotz der

315

›Schwarzen Spinne‹ nie eine Zeile von Gotthelf lesen werde. Sie war entschlossen, gegen diesen Dialekt-Sünder recht zu behalten, und berief sich auf Autoritäten. Sie sprach von Theodor Däubler, der im Waldsanatorium vorgelesen hatte, manche Dichter lasen dort vor, sie hatte sich bei dieser Gelegenheit ein wenig mit ihm angefreundet, obwohl er, was eigentlich nicht ihre Sache war, Verse gesprochen hatte, und behauptete nun sogar, daß auch er eine geringe Meinung von Gotthelf habe. »Das ist nicht möglich!« sagte ich, ich war so empört, daß ich an der Wahrheit ihrer Worte zweifelte. Sie wurde unsicher und schwächte ihre Behauptung ab: jedenfalls hätten andere sich in seiner Gegenwart so geäußert und er habe nicht widersprochen, sei also damit einverstanden gewesen. Unser Gespräch artete in pure Rechthaberei aus, beide beharrten wir beinahe gehässig auf unseren Standpunkten. Ich spürte, daß sie meine Passion für alles Schweizerische als Gefahr zu sehen begann. »Du wirst eng«, sagte sie, »kein Wunder, wir sehen uns zu wenig. Du wirst zu eingebildet. Du lebst unter alten Jungfern und jungen Mädchen. Du läßt dich von ihnen beweihräuchern. Eng und eingebildet, dafür habe ich nicht mein Leben geopfert.«

Michelangelo

Anderthalb Jahre, nachdem wir Eugen Müller als Geschichtslehrer verloren hatten, im September 1920, kündigte er eine Vortragsreihe über die Kunst von Florenz an. Sie fand in einem Hörsaal der Universität statt, ich versäumte keine Stunde. Schon das Gehobene der Lokalität, ich war ja noch lange nicht Student, bedeutete eine gewisse Distanzierung des Vortragenden. Zwar saß ich vorn und er hatte mich bemerkt, aber es waren viel mehr Hörer als in der Schule da, aus allen Jahrgängen, auch Erwachsene saßen unter uns, und ich nahm das als Zeichen für die Beliebtheit des Mannes, der mir mehr bedeutet hatte als alle anderen Lehrer. Es war dasselbe begeisterte Rauschen und Schlürfen, das ich so lange entbehrt hatte, unterbrochen von Lichtbildern, auf die er zeigte. Sein Respekt vor den Werken der Kunst war so groß, daß er dann verstummte. Sobald ein Lichtbild erschienen war, gab er nur noch zwei, drei Sätze von sich, die sich möglichst bescheiden ausnahmen, und schwieg dann, um die Versenkung, die er von uns erwartete, nicht zu stören. Mir war das gar nicht recht, es tat mir um jeden Augenblick leid, in dem das Rauschen aussetzte, und von seinen Worten allein hing es ab, was in mich einging und was ich mochte.

Schon in der ersten Stunde führte er uns die Türen des Baptisteriums vor, und daß Ghiberti daran 21 und 28 Jahre gearbeitet hatte, berührte mich tiefer, als was ich an den Türen sah. Nun wußte ich, daß man ein ganzes Leben an ein oder zwei Werke wenden kann, und Geduld, die ich immer bewundert hatte, bekam für mich etwas Monumentales. Es vergingen keine fünf Jahre danach, und ich hatte das Werk gefunden, an das ich *mein* Leben wenden wollte. Daß ich es gleich aussprechen konnte, nicht nur für mich, daß ich mich nicht schämte, es später auch den Menschen zu sagen, an deren Achtung mir gelegen war, schulde ich der Nachricht über Ghiberti aus Eugen Müllers Mund.

In der dritten Stunde kamen wir zur Kapelle der Medicäer, sie war ihr ganz gewidmet. Die Schwermut der liegenden Frauenfiguren ergriff mich, der düstere Schlaf der einen, das schmerzvolle Kaum-Erwachen-Können der anderen. Schönheit, die nichts als Schönheit war, schien mir leer, Raffael bedeutete mir wenig, Schönheit aber, die etwas zu tragen hatte, die von Leidenschaft, Unglück und bösen Ahnungen belastet war, bezwang mich. Es war, als sei sie nicht abgelöst für sich, von den Launen der Zeitläufte unabhängig, sondern als habe sie im Gegenteil sich an Unglück zu bewähren, als müsse sie großem Druck ausgesetzt werden, und nur wenn sie daran sich nicht verzehre, stark und gebändigt bleibe, habe sie ein Recht darauf, schön zu heißen.

Es waren aber nicht nur diese beiden Frauenfiguren, die mich erregten, es war auch, was Eugen Müller über Michelangelo selbst sagte. Er muß sich noch kurz vor seinen Vorträgen mit den Biographien von Condivi und Vasari beschäftigt haben, er brachte manche konkreten Einzelzüge vor, die ich einige Jahre später in diesen Biographien wiederfand und erkannte. Sie lebten mit solcher Frische und Unmittelbarkeit in seinem Gedächtnis, daß man meinen konnte, er habe sie eben erst durch mündliche Berichte erfahren. Nichts schien durch die seither verflossene Zeit oder gar durch kalte geschichtliche Forschung verringert. Schon die früh zerschlagene Nase gefiel mir, als wäre

Michelangelo dadurch zum Bildhauer geschlagen worden. Dann seine Liebe für Savonarola, dessen Predigten er noch als alter Mann las, obwohl dieser sich so heftig gegen den Götzendienst der Kunst gewandt hatte, obwohl er ein Feind schon des Lorenzo Medici war. Lorenzo hatte den Knaben Michelangelo entdeckt, er hatte ihn in sein Haus und an seinen Tisch gezogen, sein Tod hatte den noch nicht Zwanzigjährigen erschüttert. Aber das bedeutete nicht, daß er die Niedertracht seines Nachfolgers nicht erkannte, und der Traum seines Freundes, der ihn zum Verlassen von Florenz veranlaßte, war der erste in einer langen Reihe überlieferter Träume, die ich sammelte und bedachte. Ich notierte ihn mir gleich während der Stunde und las ihn oft und entsinne mich des Augenblicks zehn Jahre später, ich schrieb an der ›Blendung‹, als ich diesen Traum bei Condivi wiederfand.

Ich liebte den Stolz Michelangelos, den Kampf, den er gegen Julius II. wagte, als er, ein Beleidigter, aus Rom entfloh. Ein wahrhafter Republikaner, wehrte er sich auch gegen den Papst, es gab Augenblicke, in denen er ihm entgegentrat, als wäre er gleich auf gleich mit ihm. Ich vergaß nie wieder die acht einsamen Monate in der Nähe von Carrara, als er die Blöcke für das Grabmal des Papstes herausschlagen ließ, und die plötzliche Versuchung, die ihn dort überkam, ungeheure Plastiken gleich aus der Landschaft zu schlagen, weithin schon für Schiffe auf dem Meere draußen sichtbar. Dann die Decke der Sixtina, durch die ihn seine Feinde, die ihn für keinen Maler hielten, zerstören wollten: vier Jahre arbeitete er daran, und welches Werk entstand! Die Drohung des ungeduldigen Papstes, ihn vom Gerüst hinunterwerfen zu lassen. Seine Weigerung, die Fresken durch Gold aufzuputzen. Auch hier beeindruckten mich die Jahre, aber diesmal ging das Werk selbst ebenso in mich ein, und nie ist etwas für mich so bestimmend gewesen wie die Decke der Sixtina. Ich lernte daraus, wie sehr Trotz schöpferisch werden kann, wenn er sich mit Geduld verbündet. Acht Jahre dauerte die Arbeit am ›Jüngsten Gericht‹, und obschon ich die Größe dieses Werkes erst später ganz begriff, brannte mich die Schande der Übermalung seiner Figuren ihrer Nacktheit wegen, die er als 8ojähriger erlebte.

So entstand in mir die Legende des Mannes, der für das Größte, das er erfindet, Qual erduldet, und sie übersteht. Prometheus, den ich liebte, übertrug sich mir in die Welt der Menschen. Was der Halbgott getan hatte, hatte er *ohne Furcht* getan; erst als es vorüber war, wurde er zum Meister der Qual. Michelangelo aber hatte in Furcht gearbeitet, die Figuren der Medicäer-Kapelle entstanden, als er für den in Florenz regierenden Medicäer als Feind galt. Seine Angst vor ihm war wohlbegründet, es hätte ihm schlecht ergehen können, der Druck, der auf den Figuren lastete, war sein eigener. Aber es wäre nicht richtig zu sagen, daß dieses Gefühl entscheidend war für den Eindruck jener anderen Gebilde, die mich von nun an während Jahren begleiteten: die Figuren der Sixtina.

Es ist nicht nur das Bild Michelangelos, das damals in mir aufgerichtet wurde. Ich bewunderte ihn, wie ich seit den Forschungsreisenden niemanden bewundert hatte. Er gab mir als erster den Sinn für Schmerz, der sich nicht in sich erschöpft, der zu etwas wird, das dann für andere da ist und dauert. Es ist eine besondere Art von Schmerz, nicht der körperliche, zu dem alle sich bekennen. Als er bei der Arbeit am Jüngsten Gericht vom Gerüst fiel und sich schwer verletzte, sperrte er sich in seinem Hause ein, ließ keinen Pfleger und keinen Arzt zu sich und lag allein. Diesen Schmerz erkannte er nicht an, schloß jeden davon aus und wäre an ihm zugrunde gegangen. Ein Freund, der Arzt war, fand mühselig über Hintertreppen den Weg in sein Zimmer, wo er erbärmlich lag, und verließ ihn dann Tag und Nacht nicht mehr, bis die Gefahr gebannt war. Es war eine ganz andersgeartete Qual, die in sein Werk einging und das Ungeheure seiner Figuren bestimmte. Seine Empfindlichkeit für Erniedrigung brachte ihn dazu, nur das Schwerste zu unternehmen. Ein Vorbild konnte er mir nicht sein, denn er war mehr: der Gott des Stolzes.

Er war es, der mich zu den Propheten führte: Ezechiel, Jeremias und Jesaja. Da ich nach allem strebte, was mir nicht nahe war, war das einzige, was ich damals nie las, was ich mied, die Bibel. Die Gebete des Großvaters, die an ihre regelmäßigen Zeiten gebunden waren, erfüllten mich mit Widerwillen. Er ratschte sie in einer Sprache herunter, die ich nicht verstand, was sie bedeuteten, mochte ich nicht wissen. Was konnten sie schon bedeuten, wenn er sie unterbrach, um mich mit komischen Gesten auf die Briefmarken, die er mir mitgebracht hatte, zu verweisen. Nicht als Jude bin ich den Propheten begegnet, nicht in ihren Worten. Sie traten mir in den Figuren Michelangelos entgegen. Wenige Monate nach den Vorträgen, über die ich berichtet habe, bekam ich, was ich mir am meisten wünschte, zum Geschenk: eine Mappe mit großen Reproduktionen der sixtinischen Bilder, es fügte sich, daß es die Propheten und Sibyllen waren.

Mit ihnen habe ich auf vertrautem Fuße gelebt, zehn Jahre lang, man weiß, wie lang diese jungen Jahre sind. Ich lernte sie besser kennen als Menschen. Ich hing sie bald auf, ich hatte sie immer vor mir, es war aber keine Gewöhnung, die mich an sie band; vor dem halboffenen Mund des Jesaja blieb ich angewurzelt stehen und rätselte über die bitteren Worte nach, die er Gott gab, und fühlte den Vorwurf seines gehobenen Fingers. Ich habe mir seine Worte zu denken versucht, bevor ich sie kannte, sein neuer Schöpfer hat mich auf sie vorbereitet.

Vielleicht war es anmaßend, daß ich mir solche Worte dachte, sie sprangen aus seiner Geste, ich empfand nicht das Bedürfnis, sie in ihrer genauen Gestalt zu erfahren, ich suchte nicht nach ihrem eigentlichen Wortlaut, dort, wo sie leicht zu erfahren gewesen wären: das Bild, die Geste enthielt sie so stark, daß ich mich ihr immer wieder von neuem zuwenden mußte, das war der Zwang, das Eigentliche und nie zu Erschöpfende der Sixtina. Auch der Gram des Jeremias, die Heftigkeit und das Feuer des Ezechiel zogen mich an, nie betrachtete ich den Jesaja, ohne auch sie zu suchen. Es waren die *alten* Propheten, die mich nicht losließen, den Jesaja, der in dieser Darstellung nicht eigentlich alt war, rechnete ich zu ihnen. Die jungen Propheten bedeuteten mir so wenig wie die Sibyllen. Ich hatte von den kühnen Verkürzungen gehört, die an manchen dieser Figuren bewundert wurden, von der Schönheit der Sybillen, der delphischen, der libyschen, doch das nahm ich bloß auf wie etwas Gelesenes, ich wußte es durch die Worte, in denen es mir beschrieben wurde, aber sie blieben Bilder, sie standen nicht vor mir wie übersteigerte Menschen, ich vermeinte sie nicht zu hören wie die alten Propheten, diese hatten ein Leben für mich, wie ich es noch nie erfahren hatte, ich kann es – sehr unzulänglich – nur ein Leben der Besessenheit nennen, neben der nichts anderes bestand. Es ist wichtig, zu bemerken, daß sie mir nicht zu Göttern wurden. Ich empfand sie nicht als Macht, die sich über mich setzte; wenn sie zu mir sprachen oder gar ich zu ihnen zu sprechen versuchte, wenn ich mich ihnen stellte, fürchtete ich sie nicht, ich bewunderte sie, ich wagte ihnen Fragen zu stellen. Vielleicht war ich auf sie vorbereitet durch die frühe Gewöhnung an die dramatischen Figuren der Wiener Zeit. Was ich damals als reißenden Strom empfand, in dem ich unter vielem, das ich noch nicht zu differenzieren verstand, in einer Art von konfuser Betäubung schwamm, artikulierte sich mir jetzt zu scharf unterschiedenen, überwältigenden, aber klaren Gestalten.

Das verworfene Paradies

Im Mai 1921 hatte ich Besuch von der Mutter. Ich führte sie durch den Garten und zeigte ihr, was alles blühte. Ich spürte, daß sie in finsterer Stimmung war, und suchte sie durch Wohlgerüche zu besänftigen. Aber sie sog sie nicht ein, sie schwieg und schwieg, es war unheimlich, wie ruhig ihre Nüstern blieben. Am Ende des Tennisplatzes, wo niemand uns hören konnte, sagte sie: »Setz dich!« und setzte sich selber nieder. »Das hat jetzt ein Ende!« sagte sie ganz unvermittelt, und ich wußte, wieviel es geschlagen hatte. »Du mußt weg von hier. Du verblödest!«

»Ich will nicht weg von Zürich. Bleiben wir hier, hier weiß ich, wozu ich auf der Welt bin.«

»Wozu du auf der Welt bist! Masaccio und Michelangelo! Glaubst du, das ist die Welt! Blümchen zum Malen, das Spatzennest von Fräulein Mina. Diese jungen Mädchen, die Geschichten, die sie mit dir machen. Eine respektvoller und ergebener als die andere. Deine Schulhefte vollgestopft mit der Phylogenie des Spinats. Der Pestalozzi-Kalender, das ist deine Welt! Die berühmten Leute, unter denen du herumblätterst. Hast du dich je gefragt, ob du ein Recht darauf hast? Das Angenehme weißt du, ihren Ruhm, hast du dich je gefragt, wie sie gelebt haben? Glaubst du, sie saßen so in einem Garten wie du jetzt, unter Blumen und Bäumen? Glaubst du, ihr Leben war ein Wohlgeruch? Die Bücher, die du liest! Dein Conrad Ferdinand Meyer! Diese historischen Geschichten! Was haben die damit zu tun, wie es heute ist? Du glaubst, wenn du etwas über die Bartholomäusnacht liest oder über den Dreißigjährigen Krieg, dann weißt du's! Nichts weißt du! Nichts! Es ist alles anders. Es ist schrecklich!«

Nun kam es alles. Ihre Abneigung gegen die Naturwissenschaft: ich hatte mich an der Einrichtung der Welt, wie sie im Bau von Tieren und Pflanzen zutage trat, begeistert und in Briefen an sie zur Auffassung bekannt, daß es gut sei, daß man eine Absicht dahinter erkenne, und war der damals noch unerschütterten Meinung, daß diese Absicht eine gute sei.

Sie aber glaubte nicht daran, daß die Welt gut eingerichtet sei. Sie war nie gläubig und ergab sich nie in das, was war. Der Schock über den Krieg verlor sich ihr nie. Er ging über in die Erlebnisse ihrer Sanatoriumszeit, damals kannte sie Menschen, die sozusagen vor ihren Augen dahinstarben. Darüber sprach sie zu mir nicht, es war ein Teil ihrer Erfahrung, der mir verborgen blieb, aber in ihr bestand er und hatte seine Wirkung.

Noch weniger mochte sie mein Mitgefühl für Tiere. Ihre Abneigung dagegen war so groß, daß sie sich die grausamsten Späße mit mir erlaubte. In Kandersteg, auf der Straße vor unserem Hotel, sah ich ein ganz junges Kalb, das fortgezerrt wurde. Es sperrte sich bei jedem Schritt, der Metzger, den ich vom Sehen kannte, hatte mit ihm seine Mühe, ich begriff nicht, was vor sich ging, sie stand daneben und erklärte mir seelenruhig, daß es zum Schlachten fortgeschleppt würde. Gleich danach war es Zeit zur Table d'Hôte, wir setzten uns zum Essen nieder, ich weigerte mich, Fleisch zu essen. Einige Tage hielt ich daran fest, sie ärgerte sich; ich nahm mir Senf zu Gemüsen, da sagte sie lächelnd: »Weißt du, wie man das macht? Zu Senf braucht man Hühnerblut.« Damit verwirrte sie mich, ich durchschaute ihren Hohn nicht; als ich begriff, hatte sie meinen Widerstand gebrochen und sagte: »So ist es. Du bist wie das Kalb, das muß sich schließlich auch ergeben.« Ihre Mittel waren nicht wählerisch. Dabei spielte ihre Überzeugung mit, daß humane Regungen Menschen allein gelten sollten, würde man sie auf alles Leben beziehen, so müßten sie ihre Kraft verlieren und unbestimmt und unwirksam werden.

Ein anderes war ihr Mißtrauen gegen Lyrik. Das einzige Interesse an Lyrik, das sie je verriet, galt den ›Fleurs du Mal‹ von Baudelaire, das ergab sich aus der besonderen Konstellation ihrer Beziehung zum Herrn Dozenten. Es störte sie an Gedichten die Kleinheit der Form, sie gingen ihr zu rasch zu Ende. Sie sprach einmal davon, daß Gedichte einen einlullten, im Grunde seien es Wiegenlieder. Erwachsene hätten sich vor Wiegenliedern zu hüten, es sei verächtlich, wenn sie ihnen noch ergeben blieben. Ich glaube, daß ihr das Maß der Leidenschaft in Gedichten ein zu niedriges war. Passion galt ihr sehr viel, sie fand sie glaubwürdig nur im Drama. Shakespeare war ihr der Ausdruck für die wahre Natur des Menschen, da war nichts verringert oder gelindert.

Es ist zu bedenken, daß der Schock des Todes sich auf sie mit derselben Kraft ausgewirkt hatte wie auf mich. Sie war 27, als der Vater plötzlich starb. Dieses Ereignis hat sie zeit ihres Lebens, also noch 25 Jahre, beschäftigt; in vielen Verwandlungen, deren Wurzel aber immer dieselbe war. Sie war darin, ohne daß ich es wußte, gefühlsmäßig für mich vorbildlich gewesen. Der Krieg war die Vervielfältigung dieses Todes, das Sinnlose ins Massenhafte gesteigert.

In der letzten Zeit kam dazu, daß sie die überwiegend weiblichen Einflüsse in meinem Leben zu fürchten begann. Wie sollte ich durch bloßes Wissen, zu dem es mich immer heftiger zog, ein Mann werden? Sie verachtete ihr Geschlecht. Ihr Held war nicht irgendeine Frau, sondern Coriolan.

»Es war ein Fehler, daß wir von Wien fortgegangen sind«, sagte sie. »Ich habe dir das Leben zu leicht gemacht. Ich habe Wien nach dem Krieg gesehen, *ich* weiß, wie es dann dort aussah.«

Es war eine jener Szenen, in denen sie alles niederzureißen versuchte, was sie in jahrelanger, geduldiger Bemühung in mir aufgerichtet hatte. Auf ihre Weise war sie ein revolutionärer Mensch. Sie glaubte an Plötzlichkeiten, die einbrechen und sämtliche Konstellationen auch im Menschen erbarmungslos verändern.

Mit besonderem Zorn bedachte sie meinen Bericht über die beiden Hydroplane, die in nächster Nähe von uns in den Züricher See abgestürzt waren. Das war in einem Abstand von acht Tagen geschehen, im Herbst 1920, und ich hatte ihr erschrocken und erschüttert davon geschrieben. Die Verbindung mit dem See, der mir so viel bedeutete, empörte sie. Diese Tode seien für mich etwas Lyrisches. Sie fragte mich höhnisch, ob ich auch darüber Gedichte geschrieben hätte. »Dann hätte ich sie dir doch gezeigt«, sagte ich, der Vorwurf war ungerecht, ich sprach zu ihr über alles. »Ich dachte«, sagte sie dann, »dein Mörike hätte dich angeregt«, und erinnerte mich an das Gedicht ›Denk es, o Seele!‹, das ich ihr vorgelesen hatte. »Du steckst in der Idylle vom

Zürichsee. Ich will dich von hier wegnehmen. Dir gefällt alles so gut. Du bist so weich und rührselig wie deine alten Jungfern. Am Ende möchtest du wohl ein Blümchenmaler werden?«

»Nein, mir gefallen nur die Propheten von Michelangelo.«

»Der Jesaja, ich weiß. Das hast du mir gesagt. Wie glaubst du, war dieser Jesaja?«

»Er hat mit Gott gehadert«, sagte ich.

»Und weißt du auch, was das heißt? Hast du eine Vorstellung davon, was das bedeutet?«

Nein, das wußte ich nicht. Ich schwieg. Ich schämte mich plötzlich sehr.

»Du meinst, es besteht darin, daß man den Mund halboffen hält und finster dreinschaut. Das ist die Gefahr von Bildern. Sie werden zu erstarrten Posen für etwas, das sich unaufhörlich, lang, immerzu abspielt.«

»Und der Jeremias ist auch eine Pose?«

»Nein, beide sind es nicht, weder der Jesaja noch der Jeremias. Aber für dich werden sie zur Pose. Du bist es zufrieden, wenn du sie ansehen kannst. Damit ersparst du dir alles, was du selbst zu erleben hättest. Das ist die Gefahr der Kunst. Tolstoi hat das gewußt. Du bist noch gar nichts und bildest dir ein, alles zu sein, was du aus Büchern oder Bildern kennst. Ich hätte dich nie zu Büchern bringen dürfen. Jetzt durch die Yalta sind die Bilder dazugekommen. Das hat noch gefehlt. Du bist ein Vielleser geworden und alles ist dir gleich wichtig. Die Phylogenie des Spinats und Michelangelo. Nicht einen Tag deines Lebens hast du dir noch selbst verdient. Für alles, was damit zu tun hat, hast du ein Wort: Geschäfte. Du verachtest Geld. Du verachtest die Arbeit, durch die man es verdient. Weißt du, daß du der Parasit bist und nicht die, die du verachtest?«

Vielleicht war dieses furchtbare Gespräch der Beginn unserer Entzweiung. Als es sich abspielte, empfand ich es keineswegs so. Ich hatte nur einen Gedanken, den, mich vor ihr zu rechtfertigen. Von Zürich wollte ich nicht fort. Ich spürte, daß sie während dieses Gesprächs den Entschluß faßte, mich von Zürich wegzunehmen und in eine ›härtere‹ Umgebung zu bringen, über die sie selber auch eine Kontrolle hatte.

»Du wirst schon sehen, daß ich kein Parasit bin. Dazu bin ich zu stolz. Ich will ein Mensch sein.«

»Ein Mensch mit seinem Widerspruch! Das hast du dir gut

ausgesucht! Du solltest dich hören, wenn du das sagst. Als hättest du das Schießpulver erfunden. Als hättest du weiß Gott was getan, das du nun bereuen müßtest. Nichts hast du getan. Nicht eine einzige Nacht in deiner Dachkammer hast du dir selbst verdient. Die Bücher, die du liest, haben andere für dich geschrieben. Du suchst dir aus, was dir angenehm ist, und verachtest alles andere. Glaubst du denn wirklich, daß du ein Mensch bist? Ein Mensch ist jemand, der sich mit dem Leben herumgeschlagen hat. Bist du schon einmal in Gefahr gewesen? Hat dich jemand bedroht? Dir hat niemand die Nase eingeschlagen. Du hörst etwas, was dir gefällt, und nimmst es dir einfach, aber es kommt dir nicht zu. Ein Mensch mit seinem Widerspruch! Du bist noch kein Mensch. Du bist nichts. Ein Schwätzer ist kein Mensch.«

»Ich bin aber kein Schwätzer. Ich meine es, wenn ich etwas sage.«

»Wie kannst du etwas meinen? Du kennst doch gar nichts. Du hast alles bloß gelesen. Geschäfte, sagst du, und weißt gar nicht, was das ist. Du glaubst, Geschäfte bestehen darin, daß man Geld einscheffelt. Aber bevor es so weit ist, muß einem auch etwas einfallen. Da müssen einem Dinge einfallen, von denen du keine Ahnung hast. Da muß man Menschen kennen und sie von etwas überzeugen. Umsonst gibt niemand etwas her. Meinst du, es ist damit getan, daß man etwas vorschwindelt? Da käme man weit!«

»Du hast mir nie gesagt, daß du das bewunderst.«

»Vielleicht bewundere ich es nicht, vielleicht gibt es Dinge, die ich mehr bewundere. Aber ich rede jetzt von dir. Du hast überhaupt kein Recht, etwas zu verachten oder zu bewundern. Du mußt erst wissen, wie es wirklich zugeht. Du mußt es am eigenen Leib erfahren. Du mußt herumgestoßen werden und beweisen, daß du dich zur Wehr setzen kannst.«

»Das tu ich doch. Ich tu's mit dir.«

»Da hast du's aber leicht. Ich bin eine Frau. Es geht anders zu unter Männern. Die schenken dir nichts.«

»Und die Lehrer? Sind das keine Männer?«

»Ja, ja, aber das ist eine künstliche Situation. In der Schule stehst du unter Schutz. Die nehmen dich nicht voll. Für die bist du ein Junge, dem man noch helfen muß. Das zählt nicht.«

»Gegen den Onkel habe ich mich gewehrt. Der hat mich nicht herumgekriegt.«

»Das war ein kurzes Gespräch. Wie lange hast du den gesehen? Da müßtest du schon bei ihm sein, in seinem Geschäft, Tag für Tag, Stunde für Stunde, da würde sich erst zeigen, ob du dich wehren kannst. Du hast im Sprüngli seine Schokolade getrunken und bist von ihm fortgelaufen: das war deine ganze Leistung.«

»In seinem Geschäft wäre er der Stärkere. Da könnte er mir kommandieren und mich herumstoßen. Da hätte ich seine Gemeinheit jeden Moment vor Augen. Gewinnen würde er mich da erst recht nicht. Das kann ich dir sagen.«

»Möglich. Aber das gehört zu deinen Reden. Bewiesen hast du nichts.«

»Ich kann nichts dafür, daß ich noch nichts bewiesen habe. Was könnte ich mit 16 bewiesen haben?«

»Nicht viel, das ist wahr. Aber andere werden in dem Alter schon in die Arbeit gesteckt. Zwei Jahre wärst du jetzt schon ein Lehrling, wenn es mit rechten Dingen zuginge. Davor habe ich dich bewahrt. Ich merke nicht, daß du dankbar dafür bist. Du bist nur hochmütig und wirst es von Monat zu Monat mehr. Ich muß dir die Wahrheit sagen; dein Hochmut irritiert mich. Dein Hochmut geht mir auf die Nerven.«

»Du wolltest immer, daß ich alles ernstnehme. Ist das Hochmut?«

»Ja, denn du siehst auf andere herab, die nicht so denken wie du. Du bist auch schlau und richtest's dir in deinem bequemen Leben gut ein. Deine einzige wirkliche Sorge ist, daß genug Bücher zum Lesen übrigbleiben!«

»Das war früher, in der Scheuchzerstraße. Daran denke ich jetzt gar nicht. Jetzt will ich alles lernen.«

»Alles lernen! Alles lernen! Das kann man gar nicht. Man muß zu lernen aufhören und etwas tun. Drum mußt du weg von hier.«

»Aber was kann ich denn tun, bevor ich mit der Schule fertig bin?«

»Du wirst nie etwas tun! Du wirst die Schule fertig machen, dann willst du studieren. Weißt du, warum du studieren willst? Bloß um immer weiter lernen zu können. So wird man ein Ungeheuer und kein Mensch. Lernen ist kein Selbstzweck. Man lernt, um sich unter den anderen zu bewähren.«

»Ich werde immer lernen. Ob ich mich bewähre oder nicht, lernen werde ich immer. Ich will lernen.«

»Aber wie? Aber wie? Wer wird dir das Geld dazu geben?«
»Das werde ich mir verdienen.«

»Und was wirst du mit dem Gelernten machen? Du wirst daran ersticken. Es gibt nichts Schrecklicheres als totes Wissen.«

»Mein Wissen wird nicht tot sein. Es ist auch jetzt nicht tot.«

»Weil du's noch nicht hast. Erst wenn man's hat, wird es zu etwas Totem.«

»Ich werde aber damit etwas tun, nicht für mich.«

»Ja, ja, ich weiß. Du wirst es verschenken, weil du noch nichts hast. Solange du nichts hast, läßt sich das leicht sagen. Erst wenn du wirklich etwas hast, wird sich zeigen, ob du etwas verschenkst. Alles andere ist Geschwätz. Würdest du jetzt deine Bücher verschenken?«

»Nein. Die brauche ich. Ich habe nicht ›verschenken‹ gesagt, sondern daß ich etwas tun werde, nicht für mich.«

»Aber du weißt noch nicht, was. Das sind Allüren, leere Phrasen, und du gefällst dir darin, weil es nobel klingt. Es kommt aber nur darauf an, was man *wirklich* tut, alles andere zählt nicht. Es wird dir auch kaum etwas übrigbleiben, was du tun könntest, du bist mit allem um dich so zufrieden. Ein zufriedener Mensch tut nichts, ein zufriedener Mensch ist faul, ein zufriedener Mensch hat sich zur Ruhe gesetzt, bevor er begonnen hat, etwas zu tun. Ein zufriedener Mensch tut dasselbe immer wieder, wie ein Beamter. Du bist so zufrieden, daß du am liebsten immer in der Schweiz bleiben möchtest. Du kennst noch nichts von der Welt und möchtest dich mit 16 hier zur Ruhe setzen. Drum mußt du weg von hier.«

Ich dachte, daß etwas sie besonders erbittert haben müßte. War es noch immer die ›Schwarze Spinne‹? Sie schlug so heftig auf mich ein, daß ich nicht gleich wagte, die Sprache darauf zu bringen. Ich hatte ihr von der Freigebigkeit der italienischen Arbeiter erzählt, als ich mit dem Mädchen sammeln war, das hatte ihr gefallen. »Die müssen schwer arbeiten«, hatte sie gesagt, »und sind doch nicht verhärtet.«

»Warum fahren wir nicht nach Italien?« Ich meinte es nicht ernst, es war ein Versuch, sie abzulenken.

»Nein, du möchtest in Museen herumspazieren und alte Geschichten über jede Stadt lesen. Das eilt nicht. Das kannst du später. Ich spreche jetzt nicht von Vergnügungsreisen. Du mußt dorthin, wo es kein Vergnügen für dich ist. Ich will dich nach

Deutschland bringen. Da geht es den Leuten jetzt schlecht. Da sollst du sehen, wie es zugeht, wenn man einen Krieg verloren hat.«

»Das wolltest du doch, daß sie den Krieg verlieren. Du hast gesagt, daß sie den Krieg begonnen haben. Wer einen Krieg beginnt, soll ihn verlieren, das hab ich von dir gelernt.«

»Nichts hast du gelernt! Sonst wüßtest du, daß man daran nicht mehr denkt, wenn die Leute ins Unglück geraten sind. Ich hab's in Wien gesehen und ich kann's nicht vergessen, ich hab's immer vor Augen.«

»Warum willst du, daß ich es sehe? Ich kann's mir doch vorstellen.«

»Wie aus einem Buch, nicht wahr! Du denkst, es genügt, daß man von etwas *liest,* um zu wissen, wie es ist. Es genügt aber nicht. Die Wirklichkeit ist etwas für sich. Die Wirklichkeit ist alles. Wer sich vor der Wirklichkeit drückt, verdient es nicht zu leben.«

»Ich will mich nicht drücken. Ich hab dir von der ›Schwarzen Spinne‹ erzählt.«

»Da hast du dir aber das schlechteste Beispiel gewählt. Damals sind mir die Augen über dich aufgegangen. Die Geschichte hat dich beschäftigt, weil sie ins Emmental gehört. Du denkst nur noch an Täler. Seit du im Lötschental warst, bist du am Verblöden. Da hast du zwei Worte gehört, und was waren diese Worte? Komm Büblein, oder wie es dort heißt. Dort sind sie auf den Mund gefallen und reden nichts. Was sollen sie reden, abgesperrt von der Welt und wissen nichts. Dort werden sie nie etwas reden: dafür hast du um so mehr von ihnen geredet. Die hätten gestaunt, wenn sie dich gehört hätten! Damals bist du von eurem Ausflug zurückgekommen und hast tagelang von Althochdeutsch gesprochen. Althochdeutsch! Heute! Die haben vielleicht nicht einmal genug zu essen, aber das interessiert dich nicht. Du hörst zwei Worte, die hältst du für Althochdeutsch, weil sie dich an etwas erinnern, was du gelesen hast. Das regt dich mehr auf, als was du mit eigenen Augen siehst. Die alte Frau wird schon gewußt haben, warum sie mißtrauisch war, die hat ihre Erfahrungen mit Leuten wie ihr gemacht. Aber ihr seid schnatternd durch das Tal gezogen, glücklich und gehoben durch *ihre* Armut, habt sie zurückgelassen, sie schlagen sich weiter mit ihrem Leben herum und ihr erscheint im Hotel wie

Eroberer. Am Abend wird getanzt, dafür hast du nichts übrig, du hast etwas Besseres mitgebracht, du hast etwas gelernt. Und was? Zwei Worte althochdeutsch, angeblich, du weißt nicht einmal sicher, ob das stimmt. Und ich soll das mit ansehen, wie du dich in nichts verkriechst! Ich werde dich in die Inflation nach Deutschland bringen, da wird dir das althochdeutsche Büblein vergehen.«

Nichts, was ich ihr je erzählt hatte, war vergessen. Alles kam zur Sprache. Sie drehte mir jedes Wort im Mund herum, ich fand kein neues, das sie wankend machte. So hatte sie noch nie auf mich losgeschlagen. Es ging ums Leben, und doch bewunderte ich sie sehr, hätte sie gewußt, wie ernst ich sie nahm, sie hätte aufgehört, jedes ihrer Worte traf mich wie eine Peitsche, ich spürte, daß sie mir unrecht tat, und spürte, wie sehr sie recht hatte.

Immer wieder kam sie auf die ›Schwarze Spinne‹ zurück, die war ihr ganz anders eingegangen als mir, unser früheres Gespräch darüber war *unwahr* gewesen, sie hatte sie nicht ableugnen wollen, sie wollte *mich* davon abbringen. Was sie über Gotthelf gesagt hatte, war ein Geplänkel gewesen, er interessierte sie gar nicht. Sie wollte ihm absprechen, was sie als ihre eigene Wahrheit empfand, es war ihre Geschichte, nicht seine, nicht das Emmental war der Ort der Spinne, sondern das Waldsanatorium. Von den Leuten, mit denen sie darüber gesprochen hatte, waren zwei indessen gestorben. Sie hatte mich früher mit den Todesfällen, die dort nicht selten waren, verschont und ließ mich nicht einmal erraten, was geschehen war, wenn wir uns wiedersahen. Ich wußte, was es bedeutete, wenn sie einen Namen nicht mehr nannte, hütete mich aber, sie danach zu fragen. Ihre Abneigung gegen ›Täler‹ galt nur zum Schein der Enge. Was sie mir als Hang zur Idylle, als Ahnungslosigkeit und Selbstzufriedenheit vorwarf, war von *ihrer* Angst gespeist; die Gefahr, vor der sie mich retten wollte, war eine größere, es war die Gefahr, von der unser Leben seit jeher gezeichnet war, und das Wort ›Inflation‹, das sie im Zusammenhang mit Deutschland gebrauchte, ein Wort, das mir in ihrem Munde fremd war, klang wie eine Buße. Ich hätte es nicht so klar zu sagen gewußt, aber sie hatte noch nie so viel über Armut gesprochen, das machte mir großen Eindruck, und obwohl ich alle Kräfte zusammennehmen mußte, um mich meiner Haut zu wehren, gefiel mir, daß sie ihren Angriff damit begründete, wie schlecht es anderen ginge.

Aber das war nur ein Teil davon und die Drohung, mich von Zürich wegzunehmen, empfand ich stärker. Seit über einem Jahr war Friede in der Schule. Ich hatte begonnen, die Kameraden zu begreifen, und dachte über sie nach. Ich fühlte mich ihnen und vielen unter den Lehrern zugehörig. Es war mir nun bewußt, daß die Stellung, die ich in Tiefenbrunnen genoß, eine usurpierte war. Daß ich als einziges männliches Wesen dort regierte, war ein wenig lächerlich, aber es war angenehm, sich sicher zu fühlen und nicht immer in Frage gestellt zu werden. Auch war der Prozeß des Lernens unter diesen günstigen Umständen immer üppiger geworden, es verging kein Tag, an dem nicht etwas dazukam, es sah aus, als könnte es kein Ende nehmen, ich stellte mir vor, daß es ein ganzes Leben so weitergehen würde, und davon hätte mich kein Angriff abzubringen vermocht. Es war eine *furchtlose* Zeit, das hing mit der Expansion zusammen, man verbreitete sich überallhin, aber man war sich keines Unrechts bewußt, dieselben Erfahrungen waren ja allen zugänglich; und sie verblüffte und verwirrte mich jetzt, als sie mich wegen der Schwärmerei für das Lötschental gegen seine Bewohner ins Unrecht zu setzen suchte.

Ihr Hohn brach diesmal nicht plötzlich ab, sondern steigerte sich mit jedem Satze. Nie zuvor hatte sie mich als Parasit traktiert, nie war davon die Rede gewesen, daß ich mir mein Leben schon jetzt verdienen müßte. Das Wort ›Lehrling‹, das sie mir an den Kopf warf, verband ich mit der Vorstellung einer praktischen oder mechanischen Tätigkeit, das letzte, was sie mir je nahegelegt hatte. Ich war den Buchstaben und den Worten verfallen, und wenn das ein Hochmut war, so hatte sie mich beharrlich dazu erzogen. Nun hieß es plötzlich ›Wirklichkeit‹, sie meinte damit alles, was ich noch nicht erfahren hatte und wovon ich nichts wissen konnte. Es war, als wollte sie eine ungeheure Last auf mich wälzen und mich darunter zermalmen. Wenn sie sagte »Du bist nichts«, war es, als wäre ich wirklich zu nichts geworden.

Diese Sprünge, diese rasenden Widersprüche in ihrer Natur waren mir nicht fremd, ich hatte sie oft unter Staunen und Bewunderung erlebt, eben sie standen für die Wirklichkeit, deren Kenntnis sie mir absprach. Vielleicht hatte ich mich zu sehr darauf verlassen. Auch in der Zeit unserer Trennung bezog ich mich immer auf sie. Ich war nie sicher, wie sie auf meine Berichte reagieren würde, alle Initiative blieb bei ihr, ich wünschte mir ihre Widerrede, und ich wollte sie heftig; nur wo es um anerkannte Schwächen von ihr ging, vermochte ich sie durch Erfindungen wie jene über den Mäusetanz im Mondlicht zu täuschen. Aber auch dann hatte ich immer das Gefühl, daß es an ihr lag, daß sie sich täuschen lassen wollte. Sie war eine wunderbar lebendige letzte Instanz, ihre Verdikte so unerwartet, so phantastisch und dabei so ausführlich, daß sie unweigerlich Gegenregungen auslösten, die einem die Kraft zu Appellationen verliehen. Sie war eine immer höhere letzte Instanz und obwohl sie Anspruch darauf zu erheben schien, war es dann doch nie die letzte.

Diesmal aber hatte ich das Gefühl, daß sie mich vernichten wollte. Sie sagte Dinge, an denen kaum zu rütteln war. Vieles davon leuchtete mir auf der Stelle ein und lähmte meine Abwehr. Wenn ich doch etwas fand, das sich vorbringen ließ, sprang sie zu einer ganz anderen Sache über. Sie wütete im Leben der vergangenen zwei Jahre, als hätte sie von all seinen Ereignissen eben erst erfahren, und worüber sie früher scheinbar zustimmend oder gelangweilt geschwiegen hatte – das erwies sich plötzlich als Delikt. Vergessen hatte sie nichts, sie hatte eine eigene Art, sich zu erinnern, als habe sie vor sich und vor mir verborgen gehalten, womit sie mich jetzt verdammte.

Es dauerte sehr lange. Ich war von Schrecken erfüllt. Ich begann mich vor ihr zu fürchten. Ich fragte mich nicht mehr, warum sie das alles sage. Solange ich nach ihren vermutlichen Beweggründen gesucht und auf sie erwidert hatte, fühlte ich mich weniger befangen, so als stünden wir uns auf gleich und gleich gegenüber, jeder auf seinen Verstand gestützt, zwei freie Menschen. Allmählich zerbröckelte diese Sicherheit, ich fand nichts mehr in mir, das ich mit genügend Kraft hätte vorbringen können, ich bestand nur noch aus Trümmern und gab mich verloren.

Sie war nach diesem Gespräch durchaus nicht erschöpft, wie sonst nach den Gesprächen, die mit ihren Krankheiten, ihrer körperlichen Schwäche, ihren physischen Verzweiflungen zusammenhingen. Sie schien, ganz im Gegenteil, stark und wild und so unerbittlich, wie ich sie zu anderen Gelegenheiten am liebsten mochte. Von diesem Augenblick an ließ sie nicht mehr locker. Sie betrieb die Übersiedlung nach Deutschland, ein

Land, das, wie sie sagte, vom Krieg gezeichnet war. Sie hatte die Vorstellung, daß ich da in eine härtere Schule kommen würde, unter Männer, die im Krieg gewesen waren und das Schlimmste kannten.

Mit allen Mitteln wehrte ich mich gegen diese Übersiedlung, aber sie hörte auf nichts und nahm mich fort. Die einzig vollkommen glücklichen Jahre, das Paradies in Zürich, waren zu Ende. Vielleicht wäre ich glücklich geblieben, hätte sie mich nicht fortgerissen. Es ist aber wahr, daß ich andere Dinge erfuhr als die, die ich im Paradies kannte. Es ist wahr, daß ich, wie der früheste Mensch, durch die Vertreibung aus dem Paradies erst entstand.

Die Fackel im Ohr

Lebensgeschichte
1921–1931

Für Veza Canetti
1897-1963

Teil 1
Inflation und Ohnmacht
Frankfurt 1921-1924

Pension Charlotte

Die wechselnden Schauplätze meines frühen Lebens nahm ich ohne Widerstand auf. Ich habe es nie bedauert, daß ich als Kind so kräftigen und konstrastreichen Eindrücken ausgesetzt war. Jeder neue Ort, fremdartig wie er anfangs erschien, gewann mich durch das Besondere, das er hinterließ, und durch seine unabsehbaren Verzweigungen.

Einen einzigen Schritt habe ich mit Bitterkeit empfunden, ich habe es nie verwunden, daß ich Zürich verließ. Ich war 16 und fühlte mich an Menschen und Lokalitäten, Schule, Land, Dichtung, ja sogar an die Sprache, die ich mir gegen den zähen Widerstand der Mutter erworben hatte, so stark gebunden, daß ich es nie mehr verlassen mochte. Nach bloß fünf Jahren in Zürich und in diesem frühen Alter war mir zumute, als sollte ich nun nirgends anders mehr hin und ein ganzes Leben, in zunehmendem geistigen Wohlergehen, hier verbringen.

Der Riß war gewaltsam, und alles, was ich an Gründen für mein erwünschtes Bleiben ins Treffen führte, war verhöhnt worden. Nach dem vernichtenden Gespräch, in dem über mein Schicksal entschieden wurde, stand ich lächerlich und kleinmütig da, als Feigling, der um bloßer Bücher willen dem Leben nicht ins Gesicht sah, als anmaßend, mit falschem Wissen vollgepfropft, das zu nichts nütze war, als eng und selbstzufrieden, als Parasit, als Pensionist, als Greis, bevor ich mich in irgend etwas bewährt hatte.

In der neuen Umgebung, deren Wahl unter Umständen erfolgt war, die für mich im Dunkel lagen, reagierte ich auf zweierlei Weise gegen die Brutalität des Wechsels: einmal durch Heimweh, es galt als eine natürliche Krankheit der Menschen, in deren Land ich gelebt hatte, und indem ich es auf das heftigste empfand, fühlte ich mich ihnen zugehörig. Das zweite war eine kritische Einstellung zu meiner neuen Umgebung. Vorbei war die Zeit des unbehinderten Einströmens alles Unbekannten. Ich suchte mich dagegen zu verschließen, denn es war mir aufgedrängt worden. Zu einer kompletten wahllosen Abwehr war ich aber nicht imstande, dazu war ich von Hause aus zu empfänglich geraten, so begann eine Periode der Prüfung und satirischen Zuspitzung. Was anders war, als ich es kannte, übertrieb sich mir und erschien mir komisch. Es kam dazu, daß vieles sich gleich auf einmal präsentierte.

Wir waren nach Frankfurt gezogen, und da die Umstände ungewiß waren und wir noch nicht wußten, wie lange wir bleiben würden, zogen wir in eine Pension. Da lebten wir in zwei Zimmern, ziemlich gedrängt, viel näher mit anderen Menschen als je zuvor, wir fühlten uns zwar als Familie, aber wir aßen unten mit anderen zusammen an einem langen Pensionstisch. In der Pension Charlotte lernten wir alle möglichen Menschen kennen, die ich täglich während der Hauptmahlzeit wiedersah und die nur allmählich wechselten. Einige waren während der ganzen zwei Jahre da, die ich schließlich in der Pension verbrachte, andere bloß ein oder auch nur ein halbes Jahr; sie waren sehr unterschiedlich, alle haben sich mir eingeprägt, doch mußte ich gut aufpassen, um zu verstehen, wovon die Rede war. Meine Brüder, damals 11 und 13 Jahre alt, waren die Jüngsten und dann kam gleich ich in meinem 17. Jahr.

Die Gäste fanden sich nicht immer unten ein. Fräulein Rahm, ein schlankes, junges Mannequin, sehr blond, die modische Schönheit der Pension, kam nur manchmal zum Essen. Sie nahm wegen ihrer Figur nur wenig zu sich, um so mehr war von ihr die Rede. Kein Mann, der ihr nicht nachsah, kein Mann, den es nicht nach ihr gelüstete, und da man wußte, daß es neben ihrem festen Freund, dem Inhaber eines Herrenmodegeschäfts, der nicht in der Pension wohnte, auch andere Männer gab, die sie besuchten, dachten viele an sie und betrachteten sie mit dem Wohlgefallen für etwas, das einem zusteht und einem eines Tages auch zufallen könnte. Die Frauen lästerten über sie. Die Männer, wenn sie es vor ihren Frauen riskierten oder wenn sie allein waren, legten ein gutes Wort für sie ein, besonders für ihre elegante Figur, sie war so hoch und schlank, daß man mit den Augen an ihr auf und ab klettern konnte, ohne irgendwo Halt zu finden.

Am Kopf des Pensionstisches saß Frau Kupfer, braun und von Sorge ausgemergelt, eine Kriegswitwe, die die Pension betrieb, um sich und ihren Sohn durchzubringen, sehr ordentlich, genau, der Schwierigkeiten dieser Zeit, die sich in Zahlen ausdrücken ließen, immer bewußt, ihr häufigster Satz war »Das kann ich mir nicht leisten«. Ihr Sohn Oskar, ein untersetzter Junge mit buschigen Augenbrauen und niederer Stirn, saß zu ihrer Rechten. Herr Rebhuhn saß zur Linken von Frau Kupfer, ein asthmatischer älterer Herr, Bankprokurist, überaus freundlich, nur wenn die Rede auf den Ausgang des Krieges kam, wurde er finster und böse. Er war zwar Jude, aber höchst deutschnational gesinnt, und wenn jemand ihm dann widersprach, fuhr blitzrasch, ganz gegen seine gemächliche Art, der ›Dolchstoß‹ heraus. Er regte sich bis zu einem Asthmaanfall auf und mußte dann von seiner Schwester, Fräulein Rebhuhn, die mit ihm in der Pension wohnte, hinausgeführt werden. Da man diese Eigenheit von ihm kannte und auch wußte, wie sehr er unter seinem Asthma litt, vermied man es im allgemeinen, das Gespräch auf diesen wunden Punkt zu bringen, so daß es ganz selten zum Ausbruch kam.

Nur Herr Schutt, dessen Kriegsverletzung dem Asthma Herrn Rebhuhns an Schwere in nichts nachstand, der nur an Krücken gehen konnte, an argen Schmerzen litt, sehr bleich aussah – er mußte Morphium gegen seine Schmerzen nehmen –, nahm sich kein Blatt vor den Mund. Er haßte den Krieg, bedauerte, daß er nicht vor seiner schweren Verletzung zu Ende gegangen war, betonte, daß er ihn vorausgesehen und den Kaiser immer schon für gemeingefährlich gehalten habe, bekannte sich als Unabhängiger und hätte im Reichstag ohne zu zögern gegen die Kriegskredite gestimmt. Es war wirklich sehr ungeschickt, daß die beiden, Herr Rebhuhn und Herr Schutt, so nah voneinander saßen, nur durch das ältliche Fräulein Rebhuhn getrennt. Wenn Gefahr drohte, wandte sie sich nach links ihrem Nachbarn zu, spitzte ihren süßlich-altjüngferlichen Mund, legte den Zeigefinger davor und gab Herrn Schutt einen flehentlichen langen Blick, wobei sie mit dem Zeigefinger der rechten Hand vorsichtig schief nach unten auf ihren Bruder wies. Herr Schutt, der sonst so bitter war, verstand und hielt fast immer inne, meist unterbrach er sich noch im Satz, ohnehin sprach er so leise, daß man genau zuhören mußte, bevor man etwas verstand. So war die Situation dank Fräulein Rebhuhn, die immer wachsam auf seine Sätze achtete, gerettet. Herr Rebhuhn hatte noch nichts gemerkt, er selber fing nie an, er war der friedlichste und sanfteste aller Menschen. Nur wenn jemand auf das Kriegsende kam und seinen aufrührerischen Charakter guthieß, kam blitzartig eben der Dolchstoß über ihn und er warf sich blind in den Kampf.

Es wäre aber völlig verfehlt zu glauben, daß es sonst an diesem Tische ähnlich zuging. Dieser kriegerische Konflikt war der einzige, dessen ich mich entsinne, und vielleicht hätte ich ihn vergessen, wenn er sich nach einem Jahr nicht so zugespitzt hätte, daß man die Gegner beide vom Pensionstisch wegführen mußte, Herrn Rebhuhn wie immer am Arm seiner Schwester, Herrn Schutt viel mühseliger auf seinen Krücken und mit Hilfe von Fräulein Kündig, einer Lehrerin, die schon lange in der Pension wohnte, seine Freundin geworden war und ihn später auch heiratete, um ihm einen eigenen Haushalt einzurichten und ihn besser zu versorgen.

Fräulein Kündig war eine von zwei Lehrerinnen in der Pension. Die andere, Fräulein Bunzel, hatte ein pockennarbiges Gesicht und eine etwas weinerliche Stimme, so als beklage sie mit jedem Satz ihre Häßlichkeit. Jung waren sie beide nicht, vielleicht vierzigjährig, beide vertraten die Bildung in der Pension. Als beflissene Leser der ›Frankfurter Zeitung‹ wußten sie, worauf es ankam und worüber man sprach, und man spürte, daß sie auf der Lauer nach Gesprächspartnern waren, die sich nicht zu unwürdig anließen. Doch waren sie keineswegs taktlos, wenn kein Herr sich fand, der sich zu Unruh, zu Binding, zu Spengler oder zu Meier-Graefes ›Vincent‹ äußern mochte. Sie wußten, was sie der Pensionsinhaberin schuldig waren, und verhielten sich dann still. Fräulein Bunzels weinerlicher Stimme war Spott ohnehin nie anzumerken, und Fräulein Kündig, die viel frischer wirkte und Männer wie Bildungsthemen mit Lebhaftigkeit anging, pflegte immer darauf zu warten, daß beides sich beisammenfand, denn ein Mann, zu dem sie nicht *sprechen* konnte, hätte sich ohnehin nur für Fräulein Rahm, das Mannequin, interessiert. Ein Wesen, das sie nicht über dies oder jenes aufklären konnte, kam für sie nicht in Betracht, und das war auch, wie sie der Mutter unter vier Augen gestand, der Grund, warum sie, im Gegensatz zu ihrer Kollegin eine anziehende Person, noch nicht geheiratet hatte. Ein Mann, der nie ein Buch las, war für sie kein Mann, da sei es schon besser, man sei frei und habe für keinen Haushalt zu sorgen. Auch nach Kindern gelüstete es sie nicht, von diesen sehe sie sowieso schon zuviele. Sie ging in Theater und Konzerte und sprach davon, wobei sie sich aber gern an die

Auffassung der ›Frankfurter‹ hielt. Es sei schon merkwürdig, sagte sie, wie die Kritiker immer ihrer Meinung seien.

Die Mutter, seit Arosa mit dem deutschen Bildungston vertraut, für den sie, im Gegensatz zur Wiener ästhetischen Décadence, etwas übrig hatte, mochte Fräulein Kündig und glaubte ihr und hielt sich auch nicht darüber auf, als sie ihr Interesse für Herrn Schutt bemerkte. Zwar war der viel zu bitter, um sich auf Gespräche über Kunst oder Literatur einzulassen, für Binding, den Fräulein Kündig nicht weniger als Unruh schätzte – beide kamen viel in der ›Frankfurter‹ vor –, hatte er nichts als ein halbunterdrücktes Grunzen übrig, und wenn der Name Spengler fiel, was damals unvermeidlich war, erklärte er: »An der Front war der nicht. Darüber ist nichts bekannt«, worauf Herr Rebhuhn milde einwarf: »Ich würde meinen, daß es bei einem Philosophen nicht darauf ankommt.«

»Bei einem Geschichtsphilosophen vielleicht doch«, wandte Fräulein Kündig ein, und es war daraus zu entnehmen, daß sie bei allem schuldigen Respekt für Spengler Herrn Schutt die Stange hielt. Es kam aber darüber zu keinem Konflikt zwischen den beiden Herren, schon daß Herr Schutt von jemand einen Frontdienst *erwartete,* während Herr Rebhuhn darauf zu verzichten bereit war, hatte etwas Versöhnliches, es war, als hätten sie ihre Meinungen ausgetauscht. Über die eigentliche Frage, ob Spengler an der Front gewesen sei, wurde aber auf diese Weise nicht entschieden, ich weiß es bis heute nicht. Fräulein Kündig hatte, das war offensichtlich, Mitleid mit Herrn Schutt. Ziemlich lange verstand sie es, ihr Mitleid hinter burschikosen Bemerkungen wie »unser Kriegsknabe« und »ist auch damit fertig geworden« zu verbergen. Ihm war nicht anzumerken, ob er darauf ansprach oder nicht, er verhielt sich so neutral zu ihr, als hätte sie nie ein Wort an ihn gerichtet; immerhin grüßte er sie durch ein Nicken des Kopfes, wenn er das Speisezimmer betrat, während er Fräulein Rebhuhn an seiner Rechten keines Blickes würdigte. Die Mutter fragte er einmal, als wir drei uns in der Schule verspätet hatten und beim Essen noch fehlten: »Wo ist Ihr Kanonenfutter?«, was sie nicht ohne Empörung später berichtete. Sie habe darauf entrüstet erwidert: »Niemals! Niemals!« und er habe gehöhnt: »Nie wieder Krieg!«

Doch erkannte Herr Schutt an, daß die Mutter beharrlich gegen den Krieg Stellung bezog, obwohl sie ihn nie aus der

Nähe erlebt hatte, und seine herausfordernden Bemerkungen galten eher einer Bestätigung ihrer Gesinnung. Es gab unter den Pensionsgästen eine ganz andere Sorte, von der er auf keine Weise Notiz nahm. Da war das junge Ehepaar Bemberg, das zu seiner Linken saß, er Börsenmakler mit laufendem Verständnis für materielle Vorteile, er lobte sogar Fräulein Rahm für ihre ›Tüchtigkeit‹, womit er ihre Manövrierfähigkeit unter zahlreichen Verehrern meinte. »Die schickste junge Dame in Frankfurt«, sagte er und war dabei einer der ganz wenigen, die es gar nicht auf sie abgesehen hatten, es war mehr »ihre Nase für Geld«, die ihm imponierte und ihre skeptische Reaktion auf Komplimente. »Die läßt sich den Kopf nicht verdrehen. Die will erst wissen, was dahintersteckt.«

Seine Frau, aus modischen Attributen zusammengesetzt, wovon ihr der Bubikopf noch am natürlichsten stand, auf eine andere Art leicht als Fräulein Rahm, war gutbürgerlicher Herkunft, aber ohne Penetranz. Wohl merkte man, daß sie sich alles kaufte, wonach es sie gelüstete, aber nur wenig hing an ihr, sie ging in Kunstausstellungen, interessierte sich für die Kleider von Frauen auf Bildern, bekannte ein Faible für Lucas Cranach und erklärte es mit seiner »tollen« Modernität, wobei »erklären« für ihre mageren Interjektionen gewiß zu ausführlich klingt. Bei einem Shimmy hatten sich Herr und Frau Bemberg kennengelernt. Eine Stunde zuvor waren sie sich noch ganz fremd gewesen, wußten aber beide, wie er nicht ohne Stolz gestand, daß einiges dahintersteckte, mehr sogar bei ihr als bei ihm, aber er galt schon als vielversprechender junger Börsianer. Er fand sie ›schick‹, forderte sie zum Tanz auf und nannte sie gleich »Pattie«. »Sie erinnern mich an Pattie«, sagte er, »eine Amerikanerin.« Sie wollte wissen, ob das seine erste Liebe war. »Wie man's nimmt«, meinte er. Sie verstand und fand es toll, daß seine erste Frau eine Amerikanerin war, und behielt den Namen Pattie. Er nannte sie vor allen Pensionsgästen so, und wenn sie nicht zum Essen herunterkam, sagte er: »Pattie hat keinen Hunger heute. Sie denkt an ihre Linie.«

Auch dieses inoffensive Paar hätte ich vergessen, wenn es Herr Schutt nicht fertiggebracht hätte, sie so zu behandeln, als ob sie nicht auf der Welt wären. Wenn er auf seinen Krücken daherkam, waren sie wie verschwunden. Ihren Gruß überhörte er, ihre Visagen übersah er, und Frau Kupfer, die sein Vorhandensein in der Pension nur in Erinnerung an ihren kriegsgefallenen Mann hinnahm, wagte es kein einziges Mal, in seiner Gegenwart »Herr« oder »Frau Bemberg« zu sagen. Die beiden nahmen diesen Boykott, der von Herrn Schutt ausging, sich aber nicht weiter ausbreitete, ohne Murren hin. Sie hatten für den Behinderten, der in jeder Hinsicht arm erschien, etwas wie Mitleid übrig, und wenn es auch nicht viel war, so war es doch ein Gefühl, das sich seiner Verachtung gut entgegensetzen ließ.

Am entferntesten Ende des Tisches waren die Kontraste weniger scharf. Da war Herr Schimmel, ein Rayon-Chef, strotzend von Gesundheit, mit gespreiztem Schnurrbart und roten Wangen, ein Ex-Offizier, weder verbittert noch unzufrieden. Sein Lächeln, das nie von seinem Gesicht schwand, war eine Art von Seelenzustand, es war beruhigend zu sehen, daß es Seelen gibt, die sich immer genau gleich bleiben. Auch beim schlimmsten Wetter änderte es sich nie, und was einen ein wenig wunderte, war nur, daß soviel Zufriedenheit allein blieb und zu ihrer Bewahrung keiner Ergänzung bedurfte. Sie hätte sich leicht gefunden, denn gar nicht weit von Herrn Schimmel saß Fräulein Parandowski, Verkäuferin, eine schöne, stolze Person mit dem Kopf einer griechischen Statue, die sich durch keine Berufung Fräulein Kündigs auf die ›Frankfurter‹ verwirren und Herrn Bembergs Lob des Fräulein Rahm wie Regen an sich abtropfen ließ. »Das könnte ich nicht«, sagte sie und schüttelte den Kopf. Mehr sagte sie nicht, aber es war klar, was sie nicht konnte. Fräulein Parandowski hörte zu, obwohl sie kaum etwas sagte, das Unerschütterliche stand ihr gut. Herrn Schimmels Schnurrbart – er saß schräg gegenüber von ihr – sah aus, als wäre er eigens für sie zurechtgebürstet worden, die beiden waren wie geschaffen füreinander. Doch er richtete nie das Wort an sie, sie kamen oder gingen nie zusammen, es war, als sei ihre Nicht-Zusammengehörigkeit immer genau besprochen. Weder wartete Fräulein Parandowski darauf, daß er sich vom Tisch erhob, noch scheute sie sich davor, ziemlich lange vor ihm beim Essen zu erscheinen. Zwar hatten sie eines gemeinsam, ihr Schweigen, aber er lächelte immer, ohne sich etwas dabei zu denken, während sie, den Kopf hoch erhoben, so ernst blieb, als ob sie sich unaufhörlich etwas dächte.

Für alle war es klar, daß etwas dahintersteckte, aber sämtliche Versuche Fräulein Kündigs, die in dieser Gegend saß, in Erfahrung zu bringen, was es eigentlich sei, scheiterten am monumentalen Widerstand der beiden. Fräulein Bunzel vergaß sich einmal so weit, »Karyatide« hinter Fräulein Parandowski her zu sagen, während Fräulein Kündig Herrn Schimmel fröhlich mit: »Da kommt die Reiterei« begrüßte. Frau Kupfer verwies es ihr aber gleich, persönliche Bemerkungen an ihrem Pensionstisch konnte sie sich nicht leisten, und Fräulein Kündig benützte die Rüge, um Herrn Schimmel ins Gesicht zu fragen, ob er etwas dagegen habe, als »Reiterei« bezeichnet zu werden. »Es ist mir eine Ehre«, lächelte er, »ich war Kavallerist.« »Und wird bis an sein Lebensende einer bleiben.« So höhnisch reagierte Herr Schutt auf jeden Seitensprung Fräulein Kündigs, noch bevor es ausgemacht war, daß sie einander mochten.

Erst nach einem halben Jahr etwa erschien ein überlegener Geist in der Pension: Herr Caroli. Er wußte sich alle vom Leib zu halten, er hatte viel gelesen. Seine ironischen Bemerkungen, die sich als sorgsam kandierte Lesefrüchte entpuppten, erregten das Entzücken Fräulein Kündigs. Nicht immer kam sie drauf, woher ein Satz von ihm stammte, und sie demütigte sich soweit, um Aufklärung zu betteln. »Bitte, bitte, wo ist das jetzt wieder her. Bitte sagen, sonst kann ich heute wieder nicht schlafen.« »Wo wird es schon her sein«, antwortete dann Herr Schutt an Stelle von Herrn Caroli, »aus dem Büchmann, wie alle seine Reden.« Das war aber weit gefehlt und eine Blamage für Herrn Schutt, denn nichts, was Herr Caroli von sich gab, entstammte dem Büchmann. »Da nähme ich lieber Gift als den Büchmann«, sagte Herr Caroli, »ich zitiere nie, was ich nicht wirklich lese.« Es ging die Meinung in der Pension, daß das wahr sei. Ich war der einzige, der daran zweifelte, weil Herr Caroli von uns keine Notiz nahm, selbst die Mutter, die es an Bildung wahrhaftig mit ihm aufnehmen konnte, mißfiel ihm, weil ihre drei Buben am Pensionstisch Erwachsenen den Platz wegnahmen und man ihretwegen die geistreichsten Bemerkungen unterdrücken mußte. Ich las zu der Zeit die griechischen Tragiker, er zitierte aus dem ›Ödipus‹, von dem er eine Aufführung in Darmstadt gesehen hatte. Ich setzte sein Zitat fort, er tat, als hätte er nicht gehört, und als ich es hartnäckig wiederholte, wandte er sich blitzrasch mir zu und fragte scharf: »Habt ihr das heute in der Schule gehabt?« Nun kam es höchst selten vor, daß ich überhaupt etwas sagte, sein Verweis, mit dem er mir ein für allemal den Mund stopfen wollte, war ungerecht und wurde auch von den Tischgenossen so empfunden. Aber da er für seine Ironie gefürchtet war, murrte niemand und ich verstummte beschämt.

Herr Caroli hatte nicht nur vieles auswendig im Kopf, er wandelte ganze Sätze auf geistreiche Weise ab und wartete dann, ob jemand auch verstehe, was er sich da geleistet habe. Am ehesten blieb ihm Fräulein Kündig als eifrige Theaterbesucherin auf der Spur. Er hatte Witz, und besonders im Entstellen triefendernster Dinge bewies er viel Geschick. Doch mußte er sich von Fräulein Rebhuhn, der Empfindlichsten von allen, sagen lassen, daß ihm nichts heilig sei, und hatte die Frechheit, darauf zu erwidern: »Feuerbach bestimmt nicht.« Alle wußten, daß Fräulein Rebhuhn – außer für ihren asthmatischen Bruder – für Feuerbach lebte und von Iphigenie, der Feuerbachschen natürlich, sagte: »Sie wäre ich gern gewesen.« Herr Caroli, ein südländisch wirkender Mensch von etwa 35 Jahren, der von den Damen hören mußte, daß er eine Stirn wie Trotzki habe, verschonte niemand, nicht einmal sich selbst. Lieber wäre er Rathenau, sagte er, drei Tage bevor Rathenau ermordet wurde, und das war dann das einzige Mal, daß ich ihn fassungslos erlebte, denn er sah mich, einen Schuljungen, mit Tränen in den Augen an und sagte: »Es geht zu Ende!«

Herr Rebhuhn, dieser warmherzige und kaiserkranke Mann, war der einzige, den dieser Mord nicht durcheinanderbrachte. Er schätzte den alten Rathenau viel höher ein als den jungen und verzieh es diesem nicht, daß er sich in den Dienst der Republik gestellt hatte. Doch räumte er ein, daß Walther sich früher, im Krieg, einige Verdienste um Deutschland erworben hätte, als es noch seinen Stolz hatte, als es noch ein Kaiserreich war. Herr Schutt sagte grimmig: »*Alle* werden die umbringen, alle!« Herr Bemberg erwähnte zum erstenmal in seinem Leben die Arbeiterschaft: »Das läßt sich die Arbeiterschaft nicht bieten!« Herr Caroli sagte: »Man sollte auswandern!« Fräulein Rahm, die Ermordungen nicht leiden konnte, weil dabei oft etwas daneben ging, sagte: »Nehmen Sie mich mit?«, und das vergaß ihr Herr Caroli nicht, denn von diesem Tag an verließ ihn sein Anspruch auf Geist, er machte ihr ganz öffentlich den Hof und wurde, zum Ärger der Frauen, gesehen, wie er ihr Zimmer betrat und es erst um zehn Uhr wieder verließ.

Hoher Besuch

Am Mittagstisch der Pension Charlotte spielte die Mutter eine geachtete, aber nicht eine dominierende Rolle. Sie war durch Wien geprägt, auch wo sie Wien widerstand. Von Spengler wußte sie nicht mehr, als der Titel seines Werkes besagte. Malerei hatte ihr nie viel bedeutet, als nach dem Erscheinen des ›Vincent‹ von Meier-Graefe van Gogh zum vornehmsten Gesprächsstoff der Pensionstafel wurde, konnte sie nicht mitreden, und wenn sie sich doch einmal hinreißen ließ, etwas zu sagen, machte sie keine sehr gute Figur. An Sonnenblumen, sagte sie, die keinen Duft verbreiteten, seien die Kerne ja doch das Beste, die könne man wenigstens knabbern. Darauf herrschte betretenes Schweigen, von Fräulein Kündig angeführt, Oberste in aktueller Bildung an diesem Tisch und wirklich von vielen der Dinge angerührt, die in der ›Frankfurter‹ zur Sprache kamen. Damals war es, daß die Religion um van Gogh begann, und Fräulein Kündig sagte einmal, jetzt erst, seit sie sein Leben kenne, sei ihr aufgegangen, was es mit Christus auf sich habe; eine Äußerung, gegen die Herr Bemberg ganz energisch protestierte. Herr Schutt fand das überspannt, Herr Schimmel lächelte. Fräulein Rebhuhn flehte: »Aber er ist doch so unmusikalisch«, womit sie van Gogh meinte, und als sie spürte, daß sie allgemeiner Verständnislosigkeit begegnete, setzte sie unbeirrt hinzu: »Können Sie sich vorstellen, daß er das ›Konzert‹ gemalt hätte?«

Ich wußte damals nichts von van Gogh und fragte oben in unseren Zimmern die Mutter nach ihm aus. Sie hatte so wenig zu sagen, daß ich mich für sie schämte. Sie sagte sogar, was sie früher nie getan hätte: »Ein Verrückter, der Strohsessel und Sonnenblumen gemalt hat, immer alles gelb, der mochte keine anderen Farben, bis er einen Sonnenstich bekam und sich eine Kugel in den Kopf schoß.« Ich war über diese Auskunft sehr unzufrieden, ich spürte, daß die Verrücktheit, die sie ihm zuschrieb, mir galt. Seit einiger Zeit nahm sie gegen jede Exaltiertheit Stellung, jeder zweite Künstler war für sie ein ›Verrückter‹, aber das galt nur für moderne (besonders solche, die noch lebten), die früheren, mit denen sie groß geworden war, ließ sie ungeschoren. Niemandem erlaubte sie, ihren Shakespeare anzutasten, und große Augenblicke am Pensionstisch hatte sie nur, wenn Herr Bemberg oder sonst ein Unvorsichtiger sich darüber beklagte, wie sehr er sich bei irgendeiner Shakespeare-Aufführung gelangweilt habe, es sei doch wirklich Zeit, damit Schluß zu machen und etwas Moderneres an seine Stelle zu setzen.

Da wurde dann die Mutter endlich wieder zu ihrem alten bewunderten Selbst. In wenigen funkelnden Sätzen vernichtete sie den armseligen Herrn Bemberg, der sich jämmerlich nach Hilfe umsah, aber niemand kam ihm zu Hilfe. Wenn es um Shakespeare ging, da scherte sich die Mutter um nichts, da kannte sie keine Rücksicht, da war es ihr auch gleichgültig, was die anderen von ihr dachten, und wenn sie gar damit endete, daß für die seichten Menschen dieser Inflationszeit, die nur Geld im Kopfe hätten, Shakespeare gewiß nicht das Richtige sei, flogen ihr die unterschiedlichsten Herzen zu: von Fräulein Kündig, die ihren Elan und ihr Temperament bewunderte, über Herrn Schutt, der das Tragische verkörperte, wenn er es auch nie beim Namen genannt hätte, bis zu Fräulein Parandowski, die für alles Stolze war und sich unter Shakespeare etwas Stolzes vorstellte. Ja sogar Herrn Schimmels Lächeln bekam etwas Geheimnisvolles, als er zum Staunen des ganzen Tisches ›Ophelia‹ sagte und den Namen, aus Angst, daß er sich versprochen haben könnte, noch einmal etwas langsamer wiederholte. »Unser Reitersmann bei Hamlet«, sagte Fräulein Kündig, »wer hätte das gedacht«, worauf sie Herr Schutt sofort unterbrach: »Weil einer Ophelia sagt, muß er noch lange nicht ›Hamlet‹ gesehen haben.« Es stellte sich heraus, daß Herr Schimmel nicht wußte, wer Hamlet war, was großes Gelächter erregte. Nie wieder wagte er sich so weit vor. Herrn Bembergs Angriff auf Shakespeare war trotzdem abgeschlagen, seine eigene Frau beteuerte, sie habe die Hosenrollen bei ihm gern, die so schick seien.

Man las damals oft den Namen Stinnes in der Zeitung, es war die Zeit der Inflation, ich weigerte mich, von wirtschaftlichen Dingen etwas zu verstehen; hinter allem, was danach klang, witterte ich eine Falle des Onkels in Manchester, der mich in seine Geschäfte ziehen wollte. Sein Großangriff bei Sprüngli in Zürich, erst zwei Jahre her, lag mir immer noch in den Knochen. Seine Wirkung war verstärkt durch den schlimmen Disput mit der Mutter. Alles, was ich als Bedrohung empfand, führte ich auf seinen Einfluß zurück. Es war natürlich, daß er für mich mit

Stinnes zusammenfloß. Die Art, wie man von Stinnes sprach, der Neid, den ich in Herrn Bembergs Stimme spürte, wenn er seinen Namen nannte, die schneidende Verachtung, mit der Herr Schutt ihn verdammte: »Alle werden ärmer, er wird immer reicher«, die einhellige Sympathie aller Frauen in der Pension (Frau Kupfer: »Der kann sich noch was leisten«; Fräuleim Rahm, die ihren längsten Satz für ihn fand: »Was weiß man von so einem Mann«; Fräulein Rebhuhn: »Für Musik hat er eben nie Zeit«; Fräulein Bunzel: »Mir tut er leid. Niemand versteht ihn«; Fräulein Kündig: »Die Bettelbriefe möchte ich lesen, die er bekommt«; Fräulein Parandowski hätte gern für ihn gearbeitet, »da weiß man, woran man ist«; Frau Bemberg dachte gern an seine Frau: »Für so einen Mann muß man sich schick anziehen.«) — immer war lang von ihm die Rede, die Mutter als einzige schwieg. Herr Rebhuhn traf sich dieses einzige Mal mit Herrn Schutt und gebrauchte sogar das harte Wort ›Parasit‹, genauer: »Ein Parasit an der Nation«, und Herr Schimmel, mildester aller Lächler, gab Fräulein Parandowskis Bemerkung eine unerwartete Wendung: »Da hat man uns vielleicht schon aufgekauft. Kann man nicht wissen.« Wenn ich die Mutter fragte, warum sie schwieg, sagte sie, es käme ihr als Ausländerin nicht zu, sich in innerdeutsche Dinge zu mischen. Aber es war offensichtlich, daß sie dabei an etwas anderes dachte, etwas womit sie nicht herausrücken wollte.

Dann, eines Tages, hielt sie einen Brief in der Hand und sagte: »Kinder, übermorgen bekommen wir Besuch. Herr Hungerbach kommt zum Tee.« Es stellte sich heraus, daß sie Herrn Hungerbach vom Waldsanatorium in Arosa her kannte. Es sei ihr ein bißchen peinlich, daß er uns in der Pension besuche, er sei ein ganz anderes Leben gewöhnt, aber sie könne ihm nicht gut absagen, dazu sei es auch zu spät, er sei auf Reisen und sie wisse gar nicht, wo sie ihn erreichen könne. Ich stellte mir, wie immer, wenn ich das Wort ›Reisen‹ hörte, einen Forschungsreisenden vor und wollte wissen, in welchem Erdteil er reise. »Er ist auf Geschäftsreisen natürlich«, sagte sie, »er ist Industrieller.« Nun wußte ich, warum sie bei Tisch geschwiegen hatte. »Es ist besser, wir sprechen nicht darüber in der Pension. Es wird ihn schon niemand erkennen, wenn er kommt.«

Ich war natürlich gegen ihn voreingenommen, ich hätte nicht die Reden unten am Tisch dazu gebraucht, es war ein Mann, der in die Sphäre des Oger-Onkels gehörte, was wollte er bei uns? Ich spürte eine Unsicherheit bei der Mutter und dachte, daß ich sie vor ihm schützen müsse. Wie ernst es war, wußte ich aber erst, als sie sagte: »Du gehst nicht aus dem Zimmer, wenn er da ist, mein Sohn, ich möchte, daß du ihn von Anfang bis zu Ende anhörst. Das ist ein Mann, der mitten im Leben steht. Er hat mir schon in Arosa versprochen, euch ein wenig in die Hand zu nehmen, wenn wir nach Deutschland kommen. Er hat unendlich viel zu tun. Aber ich sehe jetzt, daß er Wort hält.«

Ich war neugierig auf Herrn Hungerbach, und da ich einen ernsten Zusammenstoß mit ihm erwartete, lag mir daran, einen Gegner in ihm zu finden, der es mir schwermachte. Ich wollte von ihm beeindruckt werden, um mich um so besser gegen ihn zu behaupten. Die Mutter, die eine gute Witterung für meine »jugendlichen Vorurteile« (so nannte sie es) hatte, sagte, ich solle ja nicht glauben, Herr Hungerbach sei als verwöhntes Bürschchen aus einem reichen Hause groß geworden. Er habe es im Gegenteil als Sohn eines Bergarbeiters sehr schwer gehabt und sich Schritt für Schritt in die Höhe gearbeitet. Er habe ihr einmal in Arosa seine ganze Geschichte erzählt, da habe sie endlich erfahren, was es bedeute, wenn man ganz klein anfängt. Sie habe zum Schluß Herrn Hungerbach gesagt: »Ich fürchte, meinem Jungen ist es immer zu gut gegangen.« Er habe sich dann nach mir erkundigt und schließlich erklärt, es sei nie zu spät. Er wisse sehr wohl, was man in einem solchen Fall zu tun hätte: »Ins Wasser werfen und strampeln lassen. Plötzlich kann er schwimmen.«

Herr Hungerbach hatte eine plötzliche Art. Er klopfte an und war schon im Zimmer. Er schüttelte der Mutter die Hand, doch statt sie dabei anzusehen, faßte er mich ins Auge und bellte. Seine Sätze waren sehr kurz und abrupt, es war unmöglich, sie mißzuverstehen, doch er sprach nicht, er bellte. Vom Augenblick seines Eintritts bis zu seinem Abschied – er blieb eine volle Stunde – bellte er unaufhörlich. Er stellte keine Fragen und erwartete keine Antworten. Er fragte die Mutter, die immerhin in Arosa eine Mitpatientin von ihm gewesen war, kein einziges Mal danach, wie es ihr ginge. Er fragte mich nicht nach meinem Namen. Dafür bekam ich alles wieder zu hören, was mich vor einem Jahr in jenem Streitgespräch mit der Mutter so entsetzt hatte. Eine harte Lehre möglichst früh sei das Beste. Nur nicht studieren. Die Bücher wegwerfen, das ganze Zeug vergessen. Alles was in Büchern stünde, sei falsch, nur das Leben selber zähle, Erfahrung und harte Arbeit. Arbeit, bis einem die Knochen schmerzten. Etwas anderes könne man gar nicht Arbeit nennen. Wer das nicht aushalte, wer zu schwach sei, der solle zugrundegehen. Um den sei es nicht schade. Es gebe ohnehin zu viele Menschen auf der Welt. Die Unbrauchbaren sollten verschwinden. Im übrigen sei es nicht einmal ausgeschlossen, daß man sich trotzdem als brauchbar erweise. Trotz der grundfalschen Anfänge. Aber vor allem heiße es, alle diese Dummheiten vergessen, die mit dem Leben, wie es wirklich sei, nichts zu tun hätten. Leben sei Kampf, erbarmungsloser Kampf, und das sei gut so. Anders komme die Menschheit nicht voran. Eine Rasse von Schwächlingen wäre längst ausgestorben, ohne Spuren zu hinterlassen. Für nichts gebe es nichts. Männer müßten von Männern erzogen werden, Frauen seien zu sentimental, die wollten nur immer ihre Prinzensöhnchen herausputzen und von jedem Schmutz fernhalten. Arbeit sei aber vor allem schmutzig. Die Definition von Arbeit: etwas was einen müd und schmutzig mache, und trotzdem gebe man nicht auf. – Es scheint mir eine arge Verfälschung, das Gebell des Herrn Hungerbach in verständliche Äußerung umzusetzen, aber wenn ich auch manche besonderen Sätze und Worte nicht verstand, der Sinn jeder einzelnen Direktive war überdeutlich, er schien geradezu zu erwarten, daß man auf der Stelle aufspringe und sich an die harte Arbeit mache, eine andere zählte ja nicht.

Immerhin wurde Tee eingeschenkt, man saß um einen niederen, runden Tisch, der Gast führte die Teeschale an den Mund, aber bevor es soweit war, daß er einen Schluck davon nahm, fiel ihm eine neue Direktive ein, die zu dringlich war, um einen ganzen Schluck lang zu warten. Die Schale wurde brüsk abgestellt, der Mund öffnete sich zu neuen Kurzsätzen, denen eines jedenfalls zu entnehmen war: ihre Zweifellosigkeit. Da hätten auch Ältere schwerlich widersprochen, geschweige denn Frauen oder Kinder. Herr Hungerbach genoß seine Wirkung. Er war ganz blau, in der Farbe seiner Augen gekleidet, er war makellos, kein Fleckchen war an ihm, kein Stäubchen. Ich dachte an sehr vieles, das ich gern gesagt hätte, aber am häufigsten, immer wieder, kam mir das Wort ›Bergarbeiter‹ in den Kopf und ich fragte mich, ob dieser sauberste, sicherste, härteste aller Menschen in seiner Jugend je wirklich in einem Bergwerk gearbeitet habe, wie die Mutter behauptete.

Da ich den Mund nicht *einmal* auftat – wann hätte er mir einen Sekundenspalt dazu gegönnt –, da er alles losgelassen hatte, fügte er – und diesmal klang es wie eine Direktive an sich selbst – als letztes hinzu, daß er keine Zeit zu verlieren habe, und ging. Wohl gab er der Mutter noch die Hand, aber mich beachtete er nicht mehr, er hatte mich, wie er glaubte, viel zu sehr zerschmettert, um mich noch eines Abschiedsgrußes für wert zu halten. Er verbot der Mutter noch, ihn hinunterzubegleiten, er kenne den Weg, und verbat sich als Allerletztes jeden Dank. Sie solle erst einmal die Wirkung seines Eingriffs abwarten, bevor sie sich bedanke. »Operation gelungen, Patient tot«, hieß es noch. Das war ein Witz, der den Ernst des Vorherigen mildern sollte. Dann war es vorbei.

»Er hat sich sehr verändert, in Arosa war er anders«, sagte die Mutter. Sie war verlegen und schämte sich. Es war ihr klar, daß sie sich schwerlich einen schlechteren Bundesgenossen für ihre neuen Erziehungspläne hätte aussuchen können. Ich aber hatte, noch während Herr Hungerbach sprach, einen furchtbaren Verdacht geschöpft, der mich peinigte und mit Stummheit schlug. Es dauerte lange, bis ich imstande war, damit herauszurücken. Indessen berichtete die Mutter allerhand über Herrn Hungerbach, wie er *früher* war, noch vor einem Jahr. Zu meinem Staunen betonte sie – zum erstenmal – seine Gläubigkeit. Einige Male habe er ihr damals davon gesprochen, wieviel ihm sein Glaube bedeute. Er habe gesagt, daß er diesen Glauben seiner Mutter verdanke, nie habe er später darin gewankt, auch in den schwersten Zeiten nicht. Er habe immer gewußt, daß es gut ausgehen werde, und so sei es denn auch gekommen: da er nie gewankt habe, habe er es so weit gebracht.

Was denn das mit seinem Glauben zu tun habe? fragte ich. »Er hat mir erzählt, wie schlecht es in Deutschland aussieht«, sagte sie, »und daß es immer schlechter werden müsse, bevor es wieder besser werde. Man müsse sich an den eigenen Haaren aus dem Sumpf ziehen, anders gehe es eben nicht, für Schwächlinge und Muttersöhnchen sei in einem solchen Notzustand kein Platz.«

»Hat er damals auch schon so geredet?« fragte ich.

»Was meinst du damit?«

»Ich meine, so als ob er immer bellen würde, und ohne dir ins Gesicht zu sehen?«

»Nein, das hat mich jetzt selbst verwundert. Er war damals wirklich anders. Er hat sich nach meinem Befinden erkundigt und gefragt, ob ich Nachricht von dir hätte. Es hat ihm Eindruck gemacht, daß ich oft von dir sprach. Er hat dann sogar zugehört. Einmal, ich erinnere mich genau, hat er geseufzt – stell dir vor, dieser Mensch und seufzen – und gesagt: das sei in seiner Jugend anders gewesen, für solche Feinheiten hätte seine Mutter keine Zeit gehabt, mit 15 oder 16 Kindern, ich weiß es jetzt nicht mehr genau. Ich wollte ihm dein Drama zu lesen geben, er hat es in die Hand genommen, den Titel gelesen und gesagt: ›Junius Brutus – kein schlechter Titel, von den Römern kann man was lernen.‹« »Wußte er überhaupt, wer das war?« »Ja, stell dir vor, er sagte: ›Das war doch der, der seine Söhne zum Tod verurteilt hat.‹« »Das war das einzige, was er von der Geschichte gewußt hat. Das hat ihm gefallen, das paßt zu ihm. Aber hat er's gelesen?« »Nein, natürlich nicht, für Literatur hatte er keine Zeit. Er hat immer den Wirtschaftsteil der Zeitung studiert und hat mir zugeredet, nach Deutschland zu übersiedeln: ›Da werden Sie jetzt sehr billig leben können, gnädige Frau, immer billiger!‹«

»Und deswegen sind wir von Zürich fort und nach Deutschland gezogen?« Ich sagte es mit solcher Erbitterung, daß ich selber erschrak. Es war schlimmer als mein Verdacht. Die Vorstellung, daß sie den Ort, den ich über alles in der Welt liebte, verlassen haben könnte, um anderswo *billiger* zu leben, empfand ich als tiefste Demütigung. Sie merkte sofort, daß sie zu weit gegangen war, und lenkte ein: »Nein, das nicht. Bestimmt nicht. Der Gedanke mag bei meinen Überlegungen manchmal mitgespielt haben, aber entscheidend war das nicht.« »Und was war entscheidend?« Sie fühlte sich in die Verteidigung gedrängt, und da wir noch unter dem Eindruck des abscheulichen Besuchs standen, tat es ihr gut, mir Rede und Antwort zu stehen, und sich dabei selbst über einiges klarer zu werden.

Sie schien mir unsicher, es war, als ob sie sich abtaste, nach Antworten, die standhielten und nicht auf der Stelle zerflossen. »Er wollte immer mit mir sprechen«, sagte sie, »ich glaube, er mochte mich. Dabei war er respektvoll und statt Scherze zu machen wie andere Patienten dort, blieb er immer ernst und sprach von seiner Mutter. Das hat wieder mir gefallen. Frauen haben das sonst nicht so gern, weißt du, wenn man sie mit seiner Mutter vergleicht, weil sie das älter macht. Mir gefiel das, weil ich spürte, daß er mich ernst nahm.« »Aber du machst doch jedem Eindruck, weil du schön und gescheit bist.« Das dachte ich wirklich, sonst hätte ich's in diesem Augenblick nicht gesagt, nach Freundlichkeiten war mir nicht zumute, im Gegenteil, ich spürte einen schrecklichen Haß, ich war endlich dem auf der Spur, was ich seit dem Tod des Vaters als den schwersten Verlust empfand: dem Fortgang von Zürich.

»Er hat mir immer wieder gesagt, daß ich unverantwortlich bin, weil ich dich als Frau allein erzogen habe. Du müßtest die starke Hand eines Mannes fühlen. Aber jetzt ist es schon so, pflegte ich zu antworten, woher einen Vater nehmen und nicht stehlen? Eben um mich ganz euch zu widmen, habe ich nicht wieder geheiratet, und jetzt bekam ich zu hören, daß das schlecht für euch gewesen sei: das Opfer, das ich euch gebracht hatte, müsse zu eurem Unglück ausschlagen. Ich bin darüber sehr erschrocken. *Jetzt* glaube ich, er *wollte* mich erschrecken, um mir Eindruck zu machen, geistig war er nicht sehr interessant, weißt du, er hat immer dieselben Sachen gesagt, aber mit dir hat er mich erschreckt und dann auch gleich seine Hilfe angeboten. ›Kommen Sie nach Deutschland, gnädige Frau‹, hat er gesagt, ›ich bin ein vielbeschäftigter Mann, ich habe überhaupt keine Zeit, nicht eine Minute, aber ich werde mich Ihres Sohnes annehmen, kommen Sie zum Beispiel nach Frankfurt, ich werde Sie besuchen und ein ernstes Wort mit ihm reden. Der weiß noch nicht, wie es in der Welt zugeht. Bei uns werden ihm die Augen aufgehen. Ich nehm ihn mir einmal vor, aber gründlich, und dann werden Sie ihn ins Leben werfen! Der hat genug studiert, Schluß mit den Büchern! Der wird nie ein Mann! Wollen Sie ein Weib zum Sohn haben?‹«

Die Herausforderung

Rainer Friedrich war ein großer, verträumter Junge, der beim Gehen kaum daran dachte, wie und wohin er ging, es hätte einen nicht verwundert, wenn er mit dem rechten Bein in die eine und mit dem linken in eine andere Richtung ausgeschritten wäre. Er war nicht etwa schwach, aber an körperlichen Dingen ganz uninteressiert und darum auch der schlechteste Turner in der Klasse. Er war immer in Gedanken, und zwar waren es Gedanken von zweierlei Art. Seine eigentliche Begabung war die Mathematik, er hatte darin eine Leichtigkeit, wie ich sie noch nie erlebt hatte. Ein Problem schien noch kaum gestellt, da hatte er es schon gelöst; man hatte noch nicht vollkommen begriffen, worum es ging, da kam schon seine Antwort. Aber er trumpfte damit nicht auf, es kam leise und natürlich, es war, als übersetze er fließend von einer Sprache in die andere. Es kostete ihn keine Anstrengung, die Mathematik erschien wie seine Muttersprache. Mich überraschte beides: die Leichtigkeit, und daß er sich nichts darauf zugute hielt. Es war nicht nur ein Wissen, es war ein Können, das er immer, in jeder Verfassung vorzuführen bereit war. Ich fragte ihn, ob er auch im Schlaf Formeln lösen könne, und er überlegte ernsthaft und sagte dann schlicht: »Ich glaube schon.« Ich war von größtem Respekt für sein Können erfüllt, beneidete ihn aber nicht. Es war unmöglich, über etwas so Einzigartiges Neid zu empfinden, schon daß es so staunenswert war, daß es einem Wunder glich, hob es weit über die Region jedes niederen Neides empor. Wohl aber beneidete ich ihn um seine Bescheidenheit. »Das ist doch ganz leicht«, pflegte er zu sagen, wenn man der Bewunderung über eine traumwandlerische Lösung Ausdruck gab, »das kannst du auch.« Er benahm sich so, als glaube er wirklich daran, daß man alles wie er könne, als *wolle* man nur nicht recht, eine Art schlechter Wille, den er aber nie zu erklären versuchte, es sei denn aus religiösen Gründen.

Denn das zweite, womit seine Gedanken beschäftigt waren, war von der Mathematik himmelweit entfernt, es war sein Glaube. Er ging in den Bibelkreis, er war gläubiger Christ. Er wohnte in meiner Nähe, wir gingen zusammen von der Schule nach Haus und er gab sich Mühe, mich zu seinem Glauben zu bekehren. Das war mir in der Schule noch nie passiert. Er versuchte es nicht mit Argumenten, es war nie eine Diskussion, von der strengen Schlüssigkeit seines mathematischen Denkens war darin keine Spur. Es war eine freundliche Aufforderung, der immer mein Name voranging, wobei er einen fast beschwörenden Ton auf das »E« der Anfangssilbe legte. »Élias«, so pflegte er etwas gedehnt zu beginnen, »versuch es, auch du kannst glauben. Du mußt es nur wollen. Es ist ganz einfach. Christus ist auch für dich gestorben.« Er hielt mich für verstockt, denn ich antwortete nicht. Er nahm an, daß es das Wort ›Christus‹ sei, das mir widerstrebe. Wie hätte er wissen können, daß ›Jesus Christ‹ mir in früher Kindheit sehr nah gekommen war, in jenen wunderbaren englischen Hymnen, die wir mit unserer Gouvernante zusammen sangen. Was mich abstieß, was mich mit Stummheit schlug, was mich entsetzte, war nicht der Name, den ich, vielleicht ohne es zu wissen, immer noch in mir trug, sondern daß er ›auch für mich gestorben sei. Mit dem Wort ›sterben‹ hatte ich mich nie ausgesöhnt. Daß jemand für mich gestorben sein sollte, hätte mich mit den furchtbarsten Schuldgefühlen beschwert, so als sei ich der Nutznießer eines Mordes. Wenn es etwas gab, das mich von Christus ferngehalten hatte, so war es diese Vorstellung eines Opfers, ein Lebensopfer, das zwar für alle, aber auch für mich dargebracht worden sei.

Einige Monate bevor das geheime Hymnensingen in Manchester begann, hatte ich in den Religionsstunden mit Mr. Duke von Abrahams Opfer seines Sohnes Isaak erfahren. Ich bin nie darüber hinweggekommen, und wenn es nicht so lächerlich klingen würde, möchte ich sagen: bis zum heutigen Tage nicht. Es hat den Zweifel am *Befehl* in mir geweckt, der nie wieder eingeschlafen ist. Es allein hat genügt, mich davon abzuhalten, zum gläubigen Juden zu werden. Der Kreuzestod Christi, obwohl selbstgewollt, hatte eine nicht weniger verstörende Wirkung auf mich, denn es bedeutet, daß der Tod, zu welchem Zwecke immer, *eingesetzt* wird. Friedrich, der das Beste für seine Sache zu sagen glaubte und jedesmal mit Wärme in seiner Stimme aussprach, daß Christus anch für mich gestorben sei, ahnte nicht, wie vollkommen er seine Sache bei mir mit diesem Satz zerstörte. Vielleicht deutete er mein Schweigen falsch und nahm es für Unschlüssigkeit. Denn es wäre sonst schwer zu fassen gewesen, daß er jeden Tag auf dem Heimweg von der Schule denselben Satz wiederholte. Seine Hartnäckigkeit war erstaunlich, aber ärgerlich war sie nie, denn immer spürte ich, daß sie einer guten Gesinnung entsprang: er wollte mir das Gefühl geben, daß ich von dieser besten Sache, die er hatte, nicht ausgeschlossen sei, daß ich ebensogut wie er dazugehören könne. Auch war seine Sanftmut entwaffnend: er schien sich über mein Schweigen in diesem Punkte nie zu ärgern, wir redeten ja über vieles und es ging zwischen uns keineswegs schweigsam zu; er runzelte nur die Stirn, so als wundere er sich darüber, daß dieses einzige Problem so schwer zu lösen sei, sagte mir noch beim Abschied, wenn er mir, vor seinem Hause angelangt, die Hand gab: »Überleg's dir, Elias« – auch das mehr bittend als nachdrücklich –, und stolperte ins Haus hinein.

Ich wußte, daß unser Heimweg jedesmal mit seinem Bekehrungsversuch enden würde, und gewöhnte mich daran. Aber erst allmählich erfuhr ich von einer ganz anderen Stimmung, die neben der christlichen und ihr ganz entgegengesetzt, bei ihm zuhause herrschte. Er hatte einen jüngeren Bruder, der auch in der Wöhlerschule war, zwei Klassen unter uns. Sein Name ist mir entfallen, vielleicht weil er mir so scharf entgegentrat und mich mit unverhohlener Feindseligkeit behandelte. Der war nicht ganz so groß, aber ein guter Turner, der sehr wohl wußte, was er mit seinen Beinen tat. Er war so sicher und entschlossen wie Rainer unbestimmt und verträumt. Sie hatten dieselben Augen, aber während der Ältere einen immer fragend, abwartend und menschenfreundlich ansah, war im Blick des jüngeren Bruders etwas Kühnes, Streitlustiges und Herausforderndes. Ich kannte ihn nur vom Sehen, nie hatte ich ein Gespräch mit ihm gehabt, aber von Rainer erfuhr ich brühwarm, was er über mich gesagt hatte.

Es war immer etwas Unangenehmes oder Beleidigendes. »Mein Bruder sagt, daß du Kahn heißt und nicht Canetti. Er will wissen, warum ihr euren Namen geändert habt.« Diese Zweifel kamen immer vom Bruder, in seinem Namen wurden sie ausgesprochen. Rainer wollte meine Antworten darauf, um den Bruder zu widerlegen. Er hing sehr an ihm, ich glaube, er mochte auch mich und so mag er es als einen Vermittlungs- und Friedensversuch betrachtet haben, daß er mir jede gehässige Äußerung hinterbrachte. Ich sollte sie widerlegen, meine Antworten hinterbrachte er alle dem Bruder, aber er irrte sich sehr, wenn er an eine Versöhnungsmöglichkeit glaubte. Auf unserem Heimweg war das erste, was ich von Rainer zu hören bekam, eine neue Verdächtigung und Beschuldigung seines Bruders. Sie waren alle so unsinnig, daß ich sie nicht ernstnahm, obwohl ich sie gewissenhaft beantwortete. Ihr Hauptinhalt ging immer in dieselbe Richtung, daß auch ich, wie alle Juden, zu verbergen suche, daß ich einer sei. Es war offenkundig, daß das nicht der Fall war, und wurde noch offenkundiger, wenn ich wenige Minuten später den obligaten Bekehrungsversuch Rainers mit Schweigen beantwortete.

Vielleicht war es die Unbelehrbarkeit des Bruders, was mich zu geduldigen und ausführlichen Antworten zwang. Rainer teilte mir alles, was von seinem Bruder kam, sozusagen in Klammern mit. Er gab es tonlos weiter, ohne Stellung dazu zu nehmen. Er sagte nicht: »Ich glaube das auch« oder: »Ich glaube das nicht«, er gab seinen Auftrag weiter, als ginge er durch ihn durch. Hätte ich diese Verdächtigungen, die unerschöpflich waren, im aggressiven Ton des Bruders gehört, ich wäre zornig gewesen und hätte sie nie beantwortet. So aber kamen sie in vollkommener Ruhe, voran ging immer: »mein Bruder sagt« oder: »mein Bruder fragt«, und dann kam etwas so Ungeheuerliches, daß es mich zum Reden zwang, ohne daß es mich eigentlich wirklich aufgeregt hätte, denn es war so unsinnig, daß einem der Fragesteller leid tat. »Elias, mein Bruder fragt: Warum habt ihr Christenblut für das Pessach-Fest gebraucht?«, und wenn ich die Antwort gab: »Nie. Nie. Ich habe doch Pessach als Kind erlebt. Ich hätte doch etwas gemerkt. Wir hatten viele christliche Mädchen im Haus, das waren meine Spielgefährten« – so kam am nächsten Tag als nächste Botschaft des Bruders: »Jetzt vielleicht nicht. Jetzt ist es zu gut bekannt. Aber früher, warum haben die Juden früher Christenkinder für ihr Pessach-Fest geschlachtet?« Jede der alten Beschuldigungen wurde ausgekramt: »Warum haben die Juden die Brunnen vergiftet?« Wenn ich zur Antwort gab: »Das haben sie nie getan«, so hieß es: »Doch, zur Pestzeit.« »Aber sie starben doch genauso wie die anderen an der Pest.« »Weil sie die Brunnen vergiftet haben. Ihr Haß gegen die Christen war so groß, daß sie an ihrem Haß selber mit zugrundegingen.« »Warum verfluchen die Juden alle anderen Menschen?« »Warum sind die Juden feig?« »Warum waren keine Juden im Krieg an der Front?«

So ging es weiter, meine Geduld war unerschöpflich, ich antwortete, so gut ich konnte, immer ernsthaft, nie beleidigt, als hätte ich in meinem Lexikon nachgeschlagen, um die wissenschaftliche Wahrheit zu erfahren. Ich nahm mir vor, solche Beschuldigungen, die völlig absurd erschienen, durch meine Antworten aus der Welt zu schaffen, und um es Rainer an Gemütsruhe gleichzutun, sagte ich einmal zu ihm: »Sag deinem Bruder, daß ich ihm für seine Fragen dankbar bin. So kann ich diese Dummheiten ein für allemal aus der Welt schaffen.« Da wunderte sich sogar der gutgläubige, unschuldige und redliche Rainer. »Das wird schwer sein«, sagte er, »er kommt immer mit neuen Fragen.« Der Unschuldige aber war in Wirklichkeit ich, denn ich merkte während mehrerer Monate nicht, worauf es der Bruder abgesehen hatte. Eines Tages sagte Rainer: »Mein Bruder fragt dich, warum du seine Fragen immer beantwortest. Du kannst ihn doch auf dem Schulhof in der Pause stellen und zum Kampf herausfordern. Du kannst dich doch mit ihm schlagen, wenn du keine Angst vor ihm hast!«

Es wäre mir nie eingefallen, Angst vor ihm zu haben. Ich empfand nur Mitleid für ihn, wegen seiner unsäglich dummen Fragen. Er aber hatte mich herausfordern wollen und wählte den sonderbaren Weg über seinen Bruder, der in dieser ganzen Zeit an keinem einzigen Tage von seinen Bekehrungsversuchen abließ. Das Mitleid schlug nun in Verachtung um, die Ehre einer Herausforderung tat ich ihm nicht an, er war zwei Jahre jünger als ich, es hätte mir schlecht angestanden, mich mit einem Jungen herumzuschlagen, der in eine tiefere Klasse ging. So schnitt ich diesen ganzen ›Verkehr‹ mit ihm ab. Als Rainer das nächste Mal anfing: »Mein Bruder läßt sagen. . .«, unterbrach ich ihn mitten im Satz und sagte: »Dein Bruder soll sich zum Teufel scheren. Mit kleinen Buben schlage ich mich nicht.« Es blieb aber bei unserer Freundschaft, auch an den Bekehrungsversuchen änderte sich nichts.

Das Porträt

Hans Baum, mit dem ich mich zuerst befreundete, war der Sohn eines Ingenieurs von den Siemens-Schuckert-Werken. Er war ein sehr förmlicher Mensch, von seinem Vater zu Disziplin erzogen, darauf bedacht, sich nie etwas zu vergeben, immer ernst und gewissenhaft, ein guter Arbeiter, nicht sehr beschwingt, aber dafür bemüht. Er las gute Bücher und ging in die Saalbaukonzerte, es gab immer etwas, worüber wir sprechen konnten. Ein unerschöpfliches Thema war Romain Rolland, besonders sein ›Beethoven‹ und der ›Jean Christophe‹. Baum wollte aus einer Art von Verantwortungsgefühl für die Menschheit Arzt werden, was mir sehr an ihm gefiel. Über Politik machte er sich wohl Gedanken, sie waren gemäßigter Art, alles Extreme lehnte er instinktiv ab, er war so beherrscht, daß er wirkte, als ob er immer in einer Uniform stecke. In seinen jungen Jahren schon bedachte er jede Sache von allen Seiten, »aus Gerechtigkeit«, wie er sagte, vielleicht aber noch mehr, weil ihm Unbedachtheit zuwider war.

Als ich ihn zuhause besuchte, staunte ich darüber, wie temperamentvoll der Vater war, ein heftiger Spießer mit tausend Vorurteilen, die er unaufhörlich äußerte, gutmütig, unbedacht, zu Späßen aufgelegt, seine tiefste Zuneigung galt Frankfurt. Ich kam noch manchmal zu Besuch, jedesmal las er aus seinem Lieblingsdichter, Friedrich Stoltze, vor. »Das ist der größte Dichter«, sagte er, »wer den nicht leide mag, gehört erschosse.« Die Mutter von Hans Baum war schon vor Jahren gestorben, der Haushalt wurde von seiner Schwester geführt, einer heiteren, trotz ihrer Jugend schon etwas behäbigen Person.

Die Korrektheit des jungen Baum war etwas, das mich beschäftigte. Er hätte sich eher die Zunge abgebissen, als eine Lüge gesagt. Feigheit war in seiner Welt eine Sünde, vielleicht sogar die größte. Wenn ein Lehrer ihn zur Rede stellte – was nicht häufig geschah, er war einer der besten Schüler –, so gab er, unbekümmert um die Folgen für sich, eine vollkommen offene Antwort. Wenn es nicht um ihn selber ging, war er ritterlich und deckte Kameraden, aber ohne zu lügen. Wurde er aufgerufen, so stand er kerzengrad auf, er hatte von allen in der Klasse die steifste Haltung, und knöpfte sich entschlossen, aber gemessen, den Rock zu. Es wäre ihm unmöglich gewesen, in einer öffentlichen Situation mit nicht zugeknöpftem Rock zu erscheinen, vielleicht war das der Grund, warum man bei ihm häufig an eine Uniform dachte. Es war gegen Baum wirklich nichts einzuwenden, er war schon früh ein integrer Charakter und keineswegs dumm, aber er blieb sich immer gleich, jede seiner Reaktionen war vorauszusehen, man wunderte sich nie über ihn, höchstens darüber, daß es bei ihm nie etwas zu verwundern gab. In Ehrendingen war er mehr als empfindlich. Als ich ihm, ziemlich viel später, von dem Spiel erzählte, das Friedrichs Bruder sich mit mir erlaubt hatte, verlor er die Fassung – er war Jude – und fragte mich allen Ernstes, ob er ihn jetzt noch stellen solle. Er begriff weder die lange, geduldige Periode meiner Antworten noch die spätere komplette Verachtung, die ich ihm bewies. Die

Sache beunruhigte ihn, er hatte das Gefühl, daß bei mir etwas nicht ganz in Ordnung sein könne, weil ich so lange darauf eingegangen war. Da ich ihm nicht erlaubte, irgend etwas Direktes in meinem Namen zu unternehmen, ging er der Sache nach und fand heraus, daß Friedrichs verstorbener Vater geschäftlich in Schwierigkeiten geraten war, wobei Konkurrenten von ihm, Juden, ihre Hand mit im Spiel gehabt hätten. Die Einzelheiten verstand ich nicht, wir erfuhren sie auch nicht genau genug, um sie zu verstehen. Aber er war bald darauf gestorben und nun begann ich zu begreifen, wie es in der Familie zu diesem blinden Haß gekommen war.

Felix Wertheim war ein temperamentvoller, lustiger Junge, dem es ziemlich gleichgültig war, ob und wieviel er lernte, denn während der Unterrichtsstunden war er damit beschäftigt, die Lehrer zu studieren. Keine Eigentümlichkeit eines Lehrers entging ihm, er erlernte sie alle wie Rollen, wobei er besonders ergiebige Lieblinge hatte. Sein eigentliches Opfer war Krämer, der cholerische Lateinlehrer, den er so perfekt spielte, daß man ihn vor sich zu haben meinte. Einmal während einer solchen Vorführung betrat Krämer unerwartet früh die Klasse und fand sich plötzlich mit sich selbst konfrontiert. Wertheim war so sehr in Rage geraten, daß er nicht mehr aufhören konnte, und so beschimpfte er Krämer, als wäre er der Falsche und maße sich unverschämterweise seine Rolle an. Ein oder zwei Minuten setzte sich die Szene fort, die zwei standen sich gegenüber, starrten einander ungläubig an und schimpften, wie es Krämers Art war, auf die unflätigste Weise weiter. Die Klasse erwartete das Schlimmste, aber nichts geschah – Krämer, den cholerischen Krämer, kam das Lachen an, er hatte Mühe, es zu unterdrücken. Wertheim sank auf seine Bank zurück, er saß in der ersten Reihe, über Krämers unverkennbarer Lust zum Lachen war ihm sein eigenes vergangen. Die Sache wurde nie erwähnt, es kam zu keiner Strafe, Krämer fühlte sich durch die vollkommene Treue des Porträts geschmeichelt und war unfähig, etwas gegen sein Abbild zu unternehmen.

Wertheims Vater war Inhaber eines großen Konfektionsgeschäfts, er war reich und nicht daran interessiert, seinen Reichtum zu verbergen. Zu Silvester waren wir bei ihm eingeladen und da fanden wir uns in einer großen Wohnung voller Liebermanns. In jedem Zimmer hingen gleich fünf oder sechs Liebermanns, ich glaube nicht, daß es andere Bilder gab. Der Clou der Sammlung war ein Porträt des Hausherrn. Man wurde gut bewirtet, es ging protzig zu, der Hausherr zeigte ohne Scheu auf sein Porträt und sprach, für alle vernehmlich, von seiner Freundschaft mit Liebermann. Ich sagte, nicht weniger laut, zu Baum: »Er ist ihm zu seinem Porträt gesessen, drum ist er noch lange nicht sein Freund.«

Der Anspruch dieses Mannes auf die Freundschaft mit Liebermann irritierte mich, schon die Vorstellung, daß ein großer Maler sich mit diesem gewöhnlichen Gesicht befaßt hatte. Das Vorhandensein des Porträts störte mich mehr als das Vorhandensein des Porträtierten. Ich sagte mir, wieviel schöner die Sammlung wäre, wenn es dieses Bild darin nicht gäbe. Es war nicht möglich, darum herumzukommen, alles war darauf angelegt, daß man's sah. Auch mit meiner unhöflichen Äußerung war es nicht aus der Welt geschafft, außer Baum hatte niemand sie beachtet.

In den Wochen danach kam es darüber zu einer hitzigen Diskussion zwischen uns. Ich stellte Baum die Frage: mußte ein Maler jeden malen, der mit einem Porträt-Auftrag zu ihm kam? Durfte der Maler nein sagen, wenn ihm der zu Porträtierende als Gegenstand seiner Kunst nicht lag? Baum meinte, der Maler müsse annehmen, es bleibe ihm die Möglichkeit, seine Meinung über den Porträtierten durch die Art des Bildes zu bekunden. Zu einem häßlichen oder abstoßenden Porträt habe er jedes Recht, das liege im Bereiche seiner Kunst, ein Nein im vorhinein wäre aber ein Zeichen der Schwäche, es würde bedeuten, daß er seiner Fähigkeiten nicht sicher sei. Das klang gemessen und gerecht, meine Maßlosigkeit, das fühlte ich, stach unangenehm dagegen ab.

»Wie kann er malen«, sagte ich, »wenn ihn der Ekel über eine Visage schüttelt? Wenn er sich rächt und das Gesicht des Sitzers entstellt, so ist es nicht mehr ein Porträt. Dazu hätte ihm der nicht sitzen brauchen, das hätte er auch ohne ihn gekonnt. Nimmt er aber Bezahlung für diese Verhöhnung des Opfers an, so hat er sich für Geld zu etwas Niedrigem hergegeben. Das könnte man einem armen Teufel nachsehen, der hungert, weil ihn noch niemand kennt. Aber bei einem berühmten und gesuchten Maler ist es unverzeihlich.«

Baum waren rigorose Maßstäbe nicht unsympathisch, aber er

war an der Moral der anderen weniger interessiert als an der eigenen. Man könne nicht von jedem erwarten, daß er wie Michelangelo sei, es gebe auch abhängige und weniger stolze Naturen. Ich fand, es sollte nur stolze Maler geben, wer das Zeug dazu nicht in sich habe, der könne ja einem gewöhnlichen Gewerbe nachgehen. Aber Baum gab mir noch etwas Wichtiges zu bedenken.

Was ich mir denn eigentlich unter einem Porträtisten vorstelle? Solle er Menschen darstellen, wie sie sind, oder solle er Idealbilder von ihnen malen? Für Idealbilder brauche man doch keine Porträtisten! Jeder Mensch sei, wie er sei, und eben das habe der Maler, dem er sitze, festzuhalten. So wisse man dann später auch, was es alles für Menschen gegeben habe.

Das leuchtete mir ein und ich gab mich geschlagen. Aber es blieb mir ein Unbehagen über die Beziehung von Malern zu ihren Mäzenen. Ich wurde den Verdacht nicht los, daß die Mehrzahl aller Porträts als Schmeicheleien zu gelten hätten und darum nicht ernstzunehmen seien. Vielleicht war das auch einer der Gründe, warum ich mich um diese Zeit mit solcher Entschiedenheit auf die Seite der Satiriker schlug. George Grosz wurde mir so wichtig wie Daumier, die Verzerrung, die satirischen Absichten diente, gewann mich vollkommen, ich verfiel ihr widerstandslos, als wäre sie die Wahrheit.

Die Beichte eines Toren

Ein halbes Jahr nach meinem Eintritt in die Klasse kam ein Neuer, Jean Dreyfus. Er war größer und älter als ich, gut gewachsen, sportlich, ein hübscher Junge. Er sprach zuhause Französisch und ein wenig davon war auch in seinem Deutsch zu spüren. Er kam aus Genf, hatte aber auch schon in Paris gelebt und stach durch seine kosmopolitische Herkunft sehr von den anderen Kameraden ab. Er hatte etwas Weltläufig-Überlegenes, tat sich aber gar nicht damit hervor, legte im Gegensatz zu Baum keinen Wert auf Schulwissen, behandelte die Lehrer, die er nicht ernst nahm, mit ausgesuchter Ironie und gab mir das Gefühl, daß er in vielen Dingen besser als sie Bescheid wisse. Er war von erlesener Höflichkeit und wirkte doch spontan, ich wußte nie im voraus, was er über etwas sagen würde. Nur derb oder kindisch war er nie, er hatte sich immer in der Hand und ließ einen seine Überlegenheit fühlen, ohne einen mit ihr zu bedrücken. Er war ein kräftiger Junge, physische und geistige Dinge schienen bei ihm gut ausbalanciert, mir kam er wie etwas Perfektes vor, doch verwirrte es mich ein wenig, daß ich nicht dahinterkommen konnte, was er ernstnahm. So kam zu allem, was mich für ihn einnahm, noch dieses Geheimnis hinzu. Ich grübelte viel darüber nach, was es sein könnte, vermutete, daß es in seiner Herkunft liegen müsse, war aber von dieser so geblendet, daß ich es nie zu entwirren vermochte.

Ich glaube, Dreyfus wußte nie, was mich so sehr zu ihm hinzog. Hätte er es gewußt, er hätte sich darüber lustig gemacht. Schon nach den allerersten Gesprächen mit ihm beschloß ich, sein Freund zu werden, und da es bei ihm immer höflich und zivilisiert zuging, war das ein Prozeß, der eine gewisse Zeit erforderte. Auf väterlicher Seite war seine Familie Inhaberin einer der größeren deutschen Privatbanken; man stellte sich vor, daß sein Vater sehr reich sein müsse. Das hätte bei mir, der ich mich von meiner weiteren eigenen Familie eingekreist und bedroht fühlte, unweigerlich zu Mißtrauen und Abneigung geführt. Aber dem stand die für mich überwältigende Tatsache entgegen, daß sein Vater der Bankiers-Tradition widerstanden hatte und Dichter geworden war, ganz einfach so: Dichter, und zwar nicht einer, der auf billige Romanerfolge aus war, sondern ein moderner, nur wenigen verständlicher Lyriker, ich nahm an, in französischer Sprache. Ich hatte nie etwas von ihm gelesen, aber es gab Bücher von ihm, ich machte keinen Versuch, sie in die Hand zu bekommen, im Gegenteil, es scheint mir heute, als hätte ich davor zurückgescheut, denn es war mir um die Aura von etwas Dunklem, Schwerverständlichem zu tun, so schwer, daß es unsinnig wäre, in meinem Alter Zugang dazu zu suchen. Albert Dreyfus war auch an moderner Malerei interessiert, er schrieb Kunstkritiken und sammelte Bilder, war mit vielen der eigenwilligsten neuen Maler befreundet und hatte eine Malerin zur Frau, eben die Mutter meines Schulkameraden.

Diese Tatsache faßte ich anfangs gar nicht recht auf, Jean erwähnte es nebenher, es klang nicht wie etwas besonders Ehrenvolles, sondern – soweit man hinter seinen wohlgebildeten Sätzen überhaupt etwas vermuten konnte – eher wie eine Schwierigkeit. Erst als ich dann bei ihm eingeladen war und in eine Wohnung kam, die voller Bilder hing, starken impressionistischen Porträts, worunter sich auch Kinderbilder meines Freundes befanden, erfuhr ich, daß es die Werke seiner Mutter seien. Sie waren von solcher Lebendigkeit und Bravour, daß ich auf der Stelle, meinen geringen Kenntnissen auf diesem Gebiet zum Trotz, in die Worte ausbrach: »Aber das ist doch eine *wirkliche* Malerin! Das hast du mir nicht gesagt!«, worauf er etwas befremdet meinte: »Hast du daran gezweifelt? Ich hab's dir doch gesagt!« Es hing also davon ab, was man unter ›sagen‹ versteht, er hatte es nicht verkündet, sondern nebenbei hingeworfen, und bei dem Pathos, das sich für mich mit jeder Vorstellung von einer künstlerischen Tätitkeit verband, hatte seine Art der Mitteilung so gewirkt, als wolle er davon *ablenken,* sich auf seine höfliche Weise für die Malerei seiner Mutter entschuldigen. Ich hatte etwas wie die Blümchen-Malerei des Fräulein Mina in der ›Yalta‹ erwartet und fiel nun aus allen Wolken.

Es wäre mir nicht eingefallen zu fragen, ob Jeans Mutter auch eine *berühmte* Malerin sei, daß ich die Bilder sah, daß sie bestanden, ihre Fülle, ihre Vitalität, aber auch daß die ganze ziemlich große Wohnung von ihnen *strotzte,* war alles, worauf es ankam. Bei einem späteren Besuch lernte ich die Malerin kennen, sie kam mir nervös und ein wenig zerfahren vor, sie wirkte unglücklich, obwohl sie häufig lachte. Ich spürte etwas von der tiefen Zärtlichkeit, die sie mit ihrem Sohn verband, Jean erschien mir in ihrer Gegenwart weniger ausgeglichen, er war besorgt, wie es ein anderer gewesen wäre, und erkundigte sich nach dem Befinden seiner Mutter. Sie gab eine Antwort, die ihn nicht befriedigte, er fragte weiter, er wollte die ganze Wahrheit erfahren, keine Spur von Ironie, Mitgefühl – eigentlich das letzte, was ich von ihm erwartete – statt Überlegenheit; hätte ich seine Mutter und ihn öfters zusammen gesehen, meine Vorstellung von ihm wäre eine ganz andere geworden.

Doch ich sah sie nie wieder, ihn sah ich täglich, und so holte ich mir bei ihm, was ich damals am meisten brauchte: eine intakte, unbezweifelte Vorstellung von der Kunst und dem Leben derer, die sich ihr hingeben. Ein Vater, der sich von den Geschäften seiner Familie abgewandt hatte und Dichter geworden war, dessen Passion Bilder waren und der ebendarum eine wirkliche Malerin geheiratet hatte. Ein Sohn, der ein wunderbares Französisch sprach, obwohl er in eine deutsche Schule ging, und hie und da – was war natürlicher bei diesem Vater! – selber auch ein französisches Gedicht schrieb, obwohl ihn eigentlich Mathematik mehr interessierte. Dazu kam ein Onkel, ein Bruder seines Vaters, der Mediziner, Neurologe war, Professor an der Frankfurter Universität, mit einer wunderschönen Tochter, Maria, die ich ein einzigesmal sah und gern wiedergesehen hätte.

Es fehlte wirklich nichts: die Wissenschaft, vor der ich den größten Respekt hatte, Medizin, – immer wieder ertappte ich mich beim Gedanken, daß ich Medizin studieren würde; und schließlich die Schönheit einer dunklen, kapriziös wirkenden Cousine, deren Attraktion Jean, der sich schon ein wenig als Frauenkenner gab, durchaus gelten ließ, obwohl dazu geneigt, eine Cousine mit strengeren Maßstäben zu beurteilen.

Es war angenehm, mit Jean über Mädchen zu sprechen; eigentlich sprach *er* darüber und ich hörte ihn an. Es dauerte eine Weile, bis ich aus seinen Gesprächen Erfahrung genug gewann, um selbst mit Geschichten herauszurücken. Sie waren alle erfunden, ich war noch immer so unerfahren, wie ich's in Zürich gewesen war, aber ich lernte von ihm und gab mir seinen Anschein. Er merkte nie, daß ich ihn mit bloßen Geschichten regalierte, wobei ich es vorzog, bei sehr wenigen, am liebsten bei einer einzigen Geschichte zu bleiben, die sich über viele Wechselfälle hinzog. Sie war so spannend, daß er mich danach fragte, und besonders ein Mädchen, das ich seiner Cousine zu Ehren Maria getauft hatte, erregte sein lebhaftes Interesse. Sie war – zu ihrer Schönheit dazu – mit den widersprüchlichsten Eigenschaften ausgestattet: einen Tag war man sicher, ihre Neigung gewonnen zu haben, um am nächsten zu erfahren, daß man ihr völlig gleichgültig war. Aber auch das war nicht endgültig, zwei Tage später wurde man für seine Beharrlichkeit mit einem ersten Kuß belohnt und von da an gab es eine lange Liste von Kränkungen, Verweigerungen und zartesten Erklärungen. Wir rätselten viel über die Natur von Frauen. Er gestand, daß ihm eine so rätselhafte Person wie meine Maria noch nie untergekommen war, dabei hatte er schon allerhand erlebt. Er äußerte den Wunsch, Maria kennenzulernen, was ich nicht rundweg abschlug. Denn dank ihren Launen war ich imstande, ihn hinzuhalten, ohne daß er Verdacht schöpfte.

Erst an Hand dieser Gespräche, die kaum mehr abrissen – sie hatten ihr eigenes Gewicht und spannen sich über Monate fort –, erwachte mein Interesse für Dinge, die mir im Grunde aber noch immer gleichgültig waren. Ich wußte nichts; was unter Liebenden außer Küssen geschah, hätte ich nicht zu sagen vermocht. In der Pension wohnte Tür an Tür mit uns das Fräulein Rahm und empfing Abend für Abend den Besuch ihres Freundes. Obwohl die Mutter vorsorglich das Klavier gegen die Verbindungstür gestellt hatte, hörte man, auch ohne zu horchen, genug. Es muß an der Natur dieser Beziehung gelegen haben, daß mich die Laute von nebenan wohl verwunderten, aber nicht beschäftigten. Es begann mit Bitten des Herrn Ödenburg, die mit schroffem Nein des Fräulein Rahm erwidert wurden. Die Bitten steigerten sich zu Flehen, ein Winseln und Betteln ging los, das nicht aufhören wollte, von immer kälterem Nein! unterbrochen, schließlich klang es, als sei Fräulein Rahm ernsthaft böse. »Hinaus! Hinaus!« kommandierte sie, während Herr Ödenburg herzbrechend weinte. Manchmal warf sie ihn wirklich hinaus, mitten in seinem Weinen, und ich fragte mich, ob er auch auf der Treppe weiterweine, wenn er Leuten von der Pension begegne, hatte aber nicht das Herz, hinauszugehen und es durch Augenschein in Erfahrung zu bringen. Manchmal durfte er bleiben, das Weinen ging in ein Wimmern über, pünktlich um zehn mußte er Fräulein Rahm sowieso verlassen, weil Herrenbesuche in der Pension nicht länger gestattet waren.

Wenn das Weinen so laut wurde, daß es einen beim Lesen störte, schüttelte die Mutter den Kopf, doch sprachen wir nie darüber. Ich wußte, wie unangenehm ihr diese Nachbarschaft war, doch schien sie mit der Art dieser Beziehung, soweit es um unsere kindlich ahnungslosen Ohren ging, nicht eigentlich unzufrieden. Was ich da hörte, behielt ich für mich, in meiner Vorstellung verband es sich nie mit den Eroberungen Jeans, aber vielleicht hatte es, ohne daß ich das damals geahnt hätte, einen entfernten Einfluß auf das Verhalten meiner Maria.

In Jeans Berichten und meinen Erfindungen ging es nie unfein zu. Man erzählte so, wie es früher üblich war. Alles war ritterlich gefärbt, es kam auf Bewunderung an, nicht auf Ergreifen. War die Bewunderung so klug und geschickt gefaßt, daß sie eindrang und nicht vergessen wurde, so hatte man gewonnen, die Eroberung bestand darin, daß man Eindruck machte und ernstgenommen wurde. Wenn der Fluß der schönen Dinge, die man sich ausdachte, aber auch *aussprach,* nicht unterbrochen wurde, wenn die Gelegenheit, sie anzubringen, nicht mehr nur von der eigenen Geschicklichkeit abhing, sondern auch von der Erwartung und dem Entgegenkommen der Betroffenen, so war das ein Beweis dafür, daß man ernstgenommen wurde, und man war ein Mann. Auf diese Bewährung kam es an, sie war es, mehr als das Abenteuer, was einen reizte. Über eine ununterbrochene Kette von solchen Bewährungen hatte Jean zu berichten. Obwohl was ich dagegen setzte, von Anfang bis zu Ende erfunden war, glaubte ich ihm jedes Wort, wie er auch mir glaubte. Es fiel mir nicht ein, je zu bezweifeln, was er erzählte, bloß weil ich meine Sachen erfand. Unsere Berichte bestanden für sich, vielleicht verschönerte er Einzelheiten; was ich als Ganzes erdachte, mochte ihn zum Schwung mancher Details anregen. Unsere Berichte waren aufeinander abgestimmt, sie paßten ineinander und hatten auf sein inneres Leben zu dieser Zeit nicht weniger Einfluß als auf meines.

Eine ganz andere Haltung nahm ich in den Gesprächen mit Hans Baum ein. Sie waren nicht befreundet, Jean empfand Baum als langweilig. Er verachtete Vorzugsschüler, und die Pflicht, die Baum aus den Augen sah, erschien ihm lächerlich, weil sie starr und unlebendig war, weil sie sich immer gleich blieb. Die Distanz, die sie zueinander einhielten, war mein Glück, denn hätten sie verglichen, was ich ihnen in diesem Punkte der Liebe sagte, es wäre um mein Ansehen bei beiden sehr bald geschehen gewesen.

Ich *meinte,* was ich Baum sagte, während ich in den Gesprächen mit Dreyfus spielte. Vielleicht lag mir daran, von diesem zu lernen, obwohl ich nur in Gesprächen mit ihm wetteiferte und mich sonst wohl davor hütete, es ihm gleichzutun. Einmal kam es zu einem sehr ernsten Gespräch mit Baum, als ich ihm, zu seinem Staunen, meine letzte Meinung über den Gegenstand mitteilte: »Es gibt keine Liebe«, erklärte ich, »Liebe ist eine Erfindung der Dichter. Irgendeinmal liest man davon in einem Buch und glaubt es, weil man jung ist. Man denkt, es ist einem von den Erwachsenen vorenthalten worden, darum stürzt man sich darauf und glaubt's, bevor man es selbst erlebt hat. Niemand käme von selber drauf. In Wirklichkeit gibt es Liebe gar nicht.« Er zögerte mit einer Antwort, ich spürte, daß er ganz und gar nicht meiner Meinung war, aber da er alles so ernst nahm und überdies ein verschlossener Junge war, rückte er mit keiner Widerlegung heraus. Er hätte dazu eigene Erfahrungen intimer Art preisgeben müssen und dazu war er nicht imstande.

Meine extreme Abwehr war die Reaktion auf ein Buch, das seit Zürich bei der Mutter lag und das ich jetzt gegen ihren Willen gelesen hatte: Strindbergs ›Beichte eines Toren‹. Sie schätzte dieses Buch besonders, das erkannte ich daran, daß es immer für sich lag, während sie die anderen Strindberg-Bände alle auf einem Haufen zu versammeln pflegte. Einmal, als ich in hochmütigster alter Manier von Herrn Ödenburg als dem ›Krawattenverkäufer‹ sprach und mich fragte, wie Fräulein Rahm Abend für Abend seine Gesellschaft aushalte (wobei meine Hand, war es Zufall, war es Absicht, mit der ›Beichte eines Toren‹ auf dem Tisch spielte, das Buch aufschlug, darin blätterte, es zuschlug, umkehrte und schon wieder aufschlug), bat sie mich, in der Meinung, ich hätte vor, wegen der allabendlichen Szenen nebenan dieses Buch nun doch zu lesen: »Lies das nicht! Du zerstörst dir etwas, was du nie wiedergutmachen kannst. Warte, bis du selbst etwas erlebt hast, dann kann es dir nichts mehr anhaben.«

Soviele Jahre hatte ich ihr blind geglaubt, es bedurfte keines Arguments, um mich von der Lektüre eines Buches abzuhalten. Aber jetzt, seit dem Besuch des Herrn Hungerbach, war ihre Autorität erschüttert. Ich hatte ihn erlebt, und er war ganz anders, als sie ihn geschildert und angekündigt hatte. Jetzt wollte ich selber erfahren, was es mit diesem Strindberg auf sich hatte. Ich versprach ihr nichts, aber sie vertraute der Tatsache, daß ich ihr auch nicht widersprochen hatte. Bei der nächsten Gelegenheit holte ich mir die ›Beichte eines Toren‹ und las sie hinter ihrem Rücken in rasender Eile durch, so rasch, wie ich früher Dickens gelesen hatte, aber ohne Lust auf Wiederholung.

Für diese Beichte hatte ich gar kein Verständnis, sie kam mir wie eine einzige Lüge vor. Ich glaube, es war etwas wie Nüchternheit, was mich an ihr abstieß, der Versuch, nichts zu sagen, was über den Augenblick hinausging, eine Reduktion und Beschränkung auf die Situation. Ein Impetus fehlte mir, der Impetus der Erfindung, wobei ich aber die Erfindung im allgemeinen, nicht im einzelnen meinte. Den wirklichen Impetus: Haß, erkannte ich nicht. Ich sah nicht, daß es um meine eigenste Erfahrung, die früheste, Eifersucht, ging. Mich störte die Unfreiheit des Beginns, daß es sich um die Frau eines anderen handelte: es kam mir vor wie eine verbarrikadierte Geschichte. Umwege zu Menschen mochte ich nicht. Mit dem Stolz meiner 17 Jahre sah ich gradaus und fühlte Verachtung für das Verdeckte. Die Konfrontation war alles, nur das Gegenüber zählte. Seitenblicke nahm ich so wenig ernst wie Seitenhiebe. Vielleicht wäre dieses Buch, das sich viel zu leicht las, an mir abgeglitten, als hätte ich es nie gelesen. Aber da kam die Stelle, die mich wie mit Keulenschlägen traf, die einzige des Buchs, die mir noch gegenwärtig ist, in jeder winzigsten Einzelheit, obwohl ich es, vielleicht wegen dieser Szene, nie wieder in die Hand genommen habe.

Der Held des Buches, der Bekenner, Strindberg selbst, empfängt zum erstenmal Besuch bei sich von der Frau seines Freundes, des Gardeoffiziers. Er entkleidet sie und legt sie auf den Boden. Er sieht die Spitzen ihrer Brüste durch den Flor schimmern. Diese Schilderung einer Intimität war für mich etwas vollkommen Neues. Sie geschah in einem Zimmer, das jedes Zimmer sein konnte, auch das unsere. Vielleicht war das einer der Gründe, warum ich sie mit Vehemenz verwarf: sie war unmöglich. Der Autor wollte mich zu etwas bereden, das er Liebe nannte. Aber ich ließ mich von ihm nicht überrumpeln und erklärte ihn für einen Lügner. Nicht nur wollte ich von dieser Sache nichts wissen, die mir auf alle Fälle widerwärtig war, denn sie spielte hinter dem Rücken des Mannes der Frau, der ein Freund war, der beiden traute, – ich fand sie auch unsinnig, eine schlechte, eine unglaubwürdige, eine unverschämte Erfindung. Warum sollte sich eine Frau auf den Boden legen lassen? Weshalb zog er sie aus? Warum ließ sie sich ausziehen? Da lag sie auf dem Boden, und er sah sie sich an. Die Situation war mir so unverständlich wie neu, aber sie erregte auch meinen Zorn auf den Schreiber, der es wagte, einem so etwas vorzusetzen, als ob es wirklich geschehen könnte.

Eine Art Kampagne setzte in mir dagegen ein, selbst wenn alle schwach würden und sich einreden ließen, daß es so etwas gab, *ich* glaubte es nicht, ich würde es nie glauben. Das Winseln des Herrn Ödenburg nebenan hatte damit gar nichts zu tun. Fräulein Rahm ging aufrecht und kerzengerade durch ihr Zimmer. Ich hatte sie nackt durch ein Opernglas gesehen, als ich vom Balkon unseres Zimmers nach den Sternen schaute. Zufällig, wie ich dachte, hatte sich das Opernglas auf das hellerleuchtete Fenster ihres Zimmers gerichtet. Da stand sie nackt, den Kopf hoch erhoben, schlank und schimmernd von rötlichem Licht, ich war so erstaunt, daß ich immer wieder hinsah. Sie ging ein paar Schritte, immer kerzengerade, so wie sie in Kleidern ging. Das Winseln hörte ich auf dem Balkon nicht. Aber als ich verlegen das Zimmer wieder betrat, schlug es mir gleich laut vernehmlich entgegen. So wußte ich, daß es immer weiter gedauert hatte, die ganze Zeit über, die ich auf dem Balkon verbracht hatte. Während Fräulein Rahm in ihrem Zimmer hin und her gegangen war, hatte Herr Ödenburg immer gewinselt, es hatte ihr gar keinen Eindruck gemacht, sie benahm sich, als sähe sie ihn nicht, als wäre sie allein, auch ich sah ihn nicht, es war, als wäre er nicht dagewesen.

Die Ohnmacht

Jede Nacht ging ich auf den Balkon und sah nach den Sternen. Ich suchte nach den Konstellationen, die ich kannte, und war befriedigt, wenn ich sie fand. Nicht alle waren gleich deutlich, nicht alle zeichneten sich durch einen auffallend blauen Stern aus, der zu ihnen gehörte, wie die Wega der Leier über mir im Zenit, oder durch einen großen roten Stern wie Beteigeuze im aufgehenden Orion. Ich fühlte die Weite, die ich suchte, bei Tag empfand ich nicht die Weite des Raums, nachts an den Sternen erwachte dieses Gefühl, ich half manchmal nach, indem ich irgendeine der ungeheuren Zahlen von Lichtjahren aussprach, die mich von diesem oder jenem Stern trennten.

Vieles quälte mich zu dieser Zeit, ich fühlte mich schuldig für die Not, die wir um uns sahen und nicht teilten. Ich hätte mich weniger schuldig gefühlt, wenn es mir gelungen wäre, die Mutter ein einziges Mal vom Unrecht unseres ›Wohllebens‹, wie ich es nannte, zu überzeugen. Aber sie blieb kalt und fremd, wenn ich mit solchen Sachen begann, verschloß sich willentlich und hatte sich doch noch kurz zuvor über irgendwelche Literatur- oder Musikgeschichte ereifert. Es war auch ganz leicht, sie wieder zum Sprechen zu bringen, ich mußte nur den Gegenstand, von dem sie nichts hören mochte, fallenlassen und sie fand die Sprache wieder. Ich aber setzte meinen Ehrgeiz darein, sie zu einer Äußerung zu *zwingen,* berichtete über etwas Bedrückendes, das ich an diesem Tag gesehen hatte, fragte sie geradeheraus, ob sie dies oder jenes wisse: sie schwieg, einen leicht verächtlichen oder mißbilligenden Ausdruck auf ihrem Gesicht, nur wenn es etwas gar zu Schlimmes war, sagte sie: »Ich habe die Inflation nicht gemacht« oder »Das ist die Folge des Kriegs.«

Ich hatte den Eindruck, daß es ihr nichts bedeutete, was mit Menschen geschah, die sie nicht kannte, besonders nicht, wenn es um Armut ging, denn während des Krieges, als Menschen verstümmelt und getötet wurden, war sie doch voller Teilnahme gewesen. Vielleicht hatte sich ihr Mitgefühl im Krieg erschöpft, es kam mir manchmal so vor, als habe sich etwas in ihr aufgezehrt, mit dem sie allzu verschwenderisch umgegangen war. Aber das war noch die erträglichere Vermutung, denn was mich mehr und mehr quälte, war der Verdacht, daß sie in Arosa unter den Einfluß von Leuten geraten war, die ihr imponierten, weil sie »im Leben standen«, »ihren Mann stellten«, und wenn sie sich solcher Ausdrücke, die sie früher nie gebraucht hätte, zu häufig bediente und ich mich dagegen wehrte und sie attackierte (»Wieso standen die im Leben? Die waren doch krank im Sanatorium. Die waren kranke Nichtstuer, wenn sie dir diese Sachen sagten.«), wurde sie zornig und warf mir Herzlosigkeit gegen Kranke vor. Es war, als hätte sie alles Mitgefühl von der Welt abgezogen und auf die engere Menschheit ihres Sanatoriums beschränkt.

Aber in dieser kleineren Welt gab es viel mehr Männer als Frauen, weil Männer sich um sie als junge Frau bemühten, und wenn sie untereinander um ihre Aufmerksamkeit wetteiferten, kehrten sie, vielleicht gerade weil sie krank waren, ihre männlichen Züge hervor und machten solches Wesens daraus, daß sie ihnen *glaubte* und Eigenschaften und Züge hinnahm, die sie noch vor kurzem, während des Krieges, mit Verachtung, ja mit Abscheu bedacht hätte. Ihre Position unter diesen Männern beruhte darauf, daß sie sie gern anhörte, daß sie möglichst viel von ihnen wissen wollte, daß sie für Bekenntnisse immer bereit war, ohne mit dem vertraulichen Wissen, das sie so gewann, zu wuchern oder zu intrigieren. Statt des einen kindlichen Gesprächspartners, den sie während Jahren gewöhnt war, hatte sie nun viele und sie nahm sie ernst.

Eine frivole oder seichte Beziehung zu Menschen war ihr unmöglich. So war es ihre beste Eigenschaft, ihr Ernst, der sie während der Sanatoriumszeit von der größeren Menschheit, die ihr neben ihren Söhnen alles gewesen war, entfernte, zugunsten einer engeren, bevorzugten, die sie nicht als bevorzugt empfinden konnte, denn es waren Kranke. Vielleicht war sie auch in das zurückgefallen, was sie von Hause aus war, die verwöhnte Lieblingstochter reicher Leute. Die große Periode ihres Lebens, in der sie sich unglücklich und zugleich auch schuldig fühlte, in der sie ihre Schuld, die unbestimmt und beinahe unfaßbar schien, durch eine übermenschliche Bemühung um die geistige Entwicklung ihrer Söhne büßte, die schließlich ihren Höhepunkt im Krieg erreichte, als ihre Kräfte sich zu einem wilden Haß gegen den Krieg einten – die große Zeit war vielleicht vorüber, schon lange bevor ich es gewahr wurde, und die Briefe, die zwischen Arosa und Zürich hin und her gingen, waren ein Versteckspiel gewesen, in dem wir an allem Früheren festzuhalten schienen, als es schon gar nicht mehr wirklich bestand.

Nun war es in der Pension Charlotte keineswegs so, daß ich mir das alles in kalter Klarheit hätte sagen können, obwohl ich nach dem Besuch des Herrn Hungerbach auch manches zu verstehen und richtig zu deuten begann. Es spielte sich alles mehr in Form eines Kampfes, einer zähen Attacke ab, durch die ich die »wirklichen« Dinge der Welt, die, die ich dafür hielt, ihr wieder nahzubringen suchte. Die Gespräche am Pensionstisch unten waren oft ein willkommener Anlaß zu solchen Attacken. Ich lernte es zu verdecken, worauf ich aus war, und manchmal ganz scheinheilig zu beginnen: mit Fragen nach etwas, das ich unten nicht verstanden hätte, mit Diskussionen über das Verhalten von Menschen unten, die ihr gegen den Strich gingen. Über die Bembergs, das junge Parvenu-Paar am Pensionstisch, waren wir ein Herz und eine Seele. Ihre Verachtung für Neureiche blieb zeit ihres Lebens unerschüttert. Hätte ich mir gesagt, daß sie durch ihre Vorstellung von »guten Familien« bestimmt war, es wäre mir in diesen Augenblicken besten Einvernehmens weniger wohl zumute gewesen.

Am besten war es aber doch, ich versuchte die Mutter nach etwas zu fragen. Eine gar nicht kindliche List veranlaßte mich, sie nach Dingen zu fragen, über die sie – nach alter Erfahrung – etwas wußte. Das gab mir dann ein besseres Entree und ich konnte mich allmählich an das heranmachen, worauf ich aus war. Aber oft war ich auch ungeduldig und fragte unbedacht drauflos, weil mich etwas wirklich interessierte. So kam es zum Beispiel zum Fiasko van Gogh, als sie vollkommen versagte und ihre Unkenntnis mit den beschränktesten Ausfällen gegen »diesen verrückten Maler« zu verdecken suchte. Da verlor ich den Kopf und rannte ungestüm auf sie los, und es kam zu Zusammenstößen, die für beide blamabel waren. Für sie, weil sie offenkundig im Unrecht war, für mich, weil ich ihr erbarmungslos vorwarf, daß sie über etwas sprach, wovon sie nichts wußte, etwas, was sie früher in unseren Gesprächen über Schriftsteller auf das heftigste kritisiert hatte. Nach solchen Zusammenstößen war ich so verzweifelt, daß ich das Haus verließ und radfahren ging – der eine Trost jener Frankfurter Jahre. Der andere Trost, der noch viel notwendiger war, wenn sie schwieg, wenn es zu gar keinem Zusammenstoß, wenn es zu nichts gekommen war, waren die Sterne.

Was sie hartnäckig leugnete, Verantwortung für Dinge, die um sie herum geschahen, was sie mit einer Art von wohlbewußter, selektiver und jederzeit verfügbarer Blindheit abwehrte, wurde für mich um diese Zeit so dringend, so deutlich, daß ich nicht an mich halten konnte, ich mußte zu ihr davon sprechen, es wuchs sich zu einem stehenden Vorwurf aus. Sie fürchtete meine Heimkehr von der Schule, denn es war ganz sicher, daß ich mit etwas Neuem herausplatzen würde, das ich selbst gesehen oder von anderen gehört hatte. Da ich während meines ersten Satzes schon spürte, wie sie sich verschloß, kam es um so heftiger heraus und nahm den für sie schwer erträglichen Ton eines Vorwurfs gegen sie an. Anfangs war es keineswegs so, daß ich sie als die Anstifterin von Dingen beschuldigte, die mich ihrer Ungerechtigkeit oder Unmenschlichkeit wegen empörten. Aber da sie es nicht hören mochte, da sie eine eigene Art entwickelte, es nur halb aufzunehmen, verwandelte sich mein Bericht doch in einen Vorwurf. Indem das zu Berichtende eine persönliche Form bekam, zwang ich sie, es zu hören und irgend etwas darauf zu antworten. Sie versuchte es mit: »Ich weiß. Ich weiß«, oder »Das kann ich mir vorstellen.« Aber das ließ ich nicht passieren, ich steigerte, was ich erlebt oder erfahren hatte, ich warf es ihr vor. Es war, als wäre mir von irgendeiner Macht eine Beschwerde aufgegeben worden, die ich an ihre Adresse weiterzuleiten hätte. »Hör zu!« sagte ich dann, erst ungeduldig und bald auch zornig. »Hör zu! Du mußt mir das erklären! Wie ist es möglich, daß das passiert und niemand es bemerkt?«

Eine Frau auf der Straße war ohnmächtig geworden und zusammengefallen. Die ihr aufhalfen, sagten »Hunger«, sie sah furchtbar bleich und abgehärmt aus, aber andere gingen vorüber und scherten sich nicht drum. »Bist *du* dort geblieben?« sagte die Mutter bissig, auf diese Sache mußte sie etwas sagen. Und es war wahr, ich war nach Hause gekommen und saß mit ihr und den Brüdern um den runden Tisch, an dem wir unsere Jause einzunehmen pflegten. Der Tee in der Tasse stand vor mir, auf meinem Teller lag ein Butterbrot, ich hatte noch nicht hineingebissen, aber ich hatte mich wie immer an den Tisch gesetzt und erst als ich saß, zu berichten begonnen.

Was ich an diesem Tag gesehen hatte, war keine alltägliche Sache, es war das erstemal in meinem Leben, daß vor meinen Augen ein Mensch auf der Straße ohnmächtig wurde und vor Hunger und Schwäche zusammenfiel. Es hatte mich so tief erschüttert, daß ich stumm das Zimmer betrat und stumm mich an meinen Platz am Tisch begab. Der Anblick des Butterbrots, ganz besonders aber des Honigtopfes in der Mitte des Tisches hatte mir die Zunge gelöst und ich begann etwas zu sagen. Sie erkannte blitzrasch das Lächerliche der Situation, aber reagierte, wie es ihre Art war, zu heftig darauf. Hätte sie ein wenig gewartet, nämlich daß ich das Butterbrot in die Hand nehme und hineinbeiße oder gar noch darauf, daß ich es mit Honig bestreiche, ihr Hohn, aus der Lächerlichkeit meiner Situation gespeist, hätte mich zerschmettert. Sie aber nahm es wieder nicht ernst genug, vielleicht dachte sie, weil ich einmal saß, daß es zum üblichen Prozeß der Jause kommen würde. Sie vertraute zu sehr auf den eingeführten Ritus und bediente sich seiner als Waffe, um mich möglichst rasch niederzuschlagen, denn die Störung der Jause durch die Vorstellung von Hunger und Ohnmacht war ihr lästig, nicht mehr, gerade nur lästig, und so unterschätzte sie, aus ihrer Teilnahmslosigkeit heraus, den Ernst meiner Verfassung. Ich gab dem Tisch einen Stoß, daß der Tee aus den Tassen aufs Tischtuch schwappte, sagte: »Hier bleib ich auch nicht!« und stürzte hinaus.

Ich sprang die Treppenstufen hinunter, warf mich aufs Rad und fuhr kreuz und quer, in Verzweiflung durch die Straßen unseres Quartiers, so rasch und so sinnlos wie möglich, ohne zu wissen, was ich wollte, denn was hätte ich wollen können, aber von einem abgründigen Haß gegen die Jause erfüllt, wobei ich immer das Honigtöpfchen vor mir sah, das ich bitter verwünschte. »Hätte ich es nur zum Fenster hinausgeworfen! Auf die Straße! Nicht in den Hof!« Nur wenn es auf der Straße vor aller Augen zerbrochen wäre, hätte es einen Sinn gehabt, dann hätten alle gewußt, daß es hier Leute gab, die Honig für sich hatten, während andere hungerten. Aber ich hatte nichts dergleichen getan. Ich hatte den Honigtopf oben auf dem Tisch stehen lassen, nicht einmal die Tasse umgestürzt, ein wenig Tee war aufs Tischtuch geschwappt, das war alles. Die Sache ging mir bitter nahe, und doch hatte ich nichts Wirkliches getan, es war so wenig Gewalt in mir – ein friedliches Lamm, sein klägliches Blöken hört niemand, und alles, was passiert, ist, daß die Mutter sich über die gestörte Jause ärgert.

Es war wirklich nicht mehr passiert. Ich ging doch zurück. Sie strafte mich, indem sie mich mitleidig fragte, ob es denn gar so schlimm gewesen sei, von einer Ohnmacht erhole man sich wieder, das sei nichts Endgültiges, wahrscheinlich sei ich sehr erschrocken, weil ich gerade in dem Augenblick hingesehen habe, als die Frau zusammenfiel. Da sei es schon etwas ganz anderes, wenn man Menschen *sterben* sehe. Ich fürchtete, sie würde wieder mit dem Waldsanatorium kommen und den Leuten, die dort gestorben seien, sie pflegte immer zu sagen, die seien ihr *vor den Augen* gestorben, aber sie sagte es diesmal nicht, sondern nur, daß ich mich auch daran gewöhnen müsse, ich spräche doch manchmal davon, daß ich Arzt werden möchte. Was wäre denn das für ein Arzt, der beim Tod eines Patienten *zusammenbräche*? Es sei vielleicht gut, daß ich diese Ohnmacht gesehen hätte, damit ich anfinge, mich an diese Dinge zu gewöhnen.

So wurde aus dieser Ohnmacht, die mich empört hatte, ein allgemeines Berufsanliegen: das von Ärzten. Sie hatte auf meine brüske Handlung nicht mit einer Zurechtweisung geantwortet, sondern mit einer Anweisung auf das spätere Leben, in dem ich versagen müßte, wenn ich nicht härter und beherrschter würde.

Seit dieser Geschichte blieb der Makel an mir hängen: ich eignete mich nicht zum Arzt. Meine Weichherzigkeit spräche dagegen, daß ich mich an eine Tätigkeit dieser Art je gewöhnen könnte. Ich war von dieser Wendung, die sie meinen Aussichten gab, sehr beeindruckt, obwohl ich es nie eingestand. Ich dachte darüber nach und wurde unentschlossen. Ich war nicht mehr sicher, ob ich Arzt werden könne.

Gilgamesch und Aristophanes

Die Frankfurter Zeit bestand nicht nur aus der Erfahrung der Menschen, wie sie einem in der Pension Charlotte unterkamen. Da sie sich täglich fortsetzte, ein stetiger Prozeß, war sie aber nicht zu unterschätzen. Man saß bei Tisch immer am selben Platz, und vor einem, auch immer auf denselben Plätzen, agierten Leute, die für einen Figuren geworden waren. Die meisten von ihnen blieben sich gleich, es kam nie etwas aus ihrem Munde, was man nicht erwartet hätte. Einige aber bewahrten sich ihre vollere Natur und konnten einen durch Sprünge überraschen. Es war ein Schauspiel, so oder so, und nicht *einmal* betrat ich ohne Spannung und Neugier das Speisezimmer.

Für die Lehrer in der Schule, mit einer einzigen Ausnahme, vermochte ich mich nicht recht zu erwärmen. Der cholerische Lateinlehrer verlor beim geringsten Anlaß seine Fassung und beschimpfte uns dann als »stinkende Ochsen«, es war nicht sein einziges Schimpfwort. Seine Unterrichtsmethoden, an Hand von ›Mustersätzen‹, die wir herratschen mußten, waren lächerlich. Es war zu verwundern, daß ich das Latein, das ich in Zürich gelernt hatte, aus Abneigung gegen ihn nicht vergaß. Etwas so Peinliches und Lautes wie seine Ausbrüche habe ich in keiner Schule erlebt. Er war durch den Krieg gezeichnet und muß ernste Schädigungen davongetragen haben; das sagte man sich manchmal, um ihn besser zu ertragen. Manche Lehrer waren durch den Krieg gestempelt, wenn auch nicht auf so eklatante Weise. Es gab aber auch einen herzlich-stürmischen Mann unter ihnen, der von Gefühl für die Schüler überquoll. Dann wieder einen ausgezeichneten Mathematiklehrer, der etwas Verstörtes an sich hatte, doch wirkte sich seine Verstörung gegen ihn selber aus, nicht gegen seine Schüler. Er gab sich ganz in seinem Unterricht aus, auf fast erschreckend gewissenhafte Weise.

Man könnte sich versucht fühlen, mittels einer Betrachtung dieser Lehrer die unterschiedlichen Wirkungen des Krieges auf Menschen zu zeichnen, aber dazu müßte man auch etwas über ihre Erlebnisse wissen, über die sie zu uns nie sprachen. Ich hatte nichts als ihre Gesichter und Gestalten vor mir und kannte ihr Verhalten in der Klasse; alles Übrige wußte man nur vom Hörensagen.

Doch möchte ich von einem stillen und feinen Mann sprechen, dem ich etwas danke. Gerber war unser Deutschlehrer, im Kontrast zu den anderen wirkte er beinahe zaghaft. Über die Aufsätze, deren Themen er uns stellte, entwickelte sich eine Art Freundschaft zwischen uns. Anfangs langweilten mich diese Aufsätze, ob es nun um die Maria Stuart oder sonst etwas Ähnliches ging, aber sie machten keine Mühe und er war mit ihnen zufrieden. Dann wurden die Themen interessanter und ich rückte mit meinen wirklichen Meinungen heraus, die schon als Reaktion gegen die Schule recht aufsässig waren und bestimmt nicht seinen eigenen entsprachen. Er ließ sie aber gelten, schrieb in roter Tinte lange Überlegungen an den Schluß, in denen er mir einiges zu bedenken gab, doch war er tolerant dabei und sparte nicht mit Anerkennung für die Art, in der ich meine Dinge sagte. Was immer er dagegen vorbrachte, ich empfand es nicht als feindselig, und wenn ich es auch nicht annahm, es machte mich glücklich, daß er darauf einging. Er war kein inspirierender Lehrer, aber ein sehr verständnisvoller. Er hatte kleine Hände und Füße und kleine Bewegungen; ohne daß er besonders langsam gewesen wäre, wirkte alles, was er unternahm, ein wenig reduziert, auch die Stimme hatte nicht die aufdringlich männlichen Töne, mit denen andere Lehrer um sich warfen.

Gerber schloß für mich die Lehrerbibliothek auf, die er verwaltete und gab mir soviel daraus zu lesen, wie ich wollte. Ich war auf die Literatur der Antike versessen und las – in deutschen Übersetzungen – einen Band nach dem anderen: die Historiker, die Dramatiker, die Lyriker, die Redner, nur die Philosophen – Plato und Aristoteles – ließ ich noch aus. Sonst aber las ich wirklich alles, nicht nur die großen Autoren, auch solche, die bloß durch das Material, das sie boten, von Interesse waren, wie Diodor oder Strabo. Gerber wunderte sich, daß ich damit nie aufhörte, zwei Jahre lang holte ich mir nur solche Bücher bei ihm. Als ich bei Strabo angelangt war, schüttelte er leicht den Kopf und fragte, ob ich nicht einmal zur Abwechslung etwas aus dem Mittelalter möchte, hatte aber damit damals wenig Glück.

Einmal, als wir uns in der Lehrerbibliothek fanden, fragte mich Gerber behutsam, beinahe zart, was ich werden wolle. Ich spürte, welche Antwort er erwartete, sagte aber, etwas unsicher, Arzt. Er war enttäuscht, überlegte ein wenig und verfiel auf ein

Mitteldung: »Dann werden Sie ein zweiter Carl Ludwig Schleich werden«, sagte er. Er schätzte dessen Erinnerungen, aber es wäre ihm lieber gewesen, ich hätte mich klipp und klar dazu bekannt, daß ich Schriftsteller werden wolle. Seither erwähnte er unauffällig und in irgendeinem Zusammenhang des öfteren schreibende Ärzte.

In seinen Stunden lasen wir Stücke mit verteilten Rollen und ich will nicht sagen, daß das ein Vergnügen war. Aber es war ein Versuch von ihm, auch literarisch wenig Interessierte durch die Übernahme einer Rolle für die Sache zu gewinnen. Penetrant langweilige Stücke wählte er selten aus. Wir lasen ›Die Räuber‹, ›Egmont‹, ›König Lear‹ und hatten Gelegenheit, Aufführungen mancher dieser Stücke im Schauspielhaus zu sehen.

In der Pension Charlotte war viel von Theateraufführungen die Rede. Sie wurden eingehend besprochen, und da die Kenner unter den Gästen immer solche waren, die von den Kritiken in der ›Frankfurter Zeitung‹ ausgingen, diese erörterten und selbst wenn sie anderer Meinung waren, doch der anspruchsvollen und gedruckten Hauptansicht ihre Reverenz erwiesen, hatten gerade diese Gespräche ein gewisses Niveau und vielleicht auch mehr Ernst als die über andere Dinge. Man spürte Anteilnahme am Theater, man war auch stolz darauf. Wenn etwas mißlang, war man betroffen und begnügte sich nicht mit bloßen schnöden Attacken. Das Theater war eine anerkannte Institution, und auch die, die sonst in feindlichen Lagern standen, hätten sich gescheut, daran zu rühren. Herr Schutt, der durch seine schweren Verletzungen behindert war, ging kaum je ins Theater, aber man merkte auch aus seinen wenigen Worten, daß er sich von Fräulein Kündig über jede Aufführung informieren ließ. Was er sagte, klang so sicher, als wäre er selber dort gewesen. Wer wirklich nichts darüber zu sagen hatte, schwieg, es war das Peinlichste, was passieren konnte, sich auf diesem Gebiet eine Blöße zu geben.

Da das meiste, worüber sonst gesprochen wurde, so unsicher schien – alles schwankte und es lag durchaus nicht bloß an der Oberfläche, wenn die Meinungen sich immer kreuzten –, bekam man, besonders als ein Mensch in so jungen Jahren, den Eindruck, daß es doch etwas gab, das für alle unantastbar war, eben das Theater.

Ich besuchte das Schauspielhaus ziemlich oft, und von einer

Aufführung besonders war ich so hingerissen, daß ich alles daransetzte, sie einige Male zu sehen. Eine Schauspielerin trat darin auf, die meine Gedanken lange beschäftigt hat, die ich heute wie damals vor mir sehe: Gerda Müller als Penthesilea. *Diese* Leidenschaft ging in mich ein, an ihr zweifelte ich nie, meine Initiation in Liebe war die Kleistsche ›Penthesilea‹. Sie kam mir vor wie eine der griechischen Tragödien, die ich damals las, ›Die Bakchen‹. Die Wildheit der kriegführenden Amazonen war wie die der Mänaden, statt der Rasenden, die den König bei lebendem Leib zerreißen, war es hier Penthesilea, die ihre Meute von Hunden auf Achill hetzt und als einer von ihnen ihre Zähne in sein Fleisch schlägt. Ich habe es seither nie gewagt, dieses Stück auf der Bühne wiederzusehen, und wenn ich es las, habe ich *ihre* Stimme gehört, die mir nie schwächer wurde. Der Schauspielerin, die mich zur Wahrheit der Liebe beredet hat, bin ich treu geblieben.

Ich sah keine Verbindung zu den jämmerlichen Vorgängen im Nebenzimmer unserer Pension, und ›Die Beichte eines Toren‹ hielt ich nach wie vor für Lüge.

Unter den Schauspielern, die oft auftraten, war Carl Ebert, anfangs regelmäßig, später kam er als Gast. Er ist Jahre danach für ganz andere Dinge berühmt geworden. Ich sah ihn in seiner Frühzeit, als Karl Moor, als Egmont. Ich gewöhnte mich an ihn in verschiedenen Rollen, ich wäre auch nur um seinetwillen in eine Aufführung gegangen und darf mich dieser Schwäche nicht einmal schämen, denn ihr habe ich das wichtigste Erlebnis der Frankfurter Zeit zu danken. In einer Sonntags-Matinee sollte er ein Werk vorlesen, von dem ich noch nie etwas gehört hatte. Es war älter als die Bibel, ein babylonisches Epos. Ich wußte, daß es bei den Babyloniern eine Sintflut gab, es hieß, daß die Legende von dort in die Bibel gewandert war. Das war alles, was ich zu erwarten imstande war, und dafür allein wäre ich nie hingegangen, aber es war Carl Ebert, der las, und so bin ich aus Schwärmerei für einen sehr liebenswerten Schauspieler an *Gilgamesch* geraten, der mein Leben, seinen innersten Sinn, Glauben, Kraft und Erwartung wie nichts anderes bestimmt hat.

Gilgameschs Klage über den Tod seines Freundes Enkidu traf mich ins Herz:

»Um ihn hab ich Tag und Nacht geweint,
Ich gab nicht zu, daß man ihn begrübe –
Ob mein Freund nicht doch aufstünde von meinem Geschrei –
Sieben Tage und sieben Nächte,
Bis daß der Wurm sein Gesicht befiel.
Seit er dahin ist, fand ich das Leben nicht,
Strich umher wie ein Räuber inmitten der Steppe.

Und nun folgt seine Unternehmung gegen den Tod, die Wanderung durch die Finsternisse des Himmelsberges und die Überquerung der Gewässer des Todes zu seinem Ahn Utnapischtim, der von der Sintflut errettet, dem von den Göttern Unsterblichkeit verliehen wurde. Von ihm will er erfahren, wie er zum ewigen Leben gelangt. Es ist wahr, daß Gilgamesch scheitert und daß er selbst auch stirbt. Aber das bestärkt einen nur im Gefühl von der Notwendigkeit seines Unternehmens.

Die Wirkung eines Mythus habe ich auf diese Weise an mir erfahren: als etwas, das ich im halben Jahrhundert, das seither verflossen ist, auf viele Arten bedacht und in mir hin und her gewendet, aber nicht *einmal* ernsthaft bezweifelt habe. Als Einheit habe ich aufgenommen, was in mir Einheit geblieben ist. Ich kann daran nicht mäkeln. Die Frage, ob ich eine solche Geschichte *glaube,* trifft mich nicht, wie soll ich, angesichts der eigentlichsten Substanz, aus der ich bestehe, entscheiden, ob ich an sie glaube. Es geht nicht darum, wie ein Papagei zu wiederholen, daß alle Menschen bis heute gestorben sind, es geht nur darum, zu entscheiden, ob man den Tod willig *hinnimmt* oder sich gegen ihn empört. Ein Recht auf Glanz, Reichtum, Elend und Verzweiflung aller Erfahrung habe ich mir durch die Empörung gegen den Tod erworben. In diesem endlosen Aufstand habe ich gelebt. Und wenn der Schmerz um meine Nächsten, die ich im Laufe der Zeit verlor, nicht geringer war als der des Gilgamesch um seinen Freund Enkidu, so habe ich doch eines, ein einziges vor dem Löwenmann voraus: daß es mir um das Leben *jedes* Menschen und nicht nur um das meiner Nächsten geht.

Die Konzentration dieses Epos auf ganz wenige Gestalten hebt es ab von der turbulenten Zeit, in der ich ihm begegnet bin. Die Erinnerung an die Frankfurter Jahre ist von Ereignissen öffentlichen Charakters bestimmt, die rasch aufeinanderfolgten. Gerüchte gingen ihnen voraus, am Pensionstisch schwirrte es von Gerüchten, die sich nicht immer als falsch erwiesen. Ich entsinne mich, daß von der Ermordung Rathenaus die Rede war, bevor man davon in der Zeitung las (es gab noch kein Radio). Am häufigsten figurierten die Franzosen in den Gerüchten. Sie hatten Frankfurt besetzt, sich dann wieder herausgezogen, plötzlich hieß es, sie kämen wieder. Repressalien und Reparationen wurden zu Worten des Alltags. Großes Aufsehen erregte die Entdeckung eines geheimen Waffenlagers im Keller unserer Schule. Als die Sache untersucht wurde, stellte sich heraus, daß ein junger Lehrer, den ich bloß vom Sehen kannte, der sehr beliebt war, der beliebteste Lehrer in der Schule, für die Einlagerung dieser Waffen verantwortlich war.

Sehr beeindruckt war ich von den ersten Demonstrationen, die ich sah, sie waren nicht selten und waren immer gegen den Krieg gerichtet. Es bestand eine scharfe Trennung zwischen denen, die auf seiten des Umsturzes standen, der dem Krieg ein Ende bereitet hatte, und den anderen, deren Groll nicht dem Krieg galt, sondern dem Versailler Vertrag ein Jahr später. Das war die wichtigste Trennung, ihre Wirkungen waren damals schon spürbar. Ich hatte anläßlich einer Demonstration gegen die Ermordung Rathenaus auf der Zeil zum erstenmal das Erlebnis der Masse. Da die Folgen, die dieses Erlebnis für mich hatte, sich einige Jahre später in Diskussionen artikulierten, will ich erst dann davon sprechen.

Das letzte Frankfurter Jahr war für unser kleines Familiengebilde wieder eines der Auflösung. Die Mutter fühlte sich krank, vielleicht war ihr auch die Spannung unserer täglichen Auseinandersetzungen unerträglich geworden. Sie fuhr in den Süden, wie sie es früher schon öfters getan hatte. Wir verließen die Pension Charlotte und kamen, alle drei Brüder, zu einer Familie, deren sorgendes weibliches Mitglied, Frau Suse, uns mit einer Wärme und Güte aufnahm, wie man sie nicht einmal von einer eigenen Mutter erwartet. Die Familie bestand aus Vater, Mutter, zwei Kindern etwa in unserem Alter, einer Großmutter und einem Dienstmädchen. Ich lernte jeden einzelnen von ihnen und die zwei, drei ausländischen Pensionäre, die sie neben uns aufnahmen, so gut kennen, daß nur ein ganzes Buch eine Vorstellung von dem zu geben vermöchte, was ich damals über Menschen begriff.

Es war die Zeit, in der die Inflation ihren Höhepunkt erreichte, der tägliche Sprung, der schließlich bis zur Billion ging, hatte für alle Menschen extreme Folgen, wenn auch nicht die gleichen. Es war entsetzlich mitanzusehen: was immer geschah, und es geschah sehr viel, hing von einer einzigen Voraussetzung ab, eben der in rasendem Tempo fortschreitenden Entwertung des Geldes. Es war mehr als Unordnung, was über die Menschen hereinbrach, es war etwas wie tägliche *Sprengungen,* blieb von einer etwas übrig, geriet es tags darauf in die nächste. Ich sah die Wirkungen nicht nur im großen, ich sah sie, unverhüllt nah, in jedem Mitglied jener Familie, das kleinste, das privateste, das persönlichste Ereignis hatte ein und dieselbe Ursache, die tobsüchtige Bewegung des Geldes.

Ich hatte es mir, um mich gegen die Geldgesinnten in meiner eigenen Familie zu behaupten, zur etwas billigen Tugend gemacht, Geld zu verachten. Ich hielt es für etwas Langweiliges, Immergleiches, dem nichts Geistiges abzugewinnen war, an dem die Menschen, die sich ihm ergaben, allmählich vertrockneten und steril wurden. Jetzt plötzlich sah ich es von einer anderen, einer unheimlichen Seite – ein Dämon mit einer Riesenpeitsche, so schlug es auf alles ein und erreichte die Menschen bis in ihre geheimsten Mauselöcher.

Vielleicht war es auch diese äußerste Konsequenz einer Sache, die sie anfangs gern unbeteiligt hingenommen hätte, an die ich sie aber unaufhörlich erinnerte, die die Mutter zur Flucht aus Frankfurt veranlaßte. Es zog sie wieder nach Wien, sobald sie sich von ihrer Krankheit halbwegs erholt hatte, nahm sie die beiden jüngeren Brüder aus der Familie fort und fand Schulen für sie in Wien. Ich blieb noch ein halbes Jahr, da ich knapp vor dem Abitur stand, und sollte dann danach in Wien die Universität beziehen.

In diesem letzten Halbjahr in Frankfurt, noch bei derselben Familie, fühlte ich mich vollkommen frei. Ich ging oft in Versammlungen und hörte mir die Diskussionen an, die sich danach nachts auf den Straßen entspannen, und erlebte jede Meinung, jede Überzeugung, jeden Glauben im Zusammenprall mit denen der anderen. Es wurde mit solcher Leidenschaft diskutiert, daß es wie ein Knistern und Flackern war, ich nahm nie daran teil, ich hörte zu, mit einer Intensität, die mir heute schaurig erscheint, denn ich war wehrlos. Eigene Meinungen waren diesem Überdruck und Übermaß nicht gewachsen. Vieles stieß mich ab, das ich nicht widerlegen konnte. Manches zog mich an, ich hätte nicht sagen können, warum. Noch hatte ich keinen Sinn für die Getrenntheit der *Sprachen*, die hier aufeinanderprallten. Keinen der Menschen, die ich damals hörte, könnte ich in seiner wahren Gestalt beschwören oder auch nur nachahmen. Es war die Getrenntheit der *Meinungen*, die ich erfaßte, den harten Kern der Überzeugungen, es war ein Hexenkessel, aus dem es dampfte und quoll, aber alle Ingredienzien, die darin herumschwammen, hatten ihren Geruch und waren zu erkennen.

Ich habe nie mehr Unruhe in Menschen gefühlt als in diesem halben Jahr. Es war nicht so wichtig, wie sehr sie sich als Personen voneinander unterschieden; worauf ich in späteren Jahren als erstes hingesehen hätte, das bemerkte ich kaum. Ich achtete auf jede Überzeugung, auch wenn sie mir widerstrebte. Manche öffentlichen Redner, die ihrer erprobten Wirkung sicher waren, empfand ich als Scharlatane. Aber dann, bei den Diskussionen auf der Straße, als alles sich aufgesplittert hatte und Leute, die keine Redner waren, einander zu überzeugen suchten, ergriff mich ihre Unruhe und ich nahm jeden ernst.

Es soll nicht anmaßend oder frivol klingen, wenn ich diese Zeit als meine aristophanische Lehrzeit bezeichne. Ich las Aristophanes damals und war frappiert davon, mit welcher Kraft und Konsequenz jede seiner Komödien von einem überraschenden Grundeinfall bestimmt ist, aus dem sie sich herleitet. In der ›Lysistrata‹, die ich als erstes kennenlernte, führt ein Streik der Frauen, die sich ihren Männern verweigern, zum Ende des Krieges zwischen Athen und Sparta. Solcher Grundeinfälle gibt es bei ihm viele, da die meisten seiner Komödien verloren sind, haben sich viele dieser Einfälle nicht erhalten. Ich hätte blind sein müssen, um nicht die Ähnlichkeit mit dem zu bemerken, was ich um mich herum gewahrte. Auch hier leitete sich alles von einer einzigen Grundvoraussetzung ab, der rasenden Bewegung des Geldes. Es war kein Einfall, es war die Wirklichkeit, drum war es nicht komisch, sondern entsetzlich, doch als Gebilde, wenn man es als Ganzes zu sehen versuchte, war es einer jener Komödien ähnlich. Man könnte sagen, daß die Grausamkeit der aristophanischen Sehweise die einzige Möglichkeit bot, zusammenzuhalten, was in tausend Teilchen zersplitterte.

Eine Abneigung gegen die Darstellung bloß privater Verhältnisse auf dem Theater ist mir seither unerschütterlich geblieben.

Im Widerstreit zwischen der Alten und der Neuen Komödie, wie sie sich in Athen herausgebildet hatten, habe ich, ohne mir noch darüber ganz klar zu sein, Partei für die Alte ergriffen. Nur was die Öffentlichkeit als Ganzes betrifft, scheint mir auf dem Theater darstellenswert. Der Charakter-Komödie, die es auf diesen und jenen einzelnen abgesehen hat, selbst wenn sie gut ist, schäme ich mich immer ein wenig, und es ist mir dabei zumute, als hätte ich mich in ein Versteck zurückgezogen, das ich nur notgedrungen, zu Zwecken der Ernährung oder ähnlichem verlasse. Die Komödie lebt für mich, wie zur Zeit ihres Beginns bei Aristophanes, von ihrem *allgemeinen* Interesse, vom Blick auf die Welt in ihren größeren Zusammenhängen. Mit diesen aber soll sie kühn schalten und walten, sich Einfälle erlauben, die bis an die Grenzen des Wahnwitzes gehen, verknüpfen, trennen, abwandeln, konfrontieren, zu neuen Einfällen neue Strukturen finden, sich nicht wiederholen und nichts billig geben, vom Zuschauer das Letzte verlangen, ihn schütteln, hernehmen und erschöpfen.

Es ist gewiß eine sehr späte Reflexion, die mich zum Schlusse führt, daß die Wahl des Dramas, um das es mir zu tun sein würde, sich damals schon entschied. Ich glaube nicht, daß ich darin fehlgehe, denn wie wäre es sonst zu erklären, daß meine Erinnerung an das letzte Frankfurter Jahr von der Turbulenz der öffentlichen Ereignisse bis zum Bersten erfüllt ist und gleich daneben, als ginge es um ein und dieselbe Welt, die aristophanischen Komödien erscheinen, wie sie beim ersten Lesen mich überfielen. Ich sehe nichts dazwischen, eins geht ins andere über und die enge Nachbarschaft, in die sie für meine Erinnerung gerückt sind, muß die Bedeutung haben, daß es die für mich wichtigsten Dinge jener Zeit waren und daß eins auf das andere von bestimmendem Einfluß war.

Aber zur selben Zeit war auch etwas am Werk, das mit Gilgamesch zusammenhing und als Gegengewicht diente. Es betraf das Schicksal des einzelnen, von allen anderen abgesonderten Menschen, wie er für sich allein war: daß er sterben müsse und ob er es hinnehmen dürfe, daß ihm ein Tod bevorstehe.

Teil 2

Sturm und Zwang

Wien 1924-1925

Leben mit dem Bruder

Anfang April 1924 bezog ich mit Georg zusammen ein Zimmer in der Praterstraße 22, bei Frau Sussin. Es war das dunkle hinterste Zimmer ihrer Wohnung und hatte die Fenster zum Hof. Hier verbrachten wir vier Monate zusammen, eine gar nicht besonders lange Zeit. Aber es war das erstemal, daß ich mit einem Bruder allein lebte, und es geschah in dieser Zeit sehr viel.

Eine enge Beziehung entstand zwischen uns, ich war an die Stelle eines Mentors vorgerückt, mit dem er sich über alles, besonders aber über alle moralischen Fragen beriet. Was man dürfe und was man solle, was man unter allen Umständen verabscheuen müsse, aber auch was man erfahren, was man kennenlernen wolle, – an beinahe jedem Abend jener vier gemeinsamen Monate sprachen wir darüber, zwischen der Arbeit am großen quadratischen Tisch beim Fenster, wo wir saßen, jeder mit seinen Büchern und Heften. Da fanden wir uns gleich um die Ecke voneinander, wir mußten nur den Kopf heben, um einander voll ins Gesicht zu sehen. Er war schon damals, obwohl sechs Jahre jünger, um eine Spur größer als ich. Wenn wir saßen, waren wir beide fast gleich groß. Ich hatte mich entschlossen, in Wien mit dem Studium der Chemie zu beginnen (ohne sicher zu sein, ob ich dabei bleiben würde), in einem Monat fing das Semester an. Da ich in der Frankfurter Schule nichts davon abbekommen hatte, war es höchste Zeit, mir einige chemische Kenntnisse zu erwerben. In den vier Wochen, die mir blieben, wollte ich nachholen, was ich versäumt hatte. Ich hatte das Lehrbuch der Anorganischen Chemie vor mir, und da es etwas Theoretisches war und noch mit keinerlei praktischen Verrichtungen verbunden, interessierte es mich auch und ich kam rasch weiter.

Ich konnte aber noch so vertieft sein, in welchen Gegenstand immer, es war Georg erlaubt, mich jederzeit zu unterbrechen und Fragen zu stellen. Er besuchte das Realgymnasium in der Stubenbastei, mit seinen dreizehn Jahren eine der unteren Klassen. Er lernte gern und leicht, und nur mit dem Zeichnen, das an dieser Schule sehr ernst genommen wurde, hatte er seine Schwierigkeiten. Aber er war so wißbegierig, wie ich es in seinem Alter gewesen war, und zu jedem Gegenstand fielen ihm Fragen ein, die Sinn hatten. Dabei ging es kaum je um etwas, das er nicht verstand, alles was er lesen konnte, verstand er leicht; es ging ihm um Näheres, um Einzelheiten, die er zu den allgemein gehaltenen Grundzügen der Lehrbücher dazu erfahren wollte. Viele seiner Fragen konnte ich ihm auf der Stelle beantworten, ohne erst zu überlegen oder nachzuschlagen. Es machte mich glücklich, ihm etwas weiterzugeben, bis jetzt hatte ich alles für mich behalten, es gab niemand, mit dem ich über solche Dinge sprach. Er merkte, wie sehr mich jede Unterbrechung freute und daß es keine Grenze für seine Fragen gab. In wenigen Stunden kam vieles zur Sprache, und es belebte für mich die Chemie, die mir noch ein wenig fremd und bedrohlich schien, denn es war immerhin möglich, daß ich mich vier Jahre oder länger mit ihr beschäftigen würde. So fragte er mich über römische Autoren aus, über Geschichte – wobei ich die Rede, wann immer es möglich war, auf die Griechen brachte –, über mathematische Probleme, über Botanik und Zoologie, und am liebsten, im Zusammenhang mit Geographie, über Länder und ihre Leute. Er wußte schon, daß er darüber am meisten von mir hören konnte, und manchmal mußte ich mir einen Ruck geben um aufzuhören, so gern und ausführlich gab ich ihm wieder, was ich von meinen Forschungsreisenden erfahren hatte. Am Urteil über das Verhalten von Menschen wurde dabei nicht gespart. Wenn es um die Bekämpfung von Krankheiten in exotischen Ländern ging, geriet ich in Begeisterung. Noch hatte ich den Verzicht auf die Medizin nicht ganz verschmerzt und gab meinen alten Wunsch naiv und ohne Zurückhaltung an ihn weiter.

Ich liebte seine Unersättlichkeit. Wenn ich mich zu meinen Büchern setzte, freute ich mich schon auf seine Fragen. Unter seinem Schweigen hätte ich mehr gelitten als er unter meinem. Wäre er herrschsüchtig oder berechnend gewesen, er hätte mich auf die einfachste Weise in seine Gewalt bringen können. Ein Abend an unserem Tisch ohne seine Fragen hätte mich zermürbt und unglücklich gemacht. Aber das war es eben: er bezweckte mit seinen Fragen nichts, so wenig wie ich mit meinen Antworten. Er wollte wissen, ich wollte ihm, was ich wußte, geben; was er erfuhr, führte von selber zu neuen Fragen. Es war zu verwundern, daß er mich nie in Verlegenheit brachte. Seine Unersättlichkeit bewegte sich innerhalb meiner Grenzen. Sei's daß wir uns in unseren Anlagen von Haus aus glichen, sei's daß die Energie meiner Vermittlung ihn von anderen Dingen fernhielt, er fragte nur, wo es Antworten gab, und demütigte mich nicht, was doch ein Leichtes gewesen wäre, wenn er mich auf meine Unwissenheiten gestoßen hätte. Beide waren wir vollkommen offen und hielten nichts voreinander zurück. In dieser Zeit waren wir aufeinander angewiesen, niemand andrer war da, der uns nahestand, wir hatten einem einzigen Anspruch zu genügen: er durfte mich, ich durfte ihn nicht enttäuschen. Unter keinen Umständen hätte ich auf unsere gemeinsamen ›Lernabende‹ am großen quadratischen Tisch, der ans Fenster gerückt war, verzichtet.

Es wurde Sommer, die Abende wurden lang, die Fenster, die gegen den Hof gingen, hatten wir offen. Zwei Stock tiefer, genau unter uns, war das Kabinett des Schneiders Fink, auch sein Fenster war offen und das feine Surren seiner Nähmaschine hörten wir herauf bis zu uns. Er arbeitete bis tief in die Nacht hinein, er arbeitete immer. Wir hörten ihn, wenn wir am selben Tisch unser Abendmahl aßen, wir hörten ihn beim Abräumen, wir hörten ihn, wenn wir uns zum Lesen niederließen, und vergaßen ihn nur, wenn unser Gespräch so aufregend wurde, daß man *alles* darüber vergessen hätte. Aber wenn wir dann im Bett lagen, müde, denn der Tag hatte früh begonnen, hörten wir wieder bis in den Schlaf das Surren seiner Nähmaschine.

Das Nachtmahl bestand aus Brot und Joghurt, eine Zeitlang nur aus Brot, denn unser Zusammenleben hatte mit einer kleinen Katastrophe eingesetzt, an der ich allein die Schuld trug. Wir wurden zwar knapp gehalten, aber es war alles eingerechnet worden, was wir zum Leben brauchten, und es hätte auch zu einem etwas ausgiebigeren Nachtmahl gereicht. Das Geld für einen Monat bekam ich voraus, einen Teil davon bestritt der Großvater, das übrige die Mutter. Ich trug es alles bei mir und hatte mir vorgenommen, es gut zu verwalten. Ich hatte Erfahrung darin, in Frankfurt hatte ich ein halbes Jahr mit den kleinen Brüdern zusammengelebt, ohne die Mutter, und da war es während der letzten rasenden Phase der Inflation gar nicht so leicht gewesen, alles richtig zu machen und auszukommen. Verglichen damit schien es in Wien jetzt ein Kinderspiel.

Das wäre es auch gewesen, aber ich hatte die Rechnung ohne den Wurstelprater gemacht. Er befand sich ganz nah, keine 15 Minuten von uns, und infolge der überwältigenden Bedeutung, die er während der Kinderjahre in Wien für mich gehabt hatte, schien er noch näher. Statt den kleinen Bruder von seinen Versuchungen fernzuhalten, nahm ich ihn dorthin mit. An einem Samstagnachmittag zeigte ich ihm die Herrlichkeiten, von denen manche verschwunden waren. Aber auch die, die ich wiederfand, waren eher enttäuschend. Georg hatte Wien schon mit fünf verlassen und keine Erinnerung an den Wurstelprater behalten, so war er auf meine Berichte angewiesen, die ich möglichst verlockend herausgeputzt hatte. Denn es war etwas beschämend, daß ich, der scheinbar allwissende große Bruder, der ihm vom Prometheus des Aeschylus, von der Französischen Revolution, vom Gravitationsgesetz und von der Abstammungslehre erzählt hatte, ihn nun ausgerechnet mit dem Erdbeben von Messina in der Grottenbahn und dem Maul der Hölle davor regalierte.

Ich muß es mit schrecklichen Farben ausgemalt haben, denn als wir die Grottenbahn schließlich gefunden hatten und vor dem Höllenmaul standen, in das die Teufel gemächlich an Gabeln aufgespießte Sünder steckten, sah er mich erstaunt an und sagte: »Und davor hast du dich wirklich einmal gefürchtet?« »Ich nicht, ich war schon acht, aber ihr. Ihr wart ja noch ganz klein.« Ich merkte, daß er daran war, seine Achtung vor mir zu verlieren. Das war ihm aber nicht recht, er hing, obwohl sie erst begonnen hatten, schon sehr an unseren Abendgesprächen, und so zeigte er auch gar keine Lust, sich das Erdbeben von Messina anzusehen, das uns eigentlich hergelockt hatte. Ich war erleichtert, mich aus der Affäre zu ziehen, jetzt wollte ich selbst das Erdbeben nicht mehr sehen und zog ihn rasch fort. So habe ich es in alter Pracht in Erinnerung behalten.

Aber gar so leicht kam ich nicht davon, ich mußte ihm an Stelle der Enttäuschung etwas bieten und warf mich in die Glücksspiele des Wurstelpraters, die mich eigentlich nie interessiert hatten. Es gab dies und jenes, aber das Ringwerfen hielt uns fest, weil wir da einige Leute hintereinander gewinnen sahen. Ich ließ ihn versuchen, er hatte kein Glück, ich versuchte es selber, jeder Wurf mißlang, ich versuchte es wieder, es war wie verhext. Bald hatte ich mich in das Spiel so sehr verbissen, daß er mich mahnend am Ärmel zupfte, aber ich gab nicht nach. Er sah, wie unser Monatsgeld verschwand, und war sehr wohl imstande, die Folgen zu ermessen, aber er sagte nichts, er sagte auch nicht, daß er's selbst wieder versuchen möchte. Ich glaube, er begriff, daß ich die Beschämung über mein unerklärlich schlechtes Werfen vor ihm nicht ertrug und durch eine Reihe von Glückswürfen gutmachen müsse. Er sah starr zu und gab sich hie und da einen Ruck, er kam mir vor wie eine der Automatenfiguren vor der Grottenbahn. Ich warf und warf, ich warf immer schlechter. Die beiden Beschämungen verquickten sich und flossen in eins zusammen. Mir kam es kurz vor, aber es muß lange gedauert haben, denn plötzlich war unser ganzes Monatsgeld für den Mai verschwunden.

Wäre es um mich allein gegangen, ich hätte es nicht so schwer empfunden. Aber da war er, für dessen Leben ich verantwortlich war, an dem ich sozusagen Vaterstelle vertrat, dem ich die besten Sätze gab, den ich mit hohen Gesinnungen zu erfüllen suchte. Im Chemischen Laboratorium, wo ich eben zu arbeiten begonnen hatte, fielen mir tagsüber Dinge ein, die ich ihm am Abend mitteilen müsse, die ihn so beeindrucken würden, daß er sie nie vergäße. Ich glaubte damals, eben wegen jener brüderlichen Liebe für ihn, die zu meinem beherrschenden Gefühl geworden war, daß man mit jedem Satz Verantwortung trüge, daß eine einzige falsche Sache, die ich ihm sagte, ihn auf eine falsche Bahn bringen, daß er so sein Leben verspielen könne – und nun hatte ich den ganzen Mai verspielt und niemand durfte etwas davon erfahren, am allerwenigsten die Familie Sussin, bei der wir wohnten, ich fürchtete, daß sie uns kündigen würden.

Zum Glück hatte niemand, den wir kannten, bei meinem Sündenfall zugeschaut und Georg begriff sofort, wie sehr Schweigen geboten war. Wir trösteten einander mit männlichen Entschlüssen. Mittags pflegten wir regelmäßig in einem Gasthaus Benveniste gleich beim Carl-Theater zu essen, wo uns der Großvater eingeführt hatte. Aber das mußte nicht sein. Wir würden uns mit Joghurt und einem Stück Brot begnügen. Abends genügte ein Stück Brot. Wie ich mir – wenigstens dafür – Geld beschaffen würde, sagte ich ihm nicht, ich wußte es selbst noch nicht.

Ich glaube, es war dieses selbstverschuldete kleine Unglück, das uns einander nahebrachte, näher noch als das abendliche

Frage- und Antwortspiel. Einen Monat lang führten wir ein überaus kärgliches Leben. Ohne das Frühstück, das uns Frau Sussin jeden Morgen brachte, weiß ich gar nicht, wie wir durchgehalten hätten. Mit wahrem Heißhunger warteten wir auf den Milchkaffee mit zwei Semmeln für jeden. Wir wachten früher auf, wuschen uns früher und saßen schon am quadratischen Tisch, wenn sie das Zimmer mit dem Tablett betrat. Wir hüteten uns vor fahrigen Bewegungen, die unsere Gier verraten hätten, und saßen steif da, als hätten wir noch gemeinsam etwas zu memorieren. Sie legte Wert auf ein paar Morgensätze, immer mußten wir irgendwie geschlafen haben, wobei es noch ein Glück war, daß sie uns mit eigenen Schlafberichten verschonte.

Aber jeden Morgen erwähnte sie auf nachdrückliche Weise ihren Bruder, der in Belgrad im Gefängnis saß. »Ein Idealist!« so begann sie immer unvermittelt, sie nannte ihn nie, ohne mit ›Idealist‹ zu beginnen. Zwar teilte sie seine politischen Überzeugungen nicht, aber sie war stolz auf ihn, denn er war mit Henri Barbusse und Romain Rolland befreundet. Er war ein kranker Mensch, er hatte schon früh an Tuberkulose gelitten, das Gefängnis war für ihn Gift, eine gute und ausgiebige Ernährung wäre für ihn besonders wichtig gewesen. Wenn sie das Frühstück zu uns hereintrug, den dampfenden Kaffee, dachte sie daran, was er entbehrte, und so war es nur natürlich, daß sie von ihm sprach. »Der hat schon früh damit begonnen, schon in der Schule. In seinem Alter« – sie zeigte auf Georg – »war er ein Idealist. In der Schule hielt er Reden und wurde gestraft. Obwohl seine Lehrer auf seiner Seite waren, mußten sie ihn strafen.« Sie billigte nicht seinen Eigensinn, aber sie brachte auch nie einen Tadel über die Lippen. Sie und ihre Schwester, die unverheiratet war und mit dem Ehepaar Sussin in ihrer Wohnung zusammen lebte, hatten über die Gesinnung ihres Bruders einiges zu hören bekommen. Königstreue Serben hatten so wenig dafür übrig wie gute Österreicher und so hatten sie sich's ein für allemal zur Gewohnheit gemacht, von der Politik nichts zu verstehen und sie den Männern zu überlassen.

Mosche Pijade – so hieß ihr Bruder – hatte sich immer als Revolutionär und Schriftsteller betrachtet. Daß er als solcher etwas war, dafür sprachen die Namen seiner französischen Freunde. Das Gefängnis, besonders aber die Krankheit und der Hunger ihres Bruders beschäftigten Frau Sussin sehr. Das Frühstück, das sie uns ins Zimmer trug, hätte sie auch ihm gegönnt und so war es das wenigste, daß sie jeden Morgen seiner gedachte. Zwar hielt sie uns in unserem Heißhunger dadurch immer auf, aber dafür stärkte sie uns durch die Erzählung vom Hunger ihres Bruders. Der würde es nie über die Lippen bringen, daß er hungrig sei. Schon als Bub zuhause habe er nie gemerkt, wenn er hungrig war, denn er war immer mit seinen Idealen beschäftigt. Darin war er uns zu einer Stütze geworden, und nicht weniger als auf den Milchkaffee mit den guten Semmeln warteten wir jeden Morgen auf die Geschichte der Frau Sussin. Es war auch das erste, was Georg über Tuberkulose zu hören bekam, die später zum Inhalt seines Lebens wurde.

Wir verließen die Wohnung zusammen. Gleich links im Hof sahen wir Herrn Fink, den Schneider, der saß schon lange vor seiner Nähmaschine. Es war das erste Geräusch, das wir morgens gleich beim Erwachen hörten, wie es das letzte Geräusch nachts vorm Einschlafen gewesen war. Jetzt gingen wir am Fenster seines Kabinetts vorbei und grüßten ihn, den schweigsamen Mann mit den schmerzlichen Backenknochen. Wenn ich ihn sah, mit den Nadeln im Mund, kam er mir vor, als habe er eine lange Nadel durch die Wange gestochen und könne drum nicht sprechen. Wenn er dann doch etwas sagte, wunderte ich mich; die Nadeln, auch die, die er zwischen den Lippen trug, waren verschwunden.

Da war seine Nähmaschine, im Fenster des Kabinetts, die er nicht verließ, – ein junger Mensch, der nie ausging. Als ich ihn etwas näher kannte, war es Sommer geworden, das Fenster war offen, das Surren der Maschine war im Hof zu hören, eine leise Begleitung zum Lachen der Frau, einer schwarzen, üppigen Schönheit, die das Kabinett ausfüllte. Wenn man wegen eines Auftrags zum Schneider Fink wollte und an die Tür des Zimmerchens klopfte, in dem er mit seiner Familie lebte, zögerte man ein wenig, bevor man eintrat, um das Lachen der Frau länger zu hören und zu glauben. Man wußte wohl, daß die Freude, mit der das Kabinett einen empfing, einem nicht selber galt, es war die Freude ihres strotzenden Körpers, nach dem alles roch. Geruch und Lachen durchdrangen einander und hie und da Rufe, die Kamilla, der dreijährigen Tochter galten. Dieses Kind spielte am liebsten in der Nähe der Schwelle gleich hinter der Tür, die man auch darum zögernd öffnete, und das erste, was man unterm Lachen hörte, war der Satz: »Kamilla, mach Platz, daß der Herr herein kann.« Sie sagte immer ›der Herr‹, obwohl ich noch keine 19 Jahre alt war, und sie sagte es auch, wenn ich drin stand und eine Frau herein wollte. Sobald sie sah, daß es eine Frau war, hörte sie kurz mit dem Lachen auf, verbesserte aber nie ihren Satz, was mich nicht wunder nahm, denn Herr Fink war Herrenschneider. Er sah dann rasch auf, Nadeln im Mund. Eine große, schreckliche Nadel hatte ihm die Wangen durchstochen, wie hätte er sprechen können, statt seiner sprach das Lachen.

Karl Kraus und Veza

Es war natürlich, daß die Gerüchte von beiden mich zugleich erreichten: sie entsprangen derselben Quelle, von ihr kam damals alles, was neu für mich war, und wäre ich bei dieser Ankunft in Wien auf mich allein angewiesen gewesen oder auf den Besuch der Universität, der mir bevorstand, es hätte zu einem neuen Leben schwerlich gereicht. Bei den Asriels, die ich in ihrer Wohnung in der Heinestraße gleich beim Praterstern besuchte, jeden Samstagnachmittag, erfuhr ich so viel, daß es für Jahre ausgereicht hätte: Namen, die vollkommen neu waren und mir schon darum suspekt erschienen, weil ich sie nie zuvor gehört hatte.

Der Name aber, den ich bei den Asriels am häufigsten hörte, war der von Karl Kraus. Das sei der strengste und größte Mann, der heute in Wien lebe. Vor seinen Augen finde niemand Gnade. In seinen Vorlesungen greife er alles an, was schlecht und verdorben sei. Er gebe eine Zeitschrift heraus, die er ganz allein schreibe. Alle Zusendungen seien unerwünscht, von niemandem nehme er einen Beitrag an, auf Briefe gebe er keine Antwort. Jedes Wort, jede Silbe in der ›Fackel‹ sei von ihm selbst. Darin gehe es zu wie vor Gericht. Er selber klage an und er selber richte. Verteidiger gäbe es keinen, das sei überflüssig, er sei so gerecht, daß niemand angeklagt werde, der es nicht verdiene. Er irre sich nie, er könne sich gar nicht irren. Alles was er vorbringe, stimme haargenau, eine solche Genauigkeit habe es in der Literatur noch nie gegeben. Um jedes Komma kümmere er sich persönlich, und wer einen Druckfehler in der ›Fackel‹

finden wolle, der könne sich wochenlang plagen. Das Klügste sei, man suche gar nicht danach. Er hasse den Krieg und während des Weltkriegs sei es ihm gelungen, trotz der Zensur vieles in der ›Fackel‹ zu drucken, das gegen den Krieg war. Er habe Übelstände aufgedeckt, Korruptionen bekämpft, über die alle anderen den Mund gehalten hätten. Daß er nicht im Gefängnis gelandet sei, sei ein Wunder. Es gebe ein 800 Seiten langes Drama von ihm, ›Die letzten Tage der Menschheit‹, worin alles vorkomme, was im Krieg passiert sei. Wenn er daraus vorlese, sei man wie erschlagen. Da rühre sich nichts im Saal, man getraue sich kaum zu atmen. Alle Rollen lese er selbst, Schieber und Generale, die Schalek wie die armen Teufel, die die Opfer des Krieges seien, alle höre man von ihm so echt, als stünden die Leute vor einem. Wer ihn gehört habe, der wolle nie mehr ins Theater gehen, das Theater sei langweilig verglichen mit ihm, er allein sei ein ganzes Theater, aber besser, und dieses Weltwunder, dieses Ungeheuer, dieses Genie trug den höchst gewöhnlichen Namen Karl Kraus.

Alles hätte ich eher von ihm geglaubt als seinen Namen und daß ein Mensch dieses Namens zu dem imstande war, was man ihm zuschrieb. Während die Asriels mich mit Nachrichten über ihn bearbeiteten – was beide, Mutter und Sohn, sehr genossen –, spötteleten sie über mein Mißtrauen, das sich an diesem Namen stieß, erklärten immer wieder, daß es auf den Namen doch nicht ankomme, sondern auf den Menschen, sonst wären wir, sie oder ich, mit unseren wohlklingenden Namen einem Manne wie Karl Kraus überlegen. Ob ich mir etwas so Lächerliches, etwas so Unsinniges auch nur vorstellen könne?

Ich bekam das rote Heft in die Hand gedrückt, und so sehr mir gefiel, daß es ›Die Fackel‹ hieß, es war mir ganz unmöglich, es zu lesen. Ich stolperte über die Sätze, ich verstand sie nicht. Wenn ich einmal etwas verstand, so schien es mir ein Witz und dafür hatte ich gar nichts übrig. Auch war von lokalen Vorfällen und Druckfehlern die Rede, die mir höchst unwichtig erschienen. »Das ist doch lauter Zeug, wie könnt ihr so etwas lesen. Da ist mir sogar eine Zeitung interessanter, die versteht man wenigstens, hier soll man sich plagen, und dann kommt erst nichts heraus!« Ich war ehrlich empört über die Asriels, und der Vater meines Schulkameraden in Frankfurt fiel mir ein, der mir bei jedem Besuch in seinem Haus aus dem Lokalautor Friedrich

Stoltze vorlas und am Schluß eines Gedichts zu sagen pflegte: »Wem das nicht gefällt, der gehört erschosse. Das ist der größte Dichter, der je gelebt hat.« Ich berichtete, nicht ohne Hohn, von diesem Frankfurter Dialektdichter. Ich setzte den Asriels zu, ich ließ nicht locker und brachte sie in solche Verlegenheit, daß sie mir plötzlich von feinen Damen erzählten, die in jede Vorlesung von Karl Kraus gingen, die so hingerissen von ihm waren, daß sie sich immer in die erste Reihe setzten, damit er ihre Begeisterung bemerke. Mit solchen Berichten aber fielen die Asriels erst recht bei mir durch: »Feine Damen! Mit Pelzen wahrscheinlich! Parfümierte Ästhetinnen! Und er schämt sich nicht, vor solchen Leuten zu lesen!«

»Das sind aber nicht *solche* Damen! Das sind hochgebildete Frauen! Warum soll er vor denen nicht lesen? Die verstehen jede Anspielung; bevor er seinen Satz noch ausgesprochen hat, wissen die schon, worum es geht. Die haben die ganze englische und französische Literatur im Kopf, nicht nur die deutsche! Die kennen ihren Shakespeare auswendig, von Goethe gar nicht zu reden. Das kann man sich gar nicht vorstellen, wie gebildet die sind!«

»Und woher wißt ihr das? Habt ihr mit ihnen geredet? Redet ihr mit solchen Leuten? Wird euch nicht schlecht vom Parfumgeruch? Ich würde mit so einer nicht eine Minute reden. Ich könnte es gar nicht. Sogar wenn sie wirklich schön wäre, ich würde ihr den Rücken kehren und höchstens sagen: ›Nehmen Sie den Shakespeare nicht in den Mund. Der dreht sich vor Ekel noch im Grab um. Und lassen Sie Goethe in Ruh. Der Faust ist nicht für Äffchen.‹«

Da aber glaubten die Asriels gewonnenes Spiel zu haben, denn beide zugleich riefen: »Und die Veza! Wissen Sie, wer das ist? Haben Sie je etwas von der Veza gehört?«

Das war nun ein Name, der mich überraschte. Er gefiel mir gleich, obwohl ich es nicht wahrhaben wollte. Er erinnerte mich an einen meiner Sterne, die Wega im Sternbild der Leier, klang mir aber um den einen veränderten Konsonanten schöner. Ich sagte nur unwirsch: »Was ist das schon wieder für ein Name? So heißt doch niemand. Das wäre schon ein ungewöhnlicher Name. Aber es gibt ihn nicht.«

»Doch, es gibt ihn. Wir kennen sie, sie wohnt in der Ferdinandstraße mit ihrer Mutter. Zehn Minuten von hier. Eine wunderschöne Person mit einem spanischen Gesicht. Sie ist sehr fein und empfindlich und man könnte in ihrer Gegenwart nie etwas Häßliches sagen. Die hat mehr gelesen als wir alle zusammen. Die kennt die längsten englischen Gedichte auswendig und den halben Shakespeare dazu. Und Molière, und Flaubert, und Tolstoi.« »Ja, wie alt ist denn dieser Ausbund?« »Siebenundzwanzig.« »Und da hat sie schon alles gelesen?« »Ja, und noch mehr dazu. Aber die liest mit Verstand. Die weiß, warum ihr etwas gefällt. Die kann es begründen. Der kann man nichts vormachen.« »Und die setzt sich in die erste Reihe zu Karl Kraus?« »Ja, in jeder Vorlesung.«

Am 17. April 1924 fand die 300. Vorlesung von Karl Kraus statt. Der Große Konzerthaussaal war dazu vorbestimmt worden. Man sagte mir, auch er werde nicht groß genug sein, die Zahl der Anhänger zu fassen. Doch die Asriels sorgten rechtzeitig für Karten und bestanden darauf, daß ich mitkomme. Warum uns immer über die ›Fackel‹ streiten? Es sei doch richtiger, ich höre den großen Mann einmal selbst. Dann könne ich mir ein eigenes Urteil bilden. Hans legte sein hochmütigstes Grinsen auf; bei der Vorstellung, daß irgendwer, geschweige denn ein frischgebackener Maturant, eben aus Frankfurt zugereist, Karl Kraus in Person widerstehen könnte, hatte nicht nur er gegrinst, sogar seine zierliche, flinke Mutter konnte sich eines Lächelns nicht erwehren, als sie mir ein übers andere Mal versicherte, wie sehr sie mich um diese erste Erfahrung von Karl Kraus beneide.

Sie bereitete mich durch einige wohlgedrechselte Ratschläge vor: ich solle über die wilde Zustimmung der Hörer nicht erschrecken, das seien nicht die üblichen Operettenwiener, die sich da zusammenfänden, keine Heurigen-Seligen, aber auch keine dekadente Ästheten-Clique à la Hofmannsthal, das sei das wahre geistige Wien, das Beste und Gesündeste, das es in dieser anscheinend herabgekommenen Stadt gebe. Ich würde staunen, wie rasch dieses Publikum die feinste Anspielung verstünde, da lachten die Leute schon, wenn er einen Satz eben begonnen habe, und sobald der Satz zu Ende sei, tobe der ganze Saal. Der habe sich sein Publikum gut erzogen, der könne mit den Leuten machen, was er wolle, und dabei müsse man noch bedenken, daß es sich um lauter hochgebildete Menschen, fast alles berufstätige Akademiker oder wenigstens Studenten handle. Da habe sie noch nie ein stupides Gesicht gesehen, da könne man lange danach suchen, das sei vergeblich. Ihr mache es immer das größte Vernügen, die Reaktionen zu den Pointen des Sprechers auf den Gesichtern der Hörer abzulesen. Es falle ihr sehr schwer, diesmal nicht mitzukommen, aber sie habe es viel lieber, wenn sich alles im Mittleren Konzerthaussaal abspiele, da könne einem nichts, aber auch gar nichts entgehen. Im Großen Saal – obwohl seine Stimme sehr gut trage – verliere man doch manches, und sie sei so erpicht auf jedes seiner Worte, daß sie kein einziges davon entbehren wolle. Drum habe sie diesmal ihre Karte mir abgetreten, es sei mehr als Ehrung für ihn gedacht, daß man bei dieser 300. Lesung erscheine, und da drängten sich so viele hinzu, daß es auf sie wirklich nicht ankäme.

Ich wußte, wie beengt die Asriels lebten – obwohl davon nie die Rede war, es gab so viel wichtigere, geistige Dinge nämlich, die sie ganz in Anspruch nahmen. Sie bestanden aber darauf, daß ich bei dieser Gelegenheit ihr Gast sei, und nur darum verzichtete Frau Asriel darauf, bei der triumphalen Affäre zugegen zu sein.

Eine Absicht des Abends, die man mir verheimlichte, erriet ich von selbst, und sobald Hans und ich ziemlich weit hinten im Saal unsere Plätze eingenommen hatten, sah ich mich verstohlen im Publikum um. Hans tat dasselbe, nicht weniger verstohlen, beide verbargen wir voreinander, nach wem wir suchten, es war derselbe Mensch. Ich vergaß, daß die Dame mit dem ungewöhnlichen Namen immer in der ersten Reihe saß, und obschon ich nie ein Bild von ihr gesehen hatte, hoffte ich, sie plötzlich irgendwo in unserer Reihe zu bemerken. Undenkbar schien es mir, sie nicht zu erkennen, nach der Schilderung, die man mir von ihr gegeben hatte: das längste englische Gedicht, das sie auswendig kenne, sei ›The Raven‹, der ›Rabe‹ von Poe und wie ein Rabe sehe sie selber aus, ein Rabe zur Spanierin verzaubert. Hans war selbst zu unruhig, um meine Unruhe richtig zu deuten, er blickte beharrlich nach vorn und prüfte die vorderen Eingänge in den Saal. Plötzlich fuhr er auf, aber jetzt nicht hochmütig, eher verlegen und sagte: »Da ist sie. Eben ist sie hereingekommen.« »Wo?« sagte ich, ohne zu fragen, wen er meine, »wo?« »In der ersten Reihe, ganz links. Hab ich mir gedacht, in der ersten Reihe.«

Ich sah aus dieser Entfernung recht wenig, immerhin erkannte ich das Rabenhaar und war es zufrieden. Ich unterdrückte die ironischen Bemerkungen, die ich mir zurechtgelegt hatte, und hob sie für später auf. Bald kam Karl Kraus selbst und wurde von einem Beifall begrüßt, so stark wie ich ihn noch nie, nicht einmal bei Konzerten erlebt hatte. Er schien, mein Auge war noch ungeübt, wenig Notiz davon zu nehmen, er zögerte nur ein wenig, stehend, die Gestalt hatte etwas leicht Gekrümmtes. Als er Platz nahm und zu sprechen begann, überfiel mich die Stimme, die etwas unnatürlich Vibrierendes hatte, wie ein verlangsamtes Krähen. Aber dieser Eindruck verflüchtigte sich rasch, denn die Stimme änderte sich gleich und änderte sich weiter unaufhörlich, und sehr bald schon staunte man über die Vielfalt, deren sie fähig war. Die Stille, mit der sie anfangs aufgenommen wurde, erinnerte nun doch an ein Konzert, aber es herrschte eine ganz andere Art von Erwartung. Von Anfang an und während der ganzen Veranstaltung war es die Stille vor einem Sturm. Schon die erste Pointe, eigentlich war es nur eine Anspielung, wurde durch ein Gelächter vorweggenommen, das mich erschreckte. Es klang begeistert und fanatisch, befriedigt und drohend zugleich, es kam, bevor noch eigentlich ausgesprochen war, worum es ging. Aber auch ausgesprochen hätte ich es nicht begreifen können, denn es bezog sich auf etwas Lokales, auf etwas, das nicht nur mit Wien zusammenhing, sondern das auch zu einer Intimität zwischen Kraus und seinen Hörern geworden war, die danach verlangten. Es waren nicht einzelne, die lachten, sondern viele zusammen. Wenn ich einen schräg links vor mir ins Auge faßte, um die Verzerrungen seines Gelächters, dessen Ursachen ich nicht erfaßte, zu begreifen, klang es hinter mir genauso und ein paar Sitze weiter weg auf allen Seiten, und dann erst bemerkte ich, daß auch Hans neben mir, den ich unterdessen beinahe vergessen hatte, auf genau dieselbe Weise lachte. Immer waren es viele und immer war es ein hungriges Lachen. Ich hatte bald heraus, daß die Leute zu einem Mahl gekommen waren und nicht, um Karl Kraus zu feiern.

Ich weiß nicht, was er an diesem Abend meiner frühesten Begegnung mit ihm sprach. Hundert Vorlesungen, die ich später hörte, haben sich darübergelegt. Vielleicht habe ich es auch damals nicht gewußt, weil mich das Publikum so sehr in Anspruch nahm, das ich fürchtete. Ihn selbst sah ich schlecht, ein Gesicht, das sich nach unten hin verjüngte, ein Gesicht so beweglich, daß es auf nichts festzulegen war, eindringlich und fremdartig, wie das eines Tieres, aber ein neues, anderes, keines, das man kannte. Fassungslos war ich über die Steigerungen, deren diese Stimme fähig war, der Saal war sehr groß, aber es war dann ein Beben in ihr, das sich dem ganzen Saale mitteilte. Stühle wie Menschen schienen unter diesem Beben nachzugeben, es hätte mich nicht gewundert, wenn die Stühle sich gebogen hätten. Die Dynamik eines solchen bis auf den letzten Platz gefüllten Saals unter der Einwirkung jener Stimme, die auch in den Augenblicken nicht aussetzte, in denen sie verstummte, läßt sich so wenig wieder-geben wie das Wilde Heer der Sage. Aber ich glaube, sie käme diesem am nächsten. Man stelle sich das Wilde Heer vor, in einem Saale niedergelassen, durch den, der es herangeholt hat, eingesperrt und zum Stillsitzen gezwungen und dann immer wieder zu seiner eigentlichen Natur hervorgerufen. Der Wirk-lichkeit kommt man mit diesem Bilde nicht viel näher, aber ich wüßte auch kein anderes, das genauer wäre, und so verzichte ich darauf, eine Vorstellung von Karl Kraus in seiner Aktualität zu geben.

Immerhin verließ ich in der Pause den Saal und Hans machte mich mit jener Dame bekannt, die als Kronzeuge für die Wir-kung dienen sollte, die ich eben an mir erfahren hatte. Sie war aber ganz ruhig und gefaßt, in der ersten Reihe schien es alles leichter zu ertragen. Sie sah sehr fremd aus, eine Kostbarkeit, ein Wesen, wie man es nie in Wien, wohl aber auf einer persischen Miniatur erwartet hätte. Ihre hochgeschwungenen Brauen, ihre langen, schwarzen Wimpern, mit denen sie, auf virtuose Weise, bald rasch, bald langsam spielte, brachten mich in Verlegenheit. Ich schaute immer auf die Wimpern statt in die Augen und wunderte mich über den kleinen Mund.

Sie frage nicht, wie es mir gefalle, sagte sie, sie wolle mich nicht in Verlegenheit bringen. »Sie sind zum erstenmal da«, es klang, als sei sie die Gastgeberin, der Saal ihr Haus, und als reiche sie von ihrem Sitz in der ersten Reihe alles Dargebotene an das Publikum weiter. Sie kannte die Besucher, sie wußte, wer immer kam, und bemerkte, ohne sich etwas zu vergeben, daß ich hier neu war. Ich hatte das Gefühl, daß sie es war, die mich eingeladen hatte, und bedankte mich für ihre Gastfreundschaft, die darin bestand, daß sie von mir Notiz nahm. Mein Begleiter, dessen Stärke Takt nicht war, sagte: »Ein großer Tag für ihn«, und zuckte mit der Schulter in meine Richtung. »Das kann man noch nicht wissen«, sagte sie, »vorläufig ist es verwirrend.« Ich empfand das nicht als Spott, obwohl jeder ihrer Sätze einen spöttischen Unterton hatte, ich war glücklich, daß sie etwas sagte, das so genau meiner Stimmung entsprach. Aber eben dieses Verständnis verwirrte mich, wie die Wimpern, die nun getragene Bewegungen vollführten, als hätten sie Wichtiges zu verschweigen. So sagte ich das Schlichteste und Anspruchsloseste, was sich unter diesen Umständen sagen ließ: »Verwirrend ist es schon.« Das mag unwirsch geklungen haben, aber nicht für sie, denn sie fragte: »Sind Sie Schweizer?«

Es gab nichts, das ich lieber gewesen wäre. In den drei Jahren Frankfurt hatte meine Passion für die Schweiz Siedehitze erreicht. Ich wußte, daß ihre Mutter eine Spaniolin war, mit dem Mädchennamen Calderon, die jetzt in dritter Ehe mit einem sehr alten Mann namens Altaras lebte, und so mußte sie auch mich nach meinem Namen als Spaniolen erkannt haben. Warum fragte sie mich nach dem, was ich am liebsten gewesen wäre? Ich sprach zu niemand über den alten Schmerz jener Trennung und hütete mich ganz besonders davor, mir diese Blöße vor den Asriels zu geben, die allem satirischen Hochmut zum Trotz, oder vielleicht eben wegen Karl Kraus, sich viel auf ihr Wienertum zugute hielten. So konnte die schöne Raben-Dame von niemand etwas über mein Unglück erfahren haben und ihre erste direkte Frage traf mich ins Herz. Ich war davon tiefer berührt als von der Vorlesung, die – auch das hatte sie richtig gesagt – vorläufig verwirrend für mich war. Ich sagte: »Leider nicht«, womit ich meinte, daß ich leider kein Schweizer sei. Damit gab ich mich in ihre Hand. Mit dem einen Wort ›leider‹ verriet ich mehr, als irgendein Mensch damals von mir wußte. Sie schien es zu verstehen, alles Spöttische verschwand aus ihren Zügen und sie sagte: »Ich wäre gern Engländerin.« Hans, wie es seine Art war, überfiel sie mit einer Flut von Geschwätz, dem ich nur entnahm, daß man doch Shakespeare gut kennen könne, ohne drum gleich Engländer zu sein, und was hätten die Engländer heute schon mit Shakespeare gemein. Aber sie achtete so wenig darauf wie ich, obwohl ihr, wie ich bald sah, nichts entging, was er sagte.

»Sie sollten sich eine Shakespeare-Lesung von Karl Kraus anhören. Waren Sie schon in England?« »Ja, als Kind. Ich bin da zwei Jahre in die Schule gegangen. Es war meine erste Schule.«

»Ich fahre oft hin zu Verwandten. Sie müssen mir von Ihrer Kindheit in England erzählen. Besuchen Sie mich bald!«

Alles Preziöse war verschwunden, auch die Koketterie, mit der sie die Honneurs der Vorlesung machte. Sie sprach von etwas, das ihr nah und wichtig war und setzte es ein gegen mein Wichtiges, das sie so rasch und leicht und doch gar nicht verletzend berührt hatte. Als wir in den Saal zurückgingen und Hans mich in der kurzen Zeit, die uns noch übrigblieb, rasch zwei- oder dreimal fragte, wie ich sie fände, stellte ich mich, als verstünde ich nicht, und erst als ich spürte, daß er jetzt ihren Namen aussprechen würde, sagte ich, um ihm zuvorzukommen: »Die Veza?« Aber da war Karl Kraus schon wieder erschienen und der Sturm brach los und ihr Name ging im Sturm unter.

Der Buddhist

Ich glaube nicht, daß ich sie gleich nach der Vorlesung wiedersah, und selbst wenn ich sie sah, hätte es kaum etwas bedeutet, denn nun waren die Schleusen bei Hans ganz geöffnet. Eine dünne Flut von Geschwätz ergoß sich über mich, dem alles fehlte, was vom öffentlichen Sprecher her auf einen gewirkt hatte: die selbstgewisse Leidenschaft, der Zorn, die Verachtung. Alles, was Hans sagte, ging an einem vorbei, als wende es sich an einen anderen neben einem, der aber gar nicht da war. ›Natürlich‹ und ›selbstverständlich‹ waren seine häufigsten Worte, jedem Satz zur Verstärkung beigegeben, der aber gerade durch sie entkräftet wurde. Er spürte das geringe Gewicht seiner Äußerungen und suchte sie ins Allgemeine zu wenden und auf diese Weise zu sichern. Aber sein Allgemeines war genauso schwach wie er selbst, sein Unglück war, daß man ihm nichts glaubte. Nicht daß man ihn für einen Lügner hielt, er war zu schwach, etwas zu erfinden, aber statt *eines* Wortes gebrauchte er fünfzig und in dieser Verdünnung blieb nichts von dem, was er meinte, übrig. Eine Frage wiederholte er so oft und so rasch, daß einem nicht der geringste Zwischenraum blieb, sie zu beantworten. Er sagte »Wieso?« und »Das hab ich nicht gern«, und »Kennt man«, und schob das wie Interjektionen in seine endlosen Erklärungen ein, vielleicht um ihnen dadurch mehr Emphase zu geben.

Schon als Kind war er schmal gewesen, aber jetzt war er so

dünn, daß es nichts zu tragen gab, das nicht an ihm schlotterte. Am bestimmtesten schien er, wenn er schwamm, drum sprach er immer davon. Auch duldeten ihn die ›Felonen‹, von denen man noch hören wird, bei ihren Badeausflügen in die Kuchelau, ohne daß er eigentlich zu ihnen gehört hätte. Er gehörte zu keiner Gruppe, immer war er am Rand. Seine Mutter war es, die junge Burschen anzog, um ihren Wort-Turnieren beizuwohnen, und sie richtete es so ein, daß ihr Sohn sich bei solchen Gelegenheiten zurückhielt, aus Gastlichkeit sozusagen und damit es interessant wurde. Aber er hörte genau zu, nahm alles – beinahe hätte ich gesagt – begierig auf, und kaum waren die eigentlichen Kämpfer gegangen, wiederholte sich das Turnier als Nachspiel, zwischen ihm und irgendeinem intimeren Freund der Familie, der länger blieb, da er Ansprüche auf die Mutter zu haben glaubte. So wurde jeder Disput und jedes Thema durchgeübt, bis von allem, was spontan Leben und Reiz hat, ein schaler Geschmack zurückblieb.

Seiner Schwierigkeit im Umgang mit Menschen war Hans sich damals noch nicht bewußt. Soviel junge Leute kamen in die Wohnung, immer neue Zweikämpfe spielten sich ab – von den bewundernden Blicken der Frau Asriel angespornt –, nichts entging ihr und nichts dauerte ihr zu lange. Die Kämpfer blieben, solange sie Lust hatten, aber sie wurden auch nie zurückgehalten, sie kamen und gingen, wie es ihnen gefiel. Dieser Freiheit, auf die sie sich verstand, die ihr ein Herzensbedürfnis war, verdankte es Frau Asriel, daß ihre Wohnung nie verlassen blieb. Seiner Mutter aber verdankte Hans, der von geistigen Nachahmungen lebte und aus ihnen bestand, daß es immer etwas nachzuahmen gab, daß der Strom dessen, was man als ›Anregungen‹ bezeichnete, nie versiegte. Er merkte auch nicht, daß man ihn nicht gern einlud, denn Frau Asriel war überall, wo es nicht zu bürgerlich herging, gern gesehen, und es war selbstverständlich, daß sie ihren gescheiten Sohn – denn dafür hielt sie ihn – mitnahm.

Nach dem 17. April, der wirklich ein großer Tag für mich geworden war, denn an ein und demselben Tag, am selben Ort traten die beiden Menschen in mein Leben, die es auf lange hin beherrschen sollten, begann eine Periode der Verstellung, die beinahe ein Jahr dauerte. Ich hätte die Rabenfrau sehr gern wiedergesehen, aber ich wollte mir nichts davon anmerken lassen. Sie hatte mich zu einem Besuch aufgefordert, und immer wieder sprachen die Asriels, Mutter und Sohn, von dieser Einladung und fragten mich, ob ich nicht Lust hätte, ihr nachzukommen. Da ich nicht recht darauf reagierte, ja sogar Unlust zeigte, nahmen sie an, daß ich zu schüchtern sei, und stellten mir aufmunternd ihre Gegenwart in Aussicht. Sie seien oft schon dort zu Besuch gewesen, sie würden nächstens einmal wieder hingehen und mich einfach mitnehmen. Das aber war es eben, was mich abschreckte. Der Gedanke an das Geschwätz von Hans, an das ich mich sonst gewöhnt hatte und das ich nicht zu ernst nahm, dort, gerade dort, war mir höchst unangenehm, auch die Vorstellung, daß Alice mich später genau ausfragen würde, wie ich dies und jenes finde. Es wäre mir unmöglich gewesen, das Gespräch über England vor ihnen zu führen, und nie hätte ich es fertiggebracht, in Gegenwart der Asriels etwas über die Schweiz zu sagen. Die Aussicht darauf aber war es, was mich am meisten hinzog.

Alice mochte sich diese Freude nicht entgehen lassen und jeden Samstag, wenn ich zu den Asriels ging, kam zu irgendeinem Zeitpunkt freundlich, aber insistent die Frage: »Wann besuchen wir die Veza?« Mir war es selbst unangenehm, daß der Name von ihnen genannt wurde, den ich zu schön fand, um ihn vor irgend jemand über die Lippen zu bringen. Ich half mir, indem ich Abneigung gegen sie heuchelte, ihren Namen vermied und sie mit nicht sehr respektvollen Attributen bedachte.

Bei Alice lernte ich Fredl Waldinger kennen, der mir für einige Jahre zu einem Gesprächspartner wurde, wie man ihn sich besser nicht wünschen kann. Zwar waren wir über beinahe alles verschiedener Meinung, aber es kam nie zu Empfindlichkeiten oder Streitereien. Er ließ sich weder überrumpeln noch vergewaltigen, meiner heftigen, von stürmischen Erlebnissen bestimmten Art setzte er ruhigen, heiteren Widerstand entgegen. Er kam, als ich ihn das erstemal traf, eben von Palästina zurück, wo er ein halbes Jahr in einem Kibbuz gelebt hatte. Er sang gern jüdische Lieder, von denen er viele kannte, er hatte eine hübsche Stimme und sang sie gut. Man mußte ihn nicht zum Singen auffordern, es war ihm so natürlich, daß er mitten im Gespräch ein Lied begann, er berief sich auf Lieder, sie waren seine Zitate.

Andere Burschen, die ich in diesem Kreise traf, gefielen sich im Hochmut der höheren Literatur: wenn es nicht Karl Kraus war, so waren es Weininger oder Schopenhauer. Pessimistische oder frauenfeindliche Sätze waren besonders beliebt, obwohl keiner von ihnen ein Frauen- oder Menschenfeind war. Jeder von ihnen hatte seine Freundin, mit der er sich verstand und fuhr mit ihr und den Freunden, die sich als Gruppe nach einem von ihnen, der Felo hieß, die ›Felonen‹ nannte, in die Kuchelau zum Baden, wo es kräftig, gesund und menschenfreundlich zuging. Aber die strengen, witzigen, verächtlichen Sätze galten den jungen Menschen doch als Blüte des Geistes. Es war verpönt, sie nicht in ihrer genauen Gestalt zu sagen, und ein guter Teil der Achtung, die man füreinander hatte, bestand darin, daß man die sprachliche Form solcher Dinge so ernst nahm, wie es der eigentliche Meister all dieser Kreise, Karl Kraus, gefordert hätte. Fredl Waldinger stand in loser Verbindung mit ihnen, ging wohl gern mit ihnen baden, war aber insofern kein ganz unerbittlicher Anhänger von Karl Kraus, als ihm andere Dinge nicht weniger und manche sogar mehr als dieser bedeuteten.

Sein ältester Bruder, Ernst Waldinger, hatte schon Gedichte veröffentlicht, er war schwerverletzt aus dem Krieg zurückgekehrt, hatte eine Nichte von Freud geheiratet und war mit Josef Weinheber befreundet, eine Freundschaft, die sich auf künstlerische Überzeugungen gründete. Beide hingen klassischen Vorbildern an, die strenge Form bedeutete ihnen viel. ›Der Gemmenschneider‹ hieß ein Gedicht von Ernst Waldinger, das man als programmatisch bezeichnen könnte, er wählte es als Titel für einen seiner Gedichtbände aus. Einen Teil seiner inneren Freiheit verdankte Fredl Waldinger diesem Bruder, für den er Achtung empfand. Mehr als Achtung verriet er nicht, es war nicht seine Art, auf äußere Dinge stolz zu sein. Geld imponierte ihm so wenig wie Ruhm, aber es wäre ihm auch nicht eingefallen, einen Dichter, von dem es Bücher gab, bloß dafür zu verachten, daß er sich allmählich einen Namen machte. Als ich Fredl kennenlernte, war gerade ›Boot in der Bucht‹ von Weinheber erschienen. Er hatte das Buch bei sich und las daraus vor, ein oder zwei Gedichte kannte er schon auswendig. Mir gefiel sehr, daß er Gedichte ernst nahm, bei mir zuhause herrschte eine große Verachtung für Gedichte, die prinzipiell nur ›Gedichterl‹ genannt wurden. Aber die eigentlichen Zitate Fredls, wie ich schon sagte, waren Lieder, jüdische Volkslieder.

Beim Singen hob er die rechte Hand in halbe Höhe und hielt sie nach oben geöffnet wie eine Schale, es war, als biete er einem etwas an, für das er sich entschuldige. Er schien demütig und doch seiner gewiß, man hätte an einen Wandermönch gedacht, aber einen, der statt von den Leuten zu betteln, ihnen etwas schenken kam. Er sang nie laut, jede Maßlosigkeit schien ihm fremd, seine bäurische Anmut gewann ihm die Herzen der Zuhörer. Wohl war er sich dessen bewußt, daß er seine Lieder gut sang, und er gefiel sich darin wie andere Sänger, aber viel wichtiger als jede Selbstgefälligkeit war ihm die Gesinnung, für die er Zeugnis ablegte: seine Lust am ländlichen Leben, die Bedienung des Bodens, die klare, ergebene und doch anspruchsvolle Tätigkeit seiner Hände. Gern erzählte er von seiner Freundschaft mit Arabern, er machte keinen Unterschied zwischen ihnen und den Juden, jeder Hochmut, der sich auf Bildungsunterschiede gründete, war ihm fremd. Er war kräftig und gesund, es wäre ein Leichtes für ihn gewesen, sich mit anderen seines Alters herumzuschlagen, aber einen Menschen, der so friedlich war wie er, habe ich nie gekannt, seine Friedlichkeit ging so weit, daß er mit niemand wetteiferte. Es war ihm gleichgültig, ob er der Erste oder der Letzte war, er geriet in keine Rangordnung und schien es nicht einmal zu merken, daß es sie gab.

Mit ihm trat der Buddhismus in mein Leben, auch diesem hatte er sich über Gedichte genähert. ›Die Lieder der Mönche und Nonnen‹ in der Übersetzung von Carl Eugen Neumann hatten es ihm angetan. Vieles daraus sprach er auswendig vor sich her, in einem rhythmischen Singsang, der durch seine Fremdartigkeit bestach. In dieser Umgebung, wo alles auf intellektuelle Diskussion angelegt war, die sich in Form des Wettbewerbs zwischen je zwei jungen Männern abspielte, wo eine Meinung so lange galt, als sie mit Witz und Schlagkraft vertreten wurde, in dieser Umgebung, die keine wissenschaftlichen Ansprüche stellte, wo es auf die Geläufigkeit, Wendigkeit und Variabilität des *Sprechens* ankam, mußte Fredls Singsang, der sich immer gleichblieb, nie laut und feindselig wurde, aber auch nie sich verlor, wie ein unversieglicher, ein wenig monotoner Brunnen wirken.

Aber Fredl verstand mehr vom Buddhismus als den Singsang dieser Lieder, obschon sie als etwas ihm eigentümlich Vertrautes erschienen. Er kannte sich auch gut in der Lehre aus. Der Pali-

Kanon, soweit er in den Übersetzungen von Carl Eugen Neumann vorlag, war ihm wohlbekannt, die Bücher der Mittleren und Längeren Sammlung, das Buch der Bruchstücke, der Wahrheitspfad – alles, was davon erschienen war, hatte er sich zu eigen gemacht und brachte es in den Gesprächen, die sich zwischen uns entspannen, im selben Singsang wie die Lieder vor.

Ich war noch erfüllt von den öffentlichen Erlebnissen der Frankfurter Zeit. Ich war abends in Versammlungen gegangen und hatte Rednern zugehört, und die Diskussionen, die sich danach auf die Straße fortpflanzten, hatten mich tief erregt. Menschen der verschiedensten Art, Bürger, Arbeiter, Junge, Alte sprachen da aufeinander ein, so heftig, so hartnäckig, so sicher, als gäbe es gar keine Möglichkeit, anders zu denken, und doch war der, zu dem sie sprachen, ebenso hartnäckig vom Gegenteil überzeugt. Da es Nacht war, eine für mich ungewohnte Zeit auf der Straße, machten diese Dispute den Eindruck von etwas Unaufhörlichem, als ginge es immer so weiter, als wäre Schlaf nicht mehr möglich, so sehr kam es jedem auf seine Überzeugung an.

Doch ein ganz besonderes Erlebnis dieser Frankfurter Jahre, ein Erlebnis des *Tages,* war für mich die Masse. Schon früh, etwa ein Jahr nach meiner Ankunft in Frankfurt, hatte ich auf der Zeil einem Arbeiteraufmarsch zugesehen. Es war eine Protestdemonstration gegen die Ermordung Rathenaus. Ich stand auf dem Gehsteig, es müssen andere neben mir gestanden haben, die wie ich zusahen, ich erinnere mich nicht an sie. Ich sehe noch die großen, kräftigen Gestalten, die hinter dem Schild ›Adler-Werke‹ hergingen. Sie gingen dicht nebeneinander und warfen herausfordernde Blicke um sich, ihre Zurufe trafen mich, als gälten sie mir persönlich. Immer Neue kamen, sie hatten alle etwas Gleiches, das hing weniger mit ihrem Aussehen zusammen als mit ihrem Verhalten. Es nahm kein Ende, ich spürte eine starke Überzeugung, die von ihnen ausging, sie wurde stärker. Ich hätte gern zu ihnen gehört, ich war kein Arbeiter, aber ich bezog ihre Zurufe auf mich, als wäre ich einer. Ob es den anderen, die neben mir standen, ebenso ging, weiß ich nicht, ich sehe sie nicht, aber ich sehe auch keinen, der sich unmittelbar vom Gehsteig aus dem Zug anschloß, die Tafeln, die bestimmte Gruppen der Marschierenden bezeichneten, mögen einen davon abgehalten haben.

Die Erinnerung an diese erste Demonstration, die ich bewußt erlebte, blieb stark. Es war die physische Anziehung, die ich nicht vergessen konnte, daß ich so sehr dazugehören wollte, wobei es gar nicht um Überlegungen oder Erwägungen ging und es auch keineswegs Zweifel waren, die mich vom letzten Sprung hinein abhielten. Später, als ich nachgab und mich wirklich in der Masse fand, kam es mir vor, als ginge es hier um etwas, das in der Physik als Gravitation bekannt ist. Aber eine wirkliche Erklärung für den ganz erstaunlichen Vorgang war das natürlich nicht. Denn weder vorher, isoliert, noch nachher, in der Masse, war man etwas Lebloses, und was mit einem in der Masse geschah, eine völlige Änderung des Bewußtseins, war ebenso einschneidend wie rätselhaft. Ich wollte wissen, was es eigentlich war. Es war ein Rätsel, das mich nicht mehr losließ, es hat mich den besten Teil meines Lebens verfolgt und wenn ich auch schließlich auf einiges gekommen bin, so ist nicht weniger rätselhaft geblieben.

In Wien traf ich auf junge Menschen meines Alters, mit denen es sich reden ließ, die mich neugierig machten, wenn sie von ihren zentralen Erlebnissen sprachen, aber auch bereit waren, mich anzuhören, wenn ich mit meinen eigenen herausrückte. Der Geduldigste von ihnen war Fredl Waldinger, er konnte es sich erlauben, geduldig zu sein, denn er war gegen Ansteckung gefeit: mein Bericht über das Massenerlebnis, wie ich es damals nannte, stimmte ihn eher heiter, aber er ließ mich keinen Spott fühlen. Mir ging es, das war ihm klar, um einen rauschhaften Zustand, um eine Steigerung der Erlebnismöglichkeiten, um ein Mehrwerden der Person, die aus ihren Begrenzungen heraustrat, zu anderen fand, denen es ähnlich erging, und mit ihnen zusammen eine höhere Einheit bildete. Er zweifelte daran, daß es eine solche höhere Einheit gab, und am meisten zweifelte er am Wert rauschhafter Steigerungen. Er hatte mit Hilfe Buddhas die Wertlosigkeit eines Lebens durchschaut, das sich von seinen Verwicklungen nicht freimacht. Das allmähliche Erlöschen des Lebens war sein Ziel, das Nirwana, das mir wie der Tod erschien, und obwohl er mit vielen und sehr interessanten Argumenten bestritt, daß Nirwana und Tod dasselbe seien – der negative Akzent auf dem Leben, den er durch den Buddhismus bekommen hatte, blieb unbestreitbar.

Unsere Positionen verstärkten sich durch diese Gespräche.

Der Einfluß, den wir aufeinander ausübten, bestand besonders darin, daß wir beide gründlicher und umsichtiger wurden. Er eignete sich mehr und mehr die religiösen Texte des Buddhismus an und beschränkte sich nicht auf die Übersetzungen Carl Eugen Neumanns, wenn sie auch seinem Herzen die nächsten blieben. Er vertiefte sich in die Philosophie der Inder, zog englische Quellenwerke heran, die er sich mit Hilfe Vezas ins Deutsche übersetzte. Ich suchte mehr über die Masse zu erfahren, von der ich sprach. Ich hätte dem Vorgang, der mich so sehr beschäftigte, der für mich das Rätsel aller Rätsel geworden war, auf alle Fälle nachgeforscht. Aber vielleicht hätte ich ohne ihn mich nicht so früh schon mit den indischen Religionen befaßt, die mir wegen ihrer Vervielfältigung des Todes in der Wiedergeburtslehre sehr widerstanden. Es war mir in unseren Gesprächen peinlich bewußt, daß ich gegen die reich ausgebildete Lehre, die er vertrat – eine der bedeutendsten und tiefsten, die die Menschheit hervorgebracht hat –, immer nur die etwas dürftige Schilderung eines einzigen Erlebnisses zu setzen hatte, das er als pseudomystisch bezeichnete. Auf wieviel Erklärungen, Deutungen, Ursachenketten er zurückfallen konnte, wenn er von seinen Dingen sprach – und ich war nicht imstande, mit einer einzigen Erklärung des einzigen Erlebnisses herauszurücken, von dem ich eiferte. Die Hartnäckigkeit, mit der ich eben wegen seiner Unerklärlichkeit auf ihm bestand, mußte ihm beschränkt, vielleicht sogar unsinnig erscheinen. Sie war es auch, und wenn ich sagen müßte, wo meine eigentlichen Härten lagen, so wäre es dort, wo ich von Erlebnissen überwältigt wurde, für die ich keine Erklärung wußte. Es ist niemand je gelungen, mir etwas wegzuerklären, auch mir selber nicht.

Letzte Donaufahrt. Die Botschaft

Im Juli 1924, nach dem ersten Semester an der Wiener Universität, fuhr ich über den Sommer zu Besuch nach Bulgarien. Ich war eingeladen, bei Schwestern meines Vaters in Sofia zu wohnen. Es bestand nicht die Absicht, auch nach Rustschuk zu fahren, wo ich die früheste Kindheit verbracht hatte, da war niemand mehr, der mich eingeladen hätte. Alle Mitglieder der Familie waren im Lauf der Jahre nach Sofia übersiedelt, das als

Hauptstadt des Landes an Bedeutung gewonnen hatte und allmählich zu einer großen Stadt geworden war. Diese Ferien waren nicht als Rückkehr in die Geburtsstadt gedacht, wohl aber als Besuch bei möglichst vielen Mitgliedern der Familie. Das Eigentliche aber sollte die Fahrt hinunter sein, die Fahrt auf der Donau.

Buco, der älteste Bruder des Vaters, wohnte damals in Wien, er hatte geschäftlich in Bulgarien zu tun und wir fuhren zusammen. Es war ganz anders als die Fahrten, deren ich mich aus der Kindheit entsann, als wir uns einen guten Teil der Zeit in den Kabinen aufhielten, wo uns die Mutter täglich mit einem harten Kamm lauste; die Schiffe waren schmutzig und immer bekam man auf ihnen Läuse. Diesmal war nie von Läusen die Rede, ich teilte die Kabine mit dem Onkel, der ein Spaßvogel war, es war derselbe, der mich in frühester Kindheit mit seinem feierlichen Segen zu verspotten pflegte. Beinahe die ganze Zeit verbrachten wir aber auf Deck. Er brauchte Leute, denen er seine Geschichten erzählte, es begann mit einigen Bekannten, die er traf, aber bald war es eine ganze Runde geworden, die sich um ihn sammelte, denen er, ohne eine Miene zu verziehen, nur hie und da zwinkernd, seine Schnurren vorbrachte. Er hatte ein großes Repertoire, aber ich hatte so oft zugehört, daß es für mich erschöpft war. Bei einem ernsten Gespräch hielt er es nicht lange aus. In der Kabine fühlte er sich allerdings bemüßigt, mir als Neffen, der eben sein Studium angetreten hatte, einige Ratschläge fürs Leben mitzugeben. Sie langweilten mich noch mehr als seine Späße, denn so vertraut mir alles bei ihm war, das auf Lachen und Beifall anderer abzielte, so ärgerlich waren seine Ratschläge.

Er hatte keine Ahnung von den wirklichen Dingen, die in mir vorgingen, seine Ratschläge hätten jedem Neffen gelten können. Die *Nützlichkeit* der Chemie hing mir zum Hals heraus. Es gab keinen älteren Verwandten, der sich nicht darüber erging, alle erhofften sich von mir die Eröffnung eines Territoriums, das ihnen verschlossen war. Zu mehr als Handelshochschule hatte es keiner von ihnen gebracht und nun merkten sie allmählich, daß außer den Operationen von Kauf und Verkauf, in denen sie sattsam erfahren waren, spezielle Kenntnisse wissenschaftlichtechnischer Art unentbehrlich wurden, von denen sie aber absolut nichts verstanden. Ich sollte der Fachmann der Familie für

Chemie werden und das Areal ihrer Unternehmungen durch meine Kenntnisse erweitern. Davon war in der Kabine, wenn wir schlafen gingen, immer die Rede, es war wie ein Abendgebet, wenn auch ein ziemlich kurzes. Der Segen, durch den er mich als Kind zum Narren hielt und immer wieder enttäuschte, den ich so ernst nahm, daß ich jedesmal erwartungsvoll mich unter seine geöffnete Hand stellte, nach dem ich mich wegen der schönen Worte, mit denen er begann: ›Io ti bendigo. . .‹, geradezu sehnte – dieser Segen, den ich längst nicht mehr wollte, der sich in den Fluch des Großvaters und den plötzlichen Tod des Vaters verwandelt hatte, war nun ernst gemeint: *ich* sollte der Familie Glück bringen und ihren Wohlstand durch neuartige, moderne, ›europäische‹ Kenntnisse vermehren. Er brach aber bald ab, denn vor dem endgültigen Einschlafen waren noch zwei oder drei Schwänke zu erzählen. Am Morgen zog es ihn schon früh zu seinen Zuhörern auf Deck.

Das Schiff war voll, unzählige Menschen saßen oder lagerten auf Deck, es war eine Lust, sich von einer Gruppe zur anderen durchzuschlängeln und ihnen zuzuhören. Da gab es bulgarische Studenten, die für die Ferien nach Hause fuhren, aber auch Leute, die schon im Berufsleben standen: eine Gruppe von Ärzten, die ihre Kenntnisse in ›Europa‹ aufgefrischt hatten. Unter ihnen war einer mit einem riesigen schwarzen Bart, der mir bekannt vorkam, was Wunder, er hatte mich zur Welt gebracht, es war der Dr. Menachemoff aus Rustschuk, der Familienarzt, dessen Name immer bei uns fiel, den alle mochten, den ich im Alter von noch nicht sechs Jahren zum letztenmal gesehen hatte. Ich nahm ihn, wie alles, was in jene vermeintlich ›barbarische‹ Balkanzeit gehörte, nicht ganz ernst und war nun – wir kamen bald ins Gespräch – erstaunt zu sehen, wieviel er wußte, für wie vieles er sich interessierte. Er hatte den Fortschritt der Wissenschaft verfolgt, nicht nur auf seinem Gebiet. Er antwortete kritisch, ging auf alles ein, verwarf nicht unbesehen, was ich sagte, bloß, weil es von einem 19jährigen kam, ›Geld‹ kam in unseren Gesprächen *nicht einmal* vor.

Er habe manchmal an mich gedacht und sei immer sicher gewesen, daß ich nach dem plötzlichen Tod meines Vaters, den niemand recht zu erklären vermochte, *nur* Medizin studieren könne, denn es sei doch ein Rätsel, das mich bis ans Ende meiner Tage beschäftigen müsse. Wenn es auch nie zu lösen sein werde, es sei ein ungeheurer Ansporn, eine Quelle besonderer Art, es sei unmöglich, daß ich nicht, wenn ich mich der Medizin widmete, auf neue, wichtige Dinge käme. Er sei dabei gewesen, wie mir der Vater durch seine rasche Rückkehr aus England nach jener schrecklichen Verbrühung das Leben gerettet habe. Ich sei ihm mein Leben doppelt schuldig, ich hätte ihn anderthalb Jahre später in Manchester nicht vor dem Tod retten können, aber ich trüge diese Schuld an ihn und sei nun verpflichtet, sie durch Rettung anderer Leben gutzumachen. Er sagte das ganz einfach, ohne Pathos und Bombast, doch klang das Wort ›Leben‹ in seinem Munde so, als ob es nicht nur etwas Kostbares, sondern auch etwas *Rares* wäre, was sich angesichts der unzähligen Menschen, von denen das Deck übersät war, sonderbar ausnahm.

Ich schämte mich vor ihm, besonders schämte ich mich jener Doppelzüngigkeit, durch die ich vor mir die unsinnige Beschäftigung mit der Chemie rechtfertigte. Aber davon sagte ich nichts, es wäre zu unwürdig gewesen. Ich sprach davon, daß ich alles wissen wolle, was es zu wissen gab. Er unterbrach mich und zeigte auf die Sterne – es war schon Nacht – und fragte: »Kennst du die Namen der Sterne?« Nun zeigten wir uns abwechselnd die einzelnen Konstellationen, erst ich ihm die Leier mit der Wega, denn er hatte mich gefragt, dann er mir den Schwan mit Deneb, denn seine Frage sollte doch auf etwas beruhen. So zeigten wir uns den ganzen Nachthimmel, wobei keiner von uns wußte, worauf der andere als nächstes verfallen würde. Bald hatten wir, obwohl wir kein Sternbild ausließen, den Nachthimmel erschöpft, dieses Duett hatte ich noch mit niemand gesungen, und er sagte: »Weißt du, wieviel Menschen indessen gestorben sind?« und meinte die kurze Zeit, in der wir die Namen der Sterne genannt hatten. Ich sagte nichts, er nannte keine Zahl. »Du kennst sie nicht. Es geht dich nichts an. Ein Arzt, der kennt sie. Ihn geht es etwas an.«

Als ich ihn getroffen hatte – das war noch in der Dämmerung gewesen –, war er in einer Gruppe von Menschen gesessen, die sich animiert unterhielten, während nicht weit von ihnen eine Gruppe von Studenten lauthals und feurig bulgarische Lieder sangen. Mein Reisebegleiter hatte mir schon in Wien gesagt, daß Dr. Menachemoff auf dem Schiff sein werde, er werde sich freuen, mich nach so langer Zeit – dreizehn Jahre waren es her – wiederzusehen. Ich hatte dann nicht mehr daran gedacht, nun stand ich plötzlich vor dem schwarzen Bart. – Wie hatte ich in

der Zwischenzeit einen ebensolchen schwarzen Bart gehaßt! –
Vielleicht war es ein Rest dieses alten Affekts, der mich in die
Nähe des Bartes gezogen hatte. Ich wußte, daß er es war, das war
der Bart eines Arztes, ich starrte ihn mit gemischten Gefühlen
an, er unterbrach seinen Satz – er war mitten in einem Gespräch
– und sagte:»Du bist es, ich hab gewußt, du bist es. Aber ich hab
dich nicht erkannt. Wie hätte ich dich erkennen können. Du
warst noch nicht sechs, als ich dich zuletzt sah.«

Er lebte viel mehr in der alten Zeit als ich. Ich hatte Rustschuk
mit einigem Hochmut hinter mir gelassen, es war die Zeit gewesen, in der ich noch nicht lesen konnte. Von Menschen, die
dort lebten und mir plötzlich in ›Europa‹ begegneten, erwartete
ich nichts. Er aber, der seither dort gewesen war, hatte seine
Patienten immer im Auge behalten und von solchen, die als
kleine Kinder von Rustschuk weggekommen waren, erwartete
er Besonderes. Vom Fluch des Großvaters, als wir nach England
zogen, wußte er, davon hatte die ganze Stadt gesprochen, aber
an seine Wirkung zu glauben, ging gegen seinen wissenschaftlichen Stolz. Der Tod des Vaters so bald danach war für ihn ein
Rätsel und da seine rechtzeitige Lösung versäumt worden war,
schien es ihm selbstverständlich, daß ich mein Leben an die
Lösung ebensolcher oder ähnlicher Rätsel wenden würde.

»Ob du dich noch an die Schmerzen damals erinnerst?« sagte
er, seine Gedanken waren alle zu der Verbrühung, die ich erlitten
hatte, zurückgegangen. »Deine ganze Haut war weg. Nur der
Kopf war nicht ins Wasser geraten. Es war Donauwasser. Vielleicht weißt du das gar nicht. Und jetzt schwimmen wir friedlich
auf derselben Donau.« »Es ist aber nicht dieselbe«, sagte ich, »es
ist immer eine andere. An die Schmerzen erinnere ich mich
nicht, wohl aber an die Rückkehr des Vaters.«

»Es war wie ein Wunder«, sagte Dr. Menachemoff, »seine
Rückkehr hat dich gerettet. So wird man ein großer Arzt. Wenn
einem das in frühester Kindheit passiert ist, wird man ein Arzt.
Es ist dann unmöglich, etwas anderes zu werden. Darum ist
auch deine Mutter gleich nach dem Tode des Vaters mit euch
kleinen Kindern nach Wien gezogen. Sie wußte, daß du da alle
die großen Lehrer finden würdest, die du brauchst. Was wären
wir ohne die Wiener Medizinische Schule! Sie war immer eine
gescheite Frau, deine Mutter. Ich höre, sie kränkelt viel. Du
wirst für sie sorgen. Sie wird den besten Arzt in der Familie

haben, ihren eigenen Sohn. Schau, daß du bald fertig wirst; spezialisiere dich, aber nicht zu sehr.«

Und nun gab er mir ausführliche Ratschläge für mein Studium. Was immer ich – zaghaft – einwarf, beachtete er nicht, wenn es um diese Sache ging. Über vieles sprachen wir, auf alles *andere* gab er Antwort und immer hatte er schon lange bedacht, was er sagte. Er war biegsam und weise, erwartungsvoll und besorgt, und nur allmählich begriff ich, daß es etwas gab, das er nicht aufgefaßt hatte und nie auffassen würde. Er konnte nicht glauben, daß ich nicht Arzt werden sollte, nach einem ersten Semester blieb ja noch vieles offen. Ich schämte mich so sehr, daß ich den Versuch, ihn über die Wahrheit aufzuklären, aufgab und den peinlichen Punkt vermied. Es ist auch möglich, daß ich wankend wurde. Als er nach den Brüdern fragte und ich wie immer nur vom Jüngsten sprach und so stolz, als hätte ich ihn selbst gezeugt, seine Begabung herausstrich, wollte er wissen, was er studieren würde. Es erleichterte mich, daß ich ›Medizin‹ sagen konnte, denn das war beschlossene Sache. »Zwei Brüder – zwei Ärzte!« sagte er und lachte. »Warum nicht auch der dritte?« Aber das war nur ein Scherz und ich brauchte ihm nicht zu erklären, warum sich der nicht dafür eignen würde.

Über *meine* Berufung jedenfalls war er sich im klaren. Noch ein paarmal während dieser Fahrt liefen wir einander auf Deck in die Arme. Er stellte mich manchen seiner Kollegen vor und erklärte schlicht: »Eine künftige Leuchte der Wiener Medizinischen Schule.« Es klang nicht prahlerisch, es klang wie etwas Natürliches. Es wurde immer schwieriger für mich, ihm grausam und unmißverständlich die Wahrheit zu sagen. Da er so viel von meinem Vater sprach, da er damals dabei gewesen war, als der Vater zu meiner Heilung wiederkehrte, hätte ich es nicht über mich gebracht, ihn zu enttäuschen.

Es war eine wunderbare Fahrt, ich sah unzählige Menschen und sprach mit vielen. Eine Gruppe von deutschen Geologen besah sich die Formationen am Eisernen Tor und diskutierte über sie in Ausdrücken, die ich nicht verstand. Ein amerikanischer Historiker suchte seiner Familie die Feldzüge Trajans zu erklären. Er war auf dem Wege nach Byzanz, das der eigentliche Gegenstand seiner Forschung war, aber er fand nur das Ohr seiner Frau, die beiden Töchter, schöne Mädchen, sprachen lieber mit Studenten. Auf englisch freundeten wir uns ein wenig an, sie beschwerten sich über den Vater, der immer in der Vergangenheit lebe, sie aber seien jung, sie lebten jetzt. Sie sagten es so überzeugt, daß man ihnen Glauben schenkte. Bauern brachten Körbe mit Obst und Gemüse an Bord. Ein Träger hatte ein ganzes Klavier auf dem Nacken, lief über die Planken und stellte es ab. Er war klein und stiernackig und strotzte von Muskeln, doch bis heute begreife ich nicht, wie er das allein schaffte.

In Lom Palanka stiegen Buco und ich aus. Wir sollten hier übernachten und am nächsten Morgen den Zug über den Balkan nach Sofia nehmen. Dr. Menachemoff, der nach Rustschuk zurückfuhr, blieb auf dem Dampfer. Als ich mich, mit sehr unsicherem Gewissen, von ihm verabschiedete, sagte er: »Vergiß nicht, was ich von dir erwarte.« Dann fügte er hinzu: »Und laß dich von niemand irremachen, hörst du, von niemand!« Es war das Stärkste, was er bisher gesagt hatte, es klang wie ein Gebot, und ich atmete auf.

Während der ganzen Wanzen-Nacht, die wir in Lom verbrachten, in der ich keinen Augenblick schlief, dachte ich über den Sinn seines letzten Satzes nach. Er mußte also doch verstanden haben, daß ich abgefallen war. Er hatte sich verstellt. Ich hatte mich wegen meiner Täuschung geschämt, denn ich hatte es aufgegeben, ihn über die Wahrheit deutlich und unwiderleglich aufzuklären. Aber *er* hatte sich auch verstellt. Er tat, als begreife er nicht, was geschehen war. Noch in der Nacht ging ich zu Buco hinüber, der in seinem Wanzen-Zimmer auch nicht schlafen konnte, und fragte ihn: »Was hast du dem Dr. Menachemoff gesagt? Hast du ihm gesagt, was ich studiere?« »Ja, Chemie, was hätte ich sagen sollen?« Er hatte es also wirklich gewußt und er hatte den Versuch unternommen, mich auf den richtigen Weg zurückzubringen. Er war der einzige, der tat, was mein Vater getan hätte: mir die Freiheit der eigenen Wahl zu eröffnen. Er war der Zeuge dessen gewesen, was zwischen dem Vater und mir entstanden war, und hatte es bewahrt, er als einziger. Auf dem Schiff, das mich in jenes Land zurückführte, hatte er sich eingefunden und mir die Botschaft übermittelt, auf die er in den Augen der Welt kein Anrecht hatte. Er hatte es durch List getan, indem er nicht Kenntnis von dem nahm, was geschehen war. Es war ihm um die Unverdorbenheit der Botschaft zu tun, um ihren reinen Wortlaut. Er nahm keine Rücksicht auf die Verfassung, in der ich war, als sie mich erreichte.

Der Redner

In Sofia wohnte ich während der ersten drei Wochen bei Rachel, der jüngsten Schwester des Vaters. Sie war die liebenswerteste unter all seinen Geschwistern, eine schöne, aufrechte Frau, groß und stattlich, warmherzig und heiter. Zwei Gesichter hatte sie zu eigen, man sah sie, sei es lachend, sei es von etwas überzeugt, das sie mit Temperament und Wärme vertrat, und immer war es etwas Selbstloses, ein Glaube, eine Überzeugung. Sie hatte einen ältlichen, bedächtigen Mann, der wegen seines Gerechtigkeitssinnes geachtet war, und drei Söhne, von denen der jüngste acht Jahre alt war und wie ich den Namen des Großvaters trug. Es ging lebhaft in dieser Wohnung zu, überall herrschte Lärm und Lachen, durch alle Zimmer hindurch rief man einander, verbergen konnte sich da niemand, wer Ruhe wollte, rannte hinaus auf die Straße und fand sie eher dort als zuhause. Wie es aber um den Ruhepunkt des Hauses, den Ehemann und Vater bestellt war – das blieb ein Rätsel. Er sprach fast nie, nur ein Urteilsspruch, der unumgänglich war, ließ sich ihm entlocken. Er kam dann mit Ja oder Nein, ein ganz kurzer Satz, so ruhig, daß es Mühe kostete, ihn zu hören. Wenn er etwas sagen wollte, wurde es still, ohne daß Ruhe befohlen wurde. Für einen Augenblick, der so kurz war, daß er unheimlich wirkte, wurde es wirklich still, und dann kam leise und kaum vernehmlich, in gezählten, ein wenig grauen Worten, der Urteilsspruch, die Entscheidung. Gleich darauf brach es wieder laut los, es war schwer zu sagen, was lauter war, das Toben der Knaben, die hellen Forderungen, Mahnungen, Fragen der Mutter.

Für mich war ein solches Treiben neu. Alles bei diesen Knaben war auf körperliche Tätigkeit angelegt, von Büchern war nie die Rede, wohl aber von Sport. Es waren kräftige, aktive Burschen, die nie stillhalten konnten, die einander unaufhörlich kampflustige Stöße versetzten. Ihr Vater, der selbst ganz anders geartet war, schien dieses Übermaß an physischer Existenz zu wollen und zu fördern. Immer erwartete ich von ihm ein ›Ya basta!‹ – ›Es ist genug!‹ zu hören, mitten im größten Tumult blickte ich hin zu ihm. Er bemerkte es wohl, nichts entging ihm und er wußte auch, was ich erwartete, doch er schwieg, der Tumult ging weiter und setzte nur aus für kurz, wenn alle drei Knaben zugleich die Wohnung verließen.

Hinter dieser Förderung lauter Lebenskraft steckte aber Überzeugung und Methode. Die Familie stand vor der Auswanderung. Mit mehreren anderen Familien zusammen hatten sie vor, Stadt und Land in den nächsten Wochen zu verlassen. Palästina, so hieß es damals, war ihr gelobtes Ziel, sie gehörten zu den ersten, sie galten als Pioniere und waren sich dessen in höchstem Maße bewußt. Die ganze Spaniolen-Gemeinde in Sofia, nicht nur in Sofia, auch überall sonst im Lande, hatte sich zum Zionismus bekehrt. Es ging ihnen nicht schlecht in Bulgarien, sie standen unter keinerlei Verfolgung, es gab keine Ghettos, auch keine drückende Armut, aber es gab Redner unter ihnen, deren Funken gezündet hatten, die die Rückkehr ins gelobte Land immer und immer predigten. Die Wirkung dieser Reden war auf mehr als eine Weise bemerkenswert, sie waren gegen den separatistischen Hochmut der Spaniolen gerichtet: alle Juden seien gleich, jede Absonderung sei verächtlich und keineswegs seien es in der letzten Geschichtsperiode die Spaniolen gewesen, die sich durch besondere Leistungen für die Menschheit ausgezeichnet hätten. Im Gegenteil, sie seien in einem geistigen Schlaf befangen, es sei Zeit, daß sie daraus aufwachen und ihr unnützes Steckenpferd, ihren Hochmut hinter sich werfen.

Als der feurigste Redner, als einer, der wahre Wunder wirkte, galt ein Vetter von mir, Bernhard Arditti. Er war der älteste Sohn jenes rechtstollen Josef Arditti in Rustschuk, der jedes Mitglied der Familie des Diebstahls bezichtigte und in Prozessen schwelgte, und der schönen Bellina, die einem Tizian-Bild entstiegen und Tag und Nacht mit den Gedanken an Geschenke beschäftigt war, durch die sie jedermanns Herz erfreuen könnte. Bernhard war Rechtsanwalt geworden, doch bedeutete ihm die Praxis nichts, die Paragraphen-Seligkeit seines Vaters mochte ihm alle Lust daran genommen haben. Sehr jung schon hatte er sich zum Zionismus bekehrt und seine Redegabe entdeckt, die er in den Dienst der Sache stellte. Als ich nach Sofia kam, sprachen alle von ihm. Tausende versammelten sich, ihn zu hören, die größte Synagoge faßte kaum seine Hörer. Man beglückwünschte mich zu diesem Cousin und bedauerte mich, weil ich ihn nicht selber hören würde, in den wenigen Wochen meiner Anwesenheit war keine Versammlung vorgesehen. Alle waren von ihm ergriffen, alle gewonnen; ich lernte sehr viele Menschen kennen, kein einziger nahm sich aus, es war, als hätte sie eine ungeheure Welle ergriffen und ins Meer gerissen, von dem sie Teil wurden. Keinen einzigen Gegner seiner Sache traf ich, er sprach Spanisch zu ihnen und geißelte sie für ihren Hochmut, der sich auf diese Sprache gründete. Es war das *alte* Spanisch, dessen er sich bediente und ich erfuhr mit Staunen, daß es möglich war, in diesem, wie ich dachte, verkümmerten Kinder- und Küchenidiom von allgemeinen Dingen zu handeln, Menschen mit solcher Leidenschaft zu erfüllen, daß sie ernsthaft erwogen, alles stehenzulassen, einem Land den Rücken zu kehren, in dem sie seit Generationen ansässig waren, wo man sie voll nahm und achtete, wo es ihnen zweifellos gutging, um in ein unbekanntes Land auszuwandern, das ihnen vor Jahrtausenden verheißen worden war, aber zur Zeit gar nicht gehörte.

Ich war zu einem kritischen Zeitpunkt nach Sofia gekommen. Es war kein Wunder, daß man unter diesen Umständen kein Bett für mich in der Wohnung fand, einer der Söhne mußte auswärts schlafen, um Platz für mich zu machen. Um so bemerkenswerter war die Großherzigkeit, mit der man mich aufnahm. Es wurde zusammengeräumt und gepackt, zum üblichen Trubel, der hier offenbar immer herrschte, kam der einer Übersiedlung ganz ungewöhnlichen Charakters. Ich hörte die Namen anderer Familien, bei denen es ähnlich zuging. Eine ganze Gruppe von ihnen wanderte zusammen aus, es war die erste größere Aktion dieser Art und es war selten von etwas anderem die Rede.

Wenn ich aber auf die Straße ging, um mir Sofia anzuschauen oder auch um dem Lärm zu entkommen, passierte es oft, daß ich Bernhard, den Cousin, traf, der mit seinen Reden der Urheber von alledem war oder zumindest den entscheidenden Anstoß zur letzten Aktion gegeben hatte. Er war ein untersetzter, dicklicher Mann mit buschigen Augenbrauen, etwa zehn Jahre älter als ich, immer in jugendlicher Bewegung, der nie von etwas Privatem sprach (das Gegenbild seines Vaters), dessen deutsche Worte so rund und sicher kamen, als wäre es seine eigentliche Sprache, bei dem alles, was er sagte, unverrückbar schien, und doch blieb es glühend und flüssig, als gäbe es Lava, die nie erkalte. Einwände, die ich bloß, um meinen Mann zu stellen, versuchte, wischte er mit überlegenem Witz beiseite, wobei er sich durch ein großmütiges und gar nicht verletzendes Lachen für seine Übung im politischen Debattieren zu entschuldigen schien.

Es gefiel mir an ihm, daß materielle Dinge für ihn nicht zählten. Da die Kanzlei ihn wenig interessierte, sie war ihm eher lästig, beschäftigte er sich nicht mit einträglichen Affären. Wenn man durch die breiten, sauberen Straßen Sofias neben ihm ging, fragte man sich nur, wie er sein Leben fristete. Es war offensichtlich, daß er seiner eigenen Art von Nahrung bedurfte: er lebte von dem, was ihn erfüllte. Vielleicht beruhte die Wirkung seiner Worte auf andere eben darauf, daß er sie nicht zu seinem täglichen Vorteil zurechtbog und entstellte. Man glaubte ihm, weil er nichts für sich selber wollte, er glaubte sich, weil er keinen Gedanken an Besitz verschwendete.

Ihm vertraute ich an, daß ich gar nicht daran dächte, Chemiker zu werden. Nur zum Schein studiere ich, um mich indessen zu anderen Dingen vorzubereiten.

»Warum diese Täuschung«, sagte er, »du hast doch eine gescheite Mutter.«

»Sie ist unter den Einfluß von gewöhnlichen Leuten geraten. Als sie krank war in Arosa, hat sie Leute kennengelernt, die ›im Leben stehen‹, wie es so heißt, und Erfolg damit hatten. Jetzt will sie, daß ich auch ›im Leben stehe‹, nämlich auf die gleiche Art wie die, nicht auf meine.«

»Aufpassen!« sagte er und sah mich plötzlich sehr ernst an, so als sehe er mich jetzt zum erstenmal als *Person.* »Aufpassen! Sonst bist du verloren. Ich kenne die Sorte. Mein eigener Vater wollte, daß ich alle seine Prozesse weiterführe.«

Das war alles, was er sagte, die Sache war zu privat, um ihn länger zu interessieren. Aber es war klar, daß er auf meiner Seite war, und nur als ich sagte, daß ich Deutsch schreiben wolle, in keiner anderen Sprache, schüttelte er unmutig den Kopf und meinte: »Wozu? Lern Hebräisch! Das ist unsere Sprache. Glaubst du, daß es eine schönere Sprache gibt?«

Ich traf ihn gern, denn es war ihm geglückt, dem Geld zu entrinnen. Er verdiente wenig und doch war niemand so geachtet wie er, von allen ergebenen Sklaven des Geschäfts, zu denen meine Familie großenteils gehörte, tadelte ihn keiner. Er verstand es, sie mit einer Hoffnung zu erfüllen, deren sie mehr bedurften als Reichtums und ordinären Glücks. Ich spürte, daß er mich gewinnen wollte, aber nicht auf brutale Weise, durch eine Rede in einer Massenversammlung etwa, sondern von Mann zu Mann, als meine er, daß ich für seine Sache so nützlich werden könnte wie er. Ich fragte ihn nach seiner eigenen Verfassung, wenn er rede, ob er dann immer wisse, wer er sei, ob er nicht fürchte, sich selbst in der begeisterten Masse zu verlieren.

»Nie! Nie!« sagte er mit größter Entschiedenheit. »Je begeisterter sie sind, um so mehr fühle ich mich selbst. Man hat die Menschen in der Hand wie weichen Teig und kann mit ihnen machen, was man will. Man könnte sie dazu aufreizen, Feuer zu legen, an ihre eigenen Häuser, es gibt keine Grenzen für diese Art von Macht. Versuch es selbst! Du mußt es nur wollen! *Du* wirst diese Art von Macht nicht mißbrauchen! Du wirst sie für eine gute Sache einsetzen wie ich, für unsere Sache.«

»Ich habe die Masse erlebt«, sagte ich, »in Frankfurt. Ich war selbst wie Teig. Ich kann es nicht vergessen. Ich möchte wissen, was das ist. Ich möchte es verstehen.«

»Da gibt es nichts zu verstehen. Es ist überall dasselbe. Du bist entweder ein Tropfen, der in der Masse aufgeht, oder der, der sich darauf versteht, ihr eine Richtung zu geben. Eine andere Wahl hast du nicht.«

Es schien ihm müßig, sich zu fragen, *was* diese Masse eigentlich sei. Er nahm sie als etwas Gegebenes hin, etwas, das man hervorrufen kann, um bestimmte Wirkungen damit zu erzielen. Aber hätte jeder, der es vermochte, ein Recht darauf?

»Nein, nicht jeder!« sagte er mit der größten Bestimmtheit. »Nur der, der es für die wahre Sache einsetzt. »

»Wie kann er wissen, daß es die wahre Sache ist?«

»Das fühlt er«, sagte er, »hier!« Er schlug sich mit Kraft mehrmals gegen die Brust. »Wer das nicht fühlt, der kann es auch nicht!«

»Dann kommt es also nur darauf an, daß einer an seine Sache glaubt. Und sein Feind, der glaubt vielleicht an das Gegenteil!«

Ich sagte das zögernd, tastend, ich wollte ihn nicht kritisieren oder in Verlegenheit bringen. Ich hätte es auch gar nicht vermocht, er war viel zu sicher, ich wollte nur auf etwas kommen, das ich undeutlich fühlte, das mich seit den Frankfurter Erfahrungen beschäftigte und das ich nicht recht zu fassen vermochte. Ich war ja von Masse *ergriffen* worden, es war ein Rausch, man verlor sich selbst, man vergaß sich, man fühlte sich ungeheuer weit und zur selben Zeit erfüllt, was immer man fühlte, man fühlte es nicht für sich, es war das Selbstloseste, das man kannte, und da einem Selbstsucht auf allen Seiten vorgemacht, vorgeredet und schließlich auch *vorgedroht* wurde, brauchte man diese Erfahrung dröhnender Selbstlosigkeit wie den Trompetenstoß des Jüngsten Gerichts und hütete sich davor, sie geringzuschätzen oder zu entwerten. Zugleich spürte man aber, daß man nicht über sich bestimmte, man war nicht frei, etwas Unheimliches geschah mit einem, halb war's Taumel, halb Lähmung, wie war das zusammen möglich? Was war das?

Es war aber keineswegs so, daß ich von Bernhard, dem Redner, auf diesem besonderen Höhepunkt seiner Wirksamkeit, eine Antwort auf meine noch unartikulierte Frage erwartete. Ich widerstand ihm, obwohl ich ihn billigte. Es hätte mir nicht genügt, sein Gefolgsmann zu werden. Es gab viele, deren Gefolgsmann man werden konnte, und sie traten für alle möglichen Sachen ein. Im Grunde war es so – aber das sagte ich mir nicht –, daß ich mir ihn ansah, als einen, der sich darauf verstand, Menschen zu Masse zu erregen.

Ich kam nach Hause zu Rachel und da war alles in der Aufregung, in der er diese Leute wie viele andere durch seine Reden seit Jahren hielt. Drei Wochen war ich Zeuge dieser Aufbruchsstimmung. Ihre höchste Steigerung erlebte ich bei der Abfahrt am Bahnhof. Hunderte von Menschen hatten sich versammelt, die ihren Angehörigen das Geleite gaben. Die Auswanderer, alle Familien, die den Zug okkupierten, wurden mit Blumen und Segenswünschen überschüttet, man sang, man segnete, man weinte, es war, als wäre der Bahnhof eigens für diesen Abschied gebaut worden und als sei er gerade groß genug geraten, diesen Reichtum an Affekten zu fassen. Kinder wurden zu den Fenstern der Coupés hinausgehalten, alte Leute, besonders Frauen, halb eingeschrumpft schon, standen auf dem Bahnsteig, sahen vor Tränen nicht mehr, ob es die richtigen Kinder waren, und winkten den falschen. Es waren alles Enkel, auf sie kam es an, die Enkel fuhren, die Alten blieben, so sah es – nicht ganz richtig – bei der Abfahrt aus. Eine ungeheure Erwartung erfüllte die Bahnhofshalle und vielleicht waren die Enkel um dieser Erwartung und um dieses Augenblicks willen zur Stelle.

Der Redner, der auch gekommen war, blieb. »Ich habe noch zu tun«, sagte er, »ich darf noch nicht fort. Ich muß denen Mut machen, die sich noch fürchten.« Er hielt an sich am Bahnhof, drängte sich nicht vor, es sah aus, als wäre er am liebsten geheim geblieben, unerkannt, unter einer Tarnkappe verborgen. Hie und da grüßten ihn Leute und bezogen sich auf ihn, das schien ihn zu irritieren. Dann aber bestand man darauf, daß er ein paar Worte spreche; und schon nach dem ersten Satz war er ein anderer Mensch, feurig und sicher, unter seinen eigenen Worten blühte er auf, er fand die Segenswünsche, die sie für ihre Unternehmung brauchten, und gab sie ihnen.

Von Rachel, deren Wohnung nun leer und verlassen war, kam ich zu Sophie, der ältesten Schwester des Vaters. Nach dem Getümmel der vergangenen Wochen schien nun alles schal und gedämpft, so als mißtraue man hier Unternehmungen, die das Alltägliche überstiegen. Wohl teilte man die Gesinnung der Auswanderer, aber man sprach nicht davon, man sparte sich Aufregung für festliche Gelegenheiten auf und tat sonst, was man immer getan hatte. Hier herrschte die Wiederholung, die Routine der frühen Kindheit, die mir jetzt nichts bedeutete, ihr waren wir ja nach England entkommen und das Entsetzliche, das in Manchester geschehen war, versperrte mir den Weg zur Kindheit. Ich hörte Sophies häusliche Reden an, die sich gut auf Diäten und Klistiere verstand, eine fürsorgliche Frau, die aber nie eine Geschichte erzählte, ich hörte ihren nüchternen Mann an, der wenig Worte machte, ihren nüchternen ältesten Sohn, der mit viel Worten ebensowenig sagte, und als größte Enttäuschung ihre Tochter Laurica, die Spielgefährtin der Kindheit, die ich fünfjährig mit einem Beil erschlagen wollte.

Da stimmte etwas schon in den Größenverhältnissen nicht, ich hatte sie *lang* in Erinnerung, hoch über mir, jetzt war sie kleiner als ich, zierlich, kokett, auf Ehe und einen Mann bedacht. Wo war ihre Gefährlichkeit hin, was war aus ihren beneideten Schreibheften geworden? Sie wußte nichts mehr davon, sie hatte das Lesen inzwischen verlernt, sie hatte keine Erinnerung an das Beil, mit dem ich sie bedroht hatte, und auch nicht an das eigene Geschrei. Sie hatte mich nicht ins heiße Wasser gestoßen, da war ich von selbst hineingefallen, ich war nicht viele Wochen zu Bett gelegen, »ein wenig verbrüht hast du dich«, und als ich, in der Meinung, daß sie nur alles vergessen habe, was sie selber betraf, an den Fluch des Großvaters erinnerte, lachte sie hell auf, wie eine Kammerzofe aus einer Oper. »Verflucht – ein Vater seinen

Sohn, das gibt's nicht, das hast du dir ausgedacht, das sind Märchen, ich mag Märchen nicht«, und als ich ihr an den Kopf warf, daß ich in Wien unzählige Szenen zwischen Großvater und Mutter erlebt hatte, die sich auf diesen Fluch bezogen, daß der Großvater zornig aus dem Haus gelaufen war, ohne sich zu verabschieden, und die Mutter dann zusammengebrochen sei und Stunden und Stunden geweint habe, wischte sie alles schnippisch weg: »Das hast du dir bloß eingebildet.«

Ich konnte sagen, was ich wollte, es war umsonst, nichts Schreckliches war geschehen, nichts Schreckliches geschah, und so rückte ich – ungern – damit heraus, daß ich Dr. Menachemoff auf dem Donaudampfer getroffen habe. Wir seien viele Stunden im Gespräch beisammen gewesen und er habe sich an alles erinnert. Er habe es noch so deutlich vor sich, als sei es gestern geschehen. Nun war er in Rustschuk auch der Arzt ihrer Familie gewesen, sie kannte ihn besser als ich, weil sie bis zu ihrer Übersiedlung nach Sofia noch dort gelebt hatte. Aber sie hatte auch darauf eine Antwort: »In der Provinz werden die Leute so. Das sind altmodische Menschen. Das hecken die sich alles aus. Sie haben an nichts anderes zu denken. Die glauben lauter dummes Zeug. Du bist von selbst ins Wasser gefallen. Du warst gar nicht so krank. Dein Vater ist nicht von Manchester gekommen. Das wäre viel zu weit gewesen. So billig war das Reisen damals auch nicht. Dein Vater war nicht mehr in Rustschuk. Wann hätte ihn der Großvater verfluchen sollen? Der Dr. Menachemoff weiß nichts. Solche Sachen weiß nur die Familie.«

»Und deine Mutter?« Am Tag zuvor hatte sie davon gesprochen, wie sie mich aus dem Wasser holte und die Kleider auszog und wie die ganze Haut dabei abgegangen war. »Die Mutter vergißt jetzt alles«, sagte Laurica. »Sie wird altersschwach. Aber man darf ihr das nicht sagen.«

Ich war erbittert über ihren Eigensinn und ihre Enge. Sie ließ nichts gelten als ihre einzige Entschlossenheit: endlich einen Mann zu finden und zu heiraten. Sie war 23 und fürchtete, daß man sie schon für eine alte Jungfer halte. Sie bestürmte mich mit Bitten um die Wahrheit: Ich solle ihr sagen, ob sie einem Manne noch gefallen könne. Mit 19 müsse ich diese Gefühle doch kennen. Ob ich Lust hätte, sie zu küssen? Ob die Frisur heute einen mehr dazu reize, sie zu küssen, als die gestern? Ob ich sie mager fände? Sie sei eben zierlich, aber mager sei sie doch nicht. Ob ich tanzen könne? Das sei die beste Gelegenheit, einem Mann zu gefallen. Eine Freundin habe sich beim Tanze verlobt. Aber nachher habe der Mann gesagt, das zähle nicht, das sei ihm nur beim Tanze so vorgekommen. Ob ich glaube, daß ihr das auch passieren könne?

Ich glaubte nichts, auf keine ihrer Fragen hatte ich eine Antwort und so rasch sie auf mich niederprasselten, so bockig blieb ich. Ich hätte solche Gefühle noch nicht, sagte ich, obwohl ich 19 sei. Ich wisse gar nicht, ob mir eine Frau gefalle. Woran solle man denn das merken? Dumm seien sie alle und worüber könne man schon mit ihnen sprechen. Die seien alle wie sie und erinnerten sich an nichts. Wie sollte einem ein Mensch gefallen, der sich an nichts erinnere? Ihre Frisur sei doch immer gleich, mager sei sie schon, warum dürfe eine Frau nicht mager sein? Tanzen, das könne ich nicht. Ich hätte es in Frankfurt einmal versucht und sei dem Mädchen immer auf die Füße getreten. Ein Mann, der sich während des Tanzens verlobt, sei doch ein Idiot. Jeder, der sich verlobt, sei ein Idiot.

Ich brachte sie zur Verzweiflung und so brachte ich sie auch zur Räson. Um eine Antwort von mir zu bekommen, begann sie sich zu erinnern. Viel kam dabei nicht heraus, aber das gehobene Beil sah sie noch vor sich und immer wieder habe sie davon geträumt, zuletzt noch, als die Verlobung ihrer Freundin in die Brüche ging.

Enge

Anfang September zogen wir in die Wohnung der Frau Olga Ring ein: eine sehr schöne Frau mit dem Profil einer Römerin, stolz und feurig, die sich nichts schenken ließ. Ihr Mann war schon vor längerer Zeit gestorben, die Liebe der zwei füreinander war in ihren Kreisen zu einer Art von Legende geworden, doch war sie bei Frau Olga zu keinem Totenkult entartet, schon weil sie ihrem Mann nichts schuldig geblieben war. Sie fürchtete sich nicht davor, an ihn zu denken, fälschte nie an seinem Bild und blieb dieselbe. Viele bewarben sich um sie, sie schwankte nie und behielt ihre Schönheit bis zum späten schrecklichen Ende.

Sie verbrachte den größten Teil des Jahres bei ihrer verheirateten Tochter in Belgrad. In der Wiener Wohnung, wo nichts verändert worden war, oder genauer: in ihrem entlegensten Teil, einem unansehnlichen Kabinett, hauste ihr Sohn Johnnie, ein Barpianist, der in seinen Augen wie in denen der Mutter keineswegs mißraten war, wohl aber in denen der weiteren Familie. Auch er war eine Schönheit, das Ebenbild der Mutter und doch sehr von ihr verschieden, denn bei ihm war alles ins Fette geraten. Man wunderte sich, daß er nicht als Frau gekleidet ging, er wurde oft für eine gehalten. Er war ein abgefeimter Schmeichler, er nahm, was man ihm gab, sein Arm war ausgestreckt, die Hand immer offen. Er war der Meinung, daß alles, und noch mehr, ihm zukam, denn er spielte gut Klavier. In seiner Bar war er der Liebling des Publikums, er spielte die gängigen wie die entlegensten Schlager, was er einmal gespielt hatte, vergaß er nicht, er war das lebende Inventar der Nachtgeräusche. Tagsüber schlief er in seinem Kabinett, das gerade ein Bett enthielt. Der Rest der mit bürgerlicher Schwere möblierten Wohnung war vermietet.

Eine Zeitlang war es sein Amt gewesen, die Miete für seine Mutter einzuziehen und sie mit einigen Abzügen nach Belgrad zu überweisen. So lautete sein Auftrag, doch faktisch fraßen die Abzüge die ganze Miete auf und für die Mutter blieb nichts. Alles, was sie bekam, waren unbezahlte Rechnungen, und da sie nicht wußte, wie sie bestreiten – von der glücklichen Ehe war nichts als die Wohnung übrig –, mußte eine bessere Regelung getroffen werden. Ihre Nichte, Veza, übernahm es, sich um die Vermietung der Wohnung und monatlich um die Einziehung der Miete zu kümmern; sie sorgte dafür, daß Rechnungen gezahlt wurden, und nur der Rest wurde Johnnie eingehändigt, im Falle er es brauchte. Er brauchte es immer und für Frau Olga blieb auch weiterhin kein Groschen übrig. Sie beklagte sich nicht darüber, denn sie vergötterte ihren Sohn. »Mein Sohn, der Musiker«, pflegte sie von ihm zu sagen, und da alles, was sie sagte, von ihrem Stolz geprägt war, mochten ihn manche, die ihn nicht kannten, trotz seines Bar-Namens Johnnie, für einen geheimen Schubert halten.

Wir waren es zufrieden, in diese Wohnung einzuziehen, die zwar möbliert, aber immerhin eine eigene Wohnung war. Die Vision der Scheuchzerstraße stand vor uns, und obwohl es nicht Zürich war, mein Paradies, war es immerhin Wien, das der Mutter. Es war nun fünf Jahre her, daß wir dort ausgezogen waren, dazwischen lag die ›Villa Yalta‹ in Zürich bei mir, das Waldsanatorium in Arosa bei der Mutter und später das Pensions- und Inflationsleben in Frankfurt. Es war verwunderlich, daß uns nach alledem noch ein spannungsloses Zusammenleben vorschweben konnte. Wir sprachen alle davon, jeder auf seine Art, als beginne nun eine neue Ära der Gesundheit, des Studiums, des Friedens.

Ein Haken war aber an der Sache und das war Johnnie Ring. Unser Wohn- und Speisezimmer grenzte an sein Kabinett, und wenn die endlich vereinigte Familie beim Essen saß, öffnete sich die Tür, Johnnies füllige Gestalt erschien, in einen alten Schlafrock, aber in sonst nichts gehüllt und eilte, »Küß die Hand!« wünschend, in Pantoffeln an uns vorüber, auf dem Weg in die Toilette. Das Recht auf diese Verrichtung war von ihm ausbedungen, aber es war vergessen worden, die Essenszeiten, während deren wir gern ungestört geblieben wären, davon auszunehmen. So kam er immer pünktlich, sobald wir unsere Löffel in die Suppe tauchten – vielleicht hatten unsere Stimmen ihn geweckt und an seine Not erinnert, vielleicht war er aber auch neugierig und wollte unseren Speisezettel in Erfahrung bringen. Denn er kam nicht bald zurück, sondern richtete es so ein, daß das Hauptgericht schon auf unseren Tellern lag, wenn er ins Kabinett zurückrauschte. Es tönte wirklich wie ein Rauschen, obwohl er nicht in Seide gewickelt war, das Geräusch entstand durch die Art seiner Bewegung und die Aneinanderreihung von gewiß einem Dutzend »Küß die Hand entschuldigen Sie Gnädigste küß die Hand entschuldigen Sie küß die Hand entschuldigen Sie Gnädigste küß die Hand entschuldigen Sie«. Er mußte hinter dem Sitz der Mutter vorbei und zwängte sich mittels einer kunstvollen Pirouette zwischen Buffet und Stuhl durch, wobei er es fertigbrachte, sie kein einziges Mal zu streifen. Sie wartete auf die Berührung seines speckigen Schlafrocks, atmete tief auf, wenn die Gefahr abgewendet und er hinter seiner Tür verschwunden war, und sagte dann immer denselben Satz: »Gottseidank, es hätte mir sonst den Appetit verschlagen.« Wir kannten das Ausmaß ihres Ekels, ohne seine Ursache zu ahnen, aber worüber wir uns alle drei wunderten, war die Höflichkeit, mit der sie seine Worte erwiderte. In der Wahl ihres Grußes: »Guten *Morgen,* Herr Ring!« lag gewiß Ironie, doch war in der Intonation nichts davon zu merken, es klang harmlos, freundlich, ja herzlich. Ihr Seufzer der Erleichterung, nach seiner Passage, war aber nie so laut, daß man ihn hinter der geschlossenen Tür seines Kabinetts zu hören vermocht hätte, und im übrigen ging das Tischgespräch weiter, als sei er gar nicht erschienen.

Zu anderen Zeiten, besonders gegen Abend, verwickelte er die Mutter in ein Gespräch, dem sie sich nicht zu entziehen verstand. Es begann mit Lobreden auf ihre wohlerzogenen drei Buben. »Man möchte es nicht glauben, Gnädigste, so hübsch wie Grafensöhne!« »Meine Söhne sind nicht hübsch, Herr Ring«, kam es empört zurück. »Darauf kommt es bei Männern nicht an.« »Sagen Sie das nicht, Gnädigste, es hilft im Leben! Wenn sie hübsch sind, kommen sie besser vorwärts im Leben. Da könnte ich Ihnen Geschichten erzählen! Bei uns in der Bar verkehrt der junge Tisza. Wer die Tiszas waren – das brauche ich Ihnen nicht zu sagen. In Ungarn sind sie's noch heute. Ein reizender Mensch, dieser junge Tisza! Eine Schönheit, nicht nur fesch, und ein Herzensbrecher! Alles liegt ihm zu Füßen. Für ihn spiel ich, was er sich wünscht, und er bedankt sich jedesmal, er bedankt sich extra für jedes Stück. ›Wunderbar!‹ sagt er und schaut mich eigens an. ›Wunderbar haben Sie das gespielt, lieber Johnnie!‹ Ich lese ihm jeden Wunsch von den Augen ab. Für den könnte ich durchs Feuer gehen. Meinen letzten Schlafrock würde ich mit ihm teilen! Und warum ist er so? Die Erziehung, Gnädigste, an allem ist die Erziehung schuld. Gute Manieren sind das halbe Herz. Auf die Mutter kommt es an. Ja, wer eine solche Mutter hat! Ob Ihre drei Engel ahnen, was sie an einer solchen Mutter haben! Ich hab lange gebraucht, bis ich meiner Mutter Dankschön gesagt habe. Ich will mich nicht mit Ihren drei Engeln vergleichen, Gnädigste!« »Warum sagen Sie immer Engel, Herr Ring, sagen Sie ruhig Lausbuben, ich bin nicht beleidigt. Dumm sind sie nicht, das ist wahr, aber das ist kein Verdienst, ich hab mir genug Mühe mit ihrer Bildung gegeben.« »Sehen Sie, sehen Sie, Gnädigste, jetzt geben Sie's selber zu, *Sie* haben sich die Mühe gegeben! Sie, nur Sie! Ohne Sie, ohne Ihre aufopfernde Mühe wären es vielleicht wirklich nur Lausbuben geworden.«

»Aufopfernd« – das war das Wort, mit dem er sie fing, hätte er gewußt, welche Rolle das Wort »Opfer« in allen Ableitungen bei ihr spielte, er hätte es öfter gebraucht. Schon früh pflegte sie davon zu sprechen, daß sie uns ihr Leben geopfert habe, es war das einzige, was ihr von Religion geblieben war. Als der Glaube an Gottes Präsenz sich allmählich bei ihr abschwächte, als Gott weniger und weniger für sie da war und ihr beinahe entschwand, wuchs in ihren Augen die Bedeutung des Opfers. Es war nicht nur die Pflicht, es war das Höchste des Menschen, sich aufzuopfern, aber nicht auf Gottes Geheiß, der zu weit weg war, um sich darum zu kümmern, es war das Opfer an sich, das Opfer aus eigenem Antrieb, auf das es ankam. Obwohl es diesen konzentrierten Namen trug, war es etwas Zusammengesetztes und Ausgedehntes, etwas, das sich über Stunden, Tage und Jahre erstreckte – das Leben, das sich aus all den Stunden zusammensetzte, in denen man *nicht* gelebt hatte, war das Opfer.

Wenn Johnnie sie einmal damit gefangen hatte, konnte er so lange auf sie einreden, wie er wollte. Sie kam dann nicht los von ihm, *er* war es dann, der wegging, um seinen Wolfshund Nero spazierenzuführen, oder es läutete und er bekam Besuch. Ein junger Mann erschien und verschwand mit Johnnie und Nero im Kabinett und blieb da mehrere Stunden, bis die Zeit für Bar und Klavierspielen gekommen war. Man hörte keinen Laut aus dem Kabinett, Nero, der es gewohnt war, da zu schlafen, bellte nie. Es war nie auszumachen, ob Johnnie und der junge Mann miteinander sprachen. Die Mutter hätte sich nie so weit erniedrigt, an der Tür zu horchen, es war eine pure Annahme von ihr, daß sie gar nicht sprachen. Das Kabinett, in das sie nie einen Blick geworfen hätte – sie mied es wie die Pest –, war eng, für viel mehr als ein Bett war kaum Platz darin, und daß zwei Menschen, von denen der eine der üppige Johnnie war, und ein großer Hund es stundenlang in dieser Enge aushielten, ohne daß ein Laut zu vernehmen gewesen wäre, beschäftigte sie sehr. Sie sprach nicht davon, doch spürte ich, wenn sie daran dachte. Ihre eigentliche Sorge aber war es, daß *ich* daran denken könnte, was mir gar nicht einfiel, es interessierte mich nicht im geringsten. Einmal sagte sie: »Ich glaube, der junge Mann legt sich unters Bett schlafen. Er sieht immer so bleich und müde aus. Vielleicht hat er kein eigenes Zimmer und der Johnnie läßt ihn aus Mitleid ein paar Stunden unterm Bett schlafen.« »Ja, warum nicht auf dem Bett?« sagte ich, in aller Unschuld, »meinst du, der Johnnie ist zu dick und für beide zusammen ist kein Platz?« »*Unterm* Bett hab ich gesagt«, sie sah mich scharf an: »Was hast du für sonderbare Gedanken?« Ich hatte sie gar nicht, aber sie dachte ihnen auf alle Fälle zuvorzukommen und zwängte meine Gedanken in den Raum unterm Bett, so blieb darauf immer noch Platz für den Hund, das mochte ihr harmlos erscheinen. Sie wäre sehr verwundert gewesen, hätte sie in mich hineingesehen, die Vorgänge im Kabinett beschäftigten mich nicht, denn ich war von etwas anderem abgelenkt, das mit der Mutter zusammenhing und mir obszön erschien, obwohl ich dieses Wort dafür damals nicht gebraucht hätte.

Zur Bedienung kam jeden Vormittag eine hochschwangere Frau ins Haus, Frau Lischka. Sie blieb bis nach dem Mittagessen, um noch das Geschirr zu spülen, und machte sich dann auf den Heimweg. Sie kam vor allem für die schweren Arbeiten: zum Wäschewaschen und Teppichklopfen. »Für die leichteren Arbeiten brauche ich sie nicht«, sagte die Mutter, »das könnte ich selber machen.« Niemand wolle ihr Arbeit geben in diesem Zustand, man fürchte, er sei schon zu weit fortgeschritten, sie werde es nicht gründlich genug machen. Aber sie habe beteuert, daß sie gut arbeite, man solle es nur mit ihr probieren. Da habe sich das Mitleid der Mutter geregt und sie habe ihr erlaubt zu kommen. Es sei riskant gewesen, wie unangenehm, wenn ihr plötzlich schlecht würde, oder gar wenn das zu Erwartende über sie käme – darüber sprach die Mutter aus Rücksicht auf unsere jungen Jahre nicht genauer und verschonte uns mit Details. Die Frau habe beteuert, daß es erst in zwei Monaten sein werde, und solange könne sie noch gut alles machen. Es zeigte sich, daß sie die Wahrheit sprach, sie war von erstaunlichem Fleiß. »Da könnten sich Nicht-Schwangere ein Beispiel nehmen«, sagte die Mutter.

Einmal als ich zum Essen nach Hause kam, blickte ich vom Stiegenhaus in den Hof hinunter: Frau Lischka stand da, teppichklopfend, sie hatte Mühe, mit dem Bauch nicht dazwischenzukommen, und vollführte jedesmal, wenn sie zuschlug, eine sonderbar drehende Bewegung. Es sah aus, als ob sie sich mißbilligend vom Teppich wegwende, als ob er ihr so mißfalle, daß sie ihn um keinen Preis sehen wolle. Ihr Gesicht war hochrot, von oben, aus dieser Höhe, hätte man es für Zorn halten können, der Schweiß troff ihr übers rote Gesicht und sie rief etwas, was ich nicht verstand. Da niemand da war, zu dem sie hätte sprechen können, dachte ich, sie muntere sich durch Ausrufe zu den Schlägen auf.

Ich betrat bestürzt die Wohnung und fragte die Mutter, ob sie die Frau Lischka im Hof unten gesehen habe. Sie komme gleich herauf, war die Antwort, heute bekomme sie etwas zu essen, an Tagen, da sie Teppich klopfe, bekomme sie zu essen. Vertraglich sei die Mutter gar nicht dazu verpflichtet – sie gebrauchte das Wort ›vertraglich‹ –, aber die Frau tue ihr so leid. Sie habe ihr zwar gesagt, das sei sie gewöhnt, den ganzen Tag nichts zu essen, abends mache sie sich dann etwas zuhaus. Die Mutter brachte es einfach nicht übers Herz, das mitanzusehen, und an Tagen, an denen sie Teppich klopfe, gebe sie ihr zu essen. Darauf freue sie sich immer und klopfe drum besonders fest. Sie sei in Schweiß gebadet, wenn sie mit den Teppichen oben ankomme, man halte es dann in der Küche nicht aus vor Gestank, drum trage die Mutter an solchen Tagen das Essen selber ins Speisezimmer und lasse die Frau Lischka mit ihrem Hunger in der Küche. Sie gebe ihr einen riesigen Teller voll, keiner von uns dreien, nicht einmal Georg, der Jüngste, könne soviel essen. Es sei dann alles verschwunden, vielleicht packe sie sich's auch ein und nehme es in ihrer Tragtasche mit. Vor ihr, der ›gnä' Frau‹, esse sie nie, sie sei der Meinung, daß sich das nicht gehöre. Wir sprachen bei Tisch darüber. Ich fragte, warum sie nicht immer zu essen bekomme. Wenn sie wasche, kriege sie schon auch etwas, nur nicht so viel. Aber an Tagen, wo die Arbeit leichter sei – nein, vertraglich sei sie zu überhaupt nichts verpflichtet und im übrigen sei die Frau Lischka dankbar für das, was sie bekomme, dankbarer jedenfalls als ich.

»Dankbarkeit« war ein häufiger Gegenstand, wenn ich über etwas empört war und die Mutter kritisierte, war sie gleich mit meiner Undankbarkeit zur Hand. Eine ruhige Diskussion zwischen uns war nicht möglich. Ich sagte schonungslos, was ich dachte, sagte es aber nur, wenn ich aufgebracht war, so klang es immer verletzend. Sie verteidigte sich, so gut sie konnte. Wenn sie sich in die Enge getrieben fühlte, fiel sie auf das Opfer zurück, das sie uns nun schon seit zwölf Jahren brachte und warf mir vor, daß ich gar keine Dankbarkeit dafür zeigte.

Ihre Gedanken richteten sich auf das übervölkerte Kabinett in der Wohnung und die Gefahr, die uns dreien von diesem Treiben drohe, wobei sie offen nur von der Faulheit sprach, vom schlechten Beispiel eines ausgewachsenen Menschen, der tagsüber im Bett lag oder halbnackt in einem schmierigen Schlafrock herumwanderte, während sie insgeheim an alle Laster dachte, von denen ich nichts ahnte. *Meine* Gedanken gingen zu Frau Lischka in die Küche, die dankbar dafür war, daß sie hie und da zu essen bekam, die mich nie traf, ohne freudigst zu beteuern: »Habt's a gute Mutter« und das durch heftiges Kopfwackeln bekräftigte. Uns beiden diente sie als immerwährender Anlaß zur Selbstbestätigung, der Mutter für ihr gutes Herz, denn sie gab ihr ›nichtvertraglich‹ zu essen, mir für ein Anstandsgefühl, das ihre Arbeit in dieser Verfassung als Schuld empfand. Wir stürzten uns in das Turnier der Selbstgerechtigkeit, zwei unermüdliche Ritter. Mit der Kraft, die wir für diese Kämpfe verwendeten, hätten wir alle Teppiche sämtlicher Hausparteien ausklopfen können und für die Wäsche wäre auch noch etwas übriggeblieben. Aber es ging, davon waren wir beide überzeugt, ums Prinzip: um Dankbarkeit ihr, um Gerechtigkeit mir.

So war das Mißtrauen mit uns in die Wohnung gezogen. Für die Mutter war es nicht gut, daß es dieses Geheimnis in der Wohnung gab, Johnnies übervölkertes Kabinett, und die hochschwangere Frau, die sich in Hof oder Küche abplagte, erfüllte *mich* mit Schrecken. Immer fürchtete ich, sie werde zusammenbrechen, wir würden Schreie hören, in die Küche laufen und sie dort in ihrem Blute liegen finden. Die Schreie wären dann die ihres neugeborenen Kindes und Frau Lischka wäre tot.

Das Geschenk

Dieses Jahr in der Radetzkystraße, in dem wir so dicht beisammen lebten, ist das gedrückteste Jahr, das ich in Erinnerung habe.

Ich fühlte mich, kaum betrat ich die Wohnung, unter Beobachtung. Nichts, was ich tat oder sagte, war recht. Es war alles so nah, das kleine Zimmer, in dem ich schlief und in dem meine Bücher standen, in das ich mich so rasch wie möglich zu retten suchte, lag zwischen dem allgemeinen Wohnzimmer und dem Schlafzimmer von Mutter und Brüdern. Es war nicht möglich, ungesehen hinein zu verschwinden, Begrüßungen und Erklärungen im Wohnzimmer bildeten den Anfang jeder Heimkehr. Ich wurde ausgefragt, und ohne daß es gleich zu Beschuldigungen gekommen wäre, verrieten die Fragen Mißtrauen. War ich im Laboratorium gewesen oder hatte ich die Zeit in Vorlesungen totgeschlagen?

Fragen solcher Art hatte ich mir durch Offenheit eingebrockt. Ich pflegte besonders von solchen Vorlesungen zu erzählen, die durch ihren Gegenstand nicht zu weit außerhalb allgemeiner Verständlichkeit lagen. Europäische Geschichte seit der Französischen Revolution lag jedem näher als Pflanzenphysiologie oder Physikalische Chemie. Daß ich über diese schwieg, bedeutete keineswegs einen Mangel an Interesse. Aber nur was ich sagte, galt, es allein hatte Bestand, aus meinem eigenen Munde wurde ich verklagt: der Wiener Kongreß beschäftigte mich mehr als Schwefelsäure! »Du zersplitterst dich«, hieß es, »so kommst du nicht weiter.«

»Ich *muß* in diese Vorlesungen gehen«, sagte ich, »ich ersticke sonst. Ich kann doch nicht alles aufgeben, was mich wirklich interessiert, bloß weil ich etwas studiere, was mir nicht liegt.«

»Aber warum liegt es dir nicht? Du bereitest dich darauf vor, keinen Beruf auszuüben. Du fürchtest, die Chemie könnte dich plötzlich interessieren. Das ist doch ein Beruf, dem die Zukunft gehört – und da baust du vor und verbarrikadierst dich dagegen. Nur nicht sich die Hände schmutzig machen! Das einzig Saubere sind die Bücher. Du gehst in alle möglichen Vorlesungen, bloß um noch mehr Bücher über ihre Gegenstände zu lesen. Das nimmt kein Ende. Weißt du noch immer nicht, wie das bei dir ist? Das hat schon in der Kindheit bei dir begonnene. Für jedes Buch, aus dem du etwas Neues erfährst, brauchst du zehn andere, aus denen du noch mehr darüber erfährst. Eine Vorlesung, die dich interessiert, ist eine Belastung. Ihr Gegenstand wird dich immer mehr interessieren. Die Philosophie der Vorsokratiker! Schön, du wirst ein Rigorosum darin ablegen müssen. Das muß also sein. Du schreibst mit, du hast schon ganze Hefte voll, aber wozu die Bücher, die du dir dazu wünschst? Glaubst du, ich weiß nicht, was du da alles schon auf der Liste hast? Das können wir nicht bestreiten. Selbst wenn wir's bestreiten könnten, es wäre schlecht für dich. Es würde dich weiter und weiter verlocken und von deiner Hauptsache abbringen. Du sagst doch, der Gomperz ist auf diesem Gebiet bekannt, hast du nicht gesagt, daß schon sein Vater für seine ›Griechischen Denker‹ berühmt war?«

»Ja«, unterbrach ich, »in drei Bänden, das wünsche ich mir, das möchte ich haben.«

»Ich brauche nur den Vater deines Professors zu erwähnen und schon ist ein dreibändiges wissenschaftliches Werk auf dem Programm. Du glaubst doch nicht, daß ich dir das wirklich schenken werde. Der Sohn soll dir genügen. Schreib dir's nur auf und lern aus deinen Heften.«

»Das ist mir zu langsam. Das dauert, das dauert, du kannst dir das nicht vorstellen. Ich möchte schon weiterlesen, ich kann nicht darauf warten, bis der Gomperz bei Pythagoras angelangt ist, ich will schon etwas über Empedokles und über Heraklit erfahren.«

»Du hast doch in Frankfurt schon so viele antike Autoren gelesen. Offenbar waren es immer die falschen. Immer lagen diese Bände herum, die so häßlich waren und alle gleich aussahen. Warum waren da die griechischen Philosophen nicht darunter? Du hast dich schon damals für das interessiert, was du später nicht brauchen würdest.«

»Die Philosophen mochte ich damals nicht. Von Plato hielt mich die Ideenlehre ab, die aus der Welt einen Schein macht. Und Aristoteles hab ich nie leiden können. Das ist der Alleswisser um des Einteilens willen. Man kommt sich bei ihm vor, als wäre man in unzählige Schubladen eingesperrt. Hätte ich damals die Vorsokratiker gekannt, du kannst mir glauben, ich hätte jedes Wort von ihnen gelesen. Aber es hat mir nie jemand etwas davon gesagt. Alles fing mit Sokrates an, es war, als hätte sich niemand vorher Gedanken über etwas gemacht. Und weißt du, ich habe Sokrates nie wirklich gern gehabt. Vielleicht habe ich die großen Philosophen gemieden, weil sie seine Schüler waren.«

»Soll ich dir sagen, warum du ihn nicht gern gehabt hast?« Ich hätte es lieber nicht von ihr erfahren. Sie hatte auch über Dinge, von denen sie nicht viel verstand, eine ganz persönliche Meinung, und auch wenn ich wußte, daß es nicht stimmen konnte, was sie sagte, traf es mich jedesmal und legte sich wie ein Mehltau über die Dinge, die ich liebte. Ich spürte, daß es ihre Absicht war, mir Dinge zu verleiden, bloß weil sie mich zu weit fortrissen. Diese Begeisterung für das viele, die bei mir immer auf dem Sprung lag, fand sie in meinem Alter lächerlich und *unmännlich*. Das war das Tadelswort, das ich in der Zeit der Radetzkystraße am meisten von ihr hörte.

»Du hast Sokrates nicht gern, weil er so vernünftig ist, er geht immer vom Alltag aus, er hat etwas Handfestes, er spricht gern von Handwerkern.«

»Aber fleißig war er nicht. Er hat den ganzen Tag *geredet.*«

»Das paßt euch großen Schweigern nicht! Wie ich euch das nachfühle!« Da war er wieder, der alte Hohn, mit dem ich so früh schon Bekanntschaft gemacht hatte, als ich bei ihr Deutsch lernte. »Oder ist es so, daß du nur immer selbst reden möchtest und Leute wie Sokrates fürchtest, die ganz genau prüfen, was so geredet wird und einem nichts durchgehen lassen?«

Sie war so apodiktisch wie ein Vorsokratiker und wer weiß, ob meine Vorliebe für diese, die ich jetzt erst kennenlernte, nicht mit *ihrer* Art zusammenhing, die ich mir ganz zu eigen gemacht hatte. Mit welcher Gewißheit sie ihre Meinungen immer aussprach! Kann man sie überhaupt Meinungen nennen? Jeder Satz, den sie äußerte, hatte die Kraft eines Glaubenssatzes: alles war sicher. Zweifel kannte sie nicht, jedenfalls nicht über sich. Vielleicht war es besser so, denn hätte sie Zweifel gekannt, so wären diese mit derselben Kraft ausgestattet gewesen wie ihre Behauptungen und sie hätte sich in Grund und Boden, in Tod und Verderben gezweifelt.

Ich spürte die Enge und stieß in jede Richtung vor. Ich kehrte zurück in die Enge und holte mir aus dem Widerstand, den ich fühlte, Kraft zu neuen Vorstößen. In der Nacht fühlte ich mich allein. Die Brüder, die ihr sekundierten und ihre Kritik an mir mit eigenen Eskapaden unterstrichen, schliefen dann schon, sie selber war zu Bett gegangen. Da war ich endlich frei, im winzigen Zimmer saß ich am winzigen Tisch und unterbrach, was ich las oder schrieb, mit zärtlichen Blicken auf die Rücken meiner Bücher. Ihre Reihen nahmen nicht mehr sprunghaft zu wie in Frankfurt. Aber ganz versiegte der Zustrom nie, es gab diese oder jene Gelegenheit, bei der man beschenkt wurde, und wer hätte es schon gewagt, mir etwas anderes als ein Buch zu schenken.

Es gab Chemie, Physik, Botanik, auch allgemeine Zoologie, die ich nachts studieren wollte, und es galt nicht als Lichtverschwendung, daß ich mich ihnen nachts noch zuwandte. Aber gerade die Lehrbücher blieben nicht lange aufgeschlagen, statt der Kolleghefte, in denen man den Vorlesungen nachzuhinken pflegte, lagen bald die wirklichen, die eigentlichen Hefte da, in die ich jeden Überschwang, aber auch die Kümmernisse verzeichnete. Die Mutter sah vor dem Einschlafen das Licht aus meinem Zimmerchen unter der Tür, das Verhältnis in der Zürcher Scheuchzerstraße hatte sich umgekehrt. Sie konnte sich vorstellen, was ich an meinem Tischchen trieb, aber da mein Aufbleiben dem Studium galt, das sie ein für allemal gebilligt hatte, mußte sie es anerkennen und unternahm dagegen nichts.

Sie hatte, wie sie glaubte, Grund, meine Schritte zu dieser Zeit zu überwachen. Sie hatte kein rechtes Zutrauen zur Chemie: weder zog sie mich genug an, noch konnte sie mich auf die Dauer interessieren. Daß ich mit Rücksicht auf ihre materiellen Sorgen – obwohl ich fühlte, daß sie unbegründet waren – auf die Medizin verzichtet hatte, bloß weil es zu lange gedauert hätte, nahm sie zwar hin und lobte das Opfer, das sie darin sah. Sie hatte uns ihr Leben zum Opfer gebracht, und ihre periodisch wiederkehrenden Schwächen und Krankheiten waren der Beweis dafür, wie ernst und schwer dieses Opfer war. So war es nun an der Zeit, daß auch ich, als der Älteste, ein Opfer brachte. Ich verzichtete auf die Medizin, die ich mir als uneigennützigen Beruf, als Dienst an der Menschheit vorstellte, und wählte einen Beruf, der nichts weniger als uneigennützig war: der Chemie gehörte, wie sie von allen Seiten hören konnte, die Zukunft. Es gab aussichtsreiche Stellen in der Industrie, die Chemie war nützlich, o so nützlich, wer sich in ihrem Bereich ansiedelte, verdiente gut, sehr gut, und daß ich mich zu dieser Nützlichkeit hergab oder hergeben wollte, erschien ihr als Opfer, das sie anerkannte. Doch mußte ich vier Jahre dabei bleiben, und darüber hatte sie schwere Zweifel. Nur unter einer bestimmten Bedingung hatte ich mich zur Chemie entschlossen, daß nämlich Georg, den ich seit unseren gemeinsamen Monaten in der Praterstraße mehr als jeden anderen Menschen liebte, Medizin statt meiner studieren dürfe. Schon hatte ich ihn mit meiner eigenen Neigung dafür erfüllt und er wünschte sich nichts Besseres, als einmal das zu tun, worauf ich um seinetwillen verzichtet hatte.

Ihre Zweifel waren berechtigt. Ich hatte meine eigene Version von der Sache, es *war* kein Opfer, denn ich studierte nicht wirklich Chemie mit der Absicht, einmal ein gut verdienender Chemiker zu werden. Das Vorurteil gegen Tätigkeiten, die man um des guten Verdienens willen betrieb und nicht aus Gründen innerer Berufung, war unüberwindlich. Ich beruhigte die Mutter, indem ich sie glauben ließ, daß ich eines Tages als Chemiker in eine Fabrik gehen würde. Aber ich sprach nie davon, es war eine stillschweigende Annahme von ihr, die ich duldete. Man hätte es einen Waffenstillstand nennen können: ich versagte mir alle Reden darüber, daß kein Beruf, der nicht eine Berufung sei, es wert sei, ergriffen zu werden und daß kein Beruf zähle, der nicht für die anderen nützlicher sei als für einen selbst. Sie malte dafür die chemische Zukunft nicht aus. Sie hatte nicht vergessen, was im Krieg noch vor wenigen Jahren geschehen war, als Giftgase zur Anwendung kamen, und ich glaube nicht, daß es leicht für sie war, über diesen Aspekt der Chemie hinwegzukommen, denn eine Kriegsgegnerin ist sie auch in der Zeit ihrer Ernüchterung, ihrer Verengung geblieben. So schwiegen wir beide über die häßliche Zukunft, die mir als Folge des ›Opfers‹ bevorstand. Die Hauptsache war, daß ich täglich ins Laboratorium ging und mich durch die regelmäßigen Stunden dort an eine Beschäftigung gewöhnte, die ihre eigene Disziplin erforderte und weder die fressende Wißbegier noch die dichterischen Proklamationen nährte.

Sie ahnte nicht, wie sehr ich sie über die Natur dieses Unternehmens täuschte. Keinen Augenblick nahm ich mir ernsthaft vor, je als Chemiker zu arbeiten. Ich *ging* ins Laboratorium, ich verbrachte den besten Teil des Tages dort, ich tat, was dort geboten war, nicht schlechter als andere; ich erfand eine eigene Begründung dafür, die diese Beschäftigung vor mir rechtfertigte. Noch war es mein Wunsch, *alles* zu erfahren und mir anzueignen, was es an Wissenswertem auf der Welt gab, noch hatte ich den ungebrochenen Glauben, daß das wünschenswert und auch möglich sei. Nirgends sah ich Grenzen, weder in der Aufnahmefähigkeit eines menschlichen Gehirns noch in der monströsen Natur eines Geschöpfs, das aus nichts als Aufgenommenem und der Absicht auf noch Aufzunehmendes bestand. Ich hatte auch noch nicht erfahren, daß irgendein Wissen, auf das ich mich stürzte, sich mir versagt hätte. Wohl hatte ich den einen oder den anderen schlechten Lehrer gehabt, der einem nichts, absolut nichts vermittelt und der einen außerdem noch mit Abneigung für seinen Gegenstand erfüllt hatte. Ein solcher Lehrer war der in Frankfurt für Chemie gewesen. Viel mehr als die Formeln für Wasser und Schwefelsäure war mir von seinem Unterricht nicht geblieben und mit Ekel erfüllten mich seine Bewegungen, während der paar Experimente, die er uns vorführte. Es war, als säße ein verkleidetes Faultier vor uns, das von Stunde zu Stunde langsamer an Apparaten hantierte. So war statt einer kleinen Ahnung von Chemie eine wahrhaftige Wissenslücke geblieben. Diese galt es jetzt aufzufüllen und sie war so groß, daß man zu diesem Zweck sogar Chemie studieren durfte.

Für Selbsttäuschung gibt es keine Grenze und ich entsinne mich wohl, wie oft ich mir diesen Grund vorsagte, wenn zuhause darauf bestanden wurde, daß ich nicht zuviel anderes daneben treibe, daß ich mich auf die Chemie beschränken müsse. Eben das, wovon ich am wenigsten wußte, würde mein gründlichstes Wissen werden. *Das* war das Opfer, das ich einer sträflichen Unkenntnis brachte, und die Medizin, auf die ich verzichtet hatte, war das *Geschenk,* das ich meinem Bruder machte, um ihm meine Liebe zu beweisen. Er war ein Stück von mir, zusammen hätten wir dann das Ganze gewonnen, was es zu wissen gab, und so würde uns auch nichts je voneinander trennen können.

Simsons Blendung

Unter den Vorwürfen, die ich in diesem Jahr oft zu hören bekam, gab es einen, der mir zu schaffen machte: daß ich nicht wisse, wie es im Leben zugehe, daß ich verblendet sei, daß ich es gar nicht wissen *wolle.* Ich hätte Scheuklappen an und sei entschlossen, nie ohne sie zu sehen. Immer suche ich nach dem, was ich von den Büchern her kenne. Sei es daß ich mich zu sehr auf *eine* Art von Büchern beschränke, sei es daß ich ihnen das Falsche entnähme – jeder Versuch, mit mir über etwas zu sprechen, wie es faktisch vor sich gehe, sei zum Scheitern verurteilt.

»Du willst alles hochmoralisch haben oder gar nicht. Das Wort Freiheit, das du immer im Munde führst, ist ein Witz. Einen unfreieren Menschen als dich gibt es gar nicht. Es ist dir unmöglich, dich *unbefangen* einem Ereignis zu stellen, ohne alle deine Vorurteile davor aufzuwälzen, bis es gar nicht mehr sichtbar ist. Vielleicht wäre das in deinem Alter nicht so schlimm, wenn nicht dieser hartnäckige Widerstand wäre, der Trotz und feste Vorsatz, es dabei zu belassen, ja nie etwas daran zu ändern. Von Entwicklung, von allmählichem Reifen, von Verbesserung und besonders von der Nützlichkeit eines Menschen auch für andere hast du mit all deinen großen Worten keine Ahnung. Das Grundübel ist deine Verblendung. Von Michael Kohlhaas hast du vielleicht auch etwas gelernt. Nur bist du kein interessanter Fall, denn er hat immerhin etwas tun müssen. Was tust du?«

Es war richtig, daß ich nicht lernen wollte, wie es in der Welt zuging. Ich hatte das Gefühl, daß ich mich durch Einsicht in etwas zu Mißbilligendes daran mitschuldig machen würde. Ich wollte es nicht lernen, wenn lernen bedeutete, daß ich denselben Weg gehen müsse. Es war das *nachahmende* Lernen, gegen das ich mich wehrte. Gegen dieses trug ich Scheuklappen, da hatte sie recht. Sobald ich merkte, daß man mir etwas *empfahl,* bloß weil es in der Welt so üblich sei, bockte ich und schien nicht zu verstehen, was man von mir wollte. Auf anderen Wegen kam mir aber die Wirklichkeit doch nahe, viel näher, als sie und vielleicht auch ich selber damals ahnten.

Denn ein Weg zur Wirklichkeit geht über *Bilder.* Ich glaube nicht, daß es einen besseren Weg gibt. Man hält sich an das, was sich nicht verändert, und schöpft damit das immer Veränderliche aus. Bilder sind Netze, was auf ihnen erscheint, ist der haltbare Fang. Manches entschlüpft und manches verfault, doch man versucht es wieder, man trägt die Netze mit sich herum, wirft sie aus und sie stärken sich an ihren Fängen. Es ist aber wichtig, daß diese Bilder auch *außerhalb* vom Menschen bestehen, in ihm sind selbst sie der Veränderlichkeit unterworfen. Es muß einen Ort geben, wo er sie unberührt finden kann, nicht er allein, einen Ort, wo jeder, der unsicher wird, sie findet. Wenn er das Abschüssige seiner Erfahrung fühlt, wendet er sich an ein Bild. Da hält die Erfahrung still, da sieht er ihr ins Gesicht. Da beruhigt er sich an der Kenntnis der Wirklichkeit, die seine eigene ist, obwohl sie ihm hier vorgebildet wurde. Scheinbar wäre sie auch ohne ihn da, doch dieser Anschein trügt, das Bild braucht *seine* Erfahrung, um zu erwachen. So erklärt es sich, daß Bilder während Generationen schlummern, weil keiner sie mit der Erfahrung ansehen kann, die sie weckt.

Stark fühlt sich, wer die Bilder findet, die seine Erfahrung braucht. Es sind mehrere – allzuviele können es nicht sein, denn ihr Sinn ist es, daß sie die Wirklichkeit gesammelt halten, in ihrer Zerstreuung müßte sie zersprühen und versickern. Aber es soll auch nicht ein einziges sein, das dem Inhaber Gewalt antut, ihn nie entläßt und ihm Verwandlung verbietet. Es sind mehrere Bilder, die einer für ein eigenes Leben braucht, und wenn er sie früh findet, geht nicht zuviel von ihm verloren.

Mein Glück war es, daß ich in Wien war, als ich solche Bilder am meisten brauchte. Gegen die falsche Wirklichkeit, mit der man mich bedrohte, die der Nüchternheit, der Starrheit, des Nutzens, der Enge, mußte ich die andere Wirklichkeit finden, die weit genug war, um auch ihrer Härten Herr zu werden und ihnen nicht zu erliegen.

Ich geriet an die Bilder von Breughel. Meine Bekanntschaft mit ihnen begann nicht dort, wo die eigentlichen Herrlichkeiten hängen, im Kunsthistorischen Museum. Zwischen Vorlesungen im Physikalischen und Chemischen Institut fand ich Zeit für einen kurzen Besuch im Liechtenstein-Palais. Von der Boltzmanngasse ging es in raschen Sprüngen die Strudlhofstiege hinunter und schon war ich in der wunderbaren Galerie, die heute nicht mehr besteht, da sah ich meine ersten Breughels. Es kümmerte mich wenig, daß es Kopien waren – den Unerschütterlichen, den Sinne- und Nervenlosen möchte ich sehen, der sich, mit *diesen* Bildern plötzlich konfrontiert, die Frage stellt: Kopien oder Originale? Für mich hätten sie Kopien von Kopien von Kopien sein können, es hätte mich wenig geschert, denn es waren die ›Sechs Blinden‹ und der ›Triumph des Todes‹. Alle Blinden, die ich später sah, entstammen dem ersten dieser Bilder.

Der Gedanke an Blindheit hatte mich verfolgt, seit ich in früher Kindheit an den Masern erkrankte und dabei während einiger Tage das Augenlicht verlor. Jetzt waren sechs Blinde in einer schiefen Reihe da, die einander an Stöcken oder bei der Schulter hielten. Der erste von ihnen, der sie anführte, lag schon im Wassergraben, der zweite, der daran war, ihm nachzustürzen, wandte dem Beschauer sein volles Gesicht zu: die leeren Augenhöhlen und den schreckensoffenen Mund mit den blekkenden Zähnen. Zwischen ihm und dem dritten war der größte Abstand dieses Bildes, noch hielten beide den Stock fest, der sie verband, aber der dritte hatte einen Ruck, eine unsichere Bewegung verspürt und stellte sich leicht zögernd auf die Fußspitzen, sein Gesicht, das man im Profil sieht – nur das eine blinde Auge –, verrät nicht Angst, aber den Ansatz einer Frage, während hinter ihm der vierte noch voller Vertrauen die Hand auf seiner Schulter liegen hat und das Gesicht zum Himmel hinauf gerichtet. Sein Mund ist weit offen, als erwarte er darin von oben etwas zu empfangen, das den Augen versagt ist. Den langen Stock in der Rechten hat er für sich allein, ohne sich auf ihn zu stützen. Das ist der Gläubigste der Sechs, zuversichtlich bis ins Rot seiner Strümpfe, die beiden letzten hinter ihm gehen ergeben seinen Weg, jeder der Trabant des Vordermanns. Auch ihr Mund ist offen, aber weniger, sie sind am weitesten vom Wassergraben weg und erwarten und befürchten nichts und haben keine Frage. Wenn es nicht so sehr um die blinden Augen ginge, wäre einiges über die Finger der Sechs zu sagen, sie greifen und berühren anders als die von Sehenden; und ihre Füße tasten den Boden anders.

Dieses eine Bild hätte für eine Galerie gereicht, aber dann fand ich mich unerwartet – ich fühle noch heute den Schock – vor dem ›Triumph des Todes‹. Hunderte von Toten, in Form von Skeletten, sehr aktive Skelette, sind damit beschäftigt, ebensoviele Lebende zu sich hinüberzuziehen. Es sind Figuren jeder Art, sei es in Massen, seien es einzelne, nach ihrem Stand erkennbar, in ungeheurer Anstrengung, ihre Energie übertrifft um ein Mehrfaches die der Lebenden, denen sie sich zugewandt haben. Man weiß auch, daß es ihnen gelingen wird, doch ist es noch nicht gelungen. Man steht auf der Seite der Lebenden, deren Abwehr man stärken möchte, aber es verwirrt einen, daß die Toten lebendiger erscheinen als sie. Die Vitalität der Toten, wenn man es so nennen will, hat einen einzigen Sinn, nämlich den, die Lebenden zu sich herüberzuholen. Sie zerstreuen sich nicht, unternehmen nicht dies oder jenes, es gibt nur das eine und einzige, das sie wollen, während die Lebenden auf vielfache Weise an ihrem Dasein hängen. Beflissen ist jeder, keiner ergibt sich, einen Lebens*müden* habe ich auf diesem Bild nicht gefunden, man muß jedem entreißen, wozu er sich freiwillig nicht versteht. Die Energie dieser Abwehr, hundertfach abgewandelt, ist auf mich übergegangen und mir war seither oft zumute, als wäre ich alle diese Leute zusammen, die dem Tod widerstehen.

Ich begriff, daß es um Masse geht, auf beiden Seiten, und sosehr der einzelne seinen Tod allein fühlt, für jeden anderen einzelnen gilt dasselbe und darum soll man an sie zusammen denken.

Es ist wahr, daß der Tod hier noch triumphiert, aber es wirkt nicht wie eine Schlacht, die schon ein für allemal geschlagen wurde, sie findet weiter, sie findet wieder statt, und so wie man sie hier erlebt, ist es keineswegs ausgemacht, daß sie immer denselben Ausgang nehmen wird. Dieser ›Triumph des Todes‹ von Breughel ist das erste gewesen, was mich mit Zuversicht für meinen Kampf erfüllt hat. Jedes andere seiner Bilder, die ich im Kunsthistorischen Museum sah, hat mir dann noch ein unverlierbares Stück der Wirklichkeit dazugeschenkt. Ich stand Hunderte von Malen vor jedem von ihnen, ich kenne sie so gut wie meine nächsten Menschen, unter den Büchern, die ich mir vornahm und deren Nicht-Vollendung ich mir vorwerfe, findet sich auch eines, das alle Erlebnisse bei Breughel enthält.

Das waren aber nicht die frühesten Bilder, die ich aufgesucht habe. In Frankfurt durfte man, um zum Städel zu gelangen, den Main überqueren. Man sah den Fluß und die Stadt und schöpfte Atem, es gab einem Mut für das Furchtbare, das einen erwartete. Es war das große Rembrandtbild ›Die Blendung Simsons‹, das mich erschreckt, gepeinigt und hingehalten hat. Ich sah es, als ob es sich vor meinen Augen abgespielt hätte, und da es um den Moment ging, in dem Simson sein Augenlicht verlor, war es eine Zeugenschaft entsetzlichster Art. Vor Blinden hatte ich immer Scheu empfunden und sie nie zu lange angesehen, obschon sie mich faszinierten. Da sie mich nicht sehen konnten, fühlte ich mich vor ihnen schuldig. Hier aber war nicht der Zustand dargestellt, nicht Blindheit, sondern die Blendung.

Simson liegt da, mit nackter Brust, das Hemd heruntergezogen, den rechten Fuß schräg in die Höhe gestreckt, die Zehen in wahnwitzigem Schmerz verkrampft. Ein Kriegsknecht, in Helm und Panzer über ihn gebeugt, hat ihm das Eisen ins rechte Auge gestoßen, Blut spritzt auf die Stirn, sein Haar ist kurzgeschoren, unter ihm liegt ein Kriegsknecht, der seinen Kopf dem Eisen entgegenhält. Ein anderer Häscher nimmt den linken Teil des Bildes ein. Er steht mit gespreizten Beinen da, auf Simson zugeneigt und hält in beiden Händen die Hellebarde, auf Simsons linkes Auge, das fest geschlossen ist, gerichtet. Die Hellebarde reicht durch das halbe Bild, Drohung der Blendung, die wiederholt werden wird. Zwei Augen hat Simson wie jeder, vom Häscher, der die Hellebarde hält, sieht man nur das eine, Simsons blutverschmiertem Gesicht und der Vollendung des Auftrags zugewandt.

Das volle Licht fällt von außerhalb der Gruppe, in der alles sich ereignet, auf Simson. Es ist nicht möglich wegzusehen, diese Blendung ist noch nicht Blindheit, sie *wird* es erst und erwartet weder Rücksicht noch Schonung. Sie will gesehen sein, und wer sie gesehen hat, weiß, was Blendung ist, und sieht sie überall. Es gibt ein Augenpaar auf dem Bild, das der Blendung zugewandt bleibt und sie nie preisgibt, die Augen Dalilas, die im Triumph enteilt, in einer Hand die Schere, in der anderen Simsons abgeschnittenes Haar. Fürchtet sie ihn, dessen Haar sie hält? Will sie sich vor dem einen Auge, solang er's noch hat, retten? Sie sieht auf ihn zurück, Haß und mörderische Spannung auf ihrem Gesicht, auf das soviel Licht fällt wie auf das des Geblendeten. Ihr Mund ist halb offen: »Die Philister über dir, Simson!« hat er eben gerufen.

Versteht er ihre Sprache? Das Wort Philister versteht er, den Namen ihrer Leute, die er schlug und tötete. Zwischen Verstümmelung und Verstümmelung blickt sie auf ihn, sie wird ihm das verbliebene Auge nicht schenken, sie wird nicht »Gnade!« rufen und sich vors Messer werfen, sie wird ihn nicht mit den Haaren, die sie hält, mit seiner alten Kraft bedecken. Worauf blickt sie zurück? Auf das geblendete Auge und auf das, das geblendet werden wird. Sie wartet auf das Eisen, das noch einmal zustößt. Sie ist der Wille, durch den es geschieht. Die Männer im Panzer, der mit der Hellebarde sind ihre Handlanger. Sie hat ihm seine Kraft genommen. Sie hält seine Kraft und haßt und fürchtet ihn noch jetzt und wird ihn hassen, solange sie an diese Blendung denkt, und wird, um ihn zu hassen, immer an sie denken.

An diesem Bild, vor dem ich oft stand, habe ich erlernt, was Haß ist. Ich hatte ihn früh empfunden, viel zu früh, mit Fünf, als ich meine Spielgefährtin mit dem Beil erschlagen wollte. Aber ein Wissen um das Empfundene hat man damit noch nicht, es muß einem erst vor Augen treten, an anderen, damit man es erkennt. *Wirklich* wird erst das Erkannte, das man zuvor erlebt hat. Ohne daß man es nennen könnte, ruht es erst in einem, dann steht es plötzlich da als Bild, und was anderen geschieht, erschafft sich in einem selbst als Erinnerung: jetzt ist es wirklich.

Frühe Ehre des Intellekts

Die jungen Menschen, mit denen ich umging, hatten eines miteinander gemein, sosehr sie sich in allem Übrigen voneinander unterschieden: sie interessierten sich nur für geistige Dinge. Sie wußten über alles Bescheid, was in den Zeitungen stand, aber in Aufregung gerieten sie, wenn von Büchern die Rede war. Einige wenige Bücher standen im Mittelpunkt der Aufmerksamkeit, es wäre verächtlich gewesen, nicht über sie Bescheid zu wissen. Trotzdem kann man nicht sagen, daß irgendeiner allgemeinen oder führenden Meinung nachgeredet wurde, man las solche Bücher selbst, man las einander Stellen daraus vor, man zitierte sie auswendig. Kritik war nicht nur erlaubt, sie war erwünscht, man suchte Angriffspunkte zu finden, die die öffentliche Reputation eines Buches ins Schwanken brachten, und diskutierte sie hitzig durch, wobei auf Logik, Schlagfertigkeit und Witz viel Wert gelegt wurde. Mit Ausnahme von allem, was von Karl Kraus verfügt worden war, stand nichts fest, man liebte es sehr, an den Dingen zu rütteln, die sich zu leicht und zu rasch durchsetzten.

Die Bücher, auf die es besonders ankam, waren solche, die viel Spielraum zur Diskussion ließen. Die Zeiten der Hauptwirkung Spenglers, deren Zeuge ich am Frankfurter Pensionstisch gewesen war, schienen vorüber; oder war seine Wirkung in Wien keine so entscheidende gewesen? Ein pessimistischer Akzent war aber auch hier unverkennbar. Otto Weiningers ›Geschlecht und Charakter‹ – obwohl schon vor 20 Jahren erschienen – kam noch in jeder Diskussion zur Sprache. Die pazifistischen Bücher meiner Zürcher Kriegszeit waren alle durch ›Die letzten Tage der Menschheit‹ verdrängt. Ganz und gar nicht zählte die Literatur der Dekadenz. Hermann Bahr hatte ausgespielt, die Zahl seiner Rollen war zu groß gewesen, nun nahm man keine mehr ernst. Die Haltung zum Krieg ganz besonders *während* des Kriegs war für das Ansehen eines Schriftstellers entscheidend. So blieb Schnitzlers Name unberührt, er hatte keine Dringlichkeit mehr, aber er wurde nicht verhöhnt, er hatte sich – im Gegensatz zu anderen – nie zu Kriegspropaganda hergegeben. Es war auch keine günstige Zeit für Alt-Österreich. Die Monarchie, eben auseinandergefallen, war diskreditiert, Monarchisten gebe es, so sagte man mir, nur noch unter den

Kerzelweibern. Der Verstümmelung Österreichs, des erstaunlichen Weiterbestands Wiens – der nunmehr viel zu großen Hauptstadt – als ›Wasserkopfs‹, war man sich wohl bewußt. Aber man gab den geistigen Anspruch, der zu einer Weltstadt gehört, keineswegs auf. Man interessierte sich für alles, was es auf der Welt gab, noch so, als ob es auch für die Welt von Bedeutung sein könnte, wie man darüber denke, und man hielt an den spezifischen Neigungen Wiens fest, wie sie sich seit langem ausgebildet hatten, insbesondere der Musik. Ob man musikalisch war oder nicht, man ging auf den Stehplatz in Konzerte. Der Kult Gustav Mahlers, in der weiteren Welt als Komponist noch wenig bekannt, hatte hier schon einen ersten Höhepunkt erreicht, seine Größe war unbestritten.

Es gab kaum ein Gespräch, in dem der Name Freud nicht auftauchte, ein Name nicht weniger komprimiert als der von Karl Kraus, durch den dunkleren Diphthong und das ›d‹ am Schluß, aber auch durch seine Bedeutung anziehender. Eine Reihe von einsilbigen Namen war damals im Umlauf, sie hätten für die verschiedensten Bedürfnisse ausgereicht, aber mit Freud hatte es eine besondere Bewandtnis: er war durch einige seiner Wortprägungen schon in den Sprachgebrauch eingegangen. Von den maßgeblichen Figuren der Universität war er noch hochmütig abgelehnt. *Fehlleistungen* aber waren eine Art von Gesellschaftsspiel geworden. Um das beliebte Wort häufig gebrauchen zu können, wurden sie am laufenden Band produziert, in jedem noch so animierten und anscheinend spontanen Gespräch kam ein Moment, da man es dem Partner am Munde absehen konnte: jetzt kommt eine Fehlleistung. Und schon war sie draußen, schon konnte man selbstgefällig zu ihrer Erklärung schreiten, die Prozesse aufdecken, die zu ihrer Bildung geführt hatten, und dabei so ausführlich wie unermüdlich von eigenen Dingen sprechen, ohne aufdringlich privat zu wirken, denn man nahm teil an der Aufklärung eines Prozesses von allgemeinem, sogar wissenschaftlichem Interesse.

Immerhin, das erkannte ich bald, war dieser Teil der Freudschen Lehre der einleuchtendste. Wenn von Fehlleistungen die Rede war, hatte ich nie das Gefühl, daß etwas um jeden Preis zurechtgebogen wurde, um in ein immergleiches und darum bald langweiliges Schema zu passen. Auch hatte jeder seine eigene Art, Fehlleistungen zu erfinden. Es passierten geistreiche

Dinge, manchmal kam es sogar zu einer echten Fehlleistung, der man's anmerkte, daß sie nicht geplant worden war. Ganz anders stand es hingegen mit den Ödipus-Komplexen. Um diese raufte man sich, jeder wollte seinen, oder man warf sie auch Anwesenden an den Kopf. Wer immer bei diesen geselligen Veranstaltungen zugegen war, konnte sich darauf verlassen: wenn er seinen Ödipus nicht von selber zur Sprache brachte, wurde er von einem anderen, nach einem erbarmungslos durchdringenden Blick, damit beworfen. Auf irgendeine Weise kam jeder (sogar posthume Söhne) zu seinem Ödipus, und zum Schluß saß die ganze Gesellschaft gleich schuldig da, potentielle Mutterliebhaber und Vatermörder, durch den mythischen Namen umnebelt, heimliche Könige von Theben.

Ich hatte meine Zweifel an der Sache, vielleicht weil ich mörderische Eifersucht von klein auf kannte und mir ihrer sehr unterschiedlichen Motivationen wohl bewußt war. Aber selbst wenn es einem der zahllosen Vertreter dieses Freudschen Gedankens gelungen wäre, mich von seiner allgemeinen Gültigkeit zu überzeugen, nie hätte ich den Namen für die Sache anerkannt. Ich wußte, wer Ödipus war, ich hatte Sophokles gelesen, das Ungeheure dieses Schicksals ließ ich mir nicht rauben. Zur Zeit meiner Ankunft in Wien war ein Allerweltsgeleier daraus geworden, von dem niemand sich ausnahm, auch der stolzeste Pöbelverächter war sich für einen ›Ödipus‹ nicht zu gut.

Es muß aber zugestanden werden, daß man noch unter dem Eindruck des jüngstverflossenen Krieges stand. Was man da an mörderischer Grausamkeit vor Augen gehabt hatte, war unvergessen. Viele, die aktiv daran teilgehabt hatten, waren nun zurückgekehrt. Sie wußten wohl, wozu sie – auf Befehl – imstande gewesen waren, und griffen begierig nach allen Erklärungen für Mordanlagen, die ihnen die Psychoanalyse bot. Die Banalität des kollektiven Zwangs, unter dem sie gestanden hatten, spiegelte sich in der Banalität der Erklärung. Es war schon merkwürdig, mitanzusehen, wie *harmlos* jeder wurde, der seinen Ödipus abbekam. In seiner Vertausendfachung verflüchtigt sich das furchtbarste Schicksal zum Stäubchen. Der Mythus greift in den Menschen und würgt und schüttelt ihn. Das ›Naturgesetz‹, zu dem der Mythus reduziert wird, ist nicht mehr als das Pfeifchen, nach dem er tanzt.

Die jungen Menschen, mit denen ich es zu tun hatte, waren

nicht im Krieg gewesen. Doch gingen sie alle in die Lesungen von Karl Kraus und kannten – auswendig, möchte man sagen – seine ›Letzten Tage der Menschheit‹. Das war ihre Möglichkeit, den Krieg, der ihre Jugend verdüstert hatte, nun nachzuholen, und eine Methode, die konzentrierter und legitimer zugleich gewesen wäre, um mit ihm Bekanntschaft zu machen, kann es schwerlich geben. So stand er auch ihnen immer vor Augen, und da es ihnen nicht um Vergessen zu tun war, denn sie hatten ihm ja nicht entrinnen müssen, beschäftigte er sie unaufhörlich. Sie forschten nicht der Verfassung von Menschen als Masse nach, durch die diese ergeben und gern in den Krieg gerieten und noch Jahre, nachdem er verloren war – wenn auch auf andere Weise – in ihm gefangen blieben. Es war kaum etwas dazu gesagt worden, eine Theorie dieser Phänomene bestand noch nicht. Was Freud dazu zu sagen hatte, war, wie ich selbst bald herausfinden sollte, völlig unzulänglich. So begnügten sie sich mit der Psychologie individueller Prozesse, wie sie Freud in unerschütterlicher Selbstgewißheit bot. Was immer ich ihnen über das Rätsel der Masse, das mir seit Frankfurt zu schaffen machte, vorbrachte, erschien ihnen indiskutabel, es gab ja keine intellektuelle Formel dafür. Was nicht in eine Formel gebracht war, existierte nicht, es mußte eine Einbildung sein, es hatte keinen Bestand, sonst wäre es, sei es bei Freud, sei es bei Kraus auf irgendeine Weise vorgekommen.

Die Lücke, die ich hier empfand, war vorläufig durch nichts zu füllen. Es dauerte nicht sehr lange, bis im ersten Winter 1924 auf 1925 die ›Erleuchtung‹ kam, die mein ganzes weiteres Leben bestimmte. Ich muß es ›Erleuchtung‹ nennen, denn ihr Erlebnis war mit einem besonderen Licht verbunden, es kam sehr plötzlich über mich, als ein heftiges Gefühl von Expansion. Ich befand mich in rascher und ungewöhnlich energischer Bewegung auf einer Straße Wiens, die solange andauerte wie die ›Erleuchtung‹ selbst. Ich habe nie vergessen, was in dieser Nacht geschah. Wie ein einziger Augenblick ist sie mir gegenwärtig geblieben, nach 55 Jahren, solange genau ist es her, empfinde ich sie als etwas *Unausgeschöpftes*. Wenn der gedankliche Inhalt dieser Illumination so einfach und geting ist, daß ihre Wirkung unerklärlich wäre, so habe ich doch daraus wie aus einer Offenbarung die Kraft bezogen, 35 Jahre meines Lebens, davon 20 ganz, an die Aufklärung dessen zu setzen, was Masse eigentlich ist, wie

Macht aus Masse entsteht und wie sie auf sie zurückwirkt. Es war mir damals nicht bewußt, wieviel ich bei der Art dieses Unternehmens der Tatsache verdankte, daß es einen Menschen wie Freud in Wien gab, daß von ihm so die Rede war, als könne man *selbst*, durch eigenen Willen und Beschluß, auf die Erklärung von Dingen kommen. Da seine Gedanken mir nicht genügten und das mir Wichtigste unerklärt ließen, war ich der ehrlichen, wenn auch naiven Überzeugung, daß es etwas anderes, völlig von ihm Unabhängiges war, was ich unternähme. Es war für mich klar, daß ich ihn als Gegner brauchte. Daß er mir aber auch als eine Art von Vorbild diente, davon hätte mich damals niemand überzeugen können.

Diese Erleuchtung, deren ich mich so deutlich entsinne, fand auf der Alserstraße statt. Es war Nacht, am Himmel fiel mir der rote Widerschein der Stadt auf, den ich mit emporgestrecktem Kopf betrachtete. Ich achtete nicht darauf, wie ich ging, stolperte mehrmals leicht und in einem solchen Augenblick des Stolperns, den Kopf in die Höhe gereckt, den roten Himmel, der mir eigentlich so nicht gefiel, vor Augen, zuckte es mir plötzlich durch den Kopf, daß es einen Massentrieb gab, der immer im Widerstreit zum Persönlichkeitstrieb stand, und daß aus dem Streit der beiden der Verlauf der Menschheitsgeschichte sich erklären lasse. Das kann kein neuer Gedanke gewesen sein, aber mir war er neu, denn er traf mich mit ungeheurer Gewalt. Es schien mir, daß alles, was sich jetzt in der Welt zutrage, sich daraus ableiten lasse. Daß es Masse gab, hatte ich schon in Frankfurt erfahren, ich hatte es in Wien nun wiedererlebt; daß etwas die Menschen dazu zwinge, zu *Masse* zu werden, schien mir offenkundig und unwiderlegbar, daß die Masse zu Einzelnen zerfiel, hatte nicht weniger Evidenz, ebenso daß diese Einzelnen wieder Masse werden wollten. An den Tendenzen zur Masse hin und von ihr weg hatte ich keinen Zweifel, sie schienen mir so stark und blind, daß ich sie als Trieb empfand und so benannte. Was die Masse aber selbst wirklich war, das wußte ich nicht, es war ein Rätsel, das zu lösen ich mir vornahm, es schien mir das wichtigste Rätsel, jedenfalls das vordergründigste unserer Welt.

Aber wie matt, wie erschöpft, wie ausgeblutet klingt, was ich jetzt darüber sage. Ich habe ›ungeheure Gewalt‹ gesagt und genau das war es, denn die Energie, von der ich plötzlich erfüllt war, zwang mich rascher zu gehen, fast zu laufen. Ich brauste durch die Alserstraße hin, ihre ganze Länge bis zum Gürtel, es kam mir vor, als hätte ich ihn im Nu erreicht, ein Sausen in den Ohren, der Himmel unverändert rot, als sei ihm diese Farbe nun für immer zugeteilt, wohl stolperte ich wieder, aber ohne je zu fallen, das Stolpern war wie ein integrierender Teil der Gesamtbewegung. Auf diese Weise habe ich Bewegung nie wieder erlebt, ich kann auch nicht sagen, daß ich sie mir je wieder wünschte, dazu war es zu sonderbar, fremdartig, viel rascher, als es mir gemäß ist, eine Fremdheit, die aus mir selber kam, die ich aber nicht beherrschte.

Patriarchen

Vezas Fremdartigkeit wurde überall empfunden, sie fiel auf, wo immer sie sich befand. Eine Andalusierin, die nie in Sevilla gewesen war, aber davon sprach, als wäre sie dort aufgewachsen. In ›Tausendundeine Nacht‹ war man ihr begegnet, schon als man zum erstenmal darin las. Auf persischen Miniaturen war sie eine vertraute Erscheinung. Dieser orientalischen Allgegenwart zum Trotz war sie keine Traumfigur, die Vorstellung, die man von ihr hatte, war eine sehr bestimmte, ihr Bild zerfloß nicht, es löste sich nicht auf, es behielt seine klaren Umrisse wie sein Leuchten.

Gegen ihre Schönheit, die einem die Rede verschlug, setzte ich mich zur Wehr. Als unerfahrenes Geschöpf, dem Knabenalter kaum entwachsen, schwerfällig, ungeschliffen, ein Caliban neben ihr, wenn auch ein sehr junger, täppisch, unsicher, grob, des einzigen, das mir vielleicht zu Gebote stand, der Rede, eben in ihrer Gegenwart nicht mächtig, suchte ich mir, bevor ich sie sah, die unsinnigsten Beschimpfungen aus, die mir als Panzer gegen sie dienen sollten: »Preziös« war die mindeste, »süßlich«, »höfisch«, eine »Prinzessin«; nur *einer* Hälfte der Sprache mächtig, der feinen, allem Eigentlichen, Rücksichtslosen, Strengen, Unerbittlichen fremd. Es genügte aber, an jene Vorlesung des 17. April zu denken, um diese Beschuldigungen zu entkräften. Der Saal hatte Karl Kraus nicht für seine Feinheit, sondern für seine Strenge zugejubelt, und in der Pause, als ich sie selbst kennenlernte, schien sie beherrscht und gehoben und traf keine

Anstalten, sich durch Flucht dem zweiten Teil des Programms zu entziehen. Seither hatte ich sie in jeder Vorlesung – ich ging nun in alle – verstohlen mit den Blicken gesucht und immer gefunden. Aus der Ferne hatte ich sie gegrüßt, nie mich in ihre Nähe getraut und war bestürzt, wenn sie mich nicht bemerkte, meist hatte sie zurückgegrüßt.

Selbst hier fiel sie auf, die fremdartigste Erscheinung in diesem Publikum. Da sie immer in der ersten Reihe saß, mußte Karl Kraus sie bemerken. Ich ertappte mich bei der Frage, wie sie ihm wohl vorkomme. Sie klatschte nie, auch das konnte ihm nicht entgehen. Aber daß sie jedesmal wieder da war, am selben Platz, war eine Huldigung, die selbst ihm nicht gleichgültig bleiben konnte. Schon während des ersten Jahres, als ich sie trotz ihrer Einladung nicht zu besuchen wagte, spürte ich eine wachsende Irritation über ihren Platz in der ersten Reihe. Da ich keine Einsicht in die Natur dieser Irritation hatte, dachte ich mir die sonderbarsten Dinge aus. Es sei doch viel zu laut dort vorn, wie halte man nur diese Steigerungen aus. Bei manchen Figuren aus den ›Letzten Tagen der Menschheit‹ müsse man doch vor Scham und Schande in den Erdboden versinken; und was tue sie, wenn sie weinen müsse, bei den ›Webern‹, beim ›König Lear‹? Wie vermochte sie das zu ertragen, wenn er ihr beim Weinen zusah? Oder wollte sie das vielleicht? War sie auf diese Wirkung stolz? Huldigte sie ihm damit, daß sie öffentlich weinte? Sie war doch bestimmt nicht schamlos, mir schien, daß sie besonders schamhaft sein müsse, mehr als jeder andere Mensch, und dann saß sie da und führte Karl Kraus alles vor, was er ihr antat. Nach der Lesung trat sie nie näher ans Podium heran, viele suchten sich dann vorzudrängen, sie stand bloß da und schaute. Erschüttert und durcheinandergeworfen, wie ich jedesmal war, verließ auch ich lange nicht den Saal und blieb stehen und applaudierte, bis mich die Hände schmerzten. In dieser Verfassung verlor ich sie aus dem Auge, ohne ihr auffallend gescheiteltes, blauschwarzes Haar hätte ich sie kaum wiedergefunden. Nach der Lesung tat sie nichts, das ich als würdelos empfunden hätte. Sie blieb nicht länger als andere im Saal, wenn er sich verbeugen kam, war sie nicht unter den allerletzten.

Vielleicht war es auch ihr Einverständnis, das ich suchte, denn die Erregung nach diesen Lesungen hielt lange vor, ob es um die ›Weber‹, den ›Timon‹, die ›Letzten Tage der Menschheit‹ ging, es waren Höhepunkte des Daseins. Ich lebte von einer solchen Gelegenheit auf die andere hin, was sich dazwischen ereignete, lag in einer profanen Welt. Im Saale saß ich allein und sprach zu niemand und richtete es so ein, daß ich allein das Gebäude verließ. Ich beobachtete Veza, weil ich sie mied, ich wußte nicht, wie sehr es mein Wunsch war, neben ihr zu sitzen. Ganz unmöglich wäre das gewesen, solange sie für alle sichtbar in der ersten Reihe saß. Ich war eifersüchtig auf den Gott, von dem ich erfüllt war; obwohl ich mich nirgends, an keiner Stelle, gegen ihn zu versperren suchte, obwohl ich an jeder Pore offen für ihn war, gönnte ich ihm nicht das schwarzgescheitelte, exotische, nahe Geschöpf, das für ihn lachte und weinte und sich unter seinem Sturme bog. Ich wollte neben ihr sein, aber nicht vorn, wo sie war, nur dort, wo der Gott sie nicht sah, wo wir einander durch Blicke sagen konnten, was er uns tat.

Schon während ich mich an den stolzen Beschluß klammerte, sie nicht zu besuchen, war ich eifersüchtig auf sie und ahnte nicht, daß ich Kräfte sammelte, um sie dem Gott zu rauben. Während ich zuhause unter den Anfeindungen der Mutter, die ich durch mein Verhalten provozierte, zu ersticken vermeinte, sah ich den Augenblick vor mir, da ich an Vezas Wohnungstür läuten würde. Ich stieß ihn kräftig wie einen Gegenstand von mir weg, aber er rückte näher. Um stark zu bleiben, stellte ich mir vor, wie die Fluten des Asrielischen Geschwätzes über mich herschlagen würden. »Wie war es? Was hat sie gesagt? Hab ich mir gedacht! Das hat sie nicht gern. Natürlich.« Ich hörte schon die Warnungen der Mutter, die alles brühwarm erfahren würde. In eingebildeten Reden und Gegenreden nahm ich vorweg, was später wirklich geschah. Während ich es peinlich vermied, mich Veza zu nähern und mir gar nicht vorstellen konnte, was ich ihr sagen sollte, das nicht zu grob oder zu unwissend war, erfand ich schon alle die bösen, gehässigen Reden, die ich zuhause über sie hören würde.

Ich wußte immer, meinen selbstauferlegten Verboten zum Trotz, daß ich hingehen würde, und jede Vorlesung, bei der ich sie sah, bestärkte mich in diesem Wissen. Aber als es dann dazu kam, an einem freien Nachmittag, war mehr als ein Jahr seit der Einladung vergangen. Niemand erfuhr davon, die Füße fanden wie von selbst den Weg in die Ferdinandstraße, ich zerbrach mir den Kopf über eine plausible Erklärung, die weder unreif noch unterwürfig klang. Sie wäre gern Engländerin, hatte sie damals gesagt, was lag näher, als sie nach englischer Literatur zu befragen? Ich hatte vor kurzem den ›König Lear‹ gehört, eine der großartigsten Lesungen von Karl Kraus, es war von allen Shakespeare-Stücken das, das mich am meisten beschäftigte. Ich wurde das Bild des alten Mannes auf der Heide nicht los. Sie hatte ihn sicher englisch im Kopf. Es gab etwas in ›King Lear‹, das ich nicht verwand. Darüber wollte ich mit ihr sprechen.

Ich läutete, sie öffnete selbst und begrüßte mich, als hätte sie mich erwartet. Es war wenige Tage her, daß ich sie bei der Vorlesung im Mittleren Konzerthaussaal gesehen hatte. Ich war zufällig, wie ich dachte, in ihre Nähe geraten und hatte mit den anderen stehend applaudiert. Ich benahm mich wie ein Rasender, warf die Arme in die Höhe, schrie »Hoch! Hoch! Karl Kraus!« und klatschte. Ich hörte nicht damit auf, niemand hörte auf, ich ließ die Hände erst wieder fallen, als sie schmerzten, und bemerkte jemand neben mir, der wie in einer Trance dastand, aber nicht klatschte. Das war sie, ich wußte nicht, ob sie mich bemerkt hatte.

Sie führte mich durch den dunklen Gang in ihr Zimmer, wo mich ein warmes Leuchten empfing. Unter Bildern und Büchern nahm ich Platz, aber ich sah nicht genauer hin, denn sie saß am Tisch gegenüber von mir und sagte: »Sie haben mich nicht bemerkt. Ich war im ›Lear‹.« Ich sagte ihr, daß ich sie sehr wohl bemerkt hätte und darum gekommen sei. Dann fragte ich sie, warum Lear am Ende sterben müsse. Er sei ein sehr alter Mann, gewiß, und habe schreckliche Dinge erlitten, aber ich wäre gern mit der Vorstellung weggegangen, daß er alles überstanden habe und noch da sei. Er sollte immer da sein. Wenn ein anderer Held, ein junger, in einem Stück sterbe, sei ich bereit, es hinzunehmen, besonders Prahlern und Schlägern, eben was man so Helden nenne, gönne ich ihren Tod, denn ihr Ansehen beruhe darauf, daß sie ihn anderen gehäuft gegeben hätten. Aber Lear, der so alt geworden sei, sollte noch älter werden. Man sollte nie davon wissen, daß er sterbe. So viele andere seien in diesem Stück gestorben. Aber einer sollte bleiben und dieser Eine sei er.

»Aber warum gerade er? Verdient er nicht endlich Ruhe?«

»Der Tod ist eine Strafe. Er verdient zu leben.«

»Der Älteste? Soll der Älteste noch länger leben? und Junge sind ihm in den Tod vorangegangen und um ihr Leben betrogen worden?«

»Mit dem Ältesten stirbt *mehr*. Alle seine Jahre sterben. Es ist viel mehr da, was mit ihm zugrundegeht.«

»Dann wünschen Sie sich Leute so alt wie die Patriarchen der Bibel?«

»Ja! Ja! Wünschen Sie das nicht?«

»Nein. Ich könnte Ihnen einen vorführen. Er haust zwei Türen weiter. Vielleicht macht er sich noch bemerkbar, während Sie da sind.«

»Sie meinen Ihren Stiefvater. Ich habe von ihm gehört.«

»Sie können nichts von ihm gehört haben, das der Wahrheit nahekommt. Die Wahrheit kennen nur wir, meine Mutter und ich.«

Es kam ihr zu rasch, sie mochte nicht gleich von ihm erzählen. Sie hatte es fertiggebracht, ihr Zimmer, ihre Atmosphäre vor ihm zu schützen. Hätte ich geahnt, was es sie gekostet hatte, ich hätte vielleicht dieses Thema der Alten, die immer weiter leben sollten, weil sie nun schon einmal so alt geworden seien, gemieden. Ich war sozusagen blind vom ›Lear‹ zu ihr gekommen; und dankbar dafür, daß wir etwas Wunderbares zusammen erlebt hatten, mußte ich davon sprechen. Ich war in Lears Schuld, denn er hatte mich zu ihr getrieben. Ohne ihn hätte es sicher noch länger gedauert, und nun saß ich da, von ihm erfüllt, wie hätte ich ihm nicht huldigen sollen. Ich wußte, wieviel ihr gerade Shakespeare bedeutete, und war der Überzeugung, daß es nichts gäbe, worüber sie lieber spreche. Ich kam nicht dazu, sie nach ihren Besuchen in England zu fragen und sie dachte nicht an meine Kindheit dort. Ursprünglich hatte sie mich doch eingeladen, damit ich ihr davon erzähle. Ich hatte sie an ihrer wundesten Stelle getroffen, das Leben mit diesem Stiefvater war für beide, ihre Mutter und sie, eine Qual. Er war bald 90 und nun kam ich und schien ihr zu sagen, wenn man so alt sei, sei es das Beste, man lebe immer weiter.

So tief traf ich sie bei meinem ersten Besuch, um ein Haar wäre es der letzte gewesen. Sie faßte sich, weil sie so sichtbar erschrocken war, sie hatte das Gefühl, daß sie sich dafür rechtfertigen müsse, und berichtete mir – es fiel ihr schwer genug – davon, wie sie sich's in der Hölle eingerichtet hatte.

Die Wohnung, in der Veza mit ihrer Mutter lebte, bestand aus drei größeren Zimmern in einer Reihe, deren Fenster auf die

Ferdinandstraße gingen. Sie lag im Mezzanin, gar nicht hoch, es war leicht, sich von der Straße aus bemerkbar zu machen. Von der Wohnungstür aus führte ein Korridor an den Zimmern vorbei, die links von ihm lagen, rechts waren die Küche und die übrigen Nebenräume; hinter der Küche eine kleine, dunkle Dienstbotenkammer, die so versteckt war, daß man nie an sie dachte.

Von den drei Zimmern zur Linken war das erste das Schlafzimmer der Eltern. Vezas Stiefvater, ein hagerer alter Mann gegen 90 lag da zu Bett oder saß im Schlafrock aufrecht vor dem Feuer in der Ecke. Das nächste, das Speisezimmer, wurde meist nur benützt, wenn Gäste kamen. Das dritte war Vezas Zimmer, das sie sich nach eigenem Geschmack eingerichtet hatte, in Farben, wie sie sie mochte, mit Büchern und Bildern, schwebend und ernst zugleich, das man aufatmend betrat und ungern verließ, ein Zimmer, von der übrigen Wohnung so verschieden, daß man zu träumen glaubte, wenn man auf der Schwelle stand – eine strenge Schwelle zu einem blühenden Ort, nur wenigen war es erlaubt, sie zu überschreiten.

Die Bewohnerin dieses Zimmers übte eine Herrschaft über die anderen aus, die ans Unglaubwürdige grenzte. Eine Schrekkensherrschaft war es nicht, alles spielte sich lautlos ab, ein Hochziehen der Braue genügte, um einen Eindringling von der Schwelle zu vertreiben. Hauptfeind war der Stiefvater Mento Altaras. In früheren Zeiten, die ich nicht mehr erlebte, als der Kampf noch offen geführt wurde, die Grenzlinien nicht gezogen waren und es noch unsicher war, ob man je zu einem Friedensschluß gelangen würde, pflegte der Stiefvater plötzlich die Türe aufzureißen und mit seinem Stock mehrmals drohend gegen die Schwelle zu schlagen. Der lange, hagere Mensch in seinem Schlafrock stand da, sein schmaler, finsterer, ausgemergelter Kopf glich dem Dantes, dessen Namen er nie gehört hatte. Er stieß, wenn er mit dem Klopfen vorläufig zu Ende war, furchtbare spanische Drohungen und Flüche aus und blieb, abwechselnd klopfend und fluchend, auf der Schwelle stehen, so lange bis man seinen Wunsch, der sich auf Braten oder Wein bezog, erfüllt hatte.

Als halbwüchsiges Mädchen hatte die Stieftochter sich zu helfen gesucht, indem sie die beiden Türen zu ihrem Zimmer – in das Speisezimmer die eine, gegen den Korridor die andere – von innen absperrte. Dann, als sie größer und anziehender wurde, pflegten die Schlüssel zu verschwinden, und wenn der Schlosser neue brachte, verschwanden auch diese. Die Mutter ging aus, das Dienstmädchen war nicht immer da, der Alte, wenn er auf etwas begierig war, hatte trotz seines Alters Kraft für drei und hätte auch Frau, Stieftochter und Dienstmädchen zusammen überwältigt. Es war Grund zur Furcht. Mutter und Tochter ertrugen nicht den Gedanken einer endgültigen Trennung voneinander. Um in der Wohnung ihrer Mutter bleiben zu können, erfand Veza eine Taktik, den Alten zu bezwingen. Sie erforderte eine Einsicht, Kraft und Beharrlichkeit, die für eine 18jährige unerhört war. Sie bestand darin, daß der Alte nichts bekam, wenn er sein Zimmer verließ. Er konnte klopfen, toben, fluchen, drohen, es war vergeblich. Wein und Braten entzogen sich ihm, bis er wieder in seinem Zimmer saß, wenn er dann nochmals danach verlangte, waren sie sofort zur Stelle. Es war eine Pawlowsche Methode, von der Stieftochter, die nichts von Pawlow wußte, selbst erdacht. Es dauerte etliche Monate, bis er sich in sein Schicksal ergab. Er sah, daß er immer saftigere Beefsteaks, immer ältere Weine bekam, wenn er auf seine Überfälle verzichtete. Packte ihn dann doch wieder einmal der Zorn und erschien er fluchend und tobend an der verbotenen Schwelle, so wurde er bestraft und bekam bis zum Abend nichts zu essen und zu trinken.

Er hatte den größten Teil seines Lebens in Sarajewo verbracht. Da hatte er als Kind auf der Straße heißen Kukuruz verkauft. Von diesen Anfängen wurde gesprochen. Sie fielen noch in die Mitte des alten Jahrhunderts und waren zum wichtigsten Stück seiner Legende, zu ihrem Einsatz nämlich geworden. Über das Spätere erfuhr man nichts, es kam ein ungeheurer Sprung; bevor er sich im Alter von seinen Geschäften zurückzog, war er zu einem der reichsten Männer Sarajewos und Bosniens geworden. Er besaß unzählige Häuser (47 war die Zahl, die man immer wieder hörte) und große Wälder. Seine Söhne, die seine Geschäfte weiterführten, lebten auf großem Fuß, es war nicht zu verwundern, daß sie den Alten von Sarajewo entfernen wollten. Er hielt darauf, daß man frugal und zurückgezogen lebte und seinen Reichtum nicht zur Schau stellte. Für seinen Geiz wie für seine Härte war er berühmt; er verweigerte sich wohltätigen Spenden, was als unerhörte

Schande galt. Er erschien plötzlich unangemeldet bei den großen Gesellschaften, die seine Söhne gaben, und trieb die Gäste
mit einem Stock aus dem Haus. Es gelang ihnen, den Witwer, er
war über 70, nach Wien zu verheiraten. Eine sehr schöne Witwe,
viel jünger als er, Rachel Calderon, war der Köder, dem er nicht
widerstehen konnte. Die Söhne atmeten auf, kaum war er in
Wien. Der Älteste kaufte sich – das war damals noch ungewöhnlich – ein Privatflugzeug, durch das sich sein Ansehen in der
Heimatstadt sehr erhöhte. Von Zeit zu Zeit kam er nun nach
Wien und brachte dem Vater Geld mit, dicke Banknotenbündel,
der verlangte es in dieser Form.

Während der ersten Jahre ging der Alte noch aus und ließ sich
von niemand begleiten. Er zog einen fadenscheinigen Mantel
an, der an ihm schlotterte, darunter trug er ausgefranste Hosen,
einen zerlumpten Hut – er sah aus wie aus einer Mistkiste – trug
er in der Linken; er hob ihn an einem versteckten Orte auf und
weigerte sich, ihn putzen zu lassen. Man begriff nicht, wozu er
ihn mitnahm, denn er setzte ihn nie auf.

Eines Tages kam das Dienstmädchen zitternd nach Hause und
sagte, sie habe eben den Herrn gesehen an einer Straßenecke
drüben in der Innenstadt, den Hut offen vor sich und ein Passant
habe ihm eine Münze hineingeworfen. Er wurde, kaum war er
zurück, zur Rede gestellt und geriet in solchen Zorn, daß man
fürchtete, er werde seine Frau mit dem schweren Stock, von dem
er sich nie trennte, erschlagen. Sie war eine sanfte, herzensgute
Person und wich ihm aus, diesmal aber ließ sie nicht locker. Sie
nahm ihm den Hut weg und warf ihn fort. Ohne den Hut ging er
nicht mehr betteln. Doch zog er sich auch weiterhin für seine
Ausgänge die ausgefranstesten Hosen und den zerschlissenen Mantel an. Das Mädchen wurde ihm zur Beobachtung nachgeschickt
und ging ihm den langen Weg bis zum Naschmarkt nach. Sie
fürchtete sich so sehr vor ihm, daß sie ihn da aus den Augen
verlor. Er kam mit Birnen in einer Papiertüte zurück und hielt sie
triumphierend Frau und Stieftochter hin: das habe er umsonst
bekommen, von einer Marktfrau, für nichts, und wirklich, er
vermochte so verhungert und heruntergekommen dreinzu-
schauen, daß hartgesottene Naschmarktweiber sich seiner er-
barmten und ihm Obst zusteckten, das nicht einmal verfault war.

Zuhause hatte er auf anderes zu schauen: da mußte er die
dicken Banknotenbündel verstecken und zwar im Schlafzim-

mer, so daß sie immer für ihn erreichbar waren. Die Matratzen der beiden Betten waren damit ausgestopft, zwischen Teppich und Boden hatte sich ein unterer Teppich von Papiergeld angesammelt, unter den vielen Schuhen gab es nur ein Paar, das er anziehen konnte, die übrigen steckten voll Geld. In seinem Wäschekasten gab es ein gutes Dutzend Paar Strümpfe, die niemand anrühren durfte und die er oft auf ihren Inhalt prüfte. Nur zwei Paare, die er abwechselnd trug, waren für seinen Gebrauch bestimmt. Die Frau bekam ein wöchentliches Haushaltungsgeld, genau vorgezählt, es war von seinem Sohn durch ein Abkommen mit ihr festgesetzt worden. Er hatte versucht, sie um einen Teil davon zu betrügen, aber das hatte sich an seinem Wein und seinem Braten, von dem er ungeheure Mengen verzehrte, ausgewirkt, so ließ er es wieder bleiben.

Er aß so viel, daß man für seine Gesundheit fürchtete, und hielt sich nicht an die üblichen Mahlzeiten. Schon zum Frühstück verlangte er Braten und Wein, und zur Zehnerjause, lange vor dem Mittagessen, wieder. Er wollte nichts dazu. Als die Frau es versuchte, seinem Appetit mit Beilagen, mit Reis und Gemüse beizukommen, damit er nicht soviel Fleisch esse, schickte er das Essen verächtlich zurück, und als sie es wieder versuchte, schüttete er es zornig auf den Teppich, aß das Fleisch allein in einem Sitz auf und forderte – man habe ihm viel zu wenig davon gegeben – mehr. Seinem reißenden Hunger, der auf diese einzige blutige Materie ging, war kaum beizukommen. Die Frau ließ einen Arzt holen, einen gelassenen, erfahrenen Mann, der selbst aus Sarajewo stammte, über den Alten informiert war, seine Sprache verstand und sich fließend mit ihm in dieser Sprache unterhalten konnte. Es war ihm trotzdem nicht möglich, ihn zu untersuchen. Es fehle ihm nichts, mager sei er schon immer gewesen, seine einzige Medizin sei Braten und Wein, und wenn er davon nicht so viel bekomme, wie er wolle, werde er auf die Straße gehen und sich's *erbetteln*. Er hatte gemerkt, daß nichts seine Angehörigen so sehr entsetzte wie seine Bettelgelüste. Sie nahmen diese Drohung so ernst wie er; die Mahnung des Arztes, daß er noch höchstens zwei Jahre zu leben habe, wenn er so weiter esse, beantwortete er mit einem furchtbaren Fluch. Er wolle Fleisch, nichts anderes, er habe nie etwas anderes gegessen, er denke nicht daran, mit 80 ein Ochs zu werden, fertig, ya basta!

Statt seiner starb nach zwei Jahren der Arzt. Er freute sich immer, wenn Leute starben, aber diesmal hielt ihn die Freude während einiger Nächte wach, die er mit Braten und Wein feierte. Der nächste Arzt, mit dem man es versuchte, ein Mann von noch nicht 50, rüstig und selbst sehr fleischlich, hatte noch weniger Glück. Er kehrte ihm den Rücken, sprach mit ihm kein Wort und entließ ihn, ohne ihm zu fluchen. Er starb wie sein Vorgänger, doch dauerte es diesmal länger. Von seinem Todesfall nahm der Alte keine Notiz. Das Überleben war ihm nun schon zur Natur geworden, Braten und Wein genügten ihm zur Nahrung, und er brauchte keinen Arzt mehr als Opfer. Wohl kam es noch einmal zu einem Versuch, als die Frau erkrankte und *ihrem* Arzt ihr Leid klagte. Sie habe zu wenig Schlaf, mitten in der Nacht wache der Mann auf und verlange sein Futter. Seit er weniger ausgehe, sei es noch schlimmer geworden. Der Arzt, der tollkühn war, vielleicht wußte er auch nichts vom Schicksal seiner Vorgänger, bestand darauf, sich den Alten anzusehen, der gerade im Nebenbett, unbekümmert um die kranke Frau, sein blutiges Beefsteak verzehrte. Er zog ihm den Teller weg und herrschte ihn an: Was er da im Auge habe? Das sei lebensgefährlich! Ob er wisse, daß er am Erblinden sei? Darüber erschrak er, zum erstenmal, doch wurde der Grund seines Erschreckens erst später offenbar.

An der Art seiner Nahrungsaufnahme änderte sich nichts, wohl aber verzichtete er ganz auf seine Ausgänge und sperrte sich manchmal für ein, zwei Stunden ins Schlafzimmer ein, was er früher nie getan hatte. Auf Klopfen antwortete er nicht, man hörte ihn im Feuer herumstochern, und da man seine Neigung fürs Feuer kannte, nahm man an, er sitze davor und dachte, er würde sich schon melden, wenn es ihn nach dem Üblichen gelüste. Das geschah auch immer, aber einmal nahm die Stieftochter, an das Versteckspiel mit ihren eigenen Schlüsseln gewöhnt, den Schlüssel von der Tür zwischen Schlaf- und Speisezimmer an sich und öffnete plötzlich, als sie ihn im Feuer rumoren hörte. Sie fand ihn mit einem Bündel von Banknoten in der Hand, die er vor ihren Augen ins Feuer warf, einige Bündel lagen neben ihm auf dem Boden, andere waren im Feuer schon zu Asche geworden. »Laß mich«, sagte er, »ich habe keine Zeit. Ich bin noch nicht fertig«, und zeigte auf die unverbrannten Bündel am Boden. Er verbrannte, um es niemand zu hinterlassen, sein

Geld, doch war soviel davon da, daß das Schlafzimmer noch immer von Banknotenbündeln strotzte.

Es war das erste Zeichen von Schwäche, daß der alte Altaras Geld verbrannte. Dieser dritte Arzt – der gar nicht für ihn gerufen worden war, den er unbeteiligt empfing, als ginge er ihn nichts an, dem er durch sein gewohntes Mahl die Gleichgültigkeit für seine Frau und ihre Beschwerden vorführen wollte – hatte ihm durch seine Grobheit Eindruck gemacht und ihn erschreckt. Vielleicht spürte er jetzt doch manchmal Zweifel daran, daß es immer so weitergehen würde, jedenfalls hatte ihn die Drohung mit seinen Augen verwirrt. Er sah sich so oft wie möglich Geld und Feuer an und liebte es über alles, wenn eines im andern aufging.

Seit er entdeckt worden war, gab er sich mit dem Zusperren keine Mühe mehr und setzte sich offen zu seiner Beschäftigung nieder. Es hätte die Stärke von mehreren Männern erfordert, ihn daran zu hindern. Die hilflose Frau wußte sich keinen Rat, sie überlegte sich's eine Weile und schrieb dann dem ältesten Sohn nach Sarajewo, der all seiner Großzügigkeit zum Trotz, über diese mutwillige Vernichtung von Geld empört, gleich nach Wien kam und den Alten ins Gebet nahm. Womit er ihm drohte, haben weder Mutter noch Tochter je erfahren. Es muß etwas gewesen sein, das er mehr fürchtete als die einsamen Ankündigungen des Arztes – vielleicht, daß man ihn entmündigen und in ein Sanatorium stecken würde, wo es dann mit Fleisch und Wein in den gewohnten Mengen zu Ende wäre –, es tat jedenfalls seine Wirkung. Er behielt, was von Notenbündeln in seinen Verstekken übrig war, aber er verbrannte nichts mehr und mußte sich zur Kontrolle das regelmäßige Betreten seines Zimmers gefallen lassen.

Die Rettung ihrer eigenen Atmosphäre vor den Stockschlägen, Drohungen und Flüchen dieses unheimlichen Menschen, die ihr im Alter von 18 Jahren gelungen war, hatte Veza geprägt. Es passierte nun selten, daß er an ihrer Schwelle erschien. Alle paar Wochen einmal kam es noch vor, daß er die Tür aufriß und hoch und hager, aber immer in einiger Distanz, vor ihren Besuchern stand, die aber mehr staunten als erschraken. Den Stock hielt er wohl in der Hand, doch klopfte er nicht damit, er fluchte nicht, er drohte nicht, er kam um Hilfe. Es war die Angst, die ihn jetzt an die verbotene Tür trieb. Er sagte: »Sie haben mir das

Geld gestohlen. Es brennt.« Da er allen unerträglich war, war er viel allein, und die Angstzustände, die ihn überfielen, hatten immer mit Geld zu tun. Seit er es nicht mehr selbst verbrennen durfte, wurde er beraubt, die Flammen griffen in sein Zimmer über, um sich das, was ihnen nicht mehr freiwillig geopfert wurde, mit Gewalt zu holen.

Er kam nie, wenn Veza allein war, sondern wenn er Stimmen aus ihrem Zimmer hörte. Er hörte noch gut, es entging ihm nicht, wenn Besuch zu ihr kam: das Läuten an der Wohnungstür, die Schritte an seinem Zimmer vorbei, die lebhaften Stimmen im Gang und dann bei ihr, in einer Sprache, die er nicht verstand – daß ihm von alledem nichts vor die Augen kam, weckte in ihm die Angst, daß ein heimlicher Überfall auf sein Geld vorbereitet würde. So habe ich ihn, während der ersten Zeit meiner Besuche, zwei- oder dreimal erlebt. Ich war betroffen über seine Ähnlichkeit mit Dante.

Es war, als erscheine dieser aus dem Grab. Wir hatten eben über die ›Göttliche Komödie‹ gesprochen, da wurde plötzlich die Tür aufgerissen und er stand da, wie in weiße Laken gehüllt, einen Stock nicht zur Abwehr, sondern zur Klage hoch erhoben: »Mi arrobaron las paras – sie haben mir das Geld gestohlen!« – nein, nicht Dante, eine Figur aus seiner Hölle.

Der Ausbruch

Am 24. Juli 1925, einen Tag vor meinem 20. Geburtstag, kam der Ausbruch. Ich habe seither nie von ihm gesprochen und es fällt mir schwer, ihn zu schildern.

Eine Fußwanderung mit Hans Asriel durchs Karwendelgebirge war geplant. Wir wollten auf das bescheidenste leben, in Hütten schlafen. Es wäre keine große Ausgabe gewesen. Hans, der bei Herrn Brosig, einem Hersteller von Lederwaren, beschäftigt war, hatte sich von seinem kleinen Gehalt gerade genug erspart. Er war sehr genau, er mußte es sein, er lebte mit seiner Mutter und den beiden Geschwistern in den kümmerlichsten Verhältnissen.

Er rechnete alles für die Tour aus, die Wanderung sollte keine ganze Woche dauern. Danach hätte man sich vielleicht noch auf eine Woche irgendwo niederlassen können, denn ich wollte diese

Zeit auch für Arbeit verwenden, nämlich mit der Arbeit an dem Buch über die Masse beginnen. Dazu wäre ich am liebsten irgendwo ganz allein in den Bergen gewesen. Aber darüber sprach ich nicht zu deutlich, da ich Hans nicht kränken mochte. Um so ausführlicher ergingen wir uns in den Betrachtungen über die Wanderung durch das Karwendel. Hans, sehr methodisch, saß über Karten gebeugt und rechnete jedes Stück Weges und jede Bergspitze aus. Die ersten Juliwochen vergingen in diesen Besprechungen. Ich berichtete zuhause beim Essen davon. Die Mutter hörte sich alles an und sagte weder ja noch nein dazu, aber als die Einzelheiten sich mehrten und es von Karwendel-Namen bei uns nur noch so schwirrte, schien es undenkbar, daß sie etwas dagegen einwenden würde, ja es kam mir beinahe so vor, als nähme sie in Gedanken an der Wanderung teil. Unser Ziel sollte Pertisau am Achensee sein. Einmal erwog sie sogar die Möglichkeit, selbst nach Pertisau auf Ferien zu gehen und uns dort zu erwarten. Aber dieser Plan war nicht ernst und wurde gleich fallengelassen, während die Detailgespräche zwischen Hans und mir weitergingen. Am Morgen des 24. Juli erklärte die Mutter plötzlich, ich solle mir die Sache aus dem Kopf schlagen, die Wanderung sei unmöglich, für Luxus habe sie kein Geld. Ich solle froh sein, daß ich studieren könne, ob ich mich nicht schäme, solche Ansprüche zu stellen, wenn andere nicht einmal wüßten, wovon sie leben sollten.

Es war ein harter Schlag, weil es so plötzlich kam, nach wochenlanger, wohlwollender, ja sogar interessierter Duldung unserer Pläne. Nach fast einem Jahr des Drucks und der Reibungen in der gemeinsamen Wohnung war es für mich notwendig, wegzukommen und mich frei zu fühlen. Der Druck war in der allerletzten Zeit immer schlimmer geworden, nach jedem peinlichen Wortwechsel flüchtete man sich in den Gedanken der Wanderung. Die nackten Kalkfelsen, von denen ich so viel gehört hatte, erschienen mir im strahlendsten Licht, und nun, bei einem Frühstück kam das unerbittliche Fallbeil und schnitt mir Atem und Hoffnung ab.

Ich wollte mit den Händen auf die Wände losschlagen, aber ich beherrschte mich soweit, daß es zu keinem physischen Ausbruch vor den Brüdern kam. Alles was sich doch ereignete, geschah auf Papier, aber nicht wie sonst in verständlichen und vernünftigen Sätzen, ich nahm auch nicht die vertrauten Hefte

dazu her, sondern einen großen, beinahe neuen Block Schreib-
papier und schrieb in riesigen Buchstaben ein Blatt nach dem
anderen voll: »Geld, Geld und wiederum Geld«, und dann auf
der nächsten Zeile dasselbe, und auf die nächste Zeile wieder, bis
das Blatt vollgeschrieben war, dann wurde es heruntergerissen
und mit »Geld, Geld und wiederum Geld« begann das nächste
Blatt. Da ich so groß schrieb wie nie zuvor, war jedes Blatt bald
voll, die abgerissenen Blätter lagen um mich auf dem großen
Tisch im Eßzimmer, es wurden ihrer mehr und mehr, dann fielen
sie auf den Boden. Der Teppich um den großen Tisch war übersät von ihnen, ich konnte nicht aufhören zu schreiben, der Block
hatte hundert Blätter, ich schrieb jedes einzeln voll. Die Brüder
merkten, daß etwas Ungewöhnliches geschah, denn ich sprach
aus, was ich schrieb, nicht übermäßig laut, aber doch deutlich
vernehmbar, »Geld, Geld und wiederum Geld« tönte es durch
die ganze Wohnung. Sie näherten sich mir vorsichtig, hoben die
Blätter vom Boden auf und lasen laut vor, was auf ihnen stand:
»Geld, Geld und wiederum Geld.« Dann stürzte Nissim, der
Mittlere, zur Mutter in die Küche hinaus und sagte: »Der Elias
ist verrückt geworden. Du mußt kommen!«
    Sie kam nicht und ließ mir durch ihn ausrichten: »Sag ihm, er
soll sofort aufhören. Das teure Briefpapier!« – Aber ich hörte ihn
nicht und beschrieb die Blätter weiter, in rasender Eile. Vielleicht *war* ich in diesem Augenblick verrückt geworden, aber
wie immer man es nennt, das Wort, in dem sich für mich alle
Bedrückung und niedrige Gesinnung konzentrierte, war übermächtig geworden und beherrschte mich vollkommen. Ich
achtete auf nichts, weder auf die höhnenden Ausrufe der Brüder
– wobei der Jüngere, Georg, nur halben Herzens mittat, er war
sehr erschrocken –, noch auf die Mutter, die sich schließlich
doch zu mir bequemte, sei es, daß sie sich über die Papierver-
schwendung ärgerte, sei es, daß sie nicht mehr sicher war, ob es
sich, wie sie anfangs sagte, um eine ›Komödie‹ handele. Ich
beachtete sie nicht, als sie kam, so wenig wie die Brüder, ich
hätte keinen Menschen beachtet, ich war von dem einen Wort
besessen, das ich für die Essenz aller Unmenschlichkeit hielt. Ich
schrieb und die Kraft des Wortes, das mich trieb, wurde nicht
geringer, mein Haß galt nicht ihr, er galt diesem Wort allein und
solange noch Papier da war, war er durch nichts zu erschöpfen.
Am meisten Eindruck machte ihr die rasende Geschwindigkeit,

mit der dieser Schreibakt vor sich ging. Wohl war es die Hand, die über die Blätter lief, aber ich war atemlos, als würde ich selber laufen, ich hatte noch nie etwas in solcher Geschwindigkeit getan. »Es war wie ein Schnellzug«, sagte sie später, »so schwer und vollgeladen.« Da war es, das Wort, das sie nicht oft genug sagen konnte, von dem sie wußte, wie sehr es mich quälte, da war es Tausende von Malen, in irrsinniger Verschwendung, seinem Charakter zuwider, beschworen und beschworen, als ob es sich so ausgeben ließe, als könne man damit zu Ende kommen. Es ist nicht ausgeschlossen, daß sie um unser beider Schicksal fürchtete, um meines und um das ihres Haupt-Wortes, das ich mit vollen Händen ausschüttete.

Ich merkte nicht, wie sie das Zimmer verließ, und ich merkte nicht, wie sie zurückkkam. Solange der Schreibblock nicht zu Ende war, hätte ich nichts gemerkt. Plötzlich stand Dr. Laub im Zimmer, unser Hausarzt, der alte Medizinalrat. Die Mutter stand halb verdeckt hinter ihm, ihr Gesicht abgewandt, ich wußte, daß sie es war, aber in die Augen sah ich ihr nicht, sie versteckte sich hinter ihm und nun wußte ich, daß es eben laut an der Tür geklopft hatte. »Was hat das Kindchen?« sagte er, in seiner getragenen Sprache. Seine Langsamkeit, die Pausen nach jedem Satz, der nachdrückliche Ton auf jedem seiner Worte, die unsägliche Nichtigkeit seiner gewichtigen Erklärungen, die Wiederanknüpfung an seinen letzten Besuch, als wäre nichts dazwischen gewesen – damals war es Gelbsucht, was war es jetzt? –, alles zusammen tat seine Wirkung und brachte mich zur Besinnung. Obwohl ich noch einige Blätter hatte, hörte ich sofort zu schreiben auf.

»Was schreiben wir da so fleißig?« sagte Dr. Laub, es dauerte eine Ewigkeit, bis er den Satz draußen hatte. Ich fiel aus dem Schnellzug heraus, in dem ich bis jetzt übers Papier gefegt war, und reichte ihm in einem Tempo, das mehr seinem eigenen entsprach, das letzte Blatt. Er las es feierlich. Er sprach es aus, das Wort, wie ich es beim Niederschreiben ausgestoßen hatte, aber in seinem Mund klang es nicht haßerfüllt, sondern bedächtig, als müsse man sich's zehnmal überlegen, bevor man ein so kostbares Wort aus dem Mund entlasse. Da er mit der Zunge anstieß, klang es sparsam, und obwohl ich mir das sagte, blieb ich ruhig, ich wundere mich, daß das meine Wut nicht von neuem entfachte. Er las *alles* vor, was auf diesem letzten Blatt stand, und da es schon mehr als halb vollgeschrieben war und er nie rascher wurde, dauerte es eine hübsche Weile. Kein »Geld«, nicht ein einziges ging verloren, und als er fertig war, mißverstand ich eine Bewegung von ihm und dachte, er wolle ein anderes Blatt von mir, um mit der Verlesung der Gelder fortzufahren. Doch als ich ihm eines hinhielt, wies er mich ab und sagte: »Schön. Jetzt wären wir soweit.« Dann räusperte er sich, legte mir die Hand auf die Schulter und fragte, es träufte ihm wie Honig vom Mund: »Und jetzt erzählen Sie mir: wozu brauchen wir das Geld?« Ich weiß nicht, ob es Klugheit oder Ahnungslosigkeit war, aber es brachte mich zum Reden. Ich erzählte ihm der Reihe nach die ganze Karwendel-Geschichte und wie man sich das wochenlang zuhause angehört habe, ohne den geringsten Einwand, ja sozusagen das Seinige zu den Plänen beigetragen und nun ganz plötzlich alles verweigert habe. Es sei nichts in der Zwischenzeit geschehen, das die Situation verändert habe, es sei reine Willkür, wie das meiste, das bei uns geschehe. Ich wolle weg von zuhause, weit weg bis ans Ende der Welt, wo ich das verdammte Wort nicht mehr hören müsse.

»Aha«, sagte er und wies mit dem Arm auf die Papiere, von denen der Boden übersät war. »Darum haben wir es so oft aufgeschrieben, damit wir auch wissen, was wir nicht mehr hören wollen. Aber bevor wir ans Ende der Welt gehen, wollen wir doch lieber ins Karwendelgebirge fahren. Das wird uns guttun.« Bei dieser Aussicht taute mir das Herz auf, es klang so sicher, als habe er über das Geld zu verfügen, das man zu dieser Fahrt brauche, als sei es in *seiner* Verwahrung. Die Art meiner Aufmerksamkeit änderte sich, ich begann Hoffnung in ihn zu setzen, und vielleicht würde ich mit Dankbarkeit jetzt an ihn denken, wenn er nicht gleich alles durch seine unverzeihliche Weisheit verdorben hätte. »Da steckt etwas anderes dahinter«, erklärte er. »Es geht nicht ums Geld. Es geht um den Ödipus. Ein klarer Fall. Mit Geld hat das nichts zu tun.« Er tätschelte mich und verließ mich. Die Tür zum Vorzimmer blieb offen. Ich hörte die ängstliche Frage der Mutter und seinen Urteilsspruch: »Lassen Sie ihn fahren. Am besten gleich morgen. Das ist gut für den Ödipus.«

Damit war die Sache entschieden. Ärzte waren oberste Autorität für die Mutter. Wenn es um sie selber ging, liebte sie es, die Aussprüche von mehreren einzuholen. So konnte sie sich aus allen Urteilssprüchen zusammen heraussuchen, was ihr paßte, und hatte keinem von sich aus zuwidergehandelt. Für uns mußte *ein* Arzt und *ein* Ausspruch genügen, aber an den hielt man sich. Die Reise war jetzt eine beschlossene Sache, es wurde nicht mehr daran herumgetüftelt. Für vierzehn Tage durfte ich mit Hans in die Berge fahren. Zwei Tage noch war ich in der Wohnung. Es kam zu keinen neuen Beschuldigungen. Ich galt als bedroht, mein Geist war labil, die beschriebenen Blätter waren vom Boden aufgehoben und sorgfältig zusammengelegt und beiseite gebracht worden. Da so viel Papier schon verschwendet worden war, sollten sie als Symptom einer Geistesstörung verwahrt werden.

Ich fühlte mich nicht weniger bedrückt in diesen letzten Tagen zuhause, aber es bestand nun die Aussicht, bald weit weg zu sein. Es gelang mir zu verstummen, was gar nicht meine Art war, und es gelang auch ihr.

Die Rechtfertigung

Am 26. fuhren Hans und ich nach Scharnitz. Da begann unsere Wanderung durchs Karwendelgebirge. Das kahle, zerklüftete Kalkgebirge machte mir großen Eindruck, es tat mir in meinem Zustand gut. Zwar wußte ich noch nicht, in wie übler Verfassung ich war, aber es war, als ließe man alles hinter sich zurück, alles Überflüssige, wozu besonders Familie gehörte, und beginne mit nichts auf kahlem Gestein, mit nichts als einem Rucksack, der wenig enthielt, aber mehr als genug für vierzehn Tage. Vielleicht wäre es ganz ohne Rucksack noch besser gewesen. Immerhin enthielt der Rucksack eine wichtige Sache: zwei Hefte und ein Buch, die für die weitere Woche der Ferien bestimmt waren. Da wollte ich mich an einem Ort, der mir gefiel, niederlassen und die Arbeit am ›Werk‹, wie ich es mit Anspruch nannte, beginnen. In das eine Heft sollten Anmerkungen und Einwendungen eingetragen werden, zum Buch, das ich mithatte, das von Masse handelte. Es war als der Grund zur Arbeit gedacht, die Abgrenzung gegen das, was bereits über den Gegenstand in Umlauf war. Ich wußte, schon nach flüchtiger Bekanntschaft damit, wie wenig es mich befriedigte, und hatte den Entschluß gefaßt, alle ›Kritzeleien‹, wie ich es nannte, von der Masse zu entfernen, sie als reines, unberührtes Gebirge vor mir zu haben und es als erster unvoreingenommen zu besteigen. Im zweiten Heft wollte ich mich von dem angesammelten Druck zuhause befreien und auch verzeichnen, was mich an der neuen Landschaft und den Menschen, die sie bewohnten, berührte.

Für diese ›großen‹ Absichten war es gut, daß sie während der Wanderung noch zurückgedrängt blieben. Die Geräte zu ihrer Ausführung lagen zuunterst im Rucksack, ich holte weder Hefte noch Buch je hervor und sprach zu Hans nicht einmal davon, daß sie bestünden. Dafür nahm ich mit vollen Zügen das Gebirge auf, mit vollen Zügen, als könne man es atmen. Obwohl wir uns um manche Höhen bemühten, war es mir diesmal nicht um Aussichten zu tun, sondern um die unaufhörliche Kahlheit, die wir hinter uns ließen und die sich vor uns erstreckte. Es war alles Stein, es war nichts als Stein, selbst der Himmel erschien mir als nicht ganz zulässige Erleichterung, und wenn wir an Wasser kamen, mißfiel es mir insgeheim, daß Hans sich darauf stürzte, statt daran vorüberzugehen und darauf zu verzichten.

Er konnte nicht wissen, in welcher Verfassung ich diese Wanderung antrat. Von meinen Schwierigkeiten zuhause erfuhr er nichts. Ich war zu stolz, davon etwas preiszugeben, und selbst wenn ich es getan hätte, er hätte mich schwerlich verstanden. Das Prestige der Mutter war bei den Asriels groß, sie galt als gescheite und originelle Frau, mit eigenen Urteilen und Gedanken, die jenseits ihrer bürgerlichen Herkunft lagen. Von der Wirkung, die Arosa auf sie gehabt hatte, wo alles zu ihrer Herkunft Gehörige in ihr wieder zum Leben geweckt worden war, ahnte Alice Asriel nichts. Sie sah die Mutter, wie sie früher gewesen war, als die stolze, eigenwillige junge Witwe unserer ersten Wiener Zeit. Sie hielt sie, wie sie es selber einmal gewesen war, für reich und gönnte es ihr, weil sie nichts von der engen Gesinnung spürte, die zu diesem Reichtum gehörte. Vielleicht verbarg auch die Mutter vor ihr, wie sehr sie sich geändert hatte, denn wie hätte sie vor einer Kindheitsfreundin, die jetzt in bedrängten Verhältnissen lebte, von Geld sprechen können, ohne ihr Hilfe anzutragen? So blieb Geld, das zwischen ihr und mir zum Hauptthema, zum ewigen Geleier und Gezeter geworden war, in ihren Gesprächen mit Alice tabu, und Hans glaubte Grund zu haben, mich um meine ›gesunden‹ häuslichen Verhältnisse zu beneiden.

Wir sprachen über alles andere, unaufhörlich, es war beinahe unmöglich mit Hans zu schweigen. Schon daß er unter dem Zwang stand, mit mir zu wetteifern, brachte es mit sich, daß er mir jeden begonnenen Satz aus dem Mund riß, zu Ende führte und mit Nachsätzen versah, die unaufhörlich schienen. Um mehr zu sagen als ich, sprach er rascher und versagte sich die Zeit, über etwas nachzudenken. Ich war dankbar für die Wanderung, die sein Vorschlag gewesen war, die er vorbereitet hatte, und spielte ein eigentümliches Spiel mit ihm: solange das Gebirge in Worten unberührt blieb, war ich bereit, mit ihm über alles zu reden. Er merkte, wenn er auf Spitzen und Aufstiegsmöglichkeiten kam, daß ich auf Bücher ablenkte, und dachte, daß mich Berggespräche langweilten. Da außer kahlem Gestein, das sich immer gleich blieb, kaum etwas zu sehen war, wären längere Erörterungen darüber wirklich unergiebig gewesen. So wich auch er bald in Worten dem Gebirge aus, das ich mir als Aufgabe intakt erhalten wollte. Nicht daß ich es damals als Aufgabe hätte bezeichnen können, ich versuche nur, verkürzt wiederzugeben, wie es zu jener Zeit in mir aussah. Ich mußte eine kahle Unergiebigkeit vor mir auftürmen, weil ich mich einer Aufgabe, eben dem ›Werk‹ verschrieb, die lange unergiebig bleiben würde. Es war kein Bergwerksbetrieb, nichts durfte von ihr abgetragen werden, es mußte seinen drohenden Gesamtcharakter bewahren und intakt bleiben, ohne mir dadurch lästig oder verhaßt zu werden. Kreuz und quer sollte ich sie befahren, von einem Ende zum anderen, sie an vielen Punkten berühren und doch immer wissen, daß ich sie noch nicht kannte.

So stand das *unbesprochene* Karwendel, das ich knapp nach meinem 20. Geburtstag betrat, am Anfang jener Periode, die die ausgedehnteste und ihrem Gehalt nach wichtigste meines Lebens wurde.

Es ist schon zu verwundern, daß ich damals während fünf oder sechs Tagen jeden Augenblick mit einem Menschen zusammen war, der immerzu sprach, dem ich erwiderte, auf den ich einging – ich glaube nicht, daß es einen Augenblick Ruhe zwischen uns gab –, ohne daß die Räumlichkeit zur Sprache kam, innerhalb derer wir uns bewegten, und ohne daß ich etwas von dem berührte, was mir im Verlauf des vergangenen Jahres zum peinigenden Druck geworden war. Das Buch-Gerede floß leicht und nichtssagend von unseren Lippen, wohl *meinte* ich, was ich sagte, und Hans, soweit er Kraft dazu in sich fand, meinte es auch, aber es war nicht mehr als ein austauschbares Geplätscher. Ebensogut hätten es auch andere Bücher sein können als die, von denen wir gerade sprachen. Ihm bereitete es Genugtuung, daß er mithalten oder gar mir zuvorkommen konnte, mir, daß ich nichts von dem sagte, was mich wirklich erfüllte. Keinen Satz, keine Silbe dieser Wortgeplätscher könnte ich wiederholen; sie waren die eigentlichen Gewässer in jener Wanderung über Kalk, im Kalk sind sie eingesickert und unauffindbar verschwunden.

Es scheint aber, daß Worte nicht ungestraft so mit sich umgehen lassen, denn als wir bei Pertisau an den Achensee gelangten, kam es plötzlich unerwartet zur Katastrophe. Hans streckte sich am See in der Sonne aus, ich, statt dasselbe zu tun, spazierte hin und her. Er hatte die Hände unterm Kopf verschränkt und hielt die Augen geschlossen. Es war heiß, die Sonne stand hoch, ich dachte, er sei eingeschlafen. So kümmerte ich mich nicht um ihn und erging mich nicht weit von ihm am Seeufer. Unter meinen schweren Bergschuhen knirschte der Sand, ich fragte mich, ob ihn das nicht geweckt habe, und blickte zu ihm hin. Da hatte er die Augen weit geöffnet und folgte starr meinen Bewegungen, mit einem Haß, der so stark war, daß ich ihn fühlen konnte. Ich traute ihm kein starkes Gefühl zu, das war es ja, was man so sehr an ihm vermißte, nun wunderte ich mich über diesen Haß und bedachte erst gar nicht, daß er sich auf mich bezog und Folgen haben müsse. Ich blieb am Geländer beim Wasser stehen, so daß ich ihn von der Seite her im Auge behalten konnte: er schwieg und starrte regungslos, und langsam begriff ich, daß er vor Haß nicht imstande war zu sprechen. Sein Schweigen war so neu für mich wie das Gefühl, von dem es diktiert schien. Ich unternahm nichts dagegen, ich respektierte es, alle Worte zwischen uns waren durch ihre Zahllosigkeit entwertet. Dieser Zustand muß eine ganze Weile gedauert haben. Er lag wie gelähmt, aber seine Blicke waren es nicht, ihre Wirkung steigerte sich dermaßen, daß mir das Wort ›Mord‹ einfiel. Ich ging einige Schritte auf meinen Rucksack zu, der neben seinem am Boden lag, hob ihn hoch und entfernte mich, bevor ich ihn mir umschnallte. Er sah, daß die Rucksäcke nun getrennt waren, löste sich aus seiner Starre, sprang auf und holte den seinen. Schon stand er, eine geöffnete Messerklinge, auf der

Straße, schon schritt er aus, schon war er, ohne mich eines Blickes zu würdigen, auf dem Weg nach Jenbach hinunter.

Er ging rasch, ich zögerte, bis er mir aus den Augen entschwunden war, dann schritt ich aus, auf demselben Weg wie er, in Jenbach hatte ich vor, den Zug nach Innsbruck zu nehmen. Bald merkte ich, wie erleichtert ich war, allein zu sein, ganz allein. Kein Wort war zwischen uns gefallen, – ein Wort und es wäre durch andere wiedergutzumachen gewesen, aber das wären dann gleich hunderttausend Worte geworden, bei der bloßen Vorstellung davon fühlte ich einen Brechreiz. So hatte er *geschwiegen* und alles entzweigeschnitten. Ich versuchte nicht, auf einen Grund für dieses Schweigen zu kommen. Ich fühlte auch keine Besorgnis für ihn, er war entschlossen losgeschritten, ohne die Absicht für sein Tun, wie es sonst seine Art war, ausführlichst anzukündigen. Beim Gehen griff ich nach hinten an den Rucksack und fühlte Buch und Hefte. Ich hatte sie ihm nicht gezeigt, ja nicht einmal erwähnt, daß ich sie mithatte. Er wußte, daß ich mich nach der Wanderung für eine Woche an einem Orte niederlassen wollte, um – wie ich sagte – zu arbeiten. Es war nicht davon gesprochen worden, ob er während dieser Woche am selben Ort wie ich bleiben würde. Vielleicht erwartete er eine klare Aufforderung von mir, auch die zweite Woche mit mir zu verbringen. Ich sprach sie nicht aus. In Pertisau war die Wanderung zu Ende, das Karwendel lag hinter uns, der Weg nach Jenbach ins Inntal hinunter war kurz, da stand der Bahnhof, da würde der Zug nach Innsbruck kommen und in entgegengesetzter Richtung sein Zug nach Wien.

So war es auch, ich sah ihn, als ich das Geleise in Jenbach überschritt. Er stand nicht weit von mir und wartete auf dem Bahnsteig, wo der Zug nach Wien angekündigt war. Er schien mir ein wenig unschlüssig, gar nicht mehr so starr, der Rucksack hing erschlafft von seinen schmächtigen Schultern und der Bergstock, so schien mir, hatte seine Spitze verloren. Er machte aber keinen Versuch, sich mir auf meinem Bahnsteig zu nähern. Vielleicht folgte er mir doch, aber dann so, daß er von irgendwelchen Waggons verdeckt blieb. Ich saß in meinem Zug und fuhr ohne jedes schlechte Gewissen in Richtung Innsbruck, der Gefahr einer Versöhnung im letzten Augenblick entronnen, und alles was ich für ihn fühlte, war etwas wie Dankbarkeit, weil er nicht auf *meinem* Geleise stand, wo eine Konfrontation schwer zu vermeiden gewesen wäre. Ich begriff erst viel später, daß es sein eigentliches Unglück war, die Distanzen selbst zu schaffen, die ihn von seinen nächsten Menschen trennten. Er war ein Distanzen-Erbauer, das war sein Talent, und er baute sie so gut, daß es für den anderen wie für ihn selbst unmöglich wurde, sie zu überspringen.

In Innsbruck nahm ich einen Zug nach Kematen, das am Eingang zum Sellraintal lag. Da übernachtete ich und stieg am nächsten Tag ins Sellrain, ich wollte in Gries ein Zimmer finden und dort die Woche des Alleinseins mit den Heften beginnen.

Es war ein regnerischer, beinahe stürmischer Tag, als ich loszog, ich ging durch Nebelwolken, der Regen peitschte mir ins Gesicht, es war zum erstenmal, daß ich allein wanderte, und es war kein freundlicher Beginn. Ich war bald durchnäßt, die Kleider klebten mir am Leib, ich ging zu rasch, um dem Unwetter zu entkommen, und geriet außer Atem. Während der vergangenen Woche in der strahlenden Sonne war es alles zu leicht gewesen. Es schien mir richtig, daß ich einen Preis fürs Alleinsein zu entrichten hätte. Der Regen floß mir übers Gesicht, ich trank die Tropfen, ich sah nur die nächsten paar Schritte weit vor mir. Manchmal war an einem Bauernhaus am Weg ein Spruch zu erkennen, der mich im Unwetter begrüßte. So viel einladende Gottergebenheit wirkt ein wenig wie Spott, wenn man am ganzen Leibe trieft, und ich hütete mich davor, an einem dieser schmucken, spruchverzierten Häuser anzuklopfen. Es dauerte nicht sehr lang, vielleicht zwei Stunden, bis ich die flache höhere Stufe des Tals erreicht hatte. In Gries, dem Hauptort, fand ich bald ein Zimmer bei einem Bauern, der zugleich der Schneider des Ortes war. Da wurde ich freundlich aufgenommen, meine Sachen trockneten, gegen Abend hellte sich's auf, für den nächsten Tag wurde mir schönes Wetter angekündigt und ich konnte meine Vorbereitungen treffen.

Ich erklärte den Wirtsleuten, daß ich in den zehn Tagen, die ich zu bleiben gedachte, studieren müsse, und zwar hätte ich vor, den Vormittag immer auf die Arbeit zu verwenden. Ich bekam ein Klapptischchen, das ich im winzigen Garten nahe dem Haus aufstellen konnte. Ich stand sehr früh auf und setzte mich gleich nach dem Morgenkaffee hinaus, mit Bleistiften, beiden Heften und dem bewußten Buch versehen. Es war ein wunderbar klarer, kühler Morgen, als ich begann. Über das Kopfschütteln der

Wirtsleute wunderte ich mich nicht, eher wunderte ich mich über mich selbst, daß ich es fertigbrachte, hier dieses Buch aufzuschlagen, das mir vom ersten Wort an widerstrebte und das mir noch heute, 55 Jahre danach, nicht weniger widerstrebt: Freuds ›Massenpsychologie und Ich-Analyse‹.

Ich fand darin, wie bei Freud üblich, erst Zitate von Autoren, die sich mit derselben Materie beschäftigt hatten, das meiste von Le Bon. Schon die Art, in der die Sache angegangen war, irritierte mich. Fast alle diese Autoren hatten sich der Masse verschlossen: sie war ihnen fremd oder sie schienen sie zu fürchten, und als sie sich daran machten, sie zu untersuchen, war ihre Geste: Bleib mir zehn Schritt vom Leib! Die Masse schien etwas Aussätziges für sie zu haben, sie war eine Art von Krankheit, es galt, ihre Symptome zu finden und zu beschreiben. Es war für sie entscheidend, mit ihr konfrontiert, klaren Kopf zu bewahren, sich nicht verführen zu lassen, sich nicht an sie zu verlieren. Le Bon, der als einziger eine ausführliche Beschreibung versuchte, hatte die frühe Arbeiterbewegung und wahrscheinlich auch die Pariser Kommune vor Augen. In seiner Lektüre war er von Taine bestimmt, dessen Geschichte der Französischen Revolution hatte es ihm angetan und darin besonders die Geschichte der Septembermorde. Freud stand unter dem widerwärtigen Eindruck einer anderen Art von Masse. Er hatte die Kriegsbegeisterung in Wien erlebt, als gereifter Mann von fast 60 Jahren. Daß er sich gegen diese Art von Masse, die auch ich als Kind gekannt hatte, zur Wehr setzte, war begreiflich. Aber er hatte kein nützliches Handwerkszeug für seine Unternehmung zur Verfügung. Zeit seines Lebens hatte er sich mit Vorgängen im Individuum, im einzelnen beschäftigt. Als Arzt sah er Patienten, die während einer langen Behandlung immer wieder vor ihm erschienen. Sein Leben spielte sich im Ordinations- und Arbeitszimmer ab. Am soldatischen Leben nahm er so wenig teil wie an dem der Kirche. Diese beiden Phänomene, Heer und Kirche, versagten sich den Begriffen, die er bisher geformt und angewandt hatte. Er war zu ernst und zu gewissenhaft, ihre Bedeutung zu übersehen, und unternahm es, in dieser späten Untersuchung ihnen auf den Leib zu rücken. Was ihm aber an eigener Erfahrung fehlte, holte er sich in der Beschreibung von Le Bon, die aus ganz anderen Erscheinungsformen der Masse gespeist war.

Was auf diese Weise zusammenkam, wirkte selbst auf den ungeschulten Leser von 20 Jahren unbefriedigend und inkongruent. Zwar war ich ohne jede theoretische Erfahrung, aber praktisch kannte ich die Masse von *innen*. In Frankfurt zum erstenmal war ich ihr ohne Widerstand verfallen. Seither war mir immer bewußt geblieben, wie *gern* man der Masse verfällt. Ebendas war mir zum Gegenstand des Staunens geworden. Ich sah Masse um mich, aber ich sah auch Masse in mir und mit einer erklärenden Abgrenzung war mir nicht geholfen. In Freuds Abhandlung fehlte mir vor allem die *Anerkennung* des Phänomens. Es schien mir nicht weniger elementar als Libido und Hunger. Es ging nicht darum, es aus der Welt zu schaffen, indem man es auf besondere Konstellationen der Libido zurückführte. Es ging im Gegenteil darum, es voll ins Auge zu fassen, als etwas, das immer bestanden hatte, aber jetzt mehr als je bestand, als eine Gegebenheit, die von Grund auf zu erforschen, nämlich erst zu erleben und dann zu beschreiben war, deren Beschreibung ohne ihr Erlebnis eine Art von Irreführung war.

Ich hatte noch nichts gefunden, alles was geschehen war, war, daß ich mir etwas vorgenommen hatte. Aber hinter diesem Vorsatz stand der Wille, ein ganzes Leben dafür einzusetzen, so viel Jahre und Jahrzehnte, als sich für die Lösung dieser Aufgabe als notwendig erwiesen. Um das Fundamentale und Unentrinnbare der Sache zu bekunden, sprach ich damals von einem *Massentrieb,* den ich als gleichberechtigt neben den Geschlechtstrieb stellte. Die ersten Anmerkungen zur Untersuchung Freuds waren tastend und ungeschickt. Sie bezeugten nicht viel mehr als meine Unzufriedenheit mit dem, was ich las, meinen Widerstand dagegen, meine Entschlossenheit, mich nicht überreden oder gar beschwindeln zu lassen. Denn was ich am meisten fürchtete, war das *Verschwinden* von Dingen, an deren Existenz ich nicht zweifeln konnte, weil ich sie erlebt hatte. Aus den häuslichen Gesprächen war mir bewußt geworden, wie blind man sein konnte, wenn man blind sein wollte. Ich begann zu begreifen, daß es mit Büchern nicht anders steht, daß man *wachsam* sein muß; daß es gefährlich ist, aus Trägheit Kritik auf später aufzuschieben und erst einmal hinzunehmen, was einem vorgesetzt wird.

So erlernte ich während der zehn Vormittage im Sellrain die Wachsamkeit des Lesens. In diese Zeit vom 1. bis 10. August

1925 setze ich den eigentlichen Beginn meines unabhängigen geistigen Lebens. Die Abgrenzung gegen Freud stand am Anfang der Arbeit an dem Buch, das ich erst 35 Jahre später, im Jahre 1960 der Öffentlichkeit übergab.

In diesen Tagen errang ich mir auch meine Unabhängigkeit als Person. Denn die Tage waren lang, ich war allein, zu den fünf Stunden Arbeit am Vormittag kam das Selbstgespräch des übrigen Tages. Es spielte sich auf den Wanderungen des Nachmittags ab. Ich erforschte das Tal, stieg nach Praxmar hinauf und weiter in die Höhe bis zu den Pässen, die in die Nachbartäler führten. Zwei- oder dreimal war ich auf dem Rosskogel oben, dem Berg unmittelbar über Gries. Ich war glücklich über die Mühe und auch über die Erreichung von Zielen, die ich mir gesetzt hatte, denn diese Ziele, im Gegensatz zu jenem großen, das ich in weitester Ferne errichtet hatte, *waren* erreichbar. Ich sprach viel vor mich hin, wohl um das Chaos von Haß, Groll und Beengung, das sich im Lauf des vergangenen Jahres in mir angesammelt hatte, zu artikulieren, in Worte zu fassen, zu gliedern, aus mir zu verbannen. Ich vertraute es der Luft um mich an, in der so viel Platz war, aber auch Klarheit und Richtung des Windes. Es war beglückend, wenn böse Worte im Winde dahinfuhren und einem entschwanden. Es klang nicht lächerlich, weil sie auf keine Ohren stießen. Doch ich hütete mich vor Willkür, ich entließ nichts aus mir, das nicht unter langem Druck nach seiner Gestalt verlangt hatte. Ich erwiderte auf Beschuldigungen, die mich beleidigt und geängstigt hatten, in vollkommener Wahrhaftigkeit, ohne Rücksicht auf einen Hörer, den ich zu schonen gehabt hätte. Alle Antworten, die sich in mir geformt hatten, entließ ich, sie waren wuchtig und neu und hielten sich nicht an vorgegebene Formen.

Der Hauptpartner in allen diesen Widerreden war sie, die mir zum unversöhnlichen Feind geworden war, die es sich zur Aufgabe gemacht hatte, alles aus meinem Erdreich herauszureißen, das sie selbst darin gepflanzt hatte. So kam es mir vor, und es war gut, daß es mir so vorkam, denn woher hätte ich sonst die Kraft genommen, mich zur Wehr zu setzen und nicht zu erliegen. Gerecht war ich nicht, wie hätte ich gerecht sein sollen. In diesem Kampf auf Leben und Tod sah ich nicht, was ich selber angerichtet hatte, wieviel Jahre schon ich mir den Gegner durch die Schroffheit und den grausamen Ernst meiner Überzeugungen herangezüchtet hatte. Es war nicht die Zeit für Gerechtigkeit, es war die Zeit für Freiheit, und hier konnte mir niemand die Worte umwenden und den Atem abschneiden.

Am Abend setzte ich mich ins Gasthaus und schrieb viel davon auf, ins zweite Heft, das für die persönlichen Auseinandersetzungen bestimmt war.

Dieses Heft habe ich gefunden und wiedergelesen. Ich erschrak, als ich nach 54 Jahren darin las. Welche Wildheit, welches Pathos! Ich fand jeden Satz vor, mit dem man mich bedroht und beleidigt hatte. Keiner war vergessen, keiner war ausgelassen, das Peinlichste, dessen ich zu Unrecht beschuldigt wurde, war verzeichnet. Aber ich fand auch die Entgegnung auf Jedes und eine Leidenschaft darin, die weit übers Ziel schoß und mörderische Kräfte verriet, deren ich mir nicht bewußt war. Wäre es bloß dabei geblieben, hätte ich von dieser Zeit an nicht auf allen Seiten um mich gegriffen, nach Wissen, das sich in den Dienst dieser Leidenschaft stellen ließ, es wäre schlimm und gewalttätig ausgegangen und ich wäre nicht mehr da, um jenen ungeheuren Zehn-Tage-Zorn zu rechtfertigen.

Es kamen am Abend viele Leute im Gasthaus zusammen, Bauern und Fremde, es wurde getrunken und gesungen, aber es gelang mir, aus dem Spiel zu bleiben. Ich saß mit einem Glas Wein vor mir, schwieg und schrieb, ein schmächtiger, bebrillter, wenig einnehmender Student, der allen Grund gehabt hätte, durch Fragen und Zutrinken sein unansehnliches Äußeres vergessen zu machen. Aber ich war mit meiner Rechtfertigung beschäftigt, und obwohl ich alles um mich her mit wachem Auge aufnahm, ließ ich mir's nicht anmerken und schien so nachdrücklich in mein Schreiben vertieft, daß schließlich niemand mehr auf mich achtete. Da ich den Muskateller vor mir hatte, wurde mir der Platz nicht geneidet. Ich fühlte, daß ich mich auf irgendwelche Gespräche nicht einlassen durfte. Sie hätten das Selbstgespräch zerrissen und die Kraft der Rechtfertigung geschwächt. Zu diesen vollkommen Fremden durfte ich nicht ich selber sein. Der Haß, von dem ich erfüllt war, wäre ihnen als Aberwitz erschienen; und es war mir auch gar nicht danach zumute, irgendeine Rolle vorzuspielen.

Wohl gewann ich auch unter diesen ungewöhnlichen Umständen Freunde. Es waren Kinder und sie meldeten sich um sechs Uhr morgens vor meinem Fenster. Es waren drei Knaben, der jüngste fünf, der älteste acht Jahre alt. Am ersten Tag hatten sie mich an meinem Tischchen sitzen und schreiben sehen, und das schien ihnen so ungewöhnlich, daß sie mir eine Weile zusahen und schließlich alle zugleich nach meinem Namen fragten. Sie gefielen mir so gut, daß ich meinen Vornamen nannte, mit dem sie aber gar nichts anfangen konnten. Sie wiederholten ihn zweifelnd und schüttelten die Köpfe. Mit diesem Namen war ich ihnen fremder als zuvor. Doch der Älteste hatte einen rettenden Gedanken und erklärte den anderen: »Sell isch an Hundsnamen!« Von diesem Augenblick an war ich ihnen lieb wie ein Hund. Des Morgens waren sie meine Uhr und weckten mich mit meinem Namen. Wenn ich mich zu Freud und Heft zurückzog, standen sie lange in einer Reihe stumm da, ohne mich zu stören. Dann wurde es ihnen langweilig und sie trabten fort, auf der Suche nach anderen, besseren Hunden.

Am Nachmittag, wenn ich zu meinen Unternehmungen loszog, waren sie zur Stelle und kamen ein Stück Weges mit. Ich fragte sie nach den Namen von Tieren und Pflanzen in ihrer Sprache, nach Vater und Mutter und Verwandten. Sie wußten, daß sie nicht zu weit vom Dorf fortgehen durften, und blieben plötzlich wie auf Verabredung stehen. Am liebsten hatten sie das Winken. Als ich es einmal vergaß, machten sie mir am nächsten Morgen Vorwürfe. Sie waren meine Gesellschaft während dieser scheinbar stummen Tage. In meinem exaltierten Zustand, der von den Drohungen, Flüchen und Verheißungen der Rechtfertigung gespeist war, hätte kein Geschöpf mich mehr ergreifen können als diese Kinder, und wenn sie morgens – nicht zu nah, um nicht zu stören – in einer Reihe zu seiten meines Tisches standen und beim Schreiben zusahen, empfand ich sie als eine Art von verdientem Segen.

Teil 3
Die Schule des Hörens
Wien 1926-1928

Das Asyl

Gegen Mitte August kehrte ich nach Wien zurück. An eine Wiederbegegnung mit der Mutter habe ich keine Erinnerung. Die Freiheit, die ich durch die ›Abrechnung‹ in den Bergen gewann, hatte eine umstürzende Wirkung. Ich suchte ohne Scheu und Schuldgefühl den einzigen Menschen auf, zu dem es mich zog, den einzigen, zu dem ich so sprechen konnte, wie mir zumute war. Wenn ich zu Veza ging und wir uns über die Bücher und Bilder unterhielten, die wir liebten, vergaß ich nie, mit welcher Kraft und Entschlossenheit sie sich ihre Freiheit gewonnen hatte: das Zimmer, in dem alles so aussah, wie sie es mochte, in dem sie sich mit den Dingen beschäftigen konnte, die ihr gemäß waren.

Ihr Kampf war viel härter gewesen als meiner: der steinalte Mann, der immer da war, wenn er sich auch nicht mehr durch seine Überfälle bemerkbar machte, war jedermanns Feind, er kannte nur sich, und daß man ihn, um sich seiner Belagerung zu entziehen, selber belagern, immerzu beobachten mußte, entsprach Vezas Natur viel weniger als mir die Kämpfe mit der Mutter, die immerhin echte Kämpfe waren, zwischen Gegnern, die beide sehr wohl begriffen, was sie einander vorwarfen.

Und nun war das Asyl, das Veza sich geschaffen hatte, auch zu meinem Asyl geworden. Ich konnte immer hin, ich kam nie ungelegen, meine Besuche waren erwünscht, ohne daß man mich zu ihnen verpflichtete. Immer wurde über etwas gesprochen, das einen erregte. Man kam, von etwas erfüllt, und ging nicht weniger erfüllt fort. Was einen beschäftigte, war in zwei Stunden wie in einem alchimistischen Prozeß transformiert worden: es schien reiner und klarer, aber nicht weniger dringlich. Es würde einen auf eine andere, überraschende Weise auch während der nächsten Tage beschäftigen, bis so viel neue Fragen da waren, daß sie als Grund zum nächsten Besuch dienten.

Nun kam auch alles zur Sprache, was bei jenem ersten Besuch im Mai durch mein ungestümes Plädoyer für ein nie endendes Leben König Lears versäumt worden war. Es war nicht so, daß ich über die Verhältnisse zuhause klagte. Ich war zu stolz, Veza die Wahrheit darüber zu sagen. Auch klammerte ich mich an das Bild, das die Menschen von der Mutter hatten, als hätte es die Kraft, sie in ihr früheres Selbst zurückzuverwandeln. Sie war erst vierzig, sie galt noch als schön, ihre Belesenheit war unter denen, die von ihr wußten, zur Sage geworden. Ich glaube nicht, daß sie damals noch viel Neues las, aber da sie nichts vergaß, stand ihr alles Frühere immer zu Gebote, und wenn es nicht um etwas ging, das sie durch mich erst erfahren hatte, klang sie im Gespräch mit anderen nobel und gescheit. Nur mir gegenüber ließ sie merken, wie sehr ihre alte Gesinnung erstorben war. Wenn es sehr böse zwischen uns zuging, behauptete sie, *ich* hätte sie getötet.

In den ersten Monaten meiner Besuche bei Veza, vielleicht ein halbes Jahr, erwähnte ich davon nichts. Veza war es recht, daß ich über die Mutter schwieg. Sie stellte sie hoch über sich, von den Fähigkeiten, die sie ihr zuschrieb, begann ich erst etwas zu ahnen, als sie mich einmal beinahe schüchtern fragte, warum sie eigentlich nichts veröffentlicht habe. Sie war der festen Überzeugung, daß sie Bücher schrieb, und als ich es (obwohl ich mich darüber geschmeichelt fühlte) abstritt, ließ sie sich nicht davon abbringen und fand auch eine Erklärung für die Heimlichkeit, in der dieses Schreiben vor sich ginge. »Sie hält uns alle für Schwätzer. Mit Recht. Wir bewundern die großen Bücher und reden nur immer davon. Sie *macht* sie und verachtet uns alle so sehr, daß sie zu niemandem davon spricht. Einmal werden wir's erfahren, unter welchem Pseudonym sie veröffentlicht. Dann werden wir uns schön schämen, daß wir's nie gemerkt haben.« Ich blieb dabei, daß das unmöglich sei, ich müßte es bemerken, wenn sie schreibe. »Sie tut es nur, wenn sie allein ist. In den Sanatoriumszeiten, wenn sie sich von euch zurückzieht. Sie ist dann nicht wirklich krank. Sie verschafft sich bloß Ruhe zum Schreiben. Sie werden noch einmal staunen, wenn Sie die Bücher Ihrer Mutter lesen!«

Ich ertappte mich beim Wunsche, daß es so sei, und war ganz sicher, daß es nicht so sein könne. Veza erfüllte jeden Menschen mit Glauben an sich. Nun gelang es ihr, wenn auch nur halb, mich mit Erwartung für jemand zu erfüllen, an den ich meinen Glauben verloren hatte. Sie wußte nicht, wie sehr sie mir durch diese spaltende Wirkung meinen Abfall erleichterte. Denn wenn die Mutter, die keine Gelegenheit scheute, mir meinen Undank vorzuhalten, ihre eigene Zukunft düster ausmalte: ohne den ältesten Sohn, der sich bis dahin selbst zerstört hätte oder doch so jämmerlich reduziert, daß er für sie nicht mehr vorhanden sei, erwachte in mir das Trugbild ihrer Geheimschriftstellerei; vielleicht ist es doch wahr, dann wird sie sich damit trösten.

Viel wichtiger war es, daß bei diesen Besuchen alles anders war, als ich es je gekannt hatte. Die jüngste Vergangenheit löste sich auf, ich hatte keine Geschichte. Falsche Vorstellungen, die sich festgesetzt hatten, korrigierten sich, doch ohne Kampf. Ich fühlte mich nicht gezwungen, an etwas festzuhalten, bloß weil es angegriffen wurde.

Veza kannte viele Gedichte auswendig, ohne einen damit zu belästigen. Eines war uns gemeinsam: Goethes ›Prometheus‹. Sie wollte es von mir hören, ich las es ihr vor. Sie sprach es nicht etwa mit, was ihr leichtgefallen wäre, sie wollte es wirklich hören, und als sie dann sagte: »Sie haben ihm nichts genommen«, freute ich mich unbändig und merkte erst später, daß sie etwas längeres vorhatte, für das sie mich freundlich stimmen wollte: ›The Raven‹ von Edgar Allan Poe. Davon war sie besessen, das Gedicht ist sehr lang, sie hatte es früh auswendig gelernt und sprach es mir nun in voller Länge vor. Mein Befremden über diese Besessenheit beirrte sie nicht (und sie war sonst für alles, was in anderen vorging, überaus empfindlich). Ich spürte, daß ich sie nicht unterbrechen durfte, und fürchtete, als es mich juckte, »Genug!« zu rufen, daß sie mich nie wieder zu sich einladen würde, wenn ich dieser Regung nachgäbe. So hörte ich ›The Raven‹ bis zu Ende an und war dann selbst davon gefangen. Der Rabe fuhr mir in die Nerven, ich begann im Rhythmus des Gedichts zu zucken, und als sie zu Ende war und ich noch ein wenig weiter zuckte, sagte sie fröhlich: »Jetzt hat Sie's auch erwischt. So ist es mir damals auch gegangen. Man sollte Gedichte immer laut sprechen und nicht nur stumm für sich lesen.«

Es war bald von Karl Kraus die Rede, natürlich. Sie fragte mich, warum ich sie bei den Vorlesungen so meide. Sie glaube den Grund zu wissen, wenn er es wirklich wäre, müsse sie ihn respektieren. Ich sei dort so ergriffen, daß ich mit niemand sprechen möge. Ich wolle alles unzerspalten und unberedet mit fortnehmen. Sie gehe auch gerne allein hin, doch wäre ihr eine

Aussprache danach lieber als Schweigen. Man sei doch nicht mit allem einverstanden, was dort gesagt werde. Sie habe die höchste Verehrung für Karl Kraus, aber sie lasse sich von ihm nicht vorschreiben, was man lesen dürfe und was nicht. Sie zeigte mir Heines ›Französische Zustände‹. Ob ich das kenne? Das sei eines der unterhaltsamsten und gescheitesten Bücher. Vor drei Jahren, nach einem Besuch in Paris, habe sie es vorgenommen und jetzt lese sie es schon zum zweitenmal.

Ich weigerte mich, den Band in die Hand zu nehmen. Nichts hatte Karl Kraus so sehr verpönt wie Heine. Ich glaubte ihr nicht, ich dachte, sie mache sich einen Scherz mit mir und selbst über den Scherz war ich erschrocken. Aber sie bestand darauf, mir ihre Unabhängigkeit zu beweisen. Sie hielt mir den Titel unter die Nase, las ihn laut vor, blätterte dann noch die Blätter vor mir auf und sagte: »Stimmt's?« »Aber gelesen haben Sie das nicht! Es ist schon schlimm genug, daß Sie es da liegen haben!« »Ich hab den ganzen Heine: da, sehen Sie!« Sie öffnete die Tür eines Bücherschranks, der ihre engere Bibliothek enthielt, »die Bücher, ohne die ich nicht leben möchte«, sagte sie, und da stand, wenn auch nicht zuoberst, der komplette Heine. Nach diesem Hieb, den sie mir gern versetzte, zeigte sie mir, was ich erwartete, Goethe, Shakespeare, Molière, Byrons ›Don Juan‹, Victor Hugos ›Les Misérables‹, ›Tom Jones‹, ›Vanity Fair‹, ›Anna Karenina‹, ›Madame Bovary‹, ›Der Idiot‹, ›Die Brüder Karamasow‹ und als eine ihrer allerliebsten Lektüren die Tagebücher von Hebbel. Das war nicht alles, das war nur, was sie heraussuchte, das Wichtigste. Die Romane bedeuteten ihr viel, die, die sie mir zeigte, hatte sie immer wieder gelesen, und auch damit bewies sie ihre Unabhängigkeit von Karl Kraus. »Er interessiert sich nicht für Romane. Er interessiert sich auch nicht für Bilder. Er interessiert sich für nichts, was seinen Zorn schwächen könnte. Das ist großartig. Aber das kann man nicht nachmachen. Der Zorn muß *in* einem sein, den kann man sich nicht ausleihen.«

Es klang vollkommen natürlich, und doch war es für mich ein Schock. Ich sah sie vor mir, in der ersten Reihe bei Karl Kraus, blitzend und voller Erwartung, und dabei hatte sie vielleicht noch knapp vorher im Heine, in den ›Französischen Zuständen‹ gelesen. Wie wagte sie es, ihm so unter die Augen zu treten? Jeder seiner Sätze war eine Forderung, wenn man ihr nicht nachkam, hatte man dort nichts zu suchen. Seit anderthalb Jahren ging ich in jede Vorlesung und war davon erfüllt wie von einer Bibel. An keinem seiner Worte zweifelte ich. Nie, unter keinen Umständen, hätte ich ihm zuwidergehandelt. Er war meine Gesinnung. Er war meine Kraft. Ohne den Gedanken an ihn hätte ich die idiotischen Kochkünste des Laboratoriums keinen Tag ertragen. Wenn er aus den ›Letzten Tagen der Menschheit‹ las, bevölkerte er für mich Wien. Ich hörte nur seine Stimmen. Gab es denn andere? Nur bei ihm fand man Gerechtigkeit, nein, man fand sie nicht, er *war* sie. Ein Runzeln seiner Stirn, und ich hätte mit dem besten Freund gebrochen. Ein Wink, und ich hätte mich für ihn ins Feuer gestürzt.

Das sagte ich ihr, ich mußte es sagen, ich sagte noch mehr, ich sagte alles. Es war eine ungeheure Schamlosigkeit, die über mich kam und die mich zwang, mit den geheimsten sklavischen Regungen herauszurücken. Sie hörte es an, sie unterbrach mich nicht, sie hörte es bis zu Ende an. Ich wurde immer heftiger, sie war todernst, als sie plötzlich – ich weiß nicht, woher sie sie nahm – eine Bibel in der Hand hielt und sagte: »*Das* ist meine Bibel!«

Ich spürte, daß sie sich rechtfertigen wollte. Sie war nicht gegen die Unbedingtheit, mit der ich mich zu meinem Gott bekannte. Aber sie nahm, obwohl sie nicht eigentlich gläubig war, das Wort ›Gott‹ ernster als ich und gestand keinem Menschen das Recht zu, zum Gott zu werden. Die Bibel war das Buch, in dem sie am häufigsten las. Sie liebte darin die Geschichten, die Lobpreisungen, die Sprüche, die Propheten. Mehr als alles liebte sie das Hohelied. Sie kannte sich gut aus, ohne je daraus zu zitieren. Sie belästigte damit niemand, aber im Grunde maß sie Literatur daran und nach ihren Forderungen maß sie auch das Verhalten von Menschen.

Es ist aber ein farbloses Bild, das ich von ihr gebe, wenn ich die geistigen Inhalte ihres Lebens nenne. Die Titel berühmter Bücher in ihrer Aneinanderreihung klingen wie Begriffe. Man müßte *eine* einzelne Figur hernehmen und sie so umschreiben, wie sie allmählich aus ihrem Mund entstand, um eine Vorstellung davon zu geben, was für ein blühendes und eigensinniges Leben sie in ihr führte. Keine entstand auf einmal, sie bildete sich aus vielen Gesprächen und erst nach etlichen Besuchen hatte man das Gefühl, daß man eine Figur, auf die sie sich berief, wirklich gut kannte. Nun waren keine Überraschungen mehr zu erwarten, ihre Reaktionen waren bestimmt, man konnte sich an sie halten und das Geheimnis der Figur war in dem Vezas vollkommen aufgegangen.

Ich hatte seit meinem zehnten Lebensjahr das Gefühl, aus vielen Figuren zu bestehen, aber es war ein vages Gefühl, ich hätte nicht sagen können, welche es eben war, die aus mir sprach, und warum eine die andere ablöste. Es war ein vielgestaltiger Fluß, der bei aller Bestimmtheit neugewonnener Forderungen und Überzeugungen nie vertrocknete. Ich hatte den Wunsch und die Fähigkeit, mich ihm zu überlassen, aber ich *sah* ihn nicht. Nun lernte ich in Veza einen Menschen kennen, der für *sein* Vielfaches Gestalten der großen Literatur gefunden und eingesetzt hatte. Sie hatte sie in sich eingepflanzt, sie gediehen in ihr, nun hatte sie sie, wann immer es sie danach verlangte, zu ihrer Verfügung. Das Erstaunliche daran war für mich die Klarheit und Bestimmtheit, daß nichts sich mit Zufälligem, nicht wirklich Zugehörigem vermischte. Es war eine Bewußtheit darin, als wären sie von einer hohen Gesetzestafel abzulesen. Da waren sie alle eingeschrieben, die reinen Figuren, jede deutlich abgegrenzt und in die Augen springend und nicht weniger am Leben als man selbst, durch ihre Wahrhaftigkeit allein bestimmt, durch keine Verdammnis auszulöschen.

Es war ein spannendes Schauspiel, Veza zuzusehen, wenn sie sich langsam unter ihren Figuren bewegte. Sie waren ihr Rückhalt gegen Karl Kraus, nie hätte er daran zu rühren vermocht, sie waren ihre Freiheit. Seine Sklavin war *sie* nie, es war großmütig von ihr, mich gelten zu lassen, als ich in Fesseln zu ihr kam. Aber es gab etwas, das man noch viel mehr empfand als ihren verhaltenen Reichtum, das war ihr Geheimnis.

Das Geheimnis Vezas lag in ihrem Lächeln. Sie war sich seiner bewußt und konnte es hervorrufen, aber wenn es einmal erschienen war, vermochte sie es nicht zu widerrufen: es verharrte und war dann, als wäre es ihr eigentliches Gesicht, dessen Schönheit täuschte, solange es nicht lächelte. Manchmal schloß sie im Lächeln die Augen, die schwarzen Wimpern reichten tief und streiften die Wangen. Dann war es, als besähe sie sich von innen, ihr Lächeln als Leuchte. Wie sie sich erschien, das war ihr Geheimnis, doch fühlte man sich, obwohl sie schwieg, nicht von ihr ausgeschlossen. Ihr Lächeln reichte, ein schimmernder Bogen, von ihr bis zum Betrachter. Es ist nichts unwiderstehlicher als die Lockung, den inneren Raum eines Menschen zu betreten. Wenn es einer ist, der seine Worte sehr wohl zu setzen vermag, steigert sein Schweigen die Verlockung aufs höchste. Man unternimmt es, sich seine Worte zu holen und hofft sie hinterm Lächeln zu finden, wo sie den Besucher erwarten.

Vezas Verhaltenheit war nicht zu lösen, denn sie war von Trauer gesättigt. Ihre Trauer nährte sie unaufhörlich, für jeden Schmerz war sie empfindlich, wenn es der Schmerz eines anderen war; unter der Demütigung eines anderen litt sie, als wäre sie ihr selber widerfahren. Sie beließ es nicht bei diesem Mitgefühl, sondern überschüttete Gedemütigte mit Lob und Geschenken.

An solchen Schmerzen trug sie noch, wenn sie längst gestillt waren. Ihre Trauer war abgründig: sie enthielt und bewahrte alles, was ungerecht war. Ihr Stolz war sehr groß und es war leicht, sie zu verletzen. Aber sie billigte jedem dieselbe Verletzlichkeit zu und war in ihrer Vorstellung von empfindlichen Menschen umgeben, die ihres Schutzes bedurften und die sie niemals vergaß.

Die Friedenstaube

Es ist erstaunlich, was zehn Tage der Freiheit ausrichten können. Die Tage vom 1. bis 10. August 1925, an denen ich ganz allein gewesen war, an denen ich meine Grenzen gegen Freud abgesteckt, aber mich auch gegen die Anklagen der Mutter gerechtfertigt hatte – ohne daß sie es erfuhr, so daß es mir Genüge tat, strenger, härter, gültiger, als wenn ein anderer außer mir daran teilgehabt hätte –, als ich erst in den Wind sprach, tagsüber, was ich abends niederschrieb, diese kurze Frist der Freiheit, von der ich ein Leben lang zehrte, bliebe mir schon darum immer gegenwärtig, weil ich mich jederzeit, was auch geschah, auf sie bezog.

Während ich damals meine Anklage niederschrieb, in Sätzen, die so gewalttätig waren, daß ich heute vor ihnen erschrecke, erschien, wie ich dachte, gar nicht hingehörig, ein Gesicht vor mir, dessen Lächeln ich versäumt hatte, das jetzt nicht lächelte, sondern ernst und unbeirrbar von einem Krieg sprach, den es geführt hatte. Es war Vezas Gesicht. Es sprach von *ihrer* Freiheit, und der hagere Alte, den ich erst nur aus ihren schrecklichen Worten über ihn kannte – Worten, die um so schrecklicher waren, weil sie aus ihrem Munde nicht zu erwarten gewesen waren –, der hagere Alte hatte den Krieg gegen sie *verloren*, und wie befremdet ich auch sein Bild wegzuwischen suchte, die Worte kamen aus Vezas Munde und stärkten mich in meinem eigenen Unternehmen. Am Freiheitskampf jener zehn Tage nahm sie durch ihren eigenen teil. Daß es mich nach der Rückkehr zu ihr hintrieb, daß ein nie zu erschöpfendes Gespräch mit ihr begann und ich wieder und wieder hinging, daß dieses Gespräch an die Stelle jenes älteren trat, das zu einem Machtkampf entartet und nun verwüstet war, – das hätte niemand verwundern können, es bestürzte nur den einen Menschen, der dabei verlor, die Mutter.

Im September war sie wieder da, in einer veränderten Atmosphäre. Zwei Monate blieben wir noch zusammen in der Radetzkystraße. Das Feuer, das uns erhitzt hatte, war erloschen. Mein Ausbruch im Juli hatte sie erschreckt, das Verdikt des Arztes damals war gegen sie gegangen. Sie griff mich nicht an, sie schrieb mir nichts vor. Ich kritisierte sie nicht, weil ich mit Veza sprechen konnte. Die Besuche bei ihr verheimlichte ich nicht und sprach ganz offen, wenn auch nicht in allen Einzelheiten, von ihren literarischen Neigungen. Vielleicht war ich zu offen, wenn ich ihre Belesenheit, ihren Geschmack, ihr Urteil lobte. Es wurde vorläufig ohne jede direkte Reaktion darauf hingenommen. Doch zeigte sich die Mutter sehr ärgerlich über die Störungen bei den Mahlzeiten. Wenn Johnnie Ring seine Not aus dem Kabinett trieb und er sich hinter ihrem Stuhl an ihr vorbeidrückte, verzog sie voller Ekel das Gesicht und erwiderte nicht seinen Gruß. Beim Rückweg geriet er ins Stottern, so peinlich war ihm ihr Schweigen, seine Schmeichelreden blieben ihm halb im Halse stecken, sie schwieg weiter, bis er die Türe zum Kabinett hinter sich zugezogen hatte.

Dann aber ging es los gegen Wien, diesen Sündenpfuhl, wo nichts mehr stimmte. Den Vormittag lagen die Leute im Bett oder es waren Ästheten, die nur über Bücher schwatzten. Sie stellten sich am hellichten Tag in Museen vor Bildern auf, schamlose Tagediebe. Es kam alles auf dasselbe heraus, arbeiten wollte niemand und da wunderte man sich noch über die Arbeitslosigkeit, wenn keine Männer da waren, die im Leben standen. Und wenn es nur ein Sündenpfuhl wäre, aber Wien war auch provinziell geworden. In der ganzen Welt gab niemand mehr etwas drauf, was in Wien geschah, man brauchte nur den Namen zu sagen und die Leute verzogen verächtlich den Mund. Sogar Karl Kraus (mit dem sie sonst gar nichts anfangen konnte) wurde als Kronzeuge für die Minderwertigkeit Wiens herbeizitiert. Der wußte schon, worüber er sprach, der kannte sich aus und die Leute, die er meinte, rannten noch alle hin und lachten über ihre eigenen Sünden. Damals, in den großen Tagen des Burgtheaters, war alles anders, da war Wien noch eine Stadt gewesen, die zählte. Vielleicht lag es doch auch am Kaiser, was immer sich gegen ihn sagen ließ, er war ein Mann von Pflichtbewußtsein. Im hohen Alter saß er noch Tag für Tag über den Akten. Aber jetzt? Ob ich einen einzigen Menschen hier wisse, der nicht zuallererst an sein Vergnügen dächte? Und in einer solchen Stadt sollte man junge Menschen zu Männern erziehen? Das war ganz aussichtslos, und in Paris, ja in Paris wäre es anders!

Ich hatte das Gefühl, daß dieser plötzliche Haß gegen Wien einem bestimmten Menschen galt, dessen Namen sie nicht nannte. Es war mir gar nicht geheuer dabei, obwohl sie mich selbst mit Anklagen sorgfältigst verschonte. Schon daß sie zum erstenmal Museen in den Sündenkatalog einbezog und das Herumstehen vor Bildern beanstandete, schien mir verdächtig. Es gab niemand, der Veza nannte, ohne sie mit einem Bilde zu vergleichen, und da die verschiedensten Bilder dafür herangezogen wurden, kam schon ein kleines Museum zusammen. Plötzlich, bei einer dieser zornigen Attacken gegen Wien, würde ihr Name herausspringen. Was täte ich dann? Bei der ersten Beleidigung *dieses* Menschen würde ich die Wohnung verlassen, für immer.

Aber bevor es so weit war, zog sich die Mutter zu Anfang des Winters nach Menton an die Riviera zurück und schrieb mir von dort beschwörende Briefe. Darin schilderte sie ihre Verlassenheit unter den Menschen, daß man sie im Hotel nicht möge, daß man ihr mißtraue, daß Frauen sich vor ihren Blicken fürchteten, besonders wenn sie mit ihren Männern im Speisesaal säßen. Damit beeindruckte sie mich, denn in solchen Schilderungen war etwas von ihrer alten Kraft. Dazu kamen ausführliche Einzelheiten über alle möglichen physischen Beschwerden. Obwohl ich deren oft fiktive Natur seit Arosa kannte, nahm ich diese nicht weniger ernst. Die letzte und höchste Steigerung ihrer Briefe, in die alles mündete, waren Haßausbrüche von solcher

Blindheit und Wildheit, daß ich um Vezas Leben zu fürchten begann.

Denn jetzt in den Briefen nannte sie offen ihren Namen. Sie schrieb ihr die niedrigsten Motive zu und sprach das Abscheulichste über sie hemmungslos aus. Sie hätte meine schwächste Seite erkannt, meine Liebe für Bücher und nützte das nun schamlos aus, indem sie über nichts anderes zu mir spreche. Sie sei eine Frau und hätte nichts zu tun, sie könne sich das Leben einer Ästhetin erlauben. Wenn sie sich davor nicht ekle, sei das ihre Sache, aber einen jungen Menschen da hineinzuziehen, der sich auf den Kampf des Lebens vorbereite, sei ein Verbrechen. Sie tue es aus purer Eitelkeit, bloß um ein neues Opfer in ihren Netzen zu haben, denn was könne ein lächerlich junges Wesen wie ich einer Frau von ihrer Erfahrung bedeuten? Das werde ein schreckliches Erwachen für mich geben, wenn der nächste Mann bei ihr an die Reihe käme. Ich sei so unschuldig und naiv, daß sie nur noch in Unruhe an mich denken könne. Sie sei entschlossen, mich zu retten. Weg, nur weg aus Wien! In diesem Sündenpfuhl der Johnnies und Vezas – nicht umsonst sei sie seine Cousine – hätten wir nichts zu suchen.

Sie habe vor, mit den Brüdern nach Paris zu übersiedeln. Die sollten dort in die Schule gehen und später auch dort studieren. Es sei klar, daß wir nicht mehr zusammen leben könnten. Mit 21 Jahren müsse ich nun meinen eigenen Weg gehen. Aber es gebe genug Städte, in Deutschland zum Beispiel, wo die Atmosphäre nicht von Ästheten verpestet sei und ich weiter studieren könne. Mein Abspringen von der Chemie fürchte sie nicht mehr, da ich zwei Jahre schon durchgehalten hätte. Was sie fürchte, sei Wien, wo ich zugrunde gehen müsse, sei es so oder so. Ich solle ja nicht glauben, daß Veza die einzige sei, in Wien gebe es Tausende ihresgleichen, skrupellose, genußsüchtige Menschen, die sich nicht scheuten, zur Befriedigung ihrer Eitelkeit Mütter und Söhne auseinanderzubringen und diese, sobald sie sie satt hätten, zum alten Eisen zu werfen. Unzählige Fälle dieser Art seien ihr bekannt. Sie habe nie zu mir davon gesprochen, um mich nicht an Frauen irrezumachen, aber jetzt sei es Zeit für mich zu wissen, wie es in der Welt zugehe – ganz anders als in Büchern.

Solange sie in Menton war, bis in den März hinein, antwortete ich auf ihre Briefe. Ich wußte, daß sie da ganz allein war, und ihre Klagen über das Mißtrauen, das man ihr von allen Seiten entgegenbringe, beunruhigten mich. Die Beleidigungen gegen Veza, aus denen ihre Briefe zur Hälfte bestanden, trafen mich schwer. Ich fürchtete, daß sie sich bis zu einer physischen Attacke steigern könnten und unternahm den wenig aussichtsreichen Versuch, sie umzustimmen. Ich berichtete ihr von anderen Dingen, die in Wien passierten, von Diskussionen, die ich mit meiner Nachbarin im Laboratorium hatte, einer russischen Emigrantin, die mir gut gefiel; von einem Zwerg, der gekommen war und auf seine laute, entschlossene Weise den ganzen Saal beherrschte; von jeder einzelnen Vorlesung, die Karl Kraus gab – jetzt hatte sie ihn ja offiziell als Verächter Wiens anerkannt und konnte nicht wie früher, wenn von ihm die Rede war, den Kopf abwenden. Ich machte es ganz klar, in jedem Brief, daß ich entschlossen war, in Wien zu bleiben. Ihre Angriffe auf Veza wies ich zurück und trachtete sie nicht zu ernst zu nehmen. Ein paarmal, nicht zu oft, schrieb ich empört, als der zutiefst Beleidigte, der ich eigentlich während dieser ganzen Zeit war. Dann lenkte sie ein und zügelte ihren Haß vielleicht eine Woche lang. Im übernächsten Brief ging es wieder los und ich war so weit wie zuvor.

Ihr Zustand flößte mir Besorgnis ein, aber viel mehr besorgt war ich um Veza. Ich kannte ihre Empfindlichkeit, sie fühlte sich für alles schuldig, was um sie herum geschah, und für vieles andere auch. Wenn sie das geringste von den Dingen erfuhr, die die Mutter über sie dachte und schrieb, würde sie sich von mir zurückziehen und mich unter keinen Umständen mehr sehen wollen. Solange sie kein Sterbenswort davon erfuhr, ging alles gut. Jede Woche verstörte mich ein Brief aus Menton: ich richtete es so ein, daß ich an diesen Tagen Veza nicht sah, damit sie mir nichts anmerke.

Die Wohnung war schon zu Anfang des Jahres aufgegeben worden, die Brüder kamen zu einer Familie, ich hatte mir ein Zimmer genommen. Im März fuhr die Mutter nach Paris, wo nahe Angehörige und viele gute Bekannte von ihr lebten. Sie sah sich um und bereitete die Übersiedlung für den Sommer vor. Für Ende Mai kündigte sie ihre Ankunft in Wien an. Da wolle sie einen Monat bleiben, um nach dem Rechten zu sehen. Nach einem halben Jahr sei es an der Zeit, daß wir uns endlich wieder *sprächen*.

Ich erschrak, als ich von dieser drohenden Ankunft erfuhr. Nun wurde es ernst, um jeden Preis mußte ich Veza vor der

Mutter schützen, sie durfte auf keinen Fall mit ihr zusammentreffen. Sie durfte aber auch nicht von ihrem Haß erfahren, der sie verstört und alles zwischen uns verändert hätte. Mein Verhalten der Mutter gegenüber konnte ich nicht bestimmen, bevor sie da war. Sie wollte in einer Pension gleich hinter der Oper absteigen, also nicht in der Leopoldstadt, so daß ein zufälliges Zusammentreffen der beiden nicht zu befürchten war. Veza vorzubereiten, hatte ich Zeit. Sie sollte nicht mehr erfahren, als unbedingt nötig war, gerade so viel, daß sie meinem Wunsche nachgab, der Mutter aus dem Weg zu gehen, nicht mehr.

So gestand ich Veza, daß die Mutter es gern sähe, wenn ich von Wien fortginge. Man habe ihr klargemacht, daß es besser für mich sei, wenn ich an eine der großen deutschen Universitäten ginge, zu einem Chemiker, der in der ganzen Welt berühmt sei, und bei ihm zu dissertieren trachte. Einen Mann dieses hohen Ranges gäbe es zur Zeit in Wien nicht. Von der Art der Dissertation hänge mein späteres Schicksal als Chemiker weitgehend ab. Das bedeute nicht, meine sie, daß ich nicht später nach Wien zurückkäme, über die Zukunft wisse niemand etwas Näheres. Nun hätte die Mutter natürlich gemerkt, daß es etwas gebe, was mich in Wien festhalte. Ich hätte ihr geschrieben, daß ich aus Wien nicht wegwolle, auf keinen Fall. Sie käme jetzt, zu einem letzten Versuch entschlossen, und werde alles daransetzen, mich zu überreden. Es werde ihr nie gelingen, die Chemie sei mir vollkommen gleichgültig, ich hätte nicht vor, den Beruf eines Chemikers auszuüben. Veza wisse am besten, was ich sein wolle und was ich unter allen Umständen tun würde.

Warum ich dann eigentlich so beunruhigt sei, fragte sie. Wenn ich nicht weg wolle, könne mich doch niemand dazu zwingen.

»Das ist es nicht«, sagte ich, »du kennst die Mutter nicht gut genug. Wenn sie etwas will, setzt sie jedes Mittel daran, es durchzusetzen. Sie wird *dich* besuchen und darüber mit *dir* sprechen. Sie wird dich davon überzeugen, daß es zu meinem Besten ist, wenn ich Wien verlasse. Sie wird dich so weit bringen, daß *du* mir zur Abreise zuredest. Das könnte ich dir nie verzeihen. Sie wird uns auseinanderbringen. Ich habe die größte Angst davor, daß sie mit dir spricht.«

»Nie. Nie. Nie. Das wird ihr nie gelingen!«

»Aber die Angst ist in mir und ich werde, wenn sie hier ist, keinen Augenblick mehr Ruhe haben. Ich zittere beim Gedanken an ihre Ankunft. Du hast selbst die höchste Meinung von ihren Geistesgaben, von ihrer Willensstärke. Du ahnst nicht, was sie alles vorbringen könnte. Ich auch nicht, es fällt ihr im Augenblick ein, und plötzlich sieht man, wie sehr sie recht hat, und verspricht ihr alles und was – was wird dann aus uns?«

»Ich werde sie nicht sehen. Ich verspreche es dir. Ich schwöre es. Dann kann nichts passieren. Wirst du dann ruhig sein?«

»Ja, ja, dann schon, aber nur dann.«

Sie dürfe weder einen Anruf noch einen Brief von ihr entgegennehmen, sie müsse ihr mit Klugheit und Bedacht aus dem Wege gehen. Die Mutter werde ohnehin im ersten Bezirk wohnen, es werde nicht schwer sein, sie zu meiden. Sollte aber wider Erwarten ein Brief der Mutter an sie kommen, so müsse sie ihn mir uneröffnet übergeben. Ich schöpfte Hoffnung, als ich sah, wie rasch sie mir glaubte. Einen Brief der Mutter würde sie mir nicht nur uneröffnet übergeben, sie würde, wenn ich es so wünschte, ihn auch *nach* mir nie lesen und nie beantworten.

Die Mutter kam an und schon im ersten Gespräch merkte ich, daß ihr selbst daran gelegen war, eine Konfrontation zu vermeiden: sie wollte das Bild, das sie sich von der ›Feindin‹ gemacht hatte, in seiner abstoßenden Intaktheit bewahren. Sie fühlte, daß es sich in nichts auflösen würde, wenn sie die lebende Veza auch nur einmal sah. Aus meinen Briefen, die sie in Paris alle hintereinander wiedergelesen hatte, schloß sie, daß ich Wien auf keinen Fall gleich verlassen würde. Sie glaubte zu erkennen, daß mir an Karl Kraus noch mehr als an Veza lag. In Menton, wo sie sich ausgeschlossen fühlte, weil sie niemanden kannte, hatte sie es für selbstverständlich gehalten, daß ich Veza täglich sah. In Paris, wo sie ihre Verwandten und viele Bekannte hatte, schien ihr das nicht mehr so sicher. Ihr Mißtrauen hatte sich verästelt, es war subtiler geworden, sie las allerhand aus den Briefen, das sie früher nicht bemerkt hatte. Ich hatte ihr von meiner Nachbarin im Laboratorium geschrieben, die mich an Dostojewski erinnere. Es sei eine wahre Wollust, mit ihr über ihn zu sprechen, ihretwegen ging ich sogar gern ins Laboratorium. Jetzt fiel ihr die Wendung »wahre Wollust« auf, die sie in Menton, als sie den Brief empfing, gar nicht beachtet hatte. Sie dachte daran, daß ich den ganzen Tag im Laboratorium stand. Bei den langwierigen Prozeduren, die zur quantitativen Analyse gehörten, gab es unendlich viel Zeit zum Sprechen.

»Siehst du die Eva manchmal«, fragte sie jetzt, »deine Russin im Laboratorium?«

»Ja natürlich, wir gehen doch fast immer zusammen essen. Weißt du, wenn wir gerade über Iwan Karamasow reden, den sie haßt, können wir nicht einfach aufhören. Dann gehen wir zusammen in die Schwemme der ›Regina‹ essen und sprechen weiter darüber, dann die Währingerstraße zurück ins Institut, und hören keinen Augenblick auf, und stehen dann wieder vor unseren Kolben und worüber glaubst du sprechen wir dann?«

»Über Iwan Karamasow! Das sieht euch ähnlich! Sie ist natürlich ganz für Aljoscha! Ich habe angefangen, Iwan zu verstehen, seit einigen Jahren halte ich ihn für den interessantesten der Brüder. «

Sie war so zufrieden über die Existenz dieser Kollegin, daß sie an einem Gespräch über literarische Figuren teilzunehmen begann, wie in alten Zeiten. Sie erinnerte sich an meine Gelbsucht in der Radetzkystraße, vor mehr als einem Jahr. Es war das einzige, woran ich gern dachte; ich lag einige Wochen zu Bett und las den ganzen Dostojewski, alle roten Piper-Bände von Anfang zu Ende. »Da mußt du noch dankbar sein für die Gelbsucht«, sagte sie, »sonst könntest du jetzt nicht vor deiner Eva passieren.« Das ›deiner‹ gab mir einen Stich, es war, als hätte sie sie mir eigenhändig in die Arme gelegt. Sie gefiel mir wirklich, das hatte Konflikte in mir gegeben. Aber ich ließ es hingehen, in einer plötzlichen Anwandlung von Schlauheit, denn ich spürte, wie scharf sie mich dabei beobachtete. Ich sagte sogar:

»Ja, das stimmt. Es ist ein wunderbares Gespräch. Sie *lebt* in Dostojewski und nimmt es alles ganz ernst. Im ganzen Saal ist sonst niemand, mit dem sie darüber sprechen könnte.«

Kaum war die Literatur wieder zwischen uns da, mochte ich die Mutter. Es war zwar nicht zu verkennen, mit welcher Absicht sie dem Gespräch diese Wendung gegeben hatte. Sie wollte etwas erkunden, das Gewicht der anziehenden Kollegin gegen das einer anderen Frau bestimmen. Bedeutete sie mir etwas? Würde sie mir vielleicht noch mehr bedeuten? Sie kam auf Dostojewski zurück und wollte wissen, ob Eva, die Kollegin, etwas mit Frauenfiguren von Dostojewski gemein habe. Das klang schon wie der Vorbote zu neuer Sorge, aber ich konnte sie beruhigen, denn genau das Gegenteil war der Fall. Eva war eine ausnehmend gescheite Person, ihre eigentliche Begabung war die Mathematik, in Physikalischer Chemie kannte sie sich besser aus als alle männlichen Studenten. Sie hatte – das stand in Widerspruch zu ihrer intellektuellen Anlage – ein sehr reiches Gefühlsleben, aber ihre Gefühle *behielten* ihre Richtung, das Umkippen ins Gegenteil, an das die Mutter bei ihrer Frage gedacht hatte, schien ihr fremd.

»Bist du so sicher?« sagte die Mutter, »da kann man sich schrecklich irren. Hättest du je früher gedacht, daß du mich einmal hassen würdest?«

Ich überging diese erste ausfällige Bemerkung seit ihrer Ankunft in Wien und blieb lieber beim eigentlichen Gegenstand unseres Gespräches.

»Natürlich bin ich sicher«, sagte ich, »ich verbringe Tag für Tag viele Stunden mit ihr. Das geht jetzt schon so seit bald einem Jahr. Glaubst du, es gibt irgend etwas, worüber wir noch nicht gesprochen hätten?«

»Ich dachte, es ist nur Dostojewski.«

»Das ist es meistens, darüber sprechen wir am liebsten. Kannst du dir eine bessere Art denken, einen Menschen kennenzulernen, als wenn man *alles* mit ihm bespricht, was in Dostojewski vorkommt?«

Beide klammerten wir uns an diese Friedenstaube. Eva Reichmann wäre erstaunt gewesen, hätte sie gewußt, welche Rolle ihr die Mutter zudachte. Es wäre ihr gar nicht recht gewesen, so als Gesprächsgegenstand zu dienen, denn eigentlich ging es uns nur darum, den anderen Gegenstand zu vermeiden. Aber ich sagte nichts über sie, das ich nicht meinte, und durch meine Worte wurde sie mir immer lieber. Obwohl die Mutter so sehr auf ihr bestand, faßte ich keinen Widerwillen gegen sie. Sie war wirklich unsre Friedenstaube. Ich hatte nach der halbjährigen Abwesenheit der Mutter, nach dem abenteuerlichen Briefwechsel zwischen uns einen argen Zusammenstoß erwartet. Es war deutlich zu spüren, wie wir beide uns von Abneigung und Angst *entluden.*

»Revenons à nos moutons«, sagte sie plötzlich, eine Redensart, an der sie hing und die sie in den letzten Jahren unserer Kämpfe nicht *einmal* gebraucht hatte. »Du sollst doch wissen, was ich vorhabe.« Für den Sommer sei die Übersiedlung nach Paris angesetzt. Das werde eine anstrengende Zeit für sie sein. Um sie gut zu überstehen, wolle sie vorher eine Kur machen und

zwar wie voriges Jahr in Bad Gleichenberg, das habe ihr gut-
getan. Ob ich für diese Zeit die Brüder übernehmen wolle? Die
müßten richtige Ferien haben, denn gleich danach kämen die
Schwierigkeiten für sie: das Einleben in ihre neuen französischen Schulen und zwar in ziemlich hohen Klassen, gar nicht
mehr weit vom ›bachot‹ entfernt, der französischen Matura. Wir
könnten alle drei zusammen ins Salzkammergut fahren, das würde sie sehr beruhigen, so würde ich ihr und den Brüdern einen
wirklichen Dienst erweisen.

Ich merkte, worauf sie's abgesehen hatte, und willigte ohne zu
zögern ein. Nichts wäre mir lieber. Ich würde die Brüder dann
vielleicht ein Jahr nicht sehen. Ich selber möchte ja schließlich
auch irgendwohin in die Ferien fahren. Wir würden schon einen
schönen Ort für uns finden. Sie stutzte. Ich spürte die Frage, die
ihr auf der Zunge schwebte. Sie sprach sie nicht aus. Beinahe
hätte ich es für sie getan. Es kam zu einer Art von Kompromiß.
Sie sagte: »Du hast doch nichts anderes für den Sommer vor?«
Ich sagte: »Was sollte ich denn sonst für den Sommer vorhaben?«

So hätte dieses Gespräch enden können und es hätte für beide
Teile gut geendet. Meine einzige, meine zentnerschwere Sorge
war gewesen, daß sie Veza verletzen und gefährden könnte. Nun
war sie nicht *einmal* genannt worden. Was aber würde in den
nächsten Gesprächen geschehen, während der vier Wochen oder
mehr, die sie in Wien verbringen würde. Es war eine lange Zeit.
Ich wollte ganz sicher sein und vorbeugen. Ich war unter dem
angenehmen Eindruck der Gespräche über die Kollegin. War es
der Teufel, der mich ritt, oder war es wirklich die Angst um
Veza? Ich sagte: »Weißt du, die Eva, die Kollegin hat mich gefragt, ob ich im Sommer in die Berge gehe. Ich habe ihr nichts
Bestimmtes gesagt. Hättest du etwas dagegen, wenn sie in dieselbe Gegend kommt? Nicht an denselben Ort natürlich, vielleicht so in einer Stunde Entfernung. Dann könnten wir hie und
da einen Ausflug zusammen unternehmen. Sie hätte bestimmt
einen guten Einfluß auf die Buben. Ich würde sie nur manchmal
sehen, vielleicht ein- oder zweimal die Woche und die übrige
Zeit ganz den Buben widmen.«

Von diesem Vorschlag war sie begeistert. »Warum sollst du sie
nicht auch öfters sehen? Du hattest dir also doch etwas für den
Sommer vorgenommen. Ich bin sehr froh, daß du mir's noch

gesagt hast. Das läßt sich wunderbar vereinen. Sie ist doch ein feiner Mensch. Man kann es ihr nicht übelnehmen, daß sie dich zuerst gefragt hat. Das wäre früher undenkbar gewesen. Aber heute sind die Frauen eben so.«

»Nein, nein«, sagte ich. »Du stellst dir etwas Falsches vor. Es ist wirklich nichts zwischen uns.«

»Was nicht ist, kann werden«, sagte sie. Sehr taktvoll war sie nicht, so etwas hatte ich von ihr noch nie erlebt. Was hätte sie nicht getan, um mich von Veza abzubringen. Ich aber war durch meinen plötzlichen Einfall auf die einzige Möglichkeit gekommen, Veza vor ihr zu schützen. Ich mußte von anderen Frauen sprechen. Diesmal hatte eine Kollegin ausgeholfen, die zufällig im Laboratorium neben mir arbeitete. Ich mochte sie wirklich und es war unanständig von mir, die Vorstellung in der Mutter zu nähren, daß sie meine Freundin war oder es vielleicht werden könnte. Selbst wenn ich zu ihr davon sprach und sie sich nachträglich, hilfsbereit und verständnisvoll wie sie war, mit meinem Vorgehen einverstanden erklärte – etwas Peinliches blieb an der Sache. Es war jetzt geschehen und es brachte mich darauf, daß etwas anderes geschehen mußte: ich mußte Frauen *erfinden* und die Mutter mit Geschichten über sie unterhalten. Nie mehr durfte sie etwas über Veza und mich erfahren. Sie wäre weit weg in Paris und Veza in Wien und ich hätte Veza vor allen furchtbaren Dingen, die sie ihr antun könnte, gerettet.

Frau Weinreb und der Henker

Frau Weinreb, bei der ich in der Haidgasse ein schönes, geräumiges Zimmer mietete, war die Witwe eines Journalisten, der als sehr alter Herr gestorben war. Sie war viel jünger als er gewesen und hatte ihn nun schon lange überlebt. In der Wohnung hingen überall seine Bilder, ein großväterlicher Herr mit wohlwollendem Bart. Die Frau mit ihrem dunklen Hundegesicht, die immer ergeben von ihrem Mann sprach, so als wäre er ihr noch als Verstorbener geistig und sittlich turmhoch überlegen, übertrug einen kleinen Teil dieser Verehrung auf Studenten. Aus jedem von ihnen konnte etwas wie ein Herr Dr. Weinreb werden, sie nannte ihren Mann nie anders, mit Herr und Doktor. Auf Gruppenbildern mit seinen Kollegen, vor denen ich mich aufstellen und eine Weile verharren mußte, stach er nicht nur durch den Bart, sondern auch durch seine zentrale Position hervor. Sie sagte selten ›mein Mann‹, auch so lange nach seinem Tod war sie über die Ehre dieser Heirat noch nicht hinweggekommen und wenn es ihr je über die Lippen kam, brach sie erschrocken ab, als hätte sie sich eine Lästerung herausgenommen, zögerte ein wenig und fügte dann wie berauscht den vollen Namen samt Titel ›Herr Dr. Weinreb‹ hinzu. Sie muß ihn lange so genannt haben, bevor sie ihn heiratete, und vielleicht blieb es dann auch während der Ehe dabei.

Ich hatte durch eine befreundete Familie von diesem Zimmer erfahren, deren Sohn ein Jahr da gewohnt hatte. Es war schlecht ausgegangen, man wird erfahren, warum. Der schüchterne junge Mann, für seine Sanftmut bekannt, war in eine peinliche Lage geraten und sogar vor Gericht geschleppt worden. Man hatte mich gewarnt, nicht vor der Witwe, sondern vor ihren zwei Mitbewohnerinnen. Ich erwartete eine Art von Lasterhöhle, doch ich wollte in dieser Gegend, nicht zu weit, aber auch nicht gar zu nahe von Veza wohnen, und da hätte mir die Haidgasse, die eine Seitengasse der Taborstraße war, gut gepaßt – kein Satellit der Praterstraße, von deren Umgebung mein Leben damals beherrscht war, aber ihr benachbart. Als ich das Zimmer besichtigen kam, war ich erstaunt über die Sauberkeit und Ordentlichkeit der Wohnung, bürgerlicher hätte sie gar nicht sein können, überall das Bild des würdigen alten Herrn und vor jedem die lobpreisende Witwe. Auch das Zimmer, das ich bewohnen sollte, war nicht frei von ihm, immerhin kam er an diesen Wänden spärlicher vor, drei- oder viermal im ganzen. Ich bekam zu hören, daß man einen Studenten als Mieter vorzöge. Mein Vorgänger war Bankbeamter gewesen, gewiß verdiente er schon und war von der Mutter unabhängig, aber auf bescheidene Weise, und ohne ein Studium konnte bestimmt nicht viel aus ihm werden. Frau Weinreb hütete sich aber, mehr über ihn zu sagen, er wurde erwähnt, weil er vor mir da gewohnt und das Zimmer seither leer gestanden hatte, doch sie nahm weder für noch gegen ihn Partei. Ihre Wächterin, die die Anstifterin des Prozesses gegen ihn gewesen war, stand nahebei in der Küche. Alle Türen waren offen, und Frau Weinreb sagte nichts, ohne gleich abzubrechen und ängstlich in die Richtung der Küche zu horchen.

Sehr bald, noch während dieses Antrittsbesuches, spürte ich, daß sie unter einem Druck stand, von dem nichts sie befreien konnte. Da jeder zweite Satz, manchmal jeder, ihrem verstorbenen Mann galt, dachte ich, dieser Druck hänge mit ihrer Witwenschaft zusammen. Vielleicht hatte sie den alten Mann nicht ganz so gut gepflegt, wie er sich's wünschte. Zwar kam mir das nicht sehr wahrscheinlich vor, kein anderer Mann hatte in ihrem Leben eine Rolle gespielt, dessen war ich sicher. Aber sie horchte immer auf eine Stimme, von deren Befehlen sie abhing, und es war nicht die Stimme des Toten.

Die Haushälterin, mit der sie zusammen wohnte, hatte mir die Wohnungstür aufgemacht, mich ihrer Herrin übergeben und war dann gleich in die Küche verschwunden. Sie war eine starke, massive Person in mittleren Jahren: sie sah so aus, wie ich mir damals einen Henker vorstellte. Sie hatte stark vorspringende Backenknochen und ein grimmiges Gesicht, das noch viel gefährlicher wirkte, weil es lächelte. Es hätte mich nicht gewundert, wenn sie mich zum Empfang geohrfeigt hätte. Statt dessen machte sie ein Katzengesicht, aber eines, das ihrer Größe gemäß und darum unheimlich war. Sie war es, vor der man mich gewarnt hatte.

Als Frau Dr. Weinreb mir die Tür zu dem Zimmer, das zu vermieten war, mit großem Schwung öffnete – sie ging immer so, als würde sie im nächsten Augenblick nach vorn umfallen – und dann gleich nach mir selbst eintrat, überzeugte sie sich davon, daß die Tür hinter ihr weit offen blieb, rief noch, was mir sinnlos schien, »gleich, gleich!« hinaus, etwa so wie eine Dienerin einer Herrin ruft: ›ich komme gleich!‹ und begann dann mir die Vorzüge des Zimmers, besonders aber die Bilder ihres verstorbenen Mannes anzupreisen. Sie sagte keinen Satz, ohne auf Bestätigung oder Aufmunterung zu warten.

Ich dachte erst, daß sie das von mir erwarte, kam aber bald darauf, daß es sich um eine Bestätigung von außen handelte, und da ich niemand anderen in der Wohnung gesehen hatte, bezog ich es auf die nicht ganz geheure Person, die mich empfangen hatte, und hatte sie, sehr gegen meinen Willen, während der Besichtigung in meiner Vorstellung immer vor Augen. Sie blieb aber in der Küche und griff in die Beratungen nicht ein.

Ich fragte mich, wo die dritte Person war, die hier noch wohnen sollte, um die es in der Gerichtsaffäre meines Vorgängers eigentlich ging. Aber sie zeigte sich nicht, vielleicht wohnte sie nicht mehr hier, vielleicht hatte man sie eben wegen des Skandals, der um sie entstanden war und der eine neue Vermietung des Zimmers schwierig machte, entfernt. Von ihrer bäurischen Schönheit, von ihren mächtigen blonden Zöpfen – ihr Haar reichte offen, so hieß es, beinahe bis an den Boden –, von ihren Verführungskünsten hatte ich viel, wenn auch nicht sehr Klares gehört. Ihr Name, der mir gefiel, war mir gut in Erinnerung geblieben, ich mochte böhmische Namen und Ružena mochte ich besonders. Ich hatte wohl gehofft, daß sie mir die Tür öffnen würde, statt dessen stand ihre Tante, der Henker, vor mir und die Ohrfeige, die ich von dieser erwartete, hatte ich für meine Neugier auf Ružena verdient. Vielleicht war der grimmige Empfang eine Warnung. Die Affäre war in die Zeitung gekommen und der Gedanke lag nahe, daß Leute sich melden würden, die gar nicht das Zimmer, sondern Ružena besichtigen wollten.

Nun war es mir aber doch sehr recht, daß von Ružena keine Spur zu sehen war, ich konnte das Zimmer, das mir gefiel, ohne Befürchtungen vor Komplikationen mieten. Frau Weinreb war es zufrieden, daß ich gleich einziehen wollte, sie schien erleichtert, weil ich mir keine Bedenkzeit ausbat und sagte noch: »Sie werden sich in seiner Atmosphäre wohl fühlen, er war ein studierter Herr.« Jetzt wußte ich schon, wen sie meinte, ohne daß sie den Namen hinzufügte. Sie führte mich hinaus, rief in die Küche: »Der junge Mann kommt gleich, er geht nur sein Gepäck holen.« Die Haushälterin, deren Namen ich vergessen habe, da sie für mich von Anfang an ›der Henker‹ hieß, erschien und sagte, immer lächelnd: »Der braucht sich net fürchten, bei uns beißt ihm niemand was ab.« Sie stand in der Öffnung der Küchentür, die sie, groß und massiv wie sie war, ganz ausfüllte, und stemmte sich mit beiden Armen nach rückwärts gegen die Türpfosten, als hätte sie vor, auf einen loszuspringen. Ich achtete nicht mehr auf sie und ging meine Sachen holen.

Während der ersten Tage, die ich im neuen Zimmer verbrachte, war es sehr still in der Wohnung. Morgens früh ging ich fort, ins Chemische Laboratorium, mittags blieb ich in der Nähe der Universität, da aß ich gewöhnlich in der Schwemme der ›Regina‹. Abends, wenn das Laboratorium schloß, holte mich Veza ab. Dann gingen wir zusammen spazieren oder ich ging zu ihr, erst spät, vielleicht war es schon 11, kam ich in die Haidgasse nach Hause. Ich fand mein Bett immer aufgeschlagen vor, ohne zu wissen, wer es mir fürs Schlafengehen richtete. Ich dachte darüber nicht nach, ich hielt es wohl für selbstverständlich, daß die Haushälterin sich darum kümmerte. Nachts hörte ich kein Geräusch. Frau Weinreb, die im Zimmer nebenan wohnte und schlief, bewegte sich lautlos in weichen Filzschlapfen, auf ihnen, so stellte ich mir vor, glitt sie von einem Bild zum anderen und verrichtete ihre Andacht.

Am Ende der Woche kam ich eines Abends früh nach Haus, ich war ins Theater eingeladen und wollte mich umziehen. Ich spürte, daß jemand in meinem Zimmer war, trat ein und erstarrte. Vor meinem Bett stand tief gebückt eine Bäuerin, die üppigen weißen Arme fest in mein Federbett geschlagen, das sie hochklopfte. Sie schien mein Kommen nicht zu hören, denn sie bückte sich noch tiefer, kehrte mir eine geradezu ungeheure Hinterseite zu und schlug wieder und wieder kräftig ins Federbett, fast so, als ob sie's verprügeln wolle. Ihre strahlendgelben Haare waren zu dicken Zöpfen geflochten und auf den Kopf gebunden, der in dieser gebückten Stellung das hohe Federbett eben berührte. Das Bäurische an ihr war der Faltenrock, der bis zum Boden reichte. Ich konnte nicht umhin, ihn zu bemerken, ich hatte ihn vor der Nase. So schlug sie noch ein paarmal ins Federbett hinein, als hätte sie keine Ahnung davon, daß ich hinter ihr stand. Da ich ihr Gesicht nicht sah, mochte ich nicht als erster etwas sagen und räusperte mich verlegen, das beschloß sie zu hören, richtete sich auf und drehte sich rasch herum, mit einer so vollen schwingenden Bewegung, daß sie mich beinahe streifte. Da standen wir nun ganz dicht einander gegenüber, vielleicht hätte ein Blatt Papier zwischen uns noch Platz gehabt, mehr nicht. Sie war größer als ich und sehr schön, wie eine nördliche Madonna, die Arme hielt sie so, als würde sie an Stelle des Federbetts mich im nächsten Augenblick umfangen, doch ließ sie sie langsam fallen und errötete. Ich spürte, daß es ihr gegeben war, mit Absicht zu erröten. Ein Geruch wie von Hefe ging von ihr aus. Ich fühlte sehr wohl ihre Schönheit, und wäre sie so gewesen wie ihre Arme, nackt, ich hätte, so nah bei ihr, den Kopf verloren, jeder andere auch, aber ich blieb regungslos und sagte nichts. Da öffnete sie schließlich den sehr kleinen Mund und sagte mit einer piepsenden Stimme: »Ich bin die Ružena, gnä' Herr.« Wohl wirkte der Name auf mich, mit dem ich mich schon eine Weile trug, und auch der ›gnä' Herr‹ war nicht umsonst, denn mir hätte nicht mehr als *junger* gnä' Herr‹ gebührt. Ihre Anrede machte etwas Erfahrenes aus mir, dem man ohne jeden Widerstand zu willen war. Aber die piepsende Stimme machte die Wirkung ihrer Erscheinung und ihrer Hingegebenheit völlig zuschanden. Es war, als versuche ein winziges Küken zu reden, und alles was früher dagewesen war, die kräftigen weißen Arme, die das Federbett bearbeiteten, die leuchtenden Flechten der Haare, der hochgetürmte Berg ihres Hinterns, der etwas Rätselhaftes hatte, obwohl er keine Lokkung für mich war, alles löste sich in die kläglichen Laute auf, und selbst der Name, der mich mit Erwartung erfüllt hatte, bestand nicht mehr, er hätte irgendwie lauten können. Ruženas Zauber war ganz und gar zerstört, es mußte schon ein klägliches Wesen sein, das sie mit dieser Stimme verführen konnte.

Das ging mir durch den Kopf, noch bevor ich ihr den Gruß zurückgab, was so kalt und gleichgültig geschah, daß sie, diesmal rascher piepsend, sich dafür entschuldigte, daß sie in meinem Zimmer war. Sie habe nicht stören wollen, sie habe nur mein Bett gemacht, sie habe es jeden Abend schon gemacht und nicht gedacht, daß ich so früh nach Hause komme. Ich wurde immer schnöder, ich sagte nur »Ja, ja«, und während sie sich, für ihr Gewicht ziemlich behend, entfernte, fiel mir nochmals die ganze Geschichte ein, wie sie in der Zeitung stand, und was man mir außerdem mündlich noch erzählt hatte.

Der junge Mann (mein Vorgänger) war eines Abends von der Bank nach Hause gekommen und hatte sie vor dem Bett gefunden. Da hatte sie ihn in ein Gespräch verwickelt und auf der Stelle verführt. Er war sehr schüchtern und unerfahren, er hatte, ein rarer Fall in Wien, noch nie eine Freundin gehabt. Die Tante hatte seine Hilflosigkeit erkannt und ihn wegen eines Eheversprechens, das er gebrochen habe, vor Gericht gebracht. Er leugnete alles ab und so wie er beschaffen war, hätte man ihm seine Unschuld vor Gericht geglaubt, aber Ružena war schwanger und er wurde zu einer Entschädigung an sie verurteilt. Seine Hilflosigkeit machte ihn zum allgemeinen Gespött, alle hielten ihn für unschuldig, aber eben deswegen erregte die Sache Aufsehen. Man fand es komisch, daß ausgerechnet dieser Mensch wegen Verführung und gebrochenem Eheversprechen verklagt und schuldig gesprochen wurde.

Ružena versuchte es noch zwei-, dreimal mit dem abendlichen Bettmachen. Aber sie wußte, wie aussichtslos die Sache war, ihre Tante hatte längst herausgebracht, daß ich eine Freundin hatte, die mich abends manchmal abholte, und als sie sah, daß es immer dieselbe war, erwartete sie nicht mehr viel von Ruženas Bettmachen. Die wenigen Versuche, die noch folgten, waren nicht mehr als Routine. Ich vergaß es bald alles und erst als ich einige Wochen später ein Erlebnis in der Wohnung hatte, über das ich sehr erschrak, begann ich wieder über Ružena nachzudenken.

An einem Nachmittag – ich war früher nach Hause gekommen – hörte ich heftige Geräusche aus der Küche. Ein Aufklatschen wie auf Fleisch, ein Piepsen und Quietschen, Bitten und Betteln, ein pfeifendes Sausen und Klatsch! Klatsch! Klatsch!, dazwischen eine tiefe, sehr strenge Stimme, deren Worte ich erst verstand, als ich ihren Besitzer erkannte. Sie tönte wie die eines Mannes, aber es war die Stimme der Tante: »Da hast du! Da hast du! Da! Da! Da!« Das Winseln und Piepsen klang höher und höher, es hörte nicht auf, es nahm eher zu, auch die Drohungen der tiefen Stimme verstärkten und beschleunigten sich. Ich dachte, es würde aufhören, und blieb erst ganz still, aber es hörte nicht auf, es wurde nur schlimmer. Ich stürzte in die Küche, da kniete Ružena vor dem Tisch, den Oberkörper entblößt, neben ihr die Tante, eine Peitsche in der Hand und hob sie eben und schlug mit ihr Klatsch! auf Ruženas Rücken.

Sie waren so gruppiert, daß der Eintretende beide voll zu Gesicht bekam, es war nichts zu übersehen: Ruženas Brüste und Ruženas Rücken, der zornwütige Ausdruck auf der Fratze des Henkers, die sausende Peitsche. Es hörte sich nur nicht so schrecklich an wie in meinem Zimmer, denn sobald ich es sah und nicht mehr bloß hörte, *glaubte* ich es nicht, es war wie auf dem Theater, aber sehr viel näher und zu gut gestellt, so, daß man nichts übersehen konnte. Auch wußte ich, daß es jetzt gleich aufhören müsse, denn ich verstand es, mich dem Lärm zum Trotz bemerkbar zu machen. Statt die Peitsche sinken zu lassen, hielt sie die Tante noch eine Weile erhoben, Ružena aber irrte sich und piepste los, als hätte die Peitsche sie wieder getroffen. Die Tante herrschte sie an: »Schamst di net! Nackt!« und wandte sich dann mir voll zu: »Schlimmes Kind. Folgt Tante net. Muß Strafe sein.«

Ružena hatte zu piepsen aufgehört, preßte, sobald ihr Scham

befohlen worden war, beide Hände gegen die Brüste, die durch diese Bewegung aufquollen und noch sichtbarer wurden, dann kroch sie so langsam wie möglich hinter den Tisch, ein wahres Boden-Ungetüm, das der vor mir festgewurzelten Tante an Massenhaftigkeit nicht nachstand. Diese setzte die Kinderschelte fort, die als Erklärung der Szene dienen sollte. »Soll folgen, Kind. Muß lernen hat Tante nur niemand auf ganze Welt. Schlimmes Kind. Verloren ist ohne Tante. Aber Tante schaut! Tante paßt auf!« Das kam nicht etwa rasch, sondern schwer und wuchtig, und nach jedem Satz zuckte die hilfreiche Peitsche. Doch schlug sie nicht zu, den Rücken des schuldigen Kindes, das jetzt auf der anderen Seite des Tisches kauerte, hätte sie nicht erreicht. Ihre Entblößtheit war in ihrem Versteck noch spürbarer, und aufreizend weiblich war sie gewiß, aber durch das Kindergerede, das dem strotzenden Geschöpfe galt, wurde sie zu etwas Idiotischem reduziert. Ihre Ergebenheit, die zur Szene gehörte, die vielleicht das Wichtigste war, was vor Augen geführt werden sollte, ekelte mich nicht weniger als das Henkergehaben der Tante. Ich verließ die Küche, als *glaubte* ich der Szene: das unfolgsame Kind hatte seine Strafe abbekommen. Als ich, ohne meine Verlegenheit merken zu lassen, aus der Küche verschwand und in mein Zimmer zurückging, war für die beiden *ich* zum Idioten geworden, und das war es, was mich vor ihren weiteren Anschlägen rettete.

Nun hatte ich Ruhe und sah die beiden nicht mehr, nicht zusammen und auch Ružena nicht allein. Die Tante hörte ich manchmal im Zimmer neben mir mit Frau Weinreb sprechen. Schläge gab es da keine, aber ich war sehr verwundert, daß sie in denselben Tönen zu ihr sprach, wie zu einem Kinde. Doch klang es mehr beschwichtigend als drohend. Es war offenkundig, daß Frau Weinreb etwas tat, was sie nicht tun sollte, aber ich konnte mir nicht denken, was es war, und ließ es vorläufig dabei bewenden. Angenehm war es nicht, die Stimme des Henkers nur durch eine Wand von mir getrennt zu hören, und auf einen peinlichen Ausbruch war ich immer gefaßt. Doch kam weder ein Piepsen noch ein Gewinsel, man hörte nur etwas, das wie ein Beteuern klang. Frau Weinreb hatte eine tiefe, dunkle Stimme, ich hätte sie gern noch eine Weile weiter gehört, es tat mir beinahe leid, als sie verstummte.

Eines Nachts erwachte ich und sah jemand in meinem Zimmer. Frau Weinreb im Schlafrock stand vor dem Bild ihres Mannes, hob es vorsichtig von der Wand und blickte, als ob sie etwas suche, dahinter. Ich sah sie ganz deutlich, das Zimmer war von der Straßenbeleuchtung draußen hell, die Vorhänge waren nicht zugezogen. Sie glitt mit der Nase ganz nahe an der Wand entlang, sie schnüffelte und hielt unterdessen vorsichtig das Bild mit beiden Händen fest. Dann beschnüffelte sie ebenso langsam die Rückseite des Bildes. Es war so still im Zimmer, daß man das Schnüffeln hörte. Ihr Gesicht, das ich jetzt nicht sah, sie kehrte mir den Rücken zu, war mir immer wie das eines Hundes vorgekommen. Mit einer raschen Bewegung tat sie das Bild an seine Stelle zurück und glitt an die benachbarte Wand, zum nächsten. Dieses Bild war viel größer, es hatte einen schweren Rahmen, ich fragte mich, ob sie die Kräfte hätte, es allein zu halten. Aber ich sprang nicht aus dem Bett, um ihr zu helfen, ich dachte, sie sei im Schlaf, ich mochte sie nicht erschrecken. Sie hängte auch dieses Bild ab und hielt es sicher in den Händen, nur war das Schnüffeln an der Wand dahinter nicht mehr so leicht, ich hörte sie vor Anstrengung schnaufen und etwas stöhnen. Dann stolperte sie, es sah aus, als würde sie das Bild fallen lassen, doch gelang es ihr, es auf den Boden abzusetzen, mit der Rückseite nach vorn, ohne es aber ganz loszulassen. Sie streckte sich wieder in die Höhe, und während die Fingerspitzen noch die obere Leiste des Rahmens berührten, schnüffelte sie die Stelle des Bildes an der Wand weiter ab. Als sie damit zu Ende war, kauerte sie sich auf den Boden nieder und machte sich an die Rückseite des Bildes. Ich dachte, sie schnüffle wieder, es war dasselbe Geräusch, an das ich mich in der kurzen Zeit schon gewöhnt hatte. Aber nun sah ich staunend, daß sie die Rückseite des Bildes ableckte. Sie tat das geflissentlich, ihre Zunge hing weit heraus, wie die eines Hundes, sie war zum Hund geworden und schien es zufrieden. Es dauerte ziemlich lange, bis sie fertig war, das Bild war groß. Sie stand auf, hob es mit einiger Anstrengung in die Höhe, und ohne einen Versuch zu machen, die Vorderseite zu sehen oder damit in Berührung zu kommen, hängte sie es an seinen Nagel und glitt lautlos und eilig zum nächsten. In meinem Zimmer hingen vier Bilder des Herrn Dr. Weinreb, sie vergaß keines davon, sie absolvierte alle. Die beiden anderen waren zum Glück nur so groß wie das erste, so konnte sie ihre Übung stehend verrichten, und da sie nicht mehr am Boden kauerte, kam sie nicht mehr zum Lecken und begnügte sich mit Schnüffeln.

Dann verließ sie mein Zimmer. Ich dachte an die vielen Bilder ihres verstorbenen Mannes drüben bei ihr und daß dieselbe Prozedur leicht die halbe Nacht in Anspruch nehmen könnte. Ich fragte mich, ob sie nicht schon früher bei mir gewesen sei, zum selben Zweck, und ich nur infolge meines festen Schlafes nichts davon gemerkt hätte. Ich nahm mir vor, mich an einen leichteren Schlaf zu gewöhnen, damit das nicht wieder geschah, ich wollte wach sein, wenn sie da war.

Backenroth

Mit dem dritten Semester wechselte ich aus dem alten, ›verräucherten‹ Institut zu Anfang der Währingerstraße ins neue Chemische Institut Ecke Boltzmanngasse hinüber. Auf die qualitative Analyse der ersten beiden Semester folgte jetzt die quantitative, unter Anleitung von Professor Hermann Frei. Er war ein kleiner, schmächtiger Mann, der, ohne andere damit zu quälen, zu einem guten Teil aus Ordnungssinn bestand und sich so sehr zur quantitativen Analyse eignete. Er hatte behutsame, fast zierliche Bewegungen, führte einem gern vor, wie sich etwas auf besonders saubere Weise bewerkstelligen ließ, und schien, da es bei diesen Analysen um minimale Mengen Materie ging, kaum ein Gewicht zu haben. Seine Dankbarkeit für Gutes, das er empfangen hatte, überstieg die landesüblichen Maße. Es war ihm nicht gegeben, seine Studenten mit wissenschaftlichen Sätzen zu beeindrucken, seine Sache war das Praktische, die eigentlichen Verrichtungen der Analyse, da war er geschickt und sicher und flink und hatte bei aller Zartheit etwas, das wie Entschlossenheit wirkte.

Von seinen Äußerungen machten einem am meisten Eindruck seine Ergebenheitsbekundungen, die sich nicht selten wiederholten. Er war Assistent bei Professor Lieben gewesen, der ihn gefördert hatte und berief sich manchmal auf ihn, aber nie anders als auf folgende emphatisch-umständliche Weise: »Wie mein hochverehrter Lehrer, Professor Dr. Adolf Lieben, zu sagen pflegte. . .« Dieser Chemiker hatte einen guten Namen hinterlassen, eine Gesellschaft war gegründet worden, die seinen

Namen trug und sich die Förderung der Wissenschaft und ihrer Adepten angelegen sein ließ. In Professor Freis Mund wurde Lieben zu einer mythischen Figur, ohne daß er viel über ihn gesagt hätte, bloß durch die Art der Nennung seines Namens. Doch gab es eine Figur der Vergangenheit, die ihm noch viel mehr bedeutete, obwohl er seltener von ihr sprach und sie auch dann nie beim Namen nannte. Es war ein bestimmter, immer gleichbleibender Satz, in dem er sich auf sie bezog, und die Inbrunst, die seine kleine, schmächtige Person bei solchen Gelegenheiten erfüllte, war derart, daß man ihn dafür bestaunte, obwohl weit und breit im Chemischen Institut niemand war, der seinen Glauben teilte.

»Wenn mein Kaiser kommt, rutsch ich auf den Knien bis Schönbrunn!« Er war der einzige, der die Rückkehr des Kaisers erwartete und sich wünschte, und wenn man bedenkt, daß zehn Jahre zuvor der alte Kaiser noch am Leben gewesen war, mag man sich darüber wundern, daß niemand, buchstäblich niemand diesen Wunsch auch nur verstand. Allen, seinen Assistenten wie seinen Studenten, erschien jener Glaubenssatz wie ein Zeichen von Narretei, und vielleicht wurde er darum mit solcher Heftigkeit und Entschlossenheit geäußert, denn darüber gab sich auch Professor Frei, seiner Treuherzigkeit zum Trotz, keiner Täuschung hin: mit seinem inbrünstigen Wunsch nach der Rückkehr des Kaisers stand er mutterseelenallein. Ich fragte mich, wen er meine, wenn er ›mein Kaiser‹ sagte: den jungen Karl, mit dem sich keine klare Vorstellung verband, oder doch den zum Leben zurückgekehrten Kaiser Franz Joseph.

Vielleicht hing es mit seinem hochverehrten Lehrer, Professor Dr. Adolf Lieben, zusammen, der einer angesehenen jüdischen Bankiersfamilie entstammte, daß Professor Frei nicht die geringste Animosität gegen Juden verspüren ließ. Er war um Gerechtigkeit bemüht und behandelte jeden nach Verdienst. Das ging so weit, daß er auch die Namen galizischer Juden nie anders aussprach als andere Namen, während es den einen oder anderen Assistenten gab, dem solche Namen unwiderstehlich komisch erschienen. Wenn er nicht zugegen war, konnte es passieren, daß man einen solchen Namen dehnte und genüßlich auf der Zunge zergehen ließ. Da war einer, man denke, der Josias Kohlberg hieß, ein fideler, pfiffiger Bursche, der sich die Laune durch keine fragende Dehnung seines Namens verderben ließ, seine

Arbeit flink und tüchtig erledigte, sich niemandem anbiederte, vor niemandem kroch und nicht die geringste Lust verspürte, mit irgendeinem der Assistenten anders als strikt beruflich zu verkehren. Alter Horowitz, der neben ihm arbeitete, war sein melancholischer Gegenpart, seine Stimme war gedämpft, seine Bewegung langsam. Während man bei Kohlberg immer an einen Fußballer dachte, stellte man sich Alter Horowitz über ein Buch gebeugt vor, obwohl ich ihn kein einziges Mal mit einem Buch sah, das er nicht für chemische Zwecke benötigte.

Die beiden ergänzten sich gut und waren unzertrennlich, sie unternahmen alles gemeinsam, wie ein Zwillingspaar, und man hätte denken können, daß sie niemanden sonst brauchten. Aber das war ein Irrtum, denn in ihrer nächsten Nähe arbeitete ein Dritter, der auch aus ihrer Heimat Galizien stammte: Backenroth. Seinen Vornamen habe ich nie gekannt oder er ist mir entfallen. Das war der einzige *schöne* Mensch in unserem Saal, groß und schlank, mit sehr hellen, tief leuchtenden Augen und rötlichen Haaren. Er sprach selten zu jemandem, denn er konnte kaum Deutsch und blickte einem selten ins Gesicht. Aber wenn das doch einmal geschah, dachte man an den jungen Jesus, wie er manchmal auf Bildern dargestellt wird. Ich wußte nichts über ihn und empfand Scheu in seiner Nähe. Seine Stimme kannte ich, zu seinen beiden Landsleuten sprach er auf jiddisch oder auf polnisch und wenn ich merkte, daß er etwas sagte, rückte ich unwillkürlich näher, um die Stimme zu hören, von der ich nichts verstand. Sie war weich und fremd und überaus zärtlich, so daß ich mich fragte, ob es nicht die Zwitscherlaute des Polnischen seien, die so viel Zärtlichkeit vortäuschten. Doch klang sie, wenn er jiddisch sprach, nicht anders, ich sagte mir, daß auch das eine zärtliche Sprache sei, und war so klug wie zuvor.

Ich merkte, daß Horowitz und Kohlberg zu ihm anders sprachen als zueinander. Horowitz ließ sich dann in seiner Traurigkeit nicht gehen und klang sachlicher als sonst, Kohlberg machte keine Späße und wirkte ein wenig, als stünde er mit dem Fußball in der Hand vor Backenroth Habtacht. Es war klar, daß beide ihn über sich stellten, aber ich getraute mich nie zu fragen, warum sie ihn so respektierten oder schonten. Er war größer als sie, aber auch unschuldiger und empfindlicher, es war, als hätten sie ihn in gewisse Situationen des Lebens einzuweihen und vor diesen zu beschützen. Aber nie verlor er das Licht, das von ihm ausging. Ein befreundeter Kollege, mit dem ich darüber sprach und der sich dieser Wirkung, die auch er spürte, entziehen wollte, versuchte es mit Spott und meinte, es sei nichts anderes als die Farbe der Haare, nicht eigentlich rot, nicht eigentlich blond, etwas dazwischen, das wie Sonnenstrahlen wirkte. Übrigens hatten auch die Assistenten vor Backenroth Scheu. Ihr Verkehr mit ihm spielte sich wegen seiner sprachlichen Schwierigkeiten meist über Horowitz oder Kohlberg ab, und es war merkwürdig, wie anders, wie zurückhaltend, ja wie scheu sein Name in ihrem Mund klang, während sie sich über ›Horowitz‹ und ›Kohlberg‹ eher spöttisch verbreiteten.

Es war unverkennbar, daß die beiden, besonders aber Kohlberg, Backenroth vor Beleidigungen zu schützen suchten, deren *sie* sich erwehren konnten, an die *sie* gewöhnt waren. Ich fragte mich, ob das wirklich notwendig sei. Er schien mir durch seine Unkenntnis der Sprache geschützt, aber auch durch etwas, das ich als Glanz zu bezeichnen mich ein wenig scheue, denn ich war damals von keinerlei Hoheit, weder weltlicher noch religiöser eingenommen und neigte dazu, sie zu bekratzen und zu bekritteln. Aber ich betrat nie das Laboratorium, ohne mich zu vergewissern, daß Backenroth an seinem Platze stand, im weißen Kittel, mit Kolben und Brennern beschäftigt, die wenig zu ihm paßten. Bei seiner Tätigkeit im Laboratorium sah er fast so aus, als wäre er verkleidet, ich traute dieser Verkleidung nicht und wartete darauf, daß er sie abwerfe und in seiner wahren Gestalt dastünde. Aber eine klare Vorstellung von dieser wahren Gestalt hatte ich nicht, nur eins war sicher, daß er in diese vielgeschäftige chemische Umgebung, in der aufgelöst, gekocht, destilliert und gewogen wurde, nicht hineinpaßte. Er war ein Kristall, aber kein unempfindlicher, harter, er war ein fühlender Kristall, den niemand in die Hand nehmen durfte.

Wenn ich zu diesem Platz hinschaute und er stand da, war ich beruhigt, aber nur vorläufig, schon am nächsten Tag war ich wieder unsicher und fürchtete sein Ausbleiben. Meine Nachbarin, Eva Reichmann, jene Russin aus Kiew, mit der ich über alles sprach, war die einzige, der ich meine Befürchtungen über Backenroth mitteilen konnte. Ich spielte ein wenig mit diesen Ängsten, ich nahm sie nicht ganz ernst und sie, die von betörender Ernsthaftigkeit war – alles, was Menschen betraf, war ihr heilig –, verwies es mir und sagte: »Sie reden so, als ob er krank wäre. Aber er ist gar nicht krank. Er ist nur schön. Warum sind Sie von männlicher Schönheit so beeindruckt?« »Männlich? Männlich? Er hat die Schönheit eines Heiligen. Ich weiß nicht, was er hier sucht. Was hat ein Heiliger in einem chemischen Laboratorium zu suchen? Er wird plötzlich verschwinden.«

Wir erwogen des längeren, wie er verschwinden würde. Würde er in rotfarbige Dünste vergehen und wieder zur Sonne aufsteigen, von der er stammte? Oder würde er der Chemie entsagen und zu einer anderen Fakultät hinüberwechseln? Zu welcher? Eva Reichmann hätte ihn gern als einen neuen Pythagoras gesehen. Die Verbindung von Geometrie mit den Sternen und Sphärenklängen schien ihr die richtige für ihn. Sie wußte viele russische Gedichte auswendig, die sie mir gern vorsprach und ungern übersetzte. Sie war eine ausgezeichnete Studentin, und leichter als jedem ihrer männlichen Kollegen fiel ihr die physikalische Chemie. »Das ist das Leichteste«, pflegte sie über Mathematik zu sagen, »sobald die Mathematik hineinkommt, wird es ein Kinderspiel.«

Sie war groß und üppig, keine Frucht hatte eine Haut so verführerisch wie ihre. Während sie mit berückender Leichtigkeit mathematische Formeln von sich gab, so als gehörten sie zur Konversation – nicht feierlich etwa wie Gedichte –, wäre man ihr zu gern über die Wangen gestrichen, an die Brust, die sich bei unseren Wortzusammenstößen stürmisch hob, wagte man gar nicht zu denken. Vielleicht waren wir ineinander verliebt, doch da alles in einem Roman von Dostojewski und nicht in dieser Welt spielte, gestanden wir's uns nie, erst heute, nach 50 Jahren, erkenne ich an ihr wie an mir alle Zeichen der Verliebtheit. Unsere Sätze verwickelten sich ineinander wie Haare, Stunden und Stunden dauerten die Umarmungen unserer Worte, die langwierigen chemischen Verrichtungen ließen uns Zeit genug dazu, und so wie Liebende anderen Menschen in ihrer Nähe ihr Eigengewicht nehmen, indem sie sie in ihr Liebesgespräch einbeziehen und zur Steigerung ihrer Erregung mißbrauchen, so kreisten unsere Vorstellungen um Backenroth. Wir sprachen immerwährend besorgt davon, daß wir ihn *verlieren* würden, und darüber verflüchtigte sich die Gefahr, in der er wirklich schwebte.

Ich fragte Eva Reichmann, ob sie nicht mit ihm sprechen möchte. Sie schüttelte entschieden den Kopf und sagte: »In welcher Sprache?«

Sie war russisch erzogen worden. Sie war zwölf, als ihre Familie, die zu den wohlhabendsten der Stadt gehörte, Kiew verließ. In Czernowitz, wohin sie kam, war sie in eine deutsche Schule gegangen, aber ihr Deutsch klang immer noch weich wie das einer Russin. Ihre Familie hatte das meiste, wenn auch keineswegs alles verloren, aber sie sprach nicht mit Groll von der russischen Revolution und pflegte mit tiefster Überzeugung zu sagen: »*So* reich dürfte niemand sein«, und obwohl von irgendwelchen Inflationsgewinnern des damaligen Österreich die Rede war, spürte man, wie sehr sie dabei an den vergangenen Reichtum ihrer eigenen Familie dachte. Jiddisch hatte sie zuhause nie gesprochen. Ich hatte den Eindruck, daß ihr diese Sprache so fremd war wie mir, sie betrachtete sie weder als etwas Besonderes, noch mit der Zärtlichkeit, die man für eine Sprache hat, die daran ist verlorenzugehen. Ihr Schicksal war die große russische Literatur, sie war von ihr vollkommen besetzt, sie dachte und fühlte in den Figuren der russischen Romane, und obwohl man schwerlich einen Menschen gefunden hätte, der natürlicher und spontaner empfand, nahm alles die Formen an, die ihr aus russischen Büchern vertraut waren. Hartnäckig widersetzte sie sich meinem Vorschlag, es mit dem Polnisch von Backenroth aufzunehmen (ich war der Meinung, daß ein Russe mit einigem guten Willen Polnisch verstehen müsse), sei es, daß sie wirklich Polnisch nicht verstand, sei es, daß sie mit ihrer Muttermilch Dostojewski und dessen Vorurteile gegen alles Polnische aufgenommen hatte. Jede dringliche Bitte, die ich in diesem Sinne vorbrachte, schlug sie mit meinen eigenen Waffen ab: »Wollen Sie, daß ich mit ihm radebreche? Die Polen legen viel Wert auf ihre Sprache. Ich kenne ihre Literatur nicht. Aber sie haben eine. Die Russen auch.« Das letzte kam nur kurz heraus, da sie im Prinzip gegen alle Chauvinismen war, mehr als »Die Russen auch« brachte sie darum nicht heraus.

Sie mied das Gespräch mit Backenroth, weil es kein Medium dafür gab. Bei der ›hohen‹ Vorstellung, die auch sie von ihm hatte, störte es sie ein wenig, wenn sie ihn mit Kohlberg oder Horowitz reden hörte. Kohlberg verachtete sie, weil er wie ein Fußballer aussah und immer ein Liedchen pfiff, Horowitz fand sie uninteressant, denn er sah aus »wie jeder Jude«. Ernst nahm sie die Juden, die sich kraft der zugehörigen Literatur einer Sprache vollkommen assimiliert hatten, ohne dabei zu nationalen Berserkern zu werden, und da sie sich Vorurteile nationaler Art konsequent versagte, blieben ihr nur welche gegen Juden übrig, die auf dem Wege zu dieser freien Gesinnung steckengeblieben waren. Sie war keineswegs sicher, daß Backenroth es so weit gebracht hatte. »Vielleicht ist er nur ein junger chassidischer Rebbe«, sagte sie mir einmal, zu meiner Betroffenheit, »aber einer, der es noch nicht weiß.« Es stellte sich heraus, daß sie keine Freundin der Chassidim war. »Das sind Fanatiker«, sagte sie. »Sie sind ihrem Wunderglauben ergeben, trinken und hüpfen herum. Die haben noch keine Mathematik im Leib.« Daß die Mathematik *ihr* Wunderglaube war, bedachte sie nicht. Aber sie nährte das Gespräch über Backenroth zwischen uns. Er war das Liebesgespräch, das wir uns *erlaubten*. Denn ich gehörte zu einer anderen Frau, die sie gesehen hatte, wenn sie mich vom Laboratorium abholen kam. Eva Reichmann war viel zu stolz, um einer Neigung für jemanden nachzugeben, der merken ließ, daß er sich gebunden fühlte. Solange wir von Backenroth sprachen, blieb unsere Neigung unbenannt und die Furcht, daß er plötzlich verschwunden sein könnte, wurde zur Furcht um das Erlöschen dieser Neigung.

Eines Morgens war er nicht da, an seinem Platz stand niemand. Ich dachte, er habe sich verspätet, und sagte nichts. Dann merkte ich, wie Eva unruhig wurde und meinen Blicken auswich. »Sie sind alle drei nicht da«, sagte sie schließlich, »es muß etwas passiert sein.« Auch an den Plätzen von Kohlberg und Horowitz stand niemand, und mir war das entgangen, sie sah ihn nicht so isoliert wie ich, sie sah ihn immer mit den beiden zusammen, den einzigen, zu denen er sprach. Das beruhigte sie ein wenig, sie mochte seine Einsamkeit, die ich fürchtete, nicht ganz wahrhaben.

»Sie sind zusammen bei einer religiösen Feier«, sagte ich. Jetzt versuchte ich ein günstiges Zeichen darin zu sehen, daß alle drei ausblieben, nicht er allein. Sie aber schien eben dadurch verstört. »Das ist ein schlechtes Zeichen«, sagte sie. »Es ist ihm etwas passiert und die beiden sind um ihn.« »Sie meinen, er ist krank«, sagte ich etwas ärgerlich, »aber deswegen würden sie doch nicht beide vom Laboratorium wegbleiben.« »Schon gut«, sie suchte mich zu beschwichtigen, »wenn er krank ist, wird der eine nach ihm schauen und der andere wird herkommen.« »Nein«, sagte ich, »die beiden trennen sich nicht voneinander. Haben Sie schon gesehen, daß einer von ihnen etwas ohne den anderen tut?«»Drum wohnen sie wohl auch zusammen. Waren Sie schon bei ihnen im Zimmer?«»Nein, aber ich weiß, daß sie ein Zimmer zusammen haben. Er wohnt ganz nah bei ihnen, drei Häuser weiter.«»Was Sie schon herausgebracht haben! Sind Sie ein Detektiv?«»Ich bin einmal hinter ihnen hergegangen, als sie vom Laboratorium nach Hause gingen. Kohlberg und Horowitz haben ihn bis an sein Haus begleitet. Dann haben sie sich wie von einem Fremden ganz förmlich von ihm verabschiedet und sind die paar Schritte zurück bis in ihr Haus gegangen. Mich haben sie nicht bemerkt.«»Warum haben Sie das gemacht?«»Ich wollte wissen, ob er allein lebt. Vielleicht, dachte ich, ist er schließlich allein, dann stehe ich plötzlich wie zufällig neben ihm und begrüße ihn. Ich hätte ganz erstaunt getan, er wäre es wirklich gewesen und so wären wir bestimmt ins Gespräch gekommen.« »Aber in welcher Sprache?«»Das ist nicht schwer. Ich kann mich mit Leuten verständigen, die kein Wort Deutsch können. Das hab ich von meinem Großvater gelernt.« Sie lachte: »Sie reden mit den Händen. Das ist nicht schön. Das paßt nicht zu Ihnen.« »Ich tu's auch sonst nicht. Aber so hätten wir das Eis gebrochen. Wissen Sie, wie lange ich mir schon wünsche, mit ihm zu sprechen!« »Vielleicht hätte ich's doch mit Russisch versuchen sollen. Ich hab nicht gewußt, daß Ihnen so viel dran liegt.«

So sprachen wir weiter, von nichts anderem als ihm, und die Plätze drüben blieben leer. Der Vormittag verging und wir trachteten es zu vergessen. Ich lenkte ab und sprach von einem Buch, das ich tags zuvor zu lesen begonnen hatte: Erzählungen von Poe, sie kannte sie nicht, und ich berichtete ihr von einer, ›Das verräterische Herz‹, die mir einen wahren Schrecken eingejagt hatte. Aber während ich mich von diesem Schrecken durch Weitererzählen der Geschichte zu befreien suchte, spürte ich bei jedem Blick nach dem leeren Platz, wie meine Angst stieg und stieg, bis Fräulein Reichmann plötzlich sagte: »Mir ist schlecht vor Angst.«

In diesem Augenblick erschien Professor Frei im Saal, mit seiner Begleitung (gewöhnlich waren es zwei, diesmal stellten sich vier Leute hinter ihm auf), machte ein undeutliches Zeichen, daß wir näherkommen sollten, wartete ein wenig, bis die meisten im Saal vor ihm standen, und sagte: »Etwas Trauriges ist geschehen. Ich muß es Ihnen sagen. Herr Backenroth hat sich heute nacht mit Zyankali vergiftet.« Er blieb noch ein wenig stehen. Dann schüttelte er den Kopf und sagte: »Er scheint sehr einsam gewesen zu sein. Hat niemand von Ihnen etwas gemerkt?« Er bekam keine Antwort, die Nachricht war zu entsetzlich, es gab niemand im Saal, der sich nicht schuldig fühlte, und doch hatte niemand ihm etwas getan. Das war es, es hatte niemand etwas versucht.

Sobald der Professor mit seinem Gefolge den Saal verlassen hatte, verlor Fräulein Reichmann alle Beherrschung und schluchzte herzbrechend, als hätte sie ihren Bruder verloren. Sie hatte keinen Bruder und nun war er es geworden. Ich wußte, daß nun auch zwischen uns etwas geschehen war, aber gemessen am Tod des 21jährigen hatte das wenig zu bedeuten. Ich wußte auch, so gut wie sie, daß wir die unheimliche Erscheinung des jungen Menschen zu unserem Gespräch mißbraucht hatten. Monat um Monat war er zwischen uns gestanden, an seiner Schönheit hatten wir uns erhitzt, er war unser Geheimnis, das wir vor uns selber hüteten, aber auch vor ihm. Beide hatten wir nicht zu ihm gesprochen, weder sie noch ich, und welche Ausflüchte hatten wir nicht erfunden, um dieses Schweigen voreinander zu rechtfertigen. Unsere Freundschaft zerbrach an der Schuld, die wir fühlten. Ich vergab mir nie, aber auch ihr vergab ich nicht. Wenn ich heute in der Erinnerung ihre Sätze wieder höre, deren fremder Ton mich verzaubert hatte, faßt mich der Groll und ich weiß, daß ich das einzige versäumt habe, das ihn gerettet hätte: sie zur Liebe für ihn zu bereden statt mit ihr zu spielen.

Die Rivalen

Es gab noch einen im Laboratorium, der kaum je sprach, aber in seinem Fall lag es nicht an der Unkenntnis der Sprache. Er kam vom Land, ich glaube aus einem Dorf in Oberösterreich, und wirkte schüchtern und verhungert. Die ärmlichen Kleider, die er trug, immer dieselben, schlotterten an ihm, vielleicht hatte sie ihm jemand geschenkt, der sie abgelegt hatte. Aber vielleicht war er auch sehr abgemagert, seit er in der Stadt war, denn er hatte bestimmt nichts zu essen. *Seine* Haare leuchteten nicht, es war ein fahles, müdes Rot, das zu seinem krankhaft bleichen Gesicht paßte. Er hieß Hund, aber was war das für ein Hund, der nie den Mund öffnete, nicht einmal den »Guten Morgen« gab er einem zurück; wenn er überhaupt vom Gruß Notiz nahm, nickte er bloß mürrisch, meistens blickte er weg. Er kam auch nie um Hilfe, er borgte sich nichts aus und bat um keine Auskunft. Er fällt gleich zusammen, dachte ich, wann immer ich in seine Richtung sah. Er war gar nicht geschickt und machte sich lange an seinen Analysen zu schaffen, aber seine Bewegungen waren so knapp und dürftig, daß man ihnen nicht anmerken konnte, wie schwer er sich plagte. Er nahm zu nichts einen Anlauf, sondern gab sich einen kleinen Ruck, und kaum hatte er damit eingesetzt, war es schon zu Ende.

Einmal fand er ein Butterbrot auf seinem Platz, noch eingepackt, das hatte ihm jemand unbemerkt hingelegt. Ich hatte Fräulein Reichmann im Verdacht, die ein mitleidiges Herz hatte. Er öffnete das Paket, sah, was es enthielt, packte das Butterbrot wieder ein und ging damit von einem zum anderen. Er hielt es jedem hin, sagte gehässig: »Gehört das Ihnen?« und ging zum nächsten. Er ließ keinen aus, es war das einzige Mal, daß er zu jedem im Laboratorium sprach, aber er sagte nicht mehr als dieselben drei Worte. Keiner bekannte sich zum Paket. Als er beim letzten angelangt war und sich das letzte Nein geholt hatte, hob er das kleine Paket in die Höhe und rief mit drohender Stimme: »Hat jemand Hunger? Das kommt in den Papierkorb!« Niemand meldete sich, schon um nicht als Urheber der fehlgegangenen Tat zu gelten, Hund schleuderte das kleine Paket – plötzlich schien er überschüssige Kraft zu haben – wütend in den Papierkorb, und als einige Stimmen zu vernehmen waren, die sich getrauten, »schade« zu sagen, zischte er: »Sie können's ja herausholen!« Dieses Maß an Artikuliertheit, aber auch an Entschiedenheit hatte ihm niemand zugetraut. So hatte sich Hund Achtung verschafft und die milde Gabe war nicht umsonst gewesen.

Wenige Tage später kam er mit einem Päckchen in den Saal, das er an die Stelle jenes Butterbrotes neben sich legte. Eine Weile ließ er es ungeöffnet liegen und machte sich an einige seiner langen, unnützen Verrichtungen. Ich war nicht der einzige, der sich fragte, was das Päckchen enthielt. Die Vermutung, daß er sich selbst ein Butterbrot verschafft hatte und nun vorführen wollte, ließ ich bald fallen, das Päckchen sah aus, als ob es etwas Eckiges enthielte. Dann nahm er es in die Hand und kam zu mir heran, schlenkerte damit vor meinen Augen und sagte: »Photos! Schaun 'S!« Es klang wie ein Befehl und war mir sehr recht. Es war allen unerwartet, daß er einem etwas zeigen wollte, und so wie sie früher bemerkt hatten, daß er gar nichts tat, was sich auf andere bezog, so faßten jetzt alle gleich auf, daß er ein Angebot machte, kamen zu meinem Platz herüber und bildeten einen Halbkreis um ihn. Er wartete ruhig, als ob es eine häufige Erfahrung von ihm wäre, bis alles sich versammelt hatte, öffnete das Päckchen und hielt uns nun ein Bild nach dem andern hin, ausgezeichnete Aufnahmen von allen möglichen Dingen, von Vögeln, Landschaften, Bäumen, Menschen und Gegenständen.

Aus einem verhungerten armen Teufel verwandelte er sich so in einen besessenen Photographen, der alles Geld an seine Passion wandte und *darum* so schlecht angezogen war und *darum* hungerte. Man hörte Ausrufe des Lobes, die er mit neuen Bildern quittierte, er hatte Dutzende von Bildern, dieses erste Mal mochten es 50 bis 60 gewesen sein und sie überraschten durch ihre Kontraste, es gab einige wenige gleichartige und dann plötzlich ganz unerwartet etwas anderes. Auf seine Weise hatte er uns nun in der Gewalt, und als eine Kollegin sagte: »Aber Herr Hund, Sie sind doch ein Künstler!« und es meinte, lächelte er und widersprach nicht, man konnte sehen, wie der ›Künstler‹ ihm die Kehle hinabrutschte, keine Speise und kein Getränk wären so köstlich gewesen. Als die Vorstellung zu Ende war, tat es allen leid. Die Kollegin sagte: »Wie kommen Sie nur auf alle Ihre Motive, Herr Hund?« Sie meinte ihre Frage ernst, so ernst, wie sie gestaunt hatte, und er erwiderte würdevoll, aber kurz: »Das macht die Übung!«, worauf ein Liebhaber von Redensarten mit »Übung macht den Meister« herausplatzte, aber niemand lachte.

Hund war also ein Meister und brachte seiner Kunst jedes Opfer. Essen war ihm nicht wichtig, solange er photographieren konnte, und auch das Studium schien er mit wenig Lust zu betreiben. Es vergingen ein, zwei Monate, bis er mit einem neuen Päckchen kam. Gleich versammelten sich die Kollegen, man staunte willig, es war wieder so abwechslungsreich wie das erstemal, und bald war es zur ausgemachten Sache geworden, daß Hund nur ins Laboratotium kam, um uns, sein Publikum, von Zeit zu Zeit mit neuen Photos zu überraschen.

Nicht lange nach dieser zweiten Vorstellung von Hund zog

ein Neuankömmling im Laboratorium die Aufmerksamkeit auf sich: Franz Sieghart, ein Zwerg. Er war wohlproportioniert, von feinem, eher zartem Wuchs, statt auf der Tischplatte, die ihm zu hoch war, baute er seine Apparaturen auf dem Boden auf. Mit seinen geschickten kleinen Fingern wurde er damit rascher fertig als wir anderen, und während er sich unten ans Kochen und Destillieren machte, sprach er mit eindringlicher, etwas krächzender Stimme zu uns unaufhörlich, unermüdlich, und suchte uns davon zu überzeugen, daß er alles erlebt hatte, wovon ein ›Großer‹ wußte und einiges mehr. Er kündigte uns den Besuch seines Bruders an, der größer sei als wir alle, 1,89, Hauptmann im Bundesheer, sie sähen sich zum Verwechseln ähnlich, sie seien nicht auseinanderzuhalten, wenn der in der Uniform daherkäme, wüßte man nicht, wer der Chemiker und wer der Offizier sei. Man glaubte Sieghart, der alles besser wußte, viel, seine Reden hatten eine Überzeugungskraft, um die man ihn beneidete, doch an der Existenz des Bruders wurde gezweifelt.

»Wenn er 1,65 groß wäre«, sagte Fräulein Reichmann, »aber 1,89! Das glaub ich nicht. Und warum soll er in Uniform zu uns kommen?« Schon nach ein paar Stunden im Laboratorium, als er am Boden unten hantierte, hatte sich Sieghart bei uns durchgesetzt, und es dauerte nicht lange, bis er den Assistenten mit dem Ergebnis seiner ersten Analyse beeindruckte. Er war rascher damit fertig geworden, als bei diesen ziemlich langwierigen Arbeiten üblich war, sein Tempo war der Geschicklichkeit seiner Finger angemessen – aber mit der frühen Ankündigung des Bruders beging er einen Fehler. Der Besuch ließ auf sich warten. Zwar war niemand so taktlos, ihn daran zu erinnern, aber er schien die Gedanken seiner Nachbarn zu erraten, denn von Zeit zu Zeit sagte er selbst etwas, was sich auf den Bruder bezog. »Die Woche kann er nicht kommen. Bei denen ist der Dienst streng. Ihr wißt nicht, wie gut ihr's habt! Der hat es schon oft bereut, daß er zum Bundesheer gegangen ist. Aber das sagt er nicht. Ja was hätte er sonst tun sollen mit seiner Länge!« In vielerlei Variationen kamen die Schwierigkeiten zur Sprache, die der Bruder mit seiner Größe hatte. Eigentlich tat er Franz Sieghart leid, aber er ließ ihn doch gelten und fand Worte der Anerkennung dafür, daß er es zum Hauptmann gebracht hatte, ein so junger Mensch.

Schließlich wurde es aber langweilig und man hörte nicht mehr hin. Kaum kam der Bruder aufs Tapet, verschlossen sich die Ohren. Sieghart, der es gewohnt war, sich Gehör zu verschaffen, spürte plötzlich die blanke Wand um sich und wechselte rasch den Gegenstand seiner Größe. Es gab nicht nur den Bruder, es gab auch Mädchen. Alle Mädchen, die Sieghart kannte, waren, wenn nicht von riesenhaftem Wuchs wie der Bruder, so doch von natürlicher Größe. Hier kam es aber mehr auf Abwechslung und Zahl an als auf Höhe. Nicht daß er unfein gewesen wäre und intime Einzelheiten über ihr Aussehen preisgegeben hätte, er war der perfekte Kavalier und stellte sich schützend vor jedes seiner Mädchen. Er nannte sie nicht bei Namen, doch um sie zu unterscheiden und damit man wisse, von wem er eben spreche, numerierte er sie und setzte den Aussprüchen, die er von ihnen berichtete, jeweils ihre Nummer voran. »Meine Freundin Nr. 3 hat mir einen Korb gegeben, die muß heute länger im Büro arbeiten. Ich tröst mich und geh mit der Nr. 4 ins Kino.«

Er habe Photos von allen. Er nehme jede auf. Das hätten seine Mädchen am liebsten: sich von ihm aufnehmen lassen. Bei jedem Rendezvous sei das die erste Frage. »Du, machst du heut ein paar Photos von mir?« »Nur Geduld, nur Geduld«, pflege er dann zu sagen. »Alles hat seine Zeit. Jede kommt dran.« Besonders auf Aktphotos hätten die's abgesehen. Alles dezente Aufnahmen. Aber die könne er nur herzeigen, wenn man das Gesicht nicht sähe. Er mache sich keiner Indiskretion schuldig. Er werde uns schon welche zeigen. Einmal werde er uns einen ganzen Haufen mitbringen. Lauter Aktphotos von seinen Mädchen. Aber damit beeile er sich nicht. Da müßten wir uns schon ein wenig gedulden. Wenn er einmal damit angefangen habe, werde man ihn damit sekkieren. »Sieghart, haben Sie neue Aktphotos?« Er könne aber nicht nur an solche Sachen denken, er habe auch was anderes im Kopf als seine Mädchen. Und wir müßten es lernen, unsere Ungeduld zu bezähmen. Wenn es so weit sei, werde er die Kolleginnen bitten, beiseitezutreten, das sei nichts für ihre keuschen Augen. Das sei strikt für Männer. Aber bitte, er betone: er mache nur dezente Aufnahmen.

Sieghart verstand es, die Neugier des Saals zu steigern. Er brachte eine wohlverschnürte Schuhschachtel ins Laboratotium und sperrte sie erst einmal in seinen Schrank. Dann war er mit ihrer Lage nicht zufrieden, nahm sie wieder heraus, steckte sie wieder hinein, überlegte, sagte: »So ist es besser«, nahm sie nochmals heraus und erklärte: »Ich muß aufpassen damit. Ich sollte euch ja nichts sagen. Da sind lauter Aktbilder drin. Es wird doch kein Dieb unter euch sein.« Er fand immer wieder Gründe, die Schachtel vor unseren Augen hin und her zu drehen. »Daß mir das keiner hinter meinem Rücken aufmacht. Ich weiß, wie ich's zusammengeschnürt habe. Ich kenn's genau. Wenn das Leiseste damit geschieht, nehme ich die Schachtel wieder nach Haus, und dann ist's aus mit dem Herzeigen! Hat das jeder verstanden?« Es klang wie eine Drohung, und es war eine, denn nun glaubte jeder an den Inhalt der Schachtel. Fräulein Reichmann, die prüde war, konnte lange sagen: »Wissen Sie, Herr Sieghart, Ihre Schuhschachtel interessiert niemanden!« »Oha!« sagte drauf Sieghart und zwinkerte jedem männlichen Wesen im Saale zu, einige zwinkerten zurück und alle wußten, warum es sie nach dem Inhalt der Schachtel gelüstete.

Sieghart hielt uns viele Wochen hin. Er hatte vom Meisterphotographen unter uns, von Hund gehört und ließ sich dessen Sujets von uns auf das genaueste schildern. Dazu rümpfte er die Nase und erklärte: »Altmodisch! Das ist alles altmodisch! Früher hat's auch solche Photographen gegeben. Bitte, ich bin auch für die Natur. Aber das kann jeder. Da braucht man nur ins Freie hinaus und knips knips knips hat man gleich ein Dutzend Bilder. Das nenn ich altmodisch. Leicht ist das! Meine Mädchen, die muß ich mir erst immer suchen. Die muß man erst einmal finden. Dann muß ich ihnen den Hof machen. Bitte, im Sommer, beim Baden ist das nicht schwer. Aber im Winter, da muß man so einer erst warm machen. Sonst sagt sie einfach nein und es geht nicht. Also ich hab Erfahrung, ich hol mir keinen Korb. Von mir läßt sich jede aufnehmen. Jetzt glaubt ihr vielleicht, das ist, weil ich klein bin, die halten mich für ein Kind. Falsch! Weit gefehlt. Ich laß die schon merken, wieviel es bei mir geschlagen hat. Für die bin ich genauso ein Mann wie der und jener. Da haben sie erst den Triumph vor der Kamera – *den* Stolz müßtet ihr sehen! – und dann kriegen sie erst noch ein Bild! Je eines, nicht mehr, von jeder Aufnahme *eines*, wenn sie gut gelungen ist. Dafür verlange ich nichts. Aber den Kostenpunkt muß ich auch bedenken. Wenn eine mehr Kopien will, muß sie dafür zahlen. Das kommt schon vor, für ihre Freunde, da verdiene ich noch ganz gut, ich sag halt, Geld ist nicht zu verachten.«

So klärte sich die große Zahl von Siegharts Freundschaften auf. Die ›Freundschaft‹ bestand darin, daß er ihr Leibphotograph war, aber er achtete darauf, daß über diesen Punkt nichts deutlicher wurde, und hatte für diesen Zweck eine originelle Wendung: »Bitte, Genaueres wird keine Seele von mir erfahren. Es gibt ja so etwas wie Diskretion. Für mich ist Diskretion Ehrensache. Das wissen auch meine Freundinnen. Die kennen mich so genau, wie ich sie kenne!«

Eines Morgens stand ein Riese in Uniform in der Tür und fragte nach Franz Sieghart. Wir hatten in Erwartung der Mädchenphotos den Bruder ganz vergessen und staunten über den langen Hauptmann, der oben in einem ganz kleinen Kopf endete und vorn – wie eine Maske – das Gesicht des Franz Sieghart trug, nach dem er fragte. Einer wies ihm den Platz zum Kleinen, der kniete eben am Boden und führte vorsichtig einen kleingeschraubten Bunsen-Brenner unter einen Kolben mit Alkohol. Als er die Beine des Bruders erkannte, in der Uniform, sprang er auf und krähte: »Servus. Willkommen bei uns. Die Chemie, Saal für quantitative Analyse, begrüßt dich. Darf ich dich mit den Kollegen bekanntmachen. Die Damen zuerst, na zier dich nicht, das kennt man!« Der Hauptmann war errötet. »Er ist nämlich schüchtern«, erklärte der Zwerg. »Die Jagd auf Aktphotos – das wäre nichts für ihn!«

Mit dieser Anzüglichkeit hatte er den Bruder vollends verschüchtert. Er hatte eben den Versuch gemacht, sich vor einer unserer Damen zu verbeugen, da brachte der Zwerg die Aktphotos aufs Tapet, und der Hauptmann schnellte mitten in seiner Verbeugung zurück, puterrot, so rot hätte unser Zwerg nie werden können, jetzt waren die Gesichter der beiden deutlich verschieden. »Fürcht dich nicht«, sagte der Kleine, »ich werd dich schonen. Höflich ist der, das könnt ihr euch gar nicht vorstellen. Das muß alles am Schnürchen laufen, wie auf der Parade. Das war also die griechische, und das ist die russische Dame. Und hier zur Abwechslung eine Wienerin, Fräulein Fröhlich. Macht ihrem Namen Ehre, immer lacht sie, auch ohne daß man's kitzelt. Solche Witze hat aber die russische Dame nicht gern. Der traut sich keiner die Waden zu kitzeln, nicht einmal ich, obwohl ich die richtige Höhe dazu hätte.« Fräulein Reichmann verzog das Gesicht und wandte sich ab. Der Hauptmann drückte durch ein leichtes Zucken der Schulter sein Bedauern über das freche Benehmen seines Bruders aus, und schon hatte dieser bemerkt, daß Fräulein Reichmanns Zurückhaltung dem Hauptmann Gefallen einflößte: »Das ist eine feine Dame. Hochgebildet, aus bester Familie. Da gibt's nichts. Was glaubst du. Da möcht jeder anbeißen. Da heißt's sich beherrschen. Nimm dich bitte zusammen. Das bist du eh gewöhnt als Offizier.«

Dann kamen *wir* an die Reihe. Doch hielt er den Bruder fest an der Leine und ließ ihn nie für lange los. Jeder von uns wurde mit ihm bekanntgemacht, für jeden fand er eine treffende satirische Formel. Es zeigte sich, daß er uns gut beobachtet hatte, und wenn auch die Art seiner Einführung bissig eher als kollegial war, so folgte sich doch alles so rasch, Schlag auf Schlag, daß man aus dem Lachen gar nicht herauskam, man blieb damit im Rückstand, man lachte noch, da war er mit seinen Bemerkungen schon zwei Leute weiter. Man empfand es als Glück, daß Hund an diesem Tag nicht im Laboratorium war. Er harte Sieghart von Anfang an mit unverhohlen gehässigen Blicken betrachtet, noch bevor von den Aktphotos die Rede war. Es war, als hätte Hund schon beim ersten Anblick des Zwerges geahnt, welches Unglück sich mit dessen eifrigen Aktivitäten für ihn vorbereitete. Zwar harte Sieghart nie das Wort direkt an ihn gerichtet, obwohl er sich nach der Art seiner Photos erkundigt hatte und aus seiner Verachtung für sie kein Hehl machte. Aber jetzt hätte er ihn beim Namen nennen und etwas über ihn sagen müssen, denn der Bruder wurde mit jedem bekanntgemacht, selbst mit Wundel, unserem Dorftrottel, der ein ziemlich unterirdisches Dasein führte. Es wäre also nicht zu vermeiden gewesen, auch etwas über Hund zu sagen, und das wäre bei seiner offenkundigen Empfindlichkeit schlecht ausgegangen.

Eigentlich dauerte die ganze Vorstellung gar nicht lange, Sieghart schien uns wie seinen Bruder alle in der Tasche zu haben, da zog er einen nach dem anderen heraus und stellte ihn, sobald er das Seine abbekommen hatte, wieder auf die Seite. Der Bruder aber kam aus dem Regen in die Traufe, auf ihn allein fiel so viel Hohn wie auf uns alle zusammen. Ich begann zu begreifen, warum er in Uniform war. Er hatte sich vor der Herrschsucht und dem ewigen Spott des Zwergs ins Bundesheer gerettet, da ging es wenigstens erwartungsgemäß nach Befehl zu und er brauchte sich vor den unabsehbaren Einfällen des Kleinen nicht zu fürchten. Ich fragte mich, warum er überhaupt zu uns gekommen war, er mußte doch wissen, was er von seinem Bruder hier zu gewärtigen hatte. Ich bekam die Antwort darauf, gleich nachdem er sich verabschiedet hatte.

»Ich hab ihm gesagt, er soll kommen und sich die Chemie anschauen, wenn er die Schneid dazu hat. Da geht es nämlich nicht so brav wie im Bundesheer zu, da kann man bei der Arbeit noch reden. Aber er, er meint immer, bei der Arbeit muß Ruhe herrschen. Da soll jeder das Maul halten, so wie bei den Rekruten. Was glaubt's ihr, wie oft ich ihm zugeredet hab zu kommen! Feig bist, ja, das bist, feig! hab ich ihm gesagt. Du kennst das wirkliche Leben nicht. Im Bundesheer, da steht ihr unter Denkmalschutz. Da kann keinem was passieren. Der Krieg ist aus. Neue Kriege wird's nie wieder geben. Wozu braucht man da eine Armee? Man braucht sie für Feiglinge, die sich vorm Leben fürchten. 1 Meter 89 ist das groß und fürchtet sich vor der Chemie! Errötet vor jedem Weibsbild. Fünf Damen haben wir im Saal und fünfmal ist er errötet. Da käm ich aus dem Erröten gar nicht mehr heraus, mit meinen acht Nummern, genau soviel sind's jetzt. Übrigens hab ich ihm von unseren Damen erzählt. Besonders von der feinen russischen Dame. Die ist was für dich, hab ich gesagt, die schaut nicht nach rechts, die schaut nicht nach links, aber aus *Bildung*, nicht aus Feigheit! Na, er hat sich lange genug gefürchtet, aber schließlich ist er doch gekommen, und jetzt habt's ihr ihn gesehen, den Lackel, 1 Meter 89 groß, man muß sich ja beinahe *schämen* mit so einem langen Bruder. Was der sich fürchtet! Vor mir hat er Angst! Wie wir Kinder waren, hab ich ihn zum Weinen gebracht, so eine Angst hat er vor mir gehabt. Jetzt läßt er sich's nicht so anmerken. Aber er hat noch immer Angst vor mir. Hat jemand von euch das bemerkt: er *fürchtet* sich vor mir! So ein Angsthase! Der Herr Hauptmann fürchtet sich! Man möcht ja lachen! Ich fürcht mich nicht. Der könnt noch was von mir lernen.«

Siegharts Großsprechereien in ihrer Lautstärke waren mitunter lästig, aber seiner Arbeit taten sie keinen Abbruch. Flink und geschickt kam er mit seinen Analysen voran, aber er hatte auch Verständnis für Wundel, den Schwindler, der wie ein Dorftrottel aussah und vorsichtig grinsend durch den Saal schlich, die kleine Glasdose mit der Substanz in der gekrümmten Hand, die Hand in der rechten Tasche des Kittels verborgen. Ganz leise bewegte er sich von einem zum anderen, auf Zickzackwegen, nicht in der zu erwartenden Reihenfolge und stand dann plötzlich unerwartet vor einem, blickte einem bittend und nah ins Gesicht und sagte: »Herr Kollege, kennen S' des! Des riecht nach Wald.« Er hielt einem das geöffnete Döschen unter die Nase, man zog den Geruch tief ein, sah sich die Substanz an und sagte: »Ja, natürlich, das hab ich gehabt«, oder: »Nein, das kenn ich nicht.« Im ersteren Falle wollte Wundel wissen, wie man es gemacht habe, und erbat sich das Heft mit den Wägungen und Berechnungen, das man ihm für kurz überließ. Dann schrieb er sich heimlich die Resultate ab und machte sich voller Zuversicht an die Arbeit, deren Resultate er nun zum vorhinein kannte.

Alle wußten, daß er schwindelte, doch niemand verriet ihn. Er richtete es nämlich so ein, daß niemand alles über ihn wußte. Wenn er seine Apparaturen aufgebaut hatte und es in seinen Kolben brodelte, wenn er mit zugekniffenen Lippen seine Tiegel wog, nahm man an, daß auch er seine Arbeit verrichte und ihre Ergebnisse durch die zusammengebettelten Zahlen bloß kontrolliere. Hätte man gewußt, daß alle seine Arbeitsprozesse von Anfang bis zu Ende vorgetäuscht waren, daß er nie mehr tat, als den *Anschein* seiner Arbeit zu bieten, man hätte doch davor zurückgescheut, ihn so konsequent zu unterstützen. Er ging nie zum selben Kollegen, seine Zickzackwege waren davon bestimmt, daß er solche, die ihm schon einmal nützlich gewesen waren, mied, und obwohl man ihn alle paar Wochen einmal hin und her schleichen sah, war man sich über die Ergebnisse seiner diskreten Nachforschungen nicht immer im klaren. Seine Begabung lag in der Geschicklichkeit, mit der er sich unterschätzen ließ. So viel System in der Schlauheit war das letzte, was man diesem grinsenden Fladen zugetraut hätte. Denn so und nicht anders sah die Maske aus, die er trug. Seine Augen waren wie die eines Pilzsammlers immer auf den Boden gerichtet, das Grinsen paßte so wenig dazu wie die hohe schleppende Stimme.

Da er bei seinem Treiben leise sein mußte, mied er Sieghart, der nie anders als laut sprach, doch konnte er nicht verhindern, daß dieser ihn sehr bald als Pilzsammler erkannte und begrüßte. »Wir kennen uns, Herr Kollege!« sprang er ihn klingend an – Wundel zuckte erschrocken zusammen –, »und wissen Sie, woher wir uns kennen? Wir kennen uns schon lange! Und jetzt raten Sie einmal von wo! Kommen Sie net drauf? Ich merk mir alles. Ich vergiß nix.« Wundel machte hilflose Bewegungen, so als möchte er aus dem Saal davonschwimmen, aber es nützte ihm nichts, Sieghart hielt ihn an einem unteren Knopf seines Kittels fest und fragte ein paarmal wieder. »No, wissen S' es no net? Vom Schwammerlsuchen natürlich, von wo denn sonst! Im Wald, da seh ich Sie immer beim Schwammerlsuchen. Aber Sie schaun immer auf den Boden, Sie kennen nix wie Schwammerln. No ja, darum haben Sie ja auch immer den Korb voll mit Schwammerl. Ich aber auch, ich auch, weil ich so nah am Boden bin. Ich weiß gar net, wer mehr Schwammerl im Korb hat, Sie oder ich. Aber ich schau mir auch die Leut gut an, ich bin ein neugieriges Luder, das kommt vom Photographieren. Jetzt was täten Sie sagen, wenn ich Ihnen ein Photo von Ihnen zeig, wie ich Sie grad beim Schwammerlsuchen erwischt hab?« Das Wort ›erwischt‹ hörte Wundel nicht gern, die leutseligen Reden des Zwergs waren eine Qual für ihn. Er tat sein Bestes, um ihm in Zukunft durch eine geeignetere Anlage seiner Zickzackwege auszuweichen, es gelang nicht immer. Sieghart hatte einen Narren an ihm gefressen. Wen er mit Hilfe eines besonderen Einfalls apostrophiert harte, den ließ er nie wieder los, und Wundel, wirklich ein Pilzkenner, war eins seiner Lieblingsopfer.

Doch das war ein Scharmützel. Wundel war ihm eher sympathisch, vielleicht spürte er seine Schlauheit, denn wenn irgendwer verächtlich von ihm als ›Dorftrottel‹ sprach, erklärte er entschieden: »Der? Der ist kein Dorftrottel. Der weiß, was er will. Der verbrennt sich nicht den Mund.« Wohl aber hatte er es auf einen im Saal abgesehen, den er aus dem Feld schlagen wollte, bloß weil er als Photograph galt.

Die verheißungsvolle Schuhschachtel lag nun schon lange bei ihm im Schrank. Zwar nahm er sie von Zeit zu Zeit heraus und drehte sie ausgiebig hin und her, ja, manchmal begann er sie aufzuschnüren, sie war vielfach verknotet, aber kaum hatten Kollegen davon Notiz genommen und ein, zwei Schritte auf die Schachtel zu hingetan, als er wie in einer plötzlichen Eingebung innehielt und sagte: »Nein, heut mag ich nicht. Ihr verdient's noch nicht. Das müßt ihr euch erst einmal richtig verdienen!« Er gab keine Auskunft darüber, worin ein solches Verdienst bestünde. Er wartete auf etwas, niemand wußte worauf, und begnügte sich damit, den Narren des Saals durch Aufschnüren der Schachtel den Mund wäßrig zu machen. Sie war bald wieder zugeschnürt und verstaut, und auch Sätze wie: »Ah was, es ist eh nix drin in der Schachtel!« vermochten ihn nicht zu beirren.

Dann, eines Tages, kam Hund wieder mit einem Paket, ein recht dickes diesmal, und klatschte es neben sich auf den Tisch. Das war gar nicht seine Art, er hatte von Sieghart gelernt, der imponierte vielen, seine auftrumpfende Art machte im Saale Schule. Hund wartete ein wenig, aber nicht so lange wie die Male zuvor und sagte dann, lauter als üblich: »Ich hab Photos! Wer will sie sehen?« »*Ob* ich die sehen will!« krähte der Kleine, rannte als erster hin zu Hund und stellte sich seitlich von ihm auf. »Ich warte!« sagte er herausfordernd, während die anderen, viel langsamer, sich um Hund gruppierten. Diesmal kamen alle, wer immer nur seine Arbeit stehenlassen konnte, kam. »Da hab ich den besten Platz erwischt«, sagte der Kleine, das sollte fröhlich wirken, aber es klang gehässig und ebenso gehässig war die Replik, die Hund darauf gab: »Stellen S' Ihna nur vorn hin, sonst sehen Sie ja nix mit der Figur!«

»Auf die Figur kommt's net an, aber auf die Bilder. Da bin ich gespannt. Gleich dann mach ich meine große Schachtel auf. Lauter Aktphotos von jungen Damen. Jetzt haben Sie sich net am End auch auf Akte spezialisiert, Herr Kollege, das tät mir leid – oder halten wir noch bei der Natur? Ein Kätzchen im Fenster oder eine Silberpappel im Wind? Eine Schneelandschaft im Gebirg vom vergangenen Winter? Ich wünscht' mir ein liebes Dorfkirchlein mit dem Gottsacker ringsum und so ein paar fromme Kreuze. No ja, die Toten wollen nicht vergessen sein oder habn S' gar ein' Hahn auf dem Mist, womit ich nicht sagen will, daß es ein Mist ist, was Sie uns zeigen wollen, Herr Kollege, bitte verstehn S' mich nur nicht falsch, ich meine einen wirklichen Hahn auf einem wirklichen Mist!«

»Wenn Sie jetzt nicht weggehn, zeig ich gar nichts«, sagte Hund. »Gehn S' weg von meinem Platz oder ich zeig gar nichts.« »Gar nix zeigt er, und wie sollen wir das verschmerzen! Ja da bleibt mir nichts übrig« – jetzt schrie der Zwerg –, »als Sie mit den Aktphotos von meinen jungen Damen zu entschädigen! Kommt's herüber zu mir, Herrschaften, da gibt's jetzt was, das zahlt sich aus, net so!«

Sieghart packte zwei der Kollegen am Arm und nahm sie, kräftig zwickend, mit zu sich hinüber. Die anderen folgten. Jetzt kam endlich, worauf man so lange gewartet hatte. Wen interessierte das schon, die kämpfenden Buchfinkenmännchen des Hund. Ein einziger blieb noch bei Hund stehen und ein anderer auf halbem Wege, der sich unentschlossen zu ihm zurückwandte.

»Gehn S' nur!« sagte Hund, »jetzt zeig ich gar nichts. Heut hätt ich was Besondres gehabt, geht's nur und schauts euch dem seinen Dreck an!«

Er stieß den einzigen, der ihm – vielleicht aus Mitleid – treu geblieben war, mit dem Ellbogen fort und ruhte nicht, bis er selber mutterseelenallein wie immer an seinem Platz stand. Er machte auch keine Anstalten, Siegharts Vorstellung zu stören. Er stand finster und still vor seinem Paket, auf das er die rechte Hand gelegt hatte, als hätte er es vor einem frechen Zugriff zu schützen.

Sieghart war indessen beim Aufschnüren. Das ging blitzschnell, schon war die Schuhschachtel offen, schon nahm er einen ganzen Haufen Photos und streute sie, als wäre es nichts, über die Tischplatte aus.

»Bitte sich zu bedienen, meine Herrschaften, Damen für jeden Geschmack, da kann sich jeder seine Damen holen. Da gibt's gleich ein paar für jeden. Nur keine falsche Bescheidenheit! Da darf sich jeder seinen Harem zusammenstellen. Ja, was ist denn das? Traut sich keiner ins Glück hineinzugreifen? Muß ich den Herrschaften die Hand führen? So feig, meine Herren? Das hätte ich nicht gedacht. Jetzt stellen Sie sich vor, daß ich alles in natura vor mir gehabt habe! Da hieß es zupacken und knipsen, ja, was glauben S' denn, wenn ich da nicht rasch entschlossen geknipst hätte – ein zweitesmal hätten sich die jungen Damen nicht ausgezogen, was hätten die sich von mir gedacht! Und was denken sich die jungen Damen jetzt von Ihnen, wenn Sie nicht zugreifen!«

Er packte die Hand eines Studenten, der ihm zunächst stand, und führte sie mitten in den Haufen der Bilder, wobei er eine zittrige Bewegung mit ihr vollführte, als schrecke sie vor den Herrlichkeiten, in die sie hineingreifen wollte, zurück. Er legte ihm ein gutes Dutzend Bilder in die Hand und rief: »Der nächste Herr bitte!« Nun kamen die anderen schon von selber, und bald gaffte alles blöd auf die ausgezogenen Mädchen, die sich gar nicht verführerisch, hausbacken und schelmisch den Blicken darboten. Ein wenig riskant schien es allen Beschauern, was würde geschehen, wenn ein Assistent oder gar der Professor mit seinem Gefolge daherkäme? Aber unanständig konnte man diese Bilder nicht nennen, sonst hätten manche sich nicht getraut, sie vor den anderen in die Hand zu nehmen. Nur daß die weib-

lichen Studenten davon ausgeschlossen waren, war etwas peinlich, und vor Fräulein Reichmann, die gar nicht weit davon
ihren Platz hatte – sie blickte vor sich hin in die Luft und tat, als
höre sie nichts –, fühlte sich jeder schuldig.

Hund aber hatte man ganz vergessen, man wußte nicht einmal
mehr, daß er sich noch im Saal aufhielt. Plötzlich stand er da,
mitten unter Studenten und Bildern, spuckte aus und schrie:
»Huren, lauter Huren!« Dann verschwand er, aber es war nicht
mehr dasselbe. Sieghart fühlte sich für seine Freundinnen beleidigt. »Das haben meine Freundinnen nicht verdient«, sagte er
und sammelte die Photos rasch wieder ein. »Wenn ich das gewußt hätte, hätte ich nichts mitgebracht. Wenn meine Freundinnen das erfahren, ist es aus zwischen uns. Ich muß die Herren um
äußerste Diskretion bitten. Kein Sterbenswort darf aus diesem
Saal kommen. Eine Entschuldigung würde nicht genügen, auch
wenn wir uns korporativ bei den Damen melden und sie immer
wieder zusammen im Chor um Entschuldigung bitten, würde
das nichts nützen. Da gibt es nur Schweigen. Ich kann mich
doch auf Ihre Diskretion verlassen, meine Herren? Es ist hier
nichts ausgepackt worden und das bestimmte beleidigende Wort
ist nicht gefallen. Auch ich werde schweigen. Ich erzähl's nicht
einmal meinem großen Bruder.«

Ein roter Mormone

Den Sommer 1926 verbrachte ich mit meinen Brüdern in
St. Agatha, einem Ort zwischen Goisern und dem Hallstätter
See. Da gab es ein altes, schönes Gasthaus, die frühere Schmiede,
mit einer geräumigen Wirtshausstube. Es hätte sich als Aufenthalt für halbwüchsige Buben nicht geeignet, doch gleich daneben stand ein viel kleineres, neueres Haus, das von einer alten
Dame als Pension ›Agathenschmiede‹ geführt wurde. Die Zimmer waren schmal und bescheiden, auch das Speisezimmer hatte
ähnliche Maße, da standen nicht mehr als drei oder vier Tische.
An einem saßen wir zusammen mit der Inhaberin, einer festen
Dame, die strenger aussah, als sie dann sprach, denn es zeigte
sich, daß sie keine Vorurteile gegen Liebespaare hatte.

Die eigentlichen Gäste neben uns waren ein Paar: ein Regisseur in mittleren Jahren, dunkel und buschig, etwas verlebt,

witzelnd, mit seiner blutjungen schlanken Freundin, die viel größer war als er, aschblond, nicht reizlos und sehr beeindruckt von seinen unaufhörlichen Reden. Er erklärte immerzu alles, es gab nichts, was er nicht besser wußte. Er ließ sich gern mit mir in Gespräche ein, denn ich stand ihm Rede, er hörte auf das, was ich sagte, er schien es sogar ernst zu nehmen. Aber sehr bald legte er dann selber los, fegte alles, was ich gesagt hatte, beiseite, spottete, witzelte, höhnte, zischte, lauter einzelne Rollen wie aus dem Theater – und endete nie, ohne herrscherhaft Affi, seine Freundin, voll ins Auge zu fassen. Ihr schien es selbstverständlich, daß er das letzte Wort behielt, mir nicht. Während sie nie den Versuch machte, etwas zu sagen, versuchte ich's noch ein paarmal. Kaum hatte er mich zu Boden geschlagen, sprang ich unerwartet auf und widerlegte ihn, was dann seine beißende Widerlegung zur Folge hatte. Herr Brettschneider war aber nicht bösartig, es gehörte nur zu seinem ungestörten Besitz Affis, daß sie kein anderes männliches Wesen zu lange sprechen hörte, nicht einmal ein halbwüchsiges. Frau Banz, die Besitzerin, hörte schweigend zu, sie war auf keiner Seite, nicht mit dem leisesten Zucken ihres Gesichts verriet sie, wem sie recht gab, und doch wußte man, daß sie jeder Wendung des Gesprächs folgte.

Herr Brettschneider und Affi wohnten in einem Zimmerchen neben meinem, die Wände waren dünn, ich hörte jeden Laut von drüben: Pfiffe, Neckereien, Gekicher und oft ein zufriedenes Grunzen. Nur still war es nie, vielleicht verstummte Herr Brettschneider manchmal im Schlaf, aber wenn das je der Fall war, merkte ich's nicht, denn dann schlief ich selber.

Es war kein Wunder, daß unsere Gedanken um das ungleiche Paar kreisten, sie waren außer uns die einzigen Gäste. Aber etwas anderes beschäftigte mich in diesen Wochen mehr: das waren die Schwalben, es gab ihrer unzählige, sie hatten ihre Nester in der prächtigen alten Schmiede. Wenn ich am Holztisch im Garten saß und in meinen Heften schrieb, schossen sie über mich hin, ganz nah an mir vorbei. Stunden und Stunden sah ich ihnen zu, ich war von ihnen verzaubert. Manchmal, wenn die Brüder sich auf den Weg machen wollten, sagte ich: »Geht nur voraus, ich komm schon nach, ich muß noch etwas fertig schreiben«, aber ich schrieb nur wenig, meist sah ich den Schwalben zu und mochte mich von ihnen nicht trennen.

Während zweier Tage wurde in St. Agatha Kirchweih gefeiert, es ist das Ereignis, das mir am leuchtendsten in Erinnerung geblieben ist. Die Buden standen um die mächtige Linde auf dem Platz vor der alten Schmiede, aber sie reichten auch bis vor das Haus, in dem wir wohnten. Unmittelbar unter meinem Fenster hatte ein junger Mann einen Tisch aufgestellt, auf dem ein großer Haufen von Männerhemden aufgestapelt lag. Der Verkäufer warf die Hemden mit einer raschen, heftigen Bewegung durcheinander, hob das eine oder andere, meist aber zwei, drei von ihnen zusammen in die Höhe und ließ sie auf den Haufen herunterklatschen. Dazu rief er:

»Heut ist mir alles eins,
Ob i a Geld hab oder a keins!«

Er rief es mit Überzeugung, mit einer nervösen Geste, als wolle er nichts mehr damit zu tun haben, als werfe er es alles weg. So kamen auch immer Bäuerinnen an seinen Stand, um etwas von den weggeschleuderten Geschenken für sich zu erhaschen. Manche prüften zweifelnd ein Hemd, wie wenn sie etwas davon verstünden, er riß es ihnen aus der Hand und warf es ihnen wieder hin, als ob er's herschenken würde, und keine, die ein Hemd in der Hand gehabt hatte, versäumte es mitzunehmen, es war, wie wenn es ihnen an den Händen kleben bliebe. Wenn sie zahlten, schien er das Geld gar nicht zu sehen, auch das warf er weg, in eine große Schachtel, die sich sehr rasch füllte, die Stöße von Hemden nahmen in kürzester Zeit ab. Ich sah ihm von meinem Fenster gleich über ihm zu, ich hatte noch nie etwas so Rasches gesehen, und immer wieder hörte man seinen Ruf dazu:

»Heut is mir alles eins
Ob i a Geld hab oder a keins!«

Ich merkte, daß der scheinbare Leichtsinn, den seine Worte enthielten, sich auf die Bäuerinnen übertrug, sie rückten mit ihrem Geld heraus, wie wenn es nichts wäre – plötzlich war kein einziges Hemd mehr da, sein Stand war kahlgefegt, er hob den rechten Arm in die Höhe, rief »Halt! Einen Moment!« und verschwand mit der Pappschachtel voller Geld um die Ecke. Ich konnte von mir aus nicht sehen, wohin er ging, ich dachte, es sei nun aus, und zog mich vom Fenster zurück, aber ich war noch gar nicht bis an die Tür meines kleinen Zimmers gelangt, als ich, womöglich noch kräftiger als zuvor, den Ruf wieder hörte:

»Heut is mir alles eins, usw.« Da lagen schon wieder Stöße von Hemden auf seinem Tisch, die er mit bitterer Miene hochhob und höhnisch zurückwarf. Von allen Seiten näherten sich die Bäuerinnen und gingen ihm auf den Leim.

Es war kein großer Jahrmarkt, wenn ich zwischen den Buden unten herumging, fand ich mich immer wieder bei ihm, niemand verstand sich aufs Verkaufen so gut wie er. Er bemerkte mich sehr wohl, er hatte mich schon am Fenster oben bemerkt und in einem der seltenen Augenblicke allein an seinem Stand, fragte er mich, ob ich Student sei. Das wunderte mich nicht, er sah wie ein Student aus, und schon zückte er ein Meldungsbuch der Universität Wien und hielt es mir vor die Nase. Er war Student der Rechte im vierten Semester und verdiente sich auf Jahrmärkten sein Brot. »Sie sehen, wie leicht das ist«, sagte er, »ich könnte alles verkaufen. Aber Hemden ist am besten. Diese blöden Weiber glauben, man schenkt ihnen was.« Er verachtete seine Opfer, nach einer Woche, sagte er, sei das Zeug schon zerrissen, vier- oder fünfmal könne man so ein Hemd tragen, aber dann . . . ihm sei das wurscht, wenn die drauf kämen, sei er schon über alle Berge. »Und nächstes Jahr?« fragte ich. »Nächstes Jahr! Nächstes Jahr!« Er war fassungslos über diese Frage. »Nächstes Jahr bin ich krepiert. Wenn ich nächstes Jahr noch nicht krepiert bin, bin ich woanders. Glauben Sie, ich komm wieder her? Ich werde mich hüten. Kommen Sie vielleicht nächstes Jahr wieder her? Sie werden sich auch hüten. Sie wegen Langeweile und ich wegen den Hemden.« Ich dachte an die Schwalben und daß ich um ihretwillen wiederkommen würde, aber ich hütete mich, ihm das zu sagen, und er behielt recht.

Es gab auch sonst allerhand auf der Kirchweih zu sehen, aber der einzige, mit dem ich Freundschaft schloß, war ein rothaariger Mann mit einem Holzbein, der auf den Stufen vor dem alten Gasthof saß, eine Krücke neben sich, das Holzbein vor sich ausgestreckt. Ich fragte mich, was er da tat, es wäre mir nicht eingefallen zu denken, daß er bettelte. Aber dann merkte ich, daß man ihm hie und da eine Münze gab und er, ohne sich etwas zu vergeben, »Vergelt's Gott!« sagte. Ich hätte ihn gern gefragt, wo er her sei, er wirkte fremdartig mit seinem ungeheuren roten Schnurrbart, der schien noch röter als die Haare seines Kopfs, aber das ›Vergelt's Gott‹ sagte er ganz wie ein Einheimischer. Ich genierte mich, ihn als Bettler zu fragen, ich tat, als hätte ich nichts gemerkt, gab ihm einstweilen nichts und nahm mir vor, es später nachzuholen. Es klang bestimmt nicht herablassend, als ich ihn nach seiner Herkunft fragte, aber er nannte weder einen Ort noch ein Land, sondern sagte zu meiner größten Verwunderung: »Ich bin Mormone.«

Ich wußte nicht, daß es in Europa Mormonen gab. Aber vielleicht war er in Amerika gewesen und hatte dort unter Mormonen gelebt. »Wie lange waren Sie denn in Amerika?« »Nie war ich da!« Er wußte, daß seine Antwort mich überraschen würde, und wartete ein wenig ab, bevor er mich darüber aufklärte, daß es auch in Europa und sogar in Österreich Mormonen gebe und gar nicht so wenige noch dazu. Sie hätten ihre Versammlungen und stünden in Verbindung miteinander. Er könne mir ihre Zeitung zeigen. Ich hatte das Gefühl, daß ich ihn bei der Arbeit störe, er mußte doch auf die Leute achten, die ins Gasthaus gingen oder herauskamen, und so verließ ich ihn und sagte, ich käme später wieder. Aber dann war er verschwunden, und ich begriff nicht, daß ich ihn beim Weggehen nicht bemerkt hatte. Er war mit Holzbein und Krücke und Feuerröte unmöglich zu übersehen.

Ich ging ins Wirtshaus hinein, das gesteckt voll war, und da in der großen Gaststube sah ich ihn plötzlich, unter vielen anderen Leuten an einem großen Tisch, ein Gläschen Wein vor sich von der Farbe seiner Haare. Er schien allein zu sein, niemand sprach mit ihm oder vielleicht sprach er mit niemandem. Es war verwunderlich, daß er sich wie jeder andere unter die Gäste des Lokals mischte, vor dem er eben noch gebettelt hatte. Er wirkte nicht so, als ob er sich etwas daraus mache, er saß ruhig und aufrecht da, vielleicht war etwas mehr Platz zu seinen beiden Seiten als zwischen den anderen. Mit seinen feurigen Haaren und dem Schnurrbart besonders stach er unter allen hervor, er wäre mir als einziger an seinem Tische aufgefallen, auch wenn ich nicht mit ihm früher schon gesprochen hätte. Er wirkte streitlustig, aber niemand stritt mit ihm. Sobald er mich bemerkte, winkte er freudig und lud mich an den Tisch. Er mußte nur wenig rücken, um mir Platz zu machen, sogar ein Stuhl fand sich in der Nähe, da jemand aufstand und ging. Schließlich saßen wir eng beisammen wie alte Kumpane und er bestand darauf, mich auf einen Wein einzuladen.

Er habe das Gefühl, sagte er, er legte gleich damit los, daß ich mich für die Mormonen interessiere. Alle Leute seien gegen die Mormonen. Mit ihm wolle keiner etwas zu tun haben, nur deswegen. Die dächten alle, er habe viele Frauen. Das sei alles, was die Leute über die Mormonen wüßten, wenn sie schon überhaupt etwas über sie wüßten. So ein Blödsinn sei das, er habe gar keine Frau, die sei ihm durchgegangen, und ebendeswegen sei er zu den Mormonen gekommen. Das seien gute Leute, da arbeite jeder; da liege keiner faul herum, da tränke keiner Alkohol, das gebe es bei denen gar nicht, nicht wie hier, er wies zornig auf mein Glas – seines war schon leer oder er hatte es vergessen – und umfaßte mit einer Armbewegung alle Gläser des Raums. Er spreche gern darüber, er sage es immer wieder, die Mormonen, das seien gute Menschen. Aber die Leute ärgerten sich nur darüber, kaum tue er den Mund auf, heiße es »Halt die Goschen!« oder »Geh nach Amerika zu deine Mormonen!«. Er sei schon aus Gaststuben hinausgestoßen worden, bloß weil er ihnen damit gekommen sei. Alle hätten etwas gegen ihn, nur deswegen. Er wolle doch nichts von den Leuten, er nehme nie etwas, von niemandem, wenn er drin sei, nur draußen, das gehe die doch nichts an, tue ihnen das vielleicht weh? Aber die hielten das nicht aus, daß einer etwas Gutes an den Mormonen finde, die seien für sie wie Heiden oder Ketzer und man habe ihn sogar schon gefragt, ob alle Roten Mormonen seien. Seine Frau habe ihm schon immer gesagt: »Komm mir nicht in die Nähe, mit deinen roten Haaren. Du bist besoffen. Du stinkst.« Damals habe er noch viel gesoffen, und da ist es schon passiert, daß er auf die Frau einen Zorn gekriegt hat und ihr mit der Krücke ein paar versetzt habe. Drum sei sie ja weg von ihm. Der Alkohol war schuld, da habe ihm einer einmal gesagt: die Mormonen, die gewöhnten den Leuten das Saufen ab, da trinke keiner was, keiner von denen. Da sei er zu ihnen gegangen und das sei wahr, die hätten ihn kuriert, jetzt rühre er keinen Tropfen Alkohol mehr an, und wieder starrte er wütend auf mein Glas, das ich gar nicht auszutrinken wagte.

Ich spürte das Mißfallen der anderen, die am selben Tisch saßen. Auf ihre Gläser starrte er zwar nie, aber um so deutlicher war er zu hören. Seine Predigt gegen den Alkohol wurde lauter und heftiger, er hatte längst ausgetrunken und bestellte nichts. Ich wagte es nicht, ihm ein Glas anzutragen. Ich ging für einen Augenblick hinaus und bat die Kellnerin, ihm ein neues Glas zu bringen, aber nicht gleich, sondern erst wenn ich schon eine Weile wieder sitze. Ich spürte ihre Frage auf den Lippen, kam ihr aber zuvor und zahlte sofort. Dann stand plötzlich wieder das volle Glas vor ihm, er sagte »Vergelt's Gott«, trank es in einem Zug aus, auf die Gesundheit müsse man trinken, das schon, das sei sogar bei den Mormonen so. Das könne man sich gar nicht vorstellen, was für gute Leute das seien, da gebe jeder etwas her, die hätten noch ein Herz für arme Teufel, da bestelle ein ganzer Tisch immer wieder ein Glas für einen armen Teufel und trinke so lange auf seine Gesundheit, bis sie alle besoffen seien, aber aus *Erbarmen*, das sei etwas anderes, aus *Erbarmen* dürfe man trinken. Warum ich denn nicht mit ihm anstoße, er habe mir aus Erbarmen einen Wein bestellt und jetzt habe ihm jemand anderer aus Erbarmen einen Wein geschickt, da dürften wir ruhig trinken, das sei bei den Mormonen auch so und die seien streng, und wenn diese strengen Leute es erlaubten, könne niemand etwas dagegen sagen.

Es fiel aber gar niemandem ein, etwas zu sagen; sobald er trank, feindete man ihn nicht mehr an. Die Blicke der Männer am Tisch – es waren auch ein paar starke junge Kerle darunter und sie hatten nicht übel Lust verspürt, ihn zu verprügeln – wurden freundlicher und harmloser. Man stieß mit ihm auf Amerika an. Er sagte, ich käme von dort, ein Besuch für ihn, ich solle doch etwas sagen, damit die merkten, wie gut ich die Sprache kenne. Ich brachte, in großer Verlegenheit, einige englische Sätze vor, sie stießen mit mir an, vielleicht um zu erproben, ob ich wirklich trinke, denn in Verbindung mit ihm hielten sie mich, das war sicher, für einen Abgesandten der Mormonen.

Die Schule des Hörens

Wenn ich nach Hause kam, in die Haidgasse zu Frau Weinreb, horchte ich gegen meinen Willen, ich konnte nicht anders, auf die bösen Laute des ›Henkers‹ in der Küche. Seit dem nächtlichen Besuch der Frau Weinreb schlief ich leichter, neuer Ereignisse derselben Art gewärtig. Es war besonders die hektische Beziehung zu den Bildern ihres Mannes, die überall hingen, was mir keine Ruhe ließ. Es waren so viele, außer in Größe und Aufmachung unterschieden sie sich wenig voneinander, aber jedes einzelne war von Bedeutung, jedes tat seine Wirkung. Es gab einen Turnus, in dem Frau Weinreb ihre Andacht vor ihnen verrichtete, aber da ich tagsüber nicht zuhause war, konnte ich ihn nicht bestimmen. Ich hatte das Gefühl, daß sie täglich in meinem Zimmer war, wie hätte sie die Bilder, die in meinem Zimmer hingen, vernachlässigen können.

Bei Nacht, als sie gekommen war, war sie in einer Art von Trance gewesen; wie war es bei Tag, wenn der Henker nicht schlief und alles, was sie unternahm, verfolgte und kontrollierte? Vielleicht war sie immer im gleichen Zustand, vielleicht war er durch den Anblick der Bilder bestimmt, die sie zu jeder Zeit an jeder Wand vor Augen hatte. Ein Augenpaar löste das andere ab, es waren dieselben Augen und sie waren immer auf sie gerichtet. Auf allen Bildern war Herr Weinreb alt, es schien keine Jugendaufnahmen von ihm zu geben, ohne Vollbart hatte sie ihn wohl nicht gekannt, und sollten sich doch Jugendbildnisse von ihm bei seinem Tod gefunden haben, so waren sie als die eines Fremden beiseite geschafft worden. Es wäre verfehlt anzunehmen, daß er streng dreinsah, er hatte einen gütigen, milden Blick, immer denselben. Auch wo er im Kreise seiner Kollegen abgebildet war, sah er nicht bedrohlich drein, sondern begütigend, ein Friedensstifter, ein Vermittler, ein Schlichter. Um so unbegreiflicher erschien mir die Unruhe der Frau Weinreb. Was war es, das sie rastlos von Bild zu Bild trieb, welchen Befehl hatte er in ihr hinterlassen, der sie auf den Beinen hielt und sich wie in einer ›multiplen‹ Hypnose vor jedem seiner Augenpaare erneuerte?

Wenn ich sie im Vorzimmer einmal traf und ein paar Worte mit ihr wechselte, mußte ich mir Gewalt antun, um sie nicht nach dem Befinden von Herrn Weinreb zu fragen. Sie aber beteuerte jedesmal, was für ein lieber, guter, feiner, was für ein studierter Herr Herr Dr. Weinreb gewesen sei. Ich sagte einmal bedauernd: »Wie schade, daß er schon so lange nicht mehr am Leben ist«, worauf sie erschrocken einfiel: »Es ist nicht so lang her.« »Ja wie lang denn?« sagte ich und versuchte so freundlich wie er auszusehen, was mir aber ohne Bart nicht gelang. »Das kann ich nicht sagen«, sagte sie, »ich weiß es nicht«, und verschwand rasch in ihr Zimmer. Ich war, sobald ich die Wohnung betrat, wie sie in Unruhe, doch zeigte ich es nicht und trachtete die Bilder nicht zu sehen, gegen die ich Abneigung empfand. Ihre

Rahmen waren immer abgestaubt und die Glasplatte davor frisch abgewaschen. Ich sah sie so an, als ob sie nur aus Rahmen und Glasplatte bestünden. Ich glaube, ich wartete auf eine Katastrophe, eine Zerstörung der Bilder als schreckliche Lösung.

Einmal träumte ich davon, daß der Henker in meinem Zimmer war, die Köchin, Ruženas Tante, die eigentlich sonst nie mein Zimmer betrat, und daß sie mit feixendem Gesicht, ein ungeheuer großes brennendes Zündholz in der Hand, von einem Bild des Herrn Weinreb zum anderen ging und es in aller Ruhe anzündete. Dabei hielt sie Arme, Hand und Zündholz immer in gleicher Höhe und glitt mehr als sie ging. Ihre Füße sah ich nicht, unter dem langen Rock, der bis zum Boden reichte, blieben sie verborgen. Die Bilder brannten gleich, aber ganz still, wie Kerzen. Der Raum verwandelte sich in eine Kirche, ich wußte aber, daß mein Bett da stand und daß ich drin lag und erwachte voller Schrecken, daß ich lästerlich in einer Kirche zu Bette lag.

Von diesem Traum erzählte ich Veza, die Träume ernst nahm, ohne sie durch herumliegende Deutungen zu entkräften. Es war ihr nicht entgangen, wie unheimlich mir der Bilderdienst der Frau Weinreb war. »Vielleicht«, sagte sie, »ist es der Henker, der diesen Kult fordert. Sie weiß davon und hält ihre Herrin mit Hilfe dieser Bilder in Abhängigkeit von sich. Es ist die Kirche des Satans und du wohnst und schläfst mittendrin und wirst dich nie mehr ruhig fühlen, solange du dort bleibst.« Ich spürte, daß sie mit wenig Worten den Traum in unsere vertrautere Sprache übersetzt hatte, ohne etwas von seinen feineren Zusammenhängen zu verwirren.

Ich wußte, daß ich weg mußte, aus diesem Zimmer, dieser Wohnung, dieser Gasse, dieser Gegend. Es war aber nicht mehr als zehn Minuten von da zur Ferdinandstraße, wo Veza wohnte, und das war der eigentliche Grund gewesen, warum ich dieses Zimmer gemietet hatte. Ich konnte unerwartet auf der Straße vor Vezas Zimmer erscheinen und zu ihr hinaufpfeifen, ich konnte so, unruhig wie ich war, eine Art Kontrolle über sie ausüben. Nicht nur wußte ich, ob sie zuhause war oder ausgegangen, ob sie allein war oder Besuch hatte – auch wenn sie für sich las oder studierte, zu jeder Zeit, wann ich eben zu erscheinen beliebte, mußte sie mich hinaufbitten. Sie gab mir nie das Gefühl, daß ich sie störte, vielleicht störte ich wirklich nie, aber es war doch ein Zwang – für sie, weil sie nie sicher sein konnte, ob ich nicht plötzlich auftauchte, für mich, weil es mich auch aus unwürdigen Motiven hinzog, nämlich um genau zu wissen, was sie trieb.

Es hätte mich auf alle Fälle hingezogen, denn nichts war schöner als bei ihr zu sein, sie zu bewundern und mitten in dieser Bewunderung ihr zu sagen, was man gedacht oder getan hatte. Sie hörte zu, nichts entging ihr, sie hütete alle Worte, doch ihr Urteil behielt sie sich vor, es war durch nichts zu verwirren. Was sie gescheit fand, merkte sie sich, es kam im Gespräch wieder auf. Es war nicht müßig, sich mit geistigen Dingen zu beschäftigen, auch nicht hochmütig, sondern vollkommen natürlich. Es gab Gedanken anderer, die einem wie Echos erwiderten und die einen bestärkten. Sie kannte sie, sie schlug Hebbels Tagebücher auf und zeigte einem, was man eben gesagt hatte, und man schämte sich nicht, denn man hatte es nicht gekannt. Ihre Zitate waren nie lähmend, sie kamen nur, wenn ihre Wirkung eine belebende war. Sie dachte sich auch selber etwas, angeregt durch das viele, das ihr vertraut war. Sie war es, die damals Lichtenberg in mein Leben brachte. Gegen anderes opponierte ich, so merkte ich bald, daß sie eine Art von Chauvinismus für alles Weibliche hatte. Frauen-Verherrlichern erlag sie ohne Widerstand, und Peter Altenberg, den sie oft gesehen hatte – schon als kleines Mädchen war sie ihm manchmal im Stadtpark begegnet –, vergötterte sie so, wie er selbst Frauen und kleine Mädchen vergöttert hatte. Das fand ich lächerlich und nahm mir kein Blatt vor den Mund. Es war gut, daß es Dinge gab, die mir zu einer Abgrenzung gegen sie verhalfen, sonst wäre ich ihrer Belesenheit allmählich erlegen. Gegen ihren Altenberg setzte ich meine Schweizer: Gotthelfs ›Schwarze Spinne‹ und Kellers ›Die drei gerechten Kammacher‹.

Wir hatten einige wichtige Gegensatzpaare: sie liebte Flaubert, ich Stendhal. Wenn sie Streit mit mir suchte, weil sie sich über mein Mißtrauen oder die Maßlosigkeit meiner Eifersucht (die sie in kleinen Dosen goutierte) geärgert hatte, stieß sie mich mit Tolstoi vor den Kopf. Anna Karenina war ihr die liebste aller Frauenfiguren, und sobald es um sie ging, konnte sie so heftig werden, daß sie sich zu einer Kriegserklärung gegen Gogol verstieg, *meinen* großen Russen. Sie forderte eine Ehrenerklärung für Anna Karenina, die mich langweilte, weil sie so gar nichts mit Veza gemein hatte, und da ich nicht nachgab – in solchen Dingen war ich standhaft wie ein Blutzeuge und hätte mich eher in Stücke reißen lassen als vor einer falschen Göttin zu opfern –, griff sie ohne Scheu zu ihren Folterwerkzeugen und machte sich statt über mich über Gogol her. Sie kannte seine Schwächen und so ging sie gleich auf ›Taras Bulba‹ los, den Kosaken, der sie so sehr an Walter Scott erinnere.

Ich hütete mich wohl davor, Taras Bulba zu verteidigen, aber wenn ich auf die großen, die ungeheuren Dinge abzulenken suchte, auf den ›Mantel‹, auf ›Die toten Seelen‹, bedauerte sie heuchlerisch, daß vom zweiten Teil dieses Romans so wenig erhalten sei. Vielleicht wäre dieser Teil nach den ersten Kapiteln besser geworden, und was ich denn überhaupt von diesen russischen Jahren Gogols nach seiner Rückkehr in die Heimat halte, als er über seine Wirkung erschrak und um jeden Preis beweisen wollte, wie fromm und wie regierungsfromm er war, die jämmerlichen ›Briefe an seine Freunde‹ schrieb und sein eigentliches Werk ins Feuer warf.

In der ganzen Geschichte der Weltliteratur kenne sie nichts Schrecklicheres als diese letzten Jahre Gogols, dabei war er erst 43, als er starb. Ob man einen solchen Ausbund an Feigheit – selbst wenn es Angst vor dem Feuer der Hölle gewesen sei – noch achten könne? Und was ich verglichen damit von der späteren Entwicklung Tolstois halte, der doppelt so alt geworden sei und auch nach der Vollendung von ›Anna Karenina‹, von der ich absolut nichts verstünde, Verschiedenes zustande gebracht habe, was sogar ich als eingefleischter Frauenfeind respektieren müsse. Ganz besonders aber habe er bis in die letzten Stunden seines Lebens eine Hartnäckigkeit, einen Mut, sogar eine Großmut ohnegleichen bewiesen, das was die Engländer ›spirit‹ nennen. Einen Menschen, der Gogol über Tolstoi stelle, könne sie nicht ernst nehmen.

Ich war zwar vernichtet, aber auch vernichtet gab ich nicht nach. Ich fragte sie, was denn Tolstoi, dem Grafen, bei all seinem Mut *passiert* sei? Ob er je ins Gefängnis gekommen sei, ob man ihm den Prozeß gemacht habe? Ob er sein Herrenhaus habe verlassen müssen? Ob er in der Verbannung gestorben sei?

Passiert ist ihm die *Frau,* sagte sie, und er hat sein ›Herrenhaus‹ verlassen und ist in einer Verbannung gestorben.

Ich machte auch den Versuch einer Ehrenrettung Gogols. Er

habe sich weiter vorgewagt. In denen seiner Werke, die zählen, sei er kühner als jeder andere. Da er es nicht gewußt habe, wie kühn er war, sei er plötzlich damit konfrontiert worden und über sich selbst zu Tode erschrocken. Er habe sich als das angesehen, was er angegriffen habe, und sei von den Zeloten, die ihn nach seiner Rückkehr umgaben, mit der Hölle bedroht worden, und zwar mit der Höllenstrafe für alle seine Figuren zusammen. Sein schreckliches Ende sei es, das die Gewalt und auch die Neuheit seiner Figuren beweise. Sie könne über ihn spotten, aber dann spotte sie über seinen Glauben. Was aber sei es anderes als sein Glaube, was sie am alten Tolstoi so verehre?

Es war ihr gar nicht recht, daß ich den schrecklichen Zelotenglauben orthodoxer Bischöfe, die auf Gogol einwirkten, in einem Atem mit dem selbsterworbenen, einer unaufhörlichen Gewissensprüfung unterworfenen Glauben Tolstois nannte. Es handle sich da um völlig inkommensurable Dinge. Unsere bittere und langausgezogene Fehde mündete in eine Art von Kompromiß, der dem literarischen Gegenstand entsprechend wieder ein literarisches Werk war, aber eines, daß wir beide gleichermaßen bewunderten: Gorkis Aufzeichnungen über den alten Tolstoi, die ich ihr zu lesen gegeben hatte. Es war das Beste, was er je geschrieben hatte, lockere Aufzeichnungen, die er lange liegen ließ, bevor er sie herausbrachte, ohne sie durch eine falsche, äußerliche Vereinheitlichung zu zerstören.

Dieses Bild des alten Tolstoi hatte Veza sehr bewegt. Sie nannte es das schönste Geschenk, das ich ihr gemacht hätte. Wenn wir in *seine* Nähe gerieten, wußten wir beide, daß das Schlimmste vorüber war. Sie konnte dann etwas sagen, das mir das Herz zerriß: »Das ist es, was ich mir am meisten auf der Welt wünsche: daß du einmal so schreibst.«

Das war kein Ziel, das man sich stellen konnte. Es wäre nicht nur unerreichbar gewesen. Vieles ist unerreichbar und man kann versuchen, in seiner Richtung zu segeln. Aber die Größe dieser Aufzeichnungen war durch ihren Gegenstand noch mehr bestimmt als durch ihren Schreiber. Gab es heute auf der Welt einen Tolstoi? Und wenn es ihn gab, würde man wissen, daß er es sei? Und selbst wenn man je so werden könnte, daß man's verdiente, würde man ihm begegnen? Es war ein vermessener Wunsch und vielleicht hätte sie ihn nicht äußern dürfen. Aber obwohl ich nie an diesen Satz von ihr gedacht habe, ohne denselben scharfen Schmerz zu fühlen, den er mir damals verursachte, glaube ich, daß es richtig ist, das Unerreichbare zu sagen. Man kann danach nichts mehr billig geben und es bleibt unerreichbar.

Verwunderlich an diesen Gesprächen war, daß wir einander nicht beeinflußten. Sie blieb bei den Dingen, die sie sich selbst erworben hatte. Manches machte ihr Eindruck, das ich ihr bot: aber nur wenn sie es in sich vorfand, machte sie sich's zu eigen. Es gab Kämpfe, doch nie einen Sieger. Die Kämpfe zogen sich über Monate fort und wie sich später zeigte, über Jahre; doch es kam nie zu einer Kapitulation. Man *erwartete* die Stellungnahme des anderen, doch ohne sie vorwegzunehmen. Wäre, was zu sagen war, von der falschen Seite ausgesprochen worden, es hätte sich im Keim erstickt. Veza gab sich Mühe, ebendas zu vermeiden, durch ihre geheime Sorgfalt, eine zärtliche Fürsorge von ihr, aber nicht wie die einer Mutter, denn man war auf gleich und gleich. Trotz der Heftigkeit ihrer Worte gab sie sich nie überlegen. Aber sie hätte sich auch nie unterworfen und nie hätte sie sich's verzeihen können, wenn sie um des Friedens willen oder aus Schwäche ihre Meinung verschwiegen hätte. Vielleicht ist ›Kampf‹ ein falsches Wort für unsere Dispute, denn es war eine volle Kenntnis des andern mit im Spiel und nicht bloß eine Einschätzung seiner Schlagfertigkeit und seiner Kräfte. Unmöglich war es ihr, mich in böser Absicht zu verwunden. Ich hätte sie um die Welt nicht verletzen mögen. Doch bestand ein Zwang zu geistiger Wahrhaftigkeit, der nicht geringer war, als der, den ich in früheren jungen Jahren gekannt hatte.

Das Erbteil an Intoleranz, das ich mitbekommen hatte, wurde ich auch hier nicht los. Doch ich lernte den intimen Umgang mit einem *denkenden* Menschen, wobei es darauf ankommt, daß man jedes Wort nicht nur hört, sondern auch zu begreifen versucht und dieses Begreifen bezeugt, indem man genau und ohne Verzerrung entgegnet. Die Achtung vor Menschen beginnt damit, daß man sich nicht über ihre Worte hinwegsetzt. Ich möchte es die *stille* Lehre dieser Zeit nennen, obwohl sie sich in so viel Worten abspielte, denn die andere, ihr entgegengesetzte Lehre, in die ich zugleich ging, war laut und eklatant.

Daß man mit den Worten anderer alles machen kann, erfuhr ich von Karl Kraus. Er operierte mit dem, was er las, auf atemberaubende Weise. Er war ein Meister darin, Menschen in ihren eigenen Worten zu verklagen. Das bedeutete nicht, daß er ihnen dann seine Anklage in *seinen* ausdrücklichen Worten ersparte. Er lieferte beides und erdrückte jeden. Man genoß das Schauspiel, weil man das Gesetz anerkannte, von dem diese Worte diktiert waren; aber auch weil man mit vielen anderen zusammen war und die ungeheuerliche Resonanz empfand, die sich Masse nennt, wo man sich an seinen eigenen Grenzen nicht mehr wund reibt. Keines dieser Erlebnisse mochte man missen, keines von ihnen ließ man sich je entgehen. In diese Vorlesungen ging man auch krank und mit hohem Fieber. Man frönte damit auch dem Hang zur Intoleranz, der von Haus aus stark war und sich nun sozusagen legitim auf beinah unvorstellbare Weise steigerte.

Viel wichtiger war, daß man gleichzeitig das *Hören* erlernte. Alles, was gesprochen wurde, überall, jederzeit, von wem immer, bot sich zum Hören an, eine Dimension der Welt, von der man bis dahin nichts geahnt hatte, und da es um die Verbindung von Sprache und Menschen ging, in all ihren Varianten, war es vielleicht die bedeutendste, jedenfalls die reichste. Diese Art des Hörens war nicht möglich ohne Verzicht auf eigene Regungen. Sobald man in Gang gebracht hatte, was sich hören ließ, trat man zurück und nahm nur noch auf und durfte sich darin durch kein Urteil, keine Empörung, kein Entzücken hindern lassen. Wichtig daran war die unverfälschte, reine Gestalt, daß sich keine dieser akustischen Masken (wie ich sie später nannte) mit der anderen vermischte. Lange war man sich der Größe des Vorrats, den man sammelte, gar nicht bewußt. Man empfand nur eine Gier nach Redeweisen, die man sich sauber und deutlich abgegrenzt wünschte, die man wie einen Gegenstand in die Hand nehmen konnte, die einem plötzlich, ohne daß man ihren Zusammenhang mit etwas erkannte, einfielen, so daß man sie sich laut vorsagen mußte; nicht ohne Staunen über ihre Rundgeschliffenheit und die sichere Blindheit, mit der sie alles andere ausschlossen, was es sonst auf der Welt zu sagen gab, das allermeiste, alles, denn ihnen selbst blieb eine einzige Eigenschaft: daß sie sich immer und immer wiederholen mußten.

Ein Bedürfnis nach solchen Masken, ihre Selbständigkeit sozusagen, unabhängig von denen, die ich aus den ›Letzten Tagen der Menschheit‹ von Karl Kraus zu hören bekam und nun auch schon auswendig kannte, empfand ich, glaube ich, in St. Agatha zum erstenmal, im Sommer 1926, als ich den Schwalben Stunden um Stunden zusah, ihrer raschen, leichten Bewegung und die immergleichen Laute hörte, die sie dabei von sich gaben. Diese Laute ermüdeten mich trotz ihrer Wiederholung nie, so wenig wie die wunderbaren Regungen ihres Flugs. Vielleicht hätte ich sie später vergessen, aber dann kam die Kirchweih mit dem Hemdenverkäufer unter meinem Fenster und sein immergleicher Ausruf: »Heut is mir alles eins, ob i a Geld hab oder a keins!« Ausrufer hatte ich als Kind schon gern gehört und mir gewünscht, daß sie in der Nähe blieben und nicht so bald weitergingen. Dieser hier blieb, während zwei Tagen, an derselben Stelle, unverrückbar unter meinem Fenster. Wenn ich aber, eben wegen dieses Lärms, mich in den kleinen Garten an den Holztisch zurückzog, wo ich zu schreiben pflegte, fand ich wieder die Schwalben, die sich vom Jahrmarktstrubel nicht im geringsten stören ließen, dieselben Flüge vollführten, dieselben Laute von sich gaben. *Eine* Wiederholung schien wie die andere, alles war Wiederholung, die Laute, von denen man nicht loskam, bestanden aus Wiederholung, und obwohl es eine *falsche* Maske war, die der Hemdenverkäufer sich aufsetzte, obwohl er sich im Gespräch, das ich mit ihm hatte, als Jus-Student entpuppte, der sehr wohl wußte, was er wollte und sagte, machte mir doch sein konsequenter Gebrauch dieser Maske, in Verbindung mit den immergleichen, aber natürlichen Lauten der Schwalben einen solchen Eindruck, daß die Suche nach Redeweisen später, sobald ich wieder in Wien war, zu rastlosen nächtlichen Gängen durch die Straßen und Lokale der Leopoldstadt führte.

Schon am Ende dieses Jahres wurde mir das Revier zu eng. Ich begann mir längere Straßen, weitere Wege, andere Menschen zu wünschen. Wien war sehr groß, aber der Weg von der Haidgasse zur Ferdinandstraße war kurz, die Praterstraße, wo ich einige Monate mit meinem Bruder gewohnt hatte, schien erschöpft. Die Wege hier waren zur Routine geworden. In der Haidgasse erwartete ich Nacht für Nacht eine Katastrophe. Vielleicht hatte ich auch darum oft böse Gedanken und lief vor Vezas Fenster in die Ferdinandstraße, um mich am Licht in ihrem Zimmer zu beruhigen. Wenn es dunkel blieb und sie ausgegangen war, grollte ich ihr, obwohl sie mir's vorher angekündigt hatte. Etwas in mir schien zu erwarten, daß sie immer dazusein habe, gleichgültig welche Verpflichtungen sie hatte.

Allmählich erkannte ich, daß die Möglichkeit einer Kontrolle, die Nähe des Wegs zu ihr, die Versuchung, jeder Regung dieser Art nachzugeben, mein Mißtrauen steigerte und zu einer Gefahr für uns wurde. Es mußte eine Distanz zwischen uns geschaffen werden, ich mußte aus der Haidgasse weg, und am besten wäre es, wenn ganz Wien zwischen uns läge, so daß jeder Weg zu ihr hin und von ihr weg die Möglichkeit für mich böte, alle Gassen, Tore, Fenster, Lokale der Stadt kennenzulernen, ihre Stimmen alle zu hören, vor keiner zu erschrecken, mich ihnen auszuliefern, sie mir einzuverleiben und doch für immer neue offenzubleiben. Ich wollte mir ein eigenes Quartier finden und erschaffen, am anderen Ende der Stadt, und sie sollte mich, manchmal wenigstens, dort besuchen, frei von der Tyrannei des gezähmten bösen Greises, auf den sie mit halbem Ohr immer hören mußte, denn wer wußte, ob er sich nicht plötzlich einmal von seinem Feuer losriß und aus seiner Hölle in den heiligen Bezirk einbrach.

Die Erfindung von Frauen

Während der Osterferien 1927 fuhr ich nach Paris zu Mutter und Brüdern. Sie waren nun seit bald einem Jahr dort installiert und hatten es sich gar nicht schlecht eingerichtet. Es war den Brüdern gelungen, sich in ihre neuen Schulen einzuleben, die Sprache, die sie – viel jünger noch – während zwei Jahren in einem Lausanner Knabenpensionat erlernt hatten, bereitete ihnen keine Schwierigkeiten. Sie fühlten sich wohl hier und besonders Georg, der Jüngere, der nun Georges genannt wurde, entwickelte sich so, wie ich es mir gewünscht hatte. Er war ein großgewachsener, dunkeläugiger, wortgewandter junger Mensch, der sich besonders im philosophischen Unterricht auszeichnete. Seine Neigung zu logischen Distinktionen überraschte mich (auf meinen Einfluß war sie bestimmt nicht zurückzuführen) und verlieh ihm mit seinen 16 Jahren eine gewisse Selbständigkeit, die er in langen Briefen an mich und während des Besuches auch in unseren Gesprächen mit Glück ins Treffen führte. Er war subtil und findig, in seiner Schule nahm man an, er werde sich ganz der Philosophie zuwenden. Die französische Sprache lag ihm so sehr wie mir die deutsche, und doch waren sie keinem von uns erste Sprachen gewesen. Wir redeten aber

Deutsch miteinander, auch er war ein treuer Leser der ›Fackel‹, die ich ihm von Wien immer schicken mußte, und zu seinen respektablen Eigenschaften gehörte es, daß er jede Sprache, die er beherrschte – mit der Zeit wurden es ziemlich viele –, nicht anders als ein Einheimischer sprach, meist besser.

Bei aller Schärfe und Klarheit des Denkens war er ein zärtlicher Mensch, der sich in seiner Fürsorge für die Mutter nicht genugtun konnte. Er ersetzte ihr, was sie an mir verloren hatte, und vermied jeden Konflikt mit ihr. Es war ihm bewußt, wie tief ich sie getroffen hatte. In einer seelischen Reife, die weit über seine Jahre ging, begriff er, was zwischen uns geschehen war, und hatte es immer vor Augen. Ihren harten Anklagen gegen mich hörte er geduldig zu, ohne ihr zu widersprechen, aber auch ohne ihr so sehr recht zu geben, daß ein Weg zur Aussöhnung ganz versperrt erschien. Es war, als hätte er meine frühere Liebe zu ihr übernommen, um seine Zärtlichkeit, die mir abging, bereichert und verfeinert. Es war ein Glück für die Familie, daß ich ausgeschieden war, und es war ein Glück für mich. Aber um es vollzumachen, für sie wie für mich, mußte ich ihr den tiefsten Stachel aus dem Herzen ziehen, und dieser Stachel hatte einen Namen.

Vor ihrer Übersiedlung hatte ich begriffen, daß es ein einziges Mittel gab, die Pein der Mutter zu lindern und, woran mir noch mehr lag, Veza vor ihrem Haß zu schützen: die Erfindung von Frauen. Damit hatte ich in Briefen den Anfang gemacht und bald an den wechselnden Geschichten Geschmack gefunden. Es mußten *mehrere* Frauen sein, jede, die ich zu ernst nahm, jede, die sich behauptete, hätte sie geängstigt und ihren Haß geweckt. Sie hätte ihren Einfluß auf mich gefürchtet und eine satanische Figur aus ihr gemacht, die ihr den Schlaf genommen hätte, und so war Abwechslung auf jeden Fall geboten. Nach einiger Erfahrung kam ich auf die glücklichste Lösung: es mußten zwei sehr verschiedene Frauen sein, zwischen denen ich schwankte, von denen die eine nicht in Wien lebte und die andere auch nicht zu nahe, so daß das Studium nicht unter dieser Beanspruchung litt, aber auch so, daß keine den Sieg über die andere erringen konnte, denn das hätte ihr wieder ein gefährliches Übergewicht verliehen; ich wäre ihr, wie sie schrieb, ausgeliefert gewesen. Ich machte mir kein Gewissen daraus, diese Geschichten zu erfinden, ich empfand sie nicht als Lügen im ordinären Sinn des Wortes, Odysseus, der mein Vorbild immer geblieben war, half mir über das Peinliche der Situation hinweg. Was man gut erfand, war eine Geschichte, keine Lüge, und daß der Zweck des Unternehmens ein guter, ja ein wohltätiger war, erwies sich bald an der Wirkung.

Das Schwierigste daran war, daß ich Veza informieren mußte. Ohne daß sie davon wußte, ohne ihr Einverständnis konnte ich diese Geschichten weder erfinden noch weiterspinnen, und so war es nicht zu vermeiden, daß ich ihr nach und nach, in kleinen Dosen, so schonungsvoll wie möglich über die tiefe Animosität der Mutter gegen sie die Wahrheit sagte. Sie hatte zum Glück genug gute Romane gelesen, um zu verstehen, was passiert war. Da ich mein Unternehmen schon begonnen hatte, bevor sie davon wußte, hätte sie es auch gar nicht mehr ungeschehen machen können. Sie fürchtete, daß die Mutter durch andere die Wahrheit erfahren könnte: das würde nur zu einer Verschlimmerung der Lage führen. Ich wandte dagegen ein, wie gut ein *Zeitgewinn* sei. In späteren Jahren, wenn sie sich an mein selbständiges Leben gewöhnt hätte, wenn es gar ein Buch von mir gäbe, das sie mit Überzeugung anerkennen könne, würde sie die Einsicht in die wirkliche Situation viel weniger treffen. Es gelang mir, Veza zu überzeugen, sie spürte auch, ohne daß ich es aussprach, wie sehr ich einen tätlichen Eifersuchtsakt der Mutter gegen sie fürchtete.

Eines allerdings hatte ich nicht bedacht: den belebenden Effekt meiner gar nicht so breit ausgesponnenen Geschichten auf die Phantasie der Mutter. Als ich zu Ostern in Paris ankam, gab es laut meinen Briefen eine ›Maria‹ in Salzburg und ›Erika‹, eine Geigerin, die in Rodaun zuhause war, während ich Veza kaum mehr sah und sie auch nicht mehr mochte. Ich stand noch im Vorzimmer der Pariser Wohnung, man hatte mir noch nichts gezeigt und mich flüchtig begrüßt, als die Mutter nach der Erika fragte, und erst als wir einen Augenblick allein waren, ohne die Brüder, sagte sie: »Davon habe ich den Buben nichts gesagt; aber was macht die Maria? Kommst du direkt aus Wien oder hast du in Salzburg Station gemacht?« Sie hielt es nicht für richtig, daß die Brüder von dieser Doppelliebe erfuhren, es könnte sie demoralisieren. Von der Erika habe sie ihnen erzählt, das mache mir doch hoffentlich nichts, so sei das Schreckgespenst der Veza für alle in der Familie gebannt und man könne ohne zu große Sorge an mich in Wien denken.

So stand es also jetzt und ich hatte die Neugier der Mutter zu befriedigen, die unzählige Fragen stellte. Alles wollte sie wissen, aber ihre Fragen unterschieden sich, je nachdem, ob die Brüder anwesend waren oder nicht. Es bereitete ihr unendlichen Spaß, daß Maria, die Salzburgerin, ein Geheimnis zwischen uns beiden war. Sie riet mir auch, vor niemandem in der weiteren Familie Erwähnung davon zu tun, es könnte meinem Ruf schaden. Es sehe doch ein wenig wie Liederlichkeit aus, während sie selbst mir sagen müsse, daß sie mir soviel Weisheit in einer praktischen Frage des Lebens nie zugetraut hätte. Aber wahrscheinlich habe es sich einfach so ergeben und sie sollte mich gar nicht für etwas loben, das nur ein Zufall war.

Als ich dann einige Tage später mit Georg auf unseren ersten großen Spaziergang ging – er wollte mir Dinge zeigen, die ich trotz früheren Aufenthalten in Paris bestimmt noch nicht gesehen hätte –, sagte er mir, nachdem wir erst über andere, »wirkliche«, nämlich geistige Dinge gesprochen hatten, daß es der Mutter viel besser ginge. Es habe Wunder bei ihr gewirkt, daß die Geschichte mit der Veza zu Ende sei. Dann sah er mich sehr ernst an und zögerte, als wolle er mit etwas nicht recht herausrücken. Ich drängte in ihn, obwohl ich ahnte, was nun kommen würde. »Was *ich* darüber denke, brauchst du nicht zu fragen«, sagte er. »Ich hoffe, du wirst nicht immer mit Menschen so spielen wie mit der Veza.« Er zögerte wieder. »Weißt du überhaupt, wie es ihr geht? Hast du keine Angst, daß sie sich etwas antun könnte?«

Ich hatte ihn immer sehr gern gehabt, jetzt liebte ich ihn noch mehr. Ich nahm mir vor, ihm als erstem die Wahrheit zu sagen. Jetzt war es noch zu früh. Es war schlimm, es drückte mich sehr, ihn in der Meinung zu belassen, daß mir das Schicksal eines Menschen, der mir so nahe war, weniger bedeutete als ihm, der sie noch kaum kannte. Diesen Aspekt der dummen Lügengeschichte hatte ich gar nicht bedacht, es war gut, daß ich jetzt auch damit konfrontiert wurde.

Georg dachte immer daran, wenn ich mit ihm allein war. Er war überzeugt davon, daß ein Mensch, den man so schnöd im Stich lasse, gefährdet sei und besonderer Fürsorge bedürfe. Die Behutsamkeit und Einfühlung, die er für das Leben der Mutter in Paris aufbrachte, hatte er in Gedanken auch für das der Veza in Wien. Er suchte mich mit Wärme für sie zu erfüllen, ohne von ihr zu sprechen oder mir gar Ratschläge zu erteilen. Im Louvre, wo wir manchmal zusammen waren, blieb er vor Leonardos ›Heiliger Anna Selbdritt‹ stehen, sah sich die Anna lange an und dann mich. Ihr Lächeln erinnerte ihn an das Vezas, so gut entsann er sich ihrer, er hatte sie gesehen, aber keine zwei Worte mit ihr gewechselt. Er fragte mich, als sprächen wir jetzt über Maler und sonst über nichts, ob ich Leonardo möge. Manche Leute fänden das Lächeln in den Gesichtern Leonardos süßlich, er nicht. Das hänge davon ab, sagte ich, ob man Menschen kenne, die dieses Lächelns fähig seien, ohne daß ihr Leben von süßlichen Anlässen bestimmt wäre. Er war es zufrieden. Ich spürte, daß er meine wahre Meinung über Veza wissen wollte, gegen die ich mich, wie er dachte, so schlecht benahm; aber auch, daß es ihm um Gerechtigkeit für sie zu tun war, denn zuhause hatte er die abscheulichsten Dinge über sie gehört und dazu geschwiegen, obschon er es besser zu wissen meinte.

Wir kamen zu Géricaults ›Floß der Medusa‹, das uns beide faszinierte. Ich wunderte mich, daß er sich davon nicht losreißen konnte, mit seinen 16 Jahren. »Du weißt, warum diese Köpfe so *wahr* sind«, sagte er und erzählte mir dann, daß Géricault die Köpfe von Hingerichteten gemalt habe, um sich für Figuren auf seinem ›Floß‹ zu schulen. »Das hätte ich nie können«, sagte ich, es war mir neu. »Darum bist du auch nicht Arzt geworden. Zu einer Autopsie wärst du nie imstande gewesen.« Da wußte ich, daß er den Gedanken nicht aufgegeben hatte, Medizin zu studieren, und war sehr glücklich, bei der Philosophie, die jetzt im Vordergrund stand, würde es nicht bleiben. Seine Teilnahme, seine Erkenntnis des Schmerzes, seine Fähigkeit, den Anblick des Todes zu ertragen, ohne ihm zu verfallen, seine Geduld, aber auch seine Gerechtigkeit, die jedem das Seine an Beachtung zubilligte – das alles sprach mir dafür, daß er zum Beruf eines Arztes geschaffen war, und worin ich versagt hätte, trotz der Ehrfurcht, die ich für diese Tätigkeit empfand, darin würde er bestehen.

An Gründlichkeit nahm es jeder von uns mit dem anderen auf, und es war ein wenig komisch, wie wir uns beide bei Bildern aufhielten, die uns gleichgültig waren, während es uns zu anderen hinzog, die wir gut kannten, weil wir sie besonders mochten. Er hatte die Höflichkeit, mich zu fragen, ob mir an einem Besuch der babylonischen Altertümer gelegen sei, womit er auf meine Leidenschaft für Gilgamesch anspielte. Auch das hatte er nicht vergessen, nichts hatte er vergessen, die Wirren der Radetzkystraße hatten nichts Früheres in ihm gelöscht. Als ich auf die Babylonier verzichtete, die ihn langweilten, führte er mich zur Belohnung vor die ›Vier Krüppel‹ einen sehr schönen kleinen Breughel. »Damit du uns wieder besuchst«, sagte er. »Glaubst du, ich weiß nicht, warum du von Wien nicht wegkommst. Es sind die Breughels und Karl Kraus und. . .« Das letzte, das er früher gesagt hätte, brachte er nicht über die Lippen.

Wir waren uns näher als je, seine Sorge um den Menschen, der mir der wichtigste gewesen war, an dem ich mich versündigt hatte, erleichterte mich. Wohl wußte ich, daß ich schuldlos war, denn wie hätte es anders kommen können, trotzdem fühlte ich mich schuldig, und nur wenn ich mit der Mutter allein war und erlebte, wie sie unter ihren Fragen nach ›Maria‹ aufblühte, weil ich sie ausführlich beantwortete, fühlte ich mich frei von Schuld. Sie interessierte sich nur für Maria und nicht für die Geigerin, die schon Konzerte gab und von der Kritik beachtet wurde. Sie bedauerte Maria, weil sie so weit von mir, in Salzburg leben mußte, und doch tat ihr gerade diese Distanziertheit wohl. Sie war beeindruckt von ihrer Schönheit und pries mich glücklich, sie wunderte sich nicht zu sehr darüber, daß Maria mich mochte, obwohl ich verglichen mit unserem Jüngsten, Schönen, wahrhaftig nicht anziehend war. »Du bist eben ein Dichter«, sagte sie plötzlich, eben während ich diese Geschichte für sie weiterdichtete. »Du kannst etwas erfinden. Du bist nicht langweilig, wie so viele junge Leute. In einer Stadt wie Salzburg sind die Leute für Dichter empfänglich. Sie sieht dich nicht als Chemiker. Das ist dein Glück.«

Drei Wochen war ich in Paris, in der Wohnung Rue Copernic, und es verging kein Tag, an dem sie nicht etwas Neues über Maria aus mir herauslockte. Sie hatte eine Art zu fragen, der ich nicht widerstehen konnte. Ich verschwieg manches nicht, das bedenklich war, den abscheulichen Geiz der Mutter Marias zum Beispiel, unter der diese litt. »Das kommt in den besten Familien vor«, bekam ich darauf zu hören, »denk nur an den Stiefvater der Veza!« – Schon das sprach für ein Umschlagen ihrer Stimmung. Sie mußte also manchmal auch daran gedacht haben, unter welchem furchtbaren Druck Veza zuhause lebte. Beim Abschied aber, eine halbe Stunde, bevor wir das Taxi bestellten, das mich zum Bahnhof fahren sollte, hatte sie eine großmütige Regung und sprach so, wie sie früher gesprochen hätte. »Sei nicht hart zu ihr, mein Sohn!« – sie meinte Veza. »Sie ist jetzt geschlagen und liegt am Boden. Erzähl ihr nicht alles. Sie muß nicht wissen, wie schön deine beiden Lieben sind. Vergiß nicht, daß sie jetzt allein weiterleben muß. Es ist schwer für eine Frau, nach einer solchen Niederlage ihre Selbstachtung zu bewahren. Am schwersten ist es für eine Frau, allein zu leben. Sie hat dir nichts Böses getan, denn du bist aus ihren Netzen entkommen. Sie wird keinen zweiten wie dich finden, der sich in ihren Netzen fängt, denn so unschuldig, wie du damals warst, ist keiner. Ich habe euch rein erzogen und sie hat es gleich erkannt. Es spricht für sie, daß *du* es warst, mein Sohn, auf den sie ihr Auge warf. Mach ihr von Zeit zu Zeit einen Besuch, nicht zu häufig, sonst nährst du ihren Schmerz. Sag ihr, daß du nicht kommen kannst, weil das Studium dich mehr in Anspruch nimmt als früher – du bereitest dich jetzt für das Leben vor, es wird ernst und da kannst du deine Zeit nicht vertändeln.«

Diese Rede hatte ich im Kopf, als ich sie verließ. Ich freute mich, daß das Burgtheater in ihr noch nicht ganz erstorben war. Aber noch mehr freute ich mich, daß ihr Haß in Mitleid umgeschlagen war. Von meiner Erzählung war sie so erfüllt, daß sie einer der beiden Frauen ohne Scheu den Vorzug gab. Es war gar nicht ausgemacht, welche *ich* lieber hatte, aber sie warf ihr volles Gewicht in die Waagschale für Maria. Es sei immer besser, an jemand in der Ferne zu denken. In der Nähe reibe man sich aneinander wund, alles werde schal, auch bringe die Geige etwas Falsches in die Beziehung hinein. Man liebe schließlich einen Menschen und nicht sein Instrument, sonst könnte man sich gleich mit seinen Konzerten begnügen. Doch solle ich nicht glauben, daß sie Maria kennenlernen wolle. Sie halte es für möglich, daß ich bis zum Ende meines Studiums, also noch zwei Jahre an ihr festhalten würde, eben weil sie in Salzburg sei und nicht in Wien. Neugierig sei sie schon auf sie, gewiß, ich sei ein Übertreiber und vielleicht fände sie sie gar nicht so schön wie ich. Aber eine Bekanntschaft mit der Mutter würde ihr in ihren eigenen Augen ein Gewicht geben, das ihr nicht zukomme. Nur nicht sich binden, das Leben stünde offen vor mir, ein Narr, wer sich heutzutage mit 22 binde.

Der Blick auf Steinhof

In Kolmar stand ich einen ganzen Tag lang vor dem Altar, ich wußte nicht, wann ich gekommen war, und ich wußte nicht, wann ich ging. Als das Museum schloß, wünschte ich mir Unsichtbarkeit, um über Nacht im Museum zu bleiben. Ich sah den Leib Christi ohne Wehleidigkeit, der entsetzliche Zustand dieses Leibes erschien mir wahr, vor dieser Wahrheit wurde mir bewußt, was mich an Kreuzigungen verwirrt hatte: ihre Schönheit, ihre Verklärung. Die Verklärung gehörte ins Engelkonzert, nicht ans Kreuz. Wovon man sich in der Wirklichkeit mit Grauen abgewandt hätte, das war im Bilde noch aufzufassen, eine Erinnerung an das Entsetzen, das die Menschen einander bereiten. Krieg und Gastod waren damals, im Frühjahr 1927, noch nah genug, um die Glaubwürdigkeit dieses Bildes zu bewirken. Vielleicht ist die unentbehrlichste Aufgabe der Kunst zu oft in Vergessenheit geraten: nicht Reinigung, nicht Trost, nicht ein Verfügen über alles, so als ob es gut ausgehen würde, denn es geht nicht gut aus. Pest und Geschwür und Qual und Grauen – und für die Pest, die verwunden ist, erfinden wir schlimmeres Grauen. Was können noch die tröstlichen Täuschungen bedeuten vor dieser Wahrheit, sie ist sich immer gleich und sie soll vor Augen bleiben. Alles Entsetzliche, das bevorsteht, ist hier vorweggenommen. Der Finger des Johannes, ungeheuerlich, weist darauf hin: das ist es, das wird es wieder sein. Und was bedeutet das Lamm in dieser Landschaft? War dieser faulende Mensch am Kreuz das Lamm? Ist er großgewachsen und Mensch geworden, um ans Kreuz geschlagen zu werden und Lamm zu heißen?

Als ich dort war, stand ein Maler davor, der Grünewald kopierte. Er schien nicht bedrückt und nicht befangen und überlegte sich lange jeden Pinselstrich. Ich wünschte ihn weg, es war sonst niemand dort, und ich dachte, er würde ein Gespräch mit mir beginnen: aber er begann gar kein Gespräch, er wollte selber Ruhe, das einzig Auffällige an ihm war, daß er einen nicht beachtete. Ich suchte mir seine Kopie wegzudenken. Ich stellte mich so auf, daß ich sie nicht sah. Aber es war unmöglich, nicht an sie zu denken. Auch genierte ich mich, daß ich so lange blieb. Ohne etwas zu tun, stand ich immer da, ein wenig wie er, auch er ging nie, aber er hatte den Pinsel in der Hand und gab sich

Mühe. Er war ein fester Mann, von mittleren Jahren, sein Gesicht war ausdruckslos und nicht von Schmerz gezeichnet, es war kaum zu glauben, daß dieses Gesicht neben dem auf dem Bilde dastand, daß es zu gleicher Zeit da war, im gleichen Raum, und mit dem Unermeßlichen, das es nie aus dem Auge ließ, als Handwerk beschäftigt.

Ich schämte mich so sehr vor dem Kopisten, daß ich von Zeit zu Zeit nach hinten verschwand, als wollte ich andere Teile des Altars besichtigen. Es war notwendig, der Kopie der Kreuzigung, aber auch ihr selbst zu entkommen, und der Maler mußte denken, daß man Rücksicht auf ihn nehme. Vielleicht veränderte er sich, wenn er allein war, vielleicht schnitt er Grimassen, um diese Konfrontation auszuhalten. Er wirkte erleichtert, wenn ich von hinten wieder hervorkam, mir schien, er lächle. Ich beobachtete ihn, wie er mich beobachtete. Ist es zu verwundern, daß man in dieser Gegenwart einen wirklichen Menschen bemerkt? Man braucht ihn, weil er nicht am Kreuze hängt. Solange er mit der Kopie beschäftigt ist, kann ihm nichts geschehen. Das war der Gedanke, der mich am meisten frappierte. Vor dem, was man sah, gab es nur Schutz, wenn man nie davon absah. Die Rettung besteht darin, daß man den Kopf *nicht* wegwendet. Es ist keine feige Rettung. Es ist keine Verfälschung. Aber wäre dann der Kopist die Vollkommenheit in der Rettung? Nein, denn so wie er sehen muß, *zerlegt* er. Er rettet sich in Teile, deren Zugehörigkeit zum Ganzen aufgeschoben ist. Solange er an ihnen malt, gehören sie nicht dazu. Sie werden wieder dazugehören. Aber es gibt Zeiten, in denen er das Ganze gar nicht sehen kann, da er von einer Einzelheit eingenommen ist, auf deren Genauigkeit es ankommt. Der Kopist ist ein Schein. Er ist nicht wie der Finger des Johannes. Sein Finger zeigt nicht, sondern bewegt sich und führt aus. Am unbefangensten ist hier, wie er *sieht*, nämlich so, daß es ihn nicht verändert. Würde es ihn verändern, er brächte die Kopie nicht zustande.

Ich vergaß den Kopisten erst nach einigen Jahren, als es mir gelang, die großen Lichtdrucke zu finden, die ich in meinem Zimmer aufhing. Bei meiner Rückkehr aus Kolmar mußte ich erst das Zimmer suchen, in dem die Lichtdrucke hängen würden. Ich fand es bald, auf den ersten Anhieb sozusagen und ohne ermessen zu können, wozu es mir eigentlich dienen würde.

Ich wollte Bäume haben, viele Bäume, und die ältesten Bäume, die ich in der Wiener Umgebung kannte, fanden sich im Lainzer Tiergarten. Die erste Annonce, an die ich geriet, verwies auf die Nähe des Tiergartens. Ich fuhr nach Hacking, bis zur Endstation der Stadtbahn, kreuzte den jämmerlichen Flußlauf, der sich die Wien nannte, von dessen gefährlicher Vergangenheit man sich die unglaubwürdigsten Geschichten erzählte, und stieg den Hang hinauf, überquerte die Erzbischofgasse (die von hier einer Mauer entlang bis nach Ober-St. Veit lief, ich hatte für sie immer schon eine Zuneigung gehabt) und bog in die Hagenberggasse ein. Gleich zu Beginn auf der Rechten den Hang hinauf war es das zweite Haus, in dem das ausgeschriebene Zimmer lag.

Die Hausfrau führte mich in den zweiten Stock hinauf, der nur aus diesem Zimmer bestand, und öffnete das Fenster. Beim ersten Blick hinaus war mein Entschluß gefaßt: hier mußte ich wohnen, hier würde ich lange wohnen. Über einen freien Spielplatz und die Erzbischofgasse hinaus ging der Blick auf Bäume, viele, große Bäume, ich nahm an, daß sie zum erzbischöflichen Garten gehörten. Über ihnen aber sah ich auf der anderen Seite des Wien-Tales, auf einem Hügel gegenüber, die Stadt der Irren, Steinhof: von einer langen Mauer umgeben, innerhalb deren in früheren Zeiten Platz für eine Stadt gewesen wäre. Sie hatte ihren eigenen Dom, die Kuppel der Kirche von Otto Wagner glänzte bis zu mir herüber, die Stadt bestand aus vielen Pavillons, die aus der Ferne wie Villen wirkten. Seit ich in Wien war, hatte ich von Steinhof sprechen gehört, in dieser Stadt der Irren lebten sechstausend Menschen. Es war nicht eigentlich nah, schien aber doch sehr deutlich, ich versuchte mir einzubilden, daß ich zu den Fenstern in die Säle hineinsehen könnte.

Die Hausfrau, die meinen Blick zum Fenster hinaus gewiß mißdeutete, – sie mochte 60 Jahre alt sein, ihr Rock reichte bis zum Boden –, hielt mir eine geschlossene Rede über die Jugend von heute und die Kartoffeln, die bereits das Doppelte kosteten. Ich hörte sie bis zu Ende an, ich unterbrach sie nicht, vielleicht spürte ich, daß ich diese Rede in Zukunft noch öfters hören würde, aber um keine Mißverständnisse aufkommen zu lassen, erklärte ich gleich, nachdem sie zu Ende war, daß ich das Recht haben müsse, Besuch von meiner Freundin zu empfangen. Sie nannte sie gleich »das Fräulein Braut« und bestand darauf, daß es nur ein einziges Fräulein Braut sein dürfe. Ich sagte, daß ich auch meine Bücher bringen müsse, ich hätte viele Bücher. Das schien sie zu befriedigen, das gehöre sich so bei einem Herrn Studenten. Schwieriger war es dafür mit den Bildern, die ich an den Wänden aufhängen wollte, von den Reproduktionen der Sixtina, die ich seit der ›Villa Yalta‹ in Zürich um mich hatte, mochte ich mich nicht trennen. »Müssen es Reißnägel sein?« sagte sie, gab aber nach, den Preis für die Miete, der nicht hoch war, hatte ich gleich akzeptiert und mit den Büchern hatte ich ihr Vertrauen eingeflößt, sie wechselte nicht gern die Mieter, und wer viele Bücher mitbrachte, der wollte bleiben.

Mit den Bildern der Sixtina kam ich also, aber ich vergaß nie, was ich eigentlich vorhatte, nach Lichtdrucken des Isenheimer Altars zu suchen und sie in allen Details, deren ich habhaft werden konnte, an die Wände zu nageln. Es dauerte sehr lang, bis ich fand, was ich suchte. In diesem Zimmer habe ich sechs Jahre gewohnt und schrieb hier, sobald die Reproduktionen von Grünewald um mich hingen, die ›Blendung‹.

Ich sah die Hausfrau, die mit Mann und erwachsenen Kindern im Erdgeschoß wohnte, nicht häufig: einmal im Monat, wenn ich ihr die Miete einhändigte und gleich danach, wenn sie mir die Bestätigung in mein Zimmer hinaufbrachte. Es kam aber auch vor, daß jemand mich aufsuchen wollte, während ich aus war; dann fing sie mich bei der Rückkehr an der Haustüre unten ab und ich bekam einen ausführlichen Bericht über Aussehen, Art und Wünsche des Besuchers. Sie mißtraute jedem, der kam, und wenn es jemand aus der Gegend war, den ich zufällig kennengelernt hatte und der sich etwas zum Lesen holen wollte, warnte sie mich nachdrücklich vor Leuten mit schlechten Absichten, die bloß kämen, um auszukundschaften, was es zu stehlen gäbe. Was immer es war, das die Hausfrau mir zu sagen hatte, es endete in der Rede über die Jugend von heute.

Zuunterst, im Kellergeschoß des Hauses, wohnte, als eine Art Hausbesorgerin, die Witwe eines Försters, die den größten Teil ihres Lebens mit ihrem Mann mitten im Tiergarten verbracht hatte. Ihre Aufgabe war es, mein Bett zu machen und das Zimmer aufzuräumen. An Tagen, an denen ich nicht ins Laboratorium ging und während des Morgens etwa zuhause blieb, sah ich sie und sie sprach zu mir von ihrer Zeit im Lainzer Tiergarten. Frau Schicho war eine freundliche, alte Frau, weißhaarig, sehr dick, mit einem roten Gesicht, bei der kleinsten Anstrengung, bei jeder Bewegung geriet sie ins Schwitzen, und wenn ich während des Aufräumens zugegen war, was nicht allzuhäufig geschah, war das Zimmer bald von einem starken Geruch erfüllt, obschon Fenster und Türe offen blieben und ein Durchzug entstand, in dem das Zimmer sich auslüften sollte. Es war kein abstoßend scharfer Geruch, es roch nach Butter, die nicht mehr ganz frisch, aber auch noch nicht ranzig war. Ich wäre fortgegangen, schon um diesem Geruch auszuweichen, aber Frau Schicho hatte eine Art zu erzählen, der ich nicht widerstehen konnte. Es war nicht der Wald mit ihrem Forsthaus, von dem sie sprach, es sei denn, daß ich sie über Eber und Uhus befragte, worüber sie willig, aber ohne Bewegung Auskunft gab. Viel eher gingen ihre Gedanken zu den hohen Gästen zurück, die im Gefolge des Kaisers den Tiergarten besuchten. Stolz, doch nicht feierlich sprach sie vom Drei-Kaiser-Tag, als der russische und der deutsche Kaiser hoch zu Pferd neben dem Kaiser Franz Joseph vorm Forsthaus hielten und sie ihnen einen Willkommenstrunk reichte. Sie sah alle drei vor sich, als stünden sie noch da, sie schilderte ihre Federbüsche, ihre Uniformen, ihre Gesichter, sie wußte noch, auf was für Pferden sie ritten und mit was für Worten sie sich für den Trunk bedankten. Es klang nicht servil, eher so, als ob es noch alles zugegen wäre, und während sie mit den Armen hinauflangte, um mir zu zeigen, wie sie jedem der Kaiser seinen Willkommenstrunk bot, schien sie ein wenig darüber verwundert, daß niemand sich anschickte, den Becher von ihr entgegenzunehmen. Es war alles verschwunden, wo waren die Kaiser, wie war es möglich, daß nichts davon übriggeblieben war, und obwohl sie das nie aussprach und auch kein Bedauern darüber verriet, spürte ich, daß ihr's nicht weniger ein Rätsel war als mir und daß sie um dieses Rätsels willen mit solcher Kraft und Anschaulichkeit davon erzählte.

Ich nahm kein Frühstück in diesem Zimmer, ich verwahrte da nicht einmal Obst oder Brot. Ich hatte mir immer einen Ort gewünscht, der von Essen frei war, der durch nichts gestört wurde, das ich als unerheblich oder lästig empfand. Ich nannte das spaßhalber meine ›Stubenreinheit‹, und Veza, wenn sie zu Besuch kam, verstand das und machte nie auf Frauenart den Versuch, eine Hauswirtschaft bei mir einzurichten. Sie deutete meinen Wunsch, mein Zimmer von solchen Dingen reinzuhalten, auf ihre originelle und einschmeichelnde Weise: es sei mein Respekt vor den Propheten und Sibyllen, die noch an den Wänden hingen, und vielleicht mein Respekt vor Michelangelo, der unendlich lang arbeiten konnte, ohne an Essen zu denken.

Aber das bedeutete nicht, daß ich mir etwas abgehen ließ oder gar hungerte. In der Auhofstraße, fünf Minuten von mir den Hügel hinunter, war eine Molkerei, in der man Joghurt, Brot und Butter bekam, die man am einzigen Tischchen des Ladens, auf dem einzigen Stuhl sitzend, in Ruhe zu sich nehmen konnte. Da aß ich mein Frühstück, bevor ich ins Laboratorium fuhr. Wenn ich zuhause blieb, kam ich auch später untertags und lebte in diesen Jahren gerne von Joghurt und Butterbrot, denn was immer ich mir ersparen konnte, blieb für Bücher.

Frau Fontana, die diese Filiale der Molkerei betrieb, hatte nichts mit Frau Schicho gemein. Ihre Stimme war so spitz wie ihre Nase, die sie in alles hineinsteckte. Während meines Mahls erfuhr ich Details über jeden Kunden, der das Lokal verließ, und über jeden, der voraussichtlich erscheinen würde. Wenn diese Gegenstände erschöpft waren, was gar nicht so rasch geschah, kam ihre Ehe an die Reihe, es war da von Anfang an nicht ganz mit rechten Dingen zugegangen. Frau Fontanas erster Mann war in russische Kriegsgefangenschaft geraten und nach Sibirien gekommen, wo er einige Jahre verbrachte und dann an einer Krankheit starb. Ein Freund von ihm war spät von dort zurückgekommen, mit letzten Grüßen, seinem Ehering und einem Photo, einem Gruppenbild, auf dem man den Verstorbenen, seinen Freund, und andere Gefangene sah, es war ein kostbares Bild, von dem der Besitzer sich nie trennte, obwohl er es gern herzeigte. Alle hatten sich Bärte wachsen lassen und zu erkennen war keiner. Der Besitzer pflegte auf einen Bart zu zeigen, den zweiten unten von rechts, und sagte: »Des war i! Kennen S' mi net? Ja, das waren Zeiten!« Dann nahm er eine feierliche Miene an und zeigte auf einen anderen Bart, den zweiten unten von links, und erklärte: »Und das war mein Freund und Vorgänger, sagen S' ruhig der erste Herr Fontana, aber natürlich hat er anders g'heißen. Da fragen S' besser die Frau. Die weiß ein hohes Lied von ihm zu singen.«

Denn über den zweiten Mann wußte Frau Fontana kein hohes Lied zu singen. Sie stand sehr früh auf, das Geschäft öffnete früh; er schlief den ganzen Vormittag, er kam spätnachts mit der letzten Stadtbahn um eins, manchmal noch später zu Fuß, aus seinem Stammcafé in der Stadt zurück, die Frau schlief dann längst und er sah sie nicht. Am Nachmittag, während sie in ihrer Filiale war, stand er auf und fuhr zu seinen Spezis wieder in die Stadt hinein.

Sie geriet leicht ins Keifen, er mied sie, so gut er konnte. Aber am frühen Nachmittag, bevor er in die Stadt hineinfuhr, löste er sie doch manchmal im Geschäft ab. Auf diese Weise lernte ich ihn kennen und er erzählte mir von Sibirien. Nach etwa zwei Jahren war die Spannung zwischen den beiden so groß geworden, daß sie ihn aus der Wohnung verwies. Es sei überhaupt keine Ehe, sie hätten nichts miteinander zu schaffen. Er benütze ihre Wohnung nur als Schlafstätte. Sonst spräche er nicht einmal mit ihr. Immer wenn sie wach sei, schlafe er, und kaum schlafe sie ein, wache er wieder auf.

Schließlich ging er und sie teilte es mir am nächsten Morgen befriedigt und erbittert zugleich mit. Er hatte kaum etwas mitgebracht, er hatte ja nichts, aber was er hatte, das nahm er wieder mit, sogar ein paar rostige Nägel. »Stellen Sie sich vor, die rostigen Nägel hat er mitgenommen, net einen Nagel hat er mir dagelassen.« Es klang so, als hätte sie gern einen rostigen Nagel von ihm behalten – zum Andenken? zum Ärger? –, und er hatte ihr nicht einmal einen Nagel gegönnt. Wenn sie noch neu gewesen wären, aber das waren sie nicht, es waren alte, rostige Nägel.

Herr Fontana war sehr klein und ging eingeknickt und vornübergebeugt, als hätte er einen schweren Bruch. Er hatte kein Haar mehr, sah hager und ramponiert aus, die Augen wirkten so, als ob sie im nächsten Moment triefen würden, doch sie troffen eigentlich nicht. Wenn er im Geschäft war, fügte es sich, daß die prächtige, üppige Gräfin, die mit ihrer Familie gleich in der Nähe wohnte, hereinkam, eine große, starke Frau, reitbewußt, jagdgeschult – obwohl ich sie nie zu Pferde oder auf der Jagd gesehen hatte –, sie hatte eine laute Stimme und kaufte so ein, als sei das Milchgeschäft nur um ihretwillen vorhanden. Doch war es gar nicht so viel, was sie kaufte, denn sie hatte nie genug Geld mit sich. Manchmal brachte sie ihre drei kleinen Kinder mit, wobei man sofort an ihren hervorragenden Busen denken mußte, dem Herrn Fontana fielen die Augen aus den müden Höhlen heraus. Er bediente die Gräfin bereitwillig und nicht gehässig, sonst ärgerte er sich über jeden, der in seiner Zeit hereinkam. Sie war noch kaum ganz aus der Türe heraus, als er sich an mich wandte und begeistert und nun wirklich triefend sagte: »A Mords-Stuten! A Mords-Stuten!«

Ich glaube, er kam nur, um sie zu sehen, zu dieser Zeit in den Laden – vielleicht hätte er sonst noch länger geschlafen –, und sie, wie auf Verabredung, kam immer zur selben Zeit und ließ sich nur von ihm bedienen. Manchmal sammelte sich vor ihr auf der Theke des Milchgeschäfts alles, was sie verlangt hatte, an, dann – sie war eine sehr schlechte Rechnerin – begann sie nachzurechnen. Herr Fontana, der sie gern aufhielt, um sie länger betrachten zu können, half ihr beim Zusammenzählen. Immer hatte sie viel zu wenig Geld, aber trotz seinem Wohlgefallen an ihr bekam sie nie Kredit, und so mußte einer der verlangten Gegenstände nach dem andern von der Theke wieder verschwinden. Sie schämte sich nie für diese Operation, daß sie nicht rechnen konnte, war keine Schande, denn sie verstand sich dafür auf Pferde. So gab sie, ohne je Unmut zu zeigen, eine Sache nach der anderen zurück, Herr Fontana erlaubte sich, ihre Hand mit einem zärtlichen Druck zu öffnen, im Nu übersah er, was sie an Geld bei sich hatte, er war es, der dann plötzlich ihrer Rückgabe von Gegenständen ein Ende machte und sagte: »Jetzt stimmt's. So viel haben S' gerade!«

Sie vermißte ihn, als er ging, denn nun wurde sie von Frau Fontana bedient, die für ihre Unfähigkeit im Rechnen weniger Verständnis zeigte und insgeheim betrügerische Absichten dahinter vermutete. Auch sie hatte ihre Aussprüche, wenn die Dame mit den Kindern den Laden verließ, und sagte dann: »Die war auf keiner Schul'. Die kann no net zählen und schreiben kann's a net. Jetzt stellen S' sich bloß vor, daß so eine Person mein' Laden führete!« Die Gräfin, die nicht unempfindlich für diese Feindseligkeit war, sagte *mir* draußen: »Schade, daß der feine Mensch fort ist! Das *war* ein feiner Mensch!« Es war klar, daß sie von den rostigen Nägeln nichts gehört hatte.

Auch ich vermißte Herrn Fontana, besonders die Gespräche über Sibirien. In Wirklichkeit lebte er noch dort. Die Kumpane in seinem Stammcafé hörten ihn gern an, wenn er von Sibirien erzählte. Er *müsse* täglich hin, sagte er zu mir, die warteten auf ihn, die wollten, daß er weiter erzähle. Da gebe es noch viel, er sei noch lange nicht damit fertig. Er könne ein Buch über

Sibirien schreiben. Aber es falle ihm leichter, mündlich davon zu erzählen. Die Frau sei gleich das erstemal eingeschlafen, als er etwas über Sibirien sagte. Für die war alles: der Ehering. Das habe ihm schon sein Freund, ihr erster Mann, gesagt: um Gottes willen, bring ihr den Ehering zurück, die hat sonst keine ruhige Stunde! Für die ist das ein Wertgegenstand. Er hätte ihn ja behalten können. Aber was er einem toten Freund versprochen hat, das hält er. Und wenn's eine Million gewesen wäre, er hätte sie gegen Finderlohn abgegeben. Und was hat er von seiner ganzen Treuherzigkeit? Jetzt hat er eine Milchfrau am Hals statt einer Gräfin.

Ein Jahr, nachdem er gegangen war, tauchte Sibirien wieder in der Gegend auf.

Unter Totenmasken

An Ibby Gordon zog mich ihr Geist und ihre Heiterkeit an, sie sprach in Einfällen. Einen erwarteten Satz habe ich nie von ihr gehört, es kam immer ein anderer. Sie war Ungarin, aber sie verstand es, einen auch damit zu überraschen, so daß aus jedem Fehler ein Einfall wurde. Mancher Worte wurde man sich durch sie zum erstenmal bewußt; wenn ihr ein deutsches Wort besonders gefiel, unterschlug sie es und es kam nur noch in Neubildungen zum Vorschein, die daran erinnerten, daß es verschwunden war und nun in immer wieder anderer Art auf das Verlorene zurückverwiesen. Sie sprach nicht rasch, nichts, was sie sagte, ging unter, jede Silbe hatte ihren Ton. Kein Wort ließ sich vom nächsten bedrängen und weiterstoßen, aber da sie rasch *dachte*, wartete vieles in ihr darauf, an die Reihe zu kommen, und spiegelte sich in seiner Freude an sich, bevor es sichtbar wurde. Viele Freuden, lauter neue, reihten sich aneinander, und in der nie endenden Heiterkeit, die sich daraus ergab, war kein Platz für Schrecken, Trauer, Verdruß oder Angst. Wenn man mit ihr beisammen war, glaubte man nicht, daß es Trauer irgendwo gab, denn was davon ihr vor Augen kam oder zugetragen wurde, setzte sich in etwas um, das seine Schwere verlor und Flügel hatte, und da sie sich über nichts beschwerte, was ihr selber geschah, verargte man ihr's weniger, daß sie sich über die Schrecken anderer lustig machte.

Sie sah aus wie eine Figur von Maillol, eine bäurisch-klassische Gestalt, und hatte ein Gesicht wie eine Frucht, die in ihrer Reife bald schimmern wird. Alles Inkongruente und Groteske, das sie sah, war ihre Nahrung. Man hätte sie für erbarmungslos halten können, doch sie war es auch gegen sich. Man wunderte sich, daß ihr geistvoller und unterhaltsamer Spott ihr so gut anschlug. Dieses Bild glücklichster Gesundheit hatte oft nichts zu essen, worüber sie aber kein Wort verlor, es sei denn, sie hatte eine Geschichte darüber zu erzählen: wie wohlgenährt sie männlichen Blicken erschien, die sich an der Pracht ihrer Schultern nicht satt sehen konnten.

Alle Dinge der Herkunft, der Ordnung, des geregelten täglichen Lebens waren an ihr spurlos abgeglitten. Was sie von ihrer Vergangenheit erzählte, war so gleichgültig, als wäre es nie gewesen. Den Namen des Ortes, von dem sie stammte – Marmaros Sziget im östlichen Ungarn, am Fuße der Karpaten –, merkte ich mir, weil er mich an den Marmor erinnerte, aus dem Maillol sie schlug. Ihr Name Ibolya, ungarisch Veilchen, erschien lächerlich, man dachte zum Glück nie daran, weil man sie kurz Ibby nannte. Ihr Mädchenname Feldmesser gefiel mir besser, sie genierte sich für ihn, vielleicht hing das mit ihrer Familie zusammen, über die ich nichts wußte. Als Dichterin hatte sie sich den Namen Gordon zugelegt, daran hing sie, es schien das einzige an ihr, wofür sie ein Herz hatte.

In Budapest war sie Friedrich Karinthy begegnet, einem ungarischen Satiriker, der in seinem Lande berühmt war; ich hatte nichts von ihm gelesen, was sie über seine Sachen erzählte, erinnerte an Swift. Sie wurde seine Freundin, sie schrieb Gedichte, die ihm gefielen, es hieß, er sei diesen wie ihrer Schönheit verfallen. Aranka, seine Frau, eine heftige Person, eine dunkle Zigeunerschönheit, wie Ibby sagte, stürzte sich aus Eifersucht vom dritten Stock auf die Straße und blieb, obwohl schwerverletzt, durch ein Wunder am Leben. Ihr Verzweiflungsakt beeindruckte Karinthy so sehr, daß er beschloß, sich von Ibby auf der Stelle zu trennen; und um das Leben seiner Frau zu retten, wurde Ibby von ihm aus Budapest und Ungarn *verbannt*.

Ein Freund von ihm brachte sie über die Grenze nach Wien, wo sie ohne jedes Gepäck mit einer Zahnbürste ankam, die sie gern vorführte. Es war ein hartes Schicksal, doch sie sprach davon ohne Klage. Für Aranka hatte sie so wenig Mitleid wie für sich selbst, alles was sie empfand, war das Lächerliche ihrer Situation. Der berühmte Schriftsteller hatte seinen verläßlichsten Freund zu ihrer Eskorte bestimmt. Er hatte darauf zu achten, daß sie nicht über die Grenze nach Ungarn zurückschlüpfte. Er nahm ein Zimmer in der Strozzigasse für sie, jeden Tag mußte sie sich in einem Kaffeehaus bei ihm melden. Dann ging er gleich ans Telefon und tief Karinthy in Budapest an: »Ibby ist in Wien. Ibby ist nicht verschwunden.« Dann bekam sie etwas zu essen. Die Miete wurde für sie bezahlt, sonst hatte sie nichts, man fürchtete, sie könnte sich eine Fahrkarte nach Budapest lösen. Wenn sie sich nicht meldete, erschien der Freund bei ihr in der Strozzigasse zur Kontrolle, aber dann bekam sie nichts zu essen. So stand sie vor mir, als ich sie das erstemal sah: die Göttin Pomona, statt des Apfels eine Zahnbürste in der Hand.

Es dauerte einige Wochen und Ibby fand sich inmitten eines Kreises der Wiener Jeunesse dorée, ein Gegenstand des Streites zwischen zwei Brüdern. In diesem Kreis hatte es jeder auf sie abgesehen, und weil es viele waren und alle zugleich um sie warben, gelang es ihr, unter Aufbietung größter Schlauheit, einen gegen den anderen auszuspielen und alle Angriffe abzuwehren. Besonders mit den Brüdern hatte sie es schwer, beiden war es ernst. Sie blieb fast ein Jahr in Wien, in dieser Zeit sah ich sie oft, wir trafen uns im Kaffeehaus, wo sie mir in ihrer ruhigen, unbeteiligten Art, kalt und strahlend und hinreißend komisch alles erzählte, was um sie herum geschah. Ich *mußte* es hören, aber sie mußte es auch sagen. Sie war dankbar dafür, daß ich nicht mein eigenes Süppchen kochte. Sie ruhte sich bei mir, wie sie sagte, von ihrer Unschulds-Schönheit aus, sie spürte, daß ich diese Schönheit so empfand wie sie selbst, als Last, deren Wirkungen man hilflos gegenüberstand.

Von den beiden Brüdern führte der eine die große Buchhandlung, die er nach dem Tod seines Vaters übernommen hatte, während der andere, der als der Gescheitere und Wissendere galt, allerhand studiert hatte, er wechselte gern und hielt gerade bei Philosophie. Rudolf der Buchhändler war ein kleines Nichts von einem Menschen, schmal und unscheinbar und gab sich Mühe, durch sorgfältige Kleidung und Frisur weniger restlicher Haare Eindruck zu machen. Er war Ibby ebenso hörig wie sein Bruder, aber bei seiner trockenen, phantasielosen Art hatte er es viel schwerer, sie zu interessieren als dieser, der Leute gern anhörte und ihnen dann leicht stotternd, aber unablässig Ratschläge gab. Rudolf, der selber Ratschläge brauchte und nie welche gab, mußte sich auf neue Bücher verlassen, Kunstbücher insbesondere, die ihm aus seiner Buchhandlung zugänglich waren, mit denen er Ibby überraschte und beschäftigte. Einmal brachte er ihr ›Das ewige Antlitz‹ mit, eine Sammlung von Totenmasken, die soeben erschienen war. Ich kam dazu, als Ibby daran war, es aufzuschlagen, und bald, nach wenigen Seiten, waren sie und ich davon kaptiviert. Es geschah, was bis dahin zwischen uns undenkbar gewesen wäre, wir verstummten. Wir setzten uns nebeneinander, Rudolf, der das Einverständnis dieses Schweigens nicht ertrug, ließ uns das Buch und verschwand.

Ich hatte noch nie Totenmasken gesehen, sie waren etwas vollkommen Neues für mich. Ich spürte, daß ich dem Augenblick nahe war, über den ich am wenigsten wußte.

Den Titel des Buches, in dem sie sich fanden, ›Das ewige Antlitz‹, nahm ich hin, ohne über ihn nachzudenken. Von der Verschiedenartigkeit der Menschen war ich immer fasziniert, aber ich hatte nie erwartet, daß diese Verschiedenartigkeit sich bis in den Augenblick des Todes steigert. Ich staunte auch darüber, daß so viel sich erhalten läßt. Unter dem Schwinden der Toten hatte ich von klein auf gelitten. Die Bewahruug des Namens, der Werke genügte mir nicht. Es war mir auch um ihre Körperlichkeit zu tun, um jeden Zug und jedes Zucken auf ihrem Gesicht. Wenn ich die Stimme dessen hörte, der mir immer im Ohre blieb, suchte ich vergebens nach seinem Gesicht; im Traum erschien es, wenn ich es nicht herbeigewünscht hatte, aber willentlich zu beschwören war es nicht. Auch wenn ich es – selten genug – sah, war es ein anderes geworden, eigenen Gesetzen der Auflösung unterworfen. Und nun sah ich die, mit deren Gedanken und Werken ich lebte, die ich für ihre Taten liebte, für ihre Untaten haßte, unveränderlich vor mir, ihre Augen geschlossen – als wären sie noch zu öffnen gewesen, als wäre noch nichts Irreparables geschehen –, *hatten* sie sich noch, hörten sie noch, was man ihnen allein sagte? Ich torkelte von einem zum anderen, als müßte ich jeden einzeln fangen und halten. Es leuchtete mir nicht ein, daß sie nun in diesem Buch beisammen waren. Ich fürchtete, sie würden in die verschiedensten Richtungen auf und davon gehen, jeder in eine andere. Nur wenige erkannte ich, ohne auf ihre Namen zu achten. Sie waren in Hilflosigkeit verstoßen ohne Namen. Aber sobald man sie an ihre Namen gebunden hatte, fühlten sie sich vor Zerfall gesichert. Ich blätterte weiter und blätterte dann unvermutet zurück, und da waren sie noch, jeder einzelne von ihnen, keiner hatte sich davongemacht, keiner grollte dem Zusammenhang der Reihe, in die er aufgenommen worden war, der Zufall, der dieses Buch gebündelt hatte, war ihrer nicht unwürdig.

Das letzte vor dem Zerfall: als hätte einer alles, was er sein kann, noch einmal an sich genommen und zu dieser letzten Präsentation seine Einwilligung gegeben. Dieses *Einverständnis* gilt aber nicht für alle Masken: es gibt solche, die einen verwunden, enthüllende Masken. Ihr Sinn liegt in einer schrecklichen Wahrheit, die sie aufreißen, das Beherrschende nämlich, in das dieses bestimmte Leben münden mußte: die Last auf Walter Scott, der spitze Schwachsinn des alten Swift, die entsetzliche, auszehrende Krankheit Géricaults. Man könnte in allen Masken nur das Schreckliche suchen, das Schreckliche des Todes. Es wären dann Mord-Masken. Aber das wäre eine Verfälschung: es ist noch etwas daran, das über den Todesmord hinausgeht.

Es ist das Anhalten des Atems, doch so, als bliebe er bewahrt. Der Atem ist das Kostbarste, das der Mensch besitzt, am kostbarsten zum Schluß, und dieser allerletzte Atem wird in der Maske bewahrt, als Bild.

Aber wie kann Atem zum Bild werden? Die Maske, die ich aufschlug, suchte und immer wiederfand, war die von Pascal.

Hier hat der Schmerz seine Vollendung erreicht, hier hat er seinen langgesuchten Sinn gefunden. Schmerz, der Gedanke bleiben soll, ist zu mehr nicht imstande. Wenn es ein Sterben jenseits der Klage gibt, so ist man hier mit ihm konfrontiert. Eine allmählich erworbene Nähe zum Tod, in unsäglich kleinen, in winzigen Schritten, vom Wunsch nach Überschreitung seiner Schwelle getragen, um hinter ihm Unbekanntes zu gewinnen. Man kann viel von Gläubigen und Märtyrern lesen, die um des jenseitigen Lebens willen von diesem erlöst sein wollen, aber hier hat man das Bild eines von ihnen vor sich, im Augenblick, da er es erlangt, und es ist einer, der sich zwar auch zu kasteien verstand, aber noch unendlich viel mehr gedacht als sich kasteit hat. So hat alles, was er gegen dieses Leben getan hat, sich in seinem Denken gespiegelt. *Sein* Antlitz darf man ein ewiges nennen, denn es drückt ebendie Ewigkeit aus, um die es ihm zu tun war. Er *ruht* in seinem Schmerze, den er nicht verlassen will. Er will so viel Schmerz, als die Ewigkeit aufzunehmen bereit ist, und wenn er das volle Maß erlangt hat, das sie ihm erlaubt, bringt er ihn ihr dar und betritt sie.

Der 15. Juli

Wenige Monate, nachdem ich in das neue Zimmer eingezogen war, geschah etwas, das auf mein späteres Leben den tiefsten Einfluß hatte. Es war eines von jenen nicht zu häufigen öffentlichen Ereignissen, die eine ganze Stadt so sehr ergreifen, daß sie danach nie mehr dieselbe ist.

Am Morgen des 15. Juli 1927 war ich nicht wie sonst immer im Chemischen Institut in der Währingerstraße, sondern fand mich zu Hause. Ich las im Kaffeehaus in Ober-St. Veit die Morgenzeitung. Ich spüre noch die Empörung, die mich überkam, als ich die ›Reichspost‹ in die Hand nahm; da stand als riesige Überschrift: »Ein gerechtes Urteil.« Im Burgenland war geschossen, Arbeiter waren getötet worden. Das Gericht hatte die Mörder freigesprochen. Dieser Freispruch wurde im Organ der Regierungspartei als ›gerechtes Urteil‹ bezeichnet, nein ausposaunt. Es war dieser Hohn auf jedes Gefühl von Gerechtigkeit noch mehr als der Freispruch selbst, was eine ungeheure Erregung in der Wiener Arbeiterschaft auslöste. Aus allen Bezirken Wiens zogen die Arbeiter in geschlossenen Zügen vor den Justizpalast, der durch seinen bloßen Namen das Unrecht für sie verkörperte. Es war eine völlig spontane Reaktion, wie sehr, spürte ich an mir selbst. Auf meinem Fahrrad fuhr ich schleunigst in die Stadt hinein und schloß mich einem dieser Züge an.

Die Arbeiterschaft, die sonst gut diszipliniert war, die Vertrauen zu ihren sozialdemokratischen Führern hatte und es zufrieden war, daß die Gemeinde Wien von ihnen in vorbildlicher Weise verwaltet wurde, handelte an diesem Tage *ohne* ihre Führer. Als sie den Justizpalast anzündete, stellte sich ihnen der Bürgermeister Seitz auf einem Löschwagen der Feuerwehr mit hocherhobener Rechten in den Weg. Seine Geste blieb wirkungslos: der Justizpalast *brannte*. Die Polizei erhielt Schießbefehl, es gab neunzig Tote.

Es sind 53 Jahre her, und die Erregung dieses Tages liegt mir heute noch in den Knochen. Es ist das Nächste zu einer Revolution, was ich am eigenen Leib erlebt habe. Seither weiß ich ganz genau, ich müßte kein Wort darüber lesen, wie es beim Sturm auf die Bastille zuging. Ich wurde zu einem Teil der Masse, ich ging vollkommen in ihr auf, ich spürte nicht den leisesten Widerstand gegen das, was sie unternahm. Es wundert mich, daß ich in dieser Verfassung dazu imstande war, alle konkreten Einzelszenen, die sich vor meinen Augen abspielten, aufzufassen. Eine davon will ich erwähnen.

In einer Seitenstraße, nicht weit vom brennenden Justizpalast, aber doch eben abseits, sich sehr deutlich von der Masse absetzend, stand ein Mann mit hochgeworfenen Armen, der überm Kopf verzweifelt die Hände zusammenschlug und ein übers andere Mal jammernd rief: »Die Akten verbrennen! Die ganzen Akten!« »Besser als Menschen!« sagte ich zu ihm, doch das interessierte ihn nicht, er hatte nur die Akten im Kopf, mir fiel ein, daß er vielleicht selbst mit den Akten dort zu tun hätte, ein Archivbeamter, er war untröstlich, ich empfand ihn, sogar in dieser Situation, als komisch. Aber ich ärgerte mich auch. »Da haben sie doch Leute niedergeschossen!« sagte ich zornig, »und Sie reden von den Akten!« Er sah mich an, als wär ich nicht da, und wiederholte jammernd: »Die Akten verbrennen! Die ganzen Akten!« – Er hatte sich zwar abseits gestellt, aber es war für ihn nicht ungefährlich, seine Wehklage war unüberhörbar, ich hatte sie ja auch gehört.

In den Tagen und Wochen tiefster Niedergeschlagenheit unmittelbar danach, als man an nichts anderes denken konnte und die Ereignisse, deren Zeuge man gewesen war, sich immer wieder vor einem abspielten – sie verfolgten einen Nacht für Nacht bis in den Schlaf –, gab es noch *einen* legitimen Zusammenhang mit Literatur, und das war Karl Kraus. Meine abgöttische Verehrung für ihn erreichte damals ihren höchsten Stand. Diesmal war es Dankbarkeit für eine ganz bestimmte öffentliche Tat, ich wüßte nicht, wem ich je für etwas so dankbar gewesen wäre. Er hatte, unter dem Eindruck des Massakers dieses Tages, überall in Wien Plakate anschlagen lassen, in denen er den Polizeipräsidenten Johann Schober, der für den Schießbefehl und neunzig Tote verantwortlich war, aufforderte »abzutreten«. Er tat es allein, er war die einzige öffentliche Figur, die es tat, und während die übrigen Berühmtheiten, an denen es in Wien nie mangelte, sich nicht exponieren oder vielleicht auch nicht lächerlich machen wollten, fand er allein den Mut zu seiner Empörung. Seine Plakate waren das einzige, was einen in diesen Tagen aufrechterhielt. Ich ging von einem zum anderen, blieb vor jedem stehen, und es war mir, als sei alle Gerechtigkeit dieser Erde in die Buchstaben seines Namens eingegangen.

Schon vor einiger Zeit habe ich diesen Bericht über den 15. Juli und seine Folgen niedergeschrieben. Ich zitiere ihn hier wörtlich, vielleicht gibt er eben in seiner Kürze eine Vorstellung vom Gewicht des Geschehens.

Ich habe seither öfters versucht, mich diesem Tag zu nähern, der vielleicht seit dem Tode des Vaters der einschneidendste meines Lebens war, ich muß »mich nähern« sagen, denn ihm beizukommen ist sehr schwer, es ist ein ausgebreiteter Tag, der sich über eine ganze große Stadt erstreckt, ein Tag der Bewegung auch für mich, der ich in ihm kreuz und quer herumfuhr. Meine Empfindungen an diesem Tag waren alle in *einer Richtung* gebündelt. Es ist der *deutlichste Tag,* dessen ich mich entsinne, deutlich aber nur, weil das Gefühl von ihm, während er ablief, unablenkbar blieb.

Wer den ungeheuren Aufmärschen aus allen Bezirken der Stadt dieses Ziel ›Justizpalast‹ setzte, weiß ich nicht. Man möchte denken, daß es von selbst geschah, obwohl das nicht gut stimmen kann. Irgendwer muß zuerst das Wort »zum Justizpalast« ausgestoßen haben. Aber es ist nicht wichtig zu wissen, wer das war, denn das Wort teilte sich jedem mit, der es hörte, es wurde ohne Zögern, Bedenken, Überlegung, ohne Aufenthalt und Aufschub von jedem aufgenommen und zog ihn in ein und dieselbe Richtung.

Es könnte sein, daß die Substanz des 15. Juli in ›Masse und Macht‹ ganz eingegangen ist. Dann wäre eine Rückführung auf das ursprüngliche Erlebnis, auf die sinnlichen Elemente jenes Tages in irgendeiner Vollständigkeit unmöglich.

Da war der weite Weg auf dem Fahrrad in die Stadt. Ich kann mich an den Weg nicht erinnern. Ich weiß nicht, wo ich zuerst auf Menschen stieß. Ich *sehe* mich nicht gut an diesem Tag, aber ich *fühle* noch die Erregung, das Vorrennen und Ausweichen, das Flüssige der Bewegung. Alles ist beherrscht durch das Wort ›Feuer‹, dann durch dieses selbst.

Ein *Stoßen* im Kopf. Es mag Zufall gewesen sein, daß ich keine Angriffe auf Polizisten selbst sah. Wohl aber erlebte ich, wie auf die Menge geschossen wurde und Leute fielen. Die Schüsse waren wie Peitschen. Das Rennen der Menschen, in Seitengassen, und wie sie dann gleich wieder erscheinen und sich wieder zu Massen formieren. Ich sah Leute fallen und Tote am Boden liegen, war aber nicht in ihrer nächsten Nähe. Furchtbare Scheu besonders vor diesen Toten. Ich näherte mich ihnen, aber ich *mied* sie, sobald ich nähergekommen war. In meiner Erregung war mir, als ob sie sich *vergrößerten*. Bis der Schutzbund kam, der sie vom Boden hob, war gewöhnlich leerer Raum um sie, als erwarte man, daß gerade hier wieder Schüsse einschlagen würden.

Die Berittenen machten einen besonders schrecklichen Eindruck, vielleicht weil sie selber Angst hatten.

Ein Mann vor mir spuckte aus und wies mit dem Daumen der Rechten halb nach rückwärts. »Da hängt aner! Dem haben s' d' Hosen auszogen!« Wovor spuckte er aus? Vor dem Ermordeten? Oder vorm Mord? Ich sah nicht, worauf er zeigte. Eine Frau vor mir schrie gellend: »Peppi! Peppi!« Sie hatte die Augen geschlossen und schwankte. Alle begannen zu rennen. Die Frau fiel um. Sie war aber nicht getroffen worden. Ich hörte Pferdegetrappel. Ich ging nicht zur Frau, die am Boden lag. Ich rannte mit den anderen. Ich spürte, daß ich mit ihnen rennen mußte. Ich wollte unter ein Haustor flüchten, konnte mich aber nicht von den Rennenden trennen. Ein sehr großer, starker Mensch, der neben mir lief, schlug sich mit der Faust auf die Brust und brüllte beim Rennen: »Da schießt's eini! Da! Da! Da!« Plötzlich war er weg. Umgefallen war er nicht. Wo war er?

Das war vielleicht das Unheimlichste: daß man Leute sah und hörte, in einer starken Geste, die alles andere verdrängte, und dann waren gerade diese wie vom Erdboden verschwunden. Alles gab nach und überall öffneten sich unsichtbare Löcher. Doch der Zusammenhang des Ganzen riß nicht ab; selbst wenn man sich plötzlich irgendwo allein fand, spürte man, wie es an einem riß und zerrte. Das kam daher, daß man überall etwas *hörte*, es war etwas Rhythmisches in der Luft, eine böse Musik. Musik kann man es nennen, man fühlte sich davon gehoben. Ich hatte nicht das Gefühl, daß ich mit eigenen Beinen ging. Man war wie in einem klingenden Wind. Ein roter Kopf tauchte vor mir auf, an verschiedenen Stellen, auf und ab, auf und ab, hob und senkte sich, als schwimme er auf Wasser, ich suchte mit den Augen nach ihm, als hätte ich seinen Direktiven zu folgen, ich hielt es für rote Haare, dann erkannte ich ein rotes Kopftuch und suchte nicht weiter.

Ich traf und erkannte niemanden, soweit ich zu Menschen sprach, waren es immer Unbekannte. Aber ich sprach mit wenig Menschen. Ich hörte viel, es war immer etwas in der Luft zum Hören, am schneidendsten die Pfuirufe, wenn in die Menge hineingeschossen wurde und Leute fielen. Da waren die Pfuirufe unerbittlich, besonders die weiblichen, die deutlich herauszuhören waren. Es kam mir vor, als würden die Salven durch Pfuirufe hervorgerufen. Aber ich merkte auch, daß das nicht stimmte, denn die Salven gingen weiter, auch wenn keine Pfuirufe zu hören waren. Die Schüsse hörte man überall, auch weiter weg, Peitschenhiebe immer wieder.

Die Beharrlichkeit der Masse, die, eben vertrieben, im Nu aus Seitengassen wieder hervorquoll. Das Feuer ließ die Menschen nicht los, der Justizpalast brannte während Stunden, und die Zeit, während der er brannte, war auch die Zeit der größten Erregung. Es war ein sehr heißer Tag, auch wo man das Feuer selbst nicht sah, war der Himmel weithin rot und es roch nach verbranntem Papier, von tausend und abertausend Akten.

Der Schutzbund, den man überall sah, an Windjacken und Armbinden erkennbar, hob sich ab von der Polizei, er war unbewaffnet. Tragbahren waren seine Waffen, auf denen Verletzte und Tote abgeholt wurden. Ihre Beflissenheit zu helfen sprang in die Augen, von der Wut der Pfui-Rufe stachen sie ab, als gehörten sie nicht zur Masse. Auch waren sie überall zur Stelle, ihr Erscheinen signalisierte oft Opfer, bevor man sie gesehen hatte.

Das Anzünden des Justizpalastes hatte ich selbst nicht gesehen, doch erfuhr ich davon, bevor ich Flammen sah, durch die Änderung im Ton der Masse. Man rief einander zu, was geschehen war, ich verstand es erst nicht, es klang freudig, nicht gellend, nicht gierig, es klang befreit.

Das Feuer war der Zusammenhalt. Man fühlte das Feuer, seine Präsenz war überwältigend, auch dort, wo man es nicht sah, hatte man's im Kopf, seine Anziehung und die der Masse waren eins. Die Salven der Polizei lösten Pfuirufe aus, die Pfuirufe neue Salven: aber wo immer man sich unter der Einwirkung von Salven fand, scheinbar geflüchtet war – der je nach der Lokalität offenbare oder geheime Zusammenhang mit den anderen blieb wirksam, auf Umwegen, da es schließlich nicht anders möglich war, zog es einen in den Herrschaftsbereich des Feuers zurück.

Dieser Tag, der von einem einheitlichen Gefühl getragen war, – eine einzige, ungeheuerliche Woge, die über die Stadt schlug und sie in sich aufnahm: als sie verebbte, war es kaum glaublich, daß die Stadt noch da war –, dieser Tag bestand aus unzähligen Details, deren jedes sich eingrub, deren keines einem entschwand. Sie sind jedes für sich da, klar erinnerlich und erkennbar und doch bildet jedes auch einen Teil der ungeheuren Woge, ohne die alles hohl und sinnlos erscheint. Was man fassen müßte, wäre die Woge, nicht diese Details, oft habe ich es versucht, während des Jahres unmittelbar danach und später immer wieder, aber es ist mir nie gelungen. Es konnte nicht gelingen, denn nichts ist geheimnisvoller und unverständlicher als die Masse. Hätte ich sie ganz begriffen, so hätte ich mich nicht mehr als dreißig Jahre damit getragen, sie zu enträtseln und so wie andere menschliche Phänomene möglichst vollkommen darzustellen und nachzuvollziehen.

Auch wenn ich alle konkreten Details aneinanderreihen würde, aus denen dieser Tag für mich bestand, hart, ungeschminkt, ohne Verringerung und ohne Übertreibung – gerecht werden könnte ich ihm nicht, denn er bestand aus mehr. Immer war das Brausen der Woge vernehmbar, das diese Einzelheiten an die Oberfläche spülte, und nur wenn die Woge lesbar und darstellbar wäre, könnte man sagen: wirklich, es ist nichts verringert.

Statt mich einzelnen Details zu nähern, könnte ich aber von den Auswirkungen sprechen, die dieser Tag auf mein späteres Denken hatte. Von den Erkenntnissen, die in das Buch über die Masse eingegangen sind, verdanke ich einige der wichtigsten diesem Tag. Was ich in weit auseinanderliegenden Quellenwerken suchte, hervorholte, prüfte, herausschrieb, las und wie unter Zeitlupe später wiederlas, konnte ich gegen die Erinnerung an dieses zentrale Ereignis halten, die frisch blieb, was immer auch später in größerem Maßstab geschah, mehr Menschen einbezog und für die Welt folgenreicher war. Die Isoliertheit des 15. Juli, seine Beschränkung auf Wien, gab ihm für die Betrachtung späterer Jahre, als Erregung und Empörung nicht mehr die gleiche Wucht hatten, etwas wie Modell-Charakter: ein Ereignis, das örtlich wie zeitlich umgrenzt war, einem unbestreitbaren Anlaß entsprang und seinen klaren und unverwechselbaren Ablauf hatte.

Ein für allemal hatte ich hier erlebt, was ich später eine *offene* Masse nannte, ihre Bildung durch das Zusammenfließen von Menschen aus allen Teilen der Stadt, in langen, unbeirrbaren, unablenkbaren Zügen, deren Richtung bestimmt war durch die Position des Gebäudes, das den Namen der Justiz trug, aber durch den Fehlspruch das Unrecht verkörperte. Ich hatte erlebt, daß die Masse zerfallen muß und wie sie diesen Zerfall fürchtet; daß sie alles daransetzt, nicht zu zerfallen; daß sie sich selbst im Feuer sieht, das sie entzündet, und um ihren Zerfall herumkommt, solange dieses Feuer besteht. Jeden Löschversuch wehrt sie ab, von der Lebensdauer des Feuers hängt ihre eigene ab. Sie läßt sich durch Angriffe in die Flucht schlagen, zersprengen und vertreiben, aber obwohl Getroffene, Tote und Verwundete vor aller Augen auf den Straßen liegen, obwohl sie selbst keine Waffen hat, sammelt sie sich wieder, denn das Feuer brennt noch und sein Schein erleuchtet den Himmel über Plätzen und Gassen. Ich sah, daß die Masse auf der Flucht sein kann, ohne in Panik zu geraten; daß Massenflucht und Panik wohl zu unterscheiden sind. Solange sie auf der Flucht nicht zu Einzelnen zerfällt, die nur noch von der Sorge um sich selbst, um ihre eigenste Person erfüllt sind, besteht die Masse weiter, auch in der Flucht, und wenn diese zum Stehen kommt, kann sie sich wieder zum Angriff wenden.

Ich erkannte, daß die Masse keinen *Führer* braucht, um sich zu bilden, den bisherigen Theorien über sie zum Trotz. Einen Tag lang hatte ich hier eine Masse vor Augen, die sich *ohne Führer* gebildet hatte. Hie und da, sehr selten gab es Leute, Redner, die sich in ihrem Sinne aussprachen. Ihre Bedeutung war minimal, sie waren anonym, zur Entfachung trugen sie nicht das geringste bei. Jede Darstellung, die ihnen eine zentrale Position zuweist, verfälscht die Ereignisse. Wenn es etwas Herausragendes gab, das die Masse entfachte, so war es der Anblick des brennenden Justizpalastes. Die Salven der Polizei peitschten sie nicht auseinander, sie peitschten sie zusammen. Der Anblick fliehender Menschen auf der Straße war ein Schein: denn auch im Rennen faßten sie sehr wohl auf, daß welche fielen, die sich nicht wieder erhoben. Diese fachten den Zorn der Masse nicht weniger an als das Feuer.

An diesem hellerleuchteten, entsetzlichen Tage gewann ich das wahre Bild dessen, was als Masse unser Jahrhundert erfüllt. Ich gewann es so sehr, daß ich aus Zwang wie aus freiem Willen zu seiner Betrachtung zurückkehrte. Immer wieder war ich dort und habe hingeschaut, und noch jetzt verspüre ich, wie schwer es mir fällt, mich davon loszureißen, da mir nur der geringste Teil dessen gelungen ist, was ich mir vorgenommen habe: ihre Erkenntnis.

Die Briefe im Baum

Das Jahr, das diesem Ereignis folgte, war völlig davon beherrscht. Bis in den Sommer 1928 kreisten meine Gedanken um nichts anderes. Mehr als je war ich entschlossen, herauszufinden, was die Masse, die mich von innen und außen überwältigt hatte, eigentlich sei. Scheinbar setzte ich zwar das Chemiestudium fort und begann die Arbeit an der Dissertation, aber die Aufgabe, die man mir stellte, war so uninteressant, daß sie kaum die Haut meines Geistes ritzte. Jeden freien Augenblick verwandte ich auf das Studium der Dinge, die mir wirklich wichtig waren. Auf den verschiedensten, scheinbar sehr abliegenden Wegen suchte ich mich dem zu nähern, was ich als Masse erlebt hatte. Ich suchte sie in der Geschichte, aber in der Geschichte *aller* Kulturen. Mehr und mehr faszinierte mich die Geschichte und frühe Philosophie Chinas. Mit den Griechen hatte ich schon viel früher, in der Frankfurter Schulzeit begonnen. Ich vertiefte mich nun in antike Historiker, Thukydides ganz besonders. Es war natürlich, daß ich die Revolutionen studierte, die englische, französische, russische, aber auch die Bedeutung von Massen in Religionen begann mir zu dämmern, und jene Begierde nach einer Kenntnis aller Religionen, die mich seither nie verlassen hat, setzte zu dieser Zeit ein. Ich las Darwin in der Hoffnung, etwas bei ihm über Massenbildungen unter Tieren zu finden, und gründlich Bücher über Insektenstaaten. Ich muß wenig geschlafen haben, denn ich las ganze Nächte durch. Etliches schrieb ich auf und versuchte mich an einigen Abhandlungen.

Es waren alles tastende Vorarbeiten für das Buch über die Masse, aber sie waren noch kaum von irgendeiner Bedeutung, denn sie waren von zu spärlichen Kenntnissen getragen.

In Wirklichkeit war es der Beginn einer neuen Ausbreitung in viele Richtungen zugleich, und das Gute daran war, daß ich mir keine Grenzen setzte. Wohl war ich auf etwas Bestimmtes aus, ich wollte Zeugnisse für Bestand und Wirkung der Masse in allen Lebensbereichen finden, aber da wenig darauf geachtet worden war, waren diese Zeugnisse spärlich, und das eigentliche Ergebnis war, daß ich dabei von allem Möglichen erfuhr, das mit Masse gar nichts zu tun hatte. Chinesische und bald auch japanische Namen wurden mir vertraut, ich begann mich frei unter ihnen zu bewegen wie in der Schulzeit schon unter den Griechen. Unter den Übersetzungen chinesischer Klassiker stieß ich auf Dschuang Dsi, der mir zum vertrautesten aller Philosophen wurde, und unter dem Eindruck seiner Lektüre begann ich damals eine Abhandlung über das Tao zu schreiben. Um eine Entschuldigung vor mir dafür zu haben, daß ich so weit von meinem Hauptthema abirrte, suchte ich mich davon zu überzeugen, daß ich die Masse nie verstehen würde, ohne zu erfahren, was extreme *Isolierung* sei. Der eigentliche Grund für meine Faszination durch diese originellste Richtung der chinesischen Philosophie war aber, ohne daß ich es mir damals klar eingestanden hätte, die Bedeutung, die *Verwandlungen* darin haben. Es war, so sehe ich es heute, ein guter Instinkt, der mich zu den Verwandlungen trieb, die Beschäftigung mit ihnen bewahrte mich davor, der Welt der Begriffe zu verfallen, an deren Rand ich immer blieb.

Es ist sonderbar, mit welchem Geschick, ich kann es nicht anders sagen, ich der abstrakten Philosophie aus dem Wege ging. Von dem, was ich als Masse suchte, einem ebenso konkreten wie potenten Phänomen, fand ich damals in der Philosophie keine Spur. Die Verkleidungen der Masse und die Form, in der sie doch auch bei manchen Philosophen erscheint, habe ich erst viel später begriffen.

Ich glaube nicht, daß irgend etwas von dem vielen, das ich auf diese vorwärtsdrängende, stürmische Weise erfuhr, an der Oberfläche blieb, es hat alles Wurzeln geschlagen und sich in Nachbargegenden ausgebreitet. Die Verbindungen zwischen Dingen, die weit abseits voneinander lagen, wurden unterirdisch geschaffen. Sie blieben mir lange verhüllt, was sein Gutes hatte, denn sie traten dann Jahre später mit um so größerer Kraft und Sicherheit zutage. Ich bin nicht der Meinung, daß es von Gefahr ist, sich zu weit anzulegen. Verengungen bringt der Lebensprozeß ohnehin mit sich, und wenn eine Verengung auch nicht ganz zu verhindern ist, so kann man sie doch aufhalten und ihr entgegenwirken, indem man sich möglichst weit ansiedelt.

Die Verzweiflung, unmittelbar nach dem 15. Juli, eine Art Lähmung durch Entsetzen, die mich manchmal mitten in der Arbeit überkam und ihre Weiterführung unmöglich machte, hielt während sechs oder sieben Wochen vor, bis in den Anfang des Septembers. Das Plakat von Karl Kraus, das um diese Zeit angeschlagen wurde, hatte die Wirkung einer Katharsis und erlöste mich von dieser Lähmung. Aber für die Stimme der Masse behielt ich ein empfindliches Ohr. Von tosenden Pfuirufen war jener Tag beherrscht gewesen. Es waren tödliche Pfuirufe, sie wurden mit Schüssen erwidert und sie steigerten sich, wenn Menschen getroffen zu Boden fielen. In manchen Gassen verklangen sie, in anderen schwollen sie an, am unauslöschlichsten waren sie in der Nähe des Brandes.

Gar nicht lange danach verpflanzten sie sich in die Nähe der Hagenberggasse. Eine schwache Viertelstunde Weges von meinem Zimmer, auf der anderen Talseite in Hütteldorf drüben, lag der Sportplatz Rapid, wo Fußball-Kämpfe ausgetragen wurden. An Feiertagen strömten große Menschenmengen hin, die sich ein Match dieser berühmten Mannschaft nicht leicht entgehen ließen. Ich hatte wenig darauf geachtet, da mich Fußball nicht interessierte. Aber an einem Sonntag nach dem 15. Juli, es war ein heißer Tag wie damals, ich erwartete Besuch und hatte die Fenster offen, hörte ich plötzlich den Aufschrei der Masse. Ich dachte, es seien Pfuirufe, und so erfüllt war ich noch vom Erlebnis des furchtbaren Tages, daß ich mich einen Augenblick verwirrte und Ausschau hielt nach dem Feuer, von dem er erleuchtet war. Doch da war kein Feuer, in der Sonne glänzte die goldene Kuppel der Kirche von Steinhof. Ich kam zur Besinnung und überlegte: das mußte vom Sportplatz kommen. Als Bestätigung wiederholten sich bald die Laute, in ungeheurer Anspannung horchte ich hin, es waren keine Pfuirufe, aber es war der Aufschrei der Masse.

Drei Monate wohnte ich schon hier und hatte nie darauf geachtet. Schon oft vorher mußte es ebenso kräftig und sonderbar zu mir herübergetönt haben, doch ich war taub dafür gewesen und erst der 15. Juli hatte mir die Ohren geöffnet. Nun rührte ich mich nicht von der Stelle und hörte dem ganzen Match zu. Die Triumphrufe galten einem Tor, das geschossen wurde, und kamen von der siegreichen Seite. Es war auch, er tönte anders, ein Aufschrei der Enttäuschung zu vernehmen. Sehen konnte ich von meinem Fenster aus nichts, Bäume und Häuser lagen dazwischen, die Entfernung war zu groß, aber ich hörte die Masse, und sie allein, als spiele sich alles in nächster Nähe von mir ab. Ich konnte nicht wissen, von welcher der beiden Seiten die Rufe kamen. Ich wußte nicht, wer sie waren. Auf ihre Namen achtete ich nicht und trachtete nicht, sie zu erfahren. Ich vermied es, in der Zeitung etwas darüber zu lesen, und ich ließ mich während der Woche auf keine Gespräche darüber ein.

Aber während der sechs Jahre, die ich dieses Zimmer bewohnte, versäumte ich keine Gelegenheit, diese Laute zu hören. Den Zustrom der Menschen sah ich unten bei der Stadtbahnstation. Wenn er um diese Tageszeit dichter als üblich erschien, wußte ich, daß ein Match angesetzt war, und begab mich auf den Platz am Fenster meines Zimmers. Es fällt mir schwer, die Spannung zu beschreiben, mit der ich dem unsichtbaren Match aus der Ferne folgte. Ich war nicht Partei, da ich die Parteien nicht kannte. Es waren zwei Massen, das war alles, was ich wußte, von gleicher Erregbarkeit beide und sie sprachen dieselbe Sprache. Damals, vom Orte ihres Anlasses abgelöst, von hundert Umständen und Details nicht beeinträchtigt, bekam ich ein Gefühl für das, was ich später als Doppel-Masse begriff und zu schildern versuchte. Manchmal, wenn ich von etwas stark in Anspruch genommen war, saß ich während des Ereignisses am Tisch in der Mitte meines Zimmers und schrieb. Aber was immer es war, was ich schrieb, kein Laut vom Rapid-Platz entging mir. Ich *gewöhnte* mich nie daran, jeder einzelne Laut der Masse wirkte auf mich ein. In Manuskripten jener Zeit, die ich bewahrt habe, glaube ich noch heute jede Stelle eines solchen Lautes zu erkennen, als wäre er durch eine geheime Notenschrift bezeichnet.

Es ist sicher, daß diese Lokalität das Interesse an meinem eigentlichen Vorhaben wachhielt, auch während ich mich anderen Dingen zugewandt hatte. Es war eine laute Nahrung, die ich auf diese Weise empfing, in nicht zu großen Abständen. In der

Absonderung am Rande der Stadt, die ich mit gutem Grund gesucht hatte, der ich das wenige verdanke, das ich in den Wiener Jahren zustandebrachte, blieb ich immer, auch wenn ich es nicht gerade wollte, in Verbindung mit jenem vordringlichsten, unabgeklärten, rätselhaften Phänomen. Zu irgendwelchen Zeiten, die ich selbst nie gewählt hatte, sprach es auf mich ein und warf mich auf das Vorhaben zurück, von dem ich sonst vielleicht zu bequemeren Aufgaben entkommen wäre.

Vom Herbst an ging ich täglich wieder ins Chemische Laboratorium, zur Arbeit an der Dissertation, die mich nicht im geringsten interessierte. Ich empfand sie als Nebenbeschäftigung, der ich mich bloß unterzog, weil ich sie schon einmal begonnen hatte. Daß ich alles Begonnene einmal fertig machen würde, war ein mir unerklärliches Grundgesetz meiner Natur, selbst die Chemie, die ich damals zu verachten vorgab, hätte ich nicht abbrechen mögen, da ich nun einmal so weit war. Ein geheimer Respekt vor ihr spielte bei alledem mit, den ich mir nie eingestanden hatte: die Kenntnis der Gifte. Seit dem Tode Backenroths hatte ich sie immer im Kopf, ich betrat das Laboratorium nie, ohne daran zu denken, wie leicht es für jeden von uns war, sich Zyankali zu beschaffen.

Im Laboratorium gab es manche, die nicht ganz offen, aber doch unmißverständlich die Auffassung vertraten, daß Kriege etwas Unvermeidliches seien. Diese Meinung war keineswegs nur auf solche beschränkt, deren Sympathien schon bei den Nationalsozialisten lagen. Von diesen gab es bereits viele, ohne daß die, die man in der näheren Umgebung, im Laboratorium kannte, etwa aggressiv oder feindselig zu einem gewesen wären. In dieser täglichen Arbeitsumgebung rückten sie fast nie mit ihren Überzeugungen heraus. Persönlich bekam ich höchstens eine gewisse Zurückhaltung zu spüren, die aber manchmal in Herzlichkeit umschlug, wenn man meinen Ekel vor jeder Geldgesinnung bemerkte. Es gab ländliche Figuren unter unseren Studenten von äußerster Sparsamkeit, die anders gar nicht hätten studieren können, die fassungslos vor Glück waren, wenn man ihnen diesen oder jenen Gegenstand überließ, ohne sich dafür bezahlen zu lassen. Es machte mir Spaß, das verdutzte Gesicht eines Burschen vom Lande zu erleben, der mich kaum kannte und in mir – allem äußeren Anschein zum Trotz – eine gutverborgene Viehhändler-Natur erwartete.

Ich lernte aber auch Studenten kennen, an deren Offenheit und Unschuld ich heute noch mit Staunen denke. In einer Vorlesung traf ich einen Burschen, der mir durch seinen leuchtenden Blick und durch seine kräftige und doch behutsame Art der Bewegung im Gedränge auffiel. Wir kamen ins Gespräch und trafen uns dann manchmal wieder. Er war der Sohn eines Richters und vertraute, wie er mir sagte, im Unterschied zu seinem Vater, auf Hitler. Er hatte seine eigenen Gründe für diesen Glauben, die er mit vollkommener Offenheit, ja beinahe hätte ich gesagt mit Anmut vertrat: es solle nie wieder Krieg geben, Krieg sei das Schlimmste, was über die Menschheit kommen könne, und der einzige Mensch, der die Welt vor Krieg bewahren werde, sei Hitler. Wenn ich von meiner gegenteiligen Überzeugung sprach, beharrte er darauf, daß er ihn reden gehört habe, und *er habe es selbst gesagt.* Das sei der Grund, warum er für ihn sei, und niemand werde ihn je davon abbringen können. Ich war so fassungslos darüber, daß ich ihn deswegen wiedersah und dieses selbe Gespräch einige Male mit ihm führte. Er sagte dann die gleichen oder noch schönere Sätze über den Frieden. Ich sehe ihn vor mir, sein flammendes Friedensgesicht eines Apostels und wünsche ihm, daß er nicht mit seinem Leben für diesen Glauben gezahlt hat.

Ich lebte so sehr *neben* der Chemie, daß ich an diese Zeit nicht denken kann, ohne daß mir Gesichter und Gespräche einfallen, die nichts mit ihr zu tun haben. Vielleicht war ein Grund für mein pünktliches Erscheinen im Laboratorium, für den regelmäßigen Besuch der entsprechenden Vorlesungen eben das Zusammentreffen mit so viel jungen Menschen, die ich nicht eigens aufzusuchen brauchte, die von selber da waren. Ich lernte dadurch alle Einstellungen der Zeit nebenher und auf natürliche Weise kennen, ohne ein Wissens-Wesen daraus zu machen. Im allgemeinen dachte damals niemand wirklich an Krieg, oder wenn, dann nur an den vergangenen. Mit Entsetzen erfüllt mich die Erinnerung daran, wie fern man sich damals, 1928, von jedem neuen Krieg fühlte. Daß er so plötzlich wieder und zwar als *Glaube* da sein konnte, hing mit der Natur der Masse zusammen, und es war durchaus kein falscher Instinkt, der mich dazu trieb, dieser Natur auf ihre Schliche zu kommen. Wieviel ich selbst im Laboratorium in scheinbar unsinnigen oder unwichtigen Gesprächen lernte, war mir damals nicht bewußt. Ich kam mit Trägern aller Gesinnungen in Berührung, die damals ihre Wirkung in der Welt taten, und wäre ich, wie ich mir fälschlich einbildete, schon für alles Konkrete offen gewesen, ich hätte aus solchen vermeintlich nichtigen Gesprächen eine ganze Reihe wichtiger Erkenntnisse gewinnen können. Aber noch war der Respekt vor dem Buch zu groß und den Weg zum eigentlichen Buch, jedem einzelnen, in sich selbst eingebundenen Menschen hatte ich kaum angetreten. –

Der Weg zu Veza war nun weit, seit ich in der Hagenberggasse wohnte, ganz Wien in seiner größten Erstreckung lag zwischen uns. Sonntags kam sie am frühen Nachmittag zu mir hinaus und wir gingen in den Lainzer Tiergarten. Der Ton unserer Gespräche veränderte sich nicht, ich übergab ihr noch immer jedes neue Gedicht, sie verwahrte sie alle sorgsam in einer kleinen Strohtasche, sie schrieb mir in der Woche schöne Briefe darüber, die ich nicht weniger sorgsam bei mir verwahrte. Es war viel Luft zwischen uns und es kam zu einem wahren Baumkult im Tiergarten. Da gab es prachtvolle Exemplare, die wir uns mit Kennermiene aussuchten und zu deren Füßen wir uns niederließen.

Einer dieser Bäume spielte eine nicht alltägliche Rolle. Durch Ibby Gordon, den heitersten aller Menschen, hatte ich die Totenmasken kennengelernt. Sie beschäftigten mich so sehr, daß ich das Buch Veza schenkte. Das war, was ich nicht bedachte, eine große Taktlosigkeit von mir, denn alles, was mit Tod zusammenhing, gehörte zu Vezas Reich. Als ich ihr das Buch, von dem ich ihr erzählt hatte, überbrachte, machte sie ein böses Rabengesicht und warf es zornig zu Boden. Ich hob es auf, sie warf es wieder hin, sie weigerte sich, es aufzuschlagen. Das gehöre nicht ihr, das gehöre der anderen Person, die sich für eine Dichterin ausgebe und immer grinste, durch die sei ich doch auf diese Masken gekommen. Sie sagte wirklich »grinste«, sie kannte sie nicht, aber ich hatte ihr von ihrer Heiterkeit erzählt, und da es das war, was Veza am meisten abging, dachte sie, ich halte sie aus diesem Grunde allein, bloß um ihrer Heiterkeit willen, für eine Dichterin, und verwand es nicht, daß sie dann noch mit diesen Totenmasken bei ihr eindrang.

Ich nahm das Buch wieder mit, sie drohte es zum Fenster hinauszuwerfen und hätte es auch getan. Mir gefiel ihre Eifersucht, die ich noch nie erlebt hatte. Ich erzählte ihr alles, ich war ganz offen zu ihr, sie wußte und glaubte, daß mich nichts mehr mit Ibby verband als Gespräche. Aber zu diesen Gesprächen gehörte es, daß Ibby mir ihre Gedichte auf ungarisch vorsagte. Eines Tages kam ich voller Begeisterung zu Veza und erging mich über die Schönheiten der ungarischen Sprache, deren Klang ich früher nicht gemocht hatte. Ich sagte ihr, daß es ohne jeden Zweifel eine der schönsten Sprachen sei, und berichtete dann auch von den Übersetzungen der Gedichte, die Ibby in ihrem komischen Deutsch versuchte. Ich hatte dieses unmögliche, von Fehlern strotzende Deutsch in Ordnung gebracht und Ibby hatte sich dann die verbesserten Versionen aufgeschrieben. Es seien sehr witzige Gedichte, gar nicht wild und frenetisch wie meine eigenen, sie seien immer kühl und geistreich, aus einer bestimmten, jeweils wechselnden Rolle heraus geschrieben. Das hörte sich Veza ausführlich an, und obwohl ich deutlich machte, was meiner damaligen Wahrheit entsprach, daß ich diese Gebilde gar nicht als Gedichte anerkennen könne, war mir anzumerken, wie gern ich sie anhörte und verbesserte.

Das war eine Weile so gegangen, bis es zum Eklat mit den Totenmasken kam, und es fällt mir nicht leicht, über das Weitere zu berichten. Ich müßte davon sprechen, wie Veza einmal in die Hagenberggasse kam und in mein Zimmer hinaufging – ich war nicht da –, wie sie ihre Briefe alle wegnahm, sie wußte, wo ich sie aufhob, und mit ihnen in den Lainzer Tiergarten ging. Sie mußte ziemlich weit gehen, bis sie eine schadhafte Stelle in der Mauer fand, die sie ohne große Mühe übersteigen konnte. Dann suchte sie nach einem Baum, der etwa in der Höhe ihrer Augen gegabelt war und eine Höhlung hatte, da steckte sie das große Paket mit ihren Briefen hinein. Sie kam dann zurück in die Hagenberggasse und jetzt war ich zuhause. Ich merkte, daß sie in sehr aufgeregtem Zustand war, und brachte es bald aus ihr heraus: ihre Briefe waren fort, und sie gab zu, daß sie sie weggenommen habe; sie sagte, im Wald habe sie sie weggeworfen. Ich geriet in Panik und bestürmte sie, mir die Stelle zu zeigen, sicher sei noch niemand dagewesen, der Tiergarten war an diesem Tag geschlossen, sicher konnten wir ihre Briefe finden und retten. Meine Panik tat ihr wohl, es war nicht zu verkennen, wieviel mir an ihren Briefen lag, so ließ sie sich erweichen und führte mich sofort, ich drängte sehr, den ziemlich langen Weg zurück in den

Tiergarten. Wir kletterten über die Mauer, sie fand den Baum, den hatte sie sich gut gemerkt, sie sagte mir, ich solle in die Gabelung langen, das tat ich, und da stießen meine Finger auf Papier. Ich wußte gleich, daß das ihre Briefe seien, ich holte sie heraus, ich umarmte und küßte sie, die Briefe. Ich tanzte mit ihnen über die Mauer den Weg in die Hagenberggasse zurück. Veza selber ging mit, aber unbeachtet, alle Aufmerksamkeit war auf die wiedererlangten Briefe gerichtet, ich hielt das Paket in den Armen wie ein Kind, ich sprang die Treppen in mein Zimmer hinauf und legte das Paket in die Lade, in die es gehörte. Sie war über die ganze Prozedur sehr bewegt, ihre Eifersucht war verflogen, sie glaubte mir, wie sehr ich sie liebe.

Es ist möglich, daß ich Ibby danach seltener sah, aber ich sah sie, und wenn wir uns im Kaffeehaus trafen, fragte ich sie nach neuen Gedichten. Sie sprach sie gern, immer wollte ich sie zuerst auf ungarisch hören und dann, wenn ich von ihrem Klang verzaubert war, bemühten wir uns zusammen um eine Übersetzung. ›Selbstmörder auf der Brücke‹ hieß eines oder ›Der kranke Kannibalenchef‹, ›Bambuswiege‹, ›Pamela‹, ›Emigrant am Ring‹, ›Städtischer Beamter‹, ›Déjà vu‹, ›Mädchen mit Spiegel‹. Mit der Zeit hatte sie einen kleinen Vorrat von deutschen Fassungen beisammen, aber solange sie in Wien blieb, geschah nichts damit, wir waren die beiden einzigen, die unseren Spaß daran hatten. Hätte ich sie nicht zuerst in einer Sprache gehört, von der ich kein Wort verstand, sie hätten mir vielleicht gar nichts bedeutet. Aber das Schwerelose gefiel mir daran, das Fehlen jedes höheren oder tieferen Anspruchs, das Parlando mit leichten, immer unerwarteten Wendungen, lauter Dinge, die ich früher nie mit Gedichten in Zusammenhang gebracht hätte. Ich hatte Scheu davor, ihr je ein Gedicht von mir zu zeigen. Aus der Art unserer Gespräche, die einfallsreich und bunt waren, schloß sie, daß es sich um unerhörte Dinge handeln müsse, deren sie nicht ganz würdig sei. Sie hielt es für pure Rücksicht von mir, daß ich sie damit verschonte. Ich wollte sie damit nicht beschämen, so dachte sie, und war dankbar dafür und unterhielt mich mit allen Geschichten über die dummen Männer, die ihr den Hof machten und sie vergeblich bedrängten.

Das dauerte bis in den Frühling des neuen Jahres. Dann wurde es ihr zuviel. Zwischen den beiden Brüdern besonders war ein

Kampf um sie entbrannt, der ernste Ausmaße angenommen hatte. Das fiel ihr lästig, denn es langweilte sie, eines Tages war sie aus Wien verschwunden. Fast zwei Monate hörte ich nichts von ihr. Dann kam, ich hatte sie beinah schon aufgegeben, ein Brief aus Berlin. Es ging ihr gut, die Übersetzungen ihrer Gedichte hätten ihr Glück gebracht. Ich weiß nicht, von wem sie Empfehlungen nach Berlin mitbekommen hatte, darüber hat sie auch später nie ein Sterbenswort verraten, aber sie fand sich plötzlich unter lauter interessanten Leuten, sie kannte Brecht und Döblin, Benn und George Grosz, ihre Gedichte wurden vom ›Querschnitt‹ und der ›Literarischen Welt‹ angenommen und würden bald erscheinen. Sie schrieb wieder und redete mir sehr zu, auch nach Berlin zu kommen, wenigstens für die Sommerferien. Von Juli bis Oktober hätte ich doch Zeit, ganze drei Monate. Ein Freund von ihr, ein Verleger, würde mich gern zu sich einladen, er brauche jemand, der ihm bei der Zusammenstellung von Material für ein Buch behilflich sein könne. Ich könne es spielend mit den Leuten dort aufnehmen, und sie hätte so viel zu erzählen, daß auch drei Monate dafür nicht ausreichen würden.

Die Briefe wurden häufiger und dringlicher, je näher der Sommer rückte. Ob ich denn immer in die Berge fahren müsse? Die dürfte ich schon endlich kennen, und was gäbe es Langweiligeres als Berge? Berge hätten die schreckliche Eigenschaft, sich nie zu verändern, die würden mir also nicht davonlaufen. Aber ob Berlin noch lange so interessant bleiben würde, wie es eben jetzt sei, das sei doch eine große Frage. Und was solle sie machen, wenn sie keine Gedichte mehr habe? Niemand könne das so gut wie ich, es sei gar keine Arbeit, wir seien einfach zusammen und sprächen und plötzlich seien die Gedichte da. Ob ich es wirklich übers Herz bringen könne, sie dort verhungern zu lassen, wenn sie endlich die Möglichkeit habe, von ihren Gedichten zu leben?

Wahrscheinlich dachte sie wirklich auch an die Übersetzung ihrer Gedichte, aber ich glaube, es war ihr noch mehr an unseren Gesprächen gelegen, daß sie mir alles sagen konnte, nach Herzenslust spotten, ohne sich's mit ihren Freunden dort zu verderben. Wie sollte sie es fertigbringen, über so unendlich vieles zu schweigen. Einmal schrieb sie, ich würde in der Zeitung nächstens die schreckliche Nachricht von der Explosion einer schweigsamen Dichterin in Berlin lesen, wenn ich nicht bald käme.

Ihre Briefe waren so dosiert, daß sie auffällig etwas verschwiegen: was man nicht schreiben könne, das werde sie mir mündlich in Berlin erzählen. Es gäbe da die aufregendsten und absonderlichsten Dinge, man könne nicht glauben, was man mit eigenen Augen sehe.

Meine Neugier wuchs mit jedem ihrer Briefe. Kein Mensch kam darin vor, der nicht für irgend etwas berühmt war. Von den Dichtern, die sie nannte, hatte ich noch kaum etwas gelesen, doch wußte ich wie jeder, wer sie waren. Mehr als alle Dichter bedeutete mir George Grosz. Die Vorstellung, daß ich ihn sehen würde, war für mich bestimmend.

Am 15. Juli 1928, das Semester war eben zu Ende gegangen, fuhr ich über den Sommer nach Berlin.

Teil 4
Das Gedränge der Namen
Berlin 1928

Die Brüder

Wieland Herzfelde hatte eine Dachwohnung im Hause Kurfürstendamm 76. Das Haus lag mitten im Trubel, aber so hoch oben schien es ruhig, da dachte man wenig an den Lärm. Für den Sommer wohnte er mit seiner Familie in Nikolassee draußen, einen Teil der Stadtwohnung hatte er vermietet, einen weiteren Teil stellte er mir für die Arbeit zur Verfügung. Ich bekam ein kleines Schlafzimmer und gleich daneben ein Arbeitszimmer mit einem schönen, runden Tisch. Da lag alles aufgehäuft, was ich für die Arbeit brauchte. So blieb ich, was mir sehr lieb war, ungestört. Ich mußte nicht in den Verlag, wo es eng und laut war. Er kam auf ein paar Stunden vom Verlag zu mir und besprach mit mir, was er vorhatte. Es war ihm um eine Biographie Upton Sinclairs zu tun, der zu dieser Zeit seinen 50. Geburtstag feierte. Der Malik Verlag war dafür bekannt, daß er die Zeichnungen von George Grosz herausbrachte. Aber er war auch an der neuen russischen Literatur interessiert, und nicht nur an der neuen. Neben einer Gesamtausgabe von Gorki erschien auch eine von Tolstoi, dann gab er vor allem Autoren heraus, die erst seit der Revolution bekannt geworden waren. Für mich war der wichtigste Isaak Babel, den ich nicht weniger bewunderte als George Grosz.

Nun hatte aber der Malik Verlag nicht nur einen guten Namen, er hatte auch das Glück eines äußeren Erfolgs, und das verdankte er seinem Hauptautor Upton Sinclair. Seit seinen Enthüllungen über die Schlachthäuser von Chikago war er zu einem der gelesensten Autoren Amerikas geworden. Er schrieb sehr viel und bemühte sich, immer neue Gegenstände zu finden, die es wert waren, von ihm an den Pranger gestellt zu werden. Es war kein Mangel daran, er war fleißig und mutig, jedes Jahr kam ein neues Buch von ihm heraus, sie wurden immer dicker. Man sprach, besonders in Europa, mit Respekt von Sinclair. Zu dieser Zeit, um seinen 50. Geburtstag, gab es schon so viel Bücher von ihm, daß sie ihrem Umfang nach für das Lebenswerk eines anderen ausgereicht hätten. Es ist auch erwiesen, daß sein Chi-

kago-Buch zur Behebung einiger Mißstände in den Schlacht-
häusern führte. Nicht weniger wichtig für seine Reputation war
die Tatsache, daß die moderne ametikanische Literatur, die die
Welt erobern sollte, noch im Entstehen war. Upton Sinclairs
Ruhm war ein ›materieller‹ Ruhm, er war an die Materie Amerika gebunden, und es ist nicht ohne Bedeutung, daß gerade er,
der so ungefähr alles angriff, der eigentliche ›muck-raker‹ Amerikas, das Interesse an seinem Lande am weitesten verbreitete, ja
zur Mode ›Amerika‹, die damals in Berlin grassierte, der Brecht
wie George Grosz und andere verfallen waren, das meiste bei-
trug. Dos Passos, Hemingway, Faulkner, Schriftsteller unvergleichlich höheren Ranges, taten ihre Wirkung erst später.

Es war damals, im Sommer 1928, Wieland Herzfelde nicht zu
verdenken, daß er Upton Sinclair ernst nahm und gar eine Biographie über ihn schreiben wollte. Da er mit seinem Verlag sehr
beschäftigt war, brauchte er eine Hilfe für diese Arbeit und lud
mich auf Ibbys Empfehlung für die Sommermonate nach Berlin
zu sich ein.

Da war ich also in Berlin, ich ging keine zehn Schritte, ohne
jemand zu begegnen, der berühmt war. Wieland kannte jeden
und machte mich gleich mit jedem bekannt. Ich war hier niemand und war mir dessen wohl bewußt, ich hatte nichts getan,
mit 23 bestand ich aus nichts als Zuversicht. Aber es war erstaunlich, wie man behandelt wurde: nicht mit Mißachtung,
sondern mit Neugier, und ganz besonders nicht mit einem Verdammungsurteil. Ich selbst, seit vier Jahren unter dem Einfluß
von Karl Kraus, war von all seinen Verachtungen und Verdammungen erfüllt und anerkannte nichts, das von Selbstsucht, Gier
und Leichtfertigkeit bestimmt war. Alle Gegenstände der Verdammung waren von Kraus vorgeschrieben. Es war einem nicht
einmal erlaubt, sie ins Auge zu fassen, denn das hatte er schon
für einen besorgt und entschieden. Es war ein *sterilisiertes* geistiges Leben, das man so in Wien führte, eine besondere Art von
Hygiene, die einem jede Vermischung verbot. Kaum war etwas
allgemein, kaum war es in die Zeitungen geraten, war es schon
verfemt und unberührbar.

Und plötzlich nun das Gegenteil davon in Berlin, wo Berührungen jeder Art, unaufhörliche, zum eigentlichen Lebensinhalt
geworden waren. Diese Art der Neugier muß mir entsprochen
haben, ohne daß ich es gewußt hatte, ich gab ihr naiv und in aller

Unschuld nach, und so wie ich bald nach der Ankunft in Wien in den Rachen der Tyrannis hineinspaziert war, wo ich von allen Versuchungen hübsch ferngehalten wurde, so war ich nun in Berlin für einige Wochen wehrlos dem Sündenbabel ausgeliefert. Immerhin war ich nicht allein, ich hatte zwei Führer und sie waren voneinander so verschieden, daß sie mir zur doppelten Hilfe wurden: Ibby und Wieland.

Wieland kannte jeden, weil er schon lange da war. Er war noch vor dem Krieg, als 17jähriger, nach Berlin gekommen und hatte die Freundschaft der Else Lasker-Schüler gewonnen. Durch sie lernte er die meisten Dichter und Maler kennen, besonders die Leute um den ›Sturm‹. Er schuldete ihr noch mehr, den Namen des Verlages nämlich, den er als 21jähriger, mit Grosz und seinem Bruder zusammen gründete, und es ist nicht nur meine Meinung, daß der exotische Name Malik für das Bekanntwerden des Verlags von Bedeutung war. Zu jedermanns Staunen hatte sich Wieland als guter Geschäftsmann entpuppt. Seine Tüchtigkeit stand in solchem Gegensatz zu seiner knabenhaften Frische, daß sie ein wenig unglaubhaft wirkte. Er war nicht wirklich ein Abenteurer, gewann aber viele durch die Abenteuerlust, die man ihm zutraute. Er kam Menschen rasch nahe, wie ein Kind, verfiel ihnen aber nicht und löste sich leicht wieder. Man hatte nicht das Gefühl, daß er ganz zu jemand gehörte. Er hätte jederzeit, so schien es einem, auf und davon gehen können. Man hielt ihn für ungebunden und fragte sich, woraus er seine Kraft beziehe. Denn er war immer auf dem Sprung, agil und rege, von keinem überflüssigen Wissen belastet, üblicher Bildung abgeneigt, durch Schnuppern informiert, nicht durch abstrakten Lesefleiß, aber dann, wenn es darum ging, etwas herauszubringen, erstaunlich genau, plötzlich eigensinnig wie ein Alter. Beide Haltungen, die knabenhafte und die eines erfahrenen Alten, liefen gleichzeitig nebeneinanderher und sprangen alternierend dort ein, wo sie ihm angebracht schienen.

Einen Menschen gab es, der mehr als sein Angehöriger war. Mit diesem verband ihn eine Nabelschnur, die vielleicht gar nicht so geheim war, aber man bemerkte sie lange nicht, weil die Verschiedenheit der beiden so Verbundenen so groß war, als stammten sie von getrennten Planeten: John Heartfield, sein Bruder, der um fünf Jahre älter war. Wieland war gern weich und gerührt, man hätte ihn für sentimental halten können, was er aber nur zeitweilig war. Er hatte verschiedene Tempi zur Verfügung, die ihm alle natürlich waren, und nur eines davon, das der Rührung, war ein langsames. Heartfield war immer rasch, seine Reaktionen so spontan, daß sie ihn übermannten, er war mager und sehr klein, und wenn ihm etwas einfiel, sprang er in die Höhe. Er sagte seine Sätze heftig, als fiele er einen mit seinem Sprung an, er summte dann zornig wie eine Wespe um einen herum. Das erstemal erlebte ich das mitten auf dem Kurfürstendamm: ich ging ahnungslos zwischen ihm und Wieland und versuchte diesem, der mich danach gefragt hatte, etwas über Termiten zu erklären: »Sie sind ganz blind«, sagte ich, »und bewegen sich nur in unterirdischen Gängen« – da sprang John Heartfield neben mir hoch und zischte mich an, als wäre ich an der Blindheit der Termiten schuld, vielleicht auch, als hätte ich sie wegen ihrer Blindheit verklagt: »Du Termite du! Selbst eine Termite!« und nannte mich seither nie anders als ›Termite‹. Damals erschrak ich, ich dachte, ich hätte ihn beleidigt, ich wußte nicht womit, ich hatte doch nicht ihn als Termite bezeichnet. Es dauerte eine Weile, bis ich erkannte, daß er auf alles, was ihm neu war, so reagierte. Es war seine Art zu lernen, er konnte nur aggressiv lernen und ich glaube, es ließe sich zeigen, daß das auch das Geheimnis seiner Montagen ist. Er brachte zusammen, er konfrontierte, woran er erst hochgesprungen war, und die Spannung dieser Sprünge ist in seinen Montagen erhalten.

John war, meine ich, der Unbedachteste aller Menschen. Er bestand aus spontanen und heftigen Augenblicken. Er dachte nur, wenn er mit einer Montage beschäftigt war. Da er nicht immer an etwas herumrechnete wie andere Menschen, blieb er frisch und cholerisch. Es war schon eine Art von Zorn, womit er reagierte, aber es war kein selbstsüchtiger Zorn. Er lernte nur von dem, was er als Angriff empfand, und um etwas Neues zu erfahren, mußte er's für einen Angriff halten. Andere lassen Neues an sich abgleiten oder schlucken es wie Sirup. John mußte es wütend schütteln, um es halten zu können, ohne es zu entkräften.

Erst allmählich kam ich drauf, wie unentbehrlich diese beiden Brüder füreinander waren. Wieland ktitisierte nie etwas an John. Er entschuldigte sein ungewöhnliches Verhalten nicht, er suchte es auch nicht zu erklären. Es war ihm selbstverständlich, und erst als er von seiner Kindheit sprach, begriff ich, was die beiden verband. Sie waren Waisenkinder, zu viert, zwei Brüder und zwei Schwestern, und waren von Zieheltern in Aigen bei Salzburg ins Haus genommen worden. Wieland hatte Glück mit den Zieheltern, Helmut, der Ältere (so hieß John, bevor er diesen englischen Namen annahm) hatte es schwerer. Sie waren sich immer dessen bewußt, daß sie ihre wirklichen Eltern nicht hatten, und schlossen sich sehr eng aneinander an. Wielands eigentliche Kraft war die Bindung an diesen Bruder. Zusammen faßten sie Fuß in Berlin. Aus Protest gegen den Krieg hatte Helmut seinen Namen offiziell in John Heartfield ändern lassen. Es gehörte Mut dazu, da das noch im Krieg geschah. George Grosz, auf den sie damals stießen, wurde beiden ein gleich naher Freund. Als der Malik Verlag gegründet wurde, war es selbstverständlich, daß John Heartfield die Umschläge für die Bücher entwarf. Sie hatten ihre Familien, sie lebten getrennt, sie bedrängten und beengten einander nicht, aber es gab sie zugleich, im turbulenten, unerhört aktiven Berliner Leben waren beide zusammen da.

Brecht

Das erste, was mir an Brecht auffiel, war die Verkleidung. Ich wurde mittags zu Schlichter geführt, das Restaurant, in dem das intellektuelle Berlin verkehrte. Da kamen besonders viele Schauspieler hin, dieser und jener wurde einem gezeigt, man erkannte sie auf der Stelle, durch die Illustrierten gehörten sie zum Bild, das man sich von öffentlichen Dingen machte. Es ist aber zu sagen, daß an ihrer Erscheinung, an Begrüßungen und Bestellungen, an Herunterschlingen, Schlucken, Zahlen nicht übermäßig viel Theater war. Es war ein buntes Bild, aber ohne die Buntheit der Bühne. Der einzige, der mir unter allen *auffiel*, und zwar durch seine proletarische Verkleidung, war Brecht. Er war sehr hager, er hatte ein hungriges Gesicht, das durch die Mütze etwas schief wirkte, seine Worte kamen hölzern und abgehackt, unter seinem Blick fühlte man sich wie ein Wertgegenstand, der keiner war, und er, der Pfandleiher, mit seinen stechenden schwarzen Augen, schätzte einen ab. Er sagte wenig, über das Ergebnis der Schätzung erfuhr man nichts. Unglaublich schien es, daß er erst dreißig war, er sah nicht aus, als wäre er früh gealtert, sondern als wäre er immer alt gewesen.

Die Vorstellung eines alten Pfandleihers hat mich in jenen Wochen nicht losgelassen. Sie verfolgte mich schon darum, weil sie so widersinnig schien. Sie wurde dadurch gespeist, daß Brecht nichts so hochhielt wie Nützlichkeit und auf jede Weise merken ließ, wie sehr er ›hohe‹ Gesinnungen verachtete. Er meinte eine praktische, eine handfeste Nützlichkeit und hatte darin etwas Angelsächsisches, in der amerikanischen Spielform. Der Kult des Amerikanischen hatte damals Wurzeln geschlagen, besonders bei den Künstlern der Linken. An Lichtreklamen und Autos tat es Berlin New York gleich. Für nichts verriet Brecht soviel Zärtlichkeit wie für sein Auto. Die Bücher Upton Sinclairs, die Mißstände aufdeckten, hatten eine zwiespältige Wirkung. Wohl teilte man die Gesinnung, die diese Mißstände geißelte, aber das amerikanische Lebenssubstrat, aus dem auch sie hervorwuchsen, nahm man zu gleicher Zeit als Nahrung in sich auf und hängte seine Wünsche an sein Umsichgreifen und seine Zunahme. Es traf sich auch, daß Chaplin damals in Hollywood war, und seinem Erfolg, selbst in dieser Atmosphäre, konnte man mit gutem Gewissen applaudieren.

Zu den Widersprüchen in der Erscheinung Brechts gehörte, daß er in seinem Aussehen auch etwas Asketisches hatte. Der Hunger konnte auch als Fasten erscheinen, als enthalte er sich mit Absicht der Dinge, die Gegenstand seiner Gier waren. Ein Genießer war er nicht, er fand im Augenblick nicht Genüge und breitete sich in ihm nicht aus. Was er sich holte (und er holte sich von rechts und links, von hinten und vorn zusammen, was ihm dienlich sein konnte), mußte er sogleich verwenden, es war sein Rohmaterial und er produzierte damit unaufhörlich. So war er einer, der immer etwas fabrizierte, und das war das Eigentliche, worauf er aus war.

Die Reden, mit denen ich Brecht reizte, ganz besonders die Forderung, daß man nur aus einer Gesinnung heraus schreiben dürfe und nie für Geld, mußten im damaligen Berlin geradezu lächerlich erscheinen. Er wußte sehr wohl, was er wollte, und war so sehr von seiner Absicht bestimmt, daß es gar nicht darauf ankam, ob er auch Geld dafür nahm. Es war im Gegenteil nach einer Zeit materieller Bedrängnis als Zeichen von Erfolg zu werten, wenn er Geld bekam. Er wußte Geld sehr wohl zu schätzen, wichtig war nur, *wer* es war, der es bekam, und nicht, woher es stammte. Er war sicher, daß nichts ihn von seiner

Absicht abbringen könnte. Wer ihm dabei half, war auf seiner Seite (oder er schnitt sich ins eigene Fleisch). Berlin wimmelte von Mäzenen, sie gehörten zur Szenerie. Er benutzte sie, ohne ihnen zu verfallen.

Die Reden, mit denen ich ihn belästigte, wogen weniger als ein Faden dagegen. Ich sah ihn kaum allein. Immer war Ibby dabei, deren Witz er für Zynismus hielt, wie es ihm entsprach. Er merkte, daß sie mich mit Respekt behandelte, nie schlug sie sich auf seine Seite; es reizte ihn, mich zu erschrecken oder mit Hohn zu bewerfen, während sie mich in seiner Gegenwart um eine Auskunft befragte. Es kam vor, daß er in irgendeiner unwichtigen Sache einen Fehler machte, dann ließ sie sich durch ihn nicht beirren und nahm meine Auskunft an, schloß sie als endgültig ins Gespräch ein, ohne mit der Wimper zu zucken, allerdings auch ohne Spott, der sich nun gegen ihn gerichtet hätte. Daran, daß sie in seiner Gegenwart nicht über ihn spottete, mußte er erkannt haben, daß ihr der Umgang mit ihm nicht gleichgültig war. Auf ihre Weise war sie der penetranten Avantgarde-Atmosphäre um ihn erlegen.

Er hielt wenig von Menschen, aber er nahm sie hin, er achtete die, die ihm beharrlich nützlich waren, die anderen beachtete er, soweit sie seine etwas monotone Auffassung von der Welt bekräftigten. Diese war es, die den Charakter seiner Dramen mehr und mehr bestimmte, während er in den Gedichten so lebendig wie keiner seiner Zeit begann und später – doch das gehört noch nicht hierher – mit Hilfe der Chinesen zu einer Art Weisheit fand.

Es wird überraschend klingen, wenn ich sage, wieviel ich ihm, bei aller Feindschaft, die ich gegen ihn empfand, zu verdanken habe. Zur selben Zeit, in der es – beinahe täglich – zu kurzen Zusammenstößen mit ihm kam, las ich die ›Hauspostille‹. Von diesen Gedichten war ich hingerissen, ich nahm sie, ohne an ihn zu denken, in einem Zug auf. Es gab Dinge darunter, die mir durch Mark und Bein gingen, wie die ›Legende vom toten Soldaten‹ oder ›Gegen Verführung‹, aber auch anderes: ›Erinnerung an die Marie A.‹, ›Vom armen B. B.‹. Vieles, das meiste traf mich. In Staub und Asche versank, was ich selber geschrieben hatte. Es wäre zuviel, zu sagen, daß ich mich dafür schämte, es war einfach nicht mehr vorhanden, nichts blieb davon übrig, nicht einmal Scham.

Seit drei Jahren speiste sich mein Selbstbewußtsein aus den

Gedichten, die ich schrieb. Ich hatte sie niemand außer Veza gezeigt, aber ihr zeigte ich beinahe jedes. Ihre Aufmunterung hatte ich ernst genommen, ihrer Meinung vertraut. Von manchen war ich so erfüllt gewesen, daß ich mir weit wie der Weltraum vorkam. Ich hatte alles mögliche andere, nicht nur Gedichte geschrieben, aber diese waren es, was für mich zählte – neben der Absicht zu einem Buch über die Masse. Doch das war noch Absicht, das konnte Jahre dauern, und jetzt jedenfalls war kaum etwas davon da, ein paar Aufzeichnungen und Vorarbeiten, manches, was ich in Hinsicht darauf gelernt hatte, aber das Gelernte war nicht das eigene, das sollte erst entstehen. Für das eigene hatte ich die vielen abgeschlossenen Stücke, kurze und lange Gedichte gehalten, und jetzt war das alles mit einem Schlag zertrümmert. Ich hatte kein Mitleid für das Zeug, ich kehrte es ohne jedes Bedauern weg, Schutt und Staub, und ich lobte mir nicht den Mann, der die wahren Gedichte geschrieben hatte, von seinem Zwang zur Verkleidung bis zu seiner hölzernen Sprache stieß mich alles an ihm ab, aber ich bewunderte, ich liebte die Gedichte.

So groß war meine Abneigung gegen seine Person, daß ich ihm kein Wort über die Gedichte sagte, wenn ich ihn sah. Bei seinem Anblick, ganz besonders aber bei seinen gesprochenen Sätzen packte mich jedesmal die Wut. Ich ließ sie mir nicht anmerken, so wenig wie die Begeisterung über die ›Hauspostille‹. Kaum hatte er einen zynischen Satz von sich gegeben, erwiderte ich mit einem strengen, hochmoralischen. Einmal sagte ich – in jenem Berlin muß es komisch geklungen haben –, daß ein Dichter sich *abschließen* müsse, um etwas zu machen. Er brauche Zeiten in der Welt und Zeiten *außer* ihr, in stärkstem Kontrast zueinander. Brecht sagte, er habe das Telefon immer auf dem Tisch und könne nur schreiben, wenn es oft läute. Eine große Weltkarte hänge vor ihm an der Wand, auf die schaue er hin, um nie aus der Welt zu sein. Ich gab nicht nach und, zerschmettert wie ich war von der Einsicht in die unnütze Erbärmlichkeit meiner Gedichte, bestand ich dem Manne gegenüber, der die besten Gedichte schrieb, auf meinen Ratschlägen. Die Moral war eines und die Sache war etwas anderes, und wenn er zugegen war, der nur auf die Sache etwas gab, zählte für mich nichts als die Moral. Ich hielt mich über die Reklamen auf, von denen Berlin verseucht war. Ihn störten sie nicht, im Gegenteil,

Reklame habe ihr Gutes. Er habe ein Gedicht über Steyr-Autos geschrieben und dafür ein Auto bekommen. Das war für mich, als käme es aus dem Munde des Teufels. Mit diesem Geständnis, das er wie eine Prahlerei vorbrachte, schlug er mich nieder und brachte mich zum Schweigen. Kaum hatten wir ihn verlassen, sagte Ibby: »Er fährt gern Auto«, als wäre es nichts. Mir – überspannt wie ich war – kam er vor wie ein Mörder, ich hatte die ›Legende vom toten Soldaten‹ im Kopf, und er hatte sich an einem Preisausschreiben für Steyr-Autos beteiligt! »Er schmeichelt seinem Auto jetzt auch«, sagte Ibby, »er spricht von ihm wie von einer Geliebten. Warum soll er ihm nicht *vorher* schmeicheln, um es zu bekommen?«

Ibby gefiel ihm, ihre witzige, unsentimentale Art, die in solchem Gegensatz zu ihrem blühend-ländlichen Aussehen stand, ließ er gelten. Sie störte ihn auch durch keinen Anspruch, sie wetteiferte mit niemandem, als Pomona war sie in Berlin aufgetaucht und konnte jeden Augenblick wieder verschwinden. Da war mein Fall ein anderer, ich kam mit hohen Tönen aus Wien, der Reinheit und Strenge von Karl Kraus verschrieben, dem ich nach seinem Plakat zum 15. Juli im vergangenen Jahr mehr als je verfallen war. Auch behielt ich seinen stärkenden Pomp nicht für mich, ich *mußte* damit herausrücken. Zwei, drei Jahre waren es erst her, daß ich den häuslichen Geld-Reden entkommen war, die Zeit ihrer Wirkung war durchaus noch nicht vorüber: ich sah Brecht kein einziges Mal, ohne meine Verachtung für Geld zu äußern. Ich *mußte* meine Fahne hochziehen und Farbe bekennen: man schrieb nicht für Zeitungen, man schrieb nicht für Geld, für jedes Wort, das man schrieb, stand man mit der ganzen Person ein. Das irritierte Brecht aus mehr als einem Grund: ich hatte nichts veröffentlicht, er hatte nie etwas von mir gehört, hinter meinen Worten steckte für ihn, der viel auf Realitäten gab, nichts. Da mir niemand etwas angeboten hatte, hatte ich nichts refüsiert. Keine Zeitung hatte mir vorgeschlagen, für sie zu schreiben, also hatte ich auch keiner widerstanden. »Ich schreibe nur für Geld«, sagte er trocken und gehässig. »Ich habe ein Gedicht über Steyr-Autos geschrieben und dafür ein Steyr-Auto bekommen.« Da war es wieder, es kam häufig vor, er war stolz auf dieses Steyr-Auto, das er zuschanden fuhr. Nach einem Unfall, den er damit hatte, verstand er es, sich durch einen Reklametrick wieder ein neues zu verschaffen.

Aber meine Situation war noch komplizierter, als man nach dem Bisherigen denken könnte, denn der Mann, der mir Glaube und Gesinnung war, den ich unter allen Menschen auf der Welt am höchsten verehrte, ohne dessen Zorn und Eifer ich nicht hätte leben mögen, dem mich zu nähern ich nie gewagt hätte (ein einziges Mal nur, nach dem 15. Juli, hatte ich ein Gebet an ihn gerichtet, keine Bitte, ein Dankgebet, und nahm nicht einmal an, daß er's erhören könnte) – Karl Kraus also war zu dieser Zeit in Berlin und er war mit Brecht befreundet, den er häufig sah, und durch Brecht lernte ich ihn, einige Wochen vor der Premiere der ›Dreigroschenoper‹ kennen. Ich sah ihn nicht allein, immer in Gesellschaft von Brecht und anderen, die an dieser Aufführung interessiert waren. Ich richtete nicht das Wort an ihn, ich scheute mich, ihn merken zu lassen, wieviel er mir bedeutete. Seit dem Frühjahr 1924, seit meiner Ankunft in Wien, war ich in jeder seiner Vorlesungen gewesen. Aber das wußte er nicht, und selbst wenn Brecht, der sicher spürte, was es bei mir geschlagen hatte, eine spaßhafte Bemerkung darüber zu ihm gemacht hatte (was nicht sehr wahrscheinlich war), so ließ er sich doch nichts anmerken. Auf jenen überschwenglichen Dankbrief für sein Plakat nach dem 15. Juli hatte er nicht geachtet, mein Name sagte ihm nichts, er mußte zahllose ähnliche Briefe bekommen und weggeworfen haben.

Es war mir viel lieber, daß er nichts von mir wußte. Ich saß neben Ibby in der Runde und verhielt mich still. Ich war erdrückt von der Vorstellung, am Tische eines Gottes zu sitzen. Mir war ungewiß zumute, als hätte ich mich eingeschlichen. Er war ganz anders, als ich ihn von den Vorlesungen her kannte. Er schleuderte keine Blitze, er verdammte niemand. Von allen, die da saßen – es mögen an die zehn oder zwölf Leute gewesen sein –, war er der Höflichste. Er behandelte jeden, als sei er ein ungewöhnliches Wesen, und klang fürsorglich, als versichere er ihn seines besonderen Schutzes. Man fühlte, daß niemand seiner Beachtung entging, so büßte er nichts von der Allwissenheit ein, die man ihm zudachte. Doch stellte er sich mit Absicht hinter den andern zurück, einer unter Gleichen, friedlich, auf ihre Empfindlichkeiten bedacht. Wie ungezwungen er lächeln konnte, mir war zumute, als ob er sich verstelle. Von unzähligen Rollen, in denen ich ihn gehört hatte, wußte ich, wie leicht es ihm fiel, sich zu verstellen, doch war die, in der ich ihn jetzt erlebte, die eine, die ich nie erwartet hätte, und er hielt sie durch, während einer Stunde oder länger blieb sie dieselbe. Ich erwartete Ungeheures von ihm, und es kamen Artigkeiten. Jeden am Tische behandelte er mit Zartgefühl, aber mit Liebe, als wäre er sein Sohn, behandelte er Brecht, das junge Genie – sein *erwählter* Sohn.

Das Gespräch ging um die ›Dreigroschenoper‹, die noch nicht so hieß, ihr Name wurde in diesem Kreis beraten. Viele Vorschläge wurden gemacht, Brecht hörte sich's ruhig an, gar nicht so, als wäre es sein Stück, und daß er sich die letzte Entscheidung vorbehielt, war ihm während dieses Gesprächs kaum anzumerken. Es wurden so viele Vorschläge gemacht, daß ich mich nicht mehr darauf besinnen kann, wer welche machte. Karl Kraus hatte einen Vorschlag, den er ohne Herrschsucht vertrat, er warf ihn fragend in die Debatte ein, als zweifle er daran. Er wurde sofort von einem anderen, besseren verdrängt, der sich aber auch nicht behauptete. Ich weiß nicht, von wem der schließliche Titel kam, es war Brecht selbst, der ihn vorbrachte, aber vielleicht hatte er ihn auch von einem anderen, der nicht zugegen war, und wollte hören, wie die Anwesenden darüber dachten. In seiner Freiheit von Abgrenzungen und Besitzmarkierungen war er bei der Arbeit erstaunlich.

Ecce Homo

»Wir gehen jetzt zu Grosz«, sagte Wieland. Ich glaubte es nicht ganz, daß man da einfach hingehen könne. Wieland wollte etwas bei ihm holen, das er für den Verlag brauchte, aber er wollte mich auch beeindrucken, denn er hatte gleich bemerkt, daß es *eine* Figur in Berlin gab, auf deren Bekanntschaft ich brannte. Es machte ihm Spaß, mir alles hinzuhalten, was Berlin zu bieten hatte. Meine Unerfahrenheit war ihm nicht unsympathisch. Sie erinnerte ihn an seine eigene, als er zuerst hierhergeraten war. Er war nicht herrschsüchtig wie Brecht, der immer von Adepten umgeben war. Brecht wollte als abgebrüht gelten und muß früh damit begonnen haben. Nur älter sein als man ist, ja nicht jung scheinen, Unschuld war ihm etwas Verächtliches, er haßte Unschuld, die er mit Dummheit gleichsetzte. Er wollte niemandes Opfer sein, und immer, als es längst nichts mehr zu beweisen gab, trug er seine Frühreife zur Schau, ein Schüler, der seine erste Zigarre raucht und andere, denen er Mut machen will, um sich versammelt. Wieland aber war in die Unschuld seiner Kindheit verliebt und sah sie als Idylle. Es gelang ihm, sich im Zynismus Berlins zu behaupten. Wehrlos war er gar nicht, er hatte alle nötigen Griffe zur Hand und erwies seine Tüchtigkeit im sogenannten Lebenskampf, für den man Härte, aber vor allem Gleichgültigkeit braucht. Aber er vermochte sich nur zu behaupten, indem er am Bild des unschuldigen Waisenknaben festhielt, der er gewesen war. Er konnte davon sprechen, als wäre er's noch. Während der Arbeit verfielen wir manchmal in solche Gespräche, und so gehetzt das Leben eines Menschen in Berlin eigentlich war – wenn wir am runden Tisch in jenem Zimmer seiner Dachwohnung saßen, kamen wir oft von Upton Sinclair, dem Gegenstand dieser Arbeit, ab und wandten uns dem jüngeren Wieland zu. Auch der jetzige war nicht mehr als 32 Jahre alt, aber es schien ein großer Sprung zu Wieland, wie er 15 Jahre früher war.

Er zeigte mir alles, die Leute nämlich, die es in Berlin zu sehen gab, als sei er's selber, der zum erstenmal nach Berlin gekommen sei, und freute sich an meinem Staunen, ohne es zu genau zu beobachten, denn es ging ihm dabei weniger um mich, sondern um sich selber, wie er in meinen Jahren gewesen war. Es kam mir zugute, daß er mich nirgends demütigte: überall führte er mich als ›Freund und Mitarbeiter‹ ein. Dabei kannte ich ihn erst wenige Tage, und gearbeitet hatte ich noch nichts. Er verlangte keine Legitimation von mir, er wollte nichts von mir lesen, vielleicht wäre es ihm lästig gewesen, etwas von mir zu lesen (es ist verwunderlich zu denken, daß er, der Verleger, den ich am besten und intimsten kennenlernte, nie, auch später nicht, der Verleger meiner eigenen Sachen wurde). Es genügte ihm, daß wir miteinander sprachen. Manches hatte er von Ibby gehört, manches erzählte ich ihm selbst, am wichtigsten war ihm, daß er mir, in *seinem* Berlin, von seinen Unschuldigkeiten erzählen konnte, seiner Liebe zu seiner Jugend, und daß ich ihm zuhörte. So gewann ich ihn durch Zuhören und ich kann nicht einmal sagen, daß ich es aus Schlauheit tat, ich hörte gern zu, ich habe immer gern zugehört, wenn Menschen von sich sprechen, diese scheinbar ruhige, passive Neigung ist so heftig, daß sie meine innerste Vorstellung von Leben ausmacht. Tot werde ich sein, wenn ich nicht mehr höre, was mir einer von sich erzählt.

Warum erwartete ich soviel von Grosz? Was bedeutete er mir? Seit Frankfurt, als ich in der Auslage der Jugendbücherstube Bücher von ihm sah, seit sechs Jahren also, bewunderte ich diese Zeichnungen und trug sie im Kopf mit mir herum, sechs junge Jahre sind eine lange Zeit. Auf den ersten Blick hatten diese Zeichnungen in mich eingeschlagen. So, genau so war mir damals zumute, nach den Dingen, die ich in der Inflation um mich sah, nach dem Besuch des Herrn Hungerbach, nach den tauben Ohren der Mutter, die sich weigerte, von irgend etwas, das um uns geschah, Notiz zu nehmen. Mir gefiel, daß es stark und rücksichtslos war, was man auf diesen Zeichnungen sah, schonungslos und furchtbar. Da es extrem war, hielt ich es für die Wahrheit. Eine vermittelnde, eine abschwächende, eine erklärende und entschuldigende Wahrheit war für mich keine. Daß es solche Figuren gab, wußte ich, ich wußte es seit der Kindheit in Manchester, als ich den Oger zum Feind einsetzte, der er dann immer für mich blieb. Als ich nicht lange danach Karl Kraus in Wien hörte, war die Wirkung dieselbe. Nur daß ich als Wortmensch Karl Kraus nachzuahmen begann, von ihm konnte ich besonders das Hören, bis zu einem gewissen Grade aber auch (und nicht ohne einiges Widerstreben) die Rhetorik der Anklage lernen. George Grosz imitierte ich nie, Zeichnen war mir immer versagt gewesen. Wohl suchte ich und fand in der Wirklichkeit seine Figuren, aber es blieb immer der Abstand zu einem anderen Medium. Sein Können war für mich unerreichbar: er sprach in einer anderen Sprache, die ich zwar verstand, doch würde es mir immer versagt sein, sie zu eigenem Gebrauch zu erlernen. Das bedeutete, daß er mir nie ein Vorbild wurde – ein Gegenstand größter Bewunderung, aber nie ein Vorbild.

Als ich zum erstenmal bei ihm eintrat, stellte mich Wieland, wie es seine Art war, als ›Freund und Mitarbeiter‹ vor. Das hatte die Wirkung, daß ich mir nicht *zu* klein vorkam. Ich bedachte nicht, daß Grosz alle Freunde Wielands gut kannte und schon darum wissen mußte, daß ich keiner von ihnen war. Ich war plötzlich da, es war nie von mir die Rede gewesen, Ibby hatte meine baldige Ankunft aus Wien angekündigt, das war alles. Über Unsicherheiten dieser Art war ich aber bald hinweg, denn er begann uns beiden Sachen von sich zu zeigen. Ich war nah bei Dingen, die eben entstanden waren. Grosz war es gewohnt, Wieland seine Zeichnungen zu zeigen, der sie veröffentlicht und bekannt gemacht hatte. Zusammen hatten sie sie ausgesucht und Wieland fand Namen dafür. Auch jetzt fielen, wie aus Gewohnheit, Namen. Wieland liebte es, rasch welche zu sagen. Es wurde darüber nicht diskutiert, Grosz pflegte die Titel Wielands hinzunehmen, sie hatten ihm Glück gebracht.

Er war in Tweed gekleidet, im Gegensatz zu Wieland kräftig und gebräunt und sog an seiner Pfeife. Er wirkte wie ein junger Kapitän, kein englischer, er redete viel, eher ein Amerikaner. Da er überaus offen und herzlich war, empfand ich seine Tracht nicht als Verkleidung. Ich fühlte mich frei vor ihm und ließ mich gehen, von allem, was er zeigte, war ich begeistert. Er freute sich darüber, als ob es auf meine Begeisterung ankäme, nickte Wieland manchmal zu, wenn ich etwas über ein Blatt sagte. Ich spürte, daß ich das Richtige traf, und während ich vor Brecht den Mund nicht auftun konnte, ohne ihn zu Hohn zu reizen, weckte ich bei Grosz Interesse und Wohlgefallen. Er fragte mich, ob ich die ›Ecce Homo‹-Mappe kenne, ich sagte nein, sie war verboten. Er ging zu einer Truhe, hob den Deckel und entnahm ihr eine Mappe, die er mir so, als wäre es gar nichts Besonderes, überreichte. Ich dachte, sie sei zum Anschauen, und schlug die Mappe auf, wurde aber gleich eines Besseren belehrt: das könne ich zuhause tun, die Mappe sei ein Geschenk. »Das kriegt auch nicht jeder«, sagte Wieland, der die impulsive Art seines Freundes kannte, aber er hätte es gar nicht zu sagen brauchen, kein Akt der Großherzigkeit eines Menschen ist mir je entgangen, und von diesem war ich überwältigt.

Ich legte die Mappe hin, um nicht in komische Glücksbewegungen mit ihr zu verfallen, und hatte meinen Dank noch nicht zu Ende gesprochen, als ein Besucher erschien: es war der letzte Mensch, den ich mir jetzt gewünscht, den ich erwartet hätte, es war Brecht. Er kam mit allen Zeichen des Respekts, ein wenig gebückt, er brachte ein Geschenk für Grosz, einen Bleistift, einen ganz gewöhnlichen Bleistift, den er ihm nachdrücklich und bedeutungsvoll auf den Zeichentisch legte. Grosz nahm diese bescheidene Huldigung hin und verwandelte sie in etwas Größeres. Er sagte: »Der Bleistift hat mir gefehlt. Den kann ich brauchen.« Ich fühlte mich durch den Besuch gestört, aber es tat mir wohl, daß ich Brecht so von einer anderen Seite erlebte. So war er, wenn er seine Billigung ausdrücken wollte, daß es auf so zurückhaltende und sparsame Weise geschah, machte es eindrucksvoller. Ich fragte mich, wie Grosz zu ihm stand, ob er ihn möge. Brecht blieb nicht lange, als er gegangen war, sagte Grosz nebenbei zu Wieland, so als sei es nicht für meine Ohren bestimmt: »Hat keine Zeit, das europäische Ragout.« Es klang nicht gehässig, nicht feindselig, vielleicht zweifelnd, so als habe er verschiedene Meinungen über ihn, die einander in die Quere kämen.

Unsere Wege trennten sich, als wir Grosz verließen, Wieland ging in den Verlag, ich ging in die Dachwohnung an meinen runden Tisch, wo die Arbeit an Upton Sinclairs Lebensdokumenten auf mich wartete. Gegen die Dinge gehalten, die er als ›muck-raker‹, als Schmutzaufwirbler, aufgedeckt hatte, erschien Sinclairs eigenes Leben langweilig. Das lag nicht an seinen Lebens*umständen*, er hatte es schwer gehabt, sondern an seinen geradlinigen Ansichten. Er war puritanisch durch und durch, und obwohl ich es selber war und eine Verwandtschaft mit ihm spüren mußte, obwohl ich seine Angriffe gegen schlimme Zustände, Erniedrigung und Ungerechtigkeit aus vollem Herzen billigte, fehlte seinen Attacken jeder satirische Glanz. So war es kein Wunder, daß ich mich nicht gleich an die Arbeit machte, sondern erst einmal die Ecce Homo-Mappe aufschlug: da fand sich alles, was einem an Upton Sinclair fehlte.

Die Mappe war als obszön verboten worden. Es läßt sich nicht leugnen, daß einem manches darin so vorkommen konnte. Ich nahm es alles mit einem merkwürdigen Gemisch von Entsetzen und Billigung hin. Es waren scheußliche Kreaturen des Berliner Nachtlebens, was man da zu sehen bekam, aber sie waren da, so dachte ich, weil sie als scheußlich empfunden wurden. Den Ekel, mit dem ich sie ansah, hielt ich für den Ekel des Künstlers. Noch wußte ich nur wenig davon, ich war erst etwa eine Woche da, einer der ersten Besuche hatte mich zu Grosz geführt. Mit Brecht hatte mich Ibby bei Schlichter bekanntgemacht, sie hielt ihn, schon weil er ein Dichter war, für das Interessanteste, was sie mir in Berlin zu bieten hatte. Da waren wir täglich wieder hingegangen, Ibby sah er gern, aber sie schleppte mich immer mit, und vielleicht hatte er mich auch deshalb zur Zielscheibe seines Hohns gemacht. Wieland ließ sich aber nicht lumpen, an Grosz lag mir viel mehr, und so war es, ich glaube am sechsten Tag nach meiner Ankunft, zu diesem Besuch bei ihm gekommen.

Jetzt hatte ich aber die Ecce Homo-Mappe mit nach Hause gebracht, sie legte sich zwischen mich und Berlin und färbte von da ab das meiste, besonders aber alles, was ich nachts sah. Vielleicht hätte es sonst länger gedauert, bis diese Dinge in mich eingedrungen wären. Mein Interesse an der Freiheit in sexuellen Dingen war noch immer nicht groß. Ich wurde jetzt durch diese unerhört harten und erbarmungslosen Darstellungen in sie hineingeworfen und hielt sie für wahr, es wäre mir nicht eingefallen, sie zu bezweifeln, und so wie man manche Landschaften nur noch mit den Augen bestimmter Maler sieht, so sah ich Berlin mit den Augen von George Grosz.

Ich war bei dieser ersten Betrachtung hingerissen und erschreckt zugleich, so sehr, daß ich mich nicht davon trennen mochte, als Ibby kam und die farbigen Aquarelle, die ich als lose Blätter in der Mappe vorgefunden hatte, über dem Tisch ausgebreitet sah. Sie hatte mich noch nie mit so etwas gesehen, es kam ihr komisch vor: »Du bist rasch ein Berliner geworden«, sagte sie, »in Wien warst du verrückt mit Totenmasken, und jetzt –«, sie breitete den Arm über die Blätter aus, so als hätte ich sie mit Vorsorge und Absicht auf dem Tisch versammelt. »Weißt du«, sagte sie, »der Grosz hat das gern. Wenn er betrunken ist, redet er von ›Schinken‹. Er meint Frauen und sieht einen dann so an. Ich tu, als ob ich nicht verstehe. Aber er singt ein Loblied auf ›Schinken‹.« Ich war empört. »Das ist nicht wahr! Er haßt das! Darum sind die Sachen so gut. Glaubst du, ich würde das sonst anschauen.« »*Du* magst das nicht«, sagte sie, »ich weiß, ich weiß. Drum kann ich dir alles sagen. Aber er hat das gern! Warte, bis du ihn einmal betrunken siehst und er von ›Schinken‹ anfängt.«

Es gehörte zu Ibby, daß sie das sagen konnte. Sie sprach das Wort, ›Schinken‹ in diesem Zusammenhang aus, und es war nicht mißzuverstehen, was sie damit meinte: Grosz hatte, da er betrunken war, versucht, sich ihr zu nähern, und ein Loblied auf ihre Körperlichkeit angestimmt, das andere Frauen ihrer Art vielleicht beleidigt oder zumindest geärgert hätte. Das Wort bezog sich auf sie, sie wiederholte es und es klang so, als ob es sie in keiner Weise tangiere. Sie blieb unberührt davon, als wäre er ihr nie zu nahegetreten und alles, was sie daran interessierte, war der ungeschminkte Bericht darüber, den sie mir gab.

Dazu hatte sie mich in Berlin haben wollen, um mir alles zu sagen. Sie war von Männern verfolgt, wo immer sie erschien, kam es zu Anzüglichkeiten. Drei, vier Männer versuchten es zugleich, irgendeinem würde es gelingen. Rätselhaft wurde sie den Menschen, als es niemandem gelang. Es kam zu den abstrusesten Hypothesen, wie: sie sei gar keine Frau, sie sehe nur so aus, sie sei anders geraten, wahrscheinlich zusammengewachsen. Ein besonders Mißtrauischer, der zum Kreis von Brecht gehörte, Borchardt hieß er, erklärte sie zur Spionin. »Woher kommt sie? Plötzlich ist sie aufgetaucht. Wer ist sie? Sie ist bei allem dabei und hört sich alles an.« Sie lachte darüber und blieb gut gelaunt. Sie fand es lächerlich, konnte es aber, solange sie allein in Berlin war, niemandem sagen, denn diese Menschen, die alles für erlaubt hielten, nahmen sexuelle Betätigung heilig ernst und Ibbys Spott, sie hatte nichts anderes dafür übrig, hätte man ihr sehr verargt. Sie konnte nicht leben ohne Spott, ihn mit Witz und überraschenden Wendungen vorzubringen, war *ihre* Notwendigkeit, *ihr* Trieb und darum hatte sie nicht geruht, bis es ihr endlich gelang, mich nach Berlin zu locken.

Was uns gemeinsam war, war ein nie zu ersättigendes Interesse an *jeder* Art von Menschen. Bei ihr war es von Witz gefärbt und ich hatte es gern, wenn sie mich mit ihren Berichten regalierte. Doch fand ich selbst es nicht eigentlich komisch. Mich beunruhigte diese Verschiedenartigkeit der Menschen. Sie zappelten auf jede Weise, um sich einander verständlich zu machen. Aber sie verstanden einander nicht. Es war jeder für sich, und obwohl er, allen Täuschungen zum Trotz, allein blieb, zappelte er unermüdlich weiter. Ich hörte auf alle schreienden Mißverständnisse, von denen Ibby mir erzählte. Mit vielen wurde ich selbst konfrontiert, aber sie brachte besondere Zeugnisse davon in meine Welt, die ich als Mann nicht erleben konnte. Schön und umworben wie sie war, bekam sie nichts als Anträge der unsinnigsten Art, es war, als wäre sie selbst gar nicht auf der Welt, nur eine scheinbar lebende Statue von ihr, an die man Vorschläge richtete. Was sie aber darauf erwiderte, wurde gar nicht gehört, es erreichte die Ohren der Antragsteller nicht, denen es nur darum zu tun war, ihre Sache zu sagen und womöglich zu erreichen, wonach es sie gelüstete. Sie wußten aber nicht, warum es ihnen schließlich nicht gelang, denn sie wären gar nicht imstande gewesen, eine Antwort aufzufassen. Es hätte sie auch schwerlich interessiert, etwas über ihre Nebenbuhler zu erfahren, es wäre ihnen, obwohl ihrer aller Ziel dasselbe schien, fremd und unverständ-

lich gewesen. Denn so präzis und unabänderlich Ibby im Kopfe
trug, was sie vorgebracht und unternommen hatten, um es zu
verstehen, hätte jeder von sich absehen müssen, und das wollte
keiner.

Isaak Babel

Einen großen Raum in meiner Erinnerung an die Berliner Zeit
nimmt Isaak Babel ein. Er kann nicht sehr lange dort gewesen
sein, aber mir ist so zumute, als hätte ich ihn während Wochen
täglich gesehen, Stunden und Stunden und ohne daß immer viel
gesprochen wurde. So gut gefiel er mir, am besten von all den
unzähligen Menschen, die ich damals traf, daß er sich in meiner
Erinnerung ausgebreitet hat, die ihm gern jeden der 90 Berliner
Tage zueignen möchte.

Er kam von Paris, wo seine Frau, eine Malerin, bei André
Lhote in die Lehre ging. Er hatte sich an verschiedenen Orten in
Frankreich aufgehalten. Die französische Literatur war sein gelobtes Land, Maupassant empfand er als seinen eigentlichen
Meister. Gorki hatte ihn entdeckt und hielt seine Hand über ihn;
er hatte ihn auf eine Weise beraten, wie man sie sich klüger und
aussichtsreicher nicht hätte wünschen können, mit Einsicht in
seine Möglichkeiten und mit Kritik, ohne Selbstsucht, auf *ihn*
bedacht, nicht auf sich, ernst und ohne Hohn, wohl wissend, wie
leicht es ist, einen Jüngeren, Schwächeren, Unbekannten zu vernichten, bevor er noch wissen kann, was in ihm steckt.

Babel war nach längerer Abwesenheit im Ausland auf seiner
Rückreise nach Rußland und machte in Berlin Station. Ich denke, er war gegen Ende September da und blieb in Wirklichkeit
nicht länger als zwei Wochen. Von den zwei Büchern, die ihn
berühmt gemacht hatten, der ›Reiterarmee‹ und den ›Geschichten aus Odessa‹, die beide deutsch im Malik Verlag erschienen
waren, hatte ich das letztere mehr als einmal gelesen. Ich konnte
ihn bewundern, ohne mich allzufern von ihm zu fühlen. Von
Odessa hatte ich als Kind schon sprechen gehört, der Name
reichte in eine früheste Phase meines Lebens. Das Schwarze
Meer nahm ich für mich in Anspruch, obwohl ich es nur wenige
Wochen in Warna gekannt hatte. Die Farbigkeit, die Wildheit
und Kraft der Babelschen Geschichten aus Odessa war wie von

meinen eigenen Kindheitserinnerungen gespeist; ohne es zu wissen, hatte ich bei ihm die natürliche Hauptstadt jenes kleineren Ortes an der unteren Donau gefunden, und es wäre mir angemessen erschienen, wenn dieses Odessa an der Mündung der Donau erwachsen wäre. Dann hätte die berühmte Reise, die die Träume der Kindheit bestimmte, stromabwärts und -aufwärts, von Wien nach Odessa und von Odessa nach Wien gereicht und Rustschuk, das schon sehr weit unten lag, hätte auf dieser Strecke seine richtige Stelle eingenommen.

Ich war auf Babel neugierig, als entstamme er dieser Region, zu der ich mich erst halben Herzens bekannte. Nur ein Ort, der sich zur Welt öffnete, war mir geheuer. Odessa war ein solcher Ort. Babel hatte ihn und seine Geschichten so empfunden. Im Hause meiner Kindheit sahen alle Fenster nach Wien. Nun war an einer bisher abgewandten Seite ein Fenster nach Odessa geöffnet worden.

Er war ein kleiner, untersetzter Mann, mit einem sehr runden Kopf, an dem dicke Brillengläser als erstes auffielen. Vielleicht war es ihnen zuzuschreiben, daß auch die Augen, die er weit offen hielt, besonders rund und aufgerissen wirkten. Man fühlte sich gleich, kaum daß er erschienen war, gesehen und sagte sich dabei, gleichsam als Entgelt für soviel Aufmerksamkeit, daß er breit und kräftig und gar nicht schwächlich wirkte, was dem Eindruck der Brillen wohl eher entsprochen hätte.

Es war bei Schwanecke, einem Restaurant, das mir luxuriös vorkam, vielleicht weil man nachts und nach dem Theater hinging, es wimmelte dann nur so von berühmten Theaterleuten. Kaum hatte man einen bemerkt, ging schon ein anderer vorbei, der als noch bemerkenswerter galt, es gab ihrer so viele in dieser Blütezeit des Theaters, daß man bald darauf verzichtete, jeden von ihnen zu beachten. Aber es kamen auch Schriftsteller, Maler und Mäzene, Kritiker und Nobeljournalisten, und immer war Wieland, mit dem ich gekommen war, so aufmerksam, mir zu erklären, wer die Leute waren. Er kannte sie alle schon so lange, daß sie ihm keinen Eindruck machten, ihre Namen in seinem Munde klangen nicht aufgeblasen, eher so, als bestreite er ihnen ihr Recht auf Ruhm, als seien sie überschätzt und würden bald wieder von der Bildfläche verschwinden. Er hatte seine eigenen Pferde im Rennen, die Leute, die er selbst entdeckt hatte, deren Bücher er publizierte, auf die er die öffentliche Aufmerksamkeit zu lenken suchte, und natürlich sprach er lieber und ausführlicher von diesen. Bei Schwanecke nachts ließ er sich nicht an einem abgesonderten Tisch nieder, mit seinen Getreuen, nach außen hin abgegrenzt, sondern mischte sich gern in größere Gesellschaften, wo Freund und Feind durcheinander saß, und suchte sich wen zum Angriff aus. Er verfocht seine Sache durch Ausfälle, nicht in der Defensive, blieb aber gewöhnlich nicht lange, denn schon hatte er eine andere Gesellschaft bemerkt, wo einer saß, der ihn zum Angriff reizte. Ich hatte bald heraus, daß er nicht der einzige war, der zu dieser aggressiven Methode neigte. Es gab aber andere, die sich durch Klagen behaupteten, und es gab sogar welche, die hierher kamen, um mitten in diesem lauten Treiben den Mund zu halten, eine Minderzahl, aber eine sehr auffällige: stumme, verkniffene Gesichts-Inseln in der brodelnden Landschaft, Schildkröten, die sich aufs Trinken verstanden, und nach denen man fragen mußte, weil sie selbst auf keine Fragen reagierten.

Am Abend, als Babel zum erstenmal erschien, saß gleich im vordersten Raum bei Schwanecke eine große Gesellschaft beisammen, an einem langen Tisch. Ich war spät gekommen und hatte mich schüchtern an das äußerste Ende gesetzt, in nächster Nähe der Tür, auf den Rand eines Stuhls, wie am Abrutschen und zum Verschwinden bereit. Der ›Schönste‹ in der Runde war Leonhard Frank, er hatte ein markantes, tiefgefurchtes Gesicht, das so wirkte, als sei es durch alle Höhen und Tiefen gegangen, aber auch gern und für alle sichtbar davon gezeichnet blieb, eine schlanke, muskulöse Gestalt in einem eleganten Anzug, maßgeschneidert und wie auf dem Sprung; ein Satz, und er hätte sich als Panther der Länge nach über den ganzen Tisch geschwungen und am Anzug wäre bei dieser Unternehmung nichts, aber auch gar nichts zerdrückt oder verrutscht gewesen. Er sah, trotz der Tiefe seiner Furchen, durchaus nicht alt aus, ein Mann in seinen besten Jahren. In seiner Jugend, hieß es mit Ehrfurcht, sei er Schmied (oder wie andere weniger poetisch sagten: Schlosser) gewesen, bei seiner Kraft und Agilität nicht zu verwundern. Ich stellte ihn mir am Amboß vor, nicht in diesem Anzug, der mich störte, es war aber nicht zu leugnen, daß er sich hier, bei Schwanecke, unendlich wohl fühlte.

Auf andere Weise galt das auch für die russischen Dichter, die am Tische saßen. Sie reisten damals häufig und kamen gern nach

Berlin, die Turbulenz und Unbedenklichkeit des Lebens hier kam ihrem Temperament entgegen. Mit Herzfelde, ihrem Verleger, waren sie gut bekannt, er war nicht der einzige, der sich ihrer Bücher annahm, aber der Wirksamste. Ein Autor, den er herausbrachte, wurde nicht übersehen, das war schon wegen der Umschläge, die sein Bruder John Heartfield entwarf, unmöglich. Anja Arkus saß da, von der es hieß, daß sie eine neue Lyrikerin sei, die schönste Frau, die ich je gesehen hatte, man wird es kaum glauben, denn sie hatte den Kopf eines Luchses. Ich habe ihren Namen nie wieder gehört, vielleicht schrieb sie unter einem anderen Namen, vielleicht starb sie früh.

Ich müßte von anderen sprechen, die damals dabei saßen, besonders von solchen, die heute vergessen sind und deren Gesicht ich vielleicht allein, ohne ihren Namen, noch in Erinnerung trage. Aber es wäre darum nicht der Ort dazu, weil dieser Abend durch etwas ganz Bestimmtes von Bedeutung war, alles übrige scheint verblaßt: es war der Abend, an dem Babel zum erstenmal erschien, ein Mann, der sich durch nichts von dem auszeichnete, was zu Schwanecke gehörte: er kam nicht als Schauspieler seiner selbst, er war, obwohl von Berlin angelockt, nicht im gleichen Sinn ›Berliner‹ wie die anderen, sondern eher ›Pariser‹. Das Leben der Berühmtheiten interessierte ihn nicht mehr als das anderer, vielleicht sogar weniger. Er fühlte sich unbehaglich im Kreise der Illustren und trachtete, ihm zu entkommen, und das war der Grund, warum er sich dem einzigen an diesem Tisch zuwandte, der unbekannt war und gar nicht hingehörte. Dieser eine war ich, und die Sicherheit, mit der Babel das auf den ersten Blick erkannte, spricht für sein Auge und die unbeirrbare Klarheit seiner Erfahrung.

An die ersten Sätze kann ich mich nicht erinnern. Ich machte ihm Platz, er blieb stehen. Er schien nicht entschlossen, zu bleiben. Aber er wirkte, wie er da stand, unverrückbar, als habe er sich vor einem abgründigen Spalt aufgestellt, den er kenne und versperre. Dieser Eindruck mag damit zusammenhängen, daß er mir mit seinen breiten Schultern nun den Blick auf den Eingang versperrte. Ich sah niemand mehr, der kam, ich sah nur ihn. Er machte ein unzufriedenes Gesicht und warf den Russen, die am Tische saßen, ein paar Sätze zu, die ich nicht verstand, die mir aber Vertrauen einflößten. Ich war sicher, daß sie mit dem Lokal zu tun hatten, das ihm nicht weniger mißfiel als mir, aber *er* durfte es sagen. Es ist möglich, daß ich mir dieses Mißfallens erst durch ihn bewußt wurde. Denn die Dichterin mit dem Luchsgesicht saß nicht weit von mir und ihre Schönheit wog alles auf. Mir lag dran, daß er blieb, ich setzte meine Hoffnung auf sie. Wer wäre nicht um ihretwillen geblieben. Sie winkte ihm und gab ihm durch Zeichen zu verstehen, daß sie neben sich Platz für ihn machen wolle, er schüttelte den Kopf und zeigte mit dem Finger auf mich. Damit konnte er nur meinen, daß ich ihm schon Platz angeboten hatte, eine Höflichkeit, die mich entzückte und verwirrte. *Ich* hätte mich ohne zu zögern, wenn auch in größter Verlegenheit neben sie gesetzt. Aber er mochte mich nicht kränken und refüsierte. Ich nötigte ihn jetzt, sich auf meinen Platz zu setzen, und ging auf die Suche nach einem Stuhl. Es war keiner zu finden, ich kam an jedem Tisch vorbei, eine Weile irrte ich vergeblich im Lokal herum, als ich endlich mit leeren Händen zurückkkam, war Babel verschwunden. Die Dichterin richtete mir aus, daß er mir den Platz nicht wegnehmen wollte, und darum gegangen sei.

Diese erste Handlung von ihm, deren Anlaß ich war, mag unwichtig erscheinen, mir mußte sie großen Eindruck machen. So wie er dastand, in seiner festen, stämmigen Art, hatte er mich an die ›Reiterarmee‹ erinnert, an die wunderbaren und schrecklichen Geschichten, die er im russisch-polnischen Krieg unter Kosaken erlebt hatte. Auch das Mißfallen am Lokal, das ich ihm anzumerken meinte, paßte dazu, und derselbe Mann, der diese rohen und harten Dinge hinter sich hatte, bewies solche Zartheit und Rücksicht für einen ganz jungen Menschen, der ihm unbekannt war, und zeichnete ihn von diesem Augenblick an durch sein Interesse aus.

Er war sehr neugierig, er wollte alles in Berlin sehen, aber ›alles‹ waren für ihn die *Leute* und zwar Leute jeder Art, nicht die, die in den Künstler- und Nobel-Lokalen verkehrten. Am liebsten ging er zu Aschinger, da standen wir dann nebeneinander und aßen sehr langsam eine Erbsensuppe. Mit seinen kugelrunden Augen hinter den sehr dicken Brillengläsern sah er sich die Leute um uns an, jeden einzelnen, alle, und hatte nie von ihnen genug. Es war ihm lästig, daß die Suppe zu Ende ging, er hätte sich einen Teller gewünscht, der unerschöpflich war, denn alles, was er wollte, war Weiterschauen, und da die Leute rasch wechselten, gab es viel zu sehen. Ich habe nie jemanden erlebt, der mit solcher Intensität sah, er blieb dabei vollkommen ruhig, durch das Spiel um die Augenpartien wechselte der Ausdruck der Augen unaufhörlich. Er verwarf beim Sehen nichts, denn er hatte für alles den gleichen Ernst, das Gewöhnlichste wie das Ungewöhnlichste war für ihn von Bedeutung. Langeweile fühlte er nur unter den verschwenderischen Leuten bei Schwanecke oder Schlichter. Wenn ich dort saß und er hereinkam, hielt er Ausschau nach mir und setzte sich in meine Nähe. Aber er blieb dann nicht lange sitzen und sagte sehr bald: »Gehen wir zu Aschinger!«, und unter welchen Leuten immer ich mich befand, ich empfand es als größte in Berlin denkbare Ehre, daß er mich gern dorthin mitnahm, stand auf und ging.

Es war aber nicht die Verschwendung in diesen Nobel-Lokalen, die er rügen wollte, wenn er das Wort ›Aschinger‹ aussprach. Es war die Pfauenhaftigkeit der Künstler, was ihn abstieß. Jeder wollte auffallen, jeder spielte sich, die Luft stockte förmlich von herzlosen Eitelkeiten. Er selbst war generös, um rascher bei Aschinger zu sein, nahm er sich auch für kleine Entfernungen gern ein Taxi und wenn es ans Zahlen ging, war er blitzrasch beim Chauffeur und erklärte mir mit exquisiter Höflichkeit, warum er zahlen *müsse*. Er hätte, so sagte er dann, gerade eine Summe Geld empfangen, er dürfte sie nicht mitnehmen, er *müsse* sie in Berlin ausgeben, und obwohl mein Instinkt mir sagte, daß nichts davon stimmen könne, zwang ich mich, ihm zu glauben, weil seine Großmut mich verzauberte. Er brachte nie über die Lippen, was er über meine Situation dachte: daß ich Student sei und wahrscheinlich kaum noch etwas verdiene. Ich hatte ihm gestanden, daß ich noch nichts veröffentlicht hatte. »Das macht nichts«, hatte er gesagt, »das kommt noch früh genug«, so als wäre es eher eine Schande, schon publiziert zu haben. Ich glaube, daß er sich meiner annahm, weil er mir meine Verlegenheit unter lauter Ruhm-Posaunen nachfühlte. Ich sprach wenig zu ihm, viel weniger als zu anderen. Allzuviel sprach auch er nicht, lieber sah er sich Leute an, beredt wurde er in meiner Gegenwart nur, wenn die Sprache auf französische Literatur kam. Stendhal und Maupassant bewunderte er über alles.

Ich dachte, ich würde von ihm viel über die großen Russen hören, aber die waren ihm wohl zu selbstverständlich, vielleicht mochte es ihm auch als Prahlerei erscheinen, sich über die Literatur seiner eigenen Landsleute zu verbreiten. Aber vielleicht war noch mehr daran, vielleicht scheute er vor der unvermeidlichen Oberflächlichkeit eines solchen Gesprächs zurück: er selbst bewegte sich in der Sprache, in der die großen Werke jener Literatur geschrieben waren und ich mochte sie bestenfalls aus irgendwelchen Übersetzungen kennen. Wir hätten nicht über dieselbe Sache gesprochen. Er nahm Literatur so ernst, daß ihm alles Ungefähre, bloß Angenäherte verhaßt sein mußte. Meine Scheu war aber nicht geringer: ich brachte es nicht über mich, ihm etwas über die ›Reiterarmee‹ und die ›Geschichten aus Odessa‹ zu sagen.

Er wird es aber in unseren Gesprächen über die Franzosen, über Stendhal, Flaubert und Maupassant wohl gespürt haben, wieviel mir seine Geschichten bedeuteten. Denn wenn ich eins oder das andere fragte, bezog es sich insgeheim immer auf etwas von ihm, das ich im Auge hatte. Er erkannte auf der Stelle die unausgesprochene Beziehung und gab eine einfache und genaue Antwort. Die Befriedigung darüber sah er mir an, vielleicht mochte er es auch, daß ich mich nicht aufs Weiterfragen verlegte. Er sprach von Paris, wo seine Frau, die Malerin, seit einem Jahr lebte. Ich glaube, er hatte sie gerade von dort abgeholt und sehnte sich schon wieder nach Paris. Maupassant zog er Tschechow vor, doch als ich den Namen Gogol fallen ließ (ich liebte ihn über alles), sagte er zu meinem freudigen Erstaunen: »Das haben die Franzosen nicht, Gogol fehlt den Franzosen.« Dann überlegte er ein wenig und um das, was als Prahlerei erscheinen mochte, auszugleichen, fügte er hinzu: »Haben die Russen Stendhal?«

Ich merke, wie wenig Konkretes ich über Babel zu sagen habe, und doch hat er mir mehr bedeutet als jeder andere, den ich damals traf. Ich sah ihn mit allem zusammen, das ich von ihm gelesen hatte, das war gar nicht viel, aber so konzentriert, daß es jeden Augenblick färbte. Ich war aber auch dabei, wie er die Dinge aufnahm, in einer Stadt, die ihm fremd war, nicht in seiner Sprache. Er warf nicht mit großen Worten um sich und vermied es aufzufallen. Dort wo er sich verstecken konnte, *sah* er am besten. Von anderen nahm er alles hin, er ließ nicht etwa weg, was ihm nicht paßte, was ihn am tiefsten quälte, das ließ er am längsten auf sich einwirken. Das wußte ich aus den Kosakengeschichten, deren blutigem Glanz jeder erlag, ohne sich am Blute zu berauschen. Hier, wo er mit dem Glanze Berlins konfrontiert war, konnte ich sehen, wie gleichgültig ihn das ließ, worin andere eitel und plappernd badeten. Am leeren Reflex ging er unmutig vorbei und sah sich dafür mit durstigen Augen Unzählige an, die Erbsensuppe löffelten. Man spürte, daß ihm nichts leicht fiel, ohne daß er es je gesagt hätte. Literatur war ihm heilig, er schonte sich nicht und hätte nie etwas *verschönern* können. Daß Zynismus ihm fremd war, hing mit seiner anstrengenden Auffassung von Literatur zusammen. Was er gut fand, hätte er nie *benützen* können wie andere, die durch ihr Herumspüren zu verstehen gaben, daß sie sich für die Krönung alles Vorangegangenen hielten. Er fühlte sich, weil er wußte, was Literatur war, nicht über andere erhaben. Er war von ihr, nicht von ihren Ehren besessen und nicht von dem, was sie einbringt. Ich glaube nicht, daß ich Babel anders sah, als er war, weil er zu mir sprach. Ich weiß, daß Berlin mich wie eine Lauge zerfressen hätte, wenn ich ihm nicht begegnet wäre.

Die Verwandlungen des Ludwig Hardt

An einem Sonntag geriet ich in eine Matinee von Ludwig Hardt: ein Rezitator nach dem Herzen der Dichter, von allen, besonders auch von der Avantgarde, anerkannt. Niemand schnitt ein Gesicht, wenn von ihm die Rede war, auch Brecht gab kein hölzernes Verdikt von sich, was wurde sonst nicht alles von ihm abgetan. Es hieß, daß Ludwig Hardt der einzige Sprecher klassischer und moderner Dichtung sei, der beide mit gleicher Meisterschaft beherrsche. Man rühmte seine Verwandlungsfähigkeit, er sei eigentlich ein Schauspieler, aber ein ausnehmend gescheiter. Seine Programme seien raffiniert zusammengestellt. Es habe sich noch nie ein Mensch bei ihm gelangweilt, das hieß viel in Berlin, wo jeder sein Glück versuchte. Vom Standpunkt meiner damaligen Leibeigenschaft aus kam noch eines dazu, das mich beschäftigte: er war mit Karl Kraus befreundet gewesen und hatte in früheren Jahren auch Stücke aus den ›Letzten Tagen der Menschheit‹ vorgelesen. Dann war es darüber zu einem Streit und zum Bruch zwischen ihnen gekommen. Jetzt fehlte in seinem Programm nichts, was innerhalb der modernen Dichtung von Bedeutung war, nur eben das eine, das ihm verboten worden war: Karl Kraus.

Die Matinee, in die ich mit Wieland ging, war Tolstoi gewidmet. Hardt hatte vor, aus der Tolstoi-Ausgabe des Malik Verlages vorzulesen, sonst wäre Wieland nicht hingegangen. Er schwärmte nie von Schauspielern und sah sie sich nur an, wenn es unbedingt sein mußte. Es war seine Art, sich gegen das Berliner Überangebot zu wehren. Er erklärte mir, wie rasch Berlin Menschen verbrauche. Wer sich's nicht einzurichten verstünde, der sei verloren. Man müsse seine Neugier sparen und sie für die Dinge einsetzen, die für die eigene Arbeit wichtig seien. Schließlich sei man kein Besucher, der nach ein paar Wochen wieder abziehe, und müsse sich damit abfinden, daß man jahraus jahrein hier lebe, und sich eine dicke Haut wachsen lassen. Selbst zum allgemein bewunderten Ludwig Hardt ging er nur der Tolstoi-Ausgabe zu Ehren, redete mir aber zu mitzukommen.

Ich ging hin und habe es nicht bereut. Ich habe nie vergessen können, was er bei dieser Gelegenheit sprach und das Beisammensein danach in einem mäzenatischen Berliner Haus führte zu einer jener Beschämungen, aus denen man mehr als aus jeder Beleidigung lernt. Acht Jahre später, in Wien, wurde er mein Freund.

Er war ein sehr kleiner Mann, so klein, daß es sogar mir als ungewöhnlich erschien. Er hatte einen schmalen, dunklen, südländisch wirkenden Kopf, der sich im Nu zu verwandeln vermochte, so rasch, aber auch so sehr, daß man ihn dann nicht mehr erkannt hätte. Es schien, als sei er von Blitzen geschüttelt, die er aber *sprach,* Figuren und Gedichte, die er auswendig zur Verfügung hatte, die ihm so zugehörten, als seien sie ihm angeboren. Er konnte keinen Augenblick ruhig sein, es sei denn, er wurde zu einer behäbigen, langsamen Figur und so, als den Onkel Jeroschka in den ›Kosaken‹ von Tolstoi habe ich ihn zuerst erlebt. Da wurde sein Kopf ganz rund, da war er breit und derb. Er verstand es, mit einem Schnauzbart zu spielen, bis man ihn sah, ich hätte schwören können, daß er sich einen angesteckt hatte (und als er später behauptete, daß er nie einen gehabt habe und keineswegs einen Schnauzbart in der Tasche mit sich herumtrage, glaubte ich's ihm nicht). Dieser Kosak ist mir von allen Figuren Tolstois die lebendigste geblieben, weil *er* ihn vormachte. Es war schon ein Wunder zu sehen, wie aus dem kleinen, zarten Ludwig Hardt ein großer, schwerer, massiger Kosak wurde – ohne daß er Stuhl und Tisch verließ, ohne daß er auch nur einmal aufgesprungen wäre und der Verwandlung durch entsprechende Bewegungen nachgeholfen hätte. Es war ein ziemlich langes Stück, das er las, aber es schien immer kürzer zu werden, man fürchtete, daß er aufhören könnte. Dann kamen einige der Volkserzählungen, besonders ›Wieviel Erde braucht der Mensch?‹, und sie gingen mir so nahe, daß ich die Überzeugung gewann, diese Volkserzählungen seien die Essenz, das Eigentliche und Beste Tolstois. Was immer von Tolstoi ich später in die Hand nahm, erschien mir lebloser, weil ich es nicht in der Stimme Ludwig Hardts hörte. Er hat Tolstoi zum Teil für mich verdorben. Sein Jeroschka aus den ›Kosaken‹ ist mir ein vertrauter Mensch geblieben. Seit damals, seit 1928, glaube ich ihn gut zu kennen, besser als andere, die mir nahe Freunde waren.

Aber sein Eingriff in meine Beziehung zu Tolstoi ging noch weiter. Als ich bald nach dem Krieg den ›Tod des Iwan Iljitsch‹ wiederlas, ergriff er mich so stark wie damals, 1928, die Volkserzählungen. Ich fühlte mich woandershin versetzt und dachte erst, in jenes Krankenzimmer, aber dann wurde ich mir staunend bewußt, daß ich die Worte der Erzählung in Ludwig Hardts Stimme hörte. Ich fand mich im halbverdunkelten Theaterraum, wo er gesprochen hatte, er war nicht mehr am Leben, doch sein Programm hatte sich erweitert und der viel längere ›Tod des Iwan Iljitsch‹ war in die Gruppe von Volkserzählungen eingegangen, die ich damals von ihm gehört hatte.

Das ist das Stärkste, was ich über jene Matinee sagen kann, ihr Umsichgreifen in eine spätere Zeit, aber um diesem Bericht etwas von seiner Unglaubwürdigkeit zu nehmen, möchte ich hinzufügen, daß ich in späteren Jahren noch viele Lesungen von Ludwig Hardt gehört habe. In Wien, als wir Freunde geworden waren, kam er oft zu uns nach Hause und sprach uns dann stundenlang vor, solange wir ihn hören mochten. Er hatte ein Buch herausgegeben, das seine Programme enthielt, und von den Herrlichkeiten, die er darin aufgenommen hatte, blieb uns wenig vorenthalten. Ich lernte seine Stimme in all ihren reichen Möglichkeiten kennen, und wir sprachen oft über Verwandlung, die mich mehr und mehr beschäftigte. Den ersten bewußten Anstoß dazu hatte er mir durch seine Verwandlung in den alten Jeroschka während der Berliner Matinee gegeben. Nach dem Krieg, als ich von seinem Tod erfuhr, nahm ich den ›Tod des Iwan Iljitsch‹ in die Hand und ich denke, daß es eine Art von

Totenfeier für ihn war, als ich seiner Stimme zuschrieb, was ich zu Lebzeiten nie von ihr gehört hatte.

Aber ich kehre zu jener ersten Begebenheit zurück, über die ich noch nicht alles berichtet habe. Es fehlt das Satyrspiel, dessen geduldiges Opfer ich schließlich wurde. Nach der Matinee wurde der Sprecher mit einer ziemlich großen Gesellschaft ins Haus eines Berliner Anwalts eingeladen, wo man sie ausgiebig regalierte und sie sich so wohlfühlte, daß sie den größeren Teil des Nachmittags noch dort verbrachte. Es war alles, wie es sich gehörte, nicht nur die Bewirtung. An den Wänden hingen die Bilder der Maler, von denen man sprach, auf Tischchen ausgebreitet fand man die neuesten Bücher, soweit sie, freundlich oder feindlich, Beachtung gefunden hatten. Es fehlte nichts, kaum wurde etwas genannt, trug es der Herr des Hauses schon eifrig herbei, hielt es einem unter die Nase, schlug es auf, es blieb einem nur noch übrig, es in den Mund zu nehmen. Jede Bemühung war einem erspart, bekannte Leute saßen herum und kauten oder rülpsten. Aber es wurden auch aller Beflissenheit des Hausherrn zum Trotz gescheite oder aufreizende Gespräche geführt. Am wohlsten fühlte sich Ludwig Hardt selbst. Er war der einzige, der an Regsamkeit den Hausherrn übertraf, er war noch rühriger als dieser, er sprang auf niedere Tische und hielt berühmte Reden, sei es von Mirabeau, sei es von Jean Paul. Er war nicht im geringsten erschöpft, er konnte immer weiter agieren, und was das Merkwürdigste war, er interessierte sich für Menschen, die er noch nicht kannte, und verwickelte sie in den Pausen seiner Sprünge in Gespräche. Es gab ihm keine Ruhe, bevor er herausbekommen hatte, wes Geistes Kind der war, den er vor sich hatte. So geriet er auch an mich und von seiner expansiven Art angesteckt, schämte ich mich nicht, ihn meine Begeisterung merken zu lassen.

Er bedankte sich auf seine Weise, indem er interessante Dinge über seine Herkunft sagte. Er war der Sohn eines Pferdezüchters in Friesland und hatte sich in seiner Jugend viel auf Pferden herumgetummelt. Klein und leicht wie er war, erinnerte er an einen Jockey. Ich begriff, warum er immer herumspringen mußte, und brachte diese Einsicht respektvoll vor. Er quittierte jeden Satz, der ihm angenehm sein konnte, mit erlesenen Höflichkeiten. In seinem Einfallsreichtum, in seiner Skurrilität erinnerte er an E. T. A. Hoffmann. Dieser Verbindung war er sich wohl bewußt, aber sie schloß andere nicht aus. Es war ihm unmöglich, etwas herzusagen, von wem immer es war, ohne dem Urheber dieser Worte zu *gleichen*. Meine Beschämung – denn von ihr soll die Rede sein – begann mit einem dieser Sprünge: er wechselte von Hoffmann zu Heine hinüber, und da steigerte sich seine Agilität so sehr, daß man gleich wußte: Heine gehört zu seinen wichtigsten Figuren. Ich muß, als mir diese Erkenntnis kam, ein wenig gestockt haben, der Prozeß freien Austausches verlangsamte sich, er aber erfaßte blitzrasch, was passiert war, und begann plötzlich alles vorzubringen, was *gegen* Heine gesagt worden war, und zwar in den Worten von Karl Kraus, die ich nur zu gut kannte. Er sprach sie wie eine Rolle, mit Überzeugung. Ich fiel darauf herein, ich ergänzte manches textgetreu, ich merkte nicht, daß er mich verspottete. Es dauerte nur etwas lang, ich kam mir so vor, als ob mich jemand auf meine Kenntnis der ›Fackel‹ hin prüfe, und erst als er plötzlich abbrach und zu anderen Inhalten der ›Fackel‹ überging, zu Lobeshymnen auf Claudius, auf Nestroy, auf Wedekind, fiel es mir wie Schuppen von den Augen und ich wußte, daß ich mich unsterblich lächerlich gemacht hatte. Ich sagte, als eine Art von Entschuldigung: »Sie denken anders über Heine.« »Allerdings!« sagte er und nun kam, es war eine herrliche Ohrfeige für mich, eine hinreißende Rezitation einiger Heine-Gedichte, die zu seinem allerengsten Repertoire gehörten.

Ich glaube, daß er damit meinen Glauben an Karl Kraus zum erstenmal erschütterte. Denn er maß sich mit ihm auf seinem eigensten Gebiet, als Sprecher, und bestand. Er sprach die ›Wanderratten‹ und die ›Schlesischen Weber‹ und es war eine Gewalt und eine Raserei in ihm, die der von Kraus in nichts nachstand. Es war ein Einbruch des Verpönten, und mein Gefühl war trotz Verboten, Drohungen und Flüchen zu gesund, um ihm nicht Raum zu geben. Die Wirkung war um so stärker, als er knapp vorher alles aufgezählt hatte, was gegen Heine gesagt worden war: es zerbröckelte und zerstob. Ich spürte den Einsturz in mir und hatte die Folgen zu tragen. Denn die Dämme, die Karl Kraus in mir errichtet hatte, waren mein Schutz gegen Berlin gewesen. Ich fühlte mich schwächer als zuvor und die Verwirrung stieg. Gleich an zwei Stellen war ich vom Feind berannt worden. Mein Gott saß mit Brecht beisammen, der ein Reklamegedicht für Autos schrieb und tauschte Lobesworte mit ihm aus, und Ludwig Hardt, mit dem er sich einmal verstanden hatte, der sein Freund gewesen war, schlug eine irreparable Bresche in mir für Heine.

Einladung ins Leere

Es war alles gleich *nah* in Berlin, jede Art der Einwirkung war erlaubt; es war niemandem versagt, sich bemerkbar zu machen, wenn er die Anstrengung nicht scheute. Denn leicht war es nicht, der Lärm war groß, und immer, mitten im Lärm und Gedränge, war man sich dessen bewußt, daß es hier Dinge gab, die es wert waren, gehört und gesehen zu werden. Es war auch alles erlaubt, die Verbote, an denen es nirgends und schon gar nicht in Deutschland mangelte, vertrockneten hier. Man mochte aus einer alten Hauptstadt wie Wien kommen, hier fühlte man sich als Provinzler und riß die Augen weit auf, bis sie sich daran gewöhnten, offen zu bleiben. Es war etwas Scharfes, Ätzendes in der Atmosphäre, das einen reizte und belebte. Man ging auf alles los und hütete sich vor nichts. Das gräßliche Neben- und Durcheinander, wie es einem aus den Zeichnungen von Grosz entgegenschlug, war nicht etwa übertrieben, es war hier natürlich, eine neue Natur, die einem unentbehrlich wurde, an die man sich gewöhnte. Jeder Versuch sich abzuschließen, hatte etwas Perverses und war das einzige, was noch als pervers empfunden wurde, und wenn es für kurze Zeit gelang, bald juckte es einen wieder und man stürzte sich in den Trubel. Alles war *durchlässig*, es gab keine Intimität, wenn es sie gab, war sie vorgemacht, und auf das Übertreffen einer anderen Intimität angelegt und nicht auf sich selber.

Das Animalische und das Intellektuelle, entblößt und zuhöchst gesteigert, spielte hier durcheinander, in einer Art von Wechselstrom. Wer zu seiner eigenen Animalität erwacht war, bevor er herkam, mußte sie in die Höhe treiben, um sich gegen die der anderen zu behaupten, und war, wenn er nicht sehr stark war, bald verbraucht. Wer aber von seinem Intellekt bestimmt war und seiner Animalität noch wenig nachgegeben hatte, der mußte der Reichhaltigkeit dessen erliegen, was seinem Geiste dargeboten wurde. In aller Vielseitigkeit und Gegensätzlichkeit, in aller Rücksichtslosigkeit schlug es auf einen los, es blieb einem keine Zeit, etwas zu verstehen, man empfing nichts als Hiebe und hatte die vortägigen noch nicht verschmerzt, als es schon neue regnete. Als mürbes Stück Fleisch, so ging man in Berlin herum und fühlte sich noch immer nicht mürbe genug und wartete auf neue Schläge.

Was mich aber am tiefsten beeindruckte, was bestimmend für mein weiteres Leben bis zum heutigen Tage wurde, war die *Unvereinbarkeit* dessen, was auf mich eindrang. Jeder einzelne, der etwas war, und viele waren etwas, schlug mit sich auf die anderen los. Ob sie ihn verstanden, blieb fraglich, er verschaffte sich Gehör, es schien ihn nicht zu stören, daß andere sich auf andere Weise Gehör verschafften. Geltung hatte er, sobald er gehört worden war; und nun mußte er weiter mit sich drauf losschlagen, um im Ohr der Allgemeinheit nicht verdrängt zu werden. Vielleicht hatte keiner Muße, sich zu fragen, was dabei herauskam. Ein durchsichtiges Leben kam so auf keinen Fall heraus, aber darauf hatte man es auch nicht abgesehen, was herauskam, waren Bücher, Bilder, Theaterstücke, eines gegen das andere, kreuz und quer.

Ich war immer in Gesellschaft, sei es von Wieland, sei es von Ibby, ich strich nie allein in Berlin herum – nicht die richtige Art, eine Stadt kennenzulernen, aber im Falle des damaligen Berlin vielleicht angemessen. Man lebte in Gruppen, in Cliquen, vielleicht wäre es bei der Härte des Daseins dort anders nicht auszuhalten gewesen. Immer hörte man Namen, meist bekannte Namen: jemand wurde erwartet, jemand kam. Was *ist* eine Glanzzeit? Eine Zeit vieler großer Namen, in nächster Nähe voneinander, und zwar so, daß ein Name den anderen nicht erstickt, obwohl sie einander bekämpfen. Wichtig daran ist die tägliche, die ständige Berührung, die Stöße, die das Glänzende sich gefallen läßt, ohne zu erlöschen. Ein Mangel an Empfindlichkeit, wenn es um diese Stöße geht, eine Art Verlangen nach ihnen, die Lust, sich ihnen auszusetzen.

Die Namen *rieben* sich aneinander, darauf hatten sie es abgesehen, in einer geheimnisvollen Osmose suchte ein Name dem anderen soviel Leuchtkraft wie möglich abzuluchsen und machte sich dann eiligst davon, um rasch einen anderen zu finden, mit dem sich dasselbe wiederholte. Das gegenseitige Abtasten oder Abstreifen der Namen hatte etwas Eiliges, aber auch Willkürliches, der Spaß bestand darin, daß man nie wissen konnte, welcher Name als nächster kommen würde. Das hing von Zufällen ab, und da Namen, die ihr Glück machen wollten, von überall angereist kamen, schien alles möglich.

Die Neugier auf Überraschungen, auf Unerwartetes oder Erschreckendes, versetzte einen in einen leichten Zustand der Trunkenheit. Um das viele zu ertragen, um nicht ein für allemal in Verwirrung zu geraten und darin zu verharren, gewöhnten sich die, die immer hier lebten, daran, nichts zu ernst zu nehmen, besonders keine Namen. Der erste, an dem ich diesen Prozeß des Namens-Zynismus beobachten konnte, war einer, den ich nicht selten sah. Es zeigte sich darin, daß er sich erst einmal über jeden, der sich durch etwas hervorgetan hatte, aggressiv äußerte. Das konnte als Ausdruck eines politischen Standpunkts erscheinen, war aber in Wirklichkeit etwas anderes, nämlich eine Art von Existenzkampf. Indem man das Wenigste anerkannte, indem man in alle Richtungen ausschlug, war man selber wer. Wer sich auf dieses Ausschlagen in alle Richtungen nicht verstand, der war verloren und konnte gleich wieder abziehen, für den war Berlin nichts.

Sehr wichtig war, daß man immer wieder, während Tagen, Wochen und Monaten gesehen wurde. Die Besuche im Romanischen Café (und auf gehobener Stufe die bei Schlichter und Schwanecke), die gewiß auch ein Vergnügen waren, galten nicht diesem allein. Sie entsprangen auch der Notwendigkeit zu einer Selbst-Manifestation, der niemand sich entzog. Wer nicht vergessen werden wollte, mußte sich sehen lassen. Das galt in jedem Rang und jeder Schicht, auch für die Schnorrer, die im Romanischen Café von Tisch zu Tisch gingen und immer etwas bekamen, solange sie die Figur, die sie vorstellten, instand hielten und keine Entstellung an ihr duldeten.

Ein wesentliches Phänomen des damaligen Berliner Lebens waren die Mäzene. Es gab ihrer viele, sie saßen überall herum und lauerten auf Kundschaft. Manche waren immer da, andere kamen auf Besuch, es gab welche, die öfters von Paris herüberwechselten. Den ersten – einen Mann mit Schnauzbart, kugelrundem Gesicht und Lippen, denen man die gute Küche ansah – lernte ich im Romanischen Café kennen. Ich war mit Ibby, es war wenig Platz, an unserem Tisch wurde ein Stuhl frei, der Herr mit Schnauzbart und Lippen setzte sich zu uns und verhielt sich vollkommen still. Wir redeten wieder einmal über Ibbys Gedichte, man hatte eben welche von ihr verlangt, sie sprach mir einige vor, wir berieten, welche sie hergeben sollte. Der Herr hörte zu und lächelte laut, als ob er uns verstünde. Dabei sah er wie eine Speisekarte aus mit lauter französischen Namen. Er schnalzte ein paarmal, als ob er etwas sagen wolle, verstummte aber wieder. Vielleicht suchte er nach passenden Worten. Schließlich fand er sie, mit Hilfe einer Visitenkarte, die er zückte. Er war Zigarettenfabrikant und wohnte in Paris, in der Nähe des Bois de Boulogne: da könne man jedem Arbeiter in den Kochtopf sehen, da wisse man, was er drin habe. Das mit dem Kochtopf und seinem unverfälschten Inhalt kam drohend und explosiv heraus, wir erschraken beide, worauf er uns überaus manierlich und herzlich zum Essen einlud. Wir lehnten ab, wir hätten etwas Wichtiges zu besprechen. Er bestand darauf, auch er habe etwas mit uns zu besprechen. Er war so dringlich, daß wir neugierig wurden und mit ihm essen gingen.

Er führte uns in ein teures Lokal, das wir nicht kannten, erging sich noch in einigen Floskeln über französische Küche, erwähnte Baden-Baden, da stammte er her, und fragte mich dann ganz bescheiden, ob er der jungen Dichterin für ein Jahr eine Monatsrente von 200 Mark antragen dürfe. Ein sehr kleiner Betrag, ein Nichts, doch sei es ihm ein Herzensbedürfnis. Er sagte kein Wort über die Gedichte, die er gehört hatte. Es genügte ihm, daß er sie nicht verstand. Vor einer Stunde hatte er Ibby zum erstenmal in seinem Leben gesehen. Sie war schön, gewiß, und wenn sie ihre Gedichte sprach, klang auch ihr Ungarisch-Deutsch verführerisch. Aber ich bezweifele, daß er ein Organ dafür hatte. Als sie sich auf meine eher abweisende Frage hin bereit erklärte, das Angebot anzunehmen, küßte er ihr dankbar die Hand, aber das war auch alles, was er sich erlaubte. Dabei war er ein Mann in den besten Jahren und wußte nicht nur im Hinblick auf Speisekarten, was er wollte. Hier aber ging es ihm um Mäzenatentum, das war es, was er mit uns besprechen wollte. Er hielt sein Wort, und da er gar nicht in Berlin war, machte er nie den Versuch, sich Ibby aufzudrängen.

Ich unterschied zwischen den lauten und den stillen Mäzenen, dieser gehörte zu den stillen. Ihre Lautstärke hing davon ab, ob sie mitsprechen konnten: dazu mußte ihnen der Jargon des Kreises, den sie stützten, geläufig sein. In der Gesellschaft von Grosz und den Leuten um den Malik Verlag sah man oft einen jungen

Mann, dessen Namen ich vergessen habe. Er war reich und lärmend und wollte ernstgenommen werden. Er nahm an Gesprächen teil und argumentierte gern, vielleicht verstand er von manchen Dingen etwas, aber was ich von ihm zuerst zu hören bekam, war die Glas-Wasser-Theorie. Diese Theorie ging damals um, in ganz Berlin gab es nichts Banaleres, aber wenn er davon sprach, nahm er wirklich ein Glas in die Hand, führte es leer an den Mund, tat, als ob er es leere, und stellte es verächtlich ab auf den Tisch: »Liebe? – Ein Glas Wasser, ausgeleert, fertig!« Er hatte einen blonden Schnurrbart, der sich vor Stolz etwas aufblähte: jedesmal, wenn er mit der Glas-Wasser-Theorie herausplatzte, sträubte sich der Schnurrbart. Dieser junge Mann war ein Geldgeber größeren Stils, es ist möglich, daß er auch den Malik Verlag finanzieren half, jedenfalls war er ein Gönner von George Grosz.

Ein wirklich stiller Mäzen, der nicht mitsprach, weil er so viel von seiner eigenen Sache verstand, daß er über andere kein dummes Zeug sagen mochte, war ein jüngerer Mann namens Stark, der etwas mit den Osram-Glühlampen zu tun hatte. Er war oft dabei, hörte sich alles aufmerksam an, sagte nichts und machte sich manchmal nützlich, wenn es geboten schien, aber ohne Aufsehen und immer in Maßen. In einem Hause, das ihm oder seiner Gesellschaft gehörte, war eine Wohnung frei, drei schöne Zimmer in einer Reihe, im Zentrum. Er bot sie Ibby an, für ein paar Monate, länger würde sie nicht freibleiben. Die Zimmer, mit Spannteppichen belegt, waren sonst vollkommen leer. Er ließ ihr einen Diwan hineinstellen, zum Schlafen, sonst nichts. Alles übrige war ihre Sache.

Sie hatte den anmutigen Gedanken, die Wohnung leer zu lassen, sich kein einziges Möbelstück dafür zu beschaffen, nichts, und Leute in die Leere zu sich einzuladen. »Sie sollen die Möbel *sagen*«, meinte sie, »erfinderische Gäste will ich.« Zur Stütze ihrer Erfindungsgabe weidete im mittleren Zimmer ein kleiner Porzellan-Esel auf dem grünen Teppich. Es war ein sehr hübscher Esel, sie hatte ihn im Fenster eines Antiquitäten-Geschäfts gesehen, war hineingegangen und hatte angeboten, ein Gedicht über ihn zu schreiben, wenn sie ihn dafür bekäme. »Brecht ein Auto, ich einen Esel. Was hast du lieber?« fragte sie mich, wohl wissend, wie meine Antwort darauf lauten würde. Die Besitzerin des Geschäfts war auf den Handel eingegangen, es gab auch solche Leute in Berlin, und Ibby war darüber so erstaunt, daß sie ihr ›bestes Gedicht‹ für sie schrieb, es ist verlorengegangen.

Zur Einweihung der Wohnung gab sie eine große Gesellschaft, jeder Gast wurde zuerst vor den Esel geführt, mit ihm bekanntgemacht und dann aufgefordert, wo es ihm beliebe, Platz zu nehmen. In der ganzen Wohnung war kein Stuhl, man stand oder hockte sich auf den Boden. Für Getränke war gesorgt, auch dafür gab es Mäzene. Jeder war gekommen, niemand, der von der leeren Wohnung gehört hatte, wollte sich den Anblick entgehen lassen, aber das Merkwürdige war, daß alle auch blieben und keiner mehr wegging. Ibby bat mich, auf George Grosz zu achten, sie fürchtete, er werde sie, betrunken, attackieren und in diesem Zustand alle die Dinge sagen, die ich nicht glauben wollte. Als er kam, war er bezaubernd, in seiner vornehmsten Dandy-Art, er brachte jemand mit, der mit Flaschen für Ibby beladen war. »Schade«, sagte Ibby, »daß ich mich nicht verliebe. Heute fängt es reizend an. Aber warte!«

Man mußte gar nicht so lange warten. Grosz war schon betrunken, als er kam und noch den Feinen spielte. Er saß auf dem Schlafdiwan, Ibby auf dem Boden nicht weit von ihm. Er streckte die Arme nach ihr aus, sie wich zurück, so daß er sie nicht erreichen konnte. Dann brach es aus ihm heraus und er war nicht mehr aufzuhalten: »Sie lassen ja keinen heran! Da hat keiner was davon! Was soll das?« In diesem Stil und dann viel schlimmer ging es weiter. Dann wechselte er zu einem Lobgesang auf ›Schinken‹ über: »Schinken, Schinken, du mein Vergnügen!« Das hatte sie mir vorausgesagt, schon als ich das erstemal bei ihm gewesen war und mit der Ecce Homo-Mappe, die er mir geschenkt hatte, zurückkam, voller Begeisterung über ihn, voller Verehrung für die Schärfe seines Auges, für die Unerbittlichkeit, mit der er die Laster dieser Berliner Gesellschaft geißelte. Da saß er nun, hochrot, betrunken, in unkontrollierbarer Erregung, weil Ibby sich ihm entzog, vor den Augen aller Anwesenden, die sich gar nicht daran stießen, schamlos schimpfend, und plötzlich erschien er mir wie eine seiner eigenen Figuren.

Ich hielt es nicht aus, ich war verzweifelt, ich war zornig auf Ibby, weil sie ihn in diese Lage gebracht hatte, wohl wissend, was geschehen würde. Ich wollte weg, als einziger Gast, der sich hier nicht wohl fühlte, schlich ich mich hinaus, aber ich entkam nicht, denn Ibby, die mich die ganze Zeit im Auge behalten hatte, stand schon vor der Wohnungstüre und versperrte mir den Weg. Sie hatte Angst. Sie hatte das Ganze provoziert, um mir zu beweisen, daß er sich wirklich so zu ihr benahm, wie sie's berichtet hatte. Aber sein Ausbruch war so stark und dauerte so lange, daß sie sich jetzt vor ihm fürchtete. Sie, die nie Angst hatte, die sich aus unzähligen schlimmen Lagen gerettet hatte – von allen hatte sie mir berichtet, von allen wußte ich –, wagte es jetzt nicht, in der Wohnung zu bleiben, die voller Menschen war, wenn ich nicht zu ihrem Schutz dabliebe. Jetzt haßte ich sie dafür, daß ich sie nicht allein lassen konnte. Jetzt mußte ich bleiben und zusehen, wie einer der wenigen Menschen in Berlin, die ich bewunderte, der großherzig zu mir gewesen war und sich so benommen hatte, wie ich es von Menschen noch immer erwartete, jetzt mußte ich zusehen, wie er sich entwürdigte und darauf achten, daß Ibby sich vor ihm verbarg und ihm nicht wieder vor die Arme lief – lieber wäre es mir gewesen, sie wäre mit ihm fortgegangen, so schrecklich war es, ihn toben zu hören. Niemand schien verwundert darüber, aber es lachte auch niemand, man war diese Szenen gewöhnt, sie gehörten hier zum täglichen Leben. Ich wollte weg, nur weg, und da ich aus der Wohnung nicht weg konnte, wollte ich weg von Berlin.

Flucht

Das war tief im September. Ende August war ich mit Ibby bei der Premiere der ›Dreigroschenoper‹ gewesen. Es war eine raffinierte Aufführung, kalt berechnet. Es war der genaueste Ausdruck dieses Berlin. Die Leute jubelten *sich* zu, das waren sie selbst und sie gefielen sich. Erst kam *ihr* Fressen, dann kam ihre Moral, besser hätte es keiner von ihnen sagen können, das nahmen sie wörtlich. Jetzt war es gesagt, keine Sau hätte sich wohler fühlen können. Für Abschaffung von Strafe war gesorgt: der reitende Bote mit echtem Pferd. Die schrille und nackte Selbstzufriedenheit, die sich von dieser Aufführung ausbreitete, mag nur glauben, wer sie erlebt hat.

Wenn es die Aufgabe der Satire ist, die Menschen zu peitschen, für das Unrecht, das sie vorstellen und begehen, für ihre Schlechtigkeiten, die zu Raubtieren heranwachsen und sich fortpflanzen, so fand sich im Gegenteil hier alles verherrlicht, was man sonst schamvoll versteckt: am treffendsten und wirksamsten verhöhnt war das Mitleid. Gewiß war alles bloß übernommen und mit einigen neuen Roheiten nur gewürzt worden, aber ebendiese Roheiten waren daran das Echte. Eine Oper war es nicht, auch nicht, was es im Ursprung gewesen war, eine Verspottung der Oper, es war, das einzig Ungefälschte daran, eine Operette. Gegen die süßliche Form der Wiener Operette, in der die Leute ungestört alles fanden, was sie sich wünschten, war hier eine andere, Berliner Form gesetzt, mit Härten, Schuftigkeiten und banalen Rechtfertigungen dafür, die sie sich nicht weniger, die sie sich wahrscheinlich noch mehr als jene Süßigkeiten wünschten.

Meine Begleiterin hatte kein Organ dafür gezeigt und war von der Raserei der Besucher, die vor die Rampe stürzten und am liebsten vor Begeisterung alles kurz und klein geschlagen hätten, nicht weniger befremdet als ich. »Verbrecher-Romantik«, sagte sie, »alles falsch«, und obwohl ich ihr dankbar dafür war und dasselbe Wort ›falsch‹ empfand und gebrauchte, war es doch sehr verschieden, was wir damit meinten. Sie hatte den Gedanken, der origineller war als das Stück, daß jeder gern eine von diesen falschen Bettelfiguren wäre und nur zu feig war, so aufzutreten. Sie sah darin gelungene Formen der Heuchelei, verwendbare Wehleidigkeiten, die man in der Hand behielt und regulierte, und das Ganze unter eine Oberaufsicht gestellt, die einem den Spaß daran ließ, aber die Verantwortung dafür abnahm. Ich sah es viel einfacher: daß jeder sich als Mackie Messer kannte und sich nun endlich einmal offen deklarierte und gebilligt und dafür bewundert fand. Unsere Auffassungen gingen aneinander vorbei, aber da sie sich nicht berührten, störten sie einander auch nicht und bestärkten uns in der Abwehr.

An diesem Abend fühlte ich mich Ibby am nächsten. Sie war durch nichts zu überrumpeln. Die tobende Masse des Publikums existierte für sie nicht. Sie fühlte sich nie in eine Masse einbezogen. Öffentliche Meinungen erwog sie nicht einmal, es war, als hätte sie sie nicht gehört. Durch das Plakatmeer Berlins ging sie vollkommen unberührt, der Name keines einzigen ›Artikels‹ blieb in ihr haften, wenn sie etwas für ihren täglichen Bedarf brauchte, wußte sie nicht, wie es hieß und wo man es fand, und mußte sich beides im Warenhaus auf abenteuerliche Weise erfragen. Sie sah einer Demonstration von hunderttausend Menschen zu, die vor ihren Augen passierte, fühlte sich davon weder angezogen noch abgestoßen, was sie unmittelbar danach sagte, unterschied sich in nichts von ihren Worten zuvor. Sie hatte genau hingesehen und mehr Einzelheiten aufgefaßt als jeder andere, doch fügte sich nichts zu einer Richtung, einem Willen, einem Zwang zusammen. In diesem Berlin, das von heftigen politischen Kämpfen erfüllt war, hörte ich von ihr kein einziges Wort über Politik. Vielleicht hing das damit zusammen, daß sie nie wiederholen konnte, was andere sagten. Zeitungen las sie nicht, sie las auch keine Zeitschriften. Wenn ich eine in ihrer Hand sah, wußte ich: da ist ein Gedicht von ihr abgedruckt und sie will's mir zeigen. Das stimmte immer und wenn ich sie fragte, was sonst in der Nummer stand, schüttelte sie den Kopf und hatte keine Ahnung. Oft empfand ich das als unangenehm und beschuldigte sie einer exzessiven Selbstliebe. Sie führe sich so auf, als wäre sie allein auf der Welt. Das war aber ungerecht, denn ihr fiel an Menschen – und zwar an allen Arten von Menschen – mehr auf als jedem anderen. Daß sie sich von keiner Masse ergreifen ließ, war mir ein Rätsel, bei der Premiere der ›Dreigroschenoper‹ gefiel mir, was ich oft an ihr ausgesetzt hatte.

Ich hatte vieles in Berlin gesehen, das mich bestürzte und verwirrte. Es ist verwandelt, an andere Lokalitäten transponiert und nur für mich noch erkennbar, in später Geschriebenes eingegangen. Es widerstrebt mir, etwas, das nun auf seine Weise besteht, zu reduzieren und auf seinen Anlaß zurückzuführen. Darum habe ich es vorgezogen, nur einiges Wenige aus diesen Berliner drei Monaten herauszugreifen, und zwar besonders solches, das seine erkennbare Gestalt behalten hat und nicht ganz in die geheimen Irrgänge verschwand, aus denen ich es erst herausgraben und neu bekleiden müßte. Ich bin im Gegensatz zu vielen, besonders solchen, die einer redseligen Psychologie erlegen sind, nicht der Überzeugung, daß man die Erinnerung drangsalieren, kujonieren und erpressen oder der Wirkung wohlberechneter Lockmittel aussetzen soll, ich verneige mich vor der Erinnerung, vor jedes Menschen Erinnerung. Ich will sie so intakt belassen, wie sie dem Menschen, der für seine Freiheit besteht, zugehört, und verhehle nicht meinen Abscheu vor denen, die sich herausnehmen, sie chirurgischen Eingriffen so lange auszusetzen, bis sie der Erinnerung aller übrigen gleicht. Mögen sie an Nasen, Lippen, Ohren, Haut und Haaren herumoperieren, soviel sie wollen, mögen sie ihnen, wenn es denn sein muß, andersfarbige Augen einsetzen, auch fremde Herzen, die ein Jährchen länger schlagen, mögen sie alles betasten, stutzen, glätten, gleichen, aber die Erinnerung sie sollen lassen stân.

Nach diesem Glaubensbekenntnis will ich von dem sprechen, was mir noch klar vor Augen steht und auch weiterhin nach keinem Dämmer suchen.

Als die Zeit sich in ihrem gemeinsamen Nenner fand, in der ›Dreigroschenoper‹, als die Freude am Fressen vor der Moral nach dieser Allerwelts-Parole griff, der alle widerstreitenden Kräfte zustimmen konnten, begann sich mein Widerstand zu organisieren. Bis dahin war die Verlockung, in Berlin zu bleiben, eher größer geworden. Man bewegte sich in einem Chaos, aber es schien unermeßlich. Es kam täglich Neues und schlug auf das Alte ein, das selbst vor drei Tagen erst neu gewesen war. Die Dinge schwammen wie Leichen im Chaos umher, dafür wurden die Menschen zu Dingen. Neue Sachlichkeit hieß das. Das war nach den langanhaltenden Notschreien des Expressionismus schwer anders möglich. Bei alledem verstand man, ob man noch schrie oder schon zur Sache geworden war, für ein gutes Leben zu sorgen. Wer frisch ankam und nach einigen Wochen seine Verwirrung nicht merken ließ, sondern einen klaren Kopf zur Schau trug, der galt als brauchbar und bekam gute Angebote, die ihn zum Bleiben verlocken sollten. Man hängte sich an alle Neuen, schon weil sie nicht lange neu bleiben würden. Man nahm sie mit offenen Armen auf, während man sich schon nach anderen Neuen umsah, denn die Existenz und Blüte dieser auf ihre Weise großen Zeit hing davon ab, daß Neues unaufhörlich nachkam. Man war noch nichts und doch wurde man gebraucht, man bewegte sich hauptsächlich unter denen, die auch neu gewesen waren.

Als Alteingesessene empfand man solche, die einen ›ehrlichen‹ Beruf hatten, als Ehrlichster galt – nicht nur in meinen Augen – immer der eines Arztes. Weder Döblin noch Benn gehörten zu den Allerweltsfiguren. Ihre Arbeit entzog sie der Routine unaufhörlicher Selbstdarstellung. Beide sah ich so selten und so flüchtig, daß ich nichts Ernsthaftes über sie zu sagen hätte. Um so mehr fiel mir auf, in welcher Weise von ihnen die Rede war. Brecht, der niemanden gelten ließ, nannte Döblins Namen mit dem größten Respekt. Einige seltene Male sah ich ihn unsicher, er sagte dann: »Darüber muß ich mit dem Döblin reden«, es klang so, als wäre das der weise Mann, bei dem er sich Rat holte. – Benn, der an Ibby Gefallen gefunden hatte, war der einzige, der sie nicht belästigte. Eine Neujahrskarte, die er ihr geschickt hatte, schenkte sie mir. Er wünschte ihr fürs Neue Jahr alles, was eine schöne junge Person gern für sich haben mochte, und zählte es einzeln auf. Es stand nichts auf der Karte, woran Ibby je gedacht hatte. Er nahm sie so, wie sie aussah, und hielt sich an diesen Eindruck von ihr. Darum wirkte die Karte, die überhaupt nichts mit ihr zu tun hatte, so als käme sie von einem unverbrauchten, seiner Sinne sicheren Schreiber.

Als ›Neuer‹ hätte ich bleiben können und es wäre mir, was das äußere Fortkommen anlangt, bestimmt gutgegangen. Eine gewisse Großzügigkeit gehörte zu dieser Art von Betrieb. Es war auch nicht ganz leicht, nein zu sagen, wenn man mit so herzlicher Dringlichkeit zum Bleiben aufgemuntert wurde. Ich war in einer ungehörigen Position, nicht nur stand mir der Weg zu jedermann offen, ich war durch Ibbys Erzählungen auch auf eine Weise über die Menschen informiert, die anderen gar nicht erlangbar gewesen wäre. Sie kannte sie in ihren lächerlichsten Aspekten, ihre Beobachtung war erbarmungslos, sie war aber auch genau, nie hat sie etwas Falsches oder Ungefähres berichtet, was sie nicht selber sah oder hörte, existierte nicht für sie. Sie war der *begehrte* Augenzeuge, der mehr als andere zu sagen hatte, weil es zu seiner Haupterfahrung gehörte, sich zu entziehen.

In den Wochen nach der Premiere, als der Drang, mich aus dieser Welt zu retten, sich zu artikulieren begann, hielt ich mich an sie. Ich müsse zurück nach Wien, um Prüfungen abzulegen, danach im Frühjahr würde ich promovieren. So war es immer gedacht gewesen. Dann, im Sommer des nächsten Jahres, könnte ich wieder nach Berlin kommen und neue Beschlüsse fassen, je nachdem, wie es in mir aussah. Sie war unsentimental und sagte: »Du wirst dich nie binden. Du kannst dich nicht binden. Das ist bei dir so wie bei mir mit Liebe.« Sie meinte damit, daß sie sich zu nichts beschwatzen, verführen oder zwingen ließ. Sie fand auch, daß es schlau sei, die Prüfungen noch vor mir zu haben. »Das sehen die ein, diese Künstler! Vier Jahre sich plagen im

Laboratorium und dann kein Doktor, das finden sie verrückt. Nein!«

Mit Gedichten war sie wohlversorgt, einen ganzen Vorrat davon hatte ich für sie in deutsche Form gebracht, mehr als sie innerhalb eines Jahres benötigen würde. Der Zigaretten-Mann, der uns bei der Besprechung von Gedichten zugehört hatte, hatte ihr für ein Jahr eine monatliche Rente ausgesetzt, sie war schon zum zweitenmal eingetroffen, von einer höflichen und respektvollen Karte begleitet.

Sie machte mir's leicht, wie ich's von ihr erwartet hatte. Wenn wir auch keine Liebesleute waren, wir hatten uns nie geküßt, so standen doch alle Menschen leibhaftig zwischen uns, über die wir gesprochen hatten, ein Wald, der weiterwuchs, der weder bei ihr noch bei mir absterben konnte. Briefe waren weder ihre noch meine Sache, sicher schrieb sie mir und manchmal schrieb auch ich, aber wie mager war das, wenn man sie nicht sah und erzählen hörte.

Dann kam, drei Wochen nach der Premiere, die Gesellschaft in ihrer leeren Wohnung, die zum Schock wurde und den Zauber ihrer Geschichten zerstörte.

Ich begann mich der Dinge zu schämen, die ich von ihr über andere Menschen hörte. Ich erkannte, daß sie vieles bei Männern provozierte, bloß um mir davon zu erzählen. Als ich endlich begriff, daß die Frische, die Originalität und Genauigkeit ihrer Berichte damit zusammenhing, daß sie Männer dazu verlockte, sich so lächerlich aufzuführen, wie sie es für ihre Erzählungen wünschte – eine Dirigentin der Stimmen, an denen ich mich nicht satt hören konnte –, als ich mir endlich eingestand, daß ich nie, buchstäblich kein einziges Mal, etwas vernommen hatte, das *für* einen Menschen sprach, und zwar nur darum nicht, weil es langweilig geklungen hätte, verspürte ich plötzlich Abneigung gegen sie und tauschte ihre Spottreden gegen Babels Schweigen.

Während der letzten zwei Wochen in Berlin sah ich ihn täglich. Ich sah ihn allein, ich fühlte mich dann freier mit ihm, ich glaube, auch ihm war es lieber. Ich lernte von ihm, daß man sehr lange hinsehen kann, ohne etwas zu wissen, daß es sich erst viel später entscheidet, ob man etwas von einem Menschen weiß, nämlich dann erst, wenn man ihn aus dem Auge verloren hat; daß man sich trotzdem, ohne noch etwas zu wissen, alles gut merken kann, was man sieht oder hört, daß die Dinge in einem unangetastet und unverdorben ruhen, solange man sie nicht zum Amüsement für andere mißbraucht. Ich lernte auch etwas, was nach der Lehre der ›Fackel‹, in die ich so lange gegangen war, vielleicht noch wichtiger schien, wie erbärmlich nämlich Urteilerei und Verdammung als Selbstzweck waren. Ich erfuhr seine Art, auf Menschen hinzusehen: lange, solange sie eben zu sehen waren, ohne auch nur eine Sterbenssilbe über das Gesehene zu äußern; das Langsame daran, die Zurückhaltung, das Verstummen, hart neben der Bedeutung, die er dem zuschrieb, was sich zum Sehen darbot, denn er suchte es mit unermüdlicher Gier auf, seine einzige Gier, aber auch meine, nur war meine ungeschult und ihrer Berechtigung noch nicht sicher.

Vielleicht trafen wir uns in einem Wort, das nie zwischen uns fiel, das mir jetzt immer in den Sinn kommt, wenn ich an ihn denke. Es ist das Wort *lernen*. Von der Würde des Lernens war er wie ich erfüllt. Durch das frühe Lernen, den abgründigen Respekt davor, war sein Geist wie meiner erwacht. Aber sein Lernen hatte sich ganz schon den Menschen zugewandt, er brauchte keinen Vorwand, weder den der Erweiterung eines Wissensgebietes, noch den einer Nützlichkeit, eines Zwecks, eines Vorhabens, um Menschen zu erlernen. Auch ich wandte mich um diese Zeit Menschen ernsthaft zu und habe seither den größten Teil meines Lebens damit zugebracht, sie aufzufassen. Damals mußte ich mir noch sagen, daß es um dieser oder jener Erkenntnis willen geschah, auf die ich aus war. Aber wenn alle anderen Vorwände zerbröckelten, blieb mir der eine der *Erwartung,* es lag mir daran, daß die Menschen, auch ich selber *besser* würden, und dazu mußte ich über jeden einzelnen von ihnen auf das genaueste Bescheid wissen. Babel, mit seiner ungeheuren Erfahrung, wenn auch nur elf Jahre älter als ich, war über diesen Punkt längst hinweg: sein Wunsch nach einer Verbesserung der Menschen diente nicht als Vorwand zu ihrer Kenntnis. Ich spürte, daß dieser Wunsch bei ihm so wenig zu ersättigen war wie bei mir, aber daß er ihn nie zum Selbstbetrug verführte. Was er über Menschen erfuhr, war unabhängig davon, ob es ihn freute, ob es ihn quälte, ob es ihn niederwarf: er mußte Menschen erlernen.

Teil 5

Die Frucht des Feuers

Wien 1929-1931

Der Pavillon der Irren

Im September 1929, als ich von einem zweiten Berliner Besuch nach Wien zurückkehrte, begann endlich etwas, das ich das ›notwendige‹ Leben nannte, ein Leben nämlich, das von den eigenen inneren Notwendigkeiten bestimmt war. Mit der Chemie war es aus, ich hatte im Juni promoviert und damit ein Studium beschlossen, das mir zum Aufschub gedient hatte und sonst nichts bedeutete.

Die Frage des Lebensunterhaltes war gelöst: ich hatte den Auftrag, zwei Bücher aus dem Amerikanischen zu übersetzen. Ein Termin war gesetzt, den ich mit vier, fünf Stunden Arbeit am Tag einhalten konnte. Weitere Übersetzungen waren mir in Aussicht gestellt. Da die Arbeit gut honoriert war – ich lebte in der Hagenberggasse sehr bescheiden –, hatte ich zwei oder drei freie Jahre vor mir. Die Übersetzung, die ich als Brotarbeit ernst nahm, fiel mir leicht; doch der Inhalt dieser Bücher berührte mich nur an der Oberfläche, manchmal ertappte ich mich dabei, daß ich während der Arbeit an ganz andere, an eigene Sachen dachte.

Denn durch die entschlossene Ablösung von Berlin hatte ich mir wohl äußere Ruhe verschafft, aber es war keine Idylle, in die ich zurückkehrte. Ich war voll von Fragen und Chimären, Zweifeln, bösen Ahnungen, Katastrophenängsten, aber auch von einem unheimlich starken Willen, mich zurechtzufinden, die Dinge auseinanderzunehmen, ihre Richtung zu bestimmen und sie dadurch zu überschauen. Nichts von allem, was ich in zwei Berliner Aufenthalten mitangesehen hatte, ließ sich beiseiteschieben. Bei Tag und bei Nacht tauchte alles auf, ohne Regel, ohne Sinn, wie mir schien, als Bedrängnis, vielgestaltig, wie die Teufel Grünewalds, dessen Altar ich in Einzelteilen an den Wänden meines Zimmers hängen hatte. Es zeigte sich, daß ich mehr aufgenommen hatte, als ich selber wahrhaben wollte. Der modische Ausdruck »verdrängen« schien nicht für mich geschaffen. *Nichts* war verdrängt, es war alles da, immer, zugleich und so deutlich, als könne man es mit Händen greifen. Von irgendwelchen Gezeiten, über die ich keine Macht hatte, hing es ab, was auf Wellen vor mir auftauchte und von anderen Wellen beiseitegeschoben wurde. Immer spürte man die Weite und Erfülltheit dieses Meeres, das von Ungetümen brodelte, die man alle *erkannte*. Das Erschreckende daran war, daß alles sein *Gesicht* hatte, es sah einen an, es öffnete den Mund, es sagte etwas oder es wollte etwas sagen. Die Verzerrungen, mit denen es einen bedrängte, waren berechnet, sie hatten ihre Absicht, sie quälten einen mit sich, sie *brauchten* einen, man empfand den Zwang, sich zu stellen. Aber kaum hatte man die Kraft dazu gefunden, waren sie von anderen beiseitegeschoben worden, deren Ansprüche an einen nicht geringer waren. So ging es weiter und kam alles immer wieder, und nichts blieb lange genug, um sich fassen und lösen zu lassen. Vergebens streckte man Arme und Hände aus, es war zuviel da und es war überall, es war nicht zu bewältigen, man war darin verloren.

Nun wäre es gar kein Unglück gewesen, daß nichts von den Berliner Wochen versickert war, daß man alles bewahrt hatte. Es hätte sich aufschreiben lassen und es wäre ein farbiger und vielleicht gar nicht uninteressanter Bericht geworden. Er ließe sich noch heute schreiben, so lange hat es sich erhalten. Aber ein Bericht hätte das Wesentliche daran nie erfaßt: die Drohung, mit der es geladen war, und die gegensätzlichen Richtungen, in die es zog. Denn der eine, einheitliche Mensch, der es aufgefaßt hatte und nun scheinbar alles in sich enthielt, war ein Truggebilde. Was er bewahrte, hatte sich darum verändert, weil er es mit anderem zusammen in sich verwahrte. Die eigentliche Tendenz der Dinge war eine *zentrifugale,* sie strebten auseinander, mit größter Geschwindigkeit voneinander weg. Die Wirklichkeit war nicht im Zentrum, wo sie wie an Zügeln alles zusammenhielt, es gab nur noch viele Wirklichkeiten und sie waren außen. Sie waren weit voneinander entfernt, es bestand keine Verbindung zwischen ihnen, wer einen Ausgleich zwischen ihnen herzustellen versuchte, war ein Fälscher. Sehr weit außen, auf einem Kreise, beinahe am Rande der Welt, standen wie harte Kristalle die neuen Wirklichkeiten, auf die ich zuging. Als Scheinwerfer waren sie nach innen auf unsere Welt zu richten, um diese mit ihnen abzuleuchten.

Sie waren das eigentliche Mittel der Erkenntnis: mit ihnen wäre das Chaos, von dem man erfüllt war, zu durchdringen. Gab es genug solcher Scheinwerfer, waren sie richtig erdacht, so ließe sich das Chaos *auseinandernehmen*. Es durfte nichts ausgelassen werden, man durfte nichts fallenlassen, alle üblichen Tricks der Harmonisierung verursachten Ekel. Wer sich noch in der bestmöglichen aller Welten glaubte, der sollte die Augen weiter geschlossen halten und an blinden Entzückungen sein Genüge finden, der brauchte auch nicht zu wissen, was uns bevorstand.

Da alles, was ich gesehen hatte, *zusammen* möglich war, mußte ich eine Form finden, es zu halten, ohne es zu verringern. Eine Verringerung war es, Menschen und Verhaltensweisen so zu zeigen, wie sie einem erschienen waren, ohne zugleich zu übermitteln, was aus ihnen werden mußte. Die Potentialität der Dinge, die immer mitschwang, wenn man mit Neuem konfrontiert wurde, die unausgesprochen blieb, obwohl man sie auf das stärkste empfand, ging eben in den Darstellungen, die als genau galten, vollkommen verloren. In Wirklichkeit hatte alles eine Richtung und alles nahm überhand, *Expansion* war eine Haupteigenschaft von Menschen und Dingen, um davon etwas zu fassen, mußte man die Dinge auseinandernehmen. Ein wenig war es so, als hätte man einen Urwald, in dem alles verschlungen durcheinanderwuchs, zu entwirren, jedes Gewächs vom anderen zu lösen, ohne es zu beschädigen oder zu zerstören, es in Spannung für sich zu besehen und weiterwachsen zu lassen, ohne es wieder aus dem Auge zu verlieren.

Mit der Rückkehr in eine Umgebung, deren Hauptkennzeichen Ruhe und Enthaltsamkeit waren, wurde das, was man mit sich brachte, das Erlebte, dringlicher. Wie immer man sich zu verlangsamen und zu beschränken versuchte, das Erlebte gab einem keine Ruhe. Ich versuchte es mit langen Gängen, an denen nicht viel Auffälliges war. Ich ging die lange Auhofstraße von Hacking nach Hietzing und zurück und zwang mich, dabei nicht zu rasch zu gehen. So meinte ich mich an einen anderen Rhythmus zu gewöhnen. Hier sprang mich an keiner Straßenecke etwas an, an niederen, einstöckigen Häusern entlang ging sich's wie auf einer Vorstadtstraße des vergangenen Jahrhunderts. Ich begann diesen Weg gemächlich, ich nahm mir nichts vor, ich dachte an kein Lokal, in das ich mich setzen würde, und sei's auch nur dem Schreiben zuliebe. Es sollte ein Gehen sein, das mir nicht den Kopf herumriß, nicht nach rechts, nicht nach links, kein Veitstanz des Schauens, kein schrilles Getöse – ein gehendes Wesen der Vorzeit, das wollte ich sein, ein Geschöpf, das vor nichts davonrennt, in nichts hineinrennt, nicht ausweicht, nicht stolpert, nicht anstößt, nicht drängt, das nirgends sein muß, das Zeit hat, für nichts, das sich ganz besonders davor hütet, eine Uhr bei sich zu haben. Aber je vollkommener die Leere war, die ich mir bereitet hatte, je unbeschwerter und unbefangener ich begann, um so unabweisbarer kam der Überfall: ein Schlag auf die Augen, ein Stein auf den Kopf, unabweisbar, denn es kam von innen. Eine Figur, aus der Zeit, der ich zu entrinnen suchte, hielt mich fest, eine Figur, die ich nicht kannte. Sie war eben entstanden, und obwohl ich wußte, woher sie kam – sie war durch ihre Dringlichkeit gezeichnet –, obwohl sie erbarmungslos alles an sich riß, woraus ich bestand, war sie mir vollkommen neu. Ich war ihr noch nie begegnet, sie befremdete mich bis zum Erschrecken, sprang mich an, hockte sich mir auf die Schultern, verschränkte die Beine auf meiner Brust, lenkte mich, so rasch wie sie wollte, wohin es ihr gefiel. Ich fand mich außer Atem auf der Auhofstraße, die ich um ihrer Harmlosigkeit und Unbelebtheit willen gewählt hatte, besessen, wie auf der Flucht, die Gefahr, der ich nicht entrinnen konnte, auf den Schultern. Ich war in Angst und war mir doch dessen bewußt, daß das einzige geschah, was mich aus dem Chaos, das ich mitgebracht hatte, retten konnte.

Das Rettende war, daß es eine Figur war, die Umrisse hatte, die sich weiter trieb, die das sinnlos Zerstreute sammelte und ihm einen Leib gab. Es war ein schrecklicher Leib, aber er lebte. Er bedrohte mich, aber er hatte eine Richtung. Ich sah, worauf er aus war, den Schrecken vor ihm verlor ich nie ganz, aber er reizte auch meine Neugier. Wozu ist er imstande? wohin gerät er? wie lange treibt er's? muß er enden? Sobald die Figur in ihren ersten Umrissen erkannt ist, kehrt sich das Verhältnis um und es ist nun gar nicht mehr so sicher, wer von wem besessen ist und wer wen treibt.

Wenn ich eine Weile in dieser Verfassung hin- und zurückgerannt war, immer gehetzter in der Wiederholung desselben Weges, endete es damit, daß ich mich irgendwo, wohin es mich eben verschlagen hatte, in ein Lokal setzte. Heft und Bleistift waren gleich zur Hand, das Verzeichnen begann, was in der Bewegung passiert war, setzte sich um in geschriebene Worte.

Wie soll man diesen Zustand unaufhörlichen Verzeichnens schildern? Erst war noch kein Zusammenhang da. Es war Tausenderlei. Eine Gliederung, etwas was man den Beginn einer Ordnung nennen könnte, begann in der Aufteilung auf Figuren. Die Tätigkeit, der ich mich hauptsächlich hingab, war ein zorniger Versuch, von mir abzusehen, und zwar durch Verwandlung. Ich entwarf Figuren, die eine eigene Art zu sehen hatten, die sich nicht mehr wahllos umtun konnten, sondern nur in bestimmten Kanälen empfanden und dachten: einige dieser Figuren kehrten häufiger wieder, während andere nach ersten Anfängen verschwanden. Ich scheute davor zurück, ihnen Namen zu geben, sie waren nicht etwa Individuen wie der und jener, den man kannte, jede von ihnen wurde aus ihrem Hauptanliegen heraus erfunden, eben dem, was sie weiter und weiter trieb, fort von den anderen. Sie sollte eine vollkommen eigene Sicht auf die Dinge haben, sie war das Beherrschende ihrer Welt, mit nichts anderem zu vergleichen. Es war von Bedeutung, daß alles in ihrem Sinn durchgehalten war. Die Strenge, mit der alles andere von ihrer Welt ausgeschlossen war, war vielleicht das Wichtigste. Es war ein Strang, den ich aus dem Wirrwarr herausholte, ich wollte ihn pur und unvergeßlich. Er sollte sich einem so einprägen wie ein Don Quijote. Er sollte Dinge denken und sagen, die kein anderer hätte denken oder sagen können. Einen bestimmten Aspekt der Welt sollte er so sehr ausgedrückt haben, daß sie ohne ihn ärmer wäre, ärmer, aber auch verlogener.

Einer von ihnen war der Wahrheitsmensch, der das Glück und Unglück der Wahrheit bis ins Letzte auskostete, aber es ging bei ihnen allen um eine bestimmte Art von Wahrheit: die der Übereinstimmung mit sich selbst. Nachdem einige von ihnen, nicht viele, versanken, blieben acht von ihnen am Leben, die mich während eines Jahres fesselten und in Bewegung hielten. Jeder wurde mit einem großen Buchstaben bezeichnet, es war der Anfangsbuchstabe des Anliegens oder auch der Eigenschaft, die ihn beherrschte. W., den *Wahrheitsmenschen*, habe ich genannt. Ph. war der *Phantast*: der wollte von der Erde weg, in den Weltraum, alle seine Gedanken waren darauf gerichtet, wie man von der Erde wegkam, seine heftige Entdeckungslust wurde durchtränkt von der Abneigung vor dem, was es hier um ihn zu sehen gab. Seine Lust auf Neues und Unerhörtes speiste sich vom Ekel am ›Hiesigen‹. – Es gab R., einen religiösen *Fanatiker*,

S., den *Sammler*. Es gab den *Verschwender* und den *Tod-Feind*, womit ich den Feind des Todes meinte. Es gab Sch., den *Schauspieler*, der nur in rasch wechselnden Verwandlungen leben konnte, und B., den *Büchermenschen*.

Sobald solche Anfangsbuchstaben auf einer Seite oben standen, fühlte ich mich eingegrenzt und schoß wütend in dieser einzigen Richtung los. Die unendliche Masse von Dingen, von denen ich erfüllt war, sortierte sich, legte sich auseinander. Es war mir – ich habe das Wort schon gebraucht – um Kristalle zu tun, die sich aus diesem wüsten Durcheinander ablösen sollten. Ich hatte nichts, absolut nichts bewältigt von dem, was mich seit Berlin mit Entsetzen und schrecklichen Ahnungen erfüllte. Was konnte daraus werden, wenn nicht ein furchtbarer Brand? Ich empfand das Erbarmungslose dieses Lebens: daß alles aneinander vorbeilief, daß nichts sich wirklich mit dem anderen auseinandersetzte. Es war in die Augen springend, nicht nur, daß niemand den anderen verstand, sondern auch daß keiner den anderen verstehen *wollte*.

Ich versuchte mir zu helfen, indem ich Stränge bildete, wenige einzelne Züge, die ich an Menschen band, wodurch etwas wie eine beginnende Überschaubarkeit in die Masse des Erlebten kam. Ich schrieb bald an dieser, bald an jener Figur, ohne erkennbare Regel, je nachdem wie der Drang über mich kam, manchmal auch an zwei verschiedenen Strängen am selben Tag, hielt mich aber hart an ihre Grenzen, die nie überschritten wurden.

Das Lineare der Figuren, ihre Beschränkung auf sich, der Impetus, der sie in *eine* Richtung trieb, – lebende Ein-Mann-Raketen, – ihre unablässigen Reaktionen auf eine wechselnde Umgebung, die Sprache, deren sie sich auf unverwechselbare Weise bedienten, – verständlich zwar, aber so wie niemand anderer sprach, – daß sie so ganz aus Grenze und innerhalb dieser Grenze aus kühnen, überraschenden Gedanken in ebendieser Sprache bestanden, – nichts was ich Allgemeines über sie sage, kann eine zwingende Vorstellung von ihnen geben. Ein ganzes Jahr war erfüllt von den Entwürfen zu diesen Acht, es war das reichste, das ausschweifendste Jahr meines Lebens. Mir war zumute, als trüge ich mich mit einer ›Comédie Humaine‹, und da die Figuren bis zu einem äußersten Extrem gesteigert und gegeneinander abgeschlossen waren, nannte ich es eine Comédie Humaine an Irren.

Wenn ich zu Hause schrieb (ich schrieb nicht nur unterwegs), hatte ich Steinhof vor Augen, die Pavillons der Irren. Ich dachte an die Insassen dort und setzte sie in Verbindung mit meinen Figuren. Die Mauer um Steinhof wurde auch zur Mauer meines Unternehmens. Ich bestimmte den Pavillon, den ich am deutlichsten sah, und stellte mir einen Krankensaal dort vor, in dem meine Figuren sich schließlich beisammen finden würden. Keiner von ihnen war der Tod als Ende zugedacht. Im Jahr dieser Entwürfe stieg mein Respekt vor denen, die sich so weit von den anderen entfernt hatten, daß sie als Irre galten, und ich hatte nicht das Herz, eine einzige meiner Figuren umzubringen. Noch war keine von ihnen so weit, daß ich ihr Ende abzusehen vermochte. Aber den Tod als Ende schloß ich zum vorhinein aus und sah sie zusammen im Saal des Pavillons, den ich für sie bestimmt hatte. Ihre Erfahrung, die ich als kostbar und einzigartig empfand, sollte sich dort bewahren. Als Abschluß schwebte mir vor, daß sie zueinander sprächen. Aus ihrer Abgeschiedenheit heraus würden sie Sätze füreinander finden, und diese, in ihrer Absonderlichkeit, hätten einen ungeheuren *Sinn*. Es schien mir eine Entwürdigung für sie, an Heilung zu denken. Keiner von ihnen sollte in die Belanglosigkeit irgendeines Alltagslebens zurückfinden. Eine Anpassung an uns käme nur ihrer Verringerung gleich, dafür waren sie mir in der Einzigartigkeit ihrer Erfahrungen zu kostbar. Aber von hohem, von unerschöpflichem Wert erschien mir ihre Reaktion aufeinander. Wenn die Inhaber dieser Einzelsprachen einander etwas zu sagen fänden, das für sie sinnvoll würde, so bliebe auch für uns gewöhnliche Menschen, denen die Dignität des Irreseins abging, Hoffnung.

Das war der utopische Aspekt meines Unternehmens, und obwohl ich ihn in der Stadt Steinhof sozusagen leiblich immer vor Augen hatte, blieb er zeitlich in weiter Entfernung. Die Figuren waren noch im Entstehen und ihre Schicksale so vielfältig, daß alles noch möglich war, jede Wendung. Aber ihr unwiderrufliches Ende schloß ich aus und es war, als hätte ich der unter ihnen, die mir die dringlichste war, dem *Tod-Feind* Macht über das Dasein der anderen gegeben. Was immer aus ihnen werden sollte, sie würden erhalten bleiben. Von meinem Fenster würde ich zu ihnen in ihren Pavillon hinübersehen, bald der eine, bald der andere würde sich an seinem vergitterten Fenster zeigen und mir ein Zeichen geben.

Die Zähmung

Ich besuchte ein kleines Kaffeehaus in Hacking unten, gleich beim Übergang über die Wien, es hatte sehr lange offen. Ziemlich spät nachts fiel mir da einmal ein junger Mann auf, er saß mit einer Gruppe von Leuten beisammen, die nicht recht zu ihm zu passen schienen. Er war ein großer, strahlender Mensch, mit sehr hellen Augen. Er trank gern und teilte sich gern mit, es ging etwas gewalttätig an seinem Tisch zu, mit plötzlichen Ausbrüchen und Beschimpfungen, die ihn nicht tangierten. Ich erkannte ihn nach einem Bild als Albert Seel, den Autor eines Berliner Verlages, der in russischer Kriegsgefangenschaft gewesen war und ein Buch darüber schrieb, das ich nicht gelesen hatte, nur der Titel war mir im Kopf geblieben, das Wort ›Sibirien‹ kam darin vor. Ich saß am Tisch nebenan und fragte ihn ungeniert von Tisch zu Tisch, ob er Albert Seel sei, was er, weiterhin strahlend und doch etwas verlegen, bejahte. Er lud mich ein, an seinen Tisch zu kommen, und machte mich mit seinen Freunden bekannt. An die Namen Mandi und Poldi kann ich mich erinnern, die anderen sind mir entfallen. Ich gab mich, obwohl ich es nicht mehr war, als Student und auch als Übersetzer aus und weckte ein schallendes Gelächter bei Seels Kumpanen.

Sie beobachteten mich auf eine Art, wie ich es noch nie erlebt hatte, so als hätten sie ein großes Unternehmen mit mir vor und als prüften sie mich, ob ich mich dazu eigne. Intellektuelle waren sie nicht, sie sprachen eine primitive, derbe und heftige Sprache und rechtfertigten sich mit jedem Satz, so als hätte ich sie kritisiert. Ich kannte sie überhaupt nicht, ich hatte keine Ahnung, wer sie waren, daß ein Autor sich unter ihnen befand, der gar nicht berühmt war, flößte mir Vertrauen ein, seit meiner Rückkehr nach Wien vor einigen Monaten war ich keinem Autor mehr begegnet. Mißtrauen oder Furcht empfand ich vor ihnen nicht, doch merkte ich ihre Unsicherheit vor mir und war verwundert über den Wert, den sie auf ihre Körperkraft legten. Seel sprach dem Wein zu, den er vor sich hatte, und reagierte bald nicht mehr auf meine Versuche, literarisch anzuknüpfen.

»Alles zu seiner Zeit«, sagte er und streifte meine Fragen wie lästige Fliegen beiseite. »Wenn ich mit meinen Freunden bin, will ich mich unterhalten.« Vielleicht aber war es eine Art von Takt, warum er ein literarisches Gespräch mied, dem seine

Freunde doch nicht zu folgen imstande gewesen wären. Bald begnügte ich mich also damit, den anderen zuzuhören und hatte rasch heraus, daß es sich um ›Heldentaten‹ handelte, deren näherer Charakter mir aber dunkel blieb. Besonders Poldi, der der Größte und Stärkste von allen war, machte gern vor, wie er mit seiner ungeheuren Hand den oder jenen niedergeschlagen habe. Da kam keiner auf gegen ihn. Mandi, der Kleinste, hatte ein Affengesicht, er sah unheimlich beweglich und gelenkig aus und erzählte sehr anschaulich, wie es ihm kürzlich gelungen war, die Hunde einer Villa zu reizen. Ich wußte nicht, warum er diese Hunde reizen mußte, und hörte so unschuldig wie ein Säugling zu, als mir Poldi plötzlich mit seiner Pranke einen Stoß vor die Brust gab und fragte, ob ich denn die Villa kenne, in die sie hineinwollten – es war, wie sich herausstellte, das Haus der Gräfin, der ›Mordsstuten‹ vom Milchgeschäft. Ich machte mir einen Spaß und ging auf die Sache ein, so als ob es sich um einen Einbruchsversuch handle. Da hätten sie sich aber an das falsche Haus herangemacht, denn bei den ›Grafen‹ sei überhaupt nichts zu holen. Ich bekam einen zweiten, noch kräftigeren Stoß vor die Brust und Poldi sagte drohend und höhnisch: was ich denn denke, sie würden doch bei solchen Leuten nicht einbrechen! Wo sie jeder in Hacking kenne, so blöd seien sie nicht, der Mandi, der rede gern daher.

Ich merkte, daß ich mit meinem Spaß etwas Unpassendes gesagt hatte, ohne den Grund von Poldis ärgerlicher Reaktion zu verstehen, und verstummte. Die Unterhaltung ging weiter und wurde kräftiger und immer lauter. Dieser Tisch, an dem außer mir nicht mehr als fünf oder sechs Leute saßen, war der animierteste im ganzen Lokal, wo es sonst eher still und einsam zuging: einige alte Pensionisten, etliche Liebespaare, keine größere Gruppe. Aber diesmal kam es mir besonders still vor, so als getraue sich niemand durch Lärm mit unserem Tisch zu wetteifern. Herr Bieber, der Cafétier, hinter der Theke, den ich von meinem Sitz aus gut sehen konnte, schien irritiert. Er hatte sonst immer zu tun und machte sich zu schaffen, aber heute hielt er sich unverwandt gerade und blickte immer auf mich, ich hatte sogar den Eindruck, daß er mir diskret zuwinke, war aber nicht sicher. Es ging immer drohender bei uns zu. Poldi und Mandi begannen zu streiten und beschimpften sich in Ausdrücken, die mir sogar hier durch ihre Unflätigkeit auffielen. Seel, unbewegt weiter strahlend, suchte zu vermitteln, wobei er auf mich verwies, so als könne ich durch diesen Streit eine schlechte Meinung von der Runde bekommen. Das hatte insofern eine Wirkung, als die beiden Streitenden sich einigten und dafür mich mit gehässigen Blicken bewarfen. Seel sagte, es sei Zeit zum Heimgehen, das Lokal schließe. Seine Freunde erhoben sich aber nicht, dafür stand ich auf, und das war es wohl, was er erreichen wollte, er suchte mich vor seinen rabiater werdenden Kumpanen zu schützen. Ich stand also auf, empfahl mich, etwas von meinem Staunen über diese völlig neue Sorte von Menschen muß sich in Herzlichkeit beim Abschied umgesetzt haben, denn Poldi sagte: »Mir san immer da.« Mandi, der viel tückischer wirkte, fügte hinzu: »Kommen S' nur! Einen Studenten können mir brauchen!«

Ich ging zur Theke zahlen und Herr Bieber empfing mich mit unterdrückter Grabesstimme, so düster hatte ich ihn noch nie gehört und flüsternd kannte ich ihn schon gar nicht. »Um Gotts willen, Herr Doktor, passen S' auf mit denen, das sind ganz schwere. Gehn S' net an den Tisch zu denen!« Er hatte Angst, man könne drüben über diese Warnung mißtrauisch werden, und grinste darum auffallend, während er mir zuflüsterte. Ich ging auf seinen Ton ein und flüsterte: »Aber das ist doch ein Schriftsteller, ich kenne ein Buch von dem.« Darüber war er wie aus allen Wolken gefallen. »Das ist kein Schriftsteller«, sagte er, »der kommt immer mit denen, der hilft ihnen.« Seine Sätze hatten etwas Schlotterndes, er hatte wirklich Angst um mich, aber auch um sich selbst, denn wie sich am nächsten Morgen herausstellte, als ich allein im Lokal war und ausführlich mit ihm sprach, waren meine neuen Bekannten eine berüchtigte Einbrecherbande. Jeder von ihnen war oft schon gesessen. Der Mandi, der wie eine Katze klettern konnte, war eben entlassen worden; er war erst mit dem Poldi zusammen gesessen, aber dann waren sie getrennt worden. Sie waren alle aus der Gegend, Herr Bieber hätte sie gern des Lokals verwiesen, aber das war zu riskant. Als ich ihn fragte, was sie mir denn tun könnten, ich sei doch kein Haus und zu holen gäbe es bei mir außer Büchern nichts, sah er mich wie einen Verrückten an: »Ja verstehn S' net, Herr Doktor, die wollen Sie ausholen und von Ihnen erfahren, wo's was zum Holen gibt. Sie haben ihnen doch nicht schon was gesagt?« »Das weiß ich doch gar nicht, wo's was zu holen gibt. Ich kenne doch niemand hier.« »Aber wohnen tun S' oben, wo die Villen sind, in der Hagenberggasse. Passen S' nur auf. Nächstes Mal geht einer von denen mit Ihnen hinauf, bis zu Ihrer Haustür und fragt Sie aus über jedes Haus. Wer wohnt denn da? Und wer wohnt hier? Sagen S' nur nix, Herr Doktor, um Gotts willen sagen S' nix, sonst sind Sie die Schuld, wenn was passiert!«

Ich glaubte ihm noch immer nicht ganz, und als ich an einem Abend bald danach ins Lokal kam, setzte ich mich zu einem anderen Bekannten, einem alten Maler, an den Tisch und tat, als hätte ich die ›Platte‹, die ziemlich weit weg in der anderen Ecke saß, gar nicht bemerkt. Sie waren diesmal ohne Seel gekommen, der Mandi war auch nicht da, nur Poldi fiel mir auf, als er seine Hand in die Höhe streckte und auf etwas zeigte. Aber etwas mußte passiert sein, man hörte keinen Lärm, es ging gedämpft zu, und ich schien sogar gegen die Unkenrufe des Herrn Bieber recht zu behalten, niemand beachtete mich, ich wurde nicht gegrüßt oder gar an ihren Tisch gerufen. Als er mir den Kaffee brachte, sagte Herr Bieber: »Heut bleiben S' net bis zur Sperrstunde, Herr Doktor, heut gengan S' früher.« Es klang, als wisse er, daß ich noch etwas Besonderes spät in der Nacht vorhabe. Seine Beaufsichtigung war mir ein bißchen lästig, aber um Ruhe zu haben, ging ich wirklich bald.

Ich hatte mich nur wenige Schritte vom Kaffeehaus entfernt, als ich die gewaltige Hand auf der Schulter spürte. »Mir gengan denselben Weg«, sagte Poldi, er war mir rasch gefolgt. »Wohnen Sie auch droben?« »Nein, aber ich muß den Weg gehen.« Er gab keine weiteren Erklärungen über dieses ›muß‹ ab und mir war es nicht angenehm, den dunklen Steig, der allein in die Hagenberggasse führte, neben ihm zu gehen. Aber ich ließ mir nichts anmerken und fragte nur: »Der Seel war heut net da? Und der Mandi auch net?« Da hatte ich aber etwas angerichtet. Eine ungeheure Schimpfkanonade auf den Mandi folgte und eine Flut von Geschichten über diesen ›gemeinnützigen‹ Menschen (so nannte er ihn, er meinte einen eigennützigen) ergoß sich über mich. Der solle ihm nie wieder vor die Augen kommen, er habe sich nie mit ihm vertragen, da sei ihm der Seel noch lieber, obwohl man sich bei dem nicht auskenne. Was denn das für ein Buch sei, das der geschrieben habe? Über die Kriegsgefangenschaft, sagte ich, über Leute, die er als Kriegsgefangener in Sibirien gekannt habe. »Sibirien?« kam es hohnlachend und Poldi schlug mir auf die Schulter. »Der ist doch nie in Sibirien gewesen. Eingesperrt war er schon. Aber nicht in Sibirien.« »Ja, das war eben früher, wie er noch ganz jung war.« »Als ganz ein klaniger Bua, meinen S' des?« Kurz und gut, er wollte nicht wahrhaben, daß Seel nicht als Krimineller, sondern als Kriegsgefangener eingesperrt war, und machte mir klar, daß Seel immer lüge. Sie glaubten ihm alle kein Wort, der müsse immer was erfinden, aber daß es ein Buch von ihm gebe, das er selber geschrieben habe, das habe er ihnen nie gesagt. Da habe er sich wohl gehütet, sonst wären sie ihm da auf neue Lügen gekommen. Wie ich das finde, wenn ein Mensch immer lügen müsse? Er könnte das nicht, er sage immer die Wahrheit.

Ich wartete nun, nach Herrn Biebers Voraussage, daß er mich über die Villen ausfragen würde, denen wir näherkamen, aber er war so sehr mit den Lügen des Seel und seiner eigenen Wahrheitsliebe beschäftigt, daß er mich gar nichts fragte. Das war wohl mein Glück, ich hätte nämlich über die Villenbesitzer, die ihn interessierten, gar nichts zu sagen gewußt, selbst wenn ich es gewollt hätte. Die meisten kannte ich nicht einmal bei Namen, und wäre mir zur Not doch etwas Unverfängliches eingefallen, es wäre ihm sinnlos erschienen oder wie eine Lüge von Seel.

Wir waren bei der Erzbischofgasse angelangt, er hatte für einen Moment mit seinen Wahrheitsbeteuerungen ausgesetzt. Ich benutzte die Pause und zeigte nach rechts: »Kennen Sie den Marek, in der Erzbischofgasse 70 drüben, den im Wagen, der von seiner Mutter herumgeschoben wird?« Er kannte ihn nicht, was mich wunderte, der junge Marek in seinem Wagen war überall zu sehen, wenn seine Mutter ihn nicht spazierenführte, lag er in der Sonne vorm Haus. Ob allein oder nicht, er lag immer, er konnte nicht gehen, er konnte Arme und Beine nicht bewegen, der Kopf lag schräg und erhöht, auf einem Kissen daneben lag ein offenes Buch und einmal, beim Vorübergehen, hatte ich gesehen, wie ihm die Zunge aus dem Munde herausfuhr und er mit ihr ein Blatt des Buches umdrehte. Das hatte ich nicht *geglaubt*, obwohl ich es deutlich sah, er hatte eine lange, spitze und auffällig rote Zunge. So war ich wie zufällig nochmals vorbeigegangen, so langsam, daß er Zeit gehabt hätte, eine ganze Seite zu memorieren, und richtig, einmal ganz in seiner Nähe, sah ich, wie die Zunge hervorschoß und das Blatt umdrehte.

Schon zwei, drei Jahre, seit meiner Ankunft in der Hagenberggasse, hatte ich den jungen Menschen bemerkt, wenn seine Mutter ihn im Wagen vorbeischob, ich hatte beiden höflich zugenickt und »Guten Tag« gemurmelt, aber nie eine Antwort von ihm bekommen. Ich vermutete, daß ihm das Sprechen vielleicht so schwerfalle wie seine Fortbewegung und hatte drum eine Scheu davor, ein Gespräch mit ihm zu versuchen. Er hatte ein längliches, dunkles Gesicht, viel Haare und große, braune Augen, die er immer auf einen richtete, wenn man ihm entgegenkam, und die man lange noch auf sich fühlte, wenn man vorüber war. Manchmal lag er in der Sonne, ohne zu lesen, und hielt die Augen geschlossen. Es war dann sehr schön zu sehen, wie er sie auf ein Geräusch hin öffnete. Er schien für Schritte besonders empfindlich zu sein, denn selbst wenn er schlummerte, kam man nie an ihm vorüber, ohne daß er die Augen öffnete. Wohl suchte man leise zu gehen, um ihn nicht zu wecken, aber er hörte immer die Schritte auf dem Kies und ließ sich nie den langen Blick auf den Passanten entgehen.

Ich wußte, daß ich einmal mit ihm ins Gespräch kommen würde, da ich lange hier zu wohnen hoffte, hatte ich Geduld. Kein Mensch in der Gegend beschäftigte mich in Gedanken mehr. Ich fragte jeden, ob er etwas über ihn wisse, und hatte manches erfahren, das ich nicht recht glauben konnte. Es hieß, daß er studiere, und zwar Philosophie, darum die schweren Bücher, die immer auf dem Kissen neben ihm lagen. Er sei so begabt, daß Professoren der Wiener Universität eigens zu ihm nach Hacking hinausfuhren, um ihm Ptivatvorlesungen zu geben. Das hielt ich für baren Unsinn, bis ich an einem sonnigen Nachmittag Professor Gomperz, den langen, bärtigen Mann, der so aussah, wie ich mir einen griechischen Kyniker vorstellte, neben seinem Wagen sitzen sah. Seine Vorlesung über die Vorsokratiker hatte ich schon vor einiger Zeit gehört, seine Art zu sprechen war nicht so anfeuernd wie der Gegenstand, dafür gab dieser aus. Als ich ihn nun wirklich vor dem jungen Marek sitzen und mit großen, langsamen Gesten auf ihn einsprechen sah, erschrak ich so sehr, daß ich abbog und einen Umweg machte, um ja nicht in seine Nähe zu kommen und ihn nicht grüßen zu müssen. Dabei wäre das der beste und auch würdigste Anlaß gewesen, den Gelähmten endlich kennenzulernen.

Jetzt, es war Mitternacht vorüber und eine sehr dunkle Nacht, streckte ich vom oberen Ende des Steiges aus den Arm in die

Richtung seines Hauses und fragte meinen ungeschlachten Begleiter, der um gut einen Kopf größer war als ich, ob er den Gelähmten kenne. Poldi war verwundert über die Richtung, in die ich zeigte – rechts vom Steig. Um sicher zu sein, daß ich diese Richtung meine, streckte er nun langsam, wie es seine Art war, seine Pratze in dieselbe Richtung. »Da gibt's nix«, sagte er, »da gibt's kein Haus.« Doch, es gab eines, ein einziges, Nr. 70, allerdings ein niedriges, ebenerdiges, sehr unscheinbares Haus, keine Villa; diese aber, die einzigen, die Poldi interessierten und von deren Existenz er wußte, zogen sich links den Hügel hinauf und bildeten ebendie Hagenberggasse, in der ich wohnte.

Er wollte wissen, was mit dem Gelähmten los sei, und ich sprach von ihm. Ich erzählte alles, was ich über ihn in Erfahrung gebracht hatte. Sehr bald, nachdem ich begonnen hatte, fiel mir ein, daß die beiden ganz ähnliche Gesichter hatten, das Mareks war viel schmäler und wirkte wie das Gesicht eines Asketen, Poldi hatte ein aufgeschwommenes Gesicht, und vielleicht wurde mir die Ähnlichkeit nur bewußt, weil ich jetzt in der Finsternis gar nicht recht sehen konnte. Aber ich hatte ihn von jenem Nachtgespräch im Kaffeehaus sehr deutlich in Erinnerung, er war mir eben durch seine beschwörenden dunklen Augen aufgefallen, die in solchem Gegensatz zu seiner ungefügen Pratzen standen.

»Ihr schaut euch ähnlich«, sagte ich jetzt, »aber nur im Gesicht. Er ist ganz gelähmt. Er kann Arme und Beine nicht bewegen. Aber jetzt glauben Sie nicht, daß der traurig ist. Tapfer ist der, das möchte niemand glauben. Der kann sich nicht bewegen, aber er tut studieren. Die Professoren kommen eigens zu ihm in die Erzbischofgasse und geben ihm Stunden. Er muß gar nichts dafür zahlen. Er könnte auch gar nichts zahlen. Er hat kein Geld.« »Und der schaut mir ähnlich?« fragte er. »Ja, die gleichen Augen. Genau die gleichen Augen. Wenn Sie ihn einmal anschauen kommen, glauben Sie, Sie schauen in einen Spiegel.« »Der ist doch ein Krüppel!« sagte er, jetzt schon etwas unmutig, ich spürte, daß er sich über den Vergleich zu ärgern begann. »Aber nicht im Kopf! Im Kopf ist der gescheiter wie wir alle! Kann nirgends hin und studiert! Die Professoren kommen zu ihm, damit er studieren kann. Das hat's noch nie gegeben. Da muß der schon was haben im Kopf, sonst kämen die nicht. Wissen S' was! Für den habe ich die größte Hochachtung! Bewunderung hab ich für den!« Es war das erste Mal, daß ich mich in Begeisterung über Thomas Marek hineinredete. Dabei kannte ich ihn noch gar nicht wirklich. Später, als ich sein Freund geworden war, hätte ich nicht mit mehr Begeisterung sprechen können.

Wir waren stehengeblieben. Seit ich in die Richtung jenes Hauses gezeigt hatte, hatten wir keinen Schritt weiter gemacht. Poldi ging die physische Verfassung des Thomas Marek nur langsam ein. Ein paarmal fragte er, ob er sich wirklich nicht von selber bewegen könne. »Überhaupt nicht. Keinen Schritt kann der tun. Keinen Bissen Brot von selber in den Mund nehmen. Kein Glas an die Lippen führen.« »Aber trinken tut er schon? Und kauen? Kann er schlucken, kann er sein Essen schlucken?« »Ja, ja, das kann er. Er kann ja auch schauen! Was glauben Sie, wie schön das aussieht, wenn er die Augen öffnet!« »Und der schaut *mir* ähnlich?«

»Ja, aber nur im Gesicht! Der wäre froh, wenn er Ihre Pratzen hätte! Was glauben S', wie gern der einen *begleiten* möchte, wie Sie jetzt mich! Aber das kann er nicht, das hat er nie können! Auch als kleiner Bub hat er das schon nicht können.« »Und den haben Sie gern! So einen Krüppel!« Jetzt ärgerte ich mich über dieses Wort, nach allem, was ich gesagt hatte, hätte er's nicht mehr gebrauchen dürfen. »Der ist für mich kein Krüppel«, sagte ich. »Wunderbar finde ich den! Wenn Sie das nicht verstehen, tun Sie mir leid. Ich hab gemeint, Sie verstehn's.« Ich ärgerte mich so sehr, daß ich vergaß, zu wem ich sprach, und heftig wurde. Ich sang das Loblied weiter, ich hörte nicht auf, ich konnte nicht aufhören. Als ich nichts Konkretes mehr wußte, begann ich weitere Einzelheiten zu erfinden, an die ich aber glaubte, so sehr, daß er immer noch zuhörte, und nur hie und da den einen selben Satz einwarf: »Und der schaut aus wie ich?« »Im Gesicht hab ich gesagt, im Gesicht schaut der genau aus wie Sie.«

Und schon kam es über mich und ich erzählte weiter. Da kämen Frauen von weither zu Besuch, nur um ihn zu sehen. »Die stehen vor seinem Wagen und schauen ihn an. Die Mutter bringt einen Stuhl hinaus, damit sie sich setzen. Ich könnte schwören, daß die verliebt in ihn sind. Die warten drauf, daß er sie anschaut. Der kann sie nicht streicheln, der kann nichts mit ihnen tun. Aber anschauen kann er sie, mit den Augen.« Es war alles wahr, was ich sagte, obwohl ich es dort in der Nacht erfand. Als ich bald danach Thomas Mareks Freund wurde, sah ich die Frauen und Mädchen, die zu ihm kamen, mit eigenen Augen, und was ich nicht sah, das erzählte er mir.

Aber in dieser Nacht gingen mein Begleiter und ich keinen Schritt zusammen weiter. Er war immer stiller geworden, das Wort ›Krüppel‹ gebrauchte er kein einziges Mal wieder, er vergaß, daß er mich an das Gartengitter meines Hauses begleiten wollte, um sich auf seine Art umzusehen. Er vergaß die Villen. Er hatte den jungen Mann im Kopf, der ihm ähnlich sah, aber weder stehen noch gehen konnte. Ich gab ihm die Hand, aber erst als ich den Lobgesang erschöpft hatte. Er nahm sie eher zurückhaltend und zerdrückte sie nicht, wie es sonst seine Art war. Er drehte sich um und ging den Steig hinunter, den wir zusammen heraufgekommen waren. Ich hatte jede Furcht vor ihm verloren.

Der Ernährer

Meine Scheu vor Marek war nach dieser Nacht gewichen. Ich hatte soviel über ihn gesprochen, daß ich ihm nicht mehr aus dem Wege ging. Durch den Lobgesang war er mir vertrauter geworden. Auch war mir nicht entgangen, daß ich durch den schwungvollen Bericht über ihn den schweren Burschen, der nach Mitternacht mit mir in die Erzbischofgasse hinaufgestapft war, gezähmt hatte. Das Interesse an diesem und seinen Kumpanen war seither erloschen. Ich beachtete sie kaum, wenn ich ins Kaffeehaus ging, wir nickten uns aus der Ferne zu, und sie waren auf mich nicht mehr neugierig. Ich weiß nicht, in welcher Form mein Verhalten in jener Nacht an sie übermittelt wurde. Wie immer sie die Sache danach einschätzten, herauszuholen war aus jemandem, der sich mit solchen armen Teufeln abgab, nichts. Aber ihr ursprüngliches Interesse wandelte sich auch nicht in Verachtung oder Haß, sie ließen mich ungeschoren, so sehr ließen sie mich in Ruhe, daß ich etwas wie leise Sympathie bei ihnen fühlte, wenn auch ganz undemonstrativer, kaum merklicher Art, aber immerhin genug davon, um das Mißfallen des Cafétiers zu erregen.

Es war von ihm nicht unbemerkt geblieben, daß der kräftigste und untraktabelste der Burschen mir nachgegangen war, und er wollte wissen, was in jener Nacht passiert war. Nichts, sagte ich, zu seiner Enttäuschung. »Der hat Sie doch bis ans Haustor begleitet?« sagte er und es klang schon beinahe wie eine Drohung. »Nein, bis zur Erzbischofgasse.« »Und dann?« »Dann ist er umgekehrt.« »Und hat nichts gefragt!« »Gar nichts.« »Wenn Sie's net wärn, Herr Doktor, möcht Ihnen das keiner glauben.« Er war sicher, daß ich etwas verberge, und darin hatte er auch recht, denn ich erwähnte den eigentlichen Gegenstand des Gesprächs mit keinem Wort, dazu war mir der Cafétier, der mich ausfragte, nicht gut genug. Vielleicht wollte ich von ihm – besonders von ihm – keine abfälligen Bemerkungen über Leute hören, die weder stehen noch gehen können und am Ende nur eine Last für den Steuerzahler seien. »Der ist so stumm neben Ihnen hergegangen. Das schaut ihm nicht gleich.« »Das hab ich nicht gesagt, daß er stumm war, aber ausgefragt hat er mich nicht. Ich hätte ja auch nichts gewußt.« Vielleicht war es dieser Satz, der ihn mit noch tieferem Mißtrauen erfüllte. Was sollte das heißen, daß ich nichts wußte! Seit zwei, drei Jahren wohnte ich dort. Da hört man doch alles mögliche. Und auf jeden Fall stellte ich mich schützend vor den Burschen, wenn ich erklärte, daß er mich nach nichts gefragt und demnach auch keine kriminelle Absicht bekundet hatte.

Ich merkte, wie Herr Bieber nun genau auf die Zeit achtete, zu der ich das Kaffeehaus betrat. Wann waren die gekommen? Wann kam ich? Wann kamen sie eigens nicht, obwohl ich da war? Warum sprachen sie nie mehr zu mir? Warum sprach ich nie zu ihnen? Da war etwas passiert. Da jede öffentliche Verbindung ausblieb, schloß er auf eine geheime, und da sie so konsequent geheim war, mußte sie etwas bedeuten. Er war, davon war er felsenfest überzeugt, einer Sache auf der Spur und wartete auf den Eklat, durch den sie sich offenbaren würde. Morgens erschien ich sehr selten in seinem Lokal, aber einmal, als ich doch zu dieser frühen Zeit dort war, kam er rasch und rund, wie es seine Art war, auf mich zu und sagte: »Ist aber schiefgegangen!« »Was ist schiefgegangen?« »Na, das müssen Sie doch gehört haben! Alle haben's erwischt! Erst haben sie's ins Haus eingelassen und dann ist die Mausefalle zugegangen. Die Vier sitzen schon. Jahre werden die kriegen! Na ja, schwer vorbestraft! Das muß schlecht ausgehen. Nach dem Seel suchen's auch. Der ist verschwunden, der Schriftsteller!« Das letzte Wort sagte er mit wirklichem Hohn, der entweder mir selber galt, den er oft schreiben sah, oder meiner Behauptung, daß ich von einem Buch wisse, das Seel geschrieben habe. Er merkte, daß ich über die Nachricht betroffen war, und krönte seinen Bericht mit den vorsorglichen Worten: »Sehn S', wie gut das ist, daß ich Sie gewarnt habe. Sonst hätten Sie jetzt auch noch Scherereien.«

Ich stellte mir den kraftstrotzenden Begleiter jener Nacht in einer engen Zelle vor, und jetzt begriff ich, warum mein Bericht über den Gelähmten ihn so schwer getroffen hatte, daß er vergaß, was er vorgehabt hatte und unverrichteter Dinge wieder umgekehrt war. Er hatte mich ja wirklich nicht ausgefragt, nicht mit einem Satz, er war gar nicht dazu gekommen, er hatte sich in die Geschichte verwickelt, die ich ihm wie ein spiegelndes Netz über den Kopf gezogen hatte. Es war von jemand die Rede, dem er ähnlich sah, und der konnte weder Beine noch Arme bewegen, der war noch schlechter dran als er in einer Zelle.

Es war alles ziemlich rasch gegangen, nur wenige Monate verflossen von jenem Nachtgespräch bis zur Zelle, in der der Bursche mit der mächtigen Hand sich wiederfand, meine Vorstellung von dem Gelähmten aber war auf so heftige Weise belebt und erregt worden, daß eine Begegnung in der Wirklichkeit erfolgen mußte. Ich machte keinen Umweg mehr, wenn ich jemand vor seinem Wagen im Gespräch mit ihm sah; ich ging dann vorbei und grüßte vernehmlich und war überrascht und erfreut, als ich zum erstenmal die Stimme des Gelähmten vernahm, der zurückgrüßte. Sie klang wie gehaucht, als käme sie von weit innen her, sie gab seinem Gruß Farbe und Raum, ich verlor sie nicht aus dem Ohr und ich wollte sie wiederhören. Am nächsten Tag wollte es mein Glück, daß ich den Professor Gomperz dort sitzen sah. Schon von weitem erkannte ich ihn an seinem langen Bart und der Gestalt, die auch im Sitzen hoch und grad wirkte. Ich wußte nicht, ob er mich erkennen würde, in der Vorlesung war ich immer unter sehr vielen Studenten gewesen, wenn ich zu ihm sprach, und ein einziges Mal nur hatte ich ihn kurz in irgendeiner Angelegenheit aufgesucht.

Aber er wurde gleich aufmerksam, als ich mich näherte, und betrachtete mich so erstaunt, daß ich mich nicht zu genieren brauchte, stehenzubleiben und ihm die Hand zu geben. Er nickte nur und reichte mir seine Hand nicht, und ich wurde rot vor Scham über meine Taktlosigkeit. Wie konnte ich in Gegenwart des Gelähmten jemand die Hand reichen! Aber er sprach mich auf seine langsam-leutselige Art an, bat mich um meinen Namen, der ihm entfallen sei, und machte mich dann, sobald er ihn erfahren hatte, mit Thomas Marek bekannt. »Mein junger Freund sieht Sie oft hier vorübergehen«, sagte er, »er hat gewußt, daß Sie auch Student sind, er hat ein untrügliches Gefühl für Menschen. Warum besuchen Sie ihn nicht einmal? Sie wohnen doch gleich in der Nähe.«

Das hatte ihm Marek alles schon mitgeteilt, während ich mich genähert hatte, ich war ihm schon aufgefallen, nicht weniger als er mir, und er hatte in Erfahrung gebracht, wo ich wohnte. Professor Gomperz erklärte noch, daß Thomas Marek Philosophie als Hauptfach studiere, er komme einmal die Woche zu ihm heraus, für zwei Stunden. Er sei so zufrieden mit ihm, daß er gern öfters kommen würde, aber es gehe ihm leider mit der Zeit nicht aus, der Weg sei doch ziemlich weit, er brauche dann gleich einen ganzen Nachmittag, aber *verdienen* würde es Thomas Marek, daß er zweimal die Woche komme. Es klang nicht wie Schmeichelei, obwohl es bestimmt zur Aufmunterung gesagt war, es klang so direkt und eindeutig, wie man es von einem kynischen Philosophen erwartet hätte. Der Gelähmte aber, mit seinem starken Hauch, erklärte: »Ich kann noch nichts. Aber ich werde mehr können.«

Von nun an ging es rasch. Es war Anfang Mai, der Gelähmte lag oft in der Sonne vorm Haus, ich besuchte ihn, seine Mutter brachte mir einen Stuhl von drinnen, damit ich nicht zu rasch wieder fortginge. So blieb ich lange, schon das erstemal über eine Stunde. Als ich mich verabschieden wollte, sagte Thomas: »Sie glauben, ich bin schon müde. Ich bin nie müde, wenn ich ein ernstes Gespräch führen kann. Mit Ihnen red ich gern. Bleiben Sie doch noch!« Ich war über seine Hände erschrocken, die ich früher beim flüchtigen Vorbeigehen nie bemerkt hatte. Die Finger waren verkrampft und verkrümmt, er konnte sie nicht willentlich bewegen; sie waren an das Drahtgeflecht des Gartenzauns geraten und hatten sich um den Draht gewunden und klammerten sich nun so stark daran, daß sie sich nicht ablösen konnten. Als die Mutter das nächste Mal herauskam, löste sie vorsichtig Finger um Finger vom Geflecht, was gar nicht leicht war, und schob den Wagen, in dem Thomas lag, ein wenig weiter vom Zaun fort, damit die Finger nicht wieder in ihn hineingeraten konnten. Dabei sah sie mich prüfend aus ihren tiefliegenden Augen an, eine frühgealterte Frau, und übermittelte mir, ohne es auszusprechen, durch bloße Blicke den Wunsch, ich möchte darauf achten, daß der Wagen nicht wieder gegen den Zaun rolle.

Thomas war immer in leichter Bewegung, die sich dem Wagen mitteilte. Die Mutter schüttete ihm seine Arznei in den Mund, die bekäme er mehrmals am Tag, sagte er, als sie fort war, er habe so starke Zuckungen, daß er nichts in Ruhe unternehmen könne ohne dieses Mittel, weder lesen noch sprechen, aber das Mittel sei gut, das bekomme er schon seit vielen Jahren. Es halte immer einige Stunden vor. Man wisse gar nicht, was seine Krankheit sei. Es sei etwas ganz Unbekanntes. Er sei oft schon für längere Zeit auf der neurologischen Klinik gelegen, da habe ihn der Professor Pappenheim persönlich untersucht, weil er ein so interessanter Fall sei. Aber der sei auch nicht klug geworden daraus, es sei eine einzigartige Krankheit, es gebe für sie noch keinen Namen. Das wiederholte er einige Male, es war ihm wichtig, daß niemand anderer dieselbe Krankheit hatte. Da sie keinen Namen hatte, blieb sie auch für ihn selbst ein Geheimnis und er brauchte sich nicht für sie zu schämen. »Die kommen nie drauf«, sagte er, »nicht in diesem Jahrhundert, später vielleicht, aber dann geht's mich nichts an.«

Schon als Kind hatte er Schwierigkeiten mit dem Stehen, aber die Gliedmaßen waren nicht verkrümmt, es war ihnen nichts Besonderes anzumerken. Er war etwa sechs, als die Verkrümmungen und Schrumpfungen an Armen und Beinen begannen und von da ab wurde es immer schlechter. Er sagte nie etwas über die Zeit, zu der die Zuckungen eingesetzt hatten, vielleicht wußte er es nicht mehr, und es bestand eine stillschweigende Übereinkunft zwischen uns, daß ich seine Mutter nie etwas fragte. Alles was ich über ihn erfuhr, kam aus seinem Mund und war dadurch bedeutungsvoller, als wenn ein anderer es gesagt hätte; denn die Kraft seines Hauchs, der von weit innen kam, gab seinen Worten eine eigene Atemgestalt. Es waren Worte in statu nascendi, sie breiteten sich aus wie warmer Dampf, wenn sie seinen Mund verließen, und fielen nicht als fertiges Geröll heraus wie bei uns anderen.

Schon das erstemal sprach er von einem philosophischen Werk, das er vorhabe, sagte aber nicht, was sein Gegenstand sei.

Jetzt wolle er erst einmal fertig studieren und seinen Doktor machen, das sei notwendig, damit man sein Werk später ernst nehme. Er wolle, wenn es soweit sei, nicht aus Mitleid gelesen werden, sondern er wünschte sich, daß man ihn nach Verdienst beurteile, wie jeden anderen. Auf dem Kissen neben ihm lag ein Band von Kuno Fischers ›Geschichte der Philosophie‹. Er hatte sich vorgenommen, jeden Satz dieses zehnbändigen Werkes zu lesen, und war nun beim Band über Leibniz angelangt, einem sehr dicken Band, er hielt ungefähr in der Mitte. Er wollte mir einen Druckfehler zeigen, den er sehr komisch fand. Die Zunge fuhr ihm plötzlich heraus und er blätterte mit ihr blitzrasch zehn Seiten zurück, da, da sei es, er hatte die Stelle und forderte mich mit einer ruckartigen Wendung seines Kopfes auf, mich selbst davon zu überzeugen. Ich wußte gar nicht recht, ob ich den Band in die Hand nehmen sollte, es schien mir nicht angebracht, ihn vom Kissen hochzuheben, ich hatte Scheu vor den Blättern, die alle – soweit er gekommen war – die Berührung seiner Zunge erlebt hatten und von seinem Speichel durchtränkt waren. Ich zögerte, er sagte: »Nehmen Sie ihn ruhig in die Hand. Er stammt aus der Bibliothek von Professor Gomperz. Er hat die größte philosophische Bibliothek in Wien.« Davon hatte ich gehört und es machte mir großen Eindruck zu erfahren, daß Professor Gomperz Bände aus *dieser* Bibliothek für Thomas Mareks Studium zur Verfügung stellte.

»Es macht ihm nichts, daß die Bücher so lange bei mir bleiben. Der Spinoza-Band liegt noch im Haus drinnen. Er sagt, es ist eine Ehre für die Bücher, daß sie so nachdrücklich gelesen werden.« Dabei streckte er blitzrasch die Zunge heraus und lachte. Er spürte, wie sehr mich alles ergriff, was mit seiner Art des Lesens zusammenhing, und leuchtete vor Glück, weil er mir etwas so Merkwürdiges zu bieten hatte. Er wollte es auch genießen, bevor ich mich daran gewöhnt hatte. Er hatte, wie er mir später erzählte, oft Besuch, aber nach ein, zwei Malen meinten die Leute erschöpft zu haben, was an ihm einzigartig war, und kamen dann nicht wieder. Das kränkte ihn, denn wieviel hätte er ihnen nicht zu sagen gehabt, wovon sie nichts ahnten. Aber es überraschte ihn nicht, denn er war ein Menschenkenner. Er hatte ein untrügliches Mittel, den Charakter von Menschen zu erkennen, er beobachtete ihren Gang.

Wenn er vor dem Haus in der Sonne lag, nicht mehr lesen

mochte und die Augen schloß, schlief er nie. Er lachte dann über die Leute, die sich Mühe gaben, leiser zu gehen, um ihn nicht zu wecken. Das war ja gerade eines der Mittel, durch die er ihren Charakter erforschte: die Veränderung des Gangs bei der Annäherung, und dann wieder die Veränderung, wenn sie sich entfernt hatten und meinten, daß er sie nicht mehr höre. Er hörte sie aber viel früher, als sie dachten, und auch noch viel später. Immer hatte er irgendwelche Schritte im Kopf, es gab Menschen, die er für ihren Gang haßte, und solche, die er sich zu Freunden wünschte, weil er ihren Gang mochte. Aber alle beneidete er darum. Was er sich am tiefsten wünschte, war einmal frei gehen zu können, und er hatte die Idee, die er mir, scheuer, als es sonst seine Art war, anvertraute, daß er sich durch ein großes philosophisches Werk seinen Gang *verdienen* könnte. »Wenn das Werk da ist, werde ich aufstehen und gehen. Vorher nicht. Das dauert noch sehr lang.«

Von Gehenden erwartete er viel, auf Schritte horchte er wie auf Wunder. Jeder neue Gehende sollte seines Glücks würdig sein und sich durch Worte auszeichnen, die er allein, kein anderer zu sagen hätte. Er kam nie über die Trivialität der Sätze hinweg, mit denen Liebespaare sich seinem Wagen näherten, wenn sie ihn schlafend glaubten. Es war eine immer frische, empfindliche Enttäuschung für ihn, wenn er ihren ›Blödsinn‹ hörte, er merkte ihn sich und das Dümmste daran gab er einem mit kochender Verachtung wieder. »Dem müßte man das Gehen verbieten«, sagte er dann, »so ein Mensch *verdient* es gar nicht zu gehen.« Vielleicht war es aber sein Glück, daß Leute, die sich als Liebespaare näherten, nicht Sätze von Spinoza von sich gaben. Obwohl er darauf wartete, angesprochen zu werden, war er sehr wählerisch in der Auswahl derer, die er zu hören geruhte. Es kostete ihn Mühe, sich taub zu stellen – seine spezifische Art der Selbstüberwindung –, und stolz war er, wenn es ihm gelang, seine Ablehnung vor einem Dritten *vorzuführen*. Sobald jemand, den er nicht zu hören schien, abgezogen war, belebten sich seine Züge, er konnte so lachen, daß sein Wagen in Wellenbewegungen geriet, dann sagte er: »Der glaubt jetzt, ich bin taub. Was hat der sich herzustellen! Der dürfte gar nicht stehen können! Dem tu ich noch leid, weil er mich für taub hält. Mir tut *er* leid. So ein Dummkopf!«

Er war empfindlich für alles, aber seine eigentliche Empfindlichkeit galt dem Stehen und Gehen derer, die nicht wußten, was sie daran hatten. Er war sich der Wirkung seiner großen dunklen Augen wohl bewußt und setzte sie für manche der Bewegungen der Gliedmaßen ein, die ihm versagt waren. Mitten in einem Satz schloß er die Augen und hielt inne, auf so dramatische Weise, daß man ein wenig erschrak, auch wenn man dieses Spiel schon lange gewöhnt war. Aber nie ließ man sich den Augenblick entgehen, da er die Augenlider sehr langsam hob und die Augen in majestätischer Ruhe öffnete. Er glich dann einem Christus auf einer östlichen Ikone. Während dieses langsamen Vorgangs des Augen-Öffnens war er sehr ernst, er führte sich vor, es war ein rituelles Schauspiel.

Das Wort ›Gott‹ kam nie über seine Lippen. Er war noch ein kleines Kind – er hatte eine Schwester und einen Bruder –, da hatte seine Mutter die Geschwister angehalten, laut um seine Genesung zu *beten*. Das erfüllte ihn mit Verzweiflung und Zorn. Anfangs hatte er geweint, wenn sie zu beten begannen, später unterbrach er sie, schrie laut, beschimpfte sie, beschimpfte Gott und tobte so sehr, daß die Mutter es mit der Angst bekam und das Beten schließlich abstellte. Er war in nichts ergeben. Als er mir von diesen Erinnerungen erzählte, rechtfertigte er seine frühen Ausbrüche gegen Gott: »Was ist das für ein Gott, den man erst drum bitten muß! Er weiß es doch! Er soll von selber etwas tun!« Dann fügte er hinzu: »Aber er tut es nicht«, und aus diesem letzten Satz konnte man heraushören, daß seine Erwartung nicht erstorben war.

Als ich ihn das zweitemal aufsuchte, fand ich ihn nicht vorm Haus. Ich trat ein, die Mutter hatte mich erwartet und führte mich ins Wohnzimmer. Da lag er in seinem Wagen, gleich beim Familientisch, überm Sofa an der Rückwand hing ein Bild von Giorgione: ›Die drei Philosophen‹. Ich hatte das Original vor kurzem wieder im Kunsthistorischen Museum gesehen, es schien mir eine gute Kopie. Er sprach auch gleich davon, ich merkte bald, daß er mich drinnen empfing, um von seiner Familie zu sprechen. Hier war es leichter, er konnte auf alles verweisen, draußen hätte es weniger glaubwürdig geklungen. Sein Vater war Maler, die Kopie des Giorgione stammte von ihm, das sei sein einsames Meisterwerk, das Beste, was er je gemacht habe. Sonst gebe es nichts von ihm, was sich zu sehen lohne. Sicher hätte ich den Vater schon gesehen, er führe manchmal seine Künstlermähne spazieren, er gehe dann ganz aufrecht, ein schöner Mann und richte seinen Blick kühn auf dies und jenes. Es stecke aber nichts dahinter, zuhause säße er nur herum, er verdiene gar nichts, alle paar Jahre einmal komme es noch vor, daß er einen Auftrag für eine Kopie bekomme, aber die seien dann nie mehr so gut wie die ›Drei Philosophen‹, es sei schon sehr lange her, daß es entstanden sei.

Seine Mutter hatte uns verlassen, sie ließ ihn immer mit seinen Besuchern allein, so konnte er auch über sie berichten. Sie stammte vom Land, in einem kleinen Ort in Niederösterreich war sie Milchmädchen gewesen, da stolzierte der junge Kunstmaler herum, ein auffallender Mann mit wallender Mähne und Schlapphut, dem die Mädchen nachsahen. Sie vergaffte sich in ihn und wurde seine Frau und kam sich weiß Gott wie geehrt vor, aber es steckte nichts hinter der Mähne, sie war auf das Stolzieren hereingefallen, das war seine ganze Kunst.

Die Mutter mußte die Familie ernähren, der Vater verdiente kaum. Drei Kinder kamen, seine Schwester, sein Bruder, und er, den sie am liebsten hatte, der von sechs ab immer hilfloser wurde und ihr allein mehr Arbeit machte als ein ganzer Haushalt. Das sei für die Mutter sehr schwer gewesen, sie hätte Himmel und Hölle in Bewegung gesetzt, um einen Arzt zu finden, der ihn heile. Sie schob seinen Wagen in jede Klinik, ließ sich nicht abweisen und kam immer wieder – das war der einzige Gedanke, den sie im Kopf hatte. Aber inzwischen sei es alles anders geworden, seit acht Jahren schon sei er, Thomas, der Ernährer der Familie. Der Bruder gehe in die Arbeit, er sei ein Angestellter und verdiene selbst, die Schwester habe – um von zuhause wegzukommen – geheiratet, sehr zu seinem Mißvergnügen, sie sei eine wunderschöne Frau, sie falle jedem auf, sie habe den Gang einer Göttin – eine Tänzerin und Schauspielerin, die das Höchste erreicht hätte. Sie seien einander als Kinder ganz nahe gewesen. Die Schwester habe auf ihn aufgepaßt, wenn die Mutter in die Arbeit ging, sie teilten alle Geheimnisse miteinander, sie las ihm vor und er weckte ihren Ehrgeiz und schürte ihn unermüdlich. Wenn sie nur zuhause geblieben wäre, aber sie hielt es nicht aus. Die jungen Männer, die sie bewunderten und zu Besuch kamen, fand er ihrer nicht würdig und setzte sie vor ihr herab, sie spürte, daß keiner von ihnen es geistig mit ihm aufnehmen konnte. Aber dann kam ein ›Malbeamter‹ daher, ein Mittelschulprofessor, von dem hielt er am wenigsten – »ein langweiliger Kerl, aber zäh« –, der ließ nicht locker und gerade den hat sie geheiratet. Dabei war es damals schon so weit, daß er sein Stipendium hatte, von dem die ganze Familie leben konnte. Es war wirklich so, mit seinem Studieren erhielt er die Familie.

Er sagte das mit höhnischem Stolz, der Hohn galt der Schwester, die sich lieber von ihrem Mann als von ihm erhalten ließ, von seinem Stipendium hätte sie auch mitleben können, wenn sie zuhause geblieben wäre. Ich verstand nicht recht, was er mit ›Stipendium‹ meinte, und hätte ihn gern gefragt, es schien mir taktlos und ich unterdrückte die Frage. Doch war sie gar nicht vonnöten, er sprach von selber weiter und erklärte ausführlich und in jeder Einzelheit, worum es ging. Sobald die Professoren, die zu ihm herauskamen, sich von seiner Begabung überzeugt hatten und ihm eine philosophische Zukunft prophezeiten, unterbreiteten sie seinen Fall einer reichen alten Dame, die sich als Mäzenin betätigte. Sie war aber nicht an Wohltätigkeit interessiert, sie suchte nach ganz besonderen, einmaligen Fällen. Was sie unternahm, sollte der ganzen Menschheit, nicht einem einzelnen Benachteiligten zugute kommen. Professor Gomperz, aber auch andere, machten ihr klar, daß Thomas, wenn nur seine Ausbildung mit Sorgfalt und Gründlichkeit zu Ende geführt würde, eine gedankliche Leistung vollbringen werde, zu der kein anderer imstande sei. Was unter den gegebenen Umständen als Nachteil erscheine, werde sich als Vorteil erweisen, und alles, was man dazu brauche, sei Geduld und eine angemessene Rente. Die Mutter sei für ihn unentbehrlich, wenn sie es richtig mache, habe sie den ganzen Tag mit ihm zu tun, und den Vater dürfe er, wenn er mit der nötigen Sammlung studieren solle, auch nicht in Elend wissen. Es sei zwar richtig, daß man den Vater als gescheitert betrachten könne, aber wenn man es ihn nicht zu sehr fühlen lasse, wie hilflos er sei, werde er Ruhe geben. Ein schlechter Mensch sei er ja nicht, nur jämmerlich wie eben immer Leute, die sich auf ihre Beine statt auf ihren Kopf verlassen und herumstolzieren statt ein schweres Buch zu lesen.

Die Dame kam ein einziges Mal: der Vater erwartete sie, auf dem Sofa vor seinem Giorgione sitzend. Sie sah sich lange das Bild an und lobte ihn dafür, er hatte die Unverschämtheit nicht zu erwähnen, daß es bloß eine Kopie sei. Sie sagte, das Bild sei so schön, daß sie es am liebsten erstehen würde – sie sagte *erstehen*, nicht *kaufen*, so eine feine Person –, worauf der Vater grob wurde und erklärte: »Dieses Bild ist unverkäuflich. Es ist mein bestes Werk und ich trenne mich nicht davon.« Da sei sie sehr erschrokken und habe sich entschuldigt. Sie habe ihm nicht zu nahetreten wollen, natürlich müsse er sein bestes Werk bei sich behalten, schon damit es ihn zu seinen weiteren Werken inspiriere. Thomas, der im Zimmer war, er lag in seinem Wagen, hatte Lust dazwischenzurufen: »Möchten Sie nicht die anderen Bilder sehen?« oder »Waren Sie noch nie im Kunsthistorischen Museum?« Wenn es um die Frechheiten des Vaters (wie er es nannte) ging, stach ihn der Hafer. Aber er hielt den Mund. Die Dame getraute sich gar nicht recht, ihn anzuschauen, aber das sah sie schon, daß ein schweres philosophisches Buch auf dem Kissen neben ihm lag, und er hätte ihr auch gern gezeigt, wie gut er lesen könne. Er hatte sich vorgenommen, ihr eine ganze Seite laut vorzulesen, damit sie ganz sicher sei, daß man sie nicht betrüge. Aber die Dame war viel zu fein, vielleicht hatte sie auch Angst vor seiner Zunge – manche Leute hatten Angst davor, ihn mit der Zunge lesen zu sehen –, sie sah ihn nur sehr freundlich an und fragte den Vater, ob er glaube, daß es möglich sei, mit 400 Schilling im Monat halbwegs auszukommen, falls das zu wenig sei, solle man's ihr ruhig sagen. Der Vater schüttelte den Kopf und sagte: nein, nein, das sei schon genug, aber es frage sich, für wie lange. So ein Studium könne lange dauern.

»Solange es eben dauert. Das lassen Sie meine Sorge sein«, sagte die Dame. »Wenn es Ihnen recht ist, setzen wir das jetzt einmal für zwölf Jahre fest. Da braucht Ihr Sohn sich nicht gehetzt zu fühlen. Vielleicht verspürt er auch Lust, schon mit seinem Buch zu beginnen. Man erwartet viel von ihm, ich höre von allen Seiten Gutes über seinen Kopf. Wenn er dann noch Lust hat, weiter an seinem Buch zu arbeiten, können wir's immer wieder um vier, fünf Jahre verlängern.«

Der Vater, statt der Frau kniefällig für einen solchen Glauben an seinen Sohn zu danken, strich sich nur über den Bart und sagte: »Ich glaube, ich kann im Namen meines Sohnes mein Einverständnis erklären.« Die Dame bedankte sich bei ihm, so herzlich, als wäre er ihr Lebensretter, sagte zum Vater, der nie etwas tat: »Sie haben sicher viel zu tun. Ich will Sie nicht länger aufhalten.« Dann nickte sie Thomas freundlich zu. Auf dem Weg zur Türe, sie mußte dicht an seinem Wagen vorbei, sagte sie noch: »Sie machen mir große Freude. Aber ich fürchte, ich werde Ihr Buch nicht verstehn. Ich habe keinen guten Kopf für Philosophie.« Dann ging sie. Seither waren pünktlich am Ersten jeden Monats 400 Schilling von ihr gekommen. Es seien jetzt schon acht Jahre her, daß sie damit begann, und sie habe es kein einziges Mal vergessen.

Mir schien, ich hätte noch nie eine so schöne Geschichte gehört. Alles wozu Thomas sich verpflichtet hatte, war, daß er weiterlas. Aber das hätte er auf alle Fälle getan, er tat nichts lieber. Wohl dachte man daran, daß er vielleicht seinen Doktor machen würde, wenn es nur irgend möglich war. Aber die Dame hatte es mit keinem Wort erwähnt. Sie wußte wahrscheinlich, daß es da Schwierigkeiten gab. Wo zum Beispiel, wenn es je so weit käme, würde er seine Prüfungen ablegen? Würde die Mutter ihn im Wagen in die Universität bringen müssen oder hofften die Professoren, die ihn unterrichten kamen (es waren ihrer mehrere), für seinen besonderen Fall durchsetzen zu können, daß er zuhause geprüft würde? Schließlich spielte sich ja das ganze Studium bei ihm zuhause oder wenn die Sonne schien, im Freien auf der Erzbischofgasse ab.

Er erwähnte einen zweiten Lehrer, der eigens zu ihm hinausgefahren kam: der gab ihm Stunden in Nationalökonomie, es war der Sekretär der Arbeiterkammer, Benedikt Kautsky, ein Sohn des berühmten Karl Kautsky. Thomas fand es belustigend, daß seine zwei wichtigsten Lehrer, die selbst ihre Verdienste hatten, beide Söhne noch viel berühmterer Väter waren. Heinrich Gomperz' Vater war Theodor Gomperz, der Altphilologe, sein mehrbändiges Werk über ›Griechische Denker‹ war sogar ins Englische übersetzt worden; er war im alten Österreich Mitglied des Herrenhauses gewesen und galt als ein bedeutender Sprecher der liberalen Partei. »Bei mir sind eben alle Parteien vertreten«, sagte Thomas. »Ich behalte mir die Freiheit selbständigen Denkens vor und gehöre keiner an.«

Dem Vater hatte der Auftritt vor seinem Werk von Giorgione genügt und er trat, wie es den wahren Verhältnissen in der Familie entsprach, ganz in den Hintergrund zurück. Ich sah ihn hie und da, wenn ich ins Haus kam, doch er ging viel ins Freie spazieren, ein Rest der Naturliebe seiner Jugend war ihm geblieben. Aber er konnte nicht immer auf Spaziergängen sein, wo er sonst noch hinging, weiß ich nicht. In Lokalen war er nie zu sehen und ich vermute, daß er entgegen den Behauptungen des Sohnes, der kein gutes Haar an ihm ließ, doch arbeiten ging. Zuhause traf es sich immer so, daß er auf dem Sofa vor den ›Drei Philosophen‹ saß, man gewöhnte sich daran, seinen Kopf als vierten zu den dreien dazuzusehen, er nahm sich nicht schlecht neben ihnen aus. Bei schlechtem Wetter, wenn man ins Haus hinein mußte und der Vater zuhause war, ging man an den vier Köpfen des Wohnzimmers vorbei nach hinten ins Schlafzimmer der Eltern. Da hatte die Mutter Thomas in seinem Wagen hineingeschoben, man war allein mit ihm und konnte so ungehindert mit ihm sprechen, als wäre niemand im Haus.

Die Mutter war so sehr auf ihn eingestellt, daß man ihren Blick gar nicht oder nur sehr selten bemerkte. Er war immer auf ihn gerichtet und auf die Dinge, die sie ihm brachte, sei es, daß sie ihm seine Medizin in den Mund träufelte, oder Bissen für Bissen zu essen gab. Er hatte einen guten Appetit, sie kochte nur für ihn, was die anderen aßen, fiel nebenbei ab. Aber er lobte nie, was er aß, es war einem Philosophen angemessen, etwas so Gewöhnliches wie Essen zu verachten. Er hatte sich einen Ausdruck für Verachtung angewöhnt, vor dem man ein wenig erschrak, man bezog ihn auf sich, obschon man erfuhr, daß er etwas ganz anderem galt. Das Zusammenspiel von Augenbrauen, Nüstern und Mundwinkeln war wie auf einer östlichen Maske, die er aber nicht kennen konnte. Er gab mir einmal zu, daß er den mimischen Ausdruck von Verachtung einstudiert habe, und als ich ihm, halb im Scherz, erzählte, welchen Eindruck mir ein Satz von Leibniz gemacht habe, aus einem seiner Briefe: »Je ne méprise presque rien«, wurde er böse und fauchte den Leibniz-Band auf seinem Kissen an: »Da hat Leibniz gelogen!« Es war ihm nicht recht, wenn man ihm bei der ›Fütterung‹, wie er es nannte, zusah. Wenn es aber doch einmal geschah, gelang es ihm, während der ganzen Zeit, die sie erforderte, den Ausdruck von Verachtung auf seinem Gesicht beizubehalten. Dann wies er noch die letzten zwei oder drei Bissen, die auf dem Teller übrigblieben, zurück und sagte ziemlich barsch zur Mutter: »Nimm's weg! Ich mag's nimmer sehen!«

Sie widersprach ihm nie. Sie redete ihm nie zu. Wortlos kam sie jeder seiner Anweisungen nach, die manchmal so knapp und herrisch waren, daß sie wie Befehle klangen. Ihre tiefliegenden Augen schienen bei diesen Verrichtungen gar nicht hinzusehen, blind hätte sie alles genausogut fertiggebracht, aber in Wirklichkeit entging ihr keine kleinste Regung von ihm und auch nichts von anderen, was sich auf ihn bezog. Es gab Leute, die sie mochte, weil sie gut für ihn seien, und andere, die sie haßte, weil sie ihn bedrückten. Sie achtete auf seine Verfassung, wenn man ihn verließ, und sobald sie merkte, daß man sein Selbstgefühl hob, wurde man zu einem erwünschten und bevorzugten Besucher. Am tiefsten haßte sie Leute, die zu ihm von Reisen oder sportlichen Aktivitäten sprachen. Es gab welche, die sein Zustand besonders dazu reizte, die sich durch seinen Anblick so bedrückt fühlten, daß sie von all den Dingen in ihrem Leben sprachen, die seinem Zustand am entferntesten waren. Wenn sie überhaupt nach einer Rechtfertigung für diese Roheit suchten, sagten sie sich, daß sie ihn »unterhielten«. Sie versähen ihn so mit dem, was ihm am meisten abginge. Er hörte ihnen dann schwer atmend zu und lachte des öfteren kurz auf, was sie noch ermunterte.

Ein Student, der ihn aus ›Wohltätigkeit‹ jede Woche besuchte, erzählte ihm einmal auf dramatische Weise, wie er einen Hürdenlauf gewann. Er ersparte ihm keine Einzelheit und Thomas, der mir nach Jahren darüber berichtete, hatte keine vergessen. Er war in solcher Verzweiflung, als ihn der Matador verließ, daß er nicht mehr leben wollte. Das Fieberthermometer, mit dem er gemessen worden war, lag noch auf dem Kissen, er konnte es mit der Zunge zu sich herholen, nahm es in den Mund und zerbiß es in ganz kleine Stücke, die er alle mitsamt dem Quecksilber schluckte. Aber es geschah ihm nichts, er kam sofort ins Spital, seine Eingeweide, von erstaunlicher Konsistenz, spielten ihm einen Streich, er hatte nicht einmal Schmerzen und blieb am Leben.

Das war sein erster Selbstmordversuch. Im Laufe der Jahre folgten zwei andere. Da er mit Armen und Händen nichts unternehmen konnte, gehörten zu jedem Versuch eine Raschheit und Entschlossenheit ungewöhnlichster Art. Das zweite Mal zerbiß er ein Trinkglas und schluckte die Splitter. Das dritte Mal aß er eine ganze Zeitung. Mit Tränen der Wut beschloß er seinen Bericht darüber, beide Male war ihm nicht das geringste geschehen. »Ich bin der einzige Mensch, der sich nicht umbringen kann.« Auf manche seiner ›Einzigkeiten‹ war er stolz, auf diese nicht. Ob ich nicht fände, daß er's unter diesen Umständen gar nicht so oft versucht habe?

Fehltritte

Zu Marek sprach ich ungeniert über Masse, er hörte mir anders zu als andere Menschen. Er war – nach Fredl Waldinger – der zweite, mit dem ich lange Gespräche darüber führte. Er hatte nicht die ironische Haltung dazu, die Fredl sein reich ausgebildetes buddhistisches Bewußtsein gab. Wenn ich mit ihm – besonders in früheren Jahren – über Masse sprach, kam ich mir ein wenig wie ein Barbar vor, der immer dasselbe wiederholt, während er mir komplexe und genau abgegrenzte Begriffe entgegenzusetzen hatte, an denen mir manches Eindruck machte. Besonders aber war es auch der Ausgangspunkt Buddhas, waren es die Phänomene Krankheit, Alter und Tod, deren Bedeutung mir einging, alles was mit dem Tod zusammenhing, war mir schon damals wichtiger als Masse.

Wenn ich aber zu Thomas etwas über Masse sagte, spürte ich eine ganz andere Art von Reaktion, über die ich mich anfangs wunderte. Er bezog die Schilderung des Zustandes, der mir zum Rätsel aller Rätsel geworden war, eben das Aufgehen des Einzelnen in der Masse, auf sich und zweifelte daran, daß er je zu Masse werden könne. Er habe seine Mutter gebeten, ihn auf einen Aufmarsch zum 1. Mai mitzunehmen, sie schob ihn – ungern, aber er ließ nicht locker – in seinem Wagen den weiten Weg in die Stadt. Aber als sie sich dem Aufmarsch anschließen wollten, steckte man sie in eine Gruppe von Invaliden, die in ihren Wagen dahergerollt kamen. Er protestierte, er rief, so laut er konnte, er wolle unter den anderen mitmarschieren, fand aber keinen Anklang. Das ginge nicht, er könne ja gar nicht mitmarschieren, das würde den Zug nur aufhalten, nein, die Behinderten kämen alle zusammen, so hätten sie ein gemeinsames Tempo, das sähe auch besser aus, er sei ja nicht der einzige, es gäbe noch viele andere, da seien doch die Kriegsinvaliden alle.

Er sei aber kein Kriegsinvalide, habe er zornig gerufen, er sei ein Student, er studiere Philosophie. Er gehöre hinter die Akademische Legion, die aus militanten sozialistischen Studenten gebildet war, dahinter marschierten dann immer die Studenten gleicher Gesinnung, er wolle unter seinen Mitstudenten sein, sonst interessiere ihn das Ganze nicht. Aber die Organisatoren des Aufmarsches gaben nicht nach, sie hätten auf Ordnung zu schauen, und so reihten sie ihn unbarmherzig unter die Kriegsinvaliden in ihren Wägelchen ein, von denen manche sich allein fortbewegen konnten, während die anderen wie er geschoben wurden.

Während des ganzen Aufmarsches kam er sich vergewaltigt vor. Er war am Rand, die Zuschauer im Spalier konnten ihn besonders gut sehen, zum Glück verstanden sie nicht, was er mit seiner hauchenden Stimme zu sagen versuchte: »Ich gehöre nicht dazu! Ich bin kein Kriegskrüppel!« Es war das letzte, was er sein wollte. *Er* war nicht im Krieg gewesen. Er hatte niemanden umgebracht. Er meinte es ernst, wenn er sagte, daß er nicht gegangen wäre. Die anderen waren alle gegangen, aus Feigheit, und waren durch ihre schweren Verwundungen dafür gestraft worden. Viele waren sogar aus Begeisterung gegangen. Sie war ihnen aber bald vergangen. Jetzt zogen sie alle mit, hinter den riesigen Aufschriften, auf denen »Nie wieder Krieg!« stand. Natürlich nicht, *die* würden nie wieder in den Krieg ziehen, die konnten ja gar nicht, das war wenigstens keine Lüge, aber die anderen alle, die auf ihren Beinen gingen, die würden wieder hinrennen wie die Schafe und die schönen Mai-Parolen vergessen. Er sprach mit tiefem Haß von diesem Mai-Aufmarsch. Das war ja wie in der Armee. Alle Krüppel zusammen, eine eigene Kompanie. Er war dafür, daß jeder dort mitmarschierte, wo es ihn gelüstete, gegen die Einteilung nach Bezirken hatte er nichts, auch nicht gegen die nach Fabriken, aber die Einteilung nach Krüppelhaftigkeit war eine Schande und er ging nie wieder.

Ich fragte ihn, ob er sich nicht eine andere Situation vorstellen könne, in der er gern in einer Masse aufgehen möchte. Schließlich hätte es ihn zuerst zum Mai-Aufmarsch hingezogen, sonst hätte er seine Mutter doch nicht mit diesem Wunsch bedrängt. Sie habe ja nur ungern nachgegeben, sie habe sich vielleicht schon gedacht, was dabei herauskommen würde. Aber es gebe doch andere Gelegenheiten, bei denen es nicht auf die Fortbewegung ankomme, Versammlungen, in einem Saal zum Beispiel. Ob er das nicht gern erlebt habe? Sicher sei er schon bei so etwas dabeigewesen. Schon die Art, wie er über den Krieg sprach, sei für mich ein Beweis dafür, daß er Anti-Kriegsreden gehört habe, und zwar in der erregten Verfassung, in der man sich unter vielen zusammen befinde.

Dazu machte er ein skeptisches Gesicht. Wenn er mich recht

verstanden habe, gehöre zu diesem Erlebnis ein Gefühl von *Gleichheit* und gerade das kenne er nicht. Ob ich die Krüppel-Zeitung kenne, die der Krüppel-Verband herausgebe? Nein? Er werde die Mutter bitten, mir ein Exemplar dieser Krüppel-Zeitung bereitzulegen, wenn ich nächstes Mal käme. Diese Krüppel – er gebrauchte das Wort so oft, um deutlich zu machen, wie wenig er sich dazu zähle –, diese Krüppel hätten auch ihre Versammlungen, die in der Zeitung angekündigt würden. Er habe sich einmal hinbringen lassen, um zu sehen, wie das bei denen sei. Da seien aber keine in Wagen gewesen, die saßen auf ihren Stühlen in Reihen, während irgend so ein einarmiger Mensch vorn auf dem Podium saß und Ordnung zu halten versuchte. Die Mutter habe seinen Wagen auf der Seite aufgestellt, ziemlich weit vorn, damit man auch seine Zwischenrufe höre, denn er war fest entschlossen gewesen, denen nichts durchgehen zu lassen.

Von dem Niveau einer solchen Versammlung könne ich mir überhaupt keine Vorstellung machen. Diese Leute betrachteten sich als eine Art von Gewerkschaft und führten sich genauso auf. Immer ging es um irgendwelche Rechte, die zu erkämpfen waren, – das Gejammer darüber, wie schlecht es ihnen ginge, war gar nicht auszuhalten. Dabei war alles, was ihnen fehlte, ein Arm oder ein Auge. Manche hatten ein Holzbein, manche wakkelten mit dem Kopf, häßlich waren alle, er suchte die Reihen ab nach einem geistigen Gesicht, da gab es keinen, mit dem man ein philosophisches Gespräch hätte führen mögen. Er hätte wetten können, daß kein einziger von diesen vier- oder fünfhundert Menschen im Saal je den Namen Leibniz gehört hatte. Alles was man hörte, waren Forderungen nach Erhöhung der Pension, eine Pensionisten-Versammlung, ja, das war es. Immer wenn wieder so eine Forderung kam, machte er Zwischenrufe. Sie hätten so schon genug, es ginge ihnen viel zu gut, was sie denn eigentlich wollten. Die Schamlosigkeit dieser Menschen, die alle auf eigenen Beinen in die Versammlung gekommen waren, und dann noch Beschwerden! Er jedenfalls störte die Versammlung, so gut er konnte, seine Zwischenrufe waren alle viel lauter, als ich denken würde, er wisse nicht, ob man sie alle verstanden habe, aber manche sicher, denn die Leute ärgerten sich und wurden schließlich wütend. Das war die Redefreiheit, auf die sie sich soviel zugute hielten! Der einarmige Vorsitzende bat ihn, nicht zu stören, andere möchten auch zu Worte kommen. Aber er konnte den Blödsinn einfach nicht mehr hören und störte immer mehr, bis der Einarmige ihn bat, den Saal zu verlassen! »Wie soll ich das machen?« hätte er entgegnet, »können Sie mir sagen, wie ich das machen soll?« Der Einarmige hatte die Schamlosigkeit, ihm zu sagen: »Sie haben Ihren Weg in den Saal gefunden, Sie werden Ihren Weg auch wieder hinausfinden!« Er meinte damit, daß die Mutter ihn wieder hinausschieben solle, und leider tat sie das auch, weil sie es mit der Angst bekam. Er wäre gern geblieben, um zu sehen, was die getan hätten. Vielleicht hätten diese Menschen, die gehen konnten, sich nicht geschämt, sich über ihn herzustürzen und ihn, einen Wehrlosen, zu schlagen. Was ich glaubte, ob sie das getan hätten? Es wäre schon der Mühe wert gewesen, abzuwarten und das zu erleben. Er hatte keine Angst. Er hätte ihnen ins Gesicht gespuckt und »Gesindel!« gerufen. Aber die Mutter war für solche Sachen nicht zu haben. Immer zitterte sie für ihn, ihr kostbares Kind. Eigentlich behandelte sie ihn wie ein Wickelkind und er war auf sie angewiesen und konnte nichts dagegen tun. Im großen und ganzen tat sie ja, was er wollte.

Jetzt solle ich ihm aber sagen, ob das ein ›Massenerlebnis‹ gewesen sei? Er hätte sich gar nicht als *Gleicher* gefühlt. Die dachten alle, daß es ihm viel schlechter ging als ihnen, dabei waren das Leute, die ihre Krüppel-Zeitung lasen und sonst nichts. Es ging ihnen also viel schlechter als ihm, drum hätten sie sich um ein Haar auf ihn gestürzt. Wenn er jetzt nachträglich darüber nachdenke, müsse er sagen, daß sie voller *Neid* auf ihn waren, vielleicht sah man's ihm an, daß er sich auf einen Doktor der Philosophie vorbereitete.

Mehr wußte Thomas über Masse nicht zu sagen. Ich begann zu begreifen, wie taktlos ich mit diesen Reden über Masse gewesen war. Wie konnte ich in seiner Gegenwart von der *Dichte* und der *Gleichheit* innerhalb der Masse sprechen. Welche Gleichheit wäre das für ihn gewesen? und wie dicht an ihn, der immer im Wagen lag, konnten andere sich pressen? Es war eine Lebensfrage für ihn, daß er seine unabänderlich schmerzliche Andersartigkeit in etwas Stolzes umwandelte. Dazu hatte er es ja erlernt, mit der Zunge zu lesen, dazu hielt er sich an schwere Bücher, die nur wenigen auserwählten Menschen bekannt sein konnten, und wenn er so sehr herausstrich, daß er studiere, so war auch das nur etwas Vorläufiges, in Wirklichkeit wollte er als *Philosoph* gelten und Werke von solcher Kraft und Eigenart schreiben, daß auch über ihn einmal – wie über Spinoza, Leibniz und Kant – dicke Bücher geschrieben würden. Das war die einzige Reihe, die er anerkannte, da gehörte er hin, und wenn es auch noch nicht soweit war, nur in Augenblicken äußerster Demütigung und Beschämung durch andere zweifelte er daran, daß er einmal wirklich in diese Reihe aufgenommen werden würde.

Einen so brennenden Ehrgeiz hatte ich noch nie erlebt, und er gefiel mir, obwohl ich nicht wußte, worauf er sich stützte. Denn was Thomas bis jetzt seiner Mutter diktiert hatte, einzelne Gedanken und auch Ansätze zu einer Lebensgeschichte, war keineswegs so, daß es mir aufgefallen wäre, wären mir die Lebensumstände des Autors nicht bekannt gewesen. Er hatte noch keinen eigenen Stil, die Sprache dieser diktierten Stücke war farblos und papieren, was er zu mir in den langen Stunden unserer Unterhaltungen sprach, war viel interessanter, und besonders auffallend war, daß es im Laufe einer solchen Unterhaltung sich steigerte und interessant *wurde*. Er merkte bald, daß ich von diesen Stücken wenig hielt und sagte, das alles zählte noch nicht, erstens habe er das vor Jahren diktiert, als er noch gar nicht denken gelernt hatte, dann sei es – und das bezog sich auf die Lebensgeschichte – wehleidig und sentimental. Er könne doch der Mutter nicht seine eigentlichen, harten Gedanken diktieren, sie würde davon krank werden. Für solche Diktate brauche er einen ebenbürtigen Freund, jemanden wie mich, und überhaupt sei es noch zu früh dazu. Ich mochte seine Vorstellung von Ruhm und Unsterblichkeit so sehr, daß ich ihm glaubte. Ich *beschloß*, ihm zu glauben, ich beschwichtigte meine Zweifel, die aber nie ganz verstummten.

Er sprach über alles zu mir, er war so offen, wie ich noch nie einen Menschen erlebt hatte. Vieles was mir so selbstverständlich erschienen war, daß ich nie einen Gedanken daran gewandt hätte, kam mir durch ihn erst zu Bewußtsein. Mit physischen Dingen hatte ich mich wenig beschäftigt, mein Körper bedeutete mir nichts, er war da, er diente mir, ich nahm ihn hin. Während der Schulzeit hatten mich die Fächer, in denen der Körper sich sozusagen selbständig machte, Turnen zum Beispiel, unsäglich gelangweilt. Wozu laufen, wenn man nicht in

Eile war, wozu in die Höhe springen, wenn es nicht ums Leben ging, wozu sich mit anderen *messen*, von denen keiner die gleichen Voraussetzungen mitbrachte, – sei es, daß er genau gleich stark, sei es, daß er genau gleich schwach wäre. Man erfuhr nie etwas Neues beim Turnen, wiederholte dasselbe immer wieder, befand sich immer auf demselben Areal, wo es nach Sägespänen und Schweiß roch, – da war Wandern schon etwas anderes, da lernte man neue Orte, neue Landschaften kennen, da wiederholte sich nichts.

Aber nun zeigte es sich, daß ebendie Verrichtungen, die ich am langweiligsten fand, Thomas am meisten interessierten. Immer wieder fragte er mich danach, wie einem beim Hochspringen zumute sei, auch Weitspringen war nicht zu verachten, Bockspringen und Hundertmeterlauf. Ich versuchte ihm eine Beschreibung dieser Prozeduren zu geben, die ihm Genüge tat, ohne ihn mit zuviel Bedauern darüber zu erfüllen, daß er sie nicht nachvollziehen konnte. Aber er war mit meinen Beschreibungen nie zufrieden. Immer verstummte er, sagte lange nichts und kam dann, meist erst das nächste Mal mit Fragen, aus denen zu ersehen war, daß er es viel genauer wissen wollte. Manchmal warf er mir die etwas summarische Art vor, in der ich über solche Sachen berichtete. Dieser Hochmut stehe mir nicht an, ich käme ihm vor wie ein sattgefressener Mann, der sich mit einem Hungrigen übers Essen unterhalte und diesem zu beweisen versuche, daß es sich gar nicht zu essen verlohne. So zwang er mich dazu, körperlichen Dingen mehr Aufmerksamkeit zuzuwenden. Ich ertappte mich dabei, wie ich beim Gehen plötzlich ans Gehen dachte, ganz besonders aber beim Fallen ans Fallen. Ich verlor nie das Gefühl, daß es wichtig und nützlich sei, ihm von *Versagen* zu berichten, und wenn er es auch nie zugab, spürte ich doch, wie glücklich er war, wenn ich beschämt davon erzählte, wie lächerlich ich mich wieder einmal aufgeführt hätte.

In der Schule war ich wirklich ein schlechter Turner gewesen und brauchte, was die Vergangenheit anlangte, nichts gegen mich zu erfinden: es genügte, mich an Gelegenheiten zu erinnern, an die ich sonst nicht mehr gern gedacht hatte. Was aber die Gegenwart betraf, gewöhnte ich mich daran, auf meinen Spaziergängen häufiger zu stolpern und hinzufallen und mir Knie und Hände zu zerschinden, die ich dann bei meinen Besuchen vorweisen konnte. Ich sprach nicht gleich davon, hielt

aber die betreffende Hand so versteckt, als ob ich mich ihrer
schäme. Er genoß dieses Spiel, beobachtete mich genau und
sagte schließlich: »Was hast du an der Hand?« »Nichts. Nichts.«
»Zeig her!« Ich zierte mich ein wenig, rückte aber dann damit
heraus und erlebte, wie er sich über meine Ungeschicklichkeit
freute. »Schon wieder! Du bist schon wieder hingefallen!« Er
erinnerte sich an den ionischen Philosophen Thales, der statt auf
den Boden vor sich auf die Sterne sah und in einen Brunnen
gefallen war. »Ab heute nenne ich dich Thales! Willst du hin-
eingehen, dir das Blut abwaschen! Die Mutter ist drin.« Das Blut
war gar nicht schlimm, aber es tat ihm wohl, daß auch seine
Mutter von meiner Ungeschicklichkeit erfuhr, und so ging ich
hinein und sie bestand darauf, mir das Blut abzuwaschen.

Wenn ich gar auf dem Weg zu ihm, wenige Schritte vor seinem
Wagen, stolperte und fiel, war des Jubels kein Ende. Das passierte nicht häufig, es hätte ihn sonst mißtrauisch gemacht.
Immerhin erlernte ich es, glaubwürdig zu fallen, und Thomas
spottete und gab mir sogar den Rat, ein Essay über »die Kunst
des Fallens« zu schreiben, das gebe es noch nicht. Er ahnte nicht,
wie nahe er so der Wahrheit kam, ich war, um sein Selbstgefühl
zu heben, zu einem wahren Künstler des Fallens geworden.
Dieser Wendung der Dinge hatte ich zum Glück schon vorge-
arbeitet, bevor wir uns kannten. Während drei Jahren hatten wir
einander beobachtet, bevor wir zueinander sprachen, und ich
war von ihm so fasziniert gewesen, daß ich wirklich nicht auf
den Weg geachtet hatte und einmal, ganz in seiner Nähe, ge-
stolpert und hingefallen war. Das hatte ihm großen Eindruck
gemacht, er hatte es sich gemerkt und konnte mich nun, als ich
diese Tradition des Fallens bewußt aufnahm und fortsetzte, in
allen Einzelheiten daran erinnern.

Ich glaube, daß er mich, um dieser Fehltritte willen, die ich
ihm zuliebe inszenierte, ins Herz schloß. Gewiß waren ihm auch
unsere Gespräche wichtig, denn ich sorgte auch da für Fehltritte. Das war gar nicht leicht, um nichts in der Welt hätte ich
unsere Gespräche missen mögen, und um ein Recht auf diese
Gespräche und sein Vertrauen zu gewinnen, mußte ich merken
lassen, daß ich manches gelesen hatte und wußte. Hie und da,
nicht zu häufig, stellte ich mich aber so, als ob ich ein wichtiges
wissenschaftliches Buch, das er gut kannte, oder gar einen großen Philosophen nicht gelesen hätte. Es war kein ganz unge-

fährliches Spiel, ich wußte dann vorgeblich nur aus Résumés, was ihm aus den Texten selbst in allen Einzelheiten vertraut war, und mußte auf Argumente verzichten, die einem während einer Diskussion zu leicht auf die Zunge sprangen. War es mir erst einmal gelungen, bei einem Gespräch bestimmte Zitate zu vermeiden, so wurde ich kühn und beging mit wahrer Unverschämtheit einen groben Schnitzer: ich schrieb Spinoza einen Satz von Descartes zu, bestand darauf, daß ich recht hätte, ließ Thomas Zeit genug, sein schwerstes Geschütz heranzuführen, betrachtete ihn scheinbar ängstlich, während ihm der Kamm mehr und mehr schwoll, und gab mich schließlich, als meine Sache endgültig verloren schien, so unglücklich und beschämt, daß Thomas seine Großmut wiederfand und mich trösten mußte. Wenn es soweit war, wußte ich, daß mein Streich gelungen war, daß er ein Gefühl von Überlegenheit erlangt hatte und genoß, ohne mich zu sehr zu verachten, denn ich hatte mich im Gespräch vorher nicht schlecht gehalten. Ich war überglücklich, wenn ich die Kraft fand, ihn gleich nach einem solchen Triumph seines Wissens zu verlassen, und es macht mich heute noch weniges so froh, als mich in diese Augenblicke zurückzuversetzen.

Aber Thomas schlug mich nicht nur in der Geschichte der Philosophie, die ja sein eigentliches Studium war. Er gab mir das Gefühl, daß es ihm auch auf einem anderen, sehr wichtigen Gebiet an Erfahrung nicht mangelte. Darüber sprach er anfangs mit einiger Zurückhaltung, vielleicht um mich nicht zu erschrecken. Aber vielleicht wollte er auch erst erkunden, wie weit er gehen könne, denn er hielt mich für prüde. Ich hatte ihn in seiner Hilflosigkeit immer vor Augen; wenn er zu essen oder trinken bekam, was manchmal in meiner Gegenwart geschah, wurde ich Zeuge seiner Unfähigkeit, irgend etwas von selbst an seinen Körper heranzuführen. Er achtete darauf, daß ich nicht in der Nähe war, wenn er seine Entleerungen verrichten mußte; wurde es unerwartet dringlich, so schickte er mich ohne viel Federlesens weg und rief erst nach seiner Mutter, wenn ich mich schon ein paar Schritte entfernt hatte. Ich durfte danach nicht zurückkehren und sah ihn dann erst am nächsten Tag. Darin war *er* prüde, was mir gefiel. Wie erstaunte ich aber, als er mir eines Tages klipp und klar sagte, gestern sei ›das Mädchen‹ dagewesen. Sie sei hübsch und dumm und tauge nur zu einer Sache, nach einer Stunde schicke er sie fort. Er habe sich in ihrem Gang getäuscht, er hätte Lust, sie gegen eine andere zu vertauschen. Es klang so, als sei er der Besitzer eines ganzen Teiches von Mädchen, aus dem er sich nur zu bedienen brauche. Mir verschlug es die Rede, er spürte meine Verlegenheit und ließ sich weiter darüber aus.

Er habe früher keine Mädchen gehabt, sagte er, er verdanke auch diese Errungenschaft dem Professor Gomperz. Er habe sich sehr gewünscht, mit einer Frau zusammen zu sein, oft sei er so unglücklich darüber gewesen, daß er gar nicht mehr lernen mochte. Dann habe er tagelang kein Buch berührt, die Zunge sei ihm eingeschrumpft, weil sie nichts zu tun gehabt habe, und seine Schwester habe er wegen ihrer Verehrer so verhöhnt, daß sie weinend aus dem Haus lief. Der Professor Gomperz, der während der Stunde nichts mit ihm anfangen konnte, fragte ihn, was denn eigentlich los sei, und er habe es ihm gestanden: er brauche eine Frau. Er müsse eine Frau haben, sonst könne er nicht weiter studieren. Professor Gomperz steckte, wie es in schwierigen Situationen seine Art war, den kleinen Finger ins Ohr und versprach für Abhilfe zu sorgen.

Er ging in ein Café in einer Seitengasse von der Kärntnerstraße, wo Mädchen verkehrten, und setzte sich allein an einen runden Tisch. Er war noch nie in so einem Lokal gewesen. Er hatte schwarze Brillen angelegt, damit man ihn nicht erkenne, schließlich war er Universitätsprofessor und ein älterer Herr. Da saß er in seiner Loden-Pelerine, die er nie und an einem solchen Ort erst recht nicht ablegte, groß und bolzengrad. Er blieb nicht lange allein, drei Mädchen setzten sich an seinen Tisch, die sich zwar wenig von ihm erhofften, er sah eher so aus, als wäre er zufällig in dieses Lokal geraten. Aber er war gar nicht stolz und sprach gleich zu ihnen und auf seine langsame, gedehnte und nachdrückliche Weise erklärte er ihnen, worum es sich handle. Er habe einen jungen Freund, der gelähmt sei, für den er ein Mädchen suche. Er sei nicht siech und abstoßend, er habe keine unappetitliche Krankheit, im Gegenteil, er habe auffallend reiches Haar und die schönsten Augen. Er sei sehr empfindlich und könne gar nichts von alleine tun, nicht einmal nach seinem Essen könne er selber langen, ein feiner und hochbegabter Geist, für den man alles tun müsse. Er suche ein junges, frisches, gesundes Mädchen, das einmal die Woche zu ihm nach Hacking hinauskomme, bei Tag, am Nachmittag. Für die Bezahlung werde er sorgen. Wenn sie den Preis ausgemacht hätten, werde das Geld auf der Kommode im Schlafzimmer immer bereit liegen. Bevor sie weggehe, solle sich das Mädchen das Geld einfach von der Kommode nehmen, aber nur, wenn es gutgegangen sei, sonst nicht, das sei die Bedingung.

Es zeigte sich, daß jedes der Mädchen gern gekommen wäre, allerdings erst, nachdem sie sich noch einmal vergewissert hatten, daß der Gelähmte nicht siech sei. Sie wollten auch seinen Namen wissen und sowohl Vorname als auch Zuname heimelten sie an. Eine Freundin von ihnen im Lokal hieß selber Marek. Sie baten Professor Gomperz, unter ihnen, die alle willig seien, die auszusuchen, die ihm für ›Thomas‹, so nannten sie ihn schon, am besten gefalle. Es traf sich, daß sie alle hübsch waren, wenn auch auf unterschiedliche Art. Der Professor hatte es gar nicht leicht mit seiner Wahl, und als er Thomas später von dem Abenteuer erzählte, nannte er es ›sein Parisurteil‹.

Aber er war nicht zugegen, als das Mädchen zum erstenmal kam, um, wie er sagte, dem Paar mit seinem grauen Bart die Freude nicht zu vergällen. Das Mädchen war herzlich und beflissen und Thomas erlebte, was er sich so heftig gewünscht hatte. Er war außer sich vor Freude und vergaß in dieser exaltierten Verfassung, das Mädchen an den Lohn auf der Kommode zu erinnern. Sie aber war von ihrer neuen Aufgabe so sehr in Anspruch genommen, daß sie weder hinsah noch danach fragte und ganz von selber versprach, in einer Woche wieder am Samstag um drei zu kommen. Sie kam auch pünktlich, keinen Samstag blieb sie aus, Thomas mußte sie an das Geld für das letzte Mal erinnern. Das nahm sie dann auch; aber nachdem sie mit ihm zusammengewesen war, nahm sie nie das Geld, und wenn Thomas sie dazu aufforderte, sagte sie: »Des is net so! Zu dir komm ich so!« und es mußte eine ganze Woche vergehen, bevor sie es über sich brachte, ihren Lohn, der schließlich abgemacht war, von der Kommode herunterzuholen.

Das dauerte mehr als ein halbes Jahr, und jedesmal erinnerte er sie daran. Heimlich wünschte er sich, daß sie es liegen ließ, und er wünschte es so sehr, daß er immer neue Arten erfand, davon zu sprechen. »Da hat jemand seine Börse auf der Kommode ausgeschüttet«, sagte er, »möchtest du es bitte auflesen!« oder »Warum Leute ihr Geld bei mir liegenlassen müssen! Ich kann das nicht leiden! Bin ich ein Bettler?« Es mußte gleich geschehen, wenn sie kam, denn später war bei ihr gar nichts auszurichten. Am Samstag, wenn er sich auf ihr Kommen freuen wollte, kam der Moment, an dem ihm die dumme Sache einfiel und er mußte sich etwas Neues ausdenken. Es kränkte ihn auch, daß es so mit dem Professor zusammenhing, als betreibe der nach Monaten noch die Sache. Wenn er schlecht gelaunt war und dem Mädchen eins versetzen wollte, sagte er: »Dein Freund läßt dich grüßen, der Professor« oder »Hat sich der Professor wieder bei dir gemeldet im Kaffeehaus?« Sie war einfältig, sie gehorchte ihm, weil sie ihn nicht verärgern wollte. Er war hartnäckig, er ließ nicht locker, und bevor sie getan hatte, woran er sie erinnerte, traute sie sich nicht in seine Nähe. Ihr Wunsch wäre es gewesen, ihm selbst etwas zu bringen, aber als sie es mit kleinen Geschenken versuchte, kam sie schlecht bei ihm an. »Dort ist das Geschenk«, sagte er heftig, und zuckte mit dem Kopf in die Richtung der Kommode. »Hier macht nur der Professor Geschenke.«

Hätte sie seinen eigentlichen Wunsch erfaßt, es wäre alles gut weitergegangen, aber sein Stolz gab ihm keine Ruhe, er zwang ihr auf, was sie gar nicht wollte, und was erst überschwengliche Dankbarkeit gewesen war, verwandelte sich in Groll. Es konnte unter der Woche geschehen, daß er plötzlich mit Haß an sie dachte. Er lag in seinem Wagen draußen an der Sonne, eine Frau ging vorüber, deren Gang ihm gefiel und er dachte mit Haß an den Besuch, der Samstag bevorstand. Er erzählte mir, wie es zum Bruch kam, und schien es nicht zu bereuen. Er hielt es für eine männliche Handlung, eines freien Geistes würdig, besonders da er danach eine ganze Weile niemanden hatte. Er sagte zu ihr, ziemlich barsch: »Du hast schon wieder was vergessen!« Er wartete, bis das Verhaßte in ihrer Tasche war und sagte dann: »Du brauchst jetzt nicht mehr zu kommen.« Er ließ sich auf keine Erklärungen ein. Als sie in der Tür stand und sich noch einmal fragend umsah, zischte er: »Ich habe keine Zeit. Ich muß mehr studieren.« Sie schrieb ihm einen Brief, ungeschickt und voller Fehler, einen Liebesbrief, wie ich nie einen gesehen habe, hätte ich ihn nur auswendig gelernt.

Er ließ mich ihn lesen, er beobachtete mich dabei. Er schien ungerührt, es war schon eine Weile her, immerhin hatte er ihn aufbewahren lassen, und als er danach verlangte, sagte er zur

Mutter, in der knappen Art, die ihm für sie genügte: »Gib den Brief her!« Er erklärte nicht, welcher Brief es war, den er wollte, und sie wußte, was er meinte. Ich las und verstand, was geschehen war, es war offenkundig, wie sehr er dem Mädchen Unrecht getan hatte. Er blieb unnachgiebig und das letzte, was er darüber sagte, war: »Dann hätte sie es dem Gomperz zurückschicken müssen, alles!«

Inzwischen hatte er gelernt, wie man Frauen Eindruck macht, und bei Gesprächen ließ er merken, daß er ein in Liebesfragen erfahrener Mann sei. Er bekam Besuche von Frauen, die draußen in der Sonne bei seinem Wagen sitzen durften und ihm von ihren unglücklichen Ehen erzählten und wie sie unter ihren brutalen Männern litten. Er hörte sie an und sie fühlten sich verstanden. Manchmal gab er ihnen einen Ratschlag, den sie befolgten, sie kamen zurück und dankten ihm dafür, es hatte gewirkt. Wenn ihm der Gang einer Frau nicht gefiel, ließ er sich auf kein Gespräch ein. Dann bekam die Mutter ein Zeichen und sie holte den Wagen mit ihm herein, damit war die Sitzung abgebrochen oder besser, sie hatte noch gar nicht begonnen.

Das Wunder, auf das er wartete, geschah, nachdem wir Freunde geworden waren. Eine Ärztin, die ihre Ordination in Ober-St. Veit hatte, besuchte ihn einmal beruflich wegen einer fiebrigen Erkältung. Sie kam in ihrem kleinen Wagen angefahren und wurde gleich zu ihm ins Schlafzimmer geführt, so daß er sie überhaupt nicht gehen sah. Er war durch das Fieber etwas benommen und döste vor sich hin. Plötzlich stand sie vor ihm und gab sich als Ärztin zu erkennen. Er versäumte auch in diesem Zustand nicht, seine Augen, wie es seine Gewohnheit war, langsam weit zu öffnen und hatte damit die übliche Wirkung. Die Ärztin verliebte sich auf der Stelle in ihn und lud ihn, sobald er wieder gesund war, zu kleineren Autofahrten ein. Wann immer sie Zeit hatte und das Wetter schön war, kam sie ihn holen.

Anfangs mit Hilfe seiner Mutter hob sie ihn aus seinem Wagen heraus und legte ihn wie ein Bündel in ihr Auto. Dann fragte sie ihn, was er gern sehen möchte, er durfte auswählen, wonach es ihn gelüstete. Die Fahrten, die erst kurz waren, wurden länger und länger und reichten schließlich bis auf den Semmering. Er stimmte einen eigenen Gesang an, wenn er so zu einer Fahrt ins Auto gehoben wurde. Ich erlebte es einige Male, ich wollte ihn besuchen, und obwohl ich den Wagen der Ärztin schon vor dem

Hause stehen sah, kehrte ich nicht um, sondern ging in seine Nähe, vorgeblich um ihn zu begrüßen, in Wirklichkeit, um den glücklichen Hauch seiner Stimme zu vernehmen, die zu jubeln versuchte, weil die Welt sich vor ihm auftat. Die Ärztin, die sehr behutsam mit ihm umging und jeden freien Augenblick auf diese Fahrten verwandte, wurde seine Freundin, sie blieb es, solange ich ihn kannte.

Kant fängt Feuer

Seit ich auf meinen Hügel am Stadtrand hinausgezogen war, war Wien, wie es zwischen Vezas Wohnung in der Ferdinandstraße und Hacking lag, also Wien in seiner größten Breite, zu meinem Revier geworden. Wenn ich spätnachts von Veza zu mir zurückfuhr, nahm ich nicht die Stadtbahn, die kürzeste Verbindung, zur Endstation Hütteldorf-Hacking. Es gab zwei Tramlinien, die nicht weit von der Stadtbahn und parallel zueinander ein dichter besiedeltes Quartier befuhren. Dieser bediente ich mich, es war eine sehr lange Strecke, irgendwo unterwegs, wo mich die Lust packte, sprang ich ab und ging dann kreuz und quer durch die dunklen Straßen. In diesem großen Revier gab es keine Gasse, vielleicht auch kein Haus, das ich auf meinen Streifzügen nicht aufgefaßt hätte. Ganz bestimmt war ich aber in jedem Nachtcafé gewesen, das lange offen hatte.

Bei der Rückkehr nach Wien hatte sich die Lust auf diese Gänge gesteigert. Ich war von einer tiefen Abneigung gegen *Namen* erfüllt, ich wollte nichts von ihnen hören, am liebsten hätte ich auf sie alle losgeschlagen. Seit ich mitten in der großen Namensküche gelebt hatte – drei Monate das erste und sechs Wochen das zweite Mal –, hatte ich ein bedrängendes Gefühl des Ekels davor, ich kam mir – eine Schreckensvision schon der Kindheit – wie eine Mastgans vor, die festgesetzt und mit Namen zwangsgefüttert wurde. Der Schnabel wurde einem offen gehalten und Namensbrei hineingestopft. Es war ganz gleichgültig, welche Namen da hineingemischt wurden, wenn es nur ein Brei aus ihnen allen zusammen war und man daran zu ersticken glaubte. Gegen diese vereinte Not und Bedrängnis durch Namen setzte ich jeden Menschen, der keinen hatte, jeden Namens-Armen.

Jeden wollte ich sehen, hören, jeden lange, immer wieder, auch in der Endlosigkeit seiner Wiederholung hören. Je freier ich dafür war, je mehr Zeit ich daran wandte, je mehr ich davon erfuhr, um so größer wurde mein Staunen, daß es diese Vielfalt gab, und zwar in der Armut, der Banalität, der Mißbrauchtheit der Worte, nicht in der Großsprecherei und Aufgeblasenheit der Dichter.

Wenn ich in ein Nachtcafé kam, wo die Gelegenheit zu hören eine günstige war, blieb ich lang, bis zur Sperrstunde um vier Uhr früh und gab mich dem Wechsel der eintretenden, fortgehenden, wiederkehrenden Figuren hin. Ich machte mir den Spaß, die Augen zu schließen, als ob ich halb schliefe, oder mich zur Wand zu kehren und nur noch zu hören. Ich lernte es, die Leute nach dem Gehör allein auseinanderzuhalten. Daß jemand das Lokal verließ, sah ich nicht, aber ich vermißte die Stimme, und sobald ich sie wiederhörte, wußte ich, er ist zurückgekommen. Wenn man die Wiederholung nicht scheute, wenn man sie voll und ohne Mißachtung aufnahm, erkannte man bald einen Rhythmus des Redens und Widerredens; aus dem Hin und Her, aus der Bewegung akustischer Masken bildeten sich Szenen, und diese, im Gegensatz zum kahlen Selbstbehauptungsgeschrei jener Namen, waren interessant, nicht berechnend nämlich. Ob sie ihre Wirkung taten oder nicht, sie kehrten wieder, vielleicht wäre es richtiger zu sagen, daß der Wirkungskreis ihrer Berechnung ein so enger war, daß sie dem Hörer gleich als mißglückt und drum auch als vergeblich und unschuldig erscheinen mußte.

Ich mochte diese Menschen, auch die hassenswerten unter ihnen, weil ihnen die Macht der Rede nicht gegeben war. Sie machten sich lächerlich in Worten, sie kämpften mit ihnen. Es war ein Zerrspiegel, in den sie sahen, wenn sie sprachen, in der Entstellung der Worte, die zu ihrem vermeintlichen Ebenbild geworden war, führten sie sich vor. Sie gaben sich preis, wenn sie um Verständnis warben, sie beschuldigten einander auf so verfehlte Weise, daß Beleidigung wie Lob und Lob wie Beleidigung klang. Nach dem Erlebnis der Macht in Berlin, die ich in der täuschenden Form des Ruhms in nächster Nähe wahrgenommen hatte, in der ich zu ersticken vermeinte, war es begreiflich, daß ich für Ohnmacht in jeder Form empfänglich wurde. Sie ergriff mich, ich war ihr dankbar, ich vermochte mich nicht zu sättigen an ihr, und es war nicht die öffentlich deklarierte

Ohnmacht, mit der andere gern eigensüchtig operierten, sondern die eingefleischt verborgene der einzelnen, die geschieden blieben, die nicht zusammenfanden, am wenigsten im Sprechen, das sie trennte, statt sie zu verbinden.

An Thomas Marek zog mich vieles an, am meisten die Anstrengung, die er Tag für Tag daran wandte, seiner Ohnmacht Herr zu werden. Von allen Menschen, die ich je gekannt hatte, war er am schlechtesten dran, aber er sprach und ich verstand ihn, und was er sprach, hatte Sinn, es beschäftigte mich nicht nur, weil es ihn solche Mühe kostete, Worte aus seinem Hauch zu bilden. Ich bewunderte ihn, weil er sich durch seine Geistigkeit eine Überlegenheit gewann, die ihn aus einem Gegenstand des Mitleids in eine Figur verwandelte, zu der man pilgerte; kein Heiliger im überlieferten Sinn, denn er war dem Leben zugetan und liebte es in jedem seiner Aspekte, am heftigsten in denen, die sich ihm versagten. Mit *ungewollter* Askese hatte es von klein auf bei ihm begonnen, und nun galt alles, was in Jahren unsäglicher Mühe geschah, dem Erwerb der Fähigkeiten und Verrichtungen, die anderen selbstverständlich waren.

Ich fragte ihn, ob es ihm nicht stärkeren Eindruck mache, *vorlesen* zu hören, statt selber zu lesen. Das sei ja früher so gewesen, war seine Antwort, als er jünger war, habe ihm seine Schwester vorgelesen: Gedichte, Geschichten, Theaterstücke. So habe ihre Freundschaft begonnen, so seien sie unzertrennlich geworden. Aber dann habe ihm das nicht mehr genügt, denn er wollte schwierigere Sachen kennenlernen, die die Schwester nicht verstand. Hätte sie ihm *mechanisch* vorlesen sollen, ohne zu wissen, was die Sätze, die sie für ihn sagte, bedeuten? Dazu war ihm die Schwester zu gut, dazu sei sie sich auch selber zu gut gewesen; was sie ihm vorlas, *teilte* sie mit ihm, es mußte für sie beide gleich wichtig sein, zu einem bloßen Lese-Papagei mochte er sie nicht erniedrigen. Auch empfand er das Bedürfnis, manchmal Dinge in Ruhe für sich zu überlegen und wenn ihm der genaue Wortlaut nicht mehr geläufig war, sozusagen nachzuschlagen und sich seiner zu vergewissern. Aus beiden Gründen wurde es unerläßlich für ihn, selber lesen zu lernen, und ob ich an seiner Methode, es zu besorgen, etwas auszusetzen fände.

Gewiß nicht, im Gegenteil, sagte ich, er habe das ganze Problem auf so einleuchtende Weise gelöst, daß es einem wie die natürlichste Sache von der Welt erscheine.

Das war es auch, und doch habe ich mich nie daran gewöhnt, und wenn er mir vorlas (vielleicht nur einen Satz oder gar eine ganze Seite), war mir jedesmal zumute, als erlebe ich es zum erstenmal. Es war mehr als Respekt, was ich dabei empfand, es war Scham, daß ich es mit dem Lesen immer so leicht gehabt hatte, und Erwartung auf das, was dabei herauskommen würde. Jeder Satz, den er mit seinem Hauch auf diese Weise formte, klang für mich anders als alle Sätze, die ich bis dahin gehört hatte.

Im Mai 1930, als die Besuche bei Thomas begannen, hatte ich schon mehr als ein halbes Jahr mit meinen Entwürfen verbracht. Alle acht Figuren jener Comédie Humaine an Irren existierten, und es schien ausgemacht, daß jede zum Zentrum eines eigenen Romans werden würde. Sie liefen nebeneinanderher, ich bevorzugte keine, ich wandte mich in raschem Wechsel bald dieser, bald jener zu, keine wurde vernachlässigt, aber keine überwog, jede hatte ihre besondere Sprache und ihre besondere Art zu denken, es war, als hätte ich mich in acht Menschen gespalten, ohne die Gewalt über sie oder über mich zu verlieren. Ich scheute davor zurück, ihnen Namen zu geben, ich bezeichnete sie, wie ich schon sagte, mit den Eigenschaften, von denen sie beherrscht waren, und beschränkte mich auf deren ersten Buchstaben. Solange sie keine Eigennamen hatten, bemerkten sie einander nicht. Sie blieben frei von Schlacken, verhielten sich neutral und versuchten nicht über das, was sie nicht gewahrten, die Oberhand zu gewinnen. Es war ein weiter Sprung vom ›Tod-Feind‹ zum ›Verschwender‹ und weiter von diesem zum ›Büchermenschen‹, aber der Weg war frei, sie selber verstellten ihn nicht. Ich fühlte mich nie unter Zwang, ich lebte in einem Schwung und in einem Hochgefühl, wie ich es seither nie wieder gekannt habe, – der einsame Einrichter und Überschauer acht weitabgelegener, exotischer Territorien, täglich unterwegs von einem zum anderen, manchmal auch unterwegs den Aufenthalt wechselnd, in keinem wider Willen festgehalten, von keinem überwältigt, ein Raubvogel, der acht Terrritorien statt einem sein eigen nennt und nirgends in einem Käfig der Vorsicht landet.

Die Gespräche mit Thomas gingen um philosophische oder wissenschaftliche Themen. Er hatte nicht wenig zu sagen und sagte es gern, aber er wollte auch wissen, womit ich mich befaßte. Ich sprach zu ihm über die Kulturen und Religionen, die ich auf Spuren von Massenphänomenen hin durchforschte. Auch jetzt, zur Zeit dieser literarischen Entwürfe, wandte ich einige Stunden des Tages an jene Arbeit. Von den literarischen Dingen erfuhr er nichts, ein sicheres Gefühl sagte mir, daß meine Figuren etwas an sich hätten, das ihn verletzen müsse, sei es, daß ihre weitausgreifende Bewegung ihm als hoffnungslos unerlangbar erschiene, sei es, daß ihre Begrenzungen ihn an seine eigenen gemahnten. Ich machte mir's zum Gebot, darüber zu schweigen, und es fiel mir nicht allzu schwer, denn es blieb für unsere Gespräche etwas übrig, das nicht auszuschöpfen war: ein Werk, das zu gleicher Zeit wie er in mein Leben kam und von kardinaler Bedeutung für mich wurde, Jacob Burckhardts ›Griechische Kulturgeschichte‹. Mit den Griechen hatte er sich seit längerem schon vertraut gemacht, doch war er ihnen auf den orthodoxen wissenschaftlichen Wegen seiner Periode begegnet. Er konnte mir erklären, worin die damals Neueren von Burckhardt abwichen, bewies aber viel Sinn für dessen unvergleichlich tieferen Auffassungen. Wir kamen darin überein, daß *er* der große Historiker des vergangenen Jahrhunderts war, und dachten, daß er jetzt zu seinem Rechte kommen müsse.

Dieses Gespräch, das mir wichtig war, führte ich nur mit einem Teil meiner Natur. Aber ich spürte, daß die Verbindung mit Thomas, unser häufiges Beisammensein auch auf den anderen Teil, den ich vor ihm verbarg, eine Wirkung hatte.

Er war für mich mehr da als alle anderen Menschen, die ich kannte. Das hing nicht nur mit der Unvergleichbarkeit seiner Existenz zusammen – er überraschte mich auch mit Dingen, die ich nicht erwarten konnte. In manchem war er wie eine der Figuren, die ich erfand: Wenn man die Bedingung kannte, von der es abhing, hatte alles, was bei ihm geschah, Bestimmtheit und Konsequenz, nichts hätte anders sein können, als es war, sein Verhalten, dachte man, sei überschaubar und erfaßbar. Er wurde zum Herzstück der ›Comédie Humaine‹ und ohne daß er darin vorkam, zum Kronbeweis für ihre Wahrheit. Aber weil er so verschieden von ihnen war, wirkte er lebendiger als alle anderen. Er war auch nicht umzubringen, seine drei Selbstmordversuche, sehr ernst gemeint, waren spurlos an ihm vorübergegangen, was einen anderen getötet hätte, hatte ihm nichts anhaben können. Gegen einen Versuch der Selbstaufgabe war er jetzt geschützt, das wußte er und war damit einverstanden. Wenn es ihm nicht gerade besonders schlecht ging, war er sogar stolz darauf, alles was er sich von den anderen, auch von mir holte, diente seiner Stärkung.

Er war mehr als die Figuren, von denen ich erfüllt war, denn er, in seiner Abhängigkeit, *verschaffte* sich sein Leben. Selbst in seiner Lage war er zu Verwandlungen fähig, die nicht vorauszusehen waren, das war es, womit er mich am meisten überraschte. Man meinte ihn zu kennen, und dann war er doch unabsehbar. Ich glaube, er wäre, eben weil er so viel stärker und geheimnisreicher war, zum Untergang der acht Figuren geworden, mit denen er in mir zusammenstieß. Er kannte sie nicht, sie kannten ihn, und da sie keine Namen hatten, waren sie seinem ausgeliefert.

Aber er selbst, der im Verlauf weniger Monate zur stillen, unablässig wirkenden Gefahr für mein Vorhaben geworden war, der ahnungslos in jede Figur Eingang gefunden hatte und sie von innen aushöhlte und entkräftete, wurde auch der Anlaß zu einer Rettung. Sieben von ihnen gingen zugrunde, eine blieb am Leben. Die Maßlosigkeit meines Unternehmens trug ihre Strafe in sich, doch war die Katastrophe, in der es endete, nicht komplett, etwas – es heißt heute ›Die Blendung‹ – ist davon übriggeblieben.

Thomas fragte mich oft nach Erlebnissen aus, die ihm versagt waren, und einmal bestand er auch auf einer genauen Schilderung der Ereignisse des 15. Juli. Ich sagte ihm alles rückhaltlos, in Einzelheiten, wie ich sie früher nie heraufgeholt und zusammen vorgebracht hatte. Ich fühlte, wie lebendig dieser Tag nach drei Jahren in mir noch war. Er empfand es anders als ich, es versetzte ihn nicht in Schrecken, die rasche Bewegung, der häufige Wechsel des Standorts, hatte eine stimulierende Wirkung auf ihn. »Das Feuer!« sagte er, wieder und wieder, »das Feuer! das Feuer!« Er schien mir beinahe angeheitert, und als ich von dem Manne sprach, der abseits von der Masse stand, die Hände überm Kopf zusammenschlug und ein übers andere Mal jammernd ausrief: »Die Akten verbrennen! Die ganzen Akten!«, kam ihn das Lachen an, ein stürmisches Gelächter, er lachte so sehr, daß sein Wagen ins Rollen geriet und mit ihm auf und davon fuhr. Das Lachen war zur treibenden Kraft geworden, da er nicht aufhören konnte, mußte ich ihm nachrennen, um ihn aufzuhalten, und spürte die kräftigen Stöße, die sein Lachen dem Wagen erteilte.

In diesem Augenblick sah ich den ›Büchermenschen‹, eine der acht Figuren vor mir, an die Stelle des Akten-Jammerers sprang plötzlich er, er stand am Feuer des brennenden Justizpalastes, und es traf mich wie ein Blitz, daß er mit all seinen Büchern zusammen verbrennen müsse.

»Brand«, murmelte ich, »Brand«. Thomas, als sein Wagen zum Stehen gekommen war und sein Lachen endlich aufhörte, wiederholte: »Brand! Das muß ein Brand gewesen sein!« Er wußte nicht, daß das Wort jetzt für mich ein Name geworden war, der Namen ebendes Bücherhelden, der von nun an so hieß, die erste und einzige der Figuren, die einen Namen bekam, und ebendieser Name war es, der ihn im Gegensatz zu den anderen Figuren vor der Selbstauflösung rettete.

Das Gleichgewicht unter den Figuren war zerstört, Brand begann mich mehr und mehr zu interessieren. Wie er aussah, wußte ich noch nicht, er war zwar für den Akten-Menschen eingesprungen, aber keineswegs sah er aus wie dieser. Er stand nicht bloß daneben, ich nahm ihn ernst, wie er das Feuer ernst nahm, das sein Schicksal war, in dem er aus freiem Entschlusse enden würde. Ich glaube, es war dieses Feuer, an dessen Erwartung die anderen Figuren allmählich verdorrten. Wohl setzte ich mich noch manchmal zu ihnen hin und versuchte weiterzuschreiben. Aber das Feuer, das nun einmal wiedererwacht war, war nah, in seiner Gegenwart bekamen sie etwas Leeres, Papierenes. Was waren das für Geschöpfe, die von keinem Tod bedroht waren, ich hatte sie ja ausdrücklich vom Tode ausgenommen, sie sollten doch leben, um sich in jenem Pavillon zusammenzufinden, den ich für sie ausgesucht hatte. Da sollten sie das Gespräch führen, von dem ich mir soviel erhoffte, ich hatte mir sogar vorgestellt, daß dieses Gespräch *Sinn* ergeben würde, im Gegensatz zu den Gesprächen ›normaler‹ Menschen, die nichts als Banalitäten von sich gaben und einander trotzdem nicht verstanden.

Auch die Vorstellung dieses Gesprächs hatte an Glanz verloren, seit ich wirkliche Gespräche führte, die voller Überraschungen waren, obwohl ich ihnen eine vorsorgliche Richtung zu geben suchte. Sie waren auf Schonung eines anderen bedacht, dessen Empfindlichkeit mir wichtiger geworden war als meine eigene, aber was ich in ihnen zu hören bekam, beschäftigte mich mehr als alles, was ich aussinnen konnte. Der Pavillon in Steinhof, den ich weiter vor Augen hatte, leerte sich bald wie die Figuren, die in ihm zusammenfinden sollten. Er kam mir lächerlich vor, er spreizte sich vor anderen, es war mir unerfindlich, warum ich gerade ihn zu jenen hohen Ehren bestimmt hatte: jeder dieser Pavillons hätte es getan. Sie sahen sich zum Verwechseln ähnlich.

Während die Figuren mehr und mehr sich selbst überlassen blieben, ohne daß ich ihnen gewaltsam ein Ende machte – ich verwarf sie nicht, ich verbarg sie nicht, jede von ihnen ließ ich irgendeinmal mitten in einem Satze stehen –, beschäftigte mich Brand der Büchermensch so sehr, daß ich auf meinen Gängen Ausschau nach ihm hielt. Zwar stellte ich ihn mir lang und dürr vor, doch ich kannte nicht sein Gesicht. Bevor ich es gesehen hatte, behielt auch diese Figur etwas von dem Schemenhaften, das die anderen sieben an den Bettelstab gebracht hatte. Ich wußte, daß er nicht in Hacking war, in der Inneren Stadt oder ihrer nächsten Nähe war Brand zuhause, und ich fuhr nun öfters hinein, in der Meinung, daß ich ihm begegnen würde.

Meine Erwartung trog mich nicht. Ich fand ihn als Inhaber eines Kakteen-Geschäfts, an dem ich oft vorbeigegangen war, ohne ihn zu bemerken. Gleich zu Beginn der Passage, die vom Kohlmarkt zum Café Pucher führte, war links ein kleines Kakteen-Geschäft. Es hatte ein einziges, nicht sehr breites Schaufenster, in dem viele Kakteen jeder Größe standen, Stacheln an Stacheln. Dahinter sah der Inhaber, ein langer, dürrer Mensch, auf die Passage hinaus, hinter all diesen Stacheln ein spitzer Anblick. Ich blieb vor der Auslage stehen und starrte ihm ins Gesicht. Er war um einen Kopf größer als ich und blickte über mich weg, aber er hätte auch durch mich hindurchgesehen, ohne mich zu bemerken. Er war so abwesend, wie er dürr war, ohne die Stacheln der Kakteen hätte man nicht auf ihn geachtet, er bestand aus Stacheln.

So hatte ich Brand gefunden und er ließ mich nicht los. Ich hatte mir einen Kaktus in den Leib gepflanzt und er wuchs nun entschlossen und unbekümmert weiter. Es war Herbst geworden, ich setzte mich zur Arbeit hin, täglich schritt sie ohne Unterbrechung fort. Mit den Ausschweifungen des vergangenen Jahres war es vorbei, strenge Gesetze herrschten. Ich erlaubte mir keine Sprünge, ich gab keiner Verlockung nach. Es kam mir auf den dichten Zusammenhang an, auf etwas, das ich bei mir die Unzerreißbarkeit nannte. Im Jahr der Ausschweifungen war Gogol, den ich auf das höchste bewunderte, mein Meister gewesen. In seiner Schule hatte ich mich der Freiheit der Erfindung hingegeben, die Lust daran verlor ich auch später nicht, als ich mich um anderes bemühte. Jetzt aber, im Jahr der Konzentration, als es mir um Klarheit und Dichte zu tun war, um eine schlackenlose Durchsichtigkeit, wie in Bernstein, hielt ich mich an ein Vorbild, das ich nicht weniger bewunderte: Stendhals ›Rot und Schwarz‹. Täglich, bevor ich mit dem Schreiben begann, las ich einige Seiten daraus und wiederholte so, was er selber getan hatte, mit einem anderen Vorbild, dem berühmten neuen Gesetzbuch seiner Tage.

Einige Monate hielt ich mich an den Namen Brand. Der Gegensatz zwischen den Eigenschaften dieser Figur und dem Flackern des Namens, den sie trug, störte mich anfangs nicht, aber als die Eigenschaften alle hart und unverrückbar da waren, begann der Name auf Kosten der Figur sich auszubreiten. Er brachte mir das Ende nahe, an das ich nicht zur Unzeit erinnert sein wollte. Ich befürchtete, das Feuer könnte vorgreifen und, was noch im Entstehen war, verzehren. Ich taufte Brand um und gab ihm den Namen Kant.

Ein ganzes Jahr lang hatte er mich in seiner Gewalt. Die Unerbittlichkeit, mit der diese Arbeit sich fortspann, war für mich eine neue Erfahrung. Ich hatte das Gefühl einer Gesetzmäßigkeit, die stärker war als ich selbst, etwas, das an die Disziplin der Naturwissenschaft erinnerte, die auf besondere Weise doch in mich eingegangen war, obwohl ich mich so entschieden von ihr abgewandt hatte. Die ersten Zeichen ihrer Einwirkung waren in der Strenge dieses Buches zu spüren.

Im Herbst 1931 legte Kant Feuer an seine Bibliothek und verbrannte mit seinen Büchern. Sein Untergang ging mir so nahe, wie wenn es mir selber geschehen wäre. Mit diesem Werk beginnt meine eigene Einsicht und Erfahrung. Während einiger Jahre trug das Manuskript, das unangetastet bei mir lag, den Titel ›Kant fängt Feuer‹. Der Schmerz dieses Titels war schwer zu ertragen. Als ich mich widerstrebend zur Änderung entschloß, vermochte ich mich nicht ganz vom Feuer zu trennen. Aus Kant wurde Kien, die Entzündbarkeit der Welt, deren Bedrohung ich fühlte, blieb im Namen der Hauptfigur erhalten. Der Schmerz aber steigerte sich zum Titel ›Die Blendung‹. Er bewahrte, für niemand erkennbar, die Erinnerung an Simsons Blendung, der ich auch heute nicht abzuschwören wage.

Das Augenspiel

Lebensgeschichte
1931–1937

Für Hera Canetti

Teil 1
Hochzeit

Büchner in der Wüste

Kant fängt Feuer‹, so hieß damals der Roman, hatte mich verwüstet zurückgelassen. Die Verbrennung der Bücher war etwas, das ich mir nicht vergeben konnte. Ich glaube nicht, daß es mir um Kant (den späteren Kien) noch leid tat. Es war ihm während der ganzen Niederschrift des Buches so arg mitgespielt worden, ich hatte mich so sehr damit abgequält, mein Mitleid für ihn zu unterdrücken, es mir, auch im leisesten nicht, merken zu lassen, daß es vom Standpunkt des Schreibenden aus eher als eine Erlösung erschien, sein Leben zu beenden.

Aber für diese Befreiung waren die Bücher eingesetzt worden und daß *sie* in Flammen aufgingen, empfand ich so, als wäre es mir selbst geschehen. Mir war zumute, nicht nur als hätte ich meine eigenen Bücher geopfert, sondern auch die der ganzen Welt, denn in der Bibliothek des Sinologen war alles enthalten, was für die Welt von Bedeutung war, die Bücher aller Religionen, die aller Denker, die der östlichen Literaturen insgesamt, die der westlichen, soweit sie auch nur das geringste ihres Lebens bewahrt hatten. Das alles war niedergebrannt, ich hatte es geschehen lassen, ohne auch nur einen Versuch zu machen, etwas davon zu retten, und zurück blieb eine Wüste, es gab nun nichts mehr als Wüste und ich selbst war an ihr schuld. Denn es ist kein bloßes Spiel, was in einem solchen Buch geschieht, es ist eine Wirklichkeit, für die man einzustehen hat, viel mehr als jeder Kritik von außen, sich selbst gegenüber und wenn es auch eine Angst sehr großen Ausmaßes ist, die einen zwingt, solche Dinge niederzuschreiben, so bleibt immer noch zu bedenken, ob man nicht durch sie eben das mit herbeiführt, was man so sehr fürchtet.

Der Untergang war nun in mir angelegt und ich kam nicht von ihm los. Durch die ›Letzten Tage der Menschheit‹ hatte er sich seit sieben Jahren schon vorgeprägt. Aber jetzt hatte er eine sehr persönliche Form angenommen, die den Konstanten meines eigenen Lebens entsprang: dem Feuer, das ich am 15. Juli im Zusammenhang mit der Masse erkannt hatte und den Büchern, die mein täglicher Umgang waren. Was ich dem Protagonisten des Romans geliehen hatte, war, trotz seiner sonstigen Verschiedenheit von mir, so wesentlich, daß ich es nicht, nachdem er seinen Zweck erfüllt hatte, unversehrt und ungestraft wieder zurücknehmen konnte.

Die Wüste, die ich für mich selbst geschaffen hatte, begann alles zu überziehen. Die Bedrohung der Welt, in der man sich fand, empfand ich nie stärker als damals, nach dem Untergang Kiens. Die Unruhe, in die ich zurückverfiel, glich der früheren, in der ich den Plan zu jener ›Comédie Humaine an Irren‹ entworfen hatte, mit dem Unterschied, daß inzwischen etwas Entscheidendes geschehen war und ich mich schuldig fühlte. Es war eine Unruhe nicht ohne Kenntnis ihrer eigenen Verursachung. Nachts, aber auch tags, rannte ich durch dieselben Straßen. Es war keine Rede mehr davon, daß ich mich einem anderen Roman oder gar einem der ehemals geplanten Reihe zuwenden könnte, das enorme Vorhaben war im Rauch des Bücherbrandes erstickt, ohne Bedauern, und statt dessen sah ich nun nichts, wo immer ich mich fand, das nicht vor einer Katastrophe stand, die im nächsten Augenblick einbrechen konnte.

Jedes Gespräch, von dem ich im Vorbeigehen Teile hörte, schien ein letztes. Es geschah unter furchtbarem, unerbittlichem Zwang, was in letzten Momenten geschehen mußte. Aber es hing auf das engste mit den Bedrohten selbst zusammen, was ihnen geschah. Sie hatten sich in die Situation gebracht, aus der es kein Entrinnen gab. Sie hatten sich die besondere und absonderlichste Mühe gegeben, so zu sein, daß sie ihren Untergang *verdienten*. Jedes Gesprächspaar, das ich hörte, erschien mir so schuldig, wie ich selbst es war, seit ich jenes Feuer angefacht hatte. Aber wenn diese Schuld wie ein eigener Äther alles durchdrang, so daß nichts davon frei war, blieben die Menschen im übrigen genau die, die sie waren. Sie behielten ihre Tonfälle so gut wie ihr Aussehen, die Situationen, in denen sie sich fanden, waren unverwechselbar ihre eigenen, unabhängig von dem, der sie gewahrte und aufnahm. Alles was er dazu tat, war, daß er ihnen eine Richtung gab und sie wie mit einem Treibstoff mit seiner eigenen Angst erfüllte. Jede Szene, vor der ihm der Atem stockte, die er mit der Leidenschaft des Gewahrenden, dessen einziger Sinn das Gewahren geworden ist, aufnahm, endete mit dem Untergang.

Er schrieb sie in größter Hast und in riesigen Buchstaben auf, als Kritzeleien an die Wände eines neuen Pompeji. Es war wie die *Vorbereitung* auf Vulkanausbruch oder Erdbeben: einer merkt, daß es kommt, sehr bald, durch nichts aufzuhalten und schreibt auf, was *vorher* geschehen ist, was die Leute, durch ihre Verrichtungen und Umstände getrennt, vorher getan haben, von der Nähe ihres Schicksals nichts ahnend, die Atmosphäre der Erstickung mit ihrem alltäglichen Atem einziehend, und eben darum, bevor es noch eigentlich eingesetzt hat, ein wenig eigensinniger und hektischer atmend. Szene um Szene warf ich aufs Papier, jede war für sich, keine hing mit der anderen zusammen, aber jede endete im gewaltsamen Untergang, einzig durch ihn an andere gebunden, und wenn ich heute vornehme, was von ihnen erhalten geblieben ist, scheinen sie wie den Bombennächten des erst kommenden Weltkriegs entsprungen.

Szene um Szene, es waren viele, wie im Laufen geschrieben, in besessener Eile, jede führte in Untergang, und gleich danach begann eine neue, die unter anderen Menschen spielte und sie hatte mit der früheren nichts gemein als den *verdienten* Untergang, in den sie mündete. Es war wie ein Strafgericht, ein wahlloses, das alles einbezog, und am schwersten gestraft war der, der es sich über die anderen anmaßte. Denn er, der es abwenden wollte, führte es herbei. Er war es, der die Lieblosigkeit dieser Menschen durchschaute. Er streifte vorüber an ihnen, sah sie und hatte sie schon wieder verlassen, hörte ihren Ton, der sich nie aus seinen Ohren verlor, trug ihn weiter zu den anderen, die ebenso lieblos waren, und wenn ihm der Kopf von den bewahrten Tönen der Selbstsucht zu bersten drohte, schrieb er die dringlichsten von ihnen unter Zwang auf.

Das Quälendste in jenen Wochen war das Zimmer in der Hagenberggasse. Über ein Jahr schon hatte ich hier mit den Lichtdrucken des Isenheimer Altars gelebt. Sie waren mir, mit den erbarmungslosen Details der Kreuzigung, in Fleisch und Blut übergegangen. Solange ich am Roman schrieb, schien ihre Stelle die richtige, sie trieb mich in ein und dieselbe Richtung weiter, ein unerbittlicher Stachel. Sie waren, was ich ertragen *wollte*, ich gewöhnte mich nicht an sie, ich verlor sie nie aus den Augen, sie setzten sich in etwas um, das scheinbar nichts mit ihnen zu tun hatte, wer wäre so vermessen und so hirnverbrannt, die Leiden des Sinologen mit denen Christi zu vergleichen. Und doch hatte sich etwas wie eine Verbindung zwischen den Aufnahmen, die an den Wänden hingen, und den Kapiteln des Buches hergestellt. Ich brauchte die Bilder so sehr, daß ich sie nie durch etwas anderes ersetzt hätte. Ich ließ mich auch durch das Entsetzen der seltenen Besucher, die ich empfing, nicht beirren.

Aber dann, als Bibliothek und Sinologe in Flammen aufgegangen waren, geschah etwas Seltsames, das ich nicht erwartet hatte. Grünewald gewann seine volle Kraft zurück. Sobald ich am Roman nicht mehr schrieb, war der Maler nur noch für sich selber da und in der Wüste, die ich geschaffen hatte, blieb er allein wirksam. Wenn ich nach Hause kam, erschrak ich über die Wände meines Zimmers. Alles Bedrohliche, das ich fühlte, verstärkte sich an Grünewald.

Ich konnte mir in dieser Zeit auch durch Lesen nicht helfen. Nicht nur hatte ich mein Recht auf Bücher verloren, denn ich hatte sie um eines Romans willen geopfert. Selbst wenn ich mich zwang, dieses Schuldgefühl zu überwinden und nach einem meiner Bücher so griff, als wäre es noch vorhanden, nicht mitverbrannt, nicht untergegangen, wenn ich mich weiter zwang, darin zu lesen, ekelte es mich bald, und was ich am besten kannte, was ich am längsten schon liebte, ekelte mich am meisten. Ich entsinne mich des Abends, da ich Stendhal, der mich während eines Jahres täglich zur Arbeit angeleitet hatte, im Zorn fallen ließ, nicht auf den Tisch, auf den Boden, und so verzweifelt war ich über die Enttäuschung, die er mir bereitete, daß ich ihn nicht einmal aufhob, sondern liegen ließ. Ein anderes Mal hatte ich den unsinnigen Einfall, es mit Gogol zu versuchen und diesmal erschien mir sogar ›Der Mantel‹ läppisch und willkürlich und ich fragte mich, was mich je an dieser Geschichte so erregt hatte. Nichts von den vertrauten Dingen, aus denen ich entstanden war, verfing. Vielleicht hatte ich durch den Bücherbrand alles Alte wirklich zerstört. Scheinbar standen die Bände noch da, aber ihr Inhalt war *versengt*, in mir war nichts mehr davon da und jeder Versuch, Abgebranntes wiederzubeleben, weckte Wut und Widerstand. Nach einigen jämmerlichen Versuchen, von denen jeder mißglückt war, nahm ich nichts mehr in die Hand. Das Regal mit den eigentlichen, den unzählige Male gelesenen Bänden blieb unberührt, es war, als seien sie gar nicht mehr da, ich *sah* sie nicht mehr, ich griff nicht nach ihnen, und die Wüste um mich war vollkommen geworden.

Damals, in einer Verfassung, die trostloser nicht hätte sein können, fand ich eines Nachts meine Rettung in etwas Unbekanntem, das ich schon lange bei mir stehen hatte, ohne es berührt zu haben. Es war ein hoher, großgedruckter Band Büchner, in gelbem Leinen, so aufgestellt, daß man ihn nicht übersehen konnte, neben einem vierbändigen Kleist derselben Ausgabe, in der mir jeder Buchstabe vertraut war. Es wird unglaubwürdig klingen, wenn ich sage, daß ich Büchner nie gelesen hatte, aber es war so. Ich wußte sicher, wie bedeutend er war und ich glaube, ich wußte auch, daß er mir noch viel bedeuten würde. Es mochten zwei Jahre vergangen sein, seit ich den Band Büchner in der ›Vienna‹-Buchhandlung in der Bognergasse erblickt, gekauft, nach Hause gebracht und neben den Kleist gestellt hatte.

Zu den wichtigsten Dingen, die sich in einem vorbereiten, gehören hinausgeschobene Begegnungen. Es kann sich um Orte und um Menschen handeln, um Bilder wie um Bücher. Es gibt Städte, nach denen ich mich so sehne, als wäre es mir vorbestimmt, ein ganzes Leben von Anbeginn an in ihnen zu verbringen. Unter hundert Listen vermeide ich es hinzufahren und jede neue Gelegenheit zu einem Besuch, um die ich herumgekommen bin, steigert ihre Bedeutung in mir so sehr, daß man meinen könnte, ich wäre nur um ihretwillen noch auf der Welt und wenn es sie nicht gäbe, die mich weiter erwarten, längst schon vergangen. Es gibt Menschen, von denen ich gern sprechen höre, so viel und mit soviel Begierde, daß man meinen könnte, ich wisse schließlich mehr über sie als sie selbst – aber ich vermeide es, ein Bild von ihnen zu sehen und weiche jeder visuellen Vorstellung von ihnen aus, so als läge ein besonderes und berechtigtes Interdikt darauf, ihr Gesicht zu kennen. Es gibt auch Menschen, die mir während Jahren auf ein und demselben Weg begegnen, über die ich nachdenke, die mir wie Rätsel erscheinen, die mir zu lösen aufgegeben sind, und ich richte kein Wort an sie, gehe stumm an ihnen vorbei wie sie an mir und beide blicken wir uns fragend an, beide halten wir fest unsere Lippen geschlossen, ich denke mir das erste Gespräch aus und bin erregt bei der Vorstellung, wieviel Unerwartetes ich dann erfahren werde. Und schließlich gibt es Menschen, die ich seit Jahren liebe, ohne daß sie eine Ahnung davon haben können, ich werde alt und älter und es muß schon wie eine unsinnige Illusion erscheinen, daß ich es ihnen je sagen werde, obwohl ich immer in der Vorstellung dieses herrlichen Augenblicks lebe. Ohne diese umständlichen Vorbereitungen auf Künftiges vermöchte ich nicht zu sein und sie sind mir, wenn ich mich sehr genau prüfe, nicht weniger wichtig als die plötzlichen Überraschungen, die wie von nirgends kommen und einen auf der Stelle überwältigen.

Ich möchte nicht die Bücher nennen, auf die ich mich noch immer vorbereite, einige der berühmtesten Bücher der Weltliteratur sind darunter, an deren Bedeutung ich nach dem Konsensus all derer in der Vergangenheit, deren Meinungen für mich bestimmend waren, nicht zweifeln dürfte. Es ist einleuchtend, daß nach zwanzigjähriger Erwartung ein Zusammenstoß mit einem solchen Werk zu etwas ganz Ungeheuerlichem wird, vielleicht ist es nur so möglich, zu geistigen Wiedergeburten zu gelangen, die einen vor den Folgen der Routine und des Verfalls bewahren. Damals jedenfalls war es so, daß ich als 26jähriger schon lange den Namen Büchner kannte und seit zwei Jahren einen höchst auffälligen Band mit seinen Werken bei mir stehen hatte.

Eines Nachts, in einem Augenblick schlimmster Verzweiflung – ich war sicher, daß ich nie mehr etwas schreiben, ich war sicher, daß ich nie mehr etwas *lesen* würde –, griff ich nach dem gelben Band und schlug ihn irgendwo auf: es war eine Szene des Wozzeck (so druckte man damals noch den Namen), die nämlich, in der der Doktor zu Wozzeck spricht. Es war, als hätte der Blitz in mich eingeschlagen, ich las diese Szene, alle übrigen des Fragments, ich las das ganze Fragment immer wieder, wie oft, vermag ich nicht zu sagen, mir scheint, es waren unzählige Male, denn ich las diese ganze Nacht, ich las nichts anderes im gelben Band, den Wozzeck immer wieder von vorn und war in solcher Erregung, daß ich vor sechs Uhr morgens das Haus verließ und zur Stadtbahn hinunterlief. Da nahm ich den ersten Zug, der in die Stadt fuhr, stürzte in die Ferdinandstraße und weckte Veza aus dem Schlaf.

Die Kette war nicht vorgelegt, ich hatte den Schlüssel zu ihrer Wohnung. So war es, für den Fall, daß irgendeine Unruhe mich frühmorgens hintreiben sollte, zwischen uns besprochen, aber in den sechs Jahren, während deren unsere Liebe schon bestand, war das nie geschehen, und als es jetzt zum erstenmal unter der Einwirkung von Büchner geschah, mußte es Veza alarmieren.

Sie hatte aufgeatmet, als das asketische Jahr des Romans zu Ende war und schwerlich war später je ein Leser so erleichtert wie sie, als der hagere Sinologe in Flammen aufging. Sie hatte neue Wendungen befürchtet, eine Wiederaufnahme und Fortsetzung der Abenteuer. Vor der Niederschrift des letzten Kapitels ›Der rote Hahn‹ hatte ich einige Wochen Pause eingelegt und diese Zögerung mißdeutete sie als *Zweifel* am Abschluß. Sie malte sich aus, daß Georges bei der Rückfahrt plötzlich Bedenken kämen, spät, aber noch rechtzeitig erkannte er die wahre Verfassung des Bruders, wie hatte er ihn alleine lassen können! Bei der nächsten Station stieg er aus und nahm den Zug zurück. Schon stand er wieder vor der Wohnung und erzwang sich Einlaß. Ohne viel Federlesens packte er Peter zusammen und entführte ihn nach Paris. Da wurde er nun zu einem der Patienten des Bruders, einem ungewöhnlichen, gewiß, der sich mit aller Macht dagegen sperrte. Aber es half nichts, allmählich fand auch er in Georges seinen Meister.

Sie witterte, wie sehr es mich gereizt hätte, den Kampf zwischen den Brüdern in dieser neuen Situation fortzusetzen, ihr verdecktes Gespräch, das in jenem langen Kapitel angeschnitten, doch keineswegs erschöpft war. Auf die Nachricht, daß ›Der rote Hahn‹ endlich geschrieben, daß dem Sinologen sein Vorhaben geglückt war, reagierte sie erst mit Unglauben. Sie dachte, ich wolle sie beruhigen, denn ihre Zweifel an meiner Lebensführung während dieser ganzen Zeit waren mir wohl bewußt. Im dritten Teil des Romans war auch ihr vieles in die Knochen gegangen und es war ihre Überzeugung, daß dieses nie enden wollende Eindringen in den Verfolgungswahn des Sinologen für meinen eigenen Geisteszustand gefährliche Folgen haben müsse. So war es nicht verwunderlich, daß sie aufatmete, als ich ihr das letzte Kapitel vorlas und während die schlimmste Zeit, die ich die ›Wüstenzeit‹ genannt habe, für mich erst begann, hätte sie gern gedacht, das Ärgste sei vorüber.

Sie erlebte aber, daß ich jetzt erst recht ihr wie allen anderen Menschen aus dem Weg ging, und obwohl ich eigentlich im Augenblick nichts Bestimmtes tat, weder für sie noch für die wenigen Freunde Zeit aufbrachte. Wenn ich sie doch sah, war ich einsilbig und verdrossen, *diese* Art von Schweigen hatte es nie zwischen uns gegeben. Einmal verlor sie so sehr die Beherrschung, daß sie sagte: »Seit er tot ist, ist dein Büchermensch in dich gefahren und du bist wie er. Das ist wohl deine Art, um ihn zu trauern.« Sie hatte unendlich viel Geduld mit mir, ich verargte ihr die Erleichterung über jenen Feuertod, und als sie einmal sagte: »Schade, daß die Therese keine indische Witwe ist, sie hätte sich sonst auch ins Feuer werfen müssen«, parierte ich mit Ingrimm: »Er hatte bessere Angehörige als eine Frau, er hatte seine Bücher, die wußten was sich gehört und sind mit ihm verbrannt.«

Seither erwartete sie, daß ich eines Nachts oder Morgens plötzlich auftauchen könnte, mit der Nachricht, die sie mehr als alles fürchtete: daß ich mich nämlich anders besonnen hätte, das letzte Kapitel gelte nicht, es sei ohnehin in einem anderen Stil gehalten als das übrige Buch, ich hätte es *gestrichen*. Kant sei wieder zum Leben zurückgekehrt. Das Ganze beginne wieder von vorn, sozusagen als zweiter Band desselben Romans und damit hätte ich nun mindestens noch ein ganzes Jahr zu tun.

Sie erschrak sehr, als ich sie an diesem Büchner-Morgen aus dem Schlaf weckte. »Wunderst du dich, daß ich so früh komme? Das ist noch nie passiert!« »Nein«, sagte sie, »ich hab dich erwartet«, und dachte schon verzweifelt darüber nach, wie sie mich von einer Fortsetzung des Romans abbringen könne.

Ich begann aber gleich mit Büchner. Ob sie den ›Wozzeck‹ kenne? Natürlich kenne sie ihn. Wer kenne das nicht? Sie sagte es ungeduldig, das Schlimmere und Eigentliche erwartend, das sie für mein Anliegen hielt. Ihre Antwort hatte etwas Wegwerfendes im Ton − ich fühlte mich für Büchner beleidigt.

»Und davon hältst du nichts?« Ich sagte es drohend und böse, sie merkte plötzlich, worum es ging.

»Wer? Ich? Ich halte davon nichts? Ich halte es für das größte Drama der deutschen Literatur.«

Ich traute meinen Ohren nicht und sagte irgend etwas: »Es ist doch ein Fragment!«

»Fragment! Fragment! Nennst du das ein Fragment? Was darin fehlt, ist noch besser, als was in den besten anderen Dramen da ist. Man möchte sich mehr solche Fragmente wünschen.«

»Du hast mir nie ein Wort darüber gesagt. Kennst du Büchner schon lange?«

»Länger als dich. Ich habe ihn schon früh gelesen. Zur gleichen Zeit als ich auf Hebbels Tagebücher und auf Lichtenberg stieß.«

»Aber du hast über ihn geschwiegen! So oft hast du mir Stellen aus Hebbel und aus Lichtenberg gezeigt. Über den Wozzeck hast du geschwiegen. Warum nur? Warum?«

»Ich habe ihn sogar versteckt. Den Band Büchner hättest du bei mir nicht finden können.«

»Ich habe ihn die ganze Nacht gelesen. Den ›Wozzeck‹ immer wieder von vorn. Ich habe nicht glauben wollen, daß es so etwas gibt. Ich glaube es jetzt noch nicht. Ich bin hergefahren, um dich zu beschimpfen. Erst dachte ich, du kennst es vielleicht nicht. Aber das kam mir dann gleich unmöglich vor. Was wäre deine ganze Liebe zur Literatur wert, wenn du das nicht kennst. Natürlich kennst du's. Aber du hast es vor mir versteckt. Sechs Jahre reden wir über alle wunderbaren Dinge. Den Namen Büchner hast du nicht *einmal* vor mir genannt. Und jetzt sagst du, du hast den Band vor mir versteckt. Das ist nicht möglich. Ich kenne jeden Winkel deines Zimmers. Beweis es mir! Zeig mir den Band! Wo hast du ihn versteckt? Es ist ein großer gelber Band. Wie könnte man den verstecken?«

»Er ist weder groß noch gelb. Es ist eine Dünndruck-Ausgabe. Jetzt sollst du ihn selbst sehen.«

Sie öffnete den Schrank, der ihre liebsten Bücher enthielt. Ich dachte an den Augenblick, als sie mir ihn zuerst gezeigt hatte. Ich kannte mich darin besser als in meiner Tasche aus. Da sollte der Büchner versteckt sein? Sie holte einige Bände Victor Hugo heraus. Dahinter, flach gegen die Rückwand des Schrankes gepreßt, lag die Insel-Ausgabe des Büchner. Sie hielt mir den Band hin, es war mir nicht recht, ihn in diesem reduzierten Format zu sehen, ich hatte noch die großen Buchstaben der Nacht vor mir, und in dieser Größe wollte ich sie nun immer vor mir haben.

»Hast du noch andere Bücher vor mir versteckt?«

»Nein, das ist das einzige. Ich wußte, daß du keinen Victor Hugo herausziehen wirst, den liest du ja doch nicht, dahinter war der Büchner sicher. Er hat übrigens zwei Dramen von Victor Hugo übersetzt.«

Das zeigte sie mir, es ärgerte mich und ich reichte ihr den Band zurück.

»Aber warum nur? Warum hast du ihn vor mir versteckt?«

»Sei froh, daß du ihn nicht gekannt hast. Glaubst du, du hättest sonst selber etwas schreiben können? Er ist auch der *modernste* aller Dichter. Er könnte von heute sein, nur daß niemand so ist wie er. Man kann ihn sich nicht zum Vorbild nehmen. Man kann sich nur schämen und sagen: ›Wozu schreibe ich überhaupt?‹ Man kann dann nur noch den Mund halten. Ich wollte nicht, daß du den Mund hältst. Ich glaube an dich.«

»Trotz Büchner?«

»Darüber will ich jetzt nicht reden. Es muß Dinge geben, die unerreichbar sind. Aber das Unerreichbare darf einen nicht zermalmen. Jetzt bist du fertig mit dem Roman. Jetzt sollst du noch etwas anderes lesen. Es gibt noch ein Fragment von ihm, eine Erzählung: ›Lenz‹. Lies es gleich!«

Ich setzte mich hin und las ohne ein weiteres Wort das wunderbarste Stück Prosa. Nach der Nacht des ›Wozzeck‹ der frühe Morgen des ›Lenz‹, ohne einen Augenblick Schlaf dazwischen. Da zerfiel mir mein Roman, auf den ich so stolz gewesen war, er zerfiel mir zu Staub und Asche.

Es war ein harter Schlag, aber es war gut, daß das geschah. Nach den Kapiteln von ›Kant fängt Feuer‹, die sie alle gehört hatte, hielt Veza mich für einen Dramatiker. Sie hatte in der Furcht gelebt, daß ich aus dem Roman nicht mehr herausfinden würde. Sie hatte erlebt, wie tief ich mich in ihn verstrickt und wie sehr er mich hergenommen hatte. Ob er es war, ob ein anderer, der neu begann, sie erkannte die fatale Neigung zu Aufgaben, die sich über Jahre hinzogen. Sie hatte die Entwürfe zu jener Romanreihe einer ›Comédie Humaine an Irren‹ in Erinnerung, über die ich oft zu ihr gesprochen hatte. Der Blick auf Steinhof von meinem Fenster, der ihr anfangs Eindruck gemacht hatte, gefiel ihr längst nicht mehr. Sie hatte das Gefühl, daß die Faszination, die besessene oder abseitige Menschen auf mich ausübten, mit der Niederschrift des Romans noch gewachsen war. Auch die Freundschaft mit Thomas Marek beunruhigte sie. Meine Parteinahme für ihn war heftig und aggressiv und als ich einmal mich zu der Behauptung verstieg, daß dieser Gelähmte wichtiger sei als sämtliche Leute, die undankbar und ahnungslos auf Beinen gingen, widersprach sie mir und zog über meine Verstiegenheit her.

Sie fürchtete wirklich um mich, und die Liebeserklärung an alle, die für wahnsinnig gelten, im Kapitel ›Ein Irrenhaus‹ des Romans gab ihr die Überzeugung, daß ich eine gefährliche Grenze überschritten hatte. Der Hang zu Isolation, die Bewunderung für alle, die ganz und gar anders waren, der Wunsch, sämtliche Brücken zu einer niederträchtigen Menschheit abzubrechen – alles das machte ihr sehr zu schaffen. Ich hatte mich über Wahngebilde mancher Menschen, die ich kannte, zu ihr so geäußert, als ob es vollkommene Kunstwerke wären und mich bemüht, die Entstehung eines solchen Wahngebildes, das ich erfand, Schritt für Schritt zu verfolgen. Sie hatte oft, auch aus ästhetischen Gründen, Unmut über die *Ausführlichkeit* in meiner Darstellung eines Verfolgungswahns geäußert und ich pflegte dann zu erklären, daß man es anders gar nicht machen *könne*, daß es eben auf jede Einzelheit, auf jeden kleinsten Schritt ankomme. Ich zog zu Felde gegen frühere Darstellungen von Wahnsinn in der Literatur und suchte ihr zu beweisen, wie wenig sie stimmten. Sie meinte, es müsse auch möglich sein, solche Zustände komprimiert und dadurch in einer Art von Steigerung vorzuführen. Dagegen aber opponierte ich am entschiedensten: in solchen Fällen ginge es immer um die Selbstgefälligkeit, um die Pfauenhaftigkeit von Autoren und nicht um die Sache selbst. Man müsse endlich begreifen, daß Wahnsinn nichts Verächtliches sei, ein Phänomen voll eigener Bedeutungen und Beziehungen, die in jedem Fall wieder andere wären. Sie bestritt das und verteidigte dann, was ganz gegen ihre Art war und nur aus Sorge um mich geschah, die herrschenden Klassifikationen der Psychiatrie, wobei sie eine besondere Schwäche für den Begriff des ›manisch-depressiven Irreseins‹ zeigte, während sie mit ›Schizophrenie‹, die damals daran war, zu einem Modebegriff zu werden, etwas zurückhaltender umging.

Ihre Absicht bei alledem: mich von dieser Art von Roman abzubringen, war mir wohlbekannt. Ich war von einer wilden Entschlossenheit, mich von niemandem, nicht einmal von ihr, beeinflussen zu lassen und setzte als Waffe dagegen den, wie ich dachte, gelungenen Roman ein. Wenn ich mich auch als Brandstifter schuldig fühlte und unter dieser Schuld schwer litt, so bedeutete das keinen Einwand gegen die Gültigkeit des Romans, von der ich felsenfest überzeugt war. Obwohl mich seit seinem Abschluß alles zum Drama drängte, scheint es mir durchaus nicht ausgeschlossen, daß ich mich nach einer Periode der Erschöpfung einem neuen, nicht weniger langen Roman zugewandt hätte, dessen Gegenstand wieder ein Wahn geworden wäre.

Jetzt aber wurde die Nacht, in der ich den ›Wozzeck‹ aufnahm, und der Morgen darauf, als mich in einem Erregungszustand der Erschöpfung der ›Lenz‹ überfiel, entscheidend. Auf wenigen Seiten fand ich da alles, was sich über die Besonderheit der Verfassung von Lenz sagen ließ, es wäre furchtbar gewesen, sich das als ausführlichen Roman vorzustellen. Hochmut und Trotz waren mir aus der Hand geschlagen. Ich schrieb keinen neuen Roman und es vergingen Monate, bevor ich das Vertrauen zu ›Kant fängt Feuer‹ wiedergewann. Als es soweit war, war ich schon besessen von der ›Hochzeit‹.

Wenn ich nun sage, daß ich die ›Hochzeit‹ jenem nächtlichen Eindruck vom ›Wozzeck‹ verdanke, so wird das zuallererst als Anmaßung erscheinen. Ich kann aber, bloß um diesen Eindruck der Anmaßung zu vermeiden, um die Wahrheit nicht herumkommen. Ich *darf* sie nicht vermeiden. Die Untergangsvisionen, die ich bis dahin aneinandergereiht hatte, standen noch unter dem Einfluß von Karl Kraus. Alles was geschah, und es geschah immer das Ärgste, geschah ohne Begründung und es geschah nebeneinander. Es war von einem Schreibenden aus gehört und es wurde angeprangert. Es wurde von *außen* angeprangert, eben von dem, der schrieb, und über alle Szenen des Untergangs hielt er seine Peitsche. Sie gab ihm keine Ruhe, sie trieb ihn an allem vorbei, er hielt nur inne, wenn es etwas zu peitschen gab und kaum war die Strafe exekutiert, trieb sie ihn weiter. Im Grunde geschah immer wieder dasselbe: Menschen in ihren alltäglichsten Verrichtungen, während sie die banalsten Sätze von sich gaben, standen ahnungslos am Rande des Abgrunds. Da kam die Peitsche und trieb sie hinein, es war derselbe Abgrund, in den sie alle stürzten. Es gab nichts, das sie davor hätte bewahren können. Denn ihre Sätze änderten sich nie, sie waren ihnen angemessen, und der, der Maß für sie genommen hatte, war immer ein und derselbe, der Schreiber mit der Peitsche.

Am ›Wozzeck‹ erlebte ich etwas, wofür ich erst später einen Namen fand, als ich es *Selbstanprangerung* nannte. Die Figuren, die einem (außer der Hauptfigur) den größten Eindruck machen, stellen sich selber vor. Der Doktor oder der Tambourmajor schlagen nach außen. Sie greifen an, aber auf so verschiedene Weise, daß man ein wenig zögert, für beide dasselbe Wort Angriff zu verwenden. Es ist aber doch ein Angriff, denn auf Wozzeck wirkt er sich als solcher aus. Ihre Worte, die unverwechselbar sind, wenden sich gegen ihn und haben die schwersten Folgen. Aber diese haben sie nur, indem sie sich selbst, den Sprecher nämlich darstellen, der einem mit sich einen bösen Schlag versetzt, einen Schlag, den man nie vergißt, an dem man ihn immer und überall erkennen würde.

Die Figuren, wie gesagt, stellen sich selber vor. Sie sind von niemand hergepeitscht worden. Als wäre es das Natürlichste von der Welt, prangern sie sich selber an und es ist mehr von Gepränge darin als von Strafe. Sie sind, wie immer sie sind, da, bevor ein moralischer Spruch über sie gefällt wurde. Sicher, man denkt mit Abscheu an sie, aber er ist mit Wohlgefallen verquickt, weil sie sich vorführen, ohne zu ahnen, welchen Abscheu sie erregen. Es ist eine Art von Unschuld in der Selbstanprangerung, es ist noch kein juristisches Netz für sie ausgelegt, das mag, wenn es überhaupt kommt, später über sie geworfen werden, aber keine Anklage, auch die des gewaltigsten Satirikers nicht, könnte so viel bedeuten wie die Selbstanprangerung, denn diese enthält auch den Raum, in dem ein Mensch besteht, seinen Rhythmus, seine Angst, seine Atemzüge.

Es gehört wohl dazu, daß man ihnen das volle Wort ›Ich‹ ernsthaft gönnt, das der pure Satiriker niemandem wirklich zubilligt, außer sich selbst. Die Vitalität dieses unmittelbaren und uneingeklammerten ›Ich‹ ist ungeheuer. Es sagt mehr über sich als jeder Richter. Für den Urteilenden liegt das meiste in der dritten Person, selbst die direkte Anrede, in der das Schlimmste gesagt wird, ist usurpiert. Erst wenn der Richter in sein Ich verfällt, ist er in der vollen Schrecklichkeit dessen, was er verübt, da, aber dann ist er selbst zur Figur geworden und führt sich, er, der Urteilende, ahnungslos in *seiner* Selbstanprangerung vor.

Der Hauptmann, der Doktor, der dröhnende Tambourmajor treten wie von selbst in Erscheinung. Niemand hat ihnen ihre Stimme geliehen, sie sagen sich und schlagen mit sich auf ein und denselben los, eben auf Wozzeck, und entstehen, indem sie auf ihn schlagen. Er dient ihnen allen, er ist ihr Zentrum. Sie bestünden nicht ohne ihn, aber er weiß das so wenig wie sie, man möchte so weit gehen zu sagen, daß er seine Quäler mit seiner Unschuld ansteckt. Sie können nicht anders sein, als sie sind, es ist das Wesen der Selbstanprangerung, daß sie diesen Eindruck vermittelt. Die Kraft dieser Figuren, aller Figuren ist ihre Unschuld. Soll man den Hauptmann, soll man den Doktor hassen, weil sie anders sein könnten, wenn sie nur wollten? Soll man auf Bekehrung für sie hoffen? Soll das Drama eine Missionsschule sein, in die solche Figuren so lange gehen, bis sie sich *anders* schreiben lassen? Der Satiriker *erwartet* von den Menschen, daß sie anders seien. Er peitscht sie, als ob sie Schulbuben wären. Er richtet sie für moralische Instanzen her, vor denen sie irgendeinmal zu stehen kommen sollten. Er weiß sogar, wie sie besser wären. Woher bezieht er diese unumstößliche Sicherheit? Hätte er sie nicht, er könnte gar nicht zu schreiben beginnen. Es fängt damit an, daß er ungescheut wie Gott ist. Ohne das geradezu zu sagen, vertritt er ihn und fühlt sich wohl dabei. Er verliert keinen Augenblick an den Gedanken, daß er vielleicht gar nicht Gott ist. Denn da diese Instanz besteht, die höchste, leitet sich Vertretungsmacht aus ihr her, man muß sie nur ergreifen.

Es gibt aber eine ganz andere Haltung, die den Kreaturen und nicht Gott verfallen ist, die sich ihrer gegen ihn annimmt, die vielleicht so weit geht, ganz von ihm abzusehen und nur von Kreaturen handelt. Sie sieht ihre Unabänderlichkeit, obwohl sie sie anders haben möchte. Mit Haß wie mit Strafen ist den Menschen nicht beizukommen. Sie klagen sich an, indem sie sich darstellen, wie sie sind, aber es ist ihre Selbstanklage, nicht die eines anderen. Die Gerechtigkeit des Dichters kann nicht darin bestehen, sie zu verdammen. Er kann den erfinden, der ihr Opfer ist und alle ihre Spuren wie Fingerabdrücke auf ihm zeigen. Von solchen Opfern wimmelt die Welt, aber es scheint das Schwierigste zu sein, einen als Figur zu fassen und so sprechen zu lassen, daß die Spuren erkennbar bleiben und sich nicht zu Anklagen verwischen. Wozzeck ist diese Figur und man erlebt, was an ihm verübt wird, während es geschieht und es ist kein Wort der Anklage hinzuzufügen. Die Spuren der Selbstanprangerungen sind an ihm erkennbar. Die auf ihn losgeschlagen haben, sind da, und wenn es mit ihm zu Ende geht, bleiben *sie* am Leben. Das Fragment führt nicht vor, wie es mit ihm zu Ende geht, es führt vor, was er *tut, seine* Selbstanprangerung nach denen der anderen.

Auge und Atem

Meine Beziehung zu Hermann Broch war, mehr als es sonst üblich ist, von der Gelegenheit unserer ersten Begegnung bestimmt. Ich sollte bei Maria Lazar, einer Wiener Schriftstellerin, die wir beide unabhängig voneinander kannten, mein Drama ›Hochzeit‹ vorlesen. Einige Gäste waren geladen. Ernst Fischer und seine Frau Ruth waren darunter, ich weiß nicht mehr, wer die anderen Gäste waren. Broch hatte sein Erscheinen zugesagt, man wartete auf ihn, er hatte sich verspätet. Ich wollte schon beginnen, da kam er im letzten Augenblick, mit Brody zusammen, seinem Verleger. Zu mehr als einer kurzen Vorstellung reichte die Zeit nicht: bevor wir noch zueinander gesprochen hatten, begann ich mit der Vorlesung der ›Hochzeit‹.

Maria Lazar hatte Broch erzählt, wie sehr ich die ›Schlafwandler‹ bewunderte, die ich während des Sommers dieses Jahres 1932 gelesen hatte. Er kannte von mir nichts; da nichts gedruckt war, hatte er nichts von mir kennen *können*. Er war für mich, nach dem Eindruck der ›Schlafwandler‹ und besonders des ›Huguenau‹, ein großer Dichter, ich für ihn ein junger, der ihn bewunderte. Es mochte Mitte Oktober sein, sieben oder acht Monate zuvor hatte ich die ›Hochzeit‹ beendet. Einzelnen Freunden hatte ich das Stück vorgelesen, es waren Freunde, die etwas von mir erwarteten und nie noch waren es mehrere von ihnen zusammen gewesen.

Broch aber, und darauf kommt es hier besonders an, bekam mit voller Wucht und bevor er sonst irgend etwas von mir erfuhr, die ganze ›Hochzeit‹ zu hören. Ich las dieses Stück mit Leidenschaft, die Figuren standen durch ihre akustischen Masken fest voneinander abgegrenzt da, daran hat sich auch in Jahrzehnten nie mehr etwas geändert. Es dauerte über zwei Stunden und ich las in einem Zug. Es war eine dichte Atmosphäre, außer Veza und mir waren vielleicht ein Dutzend Menschen da, aber ihre Präsenz war so stark, daß es sich wie ein Vielfaches davon anfühlte.

Ich sah Broch gut vor mir, die Art, wie er dasaß, machte mir Eindruck. Sein Vogelkopf schien zwischen den Schultern ein wenig eingesunken. Während der Hausbesorgerszene, der letzten des Vorspiels, die mir die teuerste des ganzen Stückes geworden ist, bemerkte ich seine Augen. Der Satz der sterbenden Kokosch: »Du Mann, ich muß dir was sagen«, den sie immer wieder beginnen muß, den sie nicht vollenden kann, ist für mich der Augenblick der Begegnung mit den Augen Brochs. Wenn Augen atmen könnten, sie hätten den Atem angehalten. Sie warteten darauf, daß der Satz zu Ende gesprochen würde und dieses Einhalten und Verharren war angefüllt mit Kokoschs Worten aus Simson. Es war eine doppelte Lesung und zum lauten Dialog, der gar keiner war, denn Kokosch hörte nicht auf die Worte der Sterbenden, war ein unterirdischer hinzugetreten, zwischen Brochs Augen, die sich der Sterbenden angenommen hatten, und mir, der immer wieder zu ihren Worten ansetzte und sich darin von den biblischen Sätzen des Hausbesorgers unterbrechen ließ.

Das war die Situation in der ersten halben Stunde des Lesens. Dann kam die eigentliche ›Hochzeit‹, und sie setzte mit großer Schamlosigkeit ein, für die ich mich aber damals, da ich sie so sehr haßte, gar nicht schämte. Von der Naturwahrheit dieser ekelhaften Szenen hatte ich vielleicht keine komplette Vorstellung. *Eine* Quelle davon war Karl Kraus, aber es war auch anderes eingeflossen: George Grosz, dessen Ecce-Homo-Mappe ich bewundert und verabscheut hatte. Das meiste hatte mit Selbstgehörtem zu tun.

Beim Vorlesen des wüsten, mittleren Teils der ›Hochzeit‹ achtete ich nie auf meine Umgebung. Es gehörte zu dieser Art von Besessenheit, daß man zu schweben vermeint, auf schrecklichen und gemeinen Sätzen, die nichts, gar nichts mit einem zu tun haben, die einen mehr und mehr aufblasen, so daß man auf ihnen fliegt, wie ein Schamane vielleicht, doch das hätte ich damals nicht gewußt.

An diesem Abend war es aber anders. Ich spürte während des ganzen mittleren Teils die Anwesenheit von Broch. Sein Schweigen war eindringlicher als das der anderen. Er hielt an sich, wie man Atem anhält, wie es genau damit beschaffen war, wußte ich nicht, aber daß es etwas mit Atem zu tun hatte, fühlte ich und ich glaube, es war mir bewußt, daß er anders atmete als alle anderen. Gegen den schrecklichen Lärm, den meine Figuren vollführten, stand seine Stille. Sie hatte etwas Körperliches, sie wurde von ihm bewirkt, es war eine Stille, die sich *erzeugte*, heute weiß ich, daß sie mit seiner Art zu atmen zusammenhing.

Im dritten Teil des Stücks, dem eigentlichen Untergang und

Totentanz, spürte ich nichts mehr um mich. Die große Anstrengung nahm mich her, ich war im Rhythmus, der hier das Entscheidende ist, so sehr gefangen, daß ich nicht hätte sagen können, was mit diesem oder jenem Hörer geschah, und als ich zu Ende war, wußte ich nicht einmal, daß Broch da war. Mit der *Zeit* war inzwischen etwas passiert und ich mag wieder dort gewesen sein, wo man auf sein Kommen gewartet hatte. Doch er äußerte sich und sagte: wenn er das gekannt hätte, hätte er sein Stück nicht geschrieben. (Es scheint, daß er damals gerade mit einem Stück beschäftigt war, es wird dasselbe gewesen sein, das dann in Zürich gespielt wurde.)

Dann sagte er etwas, das ich hier nicht wiedergeben mag, obwohl es viel Einsicht in die Genese des Stückes verriet. Ohne ihn zu kennen, wußte ich, daß er erschüttert, daß er wirklich mitgenommen war. Brody, sein Verleger, hatte für alles ein verbindliches Grinsen, das mißfiel mir sehr. Nichts war mit *ihm* passiert, vielleicht hatte er sich über die wütende Attacke auf Bürgerlichkeit geärgert, mochte sich das nicht anmerken lassen und verbarg es hinter Verbindlichkeit. Vielleicht war er aber immer so, vielleicht war er gar nicht zu erschüttern – was ihn wirklich mit Broch verband, denn er war zweifellos mit ihm befreundet, das vermag ich nicht zu sagen.

Die beiden blieben nicht lang, sie wurden schon wieder irgendwo erwartet. Broch, obschon er mitsamt seinem Verleger angerückt war, was als eine Art von Selbstbewußtsein wirkte, erschien mir am Ende der ›Hochzeit‹ als gebrechlich. Es war eine sehr schöne Gebrechlichkeit, nämlich eine, die von Ereignissen, Beziehungen, Schwankungen unter Menschen abhing, Empfindlichkeit war ihre Voraussetzung. Den meisten wird es als Schwäche erschienen sein, *ich* darf es so nennen, weil ich eine Schwäche dieses Bewußtseinsgrades als Vorzug, ja als Tugend empfinde. Wenn aber Menschen der kommerziellen Umwelt, in der er gelebt hatte, oder einer entsprechenden Daseinsform heute über ihn ›Schwäche‹ sagen, möchte ich ihnen auf den Mund schlagen.

Nicht leichten Herzens befasse ich mich mit Broch, denn ich weiß nicht, wie ich ihm gerecht werden soll. Da war die Erwartung, mit der ich an ihn herantrat, die stürmische Werbung von Anfang an, der er sich zu entziehen versuchte, die Blindheit, mit der ich alles an ihm gut finden wollte, die Schönheit seines

Auges, in dem alles andere eher als Berechnung für mich zu lesen war: was habe ich *nicht* erhaben gesehen bei ihm und wie naiv und unbedacht ließ ich mich auf eine besessene Art gehen, ohne meine immense Ignoranz zu verbergen! Denn wenn ich auch wirklich offen und wißbegierig war, Früchte hatte diese Wißbegier noch keine getragen. Ich hatte, wenn ich es heute zu bemessen versuche, noch wenig gelernt und jedenfalls nichts von dem, was sein besonderes Wissen ausmachte: die zeitgenössische Philosophie. Seine Bibliothek war hauptsächlich eine philosophische, er scheute im Gegensatz zu mir vor der Welt der Begriffe nicht zurück, er gab sich ihnen hin wie andere dem Besuch von Nachtlokalen.

Es war der erste ›Schwache‹, dem ich begegnet bin, es war ihm nicht um Siegen und nicht um Überwinden und schon gar nicht um Prahlen zu tun. Das Verkünden großer Absichten war ihm in tiefster Seele zuwider, während bei mir jeder zweite Satz lautete: »Darüber schreibe ich ein Buch« – ich konnte keinen Gedanken, vielleicht keine Beobachtung aussprechen, ohne gleich zu sagen: »Darüber schreibe ich ein Buch.« Nun war das aber nicht ganz leere Prahlerei, denn ein langes Buch ›Kant fängt Feuer‹ hatte ich geschrieben, es bestand im Manuskript, wenige wußten davon, und ein anderes, das mir viel wichtiger war, über Masse, hatte ich mir zum Lebenswerk bestimmt, davon gab es nicht viel mehr als Erlebnisse, die aber sehr tief reichten, und eine ausgebreitete, gierige Lektüre, von der ich dachte, daß sie mit ›Masse‹ zusammenhing – aber eigentlich bezog sie sich auf ›alles‹ nicht weniger als auf Masse. Mein Leben war auf ein großes Werk abgestellt, ich nahm es so ernst, daß ich ohne zu zögern zu sagen imstande war: »Das wird aber Jahrzehnte dauern.« Daß ich *alles* in meine Absichten und Pläne einbeziehen wollte, dieses Umfassend-Unerschöpfliche mußte er als Leidenschaft und als echt empfinden. Was ihn abstieß, war eine grausam-zelotische Art, die Besserung der Menschen von einer Züchtigung abhängig zu machen, zu deren ausführendem Organ ich mich ohne weiteres eingesetzt hatte. Das hatte ich von Karl Kraus gelernt, den ich *bewußt* nie nachzuahmen gewagt hätte, von dem aber unendlich viel in mich eingegangen war und besonders, in der Zeit, da ich die ›Hochzeit‹ schrieb, im Winter 1931/32, sein Furor.

Mit diesem Furor, der durch die ›Hochzeit‹ zu meinem eigenen geworden war, hatte ich mich bei der Vorlesung des Stückes Broch präsentiert. Er war ihm erlegen, aber es war das einzige bei mir, dem er je erlag, was er sonst, wie sich zeigte, übernahm, geschah auf jene Art, die ich viel später, eigentlich erst nach seinem Tod begriff: es war die Aneignung fremder Willensimpulse, deren er sich anders nicht erwehren konnte.

Broch gab immer nach, er nahm nur auf, indem er nachgab. Das war kein komplizierter Prozeß, das war seine Natur, und ich glaube, es war eine richtige Erkenntnis von mir, das auch mit der Art seines Atems in Verbindung zu bringen. Doch gab es unter unzähligen Dingen, die er aufnahm, manchmal welche, die zu gewalttätig waren, um sich ruhig aufbewahren zu lassen. Solche störenden Dinge, die er als peinliche Stöße empfand und moralisch mißbilligte, wurden dann, sei es bald, sei es später, zu seinen eigenen Initiativen. Als er später ein Emigrant in Amerika war und sich zur Befassung mit Massenpsychologie entschloß, hatte er sicher unsere Gespräche darüber nicht vergessen. Doch hatte ihn der Inhalt dessen, was ich sagte, die eigentliche Substanz, in keiner Weise berührt. Die *Unwissenheit* des Sprechenden, dessen Worte von keiner der herrschenden philosophischen Terminologien gefärbt waren, ließ ihn den Gehalt des Gesagten völlig übersehen, auch wenn es seine Eigenart hatte. Es war die *Kraft* der Absicht, was ihn traf, der Anspruch auf eine neue Lehre, die einmal dastehen würde, und obschon sie – außer in kümmerlichen Ansätzen – noch gar nicht bestand, empfand er diese Absicht als *Befehl* und ließ diesen Befehl, als wäre er an ihn gerichtet, in sich nachwirken. Wenn ich in seiner Gegenwart von dem zu sprechen begann, was ich vorhatte, hörte er daraus: »Tu du's!«, wußte aber nicht gleich, wie sehr er es unter Zwang gehört hatte und verließ mich mit dem Keim zu einem Auftrag, der in einem neuen Milieu später aufblühte, aber keine Früchte trug.

Ich nehme gleich viel vorweg und verwirre so die klare Linie unserer Beziehung, die ja auch entstand, aber es ist jetzt, nach allen Jahrzehnten notwendig, daß ich ebenso sehe, was damals schon am Anfang wirklich zwischen uns geschah, ohne daß es einer von uns wußte, auch er nicht.

Auf seinen eiligen Gängen kam Broch nicht selten zu uns in die Ferdinandstraße. Ich sah ihn als einen großen, schönen Vogel, aber mit gestutzten Flügeln. Er schien sich einer Zeit zu entsinnen, da er noch fliegen konnte. Er hatte nie verwunden, was mit ihm geschehen war. Ich hätte ihn gern darüber befragt, aber ich wagte es damals noch nicht. Seine stockende Art täuschte, vielleicht sprach er gar nicht ungern über sich. Aber er überlegte, bevor er sprach, flüssige Geständnisse wie bei den meisten Menschen, die ich in Wien kannte, waren von ihm nicht zu erwarten. Geschont hätte er sich nicht, er neigte dazu, sich zu verklagen, von Selbstzufriedenheit hatte er keine Spur, er gab sich unsicher, aber es war, so schien mir, eine *erworbene* Unsicherheit. Meine *bestimmte* Art zu sprechen irritierte ihn, doch war er zu menschenfreundlich, es zu zeigen. Ich merkte es aber und wenn er gegangen war, blieb ich beschämt zurück. Ich machte mir Vorwürfe, weil er mich nicht mochte, so kam es mir vor. Er hätte mich gern zum Selbstzweifler gemacht, vielleicht wollte er mich vorsichtig dazu erziehen, aber das gelang ihm gar nicht. Ich stellte ihn sehr hoch, von den ›Schlafwandlern‹ war ich eingenommen, weil er darin das vermochte, wozu ich unfähig war. Das Atmosphärische in der Literatur hatte mich nie interessiert, ich hatte es als Sache der Malerei empfunden. Aber nun war es bei Broch auf eine Weise da, die einen dafür empfindlich machte. Ich bewunderte es, weil ich alles bewunderte, was mir versagt war. Es machte mich nicht irre an dem, was ich selber vorhatte, aber es war wunderbar zu sehen, daß es ganz anderes gab, das sein eigenes Recht hatte und einen im Lesen von einem selber befreite. Solche Verwandlungen im Lesen sind für einen Dichter unentbehrlich. Er findet wirklich nur zu sich zurück, wenn er sehr stark von anderen weggezogen wurde.

Broch brachte jedes neue Stück Prosa, das von ihm herauskam, gleich in die Ferdinandstraße. Besonders wichtig war ihm, was in der ›Frankfurter‹ und in der ›Neuen Rundschau‹ erschien. Es wäre mir nicht eingefallen zu denken, daß mein Urteil für ihn von Bedeutung war. Wie sehr er Zustimmung brauchte, habe ich erst später begriffen, als einige Jahre nach seinem Tod seine Briefe veröffentlicht wurden. So sehr ihn meine *behauptende* Art des Sprechens irritierte, die Entschiedenheit eines Urteils, wenn es ihn betraf, holte er sich gern und zitierte es sogar in Briefen an andere.

Für Brochs eilige Gänge hatte ich damals eine beinah mythische Deutung: er, der große Vogel kam nie darüber hinweg, daß ihm die Flügel gestutzt worden waren. Bis in die Freiheit der *einen* Atmosphäre über allen Menschen konnte er nicht mehr entschweben. Aber er holte sich statt dessen jeden vereinzelten Atemraum unter Leuten. Andere Dichter sammelten Menschen, er sammelte die Atemräume um sie, die die Luft enthielten, die in ihren Lungen gewesen war und die sie dann ausgestoßen hatten. Aus dieser bewahrten Luft schloß er auf ihre Eigenart, er charakterisierte Menschen durch die ihnen zugehörigen Atemräume. Das schien mir etwas vollkommen Neues, das mir noch nie begegnet war. Ich wußte von Dichtern, die vom Visuellen und solchen, die vom Akustischen bestimmt waren. Daß es einen geben könnte, der sich durch die Art seines Atems bestimmen ließe, wäre mir früher nicht eingefallen.

Er war sehr zurückhaltend und wirkte, wie ich schon sagte, unsicher. Worauf immer sein Blick fiel – er zog alles in sich, aber der Rhythmus dieses Einziehens war nicht der des Schlingens, sondern der des Einatmens. Er *stieß* an nichts, alles blieb wie es war, unveränderlich, und behielt seine besondere Aura von Luft. Er schien das Verschiedenartigste aufzunehmen, um es zu behüten. Heftigen Reden mißtraute er und wie immer gutmeinend die Absicht, mit der sie sich ankündigten, er witterte Böses dahinter. Jenseits von Gut und Böse war für ihn *nichts* und daß er sich sofort, vom ersten Satz an, zu einer verantwortlichen Haltung bekannte und sich nicht für sie schämte, nahm mich für ihn ein. Sie verriet sich auch in der Zurückhaltung seines Urteils, in dem, was ich schon früh sein ›Stocken‹ nannte.

Ich erklärte mir sein ›Stocken‹ – nämlich daß er lange nichts sagte, obschon ihm anzumerken war, wieviel er sich dachte – damit, daß er niemand bedrängen wollte. Es war ihm peinlich, auf seinen Vorteil bedacht zu sein. Ich wußte, daß er einer Industriellen-Familie entstammte, sein Vater hatte die Spinnerei in Teesdorf besessen. Broch, der eigentlich Mathematiker werden wollte, hatte in dieser Spinnerei gearbeitet, gegen seinen Willen. Als sein Vater starb, mußte er sie ganz übernehmen, nicht um seinetwillen, sondern weil es eine Mutter und andere Familienmitglieder zu versorgen gab. Aus einer Art von Trotz studierte er, er studierte spät noch Philosophie, und als ich ihn kennenlernte, ging er ins Philosophische Seminar der Wiener Universität und sprach davon wie von etwas sehr Ernstem. Ich witterte bei ihm ein ähnliches Verhältnis zur kommerziellen Herkunft wie das meine: eine tiefe Abneigung nämlich, die nach jedem Mittel griff, sich dagegen zur Wehr zu setzen. Da er sich so lange noch, als Erwachsener, als reifer Mann mit der väterlichen Fabrik abgeben mußte, brauchte er besonders starke Gegenmittel. In seinen Neigungen hielt er sich an strenge Wissenschaften und verschmähte es nicht, sie in ihrer akademischen Form auf sich wirken zu lassen. Ich stellte ihn mir als Studenten vor, diesen Mann von reich belebtem Geist. Wenn er so weise war, daß er unsicher blieb, wie fand er Sicherheit in Seminaren? Es war ihm um Zwiesprache zu tun, aber er verhielt sich so, als ob er immer der Lernende wäre und da ich annahm, daß er es in den häufigsten Umständen gar nicht sein konnte, denn es sprang in die Augen, daß er mehr wissen müsse als die Gesprächspartner, dachte ich, es sei seine Herzensgüte, die ihn davon abhalte, irgendwen zu *beschämen*.

Im Café Museum lernte ich Ea von Allesch kennen, die die Freundin Brochs war. Ich hatte ihn allein woanders getroffen. Er sei mit Ea verabredet und habe versprochen, mich mitzubringen. Er schien mir nicht ganz frei, er sprach anders als sonst und er hatte sich *stark* verspätet. »Sie wartet schon lange auf uns«, sagte er und ging rascher, zum Schluß war es beinahe, als flöge er durch die Drehtüre und zöge mich dabei mit sich ins Lokal hinein. »Wir haben uns verspätet«, sagte er gleich, beinahe devot, bevor er mich noch vorstellte, nannte meinen Namen und fügte in einem sachlichen Ton, der keine Besorgnis mehr verriet, »und das ist Ea Allesch« hinzu.

Ich hatte ihren Namen früher ein paarmal von ihm gehört und hatte beide Teile, das ›Allesch‹ und schon gar das ›Ea‹ merkwürdig, ja rätselhaft gefunden. Ich hatte ihn nicht gefragt, woher dieses ›Ea‹ komme, habe es auch später nie wissen wollen. Sie mochte in ihren Fünfzigern sein, sie war nicht jung, sie hatte den Kopf eines Luchses, aber aus Samt, mit rötlichen Haaren. Sie war schön und ich dachte etwas bestürzt, *wie* schön sie erst gewesen sein müsse. Sie sprach leise und sanft, aber doch so eindringlich, daß man sich gleich ein wenig vor ihr fürchtete. Es war, als hätte sie, ohne es zu merken, ihre Krallen in einen geschlagen. Diesen Eindruck hatte man aber nur, weil sie Broch widersprach. Nicht einen einzigen seiner Sätze ließ sie gelten. Sie fragte, wo wir uns verspätet hätten, sie hätte gedacht, wir kämen

nicht mehr, seit einer Stunde sitze sie da. Broch erklärte ihr, wo
wir gewesen waren. Aber obwohl er mich dabei einbezog, als sei
ich dazu da, es zu bezeugen, hörte sie sich's so an, als glaube sie
ihm kein Wort. Sie machte keinen Einwand, aber es stimmte ihr
nicht und sie kam, wir saßen schon längst, darauf zurück, durch
einen Satz, in dem ihr Zweifel verarbeitet war, als sei er bereits
Geschichte geworden und als wolle sie nur merken lassen, daß
sie ihn zu allen übrigen Zweifeln dazulege.

Es entspann sich ein literarisches Gespräch. Broch wollte von
unserem Fehltritt ablenken und erinnerte daran, daß er gleich
nach der Vorlesung der ›Hochzeit‹ zu ihr in die Peregringasse
gekommen sei und wie er damals zu ihr darüber gesprochen
habe. Es war, als bitte er sie damit, mich ernst zu nehmen; und
sie bestritt auch nicht, was bei dieser Gelegenheit geschehen
war, wendete es aber gleich gegen ihn. Er sei ganz zerdrückt
gewesen und habe darüber geklagt, daß er gar kein Dramatiker
sei, wozu habe er nur ein Stück geschrieben, er hätte es am
liebsten vom Züricher Theater, wo es lag, zurückgezogen. Seit
einiger Zeit bilde sich der Broch nämlich ein, daß er schreiben
müsse. Wer ihm das nur eingeredet habe, eine Frau wahrscheinlich. Es tönte sehr sanft, beinah einschmeichelnd, aber es war
niemand da, in den sie sich einschmeicheln wollte und es war
vernichtend. Denn sie fügte hinzu, sie habe ihm schon aus der
Schrift gesagt, daß er kein Schriftsteller sei, sie sei nämlich Gra-
phologin und es genüge, seine Schrift mit der von Musil zu
vergleichen, um zu wissen, daß der Broch kein Schriftsteller sei.

Mir war das so peinlich, daß ich schleunig die Ablenkung auf
Musil nutzte und sie fragte, ob sie ihn kenne. Den kenne sie seit
Jahrzehnten, aus der Allesch-Zeit, noch früher sogar, *länger* als
Broch. Der *sei* ein Schriftsteller, ihr Ton war ganz verändert, als
sie das sagte und als sie gar hinzufügte, daß Musil nicht so viel
von Freud halte und sich nicht leicht verführen lasse, begriff ich,
daß ihre Animosität gegen alles ging, was für Broch zählte,
während Musil für sie intakt bestand. Sie hatte ihn in der Zeit
ihrer Ehe mit Allesch, der Musils ältester Freund war, oft gesehen und sah ihn auch jetzt noch manchmal, lange nach der
Trennung jener Ehe. Es bedeutete ihr etwas, daß sie Grapholo-
gin war und sie hatte auch ihre Position in der Psychologie. »Ich
bin Adler«, sagte sie und zeigte auf sich, »er ist Freud« und zeigte
auf Broch. Dieser war Freud wirklich verfallen, auf religiöse

Weise, möchte ich sagen – ich meine damit nicht, daß er ein Zelot geworden war, wie so viele andere, die ich damals kannte, sondern er war von Freud durchdrungen wie von einer mystischen Lehre.

Es gehörte zu Broch, daß er seine Schwierigkeiten nicht verbarg. Er präsentierte sich nicht als Fassade. Ich weiß nicht, warum er mich so früh schon mit Ea zusammenbrachte. Daß sie ihn vor anderen nicht auszeichnete, war ihm immer bewußt. Vielleicht wollte er ihrer schroffen Ablehnung seines Schreibens meine Verehrung dafür entgegensetzen, was ich aber damals nicht begriff. Erst allmählich erfuhr ich, daß Broch als Mäzen gegolten hatte: ein Industrieller, dem geistige Dinge mehr bedeuteten als seine Fabrik und der für Künstler immer etwas übrig hatte. Seine Noblesse hatte er behalten, aber es war bald zu spüren, daß er kein reicher Mann mehr war. Er klagte nicht über seine Not, wohl aber über Zeitmangel. Jeder, der ihn kannte, hätte ihn gern oft gesehen.

Er brachte es dazu, daß man über sich sprach, in Rage geriet und nicht mehr aufhören mochte. Man hielt das für ein besonderes Interesse an der Person, die man war, die Absichten und Pläne, die man hatte, die großen Entwürfe. Man sagte sich nicht, daß dieses Interesse *jeder* Person galt, obwohl man das aus den ›Schlafwandlern‹ wohl erfaßt haben könnte. In Wirklichkeit war es seine Art des Zuhörens, der man verfiel. Man breitete sich in seiner Stille aus, nirgends stieß man auf Hindernisse. Man hätte alles sagen können, er wies nichts zurück, Scheu empfand man nur, solange man etwas nicht ganz und gar gesagt hatte. Während man sonst in solchen Gesprächen an eine Stelle gelangt, wo man sich mit einem plötzlichen Ruck ›Halt!‹ sagt, ›Bis hierher und nicht weiter!‹, da die Preisgabe, die man sich gewünscht hat, gefährlich wird – denn wie findet man wieder zurück zu sich und wie soll man danach wieder allein sein? –, gab es diesen Ort und diesen Augenblick bei Broch nie, nichts rief Halt, nirgends stieß man auf Warntafeln oder Markierungen, man stolperte weiter, rascher, und war wie betrunken. Es ist überwältigend zu erleben, *wieviel* man über sich zu sagen hat, je weiter man sich wagt und verliert, umso mehr fließt nach, von unter der Erde springen die heißen Quellen auf, man ist eine Landschaft von Geysiren.

Nun war mir diese Art von Ausbrüchen nicht unbekannt, ich

hatte sie von anderen erlebt, die zu mir sprachen. Der Unterschied lag darin, daß ich auf andere zu *reagieren* pflegte: Ich mußte etwas darauf sagen, ich konnte nicht schweigen, und in dem, was ich sagte, bezog ich Stellung, urteilte, riet, ließ Anziehung oder Ablehnung spüren. Broch, in dieser Situation, ganz im Gegensatz dazu, *schwieg*. Es war kein kaltes oder machtgieriges Schweigen, wie es von der Analyse her bekannt ist, wo es darum geht, daß ein Mensch sich rettungslos einem anderen ausliefert, der sich kein Gefühl für oder gegen ihn erlauben *darf*. Brochs Zuhören war von kleinen, vernehmlichen Atemstößen unterbrochen, die einem bezeugten, daß man nicht nur gehört, daß man *aufgenommen* worden war, so als wäre man mit jedem Satz, den man sagte, in ein Haus getreten und lasse sich da umständlich nieder. Die kleinen Atemlaute waren die Honneurs, die einem der Gastgeber erwies: ›Wer immer du bist, was immer du sagst, tritt ein, du bist mein Gast, bleib solange du willst, komm wieder, bleib immer!‹ Die kleinen Atemlaute waren ein Minimum an Reaktion, voll ausgebildete Worte und Sätze hätten ein Urteil bedeutet und wären einer Stellungnahme gleichgekommen, bevor man sich noch ganz mit allem, was man mit sich herumschleppt, ins gastliche Haus eingebracht hatte. Der Blick des Gastgebers war immer auf einen selbst und zugleich auf das Innere der Räume gerichtet, in die er einen einlud. Obwohl sein Kopf dem eines großen Vogels glich, war sein Auge nie auf Greifen, auf Erbeuten aus. Der Blick ging in eine Ferne, die das Nahe des Gegenübers meistens mitenthielt und was im Blickenden zuinnerst war, lag in ein und derselben Nähe und Ferne.

Es war eine geheimnisvolle Aufnahme, die er einem gewährte, um derentwillen man Broch verfiel und ich kannte damals keinen Menschen, der nicht süchtig danach wurde. Diese Aufnahme hatte keine ›Vorzeichen‹, keine Bewertung, bei Frauen wurde sie zu Liebe.

Beginn eines Gegensatzes

Im Laufe der fünfeinhalb Jahre, die Broch in meinem Leben präsent war, ist mir allmählich nur eingegangen, was heute, da es um eine einschneidende Bedrohung allen Lebens geht, als selbstverständlich gilt: die *Nacktheit* des *Atems*. Der eigentliche Sinn, der Hauptsinn, durch den Broch die Welt um sich aufnahm, war der Atem. Wenn andere immerzu sehen oder hören müssen, nie zu Ende kommen damit und nur nachts, auf den Schlaf zurückgezogen, sich davon ausruhen, war Broch seinem Atem unaufhörlich ausgeliefert, den er nicht abstellen konnte und durch gerade noch vernehmliche knurrende Laute, die ich seine Atem-Interpunktion genannt habe, zu gliedern versuchte. Ich begriff bald, daß er niemanden abzuschütteln vermochte. Ich habe nie ein Nein von ihm gehört. Es war ihm leichter, ein Nein zu schreiben, wenn der, dem es galt, nicht vor ihm saß und ihm nicht seinen Atem sandte.

Auf der Straße hätte ein Fremder ihn ansprechen und beim Ellbogen fassen können, er wäre ihm ohne Widerstand gefolgt. Ich hatte das nicht erlebt, aber ich stellte mir's vor und fragte mich, *wohin* er einem solchen Fremden gefolgt wäre: bis in einen Raum, der von dessen Atem bestimmt war. Was man gemeinhin Neugier nennt, hatte bei ihm eine besondere Form, die man Atemgier nennen möchte. Daß die Getrenntheit der Atmosphären, ihre Abgesondertheit etwas ist, woran man nicht denkt, daß man ein Leben verbringen kann, ohne sich dessen bewußt zu werden, habe ich damals an ihm begriffen. Jeder Atmende, also überhaupt jeder konnte Broch verhaften. Die *Ausgesetztheit* eines Menschen seines Alters, der so lang schon im Leben stand, der sich mit weiß Gott wieviel Dingen schon herumgeschlagen hatte, war etwas Stupendes. Jede Begegnung war für ihn eine Gefahr, denn er konnte sich ihr nicht mehr entziehen. Um loszukommen, brauchte er Leute, die anderswo schon auf ihn warteten.

Er legte Stützpunkte an, die über die Stadt verstreut waren, sie konnten recht weit auseinanderliegen. Wenn er irgendwo ankam, bei Veza in der Ferdinandstraße zum Beispiel, ging er gleich zum Telefon und rief Ea Allesch an. »Ich bin bei Canettis«, sagte er, »ich komme gleich.« Er wußte, daß er dort schon erwartet wurde und gab einen respektablen Grund für seine Verspätung an. Aber das war das Motiv für seinen Anruf, das an der Oberfläche lag und das durch die feindselige Haltung Eas bestimmt war. Er rief nicht nur Ea an – auch wenn er gerade von ihr kam und sie wohl wußte, zu wem er gegangen war, fragte er Veza, die ihn eben begrüßt hatte: »Darf ich anrufen?«, und es war dann jemand anderer, dem er meldete, wo er sich eben befand. Es war immer der Mensch, der ihn erwartete, den er anrief und da er seine unabänderliche Verspätung entschuldigen mußte, schien das natürlich. Aber in Wirklichkeit war es, glaube ich, etwas ganz anderes, was er auf diese Weise zu bewerkstelligen suchte. Er sicherte sich den Weg, der ihn vom einen zum anderen führte. Er bereitete sich darauf vor, ihn in Eile angehen zu müssen. Kein Überfall sollte ihn davon abhalten dürfen, keine Verhaftung.

Die Eile, in der man ihn sah, wenn man ihn zufällig auf der Straße traf, war sein einziger Schutz. Er sagte als erstes – und obwohl es statt eines Grußes war, war es freundlich –, »Ich bin in Eile«, er bewegte die Arme, seine abgestutzten Flügel, so als ob sie sich zum Flug erheben möchten, schlug mit ihnen ein paarmal und senkte sie dann mutlos wieder. Er tat mir dann leid und ich dachte: der Arme, wie schade, daß er nicht fliegen kann! So muß er immer laufen! Es war eine doppelte Flucht, in der er sich so befand: von denen, mit denen er gerade beisammen war, mußte er sich losreißen, denn er wurde erwartet, und auf dem Weg mußte er allen entlaufen, die ihm begegnen konnten und ihn festzuhalten suchten. Ich sah ihm manchmal nach, wenn er auf der Straße entschwand: seine Pelerine hob sich im Wind wie Flügel. Es sah nur rasch aus, ohne wirklich rasch zu sein, der Vogelkopf und die Pelerine zusammen ergaben das Bild eines verhinderten Fluges, der aber nie unwürdig oder häßlich wirkte, es war zu einer natürlichen, zu einer eingefleischten Art von Fortbewegung geworden.

Ich habe zuerst von dem gesprochen, was das *Unvergleichliche* bei Broch war, was ihn von allen Menschen, die ich gekannt habe, unterschied. Denn abgesehen von diesen geheimnisvollen Atemvorgängen, die sein Aussehen und seine physischen Reaktionen bestimmten, führte man Gespräche mit ihm, die einen beschäftigten und die man gern öfters fortgesetzt hätte. Ich hatte mich ihm mit unverbrauchter Verehrungslust zugewandt, ein wahrer Ansturm von Meinungen, Überzeugungen, Vorhaben prasselte auf ihn nieder, aber was immer ich vorbrachte, was immer ich bei ihm unternahm, der erste gewalttätige Eindruck der ›Hochzeit‹, die über zwei Stunden lang auf ihn eingewirkt hatte, war nicht auszulöschen. Dieser Eindruck stand hinter allem, was er mir während der nächsten Jahre sagte, aber er war zu menschenfreundlich, um es mich merken zu lassen. Er sprach nie etwas aus, woraus ich schließen konnte, daß ich ihm nicht geheuer war.

Das Haus bei der ›Hochzeit‹ war eingestürzt und alle waren untergegangen. Wohl erkannte er die Verzweiflung, die mir dieses Stück eingegeben hatte. Es war die Verzweiflung nicht weniger Menschen während jener Jahre, auch seine eigene. Aber daß sie sich in dieser schonungslosen Form äußerte, stimmte ihn bedenklich, so als wäre ich selbst ein Teil dessen, was uns alle bedrohte. Ich glaube nicht, daß er zu einem Schluß darüber kam. Er hatte, früher als ich, denn er war 19 Jahre älter, Karl Kraus erlebt, der um vieles gewalttätiger war als ich und er hatte ihm etwas bedeutet. In unseren Gesprächen kam er wohl selten vor, aber nie nannte er seinen Namen ohne Respekt. Zu meiner Zeit habe ich Broch in keiner Vorlesung von Kraus gesehen. Einen Kopf wie seinen hätte ich nicht vergessen. Vielleicht mied er die Vorlesungen, seit er sich seinen eigenen Werken zugewandt hatte, vielleicht hatte er das Erstickende daran nicht mehr ertragen. Dann hätte ihm die Begegnung mit einem Werk wie der ›Hochzeit‹, das von verwandten apokalyptischen Ängsten bestimmt war, lästig fallen müssen. Aber das sind Vermutungen, ich werde nie bestimmen können, worauf Brochs heimliche Gegenregungen beruhten, vielleicht war es nur meine heftige Werbung um ihn, der er sich wie jeder Werbung zu entziehen versuchte.

Die ersten Gespräche, die ich mit ihm hatte, im Café Museum, waren um die Mittagszeit angesetzt, wobei aber weder er noch ich etwas zu essen pflegten. Es waren animierte Gespräche, an denen auch er sich beteiligte. (Sein Schweigen fiel mir erst später mehr und mehr auf.) Aber sie dauerten nicht lang, vielleicht eine Stunde, immer wenn es so interessant geworden war, daß man es für sein Leben gern fortgesetzt hätte, stand er plötzlich auf und sagte: »Ich muß zur Frau Dr. Schaxl.« Das war seine Analytikerin, er war seit Jahren in Analyse und da er es so einrichtete, daß wir uns unmittelbar vorher trafen, hatte ich den Eindruck, daß er jeden Tag in die Analyse ging. Ich empfand es wie einen Schlag auf den Kopf, je freier und offener ich zu ihm gesprochen hatte – jeder Satz, der von ihm kam, hatte meinen Schwung gesteigert –, je wissender und bohrender seine Antworten waren, umso tiefer empfand ich den Schnitt, auch fühlte ich mich durch den lächerlichen Namen Schaxl beleidigt.

Da waren zwei Leute in einem solchen Gespräch, er, der eine von ihnen, nach dessen Worten ich mich sehnte, der ein Werk wie die ›Schlafwandler‹ geschrieben hatte, erhob sich, unterbrach sich mitten im Satz und rannte davon, um wieder wie jeden Tag (so dachte ich) zu einer Frau zu sprechen, die Schaxl hieß und Analytikerin war. Ich war sehr betroffen und schämte mich für ihn und wagte kaum, mir vorzustellen, daß er sich da auf eine Couch legen müsse und daß er ihr Dinge sagen würde, die sonst kein Mensch zu hören bekam, die er vielleicht nicht einmal aufschrieb. Man muß den Ernst, die Würde, die Schönheit seines Sitzens und Zuhörens gekannt haben, um zu begreifen, wie demütigend es einem vorkam, daß er sich zum Sprechen niederlegte und niemandem dabei – mit *seinen* Augen ins Gesicht sah.

Es ist aber, so denke ich heute, durchaus möglich, daß Broch sich vor dem Ansturm meiner Worte zu retten suchte, daß er ein längeres Gespräch mit mir gar nicht ertragen hätte und darum mit Absicht unsere Begegnung auf die Zeit unmittelbar vor seiner Analyse ansetzte.

Er stand übrigens so sehr zu Freud, daß er auch gar nicht davor zurückscheute, dessen Termini in ihrer vollen, unangezweifelten Bedeutung in einem ernsten und spontanen Gespräch zu verwenden. Angesichts seiner großen philosophischen Belesenheit mußte mir das Eindruck machen, so unangenehm ich es empfand, denn es bedeutete, daß er Freud selbst Kant, den er sehr verehrte, Spinoza und Plato gleichstellte. Was im damaligen Wiener Wortgebrauch zu alltäglichster Banalität geraten war, sprach er neben Worten aus, die durch die Verehrung von Jahrhunderten, auch durch seine eigene, geheiligt waren.

Wenige Wochen, nachdem wir uns kennengelernt hatten, fragte mich Broch, ob ich nicht Lust hätte, in der Volkshochschule Leopoldstadt vorzulesen. Er habe selbst schon einige Male dort gelesen und würde mich gerne einführen. Ich fühlte mich durch diesen Vorschlag sehr geehrt und nahm an. Die Vorlesung wurde von Dr. Schönwiese, dem Veranstalter, für den 23. Januar 1933 angesetzt. Noch im alten Jahr brachte ich Broch das Manuskript von ›Kant fängt Feuer‹. Einige Wochen später, es war schon im Januar, bat er mich um meinen Besuch in der Gonzagagasse, wo er wohnte.

»Was wollen Sie damit sagen?«

Das waren seine ersten Worte, er zeigte mit einer unbestimmten Geste auf das Manuskript des Romans, das neben ihm auf
dem Tisch lag. Ich war so erstaunt über seine Frage, daß ich
nichts zu antworten wußte. Jede andere Frage hätte ich eher
erwartet. Was konnte man mit einem Roman sagen wollen, das
sich in wenigen Sätzen fassen ließ. Ich stotterte etwas Halbver-
ständliches daher, viel Sinn mochte es nicht haben, aber etwas
mußte ich doch schließlich antworten. Er entschuldigte sich und
nahm seine Frage zurück.

»Wenn Sie das wüßten, hätten Sie den Roman nicht geschrieben. Das war eine schlechte Frage von mir.«

Er sah ein, daß ich mit keiner fixen Rede herausrücken würde
und versuchte, den Gegenstand langsam einzukreisen, indem er
alles ausschloß, was als Absicht dieses Schreibens nicht in Betracht kommen konnte.

»Sie wollten doch nicht nur die Geschichte eines Narren
schreiben? Das kann nicht Ihre eigentliche Absicht gewesen
sein. Sie hatten auch nicht einfach vor, eine skurrile Gestalt in
der Art von E. T. A. Hoffmann oder E. A. Poe zu geben?«

Er schloß sich meiner Meinung an, als ich diese Frage verneinte. Ich brachte die Sprache auf Gogol, denn da ihm das
Groteske der Figuren im Roman aufgefallen war, mußte ich
mich auf das Vorbild berufen, das wirklich eines war.

»Ich war eher von Gogol beeinflußt, es sollten sehr extreme
Figuren sein, so weit wie möglich auf die Spitze getrieben, ko-
misch und schrecklich zugleich, so daß das Schreckliche vom
Komischen gar nicht zu scheiden ist.«

»Sie machen einem schon angst. Wollen Sie einem angst machen?«

»Ja. Alles um uns ist angsterregend. Es gibt keine gemeinsame Sprache mehr. Keiner versteht den anderen. Ich glaube,
keiner *will* den anderen verstehen. An Ihrem ›Huguenau‹ hat
mich so sehr beeindruckt, daß die Menschen innerhalb verschiedener Wertsysteme angesiedelt sind, daß zwischen ihnen ein
Verständnis nicht möglich ist. Huguenau ist beinahe eine Figur
in meinem Sinn. Das drückt sich in seiner Sprache zwar nicht
aus. Er führt noch Gespräche mit anderen. Es gibt aber ein
Dokument am Ende des Buches, den Brief Huguenaus mit seiner Forderung an die Witwe Esch, der ganz in seiner eigenen

Sprache gehalten ist: die Sprache des ausschließlich kommerziellen Menschen. Da treiben *Sie* die Sonderung dieses Menschen von allen übrigen des Romans auf eine äußerste Spitze. Das entspricht genau dem, was ich meine. So wollte ich es *immer* halten, mit jeder Figur und an jeder Stelle meines Romans.«

»Das sind dann gar keine wirklichen Menschen mehr. Das wird zu etwas Abstraktem. Wirkliche Menschen bestehen aus vielem. Sie haben widersprechende Regungen in sich, die sich bekämpfen. Gibt man ein wahrhaftes Bild der Welt, wenn man davon absieht? Darf man Geschöpfe so sehr verzerren, daß sie nicht mehr als Menschen zu erkennen sind?«

»Es sind *Figuren*. Menschen und Figuren sind nicht dasselbe. Der Roman als literarische Gattung hat mit Figuren begonnen. Der erste Roman war der Don Quixote. Was halten Sie von der Hauptfigur? Scheint sie Ihnen etwa nicht glaubwürdig, weil sie so extrem ist?«

»Das war eine andere Zeit. Damals, in einer Zeit, als die Ritterromane noch grassierten, war es eine glaubwürdige Figur. Heute wissen wir mehr über den Menschen. Es gibt eine moderne Psychologie und sie sagt Dinge über den Menschen aus, über die wir nicht einfach hinwegsehen können. Literatur muß geistig auf der Höhe ihrer Zeit sein. Wenn sie hinter ihrer Zeit zurückbleibt, wird sie zu einer Art von Kitsch und dient irgendwelchen Zwekken, die *jenseits* von Literatur, also unerlaubt sind.«

»Das würde bedeuten, daß der Don Quixote uns nichts mehr sagt. Für mich ist er nicht nur der erste, sondern noch immer der größte Roman. Ich vermisse nichts darin, keine moderne Erkenntnis. Ich würde sogar so weit gehen zu sagen, daß er gewisse Fehler der modernen Psychologie *vermeidet*. Der Autor nimmt sich keine Untersuchung des Menschen darin vor, er will nicht alles zeigen, was sich in einem einzelnen Menschen vielleicht findet, sondern er schafft gewisse Einheiten, die er scharf umreißt und gegeneinander aufstellt. Aus ihrer Wechselwirkung entsteht, was er über den Menschen zu sagen hat.«

»Dabei kann vieles von dem, was uns heute beschäftigt und bedrängt, gar nicht zur Sprache kommen.«

»Gewiß nicht, Dinge, die es damals nicht gab, können nicht zur Sprache kommen. Aber es lassen sich heute neue Figuren konzipieren und wer mit ihnen zu operieren versteht, drückt die Dinge aus, die uns heute beschäftigen.«

»Es muß auch in der Kunst neue Methoden geben. Im Zeitalter von Freud und von Joyce kann nicht alles beim alten bleiben.«

»Ich glaube auch, daß der Roman heute *anders* sein muß, aber nicht weil wir im Zeitalter von Freud und von Joyce leben. Die *Substanz* der Zeit ist eine andere, das läßt sich nur in neuen Figuren zeigen. Je mehr sie sich voneinander unterscheiden, je extremer sie angelegt sind, umso größer sind die Spannungen zwischen ihnen. Auf die Art dieser Spannungen kommt es an. Sie machen uns angst, die Angst, die wir als unsere eigene erkennen. Sie dienen der *Einübung* dieser Angst. In der psychologischen Ergründung geraten wir ja auch an die Angst und stellen sie fest. Dann werden neue oder wenigstens neu erscheinende Mittel eingesetzt, die uns von ihr befreien sollen.«

»Das ist nicht möglich. Was könnte uns von der Angst befreien? Sie läßt sich vielleicht verringern, das ist alles. Was Sie in Ihrem Roman und auch in der ›Hochzeit‹ getan haben, ist eine *Steigerung* der Angst. Sie stoßen den Menschen auf seine Schlechtigkeit, so als ob sie ihn dafür bestrafen wollten. Ich weiß, Ihre tiefere Absicht ist, ihn zur Umkehr zu zwingen. Man denkt an eine Bußpredigt. Sie drohen aber nicht mit der Hölle, Sie führen sie vor, und zwar in diesem Leben. Sie führen sie nicht objektiv vor, damit man ihrer genauer gewahr wird, damit man sie wirklich kennt, sondern Sie führen sie so vor, daß man sich in ihr fühlt und sich vor ihr ängstigt. Ist es aber die Aufgabe des Dichters, *mehr* Angst in die Welt zu bringen? Ist das eine menschenwürdige Absicht?«

»Sie haben eine andere Methode des Romans. In der Struktur des ›Huguenau‹ haben Sie sie konsequent durchgeführt. Sie setzen verschiedene Wertsysteme gegeneinander, gute und böse, so daß sie sich voneinander abheben. Hart neben der kommerziellen Welt des Huguenau ist die religiöse des Heilsarmeemädchens. Damit schaffen Sie einen Ausgleich und nehmen einem etwas von der Angst, die Sie durch die Figur des Huguenau erzeugen. Ich war von Ihrer Trilogie, die ich in einem Zug las, erfüllt, sie hat viele Räume in mir geschaffen, die sich bewahrt haben und auch heute, ein halbes Jahr nach der Lektüre, in mir bestehen. Man kann ohne jeden Zweifel sagen, daß Sie mich dadurch erweitert und bereichert haben. Aber Sie haben mich auch *beruhigt*. Einsicht beruhigt. Ist es erlaubt, daß Einsicht einen allein beruhigt?«

»Sie sind dafür, die Beunruhigung bis zur Panik zu steigern. Das ist Ihnen in der ›Hochzeit‹ bestimmt gelungen. Darauf kann nur eines folgen: Zerstörung und Untergang. *Wollen* Sie diesen Untergang? Es ist zu spüren, daß Sie genau das Gegenteil wollen. Sie würden gern etwas dazu tun, um einen Ausweg zu zeigen. Aber Sie zeigen keinen, in beiden Werken, der ›Hochzeit‹ wie dem Roman, enden Sie hart und erbarmungslos in der Zerstörung. Es ist etwas Kompromißloses darin, das man achten muß. Aber heißt das, daß Sie die Hoffnung aufgegeben haben? Bedeutet das, daß Sie selbst den Ausweg nicht finden oder heißt es, daß Sie an einem Ausweg überhaupt zweifeln?«

»Wenn ich daran zweifeln würde, wenn ich die Hoffnung wirklich aufgegeben hätte, könnte ich nicht mehr leben. Nein, ich glaube einfach, daß wir noch zu wenig *wissen*. Sie berufen sich gern auf die moderne Psychologie, mir scheint, daß Sie stolz auf sie sind, weil Sie sozusagen in Ihrem engeren Milieu, in diesem besonderen Bereich der Wiener Welt entstanden ist. Sie haben eine Art von Heimatgefühl für diese Psychologie. Es ist Ihnen vielleicht zumute, als hätten Sie sie selbst erfinden können. Was immer sie ausspricht, finden Sie auf der Stelle in sich. Sie brauchen gar nicht danach zu suchen. Mir scheint ebendiese Psychologie völlig unzulänglich. Sie befaßt sich mit dem einzelnen, da ist sie wohl auf einiges gekommen, womit sie aber nichts anfangen kann ist die Masse, und das ist das Wichtigste, worüber man etwas wissen müßte, denn alle neue Macht, die *heute* entsteht, speist sich bewußt aus der Masse. Praktisch weiß jeder, der auf politische Macht aus ist, wie er mit der Masse operieren muß. Nur die, die sehen, daß diese Operationen stracks in den neuen Weltkrieg führen, wissen nicht, wie sie auf die Masse einwirken sollen, damit sie nicht zu unser aller Unglück mißbraucht wird. Diese Gesetze des Massenverhaltens wären zu finden. Darauf kommt es an, das ist die wichtigste Aufgabe, die es heute gibt, zu dieser Wissenschaft gibt es noch nicht einmal Ansätze.«

»Es kann keine geben. Da ist alles vage und ungewiß. Sie sind auf einem falschen Weg. Sie können keine Gesetze für die Masse finden, weil es keine gibt. Es ist schade um die Zeit, die Sie daran wenden. Sie haben mir schon einige Male gesagt, daß Sie das als Ihre eigentliche Lebensaufgabe betrachten, daß Sie fest entschlossen sind, Jahre, Jahrzehnte, ja wenn es sein muß, Ihr ganzes Leben daran zu wenden. Es wäre ein vergeudetes Leben.

Schreiben Sie lieber Ihre Dramen. Sie sind ein Dichter. Sie können sich nicht einer Wissenschaft widmen, die keine ist und nie eine sein wird.«

Dieses Gespräch, soweit es um die Erforschung der Masse ging, haben wir mehr als einmal geführt. Broch, wie ich schon früher gesagt habe, ging immer behutsam mit einem Gesprächspartner um, so als könne er etwas an ihm beschädigen, wenn er Dinge zu fest sage. Es war ihm immer zuallererst um die Art des anderen zu tun, seine Beschaffenheit und die Voraussetzungen, unter denen er funktionierte. So kam es eigentlich selten zu *harten* Gesprächen mit ihm, es war ihm unmöglich, jemand zu demütigen und darum vermied er es, zu sehr recht zu behalten.

Umso mehr stachen die gezählten Gelegenheiten heraus, bei denen es hart auf hart ging. Er war unerbittlich gegen den Namen der Hauptfigur des Romans, die im Manuskript, das ich ihm zu lesen gab, noch den Namen Kant trug. Auch der Titel ›Kant fängt Feuer‹ irritierte ihn, so als wolle ich damit implizieren, daß der *Philosoph* Kant ein kaltes, fühlloses Geschöpf gewesen sei und nun in diesem grausamen Buch gezwungen werde, Feuer zu fangen. Das sprach er allerdings nicht aus, wohl aber, daß die Verwendung dieses Namens, den er aufs höchste verehrte, ihm als unstatthaft erschien. Darum war schon die erste kritische Bemerkung, die er zu mir machte: »Sie müssen den Namen ändern«, und er blieb kompromißlos dabei und beinahe jedesmal, wenn ich ihn sah, fragte er: »Haben Sie den Namen geändert?«

Es genügte ihm nicht, daß ich ihm erklärte, Name und Titel seien von jeher provisorisch gewesen, ich sei, auch zur Zeit, als ich *ihn* noch gar nicht kannte, entschlossen gewesen, beides im Fall einer Publikation zu ändern. Er aber sagte dann unzufrieden: »Warum nicht gleich jetzt? Tun Sie es lieber schon im Manuskript.« Dagegen empfand ich Widerstand, es war wie ein Befehl, von einem Menschen, dem es ganz und gar nicht gemäß war, Befehle zu erteilen. So lange wie möglich wollte ich an meinem ursprünglichen, wenn auch provisorischen Titel festhalten. Ich beließ alles im Manuskript, wie es war, und erwartete den Augenblick, da ich die Änderung gern und nicht unter Druck vornehmen würde.

Das zweite, worauf Broch bestand, war das, wovon ich schon

gesprochen habe: die Unmöglichkeit einer Massenpsychologie. Mit seiner Meinung machte er mir nicht den geringsten Eindruck und so sehr ich ihn als Dichter und Mensch verehrte, so sehr und so vergeblich ich mich auch um seine Zuneigung mühte, es wäre mir nicht im Traum eingefallen, ihm aus Respekt in diesem Punkt recht zu geben. Ich trachtete im Gegenteil, ihn davon zu überzeugen, daß man auf ganz neue Dinge kommen könne, daß es da Zusammenhänge gebe, die merkwürdigerweise noch nie bedacht worden waren. Er schien wenig interessiert und lächelte meist, doch hörte er mich an. Er schien ungehalten, wenn ich Freudsche Auffassungen kritisierte. Einmal versuchte ich klarzumachen, daß man zwischen Panik und Massenflucht unterscheiden müsse, da die Panik zwar ein echter Zerfall der Masse sei, daß es aber auch, wie man zum Beispiel bei Tierherden gut sehen könne, fliehende Massen gäbe, die keineswegs zerfielen, die beisammen blieben und denen das Massengefühl, von dem sie erfüllt wären, bei der Flucht zustatten käme. »Woher wissen Sie das?« sagte er dann, »waren Sie schon eine Gazelle in einer fliehenden Herde?«

Hingegen kam ich bald drauf, daß es etwas gab, was ihm immer Eindruck machte, und das war das Wort ›Symbol‹. Als ich das Wort ›Massensymbol‹ gebrauchte, horchte er auf und ließ sich von mir genau erklären, was ich darunter verstünde. Ich hatte damals über den Zusammenhang zwischen Feuer und Masse nachgedacht und da er sich wie jeder in Wien an den 15. Juli 1927 erinnerte, überlegte er, was ich gesagt hatte und kam manchmal darauf zurück. Was ihm aber wirklich gefiel, war, was ich über das Meer und seine Tropfen in ihrer Vereinzelung zu sagen hatte. Ich erzählte ihm, wie ich für isolierte Tropfen an meiner Hand etwas wie Mitleid empfunden hätte, weil sie vom großen Zusammenhängenden, zu dem sie gehörten, abgetrennt waren. Was in die Nähe von religiösen Gefühlen geriet, hier besonders auch das Wort ›Mitleid‹, das ich für die Isolierung der Tropfen gebrauchte, bestach ihn und er gewöhnte sich daran, in meinem Massenunternehmen etwas Religiöses zu sehen und in diesem Sinn davon zu sprechen. Ich empfand das als eine Reduktion meines Anliegens und wehrte mich dagegen, gab es aber schließlich auf, darüber mit ihm zu diskutieren.

Der Dirigent

Er hielt die Lippen fest zusammengepreßt, damit ihnen kein Lob entfuhr. Über alles ging ihm die Genauigkeit des Auswendiglernens. Sehr jung, unter beengten Verhältnissen, machte er sich an schwierige Texte und eignete sie sich zerstückt in den kümmerlichen Augenblicken an, die ihm seine Brotarbeit ließ. Während er als Stehgeiger in Nachtcafés spielte, ein bleicher, unausgeschlafener Bursche von 15 Jahren, hatte er unter seinen Noten Spinoza auf dem Pult und lernte in kürzesten Zwischenpausen Satz um Satz von dessen ›Ethik‹ auswendig. Was er lernte, hatte mit dem, was er trieb, nichts zu tun, es stand unvermittelt als Stufe des Lernens daneben. Solcher Dinge gab es bei ihm viele, und außer der Anstrengung, die alles gleichermaßen kostete, hing nichts wirklich, von innen mit etwas anderem zusammen. Immer überwog der Wille, er war unverwüstlich, er brauchte Neues, an dem er sich übte, und fand es während eines ganzen Lebens. Bis ins Alter war der Wille entscheidend, er war Appetit, er war nicht aufzuzehren, aber durch seine ständige Befassung mit Musik war es ein rhythmischer Appetit geworden.

Der Lerneifer, durch den er sich als junger Mensch erhob, blieb der gleiche später in allen Lebenslagen. Man könnte sagen, daß er ihn als Berufung erhielt, als er schon einen Beruf hatte. Er wurde allen Schwierigkeiten zum Trotz früh Dirigent, begnügte sich aber nicht mit dem, was er vorfand. Vielleicht erfüllte ihn dieses nicht ausschließlich genug und vielleicht ist er darum nie ein wirklich großer Dirigent geworden. Er hielt Ausschau nach dem, was *verschieden* war, denn das war noch zu erlernen. Die Zeit, in der die Musik sich erneuerte und um sich zu erneuern, auf unerhörteste Weise *verzweigte*, kam ihm wie gerufen. Jede Schule, wenn sie nur neu war, stellte ihm Aufgaben und was er konnte und am meisten wollte, war, neue Aufgaben lösen. Doch keine Aufgabe, auch die größte nicht, konnte für ihn so sein, daß andere neben ihr verschwanden. Er nahm sich ihrer an, er verbiß sich in sie, keine war ihm zu schwer, doch behielt er sich neben ihr alle anderen vor, die sich auf andere Weise für neu ausgaben und alle, die sich noch in Zukunft erst herausbilden würden. Es war ihm um zweierlei zu tun: um das Erlernen neuer Dinge, die er sich ganz zu eigen machte (soweit man das kann, ohne anderes vollkommen auszuschließen); aber dann ging es ihm – das war das Wichtigste – darum, dieses Neue auch *durchzusetzen*, nämlich es so perfekt wie möglich vor ein Publikum hinzustellen, das keinerlei Übung darin hatte, für das es neu und erst unerkennbar, ungewohnt und abstoßend, anscheinend häßlich war. Es war eine Machtfrage für ihn, die ihr doppeltes Gesicht hatte: die Vergewaltigung der Musiker, die er zu ihrer Ausführung zwang, und sobald er die Musiker einmal in der Hand hatte, die Vergewaltigung des Publikums, und zwar dann am liebsten, wenn es besonders widerspenstig war.

Seine Eigenheit, man könnte auch sagen seine Freiheit, bestand darin, daß er mit immer anderem, Neuem vergewaltigte, daß er sich auf keine Richtung festlegte, sondern jeder sich zuwandte, die ihm eine schwierige Aufgabe bot. Er war dann der erste, der diese wie jene völlig unvertraute Sache dem Publikum vorgestellt hatte, vor jedem anderen, man könnte sagen: ihr Entdecker. Er achtete darauf, daß diese Entdeckungen sich summierten, daß es ihrer mehr und mehr gab, und da sein Appetit an ihrer Zahl und Vielfalt wuchs, genügte ihm manchmal die Musik nicht und er verspürte große Lust, sein Machtgebiet zu erweitern, das Drama z. B. einzubeziehen, er dachte dann daran, Festspiele zu organisieren, die einem neuen Drama ebensogut gelten würden wie neuer Musik. Es war in einem solchen Augenblick seines Lebens, daß ich ihm begegnete.

Hermann Scherchen war immer auf der Suche nach *Neuem*. Wenn er in eine Stadt kam, wo er zum erstenmal Konzerte zu absolvieren hatte, hörte er darauf, von wem man *sprach*. Er kannte den Akzent des Schockierenden, des Unerwarteten, der auf einem Namen lag und trachtete mit seinem Träger in Berührung zu kommen. Er bestellte sich Leute in Proben und richtete es so ein, daß er einen ›Neuen‹ in voller Tätigkeit empfing, so daß ihm kaum zu einem Händeschütteln Zeit blieb, denn draußen wartete die Probe auf ihn, die fortgesetzt werden mußte. Das Gespräch mit dem Neuen, der ihn – wie er ihm ausrichten ließ – interessierte, mußte auf ein nächstes Mal verschoben werden, wobei es gar nicht sicher war, daß dann *mehr* Zeit dazu sein würde. Der Neue fühlte sich aber geehrt, weil ihm von den Zwischenträgern dringlich mitgeteilt worden war, wie sehr dem Dirigenten an einer Begegnung liege. Die erste Begrüßung war dann kalt, aber das mochte am Zeitmangel liegen, jeder konnte sich selbst davon überzeugen, wie schwierig die Aufgabe war, die der Dirigent sich gestellt hatte, noch dazu in einer Stadt wie Wien, die für ihren eingefleischt konservativen Geschmack in Dingen der Musik verrufen war. Da konnte man es dem Vorkämpfer fürs Neue unmöglich verargen, wenn er auf seine Arbeit konzentriert war und war ihm eigentlich noch dankbar dafür, daß er den Wunsch nach einer zweiten, zeitlich günstiger gelegenen Begegnung äußerte. Man hatte Verständnis dafür und sah das begeistert ein. Sogar in diesem Arbeitsgetümmel war man sich dessen bewußt, daß er etwas von einem *erwartete*, und da er sich nur um Neues kümmerte, war das, was er erwartete, etwas Neues, und man fühlte sich, noch bevor er etwas von einem kannte, als einer von denen, die ein Recht darauf hatten, sich zu den *Neuen* zu halten. Es konnte passieren, daß man ihn noch einige Male sah, ohne daß es zu einem Gespräch gekommen wäre, es wurde von Mal zu Mal verschoben und dadurch immer wichtiger.

Wenn aber ein weibliches Wesen, das ihn reizte, unter den Zwischenträgern war, dauerte es nicht allzulange und er kam nach einer Probe mit einigem Gefolge ins Café Museum und hörte sich den Kandidaten schweigend an. Er zwang ihn, von dem zu sprechen, was ihm am wichtigsten war, gewöhnlich von einer Komposition, in meinem Fall von einem Drama, hütete sich aber davor, selbst auch nur ein einziges Wort dazu zu sagen. Bei einer solchen Gelegenheit fielen einem zuerst die dünnen, fest zusammengepreßten Lippen auf. Man hätte daran zweifeln können, daß er zuhörte, so wenig gab er von sich, sein Gesicht war glatt und beherrscht, kein Mienenspiel, das ein Für oder Wider verraten hätte, er trug den Kopf sehr aufrecht und gerade auf einem etwas dicklichen Hals und unbeugsamen Schultern. Je wirkungsvoller er schwieg, umso mehr sprach der andere und war, bevor er sich's versah, in die Rolle des Bittstellers gedrängt, vor einem Potentaten, der sich seine Entscheidung länger als möglich, vielleicht für immer vorbehielt.

Doch war Hermann eigentlich gar kein schweigsamer Mensch. Denn wenn man ihn besser kannte, staunte man darüber, wieviel und wie rasch er sprach. Es war aber hauptsächlich Selbstlob, Siegesgesänge möchte man sagen, wenn es nicht so farblos und monoton geklungen hätte. Auch gab es Augenblicke, in denen er plötzlich alles, was ihm zufällig gerade untergekommen war, willkürlich zu verbinden pflegte. Er reihte es dann so aneinander, als sei er befugt und entschlossen, ihm Gesetzeskraft zu geben. »Um 1100 vor Christus hat es eine Explosion in der Menschheit gegeben.« Er meinte eine Explosion künstlerischer Kraft, für das Wort Explosion hatte er viel übrig. Man war mit ihm in einem Museum gewesen und ziemlich eilig, wie es seine Art war, an Gegenständen verschiedenster Herkunft vorübergegangen; kretischen, hethitischen, syrischen, babylonischen. Unter den Schildern mit Jahreszahlen war ihm zwei- oder dreimal die Zahl 1100 v. Chr. aufgefallen. Als rasch entschlossener und eigenwilliger Kopf war er mit seinem Ergebnis gleich zur Hand. »Um 1100 vor Christus hat es eine Explosion in der Menschheit gegeben.«

Schweigsam, unerbittlich schweigsam war er, wenn einer vor ihm war, den er zu entdecken oder zu fördern gedachte. Da wurde es zur Lebensfrage für ihn, sich kein Lob entschlüpfen zu lassen. Da stand er mit zusammengepreßten Lippen da und so sehr hatte er es sich angewöhnt, mit jedem Wort und somit auch besonders mit Lob zu geizen, daß sein Gesichtsausdruck davon recht eigentlich bestimmt war.

H. war es, der mich mit einem Brief zu Anna Mahler schickte. Er ließ nichts ungenützt. Er hatte sie schon in ihrer frühesten Zeit gekannt, als sie mit Ernst Krenek verheiratet war. Er war noch nicht weit genug, um Beachtung von ihr zu erwarten. Auch fand er sie nicht voll ausgebildet, denn sie *unterwarf* sich Krenek. Sie diente ihm bei seiner Arbeit. Er komponierte sehr rasch, eigentlich unaufhörlich, und sie kauerte neben ihm und kopierte, was er komponierte. Es war noch ihre rein musikalische Zeit. Sie hatte sieben oder acht Instrumente spielen gelernt und übte sie alle abwechselnd weiter. Sie war früh von Fruchtbarkeit beeindruckt, der Überfluß, das Unaufhörliche, die Pausenlosigkeit der Niederschrift galten ihr als Beweis von Genie. Dieser Kult des rastlosen Überschwangs blieb ihr auch in allen späteren Perioden ihres Lebens. Verehrung hatte sie nur für Schöpfer oder was sie dafür hielt. Wenn es um Literatur statt um Musik ging, imponierten ihr lange Romane und zwar so, daß immer welche nachkamen, wenn einer zu Ende war. In den Krenek-Jahren beschränkte sich der Fruchtbarkeitskult noch auf Musik und sie schien bereit, dem jungen Schöpfer zu dienen.

H., in dessen Galerie von Entdeckten Krenek als einer der ersten gehörte, bemerkte sie damals wohl, aber als Dienerin eines anderen reizte sie ihn gar nicht. Als er nun nach Wien kam, mit hochfliegenden Plänen, und wie es seine Art war, jede frühere Verbindung wieder anknüpfte, wurde er in das Palais in der Maxingstraße, das dem Verleger Paul Zsolnay gehörte, eingeladen. Da fand er Anna als Herrin eines hochmögenden Hauses vor, die Haare hellgelb, mit eigenem Anspruch auf Kunst, zur Bildhauerin aufgeblüht, vielleicht sah er sie auch im Atelier, doch ist das unwahrscheinlich. Aber sicher sah er sie bei einer Einladung im Hause Zsolnay. Ihre Mutter, deren Macht im Musikleben Wiens er kannte, hielt von ihm nichts. Umso mehr hielt er sich an die Tochter. Er streckte die Fühler aus und schrieb einen Werbebrief für Anna, den ich ihr persönlich in ihrem Atelier übergeben sollte.

Er war mir auf seine Weise gut gesinnt und kündigte meinen Besuch bei Alban Berg an. Eine Vorlesung der ›Hochzeit‹ in der Wohnung der Bella Band, einer idealen Umgebung, ins Großbürgerliche übertragen das gleiche Milieu wie das der ›Hochzeit‹ selbst, hatte ihm Eindruck gemacht. Nicht daß er sich mit einem Wort dazu geäußert hätte: er blieb – nach zwei Stunden betrunkener Hochzeitsgesellschaft und ihrem stürmischen Untergang – stumm wie ein Fisch. Seine Züge, wie eh und je, blieben kalt und unbewegt, die Lippen, ich sagte es schon, fest geschlossen. Trotzdem merkte ich, daß eine Veränderung mit ihm vorgegangen war. Er kam mir – beinahe unmerklich – geschrumpft vor. Er gab danach nicht *ein* herrisches Wort von sich, nahm keine Erfrischungen an und verließ sehr bald die Wohnung.

Was immer geschah, H. pflegte plötzlich abzubrechen. Er stand auf, er ging, mit ganz wenigen Worten, nur denen, die je nach der Gelegenheit unerläßlich waren. Die Hand, die er einem gab, hielt er nah bei sich, nicht einmal darin wollte er einem entgegenkommen. Er hielt die Hand hoch, nicht nur nah, man mußte sich, um bis zu ihr zu gelangen, strecken und heben. Sie war eine Gnade, die er einem erwies, und zu dieser Gnade gehörte ein kurzer Befehl, wann und zu welcher Gelegenheit man sich bei ihm einzustellen habe. Da immer Leute um ihn waren, empfand man es als Auszeichnung und Demütigung zugleich. Bei solchen Verabschiedungen waren auch die geringen Spuren eines Lächelns von seinem Gesicht verschwunden. Er schien leblos und ernst, es war ein Staatsakt, vor einer Statue ausgeführt, die sich aber ruckartig und doch kraftvoll bewegte. Er pflegte sich dann auf der Stelle umzudrehen; gleich nach der Äußerung des letzten Befehls, wann man wieder vor ihm zu erscheinen habe, hatte man seinen breiten Rücken vor Augen, der sich bestimmt, aber nie zu rasch in Marsch setzte. Als Dirigent war er es zwar gewöhnt, mit seiner Rückenansicht zu operieren, aber man kann nicht sagen, daß er über einen Reichtum an Rückenregungen verfügte. Er schien im Rücken so reglos wie im Gesicht, ein Mienenspiel hatte er nirgends, Entschlossenheit, Hochmut, Urteil, Kälte war alles, was er von sich preisgeben wollte.

Schweigen war das Mittel, mit dem er am sichersten unterdrückte. Er begriff bald, daß es bei mir mit Musik im Sinn einer Kunstfertigkeit oder gar eines geistigen Mediums nicht weit her war, so konnte er für mich keinen Meister vorstellen, der mir etwas beibrachte. Eine Lehrer-Schüler-Beziehung, in der er exzellierte, kam gar nicht in Frage, ich spielte kein Instrument, ich war in keinem Orchester, aber ich war auch kein Komponist. Er mußte also an andere Unterjochungsmöglichkeiten denken. Im Zusammenhang mit Festspielen, die er für moderne Musik organisieren wollte, dachte er auch an Drama. Er hörte sich, wie ich schon sagte, die ›Hochzeit‹ von mir an und *vereiste*. Er hätte auf alle Fälle geschwiegen. Aber diesmal wurde das Schweigen dadurch verstärkt, daß er sich sogleich entfernte, um eine Spur rascher, als es sonst seine Art war, und hätte ich ihn schon besser gekannt, ich hätte daraus auf eine gewisse Ratlosigkeit in seinem Eindruck geschlossen.

Ich nahm an, die Atmosphäre dieser Wohnung sei ihm zuwider, die schwarze, orientalisch üppige Dame des Hauses breit auf einer Couch hingelagert, die sie kaum faßte, der Länge nach, aber sie quoll über. Es war mir gar nicht geheuer, vor ihr die Johanna Segenreich vorzuführen. Trotzdem Bella Band als reiche Großbürgerin einem ganz anderen, einem Diamanten-Milieu entstammte und sie die Segenreich, mit ihr konfrontiert, keines Blickes gewürdigt hätte, spürte ich bei jedem ihrer Worte, daß es um dieselbe Art Frau ging. Ich glaube aber nicht, daß sie sich betroffen fühlte, sie hörte sich die Sache als Gastgeberin an, ihr Sohn, den ich kannte, hatte die Lesung bei ihr arrangiert. Soweit man in Wien von moderner Musik überhaupt Notiz nahm, galt die Ehre der Einladung H., der als Vorkämpfer, aber nicht als mehr auch hier bekannt war. Genauso verhielt sich die mit weiblicher Masse beladene Couch, sie entzog sich nicht, sie blieb liegen bis zum Schluß, sie lächelte so wenig wie H. selbst, sie huldigte ihm durch keinerlei Blicke, es wäre unmöglich zu sagen, was während der Untergangsszenen in diesem Fleische vorging, ganz sicher bin ich, daß sie keinen Schrecken empfand, aber ich glaube auch nicht, daß H. sich vor dem Erdbeben fürchtete.

Es waren einige jüngere Leute zugegen. Auch sie fühlten sich wahrscheinlich durch H.'s Kälte und die unerschütterliche Liebesbereitschaft der Bella Band geschützt. So war ich schon der einzige, der sich beim Lesen *fürchtete*. Ich habe die ›Hochzeit‹ nie sprechen können, ohne mich zu fürchten. Sobald der Kronleuchter schwankt, fühle ich das Ende nahen und es ist mir unbegreiflich, wie ich alle die Szenen des Totentanzes – immerhin ein Drittel des ganzen Stückes – richtig zu Ende bringe.

Ende Juni 1933 bekam ich einen Brief von H. aus Riva. Er habe die ›Hochzeit‹ nochmals gelesen und einen Schreck bekommen über die hilflose, eisige Abstraktion, in der das alles sich abspiele. Er sei erschlagen gewesen von der Kraft, die dem Schreiber zu Gebote stehe und von dem Gebrauch, den diese Kraft von ihm mache. »Kommen Sie bald zu mir – am besten nach dem 23. VII. in Straßburg, damit wir das gemeinsam durchkämpfen.«

Er halte den Schreiber für des Größten fähig, als Dichter, aber nie noch habe er so alles von dem Menschen selbst abhängig gesehen wie bei mir. So Neues zu können, eine so somnambulsichere andere Technik zu beherrschen, gejagt von den Triebkräften des klingenden wie des gedachten Wortes sei eine große Aufforderung. Ich müsse ihr ganz entsprechen.

Er bat mich, ›Anni‹, wie er sie nannte, ihr allein, einen inliegenden Brief zu geben. »Können Sie mit dem gleichzeitigen Prospekt etwas anfangen? Werben Sie! Herzlichst H. Sch.«

Es kostet mich Überwindung, den Inhalt dieses Briefes im wesentlichen wiederzugeben. Aber ich kann ihn nicht verschweigen, denn seine Wirkung in meinem Leben war entscheidend. Dieser Brief war es, der mich nach Straßburg lockte, und ohne die Menschen, die ich durch den Straßburger Aufenthalt traf, wäre es nicht zur Publikation des Romans gekommen. Er ist aber auch die beste Charakterisierung H.'s, seine Art, Menschen für sich zu gewinnen, an sich zu binden, zu usurpieren, zu verwenden, ließe sich auf weniger Raum nicht darstellen.

Es ist nicht alles Berechnung darin und auch nicht alles Befehl. Der Schreck, von dem er spricht, über die hilflose, eisige Abstraktion, ist nicht erfunden. Er bringt mehr Sätze darüber vor, als ich erwähne, und *meint* sie. Aber es würde ihm nie genügen, sie zu meinen. Den, den er eben erhoben hat, bestellt er gleich zu sich, nach Straßburg, zu seiner Tagung für moderne Musik, wo der eigentlich gar nichts zu suchen hat, wohin er unzählige andere bestellen wird, die aber Musiker sind, deren Werke er als erster aufführt, mit denen er arbeitet. »Kommen Sie bald zu mir« – wozu eigentlich, wozu? »Damit wir das gemeinsam durchkämpfen.« Es ist eine ungeheure Anmaßung darin, was gibt es, das er mit dem Dichter gemeinsam durchkämpfen könnte? Er will ihn dort haben, etwas, das er als vielversprechend ausgeben kann, eine Randzier an seiner Veranstaltung, die von Musikern, die sich bewähren werden, wimmelt. Was für ein Kämpfen kann das schon sein? Um eine Legitimation dazu zu haben – obwohl er weiß, daß ihm keine Minute Zeit dafür bleiben würde, selbst wenn er den Kampf führen könnte –, rechtfertigt er seinen Gestellungsbefehl durch ein pompöses Urteil, das er auf der Stelle durch die angebliche Gefährdung des Beurteilten revoziert. So wird sich der Empfänger, hin- und hergeworfen, wenigstens über eines klar: wie sehr er H. braucht. Ein Brief an ›Anni‹, geheim, wird mitgeschickt. Auch sie wird irgendwohin beordert, zu anderen Zwecken. Es kommt noch praktischer: der gleichzeitige Prospekt für die Tagung und ›werben Sie!‹.

Ich gäbe viel darum, hätte ich auch Briefe an andere gesehen, die zu dieser Tagung hinbestellt wurden. Die Musiker kamen, sie hatten guten Grund dazu. Ein besonderer Einfall waren die fünf Witwen, die H. bei dieser Tagung versammeln wollte. Es waren die Witwen von fünf berühmten Komponisten und ich kann mich nur an drei von den fünf erinnern, die eingeladen wurden: die Witwen von Mahler, von Busoni und von Reger. Keine kam. Statt ihrer war eine da, die gar nicht hingehörte, die frischgebackene Witwe von Gundolf, die sich ganz in Schwarz sehr heiter und aufgeschlossen gerierte.

Trophäen

Ich war schon einige Male auf der Hohen Warte gewesen, als Annas privater Besuch von ihr selbst durch eine Hintertüre empfangen, bevor sie beschloß, mich ihrer Mutter vorzuführen. Beide waren wir aufeinander neugierig, aber aus sehr verschiedenen Gründen: sie, weil sie noch nie etwas von mir gehört hatte, von der Menschenkenntnis ihrer Tochter wenig hielt und sich vergewissern wollte, daß ich ungefährlich war; ich, weil überall in Wien auf penetranteste Weise von der Alma Mahler die Rede war.

Über einen offenen Hof – mit Fliesen belegt, zwischen denen in absichtlicher Natürlichkeit Gras zu wachsen erlaubt war – wurde ich in eine Art Allerheiligstes geführt, in dem Mammi mich empfing. Eine ziemlich große, allseits überquellende Frau, mit einem süßlichen Lächeln ausgestattet und hellen, weit offenen, glasigen Augen. Ihre ersten Worte klangen so, als hätte sie schon lange auf diese Begegnung gewartet, denn was hatte sie nicht alles von einem gehört. »Annerl hat mir erzählt«, sagte sie gleich und verkleinerte damit ihre Tochter vom ersten Wort an, keinen Augenblick ließ sie einen darüber im Zweifel, wer hier, wer überhaupt das wichtige war.

Sie ließ sich nieder, mit einem vertraulichen Blick wurde einem bedeutet, daß man sich nah neben sie setzen sollte. Ich gehorchte zögernd, nach dem ersten Blick auf sie war ich entsetzt, man sprach überall von ihrer Schönheit, als das schönste Mädchen Wiens, so hieß es, habe sie den viel älteren Mahler so sehr beeindruckt, daß er um sie anhielt und sie zur Frau nahm, und das Gerücht von ihrer Schönheit hatte sich nun mehr als dreißig Jahre weitergetragen, jetzt aber stand sie da und ließ sich schwer nieder, eine angeheiterte Person, die viel älter aussah, als sie war und alle ihre Trophäen um sich versammelt hatte.

Denn der abgegrenzte Raum, in dem sie einen empfing, war so eingerichtet, daß die wichtigsten Stücke ihrer Karriere greifbar waren: es ließ sich nichts übersehen, sie selbst war der Führer in diesem Privat-Museum. Keine zwei Meter von ihr entfernt fand sich die Vitrine, in der die Partitur von Mahlers unvollendeter 10. Symphonie aufgeschlagen lag, man wurde darauf hingewiesen, stand auf, trat nahe heran und las die Notschreie des Kranken – es war sein letztes Werk –, an seine Frau: »Almschi, geliebtes Almschi«, und ähnliche intime, verzweifelte Ausrufe, diese Stellen größter Intimität waren es, die man in der Partitur aufgeschlagen hatte. Es muß ein erprobtes Mittel gewesen sein, Besucher zu beeindrucken. Ich las diese Worte in der Handschrift eines Sterbenskranken und blickte auf die Frau, der sie gegolten hatten. Sie nahm sie, 23 Jahre später, als gälten sie ihr jetzt. Von jedem Betrachter dieses Schaustücks erwartete sie den bewundernden Blick, der ihr für die Huldigung des Sterbenden in seiner Not gebührte, und so sicher war sie der Wirkung seiner Worte in der Partitur, daß sich das nichtssagende Lächeln auf ihrem Gesicht zu einem Grinsen verbreitete, mit dem sie die Huldigung entgegennahm. Sie spürte nichts vom Abscheu und vom Ekel, die in meinem Blicke lagen. *Ich* lächelte nicht, aber sie mißdeutete meinen Ernst als Andacht, wie sie einem todkranken Genie gebührte und da es sich alles in dieser Gedenkkapelle abspielte, die sie ihrem Glück errichtet hatte, gehörte auch die Andacht ihr.

Nun war aber der Moment für das Bild gekommen, das direkt gegenüher von ihr an der Wand hing, ein Porträt von ihr, wenige Jahre nach den letzten Worten des Komponisten gemalt. Ich hatte es gleich bemerkt, es ließ mich vom Augenblick des Eintretens an nicht los, es hatte etwas mörderisch Gefährliches und in der Bestürzung über die aufgeschlagene Partitur verwirrte sich mein Blick und das Bild erschien als das Porträt der Mörderin des Komponisten. Es blieb mir keine Zeit, diesen Gedanken zurückzuweisen, denn sie selbst erhob sich, bewegte sich drei Schritte auf die Wand zu, wies, sobald sie neben mir stand, auf das Bild und sagte:»Und das bin ich als Lucrezia Borgia, von Kokoschka gemalt.« Es war ein Bild aus seiner großen Zeit. Von ihm selbst, der ja noch am Leben war, distanzierte sie sich gleich, indem sie mitleidsvoll hinzufügte:»Schad, daß nichts aus ihm geworden ist!« Kokoschka hatte Deutschland ganz verlassen, ein ›entarteter Maler‹, und war nach Prag gegangen, wo er den Präsidenten Masaryk malte. Ich gab meinem Erstaunen über ihre verächtliche Bemerkung nach und fragte:»Wieso ist nichts aus ihm geworden?«»Jetzt sitzt er eben in Prag, als armer Emigrant. Er hat nichts Rechtes mehr gemalt«, und mit einem Blick auf Lucrezia Borgia:»Da hat er noch was können. Die Leute fürchten sich direkt vor dem Bild.« Ich hatte mich wirklich gefürchtet, aber ich fürchtete mich jetzt noch mehr, weil ich erfahren mußte, daß aus dem Maler nichts geworden war. Er hatte seinen Zweck erfüllt, mit verschiedenen Bildern der ›Lucrezia Borgia‹, und jetzt, schad um ihn, war er verkommen, denn er war den neuen Herrschern Deutschlands nicht genehm und daß er den Präsidenten Masaryk malte, hatte wenig zu bedeuten.

Sehr viel Zeit gönnte aber die Witwe der zweiten Haupttrophäe nicht, denn sie dachte schon an die dritte, die im Heiligtum nicht zugegen war und die sie vorzuführen wünschte. Sie klatschte fest in ihre fetten Hände und rief: » Ja wo ist denn meine Mutz?«

Es dauerte nicht lang und eine Gazelle kam ins Zimmer getrippelt, ein leichtes, braunes Geschöpf, als junges Mädchen verkleidet, unberührt von der Pracht, in die es gerufen wurde, in seiner Unschuld jünger als die 16 Jahre, die es haben mochte. Es verbreitete Scheu mehr noch als Schönheit um sich, eine Engels-Gazelle vom Himmel, nicht aus der Arche, ich sprang auf, um ihr den Eintritt in diesen Lasterraum oder wenigstens den Blick auf die Giftmörderin an der Wand zu verstellen, aber schon hatte diese, die nie aus der Rolle fiel, unverwüstlich das Wort ergriffen:

»Schön ist sie, was? Also das ist Manon, meine Tochter. Vom Gropius. Da kann eben keine mithalten. Du gönnst ihr's, Annerl, gell? Warum soll man nicht eine schöne Schwester haben! Der Apfel fällt nicht weit vom Stamm. Haben Sie den Gropius einmal gesehen? Ein schöner, großer Mann. Genau was man arisch nennt. Der einzige Mann, der rassisch zu mir gepaßt hat. Sonst haben sich immer kleine Juden in mich verliebt, wie der Mahler. Ich bin eben für beides. Jetzt kannst wieder gehen, Mutz. Wart einmal, schau mal oben nach, ob der Franzl dichtet. Stör ihn nicht, wenn er dabei ist. Aber wenn er nicht grad dichtet, soll er kommen.«

Mit diesem Auftrag schlüpfte Manon, die dritte Trophäe, aus dem Raum, so unberührt, wie sie gekommen war, ihr Auftrag schien sie nicht zu belasten. Ich verspürte große Erleichterung beim Gedanken, daß nichts sie berühren könne, daß sie immer so bleiben würde, wie sie jetzt war, daß sie nie wie ihre Mutter werden würde, nicht das Giftbild an der Wand, nicht die glasige, zerflossene Alte auf dem Sofa.

(Ich wußte nicht, auf wie entsetzliche Weise ich recht behalten würde. Ein Jahr später war diese Leichtfüßige eine Gelähmte und wurde auf das Klatschen ihrer Mutter, das sich gleich blieb, im Rollwagen herumgeschoben. Noch ein Jahr später war sie tot. »Dem Andenken eines Engels« widmete Alban Berg sein letztes Werk.)

In einem der Zimmer oben unterm Dach stand Werfels Pult, an dem er stehend schrieb. Anna hatte mir dieses Dachzimmer einmal gezeigt, als ich sie oben besuchte. Die Mutter wußte nicht, daß ich ihn schon in einem Konzert, in das ich Anna begleitete, kennengelernt hatte. Da saß sie zwischen uns beiden und ich spürte während der Musik ein glotzendes Auge auf mir, seines. Er hatte sich ganz weit nach rechts gedreht, um mich besser zu sehen, und um in gleicher Fasson den Ausdruck seines Auges besser beobachten zu können, hatte sich mein linkes Auge beinah ebensoweit nach links gewendet. Da begegneten sich die beiden starrenden Augen, wichen sich erst aus, da sie sich ertappt fühlten, blieben aber schließlich, als dieses wechselseitige Interesse nicht mehr zu verbergen war, ganz bei der Sache.

Ich weiß nicht, was gespielt wurde, wäre ich Werfel gewesen, ich hätte mir das vor allem gemerkt, aber ich war kein Tenor, ich war Anna verfallen und sonst nichts. Sie schämte sich meiner nicht, obwohl ich in Sporthosen war und gar nicht konzertmäßig angezogen, erst im letzten Augenblick hatte ich erfahren, daß eine Karte frei wurde, auf die sie mich mitnehmen könne. Sie saß links von mir und es war sie, auf die ich, wie ich dachte, unbeirrbar verstohlen sah, aber eben in derselben Richtung stieß ich auf Werfels rechtes Froschauge. Es fiel mir ein, daß sein Mund dem eines Karpfens glich und wie sehr sein glotzendes Auge dazu paßte. Bald verhielt sich mein linkes Auge so wie sein rechtes. Es war unsere erste Begegnung und sie spielte sich während einer Musik zwischen zwei Augen ab, die sich – durch Anna getrennt – nicht näher kommen konnten. Ihre eigenen Augen, das Schönste an ihr, Augen, die niemand vergaß, der je von ihnen erblickt worden war, blieben aus dem Spiel, eine groteske Verzerrung des wahren Bestands, wenn man bedenkt, wie nichtssagend, wie bar jeder Ausstrahlung Werfels und meine eigenen Augen waren.

Aus dem Spiel blieben aber auch, da wir im Konzert stumm dasaßen, die Worte, in deren pathetischer Geläufigkeit er ein Meister war. (Friedl Feuermaul ist der Name, den ihm der Größte seiner Zeitgenossen, Musil, gab.) Auch ich war sonst – vor Anna etwa – nicht auf den Mund gefallen, aber beide schwiegen wir, konzertergeben, und vielleicht war schon in dieser ersten Begegnung unsere Feindschaft entschieden, mit der er auf das schwerste in meinem Leben eingegriffen hat, seine Feindschaft und mein Widerwille.

Aber jetzt sitze ich noch bei der Alma unter ihren Trophäen und sie hat, nichts von der Begegnung im Konzert wissend, eben die dritte Trophäe nach der vierten geschickt, um sie – sie heißt Franzl – herunterzuholen, wenn er nicht grad dichtet. Es scheint, daß er gerade dichtete, denn er kam diesmal nicht, und das war mir lieber, denn ich stand unter dem fressenden Eindruck der strotzenden Witwe und ihrer früheren Trophäen. An diesem Eindruck hielt ich fest, ihn wollte ich mir bewahren, kein O-Mensch!-Gerede von Werfel sollte daran etwas ändern. So geschah es denn auch und ich weiß nicht mehr, wie ich weg kam, wie ich mich verabschiedete, in meiner Erinnerung sitze ich noch neben der Unsterblichen und höre unveränderlich ihre Worte über ›kleine Juden wie der Mahler‹.

Straßburg 1933

Ich weiß nicht, was Hermann Scherchen sich unter meiner Beteiligung an seiner Straßburger Arbeitstagung für moderne Musik vorgestellt hat. Zum reichen Programm hatte ich nichts beizutragen. Die Veranstaltungen fanden zweimal täglich im Konservatorium statt. Musiker aus aller Welt waren gekommen, einige wohnten in Hotels, die meisten waren in den Häusern von Straßburger Bürgern eingeladen.

Mein Gastgeber war Professor Hamm, ein bekannter Gynäkologe. Er wohnte in einem Haus der Altstadt, nicht weit von der Thomaskirche, in der Salzmanngasse. Er war ein vielbeschäftigter Mann, aber er holte mich persönlich im Büro des Conservatoire ab, wo ich ihm zugeteilt worden war, und führte mich zu Fuß in die Salzmanngasse, wobei er mir gleich einige Eigenarten der alten Stadt erklärte. Ich war betroffen, als wir vor dem schönen, stattlichen Haus stehenblieben. Ich spürte die Nähe des Münsters – das hatte ich mir nicht träumen lassen, daß ich so nah am Ziel meiner Wünsche wohnen würde, denn hauptsächlich wegen des Münsters hatte ich die Einladung nach Straßburg angenommen. Wir betraten die Vorhalle, sie war geräumiger, als man es in dieser engen Gasse erwartet hätte. Professor Hamm führte mich über eine breite Treppe in den ersten Stock und öffnete die Tür zum Gastzimmer: ein großes, sehr behagliches Zimmer, nach dem Geschmack des 18. Jahrhunderts eingerichtet. Ein Gefühl, daß es mir nicht zukomme, in diesem Zimmer zu schlafen, erfaßte mich schon auf der Schwelle, es war so intensiv, daß ich verstummte. Professor Hamm, sehr lebhaft, sehr französisch wirkend, hatte einen Ausruf des Entzückens von mir erwartet, denn wer hätte sich ein schöneres Gastzimmer wünschen können? Er empfand die Notwendigkeit, mir zu erklären, wo ich mich befand, er zeigte mir den Blick auf den Münsterturm, der zum Greifen nahe schien und sagte dann: »Dieses Haus war im 18. Jahrhundert ein Gasthaus, es hieß damals ›Auberge du Louvre‹. Herder hat während eines Winters hier gewohnt. Er war krank und konnte nicht ausgehen und hier war es, wo Goethe ihn täglich besuchte. Wir wissen es nicht sicher, aber es besteht eine Tradition, daß Herder in diesem Zimmer gewohnt hat.«

Ich war von der Vorstellung überwältigt, daß Goethe in diesem Zimmer mit Herder gesprochen hatte.

»War es wirklich hier?«

»Es war sicher in diesem Haus.«

Ich sah erschreckt auf das Bett. Ich blieb beim Fenster stehen, wo man mir die Aussicht aufs Münster gezeigt hatte, und wagte mich kaum ins Zimmer zurück. Ich behielt die Tür im Auge, durch die wir eingetreten waren, als erwarte nun ich jenen Besuch. Aber ich hatte noch nicht alles erfahren. Professor Hamm hatte, wie sich zeigte, an mehr noch als an die legendäre Tradition dieses Hauses gedacht. Er trat flink auf das Nachttischchen neben dem Bett zu und hob einen kleinen Band von dort auf, einen alten Taschenalmanach (ich glaube, aus den siebziger Jahren jenes Jahrhunderts), und hielt ihn mir hin.

»Ein kleines Gastgeschenk«, sagte er, »ein Musenalmanach, er enthält auch Gedichte von Lenz.«

»Von Lenz? Von Lenz?«

»Ja, Erstveröffentlichungen. Ich dachte, das könnte Sie interessieren.«

Wie hatte er das erfahren? Diesen jungen Dichter hatte ich wie einen Bruder ins Herz geschlossen, er war mir auf eine andere Weise vertraut als jene Großen, wie jemand, an dem ein Unrecht begangen worden war, den man um seine Größe betrogen hatte. Lenz, noch immer ein Dichter der Avantgarde, den ich aus dem wunderbarsten Stück deutscher Prosa, jener Erzählung von Büchner kennengelernt hatte, Lenz, den der Tod verstörte, dem es nicht gegeben war, mit dem Tod fertig zu werden. Hier in Straßburg, wo sich zur Zeit eine Avantgarde traf, wenn auch eine der Musik, war Lenz an seinem Ort. Hier hatte er seinen Abgott Goethe getroffen, an dem er zugrunde ging; und hier, sechzig Jahre später, war Büchner gewesen, sein Schüler, der dank ihm das deutsche Drama in einem Fragment zur Vollendung brachte. Soviel wußte ich damals und es kam hier zusammen. Aber woher wußte Professor Hamm, daß mir das soviel bedeutete? Er wäre vor Schreck erstarrt, hätte er die ›Hochzeit‹ gelesen und vielleicht hätte er dann auch sogar gezögert, mich in sein Haus einzulassen. Aber mit dem Stolz auf dieses Haus verband er den Instinkt eines wahren Gastgebers und behandelte mich, wie es mir – vielleicht – später gebühren würde. Zwar hatte er mich eingeladen, im Zimmer zu schlafen, in dem Herder Goethe empfangen hatte und wem auf der Welt könnte eine solche Ehre gebühren? Aber er hatte mir auch den Almanach hingelegt, der Lenz enthielt. Das berührte mich brüderlich nahe, denn da war noch etwas gutzumachen, in das Heiligtum, in das auch er gehörte, war Lenz noch nicht wirklich aufgenommen worden. Mein Koffer wurde hinaufgetragen und ich ließ mich hier nieder.

Tagsüber geschah unendlich viel bei der Tagung, zwei Konzerte pro Tag, keineswegs leichte Musik, Vorträge (etwa die von Alois Hába über seine Vierteltonmusik), Gespräche mit neuen Menschen, sehr interessanten darunter, und was mir besonders an solchen Gesprächen gefiel, war, daß es sich um Musik handelte und nicht um Dichtung, denn öffentliche Gespräche über Dichtung ertrug ich schon damals nicht. Es gab Einladungen bei den Honoratioren der Stadt und Zusammenkünfte abends nach den Konzerten. Ich hatte das Gefühl einer sehr ausgefüllten Zeit, obwohl ich – im Gegensatz zu den Musikern – eigentlich gar nichts tat. Aber ich galt als Scherchens persönlicher Gast, meine Anwesenheit wurde von niemandem in Frage gestellt. Es ist zu verwundern, daß keiner mich fragte: »Was haben Sie geschrieben?« Ich kam mir keineswegs wie ein Schwindler vor, denn ich hatte ›Kant fängt Feuer‹ und ›Hochzeit‹ geschrieben und war mir dessen bewußt, daß ich damit, wie die anwesenden Komponisten, etwas *Neues* getan hatte. Es störte mich nicht, daß außer H. niemand etwas von diesen Werken kannte.

Spät nachts kam ich aber in jenes Zimmer zurück, das nur für mich ganz bestimmt das Herders in der Auberge du Louvre gewesen war, und das Gefühl, daß mir das nicht gebührte, wollte mich nicht verlassen. Es war Nacht für Nacht dieselbe Aufregung, eine Art von Schrecken, das Bewußtsein einer Profanierung und ihre Bestrafung durch Schlaflosigkeit. Doch ich stand, wenn es morgens Zeit war, nicht etwa müde auf, ich stürzte mich gern wieder in das Treiben der Tagung und dachte untertags nie an das, was mir nachts wieder bevorstehen würde. Für die Unruhe über diese Vergangenheit, in die ich sozusagen irrtümlich geraten war, in die ich aber für mein Leben gern gehört hätte, gab es nur einen Ausgleich, und dieser allerdings war so wunderbar, daß ich mir täglich zur Konfrontation damit Zeit nahm: das Münster.

Ich war ein einziges Mal in Straßburg gewesen, im Frühjahr 1927, auf einer Rückreise von Paris nach Wien. Ich hatte im Elsaß Station gemacht, um das Münster und in Kolmar den Isenheimer Altar zu sehen. Ich war nur wenige Stunden in Straßburg und hatte nach dem Münster gesucht, plötzlich, es war am späten Nachmittag, stand ich in der Krämergasse davor, das rote Leuchten des Steins an der ungeheuren Westfassade hatte ich nicht erwartet, alle Bilder, die ich zuvor gesehen hatte, waren schwarzweiß gewesen.

Nun, nach sechs Jahren, kam ich wieder nach Straßburg, nicht auf wenige Stunden – auf Wochen, auf einen Monat. Es hatte sich alles sehr zufällig oder scheinbar zufällig ergeben. In seiner ruhelosen Suche nach Personal hatte H. mich eingeladen, ich nahm die Einladung an und zerriß damit, gegen meinen Willen, die heftige Leidenschaft für Anna, die erst seit kurzem bestand und für die auch H., der versucht hatte, mich als Briefboten zu verwenden, verantwortlich war. Ich zögerte nicht wirklich, zuzusagen, allen äußeren Schwierigkeiten zum Trotz. Ich hatte mit der ›Komödie der Eitelkeit‹ begonnen und steckte noch im ersten Teil. Es gab demnach zwei Dinge, die mich in Wien festhielten, zwei sehr gewichtige Dinge, die erste Leidenschaft, seit ich Veza begegnet war und – nach dem Roman und der ›Hochzeit‹ – eine dritte dichterische Arbeit, die unter dem Eindruck der Ereignisse in Deutschland stand, nach der Bücherverbrennung brannte mir die ›Komödie‹ unter den Fingern. Mit Anna begann es erst schlechtzugehen, als die Abreise beschlossene Sache war und sich wegen Paß-Schwierigkeiten verzögerte. Die Komödie wurde aber immer dringlicher, als ich auf Ämtern herumsaß und wartete. Die Predigt des Brosam schrieb ich, während ich auf mein Visum wartete, auf dem französischen Konsulat.

Wenn ich mich heute frage, was den Ausschlag für Straßburg gab, so war es – außer dem starken Willen Scherchens, der jeden bezwang – der Name Straßburg selbst, jener kurze Blick auf das Münster gegen Abend, und alles was ich über Herder, Goethe und Lenz in Straßburg wußte. Ich glaube nicht, daß ich mir das deutlich sagte, so unwiderstehlich wie jenes Abbild des Münsters in mir war wohl nichts, aber mein Gefühl für den Sturm und Drang in der deutschen Literatur war sehr stark und an die Vorstellung jener kurzen Periode in Straßburg gebunden. Diese Literatur war nun eben in Gefahr, was sie damals am meisten ausgezeichnet hatte: ihr Drang nach Freiheit, war bedroht und das war auch der eigentliche Inhalt des Dramas, von dem ich jetzt erfüllt war. Straßburg aber, die Brutstätte von damals, war noch frei. War es ein Wunder, daß es mich samt meiner Komödie hinzog, von der erst ein kleiner, aber kräftiger Teil geschrieben war? Und war nicht auch Büchner dort gewesen, durch den ich Lenz kannte, und war nicht Büchner seit zwei Jahren für mich die Quelle *allen* Dramas?

Die Altstadt war nicht groß und wie von selbst fand man sich immer wieder vor der Fassade des Münsters. Es geschah ohne Absicht und war doch, was man sich eigentlich wünschte. Die Figuren an den Portalen zogen mich an, die Propheten und besonders die törichten Jungfrauen. Von den weisen Jungfrauen war ich nicht berührt, ich glaube, es war das Lächeln der törichten, was mich für sie einnahm. In eine von ihnen, die mir die schönste schien, habe ich mich verliebt. Ich bin ihr später in der Stadt begegnet und führte sie vor ihr Abbild, das ich ihr als erster wies. Verwundert betrachtete sie sich in Stein, so hatte der Fremde das Glück, sie in ihrer Stadt zu entdecken und überzeugte sie davon, daß sie lange vor ihrer Geburt dagewesen war, lächelnd am Portal des Münsters, als törichte Jungfrau, die in Wirklichkeit, wie sich zeigte, gar nicht töricht war, es war ihr Lächeln, das den Künstler dazu verführt hatte, sie unter die sieben Linken ins Portal zu reihen. Unter den Propheten aber fand ich einen Bürger der Stadt, auch ihm bin ich während dieser Wochen begegnet. Er war ein Historiker des Elsaß, ein zögernder, skeptischer Mann, der nicht viel sprach und noch weniger schrieb, Gott weiß, wie er unter diese Propheten geraten war, aber er stand da, und wenn ich ihn auch nicht selber vors Portal führte, so habe ich es ihm und seiner aufgeweckten Frau doch gesagt, wo er zu finden sei, und während er, wie immer skeptisch, sich über diese Entdeckung ausschwieg, so hat doch die Frau mir zugestimmt.

Doch das eigentliche, was in diesen reichen Wochen geschah, in denen es an Menschen, Gerüchen und Tönen wimmelte, war die Besteigung des Münsters. Sie wiederholte ich täglich, ich ließ sie keinen Tag aus. Nicht bedächtig, nicht geduldig gelangte ich auf die Plattform oben, ich hatte es eilig, ich nahm mir nicht Zeit, atemlos kam ich oben an, ein Tag, der damit nicht begann, war für mich kein Tag und die Zählung der Tage bestimmte sich nach diesen Aufenthalten oben. So war ich mehr Tage in Straßburg, als der Monat zählte, denn manchmal gelang es, trotz allem, was es zu hören gab, auch am Nachmittag wieder auf den Turm zu verschwinden. Ich beneidete den Mann, der seine Wohnung oben hatte, denn für den weiten Weg auf die Schnecken hinauf hatte er einen Vorsprung. Ich war dem Blick auf die rätselhaften Dächer der Stadt verfallen, aber auch jedem Stein, den ich beim Hinaufsteigen streifte. Ich sah Vogesen und Schwarzwald zusammen und täuschte mich nicht über das, was sie in diesem Jahr schied. Ich war noch von dem Krieg bedrückt, der vor fünfzehn Jahren geendet hatte und fühlte, daß wenige Jahre mich vom nächsten trennten.

Ich ging in den vollendeten Turm hinüber, da stand ich in wenigen Schritten vor der Tafel, in der Goethe und Lenz mit ihren Freunden ihren Namen eingeschrieben hatten. Ich dachte an Goethe, wie er hier oben Lenz erwartete, der es knapp vorher in einem glückseligen Brief Caroline Herder vermeldete. »Ich kann nicht mehr schreiben, Goethe ist bei mir und wartet mein schon eine halbe Stunde auf dem hohen Münsterthurm.«

Nichts war dem Geiste dieser Stadt fremder als Scherchens Tagung. Ich war kein Feind der Moderne, jedenfalls nicht der modernen Kunst, wie hätte ich es sein können. Aber wenn ich nachts nach der letzten Veranstaltung im ›Broglie‹ saß, im vornehmsten Lokal der Stadt, unter den fremden Musikern, von denen die meisten sich keine teuren Gerichte erlauben konnten, sah ich H. beim Verzehren seines Kaviars zu, immer bestellte er Kaviar auf Toast, er als einziger, und ich fragte mich, ob er überhaupt bemerkt habe, daß es in dieser Stadt ein Münster gab. Von der langen Tagesarbeit erschöpft, aber ohne sich's anmerken zu lassen, aß er seinen Kaviar und bestellte einen zweiten. Er hatte es gern, wenn man ihm zusah, wie er seinen Kaviar aß, er, der einzige, und wenn man begierig genug zusah, bestellte er auch eine dritte Portion, für sich natürlich, für den schwerarbeitenden Mann eine konzentrierte Nahrung. Gustel, seine Frau, war so spät beim Kaviar-Essen selten dabei, sie wartete dann schon im Hotel, wo sie vielerlei Schreibereien für ihn zu verrichten hatte. Er litt es nicht, daß jemand in seiner Umgebung untätig war, für alle hatte er, wie in einem Orchester, Verwendung.

Über diese kontinuierliche Anspannung konnte er sich schon darum keine Vorwürfe machen, weil seine die jedes anderen übertraf. Nachts bis gegen 12 Uhr saß er im ›Broglie‹ bei Kaviar und Champagner, für 6 Uhr früh hatte er sich schon eine Sängerin zu Proben ins Hotel bestellt. Keine Zeit war ihm zu früh, immer stückelte er noch vorn am Tag etwas an und da er mit seinem schreckenerregenden Fleiße voranging, hätte es niemand gewagt, sich über eine frühe Zeit aufzuhalten. Alle Arbeit bei dieser Tagung wurde ohne Honorar geleistet. Aus Begeisterung, der neuen Musik zu Ehren, waren die Musiker erschienen. Das Konservatorium, die Konzerträume darin wurden ohne Miete zur Verfügung gestellt. Schließlich arbeitete auch der wichtigste Mann, der weitaus am meisten, ja wie er dachte, mehr als alle übrigen zusammen leistete, umsonst. Es kam zu zahllosen Konzerten, die alle funktionierten, es war ungewohnte und schwierige Musik, die nicht von selber lief, wie ein Teufel paßte der Hauptmann auf alles auf und ließ nichts Ungewolltes passieren. Es war eine imponierende Leistung, wobei es letzten Endes mehr auf den Dirigenten als auf die Komponisten ankam, denn er war es, der alles, das Verschiedenste, oft zum erstenmal vorstellte und ohne ihn wäre nie etwas daraus geworden. Einzelne ausgewählte, kulturliebende Bürger der Stadt durften nachts ins Lokal an der Place Broglie kommen und an Scherchens Tische sitzen. Sie hatten sich durch Einladungen von Teilnehmern der Tagung, die bei ihnen zuhause wohnten, oder auch durch größere Gesellschaften, die sie gaben, verdient gemacht. Es war ihnen vergönnt, H. zuzusehen, wenn er seinen Kaviar aß. Jeder empfand ihn als wohlverdient, auch den Champagner, und einer von ihnen, den ich als ungläubigen Mediziner kannte, wandte sich eines Nachts bewundernd zu mir und sagte: »Er kommt mir vor wie Christus.«

Auch damit war der Tag noch nicht zu Ende. In der Maison Rouge, H.'s Hotel, setzte man das Beisammensein noch spät nach Mitternacht fort, in viel kleinerem Kreise. Da gab es sozusagen nur noch Eingeweihte, weder Bürger noch gewöhnliche Musiker, da waren die Oberen untereinander, denen es zukam, in der Maison Rouge zu wohnen. Der jüngere Jessner mit seiner Frau, auch er Regisseur (er sollte im Stadttheater den ›Pauvre Matelot‹ von Milhaud inszenieren); die Witwe Gundolf, die Heidelberg schon verlassen hatte, Gundolf war vor kurzem gestorben, sie nahm aber gern an den heiteren, manchmal ausgelassenen Gesprächen der Nacht teil. Wenn H. nicht schweigsam war oder nichts erklärend anordnete, wurde er zynisch, die ausgewählten Anwesenden fühlten sich dadurch geehrt und machten mit.

Es ist der Mühe wert, den Moment zu besehen, in dem diese Tagung für moderne Musik stattfand. Es war einige Wochen nach der Bücherverbrennung in Deutschland. Seit einem halben Jahr war der Mann mit dem unaussprechlichen Namen an der Macht. Zehn Jahre zuvor hatte in Deutschland eine wüste Inflation geherrscht. Zehn Jahre danach standen seine Truppen tief in Rußland und hatten auf dem höchsten Gipfel des Kaukasus ihre Fahne aufgepflanzt. Straßburg, die Gastgeberin der Tagung, war eine französisch verwaltete Stadt, in der man einen deutschen Dialekt sprach.

Sie hatte in ihren Gassen und Häusern einen ›mittelalterlichen‹ Charakter bewahrt, der durch einen wochenlangen Streik der Kehrichtabfuhr den Nasen der Besucher überaus lästig wurde. Selbst aus diesem Gestank hob sich das Münster hoch hervor und es stand jedem frei, sich auf seine Plattform hinauf zu retten. Der Veranstalter der Tagung, als Dirigent zu diktatorischem Gehaben selbsterzogen, weigerte sich aber trotzdem, im neuen Deutschland aufzutreten, wo er es angesichts einer unbefleckten Herkunft und seiner teutonischen Arbeitskraft zu hohen Ehren gebracht hätte. Er war einer von nicht sehr vielen und dieser Punkt ist zu seinen Ehren hervorgehoben worden. Es gelang ihm, damals in Straßburg eine Art Europa zusammenzuziehen, ein Europa aus lauter Musikern, die neuen Versuchen huldigten, ein mutiges, ein zuversichtliches Europa, denn was wären das für Versuche gewesen, wenn sie nicht mit einer Zukunft gerechnet hätten.

Ich lebte zu dieser Zeit in sehr verschiedenen Welten. Ein Zentrum war das Conservatoire, in dem ich mich während des Tages die meiste Zeit aufhielt. Wenn man das Gebäude betrat, wurde man von einem ohrenbetäubenden Lärm empfangen. In jedem Zimmer wurde geübt, das ist in Konservatorien natürlich, wenn auch hier wirklich jeder kleinste Raum ausgenützt war. Es waren aber auch meist unerwartete Dinge, die hier geübt wurden, in anderen Konservatorien glaubt man zu kennen, was geübt wird. Es ist meist ein Durcheinander aus wohlbekannten Einzelheiten, man verspürt Lust davonzurennen, von der Trivialität des Vertrauten verjagt, das sich zu einem Chaos zusammenbraut, in dem doch jede Einzelheit erkennbar und unzerstörbar bleibt. Hier war im Gegenteil alles neu und fremd, das einzelne so gut wie der Zusammenklang des Ganzen, und vielleicht war es eben das, was einen faszinierte und immer wieder hinzog. Ich staunte über das Unverwüstliche dieser Musiker, die sich nicht nur in den Schwierigkeiten ihrer neuen Unternehmungen auskannten, sondern in dieser Hölle arbeiteten, nämlich übten und in allem Lärm zu beurteilen vermochten, ob sie besser wurden oder nicht.

Vielleicht verließ ich das Konservatorium so oft, um es öfters wieder betreten zu können. Denn wenn ich den Lärm hinter mir ließ, stürzte ich mich in den Gestank der Gassen. Der Streik in der Kehrichtabfuhr hatte seit Wochen angedauert. Man gewöhnte sich nie daran, er blieb einem immer bewußt, einen solchen Gestank hatte man noch nie erlebt, und da er von Tag zu Tag stärker wurde, gab es nichts, was sich damit an sinnlicher

Kraft vergleichen ließ als eben das akustische Chaos des Konservatoriums.

Es war damals in diesen Gassen, daß mich der Gedanke der
Pest überkam. Urplötzlich, ohne Übergang und Vorbereitung,
fand ich mich im 14. Jahrhundert: eine Zeit, die mich durch ihre
Massenbewegungen immer beschäftigt hatte, die Geißler, die
Pest, die Judenverbrennungen, in der Limburger Chronik hatte
ich zuerst und dann immer wieder davon gelesen. Nun wohnte
ich selbst mittendrin, im erlesen eingerichteten Haus eines Arztes und war mit einem Schritt auf den Gassen, wo der Abfall und
Gestank herrschten. Statt sie zu meiden, belebte ich sie mit den
Bildern meines Schreckens. Ich sah Tote überall und die Hilflosigkeit der noch Lebenden. Es schien mir, daß Menschen in der
Enge dieser Gassen einander auswichen, als hätten sie vor Ansteckung Angst. Ich ging nie den kürzesten Weg, der mich aus
der Altstadt hinausführte und an die neuen pompösen Plätze
brachte, wo auch das Hauptgebäude der Tagung stand. Ich ging
kreuz und quer durch alle möglichen Gassen, es ist erstaunlich,
wieviel Wege sich auf so beschränktem Areal aneinanderfügen
lassen. Ich sog mich voll mit jener Gefahr und mein Trachten
war, ihr um keinen Preis zu entkommen. Die Haustüren, an
denen ich vorbeiging, blieben geschlossen. Ich sah keine von
ihnen sich öffnen und sah im Geiste die Häuser innen voll Ster-
bender und Toter. Was drüben überm Rhein als Aufbruch
empfunden wurde, empfand ich hier schon als das Ergebnis des
Krieges, der nirgends noch begonnen hatte. Ich sah nicht voraus, auch nicht um zehn Jahre – wie hätte ich das voraussehen
können –, ich sah um sechs Jahrhunderte zurück, und da war die
Pest, die Masse der Toten, die unwiderstehlich um sich griff und
wieder von drüben drohte. Alle Bittprozessionen mündeten im
Münster, und sie haben gegen keine Pest geholfen. Denn in
Wirklichkeit war das Münster um seiner selbst willen da, daß
man davor stehen durfte, war die Hilfe, daß man darin gestanden
war, und daß es selbst weiter bestand und in keiner der Pesten
eingestürzt war. Es war die alte Bewegung der Prozession, die
sich mir mitteilte, in allen Gassen hatten wir uns versammelt und
zogen zusammen ins Münster. Da standen wir dann alle, ich
allein, vielleicht war es ein Dank und keine Bitte, ein Dank, daß
wir hier stehen durften, denn über uns war nichts zusammengefallen und die herrlichste der Herrlichkeiten stand, der Turm.

Als letztes durfte ich ihn besteigen und von oben alles noch Unzerstörte besehen und wenn ich oben tief aufatmete, schien die Pest, die sich wieder auszubreiten versuchte, in ihr altes Jahrhundert zurückgestoßen.

Anna

Die Widerstandslosigkeit von Frauen H. gegenüber war erstaunlich. Sie wurden in Liebe zu ihm förmlich hineindirigiert und dann fallengelassen, wenn sie ihre Stelle bei ihm noch kaum angetreten hatten. Sie nahmen es hin, weil sie in ihrer musikalischen Arbeit für ihn weiterbestanden. Er blieb genau und gewissenhaft, wenn sie für ihn zu tun hatten. So war etwas von der alten Atmosphäre immer gerettet und keine verlor die Hoffnung, daß es ihn plötzlich wieder nach ihr gelüsten könnte. Eifersucht bestand unter ihnen kaum, jede empfand sich, bei jeder einzelnen Gelegenheit, als von ihm ausgezeichnet und trachtete das Geheimnis dieser Auszeichnung für sich zu bewahren. Die Ermöglichung solcher Gelegenheiten, ihr Schutz vor aller Öffentlichkeit waren wichtiger als eine eifersüchtig-gehässige Gesinnung gegen andere. Mit Aktionen, die sich aus Eifersucht ergaben, wäre bei ihm nichts auszurichten gewesen. Er war unbeeinflußbar, empfand sich als Autokrat, der tat, was er wollte, und war es.

Eine Ausnahme allerdings gab es: eine Frau, die – man möchte sagen aus historischen Gründen – zu Eifersucht verpflichtet war und ausgiebigen Gebrauch von dieser Pflicht machte. Gustel, die während der Straßburger Tage offiziell zu H. gehörte, war seine vierte Frau, sie war es noch nicht lange, sie war erst wenige Wochen vor Straßburg ganz zu ihm gestoßen. Vorher hatte sie ziemlich lange gezögert, seine vierte Frau zu werden, mit gutem Grund, denn sie war auch schon seine erste Frau gewesen. In seiner frühen Berliner Zeit hatte sie ihm zur Seite gestanden, als er noch niemand war und durch Arbeit allein jemand werden wollte. Sie war seine Indianerin und erinnerte an eine bis in die rötliche Farbe ihrer Haut. Es war etwas Gegerbtes an ihr, ihre Schweigsamkeit und ihre Treue hatten dieses Gegerbte an ihr bewirkt. Sie sprach sehr selten, aber wenn sie sprach, kam es herb und gepreßt aus ihr heraus. Es war dann, als stünde sie am Marterpfahl, auf das äußerste dazu entschlossen, nichts preiszugeben und zu dieser Zurückhaltung auch fähig. Sie half ihm von Anfang an durch ihre Arbeit, keine Schreiberei, die sie ihm nicht abnahm, Briefe, Abmachungen, Daten, alles Organisatorische ging damals durch sie und sie hörte nicht auf, an allen Erreichbarkeiten mitzuwirken. Selbst als diese anfingen, näherzurücken, selbst als sie zu Wirklichkeit wurden und sie sah, daß sie sich mit jedem seiner Erfolge nie berechenbare und unzählige Qualen auflud, stand sie weiter an ihrem Pfahl und schuf sich neue Qualen. Denn auch er war schweigsam und es war aus ihm so wenig herauszubringen wie aus ihr. Sie schwieg über ihr Unglück, er über sein Glück. Beide hatten schmale, streng geschlossene Lippen.

Als er, ziemlich jung noch, als Nachfolger Furtwänglers nach Frankfurt kam und die Leitung der Saalbaukonzerte übernahm, lernte er Gerda Müller kennen, die Penthesilea meiner Jugend, eine der faszinierendsten Schauspielerinnen ihrer Zeit. Um ihretwillen verließ er Gustel, ohne viel Federlesens, und als er sich mit Gerda Müller verband, war er mit dem genauen Gegenteil von Gustel gesegnet. Hier gab es offene, starke Passion, gewaltige und gewalttätige Rollen und eine Kraft, die um ihretwillen bestand, in niemandes Dienst, hier war der Marterpfahl keine Tugend, denn er hätte Unfähigkeit bedeutet. Vielleicht ist H.'s Interesse an Theater und Drama zu dieser Zeit wachgeworden. Es muß auch in seinem Privatleben eine turbulente Zeit gewesen sein, wenn auch nicht die turbulenteste. Gustel trat ganz zurück und mußte ein gleichmäßiges und ungeschundenes Leben versuchen. Sie fand einen Freund, mit dem sie sieben Jahre zufrieden lebte.

H. sprach zu mir kaum über Gerda Müller, wohl aber über die nächste Frau, die für einige Zeit in seinem Leben war, die einzige, die ihm gegen seinen Willen entkam. Auch sie war Schauspielerin, aber während Gerda Müller in den Alkohol flüchtete, lebte Carola Neher für Abenteuer und wirklich reizten sie nur solche tollkühner Art.

Es war einige Zeit nach Straßburg, ein, zwei Jahre später, ich war zu Besuch in Winterthur, wo H. das Orchester Werner Reinharts leitete. Ich hörte dort ein Konzert von ihm an, spätnachts saß ich danach mit ihm in seinem Zimmer. Ich spürte eine Unruhe anderer Art in ihm als die, die ihm eigentlich gemäß war:

zu unterdrücken und zu herrschen. Er schien selber gedrückt, als habe jemand ihn besiegt, dabei war das Konzert gut verlaufen, bestimmt nicht schlechter als sonst. Er bat mich, noch zu bleiben, obwohl es schon sehr spät war. Er sah sich auf sonderbare Weise im Zimmer um, so als sähe er Gespenster, sein Blick blieb auf nichts lange haften, sondern irrte unruhig hin und her, mich sah er nicht einmal an, es war ihm darum zu tun, daß ich ihn hörte. Ich war etwas erschrocken über dieses Schweifende, das ich an ihm so gar nicht kannte, und blieb ruhig. Plötzlich brach es aus ihm heraus und er sagte mit einer Leidenschaft, die ich von ihm nicht erwartet hatte: »Hier war es, in diesem Zimmer war es, da hatten wir das letzte Gespräch. Da sprachen wir die ganze Nacht«, und dann kam stoßweise, beinah keuchend, ein Bericht über das letzte Gespräch zwischen Carola Neher und ihm.

Sie wollte weg von ihm, er beschwor sie zu bleiben. Sie wollte etwas tun, dieses Leben war ihr zu wenig. Sie wollte alles stehenlassen, ihre Schauspielerei, ihren Ruhm, und ihn, H., den sie als Popanz von einem Dirigenten verhöhnte. Sie hatte Verachtung für ihn, weil er vor einem Konzertpublikum auftrat, für wen dirigierte er, daß ihm der Schweiß heruntertroff, was für ein Schweiß war das, ein falscher Schweiß, der nicht zählte, für sie zählte ein bessarabischer Student, den sie kennengelernt hatte, der sein Leben aufs Spiel setzen wollte, der nichts fürchtete, kein Gefängnis und keine Erschießung. H. fühlte, daß es ihr ernst war, aber er war sicher, daß er sie halten könne. Er hatte bis jetzt alles bezwungen, auch jede Frau, und wenn jemand wegging, so war *er* es. Er ging nur, wann es ihm paßte. Er setzte alle Mittel ein, sie zum Bleiben zu bewegen. Er drohte ihr damit, daß er sie einsperren werde. Er müsse sie vor sich selber schützen. Sie renne in ihren sicheren Tod. Dieser Student sei niemand, ein grüner Junge, ohne jede Lebenserfahrung. Er beschimpfte ihn und gab ihr alles zurück, was sie eben noch gegen ihn und sein Dirigieren gesagt hatte. Sie schien unsicher zu werden, wenn er etwas gegen den Studenten als *Person* sagte. Sie behauptete, es sei seine Sache, die sie ernst nehme, nicht ihn. Wenn es ein anderer wäre, mit einer solchen Sache und ihr so eng verfallen, würde er ihr nicht weniger Eindruck machen. Der Kampf dauerte die ganze Nacht. Er wollte sie durch Übermüdung kleinkriegen, sie war von einer unverwirrbaren Zähigkeit und gab seiner physischen Attacke fluchend nach. Schließlich, es wurde schon Morgen, glaubte er sie bezwungen zu haben, denn sie schlief ein. Er sah sie noch befriedigt an, bevor er selber einschlief. Als er aufwachte, war sie verschwunden und kam nie wieder.

Während Tagen und Wochen wartete er auf ihre Rückkehr. Er wartete auf eine Nachricht, es kam kein Wort. Er wußte nicht, wo sie war. Kein Mensch hatte eine Spur von ihr. Er ließ nachforschen und man fand heraus, daß auch der Student verschwunden war. Sie war also, wie sie gedroht hatte, mit ihm durchgegangen. Von allen Theaterorten, wo man sie kannte, kam dieselbe Auskunft. Sie war spurlos verschwunden und schrieb niemandem ein Wort. *Er* wußte noch am meisten, nach dem Kampf jener Nacht, und es war ihm zumute, als wäre sie ihm unterm Leib weggerissen worden. Er verwand es nicht und konnte nicht mehr arbeiten. Er hatte einen Zusammenbruch und fühlte sich am Ende.

Seine Verfassung war so hoffnungslos, daß er Gustel darum bat, zu ihm zurückzukehren. Er brauche sie, er schwöre, daß er sie nie wieder verlassen werde. Sie könne jede Bedingung stellen. Er werde sie auch nie wieder betrügen. Sie müsse aber kommen, sofort, sonst sei es um sein Leben geschehen. Gustel zerbrach die siebenjährige Freundschaft mit einem Mann, der ihr nur Gutes getan hatte und kam zu H. zurück, von dem sie das Schlechteste erfahren hatte. Sie stellte schwere Bedingungen, auf die er einging. Er versprach ihr die Wahrheit über alles zu sagen und sie sollte immer wissen, was passiere.

Meine Beobachtung H.'s in den Straßburger Wochen war durch Umstände geschärft, über deren ganze Tragweite keiner von uns sich Rechenschaft abzulegen vermochte. Er hatte mich in Wien als Boten verwendet und mich mit einem Brief zu Anna geschickt, die ich auf diese Weise kennenlernte. Ich kannte den Inhalt seines Briefes nicht, aber er hatte mir aufgetragen, ihn ihr persönlich und niemand anderem zu übergeben. Dieser Auftrag war strikt, ohne daß er ein besonderes Wesen daraus gemacht hätte. Ich hatte bei ihr angerufen und war in ihr Hietzinger Atelier bestellt worden.

Ich sah sie zuerst. Ich sah ihre Finger, wie sie sich in den Lehm einer überlebensgroßen Figur drückten. Von ihrem Gesicht sah ich nichts, sie wandte mir noch den Rücken zu. Das Knirschen im Kies, das mir laut in die Ohren ging, schien sie nicht zu hören. Vielleicht mochte sie es nicht hören, sie war in ihre noch wenig geformte Figur vertieft. Vielleicht kam ihr der Besuch, der angekündigt war, jetzt nicht besonders gelegen. Ich hielt mich an den Brief, den ich überbringen sollte. Ich hatte das Glashaus, das als Atelier diente, betreten, als sie sich mit einem plötzlichen Ruck umwandte und mir ins Gesicht sah. Ich stand nicht mehr weit von ihr und fühlte mich von ihrem Blick ergriffen. Von diesem Augenblick an ließen mich ihre Augen nicht los. Es war kein Überfall, denn ich hatte Zeit gehabt, mich zu nähern, aber es war eine Überraschung: eine Unerschöpflichkeit, auf die ich nicht gefaßt war. Sie bestand aus Augen, was immer sonst man in ihr sah, war Illusion. Man fühlte das auf der Stelle, aber wer hätte die Kraft und Einsicht gehabt, sich das zu sagen. Wie soll man dieses Ungeheuerliche wahrhaben: daß Augen geräumiger sind als der Mensch, dem sie zugehören. In ihrer Tiefe hat Platz, was man sich je gedacht hat, und nun, da sich der Raum dafür anbietet, will es alles gesagt sein.

Es gibt Augen, die man fürchtet, weil sie auf Zerfleischen aus sind, sie dienen dem Erspüren von Beute, die, einmal gewahrt, nichts anderes sein kann; selbst wenn es ihr gelingt zu entkommen, bleibt sie als Beute gezeichnet. Die Starre des unerbittlichen Blicks ist furchtbar. Sie ändert sich nie, kein Opfer hat Einfluß darauf, sie ist für immer vorgebildet. Wer in ihr Feld gerät, ist zum Opfer geworden, nichts gibt es, das er vorbringen könnte und zu retten vermöchte er sich nur durch vollkommene Verwandlung. Da sie in der Wirklichkeit nicht möglich ist, sind ihr zuliebe Mythen und Menschen entstanden.

Ein Mythos ist auch das Auge, das nicht auf Zerfleischen aus ist, obwohl es nie losläßt, was es erblickt hat. Dieser Mythos ist wahr geworden und wer ihn erlebt hat, denkt mit Schrecken und Ergriffenheit an das Auge zurück, das ihn dazu zwang, sich in ihm zu ertränken. Das ist die Geräumigkeit und Tiefe, die angeboten wird: stürze dich in mich mit allem, was du denken und sagen kannst, sag es, und ertrinke!

Die Tiefe solcher Augen ist bodenlos. Nichts, was darin versinkt, erreicht den Grund. Nichts wird wieder ausgespült, wo bleibt es. Der See dieses Auges hat kein Gedächtnis, er fordert und empfängt. Alles, was einer hat, wird ihm gegeben, alles, worauf es ankommt, woraus einer im Innersten besteht. Es ist nicht möglich, diesem Auge etwas vorzuenthalten. Keine Gewalt wird geübt, da ist kein Entreißen. Es gibt sich glücklich, als wäre es aus keinem anderen Grunde zu sich gekommen, aus keinem anderen Grunde geworden.

Ein Bote war ich nicht mehr, als ich Anna den Brief übergab. Sie nahm ihn nicht an, sondern wies mit dem Kopf auf einen Tisch in der Ecke des Raumes, den ich nicht beachtet hatte, ich ging seitlich drei Schritte auf ihn zu und legte ungern den Brief hin, ungern vielleicht, weil eine Hand jetzt für sie frei war, die ich ihr nicht geben mochte. Jetzt streckte ich sie halb hin, sie sah auf *ihre* Rechte, die mit Lehm verschmiert war und sagte: »Ich kann Ihnen so die Hand nicht geben.«

Ich weiß nicht, was dann gesagt wurde. Ich habe mich bemüht, die ersten Worte, ihre wie meine, wiederzufinden. Sie sind untergegangen. Anna war ganz in den Augen enthalten und sonst beinahe stumm, ihre Stimme, obwohl sie tief war, hat mir nie etwas bedeutet. Vielleicht sprach sie nicht gern, sie verzichtete, wann immer sie konnte, auf ihre Stimme, immer lieh sie sich die Stimme anderer aus, sei es in der Musik, sei es unter Menschen. Ihr selber lag es näher zu *handeln* als zu sprechen und da sie nicht zu den Handlungen berufen wurde, die ihr Vater vollbrachte, versuchte sie es, mit ihren Fingern zu *formen*. Ich habe die erste Begegnung mit ihr bewahrt, indem ich sie von allen Worten befreit habe, von ihren, weil es in ihnen vielleicht nichts zu bewahren gab, von meinen, weil das Staunen über sie noch keine vernehmlichen Worte gefunden hatte.

Aber ich weiß, daß einiges schon gesagt worden war, bevor sie mich an den Tisch bat und wir uns beide setzten. Sie wollte etwas von mir lesen und ich sagte, ohne mich vor ihr zu schämen, daß es kein Buch von mir gäbe, nur das Manuskript eines langen Romans. Ob ich ihr nächstes Mal das Manuskript mitbringen würde. Sie läse gern lange Romane, kurze Erzählungen möge sie nicht. Sie nannte den Namen ihres Lehrers Fritz Wotruba, bei dem sie Bildhauerei erlerne. Ich hatte von ihm gehört, er war für seine Unabhängigkeit bewundert und für seine Gewalttätigkeit gefürchtet. Er sei aber zur Zeit nicht in Wien. Früher sei sie Malerin gewesen und habe bei de Chirico in Rom studiert.

Den Brief H.'s beachtete sie nicht. Er lag ungeöffnet auf dem Tisch, sie konnte ihn nicht übersehen. Ich besann mich auf meinen Auftrag, als hätte ich eben einen *Einsatz* von H. bekommen und sagte zögernd: »Wollen Sie nicht den Brief lesen?« Sie nahm ihn unlustig in die Hand, überflog ihn, als bestünde er aus drei Zeilen, es war aber ein längerer Brief, und obwohl H.'s Schrift, wie ich wußte, schwer zu lesen war, schien sie es alles auf einen ersten Blick aufgefaßt zu haben, sie legte den Brief mit einer wegwerfenden Bewegung hin, wobei er aber mehr in meine Nähe zu liegen kam, sagte: »Das ist uninteressant«, ich sah sie erstaunt an. Ich hatte angenommen, daß da etwas wie eine Freundschaft bestünde und daß er ihr Wichtiges mitteilen wolle, so wichtig, daß es nicht über die Post gehen konnte und daß er es darum mir anvertraut habe. »Sie können es lesen«, sagte sie. »Aber es lohnt sich nicht.« Ich las es nicht.

Wie hätte ich noch an eine Botschaft denken sollen, die sie auf diese Weise wegwischte. Ich war mir der Schmählichkeit ihres Verhaltens, der Verachtung, die sie ihm damit bewies, nicht bewußt. Aber ich war nicht mehr ein Bote. Ich fühlte mich nicht mehr eingeschränkt, denn sie hatte mich meines Amtes enthoben. Die Leichtigkeit, mit der sie seinen Brief beiseite schob, ohne das geringste Zeichen von Zorn oder Mißfallen, teilten sich mir mit. Es fiel mir nicht ein, noch zu fragen, ob sie mir eine Antwort für ihn geben wolle oder ob sie ihm direkt, ohne den Umweg über mich, schreiben werde.

Ich verließ sie, mit einem neuen Auftrag: den, bald wiederzukommen, um ihr mein Manuskript zu bringen. Ich meldete mich nach drei Tagen, es fiel mir schwer, so lange zu warten. Sie las den Roman gleich, ich glaube nicht, daß er von irgendwem anderen so rasch gelesen wurde. Seither war ich eine eigene Person für sie und sie behandelte mich, als wäre ich mit allem versehen, selbst mit Augen. Sie erwartete viele solche Bücher von mir und sprach darüber zu anderen. Sie drängte darauf, mich zu sehen und schickte Briefe und Telegramme. Noch nie hatte ich erlebt, daß Liebe mit Telegrammen begann, ich war davon erschüttert. Ich begriff anfangs nicht, daß ein Satz von ihr mich so rasch erreichen konnte.

Sie forderte mich auf, ihr zu schreiben und gab mir eine Adresse an, unter der Briefe sie erreichen konnten. Man legte sie in ein Kuvert, das man mehrfach und sicher verschloß und steckte es in ein anderes Kuvert, das an Frl. Hedy Lehner in der Porzellangasse adressiert wurde. Das war der Name eines jungen

Modells, das täglich zu ihr kam, ein schönes, rothaariges Mädchen mit einem Fuchsgesicht, ich sah sie, wenn ich ins Atelier kam, kurz bei ihr, sie lächelte kaum merklich, schwieg und verschwand. Manchmal hatte sie eben einen Brief von mir überbracht, als ich erschien, und Anna hatte dann den Brief noch nicht geöffnet, geschweige denn gelesen. Sie war vorsichtig damit, denn immer konnte jemand unerwartet ins Atelier kommen. Sie gestand mir, daß es sie eine Überwindung kostete, mit mir zu sprechen, bevor sie den Brief gelesen hatte, und es wäre ihr in solchen Augenblicken lieber gewesen, ich wäre nicht gekommen. Zwar erzählte ich ihr viel und sie hatte für Erzählungen etwas übrig, aber noch näher gingen ihr die Briefe, in denen ich sie verherrlichte.

›Pauken und Trompeten‹, so nannte sie, was ich ihr schrieb und übertrug meine Sätze in das ihr geläufigere Medium. Solche Briefe hatte sie noch nie bekommen, es kamen viele, manchmal drei an einem Tag, nicht immer konnte Fräulein Hedy Lehner jeden auf der Stelle überbringen. Es wäre aufgefallen, wenn sie mehrmals am Tag erschienen wäre, und da Anna unter strikter Bewachung stand (in die sie eingewilligt hatte), war es ein Zugeständnis, daß man ihr ein Modell erlaubt hatte und dieses Zugeständnis mochte sie nicht verscherzen. Auf so viel überschwengliche Beredsamkeit antwortete Anna immer, oft in Telegrammen (die Hedy nach dem Verlassen des Ateliers für sie aufgab). Sie machte nicht leicht Worte und Telegramme waren ihr angemessen, aber sie war stolz und wollte auch in Briefen für so viel erfinderische Verherrlichung danken.

Ich fand Anna geheimnisvoll, da sie voller Geheimnisse steckte, ich bedachte nicht, wieviel sie zu verschweigen hatte, und daß es für sie lebenswichtig geworden war, neben allem Verschwiegenen zu bestehen. Zwar vergaß sie sehr leicht und das war ihr Glück, aber andere konnten sie an das Vergangene erinnern. Am verschwiegensten waren ihre Figuren, an die sie viel Mühe wandte. Schwere Arbeit galt ihr als ehrenvoll, das hatte sie schon von ihrem Vater geerbt, aber nun war sie von ihrem jungen Lehrer Wotruba, der in hartem Stein arbeitete, sehr nachdrücklich daran erinnert worden. Natürlich modellierte sie auch, besonders Köpfe, und das war dann nicht harte Arbeit, sondern etwas ganz anderes, das war ihr einziger Zugang zu Menschen, der nicht durch die Herrsch- und Liebesgewohnheiten ihrer Mutter verstellt war.

In Briefen gab sie sich nicht aus, sondern suchte zu *reagieren* und solange sie zu diesen Versuchen bestimmt wurde, war sie es zufrieden. Wenn sie nicht mehr reagieren mochte, in Zeiten der Enttäuschung, die häufig waren, da sie für Menschen, die sie nicht gerade modellierte und besonders für solche, die sie zu lieben beschlossen hatte, blind war – in solchen Zeiten der Enttäuschung wandte sie sich ganz der Musik zu. Sie spielte viele Instrumente, aber ans Klavier zog sie sich zurück. Ich hörte sie kaum je spielen, Gelegenheiten dazu wich ich aus und es ist mir darum rätselhaft geblieben, was ihr diese einsamen Abläufe wirklich bedeuteten. Ich mißtraute einer Musik, die für Bildhauerei Raum gewährte.

Die Leuchtkraft des Ruhms, der um Anna lag, war so groß, daß ich nichts Übles von ihr geglaubt hätte. Es hätte einer kommen können und mir in ihrer eigenen Handschrift die abscheulichsten Dinge vorweisen können, die sie gedacht, getan und gestanden hätte, ich hätte ihm und auch ihrer Handschrift nicht geglaubt. Sie als unantastbar zu bewahren, fiel mir umso leichter, als ich sehr bald schon das Gegenbild ihrer Mutter vor Augen hatte, auf die ich alles Peinliche werfen konnte, das in dieser Umgebung zu bemerken war. Da waren sie beide: auf der einen Seite das stumme Licht, das sich von Meißelhieben und lauter Verherrlichung nährte, auf der anderen die unersättliche, angeheiterte Alte. Ihre nahe Verbindung machte mich nicht irre, ich sah die Tochter als Opfer und wenn es darum geht, daß man das Opfer dessen ist, was man von früh auf unaufhörlich um sich gesehen hat, so sah ich richtig.

Daß H. mich als Boten gewählt hatte, mochte als Beweis dafür gelten, für wie ungefährlich er mich hielt. Er nahm *sich* so selbstverständlich ernst, daß das Gewicht eines handgeschriebenen Briefes von ihm das jedes Boten um ein vielfaches überwog. Es mag aber auch sein, daß er mich für besonders ungefährlich hielt, weil er die ›Hochzeit‹ von mir gehört hatte. Die Luft dieses Stückes war ihm eisig erschienen und den Schreiber hielt er für einen eingefleischten Feind aller Lust. Es mag ihm sogar witzig erschienen sein, ein solches Geschöpf als Überbringer eines Liebesbriefes zu verwenden. Aber er bekam keine Antwort, nicht einmal eine Absage. Als ich ihn gleich nach der Ankunft in

Straßburg zwischen Probe und Probe sah, war einer von drei Sätzen, die er auf seine gepreßte Weise vorbrachte, der, ob ich ›Anni‹, wie er sie nannte, seine beiden Briefe überbracht hätte. »Natürlich« sagte ich und fügte sehr erstaunt hinzu: »Hat sie Ihnen denn nicht geantwortet?« Aus dieser Antwort schloß er, daß ich sie mehr als einmal gesehen hatte und daß sie mir vielleicht gar nahestand. Es war ein Argwohn, vorläufig, als Machthaber neigte er auf alle Fälle zu Argwohn. »Hat sie denn nicht geantwortet?« klang ihm so, als kenne ich sie gut genug, um zu wissen, daß es ihre Art sei zu antworten. Er war im Recht, das zu glauben. Aber seine Verachtung für einen namen- und gewichtlosen jungen Menschen war andererseits so groß und ihm so natürlich, daß er seinen Verdacht sofort zerstören wollte. Mit allen Mitteln legte er es darauf an, herauszubekommen, daß es nichts herauszubekommen gäbe.

Im Laufe der ersten Tage suchte er mich durch höhnische Sätze über Anna zu provozieren. Ihr gelbes Haar sei gefärbt, es sei früher mausgrau gewesen, wobei er Nachdruck auf ›grau‹ legte, als habe sie schon als zwanzigjährige Frau Ernst Kreneks, so hatte er sie kennengelernt, graue Haare gehabt, frühzeitig gealtert. Ob mir der Gang nicht aufgefallen sei, das könne doch keine Frau sein, die so gehe. Ich war fassungslos über *jede* seiner Bemerkungen und verteidigte sie mit solcher Leidenschaft und Wut, daß er bald alles wußte. »Sie sind nicht schlecht verliebt«, sagte er, »das hätte ich Ihnen gar nicht zugetraut.« Ich gab nichts zu, weniger aus Diskretion, als weil ich ihn für seine Bemerkungen haßte. Aber ich sprach von ihr in den höchsten Tönen, er wäre schwachsinnig gewesen, nicht zu merken, daß ich sie liebte. Es war ein sonderbarer Augenblick, in dem er mich zwang, mich zu ihrem Paladin aufzuwerfen, denn nicht lange nach der Ankunft in Straßburg fand ich Telegramm und Brief von ihr vor, in denen sie mir kalt den Laufpaß gab. Nach zwei Monaten, wenig mehr, war für sie zu Ende, was mich Jahre verfolgen sollte. Sie warf mir nichts vor, sie begründete nichts, den entscheidenden Brief begann sie mit dem Satz: »Ich glaube, M., daß ich Dich nicht liebe.« Ein irischer Name, den sie mir gegeben hatte, war so unwirklich wie die Briefe, in denen sie früher Liebe beteuert hatte. Und nun kam H., ahnungslos über dieses Unglück, das mich getroffen, das er – so dachte ich – verursacht hatte, denn ich nahm an, daß es meine Reise nach

Straßburg sei, die sie so enttäuscht haben müsse – H. kam und unternahm es, mit jedem Satz ihr Bild zu zerstören. Sein Vergnügen an diesem häßlichen Werk war offensichtlich. Er sagte jedesmal Schlechteres von ihr und manchmal dachte ich, er warte nur darauf, mir mehr und noch Ärgeres über sie zu sagen.

Zwischen seinen Proben und Konzerten sahen wir uns kurz, wenn er im ›Broglie‹ Toast und Kaviar hinunterschlang, oder länger spätnachts in seinem Hotel, wenn nur der innerste Kreis beisammensaß und Bosheiten austauschte. Er zog es aber vor, mir die peinlichen Dinge über sie zu sagen, wenn er mit mir allein war. Schließlich, es hatte aber nicht lange gedauert, kam seine eigentliche Warnung: »Lassen Sie die Finger davon, das ist nichts für Sie, Sie sind zu unerfahren und naiv.« Jeder Satz war eine Beleidigung, und ich empfand sie, aber noch mehr traf mich jede Beleidigung, die gegen sie gerichtet war. Das hatte er bald heraus, und als er wieder einmal beim Gang war, mit dem etwas nicht stimme, kam er mit etwas so Abscheulichem, daß ich es auch heute noch nicht über mich bringe, es niederzuschreiben. Ich starrte ihn entsetzt an, aber auch fragend, als hätte ich falsch gehört. Er ließ sich das Vergnügen nicht entgehen, seinen Satz zu wiederholen. »Aber warum, warum?« sagte ich jetzt, so erschrocken, daß ich nicht gleich auf ihn losfuhr. Es war so ungeheuerlich, was er da behauptete, daß er mehr sich als sie damit traf. Er merkte, daß er zu weit, daß er viel zu weit gegangen war. »Jetzt regen Sie sich nur nicht auf darüber, es gibt mehr zwischen Himmel und Erde, als Sie sich träumen lassen.«

Ich fragte nicht, wie er das erfahren habe. Ich wußte, daß er log, und ich wußte auch, warum. Ich erinnerte mich daran, wie Anna seinen Brief beiseite geschoben und dazu gesagt hatte: »Das ist nicht wichtig.« Er war ihr gleichgültig. Sie hatte ihn schon immer beiseite geschoben, wie seinen Brief vor mir. Er interessierte sie nicht, auch nicht als Musiker, geschweige denn als Mann. Es *gab* Dirigenten, die sie interessierten, mit denen sie Umgang hatte und als Tochter ihres Vaters hatte sie ein Recht darauf zu bestimmen, wen sie für einen guten Dirigenten hielt. H. war für sie eine Art Militär-Kapellmeister, sein Aussehen und sein Gebaren spielten ihm da einen bösen Streich. Er, der sich Mühe gab, neue und schwierige Werke zu entdecken, wurde hinter solchen zurückgestellt, die sich wohl davor gehütet hätten, ein modernes, unvertrautes Werk auch nur in die Hand zu nehmen. Ihre Ablehnung traf ihn besonders schwer. Er versuchte in Wien Fuß zu fassen, ihrer Mutter, die großen Einfluß hatte, bedeutete er nichts. Da wäre es für ihn umso wichtiger gewesen, der Tochter Mahlers etwas zu bedeuten. Da sie nichts von ihm wissen wollte, mußte er das schimpflichste über sie sagen.

Es war eine zum Zerreißen gespannte Situation, in der ich mich plötzlich befand, und hätte nicht Straßburg selbst, die literarische Geschichte der Stadt und auch die reiche Anzahl prononcierter Musikerfiguren, die ich in wenigen Tagen alle zugleich kennenlernte – hätte mich das alles zusammen nicht so sehr in Anspruch genommen, ich weiß nicht, ob ich die Kraft aufgebracht hätte zu bleiben. Es war der Absturz aus einem hellen Himmel, in den ich gehoben worden war. Eine Frau, die ich aufs höchste bewunderte, die ich schön fand und für die schöpferische Ausgeburt eines großen Mannes hielt, hatte mich in ihre Welt aufgenommen, sie hatte meinen Roman gelesen und fand ihn ihrer Liebe würdig. Der Roman bestand noch nicht einmal als Buch und wenige nur wußten davon. Wenige wußten auch von dem Drama, das ich dem Dirigenten vorgelesen hatte und um dessentwillen er mich auf eine Tagung der neuen Musiker lud. Der ›Hochzeit‹ verdankte ich diese Einladung und ›Kant fängt Feuer‹ verdankte ich Annas Liebe. Gleich nach der Ankunft in Straßburg stieg ich auf die Plattform, wo Goethe auf Lenz gewartet hatte. Ich stand oben vor der Tafel, auf der sie ihre Namen eingeschrieben hatten. Zu Füßen des Münsters, in der Altstadt wurde ich in einem der schönen Häuser empfangen und man nahm mich im Zimmer auf, in welchem dem Vernehmen nach Herder krank gelegen war und den Besuch Goethes empfangen hatte. Vielleicht hätte die eigentümliche Durchdringung meines Glücksgefühls mit der Ehrfurcht für die Geister, die hier gelebt hatten, zu einer gefährlichen Hybris geführt. Vielleicht hätte ich im Zimmer, in dem ich schlafen sollte, ein neuer Tempelträumer, unerhörte Absichten gefaßt und das Eigentliche, Mühevolle, das ich mir vorgenommen hatte, aufgegeben. Aber mein Glück wollte es, daß ich beinahe im selben Augenblick vom Unglück überfallen wurde. Drei Tage nach meiner Ankunft empfing ich Annas Brief und Telegramm, im Büro des Konservatoriums. Mitten im höllischen Betrieb der Proben, unter hundert Augen riß ich sie auf und las ihre eiskalten Worte. Sie warf mir nichts vor, aber sie fühlte nichts mehr für mich, und sie sprach es ohne Zurückhaltung und Schonung aus, daß sie nicht mich, sondern nur meine Briefe gemocht habe. Sie spreche zu niemandem, sie habe sich zu ihrem Klavier zurückgezogen und spiele allein für sich, und obwohl es nicht den geringsten emotionalen Unterton in diesem Brief gab, spürte man doch eine – sehr verhaltene – Trauer über ihre Enttäuschung. Sie wünschte sich auch weitere Briefe von mir, aber ohne Gegenbriefe in Aussicht zu stellen. Auf mich kam es nicht mehr an, ich war auf die Erde abgestellt worden, aber es stand mir frei, ihre Luft durch Briefe, durch Briefe allein zu erreichen. Es war etwas beinahe Erhabenes in der Art, wie sie mit einem umging, als habe sie ein natürliches Recht darauf, zu erheben und abzusetzen, ohne Erklärung und ohne Behutsamkeit, als habe der, den es so treffe, selbst für den härtesten Schlag dankbar zu sein, weil er von ihr kam.

Das Gefühl der Vernichtung, das sich in mir ausbreitete, wurde aber in Schwebe gehalten durch einen ritterlichen Kampf, den ich zur selben Zeit für sie führen mußte. Von Mal zu Mal suchte H. sie tiefer hinunterzustoßen, und am schwersten war dabei zu ertragen, daß seine Beschimpfungen von einer merkwürdigen Art von Lüsternheit durchsetzt waren, die meine Eifersucht erregen sollte. Er selbst handelte aus Eifersucht und befand sich in einer Täuschung über ein Glück, das er bei mir voraussetzte und das ich nicht mehr besaß, denn ich war tief hinuntergestoßen worden. Ich wies alles zurück, was er sagte, jede einzelne Gemeinheit warf ich ihm in seinen Rachen zurück, ich war so hartnäckig wie er, wenn auch meines Giftes lange nicht so sicher wie des seinen. Anfangs war ich noch zurückhaltend, um sie und mich, um uns – als ob es das noch gäbe – ihm nicht preiszugeben. Dann aber, als es immer schlimmer wurde, als seine Beschimpfungen keine Grenzen mehr fanden, warf ich alle Rücksicht ab und sprach von Anna so wie in den Briefen, die ich ihr früher geschrieben hatte und die ich ihr jetzt nicht mehr schreiben durfte. Im Kampf gegen H.'s Niedertracht bestand alles, was zwischen ihr und mir vermeintlich gewesen war, intakt und unerschüttert weiter. Ich konnte nicht klagen, die neue Wahrheit konnte ich ihm nicht sagen, aber die alte verkündete ich mit solcher Kraft und Überzeugung, daß es ihm schließlich die Rede verschlug und er voller Ärger über meinen unerschütterlichen Glauben verstummte.

Da alles was H. sagte, öffentlich geschah oder für die Öffentlichkeit bestimmt war, muß es die vielen, die um ihn waren, den
ganzen Hofstaat, sonderbar berührt haben, daß er manchmal mit
mir allein sein wollte, nicht für lange, aber immerhin zog er sich
expressis verbis mit mir zurück. »Ich muß mit C. sprechen«,
sagte er dann. Es tönte so, als ob es sich um etwas Wichtiges
handle. Diese wenigen, der ungeheuren Arbeitsaktivität abge-
preßten Minuten galten aber ausschließlich den Auseinandersetzungen über Anna. Meine heftigen Gegenattacken genoß er,
denn es waren nie Angriffe gegen seine Person, sondern Vertei-
digungsreden zu Ehren der Angegriffenen, die so sehr von
seinen eigenen unflätigen Verleumdungen abstachen, daß er sie
brauchte. Er konnte ohne sie nicht sein, er brauchte beides, vielleicht – aber das denke ich mir erst heute – brauchte auch ich
beides, um über die Pein der Demütigung durch Anna hinwegzukommen.

Für die anderen aber, die vom Inhalt dieser Gespräche nichts
ahnten, sah es so aus, als *berate* sich H. über gewisse Dinge mit
mir, als bestünde ein Vertrauensverhältnis zwischen uns, das für
seine kraftvolle Wirksamkeit während dieser Musikwochen notwendig sei.

Selbst Gustel, die ihn auf ihre Weise zu überwachen hatte, war
dieser Meinung. Er hatte sie als unentbehrlich zurückberufen
und um sie davon zu überzeugen, wie sehr sie es sei, um ihr Lust
auf ihre neue Funktion zu machen, hatte er ihr absolute Wahrhaftigkeit zugesichert. Es sei ihre Pflicht, darüber zu wachen,
daß er in keine neuen Verwicklungen gerate. Sein Zusammenbruch nach der Flucht der Carola Neher, die ihn aufs schmäh-
lichste und ohne alle »Milderungsgründe« verlassen hatte, war
noch nahe. Es war das erste Mal, daß eine Frauengeschichte,
genauer gesagt: eine Niederlage bei einer Frau, ihn um seine
Arbeitsfähigkeit gebracht hatte. Darüber war er, der Uner-
schrockene, zu Tode erschrocken und suchte wirklich Zuflucht
bei seiner ersten, seiner frühesten Frau, bei Gustel. Er täuschte
sie nicht, als er ihr das neue Amt übertrug, ihn so zu bewachen,
daß keine Frau ihm etwas anhaben könnte.

Es war also Gustels Recht, auch versuchsweise in Erfahrung
zu bringen, was er in jenen vertrauten Minuten mit mir besprach
und sie näherte sich mir, und um meine Freundschaft zu gewinnen und vielleicht auch meine Hilfe, sprach sie, die ein herber,

sehr verschlossener Mensch war, über sich. Sie litt unsäglich unter allem, was er tat, wenn nämlich eine Frau dabei mit im Spiele war, und bei der Tagung gab es auch viele Musikerinnen: einige Sängerinnen, darunter eine überaus verführerische, ausgelassene und zu allem bereite Person, aber auch eine wunderbare Geigerin, die er schon von Wien her kannte, ein kindhaftes Wesen, das einen durch die Originalität seiner Sätze, durch eine Natürlichkeit, die aber vergeistigt und anspruchsvoll war, vollkommen verzauberte. Sie entstammte einer hochmusikalischen Familie und einen der Vornamen, die sie trug, hatte man ihr nach Mozart gegeben. Er kam ihr auch zu, sie war Musik in jeder Fiber und in jedem Atemzug, was ein Mann wie H. sich durch unmenschlichen Fleiß erarbeitet hatte, war bei ihr Natur. Die Rhythmen, die sie zu spielen hatte, gingen bei ihr als eine Form des Gehorchens ein. Partituren waren für sie im wahrsten Sinne des Wortes Vorschriften. Dirigent und Partitur waren für sie ein und dasselbe, und was auch immer ein Dirigent anordnete, eine Fortsetzung, eine Ausdehnung der Partitur. Sie hätte ihr Leben für eine Partitur hergegeben und natürlich dann auch für den Meister einer Partitur. Amadea – ich nenne sie bei ihrem zweiten, ihrem Mozart-Namen, den man eigentlich nur abgekürzt verwandte – machte keinen Unterschied zwischen den ausübenden Herrschern der Musik. Sie unterschied sehr wohl zwischen den Werken selbst und hatte eigenwillige Einstellungen und Überzeugungen darüber. Ihre Fähigkeiten waren nicht einfach technischer Art, sie verstand sich auf Bach, der vielleicht ihr Hauptgott war, und auf Mozart, aber auch auf ganz neue Dinge, vor denen das geübte musikalische Wiener Publikum wie vor dem Gottseibeiuns zurückschreckte. Sie war eine der ersten, die Werke von Alban Berg und Anton von Webern spielte und wurde zu ihrer Ausführung sogar nach London berufen. Den Anweisungen der eigentlichen Nutznießer aller Werke, den Dirigenten, war sie aber ausgeliefert, nicht ihren Personen, denn über diese wußte sie nichts, wohl aber ihren machtbewußten Anordnungen. In Straßburg wurde sie von H., der bereits in Wien mit ihr zusammengearbeitet hatte, früh um sechs schon zu Proben bestellt und da sie ein durch und durch lauteres und offenes Wesen war, vermochte sie die Hörigkeit, die sie an ihn band, nicht zu verbergen und wurde zum eigentlichen Gegenstand von Gustels eifersüchtiger Überwachung.

Ich verstand nicht viel von Musik. Theoretisch hatte ich mich nie damit befaßt. Ich hörte wohl gern, aber ein Urteil stand mir nicht zu. Ich war von ganz Verschiedenartigem beeindruckt, von Satie und von Strawinsky, von Bartók und von Alban Berg, auf eine kenntnislose Weise, die ich mir in literarischen Dingen wohl verbeten hätte.

Umso wichtiger war es für mich, die Menschen genau zu betrachten, und zwar in der Vielfalt, mit der sie bei solchen Gelegenheiten aufeinander reagieren. Meine Eindrücke von ihnen waren unauslöschlich, die meisten von ihnen sah ich nie wieder, doch nach 50 Jahren stehen sie mir klar und eindringlich vor Augen und wohltuend wäre es, jedem von ihnen jetzt sagen zu können, wie er mir damals erschien. Der Hauptgegenstand meiner Erfahrung während dieser Tagung war der, der sie berufen hatte, ihr arbeitendes Herz. Ihn habe ich genau und erbarmungslos, wie er selbst war, studiert, nicht ein Wort, nicht ein Schweigen, nicht eine Regung von ihm ist mir entgangen, endlich hatte ich in Reinkultur nah vor mir, was ich begreifen und darstellen wollte: einen Machthaber.

Nach dem Gelingen der Tagung, als ihr Abschluß und als letztes Beisammensein der Teilnehmer war ein Fest angesagt, das in Schirmeck in den Vogesen stattfinden sollte. Manche wären gern schon früher abgereist, aber man wollte doch auch H. etwas wie einen Dank für seine enorme Leistung erweisen, er sollte bei diesem Fest gefeiert werden und drum blieben beinahe alle.

Da saßen wir in einem Gasthof im Freien an langen Tischen beisammen. Etliche Reden wurden gehalten. H. bat mich ausdrücklich, ein paar Worte über meine Eindrücke von der Tagung zu sagen, gerade als Nicht-Musiker, als Dichter, sei es wichtig, daß ich mich dazu äußere. Ich fand mich in der schwierigen Situation, etwas sagen zu müssen, das der Wahrheit entsprach, ohne etwas von den tieferen Dingen merken zu lassen, die ich an H. erkannt hatte und die auch in mir selbst noch keineswegs spruchreif waren. Ich schilderte also die Art, wie er Leute zusammenbrachte und die Unwiderstehlichkeit, mit der er Menschen zwang, etwas Gemeinsames zu leisten. Meine Worte mögen ihm zu sachlich, zu neutral gewesen sein, er wünschte sich wohl eher ein Lobgehudel, wie er es an diesem Abend von den meisten Rednern zu hören bekam. Gegen Ende des Festes, als das Offizielle vorüber war und er sich auf seine Weise gehenlassen konnte, nahm er seine Rache.

Er war als Meister des Dirigierens gefeiert worden, und wirklich, was hatte er nicht in wenigen Wochen der Tagung mit seinen Schülern zustande gebracht. Aber nun, nachdem er gehörig getrunken hatte, wollte er seine Entspannung. Er schrieb sich noch eine andere Meisterschaft zu, von der keiner der Anwesenden etwas geahnt hatte. Plötzlich rückte er damit heraus, daß er allen die Hand lesen wolle, nicht einem, nicht wenigen, allen. Er brauche nur die Hand eines Menschen zu sehen, um sein Schicksal zu kennen. Aber man solle sich nicht drängen, jeder käme dran, am besten stelle man sich in einer Reihe auf. Das geschah auch, erst etwas zögernd, aber sobald er mit seinem Geschäft begonnen hatte, erhob sich etwa die Hälfte der Anwesenden von den langen Tischen und bildete die geforderte Reihe. Er konzentrierte sich auf jeden einzelnen, die in seiner Nähe gesessen hatten, kamen zuerst dran. Er war rasch, wie in allem auch darin, eine dargebotene Hand hielt er nicht lange, ein kurzer Blick genügte ihm; entschieden, wie es seine Art war, sprach er sein Verdikt aus. Er beschränkte sich darauf zu bestimmen, wie lange man leben würde, andere Dinge, Eigenschaften, Aussichten interessierten ihn nicht, jedem diktierte er eine Lebenszeit zu und erklärte nicht, wie er zu seiner Zahl gelangte. Er sprach nicht lauter als sonst, nur die nächsten hörten, was er sagte.

Unter den Abgefertigten sah man zufriedene, man sah auch betroffene Gesichter. Alle gingen dann an ihre Plätze zurück und setzten sich still nieder. Es wurde nicht darüber diskutiert und niemand fragte einen Nachbarn, der zurückkam: »Was hat er gesagt?« Doch war es auffallend, wie die Stimmung sich änderte. Es wurden keine Späße mehr gemacht. Die Glücklichen, die eine lange Lebenszeit erwartete, behielten ihr Glück für sich. Aber auch die anderen, die kurz gehalten worden waren, verfielen nicht in Auflehnung oder Klage. H., der scheinbar in den Anblick von Händen vertieft war, achtete genau darauf, wer kam und wer nicht. Die meisten Hände gehörten solchen, die ihm gleichgültig waren und er fertigte sie nur pro forma ab. Auf andere aber wartete er und da ich mich lange zurückhielt, bekam ich sein Lauern zu spüren. Ich saß ziemlich nah bei ihm, schräg gegenüber, und machte keine Miene, mich zu erheben und in die wartende Schlange zu stellen. Einige Male blickte er rasch, zwischen Hand und Hand zu mir hinüber. Dann sagte er plötzlich scharf und so laut, daß der ganze Tisch es hörte: »Was ist mit Ihnen, C., fürchten Sie sich?« Ich mochte nicht auf mir sitzenlassen, daß ich seinen Ausspruch fürchte, stand auf und machte ein paar Schritte in die Richtung zum Ende der Schlange. »Kommen Sie lieber gleich«, sagte er, »sonst rennen Sie mir noch davon!« Ich rückte ungern näher, er durchbrach, dieses einzige Mal, die Ordnung der Reihe, ergriff gierig meine Hand und dekretierte, er hatte noch kaum einen Blick darauf geworfen: »Sie werden keine Dreißig.« Er fügte, was er noch bei keinem getan hatte, eine Erklärung dazu: »Die Lebenslinie bricht ab, hier!« Er ließ meine Hand wie etwas Unnützes fallen, sah mich strahlend an und zischte: »Ich werde 84. Ich habe erst die Hälfte meines Lebens hinter mir. Ich bin erst 42.« »Und ich 28.« »Keine Dreißig! Sie werden keine Dreißig!« Er wiederholte es und zuckte die Achseln. »Nichts zu machen. Wozu ist das gut?« Mit einem solchen Leben konnte man nichts mehr anfangen. Selbst die zwei Jahre, die er mir zuschrieb, waren nichts wert, was ließ sich damit schon tun?

Ich trat ab, er hielt mich für erledigt, aber das Spiel war nicht zu Ende. Jeder mußte dran, über jeden mußte er bestimmen. Bei den meisten ging die Sache mechanisch weiter, einfach weil sie da waren. Sie hätten auch Fliegen sein können. Auf einige hatte er es wirklich abgesehen. Ich wußte nicht immer warum. Mein Platz ihm gegenüber war nah, ich saß wieder und hörte zu. Einige entzogen sich ihm und stellten sich betrunken. Diese reagierten auf keinen Appell. Die meisten kamen und erhielten wechselnde Schicksale zugeteilt. Für die, die ihn nie durch Widerstand geärgert hatten, genügte seine Laune und sie durften mehr oder weniger mittlere Jahre erreichen. 84 wurde keiner. Eine Reihe von harmlos-gefügigen Naturen brachte es auf sechzig und etliche Jahre. Das waren aber nicht seine Lieblinge, denn die nahm er genauer aufs Korn. Es kam ihm sichtlich darauf an, daß er über alle bestimmte. Mit Frauen, deren es einige gab, ging er nicht besser um als mit Männern. Sie starben alle früher als die Männer, zu denen sie gehörten. Von Witwen hielt er wenig, Frauen, die er niemand wegnahm, dämpften seine Begierde. Mit dreißig mußte außer mir niemand sterben.

Teil 2
Dr. Sonne

Geschenk eines Zwillings

In diesem Jahr 1933, unter dem Eindruck der Ereignisse in Deutschland, ist die ›Komödie der Eitelkeit‹ entstanden. Ende Jänner war Hitler zur Macht gekommen. Von diesem Augenblick an schien jedes Ereignis, das diesem ersten folgte, unheimlich und von dunkler Bedeutung. Es ging einem alles nahe, man fühlte sich an allem beteiligt, als wäre man bei jeder Szene, von der man erfuhr, zugegen. Vorausgesehen worden war nichts, Erklärungen und Erwägungen, auch kühne Prophezeiungen erschienen, an der Wirklichkeit gemessen, wie leeres Stroh. Was geschah, war in jeder Einzelheit unerwartet und neu. Die Geringfügigkeit des gedanklichen Gehalts, der als Antrieb diente, stand in einem unbegreiflichen Gegensatz zu seiner Wirkung. Eines aber wußte man bei aller Unbegreiflichkeit wohl: daß es nur in Krieg münden könne, nicht einen verschämten und seiner selbst unsicheren Krieg, sondern einen, der mit stolzem und gefräßigem Anspruch auftrat, wie die biblischen Kriege der Assyrer.

Man wußte es und trug sich doch mit der Hoffnung, daß es sich noch verhindern ließe. Aber wie sollte es verhindert werden, bevor es begriffen war?

Seit dem Jahre 1925 hatte ich mir zur Aufgabe gemacht, herauszufinden, was Masse ist, und seit 1931 noch dazu, wie Macht aus Masse entsteht. Es gab schon während dieser Jahre selten einen Tag, an dem meine Gedanken sich nicht dem Phänomen der Masse zuwandten. Ich wollte es mir nicht leichtmachen und nicht vereinfachen, es erschien mir sinnlos, ein oder zwei Aspekte herauszugreifen und alles andere darüber zu vernachlässigen. Es war darum nicht zu verwundern, daß ich noch nicht sehr weit gekommen war. Einigen Zusammenhängen war ich auf der Spur, dem zwischen Masse und Feuer zum Beispiel oder der Tendenz der Masse zu wachsen – eine Eigenschaft, die sie mit dem Feuer teilt –, aber je mehr ich mich damit befaßte, umso sicherer schien es, daß ich mich an eine Aufgabe gemacht hatte, deren Bewältigung den besten Teil meines Lebens erfordern würde.

Zu dieser Geduld war ich bereit, doch die Ereignisse waren nicht so geduldig. Als 1933 die große Beschleunigung in die Welt kam, die alles mit sich fortreißen sollte, hatte ich ihr theoretisch noch nichts entgegenzusetzen und empfand die starke innere Nötigung, darzustellen, was ich nicht verstand.

Schon ein, zwei Jahre vorher und ursprünglich gar nicht im Zusammenhang mit den Ereignissen der Zeit hatte mich der Einfall eines Spiegelverbots beschäftigt. Wenn ich im Friseursalon saß, wo einem die Haare geschnitten wurden, war es lästig, immer auf das eigene Bild vor sich zu schauen, dieses immerselbe Gegenüber empfand ich als Zwang und Beengung. So irrten meine Blicke nach rechts und links ab, wo Leute saßen, die von sich fasziniert waren. Sie betrachteten sich eingehend, sie studierten sich, einer genaueren Kenntnis ihrer Züge zuliebe schnitten sie Grimassen, sie ermüdeten nicht, sie schienen nie genug von sich zu haben, und was mich am meisten wunderte: sie achteten nicht darauf, daß ich sie während dieser ganzen Zeit beobachtete, so sehr und so ausschließlich waren sie mit sich beschäftigt. Es waren alles Männer, junge und alte, würdige und weniger würdige, so verschieden voneinander, daß man's beinahe nicht glauben konnte, und doch so gleichartig in ihrem Verhalten: jeder war in Andacht vor sich selber, vor seinem eigenen Bilde versunken.

Es war besonders die Unersättlichkeit in dieser Befassung mit sich, was mich frappierte; und einmal, bei der Betrachtung zweier grotesker Exemplare, fragte ich mich, was die Folge wäre, wenn Menschen dieser teuerste aller Augenblicke plötzlich verboten würde. Gab es überhaupt ein Verbot, das stark genug war, den Menschen von seinem Ebenbild abzulenken? Und auf welche Abwege verfiel die Eitelkeit, wenn man ihr gewaltsam auf den Leib rückte? Es war ein amüsantes Spiel, sich diese Folgen auszumalen, noch war es unverbindlich. Aber als es zu den Bücherverbrennungen in Deutschland kam, als man sah, was für Verbote plötzlich erlassen und durchgeführt wurden, mit welch unbeirrbarem Eigensinn sie sich zur Erzeugung von begeisterten Massen verwenden ließen, da war's als hätte mich der Blitz getroffen und das spielerische Spiegelverbot wurde für mich Ernst.

Ich vergaß, was ich über Masse gelesen, ich vergaß das wenige, das ich über sie erkannt hatte, ich warf es alles irgendwo hinter mich, ich begann ganz neu, als wäre ich zum erstenmal mit einem Geschehen dieses allgemeinen Charakters konfrontiert und erfand den ersten Teil der ›Komödie der Eitelkeit‹, die große Verführung. Gegen dreißig Figuren, Wiener bis in den letzten Laut ihrer unterschiedlichsten Sprachmanieren, bevölkern ein Areal, das einem so vertraut erscheint wie der Wurstelprater. Aber es ist ein Wurstelprater, wie man ihn noch nie erlebt hat, von einem Feuer beherrscht, das immer größer wird während der Szenen, die sich vor einem abspielen, von den agierenden Figuren geschürt und genährt. Als akustische Begleitung hört man das Klirren der Spiegel, die in eigens aufgestellten Buden mit Bällen zerschlagen werden. Die Leute schleppen selbst ihre Spiegel und Bilder herbei, zum Zerschlagen die einen, die anderen zum Verbrennen. Zu dieser Volksbelustigung liefert ein Ausrufer die Parolen, und das Wort seiner Rede, das man am häufigsten und heftigsten hört, lautet »Wir!«. Die Szenen sind wie in einer Spirale angeordnet, erst längere Szenen, in denen Figuren und Ereignisse sich aneinander erklären, dann immer kürzere. Mehr und mehr bezieht sich alles auf das Feuer; erst aus der Ferne, dann näher und näher, bis eine Figur schließlich selbst zum Feuer wird, indem sie sich hineinstürzt.

Die Besessenheit jener Wochen fühle ich heute noch in den Knochen. Es war eine Hitze in mir, als wäre ich diese Figur, die zu Feuer wird. Aber der rasenden Bewegung zum Trotz, die mich weiter trieb, mußte ich mich jedes unpräzisen Wortes enthalten und spürte schmerzlich den Zaum im Mund. Vor meinen Augen, in meinen Ohren entstand die Masse, die ich gedanklich noch lange nicht bewältigt hatte. Wie der alte Dienstmann Franzl Nada brach ich unter der Last von Spiegeln zusammen. Wie Franzi, seine Schwester, wurde ich um des verlorenen Bruders willen verhaftet und eingesperrt. Als Ausrufer Wondrak peitschte ich die Masse an, als Emilie Fant schrie ich herzlos und heuchlerisch nach meinem herzlosen Kinde. Ich wurde selbst zu den abscheulichsten Figuren und suchte meine Rechtfertigung in den getretenen, die ich liebte.

Keine von diesen Figuren ist mir verlorengegangen. Jede von ihnen ist mir lebendiger geblieben als die Menschen, die ich zu jener Zeit kannte. Alle Feuer, die mich von Kind an beeindruckt hatten, sind in das Feuer der Bilderverbrennung eingegangen. Die Hitze dieser Niederschrift hatte mich nicht verlassen, als ich nach Straßburg fuhr. Ich war noch mitten im ersten Teil begriffen, als ich die Reise unternahm, und das Erstaunliche ist, daß ich trotz der hektischen Wochen in dieser Stadt nichts von der Komödie verlor. Sie war so bestimmt in mir vorgebildet wie nichts, das ich sonst je unternommen habe. Ich verbrachte den September nach der Tagung in Paris und nahm die Arbeit genau dort auf, wo ich sie in Wien abgebrochen hatte. Ich schloß den ersten Teil ab und war wie berauscht davon. Es war mir, so dachte ich, etwas Neues gelungen, eine Masse nämlich dramatisch darzustellen, ihre Bildung, ihre zunehmende Dichte, ihre Entladung. Auch viele Szenen des zweiten Teils wurden in Paris geschrieben. Ich wußte sehr wohl, wie es weiterging, selbst der dritte Teil stand mir immer klar vor Augen.

Nicht als Geschlagener kam ich nach Wien zurück. Annas kalte Absage hatte mich getroffen, aber sie verstörte mich nicht, wie es zu einem anderen Zeitpunkt vielleicht geschehen wäre. So sicher fühlte ich mich unter dem Schutz der Komödie, daß ich Anna anrief, als ob nichts geschehen wäre und ihr meinen Besuch in ihrem Atelier ankündigte. Ich gab mich – am Telefon – kühl und unbeteiligt, das gefiel ihr, *sie* war es wirklich. Sie war erleichtert, daß ich mit keinem Wort berührte, was zwischen uns geschehen war, sie haßte alle peinlichen Szenen, Vorwürfe, Bitternis und Klagen. Daß sie nach ihrem stärksten Impuls gehandelt hatte, der auf Freiheit ging, befriedigte sie, ich aber erwähnte die Komödie, von der ich vor meiner Abreise zu ihr gesprochen hatte, und obwohl ihr Dramen kaum etwas bedeuteten, fand sie ein interessiertes Wort dafür, wirkliche Teilnahme hatte ich von ihr nicht erwartet. Seit sie mich kannte, wollte sie mich mit Fritz Wotruba, ihrem jungen Lehrer, zusammenbringen, er war, bevor ich nach Straßburg fuhr, nicht in Wien gewesen, jetzt sei er wieder da. Sie werde ihn für den Tag meines Besuches zu kommen bitten, wir könnten bei ihr im Atelier zu Mittag essen.

Das war ein kluger Gedanke von ihr, es war das erstemal nach dem Bruch, daß ich sie wiedersehen sollte. Der Weg durch den Garten, das Knirschen des Kieses, das mir viel lauter vorkam, als ich es in Erinnerung hatte, das Gewächshaus, das ihr als Atelier diente, Anna im selben blauen Kittel, aber etwas abseits von der Figur, die in der Mitte stand. Ihre Finger nicht im Ton, ihre

Arme gesenkt, ihr Blick auf einen jungen Menschen gerichtet, der vor der Figur kniete und sich mit den Fingern unten an ihr zu schaffen machte. Er kehrte mir den Rücken zu und stand nicht auf, als ich das Atelier betrat und Anna meinen Namen nannte. Er nahm die Finger nicht vom Lehm und knetete an diesem weiter, wandte mir kniend den Kopf zu und sagt mit tiefer, gerundeter Stimme: »Knien Sie auch vor Ihrer Arbeit?« Es war ein Scherz, der als Entschuldigung dafür diente, daß er nicht gleich aufsprang und mir nicht die Hand geben konnte. Aber selbst ein Scherz bei ihm hatte Gewicht und Bedeutung. Mit dem ›auch‹ hieß er mich willkommen. Seine und meine Arbeit waren damit gleichgestellt, mit dem ›Knien‹ drückte er eine Erwartung aus, nämlich daß ich meine Arbeit so ernst nehme wie er seine.

Es war ein guter Beginn, von diesem ersten Gespräch habe ich nur den einen Satz, mit dem es begann, in Erinnerung behalten. Wohl aber sehe ich ihn vor mir, wie er bald danach am Tisch saß, mir gegenüber, mit seinem Schnitzel beschäftigt. Anna hatte das Essen für uns auftragen lassen, sie selbst nahm nicht daran teil, sie stand, ging manchmal im Atelier herum und näherte sich dann wieder dem Tisch, um dem Gespräch zuzuhören. Sie war nur halb beteiligt, Essen bedeutete ihr nichts, sie konnte tagelang arbeiten, ohne an Essen zu denken. Aber diesmal war es auch Rücksicht, sie wollte mir etwas bieten, doch dachte sie dabei auch an Wotruba, den sie wegen seiner Arbeit in härtestem Stein, seiner Entschlossenheit und Unablenkbarkeit schätzte; darum hatte sie sich um ihn bemüht und war seine erste Schülerin geworden. Sie hatte den Gedanken, mit dieser Begegnung etwas zu stiften und überließ uns ganz unserem ersten Gespräch, ohne sich einzumischen oder die Aufmerksamkeit auf sich abzulenken. Sie bewies viel Takt bei dieser Gelegenheit, denn hätte sie sich ganz entfernt, wir wären uns wie Domestiken vorgekommen, denen man abseits in der Ecke ein Essen auftischt. Sie machte sich da und dort im Atelier zu schaffen, kam aber immer zu uns zurück und folgte stehend dem Gespräch, als stünde sie da, um uns aufzuwarten; blieb aber nicht lange, um durch ihre Gegenwart nicht zu stören. Vor wenigen Monaten noch hätte sie sich kein Wort eines solchen ersten Gesprächs oder auch eines späteren entgehen lassen. Damals hatte sie beschlossen, mich nicht für gleichgültig zu halten und richtete sich nach diesem Beschluß. Jetzt, da sie den gegenteiligen Beschluß gefaßt hatte, konnte sie Takt üben und uns in die Freiheit dieses Gesprächs entlassen.

Seit wir aßen, war aber das Gespräch lädiert. Mir stachen Wotrubas Hände in die Augen, länglich nervige, kraftvolle, doch unerhört empfindliche Gebilde, wie Wesen für sich, mit eigener Sprache, der ich statt seinen Worten zuzuschauen begann, die schönsten Hände, die ich je gesehen hatte. Seine Stimme, die mir mit jenem einen Satz gefallen hatte, verließ mich, für den Augenblick, unter dem ersten Eindruck dieser Hände besagte sie nichts. Vielleicht habe ich darum das Gespräch vergessen. Er schnitt sich klare Stücke Fleisch heraus, von regelmäßiger, fast quadratischer Gestalt und führte sie rasch entschlossen in den Mund. Es wirkte mehr bestimmt als gierig, das Schneiden schien noch wichtiger als das Schlucken, doch war es unvorstellbar, daß die Gabel auf halbem Wege steckengeblieben wäre, daß er etwas gefragt oder den Mund nicht geöffnet hätte, weil der andere sprach. Der Bissen verschwand unerbittlich und auf der Stelle, in raschem Rhythmus folgten die nächsten.

Die Schnitzel waren flachsig, ich gab mir Mühe, das Flachsige zu entfernen, bevor ich aß, ich fand immer mehr davon und schnitt am Fleisch herum, was ich fortgeschnitten hatte, blieb auf dem Teller liegen. Dieses Drehen, Wenden, Zweifeln, dieses Herumstochern und Säbeln, diese offenkundige Unlust, zu mir zu nehmen, was vor mir lag, stand in solchem Gegensatz zu seiner Art, daß er bei aller Konzentriertheit auf den Teller vor ihm darauf aufmerksam wurde. Seine Bewegungen verlangsamten sich etwas, er besah sich die Verwüstung auf meinem Teller, es war, als hätten wir etwas völlig Verschiedenes vorgesetzt bekommen oder als gehörten wir zweierlei Gattungen an. Das Gespräch, das ohnehin von den seriösen Verrichtungen seines Essens unterbrochen worden war, gewann einen anderen Charakter: er staunte.

Er staunte über dieses Geschöpf vor ihm, das Fleisch unwürdig behandelte. Schließlich fragte er mich, ob ich das alles *stehen* lasse. Ich sagte etwas über die Flachsen, das machte ihm wenig Eindruck, er aß Flachsen und alles, was zu einem quadratischen Bissen gehörte. An einer Form, die so klar war, wurde nicht gemäkelt. Das Herumstochern im Fleisch war ihm zuwider. Ein Eindruck von Zerfahrenheit blieb ihm von dieser ersten Begegnung und wie ich später erfuhr, resümierte er seinen Eindruck gleich danach vor seiner Frau zuhause.

In dieser Zeit, als Fritz Wotruba mein naher Freund wurde – wir betrachteten uns bald als Zwillingsbrüder –, erreichte mein Selbstgefühl als Dichter einen Höhepunkt. Zur Angriffslust, die ich bei Karl Kraus erlebt und bewundert hatte, kam die des Bildhauers, dessen Arbeit aus täglichem Schlagen in härtestem Stein bestand. Wotruba war die wildeste Figur in meinem Leben, was immer wir zusammen besprachen oder taten, hatte dramatischen Charakter. Groß war die Verachtung für andere, die sich's leichtmachten, Kompromisse nicht scheuten oder vielleicht gar nicht wußten, worauf sie aus waren. Wie zwei Einzige stürzten wir durch die Gassen Wiens, Wotrubas Fortbewegung war wirklich ein Stürzen, heftig und rasch war er da, forderte oder holte sich, was er wollte und war schon weitergestürzt, bevor man noch wußte, ob er's zufrieden war. Ich mochte diese Art der Bewegung, die manche an ihm fürchteten und alle kannten.

Am nächsten fühlte ich mich Wotruba in seinem Atelier. Zwei Bögen unter dem Viadukt der Stadtbahn waren ihm von der Gemeinde Wien als Atelier zugewiesen worden. Im einen – oder bei gutem Wetter davor – schlug er auf seinen Stein los. Als ich das erstemal hinkam, war er mit einer liegenden weiblichen Figur beschäftigt. Er schlug hart zu und machte es deutlich, wie sehr es ihm auf die Härte des Steins ankam; plötzlich sprang er von einer Stelle der Figur zu einer anderen, die weit davon ablag, und setzte den Meißel mit neuer Wut an. Es war klar, wie sehr er mit den Händen arbeitete, wieviel von ihnen abhing, trotzdem hatte man den Eindruck, daß er sich in den Stein *verbeiße*. Ein schwarzer Panther, so kam er mir vor, ein Panther, der sich von Stein nährte. Er riß am Stein und verbiß sich in ihn. Man wußte nie, auf welche Stelle er als nächstes losgehen würde. Es waren diese Sprünge, die am meisten an eine Raubkatze erinnerten, aber sie setzten nicht von irgendwelcher Entfernung ein, sondern von einer Stelle der Figur zur anderen. Jeder Stelle wandte er sich mit konzentrierter Energie zu, die Kraft, mit der er angriff, stand wie am Ende eines Sprungs von einiger Weite.

Damals, bei jener ersten Gelegenheit – er arbeitete an der weiblichen Grabfigur für die Sängerin Selma Kurz –, kamen diese Sprünge von oben, vielleicht mußte ich darum an einen Panther denken, der von einem Baum auf sein Opfer herunterspringt. Ich hatte den Gedanken, daß er sein Opfer zerfleische – aber ein Zerfleischen, das in Granit vor sich geht, was ist das für ein Zerfleischen? Keinen Augenblick vergaß man, seiner finsteren Konzentration zum Trotz, womit er sich da herumschlug. Ich sah ihm lange zu. Er lächelte nicht *einmal*. Er wußte, daß man ihm zusah, aber er zeigte sich nicht als gefällig. Es war eine blutigernste Tätigkeit, die in Stein vor sich ging. Ich begriff, daß er sich darstellte, wie er wirklich war. Seine Natur war so stark, daß er sich das Schwerste ausgesucht hatte. Härte und Schwere fielen für ihn zusammen. Wenn er plötzlich wegsprang, war es, als erwarte er, daß der Stein zurückschlage, und käme dem zuvor. Es war ein Mord, den er einem vorführte. Es dauerte lange, bis ich erkannte, daß er morden mußte. Es war kein versteckter Mord, der verwischte Spuren zurückließ, er verübte ihn so lange, bis er als Monument zurückblieb. Für gewöhnlich war er allein dabei, aber er empfand auch das Bedürfnis, manchmal vor den Augen anderer zu agieren, ohne sich zu verändern, ganz er selbst, nicht als Schauspieler, sondern als Täter. Er wollte jemanden, der begriff, wie ernst es ihm damit war. Wenn Kunst immer wieder als Spiel bezeichnet worden ist, diese war keines. Mit seinen Taten hätte er die Stadt und die Welt bevölkert. Ich war mit der landläufigen Meinung hingegangen, daß es ihm um die *Dauer* des Steins zu tun wäre, daß nichts, was er damit mache, sich auflösen und vergehen könne. Aber als ich den *Prozeß* vor Augen hatte, jene unerklärliche Aktion, verstand ich, daß es um die *Härte* des Steins ging und um nichts anderes. Er mußte sich damit herumschlagen. Er brauchte einen Stein wie andere einen Bissen Brot. Aber es mußte der härteste Brocken sein und er führte die Härte vor.

Auf den ersten Anhieb nahm ich Wotruba ernst, er war meist ernst. Worte hatten für ihn immer Bedeutung, er sprach, wenn er etwas *wollte,* dann *forderten* seine Worte, oder er sprach zu mir über etwas, das ihn bedrängte, da gab es nicht zweierlei Worte – wie wenig Menschen man kennt, deren Worte *gelten*! Es wird mein Haß gegen den Handel gewesen sein, der mich trieb, nach solchen Worten zu suchen. Das Hin und Her der Worte, daß man mit ihnen herausrückt, um sie dann gleich wieder zurückzunehmen, ihr lockerer Rand, ihr Verfließen, ihre Auflösung, obwohl sie noch da sind, ihre prismatische Brechung, ihr Farbenschillern, ihr Vorwagen, bevor sie es selber wollen, die Feigheit, zu der man sie anhält, ihr sklavenhaftes Gebaren – wie hatte ich diese Erniedrigung der Worte satt, denn ich nahm sie so ernst, daß es mir sogar widerstrebte, sie zu spielerischen Zwecken zu entstellen, ich wollte sie *intakt* und ich wollte sie in ihrer Kraft. Ich anerkannte, daß jeder sie auf seine eigene Art gebrauchte; eine Entstellung, die nicht wider besseres Wissen, die nicht spielerisch geschah, die dem Wort eben die falsche Gestalt gab, die der des Sprechers entsprach, die ihn ausmachte und zu ihm wurde – eine solche Entstellung respektierte ich und beließ ich intakt, an sie hätte ich nicht zu rühren gewagt und am meisten widerstrebte es mir gar, sie zu *erklären.* Ich war dem furchtbaren Ernst der Worte verfallen, er galt in jeder Sprache und durch ihn wurde jede Sprache zu einer unantastbaren.

Diesen furchtbaren Ernst der Worte hatte Wotruba. Ich traf ihn, nachdem ich beinah anderthalb Jahre das Gegenteil erlebt hatte, an F., einem anderen Freunde. Bei diesem hatten Worte keinen unantastbaren Sinn, da wurden sie um und um gewendet und dienten der Verführung. Da hieß es so und wieder anders sein, das konnte sich im Lauf von Stunden ändern und dabei ging es um scheinbar so hartnäckige Dinge wie Überzeugungen. Ich erlebte, wie F. Dinge, die ich sagte, aufnahm, wie meine Worte zu seinen wurden, so sehr, daß ich selber ihnen ihre Herkunft nicht angemerkt hätte. Da konnte es passieren, daß er mit meinen Worten laut gegen mich oder, was noch auffallender war, gegen sich selbst polemisierte. Da lächelte er mich verzückt an, wenn er mich mit einem Satze überraschte, den er tags zuvor von mir gehört hatte, und forderte Beifall dafür, vielleicht hielt er es sogar wirklich für überraschend. Da er aber ungenau war, war etwas daran immer anders, so daß mein eigener Gedanke mich in dieser Fassung ärgerte. Dann polemisierte ich dagegen und er schien davon überzeugt, daß wir gegeneinander stritten, daß Meinung gegen Meinung stand, während in Wirklichkeit eine Meinung gegen ihre Entstellung stritt, und er sich durch nichts anderes als die Leichtigkeit der Entstellung hervorgetan hatte.

Wotruba aber wußte, was er gesagt hatte und vergaß es nicht. Er vergaß auch nicht, was der andere gesagt hatte. Es war wie bei einem körperlichen Ringen. Beide Leiber waren immer da, sie verschwanden nicht, sie blieben undurchdringlich. Es mag unverständlich klingen, wenn ich sage, daß ich erst im leidenschaftlichen Gespräch mit ihm begriff, was *Stein* ist. Ich erwartete bei ihm nicht Erbarmen für andere zu finden, Güte bei ihm wäre einem lächerlich erschienen. Es ging um zwei Dinge bei ihm, und um diese zwei allein: die Macht des Steins und die Macht der Worte, auf jeden Fall also um Macht, aber in einer so ungewöhnlichen Verbindung ihrer Elemente, daß man es hinnahm wie eine Naturgewalt und daran so wenig aussetzte wie an einem Gewitter.

Der ›Schwarze Stehende‹

In den ersten Monaten unserer Freundschaft hatte ich Marian nie ohne Fritz Wotruba gesehen. Zusammen kamen sie auf einen hergestürzt, zusammen blieben sie dicht vor einem stehen. Da dann immer gleich von einem Unternehmen die Rede war, von etwas, das man durchsetzen müsse, von einem hartnäckigen Feind, der einem Auftrag im Wege stand, einer Kreatur des offiziellen Wien, gegen die man eine andere, günstig gesinnte einsetzen mußte, da Marian der Sturmbock war, der entschlossen gegen jede Mauer anrannte, da sie die Einzelheiten ihres Kampfes haargenau berichten mußte und nicht die kleinste Kleinigkeit davon überging, überließ Wotruba ihr die ausführliche Rede und begleitete sie nur hie und da durch eine knurrende Bestätigung. Aber selbst das wenige, das er bei solchen Gelegenheiten vorbrachte, klang Wienerisch bis ins letzte Tüpfelchen, während Marians eilige Suada, die durch niemand und nichts zu unterbrechen war, auf Schriftdeutsch daherkullerte, man merkte ihr kaum das Rheinische an, sie war Düsseldorferin, doch hätte sie ihrer Sprache nach von überall in Deutschland herstammen können, wenn es nur nicht der Süden war. Sie sprach dringlich und monoton, ohne Hebung oder Senkung der Stimme, ohne Interpunktion oder Gliederung, besonders ohne Pause, es war ein erbarmungsloses Ratschen, wenn sie einmal dastand und begann, war es unmöglich zu entkommen, bevor sie *alles* gesagt hatte, und es war immer ein ausführlichster Bericht, einen kurzen hat nie ein Mensch von ihr vernommen. Eine Rettung davor gab es nicht, vor ihr erstarrte jeder, es war, als hätte sich ein Stein auf einen gelegt oder als wäre man selbst zu Stein geworden. Es konnte auch keine Rede davon sein, daß man *weghörte*. Ihre Wortstöße waren so, daß man jeden Satz aufnehmen mußte, es war aber – das wird mir jetzt erst klar – ein gleichmäßiges Meißeln, das man über sich ergehen lassen mußte. Dabei war ich selbst doch nie der Mensch, von dem sie etwas erzwingen wollte, sondern der Freund, dem sie berichtete. Wie es den eigentlichen Gegenständen ihrer Attacken zumute war, wage ich kaum auszudenken. Es gab für diese eine einzige Möglichkeit, sie loszuwerden: wenn man gewährte, was sie für Fritz forderte. Wurde sie doch unterbrochen, sei es, daß ein Amt zu einer bestimmten Zeit schloß, sei es, daß ihr Opfer von einem Höhergestellten oder telefonisch in Anspruch genommen wurde, so kam sie wieder und wieder und wieder, kein Wunder, daß sie schließlich siegte.

Als ganz junges Mädchen kam sie nach Wien und wurde Schülerin von Anton Hanak, wo sie Fritz Wotruba, den jungen Lehrling, als Mitschüler traf. Von Wien, wo sie dann blieb, hatte sie nicht einen Ton angenommen. Man muß sich vorstellen, daß sie tagtäglich, während Jahrzehnten Wotrubas tiefstes Wienerisch zu hören bekam. Er war der Sprache, die er als Kind auf dem Wiener Pflaster erlernt hatte, mit einem Fanatismus treu, wie ich es noch nie erlebt hatte. Eine andere Sprache erlernte er nie. Er wirkte lächerlich, wenn er – später – ein paar Worte Englisch oder Französisch versuchte, wie ein stammelnder Bittsteller, wie ein verstümmelter Bettler. Er konnte, wie jeder Wiener, wenn es sein mußte, ein offiziöses Schriftdeutsch vorbringen und da er gescheit war und ein gutes Deutsch *schrieb,* klang das nicht lächerlich. Aber er tat es so ungern, er stand dabei unter solchem Zwang, daß man mit ihm darunter litt und erleichtert aufatmete, wenn er wieder zu sich und seinen eingeborenen Tonfällen zurückkehrte. Von keinem dieser Laute hatte Marian, die immer für ihn und seine Sachen lebte, die ihre eigene Bildhauerei sehr früh um seinetwillen aufgab, die nie ein Kind hatte, die *in seinem Sinne* unablässig sprach und sprach, nie auch nur das geringste angenommen. Was sie von ihm hörte, setzte sich bei ihr gleich in Aktion um. Wenn sie auf ihre Unternehmungen ausging, hörte sie nichts, sie hatte nichts im Sinn, als was sie für Fritz eben erreichen wollte. Sie sprach und sprach, alles andere glitt an ihr ab, wenn er dabei war, störte es ihn –

damals jedenfalls – gar nicht. War ich mit ihm allein, so sagte er mir, glaube ich, schließlich alles, was ihm durch den Kopf ging oder ihn bedrängte. Aber nicht ein einzigesmal hat er sich über Marians *Redeweise* beschwert. Von Zeit zu Zeit brach er aus und verschwand während einiger Tage, Marian war dann in größter Angst um ihn und ging ihn, manchmal mit mir zusammen, überall suchen. Aber ich glaube nicht, daß es ihre Suada war, vor der er floh, es war der frühe Ruhm, das Kunsttreiben, in dem er sich gefangen sah, vielleicht sogar etwas viel Tieferes, der *Stein,* mit dem er sich herumschlug, der ihm eine Art Gefängnis war, nichts fürchtete er mehr als Gefängnis und das tiefste Mitleid, das er je empfand, war für Raubkatzen im Gitterkäfig.

Sie luden mich zum Mittagessen in die Florianigasse 31 ein, da hatte er immer schon gewohnt, der Jüngste einer großen Familie von acht Brüdern und Schwestern. Jetzt lebten nur noch er und Marian dort mit seiner Mutter und der jüngsten Schwester. Die Mutter würde kochen, damit wir drei ruhig sitzen und essen könnten. Sie hätten der Mutter schon von mir erzählt. Die war sehr neugierig und hatte ein zorniges Temperament. Wenn ihr etwas nicht paßte, warf sie einem Teller an den Kopf, da müsse man sich blitzschnell bücken beim Vorbeigehen, sonst erwischt's einen. Man mußte durch die Küche durch, um in ihr Zimmer zu kommen. Ihr Zimmer sei aber schön, die Marian habe das nach ihrem Geschmack eingerichtet, da konnte man gut sitzen und reden. Er werde mich holen, damit ich nicht allein durch die Küche müsse, sonst hätte ich plötzlich einen Teller am Kopf. Ob es denn der Mutter nicht recht sei, daß ich komme, fragte ich. Sie freut sich drauf, sagte er, drum macht sie selbst die Schnitzel, sie kocht gut. Ja, warum soll sie einem dann einen Teller an den Kopf werfen? Das weiß man nie voraus, sagte er, das kommt wegen nichts, sie hat das gern, eine Wut. Zum Beispiel, wenn er zu spät zum Essen kommt. Wenn er bei der Arbeit ist, draußen unterm Viadukt, da denkt er an nichts und kommt dann zwei Stunden später zum Essen, als er gesagt hat. Da fliegen die Teller, aber es hat ihn noch keiner erwischt. Er ist dran gewöhnt, sie hat eben Temperament, eine Ungarin, sie kommt vom Land, die ist noch zu Fuß nach Wien gewandert, als junges Mädchen, war dann in guten Häusern in Stellung. Da hat sie sich ihr Temperament verbeißen müssen bei ihren Herrschaften, das hat sie aufgespart für die acht Kinder. Leicht hat sie's mit denen nicht gehabt, an denen hat sie's auslassen müssen. »Und wenn wir spät sind, wird sie uns anschreien, sie wirft nicht immer mit Tellern.«

Wir waren also verabredet, er bestand darauf, mich zu eskortieren, er sprach mehr darüber, als es seine Art war. Er, der Unbekümmerte, der mit seiner Kraft nie hinterm Berg hielt, gab sich besorgt und machte viele Worte. Er hatte Respekt vor der Mutter und achtete sie für ebendie Dinge, vor denen er mich warnte. Ich hatte das Gefühl, daß er mir mit ihr Eindruck machen wollte. Sie sieht abgezehrt aus, aber das täuscht, sie ist sehnig und zäh und kann es mit jedem aufnehmen. Die Ohrfeigen, die man von ihr bekommt, vergißt man nicht. Das Kopftuch trägt sie immer, wie in Ungarn auf dem Land. Sie hat sich nie verändert, in all den Jahren in Wien ist sie sich gleich geblieben. Ob sie nicht stolz auf ihn sei? Da ist man nie sicher, sie läßt sich nichts anmerken, bei einem Besuch noch am ehesten. Schriftsteller, das imponiert ihr schon. Sie liest gern Bücher, man müsse aber trotzdem aufpassen.

Als er mich abholen sollte, kam er fast eine Stunde zu spät. Ich war unruhig, nach allem, was er mir gesagt hatte. Er schien es auf einen Zusammenstoß mit der Mutter abgesehen zu haben. »Heute gibt's was«, sagte er, als er endlich auftauchte, »wir müssen laufen.« Er entschuldigte sich nie für eine Verspätung, diesmal hätte er sie schon erklären können. Ich war ärgerlich und spürte den Teller am Kopf, lange bevor wir in die Florianigasse einbogen. Als wir die Küche betraten, hob er noch einmal warnend den Finger. Die Mutter stand vor dem Herd, ich sah erst das Kopftuch, dann die kleine, etwas gebeugte Gestalt. Sie schwieg, sie drehte sich nicht einmal um. Der Sohn verzog besorgt den Mund und sagte ganz leise zu mir: »Oha! Aufpassen!« Wir mußten die Küche durchqueren, um an den Eingang zum Zimmer zu gelangen. Er bückte sich und zog mich mit einem heftigen Ruck hinunter. Als wir im offenen Eingang zum Wohnzimmer standen, kam der Teller, gut gezielt über seinem Kopf, aber zu hoch. Dann wischte sie sich die Hände an der Schürze ab und kam auf uns zu. »Mit dem red i net«, sagte sie mit hoher Stimme, in ungarischem Tonfall und bewillkommnete mich auf das herzlichste. Das macht er absichtlich, sagte sie, er führt gern seine Mutter im Zorn vor. Sie hat gewußt, daß er besonders spät kommen wird, damit sie ihre Nummer vorführt.

Sie hat eben drum ganz spät erst mit den Schnitzeln begonnen, ausgetrocknet ist nichts und jetzt soll es uns schmecken.

Im Zimmer glänzte die Glasplatte des Tisches und das Stahlrohr der Sessel, eine etwas programmatische Modernität, die zu Marians Absichten, wenn auch nicht zu ihrer Person paßte. An den weißen Wänden hingen Bilder von Merkel und von Dobrowsky, Geschenke dieser beiden Maler an den jungen Bildhauer, der die Avantgarde der Secession verkörperte, ihr jüngstes und umstrittenstes Mitglied. Es war kein überflüssiger Gegenstand in diesem Zimmer, umso mehr hoben sich die Bilder heraus: Merkels arkadische Landschaften, die mir schon früher aufgefallen waren, zogen mich hier an. Es bestand keine Verbindungstür zur Küche, nur der offene Rahmen. Die Mutter betrat das Zimmer nicht, doch sie hörte jedes Wort in der Küche und nahm, mit den Ohren wenigstens, intensiv am Gespräch teil. Die Teller wurden durch die fürs Essen bestimmte Luke hereingezogen. Marian holte sie von dort und stellte sie auf die Glasplatte. Da lagen die riesigen Schnitzel, das Essen bestand daraus. Wotruba versicherte, daß da nichts Flachsiges dran sei, ich solle lieber nicht drin herumstochern wie bei der Anna damals, sonst sei die Mutter beleidigt. Dann beugte er sich über sein Fleisch und aß es wortlos in großen, quadratischen Bissen auf. Er ließ es nicht einmal aus den Augen und nahm, solange etwas auf dem Teller war, mit keiner Silbe und keiner Geste am Gespräch teil.

Marian bestritt das Gespräch allein. Erst erging sie sich über meine Sünde im Atelier der Anna, als ich das flachsige Fleisch in ganz kleine Stücke zerschnitten und dann gar noch stehengelassen hätte, der Teller sei von verschmähten Fleischstücken übersät gewesen, der Fritz habe so was in seinem Leben noch nie gesehen. »Da war ein nervöser Hund bei der Mahler«, hatte er gesagt, gleich als er nach Hause kam und hatte ihr dann vorgemacht, was ich mit dem Fleisch aufgeführt hatte, jeden Tag beim Essen war wieder die Rede darauf gekommen, er hatte sie ganz neugierig gemacht damit, sie seien zum Schluß gekommen, daß ich nicht nur ein Flachs-Feind, daß ich überhaupt ein Fleisch-Feind sei und jetzt wird man ja sehen, ob das stimmt. Sie merkte aber bald, daß es bei ihnen gar nicht stimmte, und als ich fertig war, kam, ohne daß ich gefragt wurde, ein zweites, ebenso riesiges Schnitzel auf meinen Teller. Marian entschuldigte sich dafür, es gab wenig anderes bei ihnen, es hapert besonders mit dem Dessert, der Fritz rührt nie einen Käse an, seit der Kindheit ißt er keinen Käse, aber auch kein Kompott, er kann es nicht leiden, wenn man Früchte in kleine Stücke zerschneidet. Wenn ich ihn auf solche Behauptungen hin zweifelnd ansah, kam von ihm als Bestätigung ein Grunzen, zu einem Wort brachte er es, solange er Fleisch auf dem Teller hatte, nicht. Ich war aber an allem interessiert, was ihn betraf, gerade auch an allen körperlichen Dingen, sonst wäre ich bei solchen Gesprächen davongelaufen, hier hörte ich zu, als ob es um seine Plastiken ginge. Die Mutter rief von der Küche herein: »Tut er's essen oder hat er's schon wieder zerwutzelt?« Auch sie war über die Ereignisse bei der ersten Begegnung informiert. Marian trug meinen leeren Teller hinaus, um persönlich zu beweisen, daß ich alles aufgegessen hatte, daraufhin bekam ich ein drittes Schnitzel angeboten, das ich aber unter Lobesworten für die ersten beiden ablehnte.

Fritz fand, als er fertig war, seine Stimme wieder und nun bekam ich interessante Dinge zu hören. Ich fragte ihn, ob es bei ihm gleich mit den *Steinen* begonnen habe: seine Hände waren ganz und gar nicht von Stein gezeichnet. Ich sagte schon, wie sehr sie von Empfindung geladen waren, ihre Berührung, wenn wir uns begrüßten, war mir nie gleichgültig, ich fühlte sie neu in allen Jahrzehnten unserer Freundschaft, aber im Anfang weckten sie in mir die Erinnerung an zwei verschiedene Hände, die sich in nächster Nachbarschaft auf *einem* Bild beisammen fanden, jede so eindringlich, daß keine von ihnen die Oberhand behielt. Ich dachte an Gottes Finger bei der Erschaffung Adams auf der Sixtina-Decke oben und kann es nicht erklären, denn es ist ein einzelner Finger, von dem Leben auf Adams Hand übergeht, und hier wurde einem eine ganze Hand geboten, aber es muß wohl so sein, daß ich die Kraft der Belebung empfand, die von jenem Finger auf den künftigen Menschen übergeht. Ich dachte auch an Adam selbst, an seine ganze Hand.

Steine, sagte er, seien früh gekommen, doch es hatte nicht mit Steinen begonnen. Er war noch ganz klein, keine sechs Jahre alt, da hatte er den Fensterkitt herausgekratzt, um damit zu modellieren. Die Scheiben lockerten sich, eine fiel heraus und zerbrach. Man kam ihm drauf und er wurde geschlagen. Er tat es wieder, er hatte sonst nichts, er mußte mit etwas modellieren. Es war schwerer zu Brot zu gelangen, sie waren acht Kinder, der Fensterkitt lag besser in den Fingern als Brot, er wurde wieder geschlagen, aber von der Mutter, das war nichts verglichen damit, wie der Vater schlug.

Der Vater nahm die ältesten Brüder her und schlug sie so hart, daß sie zu Verbrechern wurden. Aber das erfuhr ich erst später, er sprach selten vom Vater, den alle Geschwister haßten, und vor den Ohren der Mutter, die diesmal die Küche nicht verließ, wurde er nicht erwähnt. Er war ein tschechischer Schneidergehilfe und schon vor langem gestorben. Der älteste Bruder war wegen Raubmord zu Zuchthaus verurteilt worden und in Stein an der Donau elend zugrunde gegangen. Das vertraute er mir erst an, als wir Zwillinge geworden waren. Am Stigma der Gewalttätigkeit trug er schwer, seine unheimliche Art, sich mit dem Stein herumzuschlagen, begann ich zu begreifen, als ich vom Schicksal dieses Bruders erfuhr. Die Polizei hatte die Wotruba-Söhne immer im Auge. Fritz, der Jüngste, viel jünger als die aufsässigen Brüder, konnte nicht auf die Florianigasse gehen, ohne einem Polizisten in die Arme zu laufen. Ganz klein noch erlebte er die Züchtigungen der Brüder durch den Vater. Es waren Exekutionen mit Ledergurt und furchtbarem Geschrei. Die Erbarmungslosigkeit des Vaters machte ihm mehr Eindruck als alles, was die Brüder verbrochen hatten. Er war überzeugt davon, daß der Vater die Söhne durch solche Züchtigungen zu Verbrechern abgerichtet hatte. Aber er sagte sich auch, da er die Roheit und Härte des Vaters vor Augen hatte, daß es sich alles von ihm auf die Söhne *vererbt* haben könnte.

Die Furcht vor diesem Erbe hat ihn nie verlassen, sie wurde zu panischer Angst vor Gefängnis und ging ein in seinen täglichen Umgang mit Stein. Der Stein, das Härteste und Dichteste, hielt ihn gefangen, er verbiß sich in ihn und schlug sich immer tiefer in ihn hinein. Täglich, viele Stunden, schlug er sich mit ihm herum, Stein wurde ihm so wichtig, daß er ohne ihn nicht leben konnte, so wichtig – nicht wie Brot, sondern wie Fleisch. Es ist fast nicht zu glauben: aber dem Kampf zwischen Vater und Brüdern, dem Schicksal der Brüder verdankt sich sein Werk. Nichts davon ist an diesem abzulesen, die Verbindung ist eine so tiefe, daß es in das Wesen seines *Materials* eingegangen ist. Man muß seine Geschichte kennen, auch die Ausbrüche, die es in seinem Leben immer gab, die passionierte Liebe für gefangene

Raubtiere – kein Mensch konnte ihm so leid tun wie ein gefangener Tiger –, seine Furcht vor Nachkommenschaft, denn die Mordlust könnte sich vererben, statt eines Sohnes hielt er sich einen *Kater*. Das alles hätte man zu wissen (und es käme noch, wäre man genau, viel mehr dazu), um zu begreifen, warum er von der Fleischheit des Steins, die es ganz zu Anfang, im berühmten frühen Torso, auch bei ihm gab, so weit abkommen mußte.

Als ich ihn in diesem Zimmer sah, nach Bauhaus-Grundsätzen eingerichtet, aber arkadische Bilder von Georg Merkel und elegante von Dobrowsky an den Wänden, die übrige Wohnung, besonders die Küche, noch wie zu Zeiten des schlagenden Vaters, die Mutter darin statt seiner herrschend – aber was waren nachgeworfene, zerschellende Teller gegen die nie endenden, harten Hiebe des Vaters! –, als mir ihr rabiater Kampf gegen das Zuspätkommen vorgeführt wurde, das Bücken unter den Tellern, ahnte ich nicht, daß es hier schon um eine *Zivilisierung,* um eine Errungenschaft ging, der Vater entfernt, der Bruder im Zuchthaus vielleicht schon gestorben – statt dessen das Spiel mit der Mutter, der Akzent auf ihr, die es alles bestanden hatte und nun durch den Jüngsten zu einem anderen, ihrer würdigen Leben gelangt war, ohne daß von der früheren Lokalität, von Wohnung und Küche und Pflaster der Florianigasse das geringste aufgegeben worden wäre.

Unterm Viadukt der Stadtbahn, wo das Atelier war, sah ich bei meinem ersten Besuch die große stehende Figur eines Mannes aus schwarzem Basalt. Kein Werk eines lebenden Bildhauers hatte mich je so sehr getroffen. Ich stand davor und hörte das Rollen der Stadtbahn, die über den Viadukt fuhr. Ich hörte sie einige Male, so lange stand ich davor. Ich kann in meiner Erinnerung die Figur von diesem Geräusch nicht trennen. Sie war, eine lange, sehr schwere Arbeit, unter diesen Geräuschen hier entstanden. Es waren genug andere Figuren zu sehen, wenn auch nicht zu viele. Das Atelier wirkte nicht vollgestopft, es bestand aus zwei großen Bogen des Stadtbahnviadukts, im einen standen Figuren, die ihn bei der Arbeit im anderen gestört hätten. Am liebsten, wenn das Wetter nicht zu schlecht war, arbeitete er draußen. Anfangs fühlte ich mich von der Nüchternheit der Lokalität und dem Lärm der Züge abgestoßen, aber da es nichts Überflüssiges zu sehen gab, da alles, was immer hier vorhanden war, einen anzog und zählte, fand man sich rasch in den Ort und spürte, daß er richtig war, er hätte gar nicht geeigneter sein können.

Ich sah mir aber kaum etwas genau genug an, obwohl mir dran lag, dem Künstler Achtung zu erweisen, denn der ›Schwarze Stehende‹, wie wir ihn seither immer nannten, ließ mich nicht los. Es war, als wäre ich nur um seinetwillen gekommen. Ich versuchte, mich von ihm loszureißen, er schlug mich mit Stummheit und ich sollte doch etwas sagen. Aber wo immer ich mich aufstellte, was immer ich ins Auge zu fassen suchte, es war doch der ›Schwarze Stehende‹, zu dem meine Blicke zurückkehrten, und so sah ich ihn von allen erdenklichen Seiten und bewies ihm durch das Schweigen, mit dem er mich angesteckt hatte, die größte Ehre.

Diese Figur ist verschwunden. Sie war während des Krieges, wie mir Wotruba sagte, vergraben und wurde später nicht mehr gefunden. Sie war viel kritisiert worden und es ist möglich, daß er sich nicht mehr zu ihr bekennen wollte. Vielleicht beengte ihn später, als die Emigration uns trennte – er lebte in der Schweiz, ich in England –, die Erinnerung an die Leidenschaft, die ich für diese Figur gefaßt hatte, und da er in der Emigration ganz andere Wege gegangen war, mochte er bei der Rückkehr nach Wien nicht an eine Arbeit anknüpfen, die er als 25jähriger gemacht hatte. Es ist wahr, diese Figur, so wie ich über sie zu ihm zu sprechen pflegte, verstellte ihm den Weg zu neuen Dingen. Ich war hartnäckig wie er und wurde ihm damit lästig. Als er mich zum erstenmal nach dem Krieg in London besuchte, maß ich alles, was er zu dieser Zeit machte, am ›Schwarzen Stehenden‹ und ließ ihn meine Enttäuschung merken. Seine wirklich neue Periode, mit der er, nur für mich erkennbar, auch an die frühe anknüpfte, die er dann weit übertraf, begann nicht vor 1950. So ist das Werk verschwunden, das mich an ihn band, es bestimmte, vom Herbst 1933 an, als ich es zuerst sah, die Vorstellung, die ich von ihm hatte, bis zu jenem Augenblick 21 Jahre später, Ende 1954, als ich den Essay über ihn schrieb, an dem ich nie etwas ändern möchte.

Was am ›Schwarzen Stehenden‹ auszusetzen wäre, ist mir heute wohl bewußt. Ich kann darum nur vom Erlebnis jenes ersten Tages sprechen.

Die Figur, die schwarz und überlebensgroß vor einem stand, hielt eine Hand, die linke, hinterm Rücken verborgen. Der Oberarm stand auffällig vom Körper ab und stieß auf den Unterarm in einem rechten Winkel. So hob sich der Ellbogen wuchtig vom Körper ab, als bereite er sich darauf vor, jeden, der zu nahe komme, wegzustoßen. Das leere Dreieck zwischen Brust und beiden Teilen des Armes, das einzig auffallend Leere, das sich an der Figur zeigte, hatte etwas Bedrohliches: es galt der Frage nach der Hand, die nicht zu sehen war, der man gern nachgegangen wäre. Es schien, als sei sie versteckt, nicht etwa abgeschlagen. Man wagte nicht, nach ihr zu suchen, der Bann, unter dem man war, verbot einem, den Standort zu verlassen. Bevor man die Suche aufnahm, zu der es kommen mußte, überzeugte man sich von der Sichtbarkeit der anderen Hand. Auf der rechten Seite herrschte Frieden. Der rechte Arm lag der Länge nach ausgestreckt am Körper, die offene Hand reichte bis in die Nähe des Knies, sie schien ruhig und von keiner feindlichen Absicht geladen. So ruhig war sie, daß man an sie nicht dachte, weil die andere Hand sich in solcher Auffälligkeit entzog.

Das Ei des Kopfes saß auf einem starken Hals, der sich ein wenig nach oben verjüngte, er wäre sonst breiter als der Kopf gewesen. Das schmale Gesicht nach vorn abgeflacht, bei aller Vereinfachung mehr Gesicht als Maske, herb und stumm, der Schlitz des Mundes stark und schmerzlich gegen ein Geständnis geschlossen. Brust und Bauch in klare Bezirke gegliedert, flach wie das Gesicht, von starken zylindrischen Schultern beherrscht, das Gelände der Knie beinahe zu Halbkugeln gesteigert, die großen Füße deutlich nach vorn gestellt, nebeneinander, vergrößert, unentbehrlich für die Last dieses Basalts; das Geschlecht nicht verborgen und nicht aufdringlich, einer eigenen Formung am wenigsten unterworfen.

Aber es kam der Augenblick, da man sich losriß, auf der Suche nach der entzogenen Hand. Man fand sie – unerwartet – quer und ungeheuer über den unteren Teil des Rückens ausgestreckt, die Handballen nach außen, überlebensgroß auch an dieser Figur gemessen, und es ist wahr, daß ich vor der Gewalt dieser Hand erschrak. Es war ihr nichts Böses nachzusagen, aber sie war zu allem fähig. Bis zum heutigen Tage bin ich davon überzeugt, daß um dieser Hand willen die Figur entstand, und daß der, der sie aus dem Basalt schlug, sie verbergen mußte, weil sie übermächtig war, und daß der Mund, der nicht sprechen wollte, *sie* verschwieg und der Ellbogen, der drohend nach außen gerichtet war, den Zugang zu ihr schützte.

Unzählige Male war ich im Viadukt. Meine Passion für diese Figur wurde zum Kern unserer Freundschaft. Ich sah Wotrubas Hand bei der Arbeit zu und erlahmte während Stunden so wenig wie er. Aber wie aufregend immer das Neue war, woran er eben arbeitete – nie wandte ich mich ihm zu, ohne dem ›Schwarzen Stehenden‹ vorher meine Reverenz zu erweisen. Manchmal fand ich ihn im Freien schon vor, man wußte, daß ich kommen würde und hatte ihn mir zuliebe hinausgerollt. Manchmal stellte man ihn hinter die offene Tür des einen Bogens, wo man ihn ganz allein sah und keine andere Figur störte. Über die *Hand* sprach ich nie, über wie vieles sonst haben wir nicht gesprochen, aber er war viel zu gescheit, um nicht zu merken, daß ich etwas begriffen hatte, was er im Basalt sagen mußte, er war zu stolz, es in Worten zu sagen. Einer seiner Brüder war Kain, der getötet hat und sein Leben lang trug er selbst sich mit der Furcht, einmal töten zu müssen. Daß er es nie getan hat, verdankte er dem Stein und diesmal, im ›Schwarzen Stehenden‹, hat er, wenigstens für mich, zu verstehen gegeben, was ihn bedrohte.

Vielleicht war es das Unveränderlichste an ihm, was an dieser Figur zum Ausdruck kam. Zu seinem Unveränderlichen gehörte auch seine Sprache. Seine Worte waren von der Kraft geladen, mit der er sie zurückhielt. Er war nicht schweigsam und äußerte sich zu vielem. Aber er wußte, was er sagte, ein müßiges Geplätscher habe ich von ihm nie gehört. Auch wenn es nicht um seine eigentlichsten Anliegen ging, hatten seine Sätze immer *Richtung.* Wenn er um jemanden warb, konnte er Dinge sagen, die wie krasse Berechnung wirkten. Er sorgte dann durch auffällige Übertreibung dafür, daß man die Sache als Spaß nahm, obwohl er eine handfeste Absicht damit verband. Aber er konnte auch alle Ziele von sich abtun und so deutlich und dabei gewaltig sprechen, daß man ihm verfiel und so wie er, nämlich deutlich und gewaltig wurde. Er lieh sich dazu nie eine andere Sprache aus, es waren immer die Worte des Wiener Reviers, mit dessen Pflastersteinen er als Kind gespielt hatte, und man erlebte verblüfft, daß sich mit diesen Worten alles, buchstäblich alles sagen ließ. Es war *nicht* die Sprache Nestroys, an der ich mich längst schon davon überzeugt hatte, daß es ein Wiener Idiom voll staunenswerter Möglichkeiten gab, ein Idiom, das zu den raschesten und bestechendsten Einfällen reizte, so komisch wie tiefsinnig, unerschöpflich, variabel, von erhabener Schärfe, der nie ein Mensch dieses geschlagenen Jahrhunderts ganz nachzukommen vermag – Wotrubas Sprache hatte mit Nestroy vielleicht nur das eine gemein: die Herbheit, eben das Gegenteil dessen, was sonst als Wiener Süße überall in der Welt beliebt und verrufen ist.

Ich spreche von ihm, wie er *damals* war, 26jährig, als ich ihn kennenlernte, von Stein und Absichten, die nicht von Stein zu trennen waren, besessen, ohne jede Macht, von einem Ehrgeiz erfüllt, an dessen Sinn er keinen Augenblick zweifelte, seiner Sache so sicher wie ich meiner, so daß wir uns gleich, ohne jede Scheu, ohne Zögerung, ohne Scham, ohne Anmaßung als Brüder empfanden. Wir konnten einander Dinge sagen, die kein anderer begriffen hätte, denn was vor der Welt noch zu bewähren war, gestanden wir einander als das Natürlichste zu. Seine Grausamkeit stieß mich ab so wie ihn meine ›Moral‹. Aber wir kamen auf großmütigste Weise damit zu Rande. Ich erklärte mir seine Grausamkeit mit der Härte seiner Arbeitsprozesse. Er deutete meine ›Moral‹ als die Reinheit einer künstlerischen Absicht, über die ich wachte und nahm sie wie seinen Ehrgeiz, für den nichts hoch genug war. Wenn er seinen Haß gegen Kitsch bekundete, waren wir ein Herz und eine Seele. Ich hörte es dann so, als spräche er von Bestechlichkeit. Für mich war Kitsch, was man bloß um des Geldes willen tat, für ihn, was weich und zu leicht zu formen war. Ich war von Geld bedroht aufgewachsen, er vom Gefängnis seines Bruders.

Ich gab ihm das Manuskript von ›Kant fängt Feuer‹ zu lesen. Er war nicht weniger davon gepackt als ich vom ›Schwarzen Stehenden‹. Die Figur des Fischerle schlug er ins Herz. Er kannte das Milieu, in dem Fischerle lebte und noch besser kannte er das Obsessive dieses Ehrgeizes. Gegen die Skrupellosigkeit des Schach-Zwergs hatte er nicht das geringste einzuwenden, er selbst wäre vor nichts zurückgeschreckt, wenn es darum ging, sich einen Stein zu verschaffen. Therese war für ihn nicht ›übertrieben‹, er hatte schon Härteres gesehen. Das scharf Umrissene der Figuren lag ihm, natürlich schien ihm Benedikt Pfaff, der pensionierte Polizist, richtig, aber auch der geschlechtslose Sinologe, das wunderte mich sehr, und nur dessen Bruder, den

Psychiater, konnte er nicht leiden. Er fragte mich, ob ich mich da nicht *geirrt* hätte, aus Liebe zu meinem eigenen jüngsten Bruder, von dem ich ihm erzählt hatte. Soviel Häute, meinte er, könne kein Mensch haben, ich hätte da eine Idealfigur aufgestellt, was ein Dichter in seinen Büchern mache, das verrichte Georges Kien in seinem Leben. Er mochte den ›Gorilla‹ und gemessen an diesem erfüllte ihn der Arzt mit Widerwillen. Im Grunde sah er den ›Gorilla‹ wie Georges Kien selbst ihn sah, aber er verargte diesem, daß er sich zu einer Bekehrung hergab, er war damals von Mißtrauen gegen Bekehrungen erfüllt und erklärte, daß ihm sogar Jean der Schmied, dieser beschränkte alte Mann, lieber sei als der erfolgreiche Irrenarzt. Er rechnete es mir hoch an, daß er zum Schluß des Buches scheitert und durch eine verfehlte Rede den Feuertod des Sinologen auslöst. Daß er so kläglich versage, sagte er mir einmal, habe ihn mit der Figur schließlich versöhnt.

Schweigen im Café Museum

Im Café Museum, wohin ich täglich ging, seit ich wieder in der Stadt wohnte, sah ich einen Mann, der mir auffiel, weil er immer allein saß und mit niemandem sprach. Das wäre nichts so Seltenes gewesen, es gab manche, die ins Kaffeehaus gingen, um unter vielen allein zu sein, aber er fiel mir auf, weil er sich so beharrlich hinter seinen Zeitungen verbarg. Selten nur, sehr selten, sah er hinter diesen hervor und dann staunte ich über das wohlbekannte Gesicht von Karl Kraus. Daß er es nicht war, wußte ich, in diesem Lokal, das von Malern, Musikern, Dichtern besucht wurde, hätte er sich keinen Augenblick Ruhe zu schaffen vermocht, es sei denn, er wäre in Gesellschaft von anderen gewesen. Trotzdem, obwohl er es nicht war, schien er beharrlich darauf bedacht, sich zu verstecken. Es war ein sehr ernstes Gesicht und es war nicht in Bewegung, etwas, was ich bei Karl Kraus selbst nie erlebt hatte. Einen beinah unmerklichen, schmerzlichen Zug, den ich manchmal zu erkennen vermeinte, führte ich auf die Zeitungslektüre zurück. Ich ertappte mich dabei, daß ich auf die seltenen Augenblicke wartete, in denen sein Gesicht zum Vorschein kam. Oft unterbrach ich die Lektüre meiner Zeitung, um mich zu vergewissern, daß er selbst noch in seine vertieft war. Wenn ich das Café Museum betrat, suchte ich zuerst nach ihm und erkannte ihn, da sein Gesicht nicht zu sehen war, an der Starre, mit der sein Arm die Zeitung hielt – etwas Gefährliches, an das er sich klammerte, das er gern von sich gestoßen hätte, aber trotzdem auf das genaueste las. Ich trachtete mich so zu setzen, daß ich ihn immer im Auge behielt, am liebsten schräg gegenüber von ihm. Ich hatte Scheu vor seinem Schweigen, das mir bald wichtig geworden war, und an einen freien Tisch neben ihn hätte ich mich nie gesetzt. Meist war ich selbst allein, ich kannte noch kaum einen Menschen unter den Habitués des Lokals und es war mir so wichtig wie ihm ungestört zu sein. Eine Stunde oder länger saß ich ihm schräg gegenüber, immer in Erwartung der Augenblicke, da ich ihn zu Gesicht bekam. Es war Distanz zwischen uns, ich hatte großen Respekt vor ihm, ohne zu wissen, wer er war, ich empfand seine Konzentration, als wäre er doch Karl Kraus, aber so, wie ich diesen nie erlebt hatte: schweigend.

Er war täglich da, meist fand ich ihn schon vor, wenn ich kam, ich wagte nicht, mir zu sagen, daß er mich erwarte. Wohl aber, wenn er einmal nicht da war, verspürte ich Ungeduld, als ob *ich* ihn erwarte. Nur zum Schein vertiefte ich mich dann in meine Zeitung, ich hätte gar nicht zu sagen gewußt, was ich las und blickte immer wieder auf in die Richtung des Eingangs. Er kam dann immer, eine hohe, schmale Gestalt, er ging sehr steif und abweisend, beinahe hochmütig, als wünsche er nicht, daß man ihm nahekomme und halte sich alles geschwätzige Wesen vom Leibe. Ich entsinne mich meines Staunens, als ich ihn so das erstemal gehen sah, es war ein wenig, als reite er auf mich zu, er hätte auch zu Pferde nicht gerader sitzen können. Ich hatte einen kleineren Mann erwartet, mit gekrümmtem Rücken, aber es war der Kopf, der jene verblüffende Ähnlichkeit hatte; sobald er Platz genommen hatte und saß, war er wieder Karl Kraus, verborgen hinter den Zeitungen, auf die er Jagd machte.

Da ich nichts über ihn wußte, hatte ich nichts über ihn zu sagen.

Anderthalb Jahre sah ich ihn so, er wurde zu einem stummen Stück meines Lebens. Ich erwähnte ihn zu niemand und fragte nie nach ihm. Wäre er ausgeblieben, ich hätte mich wohl schließlich beim Ober nach ihm erkundigt.

Ich spürte damals, bevor es ganz geschehen war, eine Wende, die sich Karl Kraus gegenüber in mir vorbereitete. Ich sah ihn nicht sehr gern und ging nicht mehr in jede Lesung. Doch ich tastete ihn in Gedanken nicht an und hätte es wohl auch nicht gewagt, ihm zu widersprechen. Ich ertrug keine Inkonsequenz bei ihm und auch wenn sie noch nicht eigentlich zu greifen war, wünschte ich mir sein Schweigen. So wurde sein Abbild im Café Museum, das ich täglich sah, eine Notwendigkeit für mich, die ich nicht mehr entbehren mochte. Ein Abbild war es und nicht ein Doppelgänger, denn wenn er stand oder ging, hatte er nichts mit ihm gemeinsam, im Sitzen aber, beim Zeitunglesen, sah er ihm zum Verwechseln ähnlich. Er schrieb sich nie etwas auf, er machte sich nie Notizen. Er las und verbarg sich. Er las nie ein Buch und obwohl man das Gefühl hatte, daß er viel gelesen haben müsse, las er nur Zeitung.

Ich pflegte mir manches im Kaffeehaus aufzuschreiben und es war mir gar kein angenehmer Gedanke, daß er mich dabei sehen könne. Es schien mir unverschämt, in seiner Gegenwart zu schreiben. Wenn er flüchtig hervorsah, ließ ich sacht den Bleistift fallen. Ich war immer auf dem Quivive, meine eigentliche, oberste Aufmerksamkeit galt dem Erscheinen seines Gesichts, das rasch wieder verschwand. Die Unschuldsmiene, die ich aufsetzte, muß ihn getäuscht haben, ich glaube nicht, daß er mich ein einziges Mal beim Schreiben ertappte. Ich war aber der Meinung, daß er alles sah, nicht nur mich, daß er mißbilligte, was er sah und sich darum so eilig zurückzog. Ich hielt ihn für einen Meister des Durchschauens, vielleicht weil ich wußte, daß Karl Kraus es war. Lang brauchte er dazu nicht, er verharrte auch nicht dabei und vielleicht, das hoffte ich, war es ihm gar nicht so wichtig, er war mit den wichtigsten Dingen beschäftigt, es war zu spüren, wie sehr ihn die Zeitung ekelte. Druckfehler waren ihm gleichgültig geworden. Er sang nichts von Offenbach, er sang überhaupt nicht, er hatte eingesehen, daß seine Stimme sich zum Singen nicht eignete. Er las auch fremde Zeitungen, nicht nur Wiener, nicht nur deutsche. Auf dem Stoß, den der Ober ihm brachte, lag immer zuoberst eine englische Zeitung.

Es war mir recht, daß er keinen Namen hatte. Denn sobald ich ihn gekannt hätte, wäre er nicht mehr Karl Kraus gewesen und der Prozeß einer Verwandlung des großen Mannes, den ich mir so sehnlich wünschte, hätte sein Ende gefunden. Ich erkannte erst später, daß sich im Verlauf dieser stummen Beziehung etwas in mir teilte. Die Kräfte der Verehrung lösten sich allmählich ab von Karl Kraus und wandten sich dem stummen Abbild zu. Es war eine tief eingreifende Wandlung meines seelischen Haushalts, in dem Verehrung immer eine zentrale Rolle gespielt hat; daß diese Veränderung schweigend vor sich ging, erhöhte ihre Bedeutung.

Komödie in Hietzing

Drei Monate nach der Rückkehr aus Straßburg und Paris war ich mit der Vollendung der ›Komödie der Eitelkeit‹ beschäftigt. Die Sicherheit, mit der ich den zweiten und dritten Teil niederschrieb, hatte etwas Beglückendes für mich. Es war eine Arbeit, die nicht unter Schmerzen entstand. Ich schrieb nicht gegen mich, es war kein Gerichtstag über mich, keine Selbstverhöhnung. Die Eitelkeit, um die es vordergründig ging, hatte mir selber wenig zu schaffen gemacht, es war ein freier Blick auf die Welt, der mir keine Skrupel verursachte. In der Art der Abwandlung des Grundeinfalls, des Spiegel- und Bilderverbots, hatte ich im zweiten Teil dem Einfluß eines Mannes nachgegeben, den ich für den reichsten und erregendsten aller Komödienschreiber hielt, der es unzweifelhaft auch war: Aristophanes, und daß ich das offen sagte, daß ich das nicht verbarg, trotz des ungeheuren Abstandes, der mich wie jeden von ihm trennte, war vielleicht das eigentlich Befreiende dieser Niederschrift.

Denn mit Bewunderung für das Vorangegangene, mit Einsicht in seine Unerreichbarkeit ist es nicht getan. Man muß auch Sprünge in seine Richtung wagen und die Gefahr auf sich nehmen, daß sie mißlingen und einen in Lächerlichkeit begraben. Hüten muß man sich davor, das Unerreichbare zu *benützen*, als ob es für eigene Absichten noch gerade gut genug wäre, wohl aber soll man sich von ihm erregen und befeuern lassen.

Es mag auch mit diesem Vorbild zusammenhängen, daß ich eine unmittelbare Wirkung der Komödie erhoffte. Die Dringlichkeit war groß, die Dinge in Deutschland gingen immer rascher weiter, aber noch immer hielt ich die Situation nicht für irreversibel. Was durch Worte im Gang gehalten wurde, konnte durch Worte aufgehalten werden. Ich hielt die Komödie, sobald sie abgeschlossen war, für eine legitime Entgegnung auf die Bücherverbrennung. Nun mußte sie gespielt werden, überall, rasch, aber ich hatte keine Verbindungen zur Theaterwelt, durch das Verdammungsurteil von Karl Kraus noch immer gelähmt, hatte ich das zeitgenössische Theater mißachtet und vernachlässigt. Zwar hatte ich im Herbst 1932 die ›Hochzeit‹ an den S. Fischer Verlag nach Berlin geschickt, der das Stück in seinen Theater-Vertrieb übernommen hatte, aber es kam zu spät und konnte nicht mehr gespielt werden. Der Lektor, der damals im Verlag für die Annahme der ›Hochzeit‹ eingetreten war, hatte Berlin verlassen und die Leitung der Theaterabteilung des Zsolnay-Verlags in Wien übernommen.

Um die Komödie zu erfassen, mußte man sie *hören*, sie war aus dem aufgebaut, was ich akustische Masken nannte, jede Figur war durch Wortwahl, Tonfall, Rhythmus streng gegen alle anderen abgesetzt und es gab keine Notenschrift für Dramen, in der sich das festhalten ließ. Meine Intentionen konnte ich nur durch eine vollständige Vorlesung des Stückes klarmachen. Nun schlug Anna mir vor, die Komödie erst einmal im Hause Zsolnay vorzulesen, vor einer kleinen, urteilsfähigen und in praktischen Dingen auch des Theaters erfahrenen Gesellschaft. Da wäre dann auch jener Lektor dabei, der die ›Hochzeit‹ kenne und sich in Berlin damals spontan, ohne irgend etwas über mich zu wissen, für meine Form von Drama eingesetzt habe. Dieser Vorschlag leuchtete mir ein, mein einziges Bedenken war die *Länge*.

»Es dauert vier Stunden«, sagte ich, »ich lasse keine Szene aus. Ich streiche keinen Satz. Wer hält das aus?«

»Man muß es in zwei Malen zu je zwei Stunden machen«, meinte Anna, »am besten an zwei Tagen hintereinander. Wenn das nicht geht, das zweite Mal eine Woche später.«

Sie kannte das Stück nicht, aber nach der Lektüre des Romans, dessen Manuskript sie überall mit Überzeugung verfocht, war sie sicher, daß ein Stück, von dessen Inhalt ich ihr so viel erzählt hatte, sich vertreten lasse. Zwar interessierte sie sich gar nicht für Dramen, eine Abneigung gegen diese Form war ihr, glaube ich, eingeboren. Aber in diesem Fall hatte sie durch meine Erzählung Bekanntschaft damit gemacht und es war dieses Erzählen allein, was sie an mir mochte.

Paul Zsolnays Mutter, von Anna ›Tante Andy‹ genannt, war die Hauptperson im Hause, sie hatte großen Einfluß auf ihren Sohn. Der Verlag war besonders auf ihren Wunsch hin entstanden, als Hausverlag für Werfel. Eine ganze Reihe von damals angesehenen, aber auch einige wirklich gute Autoren, Heinrich Mann darunter, waren für den Verlag gewonnen worden. Anna hatte ihrer Schwiegermutter das Manuskript von ›Kant fängt Feuer‹ zu lesen gegeben und sie, die einiges Böse von Frauen mitangesehen hatte, war davon angetan gewesen. Sie war die eigentliche Gastgeberin, das Palais in der Maxingstraße war ihr Haus, wenn auch die Einladungen zur Vorlesung offiziell von Anna ausgingen. Ich hatte den kräftigen Wunsch geäußert, daß Alma, ihre Mutter, *nicht* komme. Anna versicherte mir, daß da gar keine Gefahr bestünde, ich sei doch völlig unbekannt, in solchen Fällen denke ihre Mutter gar nicht daran zu kommen. Aber statt ihrer werde wohl Werfel erscheinen. Er sei neugierig, er habe früher, als er noch bei Kurt Wolff war, viel damit zu tun gehabt, junge Dichter zu entdecken. »Ich glaube nicht, daß er jetzt noch Lust auf solche Entdeckungen hat«, sagte ich und ahnte nicht, einen wie geringen Teil der Wahrheit ich damit ausgesprochen hatte. Ich sah seinem Erscheinen mit Neugier entgegen und fürchtete ihn nicht, obwohl mir seine Bücher gar nicht lagen und ich ihn bei unserer ersten Begegnung in einem Konzert nicht gerade gemocht hatte.

Als wichtiger Gast war Hermann Broch geladen. Seit über einem Jahr betrachtete ich ihn als meinen Freund. Ich spürte, daß er am meisten von mir als Dramatiker erwartete. Nach der Rückkehr aus Paris im Spätherbst, hatte ich ihn bei Anna im Atelier eingeführt. Zusammen waren wir auch bei ihrer Mutter auf der ›Hohen Warte‹ gewesen. »Du Annerl, der Broch hat miestische Augen«, hatte sie in Brochs Gegenwart gesagt, sie meinte ›mystisch‹, und wir anderen drei, Anna, Broch und ich, waren über die Form, in der sich dieses allerhöchste Wohlgefallen geäußert hatte, sehr verlegen gewesen. Daß Broch dieses Stück, von dem ich ihm immer wieder erzählt hatte, wirklich kennenlernen wollte, war mir wohl bewußt. Nach dem Eindruck, den die ›Hochzeit‹ auf ihn gemacht hatte, war ich sicher, daß die Komödie ihm etwas ›sagen‹ würde. Ich setzte große Hoffnung auf ihn. In diesem Kreise, für den ich nichts bedeutete, der mich vielleicht sogar als Störenfried empfand, war er – außer Anna – mein einziger ernst zu nehmender Verbündeter. Denn im übrigen war es der Verlag, der bei der Lesung vertreten sein sollte: Paul Zsolnay selbst, den ich nicht für voll nahm, sein

Direktor Costa, ein ewig lächelnder Bonvivant, und außerdem jener Leiter der Theaterabteilung.

Die Lesung fand an einem Nachmittag statt, vor einem ganz kleinen Kreis, ich glaube nicht, daß mehr als ein Dutzend Leute da waren. Ich war schon einige Male in diesem Haus zu Besuch gewesen, von der alten Frau Zsolnay wohlwollend empfangen, sie hatte etwas übrig für Dichter und es hatte lange gedauert, bis sie durch die Schaffung des Verlags im Namen ihres Sohnes auch in den Stand gesetzt worden war, etwas für Dichter zu tun. Diesmal, da ich die Komödie vorlesen sollte, empfand ich die Inkongruenz des eleganten Salons: der erste Teil des Stückes spielt in einer Art Wurstelprater, unter derben Figuren, die sich kein Blatt vor den Mund nahmen und alles ungescheut heraussagten. Ich fürchtete, daß ich unwillkürlich, unter dem Einfluß eines solchen Salons, leiser und behutsamer lesen könnte, als es den Figuren entsprach. Das durfte auf keinen Fall passieren, und ich sagte darum, bevor ich begann, zur alten Dame des Hauses gewandt: »Es ist eine Art Volksstück, da geht es nicht sehr fein zu.« Diese Bemerkung wurde huldvoll, wenn auch ein wenig zweifelnd aufgenommen. Für ›Volksstück‹ war ein anderer Liebling des Hauses zuständig, Zuckmayer, der aber nicht anwesend war, und da man bei ›Volksstück‹ hier unweigerlich an ihn dachte, hätte ich etwas weniger Treffendes gar nicht sagen können.

Ich fühlte mich fremd in diesem Kreis. Ich war zu unerfahren, um zu wissen, warum man mich überhaupt anhörte. Hätte ich es gewußt, ich hätte mich gehütet hinzugehen. Ich verließ mich auf die zwei, die ich für Freunde hielt, von deren Hilfe ich alles erwartete: Broch und Anna. Ihn verehrte ich, sie liebte ich und wenn sie auch kurzen Prozeß mit mir gemacht und mir den Laufpaß gegeben hatte, an meinem Gefühl für sie hatte das nichts ändern können. Die beiden saßen in einiger Entfernung voneinander, aber so, daß sie sich gut sehen konnten. An ihrer Zustimmung war mir gelegen, ich behielt sie immer im Auge. Unmittelbar vor mir saß Werfel, recht ausgebreitet, so daß mir keine Regung seines Gesichts entging, nicht weiter als zu mir hatte er's bis zur Tür des Salons, durch die er eingetreten war, er kam, wie es sich für ihn als die Hauptperson dieses Kreises gehörte, als letzter. Auffallend war, wie gespannt ihn alle anderen, besonders die Angehörigen des Verlags, auf seine Reaktionen hin beobachteten. Er hatte eine zutrauliche Art, beim

Eintritt in den Salon »Grüß Gott« zu sagen, als wäre er noch ein Kind, offen, arglos, keines häßlichen Gedankens fähig, mit Gott wie mit Menschen auf du und du, ein frommer Beter, der für alles Lebende in seinem Herzen Platz fand, und obwohl ich für seine Bücher gar nichts und für ihn ziemlich wenig übrig hatte, war *ich* kindlich genug, seinem »Grüß Gott« Glauben zu schenken und mir gerade jetzt, in dieser Situation des Vorlesens keine Feindschaft von ihm zu erwarten.

Ich begann mit dem Ausrufer. »Und wir, und wir, und wir, meine Herrschaften!«, es setzte mit aller Kraft ein, und so gewalttätig ging es gleich von Anfang an in meinem Wurstelprater zu, daß ich Tante Andy's Salon und den ganzen Paul-Zsolnay-Verlag, den ich eigentlich nicht leiden konnte, vollkommen vergaß. Ich las für Anna und für Broch. Ich stellte mir vor, daß ich für Fritz Wotruba las, der zwar nicht da war, ihm hätten diese Figuren gefallen. Da ich an ihn dachte, lieh ich mir für den Ausrufer etwas von seinem Tonfall aus, was nicht ganz richtig war, aber es gab mir vielleicht noch einen besonderen Schutz, dessen ich an dieser Stätte bedurfte.

Auf Werfel achtete ich erst gar nicht, bis er sich bemerkbar machte und ich seine Gesten nicht mehr übersehen konnte, aber da war ich schon weit im ersten Teil, beim Prediger Brosam. Die Heftigkeit dieser Predigt, ihr barocker Ton, der wie so manches Polternde in der deutschen Literatur Abraham a Sancta Clara entstammt, muß ihn besonders geärgert und gereizt haben: er schlug sich patsch! mit der offenen Hand auf die feiste Backe, als gäbe er sich selber eine Ohrfeige, ließ die Hand fest an die Backe gepreßt liegen und sah sich hilfeheischend im Kreise um. Ich hatte das ›Patsch!‹ gehört und war so auf ihn aufmerksam geworden. Nun saß er da vor mir, mit unglücklichem Gesicht, die Hand unverrückbar an das entstellte Gesicht gedrückt, fest dazu entschlossen, in diesem gepeinigten Ausdruck zu verharren. Ich ließ mich nicht beirren und las weiter, obwohl dieses leidend-fette Gesicht unmittelbar vor mir mich sehr irritierte.

Ich wich mit dem Blick aus und suchte Anna, in der Hoffnung, bei ihr Zustimmung und Hilfe zu finden. Aber sie sah nicht auf mich, sie beachtete mich nicht, ihre Augen hatten sich in die Brochs versenkt und seine in ihre. Ich kannte diesen Blick, so hatten ihre Augen einmal mich gesehen und, wie ich dachte, erschaffen. Aber ich hatte keine Augen, mit denen ich hätte erwidern können, und was ich jetzt sah, war neu: denn Broch *hatte* Augen, und so wie sie ineinander versenkt waren, wußte ich, daß sie mich nicht hörten, daß außer ihnen nichts bestand, daß der leere Lauf der Welt, den meine lauten Figuren für sie vorstellten, für sie nicht existierte, daß es nicht notwendig war für sie, diesen Leerlauf zu verleugnen, sie fühlten sich nicht gequält durch ihn, sie waren so fehl an diesem Ort wie ich mit meinen Figuren, sie würden auch später nicht zu ihnen finden, sie waren von allem abgelöst, ineinander.

Annas Augenspiel war so wirksam, daß ich auf Werfel nicht mehr achtete. Ich vergaß ihn, während ich weiterlas. Als ich die furchtbaren Dinge vorlas, mit denen der erste Teil der Komödie endet – eine Frau, die sich ins Feuer stürzt, wird im letzten Augenblick gerettet –, wurde Annas Augenspiel wieder wach in mir, von dem ich noch nicht frei war. Ich bot ihr die Gelegenheit dazu, es an einen anderen zu wenden und dieser andere war ein verehrter Dichter, um den ich mit einer Art von Inbrunst und, wie mir oft schien, vergeblich warb. Sie hatte das beste Mittel, ihn sich zu gewinnen, ich selbst hatte ihn zu ihr gebracht und war jetzt Zeuge dessen, was geschehen mußte. Die Begleitmusik zu diesem, dem eigentlichen Ereignis der nächsten Zukunft, war mein Stück, auf das ich soviel Hoffnung gesetzt hatte.

Nach dem ersten Teil machte ich eine Pause. Werfel stand auf und sagte zurückhaltend, aber immerhin, als hätte er die gequälte Reaktion von früher vergessen, mit der leutseligen ›Grüß Gott‹-Stimme zu mir: »Sie lesen's gut!« Es entging mir nicht, wie sehr der Ton auf dem *Lesen* lag, über die Sache selbst sagte er nichts. Vielleicht spürte er, daß gerade die unter den Anwesenden, auf die es mir wenig ankam, von der Steigerung der immer kürzer werdenden Szenen auf das Feuer hin betroffen waren und behielt sich sein eigentliches Urteil noch vor. Anna schwieg, sie hatte kein Wort gehört, sie war beschäftigt, diese ordinären Töne hätten sie auf alle Fälle abgestoßen, aber so wie die Situation war, mit Broch vor Augen, brauchte sie keinen Gedanken daran zu verlieren. Auch Broch schwieg, ich spürte, daß es kein interessiertes und auch kein wohlwollendes Schweigen war. Ich erschrak und obwohl ich nach dem, was ich zuvor beobachtet hatte, nichts mehr und schon gar nicht Hilfe von ihm erwartete, empfand ich die offenbare Lähmung, in der er sich befand, als schweren Schlag und hätte mich in dieser Pause schon verloren gegeben, hätten die anderen, die nicht meine Freunde waren, nicht eifrig in mich gedrängt, weiterzulesen. Jemand sagte: »Aber laßt ihn doch verschnaufen. Er muß ganz erschöpft sein. Das ist keine Kleinigkeit, so zu lesen.« Es war ›Tante Andy‹, die sich nicht scheute, Mitleid für den Leser zu verraten. Und gerade von ihr hatte ich den größten Widerstand, ja entschiedene Abneigung gegen diese ›Volksfiguren‹, wie ich sie zu ihr genannt hatte, erwartet. Aber bei den Schreien des Säuglings vor dem Feuer hatte sie laut aufgelacht und ihr Sohn, der wie an einer Nabelschnur mit ihrem Lachen verbunden war, der das bißchen Leben, das er hatte, ganz und gar von ihr empfing, hatte mitgelacht, und vielleicht war das auch der Grund für die vorläufige Zurückhaltung Werfels, der mit seinen Gesten früher etwas Höhnisches angekündigt hatte.

Ich begann mit dem zweiten Teil und spürte, daß von Anfang an eine ganz andere Stimmung herrschte. Kaum fand man sich mit den drei besten Freundinnen, Witwe Weihrauch, Schwester Luise und Fräulein Mai in der Wohnung des Packers Barloch, wurde der Kontrast zwischen den Verhältnissen dort und dem Salon des Palais in der Maxingstraße, in dem wir alle, Leser und Hörer saßen, unerträglich. Es war nicht nur armselig in dieser Szene, es war häßlich und dazu unmoralisch auf eine in Wien ungewohnte Weise. Frau und Nebenfrau in der gleichen Wohnung, wenn man so etwas Wohnung nennen wollte, und auch zwei Mädchen wurden genannt, die da mitlebten, allerdings nicht auf die Bühne kamen. Nun waren gar noch die Freundinnen bei der Witwe Weihrauch zu Besuch, die erstaunlichen Lebensverhältnisse dieser Enge wurden besprochen, ja von der Witwe auf ihre Weise laut verkündet, der Hausierer mit seinem Spiegelscherben erschien und sein Verkaufsjargon, eben weil er exakt und wohlbekannt war, mußte besonderes Ärgernis erregen.

Werfel hatte seine Kampagne gleich eröffnet, er gab sich zwar keine Ohrfeige mehr, fuhr sich aber bald mit der einen, bald mit der anderen Patschhand ins Gesicht, vergrub seine Augen in die Hand, als wäre ein Blick auf den Lesenden nicht mehr zu ertragen, schaute aber dann doch wieder auf und suchte die Augen der anderen, besonders seiner Verlags-Hörigen, denen er sein Mißfallen übermitteln wollte, schüttelte bei jedem Schimpfsatz ernst mit dem Kopf, rutschte massiv auf seinem Stuhl hin und her und rief plötzlich mitten in die Rede des Hausierers hinein: »Ein Tierstimmenimitator, das sind Sie!«, womit er mich meinte. Er hielt das für einen Schimpf, gröber, rücksichtsloser, störender hätte es gar nicht kommen können, er wollte es mir unmöglich machen, weiterzulesen, aber er hatte die gegenteilige Wirkung, das war es ja genau, was ich vorhatte, jede Figur sollte gegen die andere so klar abgesetzt sein wie ein besonderes Tier und an ihren Stimmen sollte es zu erkennen sein, die Geschiedenheit der Tiere übertrug ich in die Welt der Stimmen und es traf mich, als ich seine Beschimpfung aufnahm, wie der Blitz, daß er etwas Richtiges erkannt hatte, allerdings ohne eine Ahnung davon zu haben, wozu diese ›Tierstimmenimitation‹ diente.

Ich ließ mich nicht beirren und las weiter, nun gegen eine offene Feindschaft, mit der er die anderen anzustecken suchte. Die Szene ging zu Ende, unter dem Gebrüll des Packers Barloch, der den Hausierer laufen ließ. Werfel sagte: »Das kommt einem vor wie der Breitner mit seiner blödsinnigen Luxussteuer.« Aber er blieb noch sitzen, weil er etwas Effektvolleres vorhatte. In der nächsten Szene hörte man den alten Dienstmann, Franzl Nada, der an einer Straßenecke steht und sich sein Brot als Schmeichler verdient. Die Stimmung unter den Zuhörern schlug um, ich spürte, daß plötzlich etwas wie Wärme mir entgegenwehte, die Szene war noch nicht zu Ende, da sprang Werfel auf, rief: »Das ist nicht auszuhalten«, drehte mir den Rücken zu und machte sich auf den Weg zur Tür, die aus dem Salon hinausführte. Ich hörte mit dem Lesen auf; schon in der Tür, wandte er sich mir wieder zu und rief: »So lassen Sie doch die Finger davon!« Diese letzte Beleidigung, die mich wie das Stück vernichten sollte, weckte das Mitleid der alten Frau Zsolnay und sie rief ihm laut nach: »Du mußt den Roman lesen, Franzl!« Er zuckte mit den Schultern, sagte: »Ja, ja«, und ging.

Das Schicksal der Komödie war damit entschieden. Vielleicht war er um dieser Erledigung willen gekommen. Vielleicht hatte es ihn aber auch aufgebracht, daß er während der Vorlesung einen Schüler von Karl Kraus in mir erkannte, mit dem er in bitterer Feindschaft lebte. Ich wußte sehr wohl, was geschehen war, aber ich mochte mich nicht öffentlich geschlagen geben und las weiter. Ich achtete auf niemanden, ich blieb innerhalb des Stücks, ich weiß nicht, ob Anna sich durch Werfels Verhalten beirrt fühlte und das Augenspiel auf eine andere Gelegenheit verschob. Ich würde eher glauben, daß sie den Eklat nicht weiter beachtete und bei der Sache blieb, die ihr im Augenblick die wichtigste war. Ich unterbrach die Lesung in der Mitte, wie geplant, nach dem Laden der Therese Kreiss, ihre letzten besessenen Worte waren: »Der Teufel! Der Teufel!«

Als ich aufhörte, ließ sich Broch zum erstenmal hören. Auch er hatte, wie die alte Frau Zsolnay, Mitleid mit mir empfunden und sagte drum etwas, womit er meinen Anspruch wiederherstellte: »Es fragt sich, ob das das Drama der Zukunft ist.« Er nahm damit nicht eigentlich Partei, er warf nur die Frage auf und räumte mir immerhin ein, daß ich etwas Neues versucht hatte. Der alten Frau Zsolnay war das zuviel Anspruch und sie sagte: »Es muß ja nicht gleich das Theater der Zukunft sein. Aber sagen Sie, nennen Sie das ein Volksstück?« Nichts, was man jetzt noch sagen konnte, hatte etwas zu bedeuten. Der eigentlich Mächtige in diesem Haus war Werfel. Deutlicher hätte er seine Meinung nicht sagen können. Aber die Höflichkeit wurde auch dann noch gewahrt. In einer Woche, wieder am Nachmittag, sollte ich das Stück zu Ende lesen.

Außer der Hauptperson erschienen dieselben Menschen. Ich las um der Figuren willen, die ich noch selten laut gehört hatte. Hoffnung hatte ich keine, man würde mit dem Stück nichts unternehmen. Aber mein Glaube an die Komödie wurde – ich kann das gar nicht erklären – durch diese Lesung, mit der sich keine Hoffnung und kein Zweck verband, unermeßlich gestärkt. Es sind Niederlagen dieses katastrophalen Ausmaßes, die einen Dichter am Leben erhalten.

Auffindung des Guten

Es gab etliche Menschen in Wien, mit denen ich damals umging, die ich öfters sah, denen ich mich nicht verweigerte, und sie zerfielen in zwei einander entgegengesetzte Gruppen. Die einen, es waren vielleicht sechs oder sieben, bewunderte ich für ihre Arbeit und den Ernst, mit dem sie zu ihr standen. Es waren Menschen, die ihre eigenen Wege gingen und sich von niemandem davon abbringen ließen, denen alles Gefällige verhaßt war, die vor Erfolg im ordinären Sinne des Wortes zurückschreckten, die ihre Wurzeln, wenn auch nicht immer die frühesten, wohl in Wien hatten, die anderswo schwer zu denken waren, die sich aber von Wien nicht korrumpieren ließen. Diese bewunderte ich, von ihnen lernte ich, wie man etwas zustande bringt und keinen Zoll davon abgeht, auch wenn die Welt nichts davon wissen will. Zwar hofften sie alle, noch zu ihren Lebzeiten Anerkennung zu finden, aber sie waren einsichtig genug zu wissen, wie unsicher das war und sie waren entschlossen, bei dem zu bleiben, was sie unternehmen mußten, auch wenn der Hohn, den man für sie hatte, ihnen bis an ihr Lebensende entgegenschlagen sollte. Es klingt vielleicht heroisch, wenn man ihre Position so kennzeichnet, und sie waren alle zu ernst und zu klug, um sich in dieser Positur zu sehen, aber Mut hatten sie schon und eine Geduld, die manchmal ans Übermenschliche grenzte.

Dann gab es aber noch die anderen, die eben das Entgegengesetzte vertraten, die für Geld, Ruhm oder Macht zu allem bereit waren. Auch von ihnen war ich fasziniert, allerdings auf ganz andere Weise. Ich wollte sie ganz erkennen, ich wollte wissen, wie es in ihnen aussah, sie bis in jede Faser ergründen, es war, als hinge mein Seelenheil davon ab, sie zu erfassen und als komplette Figuren zu erleben. Ich sah sie nicht weniger oft als die anderen, die Gier auf sie mag sogar größer gewesen sein, denn da ich eigentlich nie ganz glauben konnte, was ich von ihnen sah, mußte ich es mir immer wieder bestätigen. Es war aber durchaus nicht so, daß ich mir in ihrer Gesellschaft etwas vergab, ich paßte mich ihnen nicht an und machte mich nicht angenehm, doch sie erfuhren nicht immer gleich, wie ich wirklich über sie dachte. Auch hier gab es sechs oder sieben Hauptfiguren, die ausgiebigste von ihnen war die Alma Mahler.

Am schwierigsten zu ertragen waren für mich die Beziehungen von der einen Gruppe zur andern. Alban Berg, den ich liebte, war eng mit der Alma Mahler befreundet, er ging bei ihr aus und ein, bei jeder größeren Gesellschaft auf der Hohen Warte war er zugegen, immer fand ich ihn da in einer Ecke mit seiner Frau Helene und gesellte mich erleichtert zu ihm. Wohl war er abgesondert von den anderen und am aktiven Treiben der Alma, wenn sie neue oder ›besondere‹ Gäste vorführte, nicht beteiligt. Wohl machte er Bemerkungen über gewisse Anwesende, die so scharf waren wie aus der ›Fackel‹ und mein Herz nicht weniger als seines erleichterten, aber er war da, er war immer da und nie hörte ich aus seinem Mund ein Wort gegen die Frau des Hauses.

Auch Broch suchte alle möglichen Menschen auf und obwohl er mir, wenn wir allein waren, offen sagte, was er über sie dachte, wäre es ihm gar nicht eingefallen, sie zu meiden. So war es auch mit den anderen, die man ernst nahm und achtete. Sie hatten alle auch eine zweite gemeine Welt, in der sie sich bewegten, ohne sich zu besudeln, ja es sah oft so aus, als sei die zweite Welt *notwendig*, um die andere rein zu erhalten. Am meisten von allen sonderte sich wohl Musil ab. Er suchte sich auf das genaueste aus, wen er sah und wenn er sich wider Erwarten, im Kaffeehaus oder sonstwo, unter Leuten fand, die er mißbilligte, verstummte er und war durch nichts dazu zu bewegen, etwas zu *sagen*.

In den Gesprächen mit Broch tauchte eine Frage auf, die verwunderlich erscheinen könnte: gab es einen *guten* Menschen? Wie müßte er sein, wenn es ihn gäbe? *Fehlten* ihm gewisse Eigenschaften, von denen andere sich treiben ließen? War es jemand, der abseits stand oder konnte er sich frei unter anderen bewegen, auf ihre Herausforderungen reagieren und trotzdem ›gut‹ sein? Es war eine Frage, die ihm wie mir naheging. Wir wichen ihr nicht durch eine Suche nach Definitionen aus. Wir zweifelten beide daran, ob im Leben, wie wir es – jeder auf seine Weise – um uns sahen, ein guter Mensch überhaupt möglich sei. Wir zweifelten nicht daran, wie er wäre, *wenn* es ihn gäbe. Könnte man ihm begegnen, man hätte ihn auf der Stelle erkannt. Beiden Teilnehmern an diesem Gespräch, das etwas merkwürdig Dringliches hatte, war die Überzeugung gemeinsam, daß man genau wisse, was man meine. Es gab keine sterilisierende Diskussion darüber, was gut sei. Das war schon darum verwunderlich, weil wir über sehr viele Dinge verschiedener Meinung waren und es dabei bewenden ließen. Doch der gute Mensch bestand in ihm wie in mir, ein unantastbares Bild. War er nur ein Bild? Gab es ihn wirklich? Wo war er?

Das Gespräch spielte sich so ab, daß wir alle Menschen, die wir kannten, Revue passieren ließen. Wir hatten uns erst über Menschen unterhalten, von denen wir wußten ohne sie zu *kennen*. Da aber zeigte es sich, daß wir über sie zu wenig wußten. Welchen Sinn hatte es, Vorurteile für oder gegen sie zu übernehmen, die wir nicht durch eigene Anschauung kontrollieren konnten. Wir beschlossen also, nur über Leute zu reden, die wir kannten, die wir *gut* kannten. Einer nach dem anderen tauchte auf, sei es vor Broch, sei es vor mir, und wurde einer Prüfung unterworfen.

Das klingt schulmeisterlich, aber praktisch bedeutete es nur, daß man Umstände aus seinem Leben berichtete, deren Zeuge man gewesen war, für die man sozusagen gutstehen konnte. Es war klar, daß wir nicht auf der Suche nach einem *Einfältigen* waren, der Gute, den wir meinten, mußte *wissen*, was er tat. Viel Lebendiges, zwischen dem er wählen konnte, mußte in ihm vorrätig sein. Er war kein simpler oder reduzierter Mensch, er befand sich nicht in einem Zustand der Ahnungslosigkeit über die Welt, er hatte die Fähigkeit, andere zu durchschauen. Er ließ sich von ihnen nicht täuschen oder einschläfern, er war wach und aufmerksam, empfindlich, lebendig, rege, und erst wenn er all diesen Voraussetzungen *genügte*, durfte man die Frage stellen: war er trotzdem gut? An Figuren, die wir hernahmen, weil wir sie kannten oder einmal gekannt hatten, war weder bei Broch noch bei mir ein Mangel. Aber eine nach der anderen wurde umgelegt wie ein Kegel und das ganze Unternehmen hatte bald einen schlechten Geschmack wie von einem Henkerspiel, denn wer waren die, die sich dieses Urteil anmaßten? Ich spürte Scham vor Broch, daß ich keinen gelten ließ, vielleicht spürte auch er, obwohl er von Natur weniger heftig war, etwas wie Scham vor mir, da sagte er plötzlich: »Ich kenne einen! Ich kenne einen! Mein Freund Sonne! Das ist der gute Mensch! Der ist es!« Ich hatte den Namen nie gehört und fragte: »Heißt er wirklich Sonne?« »Ja, Sie können auch Dr. Sonne sagen. Das klingt weniger mythisch. Er ist genau das, was wir suchen. Er ist es so sehr, daß er mir vielleicht darum nicht gleich eingefallen ist.« Ich erfuhr, daß Dr. Sonne zurückgezogen lebe, daß er einige wenige Freunde zu treffen pflege und – selten – sogar besuche. »Sie haben doch gerade den Maler Georg Merkel genannt«, er war einer unserer ›Kandidaten‹ gewesen. »Den besucht er manchmal, in Penzing draußen. Da können Sie ihn kennenlernen. Das ist am einfachsten. Das kommt so von selbst.«

Georg Merkel, ein Maler, dessen Bilder mich auf Ausstellungen schon öfters angezogen hatten, ein Mann etwa im Alter von Broch, war mir im Café Museum, wo er aber seltener als andere Maler hinkam, durch ein tiefes Loch in der Stirn aufgefallen, gleich überm linken Auge. In Wotrubas Eß- und Wohnzimmer hatte ich Bilder von ihm bewundert, die sehr französisch wirkten, sie waren früh von den Neo-Klassizisten beeinflußt worden, in ihrer Palette waren sie eigenartig und für Wien ungewöhnlich. Ich hatte damals nach ihm gefragt und mir über ihn erzählen lassen. Später lernte ich ihn wie die meisten Maler der Zeit, die von Bedeutung waren, durch Wotruba im Café Museum kennen. Sein Deutsch, das sehr gewählt war, hatte mich auf der Stelle verzaubert. Es hatte einen polnischen Ton, war langsam und gehoben, jeder Satz war von tiefer Überzeugung und Bedeutung getragen, er sprach wie in der Bibel, als ob er um Rahel freie. Es waren ganz andere Dinge, über die er sprach, die mit der Bibel nichts zu tun hatten, aber der Ton lag auf Begrüßung, auf Huldigung und Ehre, die er dem Angesprochenen erwies, dieser mußte sich gehoben und geachtet fühlen, wenn er das Wort an ihn richtete, aber es war auch deutlich zu spüren, wie sehr sich der Maler selber ernst nahm, ohne überheblich zu wirken. Einen Namen, den er einmal aussprach, hatte man von dann ab auf seine Weise im Ohr, man fühlte sich manchmal versucht, ihn auf seine Weise zu sagen, das wäre aber lächerlich gewesen, denn was bei jedem anderen als Pathos wirkte, war bei ihm natürliche Würde. Seine Überzeugungen waren bis an den Rand mit Gefühl geladen, es wäre niemandem eingefallen, mit ihm über etwas zu diskutieren. *Ein* Satz von ihm, den man in Frage stellte, hätte ihn ganz in Frage gestellt. Einer gemeinen Handlung, eines gemeinen Wortes wäre er nicht fähig gewesen. Bei einem so emphatischen, einem so leidenschaftlichen Menschen erscheint das unglaubwürdig. Man mußte ihn aber erleben, wie er eine Beleidigung abwehrte, mit welcher Entschiedenheit und Kraft, ohne sich das geringste zu vergeben, wie er sich dabei umsah, ob es auch jeder gehört habe, so daß die tiefe Wunde auf der Stirn wie ein drittes, ein zyklopisches Auge wirkte. Man fühlte sich versucht, ihn in Zorn zu versetzen, weil es so wunderbar klang, was er im Zorn sagte, man hatte aber zuviel Respekt und Liebe für ihn, um dieser Versuchung nachzugeben.

Das Selbstbewußt-Slawische, an dem Wien so reich war, war für mich in Georg Merkel auf sprechendste Weise verkörpert. Er hatte in Krakau studiert, bei Wyspianski, das mag die Dauerhaftigkeit seiner sprachlichen Assimilation ans Polnische erklären, den Klang dieser Sprache verlor er nie, nach Jahrzehnten seines Lebens in Wien und in Frankreich, er ist sehr alt geworden, klang sein Französisch wie sein Deutsch immer polnisch. Gewisse Vokale meisterte er nie, ein »ö« hat er vor mir nicht über die Lippen gebracht. Zwei Worte, die zu den wichtigsten in seinem Leben gehörten, »schön« und »Österreich«, hat er nie richtig auszusprechen vermocht. Er sagte: »Esterreich« und er sagte, was noch verwunderlicher klang, wenn er hingerissen über die Schönheit einer Frau nicht an sich zu halten vermochte: »Ist sie nicht schén! Schén ist sie!« Das bekam Veza von ihm zu hören, so emphatisch, daß wir davon angesteckt wurden. Nie, ob er zu uns kam, ob wir zu ihm gingen, ob wir uns im Café Museum trafen, konnte er sich enthalten, beim Anblick Vezas »Schén ist sie!« zu sagen, es wirkte umso auffallender, weil alles, was er sonst von sich gab, in gewähltem und wohlgesetztem Deutsch gesagt war.

Ich hatte Georg Merkel nicht lange vor jenem Gespräch mit Broch kennengelernt und es lag nahe, von ihm zu reden, als wir nach dem ›guten‹ Menschen suchten. Es hatte vieles gestimmt und doch stimmten wir beide nicht für ihn: denn entscheidend für ihn war sein Selbstbewußtsein als Maler. Damit stand er sozusagen von Natur gegen die übrige Menschheit, die von Kunst nichts wissen wollte und tat sich selbst wie seinem Anspruch Genüge. Der ›Gute‹, wie wir ihn uns dachten, stellte sich zurück.

Merkel war etliche Jahre vor dem Ausbruch des Ersten Weltkrieges nach Paris gegangen und hatte als junger Mann dort lange genug gelebt, um den Stempel dieser Pariser Jahre nie mehr zu verlieren. Eine vielfältigere und reichere Gesellschaft von Malern hat es vielleicht nie gegeben. Sie kamen von überall her und waren voller Erwartung. Sie versuchten nicht, es sich leichtzumachen, den Weg zu Anerkennung und Ruhm durch irgendwelche Tricks zu erschleichen. Das Malen selbst war ihnen so wichtig, daß sie nichts anderes taten. An Anregungen war kein Mangel, die Stadt füllte sich mit Malern, östliche und afrikanische Einflüsse waren wirksam, aber auch die ortseigenen Traditionen, mittelalterlicher oder klassischer Art, behielten schon als Gegenpol dazu ihre Bedeutung. Es gab mehr als je zu sehen, da so viele junge Maler Neues und Eigenes versuchten. Es gehörte Kraft dazu, in Armut durchzuhalten, aber vielleicht war eine andere Kraft noch dringlicher: die, den verschiedenartigsten Reizen nicht zu leicht nachzugeben, nur das davon anzunehmen, was einem entsprach und das übrige für andere links liegenzulassen. Es entstand damals in Paris eine neue Nation, die der Maler. Wenn man heute die Namen derer Revue passieren läßt, deren Werk für uns die Zeit ausmacht und wohl immer ausmachen wird, so staunt man über die Vielfalt ihrer Ursprünge, jedes Land hatte seine jungen Leute in Paris, als hätte die Stadt, die Stadt selbst als oberste Instanz, sie zu einem Maldienst einberufen. Aber nicht einberufen waren sie worden, sie drängten sich als Freiwillige und für die Entbehrungen, die sie ohne Scheu auf sich nahmen, lockte die Aussicht, hier mit ihresgleichen zu sein, die es nicht weniger schwer hatten, die aber alle wie sie selbst von der gläubigen Hoffnung erfüllt waren, hier, in der Weltkapitale der Maler, Ruhm zu gewinnen.

Der Ausbruch des Ersten Weltkriegs überraschte Merkel in Paris, wo er mit seiner Frau Luise, die auch Malerin war, leidenschaftlich gern lebte. Eine Atmosphäre, die ihm gemäßer gewesen wäre, hätte sich schwer gefunden, er hat immer wieder nach Paris zurückgesteuert und alles in allem gut ein Drittel seines Lebens dort verbracht. Damals aber, Ende Juli 1914, hatte er einen einzigen Gedanken: den, sich mit seiner Frau nach Österreich durchzuschlagen, um als Soldat zu dienen. Es war eine abenteuerliche Reise, die mehr als einige Tage in Anspruch nahm, schließlich war er zu Hause, meldete sich und kam an die Front. Unter gebildeten galizischen Juden gab es damals etwas wie österreichischen Patriotismus. Man hatte die russischen Pogrome nah vor Augen. Kaiser Franz Joseph wurde von den Juden als Schützer empfunden. Ein Mann wie Merkel war damals von österreichischer Gesinnung erfüllt. Es hätte ihm nicht genügt, in irgendeinem Kriegspressequartier zu dienen und von dort in Sicherheit andere mit Kriegslust zu erfüllen. Es war für ihn selbstverständlich, Soldat zu sein, seine Flucht aus Paris gelang, wenn auch mit Listen und Schwierigkeiten, und er wurde Soldat.

Für seine österreichische Gesinnung zahlte er mit einer schweren Kopfverletzung. Ein Granatsplitter traf ihn knapp überm Auge in der Stirn und er wurde blind. Einige Monate, ich weiß nicht genau, wie lange, verbrachte er in Blindheit. Für ihn, den Maler, war es die schlimmste Zeit seines Lebens. Er hat nie zu mir und ich glaube auch nicht zu anderen darüber gesprochen. Die tiefe Narbe blieb, man sah ihn nie, ohne an seine Zeit der Blindheit zu denken. Er gewann das Augenlicht wieder und was immer er später gemalt hat, war von diesem Wunder bestimmt. Daß er sah, war sein Paradies, was ihm verloren war, konnte er als wiedergewonnen nie anders sehen. Ihm ist es nicht zu verargen, daß er ›das Schöne‹ malte, seine Bilder wurden zu einem immerwährenden Dank für das Licht der Augen.

Es traf sich, daß ich bald nach jenem spielerisch-erwartungsvollen Gespräch mit Broch zum erstenmal bei Georg Merkel in Penzing eingeladen war. Hier hatte er Wohnung und Atelier und pflegte manchmal an Sonntagnachmittagen Freunde zu sich zu bitten, denen er Bilder zeigte. Ich kannte ihn noch wenig, seine Geschichte, besonders die der Verwundung und des erschreckenden Lochs in der Stirn, waren mir aber vertraut. Ich fühlte mich von seiner singenden Sprache angezogen und obwohl die Bilder, die ich von ihm kannte, dem Reiz seiner Palette zum Trotz, alles andere waren, als was mich sonst an moderner Malerei faszinierte, war ich begierig darauf, mehr von ihm in seinem Atelier zu sehen. Die Art, wie Maler ihre Bilder bei sich zeigen, hatte mich immer beschäftigt. Es ist eine Geste, in die sich Stolz, Verschwendung und Empfindlichkeit teilen, und das Verhältnis dieser drei zueinander war bei jedem ein anderes.

Ich kam etwas spät, man war noch beim Tee, einige der Besucher waren mir persönlich schon begegnet, von anderen kannte ich Namen oder Werke. Abseits von allen, halb im Dunkel, scheu, beinah versteckt, saß ein Mann, dessen Gesicht ich seit anderthalb Jahren kannte. Er saß jeden Nachmittag im Café Museum, hinter Zeitungen versteckt. Er sah aus wie Karl Kraus (ich habe es schon erzählt), ich wußte, daß er es nicht sein konnte, aber mir lag so sehr daran, Karl Kraus *still* zu sehen, ohne Anklage und Zerschmetterung, daß ich mir vorzustellen versuchte, er sei es. Die tägliche Begegnung mit seinem Gesicht, die stumm verlief, verwandte ich dazu, mich von der überwältigenden Macht dieses Kopfs, wenn er sprach, zu befreien.

Nun saß der Kopf da, ich erschrak und verstummte. Merkel spürte, daß etwas passiert war, nahm mich behutsam am Arm, führte mich hin vors Gesicht und sagte: »Und das ist mein lieber Freund Dr. Sonne.« Seine Art, Leute vorzustellen, hatte etwas Gefühlvolles, trockene Bekanntschaften lagen ihm nicht, und wenn er zwei Menschen zusammenbrachte, war es fürs Leben.

Er konnte nicht wissen, daß ich jede Bewegung dieses Mannes seit anderthalb Jahren auf das genaueste beobachtet hatte. Er wußte auch nicht, daß eine Woche zuvor Broch diesen Namen vor mir zum erstenmal genannt hatte. Das hartnäckige Spiel um den guten Menschen, das wir beide vollkommen ernst genommen hatten, war Wirklichkeit geworden und es hatte auch seinen Sinn, daß Name und Gesicht, die in mir getrennt bestanden, bei diesem Maler mit der singenden Stimme eins wurden.

Sonne

Was war es, was mich an Sonne so sehr bestochen hat, daß ich ihn täglich sehen wollte, täglich aufsuchte, daß er zur heftigsten Sucht wurde, die ein geistiger Mensch je für mich war?

Da war zuerst einmal das Fehlen alles Persönlichen. Er sprach nie von sich. Er sagte nie etwas in der ersten Person. Er sprach einen aber auch kaum direkt an. Alles wurde in der dritten Person gesagt und dadurch distanziert. Man muß sich diese Stadt und dieses Kaffeehausleben in ihr vorstellen, diese Schwemme von Ich-Reden, Beteuerung, Bekenntnis und Selbstbehauptung. Jeder floß über vor Mitleid mit sich und von seiner eigenen Bedeutung. Jeder klagte, jeder röhrte und trompetete. Aber alle lebten auch öffentlich in kleinen Gruppen beisammen, weil sie einander für ihre Reden brauchten und sie ertrugen. Es wurde über alles diskutiert, den allgemeinen Gesprächsstoff gaben die Zeitungen her. Es war eine Zeit, in der genug geschah, aber viel mehr noch war es eine Zeit, in der man spürte, wieviel geschehen *würde*. Man war unglücklich über die Ereignisse im damaligen Österreich, war sich aber dessen bewußt, um wieviel schwerer die Ereignisse im gleichsprachigen Nachbarland wogen. Eine Katastrophe war in der Luft. Ihr Ausbruch verschob sich wider Erwarten von Jahr zu Jahr. Im Land selbst ging es schlecht, wie sehr, war an der Zahl der Arbeitslosen abzulesen. Wenn es schneite, hieß es: »Da freuen sich die Arbeitslosen.« Zum Schneeschaufeln wurden Arbeitslose von der Gemeinde Wien eingestellt und hatten kurzweilig etwas Verdienst. Man sah sie beim Schaufeln, um ihretwillen wünschte man mehr Schnee.

Für mich war diese Zeit nur erträglich, wenn ich Dr. Sonne sah. Er war eine Instanz, zu der ich täglich Zutritt hatte. Unzählige Dinge, die geschahen, auf allen Seiten, und noch mehr, die zu geschehen *drohten*, kamen zur Sprache, während man mit ihm war. Man hätte sich geschämt, sie als persönliche Reden vorzubringen. Kein Mensch hatte das Recht, sich angesichts der Dinge, die sich ankündigten, für bevorzugt zu halten, es war nicht *seine* Gefahr, es war die aller. Es war kein Verdienst, sie zu gewahren und darüber zu sprechen, es ging um *Einsicht*, um nichts sonst, aber eben diese war am schwersten zu gewinnen. Man legte sich vorher nie zurecht, worüber man Dr. Sonne befragen würde. Man nahm sich nie etwas vor. Die Themen, die sich stellten, ergaben sich so spontan wie seine Erklärungen. Was er sprach, war immer der Quelle des Denkens nahe. Es schien mir nie von Gefühl verfälscht und war doch nicht kalt und fühllos. Es war auch nie parteiisch. Man hatte nicht den Eindruck: jetzt spricht er für die oder für jene. Man muß dazu sagen, daß die Zeit schon damals von Schlagwörtern verseucht war und es schwer-fiel, einen Fleck zu finden, der von ihnen *frei* war, auf dem man sich nicht beengt fühlte. Die höchste Tugend seiner Rede war, daß er zwar präzis, aber nie knapp war. Er sagte, was zu sagen war, klar und sehr scharf umrissen, aber ohne etwas zu überspringen. Er ließ nichts aus, er war ausführlich, wenn es nicht so faszinierend gewesen wäre, hätte man sagen können, daß er zu allem ein *Gut-achten* abgab. Aber es war doch viel mehr als ein Gutachten, denn es enthielt, ohne daß er sie je beim Namen genannt hätte, die Keime zu jeder möglichen Verbesserung.

Es gab kaum ein Thema, über das nicht gesprochen wurde. Ich erwähnte etwas, das mir aufgefallen war, er wollte vielleicht mehr darüber wissen, doch empfand man auch eine Bitte um Auskunft von ihm nie als Frage. Er näherte sich so einer Materie, aber der Gefragte selbst blieb völlig davon ausgespart. Es sah vielleicht so aus, als ob es auf die Person dessen, mit dem er beisammen saß, gar nicht ankäme, nur auf die Dinge, die ihn geistig beschäftigten, aber das war ein Irrtum, denn wenn ein Dritter da war, war seine Art, sich an diesen zu wenden, wieder eine andere. Er machte also wohl Unterschiede, aber für den Betroffenen waren sie nie spürbar, es war unvorstellbar, daß jemand sich in seiner Gegenwart zurückgesetzt fühlte. Unter Dummheit litt er sehr und er mied dumme Leute, aber einmal in seiner Gesellschaft – durch Umstände, auf die er keinen Einfluß hatte – hätte keiner je gemerkt, wie dumm er war.

Nach den ersten leichten Voranschlägen, kam dann immer der Augenblick, da er eine Materie ergriff und erschöpfend und angemessen über sie zu sprechen begann. Es wäre mir dann nie eingefallen, ihn zu unterbrechen, auch nicht durch Fragen, was ich bei anderen gern tat. Ich legte alle äußere Reaktion ab wie ein schlecht sitzendes Maskenkostüm und hörte mit gespanntester Aufmerksamkeit zu. Auf diese Weise habe ich sonst nie zugehört. Ich vergaß, daß es ein Mensch war, der sprach, ich lauerte nicht auf die Eigentümlichkeiten seiner Redeweise, er wurde mir nie zur Figur, er war das Gegenteil einer Figur. Hätte mich jemand dazu aufgefordert, ihn nachzuahmen, ich hätte es nicht nur aus Respekt verweigert, ich wäre tatsächlich nicht dazu imstande gewesen, ihn zu *spielen*, ja die bloße Vorstellung kommt mir noch heute nicht nur wie eine arge Lästerung vor, sondern sie erscheint mir auch als komplettes Versagen.

Was er über einen Gegenstand zu sagen hatte, war wohl ausführlich und erschöpfend, aber man wußte auch, daß er es nie zuvor gesagt hatte. Es war immer neu, es war eben entstanden. Es war nicht ein Urteil über die Dinge, es war ihr Gesetz. Das Erstaunliche war aber, daß es sich nicht um eine bestimmte Materie handelte, in der er gut beschlagen war. Er war kein Spezialist oder vielleicht sollte man besser sagen: kein Spezialist für ein bestimmtes Gebiet, sondern er war der Spezialist für alle Dinge, über die ich ihn je sprechen gehört habe. Durch ihn erfuhr ich, daß es möglich ist, sich mit den verschiedenartigsten Materien zu befassen, ohne zum Nichtsnutz und Schwätzer zu werden. Das ist ein sehr großes Wort und es wird nicht glaubwürdiger, wenn ich hinzufüge, daß ich eben darum nicht wiedergeben kann, wovon er sprach, denn jede seiner Reden wäre eine ernste und überaus lebendige Abhandlung, so komplett, daß ich mich an keine von ihnen vollständig erinnere. Irgendwelche Bruchstücke von ihm zu geben, wäre aber eine arge Verfälschung. Er war kein Aphoristiker, in Verbindung mit ihm bekommt das Wort, für das ich Achtung habe, beinahe etwas Frivoles. Er war zu vollständig, um Aphoristiker zu sein, es fehlte ihm an Einseitigkeit und auch an der Lust, andere zu überraschen. Wenn er etwas ganz gesagt hatte, fühlte man sich erleuchtet und gesättigt, es war dann etwas Abgeschlossenes, das nicht mehr zur Sprache kam, was wäre noch darüber zu sagen gewesen.

Aber wenn ich mich auch nicht vermessen möchte, wiederzugeben, worüber er sprach, so gibt es doch ein literarisches Phänomen, mit dem er sich wohl vergleichen läßt. Ich las in jenen Jahren Musil und konnte mich am ›Mann ohne Eigenschaften‹, von dem damals die ersten zwei Bände, etwa tausend Seiten, vorlagen, nicht ersättigen. Es schien mir, daß es in aller Literatur nichts gäbe, das sich damit vergleichen ließe. Aber es wunderte mich auch, daß ich ein Gefühl von Vertrautheit hatte, wo immer ich einen der beiden Bände aufschlug. Es war eine Sprache, die ich kannte, ein Rhythmus des Denkens, den ich erfahren hatte, und doch gab es, das wußte ich sicher, keine Bücher wie diese. Es dauerte eine Weile, bis ich den Zusammenhang begriff: Dr. Sonne *sprach* so, wie Musil *schrieb*. Es war aber nicht etwa so, daß Sonne für sich zuhause Dinge aufschrieb, die er aus irgendeinem Grunde nicht veröffentlichen mochte und daß er dann in seinen Gesprächen aus dem bereits fertig Gestalteten und Gedachten schöpfte. Er schrieb *nicht* für sich zuhause und was er sagte, entstand, während er es sprach. Aber es entstand in jener vollkommenen Durchsichtigkeit, die Musil sich erst im Schreiben abgewann. Was ich Tag für Tag, ein wahrhaft Privilegierter, zu hören bekam, waren Kapitel aus einem anderen ›Mann ohne Eigenschaften‹, von denen niemand sonst erfuhr. Denn wenn er auch zu anderen sprach – nicht täglich, aber doch von Zeit zu Zeit –, so waren das *andere* Kapitel.

Für die amorphe Sucht der Vielwisserei, des Ausgreifens in diese und jene Richtung, des Wiederfahrenlassens eines erst Berührten, kaum noch Ergriffenen, für diese Neugier, die gewiß mehr als Neugier ist, denn sie hat keine Absicht und endet in nichts, für dieses Zucken und Ziehen nach allen Seiten findet sich ein Heilmittel allein: der Umgang mit einem, der die Gabe hat, sich innerhalb alles Wißbaren zu bewegen, ohne es fahrenzulassen, bevor es ermessen ist, und ohne es aufzulösen. Nichts, wovon Sonne sprach, wurde durch ihn abgeschafft und erledigt. Es war interessanter als zuvor, es war gegliedert und erleuchtet. Er legte ganze Länder in einem an, wo zuvor nur dunkle, aber fragende Punkte gewesen waren. Einen Menschen, der für das öffentliche Leben von Bedeutung war, konnte er so genau schildern wie ein Wissensgebiet. Er vermied es, von Leuten zu sprechen, die wir beide persönlich kannten, so war das, was Gespräche zu Klatsch machen kann, von seiner Darstellung ausgeschlossen. Aber sonst hatte er für Sachen und Menschen dieselben Methoden. Vielleicht war es das, was mich am meisten an Musil erinnerte: seine Auffassung von Menschen als jeweils eigenen Wissensgebieten. Die Ödigkeit einer einzigen Theorie, die sich auf alle Menschen anwenden ließe, war ihm so fremd, daß er sie nicht einmal erwähnte. Jeder war etwas Besonderes, nicht nur abgesondert. Er haßte, was von Menschen gegen Menschen gerichtet war, einen weniger barbarischen Geist als ihn hat es nie gegeben. Selbst wenn er aussprechen mußte, was er haßte, so klang es nie wie Haß, sondern es war eine Unsinnigkeit, die er aufdeckte, weiter nichts.

Es fällt ungemein schwer, begreiflich zu machen, wie sehr er alles Persönliche vermied. Man mochte zwei Stunden mit ihm verbracht haben, in denen man unermeßlich viel gelernt hatte, und zwar so, daß man sich durch das Erfahrene immer überrascht fühlte. Wie hätte man angesichts dieser unantastbaren Überlegenheit sich selbst über andere setzen können? Demut war gewiß nicht ein Wort, das er gebraucht hätte, aber man verließ ihn in einer Verfassung, die nicht anders zu bezeichnen wäre: es war aber eine *wache* Demut und nicht die eines Schafes.

Ich war es gewohnt, auf Menschen zu hören, Wildfremde, mit denen ich nie ein Wort gewechselt hatte. Mit wahrem Ingrimm horchte ich auf solche, die mich nichts angingen und am besten bewahrte ich den Tonfall eines Menschen, sobald es ausgemacht schien, daß ich ihn nie wieder sehen würde. Ich scheute nicht davor zurück, ihn durch Fragen oder gar durch eine Rolle, die ich spielte, zum Sprechen anzureizen. Ich hatte mich nie gefragt, ob mir ein Recht darauf zustand, alles, was sich über einen Menschen erfahren ließ, von ihm selber abzuhören. Die Naivität, mit der ich mir ein solches Recht anmaßte, erscheint mir heute unbegreiflich. Zweifellos gibt es letzte Eigenschaften, die unauflöslich sind, und jeder Versuch, sie zu erklären, *soll* müßig bleiben. Eine solche letzte Eigenschaft ist eben diese, meine Passion für Menschen. Sie läßt sich schildern, sie läßt sich vorführen – ihr Ursprung muß immer im dunkeln bleiben. Ich kann von Glück reden, daß mir wenigstens ihre Fragwürdigkeit durch die vierjährige Lehrzeit bei Dr. Sonne bewußt wurde.

Es zeigte sich, daß er alles Nahe aussparte, ohne daß es ihm entging. Wenn er über die Leute, die Tag für Tag um uns saßen, nie ein Wort verlor, so war das Takt: er tastete niemanden an, das galt selbst für einen, der es nie erfahren würde. Sein Respekt für die Grenzen jedes anderen war unabänderlich. Ich nannte es sein ›Ahimsa‹, das indische Wort für Schonung jedes Lebens. Es hatte aber, wie ich heute erkenne, eher etwas *Englisches*. Er hatte ein wichtiges Jahr seines Lebens in England verbracht, diese Tatsache gehörte zu den zwei oder drei Umständen, die ich seinen Worten entnehmen konnte. Denn eigentlich wußte ich nichts über ihn, und auch wenn man mit anderen, die ihn kannten, über ihn sprach, hatte kaum einer etwas Konkretes zu sagen. Vielleicht war es Scheu, über ihn wie über irgend jemand anderen zu sprechen, denn die eigentlichen Dinge, die ihn ausmachten, ließen sich sehr schwer sagen und da auch solche, die selber kein Maß hatten, an ihm Maß bewunderten, enthielt man sich, wenn von ihm die Rede war, mit einer Art von Beflissenheit jeder Verzerrung seiner Proportionen.

Man stellte ihm keine Fragen, so wenig wie er einen selber fragte. Man machte seine Vorschläge, das heißt, man erwähnte einen Gegenstand so, als ginge er einem schon seit langem durch den Kopf, zögernd eher als dringlich. Zögernd nahm er ihn auch auf. Während er weiter von etwas anderem sprach, erwog er noch ein wenig den Vorschlag. Dann, mit einem Hieb, scharf wie ein Messer, schnitt er den Gegenstand an und legte in glasheller Klarheit und überwältigender Vollständigkeit dar, was über ihn zu sagen war. Es ist nicht irreführend, diese Klarheit als eisig zu bezeichnen. Es ist die Klarheit dessen, der durchsichtige Gläser schleift, der mit Trübem nicht umgeht, bevor es geklärt ist. Er untersuchte einen Gegenstand, indem er ihn auseinandernahm, doch blieb er trotzdem als Ganzes erhalten. Er sezierte nicht, er durchleuchtete. Aber er suchte einzelne Teile zum Durchleuchten aus, die er vorsichtig abnahm und nach erfolgter Verrichtung vorsichtig wieder ins Ganze fügte. Das Neue, das Unerhörte für mich war, daß ein Geist von solcher Kraft des Durchdringens kein Detail scheute. Jede Einzelheit wurde schon darum wichtig, weil sie zu *schonen* war.

Er war kein Sammler, denn obwohl er alles kannte, behielt er nichts als Besitz für sich. Ich sah ihn, der alles gelesen hatte, nie mit einem Buch. Er war selber die Bibliothek, die er nicht hatte. Er wirkte so, als habe er alles, worüber man sprach, vor langer Zeit schon gelesen. Er machte nie den Versuch zu verbergen, daß er sich's gemerkt hatte. Er prahlte nicht damit, er rückte nie zur Unzeit damit heraus. Aber es war unfehlbar da, wenn seine Gelegenheit kam, erstaunlich war, daß nie etwas daran fehlte. Es gab Leute, die er durch diese Präzision irritierte. Er änderte auch vor Frauen seine Sprechweise nicht, er war nie *leicht*, seine Geistigkeit ließ sich so wenig verleugnen wie sein Ernst, er schäkerte nie, für Schönheit, die er nicht etwa übersah, hatte er unverhohlene Verehrung, doch hätte er sich um ihretwillen nie verändert. Er blieb auch in ihrer Gegenwart unverwandelt der gleiche. Es kam vor, daß er vor Schönheit, die andere beredt machte, verstummte und die Sprache erst wiederfand, wenn jene sich entzogen hatte. Das war das Höchste einer Huldigung, zu der er imstande war, und es gab selten eine Frau, die das begriff. Vielleicht war die Art, in der man Frauen auf ihn vorbereitete, eine verfehlte. Man begann damit, daß man ihn unermeßlich weit über sich stellte und verstörte schon dadurch eine Frau, deren Liebe zu einem selbst ein Element von Verehrung enthielt und die darin wie in einer Atmosphäre lebte. Wie hätte sie es dann hinnehmen können, von einer anderen Verehrung zu hören, die die eigentliche und einzig richtige sei, wie hätte sie sich diese Desorientierung ihres Glaubenshaushaltes gefallen lassen sollen?

So stand es mit Veza und sie weigerte sich standhaft, Sonne anzuerkennen. Sie, die Broch herzlich zugetan war, mochte von Sonne nichts wissen. Als sie ihn das erstemal sah, in einer Gesellschaft beim Maler Georg Merkel, sagte sie zu mir: »Er sieht *nicht* aus wie Karl Kraus, wie kannst du so etwas sagen? Wie Karl Kraus als Mumie, so sieht er aus!« Sie meinte das Asketisch-Eingefallene seines Gesichts und sie meinte auch sein Schweigen. Denn in Gesellschaft, unter vielen Leuten, sagte er kein Wort. Ich spürte, wie beeindruckt er von Vezas Schönheit war, aber wie hätte sie das der Starre seiner Züge anmerken sollen. Sie änderte ihre Meinung nicht, als sie von anderen und natürlich auch von mir erfuhr, wie unerwartet die Dinge waren, die er über ihre Schönheit sagte.

Ich kam, nach einem herrlichen Gespräch mit ihm, vom Café Museum nach Hause und sie empfing mich feindselig: »Du warst mit dem Siebenmonatskind, ich sehe dir's an, erzähl mir nichts davon. Es macht mich nur unglücklich, wie du dich an eine Mumie vergeudest!« Mit ›Siebenmonatskind‹ meinte sie, daß er nicht voll ausgebildet war, daß ihm zu einem kompletten, normalen Menschen etwas fehle. Ihre extremen Reaktionen war ich gewöhnt, wir ereiferten uns über Menschen, etwas Richtiges sah sie immer und übertrieb es dann auf ihre leidenschaftlich-unnachgiebige Weise. Da ich ähnlich reagierte und dasselbe tat, kam es zu den heftigsten Zusammenstößen, die wir aber beide liebten, denn sie waren ein immerwährender Beweis für die volle Wahrheit, die wir einander gaben, das Mark unserer Beziehung. Nur wenn es um Dr. Sonne ging, spürte ich einen tiefen Groll bei ihr, Groll gegen mich, der ich mich nie unterworfen hatte, selbst vor Karl Kraus hatte ich, wie sie erkannte, ganze Territorien meiner Natur geschützt, hier aber unterwarf ich mich ohne Zögern, immer, unbedingt, sie hatte nie von mir einen Zweifel an einem Satz Sonnes zu hören bekommen.

Ich wußte nichts über Sonne, er bestand aus seinen Sätzen und er war so sehr in ihnen enthalten, daß man davor zurückgeschreckt wäre, etwas von ihm außerhalb seiner Sätze zu finden. Es lag nichts von ihm herum, wie bei allen anderen Menschen, auch keine Krankheit und keine Klage. Er war Gedanke, so sehr, daß nichts anderes an ihm zu bemerken war. Man war mit ihm nicht verabredet und wenn es dann doch einmal geschah, daß er ausblieb, fühlte er sich nicht verpflichtet, seine Abwesenheit zu erklären. Ich dachte dann natürlich an Krankheit, er hatte eine fahle Gesichtsfarbe und wirkte nicht gesund, aber während mehr als einem Jahr wußte ich nicht einmal, wo er wohnte. Ich hätte Broch oder Merkel nach seiner Adresse fragen können. Ich tat es nicht, es schien mir angemessener, daß er keine habe.

Ich wunderte mich nicht, als ein Schwätzer, den ich immer gemieden hatte, sich einmal an meinen Tisch setzte und unvermittelt fragte, ob ich den Dr. Sonne kenne? Ich sagte rasch nein, aber er ließ sich nicht zum Schweigen bringen, denn er war von etwas erfüllt, das ihm keine Ruhe gab und das er nicht begriff: von einem verschenkten Vermögen. Dieser Dr. Sonne, sagte er, sei der Enkel eines sehr reichen Mannes aus Przemysl und habe das ganze Vermögen, das er von seinem Großvater erbte, für wohltätige Zwecke verschenkt. Er sei aber nicht der einzige Verrückte. Da gäbe es auch den Ludwig Wittgenstein, einen Philosophen, den Bruder des einarmigen Pianisten Paul Wittgenstein, der habe dasselbe getan, aber der habe das Geld von seinem Vater geerbt, nicht von seinem Großvater. Er kenne noch andere Fälle. Er zählte sie auf, mit Namen und genauer Angabe des Erblassers, er war ein Sammler ausgeschlagener oder verschenkter Erbschaften, ich habe die Namen, die mir nichts sagten, vergessen, vielleicht mochte ich auch von anderen nichts wissen, so sehr war ich von dieser Nachricht über Sonne erfüllt. Ich nahm sie ohne weitere Nachforschungen an, sie gefiel mir so gut, daß ich ihr Glauben schenkte, umso mehr als ja auch die Geschichte über Wittgenstein stimmte. Daß Sonne den *Krieg* kannte, aus nächster Nähe, aber ohne selber Soldat gewesen zu sein, hatte ich aus vielen Gesprächen geschlossen. Er wußte, was *Flüchtlinge* sind, so genau, als wäre er selber einer gewesen, aber mehr noch so, als habe er für Flüchtlinge Verantwortung getragen, als habe er ganze Transporte von ihnen gesammelt, geleitet und dorthin verpflanzt, wo ihr Leben nicht mehr in Gefahr war. Ich schloß also aus dem, was ich vom Schwätzer vernommen hatte, daß er sein geerbtes Vermögen für Flüchtlinge verwendet hatte.

Sonne war Jude, es war der einzige äußere Umstand, der mir von Anfang an bekannt war, und man kann es eigentlich schwer als einen *äußeren* Umstand bezeichnen. Es war bei unseren Begegnungen oft von Religionen die Rede, von indischen, von China, von solchen, die sich auf die Bibel gründen, über jeden Glauben, auf den zwischen uns die Rede kam, bewies er in seiner konzisen Art souveräne Kenntnisse, aber was mir am meisten Eindruck machte, war seine Meisterschaft über die hebräische Bibel. Er hatte jede Stelle aus welchem Buch immer im Wortlaut zur Hand und übersetzte sie ohne Schwanken und Zögern in ein Deutsch von größter Schönheit, das mir wie das Deutsch eines Dichters vorkam. Solche Gespräche ergaben sich aus einer Prüfung der Buberschen Bibelübersetzung, die damals im Erscheinen war und gegen die er Einwände hatte. Ich brachte gern die Rede darauf, es war die Gelegenheit für mich, den Wortlaut in der Ursprache kennenzulernen. Ich hatte das bisher vermieden, es hätte mich beengt, von den Dingen Genaueres zu erfahren, die mir meiner Herkunft nach so nahe waren, während ich mich mit einem Eifer, der nie nachließ, jeder anderen Religion zugewandt hatte.

Die Klarheit und Entschiedenheit von Sonne's Diktion waren es, was mich an Musils Schreibweise erinnerte. Von einem Wege, der einmal eingeschlagen war, wurde nicht abgewichen, bis man den Punkt erreicht hatte, von dem aus er auf natürliche Weise in andere Wege mündete. *Willkürliche* Sprünge wurden gemieden. Im Laufe der vielleicht zwei Stunden, die man täglich zusammen verbrachte, wurde über Verschiedenes gesprochen und eine Liste der Gegenstände, die an die Reihe gekommen waren, sähe – im Gegensatz zum eben Gesagten – bunt und abenteuerlich aus. Doch wäre das eine optische Täuschung, denn hätte man den vollen Wortlaut vor sich, gäbe es auch nur ein einziges Protokoll solcher Gespräche, so wäre zu erkennen, daß jeder der Gegenstände, der zur Sprache kam, erschöpft wurde, bevor ein anderer dran war. Es ist aber nicht möglich zu reproduzieren, wie das geschah, es sei denn, man würde sich erkühnen – ein aberwitziges Unterfangen! –, *Sonne's* ›Mann ohne Eigenschaften‹ zu verfassen. Was darin vorkäme, hätte so bestimmt und durchsichtig zu sein wie Musil selbst, es nähme einen vollkommen, vom ersten bis zum letzten Wort in Anspruch, es wäre von Schlaf wie von Dämmerung gleich weit entfernt und es ließe sich an jeder Stelle aufschlagen, ohne weniger zu fesseln. Ein Ende hätte Musil nie erreichen können, wer sich einmal der Verfeinerung dieses Präzisionsprozesses hingegeben hat, bleibt für immer in ihm befangen; wäre ihm ewig zu leben gewährt, er müßte auch ewig daran weiterschreiben. Das ist die wahre, die eigentliche Ewigkeit eines solchen Werkes, es liegt in ihrer Natur, daß sie sich auf den Leser überträgt, der sich mit keinem Schlußpunkt abfindet und immer wieder liest, was sonst zu Ende ginge.

Das also habe ich damals doppelt erlebt, an Musils tausend Seiten und an hundert Gesprächen mit Sonne. Daß eines sich zum anderen fand, war ein Glück, wie es sonst wohl niemandem widerfuhr. Denn wenn es in seinem geistigen Gehalt wie im sprachlichen Rang nicht unvergleichbar war, war es doch seiner innersten Absicht nach konträr. Musil stak in seinem Unternehmen, wohl war ihm jede Freiheit des Denkens gewährt, aber er fühlte sich einem Ziel untergeordnet, was immer ihm geschah, er *verzichtete* darauf nie, er hatte einen Körper, den er anerkannte und blieb durch diesen Körper der Welt zugetan. Er beobachtete das Spiel der anderen, die sich anmaßten zu schreiben, obwohl er selbst schrieb, und durchschaute ihre Nichtigkeit, die er verdammte. Er anerkannte Disziplin, die der Wissenschaft besonders, versagte sich aber auch andere ihrer Formen nicht, das

Werk, das er unternahm, stand auch für eine *Eroberung*; er gewann ein Reich zurück, das untergegangen war, nicht etwa seine Glorie, seinen Schutz, sein Alter, sondern was er zurückgewann, waren im Geistigen alle Verzweigungen seiner größeren und kleineren Wege, aus Menschen eine *Landkarte*. Die Faszination seines Werks läßt sich mit der einer Landkarte wohl vergleichen.

Sonne aber wollte nichts. Daß er sich so hoch und gerade hielt, war ein Schein. Die Zeit, in der er an die Rückgewinnung eines Landes gedacht hatte, war vorüber. Daß er dazu die Rückeroberung einer Sprache unternommen hatte, wußte ich lange nicht. Er schien selber keinem Glauben zugetan, obwohl alle Gläubigkeiten offen vor ihm lagen. Er war von jeder Absicht frei und maß sich mit niemandem. Aber an den Absichten der anderen nahm er teil, bedachte und kritisierte sie und wenn er auch mit den höchsten Maßstäben maß und viel, vielleicht das meiste, nicht gutheißen konnte, so galt sein Urteil nie dem Unterfangen, sondern dem Ergebnis.

Er wirkte wie der sachlichste aller Menschen, aber nicht weil ihm Sachen wichtig gewesen wären, sondern weil er nichts für sich selber wollte. Viele wissen, was Uneigennützigkeit ist, und manche ekelt der Eigennutz, den sie um sich sehen, so sehr, daß sie sich von ihm zu befreien suchen. Aber nur einen einzigen, eben ihn, habe ich in jenen Wiener Jahren gekannt, der vollkommen frei von Eigennutz war. Es ist mir auch später keiner von seiner Art begegnet. Denn zu der Zeit, als die östlichen Weisheiten unzählige Adepten fanden, als Verzicht auf weltliche Ziele zu einer Massenerscheinung wurde, ging es immer auch um eine Feindschaft gegen den *Geist*, wie er sich in den europäischen Kulturen entwickelt hatte. Alles wurde abgetan, es war besonders die *Schärfe* des Geistes, die verpönt war, mit der Aufgabe der Anteilnahme an der Welt, wie sie einen umgab, entzog man sich auch der Verantwortung für sie. Für das, womit man nichts zu tun haben wollte, mochte man sich nicht schuldig fühlen. »Es geschieht euch recht«, wurde zu einer weitverbreiteten Haltung. Sonne hatte seine Tätigkeit in der Welt aufgegeben, warum er darauf verzichtet hatte, sich um sie zu mühen, wußte ich nicht. Aber er *blieb* in ihr, mit seinen Gedanken jeder ihrer Erscheinungen verhaftet. Er ließ die Hände fallen, doch wandte er ihr nicht den Rücken zu, selbst in der ausgewogenen Gerechtigkeit seiner Rede war seine Leidenschaft für diese Welt zu fühlen, und mein Eindruck war, daß er bloß darum nichts *tat*, weil er niemandem ein Unrecht zufügen wollte.

An Sonne erfuhr ich zum erstenmal bewußt, was die Integrität einer Person ausmacht: daß sie unberührt bleibt, auch von Fragen, und über sich selbst bestimmt, ohne ihre Motive und ihre Geschichte preiszugeben. Nicht einmal selbst stellte ich mir Fragen über seine Person, unantastbar blieb er mir, auch in Gedanken. Er sprach über vieles und sparte nicht an Urteilen, wenn ihm etwas mißfiel. Aber ich suchte nie nach Motiven für seine Worte, sie standen für sich, klar abgegrenzt selbst gegen ihren Ursprung. Das war, auch abgesehen von ihrer Qualität, damals etwas Seltenes geworden. Die psychoanalytische Verseuchung hatte Fortschritte gemacht, wie sehr, erlebte ich eben damals an Broch. Es störte mich bei Broch weniger als bei anderen, gewöhnlicheren Naturen, denn seine Sinne waren, wie ich schon gesagt habe, von so besonderer Beschaffenheit, daß auch die banalsten Erklärungen, wie sie eben im Umlauf waren, seine Eigenart nicht beeinträchtigt hätten. Im allgemeinen war es aber so, daß zu jener Zeit in Gesprächen nichts gesagt werden konnte, ohne daß es durch die Motive, die dafür sofort bei der Hand waren, entkräftet wurde. Daß für alles dieselben Motive gefunden wurden, die unsägliche Langeweile, die sich von ihnen verbreitete, die Sterilität, die daraus resultierte, schien wenige zu stören. Die erstaunlichsten Dinge spielten sich ab in der Welt, aber es war immer der gleiche, öde Hintergrund, vor den man sie stellte, von diesem sprach man und hielt sie für erklärt und sie waren nicht mehr erstaunlich. Wo das Denken *einsetzen* sollte, quakte ein vorlauter Chor von Fröschen.

Musil war in seinem Werk von dieser Infektion vollkommen frei, und frei davon war in seinen Gesprächen Dr. Sonne. Er fragte mich nichts, das an Privates grenzte. Ich erzählte nichts von selbst und hütete mich vor Konfessionen. Ich hatte das Beispiel seiner Würde vor Augen und benahm mich wie er, und so leidenschaftlich Dinge dargelegt wurden, alles, was ihn bloß selber betraf, blieb von solchen Erörterungen ausgeschlossen. Anklagen, an denen es nicht fehlte, bereiteten ihm keine Lust. Er sah das Schlimmste vorher, sprach es auf das genaueste aus, aber er freute sich nicht, wenn es dann eintraf. Das Böse blieb böse für ihn, obschon er recht behalten hatte. Den Gang der Dinge erkannte er so klar wie niemand. Ich hätte Scheu davor, alles

Furchtbare auszusprechen, das er damals schon wußte. Er gab sich Mühe, nicht merken zu lassen, wie sehr ihn die Dinge, die er voraussah, quälten. Er hütete sich davor, einen damit zu bedrohen oder zu strafen. Seine Behutsamkeit für den Hörer war dessen Empfindlichkeit, die er kannte, angemessen. Er bot keine Rezepte an, obwohl er viele wußte. Er war so entschieden, als hätte er ein Urteil zu fällen, doch verstand er, durch eine schlichte Handbewegung, sein Gegenüber von diesem Urteil auszunehmen. So müßte man von mehr als Behutsamkeit, man müßte auch von seiner Zartheit sprechen, über die Verbindung dieser Zartheit mit unerbittlicher Strenge staune ich bis zum heutigen Tage.

Erst heute weiß ich, daß mir ohne das tägliche Beisammensein mit Sonne die Loslösung von Karl Kraus nie gelungen wäre. Es war dasselbe Gesicht: wie gern würde ich durch Bilder (die es aber nicht gibt) eine visuelle Vorstellung von der Gleichartigkeit dieser Gesichter geben! Aber es war – und ich weiß nicht, wie ich das glaubhaft machen soll – ein anderes Gesicht zugleich da, eines, das mir drei Jahre später als das von Karl Kraus vor Augen gekommen war, als Totenmaske, das Gesicht von Pascal. Der Zorn war hier zu Schmerz geworden und vom Schmerz, den man sich selber zufügt, ist man gezeichnet. Die Verquickung dieser beiden Antlitze: das des prophetischen Eiferers und das des Dulders, der die Kraft hat, sich über alles, was einem Geiste möglich ist, zu verbreiten, ohne daran überheblich zu werden – diese Verquickung löste mich von der Herrschaft des Eiferers, ohne mir zu nehmen, was ich von ihm empfangen hatte und erfüllte mich mit Respekt vor dem, was mir unerreichbar war: in Pascal hatte ich es geahnt, in Sonne hatte ich es vor mir.

Sonne hatte vieles auswendig im Kopf, vollständig, wie ich schon sagte, die Bibel und vermochte ohne Zögern und Überlegen jede Stelle aus ihr Hebräisch zu zitieren. Er hielt aber mit diesen mnemotechnischen Taten zurück, sie wurden nie zu Ereignissen. Ich kannte ihn über ein Jahr, bevor ich einen Einwand gegen das Deutsch der Buberschen Bibelübersetzung vorbrachte und er diesen Einwand nicht nur guthieß, sondern mit einer großen Zahl von Beispielen auf den hebräischen Urtext einging. An der Art, wie er manche kurze Absätze sprach und deutete, fiel es mir plötzlich wie Schuppen von den Augen: Ich erkannte, daß er ein Dichter sein müsse, eben in dieser hebräischen Sprache, die er mir vorführte.

Ich wagte es nicht, ihm eine Frage darüber zu stellen, denn wenn er einer Feststellung selbst aus dem Wege ging, vermied man es, daran zu rühren. Doch ging mein Takt diesmal nicht so weit, andere, die ihn schon vor Jahren gekannt hatten, nicht danach zu befragen. Ich erfuhr – und es klang, als sei das seit einiger Zeit schon zum Geheimnis geworden –, daß er einer der Begründer der neuhebräischen Dichtung war.

Als ganz junger Mensch, im Alter von 15 Jahren, habe er unter dem Namen Abraham ben Yitzchak eine Anzahl von hebräischen Gedichten geschrieben, die von Kennern der beiden Sprachen mit Hölderlin verglichen wurden. Es seien ganz wenige Gedichte gewesen, vielleicht nicht einmal zwölf hymnenartige Gebilde von solcher Vollkommenheit, daß man ihn unter die Meister der neubelebten Sprache gezählt habe. Er habe dann aber gleich damit aufgehört und nie wieder sei ein Gedicht von ihm an die Öffentlichkeit gelangt. Man war der Meinung, daß er's sich seither *versagt* habe, Gedichte zu schreiben. Er spreche nie davon, wie über so vieles bewahre er auch darüber ein unverbrüchliches Schweigen.

Ich fühlte mich schuldig, weil ich das gegen seinen Wunsch in Erfahrung gebracht hatte und ging eine ganze Woche lang nicht ins Café Museum. Er war mir ein Weiser geworden, wie ich noch keinen erlebt hatte, und was ich über die Gedichte seiner Jugend erfuhr, so ehrenvoll es klang, war wie eine Einschränkung davon. Er wurde weniger, weil er etwas getan hatte. Er hatte aber noch mehr getan und auch das erfuhr ich zufällig und allmählich. Von allem hatte er sich abgewendet und obwohl ihn nichts berührte, was er nicht als Meister tat, hatte es seinen Bedenken nicht genügt und er hatte es aus strengen Gewissensgründen aufgegeben. Nun war er aber, um nur vom ersten zu sprechen, zweifellos ein Dichter geblieben. Worin bestand denn der Zauber seiner Rede, die Genauigkeit und Anmut, mit der er seinen Weg zwischen den schwierigsten Gegenständen fand, nichts ausließ, das der Betrachtung wert war (mit Ausnahme seiner Person), das zu Schauende auf das präziseste ins Auge faßte, ohne sich mit ihm gemein zu machen, worin die Bändigung des Entsetzens, das er empfand, die verborgene Einsicht in jede Regung dessen, zu dem er sprach, die Zartheit seiner Schonung?

Jetzt wußte ich aber, daß er auch als Dichter *gegolten* und diese Geltung von sich abgeworfen hatte, während ich daran war, mir diese Geltung, die ich noch nicht hatte, zu gewinnen. Ich schämte mich dessen, daß ich darauf nicht verzichten mochte und ich schämte mich dessen, dieses Wissen erworben zu haben: daß er einmal etwas Großes gewesen war, das er nicht mehr dafür hielt. Wie sollte ich ihm nun entgegentreten, ohne mich nach dem Grund dieser Geringschätzung zu fragen? Mißbilligte er mich, weil für mich das Schreiben so sehr zählte? Er hatte nichts von mir gelesen, es gab kein Buch von mir, er konnte mich nur nach unseren Gesprächen kennen, von denen er beinahe alles und ich das wenigste bestritt.

Es war fast unerträglich, ihn nicht zu sehen, denn ich wußte, daß er zu dieser Stunde dort saß und vielleicht auf die Drehtür blickte, ob ich komme. Von einem Tag zum anderen spürte ich mehr, daß ich es ohne ihn nicht aushalten würde. Ich mußte den Mut fassen, ihm vor die Augen zu treten, ohne von dem zu sprechen, was ich nun wußte, dort anknüpfen, wo ich ihn zuletzt verlassen hatte und so lange darauf verzichten, seine Meinung über den Inhalt meines Lebens zu kennen, bis das Buch da war, das ich seinem Urteil, und seinem Urteil allein, unterbreiten wollte.

Ich kannte die Intensität von Obsessionen, das Einschneidende des immer Wiederholten, das tausendmal Geübte, das doch nie seine Kraft verlor: eben das war es, wodurch Karl Kraus auf einen wirkte. Und hier saß ich nun mit einem Mann beisammen, der *sein* Gesicht trug, der nicht weniger streng war, aber ruhig, denn es war kein Fanatismus in ihm und er wollte einen nicht überwältigen. Es war ein Geist, der nichts verschmähte, der sich mit derselben gesammelten Kraft jeder Art von Erfahrung zuwandte. Die Scheidung der Welt in das Böse und das Gute bestand auch für ihn, es war nie zweifelhaft, was zu diesem und was zu jenem gehörte, aber die Entscheidung darüber und besonders über die eigene Reaktion darauf wurde einem selbst überlassen. Nichts wurde gemildert oder verschönt, alles wurde mit einer Klarheit dargestellt, die man bestürzt und auch ein wenig beschämt als Geschenk empfand, für das von einem nichts als ein offenes Ohr gefordert wurde.

Erspart wurde einem die Anklage. Man muß sich vorstellen,

mit welcher Gewalt die unaufhörlichen Anklagen von Karl Kraus auf einen eingewirkt hatten, wie sie eindrangen und von einem Besitz ergriffen und einen nie wieder verließen (noch heute entdecke ich die Wunden, die sie in mir verursacht hatten, nicht alle sind zu Narben verheilt), sie hatten die volle Kraft von *Befehlen* und da man sie im vorhinein guthieß und ihnen nie auszuweichen suchte, wäre es vielleicht besser für einen gewesen, wenn ihnen auch die Dringlichkeit von Befehlen eigen gewesen wäre, dann wären sie ausführbar gewesen und man hätte nicht mehr als die Stacheln von ihnen behalten, auch das wäre nicht leicht gewesen. So aber, wie die dichtgefügten Festungssätze von Karl Kraus gemauert waren, blieben sie als Ganzes schwer und ungefüg auf einem liegen, es war eine lähmende Last, die man mit sich herumtrug, und obwohl ich in der Fron jener Jahresarbeit an dem Roman und im Ausbruch des Dramas später viel davon losgeworden war, bestand immer noch die Gefahr, daß meine Befreiungskämpfe fehlschlügen und in einer ernsten seelischen Versklavung ihr Ende fänden.

Die Befreiung kam durch dieses Gesicht, das so sehr dem des Unterdrückers glich, aber alles *anders*, komplexer, reicher, verzweigter sagte. Statt Shakespeare und Nestroy bekam ich die Bibel, aber sie war kein Zwang, unter zahllosen Gegenständen *einer*, auch sie war intakt, in ihrem genauen Wortlaut vorhanden. Wenn in irgendeinem Zusammenhang die Rede auf sie kam, bekam ich eine längere Stelle zu hören, ohne sie zu verstehen, und dann rasch Satz um Satz die leuchtende, aber in jeder Einzelheit begründete Übersetzung eines Dichters, um die mich die ganze Welt beneidet hätte. Ich bekam sie allein und ohne danach zu fragen, ich bekam sie, so wie sie sich ergab, und natürlich bekam ich auch anderes in Zitaten, aber von diesen war mir vieles bekannt, und ich hatte bei ihnen auch nicht das Gefühl, daß es die eigentliche, die Kindheits- und Weisheitsessenz des Sprechenden war. Damals erst kamen mir die Propheten der Bibel in ihrem Wortlaut nahe, die ich 15 Jahre zuvor als Bilder Michelangelos erlebt hatte, und der Eindruck dieser Gestalten war ein so ungeheurer gewesen, daß sie mich von ihren Worten ferngehalten hatten. Jetzt lernte ich sie aus dem Munde *eines einzigen* Mannes kennen, als wäre er sie alle zusammen. Er glich ihnen, aber indem er ihnen nicht glich, nicht als Eiferer glich er ihnen, sondern als einer, der von der Qual des Kommenden erfüllt war, über das er scheinbar ohne Emotion mit mir sprach, dem jedenfalls die eine, schrecklichste Emotion der Propheten fehlte, die recht behalten wollen, auch wenn sie das Schlimmste verkünden. Sonne hätte jeden seiner Atemzüge dafür hergegeben, *nicht* recht zu behalten. Er sah den Krieg, den er haßte, er sah seinen Verlauf. Er wußte, wie er noch zu verhindern wäre und was hätte er nicht getan, um seine furchtbare Voraussage zu entkräften. Als wir uns nach vierjähriger Freundschaft trennten, ich fuhr nach England, er nach Jerusalem, beide schrieben wir keine Briefe, geschah Schritt um Schritt, in jeder Einzelheit, was er mir vorhergesagt hatte. Ich war von den Ereignissen doppelt betroffen, denn ich erlebte, was ich aus seinem Munde schon kannte. So lange trug ich es schon in mir und dann, erbarmungslos, wurde es wahr.

Den Grund für Sonne's mehr als aufrechte, für seine etwas steife Haltung beim Gehen erfuhr ich lange nach seinem Tode. Als junger Mensch war er beim Reiten, ich glaube, es war in Jerusalem, vom Pferde gestürzt und hatte sich das Rückgrat verletzt. Wie es dann zur Verheilung kam, ob er auch später immer etwas tragen mußte, um den Rücken zu stützen, weiß ich nicht zu sagen. Aber es war die Ursache für seine Haltung, die manche in poetischer Übertreibung als das ›Königliche‹ an ihm bezeichneten.

Wenn er mir Psalmen übersetzte oder die Weisheitssprüche, erschien er mir als königlicher Dichter. Daß dieser selbe Mann, Prophet und Dichter zugleich, so vollkommen verschwinden konnte, daß er hinter Zeitungen verborgen nicht zu bemerken war, aber selbst alles um sich herum gewahrte, dieses Fehlen einer Farbe, so könnte man es nennen, und daß er ohne jeden Anspruch lebte, war an ihm das erstaunlichste.

Einen einzelnen Gegenstand dieser Gespräche im Café Museum habe ich herausgehoben, den biblischen. Da ich die anderen hier nicht aufzähle, könnte der Eindruck entstehen, daß Sonne zu denen gehörte, die ihr Judentum zur Schau tragen. Genau das Gegenteil war der Fall. Das Wort ›Jude‹ hat er weder von sich noch von mir gebraucht. Es war ein Wort, das er auf sich beruhen ließ. Als Anspruch ebenso wie als Zielscheibe gehässiger Meuten war es seiner unwürdig. Von der Überlieferung war er erfüllt, ohne sich etwas auf sie zugute zu halten. Die Herrlichkeiten, von denen er wie keiner wußte, rechnete er nicht *sich* als Verdienst an. Mir schien, als sei er nicht gläubig. Die Achtung, die er für jeden Menschen hatte, verwehrte es ihm, irgendwelche, auch die niedersten, vom vollen Anrecht auf Menschheit auszuschließen.

Er war in vielem ein Vorbild, seit ich ihn gekannt habe, konnte mir niemand mehr zum Vorbild werden. Er war es auf die Art, die Vorbilder haben müssen, wenn sie ihre Wirkung tun sollen. Er erschien mir damals, vor 50 Jahren, unerreichbar und unerreichbar ist er mir geblieben.

Die Operngasse

In ihrem ebenerdigen Atelier in der Operngasse 4 hatte Anna viel Besuch. Es lag im Zentrum der Stadt, Wiens eigentliches Zentrum war ja doch die Oper und es schien richtig, daß die Tochter Mahlers, nachdem sie die Fesseln ihrer Ehe endgültig abgestreift hatte, gerade dort lebte, wo ihr Vater, der höhere, der Musik-Kaiser Wiens, seine Herrschaft ausgeübt hatte. Wer ihre Mutter kannte und in der Villa auf der Hohen Warte empfangen wurde, ohne etwas für sich zu wollen, wer berühmt genug war, um sich von seiner Karriere erholen zu müssen, der kam, in Pausen seiner Tätigkeit, gern zu Anna.

Es gab aber noch etwas anderes, was Menschen hinzog, und das waren die Porträt-Köpfe, die sie von ihnen machte. Die illustren Leute, die Alma gern an ihre Person band, ihre Sammlung, aus denen sie sich von Zeit zu Zeit welche aussuchte, sei es zur Ehe, sei es zu ihrem Vergnügen, wurden bei Anna reduziert oder soll man sagen erhöht, zu einer Porträtgalerie. Wer bekannt genug war, wurde um seinen Kopf gebeten, es gab wenige, die ihn nicht gern hergaben. So fand man oft Leute, die in angeregtem Gespräch dasaßen, während Anna an ihrem Kopf modellierte. Mein Besuch war dann nicht unerwünscht, weil ich Leute in Gespräche verwickelte, die Anna bei ihrer Arbeit zugute kamen. Sie hörte wohl zu, während sie modellierte. Manche waren der Meinung, daß ihre eigentliche Begabung auf diesem Gebiete lag.

Ich will einige Leute nennen, die zu ihr kamen und daraus nun etwas wie eine eigene Galerie machen. Manche von ihnen hatte ich schon gesehen, sei es in der Maxingstraße, sei es auf der Hohen Warte. Zu diesen gehörte Zuckmayer, von dem sie auch einen Kopf machte. Er war gerade in Frankreich gewesen und erzählte von seinen Eindrücken dort. Er erzählte lebhaft, in dramatisch übersprudelnder Art. Damals ging es darum, daß man überall, wo man in Frankreich hinkam, den Monsieur Laval sah. Er war der häufigste Mensch, *das* allgemeine Gesicht. Man betrat ein Restaurant, man stand noch halb in der Tür: wer kam einem entgegen? Monsieur Laval! Im Café, das gesteckt voll war, wo man nach Platz suchte, stand wer auf zum Fortgehen, so daß man seinen Platz bekam? Monsieur Laval! Im Hotel wechselten die Portiers: Monsieur Laval! Man begleitete seine Frau auf einen Einkauf in der Rue de la Paix: wer bediente sie? Monsieur Laval! Es kam zu mehr und mehr Geschichten über Begegnungen mit Monsieur Laval. Er war die öffentliche Figur, er war das Ebenbild der Franzosen. Das klingt nach der weiteren Entwicklung der Dinge, die man heute kennt, viel ominöser, damals hatte es etwas Possenhaftes, das Theatralische daran war nicht eigentlich bezwingend, eher die herzhafte Derbheit des Erzählers. Der Clou der Sache lag in der Wiederholung, immer, in hundert Formen, prallte man auf *denselben* Menschen, alle waren er und er war alle, aber man empfand bei keinem Zusammenprall einen wirklichen Monsieur Laval, sondern Zuckmayer, als wäre er auf der Bühne zu einem Laval hergerichtet worden. Er sprach allein und kümmerte sich nicht darum, wer zuhörte, es war neben Anna damals niemand außer mir da, ich kam mir vor wie *viele* Zuhörer, so wie der eine Zuckmayer die vielen Lavals spielte, spielte ich die vielen Zuhörer. Ich war sie auch und sie alle, die ich war, staunten über die beinahe unglaubliche *Harmlosigkeit*, die sich von ihm verbreitete, eine Fastnachtsatmosphäre, in der nichts wirklich Böses geschah, alles Böse war durch Komik transformiert, und wenn ich mir heute jene lebhafte Laval-Geschichte wieder vergegenwärtige, fällt mir am meisten daran auf, wie sehr das Unheimliche jener Figur sich für Zuckmayer in Situationskomik umsetzte.

Ich begegnete dort auch Gestalten, die durch Schönheit bezwangen, sogar Schönheit sehr reiner Art, wie sie sich für mich in Totenmasken verkörpert hatte. Betroffen war ich vom Anblick de Sabatas, des Dirigenten. Er dirigierte an der Staatsoper und kam zwischen Proben herüber. Es war nur ein Sprung über die Straße, die Operngasse, Annas Atelier war wie eine Dependance der Bühne. So mußte er es empfinden, er kam vom Pulte Mahlers. In wenigen Schritten war er bei Mahlers Tochter, und daß sie es war, die den Anspruch seines Antlitzes auf Ewigkeit begründete, hatte nicht nur Sinn, es war, so schien mir, die Krönung seines Lebens. Ich war manchmal da, wenn er erschien, sehr rasch und sicher, eine hohe Gestalt, die trotz ihrer Eile etwas Nachtwandlerisches hatte, das Gesicht sehr fahl, von der Schönheit eines Toten, aber eines, der niemandem glich, obwohl es von ebenmäßigen Zügen war, es war, als ginge er mit geschlossenen Augen, und doch blickten sie und es war in ihnen, wenn sie auf Anna ruhten, etwas Heiteres. – Es war für mich kein Zufall, daß de Sabata zu einem ihrer besten Köpfe wurde.

Auch Werfels Kopf wurde damals in der Operngasse modelliert. Sicher war es ihm angenehm, in solcher Nähe von der großen Arienstätte porträtiert zu werden. Hier saß er gern: es war ein sehr einfaches Atelier, fern von der Prunkvilla auf der Hohen Warte und auch fern vom Palais seines Verlegers in der Maxingstraße. Ich vermied es zu kommen, wenn ich wußte, daß er da war. Aber manchmal kam ich auch, ohne mich anzumelden. Das tat ich besonders gern, und stieß dann im mit Glas überdachten kleinen Hof zu ebener Erde auf den sitzenden Werfel. Er gab meinen Gruß zurück, wie wenn nichts geschehen wäre und ließ sich für das, was er mir angetan hatte, keinen Groll anmerken. Er hatte sogar die Menschenliebe, mich zu fragen, wie es mir gehe und brachte dann gleich das Gespräch auf Veza, deren Schönheit er bewunderte. Bei einer der Gesellschaften auf der Hohen Warte war er vor ihr niedergekniet und hatte leiblich eine Liebesarie gesungen, immer auf einem Knie, bis zu Ende, und stand erst auf, als er sich sagen konnte, daß ihre Darbietung ihm so gut gelungen war wie einem professionellen Tenor, er hatte eine gute Stimme. Er verglich Veza mit der Rowena, der berühmten Schauspielerin der Habimah, die auch in Wien die Hauptrolle der Besessenen im ›Dybuk‹ gespielt hatte, alle waren von ihr hingerissen gewesen. Etwas Besseres hätte Veza über sich gar nicht hören können, denn der andalusischen Vergleiche war sie nachgerade müde geworden. Er meinte es, wenn er es sagte, es war kein Kompliment, wahrscheinlich meinte er immer, was er sagte und vielleicht war das ein Grund für die zweifelhafte Wirkung, die er auf kritische Naturen hatte. Wer ihn trotz der Abneigung, die er einflößte, zu verteidigen suchte, nannte ihn »ein wunderbares Instrument«.

Es war merkwürdig, Werfel bloß *sitzen* zu sehen, ohne daß er etwas Besonderes dabei tat. Man war es gewöhnt, ihn verkünden oder singen zu hören, wobei eines leicht ins andere überging. Gespräche, in denen er immer das große Wort führte, besorgte er stehend. Einfälle standen ihm häufig zu Gebote, die er aber durch viele Worte gleich verdarb. Man hätte über etwas nachdenken mögen und wünschte sich eine Pause, einen Augenblick, einen einzigen, nicht mehr, der Stille, aber schon kam die Wortflut und spülte alles wieder weg. Er empfand alles als wichtig, was von ihm kam, das Dümmste klang so eindringlich wie das Ungewohnte und Überraschende. Ohne Gefühl war er nichts zu sagen imstande, das entsprach seiner Natur, aber es entsprang auch seiner tiefsten Überzeugung. Von einem Prediger unterschied ihn die Nähe zu Gesang, doch wie ein Prediger war er sich stehend am nächsten. Vor einem Pulte stehend, schrieb er seine Bücher. Seine Lobesworte hielt er für Menschenliebe. Wissen verabscheute er wie Überlegung. Um ja nicht zu überlegen, platzte er gleich mit allem heraus. Da er vieles von anderen hatte, das bedeutend war, tönte er oft, als sei er selber die Quelle großer Dinge. Er schwappte über von Gefühl, es gluckste in ihm, dick wie er war, von Liebe und Gefühl, kleine Teiche davon erwartete man auf dem Boden um ihn zu finden und war beinahe enttäuscht zu sehen, daß es um ihn so trocken blieb wie um andere. Mit Sitzen beschied er sich nicht gern, es sei denn, er hörte Musik: da war er sehr gierig, denn in diesem wichtigen Augenblick lud er sich mit Gefühl voll und ich habe mich oft gefragt, was ihm geschehen wäre, wenn drei volle Jahre auf der ganzen Erde keine Oper zu hören gewesen wäre. Ich glaube, er wäre abgemagert und eingegangen, richtig verhungert, nicht ohne, bevor es zum Schlimmsten gekommen war, in Klagelieder auszubrechen. Andere zehren vom Wissen, wenn sie sich damit genug abgequält haben, er zehrte von Tönen, die er sich fühlend erwarb.

Anna machte aus seinem häßlichen Kopf das Beste. Sie, die vor allem Grotesken, wenn es sich nicht in Märchenfarbe kleidete, zurückschrak, übertrieb die Dicke seines Kopfes, die hauptsächlich aus Fett bestand, und gab ihm – sie hatte ihn überlebensgroß angelegt – eine Wucht, die er gar nicht hatte.

Unter den Köpfen großer Männer, die in ihrem Atelier herumstanden und sich rasch vermehrten, nahm er sich nicht einmal schlecht aus. So wie der von de Sabata konnte er nicht sein – der war so schön wie die Totenmaske Baudelaires. Aber neben den Zuckmayers konnte man ihn sehr wohl stellen.

Unter Annas Besuchern gab es auch – für mich – große Überraschungen: so wie es manche von der Oper, in der sie zu tun hatten, in Annas Atelier zog, eine gewiß begreifliche und legitime Anziehung, kamen andere von der Kärntnerstraße, in der sie ihre Einkäufe besorgten. Eines Tages, ich hatte schon Platz genommen und Anna etwas zu erzählen begonnen, wehte Frank Thieß mit seiner Frau herein, ein elegantes Paar in hellen Flauschmänteln, Päckchen hingen ihnen an allen Fingern, nichts Schweres, nichts Großes, wie leichte Kostproben von wertvollen Dingen, von unterschiedlicher Gestalt, als sie einem die Hand gaben, sah es aus, als böten sie einem Geschenke zur Auswahl an, aber sie entschuldigten sich, weil sie gleich weiter müßten und legten die Geschenke gar nicht ab. Thieß sprach sehr rasch, in einem Deutsch nördlicher Klangfarbe, mit ziemlich hoher Stimme, man hätte, obwohl man gar keine Zeit habe, nicht vorüber können, ohne rasch einzutreten und die Künstlerin zu begrüßen. Ansehen werde man sich die Sachen ein andermal und dann kam trotz Eile eine Flut von Erlebnissen in den Geschäften der Kärntnerstraße, in keiner einzigen dieser Lokalitäten war ich je gewesen, es klang wie der Bericht über eine exotische Expedition, mehr ein eiliger Fluß als ein Bericht, stehend, denn zum Ablegen von Päckchen und Mantel war keine Zeit, doch durch einen leichten Schwung, den er ihnen gab, bezeugten die Päckchen jeweils, daß er eben vom Laden ihrer Herkunft sprach. Bald schaukelten sie alle wie Marionetten an seinen Fingern, es war alles parfümiert, das kleine Kabinett neben dem Atelierhof, in das Anna Gäste zu führen pflegte, war in wenigen Minuten von feinsten Gerüchen erfüllt, die gar nicht einmal den Päckchen, sondern den Einkaufserlebnissen entströmten. Von irgend etwas anderem war nicht die Rede, nur Annas Mutter kam – in leicht aufgeworfener Huldigung – zur Sprache, und als sie fort waren – zum Abschied hatten sie einem vorsichtshalber die Päckchen nicht mehr hingereicht –, fragte man sich, ob jemand dagewesen sei. Anna, die nicht gern abschätzige Worte machte, stellte sich an ihre Figur und schlug auf sie ein. So fremd wie mir war ihr die Einkaufswelt, die in ihr Atelier eben ein- und gleich wieder hinausgeflossen war, nicht, sie kannte sie durch ihre Mutter, die sie in die Kärntnerstraße und auf den Graben oft begleitet hatte, aber es war eine Welt, die sie haßte, und mit ihrem Mann, den ihre Mutter ihr aus Gründen der Familienpolitik aufgedrängt hatte, hatte sie auch diese Welt verlassen.

Alle Verpflichtungen zu Empfängen in der Maxingstraße war sie losgeworden. Jetzt mußte sie auf keine Gesellschaft mehr Rücksicht nehmen. Sie verlor keine Zeit, sie stand unter keiner Kontrolle. Wenn etwas sie ärgerte, griff sie zum Meißel. Sie wollte sich die Arbeit so schwer wie möglich machen. Es war das, was sie von Wotruba gelernt hatte, mit dem sie im Tieferen nichts verband: eine Gier nach dem Monumentalen, weil es die schwerste Arbeit erforderte. Eine Anspannung des Willens, in der unteren Hälfte ihres Gesichts glich sie sehr ihrem Vater.

Es war eine Art von Anständigkeit, wenn Thieß sie besuchte. Vielleicht wußte er gar nicht, daß er ihr nichts zu sagen hatte. Seine raschen Tonleitern, die sich aber mehr in der Höhe hielten, konnte er jedem vorspielen. Aber Paul Zsolnay, den Anna zum letztenmal verlassen hatte, war sein Verleger. Daß er Anna mitten in den Reizungen der Kärntnerstraße seine etwas flüchtige Aufwartung machte, war ein Akt der Anhänglichkeit und eine Art Neutralitätserklärung. Er war zufrieden mit seinem Erscheinen und vielleicht wußte er sogar, daß an seinen Fingern alles hing, was sie durch ihre Flucht von Zsolnay verloren hatte.

Nur wirklich ›Freie‹, die bekannt genug waren und viel gelesen wurden, die also vom Verlag nicht abhängig waren, weil jeder andere Verlag sie ebensogern übernommen hätte, nur solche, die in der damaligen Lesewelt als berühmt galten, konnten es sich leisten, Anna durch einen Besuch zu huldigen. Leute kamen und gingen und es sprach sich herum, wer dagewesen war. Leute, die man als Lakaien des Verlags empfand, erschienen besser nicht. Manche, die Anna früher geschmeichelt hatten, die alles darum gegeben hätten, in ihre Gesellschaften eingeladen zu werden, mieden sie und hüteten sich vor der Operngasse. Es gab auch welche, die plötzlich schlecht über sie sprachen. Die Mutter, die auf die musikalischen Vorgänge in der Stadt großen Einfluß hatte, ließ man ungeschoren, obwohl ihr Berechnung und private Hausmachtspolitik aus jeder Pore troffen.

Anna stellte sich dem Gerede der Welt, sie war mutig und blieb es immer und baute sich im kleinen Atelier der Operngasse ihre Art Museum von berühmten Köpfen. Es war legitim, sofern ein Kopf gelang, was gar nicht selten der Fall war. Sie ahnte nicht, wie sehr es außerdem ein Abglanz vom Leben ihrer Mutter war.

Dieser war es um Macht zu tun, in jeder Form, um Ruhm besonders, um Geld und um die Macht, die Lust verleiht. Anna dagegen hatte als ihr Zentrum etwas, das wichtiger war, den ungeheuren Ehrgeiz ihres Vaters. Sie wollte arbeiten und sich's bei der Arbeit so schwer wie möglich machen. In Wotruba, ihrem Lehrer, stieß sie auf genau die harte, lange und schwere Arbeit, die sie brauchte. Sie machte keine Entschuldigung für sich als *Frau*, sie war entschlossen, so schwer zu arbeiten wie dieser starke, junge Mann, der ihr Lehrer war. Daß zu seiner Art von Arbeit auch ein anderes Schicksal gehörte, wäre ihr nie eingefallen. Sie machte keine Unterschiede der Herkunft und während ihre Mutter das Wort ›Prolet‹ mit der Verachtung aussprach, die sie für Sklaven empfand, so als wäre es etwas außerhalb menschlicher Kategorien, käuflich und notwendig, höchstens im Falle eines exzeptionell schönen Menschen auch für Liebe brauchbar, während ihre Mutter gern solche erhob, die schon gehoben waren, machte Anna überhaupt keinen Unterschied zwischen Menschen, Herkunft und sozialer Stand bedeuteten ihr nichts, es kam ihr nur auf die Menschen selber an, aber es zeigte sich, daß diese schöne und noble Gesinnung nicht genügt; um zu wissen, ob Menschen etwas wert sind, muß man nicht nur Erfahrungen machen, sondern sie sich auch *merken*.

Sehr wichtig war ihr Freiheitsgefühl, es war der Hauptgrund für ihre rasche Loslösung aus jeder Beziehung. Es war so stark, daß man hätte meinen können, jede neue Beziehung, die sie anspinne, sei unernst und von Anfang an nur für kurze Dauer gedacht. Dem stand entgegen, daß sie ›absolute‹ Briefe schrieb und ganz besonders ›absolute‹ Erklärungen erwartete. Vielleicht waren ihr die Briefe, die man für sie dichtete, wichtiger als Liebe selbst und was sie am meisten faszinierte, waren Geschichten, die man erzählte.

Ich war oft bei ihr, besonders seit sie das Atelier in der Operngasse hatte und berichtete ihr über alles, was mich beschäftigte. Was in der Welt geschah und was ich erfand, breitete ich vor ihr aus. Wenn ich von Sonne erfüllt war, konnte es passieren, daß ich sehr ernste Dinge an sie weitergab und immer hörte sie zu und schien gefesselt. Als ich gar etwas tat, was ich mir sonst immer lang überlegte: als ich Sonne zu ihr ins Atelier brachte – die Tochter Gustav Mahlers interessierte ihn –, als ich ihr das Beste, was es für mich auf der Welt gab, diesen leisesten aller Menschen darbot, mit dem Respekt, den ich ihm schuldete und den ich auch vor ihr nicht verbarg, reagierte sie mit der Großmut darauf, die ihre schönste Eigenschaft war: sie nahm ihn als das, was er war, bewunderte ihn – trotz seines asketischen Aussehens –, hörte ihm so zu, wie sie mir zuzuhören pflegte, aber mit dem Maß von Feierlichkeit, das ich vor ihm erwartete, und bat ihn wiederzukommen. Sobald ich sie das nächste Mal allein sah, lobte sie ihn, fand ihn interessanter als die meisten Menschen und fragte mich dann öfters, wann er wiederkäme.

Allerdings hatte er mir über ihre Köpfe kluge Dinge gesagt, die ich an sie weitergab, und selbst in ihren großen Figuren erkannte er eine ganz unverbrauchte romantische Sehnsucht. Noch sei ihr das Tragische versagt und mit Wotruba habe sie nicht das geringste gemein, denn sie sei von der Musik getroffen, von der er völlig frei war. Es seien eigentlich Figuren, die zur Musik ihres Vaters gehörten, zu manchen Partien darin, von ihrem Willen mehr als von ihrer Eingebung geschlagen. Man könne nicht sagen, was daraus werden würde, vielleicht, durch irgendeinen *Bruch* in ihrem Leben, noch sehr viel. Er sprach wohlwollend, er war sich dessen bewußt, wieviel sie mir bedeutete und hätte mich um nichts in der Welt verletzt, aber aus der Art, wie er die Hoffnung auf ihre Arbeit in die Zukunft verlegte, spürte ich, wie wenig Originalität er noch darin fand. Hingegen hatte er Positives über ihre Köpfe zu sagen. Er mochte besonders den von Alban Berg; den von Werfel allerdings fand er aufgeblasen wie seine sentimentalen Romane, die er verabscheute und sagte: da habe Werfel sie mit sich angesteckt, sie habe alles Hohle und Pathetische an ihm in ihrem Kopf noch gesteigert, so sehr, daß manche Leute, die seinen in Natur überaus häßlichen Kopf wohl kannten, ihn im Porträt für bedeutend halten würden.

Sie hörte Sonne zu, wie ich ihm zuhörte. Nie unterbrach sie, nie stellte sie eine Frage und es dauerte ihr nie lange genug. Da er zu Besuch gekommen war, blieb er kaum länger als eine Stunde.

Er war höflich und nahm, von Stein, Staub und Meißeln umgeben, an, daß sie arbeiten wolle. Ihre Entschlossenheit zur Arbeit sah er dem Handwerkszeug an, er hätte keine ihrer Figuren dazu gebraucht und sehr betroffen war er über die Ähnlichkeit der unteren, der Willenspartien ihres Kopfes mit dem ihres Vaters. Daran allein erkannte man sie als seine Tochter, die sonst, in Auge, Stirn und Nase ihm gar nicht glich. Sie war am schönsten, wenn sie auf ihre reglose Weise zuhörte, die Augen weit offen, von nichts anderem bewegt und erfüllt, als was sie vernahm, ein Kind, dem ernste, zuweilen trockene und jedenfalls komplette Darlegungen zum Märchen wurden. So war sie auch, wenn ich ihr etwas erzählte, und nun war er da, dessen Worte mir so sehr zählten wie die der Bibel, wenn er sie vor mir ausbreitete, und ich hörte den ganz anderen Dingen zu, die er für sie sagte, und konnte ohne Befangenheit sie betrachten, wie sie lauschte. Hier, hatte ich das Gefühl, war sie nicht mehr in der Welt ihrer Mutter, jenseits von Erfolg und von Nützlichkeit, ich wußte, daß sie im Wesen feiner und nobler war als jene, weder habgierig noch bigott, aber durch das Machtspiel der kompakten Alten immer wieder in Situationen gezwungen wurde, die mit ihr gar nichts zu tun hatten, die sie nichts angingen, wo sie nach Anweisungen handeln mußte, eine Puppe an bösen Drähten.

Nur in ihrem Atelier war sie frei davon, vielleicht hing sie darum so sehr an der Arbeit, es war das letzte, wozu ihre Mutter sie angehalten hätte, denn an der Anstrengung, die es kostete, gemessen, war es unprofitabel. Am freiesten aber schien sie mir nicht, wenn ich selber bei ihr war – denn obwohl sie mein Kommen wünschte, hing es alles von einer unaufhörlichen Anstrengung ab, von meiner Erfindung, und so sehr war mir das bewußt, daß ich mir das Recht nicht zugebilligt hätte, bei ihr zu bleiben, wenn mir nichts eingefallen wäre. Am freiesten schien sie mir, wenn ich Sonne zu ihr brachte. Denn da begab sie sich ohne zu zögern und ohne Affektation in eine Lehre, deren Tiefe und Reinheit sie empfand, die ihr zu nichts nütze war, die sie nicht verwenden konnte, die auch im Hofstaat ihrer Mutter niemandem Eindruck gemacht hätte, denn der Name Sonne bedeutete dort nichts, da er keinen Namen haben wollte und darum keinen hatte, hätte man ihn nicht einmal eingeladen.

Wenn er sich nach einer Stunde erhob und wegging, blieb ich

zurück. Er dachte sicher, ich würde noch länger bleiben wollen. Es war aber nur Scham, die mich zurückhielt. Es schien mir ungehörig, an seiner Seite das Atelier zu verlassen. Als das Besondere, das er war, hatte ich ihn gebracht, eine Art von Trabant, der ihm den Weg wies. Nun kannte er den Weg und hatte den Wunsch sich zurückzuziehen. Er durfte darin von niemandem gestört werden. Er blieb in Gedanken, auch wenn er ging und setzte allein mit sich das begonnene Gespräch fort. Hätte er den Wunsch geäußert, ich hätte ihn begleitet. Er wieder war zu rücksichtsvoll, einen solchen Wunsch zu äußern. Er hielt mich für privilegiert, weil ich sehr oft da war. Das war aber auch alles, was er wußte. Es wäre mir nicht eingefallen, ihm von einer so privaten Sache mehr zu sagen. Vielleicht ahnte er, wie sehr ich geschlagen war. Aber ich glaube es nicht, denn er versuchte es nie, mich auf seine unnachahmliche Weise zu trösten, nämlich durch die Schilderung einer scheinbar ganz anderen Situation, die nichts anderes als transponiert meine eigene gewesen wäre. So blieb ich also, und wenn wir tags darauf im Café Museum wieder zusammenkamen, erwähnte er mit keinem Wort den Besuch. Ich war auch nicht lange nach seinem Aufbruch geblieben. Ich wartete nur so lange, bis er außer Reichweite war und erfand dann eine Ausrede, um mich von Anna zu verabschieden. Er wurde nicht zwischen ihr und mir diskutiert. Er blieb unantastbar.

Teil 3
Der Zufall

Musil

Musil war – ohne daß es auffiel – immer zu Abwehr und Angriff gerüstet. Seine Haltung war seine Sicherheit. Man hätte an einen Panzer denken mögen, doch es war eher eine Schale. Was er zwischen sich und die Welt als deutliche Trennung setzte, hatte er sich nicht umgelegt, es war ihm angewachsen. Er erlaubte sich keine Interjektionen. Gefühlsworte mied er, alles Verbindliche war ihm suspekt. Wie um sich selbst zog er zwischen allen Dingen Grenzen. Vermischungen und Verbrüderungen, Überflüssen wie Überschwängen mißtraute er. Er war ein Mann des festen Aggregats und mied Flüssigkeiten wie Gase. Mit der Physik war er wohlvertraut, er hatte sie nicht nur erlernt, sie war ihm in Fleisch und Blut seines Geistes übergegangen. Einen Dichter, der so sehr Physiker war und es auch im Verlauf seines Lebenswerkes blieb, hat es wahrscheinlich nie gegeben. An unexakten Gesprächen beteiligte er sich nicht, wenn er sich unter den üblichen Schwätzern fand, denen man in Wien nicht entgehen konnte, zog er sich in seine Schale zurück und verstummte. Unter Wissenschaftlern fühlte er sich zuhause und wirkte natürlich. Er setzte voraus, daß man von etwas Genauem ausging und auf etwas Genaues zusteuerte. Für gewundene Wege fühlte er Verachtung und Haß. Er war aber keineswegs auf *Einfaches* aus, für die Unzulänglichkeit des Einfachen hatte er einen untrüglichen Instinkt und war fähig, es durch ein ausführliches Porträt zu vernichten. Sein Geist war zu reich ausgestattet, zu aktiv und akut, um an Einfachem Genüge zu finden.

Er fühlte sich nie unterlegen, in keiner Gesellschaft, und obwohl er es, unter vielen, selten darauf abgesehen hatte, hervorzutreten und sich zum Kampf zu stellen, faßte er jede solche Gelegenheit auf, als ob es zu einer Herausforderung gekommen wäre. Zum Kampf kam es, wenn er allein war, später, Jahre später. Er vergaß nichts. Jede Konfrontation bewahrte er auf, in jeder ihrer Einzelheiten, und da es ein innerster Zwang seiner Natur war, alle zum Sieg zu führen, war es schon darum unmöglich, mit einem Werk, das sie alle enthalten sollte, zu Ende zu kommen.

Unerwünschten Berührungen wich er aus. Er wollte Herr seines Körpers bleiben. Ich glaube, daß er nicht gern die Hand gab. Ein Vermeiden des Handgrußes wie unter Engländern wäre ihm sehr recht gewesen. Er hielt seinen Körper gewandt und kräftig und bestimmte in jeder Einzelheit über ihn. Er dachte auch mehr über ihn nach, als es unter den geistigen Menschen seiner Zeit üblich war. Sport und Hygiene war für ihn eins, die Einteilung seines Tages war davon bestimmt, er lebte nach ihren Vorschriften. In jede Figur, die er konzipierte, setzte er einen gesunden Menschen ein, sich selbst. Das Absonderlichste hob sich bei ihm von etwas ab, das seiner Gesundheit und Lebensfähigkeit bewußt war. Musil, der unendlich viel verstand, weil er präzis sah und noch präziser denken konnte, verlor sich nie in eine Figur. Er wußte den Weg heraus, schob ihn aber gern auf, weil er sich seiner so sicher fühlte.

Man verringert nicht seine Bedeutung, wenn man das Agonale an ihm betont. Seine Haltung zu Männern war eine des Kampfes. Er fühlte sich im Krieg nicht fehl am Platz, er sah darin eine persönliche Bewährung. Er war Offizier und versuchte, durch Sorge um seine Leute gutzumachen, was ihn als Brutalisierung des Lebens bedrückte. Er hatte eine natürliche oder sagen wir traditionelle Einstellung zum Überleben und schämte sich ihrer nicht. Nach dem Krieg trat der Wettbewerb an dessen Stelle, darin war er wie ein Grieche.

Ein Mann, der den Arm um ihn legte, wie um alle, die er mit diesem Mittel beschwichtigen oder gewinnen wollte, wurde zur ausdauerndsten seiner Figuren. Es rettete ihn nicht, daß er ermordet wurde. Die unerwünschte Berührung seines Arms hielt ihn noch während zwanzig Jahren am Leben.

Musil beim Sprechen zuzuhören war eine Erfahrung besonderer Art. Er hatte keine Allüren. Er war zu sehr er selbst, um je an einen Schauspieler zu erinnern. Ich habe von keinem Menschen gehört, der ihn je bei einer Rolle ertappt hätte. Er sprach ziemlich rasch, aber er überstürzte sich nie. Es war seiner Rede nicht anzumerken, daß ihn mehrere Gedanken zugleich bedrängten: bevor er sie vorbrachte, legte er sie auseinander. Es herrschte eine bestechende Ordnung in allem, was er sagte. Für den Rausch der Inspiration, mit dem die Expressionisten sich hauptsächlich hervortaten, bewies er Verachtung. Inspiration war ihm zu kostbar, um sie für Zwecke der Exhibition zu gebrauchen. Nichts ekelte ihn mehr als Werfels Schaum vor dem Mund. Musil hatte Scham und stellte Inspiration nicht zur Schau. In unerwarteten, in erstaunlichen Bildern gab er ihr plötzlich Raum, grenzte sie aber gleich wieder ein durch den klaren Gang seiner Sätze. Er war ein Gegner von Überschwemmungen in der Sprache und wenn er sich der eines anderen aussetzte, was einen wundernahm, war es, um entschlossen durch die Flut zu schwimmen und sich zu beweisen, daß immer, selbst für das Trübste, ein jenseitiges Ufer sich fände. Es war ihm wohl, wenn es etwas zu überwinden gab, aber vom Entschluß, einen Kampf aufzunehmen, ließ er sich nie etwas anmerken. Plötzlich war er sicher mitten in der Materie, den Kampf merkte man nicht, man war von der Sache gefesselt, und obwohl der Sieger gelenkig, doch unverrückbar vor einem stand, dachte man nicht mehr daran, wie sehr er es war, die Sache selbst war zu wichtig geworden.

Das war aber nur der eine Aspekt von Musils öffentlichem Verhalten. Denn mit dieser Sicherheit Hand in Hand ging eine Empfindlichkeit, wie ich sie größer nie gekannt habe. Um aus sich herauszugehen, mußte er sich in einer Gesellschaft befinden, in der sein Rang anerkannt war. Er funktionierte nicht überall, er brauchte bestimmte rituelle Gegebenheiten. Es gab Leute, vor denen er sich nur wortlos schützen konnte. Es war auffällig, daß er etwas von einer Schildkröte an sich hatte, viele kannten ihn nur von der Schale. Wenn ihm eine Umgebung nicht paßte, äußerte er kein Wort. Er konnte ein Lokal betreten und es später wieder verlassen, ohne sich durch einen einzigen Satz zu erkennen zu geben. Ich glaube nicht, daß ihm das leichtfiel und obwohl seinem Gesicht nicht das geringste anzumerken war, fühlte er sich durch die ganze Zeit seines Stummseins beleidigt. Er war im Recht, wenn er niemandes Vorrang anerkannte: es gab unter den Schriftstellern, die als solche galten, niemanden von seiner Bedeutung in Wien, vielleicht nicht einmal im ganzen deutschen Sprachbereich.

Er kannte seinen Wert, in diesem einen entscheidenden Punkt war er und blieb er von Zweifeln verschont. Die wenigen, die es wußten, wußten es für ihn nicht genug, denn um dem Anspruch, den sie für ihn machten, mehr Stoßkraft zu geben, pflegten sie einen oder den anderen Namen neben den seinen zu setzen. Während der letzten vier oder fünf Jahre des unabhängigen Österreich, als Musil von Berlin wieder nach Wien zurückgekehrt war, konnte man eine Dreiheit von Namen hören, die von der Avantgarde auf den Schild gehoben wurden. Musil, Joyce und Broch, oder Joyce, Musil und Broch, und wenn man heute, nach 50 Jahren, ein wenig überlegt, was da zusammengestellt wurde, erscheint es sehr begreiflich, daß Musil sich über diese absonderliche Trinität nicht freute. Den ›Ulysses‹, der damals deutsch erschienen war, lehnte er kategorisch ab. Die Atomisierung der Sprache widerstrebte ihm zutiefst, wenn er überhaupt etwas darüber sagte, was er sehr ungern tat, bezeichnete er sie als altmodisch, denn sie leite sich von einer Assoziationspsychologie her, die überholt sei. In seiner Berliner Zeit hatte er Umgang mit den Begründern der Gestaltpsychologie, die ihm viel bedeutete und der er sich wahrscheinlich mit seinem Hauptwerk zurechnete. Der Name Joyce war ihm lästig, was der unternahm, hatte nichts mit ihm zu tun. Als ich ihm von der ›Begegnung‹ mit Joyce sprach, die ich Anfang 1935 in Zürich gehabt hatte, wurde er ungeduldig. »Und davon halten Sie etwas?« sagte er und ich konnte von Glück reden, daß er von Joyce ablenkte und das Gespräch mit mir nicht ganz abbrach.

Ganz unleidlich war ihm aber der Name Broch in der Literatur. Er hatte ihn schon lange gekannt: als Industriellen, als Mäzen, als späten Studenten der Mathematik. Als Schriftsteller nahm er ihn überhaupt nicht ernst. Seine Trilogie erschien ihm als Kopie seiner eigenen Unternehmung, mit der er nun seit Jahrzehnten schon befaßt war und daß Broch, der kaum damit begonnen, sie auch schon zu Ende geführt hatte, erfüllte ihn mit dem größten Mißtrauen. Er nahm sich in dieser Sache kein Blatt vor den Mund und ich habe nie von Musil ein gutes Wort über Broch zu hören bekommen. Ich kann mich an einzelne Äußerungen von ihm über Broch nicht erinnern, vielleicht weil ich mich in der schwierigen Situation befand, von beiden sehr viel zu halten. Eine Spannung zwischen ihnen oder gar ein Kampf wäre mir unerträglich gewesen. Sie gehörten, darin bestand für mich kein Zweifel, zu einer sehr kleinen Gruppe von Leuten, die sich's mit der Literatur schwermachten, die nicht für Popularität und ordinären Erfolg schrieben. Das mag zu jener Zeit sogar noch wichtiger für mich gewesen sein als ihr Werk.

Musil mußte sehr sonderbar zumute sein, wenn er von dieser Trinität hörte. Wie sollte er glauben, daß jemand die Bedeutung seines Werks erkannt habe, wenn er im selben Atemzug von Joyce sprach, der für ihn den Gegenpol zu seinen Bestrebungen verkörperte! So war er, der für die Leser der Alltagsliteratur jener Jahre von Zweig bis Werfel nicht existierte, auch dort, wo man ihn auf den Schild hob, in einer Gesellschaft, die ihm als die falsche erschien. Wenn ihm von Freunden ausgerichtet wurde, wie sehr jemand den ›Mann ohne Eigenschaften‹ verehre, wie glücklich er sich schätzen würde, ihn kennenzulernen, war seine erste Frage: »Wen schätzt er sonst?«

Seine Empfindlichkeit ist oft gegen ihn gehalten worden. Ich möchte sie, obwohl ich ihr Opfer wurde, aus tiefster Überzeugung verteidigen. Er fand sich mitten in seinem großen Unternehmen, das er zu Ende führen wollte. Er konnte nicht ahnen, daß es auf zwiefache Unendlichkeit angelegt war, nicht nur auf Unsterblichkeit nämlich, sondern auch auf Unvollendbarkeit. Es gab kein vergleichbares Unternehmen in der deutschen Literatur. Die Wiedererrichtung Österreichs durch einen Roman, wer hätte sich darangewagt? Die Kenntnis dieses Reichs nicht durch seine Völker, sondern aus seinem Zentrum heraus, wer hätte sie sich zuschreiben dürfen! Wieviel anderes dieses Werk noch enthält, darüber möchte ich hier nicht einmal zu sprechen beginnen. Aber das Bewußtsein, daß er dieses untergegangene Österreich *war*, wie niemand sonst, er als einziger, gab ihm auf seine Empfindlichkeit ein sehr eigentümliches Recht, das offenbar noch niemand bedacht hat. Diese unvergleichbare Materie, die er war – sollte sie sich etwa hin- und herstoßen lassen? Sollte man irgend etwas zu ihr zuschütten lassen und so erlauben, daß sie getrübt und verunreinigt würde? Die Empfindlichkeit für die eigene Person, die lächerlich erscheint, wenn es sich um Malvolio handelt, ist gar nicht lächerlich, wenn es um eine besondere, höchst komplexe, reich ausgebildete Welt geht, die einer in sich trägt und nur durch Empfindlichkeit zu schützen vermag, bevor es ihm gelungen ist, sie herauszustellen.

Seine Empfindlichkeit war nichts anderes als ein Schutz gegen Trübung und Vermischung. Klarheit und Durchsichtigkeit des Schreibens ist keine automatische Eigenschaft, die, einmal erworben, bestehen bleibt, sie muß immer wieder und unaufhörlich erworben werden. Es muß einer die Kraft haben, sich zu sagen: Ich will es *nur so*. Und damit es so ist, muß ich der Bestimmte sein, der nichts, das dafür schädlich werden könnte, in sich eingehen läßt. Die Spannung zwischen dem enormen Reichtum einer bereits aufgenommenen Welt und allem, was nun noch zu ihr stoßen möchte, aber abgewiesen werden muß, ist ungeheuer. Die Entscheidung über das, was abzuweisen ist, kann nur der treffen, der diese Welt in sich trägt und die späteren Urteile anderer darüber, besonders solcher, die gar keine Welt in sich tragen, sind anmaßend und erbärmlich.

Es geht um eine Empfindlichkeit gegen die falsche Nahrung, wobei aber zu sagen ist, daß auch ein Name sich immerwährend nähren muß, um das Unternehmen dessen, der ihn trägt, richtig steuern zu können. Ein Name, der im Wachsen ist, hat seine eigene Nahrung, die er nur selber kennen kann, über die er selbst bestimmt. Solange ein Werk solchen Reichtums im Entstehen ist, ist der empfindliche Name der beste.

Später, wenn er, der durch seine Empfindlichkeit sich erhalten und sein Werk vollbracht hat, tot ist und der Name häßlich und aufgedunsen wie ein stinkender Fisch auf allen Märkten herumliegt, können die Schnüffler kommen und alles besser wissen und nachträglich Vorschriften für ein ordentliches Benehmen erfinden und Empfindlichkeit als überdimensionierte Eitelkeit anprangern – das Werk ist da, sie können es nicht mehr vereiteln und sie selbst mitsamt ihrer Unverschämtheit werden dahinschmelzen und spurlos versickern.

Es gab manche, die über Musils Hilflosigkeit in materiellen Dingen spotteten. Broch, der seine Bedeutung sehr wohl kannte, zu Boshaftigkeit nicht neigte und gewiß voller Erbarmen für Menschen war, sagte zu mir über Musil, als ich das erstemal die Sprache auf ihn brachte: »Er ist ein König im Papierreich.« Er meinte damit, daß Musil nur an seinem Schreibtisch, überm Papier, Herr über Menschen und Dinge war, sonst aber, im Leben, Umständen und Dingen insbesondere ausgeliefert war, wehrlos und ratlos, von der Hilfe anderer abhängig. Es war bekannt, daß Musil mit Geld nicht umzugehen verstand, ja mehr noch, eine Abneigung dagegen hatte, Geld in die Hand zu nehmen. Er ging nirgends gern allein hin, beinahe immer war seine Frau dabei, die in der Elektrischen die Tramkarten für ihn löste und im Café für ihn bezahlte. Er hatte kein Geld bei sich, ich habe nie eine Münze oder einen Schein in seiner Hand gesehen. Man hätte denken können, daß Geld mit seiner Hygiene unvereinbar war. Er weigerte sich, an Geld zu denken, es langweilte und belästigte ihn. Es war ganz in seinem Sinne, daß seine Frau Geld wie Fliegen von ihm verscheuchte. Er verlor durch die Inflation, was er besaß und war in einer sehr schwierigen Lage. Die Länge des Unternehmens, auf das er sich eingelassen hatte, stand in grellem Widerspruch zu den Mitteln, die dafür vorhanden waren.

Als er nach Wien zurückkam, wurde von seinen Freunden eine Musil-Gesellschaft gegründet, deren Mitglieder sich zu monatlichen Beiträgen verpflichteten, damit ihm die Arbeit am ›Mann ohne Eigenschaften‹ gewährleistet sei. Er kannte die Liste dieser Leute und ließ sich darüber Bericht erstatten, ob sie ihre Beiträge pünktlich leisteten. Ich glaube nicht, daß er sich durch die Existenz dieser Gesellschaft beschämt fühlte. Er war der richtigen Meinung, daß diese Leute wußten, worum es ging. Es war für sie eine Auszeichnung, daß sie zu diesem Werke beitragen durften. Besser wäre es noch gewesen, wenn mehr sich dazu gedrängt hätten. Ich hatte immer den Verdacht, daß er diese Musil-Gesellschaft als eine Art von Orden betrachtete. Es war eine hohe Ehre, in ihn aufgenommen zu werden und ich fragte mich, ob er minderwertige Kreaturen davon ausgeschlossen hätte. Es gehörte eine erhabene Verachtung für Geld dazu, um unter solchen Umständen an einem Werk wie dem ›Mann ohne Eigenschaften‹ weiterzuarbeiten. Als Österreich von Hitler besetzt wurde, war es damit zu Ende, die meisten Mitglieder dieser Gesellschaft waren Juden.

In den letzten Jahren seines Lebens, als er völlig mittellos in der Schweiz lebte, hat Musil schrecklich für seine Verachtung des Geldes gebüßt. So schwer es einen ankommt, daran zu denken, wie demütigend seine Lage für ihn wurde, so würde ich doch nicht wünschen, ihn mir anders vorzustellen. Seine souveräne Verachtung für Geld, die mit keinerlei Neigung zu einem asketischen Leben verbunden war, der Mangel an jeglicher Begabung zum Erwerb, die so weit verbreitet und ordinär ist, daß man sich scheut, das Wort ›Begabung‹ dafür zu gebrauchen, gehören, so scheint mir, zum innersten Mark seines Geistes. Er machte kein Wesens daraus, stellte sich in keine rebellische Positur dagegen, sprach nicht drüber, es war sein ruhiger Stolz, davon für *sich* keine Notiz zu nehmen und trotzdem genau zu gewahren und nicht außer acht zu lassen, was es für andere bedeutete.

Broch war Mitglied der Musil-Gesellschaft und hat seinen monatlichen Beitrag regelmäßig entrichtet. Er sprach selbst nicht darüber, ich erfuhr es von anderen. Die schroffe Ablehnung, die er als Schriftsteller von Musil erfuhr, die in einem Brief ausgesprochene Beschuldigung, er habe in der Trilogie der ›Schlafwandler‹ den Plan zum ›Mann ohne Eigenschaften‹ kopiert, mußte ihn reizen und daß er ihn dann mir gegenüber als »einen König im Papierreich« bezeichnete, mag man ihm nachsehen. Gültigkeit hat diese ironische Charakterisierung für mich nicht. Ich möchte sie auch so lange nach dem Tode beider zurückweisen. Broch, der selbst unter dem kommerziellen Erbe seines Vaters schwer zu leiden hatte, ist in ebensolcher Armut wie Musil in der Emigration gestorben. Ein König wollte er nicht sein und war er in nichts. Musil *war* ein König im ›Mann ohne Eigenschaften‹.

Joyce ohne Spiegel

Das Jahr 1935 begann für mich in Eis und Granit. In Comologno, hoch oben im wunderbar vereisten Val Onsernone, machte ich während einiger Wochen den Versuch, mit Wladimir Vogel an einer neuen Oper zusammenzuarbeiten. Vielleicht war es ganz unsinnig, daß ich diesen Versuch unternahm, der Gedanke, mich einem Komponisten unterzuordnen, mich seinen Bedürfnissen anzupassen, behagte mir gar nicht. Ich hatte mir vorgestellt, daß es sich, wie Vogel sagte, um eine ganz neue Art von Oper handeln würde, in der beide, Komponist und Dichter gleichberechtigt wären. Es zeigte sich aber, daß das gar nicht möglich war: ich las Vogel vor, was ich geschrieben hatte, er hörte es sich ruhig und zurückhaltend an, aber die vornehme Art, in der er es dann billigte, durch ein Kopfnicken und ein einziges Wort: »Gut« und die anschließende Aufmunterung: »Machen Sie so weiter!«, empfand ich als Demütigung. Hätten wir gestritten, es wäre für mich leichter gewesen. An seiner Zustimmung und noch mehr an seiner Aufmunterung verging mir die Lust zu dieser Oper.

Einige Entwürfe dazu habe ich bewahrt: es hätte nichts daraus werden können. Als ich Comologno verließ, bekam ich von ihm ein letztes Mal ein ›Machen Sie so weiter!‹ zu hören und spürte, daß er kein Wort mehr von mir bekommen würde. Ich schämte mich, ihm das zu sagen, denn welchen Grund für fehlende Lust hätte ich anführen können? Es war eine jener rätselhaften Situationen, die sich in meinem Leben wieder und wieder ergaben: ich fühlte mich in meinem Stolz verletzt, ohne daß der ›Übeltäter‹ ahnen konnte, was passiert war, er hatte nichts, wirklich gar nichts getan. Er hatte mich vielleicht − beinah unmerklich − spüren lassen, daß er sich über mich stellte. Ich aber konnte mich nur aus freiem Willen unterordnen. Ich mußte selbst darüber entscheiden, wen ich über mich stellte. Meine Götter fand ich selbst, *ich* nannte ihre Namen und wer sich von sich aus für einen hielt, wer es vielleicht gar wirklich war, dem mußte ich aus dem Weg gehen, den empfand ich als Drohung.

Die Wochen in Comologno waren trotzdem nicht ohne Folgen. Ich las meinen Gastleuten und Vogel eines Wintersonnentags im Freien die ›Komödie der Eitelkeit‹ vor und fand hier bessere Hörer als im Hause Zsolnay. Der Hausherr und seine Dame waren mir von dieser Stunde an gut gesinnt und schlugen eine Lesung in ihrem Züricher Hause in der Stadelhoferstraße vor, auf der Rückreise von Comologno. Sie hatten für solche Zwecke einen schönen Saal und pflegten alles, was es in Zürich an geistigen Menschen gab, zu ihren Lesungen einzuladen. So kam es noch im Januar zur ersten größeren Vorlesung aus der ›Komödie der Eitelkeit‹, vor wahrhaft illustren Gästen. James Joyce war dabei, den ich bei dieser Gelegenheit kennenlernte. Ich las den ersten Teil der ›Komödie der Eitelkeit‹, in unverfälschtem Wiener Dialekt, ohne jede erklärende Einleitung, in einem Saal mit vielen Menschen, und bedachte nicht, daß die meisten von ihnen den Wiener Dialekt, so bewußt angewandt und konsequent variiert, gar nicht verstanden. Von der Strenge und Konsequenz meiner Wiener Figuren war ich so befriedigt, daß ich die Stimmung im Saal, die eher ungünstig war, überhaupt nicht spürte.

In der Pause wurde ich mit Joyce bekannt gemacht, der sich ebenso schroff wie privat äußerte: »Ich rasiere mich mit Messer, ohne Spiegel!« sagte er, der Ton lag auf ›ohne Spiegel‹ − in Anbetracht seiner stark reduzierten Sehkraft, er war beinahe blind, ein kühnes Unterfangen. Ich war bestürzt über seine Reaktion, die so feindselig war, als ob ich ihn persönlich attackiert hätte. Ich dachte, daß ihn die Idee des Spiegelverbots, die zentral für das Stück war, seiner Augenschwäche wegen irritierte. Eine Stunde lang war er diesem Wiener Dialekt ausgesetzt gewesen, den er all seiner linguistischen Virtuosität zum Trotz nicht verstand. Eine einzige Szene war in üblichem Deutsch gehalten, ihr hatte er den Satz über das Rasieren vor Spiegeln entnommen. In seinem kümmerlichen Kommentar bezog er sich auf sie.

Der Verdruß darüber, daß er hier sprachlich nicht zuständig war – er, von dem es hieß, daß er unzählige Sprachen beherrsche –, verband sich mit dem bezweifelten Phänomen der Spiegelschau. Diesen Zweifel, der in der einzigen Szene, die er verstanden hatte, scheinbar moralisch begründet wurde, bezog er auf sich und reagierte mit der Erklärung, daß er keinen Spiegel zum Rasieren brauche, obwohl er ein Messer dazu verwende. Es bestand keine Gefahr, daß er sich damit den Hals abschneide. Seine männlich-eitle Erklärung war wie aus dem Stück. Ich genierte mich für die Unbedachtheit, mit der ich ihn *diesem* Stück ausgesetzt hatte. Es war, was ich vorlesen *wollte*, aber statt die Gastgeber davor zu warnen, hatte ich mich gefreut, als er die Einladung annahm und erkannte zu spät, was ich mit meinen Spiegeln angerichtet hatte. Mit seiner Devise ›ohne Spiegel‹ hatte er sich zur Wehr gesetzt, und zu meiner eigenen Bestürzung schämte ich mich nun auch für ihn, für das Zwanghafte seiner Empfindlichkeit, durch die er sich in meinen Augen herabsetzte. Er verließ dann den Saal, vielleicht war er der Meinung, daß das Spiegelstück nach der Pause fortgesetzt werden sollte, mir aber wurde es als Ehre angerechnet, daß er überhaupt dagewesen war, eine schneidende Äußerung war von ihm auf alle Fälle erwartet worden.

Ich wurde noch mit einigen erlauchten Namen bekannt gemacht, aber die Pause war nicht lang und ich merkte nicht, wieviel es geschlagen hatte. Mir schien, daß die Leute neugierig waren, vielleicht waren sie's auch noch, ich spürte ihre Unschlüssigkeit und verließ mich auf den zweiten Teil der Lesung. Dafür hatte ich das Kapitel ›Der gute Vater‹ ausgesucht, aus dem Roman, der bald danach ›Die Blendung‹ betitelt werden sollte. Das hatte ich in Wien schon oft vorgelesen, privat und öffentlich und ich war seiner so sicher, als wäre es der unentbehrliche Teil eines allgemein bekannten und vielgelesenen Buches. Dieses Buch gab es aber für die Öffentlichkeit noch nicht und während es in Wien immerhin schon ein Gerücht geworden war, traf es hier die Hörer mit der Härte von etwas völlig Unbekanntem.

Ich hatte noch kaum den letzten Satz ausgesprochen, da stand Max Pulver kerzengerade auf, er war als einziger im Smoking erschienen, und rief fröhlich in den Saal hinein: »Sadismus am Abend ist erfrischend und labend!« Damit war der böse Bann gebrochen und alle konnten ihrer Ablehnung freien Lauf lassen. Man war noch eine ganze Weile beisammen, ich lernte so ziemlich alle kennen, die erschienen waren und jeder sagte mir's auf seine Weise, wie sehr ihn besonders der zweite Teil der Lesung geärgert habe. Die Freundlicheren unter den Hörern behandelten mich nachsichtig als jungen, nicht ganz unbegabten Dichter, den man nur auf den richtigen Weg führen müsse.

Wolfgang Pauli, der Physiker, vor dem ich großen Respekt hatte, war unter diesen. Er hielt mir einen wohlwollenden kleinen Vortrag, merkte, daß meine Gedanken abirrten und forderte mich dann etwas dringlicher auf, ihm zuzuhören, er habe mich ja schließlich auch angehört. Ich hörte ihm wirklich nicht zu und könnte darum auch jetzt nicht wiedergeben, was er damals sagte, aber der Grund dafür, daß meine Ohren sich ihm verschlossen, war einer, auf den er nie gekommen wäre: er erinnerte mich, bloß im Aussehen natürlich, an Franz Werfel, und das mußte mich, nach den Erfahrungen mit diesem vor genau einem Jahr, schon beschäftigen. Aber seine Art zu sprechen war eine ganz andere, er war nicht feindselig, eher wohlwollend, ich glaube – doch da mag ich mich irren –, er wollte mich gern auf einen Jungschen Weg führen. Nach seiner Mahnung gelang es mir, mich so weit zu beherrschen, daß ich ihn – scheinbar aufmerksam – bis zu Ende anhörte, ich bedankte mich sogar bei ihm für seine interessanten Ausführungen und wir schieden in bestem Einvernehmen.

Bernard von Brentano, der in der ersten Reihe gesessen war und so die volle Wucht der akustischen Masken zu erleiden hatte, kam mir mißmutig vor, er sagte bloß, auf seine tonlose Weise: »Das könnte ich nicht so, mich vor allen hinstellen und schauspielern.« Die Vitalität der Figuren war ihm auf die Nerven gegangen, er empfand mich als Exhibitionisten, was seiner geheimniskrämerischen Natur höchst zuwider war.

Einer nach dem anderen bemühte sich, mir seine Ablehnung deutlich zu machen, da viele berühmte Namen darunter waren, hatte der Vorgang etwas von einem öffentlichen Prozeß. Jeder legte Wert darauf zu bekunden, daß er dagewesen war und da das nun einmal feststand und nicht aus der Welt zu schaffen war, unmißverständlich sein Nein auf seine eigene Weise zu formulieren. Der Saal war voll gewesen, es wären noch viele Namen zu nennen, wüßte ich, daß jemand von ihnen noch am Leben ist, ich würde ihn wenigstens erwähnen, schon um ihn von der Schande verfrühter Zustimmung reinzuwaschen. Der Hausherr, dem ich leid tat, führte mich schließlich zu einem Herrn, dessen Namen ich vergessen habe, einem Graphiker, und sagte mir auf dem Weg zu ihm: »Das wird Sie freuen, was der sagt, kommen Sie!« Und dann bekam ich den einzigen positiven Satz des Abends zu hören: »Es erinnert mich an Goya«, sagte der Graphiker. Aber dieser Trost, den ich nur der Gerechtigkeit halber anführe, wäre gar nicht nötig gewesen, denn ich war keineswegs gebrochen oder auch nur niedergeschlagen. Ich war von den Figuren der Komödie, von ihrer Schonungslosigkeit, ja, ich kann es nicht anders sagen, von ihrer Wahrheit überwältigt und fühlte mich wie immer nach einer solchen Vorführung glücklich und gehoben, und alles Negative, das ich zu hören bekam, verstärkte dieses Gefühl, ich war meiner Sache so sicher wie nie zuvor, und daß Joyce dagewesen war, trug noch dazu bei, trotz seiner privaten, nichtssagenden Bemerkung.

Während des geselligen Teils des Abends, der noch ziemlich lange dauerte, verflog die Mißstimmung des Publikums. Manchen gelang es, so gut von sich zu sprechen, daß sie doch noch zum Zentrum der Veranstaltung wurden. Am auffälligsten tat sich Max Pulver hervor, der sich schon durch den einzigen Smoking des Abends und sein treffendes Sprüchlein über den Sadismus des Vortragenden ausgezeichnet hatte. Er hatte einige vertrauliche Mitteilungen zu machen, die allgemeines Aufsehen erregten. Als Dichter hatte er in diesem erlauchten Kreis nicht viel zu bedeuten, aber er hatte sich schon seit geraumer Zeit der Graphologie zugewandt. Seine ›Symbolik der Handschrift‹ war erschienen und wurde viel diskutiert, sein Buch galt als das wichtigste neue in der Graphologie seit Klages.

Er fragte mich, ob ich wohl wisse, was für Schriften er jetzt zur Beurteilung bei sich habe. Ich hatte keine Ahnung, aber ich war zu jener Zeit an Graphologie interessiert und sparte nicht mit Neugier. Er ließ mich nicht lange zappeln und vertraute mir laut, so daß jeder es hören konnte, etwas von weltpolitischer Bedeutung an, nicht ohne vorauszuschicken: »Ich dürfte es eigentlich gar nicht sagen, aber ich sag's jetzt doch: ich habe die Schrift von Goebbels bei mir und die von Göring und noch die von anderen. Sogar noch eine, die Sie sich denken können, aber das ist ganz geheim. Die sind mir von Himmler zur Begutachtung eingeschickt worden.«

Ich war so beeindruckt, daß ich für kurz die Vorlesung vergaß und fragte:

»Ja und wie sind die?«

Es war damals ein halbes Jahr seit dem Röhm-Putsch vergangen und Hitler war seit zwei Jahren an der Macht. Die Naivität meiner Frage entsprach dem kindlichen Stolz seiner Mitteilung. Sein Ton war unverändert, als er auf meine Frage entgegnete und es klang weniger prahlerisch als verbindlich, ja beinahe wienerisch (er hatte eine Zeitlang in Wien gelebt), als er entschuldigend sagte:

»Sehr interessant, wirklich. Ich würd's Ihnen gerne sagen. Aber ich bin zu strengster Geheimhaltung verpflichtet. Das ist wie ärztliche Schweigepflicht.«

Inzwischen waren alle ringsum auf die gefährlichen Namen, die er genannt hatte, aufmerksam geworden, die Dame des Hauses trat hinzu, sie war aber bereits informiert und sagte mahnend auf Max Pulver weisend:

»Er wird sich noch um Kopf und Kragen reden.«

Er betonte aber, daß er sehr wohl schweigen könne, sonst würde man ihm doch solche Sachen gar nicht schicken:

»Von mir wird niemand etwas erfahren.«

Ich gäbe heute mehr als damals darum, etwas vom Wortlaut seiner Analysen zu erfahren.

Auf der Liste der Eingeladenen figurierten auch C. G. Jung und Thomas Mann, die beide nicht gekommen waren. Ich fragte mich, ob Pulver auch vor Thomas Mann mit den Schriften geprahlt hätte, die ihm von der Gestapo zur Analyse anvertraut worden waren. Die Anwesenheit von Emigranten schien ihn nicht zu stören. Es gab ihrer viele im Saal, Bernard von Brentano galt als einer, auch Kurt Hirschfeld vom Schauspielhaus war unter den Anwesenden, ich hatte sogar den Eindruck, daß ihre Gegenwart Pulver zu seinen ›Offenbarungen‹ reizte und fühlte mich versucht, ihm den Vorwurf des Sadismus zurückzugeben, war aber zu schüchtern und auch zu unbekannt dazu.

Der eigentliche Star des Abends war aber doch die Dame des Hauses selbst. Man wußte von ihrer Freundschaft mit Joyce und mit Jung. Es gab kaum einen angesehenen Dichter, Maler oder Komponisten, der nicht in ihrem Hause verkehrte. Sie war klug, man konnte mit ihr sprechen, sie verstand etwas von dem, was solche Männer zu ihr sagten, sie konnte ohne Anmaßung mit ihnen diskutieren. Sie war erfahren in Träumen, etwas, was sie mit Jung verband, aber es hieß, daß sogar Joyce ihr Träume von sich erzählte. Sie hatte sich in Comologno oben das Haus geschaffen, in dem sie manchen Künstlern Zuflucht bot, die da zu arbeiten vermochten. Sie unternahm, sehr Frau, Dinge, die nicht nur zu ihrer eigenen Glorie gerieten. Ich verglich sie in Gedanken mit der Wiener Figur, die sich auf die geistloseste Art breitmachte und ohne jedes Urteil, durch Anspruch, Gier und Alkohol die Szene beherrschte. Nun kannte ich diese besser, über eine größere Zahl von Jahren, und es ist erstaunlich, was herauskommt, wenn man Menschen länger kennt, aber ich glaube, der Vergleich zugunsten der Herrin jener Vorlesung besteht sehr zu Recht und ich möchte, falls sie noch am Leben sein sollte, daß sie von meiner guten Meinung erfährt.

Es war in ihrem Haus unter den Gästen dieses Abends, die mich anhörten und mißbilligten, und vielleicht darum mißbilligten, weil sie mich halb verstanden, daß ich mein Selbstvertrauen wiederfand. Noch wenige Tage zuvor hatte ich mich für den Versuch geschämt, in untergeordneter Stellung einem Komponisten zu dienen, und wenn es auch ein Komponist war, den ich achtete, hatte ich Grund, daran zu zweifeln, daß er mich als gleichgestellt empfand. Im Haus dieser Frau im Val Onsernone hatte ich das als Demütigung empfunden, ohne daß irgendwer Schuld daran getragen hätte. Nun gab sie mir Gelegenheit, in ihrem Stadthaus in Zürich durch mein letztes eigenes Werk, an dem ich mit allen Fasern hing, vor Menschen, von denen ich mehr als einen bewunderte, die Niederlage zu erleiden, die mir allein gehörte, der ich ungebrochen meine Kraft und meine Überzeugung entgegensetzen konnte.

Der Wohltäter

Jean Hoepffner war der Direktor der ›Straßburger Neuesten Nachrichten‹, der gelesensten Zeitung des Elsaß, die täglich zweisprachig, Deutsch und Französisch erschien und sich dadurch auszeichnete, daß sie nirgends anstieß und aus keinem Rahmen herausfiel. Sie brachte genau die Informationen, die man fürs Elsaß brauchte, ging wenig über regionale Interessen hinaus, nur soviel als eben für die Dinge der größeren Wirtschaft notwendig war. Ich kannte niemanden in Straßburg, der diese Zeitung nicht bezog, ihre Auflage war die weitaus höchste, sie lag überall aus. Zu Aufregungen gab sie keinen Anlaß, ihr kultureller Teil zeichnete sich durch nichts aus, wer sich für solche Dinge interessierte, las die große Pariser Presse.

Druckerei und Büro der Zeitung fanden sich in der Blauwolkenstraße, Rue de la Nuée Bleue, ein nüchternes Geschäftsgebäude, im Hof, aber auch in allen Räumen des Gebäudes hörte man das Knarren der Druckerpressen. Jean Hoepffner wohnte nicht im Haus, aber er hatte im zweiten Stock oben eine kleine Wohnung, die aus zwei Zimmern bestand und die er Freunden, die von auswärts kamen, zur Verfügung stellte. Sie war mit alten Möbelstücken vollgeräumt, die er im Lauf der Jahre bei Trödlern erstanden hatte, er liebte nichts mehr als bei Trödlern herumzustöbern und war glücklich, wenn er etwas entdeckt zu haben glaubte, das dann zu dem übrigen Gerümpel in die Freundeswohnung kam. Es war, als hätte er in den beiden Zimmern oben einen eigenen Trödelladen eingerichtet, der, wie er dachte, aus besseren Stücken bestand und in dem nichts verkauft wurde. Diesen Laden bekamen nur die Freunde zu sehen, die hier wohnen durften, und wenn seine sehr hellen Augen weit offen auf etwas lagen, das er überschwenglich, aber ahnungslos pries, hatte man nicht das Herz, die Wahrheit zu sagen: nämlich daß es einem gar nicht gefiel. Man schwieg und lächelte und freute sich mit ihm und sprach, sobald es nur möglich war, über etwas anderes.

So zog man sich, wenn man wie ich während einiger Wochen da wohnte, tagtäglich aus der Affäre, denn nicht nur gab es schon alles, was man da vorgefunden hatte, es kamen immer neue Dinge dazu, beinahe täglich erschien er mit etwas Neuem, meist war es etwas Kleines, es war, als müsse er zum Wohlbefinden seines Gastes etwas tun, indem er den Ort mit immer neuen, überraschenden Gegenständen ausstattete. Die Gastwohnung war voll, es war nicht leicht, Platz für Neues zu finden, aber er fand sich doch. Ich glaube, ich habe kaum je an einem Ort gelebt, der meinem Geschmack mehr entgegengesetzt war, alles sah staubig und ungebraucht aus, obwohl die Wohnung täglich aufgeräumt wurde, man hätte sich nicht gewundert, überall Schimmel zu sehen, doch es wäre nur ein symbolischer Schimmel gewesen, denn genauer besehen war alles peinlich sauber, es war mehr der Charakter der Dinge und daß keines zum anderen paßte, was diesen Schimmel-Eindruck bewirkte.

In diesen Räumen, in denen ich mich nur zum Schlafen aufhielt und morgens zum Frühstück, wenn mir der Kaffee hinaufgetragen wurde, fanden die menschenfreundlichsten Gespräche statt. Herr Hoepffner stattete mir morgens, bevor er sich in sein Büro im ersten Stock begab, einen Besuch ab und leistete mir beim Kaffee Gesellschaft. Er hatte Dichter, die er immer wieder las, an denen er sich nie sättigen konnte und wollte mit mir über sie sprechen. Es war besonders Stifter, von dem er beinahe alles kannte, manches, das er sehr liebte, hatte er, wie er sagte, mehr als hundertmal gelesen. Abends, wenn er vom Büro nach Hause ging, freute er sich auf seinen Stifter. Er war Junggeselle und wohnte allein mit seinem Pudel, eine Haushälterin, die seit Jahren bei ihm war, sorgte für Küche und Wirtschaft. Er verlor keine Zeit mit überflüssigen Dingen, er wußte das Mahl zu schätzen, das die gutartige alte Elsässerin für ihn bereitet hatte, trank seinen Wein dazu und setzte sich dann, nach einem kleinen Spiel mit dem Pudel an den ›Hagestolz‹, den er mir nicht genug rühmen konnte. Er fand dafür ernstere Töne als für die Trödelware, mit der er manchmal ankam. Aber es war unverkennbar, daß zwischen seinen Antiquitäten und Stifter eine Beziehung bestand, es wäre ihm gar nicht eingefallen, sie zu leugnen.

Ich fragte ihn einmal, warum er immer wieder dasselbe lese. Er war erstaunt über diese Frage, nahm sie mir aber nicht übel. Ob es denn überhaupt etwas anderes gäbe? Moderne Sachen könne er nicht leiden, da sei alles hoffnungslos und düster, da gebe es keinen einzigen guten Menschen. Das stimme einfach nicht, er habe einige Erfahrung im Leben, in seinem Beruf sei er vielen Leuten begegnet, es habe sich kein einziger schlechter

Mensch darunter gefunden. Man müsse sie sehen, wie sie sind und ihnen keine falschen Absichten unterlegen. Der Dichter, der das am besten könne, sei eben Stifter und seit er das herausgefunden habe, langweile ihn jeder andere oder er kriege Kopfweh davon.

Ich hatte erst den Eindruck, daß er nie etwas anderes gelesen hatte. Aber das stellte sich als Irrtum heraus, denn er gab zu, noch ein Lieblingsbuch zu haben, das er nicht weniger oft gelesen habe. Darüber würde ich mich vielleicht wundern. Es war, als ob er sich dafür noch ein wenig entschuldigen wolle, bevor er den Namen preisgab. Man solle schon wissen, meinte er, wie es in der Welt aussehen würde, wenn es schlechte Menschen gäbe. Man brauche auch diese Erfahrung, aber als Illusion. Er habe sie gemacht, und obwohl er wisse, wie wenig das stimme, was dieses Buch vorführe, sei es so wunderbar geschrieben, daß man es lesen *müsse*, das tue er immer wieder. So wie es Leute gäbe, die Kriminalromane lesen, um sich dann in der wirklichen Welt davon erholen zu können, so lese er seinen Stendhal, die ›Chartreuse de Parme‹. Ich gestand, daß das mein liebster französischer Autor sei, ich hätte ihn als meinen Meister betrachtet und mich bemüht, von ihm zu lernen. »Ja kann man davon lernen?« sagte er. »Da kann man doch nur lernen, daß es zum Glück nicht so ist.«

Er war überzeugt davon, daß die ›Chartreuse de Parme‹ ein Meisterwerk sei, aber ein Meisterwerk der *Abschreckung* und seine Überzeugung war so rein, daß ich mich vor ihm schämte. Ich mußte ihm die volle Wahrheit über mich sagen und rückte bald damit heraus, was ich geschrieben hatte. Ich schilderte ›Kant fängt Feuer‹ und er hörte interessiert zu. »Das scheint ja eine noch bessere Abschreckung als die ›Chartreuse de Parme‹ zu sein. Das werde ich nie lesen. Aber ein solches Buch müßte es schon zu lesen geben. Das hätte eine gute Wirkung. Die Leute, die das lesen, würden wie aus einem Alptraum erwachen und dankbar dafür sein, daß die Wirklichkeit anders ist, nicht wie dieser Traum.« Aber er begriff, daß kein Verleger, auch solche, die Respekt für das Manuskript geäußert hätten, bisher gewagt habe, es zu publizieren. Dazu gehöre eben Mut, und den hätten die wenigsten.

Ich glaube, er wollte mir helfen und verkleidete diesen Wunsch auf die zarteste Weise. Lesen mochte er so etwas nicht, die Schilderung, die ich ihm gegeben hatte, war abstoßend genug gewesen. Aber er hatte durch unsere gemeinsame Freundin, Mme Hatt, gehört, daß es kein Buch von mir gab und das schien für einen Dichter von bald dreißig Jahren kein empfehlenswerter Zustand. Da er nicht wirklich dafür sein konnte, dachte er sich eine pädagogische Absicht für die Existenz des Romans aus: die der Abschreckung. Ohne Übergang und ohne Zögern, noch während desselben Gesprächs, sagte er, ich solle mich doch nach einem guten Verleger umschauen, der an das Buch glaube, aber nicht so viel riskieren wolle. Er, Jean Hoepffner, werde dann dafür garantieren, daß der Verleger keinen Verlust erleide. »Aber es ist doch möglich, daß niemand das Buch lesen will.«

»Dann trage ich eben den Verlust«, sagte er. »Es geht mir viel zu gut und ich habe für keine Familie zu sorgen.« Es klang wie die selbstverständlichste Sache von der Welt. Er hatte mich bald davon überzeugt, daß er nichts lieber täte, daß nichts einfacher sei und bewies mir dabei, daß die Welt auch aus guten Menschen bestehe und gar nicht so sei wie das Buch; daß man dieses nur lesen müsse, um mit erneuerter Überzeugung zur wirklichen Welt, die aus guten Menschen bestand, zurückzukehren.

Als ich wieder in Wien zurück war, gab es viel zu erzählen, die Reise hatte mich nach Comologno und Zürich, nach Paris und Straßburg geführt, es war Unerwartetes geschehen, ich war merkwürdigen Menschen begegnet. Ich berichtete Broch davon und er sagte unverhohlen und rascher, als es seine Art war, daß er mich um eines beneide, die Begegnung mit James Joyce. Nun hatte ich wahrhaftig keinen Grund, darin etwas Ehrenvolles zu sehen. Seine schneidend-virile Äußerung: »Ich rasiere mich mit Messer, ohne Spiegel!« hatte ich als Hohn und vollkommenes Unverständnis empfunden. Broch war anderer Meinung, es zeige, daß ihn da etwas getroffen habe. Er habe sich mit dieser Antwort preisgegeben. Einer Dummheit sei Joyce nicht fähig. Ob mir eine glatte und unverbindliche Äußerung lieber gewesen wäre? Er wandte den Satz hin und her und versuchte sich mit verschiedenen Deutungen. Er gefiel sich in ihrer Widersprüchlichkeit und als ich ihm vorhielt, daß er diesen banalen und ganz und gar unwichtigen Satz als Orakelspruch behandle, stimmte er ohne Zögern zu, das sei er doch, ja, das sei ein Orakelsatz und versuchte sich in weiteren Deutungen.

Es spreche für die Komödie, daß sie Joyce außer Fassung gebracht habe. Natürlich habe er alles verstanden, ob ich denn glaube, daß ein Mann seiner Art, der so lange in Triest gelebt habe, den österreichischen Tonfall nicht vollkommen beherrsche? Als er sich dann weiter über diesen Gegenstand erging, meinen Versuch, den Bericht über die Reise fortzusetzen, unterbrach und auf Joyce zurückkam – es war ihm noch eine mögliche Deutung eingefallen –, begriff ich, daß Joyce für ihn ein Vorbild geworden war, eine Figur, der man nacheifert und die man nie wirklich los wird. Er, der keine Spur von Arroganz an sich hatte und überaus menschenfreundlich war, ließ sich durch nichts, was ich über den grausamen Hochmut von Joyce zu sagen hatte, abschrecken. Die scheinbare Grausamkeit, falls man es überhaupt so nennen dürfe, sei die Wirkung seiner vielen Augenoperationen und habe überhaupt nichts zu bedeuten. Was ihn interessierte, war die entschlossene Art, mit der Joyce seinen Ruhm trug, es gebe keinen Ruhm, der so ausgesucht und so nobel sei wie der seine. Ich begriff, daß es Broch um diese Art von Ruhm zu tun war, um keine andere. Es gab gewiß nichts, was er sich mehr gewünscht hätte, als von Joyce beachtet zu werden und die Hoffnung, es zu einer sozusagen parallelen Leistung zu bringen, hat später, bei der Entstehung seines ›Tod des Vergil‹ entscheidend mitgewirkt.

Er war aber dann doch von Herzen froh, als ich ihm von Jean Hoepffner erzählte, und staunte nicht weniger als ich über sein Angebot. Ein Mann, der beinahe nur Stifter las, der die moderne Literatur insgesamt ablehnte, der ›Kant fängt Feuer‹ nach den ersten Seiten schon mit Abscheu von sich weggestoßen hätte, machte sich erbötig, dafür zu sorgen, daß das Manuskript als Buch erscheine. »Wenn es einmal da ist«, sagte Broch, »wird es seinen Weg gehen. Es ist zu intensiv und vielleicht auch zu unheimlich, um vergessen zu werden. Ob Sie den Lesern mit diesem Buch etwas Gutes tun, wage ich nicht zu entscheiden. Aber Ihr Freund tut zweifellos etwas Gutes damit. Er handelt seinem Vorurteil zuwider. Er würde den Roman nie verstehen. Aber er wird ihn gar nicht lesen. Er tut es auch nicht, um bei einer Nachwelt Ehre damit einzulegen. Er hat gespürt, daß Sie ein Dichter sind und will sozusagen der Dichtung insgesamt etwas Gutes damit tun, weil er ihr in Stifter soviel verdankt. Am besten gefällt mir an ihm, daß er in Verkleidung lebt. Der Direktor einer Druckerei und Zeitung! Weiter könnte die Verkleidung gar nicht gehen. Sie werden nun leicht einen Verlag finden.«

Er behielt recht und tat sogar selbst etwas dazu, wenn auch nicht in eigentlicher Absicht. Er sah einige Tage später Stefan Zweig, der aus zwei Gründen in Wien war. Er unterzog sich einer umfassenden Zahnbehandlung und er gründete einen neuen Verlag für seine Bücher, da der Insel-Verlag in Deutschland ihn nicht weiter verlegen konnte. Ich glaube, daß ihm so ziemlich alle Zähne gezogen wurden. Ein Freund von ihm, Herbert Reichner, gab eine Zeitschrift ›Philobiblon‹ heraus, die recht gut war. Zweig beschloß, ihm seine Bücher anzuvertrauen und als Aufputz dazu noch einige andere Bücher zu suchen, deren man sich nicht schämen müsse.

Ich traf ihn durch Zufall bald nach meiner Rückkehr im Café Imperial. Er saß in einem der hinteren Räume allein an einem Tisch und hielt die Hand vor den Mund, um das Fehlen seiner Zähne zu verbergen. Obschon er in dieser Verfassung nicht gern gesehen werden wollte, winkte er mich an seinen Tisch und nötigte mich Platz zu nehmen. »Ich habe von Broch alles gehört«, sagte er. »Sie haben Joyce kennengelernt. Wenn Sie jemanden haben, der Ihren Roman garantiert, kann ich meinem Freund Reichner empfehlen, ihn herauszubringen. Sie sollen sich aber von Joyce ein Vorwort dazu schreiben lassen. Dann wird das Buch Beachtung finden.«

Ich sagte sofort, daß das ganz ausgeschlossen sei. Ich könnte Joyce nie um so etwas bitten. Er kenne das Manuskript gar nicht. Er sei beinahe blind. Wie dürfe man ihm zumuten, so etwas zu lesen. Aber auch wenn er es so leicht lesen könnte wie jeder andere, ich würde ihn nie um so etwas bitten. Ich würde überhaupt niemanden um ein Vorwort bitten. Das Buch müsse für sich gelesen werden, es habe keine Krücken nötig.

Es klang so schroff, daß ich selbst ein wenig erschrak. »Ich wollte Ihnen nur helfen«, sagte Zweig und hielt die Hand rasch wieder vor den Mund. »Aber wenn Sie nicht wollen. . .« Das Gespräch war zu Ende, ich ging meiner Wege und bedauerte nicht im geringsten, daß ich diesen Vorschlag so entschieden zurückgewiesen hatte. Ich hatte meinen Stolz bewahrt. Aber ich hatte auch nichts verloren. Selbst wenn es möglich gewesen wäre – ich hielt es für ganz ausgeschlossen –, die Vorstellung des Buches mit einer Einleitung von Joyce, wie immer sie ausgefallen wäre, war mir ganz unerträglich. Ich verachtete Zweig für seinen Vorschlag. Vielleicht war es aber ein Glück, daß ich ihn nicht genug verachtete, denn als ich bald danach einen Brief vom Verlag Herbert Reichner bekam, in dem wohl von der Garantie, aber überhaupt nicht von einem Vorwort die Rede war, in dem ich auch dringlich um die Einsendung des Manuskripts gebeten wurde, beriet ich mich mit Broch, der mir zuredete und schickte das Manuskript ein.

Die Hörer

Die erste Folge meines gehobenen Selbstgefühls war am 17. April 1935 die Vorlesung in der Schwarzwaldschule.

Ich war ein paarmal, nicht oft, bei der Frau Dr. Schwarzwald zu Besuch gewesen. Maria Lazar, der ich auch die Bekanntschaft mit Broch verdankte, hatte mich hingebracht. Viel besser als die legendäre, überaus redselige Pädagogin, die einen das erstemal schon beim Empfang an ihren Bauch drückte und einen so herzlich empfing, als sei man von Säuglingsjahren an ihr Schüler gewesen, als sei man durch kein Geheimnis von ihr getrennt und habe sich unzählige Male schon das Herz bei ihr ausgeschüttet – viel besser als sie, all ihrer menschenfreundlichen Intimität zum Trotz, gefiel mir der schweigsame Dr. Schwarzwald, ein kleiner, etwas verkrüppelter Mann, der sich an einem Stock fortbewegte und dann grimmig in eine Ecke setzte, von wo er das endlose Gerede der Besucher und das endlosere der Frau Doktor über sich ergehen ließ. Von seinem Kopf, den man aus einem Kokoschka-Porträt wohl kennt, läßt sich nichts Besseres sagen, als daß er aussah wie eine Wurzel, eine Bezeichnung, die von Broch stammte.

Das eher kleine Zimmer, in dem die Besucher empfangen wurden, war noch legendärer als die Frau Dr. Schwarzwald, denn wer war nicht alles schon da gesessen! Hierher kamen die eigentlichen Größen Wiens und zwar lange bevor sie zu allgemein bekannten, öffentlichen Figuren geworden waren. Adolf Loos war dagewesen und hatte den jungen Kokoschka mitgebracht, Schönberg, Karl Kraus, Musil, man müßte viele nennen und es ist bemerkenswert, daß sich alle *die* hier einfanden, deren Werk später vor der Zeit bestanden hat. Nun war es aber keineswegs so, daß auch nur ein einziger *dieser* Besucher das Gespräch der Frau Dr. Schwarzwald besonders interessant gefunden hätte. Sie galt als passionierte Pädagogin mit modernen, freien Tendenzen, von ihren Schülern wurde sie vergöttert, sie half manchen wirklich und erlaubte viel, aber da alles bei ihr ineinander- und durcheinanderfloß, war sie für geistige Menschen jener besonderen Art nicht nur uninteressant, sondern eher lästig. Man empfand sie als Schwätzerin mit den allerbesten Absichten, aber die, die hinkamen und die man dort traf, waren es nicht, auch waren es immer nur wenige auf einmal, man hörte und sah sie genau, sie prägten sich einem ein, als seien sie gekommen, um zu ihrem Porträt zu sitzen, und vielleicht usurpierte man ein wenig die Rolle des großen Porträtisten, der sie da kennengelernt und dann auch wirklich gemalt hatte.

Am unvergeßlichsten, wer immer auch da war, war der schweigsame Dr. Schwarzwald, seine wortlose Strenge wischte auf der Stelle alles hinweg, was von der Frau Doktor dahergeschwatzt wurde, und dann gab es da noch einen Menschen, den man als das Herz dieser Menage empfand, das war die wunderbare Mariedl Stiasny, die Freundin des Dr. Schwarzwald, die für ihn sorgte, aber nicht nur für ihn, die buchstäblich alles tat, was administrativ für Schule, Schülerinnen und Haushalt zu tun war, eine schöne, rasche, gescheite, weder redselige noch schweigsame Frau, ein heller Mensch, deren Lachen die Lebensluft aller war, die hier lebten oder nur aus und ein gingen. Wenn man zu Besuch kam, saß sie nicht da, denn sie war immer beschäftigt, aber sie kam ein- oder zweimal herein, um einen raschen Blick auf die Situation zu werfen und wer immer da saß, wen immer von den Königen des Geistes man eben kennengelernt hatte, man ertappte sich dabei, daß man auf das Erscheinen der Mariedl Stiasny wartete. Wenn die Tür aufging, war es jedermanns erster Wunsch, daß sie es sei, die erscheine und man wäre, fürchte ich, selbst über den Besuch des Herrgotts ein wenig enttäuscht gewesen, da er nicht sie war. In jenem vielleicht etwas lächerlichen Streitgespräch über den ›guten Menschen‹, das sich zwischen Broch und mir abgespielt hatte, hatten wir, es ist heute kaum zu fassen, keine einzige Frau in Betracht gezogen, sonst wäre, mit der Erwähnung *dieser* Person, alles auf der Stelle entschieden und der Disput beendet gewesen.

Zu den früh eingeführten Besuchern – wie hätte es anders sein können – hatte auch Fritz Wotruba gehört. Er war ein unsteter Gast und blieb nicht lange, doch war es nicht die Redseligkeit der Frau Doktor, die ihn weitertrieb – er war dasselbe von Marian, seiner Frau, gewöhnt –, sondern seine heftige Unruhe, sein Hang nach dem Pflaster dieser Gegend, nahe von der Florianigasse, das seine eigentliche Heimat war. Da fühlte er sich immer besser draußen als drinnen und nachdem der obligate Antrittsbesuch einmal abgetan war, war er nicht leicht zu einem neuen zu bewegen. Als ich ihm nicht ohne Stolz von der einmütigen Ablehnung der erlauchten Hörer bei der Züricher Vorlesung erzählte, sagte er: »Die verstehen die Wiener Sprache nicht. Du mußt jetzt hier eine große Vorlesung haben!« Es war eben die Verwendung der Wiener Stimmen, was ihn zur ›Komödie‹ hinzog und er betrachtete es als Ehrensache, die Komödie vor eine wahre Wiener Öffentlichkeit zu bringen.

Es mag dann seine Frau, die praktische Marian gewesen sein, die an den großen Saal in der Schwarzwaldschule dachte. Die Vorlesung sollte nicht als Veranstaltung der Schule gelten, aber der Saal wurde von ihr zur Verfügung gestellt. Alles übrige war nun Sache der Marian Wotruba und ich erlebte, was es hieß, wenn sie sich einer Sache annahm. Der Saal war gesteckt voll. Die meisten, wenn nicht alle Mitglieder der Sezession und des Hagenbunds waren da, Maler und Bildhauer, die Architekten des Neuen Werkbunds, einige von ihnen kannte ich. Marian muß ihnen, jedem einzeln und allen zusammen, ein Loch in den Bauch geredet haben. Aber es waren auch Leute da, die gar nicht in ihr Ressort fielen, nämlich Dichter und andere, die mir sehr viel bedeuteten.

Ich muß die zwei nennen, die ich zuhöchst stellte: den Erzengel Gabriel, wie ich Dr. Sonne für mich nannte und so heimlich wie dieser Name, den er bei mir trug und den ich hier zum ersten und einzigen Male preisgebe, war auch seine Gegenwart. Er verstand es, von niemandem gesehen zu werden und doch fühlte ich mich unter seinem schneidenden Schutze. Der zweite aber war Robert Musil, der mit seiner Frau gekommen war, in Begleitung von Franz und Valerie Zeis, die ihnen wie mir gute Freunde waren und diese Begegnung seit langem mit Takt und Klugheit vorbereitet hatten. Daß Musil zugegen war, bedeutete mir mehr als die Anwesenheit von Joyce zwei Monate zuvor in der Züricher Stadelhoferstraße. Denn wenn Joyce auch auf der Höhe seines Ruhmes war, wenn mir wohl bewußt war, wie sehr er diesen Ruhm verdiente, Musil, den ich erst seit einem Jahr etwa ernsthaft las, schien mir desselben hohen Ruhmes würdig, und mir war er sogar näher.

Ich las dasselbe wie in Zürich, aber in umgekehrter Reihenfolge, zu Anfang den ›Guten Vater‹ aus dem Roman und dann den ersten Teil der ›Komödie der Eitelkeit‹. Vielleicht war diese Reihenfolge die bessere, aber ich glaube nicht, daß es das allein war, was die veränderte Aufnahme bestimmte. Wotruba hatte recht, wenn er meinte, daß nichts *mehr* Wien, das eigentliche Wien war, als was ich für diese Lesung ausgesucht hatte. Auch war die *Erwartung* eine ganz andere. In Zürich hatte niemand außer den Gastgebern je etwas von mir gehört, für alle war der Vorlesende ein unbeschriebenes Blatt, und dann gleich ohne jede Erklärung dieser Jahrmarkt an Stimmen und Figuren! Hier wußten viele schon, wer man war, und denen, die es nicht gewußt hatten, war es von Marian eingetrichtert worden. In Zürich war ich wie betrunken von den Figuren der Komödie, der rasche Wechsel zwischen ihnen, ihre Verschiedenartigkeit, die aber als Gleichzeitigkeit präsentiert wurde, ließ keinen Raum für eine Aufnahme von Publikum, ich achtete auf keine Gesichter vor mir, wie es sonst immer während einer Lesung geschieht, ich hielt mich an niemanden, so bekam ich die komplette Verständnislosigkeit erst später zu spüren, als es alles schon zu Ende war.

Hier aber, von Anfang an, fühlte ich Erwartung und Staunen und las, dadurch angespornt, als ginge es um mein Leben. Der furchtbare ›Gute Vater‹ erregte Entsetzen, der Macht ihrer Hausbesorger waren sich Wiener wohl bewußt und ich glaube nicht, daß irgendwer die Wahrheit dieser Figur anzuzweifeln gewagt hätte, solange alle zusammen im Saal ihr ausgeliefert waren. Die Komödie danach ließ sich wie eine Befreiung davon an, bis sie sich allmählich zu ihrer eigenen Furchtbarkeit steigerte. Wenn zum Schluß auch viele entsetzt waren, so lag das an der Natur der Dinge, die hier gestaltet waren und nicht an dem, der sie gestaltete. Groll bekam ich nur von solchen zu spüren, die zu den engeren Freunden des Hauses gehörten, eine wahre Schelte wie in der Stadelhoferstraße erfuhr ich nur von der Karin Michaelis, einer dänischen Schriftstellerin, die mir zornig

Unmenschlichkeit vorwarf und in ihrer Gegenwart verstummte auch zum ersten und einzigen Male die Frau Dr. Schwarzwald. Sie sagte nichts, sie gönnte mir nicht einmal ihr freundliches Geschwätz, auf das ich mich gefaßt gemacht hatte, und trug so durch ihr Schweigen zum Gelingen des Abends bei.

Denn ich war erfüllt von der Gegenwart der zwei Menschen, die ich zuerst genannt habe. Musil sah ich in der zweiten Reihe vor mir und es war eine leise Befürchtung in mir, daß er nach dem ersten Stück, dem ›Guten Vater‹, nach dem ich eine kleine Pause einlegte, aufstehen und weggehen würde, so wie Joyce damals nach der ›Komödie‹ in Zürich. Er stand aber gar nicht auf und ging nicht weg, er schien mir im Gegenteil konzentriert und gebannt. Er hielt den straffen Oberkörper etwas nach vorn gelehnt, mir entgegen und sein Kopf wirkte wie ein Geschoß, mit dem er nach mir zielte, das aber dank ungeheurer Selbstbeherrschung nicht abgefeuert wurde. Dieser Eindruck, der sich mir für immer eingeprägt hat, war keine Selbsttäuschung, wie ich bald danach erfuhr, obschon die Erklärung dafür mich überraschen mußte.

Sonne, den ich nur dieses eine Mal als zweiten nenne, war unsichtbar. Ich wußte, daß ich ihn nicht finden würde, darum suchte ich nicht nach ihm. Aber es war für mich ein entscheidender Augenblick in unserer Beziehung. Nach all den Gesprächen, deren er mich seit über einem Jahr gewürdigt hatte, war es das erstemal, daß er etwas von mir kennenlernte. Ich hatte ihm nie ein Manuskript gezeigt, er hatte, ohne daß ein Wort darüber gefallen wäre, erkannt, daß ich mich schämte, weil es kein Buch von mir gab, und daß ich vor ihm, aber nur vor ihm, der auf jede Öffentlichkeit verzichtete, diese Scham verlor. Er fragte nie danach, er sagte nie: »Wollen Sie mir den Roman, von dem Broch mir erzählt hat, nicht bringen?« Er sagte nichts, denn er wußte, sobald es ein Buch *gäbe*, sobald sich nichts mehr daran ändern ließe, würde ich es ihm bringen.

Er wußte auch, daß ich mein Manuskript vor seinem Urteil *schützen* mußte, denn ein Wort von ihm, ihm als einzigem, hätte es vernichten können. Dieser Gefahr, die ich klar erkannte, setzte ich weder den Roman noch die beiden Dramen aus und empfand das nicht als Feigheit, denn alles was ich hatte, waren diese drei Werke, die es noch nicht einmal zu einer Publikation gebracht hatten. Vor jedem anderen fühlte ich mich imstande, sie zu schützen. Vor ihm aber wären sie wehrlos gewesen, denn ich hatte ihn aus Instinkt, aber auch durch Beschluß zu meiner höchsten Instanz erhoben, der ich mich beugen wollte, weil ich auch sie nicht weniger brauchte als das Bewußtsein von der Existenz der drei Werke. Jetzt war er aber gekommen und es muß nach alledem sonderbar klingen, daß ich vor seiner Anwesenheit keine Furcht empfand.

Broch war nicht in Wien und Anna in Sorge um ihre Schwester Manon, die sehr schwer krank war. Von denen, die mir die Demütigung vom vergangenen Jahr bereitet hatten, war niemand da. Werfels »So lassen Sie doch die Finger davon!« fiel mir kein einziges Mal ein, obwohl es als Stachel des Hasses noch immer in mir saß. Es sollte als Fluch gegen alles weitere Schreiben bei mir wirken, und obschon ich gar nichts von ihm hielt, *wirkte* es als Fluch, denn es wurde in die Komödie hineingeworfen, von der ich überzeugt und erfüllt war. Die Zsolnay-Welt, die ich nie ernst genommen hatte, war fern, hier war ich mit dem konfrontiert, was für mich die eigentliche, die wahre Wiener Welt war, zu der ich stand und die sich, dessen war ich sicher, als die zukünftige erweisen würde.

Für den äußeren Abschluß der Vorlesung war auch das Verhalten der Maler bestimmend, eine entschlossene Kohorte, von Wotruba angeführt, die mit Beifall nicht sparte. Vielleicht war *sie* damals für den Eindruck bestimmend, daß die Komödie nun ihr Publikum doch gefunden habe. Ein Irrtum, wie sich später herausstellte, aber ein verzeihlicher, dieses eine Mal durfte ich mir das Gefühl erlauben, daß die Komödie verstanden worden war und in der Zeit, für die sie geschrieben wurde, ihre Wirkung tun könnte.

Danach gleich trat Musil zu mir und mir ist, als habe er von selber zu mir gesprochen, herzlich und ohne die Reserve, für die er bekannt war. Ich war verwirrt und berauscht, es war das Gesicht und nicht der Rücken, den er mir zuwandte, ich sah sein Gesicht nah vor mir und war davon so überwältigt, daß ich nicht auffaßte, was er sagte. Es blieb ihm auch wenig Zeit dazu, denn schon fühlte ich mich an der Schulter gepackt und mit hartem Griff umgekehrt und umarmt – Wotruba, dessen brüderliche Begeisterung keine Rücksicht kannte. Ich entwand mich seinem Griff und machte ihn mit Musil bekannt. Es war in diesem heißen Augenblick, daß der Keim zu ihrer Freundschaft gelegt wurde und wenn später so viel in dieser Freundschaft geschah, daß sie diesen isolierten und für beide noch wenig ergiebigen Moment vergaßen – mir ist er, eine der leuchtenden Gelegenheiten meines Lebens, nicht entfallen.

Man wurde getrennt, andere kamen, viele darunter, die ich zum erstenmal sah, das Gedränge wurde größer, dann hieß es, man gehe in den Steindl-Keller, im ersten Stock dort sei ein Zimmer reserviert. Es war ein langer, lockerer Zug, der sich auf den Weg dorthin machte, als ich ankam und in den vorbestimmten Raum hineinsah, saßen schon viele an der länglichen, hufeisenförmig angelegten Tafel. Im Raum davor sah ich Musil neben seiner Frau, der unschlüssig dastand, Franz Zeis, dem er vertraute, redete ihm zu, er solle sich doch auch dazusetzen. Er zögerte, tat einen Blick hinein, ging aber nicht weiter. Als ich dazu trat und ihn sehr respektvoll einlud, entschuldigte er sich, es seien zuviel Leute, der Raum sei ihm zu voll, er schien zwar noch immer unschlüssig, konnte aber, da er nun ausdrücklich abgelehnt hatte, schwer zurück und suchte sich schließlich einen Tisch draußen, wo er sich mit seiner Frau und den beiden Zeis' niederließ.

Vielleicht war es besser so, denn wie hätte ich mich in seiner Gegenwart frei fühlen sollen? Es wäre unangemessen gewesen, ihn, den ich so hoch verehrte, unter vielen anderen eingeengt dasitzen zu sehen, die noch dazu da waren, um die Vorlesung eines jungen Dichters essend, trinkend, lärmend zu feiern. Ich *mußte* ihn einladen, als ich ihn in der Nähe der offenen Tür stehen sah und seine Unschlüssigkeit spürte, sein Ausgeschlossensein hinzunehmen wäre eine größere Taktlosigkeit gewesen, als ihn einzuladen. Im Grunde war es vielleicht sogar so, daß er eine Einladung abwartete, um sie auszuschlagen. Alle Akte der *Abwehr* von Musil, die ich anderen oder auch mir gegenüber erlebt habe, empfand ich als unfehlbar richtig. Ich möchte die Erinnerung an sie nicht missen. Wenn ich überhaupt nichts anderes von ihm erlebt hätte (was zum Glück nicht der Fall war), hätte ich doch das Gefühl, ihn auf eine richtige, eine präzise, eine sogar der Sprache seines Werkes angemessene Weise gekannt zu haben.

Im inneren Raum herrschte eine ausgelassene Stimmung. Es waren einige der Maler da, die sich aufs Feiern verstanden. Ich sagte mir, daß nicht einer von den Menschen da war, deren ich mich geschämt hätte. Ein Glück, daß man bei solchen Gelegenheiten auf genauere Feststellungen verzichtet. Es fehlte mir aber etwas, besonders beim Zutrinken zögerte ich jedesmal ein wenig, so als sollte ich eigentlich noch abwarten. Ich wußte nicht, was es war, denn die Hauptsache hatte ich vergessen. Vielleicht wagte ich mir, in dieser allgemeinen Freude, die auch mich ergriffen hatte, nicht zu sagen, daß die Entscheidung, daß das Eigentliche noch bevorstand. Ich muß das Urteil wohl erwartet haben, aber ich suchte nicht danach. Ich war nicht in der Verfassung, genau zu bestimmen, wer alles da war. Nach und nach meldete sich jeder, darauf konnte man sich verlassen. Aber einmal, ein einziges Mal, spürte ich einen *Blick*. Niemand rief mir etwas zu. Ich sah, ohne zu suchen, in eine bestimmte Richtung. Ziemlich weit von mir, schmal, etwas eingezwängt, saß, in vollkommener Stille, Dr. Sonne. Sobald er meinen Blick bemerkte, hob er ganz leicht sein Glas, lächelte und trank mir zu. Mir schien, daß er die Lippen bewege, zu hören war nichts, Hand und Glas hatten etwas unwirklich Schwebendes und blieben in der Höhe, wie auf einem Bild.

Mehr sagte er mir nicht, auch nicht an den Tagen danach, als wir wieder an einem der runden Marmortischchen im Café Museum beisammensaßen. Durch das Erheben des Glases, durch das Verharren des Glases in der Schwebe hatte er mir zugesprochen, das bedeutete mehr als jeder Zuruf, jedes laute Wort. Da er nur *Teile* gehört hatte und kein ganzes Werk, mochte er nichts sagen. Aber er hatte sich mir nicht in den Weg gestellt und vor keiner Gefahr gewarnt, die er etwa gesehen hätte. Er hatte mir den Weg freigegeben, auf seine schonende Weise, die jedes Leben respektierte, und ich empfand als Billigung, was vielleicht schon mehr war.

Unter denen, die mit in den Steindl-Keller gekommen waren, war Ernst Bloch. Ich wußte von seinem ›Thomas Münzer‹, hatte mich aber nie damit befaßt. Daß er zur Vorlesung erschienen war, wurde von vielen, wie ich später erfuhr, auch von Musil, bemerkt. Als ich nach dessen Ablehnung der Einladung den hinteren, vollen Raum betrat, stand Bloch auf, er hatte sich eben einen Platz gesichert, und trat auf mich zu. Er nahm mich sozusagen, soweit es unter den vielen Menschen möglich war, beiseite und legte Wert auf eine komplette, abgesonderte Meinungsabgabe. Sie begann mit einer eindringlichen Geste. »Erster Eindruck«, sagte er und hob beide Handflächen, in einiger Entfernung voneinander, aber offen einander zugekehrt, etwas über die Höhe der Schultern. Dann sagte er, skandierend: »Es – ragt.« Der lange Abstand nach dem ›es‹ war so auffallend wie die Höhe der Hände. Das ›ragt‹, so lange nach dem unbestimmten ›es‹, kam überraschend und zwingend, wie gotische Türme. Ich sah verdutzt auf den länglichen, knorrigen Kopf, dessen Linien durch das Ragen der Hände unterstrichen wurden. Er sagte danach Dinge, mit denen er bewies, daß er die Komödie auf der Stelle erfaßt hatte. Er verstand, worauf sie sich bezog, er sagte voraus, was nun im zweiten Teil kommen müsse und traf nicht daneben. Es war eine ausführliche, eine vollkommen artikulierte Reaktion, und ich hätte mir nichts Besseres wünschen können. Aber es kam mir alles wie in einer fremden Sprache vor. »Es – ragt!« ist das einzige davon, was mir geblieben ist.

Ein Nachspiel dieses Abends möchte ich nicht verschweigen, obwohl es eher peinlich für mich ist. Es betrifft Musil und sein wirkliches Verhalten während der Lesung, etwas wovon ich nichts ahnen konnte und was im Glücksrausch über seine Anwesenheit und sein Benehmen zu mir völlig untergegangen wäre, wenn ich es nicht wenige Tage danach von Franz Zeis erfahren hätte.

Franz Zeis war Hofrat im Patentamt und kannte Musil seit langem. Er war ein sehr treuer Freund, der seine Bedeutung früh erkannt hatte. Es mag damals ein Dutzend Menschen in Wien gegeben haben, denen anzuhängen verdienstvoll war, weil sich kein Vorteil damit verband, eher bereitete es Unannehmlichkeiten. Einige von ihnen gehörten in kleinen Gruppen zusammen, wie Schönberg und seine Schüler, andere waren isoliert. Franz Zeis kannte sie und gehörte ihnen allen. Für ihre Einsamkeit bewies er einen feinen Instinkt. Er begriff, daß sie allein sein mußten, aber auch, wie tief sie darunter litten. Musil kannte er am besten, seine Empfindlichkeit, das Mißtrauen Marthas, seiner Frau, die mit Argusaugen darüber wachte, daß ihm nicht zu nahe getreten würde, jede Einzelheit dieser für das Dasein eines so bedeutenden Geistes notwendigen Verfassung, jegliche, auch die verborgensten, zu erwartenden Reaktionen waren Franz Zeis wohlvertraut und er hatte die Klugheit, sie bei allen Unternehmungen zugunsten Musils zu bedenken und in Rechnung zu stellen.

Er hörte von mir, was ich über Musil dachte und sobald er einmal von der Tiefe und Unerschütterlichkeit dieses Respekts überzeugt war, erzählte er Musil davon, der Verehrung, bevor er sie hinnahm, sehr genau *prüfte*. Franz Zeis mußte immer eine Art von Examen über sich ergehen lassen und jede Äußerung, die hinterbracht wurde, wurde auf die Waagschale gelegt und meist zu leicht befunden. Wenn es auch nur das geringste gab, das Musils Zustimmung finden konnte – Zeis ließ nicht locker und brachte es vor. Es gibt zweierlei Zwischenträger, die einen tun, was sie können, um Menschen zu entzweien; sie hinterbringen jede negative Äußerung, die sie durch Isolierung vergrößern, wecken – als Abwehr – feindselige Gegenregungen, hinterbringen dann diese und steigern dieses Spiel, bis sie auch gute Freunde völlig entzweit haben. Sie genießen das Machtgefühl, das ihnen die Ausübung dieses Spiels verleiht, manchmal verstehen sie es sogar, sich bei jedem der beiden an die Stelle des früheren Freundes zu setzen. Die andere Art, die sehr viel seltener ist, hinterbringt nur Gutes, sucht die Wirkung feindseliger Regungen zu verringern, indem sie sie verschweigt, stiftet Neugier und allmählich auch Vertrauen, bis dann der Moment unvermeidlich wird, in dem die so geduldig einander Angenäherten sich auch in der Wirklichkeit begegnen. Franz Zeis gehörte zu diesen und ich glaube, es war ihm wirklich darum zu tun, Musils Gefühl seiner Isolierung ein wenig zu lindern und mir die Freude zu machen, ihn von näher zu erleben.

Das war Zeis gelungen, als er ihm zum Besuch der Vorlesung zuredete. Er wollte mir auch weiterhin seine Reaktionen schildern und als wir das nächste Mal zusammen waren, erfuhr ich von ihm Dinge, die mich nicht wenig überraschten. Zuerst einmal sei Musil erstaunt gewesen: »Er hat gutes Publikum«, habe er gesagt und einige Namen wie Ernst Bloch und Otto Stoessl hervorgehoben. Das habe ihn beeindruckt. Dann aber, während des ›Guten Vaters‹, habe er plötzlich seine Sitzlehnen gepackt und zu seinem Begleiter gesagt: »Der liest besser als ich!« Nun war das keineswegs der Fall, es war bekannt, wie gut Musil las, aber merkwürdig an seiner Äußerung war nicht ihr Wahrheitsgehalt, sondern daß sie in dieser Form gemacht wurde. Sie zeugte für das, was ich später so stark als das *Agonale* an Musil empfand. Er *maß* sich an anderen, auch eine Vorlesung war für ihn wie bei den Griechen ein Wettkampf. Mir kam das beinah widersinnig vor, es wäre mir nie eingefallen, mich mit ihm, den ich weit über mich stellte, messen zu wollen. Aber vielleicht war es für mich doch, ohne daß ich es damals begriffen hätte, nach der empfindlichen Demütigung vom Jahr zuvor, eine Notwendigkeit gewesen, mich dem Kampf vor besseren Hörern zu stellen und ihn auch zu gewinnen.

Begräbnis eines Engels

Beinahe ein Jahr lang war sie im Rollstuhl vorgeführt worden, schön herausgeputzt, das Gesicht sorgfältig bemalt, eine kostbare Decke über den Knien, das wächserne Gesicht von scheinbarer Zuversicht belebt, wirkliche Hoffnung hatte sie keine. Die Stimme war nicht beschädigt, sie war aus der unschuldigen Zeit, da ihre Trägerin auf Rehfüßen trippelte und allen Besuchern als Gegenbild zur Mutter diente. Jetzt war der Kontrast, der immer unbegreiflich schien, noch größer geworden. Die ihr Leben, wie sie es gewohnt war, weiterführte, kam sich um das Unglück des geliebten Kindes besser vor. Es war noch imstande ja zu sagen und wurde gelähmt verlobt.

Es sollte eine nützliche Verlobung sein. Die Wahl fiel auf den jungen Sekretär der Vaterländischen Front, einen Protégé des Professors für Moraltheologie, der das Herz der fürstlichen Hauptfigur des Hauses lenkte. Der Sekretär, der keine Scheu davor hatte, sich mit einem Wesen zu verloben, das nur noch kurz zu leben hatte, bewegte sich, da er seiner Verlobten Krankenbesuche machte, frei im Haus und lernte alle Berühmtheiten, die zu demselben Zweck hinkamen, am Rollstuhl kennen. Er wurde samt seinem gefälligen Grinsen, seinen artigen Verbeugungen, seiner quäkenden Stimme zu einer vielbesprochenen Figur: der aussichtsreiche junge Mann, dessen Namen niemand zuvor gehört hatte, der sich opferte, seine Erscheinung, seine immer kostbarer werdende Zeit, um dem Engel die Illusion einer noch möglichen Genesung zu geben. Denn wenn sie verlobt wurde, bestand noch Hoffnung darauf, daß sie heiraten würde.

Es machte Eindruck, wenn der junge Mann im Smoking seiner Verlobten die Hand küßte. So oft man in Wien ›Küß die Hand‹ zu sagen pflegt, es geht da sehr leicht von den Lippen, so oft *tat* er es auch. Wenn er sich dann aufrichtete, mit dem guten Gefühl, daß er bei dieser Verrichtung *gesehen* worden war, daß hier nichts umsonst geschah, daß alles und besonders ein Handkuß auf diese Hand zu seinen Gunsten verzeichnet wurde, wenn er dann kurz in dieser bestrickenden Verbeugung vor der Gelähmten verharrte, *stand* er für sie beide und es gab Leute, die dann wie die Mutter auf ein Wunder vertrauten und sagten: »Sie wird doch gesund. Die Freude über ihren Verlobten wird ihr die Heilung bringen.«

Es gab aber auch welche, die dieses schändliche Spiel mit Ekel und Ingrimm mit ansahen und sich mit ganz anderen Hoffnungen trugen. Diese, zu denen ich gehörte, hatten einen einzigen Wunsch: den nämlich, daß der Blitz in Mutter und Bräutigam schlage und sie in ein und demselben Augenblick *lähme*, nicht töte, lähme, und daß die Kranke vor Schrecken aus ihrem Rollstuhl aufspringe, *geheilt*. An ihrer Stelle aber würde von nun ab die Mutter herumgeschoben, ebenso schön herausgeputzt, sorgfältig bemalt, die kostbare Decke über den Knien, und der Bräutigam, stehend auf Rollen befestigt, würde an einer Kette zu ihr herangezogen und mühe sich um Handkuß und Verbeugung ab, die ihm nicht mehr möglich wären, aber der Alten gälten. Zwar hätte das junge Mädchen alle Reinheit und Güte darangesetzt, ihre Heilung an die Mutter zu verschenken und sich selbst in den alten Zustand an ihre Stelle zurückzuversetzen, aber die unaufhörlich scheiternden Verbeugungen und Handküsse des Verlobten wären dem im Weg gestanden und so wären sie nun alle drei zu einer Wachsfigurengruppe erstarrt, die sich manchmal durch äußere Antriebe in Bewegung setzte und für ewige Zeiten zum Bild der Zustände auf der ›Hohen Warte‹ diente.

Die Wirklichkeit kennt aber keine Gerechtigkeit und es war der Sekretär, der im tadellosen Smoking in der Heiligenstädter Kirche an einen Pfeiler gelehnt der Abdankung beiwohnte. Das war das Ende seiner Verlobung mit Manon Gropius: sie starb, wie es vorausgesehen worden war und statt einer Hochzeit mußte er sich mit einer Abdankung begnügen.

Sie wurde auf dem Grinzinger Friedhof begraben. Auch aus dieser Gelegenheit wurde das Letzte herausgeschlagen. Ganz Wien war dabei, Wien nämlich, soweit es sich bei den Einladungen auf der Hohen Warte zusammenzufinden pflegte. Andere kamen, die sich solche Einladungen sehnlichst wünschten, aber nie dabei sein durften, mit Gewalt konnte niemand vom Begräbnis ferngehalten werden. Eine lange Reihe von Autos bewegte sich die schmale Straße zum Friedhof hinauf, eigentlich war es ein Weg und keine Straße und es war nicht daran zu denken, daß ein Wagen, dessen Insassen sich um einen Ehrenplatz mühten, dem andern vorgefahren wäre. So wie man nun einmal stand, schob sich die ganze Reihe langsam den Hügel hinauf.

In einem der Wagen, einem Taxi, saß ich mit Wotruba und Marian, die in höchster Aufregung war und unaufhörlich auf den Chauffeur vor ihr einhackte: »Fahren Sie doch vor! Wir müssen nach vorn! Können Sie nicht vorfahren! Wir sind zu weit hinten! Wir müssen nach vorn! Fahren Sie doch vor!« Wie mit Peitschen schlug sie mit ihren Sätzen, aber es waren keine Pferde, auf die sie einschlug, es war ein Chauffeur, der immer ruhiger wurde, je heftiger sie es trieb. »Es geht net, Gnädige, es geht net.« »Es *muß* gehen«, schrie Marian, »wir müssen nach vorn.« Sie geriet vor Erregung in Schluchzen: »Wir können doch nicht unter den Letzten sein! Diese Schande! Diese Schande!«

Ich hatte sie noch nie so erlebt, auch Wotruba nicht. Seit langem bemühte er sich darum, den Auftrag zu einem Mahler-Denkmal zu bekommen. Man hatte ihn immer wieder zu neuen Entwürfen aufgefordert. Er wurde unter nichtigen Vorwänden hingehalten. Anna, seine Schülerin, hatte sich bei ihrer Mutter mit aller Kraft für ihn eingesetzt. Carl Moll lief sich die Beine für ihn ab. Er war es, der sich seinerzeit für Kokoschka ins Zeug gelegt hatte. Nicht weniger Mühe gab er sich jetzt um Wotruba. Aber immer, im letzten Augenblick stimmte etwas nicht. Ich hatte die allmächtige Witwe im Verdacht und sie war es auch wirklich, die Wotrubas Kandidatur für das Mahler-Denkmal sabotierte. Er gefiel der alten Mahler, aber da Marian immer in der Nähe war, hatte sie wenig Aussicht, ihn zu betören. Mit enormen Mortadella-Würsten unterm Arm kam sie zu ihm ins Atelier und wenn sie dann enttäuscht wieder abzog, sagte sie zu ihrer Tochter: »Er paßt nicht zu Mahler. Er ist ja doch ein Prolet.« Marian aber berannte indessen jede öffentliche Stelle Wiens, die auch nur den geringsten Einfluß auf die Entscheidung haben konnte. Ihre Leidenschaft für den ›Mahler‹, wie das

Denkmal unter den beiden hieß, erreichte einen Höhepunkt bei dieser Fahrt zum Begräbnis der Manon Gropius, die mit Mahler über die vielfachen und verwickelten Eheverhältnisse ihrer Mutter sehr wenig und nun im Tode gar nichts zu tun hatte.

Marian Wotruba aber tobte, und da die Auffahrt der Wagen zum Friedhof nur langsam vor sich ging, hatte sie Zeit dazu: »Jetzt geht's! Versuchen Sie's jetzt! Wir müssen nach vorn! So tun Sie doch was! Wir müssen nach vorn! Wir sind sonst die Letzten! Wir müssen nach vorn!« Wotruba sah mich an, als wolle er sagen: »Die hat's aber gnädig«, hütete sich aber wohl davor, das auszusprechen, sonst hätte sich die Raserei der Marian vom Chauffeur abgewandt und auf ihn entladen. Es war ihm selber nicht gleichgültig. Er wäre lieber weiter vorn gewesen, dem Mahler-Denkmal näher. Die Verbindung von Gräbern und Monumenten hat für einen Bildhauer etwas Unwiderstehliches. Es ist sicher die früheste derartige Ansammlung von Steinen, die er erlebt hat, und wenn es um die posthume Stieftochter des denkmalwürdigen Mannes geht, wird diese Verbindung unauflöslich.

Ich weiß nicht mehr, wie wir ausstiegen, Marian muß uns durch die dichte Schar der Grablustigen nach vorn geschoben haben, wir standen schließlich doch in der Nähe des offenen Grabes und ich hörte die ergreifende Rede Hollensteiners, dem das Herz der trauernden Mutter gehörte. Diese weinte, es fiel mir auf, daß auch ihre Tränen ungewöhnliches Format hatten. Es waren nicht zu viele, doch sie verstand so zu weinen, daß sie in überlebensgroße Gebilde zusammenflossen, Tränen, wie ich sie noch nie gesehen hatte, enormen Perlen gleich, ein kostbarer Schmuck, man konnte nicht hinsehen, ohne in lautes Staunen über soviel Mutterliebe auszubrechen.

Gewiß, das junge Mädchen hatte sein Leiden, wie Hollensteiner beredt ausmalte, mit übermenschlicher Geduld ertragen, aber wie groß war erst das Leiden der Mutter gewesen, die es alles mitangesehen hatte, ein ganzes Jahr lang, vor den Augen der ganzen Welt, die immer auf dem laufenden gehalten wurde, manches in der Welt war während dieser Zeit geschehen, andere Mütter waren umgebracht worden, ihre Kinder verhungert, aber keine hatte gelitten, was diese Alma litt, eine stellvertretende Seele, die für alles litt, sie brach nicht zusammen, auch jetzt nicht, am Grab nicht, eine üppige, aber stark gealterte Büßerin, so stand sie da, eine Magdalena eher als Maria, statt mit Reue mit schwellenden Tränen ausgestattet, prachtvollen Exemplaren, wie kein Maler sie noch zustande gebracht hat. Mit jedem Wort ihres Freundes, der die Grabrede hielt, schwollen sie weiter an und hingen schließlich wie Trauben von ihren feisten Backen herunter. So wollte sie gesehen sein und so wurde sie gesehen, und jeder, der da war, trachtete danach, von ihr gesehen zu werden. Dazu war man gekommen, um ihrem Schmerz die öffentliche Anerkennung zu gewähren, die ihm gebührte. Es tat wohl, dabeigewesen zu sein, einem der späten großen Tage Wiens, bevor es in den Untergang taumelte und von den neuen Herren zur Provinz deklariert wurde.

Es gab aber auch andere, die sich bei dieser Gelegenheit hervortaten, ein wenig abseits zwar, doch immerhin bemerkbar. Für diese war es nicht genug, an der Glorie der schwergeprüften Mutter teilzunehmen, denn es gelang ihnen, mit eigenem, durchaus nicht weniger öffentlichem Schmerz hervorzutreten. Auf einem frischen Grabhügel, erhöht, etwas abseits, aber nicht zu sehr, kniete in inniges Gebet versenkt Martha, die Witwe Jakob Wassermanns, der vor einem Jahr, beinahe noch auf der Höhe seines Ruhms gestorben war. Sie hatte sich ihren Grabhügel gut ausgesucht, er war von überall einzusehen. Die hageren Hände hielt sie gefaltet, die vor Innigkeit manchmal zuckten, die Augen, streng geschlossen, sahen nichts von der Welt, so gern sie die Wirkung ihrer Abgeschiedenheit vermerkt hätten. Etwas weniger Strenge und man hätte ihnen geglaubt. Das schmale Gesicht sollte in dieser Verfassung innigen Gebetes dem einer abgehärmten Bäuerin gleichen, der Hut, in kluger Voraussicht, war so geformt, daß er an ein Kopftuch gemahnte. Die ganze Veranstaltung war um eine Spur zu nachdrücklich, hätten die Hände seltener gezuckt, die Augen sich hie und da geöffnet, hätte sich das frisch aufgeschaufelte Grab, das ja ein anderes als das des Engels sein mußte, nicht in so offenkundig günstiger Lage befunden, man wäre geneigt gewesen, diese Ergriffenheit für wahr zu halten. Aber der Aufdringlichkeit solcher Umstände mochte man nicht trauen, man fragte sich nicht einmal, wem das Gebet der Martha galt: ihrem Mann, der sich, schwer herzkrank, zu Tode gearbeitet hatte, dem Engel, dem auch die salbungsvollen Worte des Hollensteiner und die Tränenmonstren der Mutter nichts anhaben konnten, oder ihrer eigenen Schreiberei: sie hielt sich für besser als ihren Mann und war nach seinem Tod ingrimmig entschlossen, es der Welt zu beweisen.

An diesen beiden Figuren hielt ich mich für die Peinlichkeit der ganzen Vorführung auf dem Grinzinger Friedhof schadlos: an der knienden Martha, die ich wohl sah, als sie sich zum Knien anschickte, aber nicht, wie sie sich erhob; an der Mutter, die aus unerschöpflichem Gemüt die Bildung gewichtiger Tränen vollbrachte. Ich gab mir Mühe, nicht an das Opfer zu denken, das jeder geliebt hatte.

Hohe Instanz

Mitte Oktober 1935 erschien ›Die Blendung‹. Einen Monat zuvor waren wir in die Himmelstraße eingezogen, auf halber Höhe der Rebhügel um Grinzing. Es war ein erlösendes Gefühl, der düsteren Ferdinandstraße entstiegen zu sein und zugleich den Roman in Händen zu halten, der von den dunkelsten Aspekten Wiens genährt war. Die Himmelstraße, an der wir jetzt wohnten, führte zu einer Örtlichkeit hinauf, die sich ›Am Himmel‹ nannte und ich war über diesen Namen so belustigt, daß Veza mir Briefpapier drucken ließ, auf dem statt Himmelstraße 30 als Adresse ›Am Himmel 30‹ stand.

Sie empfand Übersiedlung und Publikation als Rettung aus der Welt des Romans, der ihr nicht geheuer gewesen war. Sie wußte, daß ich mich nie von ihm lossagen würde und solange das schwere Manuskript bei mir lag, fürchtete sie ihn als Gefahr. Sie war der Überzeugung, daß sich seither etwas in mir gelockert hatte und daß die ›Komödie der Eitelkeit‹, die sie mehr als alles andere mochte, meine Möglichkeiten als Dichter richtiger repräsentierte. Auf taktvolle Weise, in der Meinung, daß ich es nicht bemerkte, interessierte sie sich dafür, wem ich ein Widmungsexemplar von der ›Blendung‹ sandte. Sie sah, daß ich nur wenige, kaum ein Dutzend Menschen damit bedachte und war es zufrieden. Sie war sicher, daß ich die Leute vor den Kopf stoßen würde. Daß die Kritiker sich über mich herstürzen würden, war nun nicht zu vermeiden, aber die Leute, die mich gut kannten und etwas von mir hielten, sehr viele waren es nicht, sollte ich durch eine bedrückende Lektüre des Romans nicht verlieren.

Sie erging sich über den Unterschied zwischen öffentlichen Vorlesungen und eigener Lektüre. Ich hatte, außer dem obligaten ›Guten Vater‹ gern den ›Spaziergang‹ (das erste Kapitel) und einiges aus dem zweiten Teil vorgelesen: ›Zum idealen Himmel‹ und ›Der Buckel‹. Da war Fischerle die Hauptperson, dessen manischer Übermut immer ansteckend wirkte. Aber auch durch den ›Guten Vater‹ fühlten sich die Hörer bewegt, da war noch Raum für Mitleid mit der gepeinigten Tochter. Vielleicht hätten manche gern mehr gelesen, doch es gab kein Buch, im Lauf einiger Jahre hatten das alle begriffen und so konnte man den in seiner Ausführlichkeit unerträglichen Kampf zwischen Kien und Therese nicht über sich ergehen lassen. Man hatte keinen Grund, dem Autor zu grollen und kam zur nächsten Vorlesung, die die frühere Meinung bestärkte. In den engeren, an einer neueren Literatur interessierten Kreisen Wiens war eine trügerische Reputation am Entstehen gewesen, die mit dem Erscheinen des Buches jetzt einen Todesstoß erfahren würde.

Ich selber hatte aber gar keine Ängste, es war, als hätte Veza alle auf sich genommen. Aus jeder Ablehnung eines Verlags war mein Glaube an den Roman gestärkt hervorgegangen. Ich war, wenn auch nicht für die Gegenwart, seiner vollkommen sicher. Ich weiß nicht, woher ich diese Sicherheit bezog. Vielleicht schützt man sich vor der Feindschaft des Tages, wenn man ohne Schwanken die Nachwelt zum Richter einsetzt. Alle kleinlichen Rücksichten und Bedenken fallen dadurch weg. Man stellt sich nicht vor, was dieser oder jener dazu sagen könnte. Da es auf ihn nicht ankommt, *will* man sich das gar nicht vorstellen. Man denkt ja auch nicht daran, was Zeitgenossen damals zu den Büchern der Dichter gesagt haben, die man liebt. Die alten Bücher, mit denen man lebt, sieht man für sich, von allen Kleinlichkeiten losgelöst, in die ihre Verfasser zu Lebzeiten verstrickt waren. Bei manchen ist es sogar so, als wären die Bücher selbst zu Göttern geworden. Das bedeutet nicht nur, daß sie immer dasein werden, es bedeutet auch, daß sie immer da waren.

Diese Sicherheit an einer Nachwelt, die einen erfüllt, ist aber nicht absolut. Auch für sie gibt es Richter, sie sind schwer zu finden und es mag mancher das Unglück haben, nie dem Menschen zu begegnen, den er sich guten Gewissens als Nachwelt-Richter einsetzen dürfte. Ich *war* einem solchen Menschen begegnet, und so groß war nach anderthalb Jahren im Laufe von langen, täglichen Gesprächen sein Ansehen in mir geworden, daß ich ihm auch ein Todesurteil über die ›Blendung‹ zugestanden hätte. In Erwartung seines Urteils habe ich fünf Wochen gelebt.

Ich schrieb ihm eine Widmung ins Buch, die nur er verstehen konnte:

Dr. Sonne, mir noch mehr.   E. C.

In den anderen Exemplaren, an Broch, an Alban Berg, an Musil sparte ich nicht mit Ausdrücken der Verehrung, da stand dann klar und deutlich da, was ich wirklich empfand, für jeden verständlich. Mit Dr. Sonne war es anders. Da nie ein ›privates‹ Wort zwischen uns gefallen war, hatte ich auch nie vor ihm auszusprechen gewagt, wie sehr ich ihn verehrte. Ich sprach seinen Namen vor niemandem aus, ohne ›Doktor‹ voranzusetzen und das hieß ganz und gar nicht, daß dieser Titel mir etwas bedeutete, jeder zweite Mensch, mit dem man in Wien Umgang hatte, hieß ›Doktor‹. Das Wort diente eher als ein Füllwort der Schonung. Man platzte nicht gleich mit dem Namen heraus, man bereitete ihn vor durch etwas Neutrales, das keinerlei Farbe hatte. Es war damit auch kenntlich gemacht, daß man kein Recht auf Intimität an diesem Namen hatte, er blieb immer gleich weit von einem entfernt, unantastbar und entrückt, und daß dann, gleich nach dem Dr. ein so heiliges Wort wie Sonne kam, leuchtend, versengend, geflügelt, Ursprung und – wie man damals noch dachte – Ende allen Lebens, daß er trotz Rundheit und Eingängigkeit nicht zur Alltagsmünze wurde, verdankte sich dem distanzierenden Vor-Wort. Ich *dachte* den Namen auch nicht anders, vor mir selbst wie vor jedermann hieß es immer ›Dr. Sonne‹ und erst jetzt, nach beinahe 50 Jahren erscheint mir der Titel für diesen Namen zu äußerlich und feierlich und ich nehme mir heraus, ihn nur selten niederzuschreiben.

Damals war für den Empfänger der Widmung, nur für ihn, verständlich, daß er mir mehr bedeutete als die Sonne. Er war auch der einzige, vor dem der eigene Name zu seinen Initialen schwand. In der Größe ihrer Buchstaben blieb die Schrift unverbesserlich selbstbewußt, das war keiner, der verschwinden wollte, mit diesem Buch, das seit Jahren nur heimlich bestand, forderte er endlich die Öffentlichkeit heraus. Aber er wollte vor *dem* verschwinden, dem es um Gedanken allein und nicht um sich zu tun war.

An einem Nachmittag Mitte Oktober, im Café Museum, überreichte ich Dr. Sonne das Buch, das er als Manuskript nie gesehen, von dem ich ihm nie gesprochen, von dem er ein einziges, isoliertes Kapitel in jener Vorlesung aufgenommen hatte. Vielleicht hatte er von anderen, von Broch oder von Merkel mehr darüber gehört. Brochs Meinung in literarischen Dingen hätte ihm wohl etwas bedeutet, auch sie wäre nicht entscheidend gewesen. Er traute nur seinem eigenen Urteil, doch hätte er sich davor gehütet, das so großspurig zu sagen. Von diesem Augenblick an sah ich ihn wie immer täglich wieder. Jeden Nachmittag kam ich ins ›Museum‹, setzte mich zu ihm, der kein Hehl daraus machte, daß er auf mich gewartet hatte. Die Gespräche, aus denen ich als Dreißigjähriger wiedergeboren wurde, setzten sich fort. Nichts veränderte sich, zwar war jedes Gespräch neu, aber es war nicht anders neu als zuvor. Seinen Sätzen waren keine Spuren einer Lektüre des Romans anzumerken. Darüber schwieg er beharrlich und ich tat es ihm nach. Ich brannte darauf zu wissen, ob er damit *begonnen* habe, wenigstens *begonnen*, aber ich fragte kein einziges Mal. Ich hatte mich daran gewöhnt, jede Region seines Schweigens zu respektieren, denn nur wenn er unerwartet von etwas begann, war er auf seiner eigentlichen Höhe. Seine Autonomie, die er auf durchsichtigste Weise, ohne jede Anwendung von Gewalt hütete, lehrte einen begreifen, was geistige Autonomie ist, und was man von ihm gelernt hatte, ließ sich am wenigsten ihm gegenüber mißachten.

Woche um Woche verging, ich bezwang meine Ungeduld. Seine Ablehnung, noch so ausführlich vorgebracht, noch so zwingend artikuliert, hätte meine Zerstörung bedeutet. Er war der einzige, dem ich ein Recht auf ein geistiges Todesurteil über mich zuerkannte. Er schwieg, und Veza, vor der ich schwer etwas so Entscheidendes verbergen konnte, fragte mich Abend für Abend, wenn ich in die Himmelstraße zurückkam: »Hat er etwas gesagt?« Ich sagte dann: »Nein. Ich glaube, er hat noch keine Zeit gehabt hineinzuschauen.« »Keine Zeit! Keine Zeit! Und sitzt täglich zwei Stunden mit dir im Kaffeehaus!« Wenn ich dann Fassung heuchelte und leicht hinwarf: »Darauf kommt es doch nicht an. Wir haben schon viele ›Blendungen‹ miteinander *gesprochen*«, wenn ich auf solche und ähnliche Weise abzulenken versuchte, wurde sie zornig und klagte laut: »Du bist ein Sklave geworden! Daß du einen *Herrn* anerkennen würdest, das hätte ich nie gedacht. Und das muß ich erleben! Jetzt ist das Buch endlich heraus und du bist ein Sklave!«

Nun war ich gewiß nicht sein Sklave. Hätte er je etwas Verächtliches getan oder gesagt, ich wäre ihm nicht gefolgt. Von ihm am allerwenigsten hätte ich etwas Niedriges oder Gemeines angenommen. Aber ich war ganz sicher, daß er zu einer Dummheit oder Gemeinheit unfähig war. Dieses absolute, wenn auch wache *Vertrauen* war es, was Veza als Sklaverei empfand. Sie kannte diesen Zustand sehr gut, denn das war es, was sie für mich fühlte. Sie glaubte sich in dieser Empfindung durch Werke, von denen es jetzt endlich drei gültige gab, gerechtfertigt. Aber welche Werke gab es von Dr. Sonne? Wenn es welche gab, verstand er sich darauf, sie zu verbergen. Warum verbarg er sie? Schienen sie ihm der wenigen Menschen, mit denen er umging, nicht würdig? Sie wußte sehr wohl, daß es seine Enthaltsamkeit war, was Broch, was Merkel und andere zuhöchst an ihm bewunderten. Aber daß er seine Enthaltsamkeit jetzt so weit trieb, während Wochen über den Roman zu schweigen, obwohl wir uns täglich sahen, schien ihr unmenschlich. Sie nahm sich kein Blatt vor den Mund und schonte meine Empfindlichkeit nicht. Sie attackierte ihn auf jede Weise. Ihr Witz, mit dem sie reichlich versehen war, schien sie zu verlassen, wenn sie von ihm sprach. Da sie selbst über den Roman nicht sicher war, fürchtete sie, daß sein Schweigen Ablehnung bedeutete und war sich klar über die Wirkung, die diese Ablehnung auf mich haben würde.

An einem Nachmittag im Café Museum, wir hatten einander eben begrüßt und Platz genommen, sagte Sonne ohne jede Einleitung, ohne Umschweife oder Entschuldigung, er habe den Roman gelesen, ob ich wissen wolle, was er darüber denke? Dann sprach er zwei Stunden lang darüber, an diesem Nachmittag wurde von nichts anderem geredet. Er durchleuchtete den Roman und stellte Zusammenhänge her, von deren Vorhandensein ich nichts geahnt hatte. Er behandelte ihn wie ein Buch, das schon lange bestand und das auch weiter bestehen würde. Er erklärte, woher es kam und zeigte, wohin es führen müsse. Hätte er sich mit anerkennenden Allgemeinheiten begnügt, ich wäre nach fünf Wochen der Zweifel über den Ernst seiner Zustimmung glücklich gewesen, aber er tat viel mehr, er ging auf Einzelheiten ein, die ich zwar geschrieben, aber nicht begründet hatte und erklärte mir, warum sie richtig waren und gar nicht anders sein *konnten*.

Er sprach, wie wenn er auf einer Entdeckungsreise wäre und nahm mich mit. Ich lernte von ihm, als wäre ich ein anderer, nicht der Schreiber; was er vor mich hinstellte, war so überraschend, daß ich es als Eigenes kaum erkannt hätte. Es war schon erstaunlich genug, daß ihm jede geringfügigste Einzelheit zu Gebote stand, als wäre es ein alter Text, den er vor Schülern kommentierte. Die Distanz, die er damit zwischen mir und dem Buch schuf, war größer als die der vier Jahre, die es als Manuskript bei mir gelegen hatte. Ich sah ein sinnvolles, bis in jedes Detail durchdachtes Gebilde vor mir, das seine Würde nicht weniger als seine Rechtfertigung in sich trug. Ich war fasziniert von jedem seiner Gedanken, der mich als Unerwartetes traf und hatte den einzigen Wunsch, daß es nie enden möge.

Nur langsam merkte ich, daß seine Rede auch von einer Absicht getragen war: er war sich klar darüber, daß das Buch ein schweres Schicksal haben würde und wollte mich gegen die Angriffe wappnen, die zu erwarten waren.

Er ließ sich, nachdem er unendlich viel gesagt hatte, das von dieser Absicht frei war, schließlich dazu herbei, die Angriffe, auf die man sich gefaßt machen müsse, selbst zu formulieren. Man werde es, sagte er unter anderem, als das Buch eines alten und geschlechtslosen Menschen bezeichnen. Er wies mir auf präzise Weise das Gegenteil nach. Man werde sich gegen Fischerle sträuben, weil er Jude sei und dem Autor vorwerfen, daß diese Figur sich zugunsten der gehässigen Gesinnungen der Zeit mißbrauchen lasse. Die Figur sei aber wahr, so wahr wie die der beschränkten ländlichen Haushälterin oder wie die des schlagenden Hausbesorgers. Wenn die Katastrophe vorüber sei, würden alle Etiketten dieser Art von den Figuren abfallen und sie würden dastehen als das, was zur Katastrophe geführt habe. Ich erwähne von allen nur diese Einzelheit, weil ich später, mit dem Fortgang der Ereignisse über Fischerle oft Unbehagen empfand und dann immer bei dieser frühen Rechtfertigung Zuflucht suchte.

Denn unvergleichlich wichtiger waren die Zusammenhänge tieferer Art, die er vor mir enthüllte. Ich erwähne davon nichts. In den fünfzig Jahren, die seither vergangen sind, ist manches davon zur Sprache gekommen. In Aufsätzen und Büchern sind

Dinge gesagt worden, die Sonne damals erklärt hatte. Es ist, als bestünde ein Reservoir der Geheimnisse, die sich in einem Buch verbergen und als würde allmählich aus diesem Reservoir geschöpft, bis schließlich alle Geheimnisse deklariert und verbraucht sind. Diesen Zeitpunkt fürchte ich, er ist aber noch nicht erreicht. Einen guten Teil des Schatzes, den mir Sonne damals gab, bewahre ich noch ungebraucht in mir und wenn ich, worüber manche staunen, bei jeder ernsten Reaktion noch immer mit Neugier erwidere, so hängt das mit diesem Schatz zusammen, dem einzigen in meinem Leben, den ich überschauen mag und bewußt verwalte.

Die Vorwürfe, die mir auch heute noch von wütenden Lesern gemacht werden, berühren mich nicht wirklich, auch wenn es Menschen sind, die ich für ihre Unschuld liebe und die ich darum selbst vor der Lektüre gewarnt habe. Es gelingt mir manchmal welche durch inständige Bitten davon fernzuhalten. Aber selbst für nahe Freunde, die sich diese Lektüre nicht länger verbieten lassen mögen, bin ich danach nie mehr derselbe. Ich spüre dann, wie sie das Böse, von dem dieses Buch erfüllt ist, in mir suchen. Ich weiß auch, daß sie es nicht finden, denn es ist nicht jenes Böse, das ich jetzt in mir habe, sondern ein anderes. Ich kann ihnen in ihrer Ratlosigkeit nicht helfen, denn wie sollte ich ihnen erklären, daß Sonne mir damals *dieses* Böse abgenommen hat, indem er es vor meinen Augen aus allen Fugen und Ritzen des Buches herausgeholt hat und in einer rettenden Distanz von mir wieder zusammenfügte.

Teil 4
Grinzing

Himmelstraße

Auf der Suche nach dem, was nicht zu kaufen ist, bin ich in Grinzing an das Fräulein Delug geraten, die unsere Hausfrau für drei Jahre wurde. Provisorisch zogen wir in die Wohnung ein, die schönste, die ich je gehabt hatte, bis jemand käme, der bereit sei, eine Miete für die ganze Wohnung zu zahlen. Auf vier der Zimmer stand uns ein Recht zu, die von uns schütter möbliert wurden, ein weites Atelier war darunter, mit eigener Galerie, vier andere Zimmer blieben leer. Unsere Besucher, die von der Lage, der Größe und Zahl der Räume und den unterschiedlichen Ausblicken, die man von ihnen hatte, hingerissen waren, führten wir in alle, auch die leeren Zimmer.

Es gab wenige, die uns um diese nicht beneidet hätten, doch sie waren nicht käuflich. Die unverrückbare Redlichkeit des Fräulein Delug war unser Schutz. Sie hatte uns den Teil, den wir bewohnten, unter *einer* Bedingung vermietet: sollte jemand das Ganze wollen, das recht teuer war, so müßten wir ausziehen. Sonst blieben wir allein, sie weigerte sich, andere Leute zu uns hineinzusetzen, was ihr oft vorgeschlagen wurde, sie teilte uns solche Vorschläge nicht einmal mit, wir erfuhren davon auf Umwegen. Ohne zu zögern sagte sie nein, obwohl ihr das zu unserer Miete dazu eine zweite, ebenso große eingetragen hätte. Das war nicht mit uns besprochen worden, sagte sie, es wäre uns bestimmt nicht recht. Sie machte wenig Worte, unter diesen aber war ›recht‹ häufig, sie sprach es guttural, als Tirolerin, es erinnerte an Schweizer Kehllaute und schon darum mochte ich sie. An dem riesigen Schlüsselbund hing eine kleine Person, wieviel Räume gab es, in diesem Gebäude, das als Akademie geplant war, leere und bewohnte, in alle führten sie ihre täglichen Runden, es sei denn, sie fürchtete zu stören wie bei uns, da kündigte sie sich erst behutsam am Tag zuvor an. Alle Proportionen dieses Gebäudes waren groß, schon die Vorhalle und die Treppe mit den bequemen niederen Stufen nahm einen auf wie ein Schloß. Aber kein *Herr* hatte darin das Sagen, sondern das kleine, gebückte, weißhaarige Fräulein, das sich an seinem Schlüsselbund

fortschleppte und hie und da, viel zu selten, wenige Kehllaute
von sich gab, die rauh klangen, aber rücksichtsvoll gemeint
waren.

Sie war ganz allein, ich sah nie jemanden, der zu ihr gehörte,
vielleicht hatte sie noch Verwandte in Südtirol, dann sprach sie
nicht von ihnen, sie sagte nichts, woraus man auf irgendwelche
Verbindungen zu anderen Menschen hätte schließen können.
Wir sahen sie nur im Haus und im Garten, nie auf der Himmelstraße, die in den Ort führte, nie in einem Laden unten, es
war nicht zu merken, daß sie einkaufen ging, eine Tasche trug sie
nur, wenn sie im Garten Gemüse holte. Wir kamen zum Schluß,
daß sie von Gemüsen und Früchten lebte, Milch konnte sie vom
Pächter bekommen, der das tiefere Erdgeschoß nach hinten zu
gegen den Garten bewohnte, vielleicht ließ sie sich von ihm auch
Brot besorgen. Das große Turmzimmer, in dem sie wohnte,
bekam Veza nur zu Gesicht, wenn sie die Miete zahlen ging. Da
gab es viele alte Dinge, wie sie aus einem schönen Tiroler Haus
stammen könnten, aber nah zusammengerückt, nicht überschaubar, nicht in wohnlicher Ordnung, so als habe man es hier alles
zusammenstapeln müssen, weil sonst nirgends Platz sei und dabei
standen doch etliche große Räume in dem Gebäude ganz leer. Da
war das Zentrum, das Büro sozusagen, von dem aus das Fräulein
Delug die ganze Anlage zusammenzuhalten versuchte, eine Bemühung, die weit über ihre Kräfte ging. Das Ganze stand seit
mehr als zwei Jahrzehnten da und erforderte schon an allen Ecken
und Enden Reparaturen. Die mußte sie von den Mieten der Wohnungen bestreiten, sein eigenes Geld schien der Maler Delug für
die Erbauung der Akademie, den Traum seines Lebens, vollkommen aufgezehrt zu haben. Nie sprach sie davon. Nie klagte sie.
Höchstens erwähnte sie einmal kurz, daß es da viel zu reparieren
gebe. Wie eine Bäuerin ihren Hof, so suchte sie diesen Traum ihres
Bruders zusammenzuhalten, und war vollkommen allein und hatte wahrscheinlich keinen anderen Gedanken.

Das stattliche Gebäude, auf halber Höhe der Himmelstraße,
war als Mal-Akademie geplant, hatte aber nie seinem Zweck
gedient. Die Akademie war kaum fertig gebaut, als Delug starb
und der Kampf um ihre Erhaltung, als Anlage allein, wurde zur
Sache der Schwester. Sechs große Wohnungen, auf jedem Flügel
drei, wurden zum Vermieten abgeteilt, aber es gab auch Nebengebäude und bescheidene Souterrain-Räume. Der Garten, der

sich nach drei Seiten hin erstreckte, war in manchen Partien durch schöne Treppenstufen gegliedert und durch Plastiken bereichert, die als verwitterte Ausgrabungen wirken sollten. Über ihren Wert als Kunstwerke mochte man geteilter Meinung sein, aber das Ganze, einem italienischen Garten nachgebildet, hatte etwas ungemein Anziehendes. Da es in einem Rebgelände lag, schien es nicht fehl am Platz und hatte eben als Nachahmung den Reiz des Künstlichen. Von einer kleinen seitlichen Terrasse, zu der überwachsene und verwitterte Stufen führten, hatte man einen Blick auf die Donauebene, die unermeßlich schien, der nähere Teil von ihr bestand aus den Häusern Wiens.

Das Verlockendste an dieser Wohnstätte, an sich so schön, war, daß sie von der Endstation der 38er Tram in Grinzing unten und vom Wald weiter oben gleich weit entfernt war. Man hatte die Wahl, die zweite Hälfte der Himmelstraße hinaufzusteigen, an bescheideneren Villen vorbei, bis zu einem Aussichtspunkt über Sievering, der ›Am Himmel‹ genannt war, nah dahinter begann der Wald. Wenn es einem nach Wald nicht zumute war, folgte man der nicht zu breiten Straße, die in einem großen Bogen zum Cobenzl führte, da hatte man wieder die große, offene Aussicht in die Ebene, in der Nähe aber sah man über Weinberge auf das stolze Gebäude der Akademie hinüber, in der einem zu wohnen vergönnt war.

Schräg gegenüber von der Delug-Akademie, etwas weiter unten an der Himmelstraße wohnte Ernst Benedikt, noch vor kurzem Besitzer und Herausgeber der ›Neuen Freien Presse‹. Als Figur der ›Fackel‹ war er mir seit längerem bekannt, wenn auch nicht so vertraut wie sein Vater Moritz Benedikt, der zu den eigentlichen Ungeheuern der ›Fackel‹ gehörte. Wir waren schon in die neue Wohnung eingezogen, als ich das erfuhr, aber ich spüre noch den Schauder über die verrufene Nähe, als Anna, die das vielgepriesene neue Atelier besichtigen kam, mir das Haus der Benedikts zeigte. Wir standen auf der Aussichtsterrasse im Garten, ich wollte ihr den Blick auf die Ebene vorführen, für Ferne und Weite hatte sie etwas übrig, aber zu meiner Verwunderung wies sie auf ein Haus ganz in der Nähe und sagte: »Das ist doch das Haus der Benedikts!« Sie war selten dort gewesen, sie nahm nicht besonders ernst, was in diesem Haus geschah. Die Macht der ›Neuen Freien Presse‹ war wohl groß gewesen, aber die von Annas Mutter jetzt war größer. Daß der Name Benedikt

zu etwas Dämonischem geworden war, durch die jahrzehnte-
lange Existenz der ›Fackel‹, mag sie gewußt haben, aber es
bedeutete ihr nichts, nichts war ihr fremder als Satire und man
kann sicher sein, daß sie keinen einzigen Satz, geschweige denn
eine Seite der ›Fackel‹ je zu Ende gelesen hatte. Sie sagte ›Haus
der Benedikts‹, als ob es irgendein Haus wäre und war nicht
wenig erstaunt zu sehen, wie ich auf ihre harmlose Mitteilung
hin, von allen Zeichen des Entsetzens befallen, Näheres über die
gefährliche Familie zu erfahren suchte.

»Sind es wirklich dieselben?« fragte ich mehr als einmal, »und
so nah bei uns!«

»Du brauchst sie doch nicht zu sehen«, sagte sie.

Ich wandte mich bestürzt von der Aussicht ab und ging in die
Akademie zurück, alles war mir lieber, als dieses Haus weiter im
Auge zu behalten.

»Er ist uninteressant«, sagte Anna, »er hat vier Töchter und
spielt Geige, nicht einmal schlecht übrigens. Er spricht zuviel.
Aber man hört ihm nicht zu. Er will immer zeigen, wie gut er
beschlagen ist, auf vielen Gebieten, aber er langweilt einen.«

»Und er gibt die ›Neue Freie Presse‹ heraus?«

»Die hat er doch verkauft. Er hat nichts mehr damit zu tun.«

»Und was tut er jetzt?«

»Er schreibt. Über Geschichte.«

Ich fragte weiter, aber meine Fragen bezweckten nichts. Ich
wollte nur reden, um meine Aufregung zu verbergen, sie war
aber zu groß, um sich verbergen zu lassen. So muß in vergangenen Zeiten einem Gläubigen zumute gewesen sein, wenn er
erfuhr, daß in seiner nächsten Nähe ein Ketzer wohnte, ein
Geschöpf, mit dem jede Berührung gefährlich war – und dann
gleich danach wird ihm gesagt, daß es sich weder um einen
Ketzer handelt, noch um sonst etwas, das auf der Ebene des
Seelenheils spielt, sondern um eine harmlose Figur, die man
nicht sehr ernst nimmt.

Ich war über diese Nähe zu sehr erschrocken, um mir die
Figur, die Karl Kraus während vieler Jahre in mir aufgepäppelt
hatte, gleich nehmen zu lassen. Aber ich fragte weiter, weil ich
Anna nicht merken lassen wollte, daß ich vor dieser Art ver-
pönter Nachbarschaft etwas wie Angst empfand. Sie merkte es
aber doch und spottete nicht, sie spottete eigentlich nie über
Menschen, Spott war für sie etwas Unästhetisches, sie empfand

ihn auch als indiskret und nach den Erfahrungen mit ihrer Mutter hatte sie gerade davor eine besondere Scheu. Aber sie muß es als unwürdig empfunden haben, daß ich mehr als einen ersten Gedanken an diese Nachbarschaft verlor und wahrscheinlich wollte sie mich auch beruhigen, um dem Gespräch eine andere Wendung zu geben, es waren sonst immer interessantere und wichtigere Dinge, über die wir uns unterhielten.

Ich faßte mich auf die übliche Weise. Ich belegte das Benedikt-Haus mit einem Bann und *sah es nicht*. Vom Fenster des Zimmers, in dem meine Bücher standen und der Tisch, an dem ich schrieb, das auf den Vorhof und die Himmelstraße hinausging, war es ohnehin nicht sichtbar. Es lag weiter unten, schräg gegenüber von uns und trug die Nummer 55. Von *keinem* Zimmer der Wohnung, auch von den unbewohnten nicht, war es zu sehen. Man mußte schon im größeren, eigentlichen Teil des Gartens auf der Aussichtsterrasse stehen, auf die ich Anna geführt hatte, um das verpönte Haus zu bemerken. Von ihrem Ausruf an, der für mich zu einer Drohung geworden war, mied ich diese Terrasse. Sie lag ohnehin ein wenig abseits und es gab im abwechslungsreichen Garten, der sich ganz um das Gebäude herumzog, genug, das man Besuchern zeigen konnte, ohne auf die gewisse Terrasse zu verfallen. Wenn ich aber die abfallende Straße in den Ort hinunterging, meist zur Tram, blickte ich ohne viel Überlegung so lange nach links, bis ich am Hause Nr. 55 vorüber war.

Wir waren Anfang September eingezogen und während gut vier Monaten, bis in den Winter hinein, war dieser Schutz hinreichend. Heimlich hatte ich eine genaue Vorstellung von der Gestalt des Benedikt-Hauses. Ich kannte die offene Veranda im ersten Stock, die auf die Straße ging, die Lage der Fenster, die Art des Dachs, die Stufen, die zur Haustür hinaufführten, ich glaube, daß ich kein anderes Haus der ganzen Umgegend so genau im Kopf trug, ich hätte es, immer ein schlechter Zeichner, sogar aufzeichnen können – aber ich sah nie hin. Ich sah immer nach links, auf die andere Seite, und wann und bei welcher Gelegenheit ich mir die präzise Vorstellung davon verschafft hatte – bevor ich es betrat –, wird mir ein Rätsel bleiben. Ich brauchte dieses Bild, um es zu *bannen*.

Ich hatte Veza noch während Annas Besuch davon erzählt, sie lachte über meinen Schrecken. Sie war der ›Fackel‹ nicht weniger als ich verfallen gewesen, aber nur solange sie im Saal vor

Karl Kraus saß, keinen Augenblick länger. Danach las sie, worauf sie Lust hatte, lernte unbefangen und von seinen Bannflüchen unbeirrt Menschen kennen, sah sie, wie sie ihr wirklich erschienen, als hätte Karl Kraus nie etwas über sie gesagt und hatte sich auch jetzt nicht im geringsten über die vermaledeite Nachbarschaft aufgehalten, ja es schien ihr sogar zu gefallen, daß es da vier junge Mädchen, eben die Benedikt-Töchter gab. Sie war neugierig auf sie wie auf andere junge Mädchen, machte sich über meinen Schrecken lustig, wollte wissen, ob sie hübsch seien, worauf Anna nichts Rechtes zu sagen wußte, fragte Anna, in welche von ihnen ich mich wohl verlieben würde, Anna sagte, sie glaube, in keine, das seien doch junge Gänschen, mit denen könne man nicht einmal reden. Sie seien der freundlichen, eher schlichten Mutter nachgeraten, nicht dem närrischen Vater. Veza machte dann rechtzeitig ihrem Spott ein Ende. Nachdem sie, wie immer, ihre Selbständigkeit auch in dieser Sache klar etabliert hatte, ließ sie merken, daß sie mir beistehen würde und als ich dann meinen Bann über jenes Haus verkündet hatte, versprach sie mir zu helfen und durch ihre Neugier auf die jungen Mädchen nichts zu erschweren oder zu verwirren.

Ich selbst zerbrach mir nicht den Kopf darüber, wie diese Mädchen aussehen würden. Sie waren, durch die ›Neue Freie Presse‹, der sie entstammten, auf alle Fälle verdorben.

Auf dem Weg in den Ort, die Himmelstraße hinunter, begegneten einem öfters zu gleichen Zeiten die gleichen Menschen. Man war ihnen gegenüber im Vorteil, denn man ging rascher als sie, *ihre* Schritte verlangsamten sich durch die Steigung. Es war, als ob sie sich zur Betrachtung darböten, während man selber überlegen an ihnen vorbeieilte. *Eine* Begegnung allerdings war so, daß man selber langsamer wurde, während von unten in größter Hast einem ein Mädchen entgegenkam. In einem offenen hellen Mantel, mit offenen pechschwarzen Haaren, stark atmend, die dunklen Augen auf ein Ziel gerichtet, das man nicht kannte, sehr jung, vielleicht 17, schön wie ein dunkler Fisch, wäre nur der Atem, den man hörte, nicht so laut gewesen, etwas Östliches in den Zügen (doch für eine Japanerin ihres Alters zu groß und zu schwer), heftig, beinah wie blind rannte sie daher, man zögerte und befürchtete, daß sie in einen hineinrenne, aber ein Blick von ihr genügte, um einen Zusammenstoß zu vermeiden. Von diesem Blick, der nichts als Flucht bedeutete, fühlte man sich getroffen. Stürmisches Leben ging von ihr aus, so jung schien sie, daß man Scheu davor hatte, ihr nachzusehen, und so erfuhr man nicht, wohin sie stürzte, denn in irgendeins der Häuser weiter oben auf der Himmelstraße mußte sie gehören.

Nur um die Mittagszeit kam sie und es ist mir unerfindlich, was ich um die Mittagszeit im Ort selbst zu besorgen hatte. Nach einigen Begegnungen mit der aufreizenden Hast dieses dunklen Geschöpfs fand ich mich beinah täglich um dieselbe Zeit auf der Straße und ahnte nicht, daß es um ihretwillen geschah, obwohl ich darauf achtete, nicht zu früh in die Abzweigung in die Strassergasse zu gelangen, denn von dorther kam sie und mein Weg führte nicht dorthin. So ging ich keinen Schritt um ihretwillen anders, ich kam ihr nicht entgegen, denn ich ging *meinen* Weg, daß sie kam, war ihre eigene, hitzige Sache und daß ich den Weg um ihretwillen nun beinah täglich ging, gestand ich mir nicht ein.

Ihr Name, jeder Name hätte mich enttäuscht, es wäre denn ein östlicher Name gewesen. Mit japanischen Farbholzschnitten war ich zu dieser Zeit wohl vertraut. Sie hatten von mir so sehr Besitz ergriffen wie das Kabuki-Theater, das ich während einer Woche als Gastspiel in der Volksoper erlebt hatte. Die Holzschnitte des Sharaku, die Kabuki-Schauspieler darstellten, liebte ich schon darum besonders, weil ich an sieben aufeinanderfolgenden Abenden einer Woche die Wirkung eines Kabuki-Stückes an mir selber erfahren hatte. Nun wurden Frauen in diesen Stücken von Männern dargestellt und es gab auch in den farbigen Holzschnitten des Sharaku ganz gewiß niemanden, der der täglichen Erscheinung geglichen hätte. Aber die Heftigkeit, dieselbe, die mich an der aufwärts Stürzenden übermannte, war ihnen allen gemein und so scheint es mir heute, daß ich um dieser betörenden Atemlosigkeit willen den Weg, der mich mit dem Ort und der Stadt verband, den ich auf alle Fälle gehen mußte, um in die Stadt zu gelangen, an diese bestimmte Zeit des Tages band. Um diese Zeit – gegen eins – begann die Vorführung, ich war ihr pünktlicher Besucher. Kein Blick hinter die Kulissen lockte mich, ich wollte nichts erfahren, doch den Auftritt, diese eine Szene, ließ ich mir nicht entgehen.

Als es kälter wurde, man kam in den Winter hinein, steigerte sich das Dramatische dieser Auftritte, denn das junge Mädchen dampfte. Der Mantel schien noch offener und sie schien noch mehr Eile zu haben, ihre heftigen Atemstöße zeichneten sich als Wolken in der kalten Luft ab. Ich hatte das Gefühl, daß es ihr von Mal zu Mal eiliger wurde, die Kälte nahm zu, mehr Dampf entströmte ihrem offenen Mund, wenn sie mich beinahe streifte, hörte ich ihr Keuchen.

Sobald ihre Zeit sich nahte, unterbrach ich meine Arbeit. Ich legte den Bleistift hin, sprang auf und verließ durch eine besondere Tür, die mein Zimmer mit der Vorhalle des Hauses verband, die Wohnung, ohne daß irgendwer es wußte. Ich ging die breite Treppe mit den niederen Stufen hinunter, betrat den Vorhof, blickte zu meinen Fenstern im ersten Stock hinauf, als stünde ich noch oben, und war gleich auf der Straße. Ein wenig Furcht hatte ich immer, die Kabuki-Figur, das östliche Mädchen, könne schon vorüber sein, aber das war nie der Fall, ich hatte Zeit, nach einigen Schritten das Haus Nr. 55 zu meiden, indem ich, dem Bann, der auf ihm lag, gehorsam, unentwegt nach links blickte und immer, zwischen Nr. 55 und der Kreuzung zur Strassergasse, stürmte die wilde Person, Erregung um sich verbreitend, mir entgegen. Ich nahm soviel davon auf, als ich fassen konnte, es hätte auch länger als bis zum nächsten Tag vorgehalten. Nach vielen, die ich neu hier sah, erkundigte ich mich und ließ mir über sie erzählen. Nach der Heraufstürzenden fragte ich nie. Laut und übermütig, wie sie erschien, wurde sie in mir zum Geheimnis.

Die letzte Version

Anderthalb Jahre, bevor wir nach Grinzing zogen, noch in der Ferdinandstraße, hatten Veza und ich geheiratet. Ich hatte es vor der Mutter in Paris verheimlicht, vielleicht ahnte sie später, was sich hinter der neuen Adresse Himmelstraße verbarg, doch war es nie ausgesprochen worden. Auch als Georg, der Bruder es erfuhr, vor dem es sich nicht mehr verheimlichen ließ, hatte er, der sie am besten kannte, darüber geschwiegen. Dann hatte sie es mit dem Buch zusammen erfahren, das sie sehr überraschte, und solange von diesem die Rede war, eine für sie höchst ungewöhnliche, unterwürfige Rede, hatte sie die Heirat als nebensächlich in das Gesamt der Nachrichten eingeschlossen. Ich trug mich mit der Hoffnung, daß das Schlimmste zwischen uns vorüber sei, daß ihr die Jahre, in denen ich sie (um Veza zu schützen, um auch ihr selber die schärfere Pein zu ersparen) über die Fortdauer, über die Unauflöslichkeit der Beziehung zu Veza getäuscht hatte, nicht mehr so viel bedeuten würden.

Auf ihre hochfahrende Weise hatte sie mich anerkannt, das Buch sei so, wie sie selber geschrieben hätte, es sei wie von ihr, ich hätte recht daran getan, schreiben zu wollen, ich hätte recht daran getan, alles andere beiseite zu schieben, was sei schon für einen Dichter die Chemie! Weg damit, ich hätte entschlossen dagegen angekämpft und mich selbst gegen sie als stark erwiesen, mit diesem Buch hätte ich meinen Anspruch gerechtfertigt. Solche Dinge schrieb sie mir, aber dann, als ich sie in Paris wiedersah und diese ›Unterwerfung‹ abzuwehren suchte, die ich von ihr nie zuvor erfahren hatte und nur schwer ertrug, war mehr und mehr nachgekommen.

Plötzlich sprach sie vom Vater, von seinem Tod, der alles Spätere in unserem Dasein bestimmt hatte. Sie wollte mich nicht mehr schonen, jetzt nahm sie mich ernst und sagte mir die Wahrheit. Zum erstenmal erfuhr ich, was sie all die Zeit über, es waren mehr als 23 Jahre her, durch immer neue, wechselnde Versionen vor mir verschleiert hatte.

In Reichenhall zur Kur hatte sie jenen Arzt getroffen, der *ihre* Sprache sprach, bei dem jedes Wort seine harten Umrisse hatte. Sie fühlte sich zu Antworten herausgefordert und fand Dinge in sich, die kühn und unerwartet waren. Er gab ihr Strindberg zu lesen, dem sie seither verfiel, denn er dachte so schlecht von Frauen wie sie selber. Ihm gestand sie, wer ihr ›Heiliger‹ war, Coriolan, und er fand es nicht absonderlich, sondern bewunderte sie dafür. Er fragte sie nicht, wie sie als Frau einem solchen Vorbild anhängen könne, sondern gestand ihr, von ihrem Stolz wie von ihrer Schönheit ergriffen, seine Neigung. Sie fand es herrlich, ihn zu hören, doch sie gab ihm nicht nach. Sie erlaubte ihm alle Worte und erwiderte mit keinem, das ihn selbst betraf. In *ihrem* Gespräch kam er nicht vor, sie wollte über das reden, was er ihr zu lesen gab und von den Menschen hören, die er als Arzt gut kannte. Über die Dinge, die er *ihr* sagte, wunderte sie sich, doch sie nahm nichts davon an, er aber redete ihr zu, sich vom Vater zu trennen und ihn zu heiraten. Er war bezaubert von ihrem Deutsch, sie spreche Deutsch wie niemand anderer, nie würde ihr das Englische ebensoviel bedeuten. Zweimal bat sie den Vater um die Verlängerung der Kur, die ihr guttue. Sie blühte auf in Reichenhall, aber sie wußte wohl, was es war, das ihr so guttat: die Worte des Arztes. Als sie ein drittesmal um eine Verlängerung bat, schlug ihr der Vater die Bitte ab und forderte ihre sofortige Rückkehr.

Sie kam, im Bewußtsein, daß sie keinen Augenblick erwogen hatte, dem Arzt nachzugeben. Sie hatte nicht die geringste Scheu davor, dem Vater alles zu erzählen. Sie war wieder bei ihm, ihr Triumph war der seine. Sie brachte sich und was ihr geschehen war und legte es – sie gebrauchte diesen Satz – dem Vater zu Füßen. Sie wiederholte vor ihm die bewundernden Worte des Arztes und konnte die steigende Erregung des Vaters nicht begreifen. Er wollte immer mehr wissen – alles wolle er wissen –, als es gar nichts mehr zu wissen gab, fragte er weiter. Er wollte ein Geständnis und sie hatte keines zu machen. Das glaubte er nicht: wie hatte der Arzt ihr eine Ehe antragen können, wenn nichts geschehen war, ihr, einer verheirateten Frau mit drei Kindern! Sie fand nichts Erstaunliches daran, denn sie wußte, wie sich alles aus den Gesprächen entwickelt hatte.

Es tat ihr nichts leid, sie zog nichts zurück, sie sagte wieder und wieder, wie gut es ihr getan habe, sie fühle sich jetzt ganz gesund, dazu sei sie doch hingefahren und sie sei froh, daß sie wieder da sei. Doch der Vater stellte die sonderbarsten Fragen. »Hat er dich untersucht?« fragte er.

»Aber er war doch mein Arzt.«

»Habt ihr Deutsch gesprochen?«

»Ja wie denn sonst?«

Er wollte wissen, ob der Arzt Französisch könne und sie sagte, sie denke schon, es sei auch von französischen Büchern die Rede gewesen. Warum sie nicht Französisch miteinander gesprochen hätten? Diese Frage des Vaters habe sie nie verstanden. Oft und oft habe sie darüber nachgedacht. Wie konnte er nur auf den Gedanken kommen, daß ein Kurarzt in Reichenhall mit ihr, der Deutsch die vertrauteste Sprache war, in einer *anderen* Sprache sprechen würde!

Ich staunte, daß sie nicht erfaßte, was sie getan hatte, denn ihre Untreue lag eben darin, daß sie die intime Sprache zwischen sich und dem Vater, Deutsch, mit einem Mann gebraucht hatte, der um ihre Liebe warb. Alle wichtigen Ereignisse ihrer Verlobung, ihrer Ehe, ihrer Befreiung von der Tyrannei des Großvaters hatten sich auf deutsch abgespielt. Vielleicht war ihr das nicht mehr so bewußt, seit der Vater in Manchester sich um die Erlernung des Englischen solche Mühe gab. Aber er empfand sehr wohl, daß sie sich mit Leidenschaft wieder dem Deutschen zugewandt hatte und meinte vor Augen zu haben, wozu es geführt haben müsse. Er weigerte sich zu ihr zu sprechen, bevor sie gestehe, er schwieg eine ganze Nacht und er schwieg am Morgen. Er starb in der Überzeugung, daß sie ihn betrogen habe.

Ich hatte nicht das Herz, ihr zu sagen, daß sie ihrer Unschuld zum Trotz schuldig war, denn sie hatte Worte in *dieser Sprache* erlaubt, die sie nie hätte erlauben dürfen. Sie hatte dieses Gespräch während Wochen fortgesetzt und eines sogar, ein einziges hatte sie, wie sie zugab, vor dem Vater verschwiegen: Coriolan.

Er hätte das nicht verstanden, sagte sie. Sie waren noch so jung, als sie über das Burgtheater zueinander sprachen. Als sie, halbwüchsig, in Wien lebten, hatten sie einander noch nicht gekannt, doch sie waren oft in denselben Vorstellungen gewesen. Über diese sprachen sie später und dann war ihnen zumute, als seien sie zusammen dort gewesen. Sein Abgott war Sonnenthal, ihr Abgott war die Wolter. Ihm ging es mehr um die Schauspieler als ihr, er machte sie nach, sie sprach lieber von ihnen. Über die Stücke hatte er eigentlich nicht viel zu sagen, sie las alles zuhause nach, während er gern deklamierte. Er wäre ein besserer Schauspieler als sie geworden. Sie *dachte* sich zu viel und sie war lieber ernst. Sie gab nicht so viel wie er auf Komödien. Über die Aufführungen, die sie beide gesehen hatten, war es, daß sie einander zuinnerst kennenlernten. Den ›Coriolan‹ hatte er nie gesehen, er hätte ihm auch nicht gefallen, Leute, die herzlos stolz waren, mochte er nicht leiden. Eben weil ihre Leute so stolz waren, hatte er's mit ihrer Familie schwer, die gegen ihre Heirat war. Es hätte ihn gekränkt zu erfahren, daß von allen Figuren Shakespeares Coriolan ihr die liebste war. Sie hatte gar nicht gemerkt, daß sie ein Gespräch darüber mit ihm vermied, es fiel ihr erst ein, als sie in Reichenhall plötzlich mit Coriolan herausrückte.

Ob sie denn über etwas unzufrieden war? Ob der Vater sie mit etwas gekränkt habe? Ich fragte sie wenig, sie sprach von selber, von den Dingen, die lange in ihr bereit lagen, wäre sie nicht abzulenken gewesen. Aber diese Frage bedrängte mich, und es war gut, daß ich sie stellte. Nie habe er sie gekränkt, kein einziges Mal. Sie sei über Manchester gekränkt gewesen, weil es nicht Wien war. Sie habe geschwiegen, als der Vater mir englische Bücher zum Lesen brachte und englisch mit mir darüber sprach. Das war der Grund, warum sie sich damals ganz von mir zurückgehalten habe. Der Vater sei von England begeistert gewesen. Er hatte ja recht, es waren vornehme und gesittete Menschen. Hätte sie nur mehr Engländer gekannt. Sie lebte aber unter Leuten ihrer Familie mit ihrer lächerlichen Bildung. Ein wirkliches Gespräch konnte sie mit niemandem führen. Deshalb war sie krank geworden, es war gar nicht das Klima. Drum hatte ihr Reichenhall, das Gespräch mit dem Arzt nämlich, so geholfen. Aber es war eine *Kur*. Sie hatte genügt. Einmal im Jahr hätte sie hinfahren mögen. Die Eifersucht des Vaters hat alles zerstört. Hätte sie ihm die Wahrheit nicht sagen sollen?

Diese Frage stellte sie ernsthaft und wollte eine Antwort darauf von mir. Sie stellte ihre Frage so dringlich, als ob es alles eben geschehen wäre. Von der Begegnung mit dem Arzt nahm sie nichts zurück. Sie fragte nicht: hätte ich ihn nicht anhören sollen? Es schien ihr genug, daß sie für sein Ansinnen taub war. Ich gab ihr die Antwort, die sie nicht hören wollte. Du hättest nicht zeigen dürfen, wieviel es dir bedeutet, sagte ich, zögernd, aber es klang wie ein Tadel. Du hättest dich nicht damit brüsten dürfen. Du hättest es nebenher sagen müssen.

»Aber ich *habe* mich doch darüber gefreut!« war ihre heftige Antwort, »ich freue mich noch heute darüber. Glaubst du, ich wäre sonst je auf Strindberg gekommen? Ich wäre ein anderer Mensch, du hättest dein Buch nicht geschrieben. Du wärst bei deinen kläglichen Gedichten geblieben. Kein Hahn hätte je nach dir gekräht. Dein Vater ist Strindberg. Du bist mein Sohn von Strindberg. Zu seinem Sohn habe ich dich gemacht. Hätte ich Reichenhall verleugnet, es wäre nichts aus dir geworden. Du schreibst Deutsch, weil ich dich von England fortgenommen habe. Du bist noch mehr zu Wien geworden als ich. Deinen Karl Kraus, den ich nicht leiden konnte, hast du in Wien gefunden. Eine Wienerin hast du geheiratet. Jetzt lebst du sogar unter Heurigen. Es scheint dir nicht schlecht zu gefallen. Sobald es mir besser geht, komme ich euch besuchen. Sag der Veza, sie braucht sich nicht vor mir zu fürchten. Du wirst sie verlassen, wie du mich verlassen hast. Die Geschichten, die du für mich erfunden hast, werden wahr werden. Du *mußt* erfinden, du bist ein Dichter. Drum habe ich dir geglaubt. Wem soll man glauben, wenn nicht Dichtern? Den Geschäftemachern vielleicht? Den Politikern? Ich glaube nur Dichtern. Aber sie müssen mißtrauisch sein wie Strindberg und Frauen durchschauen. Man kann nicht schlecht genug von den Menschen denken. Und trotzdem möchte ich nicht eine Stunde weniger leben. Sollen sie schlecht sein! Es ist wunderbar zu leben! Es ist wunderbar, alle Schlechtigkeiten zu durchschauen und trotzdem zu leben!«

Aus solchen Worten erfuhr ich, was meinem Vater geschehen war. Er fühlte, daß sie von ihm abgefallen war, doch sie hatte nichts zu gestehen. Vielleicht hätte ein Geständnis der üblichen Art ihn weniger tief getroffen. Sie verstand nicht zu ermessen, wie ihr selber zumute war, sonst hätte sie ihn mit ihrem Glück nicht überfallen können. Sie war nicht schamlos, gebrüstet hätte sie sich nicht, wenn sie in ihrem Verhalten eine Unsauberkeit gewittert hätte. Wie hätte er hinnehmen können, was geschehen war? Die deutschen Worte, die sie füreinander hatten, waren unantastbar für ihn. Diese Worte, diese Sprache hatte sie preisgegeben. Alles was sich auf der Bühne vor ihnen abgespielt hatte, war für ihn zu Liebe geworden. Sie hatten es einander erzählt, unzählige Male, und hatten dank diesen Worten die Beschränktheit ihrer Umgebung ertragen. Wenn ich mich als Kind in Neid um diese fremden Worte verzehrte, merkte ich, wie überflüssig ich war. Sobald sie damit begannen, war niemand anderer für sie da. Über diesem Ausgeschlossensein geriet ich in Panik und übte im Nebenzimmer verzweifelt die deutschen Worte, die ich nicht verstand.

Ich war erbittert über ihr Geständnis, denn sie hatte mich irregeführt. Immer neue Versionen hatte ich im Lauf der Jahre gehört und jedesmal war es, als wäre der Vater aus einem anderen Grunde gestorben. Was sie als Schonung für meine Jugend ausgab, war in Wahrheit eine wechselnde Einsicht in das Maß ihrer Schuld. In den Nächten nach dem Tod des Vaters, als ich sie davon zurückhalten mußte, sich etwas anzutun, war ihr Schuldgefühl so groß, daß sie nicht mehr leben wollte. Sie nahm uns nach Wien, um der Stätte näher zu sein, von der die ersten Gespräche mit dem Vater sich genährt hatten. Auf dem Weg nach Wien machte sie halt in Lausanne und vergewaltigte mich zu der Sprache, die ich früher nicht verstehen durfte. An den Leseabenden mit ihr in Wien, aus denen ich entstanden bin, führte sie wieder jene frühen Gespräche mit ihm, fügte aber den ›Coriolan‹ dazu, mit dem sie sich schuldig gemacht hatte. In Zürich in der Scheuchzerstraße ergab sie sich Abend für Abend den gelben Strindbergbänden, die ich ihr einen um den anderen schenkte. Dann hörte ich sie am Klavier leise singen, mit dem Vater sprechen und weinen. Hat sie ihm den Namen dessen genannt, den sie begierig las, den er nicht kannte? Als das Kind ihrer Untreue sah sie jetzt mich. Sie warf mir hin, wer ich war. Was war jetzt mein Vater?

In solchen Augenblicken *zerriß* sie alles und war kühn, wie sie gewesen wäre, wenn sie ihr eigentliches Leben geführt hätte. Sie hatte ein Recht darauf, sich in meinem Buch zu erkennen und zu sagen, daß sie selber so geschrieben hätte, daß sie es *war*, und darum fand sie auch ihre Großmut wieder und nahm Veza an und setzte sich darüber hinweg, daß ich *sie* so lange über Veza getäuscht hatte. Doch verband sie ihre Großmut mit einer bösen Prophezeiung: so wie ich sie verlassen hatte, würde ich auch Veza verlassen. Ohne den Gedanken einer Rache konnte sie nicht sein. Sie kündigte ihren Besuch bei uns an und stellte sich vor, daß sie bei uns mitansehen würde, was sie voraussagte. Sie war rasch und ungestüm und hielt es für sicher, daß nach dem Erscheinen dieses Buches, von dem sie durchdrungen war, eine Zeit des Triumphs beginnen müsse. Sie sah mich umgeben von Frauen, die mir für den ›Frauenhaß‹ der ›Blendung‹ huldigten und danach dürsteten, sich dafür strafen zu lassen, daß sie Frauen waren. Sie sah eine Reihe von berückenden Schönheiten bei mir in Grinzing, die aber rasch wechseln sollten, und Veza schließlich verstoßen und vergessen in einer kleinen Wohnung, die so war wie ihre eigene in Paris. Die Erfindungen, durch die ich sie von Veza abgelenkt hatte, wären dann wahr geworden, auf die *Zeit* dieser Wahrheit kam es nicht an. Ich hatte bloß etwas vorausgesagt, ich hatte sie nicht getäuscht und sie hatte sich nicht täuschen lassen, denn niemand mit seinen Schlechtigkeiten bestand vor ihr, sie hatte die Gabe des Durchschauens, die sie an mich weitergereicht hatte, ich *war* ihr Sohn.

Ich verließ damals Paris in der Meinung, daß sie sich mit unserer Heirat abgefunden hatte, daß sie für Veza, eben weil ihr Schlimmes bevorstünde, etwas wie Mitleid empfand. Es tat ihr wohl, daß sie glaubte, Vezas Zukunft zu kennen, die diese selbst sich noch nicht einzugestehen wage. Ich malte mir Gespräche zwischen ihnen aus und fühlte Erleichterung darüber. Vielleicht entschädigte mich diese Aussicht ein wenig für das Furchtbare, das ich über den Zusammenbruch meines Vaters erfahren hatte.

Aber es kam anders, ich hatte mich getäuscht, das Ausmaß ihrer Schwankungen, die jetzt ungeheuerlich wurden, hatte ich unterschätzt. Ich hatte nicht bedacht, welche Wirkung es auf sie haben müsse, daß sie endlich zu mir *gesprochen* hatte. Bis dahin hatte sie mich hingehalten, in all den Jahren des frühen Zusammenlebens, das mir so wahrhaftig erschienen war, hatte sie mich durch immer neue Wendungen abgelenkt und ihr Geheimnis gehütet. Jetzt hatte sie es preisgegeben und mich nach meiner Meinung gefragt und in meiner Empfindlichkeit für Worte hatte ich sie getadelt, nicht für das, was geschehen war, aber dafür, daß sie den Vater nicht *geschont* hatte, daß sie nicht spüren wollte, was sie ihm mit ihrem prahlerischen Bericht antat. Ihr Ausbruch, mit dem sie darauf erwiderte, hatte mich nicht erschreckt, sondern in der Meinung bestärkt, daß sie noch dieselbe sei, unzerstörbar; und daß sie dem langen Kampfe zwischen uns, dessen Notwendigkeit sie begreife, souverän ein Ende setze.

Was ich nicht vorausgesehen hatte, kam wenige Monate später. Noch im selben Jahr verhärtete sie sich wieder gegen mich, und ohne Veza wie in der Vergangenheit herabzusetzen oder zu beschuldigen, erklärte sie, sie wolle mich nie mehr sehen.

Alban Berg

Ich habe mir heute mit Ergriffenheit Bilder von Alban Berg angesehen. Ich traue mir noch immer nicht zu, zu sagen, wie ich ihn erlebt habe. Ich will nur, sozusagen ganz von außen her, einige Begegnungen mit ihm streifen.

Ich habe ihn wenige Wochen vor seinem Tod zuletzt gesehen, im Café Museum, es war eine kurze Begegnung nachts, nach einem Konzert, ich dankte ihm für einen sehr schönen Brief, er fragte mich, ob mein Buch schon Besprechungen gehabt habe. Ich sagte ihm, es sei wohl noch zu früh, er schien anderer Meinung und war voller Fürsorge. Er wollte mir, ohne es eigentlich auszusprechen, zu verstehen geben, daß ich mich auf einiges gefaßt machen müsse. Er, der selber in Gefahr war, wollte mich schützen. Ich spürte die Wärme, die er seit unserer ersten Begegnung für mich hatte. »Was kann denn Schlimmes geschehen«, sagte ich, »wenn ich diesen Brief von Ihnen bekommen habe?« Er wehrte ab, obwohl er sich darüber freute. »Das klingt ja so, als ob der Brief von Schönberg wäre. Er ist doch nur von mir.«

Es fehlte ihm nicht an Selbstgefühl. Er wußte sehr wohl, wer er war. Es gab aber einen Lebenden, den er unerschütterlich über sich stellte: Schönberg. Für dieses Maß an Verehrung, deren er fähig war, liebte ich ihn. Aber ich hatte Grund, ihn für vieles zu lieben.

Ich wußte damals nicht, daß er seit Monaten an Furunkulose litt, ich wußte nicht, daß er nur für wenige Wochen noch zu leben hatte. Weihnachten erfuhr ich plötzlich von Anna, daß er am Tag zuvor gestorben war. Am 28. Dezember war ich bei seinem Begräbnis auf dem Hietzinger Friedhof. Ich sah keine Bewegung auf dem Friedhof, wie ich erwartet hatte, keine Menschen, die in eine bestimmte Richtung gingen. Ich fragte einen kleinen, verwachsenen Totengräber, wo das Begräbnis von Alban Berg sei. »Die Leiche Berg ist oben links!« krähte er laut. Ich erschrak, ging aber in die angegebene Richtung und fand eine Gruppe von vielleicht dreißig Menschen. Ernst Krenek war darunter, Egon Wellesz und Willi Reich. Von den Reden ist mir nur geblieben, daß dieser den Toten als Lehrer ansprach, auf vertraut schülerhafte Weise, er sagte eigentlich wenig, aber es war demütig noch vor dem toten Lehrer und das war die einzige Äußerung, die mich in diesem Augenblick nicht störte. Anderen, die klüger und gefaßter sprachen, hörte ich nicht zu, ich wollte es nicht hören, denn ich war nicht in der Verfassung zu begreifen, daß wir da waren.

Ich sah ihn vor mir, wie er in einem Konzert leicht taumelte, als ihn Lieder von Debussy berührt hatten. Er *ging*, groß wie er war, nach vorn geneigt und wenn dann dieses leichte Taumeln einsetzte, war es, als ob ein Wind um ihn wehe und er glich einem hohen Halm. Das ›wunderbar‹, das er sagte, blieb ihm halb im Munde stecken, er wirkte wie betrunken. Es war ein Lallen, das ein Lob in sich schloß, ein taumelndes Bekenntnis.

Als ich ihn das erstemal in seiner Wohnung besuchte – ich war ihm durch H. empfohlen worden –, fiel mir die Heiterkeit auf, mit der er mich empfing. In der Welt berühmt, in Wien aussätzig

– ich hatte einen Menschen von gespenstigem Trotz erwartet. Ich dachte ihn mir fern von seiner Hietzinger Umgebung und fragte mich nicht, warum er hier wohne. Ich verband ihn nicht mit Wien, außer in einer Hinsicht: er, ein großer Komponist, war hier, um die Verachtung der berufenen Musikstadt zu erfahren. Ich dachte, daß er so sein *müsse*, daß Ernstzunehmendes nur in solcher Feindschaft entstehen könne, ich machte keinen Unterschied zwischen Komponisten und Dichtern, der Widerstand, der sie hauptsächlich ausmachte, war bei beiden der gleiche. Mir schien, daß er aus ein und derselben Quelle entsprang, die Kraft dieses Widerstandes speiste sich von Karl Kraus.

Es war mir bekannt, wie viel Karl Kraus Schönberg und seinen Schülern bedeutete. Vielleicht war meine gute Meinung zuerst davon bestimmt. Aber bei Alban Berg kam hinzu, daß er den ›Wozzeck‹ zum Gegenstand seiner Oper gewählt hatte. Ich kam mit den größten Erwartungen zu Berg, ich hatte ihn mir als Person ganz anders vorgestellt – gibt es einen bedeutenden Mann, den man sich richtig vorstellt? Aber er ist der einzige, von dem ich so viel erwartete, der mich nicht enttäuscht hat.

Ich war fassungslos über seine Natürlichkeit. Er gab keine großen Sätze von sich. Er war neugierig, weil er nichts von mir wußte. Er fragte, was ich gemacht hätte, ob es etwas von mir zu lesen gäbe. Ich sagte, es gäbe kein Buch von mir, nur die Theaterausgabe der ›Hochzeit‹. In diesem Augenblick schloß er mich ins Herz, das habe ich aber erst später erkannt, was ich damals spürte: war eine plötzliche Wärme, als er sagte: »Da hat sich keiner getraut. Kann ich das Stück so lesen?« Es war kein besonderer Nachdruck auf der Frage, doch war nicht daran zu zweifeln, daß er sie ernst meinte, denn er fügte gleich aufmunternd hinzu: »Das ist mir genauso gegangen. Dann wird es schon etwas sein.« Er vergab sich mit dieser Gleichstellung nichts, aber er schenkte mir mit einem solchen Satz Erwartung, das Höchste. Es war nicht die organisierende Erwartung H.'s, die einen kalt ließ oder bedrückte, Erwartung, die dieser schleunigst zu Macht ummünzte, es war persönlich, einfach und scheinbar anspruchslos, obwohl es eine Anforderung voraussetzte. Ich versprach ihm das Theaterbuch und nahm sein Interesse so ernst, wie es gemeint war.

Ich sagte ihm, in welcher Verfassung ich als 26jähriger auf den

›Wozzeck‹ gestoßen war und wie ich das Fragment im Verlauf einer einzigen Nacht immer wieder gelesen hätte. Es stellte sich heraus, daß er 29 alt war, als er die erste Aufführung des ›Wozzeck‹ in Wien erlebte. Er habe sie öfters gesehen und sich sofort dazu entschlossen, eine Oper daraus zu machen. Ich sagte ihm auch, wie der ›Wozzeck‹ zur ›Hochzeit‹ geführt habe. Es gebe keinen unmittelbaren Zusammenhang zwischen beiden, nur ich wisse, wie eines sich zum anderen gefügt habe.

Später, im weiteren Verlauf des Gesprächs nahm ich mir einige vorlaute Bemerkungen über Wagner heraus, die er mir bestimmt, aber ohne Schärfe verwies. Was er vom ›Tristan‹ hielt, schien unverrückbar. »Sie sind kein Musiker«, sagte er, »sonst könnten Sie nicht so reden.« Ich schämte mich für meinen Vorwitz, aber mehr wie ein Schüler sich schämen würde, dem eine Antwort falsch geraten war, und hatte nicht das Gefühl, daß durch diesen Fehltritt das Interesse, das er früher bekundet hatte, verringert sei. Er wiederholte gleich danach, um mir aus der Verlegenheit zu helfen, seine Bitte um das Stück.

Nicht nur bei dieser Gelegenheit spürte er, was in mir vorging. Er war, im Gegensatz zu vielen Musikern, nicht taub für Worte. Er nahm sie auf beinahe wie Musik, er begriff von Menschen soviel wie von Instrumenten. Schon nach dieser ersten Begegnung war ich mir klar darüber, daß er zu den gezählten Musikern gehörte, die Menschen auf gleiche Weise erleben wie Dichter. Ich spürte auch, da ich als völlig Fremder zu ihm gekommen war, seine Liebe für Menschen, die so stark war, daß er sich ihrer nur durch seinen Hang zu Satire erwehren konnte. Das Spöttische um Mund und Augen verließ ihn nie und es wäre ihm ein leichtes gewesen, sich durch Schärfe gegen seine Herzlichkeit abzugrenzen. Er zog es vor, sich der großen Satiriker zu bedienen, denen er zeit seines Lebens anhing.

Ich möchte von jeder einzelnen Begegnung sprechen, die ich mit ihm hatte, sie waren im Laufe der wenigen Jahre, während deren wir uns kannten, nicht so selten. Aber über alle hat sich der Schatten seines frühen Todes gelegt, er war, wie Gustav Mahler, noch nicht 51 Jahre alt, als er starb. Jedes Gespräch, das ich in Erinnerung habe, hat sich dadurch verfärbt und ich habe Scheu davor, seine Heiterkeit durch die Trauer, die ich noch immer um ihn fühle, zu entstellen. Ich denke an einen Satz aus einem Brief an seinen Schüler, von dem ich erst viel später erfuhr: »Ein, zwei Monate habe ich noch zu leben – was aber dann? – Ich denke und kombiniere nichts anderes als dies – bin also tief deprimiert.« Dieser Satz bezog sich nicht auf die Krankheit, sondern auf die drohende Nähe der *Not. Zur selben Zeit* schrieb er mir den wunderbaren Brief über die ›Blendung‹, die er in solcher Verfassung gelesen hatte. Er hatte starke Schmerzen und er hatte Angst um das nackte Leben, aber er stieß das Buch nicht von sich, er ließ sich davon bedrücken, er war entschlossen, dem Autor gerecht zu werden, er wurde ihm gerecht und darum ist mir dieser erste Brief, den ich über den Roman empfing, von allen der teuerste geblieben.

Seine Frau Helene hat ihn um mehr als vierzig Jahre überlebt. Es gibt Leute, die sich darüber aufhalten und insbesondere an ihr auszusetzen finden, daß sie während dieser ganzen Zeit mit ihm in Verbindung blieb. Selbst wenn sie in einer Täuschung befangen war, selbst wenn er nur *in ihr* und nicht von außen zu ihr sprach, so ist das doch eine Form des Überlebens, für die ich Scheu und Bewunderung fühle. Ich selbst sah sie dreißig Jahre nach seinem Tode wieder, nach einem Vortrag Adornos in Wien. Sie kam aus dem Saal, klein und geschrumpft, eine sehr alte Frau, so abwesend, daß ich mir ein Herz fassen mußte, sie anzusprechen. Sie erkannte mich nicht, aber als ich meinen Namen nannte, sagte sie: »Ah, Herr C.! Das ist lange her. Der Alban spricht immer noch von Ihnen.«

Ich war verlegen und so bewegt, daß ich mich gleich wieder verabschiedete. Ich verzichtete auf einen Besuch bei ihr, wie gerne wäre ich wieder in jene Wohnung in Hietzing gegangen, wo sie noch lebte. Ich mochte die Intimität ihres Gesprächs nicht stören, in dem sie immer befangen war, alles was zwischen ihnen vorgegangen war, spielte sich weiterhin ab, als wäre es heute. Wenn es um seine Werke ging, fragte sie ihn um Rat und er gab ihr die Antwort, die sie sich dachte. Glaubt jemand, daß andere seine Wünsche besser kannten? Es gehört sehr viel Liebe dazu, einen Toten so zu erschaffen, daß er nie mehr schwindet, daß man ihn hört, mit ihm spricht und seine Wünsche erfährt, die er immer haben wird, weil man ihn schuf.

Begegnung in der Liliput-Bar

In diesem Winter kam H. wieder einmal nach Wien. Ich sollte ihn spätnachts in der Stadt treffen. In der Naglergasse, nicht weit vom Kohlmarkt, war eine neue Bar eröffnet worden. Marion Marx, eine Sängerin, die auch die Inhaberin war, hatte bei der Avantgarde um Zuspruch gebeten, eine hochgewachsene, warmherzige Person mit tiefer Stimme, die ihre Liliput-Bar, so hieß das Lokal, mit Leichtigkeit ausfüllte. Junge Dichter behandelte sie der Kühnheit ihrer Vorhaben entsprechend, sie machte viel Wesens aus ihnen, man fühlte sich wohl bei ihr, auf der Rechnung, die einem der Ober schließlich brachte, stand eine fiktive Zahl, um sich vor den großbürgerlichen Besuchern nicht beschämt zu fühlen, zahlte man etwas, aber eigentlich zahlte man nichts und dieser Takt war es, durch den Marion mich für sich gewann. Ich ging nicht in Bars, aber in ihre ging ich.

Ich nahm H. mit, der Nachtlokale nach der unmenschlich harten Arbeit seines Tages liebte. Es war gesteckt voll, kein Tisch frei, Marion bemerkte mich, brach ihr Lied vor der letzten Strophe ab, begrüßte uns überschwenglich und führte uns an einen Tisch. »Das sind gute Freunde von mir, da werdet ihr euch wohl fühlen. Ich mache euch bekannt.« Zwei Stühle wurden aufgetrieben und hineingezwängt, H., sonst der Hochmut leibhaftig, fügte sich, zu meiner Verwunderung schien er bereit, den Tisch mit Fremden zu teilen, Marion gefiel ihm, noch mehr gefiel ihm der Tisch. Marion nannte unsere Namen und fügte dann auf ihre wärmste ungarische Weise hinzu: »Das ist meine Freundin Irma Benedikt mit Tochter und Schwiegersohn.«

»Wir kennen Sie schon lange vom Vorübergehen«, sagte die Dame. »Sie schauen immer weg, wie Ihr Professor Kien. Meine Tochter ist erst 19, aber sie hat schon Ihr Buch gelesen. Es ist ein bißchen früh für sie, glaube ich, aber sie spricht davon Tag und Nacht. Sie tyrannisiert uns mit Ihren Figuren, sie macht sie nach. Ich heiße bei ihr Therese. Dazu erklärt sie, daß das das Schrecklichste sei, was sie mir sagen kann.«

Die Frau wirkte offen und schlicht, beinahe kindlich mit ihren vielleicht 45 Jahren, weder dekadent noch raffiniert, das Gegenteil von allem, was ich mir unter ›Benedikt‹ vorgestellt hatte. Ich war etwas bestürzt bei der Vorstellung, daß die Figuren der ›Blendung‹, wie sie sagte, in ihrem Hause umgingen. Da hatte ich weggeschaut, um jede Berührung mit den Bewohnern, die ich als verunreinigend empfunden hätte, zu vermeiden, und Kien und Therese, viel weniger umgängliche Personen als ich, schienen sich dort schon zuhause zu fühlen. Der Schwiegersohn, nicht viel jünger als die Mutter, ein breiter Klotz, gab kein Wort von sich, seine Züge waren so glatt und geschmackvoll wie seine Kleidung, er saß stumm da und schien sich über etwas geärgert zu haben. Die 19jährige Tochter, die die ›Blendung‹ zu früh gelesen hatte, war, was mir eine ganze Weile nicht einging, seine Frau, aber gern war sie's nicht, denn sie kehrte ihm den Rücken zu und gab ihm kein Wort, sie hatten wohl gestritten und stritten schweigend weiter.

Sie wirkte sehr hell und versuchte etwas zu sagen, wobei ihre Augen immer heller wurden. Da sie ein paarmal vergeblich ansetzte, sie brachte kein Wort heraus, blieb mein Blick länger und vielleicht auch intensiver, als es sonst der Fall gewesen wäre, auf ihr haften. So konnte mir nicht entgehen, daß sie grüne Augen hatte. Ich fühlte mich davon nicht gefesselt, noch stand ich unter Annas Augenherrschaft.

»Sie ist sonst nicht auf den Mund gefallen«, sagte Frau Irma, die Mutter, wozu der Klotz und Schwiegersohn mit dem ganzen Oberleib nickte. »Sie fürchtet sich vor Ihnen. Sagen Sie etwas zu ihr, sie heißt Friedl, dann ist der Bann endlich gebrochen.«

»Ich bin nicht der Sinologe«, sagte ich, »Sie brauchen sich vor mir wirklich nicht zu fürchten.«

»Und ich nicht die Therese«, sagte sie. »Ich möchte gern Ihre Schülerin sein. Ich will schreiben lernen.«

»Das kann man nicht so lernen. Haben Sie denn schon etwas geschrieben?«

»Sie tut nichts anderes«, sagte die Mutter. »Sie ist in Preßburg ihrem Mann durchgegangen und zu uns nach Grinzing zurückgekommen. Sie hat nichts gegen ihren Mann, aber sie mag mit keinem Haushalt zu tun haben, sie will schreiben. Jetzt ist er da, um sie zurückzuholen. Sie sagt, sie geht nicht zurück.«

Diese Indiskretionen brachte ihre Mutter in aller Unschuld vor, es klang, als wäre sie noch ein halbes Kind und spräche über eine ältere Schwester. Der Klotz, um die Absicht, die ihm zugeschrieben wurde, zu bekräftigen, legte die Hand auf Friedls Schulter.

»Gib die Hand weg!« fuhr sie ihn an. Für die Dauer eines

kürzesten Satzes wandte sie sich ihm zu. Dann richtete sie sich wieder strahlend – so sah es jedenfalls aus – zu mir und sagte:

»Dem gelingt es nicht, mich zu verhaften. Dem gelingt bei mir nichts. Glauben Sie nicht auch?«

Diese Ehe war schon zu Ende, bevor sie begonnen hatte, und es schien alles so unwiderruflich zu sein, daß ich keine Verlegenheit fühlte. Nicht einmal der Klotz tat mir leid. Wie rasch er nur seine Hand wieder weggenommen hatte. Dieses vor Erwartung leuchtende Geschöpf kam ihm nicht zu, es war gut zwanzig Jahre jünger. Warum hat sie ihn geheiratet?

»Sie wollte wegkommen von zuhause«, sagte Frau Irma, »und jetzt steckt sie nur noch bei uns. Aber das hängt mit der illustren Nachbarschaft zusammen.«

Das war spöttisch gemeint, kam aber ernst heraus, so ernst, daß H. genug hatte. Er war es gewöhnt, der Mittelpunkt zu sein, und jetzt war es ein anderer. Auf seine brutale Weise brach er den störenden Bann und kam dem ratlosen Ehemann zu Hilfe.

»Haben Sie's schon mit Versohlen versucht?« sagte er. »Die will nichts anderes.«

Das ging aber selbst dem verhinderten Ehemann zu weit – wenn es gegen Männer ging, konnte er entschlossen sein.

»Was wissen Sie darüber?« preßte er heraus. »Sie kennen Friedl nicht. Sie ist etwas Besonderes.«

Damit hatte er plötzlich alle auf seiner Seite und H.'s Versuch, Beachtung zu erzwingen, war gescheitert. Aber Frau Irma, in deren Haus viele Künstler, auch berühmte Musiker verkehrten, wußte, was sich gehörte. Sie wandte sich dem Dirigenten zu und sagte, sich entschuldigend, daß sie in keinem seiner Konzerte gewesen sei. Ihr armer Kopf ginge einfach nicht mit, wenn es sich um moderne Musik handle.

»Das kann man lernen, fangen Sie doch einfach an!« ermunterte sie H., worauf Friedl wieder unbekümmert von ihm ablenkte.

»*Ich* möchte schreiben lernen. Nehmen Sie mich als Schülerin?«

Sie war wieder bei ihrem ersten Satz. Ich mußte, etwas ausführlicher, dieselbe Antwort geben. Ich hätte keine Schüler, ich sei auch nicht der Meinung, daß sich das lernen ließe. Ob sie es schon woanders versucht habe?

»Bei niemand, der lebt«, sagte sie. »Ich möchte bei jemand Lebendem lernen.«

Was sie denn besonders gern lese?

»Dostojewski«, kam es ohne einen halben Augenblick Zögern heraus. »Das war mein erster Lehrer.«

»Dem konnten Sie es gewiß nicht zeigen.«

»Nein, eben nicht. Es hätte auch nichts genützt.«

»Warum denn nicht?«

»Weil es genauso ist, wie er selber schreibt. Er hätte gar nicht gemerkt, daß es nicht von ihm ist. Er hätte gedacht, ich habe es irgendwo bei ihm abgeschrieben.«

»Sie haben keine kleine Meinung von sich«, sagte ich.

»Ich könnte keine kleinere haben. Bei Ihnen würde mir das bestimmt nicht passieren. Da kann man nichts abschreiben. So bös wie Sie kann niemand schreiben.«

»Ja ist es denn das, was Ihnen daran gefällt?«

»Ja. Ich mag die Therese. Alle Frauen sind wie die.«

»Sind Sie ein Frauenfeind? Glauben Sie ja nicht, daß ich es bin!«

»Ein Hausfrauenfeind, das bin ich.«

»Damit meint sie mich«, sagte die Mutter und tönte wieder so einnehmend schlicht, daß ich sie beinahe ins Herz schloß, obwohl sie mit einem Benedikt verheiratet war.

»Damit können Sie gar nicht gemeint sein, gnädige Frau!«

»Doch«, sagte Friedl, »das täuscht. Sie müssen sie erst hören, wenn sie mit dem Chauffeur spricht, das tönt ganz anders.«

H. brach auf. Er fühlte sich nicht verpflichtet, nachts in der Bar Familienstreitigkeiten von Fremden anzuhören. Aber es war wirklich etwas peinlich, obwohl mir der Überschwang des jungen Geschöpfs Eindruck machte, ihre öffentliche Hingabe vor ratlosen Zeugen. Mit solcher Entschlossenheit hatte sich noch nie jemand mir zugewandt, mir, dem Schreiber eines Buches, aus dem nichts als Entsetzen sprach.

Ich ging gern weg. Frau Irma lud mich ein, sie zu besuchen, wir seien doch Nachbarn. Friedl sagte etwas von Himmelstraße, sie schien bestürzt über unseren Abgang und setzte, so kam es mir vor, ihre Hoffnung auf den Weg zur Tram hinunter, auf die Himmelstraße. Denn das war das einzige Wort, das ich von ihrem letzten Satz verstand. Der Klotz blieb sitzen, grüßte nicht und schwieg. Er hatte ein Recht auf diese Grobheit, da H. niemand zum Abschied die Hand reichte.

Draußen sagte er: »Ein niedlicher Käfer, und schon so verdreht. Da haben Sie sich was Nettes eingebrockt, C.« Damit war er aber noch nicht zu Ende, denn als wir uns trennten, sagte er noch: »Vier Schwestern sollen das sein? Da können Sie sich auf etwas gefaßt machen! Da braucht man nur bösartig genug schreiben und hat schon vier Schwestern auf dem Hals!«

Soviel Mitleid hatte ich noch nie bei ihm erlebt. Die Himmelstraße begann ihn zu interessieren und er merkte sich unsere neue, halbleere Wohnung.

Der Exorzismus

Es war schon auffallend, wie oft ich von da ab Friedl traf. In der leeren 38er Tram nahm ich Platz, blickte auf und sie saß mir gegenüber. Sie fuhr den ganzen Weg in die Stadt bis zum Schottentor, ich ging ins Café, das denselben Namen trug, als ich eintrat, war sie mir schon zuvorgekommen und saß an einem Tisch mit Freunden. Sie grüßte, störte mich aber nicht und blieb bei ihren Freunden sitzen. Als ich zurückfuhr, saß sie schon in der Tram, diesmal mehr abseits in einer Ecke, aber doch nah genug, daß ich ihren Blicken ausgesetzt war. Ich war in ein Buch vertieft und scherte mich nicht um sie. Aber als ich dann in Grinzing angelangt den Berg hinaufging, war sie plötzlich an meiner Seite, grüßte und ging rasch weiter, als sei sie in Eile. Ich war wenig von Frauen beachtet worden und schon gar nicht von jungen Mädchen, so machte ich mir über die Häufigkeit dieser Begegnungen keine Gedanken. Aber besonders der Weg die Himmelstraße hinunter schien plötzlich von ihr und ihren Schwestern bevölkert. Eine hatte die Keckheit sich vorzustellen und sagte: »Entschuldigen Sie, ich bin die Schwester der Friedl Benedikt.« »So«, sagte ich, ohne hinzusehen, bis sie sich wieder entfernt hatte. Für gewöhnlich war es aber doch sie selbst, die daherkam. Sie kam gelaufen, sie war immer in Eile, der Hall ihrer leichten Schritte wurde mir bald vertraut, nicht ein einziges Mal passierte es, daß ich unten ankam, ohne daß sie mich eingeholt und überflügelt hätte. Ihr Gruß war nicht aufdringlich, doch es war immer etwas Bittendes darin, das ich mir nicht eingestand, aber trotzdem spürte. Wäre sie weniger leicht gewesen, ich hätte mich über sie geärgert, denn es geschah einfach zu oft, zwei- oder dreimal am Tag vielleicht, und es verging selten ein Tag, an dem sie nicht vorbei- oder entgegenlief oder in derselben Tram saß.

Ich war immer in Gedanken, doch sie störte mich nicht oft. Es war mir gleichgültig, daß sie durch diese Gedanken hindurchging, denn sie blieb nicht stehen und machte sich nicht breit. Dann rief sie einmal an. Veza, die es erwartet hatte, war am Telefon. Ob sie mich sprechen könne. Veza hielt es für das klügste, sie zum Tee einzuladen, und zwar ohne mich zu fragen. »Kommen Sie zu mir zum Tee«, sagte sie ihr. »C. weiß vorher nie, ob er Zeit haben wird. Kommen Sie einfach zu mir und vielleicht hat er dann doch Zeit.« Ich war über diese Überrumpelung etwas ungehalten. Aber Veza überzeugte mich davon, daß es so besser sei. »Du kannst doch nicht unter dieser Art von Belagerungszustand leben. Man muß etwas tun. Und du kannst nichts tun, bevor man sie ein wenig kennt. Vielleicht ist es eine Schwärmerei. Aber vielleicht will sie wirklich schreiben und glaubt, daß du ihr helfen kannst.«

Ich ging dann hinüber zu ihnen, als sie in Vezas kleinem holzgetäfelten Zimmer beim Tee saßen. Ich hatte kaum Platz genommen, da verschüttete sie schon ihren ganzen Tee über Tisch und Boden; etwas, was in diesem beinah zierlichen Zimmer sehr grobschlächtig wirkte, als sei sie nicht einmal imstande, eine von Vezas zarten, durchsichtigen Teetassen richtig zu fassen. Statt einer Entschuldigung sagte sie: »Nichts zerbrochen. Ich bin so aufgeregt, daß Sie gekommen sind.« »Machen Sie sich nichts draus«, sagte Veza. »Er kommt immer zum Tee. Er mag dieses Zimmer. Man darf es nur nicht vorher ankündigen.« »Das muß schön sein«, sagte Friedl ungeniert zu ihr, als wäre ich gar nicht zugegen, »daß Sie dann immer mit ihm sprechen können.« »Sprecht ihr denn nicht zuhause?« »Ja, die ganze Zeit. Aber es interessiert mich nicht, was die dort reden. Die Eltern geben immer Gesellschaften, lauter berühmte Leute. Da wird niemand eingeladen, der nicht berühmt ist. Finden Sie berühmte Leute auch so langweilig?«

Es stellte sich bald heraus, daß sie ganz und gar nicht so war, wie ich mir eine Tochter dieses Hauses vorgestellt hatte. Ihr Vater war für sie nichts weniger als ein Vater, sie hörte so wenig auf ihn, daß sie nicht einmal aufsässig war. Er schien hundert und tausend Meinungen über alles mögliche zu haben, er verbreitete sich über zu vieles, wenn ich sie recht verstand, so hatte bei ihm nichts *Gewicht*. Er sprang vom einen zum anderen und meinte überraschend zu wirken, doch schien er nur zerfahren. Er war sehr gutmütig, die Kinder waren ihm nicht gleichgültig, aber sie interessierten ihn nicht. Er wollte von ihnen unbehelligt bleiben, er überließ sie ganz der Mutter. Doch sie taten, was sie wollten und wurden darum nur vereinzelt und eher selten zu den Tischgesellschaften, die unaufhörlich stattfanden, zugezogen. Es war vollkommen offen, was Friedl über ihr Zuhause erzählte und eigentlich recht anschaulich, aber sprachlich doch so primitiv, daß man nie auf den Gedanken gekommen wäre, es sei ihr um Schreiben zu tun oder sie könne gar schon etwas geschrieben haben.

Sie holte Papier aus einer Tasche hervor: ob ich nicht etwas von ihr lesen wolle. Es sei sehr schlecht, das wisse sie selbst und wenn ich fände, daß es gar keinen Sinn hätte zu schreiben, würde sie's aufgeben. Ihrem Vater zeige sie nichts, der zerrede nur alles, bei ihm wisse man immer nachher noch weniger als zuvor. Es läge ihr ganz schrecklich viel daran, bei mir schreiben zu lernen.

Es war klar, daß sie mir bloß um des Schreibens willen nachstellte, aus keinem anderen Grund. Veza war derselben Meinung. Ich nahm ihre Papiere und versprach sie zu lesen. »Sie werden mich nicht zur Schülerin nehmen wollen«, sagte sie noch zum Schluß, etwas verzagt. »Es ist zu schlecht für Sie. Aber Sie werden mir schon sagen, ob ich aufhören soll oder ob es einen Sinn hat, wenn ich weiter schreibe.«

Diese Versessenheit auf das Schreiben und auch ihr Wunsch, die Wahrheit von mir zu erfahren, müssen mir, ohne daß es mir eigentlich bewußt geworden wäre, gefallen haben. Denn ich ging in mein Zimmer hinüber und las ihre Blätter gleich. Ich traute meinen Augen nicht: da hatte sie volle fünfzig Seiten von Dostojewski abgeschrieben und setzte einem das als ihre eigene Arbeit vor! Es war recht spannend, aber ein bißchen leer, ich kannte es nicht, es mußte aus einem zurückgelegten Entwurf von Dostojewski stammen.

Es war mir ein lästiger Gedanke, sie wiederzusehen und es ihr sagen zu müssen. Man konnte es doch nicht einfach hinnehmen, auch um Dostojewskis willen nicht. Es war der Mangel an Ehrfurcht ihm gegenüber, was ich am ärgerlichsten fand. Aber es stach mich auch, daß sie denken konnte, ich würde es nicht merken. Es war mit Händen zu greifen, jeder, der ein einziges

Buch von Dostojewski kannte und dann *eine* dieser Seiten von ihr las, mußte es merken, man brauchte dazu weder Schriftsteller noch Lehrer zu sein. Das sagte ich ihr auch, als sie zwei Tage später im Treppenhaus vor mir stand, ich mochte sie nicht in mein Zimmer bitten, so ärgerlich war mir die Sache.

»Ist es sehr schlecht?« fragte sie.

»Es ist nicht schlecht und nicht gut«, sagte ich, »es ist von Dostojewski. Wo haben Sie das her?«

»Ich habe es selber geschrieben.«

»Abgeschrieben, wollen Sie sagen. Aus welchem Buch von Dostojewski haben Sie das? Nach dem ersten Absatz weiß man, von wem es ist, aber ich kenne nicht das Buch, aus dem Sie's haben.«

»Es ist aus keinem Buch. Ich hab's selber geschrieben.«

Sie blieb hartnäckig dabei und ich wurde böse. Ich redete ihr ins Gewissen und sie hörte zu. Sie schien sich wohl dabei zu fühlen. Statt zu gestehen, leugnete sie unentwegt weiter und stachelte meinen Zorn so sehr, daß ich alle Beherrschung verlor und sie beschimpfte. Sie wolle schreiben? Wie sie sich das eigentlich vorstelle? Ob sie wirklich glaube, daß Schreiben mit Stehlen beginne? Noch dazu so plump, daß jeder Dummkopf es merken müßte. Aber ganz abgesehen von der niedrigen Gesinnung, die sie einem so großen Dichter gegenüber beweise, was für einen Sinn solle das haben? Lesen und Schreiben habe jeder gelernt, ob das vielleicht die Schule des Journalismus sei, ob sie das als Muttermilch von der ›Neuen Freien Presse‹ eingesogen habe?

Sie strahlte, ihre Augen hingen glücklich an meinem Mund, sie schien begeistert, als sie plötzlich sagte: »Ach, ist das schön, wenn Sie schimpfen! Schimpfen Sie oft so?« »Nein! Nie! Bevor Sie mir nicht sagen, wo Sie das herhaben, spreche ich nicht mehr mit Ihnen!«

In diesem Augenblick kam Veza dazu, zum Glück, sah mich an, der ich wütend auf der Treppenstufe stand und sah dann Friedl, die freudig auf weitere Zornesworte wartete. Ich weiß nicht, wie es ohne Vezas Dazwischentreten weitergegangen wäre. Sie hatte, wie sie mir später sagte, gleich das Gefühl, daß ich das Mädchen fälschlich beschuldigte und begriff nur nicht, warum es sich so sehr darüber *freute*. Sie nahm Friedl zu sich in ihr Holzzimmerchen, zu mir sagte sie: »Ich werde es aufklären.«

Beruhige dich! Geh eine Stunde spazieren und komm dann zu mir zurück!«

Das tat ich und es hatte sich herausgestellt, daß die fünfzig strittigen Seiten wirklich von Friedl und nicht abgeschrieben waren. Nicht umsonst waren sie mir leer erschienen. Nicht umsonst war ich nicht imstande zu sagen, aus welchem seiner Bücher sie stammten. Sie stammten aus keinem. Friedl hatte Dostojewski mit Haut und Haaren gefressen und konnte nichts anderes mehr von sich geben. Sie schrieb wie er, aber sie hatte nichts zu sagen. Was hätte sie mit neunzehn zu sagen gehabt? In einem ungeheuerlichen Leerlauf schrieb sie Seite um Seite herunter, die aussahen wie von ihm und doch keine Parodie waren. Es war eine Besessenheit, wie man sie aus den Geschichten hysterischer Nonnen kannte. Gar nicht lange vorher hatte ich mich mit Urbain Grandier und den Nonnen von Loudun beschäftigt. So wie diese von Urbain Grandier besessen waren, so steckte Dostojewski, nicht weniger ein Teufel, auch nicht weniger kompliziert als jener, in Friedl.

»Du wirst den Exorzisten spielen müssen«, sagte Veza. »Du mußt ihr den Dostojewski *austreiben*. Ein Glück, daß er nicht mehr lebt, so kann er auch nicht mehr zum Feuertod verurteilt werden. Er ist übrigens nicht in alle vier Schwestern gefahren, nur in die eine, die anderen interessieren sich nicht für ihn. Aber es wird trotzdem eine schwierige Geschichte werden.«

Veza, die so souverän war und sich jeden Einflusses, der gegen ihre Neigung oder ihr Urteil ging, ohne Anstrengung erwehren konnte, nahm sich von da ab des Mädchens an. Sie hielt sie für begabt, wenn auch auf eine ungewöhnliche Art. Ob sie je etwas machen würde, das der Mühe wert sei, hänge ausschließlich davon ab, unter wessen Einfluß sie stünde. Sie gebe sich verzweifelt Mühe, das Gegenteil ihres Vaters zu sein, kein Sammelsurium an Bildung, kein gesellschaftliches Zentrum, sie sei bewegt und erfüllt von rein menschlichen Dingen. Sie lasse sich nur von dem einen bestimmen, dem sie sich aus unerfindlicher Laune zugewandt habe. Dieser eine sei jetzt, seit ihrer Lektüre der ›Blendung‹, ich. Ob ich es richtig fände, mich vor der Wirkung meines eigenen Buches zu drücken? »Du gehst doch gern spazieren, seit wir hier sind, nimm sie manchmal mit und sprich mit ihr. Sie ist leicht und heiter, das Gegenteil von dem, was sie geschrieben hat. Sie hat komische Einfälle. Ich glaube, sie hat eine Begabung fürs Groteske. Du mußt sie von den Gesellschaften bei ihr zuhause erzählen hören! Das ist ganz anders, als man sich's nach der ›Fackel‹ vorstellen würde. Das ist mehr wie bei Gogol.«

»Unmöglich«, sagte ich, aber Veza wußte wohl, wo ich verwundbar war und die Vorstellung, daß dieses helle und anmutige Geschöpf in einer Gogol-Atmosphäre aufgewachsen sei und jetzt von Dostojewski, der ›wie wir alle aus dem Mantel‹ kam, besessen sei, schien mir eine höchst originelle Version des bekannten literarischen Ablaufs. Vielleicht erkannte ich gerade darin auch eine Chance, sie von ihrer Besessenheit zu erlösen. Es war eine erfreuliche Rolle, die mir Veza zugedacht hatte, es gab nichts, was ich nicht zur größeren Glorie Gogols unternommen hätte. Ich spürte auch, daß Veza so auf taktvolle Weise ihren Frieden mit der ›Blendung‹ machte, denn auch diese kam ›wie wir alle aus dem Mantel‹. Sie war – zu meiner Erleichterung – um das Schicksal des Buches nicht mehr ganz so besorgt. Sie anerkannte, was dem Mädchen mit dieser Lektüre passiert war, nahm es ernst und rief mich zu Hilfe.

Wenn Vezas richtiger Instinkt und ihre Wärme zusammenwirkten, war sie unwiderstehlich. Bald war es soweit und ich nahm Friedl auf Spaziergänge mit. Schreiben lernen, wie man irgend etwas anderes lerne, das könne man nicht, aber man könne gehen und sprechen und sehen, was in einem Menschen stecke. Sie war übermütiger Laune und lief manchmal ein paar Schritte vor, blieb stehen und wartete, bis ich nachkäme. »Ich muß mir Luft machen«, sagte sie, »ich bin so froh, daß ich mitkommen darf.« Ich ließ mir von ihr erzählen, es gab nichts, wovon sie nicht sprach, sie sprach unaufhörlich, immer im Zusammenhang mit Menschen, die sie von zu Hause kannte. Seit einiger Zeit durfte sie bei Einladungen zugegen sein. Sie hatte nicht den geringsten Respekt vor erlauchten Gästen und sah sie, wie sie waren. Über manche ihrer komischen Beobachtungen staunte ich und stellte mich, als ob ich ihnen nicht glaube, das übertreibe sie, das sei nicht möglich. Dann aber folgte so viel nach, daß ich aus dem Lachen nicht herauskam, und wenn ich einmal lachte, erfand sie mehr und mehr, bis ich schließlich soweit war, selber zu erfinden. Darauf hatte sie's abgesehen, auf einen Wettbewerb im Erfinden.

Ich stellte ihr auch ›Aufgaben‹: ich fragte sie nach den Menschen, denen wir auf Spaziergängen begegneten, solche nämlich, die sie nicht kannte. Sie solle mir erzählen, was sie von ihnen halte, und wenn ihr etwas Gutes einfiel, auch ihre Geschichte. Da hatte ich etwas Kontrolle, denn ich sah diese Menschen selbst und konnte feststellen, was sie an ihnen bemerkte und was ihr entging. Ich korrigierte sie, nicht indem ich sie für eine Nachlässigkeit oder eine Ungenauigkeit tadelte, sondern indem ich mit *meiner* Version von den Passanten herausrückte. Diese Art von Wettbewerb wurde bei ihr zu einer wahren Leidenschaft, wobei es ihr aber gar nicht so sehr um ihre eigene Erfindung zu tun war als um meine Geschichte. Es ging in diesen Gesprächen sehr spontan und übermütig zu. Ich spürte, wenn ihr etwas zu denken gab, denn dann verstummte sie und manchmal, zum Glück nur selten, packte sie eine große Verzagtheit: »Ich werde nie schreiben können. Ich bin zu schlampig und mir fällt zu wenig ein.« Schlampig, wie man in Wien für unordentlich sagte, war sie, aber es fiel ihr mehr als genug ein. Es störte mich gar nicht, daß sie einen Hang auch zum Märchenhaften hatte, den jungen Dichtern, von denen ich wußte, fehlte gerade das am meisten.

Für Leute, die uns begegneten, ließ ich sie manchmal Namen erfinden. Das war nicht ihre Stärke und sie hatte es auch nicht besonders gern. Sie sprach lieber davon, wie es bei Leuten aussah und was sie zuhause redeten. Es konnte harmloses Geplapper sein und das verriet nicht viel mehr als ihre Nachahmungsgabe, die offenkundig war. Aber dann kam ganz plötzlich etwas Ungeheuerliches, womit sie mich in Staunen versetzte. Sie sprach es, ohne selbst davor zu erschrecken, aus und sie ahnte nicht, wie merkwürdig es war und daß es gar nicht zu ihrem kindlichen Leuchten, zu ihrem leichten Schritt paßte.

Bis auf die wenigen Tage ihrer Ehe hatte sie in Grinzing gelebt, in einem Auto war sie zur Welt gekommen. Als ihre Mutter die Wehen fühlte, nahm der Vater neben ihr im Wagen Platz und ließ sie zur Geburt ins Sanatorium fahren. Er sprach, wie es seine Art war, unaufhörlich, als sie ankamen und der Wagen hielt, lag das Kind am Boden, es war zur Welt gekommen, ohne daß einer der beiden etwas gemerkt hatte. Auf diese Auto-Geburt führte Friedl ihre Unstetigkeit zurück. Sie mußte immer fort, sie hielt es nirgends aus; als sie verheiratet war und ihr Mann, der Ingenieur war, in die Fabrik ging, konnte sie nicht zuhause auf ihn warten. An einem der ersten Vormittage schon riß sie aus, verließ das Haus, verließ Preßburg und fuhr nach Grinzing in die Himmelstraße. Da kannte sie alle Wege und lief in den Wald. Noch lieber hatte sie Wiesen, da hockte sie sich nieder, um Blumen zu pflücken, und verschwand im Gras. Auf Spaziergängen merkte ich manchmal, wie sie begehrliche Blicke auf Wiesen warf, doch beherrschte sie sich, weil einer von uns gerade eine Geschichte erzählte und das ihr noch wichtiger als ihre Freiheit war. Das Kleine und Niedere zog sie am meisten an, doch war sie auch für Aussichten nicht unempfänglich, besonders wenn es eine Bank zum Sitzen und einen Tisch dazu gab, wo man etwas zum Trinken bestellen konnte.

Am wichtigsten war ihr aber doch, was sich in Worten abspielte, ich habe kein Kind je gekannt, das mit größerer Begier zugehört hätte. Nachdem ich sie auf jede Weise herausgefordert hatte, endete es dann schließlich doch damit, daß ich selber etwas erzählte und es ist wahr, daß die Erregung, mit der sie jeden Satz aufnahm, eine tiefere Wirkung auf mich hatte, als ich mir eingestehen mochte.

Die Zartheit des Geistes

Es war ein vielfältiges Leben, das ich in diesen wenigen Grinzinger Jahren führte. Es war so widersprüchlich, daß ich wohl kaum alles zu bestimmen vermag, woraus es bestand. Alles was dazugehörte, empfand ich gleich stark und obwohl zu Zufriedenheit kein Grund war, erlag ich auch keiner Bedrohung. An meinem eigentlichen Vorhaben hielt ich hartnäckig fest. Ich las und verzeichnete viel für das Buch über Masse und sprach darüber zu allen, mit denen es sich zu sprechen lohnte. Schwerlich hätte man sich mit mehr Nachdruck und Anspruch an eine Absicht wie diese festnageln können. Was immer geschah – es geschah ungeheuer viel und es stürzte rapid auf noch viel mehr zu –, es war durch keine der gängigen Theorien zu begreifen. Man fand sich in einer alten Kapitale, die keine mehr war, aber die Augen der Welt durch kühne, wohldurchdachte soziale Pläne auf sich gezogen hatte. Es waren Dinge geschehen, die neu und vorbildlich waren. Sie waren ohne Gewalt geschehen, man konnte stolz auf sie sein und lebte in der Illusion, daß sie sich halten würden, während nebenan in Deutschland die große Besessenheit um sich griff und ihre Wortführer alle Kommandostellen im Staat besetzten. Nun aber war im Februar 1934 die Macht der Gemeinde Wien gebrochen worden. Unter denen, die sie getragen hatten, herrschte Niedergeschlagenheit. Es war, als sei es alles umsonst gewesen, diese, die neue Besonderheit Wiens war ausgelöscht. Übrig blieb die Erinnerung an ein früheres Wien, das noch nicht fern genug war, um von der Mitschuld am Ersten Weltkrieg, in den es sich hineinmanövriert hatte, freigesprochen zu werden. Es gab keine lokale Hoffnung mehr, die Armut und Arbeitslosigkeit entgegengewirkt hätte. Viele, die in solcher Leere nicht bestehen konnten, wurden von der deutschen Ansteckung ergriffen und hofften, von der größeren Masse verschluckt, zu einem besseren Leben zu gelangen. Die meisten sagten sich nicht, daß die wirkliche Folge davon nur ein neuer Krieg sein könne und wenn sie es von den wenigen, die das klar erkannten, zu hören bekamen, mochten sie es nicht wahrhaben.

Mein eigenes Leben in dieser Zeit war, wie ich schon gesagt habe, vielfältig und gedieh an seinen Widersprüchen. Durch meinen weiträumigen Plan fühlte ich mich gerechtfertigt. Ich hielt an ihm fest, doch ich tat nichts dazu, seine Ausführung zu beschleunigen. Was immer in der Welt geschah, ging als Erfahrung darin ein. Es war keine oberflächliche Erfahrung, denn es blieb nicht beim Zeitunglesen. Alles was geschah, wurde noch am selben Tag, an dem man davon vernommen hatte, mit Sonne besprochen, er durchleuchtete die Ereignisse mehrfach, wechselte, um eindringlicher zu sehen, häufig den Standpunkt und bot einem schließlich ein Résumé der möglichen Perspektiven, in dem die Gewichte auf das gerechteste verteilt waren. Diese Stunden des Tages waren die wichtigsten, eine unaufhörlich weiterwirkende Initiation in das Weltgeschehen, seine Komplikationen, Zuspitzungen und Überraschungen. Sie nahmen mir nie den Mut, meine eigenen Studien weiterzubetreiben. Um diese Zeit wandte ich mich, gründlicher als früher, ethnologischen Studien zu und obwohl ich mich, schon aus einer Art Bescheidenheit vor Sonne heraus, nur selten dazu verleiten ließ, einen Gedanken, den ich für neu und wichtig hielt, vor ihm auszubreiten, fanden wir dann doch immer wieder in religionsgeschichtlichen Gesprächen zueinander, da war sein Wissen überwältigend und meines doch allmählich so weit entwickelt, daß ich ihn immer verstand und bestreiten konnte, was mir nicht zwingend erschien.

Er war nicht ungeduldig, wenn ich von meiner eigentlichen Absicht sprach, der Ergründung der Masse. Er hörte sich an, was ich darüber sagte, überlegte und schwieg. Er ließ, was sich in mir vorbereitete, unangetastet. Es wäre ein leichtes für ihn gewesen, meinen Begriff von Masse, der sich immer mehr erfüllte und durch keine Definition zu fassen war, lächerlich zu machen. In einer einzigen Stunde hätte er damals zerstören können, worin ich meine Lebensaufgabe sah. Nie diskutierte er über Masse mit mir, aber er entmutigte mich auch nicht und suchte mich nicht (wie Broch) von meinem Unternehmen abzubringen. Er hütete sich davor, mir zu helfen, eben darin, in allem, was Masse betraf, war er nie mein Lehrer. Einmal, als ich doch etwas darüber sagte, zögernd, eigentlich ungern, denn mir hätte sein Widerstand sehr gefährlich werden können, hörte er mich ernst und ruhig an, schwieg länger, als es sonst während einer Diskussion seine Art war und sagte dann, beinahe zart: »Sie haben eine Türe aufgetan. Jetzt müssen Sie eintreten. Suchen Sie keine Hilfe. So etwas macht man allein.«

Das sagte er sehr selten und achtete darauf, nicht mehr zu sagen. Er meinte damit nicht, daß er mir *seine* Hilfe versage. Hätte ich sie von ihm erbeten, er hätte sie mir nicht vorenthalten. Aber ich hatte ihm keine Frage gestellt, als ich begann. Ich hatte ihm auseinandergesetzt, was mir schon klar war und vielleicht wollte ich nur, daß er's von mir abschneide, wenn er's für falsch hielt. Mit dem Wort von der ›Tür‹ hatte er klargemacht, daß er es durchaus nicht für falsch hielt. Gewarnt hatte er mich wohl, durch seinen leisen Wink, wie es seine Art war. »So etwas macht man allein.« Er hatte mich gewarnt vor den Lehren, die überall herumlagen und die nichts erklärten. Besser als jeder wußte er, wie sehr sie den Weg zu Erkenntnissen in öffentlichen Dingen versperrten. Er war mit Broch befreundet, den er achtete und vielleicht auch liebte. Wenn er mit ihm sprach, kam die Rede sicher auf Freud, dem Broch verfallen war. Wie Sonne das ohne verletzende Einrede ertrug, hätte ich gar zu gern erfahren, aber ihm eine so persönliche Frage zu stellen, war ganz unmöglich. Daß er gegen Freud Entscheidendes einzuwenden hatte, hatte ich einmal erlebt, als ich mit Vehemenz den ›Todestrieb‹

vor ihm attackierte: »Selbst wenn es wahr wäre, hätte man *das* nie sagen dürfen. Aber es ist nicht wahr. Es wäre viel zu einfach, wenn das wahr wäre.«

Was sich zwischen Sonne und mir abspielte, empfand ich als die eigentliche Substanz meines Tages, es bedeutete mir mehr, als was ich selber zur Zeit schrieb. Nichts von dem, woran ich arbeitete, mochte ich damals schon beenden. Es gab manche Gründe dafür, der wichtigste war wohl die Einsicht in mein unzulängliches Wissen. Ich hielt das Unternehmen, in dem ich begriffen war, durchaus nicht für sinnlos; meine Überzeugung, daß es an uns liege, die Gesetze für Masse und Macht zu finden und dann auch anzuwenden, war unerschüttert. Aber mit den Ereignissen, die auf uns zurückten, schienen die Ausmaße eines solchen Unternehmens unaufhörlich zu wachsen. Durch die Gespräche mit Sonne wurden einem die Sinne fürs Künftige auf unerhörte Weise geschärft. Keineswegs wurde die Drohung durch ihn geringer, man gewahrte mehr und mehr davon, als stelle er einem ein einzigartiges Teleskop zur Verfügung, das nur er richtig einzustellen vermochte. Zugleich begriff man, wie verächtlich wenig man wußte. Mit Einfällen allein war es nicht getan. Durch Blitze, Erleuchtungen, auf die man sich etwas zugute tat, konnte man sich auch den Weg zur Wahrheit verstellen. Es gab eine gefährliche *Eitelkeit* der Erkenntnis. Originalität war nicht alles, auch Kraft nicht und auch die mörderische Kühnheit nicht, zu der einen Karl Kraus erzogen hatte.

An den literarischen Dingen, die ich damals in Arbeit hatte, mäkelte ich viel und ließ sie unvollendet stehen. Ich gab sie nicht für immer auf, ich schob sie beiseite. Das war es wohl, was Veza am tiefsten beunruhigte. Einmal, in einem ernsten Gespräch, ging sie so weit zu sagen, daß Sonne durch die Einwirkung seines Geistes auf andere diese steril mache. Gewiß sei er der beste aller *Kritiker*, zu dieser Anerkennung rang sie sich schließlich durch, aber man dürfe nur zu ihm gehen, um ihm etwas Fertiges zu zeigen. Zum täglichen Umgang eigne er sich nicht. Er sei ein Mann des *Verzichts*, vielleicht ein reiner Asket und Weiser. Er sehe das Schlimmste voraus, aber er kämpfe nicht wirklich dagegen an, er sage es nur, er spreche es aus, wie könne mir das genügen? Wenn ich von ihm zurückkäme, wirkte ich wie gelähmt, sie habe dann Mühe, mich zum Sprechen zu bringen. Ja, manchmal – und damit traf sie mich sehr – habe sie den Eindruck, ich würde *vorsichtig* durch ihn. Ich läse ihr nie mehr vor, woran ich schreibe, kein Kapitel eines neuen Romans, kein neues Drama. Wenn sie mich behutsam frage, sei meine Antwort immer: es ist noch nicht gut genug für dich, ich will noch dran arbeiten. Warum sei früher alles gut genug für sie gewesen? Warum hätte ich mehr gewagt?

Mit der Demütigung durch Anna habe es begonnen. Das habe sie vollkommen verstanden und die Wirkung jener Vorlesung der Komödie in der Maxingstraße habe sie lange gefürchtet. Darum habe sie sich mit Anna befreundet, um zu erkennen, wie sie eigentlich sei, denn ich hätte sie verklärt gesehen und schon als Gegenpol gegen ihre Mutter auf jede Weise verherrlicht. Sie kenne sie jetzt so gut, daß sie nun eines wisse: es gibt keine Niederlage bei ihr – sie liebt nicht wie andere Menschen, schon gar nicht wie ihre Mutter. Sie habe ihre eigenen gläsernen Gesetze, man könne sie betrachten und bewundern, ihre Augen über alles herrlich finden, dürfe *sich* aber nie von ihr *erblickt* fühlen. Worauf sie ihre Augen einmal gerichtet habe, damit müsse sie spielen, das müsse sie sich gewinnen, wie einen Knäuel, einen Gegenstand, nicht wie etwas Lebendes. Nur dieses Augenspiel sei an ihr das Gefährliche, sonst sei sie eine gute Freundin, voll reinen Vertrauens, großmütig, sogar verläßlich, aber eines dürfe man nicht: man dürfe sie nie zu *binden* versuchen. Ohne ihre Freiheit könne sie nicht sein, sie brauche sie zu ihrem Augenspiel, zu nichts sonst, aber dieses sei das tiefste Bedürfnis ihrer Natur, das werde sich nie ändern bei ihr, auch in hohem Alter nicht, wer mit solchen Augen begabt sei, könne nicht anders, sie sei den Ansprüchen dieser Augen verfallen und versklavt, wie andere eben auch, andere als Opfer, sie als Jäger.

Ich war belustigt über diese Augenmythologie. Ich wußte, wieviel Wahres dran war und ich wußte, wie sehr Veza mir durch ihre Freundschaft mit Anna geholfen hatte. Aber ich wußte auch, wie sehr sie sich im anderen Punkte irrte. Meine Freundschaft mit Sonne war *nicht* aus dem Unglück mit Anna heraus entstanden, es war etwas *Souveränes*, das reinste Bedürfnis meiner Natur, die sich ihrer Schlacken schämte und sich nur durch strenge Zwiesprache mit einem weit überlegenen Geist bessern oder wenigstens rechtfertigen konnte.

Einladung bei Benedikts

An Frau Irma, Friedls Mutter, hatte mir bei jener ersten Begegnung in der Liliput-Bar gefallen, daß sie schlichte, unverzierte Sätze sprach, hinter denen nichts Prätentiöses zu wittern war, man glaubte ihr, was sie sagte, ohne sich Gedanken darüber zu machen. Ihr Kopf war sehr rund, auf eine mir unvertraute Weise, es war kein slawischer Kopf, auch das wäre anziehend gewesen, er war aber anders. Nun erfuhr ich von Friedl, daß ihre Mutter zur Hälfte Finnin war. Sie war wohl in Wien geboren, aber früh und dann immer wieder bei ihrer mütterlichen Familie in Finnland zu Besuch gewesen.

Eine Tante der Mutter, von der bei ihnen oft die Rede sei, habe sich durch ein selbständiges Leben und geistige Leistungen ausgezeichnet. Tante Aline habe lange in Florenz gelebt und Dante ins Schwedische übersetzt. Sie besitze eine Insel in Finnland oben, da ziehe sie sich manchmal ganz allein zum Schreiben zurück. Sie habe nie geheiratet, aus Stolz, und um sich ihre Freiheit für geistige Dinge zu bewahren. Friedl sei ihre Lieblings-Großnichte und Tante Aline habe vor, ihr diese Insel zu hinterlassen. Es war eindrucksvoll, Friedl von dieser Insel sprechen zu hören. Sie gab nichts auf Besitz, aber vom Gedanken an eine eigene Insel war sie entzückt. Sie war nie dort gewesen, doch hatte sie eine kühne Vorstellung davon, besonders von Winterstürmen, wenn man vom Festland vollkommen abgeschnitten war. Sie erwähnte die Insel nie, ohne sie mir feierlich anzubieten, als kleines Geschenk sozusagen, es sei die einzige Weise, ihre Verehrung für ihr Vorbild im Schreiben zu bekunden.

Manchmal nahm ich die Insel an, manchmal nicht. Immerhin war auch da am schwedischen Dante geschrieben worden. Von der Großzügigkeit dieses Geschenks, ganz besonders aber von der Langlebigkeit, die sie mir damit zudachte, war ich angenehm berührt. Ich erfuhr, als mir Einsamkeiten und Schönheiten der Insel ausgemalt wurden, ganz nebenher etwas von ihr, das mir viel mehr Eindruck machte. Einmal, als sich das Gespräch von der finnischen Insel schwedischen Dingen zuwandte, sagte sie, ihre Taufpatin sei Frieda Strindberg, die zweite Frau Strindbergs, eine Jugendfreundin ihrer Mutter, die in Mondsee wohne und oft zu ihnen auf Besuch komme. Von der habe sie ihren Namen, aber auch etwas anderes. Wenn ihre Mutter über ihre

Unordentlichkeit ganz verzweifelt sei, sage sie ihr: »Das hast du von der Frieda geerbt, deiner Taufpatin. Es scheint, daß man über den Namen auch Eigenschaften erbt.« Die Frieda Strindberg sei als der unordentlichste Mensch auf der Welt bekannt. Sie sei schon als kleines Kind einmal bei ihr gewesen. Das Durcheinander dort habe ihr einen solchen Eindruck gemacht, daß sie es dann im Kinderzimmer zuhause nachgemacht habe. Das habe sie oft probiert, immer wenn man sie allein ließ, habe sie die Läden und Kästen aufgemacht und alle Kleider und Wäsche durcheinandergeworfen und sich dann glücklich auf die Unordnung gesetzt. Da habe sie dann ein Zimmer wie bei ihrer Patin gehabt. Aber sie habe ihrer Mutter nie *eingestanden*, wie es zu diesem fürchterlichen Durcheinander gekommen sei. Das sei ihr größtes Geheimnis und drum müsse sie mir's verraten. Ich dürfe nie unerwartet ihr Zimmer sehen, denn wenn ich das einmal sähe, hätte ich einen solchen Graus vor ihr, daß ich sie nie mehr auf einen Spaziergang mitnehmen würde. Ich hatte nicht vor, ihr Zimmer zu sehen und mochte darüber nicht weiter nachdenken. Aber die Beziehung zu Strindberg gab mir einen Stich und ich glaube, es war das, was dem Hause Benedikt bei mir eine neue Dimension verlieh.

Friedl muß ihre Mutter mit Auswahl und Anordnung der Gäste arg gequält haben, um mich hinzulocken. Denn so langweilig sie selbst diese Gesellschaften fand, so selten sie sich zur Teilnahme daran hergab – sie hatte aus unseren Gesprächen bald herausgespürt, daß ich etwas Böses und Anrüchiges witterte, wo für sie nichts als Steifheit und Langeweile war. Von klein auf hörte sie nichts als berühmte Namen. Eine Zeitlang, sie ging schon in die Schule, dachte sie, daß alle Erwachsenen berühmt seien, fürs eine wie fürs andere keine besondere Empfehlung. Wenn ein neuer Name zuhause oft genannt wurde, konnte es nur zwei Gründe haben: entweder jemand war plötzlich berühmt geworden – wie kriegt man ihn dazu, eine Einladung anzunehmen? Oder jemand, der es schon lange – sie dachte: immer – war, kam nach Wien und würde *natürlich* bei ihnen dinieren. Daß da etwas anderes dabei sein könne, wäre ihr nie eingefallen, es war nur immer dasselbe und darum langweilig. Nun aber, wenn wir uns sahen und sie irgend jemanden nannte, der bei ihnen verkehrte, spürte sie, wie ich zusammenzuckte und hörte mich fragen: »Was! Der kommt auch zu euch?«, als sei es etwas Unerlaubtes, ihr Haus zu betreten. Sie merkte, daß ich auf manche Namen überhaupt nicht reagierte, daß solche kamen, wunderte mich nicht, die schienen nach den Regeln der ›Fackel‹ in dieses Haus zu passen. Aber die anderen, die mir zu schaffen machten, begannen sie zu interessieren und sie begriff bald, daß es nur diese waren, mit denen sie mich ins Haus locken konnte. Doch auch das erforderte Zeit und längere Vorbereitungen.

»Heute war Thomas Mann bei uns zum Essen«, sagte sie und sah mich erwartungsvoll an.

»Ja was spricht er denn mit Ihrem Vater?«

Ich konnte mich nicht enthalten, das zu fragen und merkte zu spät, wie taktlos diese Frage war, denn es war doch daraus zu entnehmen, welche Verachtung ich für ihren Vater empfand. Ich schien ihm die Fähigkeit nicht zuzutrauen, ein Gespräch mit Thomas Mann zu führen.

»Über Musik«, sagte sie. »Die haben die ganze Zeit über Musik gesprochen, besonders über Bruno Walter.«

Sie verstehe aber nichts von Musik und könne mir's im einzelnen nicht sagen. Warum ich mir's nicht einfach selber anhören komme. Die Mutter möchte mich so gern einladen, aber sie traue sich nicht recht. Ich gälte als so abweisend, alle dächten, ich sei wie der Kien im Roman: ein Frauenverächter und grob dazu. »Ich erzähle ihr immer, was für lustige Sachen Sie sagen. ›Er verachtet uns‹, sagt die Mutter. ›Ich verstehe gar nicht, daß er dich auf Spaziergänge mitnimmt.‹«

Nach mancherlei Versuchen gelang es Friedl, mich zu einer Einladung zu ködern. Vom Dreigestirn der Wiener Décadence um die Jahrhundertwende: Schnitzler, Hofmannsthal und Beer-Hofmann, war nur der dritte noch am Leben. Er hatte sehr wenig geschrieben und galt als der Exklusivste. Seit Jahrzehnten schon schrieb er an *einem* Drama. Er sei nie damit zufrieden und lasse sich von niemandem zu seiner Vollendung bereden. Dieses Gegenbild zu einem Journalisten, von dem ich *ein einziges* Gedicht kannte, interessierte mich aus keinem anderen Grunde. Seine Enthaltsamkeit in diesem Wien hatte etwas Rätselhaftes. Man fragte sich, wie er mit so wenig Werken zu seiner hohen Reputation gelangt sei. Ich stellte mir vor, daß er allen ›beflek-kenden‹ Umgang mied und nur mit seinesgleichen verkehrte. Was tat er jetzt, da die beiden anderen nicht mehr am Leben waren? Da hörte ich von Friedl, daß er ein regelmäßiger Gast ihres Hauses sei, daß er häufig komme und sich für Leute interessiere, ein starker alter Mann mit einer sehr schönen Frau, die um zwanzig Jahre jünger sei als er und noch jünger wirke. Das klang verlockend, was aber das Eis bei mir brach und den Ausschlag gab, war ein wahrer ›coup de foudre‹. Emil Ludwig, die Erfolgsfigur des Tages, der ein Buch in wenigen Wochen schrieb und sich dessen noch rühmte, hatte sein Erscheinen bei Benedikts zugesagt, um Richard Beer-Hofmann, den sehr Verehrten, kennenzulernen. Alle seien neugierig auf diese Konfrontation, sagte Friedl, einen solchen Spaß könne ich mir doch nicht entgehen lassen, sie stellte sich vor, das Gespräch zwischen den beiden werde sich abspielen wie zwischen zwei erfundenen Figuren. Sie habe ihrer Mutter zugeredet, mich dazu einzuladen, sie werde mich noch am selben Tag anrufen. Meine Neugier war angestachelt, ich bedankte mich und nahm an.

Statt des Stubenmädchens öffnete mir Friedl die Tür, sie hatte mich vom Fenster kommen sehen, und sagte gleich, als wären wir Verschworene: »Sie sind schon da, beide!« Im Salon begrüßte mich ihr Vater mit ein paar eindringlich schmeichlerischen Sätzen, die sich aber auf nichts bezogen. Er habe das Buch noch nicht gelesen, es mache im Haus die Runde – die jungen Damen, seine Frau –, heute habe er es ihnen endlich entreißen können, jetzt liege es da – er zeigte auf ein Tischchen –, er lasse sich's nicht mehr wegnehmen; diesen Nachmittag noch fange er mit der Lektüre an, er stärke sich durch ein Gespräch mit dem Autor, bevor er sich auf das gefährliche Unternehmen einlasse, es seien ja Legenden darüber im Umlauf, wie böse, aber auch wie spannend das Buch sei, nach einem ersten Blick auf den Autor möchte man das nicht vermuten. Ich empfand seine Harmlosigkeit nicht ohne Staunen, aber er auch meine. Nach den Schilderungen, die er von der ›Blendung‹ bekommen hatte, erwartete er einen poète maudit.

Er führte mich zu Beer-Hofmann, den vornehmsten seiner Gäste, der pro Jahr nicht mehr als zwei Zeilen schrieb, der stattliche alte Herr blieb sitzen und sagte gewichtig: »Junger Mann, ich stehe nicht auf, das erwarten Sie auch nicht von mir?« Ich gab ein paar beistimmende Silben von mir, wie er sie gewiß erwartete und wurde schon zu einem winzigen Männchen gezogen, das schmächtig und explosiv dastand, er bemerkte meine Hand nicht, die ich ihm also nicht zu geben brauchte, und ich konnte gleich hören, wie er Beer-Hofmann mit schäumender Bewunderung überschüttete. Es war Emil Ludwig, der beteuerte, wie lange schon – seit seiner Kindheit? – er ihn verehre. Das Wort ›Meister‹ tauchte mehrfach aus der Suada auf, auch Vollkommenheit, ja sogar Vollendung, ein eher taktloses Wort an einen, der Jahrzehnte für ein Drama von üblicher Länge zu brauchen vorgab und es dann doch nicht vollbrachte. Beer-Hofmann wiegte bedenklich den Kopf, wohl hörte er sich's an, kein Wort entging ihm, er war sehr sicher und wer hätte sich angesichts dieses winzigen Meistschreibers, Bestverkäufers und Allerwelts-Interviewers nicht sicher gefühlt – hier maß sich ein Schwergewicht gegen eine Feder –, aber eigentlich behaglich fühlte sich der wohlleibige alte Herr bei dieser Sache nicht, der Gegensatz zwischen seiner würdigen Schreibschweigsamkeit und der Schreibdiarrhöe des dünnen Männchens war zu eklatant, schließlich waren auch andere da, die es hörten – er unterbrach das Anbetungsgewinsel und sagte bedauernd, aber entschlossen: »Es ist zu wenig.«

Es gab so wenig von ihm, daß er das sagen *mußte* und wer hätte ihm darauf antworten können? Es waren vielleicht ein Dutzend Leute im Raum und alle hielten den Atem an. Doch Emil Ludwig hatte auch darauf eine Antwort, diesmal einen einzigen Satz: »Wäre Shakespeare weniger Shakespeare, wenn er nur den ›Hamlet‹ geschrieben hätte?«

Diese Schamlosigkeit verschlug jedem die Rede. Beer-Hofmann wiegte nicht mehr den Kopf. Ich trage mich, bis zum heutigen Tage, mit der Hoffnung, daß er sich, trotz dem großen Selbstbewußtsein, das ihn auszeichnete, keinen ›Hamlet‹ zuschrieb.

Während des Essens gleich danach war Emil Ludwig, nach so viel Selbstentäußerung, mehr auf sich bedacht und pries seine Fruchtbarkeit und Flüssigkeit an, seine Weltkenntnis, seine hohen Freunde und Verehrer in allen Ländern. Von Goethe bis Mussolini kannte er jedermann. Den Gegensatz zwischen Goethe's – wie er es nannte – schlichtem Haus in Weimar und dem enormen Empfangsraum im römischen Palazzo Venezia wußte er ergreifend zu schildern. Durch die Breite eines Saals, den er mit einem imperialen Kontinent verglich, war er auf Mussolini zugetrippelt, der hinter dem mächtigen Schreibtisch am anderen Ende des Raumes entschlossen auf ihn wartete. Mussolini wußte, wer da auf ihn zukam und als Ludwig nach der langen Wanderung schließlich vor dem Schreibtisch stand (der wohl der größte der Welt war, größer als der eigene in Ascona), wurde er mit Schmeichelworten begrüßt, die die Bescheidenheit wiederzugeben verbiete. Mussolini bewies einen sicheren Instinkt für die Bedeutung einer weltliterarischen Figur wie Ludwig und gönnte ihm mehrere lange Gespräche, die in allen großen Zeitungen der Welt und natürlich auch in Buchform veröffentlicht wurden. Aber das war vorüber. Seither waren sechs bis acht andere Bücher erschienen, als letztes ›Der Nil‹. Dazu war er in Ägypten gewesen. Das Buch hatte er in sechs Wochen geschrieben. Der Hausherr, der an der Spitze der Tafel saß, unterbrach ihn und wies mit einladend-ehrfürchtiger Gebärde auf einen kleinen Tisch in der Nähe, da lag ganz allein und sehr dick ›Der Nil‹. Aber Ludwig achtete nicht darauf, er war schon weiter, er erging sich trillernd oder verhüllend über drei oder vier nächste Pläne. Über das, was danach komme, sage er nichts, er sei schließlich nicht allein hier zu Gast. »Und wir wollen bei allem gesunden Selbstgefühl – nur die Lumpe sind bescheiden – nicht vergessen, wer heute an dieser Tafel das kostbare Junge Wien der Jahrhundertwende vertritt, der einzige einer unvergänglichen Tradition, der noch unter uns ist, und ihr Größter.«

Das war kein kleines Stück, aber es war, was als die Meinung dieses Hauses galt und was Beer-Hofmann vielleicht auch von sich selber glaubte. Denn anders wäre seine Zurückhaltung vor der Welt schwer aufrechtzuerhalten gewesen. Er ließ, wie ich später mehr als einmal mit ihm erlebte, durchblicken, daß Hofmannsthal zu sehr den Verführungen der Welt nachgegeben habe, alles, was mit Salzburg zusammenhing, die Libretti, das Interesse an Oper hielt er für eine Verirrung. Emil Ludwig mußte ihm in tiefster Seele zuwider sein – er war es, außer dem Hausherrn, allen, die an diesem Tische saßen –, aber diese Ausrufung als der Größte jener Drei des Jungen Wien von damals konnte ihn nicht unberührt lassen.

Gleich danach steuerte Ludwig wieder auf sich selbst zurück. Er war es Wien schuldig, sich in der Oper zu zeigen und hatte für den selben Abend eine Loge reserviert. Doch ohne Begleiterin mochte er da nicht hingehen. Er wünschte sich die schönste der vier Töchter dieses Hauses. Friedl saß ihm gegenüber und hörte ihm interessiert zu. Sie unterbrach ihn nicht und lachte kein einziges Mal, er fühlte sich von ihr bewundert und *sie* war es wohl auch, die ihn durch ihre täuschende Aufmerksamkeit zur Ausdehnung dieser uferlosen Ergüsse über sich selbst anspornte. Er bäte sie also, sich für diesen Abend freizumachen und ihn in die Oper zu begleiten. Sie hatte meinen Widerwillen gegen ihn sehr wohl gespürt und mochte sich fragen, ob es ihrem Ansehen bei mir schaden würde, wenn sie die Einladung annähme. Ein Instinkt sagte ihr, daß dieses Ansehen nicht groß sein könne, denn schließlich war sie die Tochter dieses verwünschten Hauses. Aber sie verließ sich auf das lächerliche Verhalten des Ludwig, das in der Oper zu erwarten war und ihren übermütigen Bericht darüber, mit dem sie mich unterhalten würde. Sie nahm an, und einige Tage danach, bei unserem nächsten Spaziergang bekam ich es alles zu hören.

In der Loge sei Emil Ludwig, um fürs Publikum sichtbar zu werden, immer wieder von seinem Sitz aufgesprungen. Er habe Friedl in Arien gehuldigt, die er anfangs summte, dann immer lauter mitsang. Die Besucher in den Nachbarlogen fühlten sich durch ihn gestört, aber darauf hatte er's angelegt. Er hörte keinen Protest, er schien in Trance, durch die Gegenwart seiner jungen Begleiterin verzückt. Es gelang ihm, die Blicke von der Bühne auf seine Loge zu lenken. Als jemand schließlich hinausging und den Logenbeschließer suchte, um sich bei ihm zu beschweren und auf Abstellung dieser unerbetenen Geräusche zu dringen, erfuhr er, wer der Stöpsel war, der unaufhörlich aufsprang und sich singend und gestikulierend an die Logenbrüstung stellte: Emil Ludwig persönlich. Das Gerücht davon verbreitete sich im Nu und als er sicher war, daß alle es wußten, gab er plötzlich Ruhe. Ich habe vergessen, welche Oper es war, aber Friedl sagte, als es zum Applaus kam, habe er sich verbeugt und statt zu klatschen den Applaus für sich entgegengenommen und nur nachdem sie ihn auf seine inopportune Handlung aufmerksam gemacht hätte, sei er unwillig dazu übergegangen, ein-, zweimal zu klatschen.

»Ich suche meinesgleichen!«

Schon beim zweiten Besuch bei Benedikts geschah etwas, das diese ehemalige Domäne des Teufels für mich in eine östliche Theaterstätte verwandelte. Ich war die Stufen zur Haustür hinaufgestiegen und hatte die Glocke geläutet, als ich eilige, etwas stolpernde Schritte hinter mir spürte, wunderte mich, da solche Schritte einem erwachsenen Gast kaum zugehören konnten und wandte mich um. Vor mir stand atemlos die junge ›Japanerin‹, wie ich sie für mich nannte, das Mädchen, dem ich seit Monaten auf der Himmelstraße begegnete, mit offenem Mantel, eine Strähne des schwarzen Haars überm Gesicht, in heftiger mimischer Bewegung, wie auf einem Schauspielerporträt von Sharaku, wie in einer Kabuki-Szene. Ein Gast wie ich? Dieses junge Mädchen? Ich war so überwältigt von dieser Vorstellung, daß ich zu grüßen vergaß, sie nickte, sagte nichts, die Türe ging auf, Friedl öffnete, wie das erstemal, lachte, als sie uns nebeneinander auf der Matte stehen sah und sagte:

»Bist du es, Susi? Das ist Herr C. – Das ist meine jüngste Schwester Susi.«

Ich hatte gute Gründe zu Verlegenheit, aber auch sie genierte sich, denn obwohl ich ihr vollkommen gleichgültig war, war sie sich dessen wohl bewußt, daß ich ihr täglich auf der Himmelstraße begegnete. Sie kam nicht als Gast, sie kam von der Schule und hatte sich wie immer verspätet, darum Atemlosigkeit und Hast, und als sie sehr bald in die oberen Räume des Hauses verschwand, sagte Friedl verwundert:

»Da haben Sie die Susi schon oft gesehen. Das haben Sie mir gar nicht gesagt.«

»Ich wußte nicht, daß sie es ist. Sie sagten, Ihre jüngste Schwester sei vierzehn.«

»Das ist sie auch. Sie schaut aus wie achtzehn.«

»Ich habe sie für eine Japanerin gehalten.«

»Sie schaut so exotisch aus. Niemand versteht, wie sie in unsere Familie kommt.«

Dann betrat ich den Salon. Aber ich fühlte mich noch eine Weile beschämt. Es war mir endlich klargeworden, daß ich diese Begegnungen auf der Himmelstraße *gesucht* hatte, immer um dieselbe Zeit war ich hinuntergegangen und hatte es so eingerichtet, daß ich sie, die aus der Strassergasse kam, nicht versäumte. Ein vierzehnjähriges Schulkind, das aus der Schule kam! Ihre Atemlosigkeit, ihre Aufregung, die sich mir mitgeteilt hatten, hatten nichts zu bedeuten: ein Schulkind, das fürchtete, zu spät zum Essen nach Hause zu kommen. Gewiß, die japanischen Schauspieler, die ich nicht vergessen konnte, hatten zu diesem Eindruck beigetragen, auch die Liebe für die Holzschnitte des Sharaku. Aber warum sah sie wie ein Schauspieler auf einem solchen Holzschnitt aus? Sie war hinreißend fremd und mit dieser unerklärlichen Schönheit war Friedl, die den Übermut und die Leichtigkeit Wiens verkörperte, nicht zu vergleichen. Ich empfand das so stark, daß ich nichts davon sagte, keine der Schwestern erfuhr davon, daß es von nun ab der Gedanke an das Geheimnis dieser Jüngsten war, der mich mehr und mehr ins Haus zog.

Ob sie vieles *zugleich* hören könne, fragte ich Friedl, in einem vollen Lokal, wenn auf allen Seiten geredet, gestritten, gesungen wurde. Sie wollte nicht glauben, daß das möglich sei: daß man nämlich zur selben Zeit auf mehr als eine Sache hören könne, ohne irgend etwas fahrenzulassen. Da habe man dann zwei, drei, vier Stimmen zugleich im Ohr und was sich zwischen diesen Stimmen abspiele, das sei daran das interessanteste. Die Stimmen achteten gar nicht aufeinander und legten in ihrer Manier los, wie ein aufgezogenes Uhrwerk, unaufhaltsam, unablenkbar, aber wenn man andere mit ihnen zugleich auffasse, ergäben sich die sonderbarsten Dinge, es sei, als habe man einen eigenen Schlüssel zu einem besonderen Uhrwerk, für Zwischenwirkungen sozusagen, von denen die Stimmen selber nichts wüßten.

Ich versprach, es ihr vorzuführen: sie müsse es nur ein paarmal erleben, erst mit meinen Ohren sozusagen, indem sie sich an meine Stelle versetze und dann werde sie es bald selber können, es werde zu einer Gewohnheit, ohne die man gar nicht mehr leben könne.

Ich nahm sie einmal spätnachts in das Café in der Kobenzlgasse mit, wo die Leute hingingen, wenn die Heurigen schon geschlossen hatten und die letzte 38er Tram abgefahren war. Da fand sich eine gemischtere Gesellschaft beisammen als in den Heurigen, anfangs kamen die, die mit den Stunden vor Mitternacht nicht genug hatten und sich eine rundere Nacht wünschten. Zu ihnen gesellten sich Einheimische, die solange ausgeschenkt hatten, deren Arbeit zu Ende war, die sich selbst auch in einer anderen, aber doch nicht fremden Atmosphäre unterhalten wollten. Diese gaben jetzt den Ton an, die Heurigenbesucher waren nicht mehr die Hauptsache, weder waren sie in der Mehrheit, noch achtete man besonders auf sie. Je weiter die Nacht fortschritt, umso mehr wurden sie in die Rolle von Zuschauern gedrängt und statt der Heurigensänger, zu deren Liedern sie früher getrunken oder mitgesungen hatten, kamen die eigentlichen Grinzinger zur Geltung, Figuren, die origineller und merkwürdiger waren, als alles, was das Publikum der Buschenschenken oder Nobelheurigen erwartet hätte. Während einer Stunde konnte mehr passieren als anderswo während eines ganzen Abends, und es kamen an den meisten Abenden zu den wechselnden Fremden die gleichen einheimischen Figuren.

Wir waren ziemlich spät gekommen, es lag mir daran, Friedl in die volle Diskordanz der Stimmen einzuführen, als die Erwartung schon auf dem Höhepunkt war. Das Lokal war gesteckt voll, Rauch und Getöse schlugen einem wie Fetzen um die Ohren, nirgends ein Platz, aber um Friedls willen, die wie ein frischer Lufthauch wirkte – sie sprang katzengleich ins Getümmel, ihre Augen funkelten –, rückte man irgendwo auseinander und zwang uns, statt daß wir darum zu kämpfen gehabt hätten, einen Sitz auf. »Ich versteh nichts«, sagte Friedl, »ich hör alles, aber ich verstehe nichts.« »Hören ist auch schon etwas«, sagte ich, »gleich wird etwas passieren, um die Sache zu entwirren.«

Ich rechnete auf das Erscheinen eines Mannes, den ich schon einige Male erlebt hatte, an Samstagen war er noch immer gekommen und er beschäftigte mich in Gedanken während der Woche sehr. Es dauerte nicht lange, die Tür öffnete sich und die hagere, eher große Figur erschien, ein dunkler Vogelkopf mit stechenden Augen, mit tänzelndem Schritt machte er seinen Weg bis in die Mitte, drängte mit den Ellbogen, ohne eigentlich zu stoßen, alle, die in seiner Nähe waren, zurück und begann sich um sich selbst zu drehen, die Hände in halber Höhe beschwörend erhoben, und sagte dazu, es war eigentlich mehr ein Gesang: »Ich suche meinesgleichen! Ich suche meinesgleichen!« Das ›mein‹ darin kam erhaben heraus, wie das ›Ich‹ oder ›Wir‹ eines Potentaten. Seine Hände umfaßten jemanden in der Luft, den es nicht gab, eben seinesgleichen, immer wieder drehte er sich um sich selbst, immer wieder, ohne irgendwen in die Nähe seiner Hände zu lassen und sang dazu: »Ich suche meinesgleichen! Ich suche meinesgleichen!« – der klagende, anspruchsvolle Ruf eines hochbeinigen Vogels.

»Das ist doch der Leimer!« sagte Friedl. Sie kannte ihn, aber wie hätte sie ihn nun erkannt! Sie kannte ihn bei Tag, sie hatte ihn nie nachts erlebt, wenn er mit seinem Hoheitsruf unter die Leute ging. Bei Tag stand er im Grinzinger Schwimmbad, das ihm mit seinen Geschwistern zusammen gehörte. Da teilte er den Badegästen Kabinen zu oder saß in der Kasse. Manchmal, wenn es ihn danach gelüstete, gab er auch Schwimmstunden. Er konnte sich seine Launen erlauben, das Bad war beliebt und immer gut besucht, es war oft so voll, daß man nicht mehr eingelassen wurde, von überall in Wien kamen Leute ins Grinzinger Schwimmbad gefahren, die Leimers galten als eine der reichsten, vielleicht als die reichste Familie des Orts. Ihren Wohlstand verdankten die Geschwister einer couragierten Mutter, die hatte sich – noch im vergangenen Jahrhundert – jung und schön der Kutsche des Kaisers in den Weg gestellt und Franz Joseph eine Bittschrift in den Wagen geworfen, worin die Familie Leimer um ein Privileg fürs Wasser bat, das sie für die Einrichtung eines Schwimmbads brauchte. Es war die Zeit nach der Erstellung der Hochquellenleitung, die das beste Wasser aus den Bergen nach Wien brachte und die unternehmende Frau hatte den Augenblick gut genützt. Der Kaiser bewilligte ihr Privileg und seine Gunst brachte dem Grinzinger Bad wie der Leimer-Familie den erwünschten Segen.

Das war allgemein bekannt, denn jeder ging in dieses Bad. Was der Tagesöffentlichkeit nicht bekannt war, war die Wirkung, die die Gnade des Kaisers in der jetzt kaiserlosen Zeit auf dieses Mitglied der Familie hatte. »Ich suche meinesgleichen!« – dieser monarchische Ruf, so wie er auf dem Papier steht, mag lächerlich klingen. Es klang nicht lächerlich als Laut und Bewegung dessen, der ihn nachts intonierte und in immer gleicher Geschwindigkeit, lang hingehalten wiederholte.

Voller Sehnsucht nach sich kreiste er zwischen den Tischen umher und immer wieder in die enge Mitte, er sprach zu niemandem, niemand sprach zu ihm, um nichts hätte er seinen Ruf unterbrochen. Keiner hänselte ihn, keiner unternahm den Versuch, ihn von seiner Suche abzulenken. Sein Auftritt war bekannt und schien trotz seines Ernstes niemanden zu stören. Als Herr des vielen Wassers, über das er gebot, war er eine geachtete Figur, doch seine Ruhelosigkeit brachte eine unheimliche Note in das Lokal. Sein Ruf verklang, als er sich seinen Weg zur Tür zurück bahnte. Er war fort, aber man behielt den Ruf im Ohr.

Dann sagte ein Weinhauer, der neben mir saß: »Der Franzos kommt!« Ein anderer, schräg gegenüber, nahm den Satz auf und wiederholte ihn gierig. Das war etwas Neues, das ich nicht verstand, ich konnte meiner Begleiterin nicht erklären, worum es sich handle. Auch an anderen Tischen schien man ›den Franzosen‹ zu erwarten. Ich wußte von keinem Franzosen in Grinzing, die Einheimischen schienen aber alle eine feste Vorstellung von ihm zu haben, in ihrem Mund tönte es, als gehöre er in den Jahreslauf. Ein paarmal hörte sich Friedl das an: »Der Franzos kommt! Der Franzos kommt«, und es kam ihr so erwartungsvoll vor, daß sie einen glücklich Betrunkenen neben ihr – obwohl sie ihn nicht aufmuntern wollte, denn sie hatte sich seiner zu erwehren – fragte: »Wann kommt der Franzos?«, auf eine reichhaltigere Frage zu antworten wäre er in seiner Verfassung gar nicht imstande gewesen –. »Na jetzt eben! Jetzt eben kommt er!«

Lang dauerte es nicht und ein blonder Riese erschien, der jeden im Lokal, so kam es einem vor, um Haupteslänge überragte. Eine junge Frau hielt sich an ihm fest und ein ganzes Gefolge drängte nach. »Der Franzos ist da! Der Franzos ist da!« Das war er, aber das ganze Gefolge bestand aus Einheimischen. Die Frau war wieder eine Leimer, die Schwester des Vorigen, der nach seinesgleichen gesucht hatte. Der Riese verschaffte sich Platz, mit seinem ganzen Gefolge, es war erstaunlich, wieviel noch ins Lokal hineinging, das vorher schon voll war. Aber sie saßen alle, an einem langen Tisch – die vorher da gesessen waren, hatten ihn für sie geräumt und sich an anderen Tischen eingezwängt. Die Leimer-Schwester war wieder neben dem Franzosen, sie hielt sich noch immer an ihm fest, aber jetzt wurde es klar, daß sie ihn von etwas zurückhielt, was noch nicht passiert war und nicht passieren sollte. Ich wurde darüber aufgeklärt, daß sie seine Frau war, sie hatte nach Frankreich geheiratet, einmal im Jahr kam sie nach Grinzing zurück zu Besuch und brachte ihn mit. Er war Matrose auf einem U-Boot, es war nicht sicher, ob jetzt noch oder ob er's im letzten Krieg gewesen war.

Ich begriff es nicht und staunte ihn an: ein so großer Mensch in einem U-Boot, ich hatte mir vorgestellt, daß man als Matrose dafür eher kleine Männer ausgesucht hätte.

Alle sprachen auf ihn ein, er verstand kein Deutsch und die an seinem Tisch saßen, schienen sich für niemanden außer ihm zu interessieren. Sie unterhielten sich nicht untereinander, sie wandten sich nur an ihn. Immerzu wurde er etwas gefragt, auf das er nicht antworten konnte, man schrie ihn an, damit er verstehe, es wurde dadurch nicht besser. Er blieb ganz stumm, er sagte auch in *seiner* Sprache nichts, einen so großen und so lautlosen Franzosen hatte ich nie erlebt. Je weniger er sagte, umso mehr wurde ihm zugerufen. Auch von anderen Tischen wurden Versuche unternommen, ihn zum Sprechen zu reizen. Die Frau, die ihm als Dolmetscher diente und sich drum so nah an ihm hielt, machte anfangs, sich hochstreckend, einige Mundbewegungen. Aber sie gab es bald auf. Es war hoffnungslos, vielleicht war ihr Französisch nicht gut genug, aber auch wenn sie es so beherrscht hätte wie ihre Muttersprache, diesem Ansturm an Zurufen und Aufforderungen wäre sie auf keinen Fall nachgekommen. Sie hielt ihn immer fester am Arm. Das Chaos aus allen möglichen Lauten im Lokal steigerte sich bald zu einem Gebrüll. Von allen Seiten brüllte man auf den Franzosen ein. Selbst an unserem Tisch war der Lärm ohrenbetäubend, wie mußte es erst an seinem sein.

Ich konnte ihn gut sehen und wandte keinen Blick von ihm. Wie alle anderen war auch ich ganz auf ihn gerichtet. Es fehlte nicht viel und ich hätte ihm etwas zugerufen, in seiner Sprache, aber das hätte ihm auf diesem Höhepunkt allgemeiner Erregung wenig genützt. Plötzlich sprang er auf und brüllte: »Je suis Français!« Mit zwei mächtigen Armbewegungen stieß er alles, was in seiner Nähe war, beiseite. In einem ungeheuren Sprung setzte er über den Tisch und fand sich in einem Haufen von Leibern. Alles stürzte über ihn her, während er weiter laut brüllte. Man hörte nur seinen Schlachtruf: »Français! Français!« Er zerteilte den Knäuel mit unbegreiflicher Kraft, selbst für einen Mann seiner Größe war diese Leistung erstaunlich. Er bahnte sich den Weg zur Tür, an allen Gliedern seines Leibes schleppte er Menschen mit, die sich an ihn hängten. Die Frau war ihm verlorengegangen, sie steckte weiter hinten unter denen, die zu ihr gehörten. Mit dem ersten Satz über den Tisch hatte er sich ihr entzogen. Sie drängte unter den anderen nach, die ihm als feindlicher Haufen auf den Fersen blieben. Aber sie war nicht unter denen, die sich ihm an Arme und Beine klammerten und ihn nicht fortlassen wollten. Als er's geschafft hatte, wollte sie hinaus zu ihm, doch was auf der Straße geschah, sah ich nicht mehr, einige, die zurückkehrten, sagten, die Frau bringe ihn jetzt nach Hause. Als Schwager gehörte er zum Schwimmbad, das schien niemand zu bestreiten.

Es wurde drinnen im Lokal auch nachher von nichts anderem gesprochen. Der Franzos, so hieß es, käme jedes Jahr. Man wußte es vorher und erwartete ihn und es endete jedes Jahr auf dieselbe Weise. Ich fragte einen oder den anderen, warum der Franzose plötzlich so aufgesprungen sei. Das mache er immer, war die Antwort, mehr wußte niemand zu sagen. Das dauerte eine Weile, erst sitze er stumm da. Ob er wisse, was man ihm zurufe? – Nein, der verstehe doch kein Wort. – Wozu man es dann versuche? – Das gehöre eben zur Stimmung. – Ob er denn immer dasselbe brülle? – Ja, immer »Je suis Français!« wobei sie seine Worte nachzuahmen versuchten. Kraft habe der schon. Aber man lasse sich nichts gefallen.

Ich fragte mich, wieviel fremde, völlig unverständliche Worte einer dicht unter hundert andere gepreßt hören müsse, um in Raserei zu geraten.

Ein Brief von Thomas Mann

Es war ein ausführlicher, handgeschriebener Brief, in der sorgfältig abgewogenen Sprache, wie man sie aus seinen Büchern kannte. Es standen Dinge darin, die mich überraschen und erfreuen mußten. Vor genau vier Jahren hatte ich Thomas Mann das Manuskript des Romans geschickt, in drei große, schwarzleinene Bücher gebunden, es mußte ihm wie eine Trilogie vorgekommen sein, von einem herben und langen Brief begleitet, in dem ich den Plan einer ›Comédie Humaine an Irren‹ auseinandersetzte. Stolzer hätte ich nicht schreiben können, es stand kaum ein Wort der Huldigung an den Empfänger drin, und er muß sich gefragt haben, was mich wohl dazu veranlaßt haben mochte, gerade ihn als Adressaten zu wählen.

Veza liebte die ›Buddenbrooks‹ beinah so wie sie ›Anna Karenina‹ liebte und wenn ihr Enthusiasmus solche Ausmaße annahm, hielt er mich oft von der Lektüre eines Buches zurück. Statt dessen hatte ich den ›Zauberberg‹ gelesen, seine Atmosphäre war mir von den Erzählungen der Mutter her vertraut, die zwei Jahre im Waldsanatorium in Arosa verbracht hatte. Das hatte mich sehr beeindruckt, schon wegen der Problematik des Todes, und obwohl ich diese Dinge anders empfand, war es eine *ausführliche* Auseinandersetzung mit ihnen, ihrer Bedeutung angemessen. Ich schämte mich damals, im Oktober 1931, nicht, mich an Thomas Mann als ersten zu wenden. Musil hatte ich noch nicht gelesen und ein Grund zur Zurückhaltung hätte nur darin bestanden, daß ich schon einiges von Heinrich Mann kannte, der mir mehr lag als sein Bruder. Das Erstaunliche allerdings war mein Selbstvertrauen. In diesem ersten Brief huldigte ich Thomas Mann überhaupt nicht, was ich für den ›Zauberberg‹ wohl hätte tun können. Aber ich war der Meinung, daß er in mein Manuskript nur einen Blick zu werfen brauche, um unbedingt weiterlesen zu *müssen*, für einen pessimistischen Autor – das schien er mir zu sein – sei *dieses* Buch unwiderstehlich. Aber das riesige Paket kam ungelesen zurück, mit einem höflichen Brief, in dem er sich für die Unzulänglichkeit seiner Kräfte entschuldigte. Es war ein sehr harter Schlag. Denn wenn er es nicht las – wer sonst sollte ein so düsteres Buch lesen wollen? Ich hatte etwas wie Begeisterung von ihm erwartet, nicht bloß Zustimmung. Das Wort von ihm, das dem Buch gebührte und das er aus Überzeugung und nicht etwa bloß aus freundlicher Hilfsbereitschaft sprechen würde, könnte ihm den Weg bahnen. Ich sah kein Hindernis vor mir und vielleicht schrieb ich ihm auch darum mit solcher Anmaßung.

Sein Absagebrief war die Antwort auf diese Anmaßung und wahrscheinlich gerecht, weil er das Buch nicht kannte. Das Manuskript blieb vier Jahre lang liegen. Es ist leicht auszumalen, was das für mein äußeres Leben bedeutete. Aber mehr noch bedeutete es für meinen Stolz. Ich fühlte mich durch seine Absage für das Buch beleidigt und beschloß, gar nichts damit zu unternehmen. Erst allmählich, als ich mir durch Vorlesungen daraus einige Freunde gewann, überredete man mich zu Versuchen bei diesem und jenem Verleger. Sie waren erfolglos, so wie ich es nach dem Schlag, den mir Thomas Mann versetzt hatte, erwartete.

Nun also, im Oktober 1935, war das Buch erschienen und ich war fest entschlossen, es Thomas Mann zu schicken. Die Wunde, die er mir geschlagen hatte, war offen geblieben. Er war der einzige, der sie heilen konnte, indem er das Buch *las* und einsah, daß er im Unrecht gewesen war, daß er etwas zurückgewiesen hatte, was *seine* Achtung verdient hätte. Der Brief, den ich diesmal dazu schrieb, war nicht unverschämt, sondern ich schilderte ihm einfach, was geschehen war und setzte ihn schon dadurch ohne Anstrengung ins Unrecht. Er schrieb einen langen Brief zurück. Sein Charakter, seine Gewissenhaftigkeit veranlaßten ihn, das ›Unrecht‹ wiedergutzumachen. Über seinen Brief, nach allem, was vorausgegangen war, war ich glücklich.

Zur gleichen Zeit erschien als etwas ganz Äußerliches die erste Besprechung des Romans in der ›Neuen Freien Presse‹. Sie war in einem überschwenglichen Ton gehalten, aber von einem Schriftsteller, den ich nicht ernst nahm, den man nicht ernst nehmen konnte. Sie tat trotzdem ihre Wirkung, denn als ich am selben Tag (oder war es am Tag danach?) ins ›Herrenhof‹ ging, kam Musil auf mich zu, so herzlich, wie ich ihn noch nie erlebt hatte. Er streckte mir die Hand entgegen, er lächelte nicht bloß, er strahlte, das fiel mir schon darum auf, weil ich der Überzeugung war, daß er sich ein öffentliches Strahlen nie erlaube. Er sagte: »Ich gratuliere Ihnen zu Ihrem großen Erfolg!« Er habe erst einen Teil des Romans gelesen, aber wenn es so gut weiterginge, *verdiente* ich diesen Erfolg. Von diesem Wort ›verdient‹ aus seinem Mund war ich wie berauscht. Er sagte noch einiges sehr Positive dazu, das ich nicht wiederholen möchte, denn so wie die Dinge weitergingen, hätte er es später vielleicht zurückgezogen. Über diesen Worten verlor ich den Verstand. Ich spürte plötzlich, wie sehr ich auf sein Urteil gewartet hatte, vielleicht nicht weniger als auf das von Sonne. Ich war berauscht und verwirrt, *sehr* verwirrt muß ich gewesen sein, denn wie hätte ich sonst den peinlichsten Taktfehler begehen können?

Ich hörte ihn zu Ende an und sagte dann gleich: »Und stellen Sie sich vor, ich habe auch einen langen Brief von Thomas Mann bekommen!« Er veränderte sich blitzrasch, es war, als hätte er einen Sprung in sich zurück getan, sein Gesicht wurde grau und er war nur noch Schale. »So!« sagte er, streckte mir die Hand halb hin, so daß ich nur die Finger zu fassen bekam und wandte sich brüsk ab. Damit war ich verabschiedet.

Damit war ich für immer verabschiedet. Er war ein Meister der Distanz, er hatte darin Übung, wen er einmal verworfen hatte, der blieb verworfen. Wenn ich ihn unter Menschen sah, was im Laufe der nächsten zwei Jahre manchmal vorkam, richtete er nicht das Wort an mich, blieb aber höflich. Er ließ sich nicht mehr auf ein Gespräch mit mir ein. Wenn in Gesellschaft mein Name fiel, schwieg er, als wisse er nicht, von wem die Rede sei und habe keine Lust, darüber Erklärungen einzuholen.

Was war geschehen? Was hatte ich getan? Was war das Unverzeihliche, das er mir nie mehr vergeben konnte? Ich hatte den Namen Thomas Mann genannt, im selben Augenblick, in dem er, Musil, mich anerkannte. Ich hatte von einem Brief von Thomas Mann gesprochen, einem langen Brief, unmittelbar nachdem er, Musil, mich beglückwünscht und seinen Glückwunsch begründet hatte. Er mußte annehmen, daß ich Thomas Mann den Roman zugeschickt hatte, wie ihm, mit einer ähnlichen verehrungsvollen Widmung. Er kannte die Vorgeschichte nicht und wußte nicht, daß diese Einsendung zuerst schon vor vier Jahren erfolgt war. Aber selbst wenn er den Hergang gekannt hätte, wenn ihm jede Einzelheit der alten Geschichte bewußt gewesen wäre, er hätte mein Verhalten nicht weniger stark als Verfehlung empfunden. Musils Ehrgefühl war das Empfindlichste, das ich je erlebt habe, und es kann kein Zweifel daran bestehen, daß ich ihm in meiner glücklichen Verwirrung zu nahe trat. Es war begreiflich, daß er mich dafür büßen ließ. Diese Buße hat mich sehr geschmerzt, ich habe es eigentlich nie verwunden, daß er sich damals von mir abwandte, in jenem für mich gehobensten Augenblick, den ich mit ihm erlebte. Aber eben weil er es war, der sie verhängte, habe ich diese Buße anerkannt. Ich habe begriffen, wie sehr ich ihn in jener Geistesverwirrung, die mit plötzlicher Anerkennung Hand in Hand geht, verletzt habe und habe mich dafür geschämt.

Er mußte glauben, daß ich Thomas Mann über ihn stelle. Das mochte er sich von jemandem, der überall das Gegenteil verkündet hatte, nicht gefallen lassen. Respekt mußte für ihn geistig begründet sein, sonst war er nicht ernst zu nehmen. Eine klare Entscheidung zwischen ihm und Thomas Mann war für ihn immer von Bedeutung. Wäre es bloß um eine Figur wie Stefan Zweig gegangen, dessen Geltung auf Betriebsamkeit beruhte, die Frage einer solchen Entscheidung hätte sich nie gestellt.

Doch wer Thomas Mann war, war Musil wohl bewußt und es war das *Maß* seiner Geltung, an der eigenen gemessen, was ihn hauptsächlich irritierte. Auf seine Weise hatte er sich zu ebendieser Zeit selbst um ihn bemüht (ohne daß ich eine Ahnung davon gehabt hätte), aber im Bewußtsein dessen, daß er selbst *mehr* war, im Gefühl, daß es sein Recht war, ihm einen Teil seines Ruhmes zu *entreißen*. Alle Briefe Musils an Thomas Mann, in denen er Hilfe vorschlägt, klingen wie *Forderungen*. Etwas anderes war es, wenn ein Junger, der ihm aus tiefster Überzeugung gehuldigt hatte, in ebendem Augenblick, da er sein Werk annimmt und anerkennt, just den Namen vorbringt, den auszustechen er ein Recht hat, den er – vorläufig – noch vergeblich berennt. Alle früheren Huldigungen sind dadurch suspekt. In Dingen des Geistes kommt das einer Majestätsbeleidigung gleich und verdient die Strafe der Verbannung.

Ich empfand Musils Abwendung sehr stark. Schon als sie sich streng körperlich im ›Herrenhof‹ vor mir abspielte, spürte ich, daß etwas Irreparables geschehen war.

Doch den Brief Thomas Manns vermochte ich nun nicht zu beantworten. Nach der Wirkung seiner Erwähnung auf Musil war es wie eine Lähmung. Einige Tage vermochte ich den Brief nicht in die Hand zu nehmen. Ich hielt mit meinem Dank so lange zurück, bis es unmöglich geworden war, ihn einfach abzustatten. Dann wandte ich mich dem Brief wieder zu und las ihn mit umso größerer Freude wieder. Solange ich darauf nicht reagiert hatte, blieb meine Freude frisch. Jeden Tag war mir zumute, als hätte ich den Brief soeben empfangen. Es mag sein, daß ich den Schreiber, nach der vierjährigen Wartezeit, auch etwas warten lassen wollte, aber das ist eine Vermutung von heute. Von Freunden, die davon erfuhren, wurde ich gefragt, was ich darauf geantwortet hätte, und alles was ich darauf sagen konnte, war ›noch nicht, noch nicht!‹ Nach einigen Monaten hieß es: ›Wie werden Sie das erklären? Wie werden Sie das begründen, daß Sie auf einen solchen Brief noch nicht geantwortet haben?‹ Auch darauf wußte ich keine Antwort.

Im April 1936, nach mehr als *fünf Monaten*, erfuhr ich aus den Zeitungen, daß Thomas Mann zu einem Vortrag über Freud nach Wien komme. Das schien mir die letzte Gelegenheit, mein Versäumnis wiedergutzumachen. Ich schrieb ihm den überschwenglichsten Brief meines Lebens, wie sollte ich anders erklären, was ich verbrochen hatte. Es wäre ein wenig beschämend für mich, heute diesen Brief zu lesen. Denn als ich jetzt schrieb, kannte ich das Werk eines Dichters, der mir mehr als er bedeutete: die beiden ersten Bände des ›Mann ohne Eigenschaften‹. Dankbar war ich ihm wirklich, denn *diese* Wunde hatte sich geschlossen. In seinem Brief standen Dinge, die mich mit Stolz erfüllten. Im Grunde hatte ich, ohne mir's einzugestehen, nach vier Jahren dasselbe getan wie Thomas Mann selbst: ein Versäumnis wiedergutgemacht. Er hatte die ›Blendung‹ gelesen und seine Meinung darüber geäußert, ich hatte meinen anmaßenden ersten Brief durch einen anderen ersetzt, in dem ich die Reverenz, die ihm damals gebührt hätte, vervielfachte.

Ich glaube, er hat sich darüber gefreut. Doch hat sich der Kreis nicht ganz geschlossen. Ich hatte in meinem Brief ausgesprochen, wie sehr ich mich freuen würde, ihn während seines Wiener Aufenthalts zu treffen. Er war bei Benedikts zum Essen eingeladen. Als er dort war, erkundigte er sich nach mir und sagte, daß er mich sehr gern gesehen hätte. Broch, der auch zugegen war, erklärte, daß ich ganz in der Nähe, schräg gegenüber wohne und machte sich erbötig, hinüberzuschauen und mich zu holen. Er kam und fand mich nicht vor, ich war soeben zu Sonne ins Café Museum gefahren. So geschah es, daß ich Thomas Mann wohl vorlesen hörte, aber nie persönlich kennengelernt habe.

Ras Kassa. – Das Grölen

Eine indische Gesellschaft spät in einem Heurigen der Kobenzlgasse. Fünf oder sechs Luxuslimousinen entladen sich vor der Tür, eine Gesellschaft von vielleicht dreißig Menschen besetzt das Lokal, alles Inder, sie suchen den einen Raum ganz für sich zu haben, die anderen Gäste, die vorher da waren, räumen zuvorkommend die Plätze und ziehen in den zweiten Raum hinüber. Indische Männer jüngeren Alters, elegant europäisch gekleidet, Schmuck an den Fingern, die von Edelsteinen blitzen, sehr schöne Frauen in Saris, alle, Frauen wie Männer dunkelhäutig, kein Weißer unter ihnen – sie wirken exklusiv, als sie lächelnd, aber bestimmt und in englischer Sprache – keiner von ihnen kann Deutsch – den Raum auf der einen Seite für sich zu leeren suchen.

Nun sitzen sie alle, die Heurigen-Musiker nähern sich aus dem anderen Zimmer und schicken sich an, für sie zu singen. Der Hauptsprecher der Inder winkt entschieden ab: sie wollen hier ihre eigene Musik zum besten geben. Schon hört man aus einer Ecke ein Zirpen, ungewohnt, dunkel, alles verstummt, dann ein Singen, das den Einheimischen melancholisch vorkommt, wie ein Grabgesang, hier beim Heurigen, also dafür hat man geschwiegen. Noch will man wissen – das Lied ist eben zu Ende –, was das sei, der Sprecher, einladend lächelnd, um Verständnis für ihre Musik bittend, sagt: »An Indian low-song.« Niemand versteht. Was ist ein low-song? Seit die Inder ihre Musik machen, ist eine eigentümliche Spannung in der Luft, mehr Köpfe erscheinen im Türrahmen, Leute von außen drängen nach. Noch steht keiner von ihnen im Raum der Inder. Low-song? Low-song? Dann, vielleicht war ich's selbst, hat jemand die Lösung love-song, love-song, ein indisches Liebeslied. Dann macht sich die Enttäuschung Luft: »Ein Liebeslied! Des! Hast des g'hert!« Dafür mußte die Heurigen-Musik verstummen. So was heißt bei denen Liebeslied!

Die Inder haben Beifall für ihr Lied erwartet. Statt dessen spüren sie Feindseligkeit, Rufe wie aus den Heurigenliedern, die sich verdrängt und beleidigt fühlen. Die Inder zögern, vielleicht war es nicht das richtige Lied, das sie zum besten gegeben haben. Sie versuchen ein anderes, weit kommt der Sänger nicht, für ungeübte Ohren klingt es wie das erste. Nun stehen Einheimische, die von außen nachgedrängt haben, schon im Raum. Draußen sind die großen Autos gehässig besichtigt worden. Der Sprecher der Inder lächelt noch immer, doch spürt man sein Unbehagen über die Niederen, die sich ihm nähern, die Frauen, noch sitzen sie, ducken sich und strahlen nicht mehr, die Stimmen der Eindringenden werden lauter und roher, ein Inder zirpt noch. Niemand hört hin, jemand, mitten im Raum, brüllt gehässig: »Ras Kassa!«

Das ist der Name des abessinischen Anführers, der noch gegen die Italiener kämpft. Mussolini hat Abessinien überfallen, gegen Flieger und Bomben setzt es sich zur Wehr. Das Bild Ras Kassas ist in allen Zeitungen. Er wird für seine Tapferkeit bewundert. Er ist dunkelhäutig. Mehr als diese Hautfarbe hat er mit den Indern hier beim Heurigen nicht gemein: doch sein Name, einmal ausgestoßen, wirkt als Schlachtruf. Seiner Wiener

Aussprache zum Trotz wird er auch von den Indern erfaßt, aber doch als bedrohlich empfunden. Zirpen und Singen gehen unter im steigenden Lärm. Die Inder stehen auf und drängen, erst zögernd, dann eiliger zum Ausgang. Sie werden hinausgelassen. Noch einige Ras-Kassa!-Rufe, draußen haben sich die Leute um die großen Autos angesammelt. Bewunderung für soviel Reichtum ist abgelöst von Abscheu vor diesem Luxus. Es ist noch eine stockende, keine tätliche Feindschaft, aber sehr nahe dran. Ihr eigentlicher Ausdruck ist ›Ras Kassa‹, aber zum Schimpfwort geworden, das letzte, was während dieses abessinischen Krieges zu erwarten stand: alle Sympathien, so dachte man, waren auf seiten der Schwachen, Überfallenen, die sich in einem aussichtslosen Kampf zur Wehr gesetzt haben. Ras Kassa! Ras Kassa! Die Inder verschwinden in den Wagen. Alles *Dunkle* ist jetzt Ras Kassa. Die Inder fahren ab.

Nachts ging ich in den Garten, der sich auf der Rückseite des Hauses weit den Hang hinunter erstreckte. Im Frühsommer war die Luft von Spuren erleuchtet, Glühwürmchen überall, die ich im Aug zu behalten suchte, aber verlor, es waren zu viele. Ihre Zahl war unheimlich, als hätte eine geheime Macht sie abgeschickt, entschlossen, die Nacht zu beseitigen. Das Verführerische in ihrem Licht entzückte mich, solange ihrer erst einige waren, doch es wurde zu dringlich, als sie sich sehr bald vervielfachten. Ich war es zufrieden, daß sie sich tief hielten, daß sie nicht höher stiegen und nicht weiter ausholten.

Aus der Ferne kam Grölen, von allen Seiten, nicht zu nah, nicht bedrängend, besonders aus der Richtung des Orts unten, das Grölen der Betrunkenen aus den Heurigen, ihre Lieder, die nicht auseinanderzuhalten waren, ein Plärren zwischen Glück und Weinen, nicht das Heulen von Wölfen. Es war die Stimme eines eigenen Tieres, das sich hier gern niederließ, ein Tier, das es zufrieden war, zu sitzen und in Rührung über sich zu schwelgen, weniger Drohung als Anspruch auf Seligkeit in der Stimme. Auch wer zu Musik keinerlei Anlage hatte – in diesen Jungbrunnen durfte er tauchen und als Teil dieses besonderen Heurigen-Tiers mit allen zusammen grölen.

Jede Nacht hörte ich es mir vom Garten des Hauses in der Himmelstraße oben an. Ich konnte es vor mir rechtfertigen, daß ich hier lebte, solange ich das Grölen insgesamt in mich einfing.

Ich war in einer Art von Verzweiflung darüber, die aber das Gefühl nicht ausschloß, daß ich es verwand, weil ich mich ihm stellte.

Es war ein glaubhafter Fall dessen, was ich später Festmasse nannte. Wenn ich mit Freunden hinunterging und mich in eine der Gartenschenken setzte, nahmen wir auf unsere Weise daran teil. Wir grölten nicht, aber wir tranken und prahlten. An anderen Tischen prahlten andere. Es war alles zu hören und es wurde alles geduldet. Es war komisch und es konnte unverschämt sein, aber es war einem selber unbenommen, ebenso unverschämt zu werden. Alles ging in Richtung von Vermehrung, aber keiner nahm dem anderen etwas weg, es geschah nichts durch Kämpfen, aller Roheit der Wünsche zum Trotz schien jeder dem anderen auch seine Vermehrung zu gönnen. Das Trinken, das sich immerzu abspielte, war das Zaubermittel des Mehrens und solange man trank, nahm alles zu, es schien keine Hindernisse, Verbote und Feinde zu geben.

Welche ungeheuren Steine, die er behauen werde, bekam ich zu sehen, wenn ich mit Wotruba da saß! Doch er duldete, daß ein junger Architekt, der mit uns war, indessen ganzen Städten auf die Beine half. Wotruba ließ sich sogar, was sonst selten gut ausging, mit dem Namen Kokoschka bewerfen. Das war der größte Name, dessen die Maler und Bildhauer Wiens sich damals berühmen konnten, und obwohl er zur Zeit in Prag war und von Wien nichts wissen wollte, war jeder, der auf Ruhm aus war, stolz auf ihn, er galt als unerreichbar. Wenn die Freunde Wotruba dämpfen wollten, wenn er ihnen gar zu selbstbewußt auftrat, kam plötzlich der Name Kokoschka aufs Tapet, und obwohl er nicht das geringste mit dessen Art gemein hatte – er war der genaue Gegenpol dessen, was in Österreich letztlich dem Barock entstammte –, empfand er diesen Namen seines Gewichtes wegen als Keule, mit der man ihm auf den Kopf schlage.

Das merkte ich ihm bei manchen Gelegenheiten an, es war dann, als lähme ihn plötzlich die Furcht, daß er es nicht so weit bringen werde, das paßte gar nicht zu ihm und ich pflegte ihm dann ins Gewissen zu reden und ihn vor einer Überschätzung Kokoschkas, von dessen späterem Werk er ohnehin nichts hielt, zu warnen. Nur beim Heurigen, wenn er in ungeheuren Blöcken wühlte und davon sprach, daß Michelangelo ganze Berge in der Nähe von Carrara behauen wollte, für Schiffe weit draußen auf dem Meere sichtbar, statt bloß Blöcke für das Grabmal des Papstes nach Rom zu schiffen, wenn man spürte, wie nahe es ihm ging, daß Michelangelo das nicht getan hatte – es klang, als würde er ihn jetzt noch dazu aufmuntern und eigentlich waren es seine eigenen Blöcke, die plötzlich unter denen des Michelangelo standen und er nahm ihm ohne viel Federlesens die Arbeit aus der Hand –, nur in solchen Augenblicken klang der Name Kokoschka, falls jemand so dumm war, ihn auszusprechen, läppisch, etwa so wie Hähnlein, und Wotruba daneben mächtig wie ein Gebirge.

An ihm erlebte ich die Vermehrung und Vergrößerung buchstäblich, man sah die Steine wachsen, ich hörte ihn nie singen, also auch nicht grölen, höchstens knurren, aber dann war er zornig und dazu ging er nicht zum Heurigen.

Wenn ich aber nachts allein in den Garten ging, das Grölen hörte, mich schämte, daß ich so nahe dran ansässig war und den Garten nicht verließ, bevor ich das Grölen vollkommen aufgenommen und die Scham verwunden hatte, fragte ich mich manchmal auch, ob noch andere unten säßen, die wie er wären, die sich zum Grölen nicht hergäben und aus dem allgemeinen Vermehrungswillen Kraft zu einer besonderen, einer legitimen Absicht schöpften. Eine Antwort darauf habe ich mir nie gegeben. Es wäre mir gar nicht möglich gewesen, den Glauben an die Unverwechselbarkeit meines Freundes anzutasten, aber schon daß ich die Frage stellen konnte, dämpfte etwas den Hochmut des Lauschers, der sich über alles Grölen erhaben dünkte.

In die Heurigen ging ich – von Zeit zu Zeit, nicht häufig – mit Freunden und besonders mit Besuchern, die aus dem Ausland kamen. Da ließ es sich schwer vermeiden, die Honneurs von Grinzing zu machen. Da erkannte ich auch, mit Hilfe dieser fremden Augen, was sie zu bieten hatten. Dort wo es noch wirklich ländlich zuging, wo man in einem Garten ruhig unter nicht zuviel Menschen saß, wurden viele an alte niederländische Bilder erinnert, an Ostade, an Teniers. Zugunsten dieser Auffassung ließ sich manches sagen und sie färbte ein wenig meinen Abscheu gegen das Grölen. Mit Hilfe dieser Erinnerung begriff ich schließlich, was es war, das mich eigentlich an dieser Art von Belustigung störte. Ich war noch immer Brueghel verfallen, alles, was seinen Reichtum und seine Maßstäbe hatte, liebte ich, ich werde es immer lieben. Der Abfall von diesen ungeheuren

Gesamtbildern zu kleinen, gemäßigten Ausschnitten davon, ebendas, was in der niederländischen Genremalerei vor sich ging, war mir unerträglich. Es war die Verharmlosung so gut wie die Vereinzelung daran, die ich als Täuschung empfand und nur wenn es zu solchen Szenen kam wie bei jenem Besuch vornehmer Inder, die ihre Liebeslieder in einer solchen Lokalität zum besten gaben und dadurch Feindschaft gegen sich erregten, schien die Lokalität plötzlich wieder wie wirkliche Welt, wie Brueghel.

Die 38er Tram

Es war keine lange Strecke, ich befuhr sie von Endstation zu Endstation, keine halbe Stunde lang. Aber die Fahrt hätte auch länger dauern können, es war eine interessante Strecke und ich tat nichts lieber, als mich in der Schleife von Grinzing in einem Wagen zu installieren, um die frühe Nachmittagszeit, als ich hineinfuhr, war der Wagen noch beinahe leer. Ich setzte mich in Freiheit und öffnete das Buch, das ich als eines unter mehreren bei mir hatte. Das Quietschen der Gleise komplettierte meine Partitur. So tief ich in sie versank, nicht alle Sinne wurden von ihr beansprucht, ich war auch jeder Haltestelle gewärtig und achtete auf jeden, der auf der Bank gegenüber Platz nahm. Es war die rechte Distanz, um Menschen zu betrachten. Erst setzten sie sich schütter, in einiger Entfernung voneinander hin. Mit jeder Station blieben weniger Zwischenräume. Die sich auf meine eigene Bankreihe setzten, waren der Betrachtung verloren. Die Entfernteren wurden von denen verdeckt, die mir zunächst saßen, ich konnte sie nur anschauen, wenn sie erschienen oder später sich wieder zum Aussteigen erhoben. Aber es sammelten sich genug mir gegenüber an, und da es allmählich geschah, faßte man sie ruhig auf, sie folgten einander wie in wohlbedachten Abständen.

Bei der ersten Station, am Kaasgraben, stieg Zemlinsky ein, den ich als Dirigent, nicht als Komponisten kannte, ein schwarzer Vogelkopf, mit vorspringender Dreiecksnase, dem jedes Kinn fehlte. Ich sah ihn sehr oft, er beachtete mich nicht, er war wirklich in Gedanken, in Ton-Gedanken wohl versunken, während ich nur zum Schein las. Ich sah ihn nie, ohne nach seinem

Kinn zu suchen. Erschien er in der Tür des Tramwagens, fuhr ich leicht auf und begann mit der Suche. Hat er es jetzt, hat er es nicht, hat er es endlich gefunden? Er hatte es nie und führte auch ohne Kinn sein sehr aktives Leben. Er galt mir als der Stellvertreter des Mannes, der zu meiner Zeit nicht in Wien war, Schönberg. Nur um zwei Jahre jünger als Zemlinsky war Schönberg sein Schüler gewesen und hatte ihm mit der Verehrung gedankt, die das Tragende seiner Natur war und die seine eigenen Schüler Berg und Webern dann ihm entgegenbrachten. Wie hatte Schönberg, der arm war, in Wien leben müssen! Während langer Jahre hatte er Operetten instrumentiert, zum billigsten Glanz Wiens hatte er zähneknirschend beitragen müssen, er, der den Weltruhm Wiens als Geburtsort großer Musik von neuem begründete. In Berlin hatte er offiziell Komposition lehren dürfen. Dann war er als Jude entlassen worden und nach Amerika emigriert. Nie sah ich Zemlinsky, ohne an Schönberg zu denken, seine Schwester war während 22 Jahren Schönbergs Frau gewesen. Ich sah ihn nie ohne Scheu, ich spürte die Konzentration dieses sehr kleinen Kopfes, von puren geistigen Abläufen gezeichnet, streng, beinah karg, nichts von der Aufgeblasenheit des Dirigenten, der er doch schließlich war. Unermeßlich war das Ansehen, das Schönberg bei jüngeren, ernstzunehmenden Menschen genoß, damit mag es zusammenhängen, daß von Zemlinskys eigener Musik nie die Rede war, ich ahnte nicht, wenn ich ihn ansah, daß es Musik von ihm gab. Wohl aber wußte ich, daß Alban Berg ihm seine ›Lyrische Suite‹ gewidmet hatte. Berg war nicht mehr am Leben, Schönberg nicht in Wien, ich war immer davon berührt, wenn Zemlinsky, der Stellvertreter, am Kaasgraben einstieg.

Die Fahrt konnte aber auch ganz anders beginnen, es kam vor, daß Emmy Wellesz am Kaasgraben einstieg, die Frau des Komponisten Egon Wellesz. Er hatte sich Verdienste um die Erforschung byzantinischer Musik erworben und war von der Universität Oxford dafür ausgezeichnet worden. Daß er Komponist war, kam wohl zur Sprache, aber nicht so, wie er sich's gewünscht hätte. Es klang so, als verarge man ihm, daß er sich auf einem anderen Gebiet ausgezeichnet hatte. Seine Frau war Kunsthistorikerin, ich betrachtete sie schon eine Weile in der Tram, bevor ich auf einer Gesellschaft ihre Bekanntschaft machte. Sie hatte einen klugen, etwas zu milden Blick, so als habe sie sich gegen eine vielleicht eher durchdringende Natur zu Milde entschlossen. In einem ausführlichen Gespräch erfuhr ich dann, woher diese Milde rührte. Sie schwärmte für Hofmannsthal, den sie gekannt hatte und wenn sie davon sprach, wie er ihr in frühen Jahren auf einem Spaziergang erschienen sei, eine überirdische Vision, verklärten sich ihre kritischen, gescheiten Züge, ihre Stimme kippte über vor Ergriffenheit und sie unterdrückte eine Träne. Sie sprach so davon, als wäre sie Shakespeare begegnet. Ich fand das lächerlich und nahm sie seither nicht mehr ernst. Erst viel später begriff ich, wie sehr sie damals schon im Einklang mit der Germanistik des Jahrhunderts war und als ich von der Gesamtausgabe in einhundertachtundachtzig Bänden erfuhr, die im Entstehen ist, begann ich mich meiner Kurzsichtigkeit zu schämen. Was gäbe ich darum, die Bildung jener Träne nachträglich zu fördern und mich in ihrer Milde zu baden.

In der Nähe des Wertheimsteinparks, da wo die 39er Linie nach Sievering abzweigt, stieg manchmal ein junger Maler ein, der in der nahen Hartäckerstraße wohnte. Ich hatte ihn einmal in seinem Atelier besucht, als er Bilder von sich zeigte. Er war der Herr einer tiefschwarzen, aufreizend schönen Person, die so verführerisch wirkte wie eine frühe indische Yakschini, ohne aber im geringsten Inderin zu sein, sie hieß Hilde und hatte ihrer Herkunft nach ein Anrecht auf diesen Namen. Sie war ihm ergeben wie eine Sklavin, eine, die mit schmachtenden Blicken nach einem Befreier um sich wirft, aber wenn dann Befreiung winkt – bei ihrer Erscheinung hätte sich nichts als leichter erwiesen –, sich zur Peitsche ihres Herrn zurückwindet, nie, unter keinen Umständen hätte sie sich befreien lassen. Sie litt unter seiner harten Herrschaft, aber sie litt gern. Man hatte mir von dieser ungewöhnlichen Beziehung, besonders aber von der Schönheit des Mädchens erzählt und vielleicht nahm ich darum die Einladung zu einem Atelierbesuch an, ohne die Bilder des Malers überhaupt noch zu kennen.

Er war von Braque beeinflußt, dem Kubismus ergeben. Die Bilder wurden auf etwas rituelle Art zelebriert. Langsam, unpersönlich, in regelmäßigen Abständen, ohne den geringsten Versuch, den Betrachter durch Charme oder Schmeichelei zu gewinnen, wurden sie auf die Staffelei gestellt, man empfand es als angebracht, ebenso gleichmäßig zu reagieren.

Ein Dichter, der im oberen Stock desselben Hauses wohnte,

war mit seiner Freundin bei der Bilderschau zugegen. Er fiel mir durch ein grimassierendes Gesicht und sehr lange Arme auf, ein imponierender Mensch, der sich in richtiger Entfernung von der Staffelei niedergelassen hatte. Seine unauffällige, aber auf ihre Art ebenso ergebene Freundin, von etwas fadem Blond, saß neben ihm und lächelte wie er, doch viel bescheidener, wenn ein neues Bild erschien. Das süßliche Verständnis, das sich von ihm ausbreitete, war mir in dieser Gleichmäßigkeit unangenehm, es verriet über jedes Bild dieselbe wohlabgewogene Freude und eine Innigkeit, als stünde man zu San Marco in Florenz vor einem Fra Angelico nach dem anderen. Ich war vom regelmäßig wiederholten Schauspiel dieser Reaktion so fasziniert, daß ich mehr auf den Dichter als auf die Bilder sah und ihnen bestimmt nicht gerecht wurde. Das eben war die Absicht des Dichters, dessen Erscheinen und Beifallsspiel in dieser kleinen Gesellschaft zur Hauptattraktion wurde, eine beachtliche Leistung angesichts der lokalen Sklavin, die keine Mühe sparte, auf ihren unterdrückten Zustand zu verweisen.

In unerschütterlicher Selbstgewißheit, als säße er zu Pferde, lächelte der Dichter von oben, ein Ritter, der nie an sich gezweifelt hatte, altvertraut mit Tod und Teufel, auf gleich und gleich mit ihnen. Doch sah er die Angeschmiedete nicht, wie sie sich nicht weit von ihm in Ketten wand, ja es schien mir, als sähe er nicht einmal die Bilder, die sich vor ihm aufstellten, so prompt und gleichartig war das Lächeln, mit dem er ihr Erscheinen quittierte. Als es zu Ende war, bedankte er sich innig für das große Erlebnis. Er blieb keinen Augenblick länger, die Sklavin lächelte vergeblich, er zog sich zugleich mit seiner Freundin zurück und ich erfuhr erst jetzt seinen Namen, den ich ein wenig lächerlich fand, obwohl er zum Grimassieren paßte: er hieß Doderer.

(Ich sah ihn zwanzig Jahre später unter sehr veränderten Umständen wieder. Er war berühmt geworden und kam mich in London besuchen. Ruhm, sagte er, wenn er einmal eingesetzt habe, sei unwiderstehlich wie ein Dreadnought. Er fragte mich, ob ich je einen Menschen getötet hätte, als ich verneinte, sagte er, alle Verachtung grimassierend, deren er fähig war: »Dann sind Sie eine Jungfrau!«)

Aber es war der junge Maler, der an dieser Station in die 38er Tram einstieg und mich in seiner farblos-korrekten Art begrüßte. Er war immer allein, wenn ich nach der Freundin fragte, sagte er, zurückhaltend wie sein Gruß: »Die ist zuhaus. Die geht nicht aus. Die versteht sich nicht zu benehmen.« »Und wie geht's dem Dichter mit den langen Affenarmen, der über Ihnen wohnt?« Er erriet meinen Gedanken. »Der ist ein Herr. Der weiß sich zu benehmen. Der kommt nur, wenn *ich* ihn einlade.«

Von da ab, in der Billrothstraße, stiegen schon mehr Leute ein, mit der Ruhe der Betrachtung war es meist zu Ende. Aber die Strecke hatte für mich noch andere, historische Reize. Nach dem Gürtel kam schließlich die Währingerstraße und sehr bald fuhr ich am Chemischen Institut vorbei, in dem ich einige Jahre ziel- und ergebnislos zugebracht hatte. Kein einziges Mal ließ ich mir den Blick auf das Institut entgehen, das ich seit 1929 nicht mehr betreten hatte. Ich sah mit Erleichterung, daß ich ihm entkommen war, in rascher Fahrt fuhr die Tram daran vorbei und meine Flucht wiederholte sich, die ich nie genug segnen konnte. Wie rasch man auf eine Vergangenheit zurückblicken kann und mit welcher Freude man die Errettung aus ihr streift! Mit diesem Hochgefühl gelangte ich ans Schottentor, auf jeder Fahrt durch die Währingerstraße gewann ich's wieder. Von Broch, der uns in Grinzing besuchte, wurde ich gefragt, ob das der Grund sei, warum ich jetzt in Grinzing wohne und hätte er dabei nicht den Versuch gemacht, mich mit dem durchschauenden Blick eines Analytikers anzusehen, ich hätte ihm vielleicht recht gegeben.

Teil 5
Die Beschwörung

Unverhofftes Wiedersehen

Ludwig Hardt, den ich als Rezitator 1928 in Berlin bei einer Matinee kennengelernt hatte, lebte jetzt als Emigrant in Prag und kam manchmal zu Vorlesungen nach Wien, ich besuchte eine und war wieder, wie damals, von ihm hingerissen. Zwar war ich sicher, daß er sich nicht mehr an mich erinnern würde, aber ich ging doch nach hinten, um ihm zu danken. Ich hatte den Mund noch kaum aufgetan, als er auf mich zusprang und mich mit einem gutgezielten Satz erschreckte: »Sie haben Ihr Idol verloren und waren nicht einmal beim Begräbnis!«

Karl Kraus war vor kurzem gestorben und ich war wirklich nicht beim Begräbnis gewesen. Die Enttäuschung über ihn nach den Ereignissen des Februar 1934 war ungeheuer gewesen. Er hatte sich für Dollfuß erklärt, er hatte den Bürgerkrieg auf den Straßen Wiens hingenommen und das Schreckliche gebilligt. Alle, wirklich alle waren von ihm abgefallen. Es gab nur noch kleine Vorlesungen im verborgenen, man wußte nichts davon, man wollte es gar nicht wissen, auf keinen Fall hätte man versucht, Einlaß zu erlangen. Es war, als ob die Person Karl Kraus nicht mehr existiere. Die ›Fackeln‹ von früher bestanden noch, ohne daß ich in diesen zwei Jahren nach ihnen gegriffen hätte, er als Person war in mir wie in vielen unterdrückt, ausgelöscht, überhaupt nicht, nirgends vorhanden. Es war eigentlich so, als habe er vor seinem versammelten Publikum eine seiner großartigsten Reden *gegen sich* gehalten und sich damit vernichtet. In Gesprächen wurde er selbst während dieser zwei letzten Jahre seines Lebens *genannt*, wenn auch immer mit einem gewissen Widerstreben, aber so, als wäre er tot. Die Nachricht von seinem wirklichen Tod – er starb im Juni 1936 – nahm ich ohne jede Bewegung auf. Ich habe mir nicht einmal das Datum gemerkt und mußte sogar den Monat jetzt wieder nachschlagen. Ich erwog keinen Augenblick den Gedanken, zum Begräbnis zu gehen. Ich las nichts darüber in der Zeitung und empfand es nicht als Versäumnis.

Der erste Mensch, der in meiner Gegenwart ein Wort darüber

verlor, war jetzt Ludwig Hardt. Er hatte mich nach acht Jahren sofort wiedererkannt und entsann sich jenes Gesprächs in Berlin, in dem ich mich durch die blinde Verehrung für meinen Halbgott lächerlich gemacht hatte. Er wußte, was in der Zwischenzeit geschehen war und hielt es für sicher, daß ich nicht beim Begräbnis gewesen war. Zum erstenmal empfand ich dieses Versäumnis als Schuld. Um die Wirkung seines Satzes wiedergutzumachen, lud er sich selber ein und kam uns in Grinzing besuchen.

Ich hatte eine große Auseinandersetzung erwartet, ein peinliches Gespräch, war aber so verzaubert von der Kunst Ludwig Hardts, daß ich mich ihm stellen wollte. Doch hielt ich eine simple Rechthaberei, von diesem Manne kommend, für unmöglich. Vielleicht würde er mich bedauern und dafür eine Art Geständnis von mir erwarten, ein Geständnis nämlich, daß ich mich in Karl Kraus getäuscht hätte. Aber wie hätte ich den Mann verleugnen können, dem ich ›Die letzten Tage der Menschheit‹ und unzählige Vorlesungen von Nestroy verdankte, des ›Lear‹, des ›Timon‹, der ›Weber‹. Aus diesen Vorlesungen *bestand* ich, daran war nicht zu rütteln, und das Letzte, Schreckliche, das geschehen war, wenige Jahre vor seinem Tod, war unerklärlich und mußte unerklärlich bleiben. Eine Diskussion war undenkbar, man konnte darüber nur schweigen, es war die tiefste Enttäuschung an einem großen Geiste, die ich in meinen dreißig Jahren je erlebt hatte, eine Wunde, so schwer, daß sie auch in weiteren dreißig Jahren nicht heilen würde. Es gibt Wunden, die man bis zum Tod mit sich herumträgt, und alles was man tun kann, ist, sie vor den Augen anderer zuzudecken. Ganz und gar sinnlos ist es, in ihnen öffentlich herumzuwühlen.

Ich war nicht sicher, wie ich mich im Gespräch mit Ludwig Hardt verhalten würde, aber einer Sache war ich gewiß: nie und unter keinen Umständen würde ich verleugnen, was Karl Kraus mir bedeutet hatte. Ich hatte ihn nicht überschätzt, niemand hatte ihn überschätzt, er hatte sich gewandelt und war, das nahm ich an, an den Folgen dieser Wandlung gestorben.

Ludwig Hardt erschien und mit keinem Wort erwähnte er Karl Kraus. Er spielte nicht einmal auf ihn an. Der Satz, mit dem er mich nach seiner Vorlesung so erschreckt hatte, war nichts als ein Erkennungszeichen gewesen. Ein anderer hätte vielleicht gesagt: »Ich erinnere mich sehr gut an Sie, obwohl es schon acht

Jahre her sind und wir uns seither nicht wieder gesprochen haben.« Er mußte es gleich beweisen, auf seine springende Art, auch ich hatte ihn in Erinnerung behalten, wie er bei jenem Berliner Gastgeber auf Tische sprang, wenn er etwas sagen wollte oder Heine deklamierte.

Er kam und ich führte ihn gleich in das Zimmer, wo die Bücher standen und der Tisch, an dem ich schrieb. Das war ich ihm schuldig, aber ich wollte auch nicht durch die Landschaft ablenken. Von hier aus hatte man keinen Blick, nicht auf Weinberge, nicht auf die Ebene und die Stadt, nur aufs Gartentor und den kurzen Weg ins Haus. Vielleicht fühlte ich mich hier, da ich einen Zusammenstoß erwartete, sicherer. Auch sollte er sehen, daß unter den vielen Büchern, die dastanden, sich immer noch insgesamt die des Mannes befanden, um den unser Streit gehen würde.

Doch er achtete gar nicht darauf, er sprach von Prag, dieser kleine, zierliche, ungemein bewegliche Mann, der keinen Augenblick stillhielt und sich nicht setzen mochte. Während er im Zimmer auf und ab ging, hielt er die Rechte in seiner Rocktasche vergraben und spielte da mit einem Gegenstand, der mir wie ein kleines Buch vorkam. Schließlich zog er ihn heraus, es war wirklich ein Buch, er hielt es mir mit einer feierlichen Geste hin und sagte: »Wollen Sie das Teuerste sehen, was ich besitze? Ich trage es immer bei mir, ich vertraue es niemandem an und wenn ich schlafen gehe, lege ich es unter mein Kissen.«

Es war eine kleine Ausgabe von Hebels ›Schatzkästlein‹ aus dem vorigen Jahrhundert. Ich öffnete es und las die Widmung: ›Für Ludwig Hardt, um Hebel eine Freude zu machen, von Franz Kafka.‹

Es war Kafkas eigenes Exemplar des ›Schatzkästleins‹, das auch er mit sich herumzutragen pflegte. Als er Ludwig Hardt zum erstenmal Hebel sprechen hörte, sei er derart ergriffen gewesen, daß er ihm sein Exemplar mit dieser Widmung geschenkt habe. »Möchten Sie wissen, was Kafka damals von mir gehört hat?« fragte Hardt. »Ja, ja«, sagte ich. Dann sprach er, auswendig wie immer, das Buch lag indessen in meiner Hand, in dieser Reihenfolge: ›Einer Edelfrau schlaflose Nacht‹, die beiden ›Suwarow‹-Stücke, ›Mißverstand‹, ›Moses Mendelsohn‹ und als letztes ›Unverhofftes Wiedersehen‹.

Ich würde es jedem wünschen, dieses letzte Stück so gehört zu haben. Es war zwölf Jahre nach Kafkas Tod, und dieselben Worte, die er damals gehört hatte, aus demselben Mund, trafen auf mein Ohr. Wir verstummten beide, denn wir waren uns dessen bewußt, daß wir eine neue Abwandlung derselben Geschichte erlebt hatten. Dann sagte Hardt: »Möchten Sie wissen, was Kafka darüber gesagt hat?« Er wartete meine Antwort nicht ab und fügte hinzu: »Kafka sagte: ›Das ist die wunderbarste Geschichte, die es gibt!‹« Das hatte ich selbst gedacht und würde es immer denken. Aber es war schon merkwürdig, einen solchen Superlativ aus Kafkas Mund zu vernehmen, von jemand, der für das Sprechen dieser Geschichte mit dem Geschenk *seines* ›Schatzkästleins‹ ausgezeichnet worden war. Kafkas Superlative, wie man weiß, sind gezählt.

Von diesem Tag an war die Beziehung zwischen Ludwig Hardt und mir verändert. Sie hatte eine Intimität gewonnen, wie ich sie für ganz wenige Menschen empfand. Er kam nun öfters, wann immer er in Wien war, war er auch gleich bei uns. Er verbrachte viele Stunden in der Himmelstraße, beinahe unaufhörlich rezitierend, sein Repertoire war unerschöpflich und ich hatte nie genug. Er hatte es alles im Kopf und vielleicht habe ich gar nicht alles gehört, was er im Kopf hatte. Die Erinnerung an jenen Hebel-Augenblick verblaßte nie. Manchmal, wenn uns darum zu feierlich zumute wurde, gingen wir in Vezas kleines, holzgetäfeltes Zimmer hinüber, wo er andere Dinge sprach, an denen auch Veza hing, viel Goethe und dann immer jenes Sesenheimer Gedicht von Lenz, das wie von Goethe ist und in dem Goethe da ist, ›Die Liebe auf dem Lande‹. Danach kam ein lebhaftes Gespräch über Lenz, an dessen Schicksal er nicht weniger Anteil nahm als ich und einmal, als ich sagte, daß dieses Gedicht von dem erfüllt sei, was Lenz durch Goethe geschehen war und daß er wie Friederike in jedem seiner Augenblicke auf Goethe warte, der das nicht zu ertragen vermochte und ihn darum zerstört habe, sprang er auf mich zu und umarmte mich, ein seltenes Zeichen seines Einverständnisses. Für Veza, aber auch für mich sprach er Heine, von dem er mich damals in Berlin überzeugt hatte, und für Veza Wedekind und Peter Altenberg.

Zwei Stücke gab es, die wir ihm nie erließen, beide von Claudius, das Kriegslied

' s ist Krieg! 's ist Krieg! O Gottes Engel wehre
Und rede du darein!
' s ist leider Krieg – und ich begehre,
Nicht schuld daran zu sein!

von dem ich heute noch jede der sechs Strophen herschreiben
möchte, und das ›Schreiben eines parforcegejagten Hirschen an
den Fürsten, der ihn parforcegejagt hatte‹.

Am Ende dieses Schreibens geschah das Verwandlungs-Wun-
der, das ich seither immer vor Augen habe: die Verwandlung
Ludwig Hardts in einen sterbenden Hirsch. Hätte ich daran
zweifeln können, daß von allem, wozu der Mensch imstande ist,
Verwandlung das Beste ist: nach allem, was er verbrochen hat,
seine Rechtfertigung, seine Krönung, hier hätte ich es mit überwältigender Evidenz erfahren. Hardt *war* der sterbende Hirsch,
und wenn er ausgehaucht hatte, war es mir unfaßbar, daß er zu
sich kam und wieder zu Ludwig Hardt wurde, und obwohl er
unser Staunen genoß, war es nie weniger wahrhaftig: das Sterben des gehetzten Tieres, erschütternd, weil es zugleich ein
Mensch war, und ein Mensch, den man dafür liebte.

Der spanische Bürgerkrieg

Zwei Jahre der Freundschaft, die mich mit Sonne verband, fielen in die Zeit des spanischen Bürgerkriegs. Unser tägliches
Gespräch war davon beherrscht. Alle, die ich kannte und mochte, waren auf seiten der Republikaner. Die Parteinahme für die
spanische Regierung war unverhohlen und äußerte sich mit Leidenschaft.

Nur mit Sonne erweiterten sich Gespräche, die überall sonst
der täglichen Zeitungslektüre entsprangen und kaum über sie
hinausgingen, zu einer präzisen Erwägung spanischer Verhältnisse und der Einwirkungen, die das sozusagen vor unseren
Augen Geschehende auf die nahe europäische Zukunft haben
müsse. Sonne erwies sich als Kenner der spanischen Geschichte.
Er war sich des Jahrhunderte währenden Krieges auf spani-
schem Boden, der maurischen Periode und aller Einzelheiten der
Reconquista bewußt. Die drei Kulturen des Landes waren ihm
so vertraut, als wäre er in ihnen allen zuhause, als gäbe es sie

heute noch, als würde es genügen, die drei Sprachen Spanisch, Arabisch, Hebräisch zu beherrschen, in ihren Literaturen zu lesen, um ein Gefühl von ihrer Gegenwart zu gewinnen. Von ihm erfuhr ich etwas über arabische Dichtung. Frei, als käme es aus der Bibel, übersetzte er für mich maurische Lyrik jener Zeit und erklärte mir ihren Einfluß auf das europäische Mittelalter. Ganz nebenher ergab sich daraus, ohne daß er es je beansprucht hätte, wie geläufig ihm die arabische Sprache war.

Wenn ich manches, das zur Zeit und das früher in der Geschichte Spaniens geschehen war, mit den besonderen Massenbildungen, die der Halbinsel eigentümlich waren, zu erklären versuchte, hörte er zu und trachtete mich nicht zu entmutigen, ja, ich hatte den Eindruck, daß er nur darum nichts Eigenes dazu sagte, weil er einsah, daß meine Gedanken noch im Fluß waren und es für ihre weitere Entwicklung besser wäre, sie durch eine Diskussion noch nicht zu verfestigen.

Es lag nahe damals, an Goya zu denken und seine Radierungen über die ›Unglücksfälle des Krieges‹. Denn dieser erste moderne Maler, der auch der größte war, ist durch die Erfahrung seiner Zeit zu dem geworden, was er war. »Er hat nicht weggesehen«, sagte Sonne und ich spürte, welches Gewicht dieser Satz, der mir aus dem Herzen gesprochen war, für ihn hatte. Das Rokoko der frühen Bilder und dann *diese* Radierungen und späten Malereien! Man wußte, daß Goya eine Gesinnung hatte, daß er Partei nahm, wie hätte der, der die Königsfamilie mit diesen Augen sah, keine Gesinnung haben können. Aber er sah, was geschah, als hätte er beiden Seiten angehört, denn seine Kenntnis war die des Menschen und sein Abscheu war der Krieg und wie niemand vor ihm und vielleicht mit solcher Leidenschaft selbst heute niemand, wußte er, daß es keinen Krieg gibt, der gut ist, denn durch jeden verewigt sich, was in der Tradition der Menschheit das Übelste und Gefährlichste, was unverbesserlich ist. Durch Krieg wird sich der Krieg nicht abschaffen lassen, er befestigt nur alles, was man am tiefsten im Menschen verabscheut. Die Zeugenschaft Goyas überstieg seine Parteinahme, was er sah, war ungeheuerlich und es war mehr, als er sich wünschte. Seit dem Christus Grünewalds hatte niemand das Entsetzliche vorgeführt wie er, um keinen Strich besser, als es war, ekelerregend, bedrängend, einschneidender als jede Verheißung, doch ohne ihm zu erliegen. Der Zwang, den er auf den

Beschauer übte, die unablenkbare Richtung, die er seinem Blicke gab, war das Letzte an Hoffnung, wenn auch niemand gewagt hätte, es mit diesem Namen zu benennen.

Die Situation jener, denen die Lehre, die sie aus dem Ersten Weltkrieg gewonnen hatten, nicht verdampft war, war eine schwerster seelischer Qual. Sonne erkannte die Natur des spanischen Bürgerkriegs und wußte, wozu er führen würde. Er, der Krieg haßte, hielt es für notwendig und unerläßlich, daß die spanische Republik sich verteidigte. Mit Argusaugen verfolgte er jeden Schritt der anderen Mächte, die eine Ausbreitung dieses Krieges in Europa zu verhindern suchten. Er stöhnte über die Blöße, die die demokratischen Mächte sich gaben, als sie die Nicht-Intervention deklarierten und sich darin von der anderen Seite wissend betrügen ließen. Er wußte, daß diese Schwäche jenem Abscheu vor Krieg entsprang, dessen Übergreifen sie um jeden Preis verhindern wollten. Ihre Handlungsweise war von dem Abscheu gespeist, den er mit ihnen teilte, aber sie verriet eine Unkenntnis des Gegners und eine erschreckende Kurzsichtigkeit. Jede Bedenklichkeit, jedes Zögern, jede Vorsicht ermutigte Hitler, der nur erproben wollte, wie weit er gehen konnte und dessen Entschlossenheit zum Krieg an der Kriegsscheu der anderen wuchs. Sonne war der Meinung, daß an dieser Entschlossenheit Hitlers zum Krieg nichts zu ändern war, er hielt sie für eine gegebene Größe, das Naturgesetz dieses Mannes (aus *seinem* Erlebnis des Krieges gewonnen), dem er gefolgt, durch das er zur Macht gelangt war. Darauf einwirken zu wollen, hielt er für müßig. Wohl aber war es notwendig, die Kette seiner Erfolge zu zerreißen, solange ein Widerstand gegen Krieg in Deutschland vorhanden war. Dieser Widerstand ließ sich nur durch deutliche, unbeeinflußbare Aktionen von außen steigern. Der Triumphzug Hitlers war zur tödlichsten Gefahr für alle geworden, die Deutschen inbegriffen, denn es gehörte zum blinden Geschichtsdenken Hitlers, daß er schließlich alle Mächte und Völker in diesen Krieg hineinreißen mußte, und wie hätte Deutschland gegen die ganze übrige Erde siegen können!

Von der Klarheit, mit der Sonne diese Dinge sah, vermag ich keine ausreichende Vorstellung zu geben. Seine Konzeption war einer Zeit, in der die Politiker von einem Notbehelf zum anderen torkelten, weit voraus. Obwohl das kommende Unglück sich für ihn immer deutlicher abzeichnete, nahm er an jeder geringsten

Einzelheit der spanischen Ereignisse Anteil. Denn das Sonderbare war, daß für diesen luziden Geist nichts endgültig war, aus einem unscheinbaren Ereignis, das niemand vorausgesehen hatte, konnte sich eine neue Hoffnung ergeben – diese durfte man nicht übersehen, alles mußte man im Auge behalten, unwichtig war nichts.

Im Laufe dieses Bürgerkriegs kamen spanische Namen zur Sprache, Orte, an die sich eine historische oder literarische Erinnerung knüpfte. Über diese wurde ich informiert und es wird mir immer wunderbar bleiben, auf wie späte und brennende Weise ich Spanien so kennenlernte.

Früher hatte ich Scheu davor gehabt, mich genauer ums spanische Mittelalter zu kümmern. Die Sprichwörter und Lieder meiner Kindheit waren unvergessen, aber sie hatten zu nichts Weiterem gedient, sie waren in mir steckengeblieben, im Hochmut meiner Familie erstarrt, die sich ein Recht auf alles Spanische anmaßte, soweit es ihrem Kastenstolz diente. Ich kannte Leute unter den Spaniolen, die in orientalischer Trägheit dahinlebten, geistig weniger entwickelt als irgendwer, der in Wien zur Schule gegangen war, denen es zu ihrem Lebensglück vollkommen genügte, sich über andere Juden erhaben zu dünken. Es war auch nicht ungerecht, wenn ich an der Mutter bemerkte, daß sie von fast allen europäischen Literaturen erfüllt war, von der spanischen aber kaum etwas wußte. Sie hatte Stücke von Calderón im Burgtheater gesehen, es wäre ihr nie eingefallen, eines davon im Urtext zu lesen. Das Spanische war keine Lesesprache für sie. Was sie von dort mitbekommen hatte, war die Erinnerung an ein glorreiches Mittelalter und vielleicht nur darum von Wert, weil sie *mündlich* war und eine gewisse vornehme Haltung zu Menschen ihrer näheren Umwelt bestimmte. Sie konnte mir keine Impulse geben, die mich an die spanische Literatur heranführten. Selbst die Vorbilder für ihren Stolz, der ungemein viel Spanisches hatte, holte sie sich bei Shakespeare, im ›Coriolan‹. Ihre respektable Bildung war durch Wien bestimmt, nicht durch ihre Herkunft.

Ich war dreißig Jahre alt, als ich etwas von den Dichtern erfuhr, die das Bleibende jener frühen spanischen Jahre gestiftet haben. Ich erfuhr es von Sonne, dem meine Mutter als einem ›Todesco‹ – seine Familie stammte aus dem österreichischen Galizien – gar nicht das Recht auf ›unsere‹ Dichter, die sie selbst gar nicht kannte, zugebilligt hätte. Er übersetzte sie für mich mündlich aus dem Hebräischen und erläuterte sie, aber es kam vor, daß er am selben Nachmittag maurische Gedichte aus dem Arabischen übersetzt und erläutert hatte. Da er mir etwas *insgesamt* zeigte, nicht zu Zwecken lächerlichen Sichberühmens aus den Zusammenhängen seiner Zeit herausgerissen, legte ich mein Mißtrauen gegen alles mißbrauchte Spaniolische ab und betrachtete es mit Respekt.

Es war ein sonderbarer Verlauf, den diese Gespräche nahmen. Sie gingen aus von Zeitungsberichten über die Kämpfe in Spanien. Die Sachlichkeit, mit der sie besprochen wurden, das Abschätzen der gegnerischen Kräfte, die Vermutungen über die Zeit, in der Hilfsmittel, die sie erwarteten, sie erreichen könnten, die Auswirkung eines Rückzugs auf die Stimmung im Ausland – würde sie zu mehr, würde sie zu weniger Hilfe führen? – Veränderungen in der Regierung, zunehmender Einfluß *einer* Partei, das Eigengewicht der Regionen in ihrer Entschlossenheit zu Autonomie – eine Sachlichkeit, die nichts ausließ und nichts vergaß: oft kam es mir vor, als säße ich mit einem Mann, in dessen Hand die Fäden der Ereignisse zusammenliefen. Doch wollte er mir auch, das war offenkundig, das Gefühl geben, daß alle diese Dinge sich in einem Lande abspielten, das mir vertraut sein sollte und sorgte selbst dafür, daß es mir vertraut wurde. Auf seine prägnante Weise rückte er mich in die geistigen Bereiche, die Spanien nicht weniger ausmachten als dieser furchtbare Krieg.

Ich kenne heute noch die Anlässe, die mich zu diesem oder jenem Werke führten. Sehr oft sind sie an die Namen jener Zeit gebunden. Der Schock einer Nachricht ist in ein solches Buch eingegangen und es besteht nicht mehr aus sich selbst allein. Aus den Ereignissen jener Tage hat sich ein geheimer Kristall gebildet, seine zweite, unveränderliche Struktur.

Auf die ›Träume‹ des Quevedo wurde ich damals gestoßen. Er wurde, nach Swift und Aristophanes, zu einem meiner Ahnen. Ein Dichter braucht Ahnen. Einige von ihnen muß er namentlich kennen. Wenn er am eigenen Namen, den er immer trägt, zu ersticken vermeint, besinnt er sich auf Ahnen, die ihre eigenen, glücklichen, nicht mehr sterblichen Namen tragen. Sie mögen seine Zudringlichkeit belächeln, doch sie stoßen ihn nicht weg. Auch ihnen ist an anderen, nämlich an Nachkommen gelegen. Sie sind in tausend Händen gewesen: niemand hat ihnen etwas angehabt, sie sind darum zu Ahnen geworden, weil sie sich kampflos der Schwächeren zu erwehren vermögen, an der Kraft, die sie verleihen, werden sie selber stärker. Es gibt aber auch Ahnen, die sich ein wenig ausruhen wollen. Diese schlafen für ein-, zweihundert Jahre ein. Sie werden geweckt, darauf kann man sich verlassen, plötzlich wie Fanfaren tönen sie von überall und sehnen sich schon zurück in die Verlassenheit ihres Schlafes.

Vielleicht war es Sonne unerträglich, in den Ereignissen der Zeit ganz aufzugehen. Vielleicht ertrug er nicht ihren Gang, weil er ihn nicht zu beeinflussen vermochte. Er versäumte keine Gelegenheit, meine Herkunft wahrzumachen, eben weil ich so wenig auf sie gab. Es war ihm daran gelegen, daß nichts in einem Leben verschwinde. Was ein Mensch berührt hatte, nahm er mit. Wenn er es vergaß, mußte er daran erinnert werden. Es ging nicht um den Stolz der Herkunft, der immer etwas zweifelhaft war. Es ging darum, daß nichts Gelebtes verleugnet wurde. Der Wert eines Menschen bestand darin, daß er alles enthielt, was er erfahren hatte und es weiter erfuhr. Dazu gehörten die Länder, in denen er gelebt, die Sprachen, die er gesprochen, die Menschen, deren Stimmen er vernommen hatte. Dazu gehörte auch seine Herkunft, wenn etwas über sie zu erfahren war. Doch meinte er damit keineswegs bloß etwas Privates, er meinte das Gesamt der Zeit und der Örtlichkeit, der man entstammte. Zu den Worten einer Sprache, die man vielleicht nur als Kind gekannt hatte, gehörte die Literatur, in der sie aufgegangen wäre. Zu den Nachrichten über eine Vertreibung gehörte alles, was vorangegangen war, nicht bloß die Ansprüche nach einem Fall. Es waren andere vorher auf andere Weise gefallen, auch sie gehörten in diese Geschichte. Von der *Gerechtigkeit* in dieser Art von Anspruch auf Geschichte macht man sich schwer eine Vorstellung. Geschichte war für Sonne das vollkommene Reich der Schuld. Man sollte wissen, wessen die früheren Nächsten fähig gewesen waren, nicht nur, was ihnen geschah. Man sollte wissen, wessen man selber fähig war. Dazu mußte man alles kennen, von welcher Seite und aus welcher Entfernung immer sich Kenntnis bot, man sollte nach ihr greifen, sich in ihr üben, sie frisch erhalten und durch anderes, das man später erfuhr, bewässern und befruchten. Sonne scheute nicht davor zurück, die Gegenwart dieses Bürgerkriegs, der uns näherging als selbst die

Ereignisse der Stadt, in der wir lebten, auch dazu zu verwenden, mich in meiner Vergangenheit zu stärken, die durch ihn erst zu einer wirklichen wurde. Er hat so dafür gesorgt, daß *mehr* von mir mitging, als ich bald darauf Wien verlassen mußte. Er hat mich darauf vorbereitet, eine Sprache mitzunehmen, sie mit solcher Kraft zu halten, daß sie unter gar keinen Umständen in Gefahr geriet, sich einem zu verlieren.

Ich will den Tag nicht vergessen, an dem ich in großer Erregung zu Sonne ins ›Museum‹ kam und er mich wortlos empfing. Die Zeitung lag vor ihm auf dem Tisch, seine Hand lag darauf, er hob sie nicht, um sie mir zu geben. Ich vergaß ihn zu grüßen, ein Satz, mit dem ich mich auf ihn stürzen wollte, blieb mir in der Kehle stecken. Er war versteinert, und ich, ich fühlte mich wie in einem Delir. Es war die gleiche Nachricht, die sich in so verschiedener Weise auf uns ausgewirkt hatte. Guernica war von deutschen Fliegern mit Bomben belegt und zerstört worden. Ich wollte einen Fluch von ihm hören und er sollte der Fluch aller Basken, aller Spanier, aller Menschen sein. Seine Versteinerung wollte ich nicht. Es war Ohnmacht, seine Ohnmacht ertrug ich nicht. Ich fühlte, wie mein Zorn sich gegen ihn wandte. Ich blieb stehen und wartete auf ein Wort von ihm, *bevor* ich Platz nähme. Er beachtete mich nicht. Er sah aus wie erloschen. Er sah aus wie lange tot und vertrocknet. »Eine Mumie!« ging es mir durch den Kopf. »Sie hat recht. Er ist eine Mumie.« So nannte ihn Veza, wenn sie ihn bekämpfte. Ich war sicher, daß er meine Beschimpfung *fühlte*, obwohl ich sie nicht aussprach. Er beachtete auch sie nicht. Er sagte: »Ich zittere um die Städte.« Es war kaum vernehmlich, doch ich wußte, daß ich richtig gehört hatte.

Ich verstand ihn nicht. Es war damals noch nicht so leicht, das zu verstehen wie heute. Er ist verwirrt, dachte ich, er weiß nicht, was er sagt. Guernica zerstört und er spricht von *Städten*. Ich ertrug seine Verwirrung nicht. Seine Klarheit war mir das Wichtigste auf der Welt geworden. Es war, als hätten mich zwei Schreckensnachrichten zur selben Zeit getroffen. Eine Stadt von Fliegern zerstört. Sonne vom Wahnsinn befallen. Ich fragte nicht. Ich suchte ihn nicht zu stützen. Ich sagte nichts und ging. Auch draußen, einmal auf der Straße, empfand ich kein Mitleid mit ihm. Ich empfand – mit Ekel sage ich es – Mitleid mit mir selbst. Mir kam es vor, als sei er in Guernica untergegangen und ich suchte es zu fassen, daß ich alles verloren hatte.

Ich ging nicht weit, als mir plötzlich einfiel: vielleicht ist ihm schlecht, er sah furchtbar bleich aus. Nun überkam es mich, daß er ja gar nicht tot sei, er hatte gesprochen, ich hatte seinen Satz gehört, es war die Sinnlosigkeit dieses Satzes, die mich so getroffen hatte. Ich kehrte um, er empfing mich lächelnd, er war wie immer. Gern hätte ich vergessen, was inzwischen geschehen war, aber er sagte: »Sie wollten an die Luft. Ich kann es Ihnen nachfühlen. Ich sollte vielleicht auch ein wenig an die Luft.« Er stand auf und ich begleitete ihn. Draußen sprachen wir, wie wenn nichts gewesen wäre. Er kam auch später nie auf den Satz zurück, über den ich so bestürzt war. Vielleicht habe ich ihn darum nie vergessen können. Jahre danach, im Krieg, ich war in England, fiel es mir wie Schuppen von den Augen. Wir waren weit voneinander getrennt, aber er war wie ich am Leben. Er war in Jerusalem, wir schrieben einander nicht. Ich dachte: nie hat es einen Propheten gegeben, der es weniger gern war. Er hat gesehen, was mit den Städten geschehen würde. Er hat auch das andere gesehen. Es gab genug, um das er zu zittern hatte. Er hat keinen Schrecken mit dem anderen vermengt. Er war aus der Blutrache der Geschichte ausgetreten.

Besprechung in der Nußdorferstraße

Eine viersprachige Zeitschrift, die Hermann Scherchen plante, sollte ›Ars Viva‹ heißen, wie die Reihe von Konzerten, die er damals in Wien gab, für die er ein eigenes Orchester gebildet hatte. Die Zeitschrift sollte nicht nur der neuen Musik dienen – Literatur und bildende Kunst sollten darin gleichwertig vertreten sein. Er fragte mich, wer in Wien als Mitarbeiter dafür in Frage käme, ich nannte ihm Musil und Wotruba. Er schlug rasch entschlossen, wie es seine Art war, eine Zusammenkunft zu viert vor, um die Aussichten für eine Zusammenarbeit in einer solchen Zeitschrift zu besprechen. Es sollte eine intime Begegnung sein, ohne Zeugen, ein Kaffeehaus schien in dieser Zeit politischen Druckes zu öffentlich dafür. Wotruba hatte zum erstenmal die Mutter in der Florianigasse mit der Schwester allein gelassen und eine eigene Wohnung in der Nußdorferstraße bezogen. Das schien der richtige Ort dafür, gut gelegen und auch neutral. Die Himmelstraße in Grinzing war ziemlich weit draußen, Scherchen mit seiner chinesischen Frau wohnte bei uns, aber seit ich Musil vor einem Jahr mit meiner taktlosen Erwähnung Thomas Manns verärgert hatte, verhielt er sich kühl zu mir und ich konnte ihn nicht gut einladen. Wotruba hatte ihn bei der Vorlesung in der Schwarzwaldschule kennengelernt, das war beinahe zwei Jahre her. Sie grüßten einander seither, doch waren sie einander nicht nähergekommen. Es war zwischen ihnen noch nichts passiert, das eine Einladung *erschwert* hätte. Wotruba schrieb einen kräftig-respektvollen Brief, den er mit mir beraten hatte, und Musil nahm die Einladung an.

Es war von Anfang an alles kompliziert, wie es sich für Musil gebührte, und die Einladung hatte sich auch auf seine Frau bezogen. Es war bekannt, wie ungern er allein an einen neuen Ort ging. Aber er erschien nicht nur mit ihr, er brachte auch zwei andere Leute mit, die niemand eingeladen hatte. Der eine war Franz Blei, eine hagere, hochmütige, etwas zu noble Figur, die keiner von uns sich gewünscht hatte. Der andere war ein junger Mann, den niemand kannte. Musil stellte ihn ungeniert, beinahe fröhlich als einen Verehrer des ›Mann ohne Eigenschaften‹ vor und Blei fügte ergänzend hinzu: »aus dem Herrenhof!« Nun waren sie also da, zu viert. Musil schien sich, unter dem Schutze seiner Frau, des alten Freundes Blei und des jungen Verehrers, der den Mund nicht auftat, aber sehr genau darauf aufpaßte, was geredet wurde, wohl zu fühlen. Blei führte das große Wort, als ob *er* eine Zeitschrift gründe, Musil aber sagte offen und ohne Scheu, was er dachte.

Auf der anderen Seite begann das Ganze gleich mit einer Verstimmung, das ›ästhetische‹ Gehabe Bleis war Wotruba in tiefster Seele zuwider. Blei hatte beim Eintritt ins weißgetünchte Zimmer zwei Bilder von Merkel an der Wand bemerkt, gestutzt und zu einem Lob angesetzt, das beinahe zur Beleidigung entartete:

»Er hat Reiz«, sagte er, und dann nach einer Pause: » Ist das ein Junger?«

Wotruba, mit Recht, bezog das ›Junger‹ auf sich, spürte, daß Blei ihn für nichts weiter als ›jung‹ hielt und sonst nichts von ihm wußte und sagte mit ausgesuchter Grobheit: »Na, der ist so alt wie Sie!«

Das war zwar übertrieben, so alt wie Blei war Georg Merkel nicht, aber er gehörte zur selben Generation wie Musil, und daß jemand, dessen Bild an seiner Wand hänge, ein Junger sein müsse, empfand Wotruba als Unverschämtheit. Als Marian bald danach mit dem Kaffee hereinkam, sagte er laut zu ihr, das Gespräch der anderen ungeniert unterbrechend:

»Du waasst was der Merkel is? An Junger!«

Scherchen begann nun den Plan zu seiner Zeitschrift auseinanderzusetzen. Es käme ihm auf Eigenart und hohe Qualität an, es solle sich um etwas wirklich Neues handeln. Akademisches sei von vornherein ausgeschlossen. Er wolle sich aber keiner bestimmten Richtung der Moderne verschreiben, alles solle zu Worte kommen können, aus jeder Sprache, für Übersetzung werde immer gesorgt sein. Musil wollte wissen, von welcher Länge die Beiträge sein könnten. Scherchens Antwort war ihm recht, denn er sagte:

»Von jeder Länge.« Er fügte aber gleich hinzu: »Es kann auch ein ganzes Stück sein. Ich möchte ein Drama meines Freundes Canetti drin haben. Er will zwar nicht. Aber wir werden ihn noch herumkriegen.«

Er hatte die ›Hochzeit‹ nach mehr als drei Jahren nicht vergessen. Ich wollte sie aber nur als Buch publizieren. Es war nicht der Augenblick, diese Sache zur Sprache zu bringen. Er aber wollte merken lassen, daß ihm moderne Literatur nicht unbekannt sei. Die ›Hochzeit‹ schien ihm immer noch etwas ›Neues‹.

Er hatte seinen Satz noch kaum ausgesprochen, als Blei das Wort ergriff.

»Drama ist nicht Literatur«, verkündete er, »Drama ist für eine literarische Zeitschrift ausgeschlossen.«

Er sagte das mit solcher Entschiedenheit, daß es uns Dreien, Scherchen, Wotruba und mir die Rede verschlug. Musil lächelte vergnügt.

Ich glaube, er war der Meinung, daß Blei sich bewähre und nun das Heft in die Hand genommen habe. Es kam auch ein längerer, druckreifer Diskurs von Blei darüber, wie diese Zeitschrift sein müsse und mit jedem Satze schien es sicherer, daß sie so sein *werde*. Zu meinem Staunen ließ ihn Sch., dieser Machthaber, gewähren, lange genug, bis Wotrubas kochender Haß mir Besorgnis einflößte. Der nimmt ihn noch und wirft ihn zum Fenster hinaus, dachte ich, meinem eigenen Zorn zum Trotz begann ich für das Leben des noblen Eindringlings zu fürchten. Hätte ich gewußt, daß er einer der Entdecker Robert Walsers war, ich hätte ihm jede Anmaßung nachgesehen und nicht nur um Musils willen mit Respekt behandelt. Aber nun schnitt ihm Sch. plötzlich die Rede ab:

»Wir denken ganz anders darüber, meine jungen Freunde und ich«, sagte er. »Alles was Sie sagen, ist unseren Absichten entgegengesetzt. Wir wollen eine lebendige Zeitschrift, kein scholastisches Petrifakt. *Sie* sind in allem für Beschränkung, Ars Viva soll der *Erweiterung* dienen, wir haben auch keine Angst vor der Zeit. Für Fossile gibt es genug andere Zeitschriften.«

Es war das einzige Mal, in all den Jahren, die ich ihn kannte, daß Sch. mir aus dem Herzen sprach. Wotruba sagte wütend: »Die Meinung des Herrn Blei interessiert mich nicht. Den hat niemand eingeladen. Ich will wissen, wie Herr Musil über die Zeitschrift denkt.«

Wotruba war für seine Grobheit berühmt und niemand nahm sie ihm übel. Wer ihn persönlich noch nicht kannte, wäre enttäuscht gewesen, hätte er sich bei einer ersten Begegnung anders gegeben. Sein Ernst war durchdringend. Er hätte lächerlich gewirkt, hätte er sich um Höflichkeiten bemüht, es wäre so gewesen, als ob er in einer fremden, unbekannten Sprache zu stammeln versuche. Ich spürte, daß er Musil gefiel, er schien für Blei nicht beleidigt, obwohl er ihn nicht ohne Zeichen von Billigung angehört hatte.

Jetzt trat er sozusagen aus dessen Kernschatten heraus und gab sich so offen wie Wotruba selbst. Er sei unsicher und könne noch nichts sagen. Er habe eine Arbeit über Rilke, die für die Zeitschrift in Frage käme. Vielleicht fiele ihm etwas anderes ein, das er dafür schreiben könne. Seine Art zu sprechen war sehr bestimmt, umso mehr stach der Inhalt dessen, was er sagte, davon ab. Er versprach gar nichts. Er war unentschlossen. Aber er war mit solchem Respekt eingeladen und empfangen worden, daß er nicht einfach ablehnen mochte. Er fühlte sich hier mit seinem Gefolge sicher. Mit Franz Blei verband ihn eine alte Freundschaft, aber Blei war unberechenbar und launenhaft und er war es auch, der Brochs ›Schlafwandler‹ urplötzlich in die hohe Nachbarschaft Musils gerückt hatte. Broch war für die neue Zeitschrift nicht vorgeschlagen worden, er war gar nicht in Wien, aber wir hatten, wohl wissend, wie Musil über ihn dachte, uns vorläufig davor gehütet, ihn zu nennen. Hätte das einer von uns getan, Musil hätte sofort refüsiert und die Einladung zu einer Besprechung ausgeschlagen. In seiner Ablehnung war er schroff und schneidend. Was sein Nein betraf, so waren Legenden in Umlauf, über die wir beide, Wotruba wie ich entzückt waren.

Hier, in Gesellschaft von drei Trabanten mit drei Männern konfrontiert, die um ihn warben, war von *diesem* Nein kaum etwas zu spüren. Es war die unschlüssige Vorsicht eines Menschen, der sich nicht mißbrauchen lassen, aber auch eine gute Chance nicht verkennen wollte. Er wollte Zeit zum Überlegen, drum sagte er weder Ja noch Nein, aber er trachtete auch etwas mehr zu erfahren. Sch., der sich noch nie so sehr zurückgestellt hatte und in jedem Satz seine ›jungen Freunde‹ voransetzte, bevor er ›ich‹ sagte, konnte ihm nicht gefallen. Es war offenkundig, daß er von literarischen Dingen keine Ahnung hatte und sich auf mich verlassen würde. *Ich* war wegen der ketzerischen Nennung Thomas Manns verstoßen worden. Die Hartnäckigkeit, mit der ich trotzdem daran festgehalten hatte, daß er, Musil, zuoberst stand, fiel dagegen insofern ins Gewicht, als er meine Gegenwart akzeptierte. Zu Wotruba fühlte er sich hingezogen. Er gefiel ihm ausnehmend gut. Er stand außerhalb jeder Literatur, aber seine Worte hatten Kraft und schlugen ein wie Kugeln. Musils Gesicht verriet Staunen, wenn ihm jemand gefiel. Es war ein beherrschtes Staunen, das nie zu Überschwang entartete. Er verfügte über die Macht, das klare Gewicht seiner Reaktionen zu bestimmen und irrte sich nicht. Sein Staunen war begrenzt, doch verlor es in seiner Begrenzung nichts von seiner Reinheit. Er unterwarf es keinen Absichten.

Wenn er jetzt etwas sagte, wirkte es so, als warte er auf *eine* Reaktion, die von Wotruba, und als zähle keine andere. Die abgerundete Proklamation von Blei nahm er nicht besonders ernst. Er kannte sie seit langem und hatte sie gewiß schon assimiliert. Ich hatte den Eindruck, daß sie ihn langweilte. Er nahm sie hin, weil sie von seinem Protagonisten ausgesprochen wurde, aber er ging auf sie nicht ein und lächelte nachsichtig, wodurch er sich von ihr distanzierte. Wotrubas grobe Ablehnung Bleis, von der Aufforderung gefolgt, Musil selber möge nun sagen, was er denke, war diesem recht und er begann ohne jede Scheu den Plan der Zeitschrift vorsichtig abzutasten. Er bestand darauf, daß er sich zu einem lyrischen Thema äußern wolle und wollte Genaueres darüber erfahren, was in Frage käme.

Sch. meinte, das treffe sich gut, seine Frau, die bei der Besprechung nicht zugegen war, sei an lyrischen Dingen ganz besonders interessiert. Als Chinesin habe sie ein altererbtes Recht darauf. Lyrik bedeute ihr sogar mehr als Musik. Zwar habe er sie als Dirigierschülerin bei einem Kurs, den er in Brüssel gab, kennengelernt, sie sei eigens, um bei ihm zu studieren, von China nach Brüssel gekommen, aber er sei immer mehr davon überzeugt, daß ihr Lyrik noch wichtiger sei. Es tue ihm jetzt leid, daß er sie nicht mitgebracht habe. Sie habe Pläne für die Zeitschrift entwickelt, die sich ausschließlich auf Lyrik bezogen und eine ganze Reihe von Möglichkeiten notiert, die sie ihre ›Liste‹ nannte. Sie hätte sie gern gleich vertreten, aber man habe ihm nicht gesagt, daß Herr Musil auch Lyriker sei und da sei es ihm ungehörig erschienen, gleich bei der ersten Besprechung damit zu beginnen. Aber man habe ja Zeit, die Sache solle sorgfältig vorbereitet werden. Er werde Herrn Musil die Überlegungen seiner Frau mitsamt der Liste von Themen auf diesem Gebiet, die alle in Frage kämen, zusenden. Allerdings spreche seine Frau nur Französisch, *er* könne sich zur Not mit ihr verständigen, mündlich sei das nicht ganz leicht, auch darum habe er gezögert, sie gleich mitzubringen, aber ihr schriftliches Französisch sei schon in Brüssel allgemein gelobt worden. Auch habe Veza sich erbötig gemacht, zur Sicherheit ihr Französisch noch genau durchzugehen, so daß Herr Musil damit keine Schwierigkeiten haben werde.

Solche ausführliche Plädoyers war man von Scherchen nicht gewöhnt. Er begnügte sich im allgemeinen damit, anzuordnen oder musikalische Verrichtungen zu erklären. Aber über seine neue chinesische Frau sprach er gern. Er war stolz auf sie, er erregte Aufsehen mit ihr. Sie war eine bezaubernde und hochkultivierte Frau aus sehr gutem Hause. Sie hatte die japanische Invasion in China erlebt und spielte einem, wenn sie davon sprach, die schrecklichen Vorgänge vor. Sie hatte in Brüssel zart, schmal und in chinesischer Seide Mozart dirigiert, bei diesem Anblick hatte sich Sch. in sie verliebt, aber wenn sie vom Krieg sprach, tönten tak-tak-tak Maschinengewehre aus ihrem Munde. Sie schrieb ihm, als sie wieder in Peking war. Alle seine Konzerte hatte Sch. abgesagt und war mit der Transsibirischen Eisenbahn nach Peking gefahren, auf fünf Tage, mehr Zeit gönnte er sich nicht, um Shü-Hsien innerhalb von fünf Tagen zu heiraten. Man sagte ihm bei der Ankunft, daß es so rasch nicht ginge, er müsse sich zum Heiraten schon mehr Zeit nehmen, aber auch dort setzte er seinen Willen durch, heiratete Shü-Hsien innerhalb von fünf Tagen, ließ sie vorläufig bei ihren Eltern zurück, setzte sich wieder in die Eisenbahn und war nach wenig über einem Monat wieder in Europa, bei seinen Konzerten.

Einige Monate später kam Shü-Hsien nach, die beiden wohnten bei uns in Grinzing. Da erlebten wir die erste Zeit ihrer Ehe mit: die Sprache, in der sie sich verständigen mußten, war Französisch, korrekt, aber in monosyllabisch klingendem Staccato das ihre, unsäglich barbarisch wirkendes Deutsch-Französisch voller Fehler, uns ganz unverständlich, das seine. Er spannte sie gleich zu Arbeit ein, den ganzen Tag mußte sie Noten kopieren, Stimmen für sein Orchester. Ich frage mich, wann ihr Zeit blieb, lyrische Themen für die geplante Ars-Viva-Zeitschrift zu finden. Vielleicht hatte sie sich einmal zu ihm über chinesische Lyrik geäußert. Er mag ihr dann, da er nie etwas ungenützt ließ, den Auftrag gegeben haben, ihre Gedanken darüber zu Papier zu bringen. Jetzt, während der Besprechung, kam ihm die Erinnerung daran wie gerufen. Er konnte Musil etwas versprechen, eine Reihe von Themen, die ihn vielleicht locken und deren Aufstellung Shü-Hsien, die in französischer Literatur beschlagen war, keine Mühe kosten würde.

Sch. war von seiner chinesischen Liebe so erfüllt, daß er sie gern immer zur Sprache gebracht hätte. Ich mochte ihn zu dieser Zeit. Der Groll, den ich seit den Straßburger Tagen in mir trug, schien verflogen. Es begann damit, daß ich unerwartet ein Telegramm von ihm bekam, er bitte mich dringlich, dann und dann, mit genauer Zeitangabe, an den Westbahnhof zu kommen, wo er zwischen zwei Zügen eine Stunde Aufenthalt habe. Ich ging hin, mehr aus Neugier als aus Zuneigung. Sein Zug fuhr ein und er sagte noch zum offenen Fenster heraus: »Ich fahre nach Peking heiraten!«

Dann, sobald er auf dem Perron stand, kam atemlos die Geschichte. Er sprach hingerissen von seiner Chinesin. Er schilderte mir, was ihm passiert war, als er sie im chinesischen Kleid Mozart dirigieren sah. Er hatte Worte, verzückte Worte für einen anderen Menschen. Er hatte ihr versprochen, sie zu heiraten, sobald sie ihm schrieb, auf der Stelle sozusagen. Nun hatte sie ihm geschrieben und es war, als stünde er, der sonst immer

Befehle erteilte, unter einem fremden Befehl, der von über der halben Erde kam und dem er sich blindlings und beseligt unterwarf. Ich hatte ihn nie so erlebt, während er atemlos weitersprach, spürte ich, daß ich ihn plötzlich mochte.

Es war unfaßbar, daß er, dieses Arbeitstier, alle Konzerte und Proben für fünf Wochen abgesagt hatte.

Er hatte in seinem Heiratsrausch einiges Wichtige vergessen. Plötzlich kam Dea Gombrich, die Geigerin, angerannt, auch sie hatte er auf den Westbahnhof bestellt, sie hatte sich verspätet, er sagte ihr nur, daß er nach Peking heiraten fahre, sie möge rasch noch einen Schlips für ihn kaufen gehen, er habe vergessen, einen Schlips für die Eheschließung mitzunehmen. Sie lief gleich los und war wieder da, bevor sein Zug sich in Bewegung setzte. Sie reichte ihm den Schlips zum Coupé-Fenster hinauf, er stand da und lächelte, er dankte, seine Lippen waren nicht so schmal wie immer. Er war schon auf dem Wege nach Sibirien, als ich Dea, die noch atemlos war, so rasch war sie gerannt, die ganze Geschichte erzählte.

Ich hatte ihn überwältigt gesehen und eine ganze Weile hielt meine neue Wärme für ihn vor. Wir hatten dann, wie ich schon sagte, die beiden ziemlich lange bei uns in der Himmelstraße. Veza war von Shü-Hsien entzückt, die Geist hatte, Sch. bei aller Verliebtheit so sah, wie er war und sich sogar über ihn lustig machen konnte.

Ich verdachte ihm nicht, daß er sie jetzt, während der Besprechung über Ars Viva, Musil gegenüber benützte, wie er alles benützte. Ich spürte, daß er mit ihr prahlen mußte, weil er noch in sie verliebt war. Vielleicht, dachte ich, geschieht ein Wunder und es geht nicht aus, wie alles bei ihm ausgeht, vielleicht *bleibt* er bei der Chinesin. Ich hatte, bei meiner Liebe für alles Chinesische, Sorge, wie es werden würde und mehr Besorgnis für sie, die hier in solcher Fremde war, als ich sie für eine seiner europäischen Frauen gehabt hätte. Aber bei dieser Besprechung in der Nußdorferstraße war sie plötzlich sehr da. Musil, dessen offenkundige Hauptsorge es war, auf keinen Fall etwas Episches für die Zeitschrift zu versprechen und der darum die Möglichkeit lyrischer Gegenstände aufbrachte, hatte mit seinen zweifelnden Fragen Shü-Hsien heraufbeschworen. Jeder hatte von ihr gehört, man dachte gern an sie, sie war ihr eigener poetischer Gegenstand. Aus der Zeitschrift wurde nichts, aber die Vorbesprechung blieb, glaube ich, allen in angenehmer Erinnerung, dank der Chinesin.

Hudba. Bauern tanzend

Am 15. Juni 1937 starb meine Mutter.

Einige Wochen vorher, im Mai, kam ich zum erstenmal nach Prag. Ich fühlte mich noch leicht und frei und nahm mir ein Zimmer im Hotel Juliš am Wenzelsplatz, im obersten Stock. Von der breiten Terrasse, die zum Zimmer gehörte, sah man auf den Verkehr des Wenzelsplatzes hinunter, nachts auf seine Lichter. Es war eine Aussicht, wie für den Maler geschaffen, der im Zimmer neben mir wohnte: Oskar Kokoschka.

Zu seinem 50. Geburtstag war in Wien eine große Ausstellung im Kunstgewerbemuseum am Stubenring eröffnet worden. Da hatte ich eine eindringliche Vorstellung von seinem Werk bekommen, das ich früher nur in vereinzelten Bildern kannte. Er hatte sich geweigert, zu diesem Anlaß nach Wien zu kommen und blieb in Prag, wo er das Porträt des Präsidenten Masaryk malte. Sein alter Vorkämpfer in Wien, Carl Moll, hatte mir ans Herz gelegt, ihn in Prag aufzusuchen und mir einen Brief für ihn mitgegeben. Ich sollte ihm von der Ausstellung erzählen und ihn daran erinnern, wieviel Verehrer er in Wien habe. Er sei von einem tiefen Groll gegen das offizielle Österreich erfüllt. Es gehe da nicht nur um die Mißachtung, die man für sein Werk beweise. Er komme auch über die Ereignisse vom Februar 1934 nicht hinweg. Seine Mutter, an der er mehr als an jedem anderen Menschen hing, sei an gebrochenem Herzen über den Bürgerkrieg auf den Straßen Wiens gestorben. Von ihrem Haus im Liebhartstal habe sie mitansehen können, wie mit Geschützen auf die neuen Arbeiterwohnhäuser der Gemeinde geschossen wurde. Um dieser Aussicht auf Wien willen habe der Sohn das Haus für die Mutter gekauft, die von früh an ihn geglaubt hatte und leidenschaftlichen Anteil an seiner Malerei nahm, und was war nun aus dieser Aussicht geworden!

Die Mutter war nah genug, um den Geschützdonner zu hören und konnte sich vom Anblick der Kämpfe nicht losreißen. Bald danach war sie erkrankt und nie wieder von ihrer Krankheit aufgestanden. Carl Moll hatte die Mutter gekannt und war der

Überzeugung, daß ohne sie der Sohn nie zu sich selbst gefunden hätte. Es sei eine Gefahr für ihn, daß diese Frau, die den wunderbaren Namen Romana trug, nicht mehr da sei. Nun werde er sich ganz von Österreich abschneiden. Für das neue Regime in Deutschland sei er ein entarteter Maler, für Österreich wäre jetzt eine Gelegenheit da, seinen größten Maler mit offenen Armen aufzunehmen. Aber selbst wenn sie den Weitblick gehabt hätten, ihn zu einer ehrenvollen Rückkehr aufzufordern, wie hätte er unter einem Regime zurückfinden können, dem er die Verantwortung für den Tod seiner Mutter zuschrieb?

Ich hatte schon vorher viel von Kokoschka gehört. Durch Anna war ich in eine turbulente Phase seines frühen Lebens zurückversetzt worden. Die Passion für Alma Mahler, ihre Mutter, war durch einige seiner besten Bilder zur Legende geworden. Ein Porträt von ihr als ›Lucrezia Borgia‹, wie sie es nannte, hatte ich beim ersten Besuch auf der Hohen Warte gesehen. Es war im Triumphraum der nimmermüden Witwe aufgehängt und wurde mit Nachdruck vorgestellt, wobei betont wurde, daß aus dem Künstler, der damals noch etwas konnte, leider nichts geworden sei — ein armer Emigrant.

Jetzt sah ich ihn zum erstenmal selbst, von Terrasse zu Terrasse, aus Selbstporträts waren mir seine Züge vertraut. Was mich sehr überraschte, war seine Stimme. Er sprach so leise, daß ich ihn kaum verstand. Ich paßte gut auf, um mir keinen Satz entgehen zu lassen, verlor aber trotzdem viele. Carl Moll hatte meinen Besuch auch in einem Brief direkt an ihn angekündigt, doch war es ein unerwarteter Zufall, daß wir Zimmer an Zimmer wohnten. Er gab sich sehr bescheiden, nicht nur leise. Ich war, noch unter der Einwirkung der großen Ausstellung, etwas verlegen darüber, daß er mich auf gleich und gleich behandelte. Er fragte nach meinem Buch, das er lesen wolle, Moll habe ihm in hohen Tönen davon geschrieben. Hier auf der Terrasse hatte ich den Eindruck, daß er neugierig auf mich sei. Ich spürte sein Oktopus-Auge auf mir, doch schien es mir nicht feindlich.

Er entschuldigte sich dafür, daß er an diesem Abend nicht frei sei, so als fühle er sich dazu verpflichtet, mir gleich einen Abend zu widmen. Seine Sanftheit war umso erstaunlicher, als ich an Annas Bericht aus ihrer frühen Kindheit dachte: da saß sie, die damals Gucki genannt wurde, in einer Ecke des Ateliers am Boden und hörte erschreckt einer Eifersuchtsszene zu, die sich zwischen ihm und ihrer Mutter abspielte. Er drohte ihre Mutter beim Fortgehen im Atelier einzusperren, vielleicht habe er diese Drohung auch einmal wahrgemacht. Über nichts hatte mir Anna mit solcher Emotion gesprochen. Ich stellte mir diese Szenen laut und heftig vor und hatte einen leidenschaftlichen Menschen erwartet, der sich gleich auf meine Nachricht von der Ausstellung hin mit zornigen Worten gegen das österreichische Regime wenden würde. Er gab aber darüber nur ein paar wegwerfende Worte von sich, auch diese blieben leise. Am aggressivsten an ihm schien mir das Kinn, das sehr prononciert war, beinahe so wie er es auf seinen Selbstbildnissen gern zu malen pflegte. Das eigentlich Eindrucksvolle aber war das Auge, reglos, undurchsichtig, unablenkbar auf der Lauer: sonderbar war, daß ich dabei immer an *ein* Auge dachte, so wie ich es jetzt aufgeschrieben habe. Seine Worte kamen verwischt und tonlos, so als gäbe er sie eher zufällig und ungern her. Er verabredete sich für den nächsten Tag mit mir und ließ mich verwirrt zurück: weder seine Bilder noch alles, was ich über ihn gehört hatte, vermochte ich mit seiner gedämpften Manier in Einklang zu bringen.

Am nächsten Tag traf ich ihn im Kaffeehaus. Er war in Gesellschaft des Philosophen Oskar Kraus, der ein getreuer Schüler von Franz Brentano war. Dieser Kraus, Professor der Philosophie, in Prag eine bekannte Figur, hatte von seinem Lehrer das Interesse für Rätsel übernommen und führte nun vor Kokoschka und mir das große Wort. Es gelang ihm, Kokoschka mit allerhand Rätseln und mit Reden, die sich sämtlich darauf bezogen, zu fesseln, wieder hatte ich den trügerischen Eindruck von Bescheidenheit, ja sogar von Schlichtheit. In Wirklichkeit war er, das begriff ich erst später, nichts weniger als schlicht, sein Geist ging gern verwickelte Wege. Er war auch nicht bescheiden, aber er liebte es, in manchen Umgebungen zu verschwinden, so als passe er sich einer bestimmten, hier herrschenden Farbe an. Dieses Schillernde war seine Begabung, auch darin glich er einem Tintenfisch, in diesem natürlichen, leichten Wechsel der Farbe, während sein Auge, das sehr groß und – wie ich schon sagte – so wirkte, als wäre es ein vereinzeltes, seine Beute mit unnachsichtiger Kraft erspähte.

Nun war aber bei dieser Sitzung im Kaffeehaus schwerlich etwas zu erspähen. Den alten Professor Kraus kannte er gut, aufregen konnte ihn der geschwätzige und seiner Wirkung überaus sichere Professor schwerlich. Daß er sich bei jeder Gelegenheit noch in seinem Alter auf seinen Meister, den Philosophen Brentano berief, hatte etwas Subalternes, wenigstens kam es mir so vor, da ich mich noch kaum mit Brentano befaßt und von der Vielfalt seiner Ausstrahlung eine unzureichende Vorstellung hatte. Ich empfand seine nimmermüde Suada Kokoschka gegenüber als geschmacklos, dem sie aber angenehm zu sein schien, er hatte keine Lust, selbst etwas zu sagen und verharrte in seinem bunten Lauern.

Ich aber brannte darauf, von ihm etwas über Georg Trakl zu erfahren. Ich wußte, daß er ihn gekannt hatte und daß der wunderbare Name seines Bildes ›Die Windsbraut‹ von Trakl stammte. Es war meine Überzeugung, daß ohne diesen Namen das Bild nicht bestünde, daß man nicht darauf geachtet hätte, wenn es nicht so hieße. Es war um diese Zeit, daß ich von Trakl ergriffen wurde, kein Lyriker der Moderne hat mir so viel bedeutet. Von seinem Schicksal bin ich noch erfüllt, wie zu jener Stunde, da ich zuerst davon erfuhr. Es war, in Gegenwart des gefühlsdürren Rätselmännchens, gewiß nicht der richtige Augenblick, die Sprache auf Trakl zu bringen, aber ich tat es doch und fragte Kokoschka bescheiden, ob er ihn gekannt habe. »Den hab ich sehr gut gekannt«, sagte er tonlos, mehr sagte er nicht, selbst wenn er es gewollt hätte, hätte er nicht mehr sagen können, denn schon war der andere mit einem neuen Rätselspaß zur Hand und meckerte ihn mit seiner Ziegenstimme herunter.

Mir aber kam es so vor, als *zähle* Wien für Kokoschka nicht mehr, seit er es verlassen hatte. In seiner frühen Zeit, als er plötzlich an der Hand von Adolf Loos dort überall auftauchte, war Wien etwas gewesen. Aber jetzt hatte nicht Wien ihn, sondern er hatte Wien verbannt und der gute alte Moll, der sich seit Jahrzehnten die Füße für ihn abrannte, war nicht der Mann, ihn für Wien wieder zu interessieren. Bei aller Kunst des Verschwindens, in der er exzellierte, spürte ich, daß er jetzt nur verschwand, um Ruhe vor jedermann zu haben.

Ich hatte die Hoffnung auf ein wirkliches Gespräch mit ihm beinah aufgegeben, als er plötzlich warm wurde und die Sprache auf seine Mutter und seinen Bruder Bohi brachte. Das Haus im Liebhartstal, wo der Bruder nach dem Tod der Mutter noch wohnte, war das einzige, was ihn zur Zeit an Wien interessierte. Er hielt seinen Bruder für einen Dichter. Ob ich ihn kenne? Er habe einen großen Roman in vier Bänden geschrieben. Er sei Matrose gewesen und viel herumgekommen. Kein Verleger wolle das Buch herausbringen. Ob ich jemand wüßte, der sich dafür interessiere? Der Bruder habe kein Glück in solchen Dingen. An Selbstbewußtsein fehle es ihm nicht, wohl aber an Berechnung. Er sah es keineswegs als Unehre an, daß der Bruder sich von ihm helfen ließ. Er hielt ihn gern aus und ohne zu murren. Er sprach mit Zärtlichkeit und Respekt von ihm. Ich war berührt von dieser Liebe für seinen Bruder, der immer an ihn geglaubt hatte, aber auch an sich selbst und es erschien mir als einnehmender Zug an Kokoschka, daß er darauf bestand, eine Art Gleichwertigkeit der beiden Brüder vor der Welt zu etablieren.

Unter meinen Kumpanen in Wien war oft die Rede von diesem Bruder gewesen. Kokoschka's Ansehen war so groß, daß jede Beziehung auf ihn, dem, der sie vorbringen konnte, zur Ehre gereichte. Ein junger Architekt, Walter Loos, der ohne mit ihm verwandt zu sein, den Namen des großen Loos trug, fühlte sich – vielleicht eben wegen dieser Namensgleichheit – dazu verpflichtet, wenigstens den Bruder zu kennen und gab beim Heurigen, wo er mit Wotruba und mir zusammensaß, begeisterte Schilderungen von der strotzend schönen Rauchfangkehrerstochter, die als Freundin so gut zum dicken Bohi paßte. Er erzählte vom Auf und Ab dieser Beziehung, von Bohis Eifersucht, von wilden Szenen und stürmischen Versöhnungen. Dabei sei die Rauchfangkehrerstochter, hinter der jeder her sei, ihrem Bohi vollkommen treu, es sei unmöglich, sie zu verführen. Bohi war ein *echter* Bruder des Malers, um den jedes solche Gespräch in Wirklichkeit ging und darum war Eifersucht für ihn obligatorisch. Allen Erzählungen, die sich auf Kokoschkas Bruder bezogen, hörte Wotruba beinahe andächtig zu. Mit Oskars Ruhm reizte ihn der junge Loos, wie wir ihn nannten, immer wieder. Indem er ihn unerschütterlich hochhielt, wie eine Fahne, hatte er sich in unserem Kreis eine gewisse Stellung verschafft, denn was er sonst zu sagen hatte, bedeutete wenig.

Jetzt war es Kokoschka gewesen, der die Rede auf seinen Bruder brachte, den Namen Bohi nannte er so selbstverständlich, als müsse jeder in Wien ohne weitere Erklärung von ihm wissen, und als ich darauf einging und meine Erfahrungen mit dem jungen Loos zum besten gab, schien er ein bißchen irritiert über dessen Namen.

»Das sollt's nicht noch einmal geben, einen Architekten, der so heißt, den Loos hat's nur einmal gegeben.«

Es war ihm auch nicht recht, daß ich den Namen meines Bekannten damit verteidigte, daß er ja schließlich der Freund des *Bruders* sei und nicht wie der alte Loos der des eigentlichen Kokoschka. Er fühlte sich dadurch zu einer Lobrede auf seinen Bruder veranlaßt und ich erfuhr von ihm nun Genaueres über das vierbändige Dichtwerk, das keinen Verleger fände. Ob der sogenannte ›junge‹ Loos davon nichts gesagt habe?

Nein, er habe immer nur von seiner Liebe zur Tochter des Rauchfangkehrermeisters gesprochen und die Szenen zwischen den beiden geschildert. Kokoschka, der von bestürzender Raschheit war, witterte den Zusammenhang mit den altbekannten Szenen, die sich zwischen ihm und der Alma Mahler abgespielt hatten und wehrte ab, ohne daß ich die Taktlosigkeit gehabt hätte, darauf anzuspielen.

»Das ist reiner Nestroy«, sagte er, »das hat mit dem Bohi, wie er schreibt, nichts zu tun. Es fällt schon auf, wenn die raufen, weil's beide so dick sind. Der Bohi ist ein reiner Mensch. Der macht die Szenen nicht, um ins Gerede zu kommen.«

Es klang so, als würde er sich selbst für eigene frühe Szenen rechtfertigen. Er hatte, als er in Dresden Professor war, mit einer nach seinen Angaben verfertigten, lebensgroßen Puppe gelebt, die wie die Alma Mahler aussah und das Gerede über sie und ihn dadurch – man kann schon sagen – verewigt. Selbst Leuten, die nichts als Abscheu für seine Malerei übrig hatten, war *diese* Geschichte wohlvertraut. Die Puppe war, was er von den alten Szenen mit der Alma immer mit sich herumschleppte. Sie saß im Kaffeehaus neben ihm am Tisch, bekam ihren Kaffee vorgesetzt und wurde später, so hieß es, auch zu Bett gebracht. Bohi, ganz im Gegensatz zu seinem Bruder, tat nichts für seine Reputation, darum nannte er ihn ›einen reinen Menschen‹, darum sprach er gern von ihm, er verwies auf ihn, als wäre er seine eigene Unschuld.

An einem der nächsten Tage kam es zu einem großen Aufzug der Bauern über den Wenzelsplatz. Von der Terrasse meines Zimmers im Hotel Juliš oben war es alles gut zu sehen. Ludwig Hardt, der ja jetzt in Prag lebte, kam mit seiner Frau, ich hatte ihn und einige andere Bekannte eingeladen, sich den Aufzug von oben anzuschauen. Bei dieser Gelegenheit lernte ich Ludwig Hardts Frau kennen, sie war klein wie er, eine zierliche Person, die etwas auf sich hielt. Wenn man die beiden zusammen sah, war es unmöglich, nicht an eine Zirkusnummer zu denken. Jeden Augenblick erwartete man Pferde vorgeführt zu sehen und das wohlgedrechselte Persönchen, wie es von einem Pferd aufs andere sprang, während er nicht weniger tollkühne Kunststückchen vollführte, haargenau an ihr vorbei, oder mit ihr zusammen.

Jetzt aber standen sie neben mir auf der Terrasse hoch überm Platz, wo Bauern aus allen Teilen des Landes in ihren Trachten vorüberzogen, manche auf Pferden, zu Musik und Zurufen, ein Bild wie auf einer Bauernhochzeit. Einzelne Bauern begannen zu tanzen, jeder für sich, immer wieder andere, und die Art, wie sie in schrägen Bewegungen losbrachen und sich im Getümmel Platz verschafften, ohne daß sie dabei etwas von ihrer Schwere aufgaben, hatte etwas so Beschwingtes, daß es mir die Tränen in die Augen trieb. Ich wandte mich ab, um es zu verbergen und da traf mein Blick seitlich auf den Kokoschkas, der auf seine Terrasse hinausgetreten war und zu den Bauern hinuntersah wie wir, er bemerkte meine Erregung und winkte mir so herzlich zu, als spräche er von seinem Bruder Bohi.

Was mir am Einzeltanz von Bauern, die aus ihrer Gruppe ausbrachen, so naheging, hätte ich damals nicht zu sagen vermocht. An ihrer Ausgelassenheit, an ihrer Kraft, an ihrer Farbigkeit war nichts, das einen beschweren konnte. Es war ein Augenblick frei von allen schlimmen Ahnungen, eine glückliche Ergriffenheit, obwohl man nicht in ihrem Aufzug mitenthalten war – gab es etwas, das man weniger war als ein Bauer? Es war auch ein Wiedererkennen, von dem ich mich ergriffen fühlte: das Wiedererkennen tanzender Bauern bei Brueghel. Bilder bestimmen, was man erlebt. Als eine Art von Grund und Boden gliedern sie sich einem ein. Je nach den Bildern, aus denen einer besteht, gerät er in ein verschiedenes Leben. Vielfarbig und befreiend war die Erregung über die tanzenden Bauern auf dem Wenzelsplatz. Zwei Jahre später war es um Prag geschehen. Aber die Kraft und schwerfällige Anmut dieser Menschen durfte ich noch erleben.

Etwas Ähnliches empfand ich in der Sprache. Sie war mir völlig unbekannt. Ein guter Teil der Wiener waren Tschechen, doch außer ihnen kannte niemand ihre Sprache. Unzählige Wiener trugen tschechische Namen, was sie bedeuteten, wußte man nicht. Einen der schönsten Namen trug mein ›Zwilling‹, Wotruba. Auch er kannte kein Wort von der Sprache seines Vaters. Nun war ich in Prag und ging überallhin, am liebsten in die Höfe von Häusern, wo viele Menschen wohnten, denen ich beim Sprechen zuhören konnte. Es schien mir eine streitbare Sprache, denn alle Worte waren stark auf der ersten Silbe betont, wovon man in jeder Rede, die man anhörte, eine Reihe von kleinen Stößen empfing, die sich so lange wiederholten, als das Gespräch überhaupt dauerte.

Ich hatte mich mit der Geschichte der Hussitenkriege befaßt, das 15. Jahrhundert hatte mich immer angezogen und wer über Massen etwas zu erfassen suchte, der grübelte viel über die Hussiten. Ich hatte Respekt vor der Geschichte der Tschechen und es ist wahrscheinlich, daß ich als Außenstehender nun, da ich es unternahm, ihre Sprache in jeglicher Intensität zu hören, Dinge in ihr zu finden meinte, die sich aus meiner Ignoranz allein herleiteten. Aber an ihrer Vitalität konnte kein Zweifel bestehen und manche Worte in ihrer absoluten Eigenart waren für mich frappierend. Ich war begeistert, als ich vom Wort für Musik erfuhr: hudba.

In den europäischen Sprachen, soweit ich sie kannte, gab es immer dasselbe Wort dafür: Musik, ein schönes, klingendes Wort – wenn man es deutsch sagte, war einem zumute, als ob man mit ihm in die Höhe springe. Wo es mehr auf der ersten Silbe betont war, kam es einem nicht ganz so aktiv vor, es blieb ein wenig schweben, bevor es sich ausbreitete. Ich hing an diesem Wort beinahe so wie an der Sache, aber es war mir allmählich nicht ganz geheuer, daß es für jede Art von Musik gebraucht wurde. Je mehr neue Musik ich hörte, umso unsicherer wurde meine Beziehung zu dieser universalen Benennung. Einmal hatte ich den Mut, das Alban Berg zu sagen: ob es nicht auch andere *Worte* für Musik geben sollte, ob nicht die hoffnungslose Verstocktheit der Wiener allem Neuen gegenüber damit zusammenhänge, daß sie mit ihrer *Vorstellung* von diesem Wort vollkommen eins geworden waren, so sehr, daß sie nichts zu dulden vermöchten, das den Inhalt dieses Wortes für sie verändere. Vielleicht, wenn es anders *hieße*, wären sie eher bereit, sich daran zu gewöhnen. Davon aber wollte er, Alban Berg, nichts wissen.

967

Es gehe ihm um Musik, wie allen anderen Komponisten vor ihm, um gar nichts anderes, von jenen Früheren leite sich her, was er selber mache, was seine Schüler bei ihm erlernten, sei Musik, jedes andere Wort dafür wäre ein *Betrug*, und ob mir nicht aufgefallen sei, daß dasselbe Wort dafür sich über die ganze Erde verbreitet habe. Er reagierte heftig, ja beinahe verärgert auf meinen ›Vorschlag‹ und mit solcher Bestimmtheit, daß ich ihn nie wieder zur Sprache brachte.

Aber wenn ich auch im Bewußtsein meiner musikalischen Ignoranz darüber schwieg, so ließ mich der Gedanke doch nicht los. Als ich nun in Prag, wie durch Zufall plötzlich erfuhr, daß das tschechische Wort für Musik ›hudba‹ heiße, war ich davon hingerissen. Das war das Wort für Strawinsky's ›Les Noces‹, für Bartók, für Janáček, für vieles andere.

Ich ging wie verzaubert von einem Hof in den anderen. Was ich als Herausforderung hörte, war vielleicht bloß Mitteilung, aber dann war sie *geladener* und enthielt vom Sprechenden mehr, als was wir in Mitteilungen von uns zu geben pflegen. Vielleicht war die Wucht, mit der tschechische Worte in mich eingingen, auf Erinnerungen an das Bulgarische der frühen Kindheit zurückzuführen. Aber ich dachte nie daran, denn ich hatte das Bulgarische ganz vergessen und wieviel von vergessenen Sprachen trotzdem in einem zurückbleibt, vermag ich nicht zu bestimmen. Sicher war es so, daß in diesen Prager Tagen manches für mich zusammenrückte, das sich in abgetrennten Perioden meines Lebens abgespielt hatte. Ich nahm slawische Laute auf als Teile einer Sprache, die mir auf unerklärliche Weise naheging.

Ich *sprach* aber mit vielen Menschen deutsch, ich sprach nichts anderes, und es waren Leute, die mit dieser Sprache bewußt und differenziert umgingen. Meist waren es Dichter, die deutsch schrieben, und daß diese Sprache, an der sie gegen den kraftvollen Hintergrund des Tschechischen festhielten, etwas anderes für sie bedeutete als für jene, die in Wien mit ihr operierten, war immer spürbar.

›Die Blendung‹ war übersetzt worden und vor kurzem tschechisch erschienen. Aus diesem Grunde hatte ich die Reise nach Prag unternommen. Ein junger Dichter, der heute unter dem Namen H. G. Adler bekannt ist, war damals an einer öffentlichen Anstalt tätig und hatte mich zu einer Vorlesung eingeladen. Er gehörte zu einer Gruppe von deutschschreibenden Freunden, etwa fünf Jahre jünger als ich, unter denen die ›Blendung‹ die Runde machte. Adler, der Aktivste unter ihnen, hatte sich überall für die Vorlesung eingesetzt. Er führte mich auch durch die Stadt, es lag ihm daran, daß mir nichts von ihren Schönheiten entginge.

Ein hochgespannt idealistischer Anspruch zeichnete ihn aus, er, der bald danach so sehr zum Opfer jener fluchwürdigen Zeit werden sollte, wirkte so, als *gehöre* er gar nicht in die Zeit. Einen Mann, der mehr durch deutsche literarische Tradition bestimmt war, hätte man sich kaum irgendwo in Deutschland vorstellen können. Aber er war hier in Prag, sprach und las mit Leichtigkeit tschechisch, hatte Respekt vor tschechischer Literatur und Musik und erklärte mir alles, was ich nicht verstand, auf eine Weise, die es mir anziehend machte.

Ich will die Herrlichkeiten Prags, die in aller Munde sind, nicht aufzählen. Es würde mir beinahe unanständig erscheinen, von Plätzen, Kirchen, Palästen, Gassen, von Brücken und vom Fluß zu sprechen, mit denen andere ein Leben zugebracht haben, von deren Erfahrung ihr Werk durchtränkt ist. Nichts davon habe ich für mich selbst entdeckt, es wurde mir alles vorgeführt, wenn einer ein Recht hätte, von diesen Konfrontationen zu sprechen, wäre er es, der sie ausdachte und herbeiführte. Derselbe junge Dichter, der sich an Überraschungen, die er für mich ersann, nicht genugtun konnte, war voller Neugier und fragte während unserer Gänge unermüdlich. Ich stand ihm gern Rede, viele Menschen, die in meinem Leben waren, kamen vor ihm zu Sprache, Meinungen, Urteile und Vorurteile.

Er spürte aber auch, wieviel es mir bedeutete, *allein* zu hören, Menschen, die verschiedensten Menschen, in einer Sprache reden zu hören, die ich nicht verstand, ohne daß mir gleich übersetzt würde, was sie sagten. Das mußte für ihn etwas Neues sein, daß jemand auf die Nachwirkung unverstandener Worte aus war, eine Einwirkung, die ganz eigenen Charakters, die nicht mit der von Musik zu vergleichen war, denn von unverstandenen Worten fühlt man sich *bedroht*, man wendet sie hin und her in sich und sucht sie zu entschärfen, aber sie wiederholen sich und werden in der Wiederholung bedrohlicher. Er hatte den Takt, mich während ganzer Stunden allein zu lassen, ein wenig besorgt, daß ich mich verirren könnte, und sicher nicht ohne Bedauern, daß unser Gespräch auf diese Weise unterbrochen wurde. Mit gesteigerter Neugier ließ er sich später über die Dinge berichten, die mir aufgefallen waren, und es war ein Zeichen meiner großen Sympathie für ihn, daß ich Mühe hatte, ihm nicht alles zu sagen.

Tod der Mutter

Ich fand sie schlafend, die Augen geschlossen. Ganz abgezehrt, nur noch bleiche Haut, so lag sie da, tiefe, schwarze Löcher statt der Augen und wo früher ihre prächtigen weiten Nüstern spielten, unbewegliche schwarze Löcher. Die Stirn schien schmäler, von beiden Seiten geschrumpft. Ich hatte den Blick ihrer Augen erwartet und mir war, als hätte sie sie gegen mich verschlossen. Ich suchte nach dem, was an ihr das Kenntlichste war, da sich die Augen versagten, nach ihren großen Nüstern und der gewaltigen Stirn, aber sie hatte keine Erstreckung mehr, sie umfaßte nichts und der Zorn der Nüstern hatte sich an ihre Schwärze verloren.

Ich erschrak, doch erfüllt noch von *ihrer* alten Kraft, beschlich mich das Mißtrauen, daß sie sich vor mir verberge. Sie will mich nicht sehen, sie hat mich nicht erwartet. Sie spürt, daß ich da bin und stellt sich schlafend. Was sie sich selber gedacht hätte, an meiner Stelle, ging mir durch den Kopf, denn ich war sie, wir kannten die Gedanken des anderen, es waren die eigenen.

Ich hatte Rosen gebracht, deren Duft sie nie widerstand. Im Garten ihrer Kindheit in Rustschuk hatte sie sie eingeatmet und wenn wir in den guten Jahren über ihre Nüstern scherzten, die riesig wie die keines Menschen waren, sagte sie, sie seien so groß geworden, weil sie sie als Kind für den Duft der Rosen aufgebläht habe. Ihre früheste Erinnerung war, daß sie unter Rosen lag, sie weinte, weil man sie ins Haus zurücktrug und der Duft entschwand. Später, als sie Haus und Garten ihres Vaters verließ, habe sie jeden Duft geprüft, auf der Suche nach dem wahren, an dieser Übung seien ihre Nüstern gewachsen und groß geblieben.

Als sie die Augen öffnete, sagte ich: »Das habe ich dir aus Rustschuk gebracht.« Sie sah mich ungläubig an, nicht an meiner Gegenwart zweifelte sie, sondern an dem Ort der Herkunft, den ich nannte. »Aus dem Garten«, sagte ich, es gab nur einen

Garten. Sie hatte mich hingeführt und tief geatmet und mit Früchten für die Kränkungen des Großvaters getröstet. Jetzt hielt ich ihr die Rosen hin, sie zog den Geruch ein, das Zimmer erfüllte sich. Sie sagte: »Das ist der Geruch. Sie kommen aus dem Garten.« Sie gab sich der Nachricht hin, auch mich nahm sie hin – ich war in dieser Wolke enthalten – und fragte nicht, warum ich in Paris sei. Es war wieder ihr Gesicht mit den unersättlichen Nüstern. Die Augen, viel größer, blickten auf mich und sie sagte nicht: Ich will dich nicht sehen! Was tust du hier! Ich habe dich nicht gerufen! Im Duft, den sie erkannte, hatte ich mich eingeschlichen. Sie fragte nicht, sie ergab sich ganz dem Geruch und mir war, als weite sich ihre Stirn und als müßten ihre unverkennbaren Worte kommen. Ich wartete auf harte Worte und fürchtete sie. Ich hörte ihren bitteren Vorwurf, als hätte sie ihn wieder ausgesprochen: Ihr habt geheiratet. Du hast mir nichts gesagt. Du hast mich belogen.

Sie hatte mich nicht sehen wollen und als Georg, über ihren Verfall alarmiert, telegraphierte und schrieb, daß ich sofort kommen müsse, als ich den Aufenthalt in Prag nach acht Tagen abbrach und schleunigst nach Wien zurück und weiter nach Paris fuhr, war es seine Sorge, wie wir es machen würden, daß ich ihr unter die Augen treten könne. Er hielt es für das Wichtigste, was sich in ihr zu guter Letzt verhärtet hatte, woran sie viel dachte, was sie quälte, aufzulösen und einen Zornesausbruch, den er selbst in ihrer geschwächten Verfassung fürchtete, um jeden Preis zu vermeiden.

Als ich ihm bei der Ankunft erklärte, was ich vorhatte, daß ich ihr ›Rosen aus dem Garten in Rustschuk‹ bringen und daß sie mir *glauben* werde, sagte er zweifelnd: »Das getraust du dich? Es wird deine letzte Lüge sein!« Aber er verfiel auf nichts Besseres, und als er gar spürte, daß ich nicht bloß ihren Widerstand gegen meinen Besuch überwinden wollte, sondern daß es mir wirklich darum zu tun war, ihr den Duft zurückzubringen, nach dem sie sich gesehnt hatte, gab er ein wenig beschämt und vielleicht auch zu meiner Absicht bekehrt nach. Er wollte aber nicht dabei sein, um ihr Vertrauen zu ihm nicht zu gefährden, falls mein Vorhaben mißlang und frischen Zorn bei ihr entfachte.

Sie hielt die Blumen wie eine Maske übers Gesicht und mir war, als ob ihre Züge sich weiteten und kräftigten. Sie glaubte mir wie früher und hatte ihre Zweifel verstoßen, sie wußte, wer ich war, aber kein Wort der Feindschaft kam über ihre Lippen. Sie sagte nicht: Du bist weit gereist. Bist du darum gekommen? Aber mir fiel ein, was sie früher oft und oft erzählt hatte. Bevor sie auf den Maulbeerbaum kletterte, in dem sie zu lesen pflegte, sei sie rasch noch unter die Rosen gegangen. In deren Zeichen las sie, der Duft in ihr hielt vor und was immer sie las, war davon gesättigt. Das Schrecklichste sei dann für sie erträglich gewesen, selbst wenn sie vor Angst verging, fühlte sie sich nicht gefährdet.

In unserer schlimmen Zeit hatte ich ihr das vorgeworfen. Ich hatte ihr gesagt, daß nichts davon für mich zähle, was sie unter solcher Narkose gelesen habe. Ihre Angst sei keine Angst gewesen. Das Schreckliche, das diesen Duft ertragen habe, sei kein Schreckliches gewesen. Ich hatte die harten Worte nie zurückgenommen. Vielleicht war ich darum jetzt auf den Gedanken zu dieser List gekommen.

Und nun sagte sie doch: »Bist du nicht müde von der Reise? Ruh dich ein wenig aus!« Sie meinte die weitere Reise, nicht die von Wien und ich versicherte, daß ich gar nicht müde sei, daß ich mich nicht gleich wieder von ihr trennen wolle. Vielleicht stellte sie sich vor, daß ich nur gekommen sei, ihr die Botschaft von dort zu überbringen, daß ich gleich wieder entschwinden würde. Vielleicht wäre es besser so gewesen. Ich hatte nicht bedacht, daß sie auch nach der ersten Erkennung an meiner Person wieder etwas stören könne und daß sie Menschen in ihrem Zustand nur kurz ertrug. Bald sagte sie: »Setz dich weiter fort!« Ich rückte den Stuhl, auf dem ich mich eben erst niedergelassen hatte, fort von ihrem Bett, aber sie sagte: »Weiter! Weiter!« Ich rückte noch ein Stück, auch das war ihr nicht genug. Ich rückte bis in die Ecke des kleinen Zimmers und verstand, daß sie schweigen wollte und mich darum aus ihrer Nähe entfernte. Als Georg hereinkam, erkannte er an der Art, wie die Rosen lagen, daß sie sie angenommen hatte und an ihren Zügen, daß sie erfrischt war. Aber dann sah er mich abseits in der Ecke sitzen und wunderte sich, daß ich *saß*, und daß ich *dort* saß. »Stehst du nicht lieber?« fragte er, aber sie schüttelte beinah heftig den Kopf. »Und warum sitzt du nicht näher?« fügte er hinzu, aber sie fiel ihm in den Satz und erwiderte statt meiner: »Dort ist es besser.«

Ihn ließ sie nicht von der Seite, er blieb in ihrer Nähe und begann eine Reihe von Verrichtungen, deren Sinn mir nicht immer klar war. Es waren Dinge, die sie von ihm erwartete, in fester Reihenfolge und sie vergaß darüber alles. Sie wußte nicht mehr, daß ich zugegen war, es wäre ihr zu diesem Zeitpunkt gleichgültig gewesen, wenn ich gegangen wäre. Hilflos, wie sie zu sein schien, kam sie ihm mit manchen Bewegungen zuvor, als wolle sie ihn an die Reihenfolge seiner Verrichtungen erinnern. Er feuchtete ihr Hände und Stirn und bettete sie etwas höher. Er rückte ein Glas an ihre Lippen und sie nahm willig einen Schluck. Er strich das Bett glatt und versuchte ihr die Rosen aus der Hand zu nehmen. Vielleicht wollte er sie davon befreien, vielleicht dachte er daran, sie ins Wasser zu stellen, aber sie ließ sie nicht los und gab ihm einen scharfen Blick, wie früher. Er spürte die Heftigkeit ihrer Reaktion und freute sich über die Kraft, von der sie gespeist war. Seit Wochen gewahrte er und fürchtete das Nachlassen ihrer Kräfte. Er ließ die Blumen in ihrer Hand auf der Decke liegen, sie nahmen viel Platz ein und waren so wichtig wie er. Ich war indessen in eine Ecke entfernt worden und zweifelte daran, daß ihr meine Anwesenheit bewußt war.

Plötzlich hörte ich sie zu Georg sagen: »Dein großer Bruder ist da. Er kommt aus Rustschuk. Warum begrüßt ihr euch nicht?« Georg blickte in meine Ecke, als bemerke er mich erst jetzt. Er trat auf mich zu, ich stand auf, wir umarmten einander. Wir umarmten einander wirklich, nicht leichthin wie zuvor, als ich die Wohnung zuerst betreten hatte. Doch er sprach kein Wort und ich hörte sie sagen: »Warum frägst du ihn nichts?« Sie erwartete ein Gespräch über meine Reise, über den Besuch im Garten. »Er war lange nicht dort«, sagte sie und Georg, der Erfindungen nicht mochte, betrat widerstrebend meine Geschichte: »Vor 22 Jahren, im Ersten Weltkrieg.« Er meinte, daß ich seit dem Besuch im Jahre 1915 nicht in Rustschuk gewesen war. Damals hatte mir die Mutter den Garten ihrer Kindheit wieder gezeigt, ihr Vater war nicht mehr am Leben, aber der Maulbeerbaum war da, im Obstgarten gleich dahinter reiften die Aprikosen.

Ihre Augen schlossen sich und noch während wir beieinanderstanden, schlummerte sie ein. Als er sicher war, daß sie nun länger schlafen würde, zogen wir uns ins Wohnzimmer zurück und er sprach zu mir über ihren Zustand und daß es nichts gäbe, was sie retten könne. Vor langer Zeit, wir waren Kinder, hatte sie an eine Krankheit ihrer Lungen geglaubt, später war sie wahr geworden. Er, ein junger Arzt von 26 Jahren hatte sich um ihretwillen auf Lungen spezialisiert. Jeden freien Augenblick Tag und Nacht war er um die Mutter gewesen. Als Student war er selbst an Tuberkulose erkrankt: Seine Freunde meinten, daß er sich bei ihr angesteckt habe. Einige Monate hatte er damals in einem Sanatorium oberhalb von Grenoble verbracht, arbeitete dort als Arzt, kehrte dann, wie es hieß, wiederhergestellt zurück und widmete sich von neuem ihrer Pflege.

Er fürchtete ihre Atemnot, an Asthma litt sie seit Jahren. Während der letzten Monate war sie so rasch verfallen, daß er sich zum Entschluß durchrang, mich zu rufen. Er sah die Bedeutung einer Konfrontation, sie konnte gefährliche Folgen haben, aber wichtiger war ihm der Gedanke einer Versöhnung. Nun schien sie, für den Augenblick, gelungen und obwohl er den jähen Wechsel ihrer Gefühle kannte und ein verspäteter schlimmer Ausbruch nicht mit Sicherheit auszuschließen war, empfand er Erleichterung über den guten Beginn und warf mir zu meinem Staunen, auch als wir allein waren, nicht vor, daß ich den Garten ihres Vaters gar nicht betreten und sie mit Rosen aus Paris getäuscht hatte. »Sie glaubt dir noch immer«, sagte er. »So hast du ihr immer geglaubt. Das ist es, was euch verbindet. Ihr habt die Macht, einander zu töten. Du hast wohl gewußt, warum du Veza vor ihr geschützt hast. Ich verstehe es. Aber ich habe die Wirkung erlebt, die es alles auf sie gehabt hat. Darum kann ich dir nicht verzeihen. Darauf kommt es jetzt nicht an. Für sie bist du vom Ort gekommen, an den sie jetzt immer denkt.«

In der kleinen lärmenden Wohnung der Rue de la Convention war für mich kein Platz. Ich schlief außerhalb und kam mehrmals am Tag zu ihr. Sie ertrug mich nicht lang, aber sie ertrug überhaupt keine längeren Besuche. Immer wieder mußte ich das Zimmer verlassen und draußen warten.

Ich trat nicht zu nah an ihr Bett. Ihre Augen gewannen an Größe und Glanz, jeden Morgen, wenn ich sie zuerst sah, fühlte ich mich von diesem Blick ergriffen. Ihr Atem verringerte sich, doch der Blick erstarkte. Sie sah nicht weg, wenn sie nicht sehen wollte, schloß sie die Augen. Sie sah mich an, bis sie mich haßte. Dann sagte sie: »Geh!« Das sagte sie täglich einige Male und war, wenn sie es sagte, entschlossen, mich zu strafen. Es traf mich, obwohl ich mir ihres Zustandes bewußt war und begriff, daß ich dazu da war, um von ihr gestraft und gedemütigt zu werden – das war, was sie jetzt von mir brauchte. Wenn ich im Nebenzimmer wartete, kam die Krankenschwester zu mir herein und gab mir durch ein Nicken zu verstehen, daß sie nach mir gefragt habe. Dann ging ich zu ihr hinein, sie richtete den Blick auf mich und erfaßte mich mit solcher Kraft, daß ich fürchtete, es müsse sie zu sehr erschöpfen, der Blick wurde weiter und stärker, sie sagte nichts, bis sie plötzlich wieder hauchte: »Geh!« und es war, als wäre ich nun für alle Ewigkeit dazu verdammt, von ihrem Angesicht fernzubleiben. Ich knickte etwas ein, ein Verurteilter, der sich seiner Schuld bewußt ist und ging. Obwohl ich gewiß war, daß sie wieder nach mir fragen, daß sie mich bald zu sich rufen würde, nahm ich es ernst, ich gewöhnte mich nicht daran und empfing es jedesmal als neue Strafe.

Sie war sehr leicht geworden. Alles was ihr an Leben blieb, war in die Augen gegangen, die schwer waren vom Unrecht, das ich ihr angetan hatte. Sie blickte auf mich, um es zu sagen, ich hielt den Blick fest, ich ertrug ihn, ich wollte ihn ertragen. Es war nicht Zorn in diesem Blick, es war die Qual aller Jahre, in denen ich sie nicht von mir gelassen hatte. Um sich von mir zu lösen, hatte sie sich krank gefühlt, war zu Ärzten gegangen und an ferne Orte gefahren, in die Berge, ans Meer, es konnte überall sein, wenn ich nicht dort war, und hatte da ihr Leben geführt und mir's in Briefen verborgen und hatte sich um meinetwillen krank geglaubt und war es nach Jahren wirklich geworden. Das hielt sie mir jetzt hin und es war ganz in den Augen. Dann wurde sie es müde und sagte: Geh! und während ich nebenan wartete, ein falscher Büßer, schrieb ich an die, deren Name ihr nicht über die Lippen kam und gab Veza das Vertrauen, das ich der Mutter schuldete.

Dann hatte sie geschlummert und verlangte nach mir, als sei ich eben von der Reise gekommen und ihr Blick, der sich im Schlummer mit Vergangenheit neu beladen hatte, richtete sich wieder auf mich und sprach zu mir wortlos davon, daß ich sie um eines anderen Menschen willen verlassen, belogen und beleidigt hatte.

Wenn aber Georg da war, wurde mir in all seinen Verrichtungen vorgeführt, wie es hätte sein müssen. Er hatte sich an niemanden gebunden. Er war nur für sie da. In jeder Bewegung diente er ihr, er konnte nichts tun, das nicht gut war, denn es war für sie getan. Wenn er fortging, hatte er die Rückkehr zu ihr vor Augen. Er war um ihretwillen zum Arzt geworden und ging zur Arbeit ins Spital, um für ihre Krankheit Erfahrung zu gewinnen und verurteilte mich wie sie, von sich aus, sie hatte es ihm nicht aufgetragen. Der jüngste Bruder war, was der Älteste hätte sein sollen, auf kein eigenes Leben bedacht, zum Dienst an der Mutter bereit und war sogar, als es für ihn zuviel wurde, krank wie sie geworden. Er war in die Berge gegangen, um sich da die Lebensluft zu holen, doch nur, um zu ihr zurückzukehren und sie zu pflegen. Er hatte ihr nicht so viel zu danken wie ich, denn ich war ganz aus ihrem Geist geboren, aber ich hatte versagt, um irgendwelcher Chimären willen hatte ich mich bereden lassen, war in Wien geblieben, hatte mich Wien verschrieben und dann, als ich endlich etwas erfand, das Gültigkeit hatte, stellte sich heraus, daß es von ihr war, *sie* hatte mir's diktiert, und nicht die Chimären. So wäre das ganze Unglück nicht notwendig gewesen, ich hätte bei ihr meinen Weg gehen können und wäre zum selben Ergebnis gelangt.

Das ist die Kraft eines Sterbenden, der sich gegen den Überlebenden wehrt, und es ist gut so, daß das Recht des Schwächeren sich behauptet. Die wir nicht zu bewahren vermögen, sollen uns vorhalten dürfen, daß wir zu ihrer Rettung nichts getan haben. In ihrem Vorwurf ist der Trotz enthalten, den sie an uns weitergeben, der göttliche Wahn, daß es uns gelingen könnte, den Tod zu bezwingen. Der die Schlange geschickt hat, den Versucher, ruft sie zurück. Es ist der Strafe genug. Der Baum des Lebens ist euer. Ihr sollt nicht sterben.

Es ist mir, als wären wir zu Fuß hinter dem Sarg einhergeschritten, den Weg durch die ganz Stadt bis zum Père Lachaise.

Ich fühlte einen ungeheuren Trotz und wollte es allen, die sich an diesem Tag in dieser Stadt herumtrieben, sagen. Ich fühlte Stolz, als träte ich für sie gegen alle an. Es war mir niemand so gut wie sie. Ich dachte ›gut‹ und meinte nicht, was sie nie gewesen war, es war das andere ›gut‹, daß sie bleiben würde nämlich, obwohl sie tot sei. Rechts und links von mir gingen die beiden Brüder. Ich fühlte keinen Unterschied zwischen ihnen und mir, solange wir gingen, waren wir eins, doch niemand sonst. Alle anderen, die ihr das Geleit gaben, waren mir zu wenig. Der Zug mußte durch die ganze Stadt reichen, so lange wie der Weg. Ich fluchte der Blindheit, die nicht wußte, wer zu Grabe getragen wurde. Der Verkehr stand nicht still, nur um den Zug durchzulassen, und wenn wir vorüber waren, war es wieder dasselbe Getriebe, als wäre niemandes Sarg vorbeigetragen worden. Es war ein langer Weg, und während seiner vollen Länge dauerte es an, das Gefühl des Trotzes: als müsse man sich den Weg durch diese ungeheure Zahl von Menschen erkämpfen. Als fielen, ihr zu Ehren, Opfer rechts und links, und an keinem war es genug und keines vermochte ihren Anspruch zu sättigen: Es ist die Länge des Weges, die das Begräbnis rechtfertigt. »Seht sie! Da ist sie! Habt ihr es gewußt? Wißt ihr, wer da verschlossen liegt? *Sie* ist das Leben. Ohne sie ist nichts. Ohne sie werden eure Häuser zerfallen und die Leiber schrumpfen.«

Das ist es, was ich von diesem Zug noch weiß. Ich sehe mich gehen, mit ihrer Stirn der Stadt Paris trotzend. Ich spüre die beiden Brüder an meiner Seite. Ich weiß nicht, wie Georg diesen Weg ging. Habe ich ihn gestützt? Wer hat ihn gestützt? Trug ihn der gleiche Stolz? Ich sehe auf diesem Weg kein einziges Gesicht der anderen und weiß nicht, wer dabei war. Mit Haß hatte ich in der Wohnung mitangesehen, wie der Sarg zugeschraubt wurde und solange sie in der Wohnung blieb, war es, als hätte man ihr Gewalt angetan. Während des langen Zuges fühlte ich davon nichts, der Sarg war zu ihr selbst geworden, nichts trennte mich von der Bewunderung für sie und so muß ein Mensch wie sie zu Grabe getragen werden, damit man ihn schlackenlos bewundert. Es war dasselbe Gefühl, das nicht nachließ, es war von immer gleicher Kraft, es muß zwei oder drei Stunden angehalten haben. Es war keine Spur von Ergebenheit darin, vielleicht nicht einmal von Trauer, denn wie wäre sie mit diesem rasenden Trotz zu vereinbaren gewesen. Ich hätte mich für sie schlagen, ich hätte töten können. Ich war zu allem bereit. Es war keine Lähmung, es war Herausforderung. Mit ihrer Stirn bahnte ich ihr den Weg durch die Stadt, torkelnde Menschen auf allen Seiten, und wartete der Beleidigung, die mich zwingen würde, für sie in die Schranken zu treten.

Er wollte allein sein, um mit ihr zu sprechen. Einige Tage war ich um Georg, damit er sich nichts antue. Dann bat er mich um zwei, drei Tage allein, um mit ihr zu sein, es war, was er sich wünschte, er wünschte sich sonst nichts. Ich vertraute ihm und kam am dritten Tag wieder. Er wollte die Wohnung nicht verlassen, in der sie krank gewesen war. Er saß auf dem Stuhl, auf dem er abends neben ihrem Bett gesessen war und sprach immer weiter. Solange er die alten Worte sagte, war sie für ihn am Leben. Er gab sich nicht zu, daß sie ihn nicht mehr hörte. Ihre Stimme, die sehr schwach geworden war, war nicht einmal ein Hauch, doch er hörte sie und sprach weiter. Er erzählte, denn sie wollte immer alles wissen, von seinem Tage, von den Leuten, von Lehrern, von Freunden, von Passanten auf der Straße. Er erzählte, wie damals, als er von der Arbeit kam, jetzt ging er nirgends hin und hatte doch zu erzählen. Er warf sich nicht vor, daß er für sie erfand, denn alle Erfindung war Klage, eine leise, gleichmäßige, anhaltende Klage, weil sie es vielleicht bald nicht hören würde. Er wollte, daß nichts ende, alle Verrichtungen gingen in Worten weiter. Seine Worte weckten sie und sie, die erstickt war, hatte wieder Atem. Seine Stimme war innig und leise, wie damals, als er sie beschwor zu atmen. Er weinte nicht; um keinen ihrer Augenblicke zu verlieren; wenn er auf diesem Stuhl saß, wo er sie vor sich hatte, gönnte er sich nichts, das zu einem Verlust für sie entartet wäre. Die Beschwörung setzte nicht aus, ich hörte diese Stimme, die ich nicht gekannt hatte, rein und hoch, wie die eines Evangelisten, ich sollte sie nicht hören, denn er wollte allein sein, aber ich hörte sie, aus Sorge, ob ich ihn allein lassen dürfe, wie er sich's wünschte, und ich prüfte die Stimme lange, bevor ich mich entschied, sie ist mir im Ohr geblieben alle Jahre. Wie prüft man eine Stimme, was mißt man, was flößt einem Vertrauen ein. Man hört die leise Rede an die Tote, die er nie verlassen wird, ohne ihr zu folgen; zu der er spricht, als hätte er noch alle Kraft in sich, sie zu halten, und diese Kraft gehört ihr und er gibt sie ihr, sie muß es fühlen. Es hört sich an, als ob er leise zu ihr singen würde, nicht von sich, keine Klage, nur von ihr, nur sie hat gelitten, nur sie darf klagen, er aber tröstet sie und beschwört sie und verspricht ihr immer wieder, daß sie da ist, sie allein, mit ihm allein, niemand sonst, jeder stört sie, darum will er, daß ich ihn mit ihr allein lasse, zwei oder drei Tage, und obwohl sie begraben ist, liegt sie da, wo sie krank immer war und in Worten holt er sie und sie kann ihn nicht verlassen.

978

Inhalt

Die gerettete Zunge

Teil 1
Rustschuk
1905-1911

Teil 2
Manchester
1911-1913

Die Fackel im Ohr

Teil 1
Inflation und Ohnmacht
Frankfurt 1921-1924

Teil 2
Sturm und Zwang
Wien 1924-1925

Das Augenspiel

Teil 1
Hochzeit

Teil 2
Dr. Sonne